정독精讀 선문정로

성철선의 이해와 실천을 위한

정독精讀 선문정로

감수 : 벽해원택
저자 : 강경구

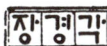

추천의 글

『선문정로』의 새 길이 열리다

해인총림 방장 성철 큰스님께서는 1981년 1월에 대한불교조계종 6대 종정에 추대되셨습니다. 그해 12월 1일에 『선문정로禪門正路』가 출간되고, 그 다음해인 1982년 7월에는 '본지풍광本地風光'이 『산이 물 위로 간다』라는 제목으로 출간되었습니다. 큰스님께서는 이 두 책을 받아들고 매우 흔연해 하시며 "나는 이제 부처님께 밥값했다. 이 두 책을 제대로 터득하고 실천하는 사람이라면 나를 바로 아는 사람일 것이다."라고 하셨습니다.

그러나 『선문정로』의 내용이 대한불교조계종의 중천조重闡祖이자 송광사 16국사 문중의 초조인 보조지눌국사普照知訥國師의 '돈오점수'를 비판하면서 선종의 정통은 '돈오돈수'라고 하는 주장을 담고 있었으므로, 전통적인 한국 불교학계를 발칵 뒤집어 놓는 형국이 되었습니다. 750여 년 동안 한국 선불교의 전통으로 추앙받아 온 보조국사에 대한 도전장이라고 여겼으니, 보조국사를 숭모하는 이들의 충격은 상상할 수가 없었을 것입니다. 종문宗門은 물론 불교학계에서는 『선문정로』에서 제기한 문제들을 둘러싸고 긴장감이 고조되고 "보조국사의 사상도 제대로 알지 못하면서 종정이 되었다고 보조국사를 힐난한다."라고 큰스님을 비난하고 나서니, 상좌인 저로서는 생각지도 못한 상황에 눈앞이 캄캄했습니다.

그런 상황에서 큰스님의 돈오돈수사상에 학문적으로 힘이 되어 주신 분이 있었으니, 바로 미천彌天 목정배睦楨培 동국대 교수였습니다. 목 교수는 삼천 배를 하지 않고도 언제든 큰스님을 만나실 수 있는 몇몇 분 중에 한 분이셨습니다. 목 교수가 오랜만에 백련암 마당에 들어서면 큰스님께서는 "철우 아이가!" 하며 무척 반기셨습니다. 불교학계에 '돈점논쟁'이 불붙어 오르기 시작할 때, 목 교수는 여느 불교학자들과 달리 '돈오돈수사상'을 옹호하는 선봉장 역할을 해주셨습니다.『선문정로』 출간 직후 바로 큰스님께서 이 책을 저술하신 뜻을 깊이 살피시고, "선문정로는 대단한 선할禪喝이며, 선의 정신으로 한국불교의 명맥을 이으려는 원심願心에 고개가 숙어진다. 성철스님은 역대 조사들에게 충실하려 하면서도 그들을 인용할 때는 매우 자유분방한 사고방식을 보여준다. 그러므로 성철스님이 술이부작述而不作하기만 했다고 결론지을 수는 없다. 틀림없이 성철스님은 불교의 최고 핵심 개념인 깨달음, 무명, 수행에 대해 정의를 내리면서 극단적이고도 새로운 해석을 제공하였다."라는 말씀으로, 큰스님의 원문 인용 방식을 인정하고 문도들에게 용기를 북돋아 주셨습니다.

그러나 돈점논쟁이 본격적으로 이루어진 것은『선문정로』가 출판되고 간헐적인 돈점논쟁 학술발표가 있어 오다가 10여 년이 지난 뒤인 1990년 보조사상연구원 주최로 송광사에서 열린 국제학술회의와 1993년 10월 해인사에서 열린 백련불교문화재단 주최 국제학술회의 이후였습니다. 그 후 국내외에 30여 편의 논문이 발표되고, 돈점논쟁은 10여 년 동안 불교학계의 큰 이슈가 되었습니다.

그때 당시 학계의 주요 논쟁거리 중 하나는 바로 큰스님의 문장 인용 방식이었습니다. 이 책의 저자인 강경구 교수도 지적했듯이 "성철스님의 『선문정로』 문장 인용에는 일반적인 직접 인용 이외에 문맥 및 의미의 조정, 생략, 추가, 수정, 문장의 재구성과 같은 주목할 만한 특징이 발견된다. 그것은 학문적 논리의 정합성을 중시하는 입장에서 보면 심각한 문제가 될 수 있다. 자칫하면 그 안목에 대한 의혹으로까지 연결될 수 있는 특징이다."라는 지적에 걸맞게, 큰스님은 원문 인용에 자유자재하셨기 때문입니다. 그러므로 돈오점수를 옹호하는 학자들은 "불교학계의 인용례를 벗어난 저작물이라 일고의 가치도 없다."라고 맹폭을 퍼부었던 것입니다.

그러나 세월이 흐르고 백련불교문화재단 부설 성철선사상연구원에서 발행하는 『백련불교논집』과 학술세미나 등을 통해 성철스님에 대한 전방위적인 연구가 폭넓게 진행되면서 『선문정로』가 '이설망견異說妄見으로 오염된 한국 선불교의 선수행론의 바른 정립'에 있다는 견해가 학문적으로 탄력을 받으면서 이러한 도전적인 분위기도 차츰차츰 수그러들었습니다.

2005년 5월 부산 옥천사 백졸스님의 권유로 부모님들께서 백련불교문화재단에 기증하신 건물을 헐고 부산 중앙동에 고심정사古心精舍를 창건하게 되었습니다. 그해 8월에 대한불교조계종 포교원으로부터 불교대학 설립 인가를 받고 9월에 개학을 하였습니다. 그 다음해에는 6개월 초급반, 1년 학과반에 4~50명의 신도가 모여 열심히 공부를 했습니다. 2008년도에는 최상급반인 경전반까지 두게 되었습니다. 고심정사 창건식을 앞두고 백련암의 오랜 신도이자 아비라기도를 열심히 수행하는 동의대 불어불문학과 장성욱 교수에게 제 속내를 이야기했습니다.

"지중한 인연으로 부산 한복판에 성철스님의 사상을 전할 수 있는 포교당을 마련하게 되었습니다. 부산의 불심佛心이 전국 최고이며, 여러 대학에 불교 관련 교수님들이 많이 계신다고 들었습니다. 그런 부산에 불교학회가 없다니 참으로 안타깝습니다. 고심정사 창건과 아울러 부산에도 불교학회를 설립하는 데 도움이 되고 싶으니 교수님이 앞장서 주시면 고맙겠습니다."

장 교수의 노력으로 2006년 6월에 고심정사에서 부산과 경남을 중심으로 동아시아 불교문화를 아우른다는 취지하에 '동아시아불교문화학회'가 창립총회를 갖게 되었습니다. 부산에 최초로 불교학회를 설립하는 데 고심정사 회주로서 역할을 담당할 수 있어서 참 다행이었습니다. 그리고 부산뿐만 아니라 전국의 불교학자들을 편집위원으로 모시고 학회지 발간에 박차를 가하는 등 노력을 하여, 곧 고심정사를 떠나 2012년부터 매년 4회 학회지를 발간하는 우수한 학회로 당당히 성장하였습니다.

그러던 어느 날, 책상에 놓인 학회지(2013년, 제15집)를 펼쳐보다가 『선문정로』 문장 인용의 특징에 관한 고찰」이라는 제목의 논문이 눈에 확 들어왔습니다. 도대체 어느 분이 이런 글을 쓰셨나? 하고 보니, 고심정사 불교대학 초기부터 강의를 해 오신 동의대 중국어학과 강경구 교수님이셨습니다. 어찌나 반갑고 고마운지, 그리고 얼떨떨한지 복받쳐 오르는 감정을 추스르기 어려웠습니다. 사실 이래저래 돈점논쟁이 수그러들었다고는 하지만 종문宗門과 불교학계에는 여전히 "성철스님은 자기 분수도 모르고 보조국사를 폄하했다."라는 비난이 '꺼지지 않은 불씨'처럼 백련암을 둘러싸고 있었고, 그동안 돈오점수 연구 논문은 쌓여 가도 성철스님의 돈오돈수를 이론적으로 외호하는 학자나 논문은 만나기가 어려웠던 실정이었습니다. 그러던 차에 성철 종정 예하께서 열반에 드신 지 20년이 지나 강경구 교수의 논문을 만났으니 그 기쁨과 반가움은 말로 다 표현할 수가 없었습니다.

강 교수가 논문 초록에서 밝힌 바와 같이 "『선문정로』의 문장 인용에 학문적 비엄밀성이 발견된다 해서 그것이 진리와 수행에 대한 안목의 부재를 증명하는 증거가 될 수 없다는 점은 분명히 할 필요가 있다. 본고에서는 『선문정로』의 문장 인용에 문맥 및 의미 조절, 요약형 생략, 추가, 수정 및 문장의 재구성 등의 특징이 보편적으로 발견됨을 살펴보고 그 의미를 탐색해 보았다."라는 글을 보고 단숨에 논문을 읽어 나갔습니다. 또한 "성철스님은 학계의 인용례를 무시한 글을 쓰지 않았다. 오히려 옛 선인들이 그랬던 것처럼 한자문화권의 전통에 따라 자유자재로 문장을 구사하여 당신의 주장을 분명하게 전달하고 있다."라는 지적에서는 그동안 쌓였던 체증이 붉은 화롯불의 한 점 눈송이처럼 사라지는 시원함이 몰려왔습니다. 이어서 같은 제목의 논문이 일련번호를 더해 가며 제21집(Ⅱ, 2015년), 제23집(Ⅲ, 2015년), 제25집(Ⅳ, 2016년)에 연재되었습니다. 그런데 그 후로 연재가 끊어져 아쉽기 이루 말할 수 없었습니다. 고심정사 불교대학에 강의가 있는 날을 기다렸다가 만나서 여쭈니, 학회지에 발표하는 일은 좀 쉬고 차분하게 차곡차곡 정리를 하려고 한다는 답변을 해주셨습니다.

또 세월이 흘러 2020년 백련불교문화재단은 성철넷 홈페이지를 전면 개편하면서 보다 폭넓게 성철사상과 불교 연구를 위해 연구원 이름을 '성철사상연구원'으로 바꾸고, 2006년 제16집을 끝으로 정간한 『백련불교논집』을 복간하여 큰스님의 법호를 따서 『퇴옹학보』라는 제호로 제17집을 발간하게 되었습니다. 그리고 2021년 4월 24일 성철사상연구원 주최로 '퇴옹성철스님의 불교관 연구 2'라는 주제로 열린 학술연찬회에서 강경구 교수는 「성철선의 이해와 실천을 위한 시론」이라는 제목으로 기조 발제를 해 주셨고, 이 논문은 『퇴옹학보』 제18집에 실렸습니다. 고심정사에서 발표를 마치고 난 뒤 강 교수는 "스님! 그동안 많이 기다리

셨지요. 곧 소식을 드리겠습니다."라는 뜻밖의 말씀을 하셨습니다.

그리고 6월 중순쯤, 장경각으로 원고를 보냈다는 소식과 함께 그토록 기다리던 원고가 제 손에 묵직하게 들렸습니다. A4 용지로 500여 쪽에 이르는 원고를 들고 방으로 들어서는데, 눈물이 왈칵 쏟아지며 지난날 보조국사의 돈오점수를 주장하며 큰스님을 거세게 몰아붙였던 보조국사 1세대 연구자들의 분기탱천한 모습이 스쳐 지나갔습니다. 일반 단행본으로 펴내면 1천여 쪽은 넘을 거라는 말도 무색하게 며칠 만에 다 읽고, 10여 년 동안 『선문정로』를 읽어내신 강경구 교수의 신심과 노력에 무슨 말로 감사를 전해야 할지 막막하기만 했습니다.

단순히 학자적 호기심과 연구만으로는 결코 이루어낼 수 없는 작업이었습니다. 오로지 성철스님을 믿고 따라가보자는 굳건한 신심과 저자 자신의 실경계 체험이 없었다면 나올 수 없는 글이었습니다. 성철스님에 대한 비판이나 긍정 등의 발언은 뒤로하고 객관적인 입장에서 인용문을 점검하고 그 뜻을 하나하나 선문과 수행자의 입장에서 짚어나가는 성실함에 절로 고개가 숙어졌습니다. 큰스님께서 열반에 드신 지 28년이 지나 『선문정로』의 연구 해설서가 출판되니 "아! 이제야 은사스님께서 부처님께 밥값으로 자처하신 『선문정로』의 길에 단단한 돌다리가 놓여지는구나."라는 생각이 들었습니다. 성철스님의 제자로서 50년을 살아온 덕에 대종사 법계 품서도 받고 큰스님께 이 책을 봉정할 수 있게 됨이 참으로 감개무량했습니다.

백련암으로 출가하여 큰스님께서 열반에 드실 때까지 22년간 큰스님을 시봉한 덕택으로 어쩌다 마음속에 담아 두신 개인적인 일들을 불쑥불쑥 한 말씀 하실 때가 있었습니다. "내가 29살 때 동화사 금당에서 칠통을 깨고 오도송을 읊고 나니 온몸과 마음이 편안해지고 그날 밤 장좌불와의 자세가 저절로 되며 용맹정진에 들어가는기라. 그렇게 편안하게 하룻밤을 지냈는데, 그게 하루가 아니고 매일매일 장좌불와로 이어지는기라. 그것이 그래 며칠이나 갈란가 하고 장좌불와의 자세를 잃지 않았제. 이놈아! 그게 얼마쯤 하다가 마는 것이 아니라 10년 가까이 저녁마다 그 자세로 지냈다 말이다. 밤에 고개 한 번 떨구지 않고 말이다."라고 하시며 얼굴에 미소가 가득 번지며 득의연해 하셨습니다. 한 번만 그 말씀을 하신 게 아니라 열반에 드실 때까지 다섯 번은 들려주셨던 기억이 납니다. 저는 이 말씀을 들을 때마다 큰스님의 얼굴을 나도 모르게 우러러보면서도 마음속으로는 "참말로 그럴 수 있을까? 의사들이 들으면 무엇이라 할는지…" 하는 불경스러운 마음을 지우지 못하고 죄를 짓고만 살아온 세월이었습니다.

그리고 『성철스님 평전』의 병중일여 편에서, 큰스님께서 세수로 여든에 급성폐렴으로 부산 동아대 병원에서 사경을 헤매고 계신 어느 날, 병문안을 가서 침상 옆에 꿇어앉아 병상에 누워 계시는 모습을 물끄러미 올려다보고 있는데, 퀭한 눈빛으로 "똑같다! 똑같다!"라고 한두 마디만 하셔서 "무슨 말씀인지 모르겠습니다."라고 하니 한마디 하셨습니다. "이 벽창호 같은 놈아! 옛날 젊었을 때나 장좌불와할 때나, 목숨이 오가는 지금이나 정진이 똑같다는 말이다. 그 말도 못 알아들어? 미련한 곰새끼 아니가?" 하시며 낙담하는 모습을 보이시니, 저는 저대로 '큰스님의 지금 이 순간의 경지'를 알아채지 못해 그저 무안하기만 할 뿐이었습니다.

그리고 작년에 종단의 한 어른 스님을 만나뵈었는데, "봉암사 결사가 한창일 때 내가 스무 살이 못 되어 향곡스님을 모시고 봉암사에서 결사대중과 살았는기라. 그때 성철스님은 생식과 장좌불와를 하고 계셔서 모든 대중의 모범이 되셨단 말이제. 내가 그때 성철스님 상좌가 됐어야 했는데, 참! 아쉬운기라."라고 하셨습니다. 그 말씀 덕분에 큰스님께서 남기신 기록 중에 '벽곡辟穀 16년, 장좌불와長坐不臥 10년'이라는 말씀이 실답게 다가왔습니다.

그런데 이번 강경구 교수의 제8장 「오매일여」편을 읽으면서 큰스님께서 일러주시던 그 말씀들을 온전히 수긍하지 못하고 지울 수 없는 의심을 지녔던 죄스러움을 말끔히 씻을 수 있는 문장을 만나니 얼마나 통쾌한지 모르겠습니다. 『성유식론』의 한 문단을 설명하면서, "그중 여래와 자재보살에게는 멸진정만 있다. 수면과 혼절이 없기 때문이다. 수면과 혼절이 없음은 오매가 일여함을 말함이니, 자재보살은 제8의 무기무심의 가무심이고 여래는 진여의 구경무심에서 일여한 바, 진정한 오매일여는 구경무심뿐이다. 오직 멸진정의 선정만 있을 뿐 수면과 혼절이 없다."라는 구절에 화들짝 놀라며 무릎을 쳤습니다. 백련암 골방에서 큰스님의 '백일법문' 테이프를 녹취하면서 정리했던 법문 내용이 번갯불처럼 번뜩 떠올랐기 때문입니다.

큰스님은 『종경록』에 나오는 '무심5위無心五位'를 설명하는 대목에서 "보통의 성위聖位에서는 세 가지가 있고, 부처님과 8지 이상 보살은 오직 멸진정 하나만 있어서 수면과 민절이 없다고 했습니다. (중략) 겉으로 보면 부처님과 8지보살도 전부 다 잠을 자는 것 같지만 그분들은 언제든지 한결같습니다. 항상 여여해서 잠을 잘 때나 잠을 자지 않고 깨어 있을 때나 근본경계는 조금도 변동이 없습니다. 이것이 실질적인 오매일여입니다."라고 설명하셨습니다.

그리고 보니 큰스님은 동화사 금당에서 오도송을 읊은 뒤로 수면과 민절이라는 악법에 빠지지 않고 한결같이 오매일여의 경지를 유지해 오셨던 것입니다. 큰스님은 '근본경계가 조금도 변동 없는' 그 경지에 대해 다섯 번이나 제게 말씀하셨던 것입니다. 그리고 『백일법문』을 통해 교학적으로도 자세히 설명하셨고, 마지막으로 사경을 헤매는 병석에서조차

'똑같다!'라며 오매일여의 경지에 대해 말씀하셨던 것입니다. 그럼에도 불구하고 저는 그 세 가지 기연機緣을 하나로 귀결시키지 못하고 별개의 일처럼 기억하고 있었던 것입니다.

그런데 강경구 교수께서 정리한 앞의 구절을 접하는 순간, 과거에 경험했던 그 세 가지 기연이 마치 회삼귀일會三歸一이라도 되듯 하나로 딱 합치되었습니다. 그리고 큰스님께서 마치 일상처럼 보여주셨던 수행의 높은 경지를 새삼 깨닫게 되었습니다. 대수롭지 않게 보여주셨던 큰스님의 경계와 가르침은 50년 가까운 세월을 통해 숙성된 뒤에 강 교수님의 글이 계기가 되어 마침내 깊은 울림으로 되살아난 것입니다.

큰스님이 말씀하셨던 장좌불와 10년의 경지, 병중일여에서 보여주신 '똑같다!'라는 의미, 그리고 『백일법문』에서 설명하신 오매일여의 의미를 비로소 알 수 있게 되었으니, 그 기쁨을 뭐라 표현해야 할지 모르겠습니다. 그리하여 큰스님의 마음의 경지는 우리와 같은 중생으로서는 알 수 없는 '멸진정의 구경무심 선정에 항상 머무르고 계셨음'을 깨달을 수 있었습니다. 그 후 가슴에 차오르는 희열을 느끼며 멀리 강경구 교수님께 무수반배를 올리며 감사하고 감사했습니다.

'성철선의 이해와 실천을 위하여'라는 의미심장한 부제를 달고 있는 이 책 『정독 선문정로』는, 성철스님의 『선문정로』 편제를 그대로 따라 전체가 19장으로 되어 있습니다. 각 장마다 첫째 설법의 맥락, 둘째 설법의 특징, 셋째 인용문의 특징으로 나누고, 셋째에서는 성철스님의 인용문을 싣고 생략하거나 추가, 바뀐 글자를 대괄호([ ])를 이용하여 보충하고, 성철스님 번역문에 이어 저자의 현대어역이 있고 뒤이어 해설이 있습니다. 그동안 성철스님문도회에서는 평석이나 성철스님의 강설 등을 추가하여 『선문정로』를 쉽게 펴내려 했으나 그 노력이 미흡했는데, 이번에 강경구 교수님의 현대어역과 상세한 해설은 그 높은 울타리를 털어버리고 누구나 선문의 뜰을 볼 수 있게 그리고 함께 걸을 수 있게 해 주셨습니다.

 강경구 교수는 『정독 선문정로』에서 "'성철선'의 제1종지는 돈오원각론, 제2종지는 실참실오론, 제3종지는 구경무심론이다."라는 탁견의 분석을 하고 있습니다. 제2종지 실참실오론를 설명하는 장에서는 "불성은 가난한 집의 어딘가에 숨겨진 보물창고와 같다. 그것이 있다는 사실을 아는 것만 가지고는 부자가 될 수 없다. 간절한 마음으로 직접 찾아내어 그 문을 열어젖혀 직접 그것을 쓰기 시작할 때, 숨겨진 창고는 진짜 보물창고가 된다."라고 강조하고 있습니다. 또한 성철스님의 저작에 담긴 정신은 한자문화권의 '술이부작述而不作'의 전통을 잇는 것이라고 분석하고 있습니다. 그러므로 선문禪門의 바른길에 관심 있거나 눈 밝은 선지식을 찾는 분들이라면 『정독 선문정로』를 통해 누구나 '성철선'의 용광로에 들어가 자신을 버리고 수행정진할 수 있는 힘을 얻어서 '내 마음속의 보물창고'를 활짝 열어젖혀야 하겠습니다.

 저희 문도와 신도들은 10여 년의 세월을 한결같이 성철 종정 예하의 『선문정로』를 연구하여 좋은 결실을 맺어 주신 강경구 교수에게 심심한 감사를 올립니다. 부처님이 큰스님의 롤 모델이었듯이, 우리도 성철스님을 모델로 하여 더 이상의 닦음을 요하지 않는 최초의 깨달음이 최후의 깨달음인 무심의 자리로 나아가길 바라며, 이 책을 만나신 독자 제현께서도 자신의 보물창고를 활짝 열어젖힐 날이 멀지 않기를 기원합니다.

불기 2565년(2021) 12월 동짓날
해인사 백련암 염화실에서
벽해원택 화남

머리말

바름으로 걸어 바름에 이르는 공부의 제안

"교수님 강의는 쉽고 재미있습니다."

초기 고심정사 불교대학 강의에서 자주 듣던 말입니다.

"교수님 강의가 너무 어렵습니다."

요즘 자주 듣는 이야기입니다. 공부가 깊어지면 쉽게 표현되는 법(深入淺出)이라는데, 어쩌자고 자꾸 어려워진단 말인가?

이런저런 인연으로 성철스님의 전법 도량인 고심정사 불교대학에서 강의를 한 지도 대략 15년이 넘었습니다. 불법과 참선에 대한 이해와 실천의 수준이 교양 차원을 크게 넘어서지 못하는 주제였음을 생각하면 만용이 아닐 수 없습니다. 그럼에도 불구하고 매번 들어오는 강의를 덥석덥석 받아들인 것은 '이참에 불교 공부 한번 제대로 해 보자'는 동기가 심중에 담겨 있었기 때문입니다.

그동안 고심정사 불교대학에서 진행한 강의를 돌이켜보면 『신심명·증도가 강설』, 『육조단경』, 『선문정로』, 『금강경』, 『백일법문』 등이 있습니다. 대부분이 성철스님의 저서를 가지고 진행한 강의였습니다. 그렇게 강의하면서 공부한 내용을 『두 선사와 함께 읽은 신심명』, 『평설 육조단경』으로 엮어낸 일이 있고, 『증도가』와 『금강경』의 초고가 제 손을 기다리고 있습니다. 그리고 이제 『선문정로』에 대한 공부를 책으로 정리하는 입장이 되었습니다.

과연 나는 무엇을 알기에 이런 책을 쓸 용기를 낸 것일까? 이 명명백백한 선문禪門의 뜰에서 앎의 대상이 될 특별한 무엇이 따로 있을 리 없는데 말입니다. 사실을 말하자면, 공부를 더 해 갈수록 '알 수 없음'의 바다는 오히려 커져 갈 뿐입니다. 그렇다고 헛공부하고 있다고 엄살을 떨지는 않겠습니다. 불교 공부는 원래 까마득한 알 수 없음과의 맞대면에서 출발하는 것이라고 믿기 때문입니다.

그 알 수 없음이 커지다가 목에 걸려 넘어가지 않는 밤송이(栗棘蓬)가 됩니다. 손오공을 꼼짝달싹하지 못하도록 죄는 금강의 머리테(緊籙兒)가 됩니다. 그것이 우리를 간절함의 화신化身으로 만듭니다. 펄펄 끓는 고기 솥을 핥지도 못하고 떠나지도 못하는 강아지의 비유가 괜히 나온 게 아닙니다. 그 간절함이 우리를 지금 이 현장으로 불러내고 또 거듭 나아가게 하는 것입니다.

그렇지만 간절함만으로 끝난다면 말짱 도루묵입니다. 목마른 나그네는 오아시스를 만나 시원한 물을 마심으로써 목마름의 낭만을 완성합니다. 공부하는 사람의 간절함은 깨달음으로써 그 의미가 완성되어야 합니다.

수행은 깨달음이 아니면 한때의 낭만이 되기 쉽고, 깨달음은 수행이 아니면 공허한 큰소리이기 십상입니다. 그래서 『선문정로』입니다. 『선문정로』는 어떤 기특한 경계 체험에도 머물지 않고 간절히 화두를 들어 그 알 수 없음과 맞상대하여 거듭 뚫고 나가도록 몰아치는 '방'이고 '할'입니다. 궁극의 자유에 이르기 전까지 어떠한 경계에도 묶이지 않도록 한다는 점에서 '모양 없음(無相)'이고, 알 수 없음과 맞대면 하도록 한다는 점에서 '분별 없음(無念)'이며, 거듭 뚫고 나가도록 한다는 점에서 '머묾 없음(無住)'입니다. 6조스님의 세 가지 없음의 법문과 손뼉을 맞부딪치듯 서로 통합니다.

『선문정로』의 법문에는 두 개의 의미층이 발견됩니다. 마땅히 실천해야 할 수행의 차원과 할 일을 다 마친 대자유大自由의 차원을 함께 보여주고자 하는 법문이기 때문입니다. 이 책의 초고를 다듬다가 원택스님께 들은 이야기입니다. 성철스님은『금강경金剛經』의 '응무소주 이생기심 應無所住 而生其心'이라는 사연 많은 이 구절을 '머무는 바 없이 그 마음이 난다'로 해석했다고 합니다. "다들 그 마음을 내야 한다 라고 하는데, 나처럼 보는 사람은 나밖에 없을 거다."라고 하셨다는 겁니다. 그러니까 성철스님은 우리들이 '머무는 바 없이 그 마음을 내는' 길을 걸어 '머무는 바 없이 그 마음이 나는' 자리에 도달하도록 안내하기 위해『선문정로』를 시설한 것입니다.

나는『선문정로』의 독서가 우리를 성철스님이 도달한 바로 그 자리로 이끄는 길 안내가 돼야 한다는 입장에서 이 법문을 읽었습니다. 그런 입장에서 나는『선문정로』가 하나의 철학사상이라기보다는 실참실오實參實悟의 경험을 압축한 실천론이라는 점을 확인하고자 하였습니다. 그래서 '성철선性徹禪'이라는 용어를 들어 인용문 해설의 주된 기제로 삼았습니다. 실천론이라고 해서 이해와 논의를 배제하는 것은 아니지만 선문禪門에서 중요한 것은 실천이고 체험입니다. 이런 입장에서 보면『선문정로』는 단순하면서도 명백한 주제의 거듭된 변주로 이루어져 있습니다. 이 책에서 거듭 말하는 '돈오원각론頓悟圓覺論', '실참실오론實參實悟論', '구경무심론究竟無心論'이 바로 그것입니다. 이 성철선의 3대 종지에 대해서는 논문의 형태로 정리한 것을 책의 말미에 부록으로 실었으므로 1장으로 들어가기 전에 미리 읽어보아도 괜찮을 것입니다.

그럼에도 불구하고 이 책은 어렵다는 평을 면하기 어려울 것입니다.

이것이 쉬운 문제조차 어렵게 푸는 '교수의 악습' 때문이라면 해결할 길이 없지 않겠지만 문제는 그렇게 단순하지 않습니다. 나를 기준으로 시비是非와 선악善惡과 미추美醜를 나누는 삶의 방식과 내용 자체가 선문의 길과 정면으로 충돌하기 때문입니다. 그러므로 알고 이해하려 하면 할수록 점점 더 어려워지는 역설을 만나게 되는 것이 이 여정입니다.

그런데 알고 이해하는 일 자체가 깨달음의 장애가 됨을 알면서도 다시 그 앎과 이해에 호소할 수밖에 없는 것이 선적禪的 담론의 운명이기도 합니다. 그래서 우리는 성철선에 대해 말하기를 실천해야만 합니다. 이 과정에서 언어와 실상 사이의 뛰어넘을 수 없는 운명적 간극을 거듭 확인하게 되고, 이로 인해 진실로 알고자 하는 간절함의 순도가 높아집니다. 그리하여 이 책이 성철선에 대한 이해를 넘어 성철선을 실천하는 현장이 되기를 바랍니다. 그렇게 되려면 읽기는 수시로 멈춰야 하고 실천은 지금 당장 일어나야 합니다.

어차피 성철스님은 한마디밖에 하지 않으셨습니다. 그 한마디조차 지금 다시 물어보면 "내 말에 속지 마라."라고 말끔히 부정될 수도 있습니다. 펼치면 팔만대장경이 되고 거두어들이면 한마디조차 부정되는 이 현장에 『선문정로』는 서 있습니다. 그러므로 혹은 한 문장에서, 혹은 쉼표 하나와 마침표 하나에서, 혹은 저 넓디넓은 행간에서 우리 스스로 성철스님과 동행하고 있는지를 확인하는 되돌아보기가 필요합니다. 여기에 "왜?", "어째서?", "이 뭣고?"와 같은 시공을 끊어낸 질문이 바탕에 깔린다면 그런 금상첨화가 다시 없겠습니다.

『선문정로』에 대한 해설서를 쓰기로 마음먹고 지금에 이르기까지 거의 10여 년의 세월이 흘렀습니다. 천천히 읽기와 당장의 실천을 기약한 출발이었지만 여전히 말과 생각은 넘치고 실천은 부족할 뿐이었습니다. 그런 점에서 나에게 주어진 좋은 인연의 힘이 아니었다면 이 미완의 책이나마 나오기 힘들었다고 생각합니다. 무엇보다도 성철스님의 가르침을 널리 펴는 일을 필생의 과제로 삼고 있는 원택스님의 간곡한 격려가 없었다면 이 책은 아마 10년이 더 지나도 기약이 없었을지 모릅니다. 고심정사 경전반 학생들이 보여준 호감 어린 관심과 순수한 신심도 이러한 글쓰기와 탐구를 지속하는 데 큰 힘이 되었습니다. 편집 과정에서 장경각 정길숙 부장님으로부터 받은 도움은 이루 말할 수가 없습니다. 맞춤법 교정이나 체제의 정리와 같은 전문 편집자로서의 도움도 컸지만, 교정 지시가 빼곡한 1981년 초판본의 복사 자료를 제공하여 성철스님의 본래 의도를 확인하는 계기를 마련해 주었고, 모든 원문을 확인하여 필요한 조언을 찾아내는 치밀함으로 원고의 빈틈을 메꿔주었습니다.

원고를 교정하는 중에 성철스님의 손상좌인 한 스님의 질문을 전달받았습니다. "『선문정로』의 바름(正)을 새로움(新)으로 해석할 수는 없습니까?" '정正' 자에 '새롭게 시작한다(始)'는 뜻이 있는 만큼 문자학적으로 그렇게 해석하지 못할 이유는 없습니다. 그렇지만 나에게 이 질문은 간화선에 뜻을 둔 독자들과 함께 '바름이 곧 새로움'인 활구참구의 문으로 쑥! 들어가 보자는 큰 제안으로 받아들여지는 것입니다. 이 큰 질문을 이 책을 손에 들고 계신 모두에게 돌리고자 합니다. 이를 계기로 우리 각자가 자신만의 쉽고, 재미있고, 새로운 '선문정로'를 갖게 되기를 바랍니다.

2021년 12월 31일
이뭣고 연구실에서
강경구 두 손 모음

차례

추천의 글 | 벽해원택 ─ 005
　『선문정로』의 새 길이 열리다

머리말 | 강경구 ─ 015
　바름으로 걸어 바름에 이르는 공부의 제안

일러두기 ─ 022

제1장 견성즉불 見性即佛 ─ 024

제2장 중생불성 衆生佛性 ─ 086

제3장 번뇌망상 煩惱妄想 ─ 110

제4장 무상정각 無上正覺 ─ 136

제5장 무생법인 無生法忍 ─ 212

제6장 무념정종 無念正宗 ─ 262

제7장 보임무심 保任無心 ─ 302

제8장 오매일여 寤寐一如 ─ 382

제9장 사중득활 死中得活 ─ 428

제10장 대원경지 大圓鏡智 — 506

제11장 내외명철 內外明徹 — 536

제12장 상적상조 常寂常照 — 570

제13장 해오점수 解悟漸修 — 612

제14장 분파분증 分破分證 — 706

제15장 다문지해 多聞知解 — 754

제16장 활연누진 豁然漏盡 — 810

제17장 정안종사 正眼宗師 — 830

제18장 현요정편 玄要正偏 — 856

제19장 소멸불종 銷滅佛種 — 914

부록 | 성철선의 이해와 실천을 위한 시론 — 956

색인 | 서명·인명 목록 및 용어 찾아보기 — 1005

일러두기

1. 이 책은 성철스님의 대표적인 저술인 『선문정로禪門正路』(2015년 본)를 해설한 것이다.

2. 『선문정로』는 1981년 본 『선문정로』에서 출발하여 원융스님이 옮겨 쓴 부분을 추가한 1987년 본 『선문정로』, 가로쓰기로 원고를 입력한 1993년 본 『선문정로 평석』, 성철스님의 강설을 녹취하고 인용문에 일련번호를 붙인 2006년 본 『옛 거울을 부수고 오너라』, 그리고 가장 최근의 2015년 본 『성철스님 평석 선문정로』에 이르기까지 인쇄, 조판, 제목, 편제, 내용의 전 방면에 걸쳐 보완을 거듭해 왔다. 이 책에서는 이러한 보완을 통해 확정된 2015년 본을 주 텍스트로 삼되, 기타 판본을 참고하는 입장을 취하였다.

3. 인용문의 일련번호는 2015년 본 『선문정로』에서 그대로 가져왔지만 같은 번호 아래 여러 문장이 인용된 경우, 필요에 따라 【1-14-①】, 【1-14-②】와 같이 문장을 나누어 해설하였다.

4. 성철스님의 번역문은 '선문정로', 저자의 번역문은 '현대어역'으로 표시하였고, 『선문정로』의 정독精讀을 제안하는 집필 내용은 '[해설]'로 표시하였다.

5. 『선문정로』에서는 인용문의 출처를 문장 속에 밝히고 있으나 이 책에서는 각주로 표시하였다. 본문 속의 출처 표기가 독서에 도움이 되지 않을 뿐만 아니라 성철스님의 손을 거친 인용문은 성철스님의 문장으로 읽어야 한다고 보았기 때문이다.

6. 성철스님은 인용 목적에 따라 변환, 생략, 추가 등의 방법으로 인용문에 개입했는데, 해당 부분의 원문을 대괄호([ ]) 속에 제시하여 비교의 자료로 삼았다.

7. 법수는 6조혜능, 2승, 3계, 4료간, 동산5위, 3현3요와 같이 숫자로 표기하여 그것이 가리키는 내용을 명확히 하고자 하였다.

8. 색인은 이 책에 나오는 서명書名, 인명人名 및 용어用語를 가나다순으로 정리한 것이다. 단, 서명과 인명은 목록으로만 싣고, 이 책을 정독하고자 하는 독자 제현의 이해를 돕고자 주요 용어를 뽑고 페이지도 선별해서 실었다.

9. 이 책에 인용된 대장경의 약호는 다음과 같다. K 고려대장경, T 대정신수대장경, X 만신찬속장경卍新纂續藏經, D 국도선본國圖善本, LC 여징불학저작집呂澂佛學著作集, B 대장경보편大藏經補編

제 1 장

견성즉불 見性卽佛

제1장
견성즉불 見性卽佛

1. 견성즉불 설법의 맥락

　견성성불이 아니고 견성즉불見性卽佛이다. 견성하여 부처가 되는 것이 아니라 견성하면 곧 부처라는 말이다. '마음을 곧바로 가리켜(直指人心) 성품을 보아 부처가 되는 견성성불見性成佛의 길'은 선문의 표어이다. 성철스님이 『선문정로』의 제1장에서 견성성불의 주제를 논의하는 것은 그러므로 당연하다. 그런데 성철스님은 견성성불이 아닌 견성즉불을 말한다. 견성즉불은 성품을 보면(見性) 그대로 부처(卽佛)라는 뜻이 직접 전달된다. 이에 비해 견성성불은 견성한 뒤에 닦음을 통해 부처가 된다는 의미로 이해되는 경우가 있다. 성철스님은 일찍이 『백일법문』에서 견성성불이라는 용어를 쓰면서 견성한 뒤에 닦아서 부처가 된다는 관점을 배제한 바 있다.

　견성성불이라 하면 흔히 견성을 한 뒤에 닦아서 성불하는 것으로 이해하는데, 그것은 별전別傳, 즉 선종에서 말하는 견성성불이 아

님니다. 견성성불은 견성이 성불이고 성불이 견성입니다.[1]

이러한 주장은 『선문정로』에도 일관되지만 그 뜻을 분명히 하기 위해 아예 '견성즉불'이라는 용어를 제시한 것이다. 원래 견성성불은 선종의 종지로서 달마 이후 선사들의 설법에 자주 나타난다. 이에 비해 견성즉불은 직접적인 용례를 찾기 어렵다. 제1장의 전체 인용문에 직접 견성즉불이라는 용어를 쓴 예문이 발견되지 않는 것도 그 때문이다. 다만 달마스님의 『혈맥론血脈論』에 보이는 것처럼 '견성하면 곧 부처다(見性卽是佛)' 등의 말이 보이기는 한다.

견성하면 곧 부처다. 견성하지 못하면 곧 중생이다. 중생의 본성을 떠나 얻을 수 있는 부처의 본성이 따로 있다면 부처는 지금 어디에 있는가? 중생의 본성이 곧 부처의 본성이다. 본성의 밖에 부처가 따로 있는 것이 아니다. 부처가 곧 본성이다. 이 본성을 제외하고 얻을 수 있는 부처가 따로 없으며, 부처의 밖에 얻을 수 있는 본성이 따로 있지 않다.[2]

성철스님의 견성즉불과 의미에 있어서 상통하는 관점을 보이는 문장이다. 성철스님이 견성성불 대신 굳이 견성즉불이라는 말로 설법을 시작한 이유는 분명하다. 성철스님은 완전한 최종적 깨달음인 대원각大圓覺만을 견성으로 본다. 그러니까 성철스님의 견성론은 그 완전성의 강조에 핵심을 두고 있다. 견성한 뒤에 부지런히 갈고닦아 부처가 된다는

---

1 퇴옹성철(2014), 『백일법문』(하), 장경각, p.168. 이하 퇴옹성철(2014).
2 『達磨大師血脈論』(X63, p.2c), "見性卽是佛, 不見性卽是衆生. 若離衆生性別有佛性可得者, 佛今在何處. 衆生性卽是佛性也. 性外無佛, 佛卽是性, 除此性外, 無佛可得, 佛外無性可得."

견해는 철저한 비판의 대상이 된다.

그런데 공교롭게도 견성성불은 견성해서 '닦아' 부처가 된다는 뜻으로 이해되기도 하는 말이다. 만약 그렇다면 견성은 원각이 아니라 원각을 향한 출발점이 된다. 원오스님의 다음과 같은 말이 있다.

> 자아와 대상에 대한 집착을 끊고 알고 이해하는 지해를 벗어나 곧바로 견성성불, 직지묘심을 계단과 사다리로 삼아 인연에 상응하여 작용하되 틀에 박히지 않는 자리에 이르러야 한다. 이것을 쭉 오래 실천하며 몸과 마음을 고요하고 맑게 지켜나가 번뇌의 먼지에서 벗어나는 것이다. 이것이야말로 훌륭한 일 중에 훌륭한 일이다.[3]

견성을 계단과 사다리로 삼아 장구한 실천을 통해 번뇌의 먼지에서 완전히 벗어나는 깨달음의 약도를 제시하고 있다. 견성한 뒤에 장구한 닦음을 통해 부처를 완성한다는 것이다.

견성즉불은 이러한 이해를 차단하고자 제시된 용어이다. '견성하면 곧 부처이다. 다시 닦을 무엇이 남아 있다면 그것은 견성이라 할 수 없다.' 이것이 견성즉불론이 드러내고자 하는 주제 의식이다.

『선문정로』에는 불교 용어에 붙은 '관념의 때'를 벗기기 위한 노력이 자주 발견된다. '견성을 하면 즉시에 구경무심경이 현전한다'는 첫 번역문부터가 바로 그렇다. 성철스님은 "견성을 하면 즉시 무심이 된다.(纔得見性, 當下無心.)"는 문장을 옮기면서 무심無心 대신 구경무심究竟無心이라는 말을 썼다. 무심이라는 말이 관념화되어 본래의 의미를 제대로 전달

---

[3] 『圓悟佛果禪師語錄』(T47, p.784b), "截斷人我脫去知解, 直下以見性成佛直指妙心爲階梯, 及至作用應緣不落窠臼. 辦一片長久, 守寂淡身心, 於塵勞中透脫去, 乃善之又善者也."

하기 어렵다는 생각에서 구경무심이라는 용어를 쓴 것이다. 깨달음에 대해서도 '깨달음→구경각→최후의 구경각' 등과 같이 완결성을 강조하는 수식어의 사용을 통해 그 본래 의미를 회복하고자 한다.

『선문정로』는 돈오원각의 수행 지침서로서 부분적 성취, 혹은 어떤 중간 지점을 깨달음으로 착각하는 오류를 수정하기 위해서라면 극단적 발언도 사양하지 않는다. 예컨대 "종문의 정안종사치고 10지보살이 견성했다고 말한 사람은 한 분도 없다."라는 식의 문장이 빈번하게 발견된다. 그것은 학문적 차원에서 허다한 논의를 생산하는 시비의 단서가 될 수도 있다. 그러나 머물지 않는 수행을 거쳐 궁극의 깨달음에 도달한 석가모니의 길을 따르자는 지침을 제시한 것이라면 그 말은 반박 불가능한 절대 명제가 된다.

원래 선사의 말은 그것을 받아들이는 수행자 내면의 역학 작용을 염두에 두고 발화된다. 그러므로 선사의 말은 그 말을 듣는 당사자의 입장을 빼 버리면 죽은 말만 남게 된다. 성철스님이 '내 말에 속지 말라'고 한 이유가 여기에 있다. 『선문정로』는 참선 수행자를 위한 지침서이지 성철스님만의 고유한 사상을 피력하기 위한 철학서가 아님을 인정해야 한다. 그 각각의 문장들은 수행자를 윽박질러 옳고 그름의 차원을 벗어나게 하기 위한 고함이고 매질이다. 그런 점에서 『선문정로』는 미완성의 책이다. 수행 당사자가 채워야 할 빈칸을 남겨 놓은 과제물이다. 스승의 옆구리를 쥐어박는 기특한 대답들이 이 빈칸을 채울 때 『선문정로』는 완성되는 것이다.

성철스님이 비타협적이고 배타적이라면 모든 조사들도 비타협적이고 배타적이다. 그 가르침이 스스로를 세우기 위해서가 아니라 수행자의 관념을 무너뜨리기 위해 시설된 것이기 때문이다.

2. 성철스님 견성즉불 설법의 특징

성철스님의 전체 법문에는 무심에 대한 강조가 뚜렷하다. 견성하면 바로 부처임을 밝힌 제1장만 해도 절반 이상의 인용문과 강설이 '견성=무심=구경각'임을 말하고 있다. 무심은 어떻게 하면 견성성불할 수 있느냐는 질문에 대한 답변이 되기에 충분하다. 밝은 태양이 항상 빛나고 있으므로 그것을 가리는 구름만 제거하면 태양이 드러난다. 모든 생각이 해를 가리는 구름이고 눈을 가리는 티끌이다. 그러므로 일체의 생각에서 벗어난 무심을 성취한다면 그것이 바로 견성성불이 되는 것이다.

그런데 성철스님이 말하는 무심은 일반적 무심과는 차이가 있다. 사유 작용이 멈추는 차원이 아니라 제8아뢰야식의 미세한 망상까지 완전히 벗어난 구경무심의 상태를 가리키는 말이기 때문이다. 이 기준에 의하면 보살의 마음 역시 '중생을 제도한다'는 마음이 작동하는 상태이므로 구경무심이 아니다. 부처라는 생각, 방편이라는 생각조차 붙을 자리가 없는 무심이라야 진정한 구경무심이다. 그러니까 무심은 결국 있음과 없음, 생성과 소멸의 차원을 완전히 떠난 궁극의 중도인 것이다.

성철스님은 중도中道가 깨달음의 내용임을 거듭 밝힌 바 있는데, 그 중도의 동의어가 무심이 되는 것이다. 결국 우리는 여기에서 다시 막혀 버린다. 무심이 결코 견성, 성불보다 쉽게 알 수 있거나 쉽게 도달할 수 있는 자리가 아니기 때문이다.

무심에 대한 강조는 『선문정로』 가르침의 두드러진 특징 중 하나라고 할 수 있다. 그것은 성철스님이 제창한 화두참구가 무심의 길을 걸어 구경무심에 이르는, 그야말로 방법과 목적에 있어서 무심으로 관통하는 수행법이었다는 점과 깊은 관련이 있다.

이처럼 구경무심의 성취가 바로 돈오이고 견성이다. 더 이상 떨어낼 티끌이 남아 있지 않는 이 돈오견성이 곧 대원각이다. 이것이 성철선의 제1종지인 돈오원각론의 내용이다.

3. 문장 인용의 특징

【1-1】 纔得見性하면 當下에 無心하야 乃藥病이 俱消하고 敎觀을 咸息하느니라

선문정로 견성을 하면 즉시에 구경무심경究竟無心境이 현전現前하여 약과 병이 전부 소멸되고 교敎와 관觀을 다 휴식하느니라.

현대어역 견성하면 그 즉시에 당장 무심이 되어 약과 병이 함께 사라지고, 경전 공부와 참선 수행을 모두 쉬게 된다.

[해설]   영명연수스님은 선종의 직지인심, 견성성불의 종지에 기반하여 법상, 화엄, 천태, 삼론 등의 이론을 융합한 『종경록宗鏡錄』을 내놓는다. 이 『종경록』은 『선문정로』 집필의 모델이기도 하다. 제1장의 첫 번째 인용문을 비롯하여 많은 문장을 여기에서 가져온 것도 그 때문이다.

견성은 곧 구경무심의 성취이며 대원각임을 드러내는 것이 이 문장의 인용 목적이다. 병이 나으면 더 이상 약이 필요 없는 것처럼 견성하면 경전 공부와 참선 수행을 모두 내려놓게 된다는 것이다. 여기에서 성철스님은 무심의 완전성을 강조하기 위해 '구경무심경'이라는 용어를

썼다. 구경무심이라야 견성이라는 것이다. 그러므로 견성 이후의 닦음을 말한다면 그것은 궁극의 무심이 아니며 견성이 아니라는 뜻이다.

> 견성했다고 하면서 정을 닦느니 혜를 닦느니 하는 것은 아직 미세망상이 남아 있는 것이다. 그것은 견성이 아니다. 더 이상 배우고 익힐 것이 없는 한가로운 도인, 해탈한 사람이 되기 전에는 견성이 아니다. 이것이 『선문정로』의 근본 사상이다.[4]

성철스님은 견성에 대한 잘못된 견해가 "선종의 종지를 흐리고 정맥을 끊는 심각한 병폐"[5]라고 진단한다. 제6식의 거친 망상은 물론 제8아뢰야식의 미세한 망상까지 완전히 제거된 구경무심이라야 견성이다. 만약 수행이 더 필요하다면 그것은 구경무심을 체득하지 못한 것이므로 견성이라 해서는 안 된다는 것이다. 성철스님은 그 논거를 『종경록』을 비롯하여 『능가경』, 『대열반경』, 『대승기신론』, 『유가론』, 『육조단경』, 『원오어록』 등에서 찾는다.

구경무심이라야 견성이라 할 수 있다는 이 주장은 깨달음 이후에 오랜 시간의 점수가 필요하다는 돈오점수론을 정면으로 겨냥한다. 그런데 돈오돈수가 되었든 돈오점수가 되었든 그 주장하는 방식이 배타적이 되면 득실이 반반이 된다. 그 주장이 여러 경전에 의해 지지될 수도 있고 논파될 수도 있기 때문이다. 실제로 성철스님이 제시하는 바로 그 전적들의 해당 문맥을 가지고도 성철스님의 주장이 정면으로 뒤집힐 수도 있다. 견성즉불의 논거를 경전에서 찾는 일 역시 득실이 반반이 되는 것이다. 그래서 이것을 옳고 그름의 차원에서 논의한다면 그것

---

4 퇴옹·성철(2015), 『성철스님 평석 선문정로』, 장경각, p.18, 이하 퇴옹·성철(2015).
5 퇴옹·성철(2015), p.16.

은 영원한 도돌이표를 그리게 될 것이다.

여기에서 이 논의를 실천을 통해 검증하고자 하는 길을 설정할 필요가 제기된다. 그것은 실천으로서의 성철선을 설정하는 길이다. 성철선은 선종에서 말하는 돈오견성이 곧 부처님의 깨달음과 같다는 돈오원각론, 제8아뢰야식의 미세번뇌를 모두 타파해야 견성이라 할 수 있다는 구경무심론, 관념적 이해의 차원에서 완전히 벗어나 닦음과 깨달음을 직접 실천해야 한다는 실참실오론을 내용으로 한다. 그러므로 이것을 성철선의 3대 종지라 부를 수 있다.

앞으로 확인하게 되겠지만 『선문정로』의 전체 논의는 이 3대 종지를 중심으로 전개된다. 성철스님은 이것을 수행과 깨달음의 진실성을 파악하는 기준으로 제시한 것이다. 그리하여 3대 종지의 어느 하나에라도 부합하지 않으면 그것은 가차없이 파기의 대상이 되는 것이다.

구경무심론, 돈오원각론, 실참실오론은 여러 인용문에 보이는 것처럼 다양한 경전에 의해 진리성이 확인된다. 다만 이것만이 옳다거나 이것은 틀렸다거나 하는 논쟁에 뛰어드는 대신 이것을 하나의 수증론으로 수용하는 길이 열려 있다. 이것을 '성철선'이라 부르고자 하는 것이다.

이 첫 번째 인용문에는 두 가지 질문과 답변이 숨어 있다. 첫째, 부처님의 깨달음과 선문의 깨달음이 동일한 것인가 아니면 다른 것인가를 묻는 오래된 질문이다. 이에 대한 성철스님의 답변은 분명하다. 부처님은 중도를 깨달아 부처가 되었다고 선언했는데, 여기에서 중도를 깨쳤다는 것은 우리의 근본자성을 바로 보았다는 말이라는 점을 분명히 알아야 한다고 강조한다. 그러니까 중도를 깨달은 부처님의 깨달음을 견성이라 부른다는 것[6]이다. 이렇게 견성이 곧 부처님의 깨달음과 같은

---

6   퇴옹성철(2015), p.15.

것이므로 더 이상의 수행이 필요 없으며, 만약 새로운 수행을 필요로 한다면 그것은 견성이 아니라는 것이다.

둘째, 견성했다는 사람이 넘쳐나는 불교계의 상황을 어떻게 볼 것인가 하는 질문이다. 성철스님은 이것이 선종의 종지를 흐리고 정맥을 끊는 심각한 병폐라고 보았다. 그리하여 그 견성이라는 것이 지해적 차원에서 일어난 일시적 눈뜸이 아닌지 점검해야 한다는 원칙을 제시한 것이다. 잠깐의 눈뜸은 망상에 불과한 것으로서 진정한 견성이 아니라고 보았기 때문이다.

흔히 참선하다가 기특한 소견이 생기면 그것을 두고 '견성했다'거나 '한 소식 했다'고들 하는데 정작 만나서 살펴보면 견성하지 못한 사람하고 똑같다. 과연 무엇을 깨쳤나 점검해 보면 제 홀로 망상에 휩싸여 생각나는 대로 함부로 떠드는 것에 불과하다. 견성에 대한 그릇된 견해와 망설은 자신만 그르치는 것이 아니다. 이는 선종의 종지宗旨를 흐리고 정맥正脈을 끊는 심각한 병폐이다.[7]

【1-2】 如楞伽經偈에 **云**하되 **諸天及梵乘**과 **聲聞緣覺乘**과 **諸佛如來乘**에 **我說此諸乘**은 **乃至有心轉**이니 **諸乘**은 **非究竟**이라 **若彼心滅盡**하면 **無乘及乘者**하야 **無有乘建立**이니라 **我說**①[**爲**]**一乘**이나 **引導衆生故**로 **分別說諸乘**이니라

선문정로 『능가경』 게송에 이렇게 말했다. 제천諸天 및 범중승梵衆乘과 성문연각과 제불여래승諸佛如來乘이 있다. 그러나 이러한 제승諸乘들

---

7 퇴옹·성철(2015), p.16.

은 유심有心 중의 전변轉變이므로 제승은 구경무심이 아니라고 말한다. 만약에 그 각종의 유심이 멸진하면 제승과 그 승乘을 의지할 승자乘者도 없어 승乘이라 하는 명칭조차 건립할 수 없는 ②대무심지大無心地이다. 이는 제승을 초월한 최상유일승最上唯一乘이나 중생을 인도하기 위하여 방편으로 분별하여 제승을 설한다.

현대어역 예를 들어 『능가경』의 게송에서는 이렇게 말하였다. 모든 천승과 범중승, 성문승과 연각승, 그리고 제불여래승이 있다. 내가 말한 이 모든 수레는 모두 유심으로 지향하는 것이므로 모든 수레는 궁극이 아니다. 만약 그 마음이 모두 소멸한다면 수레라는 대상도 없고, 수레를 타는 주체도 없으며, 수레 자체를 설정할 수도 없다. 내가 말하고자 한 것은 오직 하나의 수레(一乘)이지만 중생들을 인도하기 위해 여러 가지 수레로 나누어 말한 것이다.

[해설] 『종경록』에서 가져온 문장이다. 원래는 『능가경』의 문장이므로 재인용에 해당한다. 여래가 다양한 실천의 길을 제시했지만 그것은 주체와 객체조차 없는 한마음으로서의 부처를 가리켜 보인 것이었다. 다만 중생들의 상황이 다르므로 그에 맞는 실천의 방법을 제시했을 뿐이다.

여기에서 제천승과 범승은 세간적 차원의 지혜를 닦는 이들을 위한 법의 수레이다. 선행과 4선8정이 그들을 목적지로 데려가는 수레이다. 성문승과 연각승은 출세간의 지혜를 닦는 이들을 위한 법의 수레이다. 고집멸도의 4제법 등이 성문의 수레이고, 12인연이 연각을 위한 수레이다. 제불여래승은 최상의 출세간 지혜를 닦는 이들을 위한 법의 수레이다. 6바라밀, 중도 등이 그것이다.

그런데 이 5승은 각기 지향하는 바가 있다. 제천승과 범승은 10악을 돌려 10선에 이르고자 한다. 범부 차원의 유심적 지향이다. 성문은 고苦와 집集을 전환하여 멸滅과 도道에 이르고자 한다. 연각은 생사의 흐름을 돌이켜 소멸하는 길을 걷고자 한다. 여래승, 즉 불승은 무명을 전환하여 보리에 이르고자 한다. 성문승이나 연각승, 불승에는 성인이 되겠다는 유심적 지향이 있다. 그래서 제천승에서 불승에 이르기까지 모두 유심에 의한 전향이라고 말한 것이다. 닦는 주체가 있고 도달하고자 하는 목적지가 있어 유심의 범주를 벗어나지 못한다는 것이다. 이에 비해 선종에서는 지향하는 바 없이 오직 하나일 뿐이며, 지금 이것일 뿐이며, 오직 나아갈 뿐인 길을 제시한다. 여기에서는 부처와 조사조차 오염된 이름이다. 모든 지향을 내려놓아 실천하는 주체도 없고, 지향하는 법도 없고, 머무는 바도 없는 이것을 일승이라 부른다. 이것이 인용문이 뜻하는 바이다.

인승, 천승, 성문승, 연각승, 제불여래승까지 포함한 모든 수행의 길이 유심의 차원이며, 구경무심의 일승은 수행의 주체나 수행의 길 자체가 아예 성립되지 않는 차원이라는 내용이다. 무심이 얼마나 고차원의 것인지를 보여주기 위해 인용한 문장이다. 성철스님은 이렇게 말한다.

> 요즘 불교를 공부합네 하는 사람치고 무심이란 단어를 들먹거리지 않는 사람이 없을 정도인데, 무심이란 아이들이 가지고 노는 장난감처럼 그렇게 가볍게 치부될 수 있는 말이 아니다.[8]

한편 성철스님은 그 수증론의 설득력을 높이기 위해 다양한 경전을 인용하면서 그 인용문에 대해 생략, 추가, 변환 등의 방식으로 개입한

---

8   퇴옹성철(2015), p.20.

다. 그리고 이로 인해 문맥적 비틀림이 일어나곤 한다. 그런데 이 문맥적 비틀림은 정통으로부터의 이탈이 아니라 오히려 불교의 핵심을 향한 새로운 초점 맞추기에 해당한다. 그래서 성철스님이 인용문에 개입한 부분에는 문맥적 비틀림과 종지의 재확인이 함께 발견되는 것이다. 인용문이 변환된 부분을 살펴볼 이유가 된다.

그런 점에서 인용문을 살펴보자. 인용된 『능가경』의 게송은 5언의 정형을 취하고 있는데 그중 한 구절인 아설위일승我說爲一乘에서 ①과 같이 '위爲' 자가 빠져 있다. 의도적으로 생략할 이유가 없어 보인다. 1981년 초판본을 살펴보면 '위爲' 자가 발견된다. 그러니까 이것은 1993년 세로쓰기에서 가로쓰기로 새로 편집할 당시에 일어난 입력 오류가 2015년 본까지 이어진 것으로 보인다. 교정해야 한다.

②와 같이 '수레라는 명칭조차 설정할 수 없다(無有乘建立)'는 구절을 번역하면서 '승乘이라 하는 명칭조차 건립할 수 없는 대무심지大無心地이다'라고 하여 원문에 없는 '대무심지大無心地'라는 말을 넣어 설명식 번역문을 구성하였다. 『선문정로』에는 설명이나 강조가 필요할 경우, 인용문에 직접 조정을 가하는 외에 이와 같이 설명식 번역문을 구성하는 경우가 종종 발견된다. 여기에서 성철스님이 말하는 대무심지는 제6식, 제8식 차원의 무심을 넘어선 구경무심의 차원을 가리킨다. 이 대무심지는 『백일법문』의 대무심지와 표현은 같지만 뜻은 다르다. 『백일법문』에서 말하는 대무심지, 혹은 대무심경계는 주체 인식과 대상 인식이 사라졌지만 미세유주가 남아 있는 제8아뢰야식 차원의 무심을 가리킨다. 물론 그에 대한 논의는 이 무분별심인 대무심지가 구경이 아니므로 그것에서 벗어나야 한다는 데[9] 초점이 맞춰져 있다. 그런데 대무심지라는

---

[9] 『백일법문』(하)에 수록 정리된 선종 관련 법문은 1967년에 행해진 것으로서, 1981

용어에 쓰인 '대大' 자로 인해 긍정적 의미 부여가 일어날 수 있다. 그래서 『선문정로』에서는 아예 제8식 차원의 무심을 가무심假無心으로 표현한다. 구경무심이라야 진무심, 혹은 대무심지라 할 수 있다는 것이다.

【1-3】 故로 先德이 云하되 一瞖在眼①[目]하니 千華亂墜②[空]하고 一妄이 在心에 恒沙生滅이라 瞖除華盡하고 妄滅證眞하니 病差藥除하고 氷融水在로다 神丹이 九轉하니 點鐵成金이요 至理一言은 轉凡成聖이라 狂心이 不歇타가 歇卽菩提요 鏡淨心明하니 本來是佛이니라

선문정로 그러므로 선덕先德이 말했다. 일점장예一點障瞖가 안막眼膜을 덮으니 천종환화千種幻華가 요란하게 추락하고, 일진망념一陣妄念이 심중心中에 일어나니 항하사 수數의 생멸이 발동한다. 안예眼瞖를 제거하니 환화가 소진하고, 망념이 영멸永滅하여 진성眞性을 증득하니 천병千病이 쾌차하여 만약萬藥을 제각除却하고, 망념의 빙괴氷塊가 소융消融하여 진성의 담수湛水가 유통流通한다. 신령한 단약丹藥을 구번전단九番轉煅하니 생철을 점하點下하여 진금으로 변성變成하고, 지극한 묘리는 일언편구一言片句로 범부를 전환하여 성자로 성취한다. 광분하는 망심을 휴헐休歇치 못하다가 휴헐하니 즉 무상보리無上菩提요, 현경玄鏡이 청정하여 본심이 명철明徹하니 본래로 대각세존이니라.

현대어역 옛 선지식이 말했다. 한 점의 백태가 눈에 끼면 천 개 환영

년에 발행된 『선문정로』의 기본 구상을 담고 있다. 그런 점에서 초고와 완성본의 관계가 성립한다. 대무심지大無心地에 대해서는 퇴옹성철(2014), pp.279-287 참조.

의 꽃이 허공에 어지럽고, 하나의 망념이 마음에 일어나면 항하의 모래 수와 같은 생멸이 생겨난다. 백태가 사라지면 환영의 꽃이 사라지고, 망념이 소멸하면 진성을 증득한다. 병이 나으면 약을 끊어야 하고, 얼음이 녹으면 물이 남게 된다. 신묘한 단약을 아홉 번 제련하여 무쇠에 한 점 떨구면 황금이 되는 것처럼, 지극한 이치의 한 말씀은 범부를 바꾸어 성인이 되게 한다. 미친 마음이 쉬지 않다가 쉬게 되면 바로 깨달음이다. 거울이 청정하듯 마음이 밝아지면 본래가 부처이다.

[해설] 『종경록』에서 가져온 문장이다. 여기에서 말하는 옛 선지식은 귀종지상歸宗智常스님을 가리킨다. 한 중과 귀종스님 사이에 이런 대화가 있었다.

    중 : 부처란 무엇입니까?
    귀종스님 : 내가 말해 주면 그대가 믿을까?
    중 : 스님의 진실한 말씀을 어떻게 믿지 않겠습니까?
    귀종스님 : 바로 그대가 부처이다.
    중 : 어떻게 보호하고 맡겨 둡니까?
    귀종스님 : 한 점 백태가 눈에 끼면 있지도 않은 꽃이 어지럽게 떨어지는 법이지.[10]

따로 보호하고 맡길 부처라는 것을 설정하는 일 자체가 눈에 낀 백

---

10 『大慧普覺禪師語錄』(T47, p.820a), "僧問歸宗, 如何是佛. 宗云, 我向汝道, 汝還信否. 僧云, 和尙誠言, 安敢不信. 宗云, 卽汝便是. 僧云, 如何保任. 宗云, 一翳在眼, 空華亂墜."

태에 해당한다는 뜻이다. 그렇다면 부처에 대한 지향까지 내려놓으면 어떻게 되는가? 『종경록』의 문장이 가리키는 바와 같이 눈병을 치료하여 백태가 사라지면 청정한 허공이 남고, 얼음이 녹으면 물이 남는다. 이와 같이 망념이 사라지면 본래 부처가 남는다. 있는 이대로 완전하여 더 이상의 인위적 수행이 필요 없게 된다. 이것이 견성의 풍경이다. 망념이 사라지면 수행의 방편조차 필요가 없다는 점, 구경무심이 현현하여 모든 것이 보리임을 알게 된다는 점을 밝히기 위해 인용한 문장이다. 그런데 성철스님은 이에 덧붙여 얼음이 물이라는 것을 알게 된 일만 가지고는 견성이라 할 수 없다는 점을 강조한다.

> 돈오점수설의 근간이 되는 보조국사의 『수심결』에서는 얼음의 본성이 본래 물이었음을 알 듯, 중생이 본래 부처였음을 알면 그것을 견성이라 했다. 그러나 여러 경론과 정안종사들의 말씀을 살펴볼 때, 견성이란 얼음이 완전히 녹아 융통자재한 것을 견성이라 했지 그러기 전에는 10지와 등각이라도 유심으로서 병이 완전히 낫지 않은 환자와 같다 하였다.[11]

깨달음 뒤의 닦음을 말하는 돈오점수에 대한 비판이다. 이것이 성철선의 특징이다. 성철선은 문자적 표현으로는 돈오돈수, 실제 내용으로는 철저한 수행을 통한 완전한 구경무심의 성취를 표방한다. 이것이 돈오원각론, 구경무심론, 실참실오론의 종지이다. 이 기준으로 보면 돈오점수는 미완의 단계일 뿐이다. 이 유심의 차원을 견성으로 인정할 수 없으므로 가차없는 비판의 대상이 되는 것이다. 수행 중에 어떤 지견이

---

11   퇴옹성철(2015), pp.24-25.

생기고 체험이 일어났을 때 스스로에게 물어보아야 한다. 이것이 항구적인가? 만약 그렇지 않고 닦음이 필요하다면 견성이 아니라 망상이다. 그러므로 이것을 내려놓고 다시 활구참구의 자리로 돌아가야 한다는 것이 성철스님의 주장이다.

인용문에 표시한 것처럼 ①'목目'→'안眼', ②'공空'→'타墮'의 대체가 발견된다. 귀종스님의 원래 법문답에는 '일예재안一翳在眼, 공화난타空華亂墮'로 되어 있고, 그 밖에 '일예재안一翳在眼, 공화난기空華亂起'[12] 등의 표현도 보인다. 모두 눈에 백태가 끼면 무수한 환영의 꽃송이가 하늘에 날리는 것과 같게 된다는 뜻이다. 한 생각으로 무수한 망상이 일어나는 중생 경계에 대한 비유이다. 따라서 어떻게 표현되어도 문장의 뜻에는 차이가 없다. 『종경록』의 문장을 귀종스님의 원전에 근거하여 교정하고자 한 의도가 보인다.

【1-4】 如菩薩地盡하면 滿足方便하야 一念相應하야 覺心初起하야 ①念[心]無初相이라 以遠離微細念故로 得見心性하야 心卽常住일새 名究竟覺이니라

선문정로 보살의 종점인 10지가 요진了盡하면 수도의 방편이 원만구족하여 무간도인 일념에 상응한다. 망심의 초기생상初起生相을 각지覺知하여 심지心地에 초상初相이 전무한지라 초기생상의 극미세망념을 원리遠離하므로 자심의 본성을 철견徹見하여 심성이 담연상주湛然常住할새 구경각이라 부른다.

---

[12] 『憨山老人夢遊集』(X73, p.773b).

현대어역 만약 보살의 지위가 끝나면 방편이 모두 갖추어지게 된다. 한 생각에 상응하여 마음의 최초 일어남을 깨달아 마음에 최초의 모양이라 할 것조차 없다. 미세한 생각을 멀리 벗어났으므로 마음의 본성을 보게 된다. 마음이 항상 유지되므로 구경각이라 부른다.

[해설] 『대승기신론』에서 가져온 문장이다. 이에 의하면 깨달음에는 유사 깨달음인 상사각, 부분적 깨달음인 수분각, 궁극적 깨달음인 구경각이 있다. 성문 아라한이나 10주 초주의 초발심 보살은 거친 분별과 집착을 내려놓는 상사각을 성취한다. 10주, 10행, 10회향, 10지를 거치는 동안 부분적 깨달음인 수분각을 성취하며, 다시 등각을 거쳐 구경각에 이른다. 이 인용문은 구경각에 대한 설명이다. 보살의 지위가 끝난다는 것은 보살의 지위를 넘어섰다는 뜻이다. 성철스님은 이 점을 강조하기 위해 등각의 금강유정을 지난다고 설명식 번역을 하였다.

미세분별이란 무명업상, 능견상, 경계상의 세 가지 미세한 망상을 가리킨다. 이것이 영원히 소멸하면 마음의 뿌리인 본래 성품이 항상 현전하게 된다. 마음의 최초 일어남을 깨닫는다고 했는데, 그것은 상식적 차원에서 이해를 돕기 위한 표현이다. 애초에 마음이라 할 것이 없는데 최초의 일어남이라는 모양이 있을 수 없기 때문이다.

이것은 미세한 망념을 멀리 벗어나 '심성을 보는 일(得見心性)'을 구경각으로 정의했다는 것을 보여주기 위해 인용되었다. 성철스님은 『대승기신론』의 권위를 특히 강조하면서 '견성=구경각'이 불교의 정설임을 보여주고자 한다.

마명보살은 불교의 총론이라 할 『기신론』에서 "10지보살을 지나 등각의 금강유정에서 6추는 물론 3세의 미세한 망념까지 완전히 끊어져야 그때 견성한다."고 분명히 밝히고 있다. 심성心性이 상주불멸하는 구경각 즉 묘각이 견성이지 그 전에는 견성이 아니다.[13]

인용문 ①에 '심心'→'념念'의 달라진 표기가 발견되는데 조판 오류에 해당한다. 성철스님의 번역문에도 '심지心地에 초상初相이 전무한지라'로 되어 있다. 교정해야 한다.

【1-5】 業相動念이 念中에 最細일새 名微細念이니라 此相이 都盡하야 永無所餘故로 言①永[遠]離니 ②永[遠]離之時에 正在佛地니라 前來三位는 未至心源일새 生相이 未盡하야 心猶無常이라가 今至此位하야는 無明이 永盡하야 歸一心源하야 更無起動故로 言得見心性이니 心卽常住하야 更無所進일새 名究竟覺이니라

선문정로 무명업상無明業相이 동념動念하는 것이 망념 중에서 가장 미미하므로 미세망념이라 호칭한다. 이 미세망념이 전부 멸진하여 영원히 그 여적餘跡이 없으므로 영원히 이탈한다고 한다. 이 미세망념을 영영 이탈한 때에는 정확히 불지佛地에 머무르게 된다. 전래의 3위는 심원心源에 이르지 못했기 때문에 생상生相이 멸진하지 않아서 심중心中이 아직 생멸무상生滅無常하다가 차위此位에 이르러서는 ③[무명無明이] 영영 멸진하여 일심의 본원에 귀환하여 다시는 기멸동요起滅動搖함이 전무하므로 견성이라 칭언稱言한다. 견성을 하면 진심이 확연상주廓然常住하여 다시는 전진할 곳이 없으므로 최후인 구경각이라 호명한다.

---

13 퇴옹성철(2015), p.26.

현대어역 무명업상에 의한 생각의 동요가 생각 중에 가장 미세한 것이므로 미세한 생각이라 부른다. 이 업상이 모두 사라져서 영원히 남는 것이 없으므로 멀리 벗어난다고 말한다. 멀리 벗어나면 바로 불지에 있게 된다. 앞의 세 지위는 아직 마음의 근원에 도달하지 못하였기 때문에 업상의 생성이 끝나지 않아 마음이 여전히 무상하다. 이제 이 지위에 이르면 무명이 영원히 소멸하여 한마음의 근원에 귀환하여 다시는 일어나 동요하는 일이 없게 된다. 그래서 마음의 본성을 보면 마음이 항상 그대로 유지된다고 하는 것이다. 다시 나아갈 곳이 없으므로 이것을 궁극의 깨달음이라 한다.

[해설] 원효스님의 『대승기신론소』에서 가져온 문장으로서 【1-4】의 문장에 대한 해설이다. 『대승기신론』에서는 마음에 대한 깨달음을 논함에 있어서 본래 깨달음(本覺), 비로소 깨달음(始覺), 궁극의 깨달음(究竟覺)으로 나눈다. 본각은 깨달음의 바탕을 갖추고 있음을 가리킨다. 범부는 그것을 알지 못하므로 그것을 깨닫지 못한 차원(不覺位)이라고도 부른다. 시각始覺에는 이름만 깨달음(名字覺), 유사한 깨달음(相似覺), 부분적 깨달음(隨分覺)이 포함된다. 인용문에서 말하는 앞의 세 지위가 이것을 가리킨다.

구경각은 무심의 순수성과 완전성에 있어서 시각始覺의 세 지위와 차별성을 갖는다. 시각의 지위에서는 마음의 근원에 귀환하지 못했으므로 전도된 몽상이 남아 있다. 무엇보다도 이 몽상을 소멸하여 고요한 무심경에 도달하려는 지향이 망상에 속한다. 망상의 마지막인 근본무명이 소멸하면 마음의 자성이 곧 불생불멸임을 알게 된다. 그리하여 그것을 쉬고자 하는 마음까지 함께 사라진다. 이것이 견성이고, 이것이 구경각이다.

이 인용문에 대해 성철스님은 별다른 강설을 붙이지 않았다. 인용문 자체가 【1-4】의 "마음에 최초의 모양이 없어 미세망념을 멀리 떠나므로 마음의 본성을 보게 된다."라는 『기신론』의 원문에 대한 해설이기 때문이다. 여기에서 ①과 ②에 보이는 바와 같이 '멀 원遠' 자를 '영원할 영永' 자로 바꾸어 표현하고 있다. 『기신론』의 원문이나 그에 대한 원효스님의 해설문에는 모두 '멀리 벗어난다(遠離)'로 되어 있는데, 이것을 '영원히 벗어난다(永離)'로 바꾼 것이다. 해당 인용문에 보이는 바와 같이 구경각의 경지는 미세망념이 '전부 멸진함(都盡)', 무명이 '영원히 멸진함(永盡)'을 내용으로 한다. 이처럼 무명업상을 영원히 떠난 것을 구경각이라 한다는 점을 강조하기 위해서 '멀리(遠) 벗어난다'는 유보적 표현 대신 '영원히(永) 벗어난다'는 절대적 표현을 통해 원각으로서의 완결성을 강조하고자 한 것이다.

③에서는 무명영진無明永盡을 '영영 멸진하여'로 번역하여 멸진하는 내용인 '무명無明'이 번역되어 있지 않다. 초판본 2쇄본에 '無明이'로 검은 볼펜으로 교정되어 있는 것을 확인할 수 있다. 1993년에 가로쓰기로 바꾸면서 반영되었어야 할 내용이지만 교정 없이 2015년 본까지 이어지고 있다. 교정해야 한다.

【1-6】 業識動念이 念中에 最細일새 名微細念이니 謂生相也라 此相이 都盡하야 永無所餘故로 言遠離요 遠離①[虛]相故로 眞性②[卽]顯現하나니 故로 云見心性也라 前三位中에는 相不盡故로 不③[云]見性也라

선문정로 업식業識이 동념動念하는 것이 가장 미세하므로 미세망상이라 호명하나니 생상生相을 말함이다. 이 최초 생상이 전부 멸진하여

영영 그 잔여가 없는 고故로 원리遠離라 하며, 허망환상虛妄幻相을 원리한 고로 진여자성이 곧 현현하나니 고로 견성이라고 한다. 전 3위 중에는 최초 생상이 멸진하지 않았으므로 견성이라 하지 않는다.

현대어역 무명업식이 생각을 움직이는 것이 생각 중에 가장 미세하므로 미세한 생각이라 부른다. 이것이 최초로 생겨나는 모양이다. 이 최초의 모양이 모두 소멸하여 영원히 남는 것이 없으므로 멀리 벗어난다고 한다. 허상을 멀리 벗어나므로 진여자성이 즉시 뚜렷하게 드러나니. 이것을 '마음의 본성을 본다'라고 한다. 앞의 세 지위에서는 생상이 멸진하지 않았으므로 견성이라 하지 않는다.

[해설] 【1-4】의 『기신론』 문장에 대한 현수스님의 해석을 담고 있는 『대승기신론의기』에서 가져왔다. '미세한 생각을 멀리 벗어나기 때문에(以遠離微細念故), 마음의 본성을 보게 된다(得見心性)'는 구절이 해석의 대상이다. 왜 미세한 생각이라 하는가? 무명업식이 3세 중에서 가장 미세하기 때문이다. 왜 멀리 떠난다고 하는가? 무명업상, 즉 최초로 생겨나는 모양(生相)이 모두 소멸하여 다시는 일어나지 않기 때문이다. 이처럼 최초의 모양이 멸진하면 성품이 저절로 드러나므로 이것을 견성이라 한다는 것이다.

최초로 생겨나는 모양이 모두 소멸하면 그것은 바람이 멈추어 고요해진 바다와 같다. 이 맑고 고요한 차원에서 보면 애초에 파도라는 움직임과 본래의 고요함이 한결같이 한마음이다. 오직 평등할 뿐이라 시각始覺이 본각本覺과 다르지 않다. 이것이 구경각의 풍광이다.

①, ②, ③은 모두 단순 탈자에 해당한다. 성철스님의 번역문에는 이 빠진 글자들이 모두 해석되어 있다. 즉 ①은 '허망환상을 멀리한 고로',

②는 '진여자성이 곧(卽) 현현하나니', ③은 '견성이라 하지(云) 않는다'로 번역되어 원문의 글자가 적용되어 있다. 식자 과정에서 일어난 단순 탈자로서 복원해야 한다. 참고로 1981년 초판본에는 ①의 '허虛' 자가 발견된다. 1993년에 가로쓰기로 바꾸면서 일어난 입력의 오류임이 확인된다.

【1-7】 佛地는 無念이니라

선문정로 불지佛地는 ①미세념까지 영진永盡한 무념이다.

현대어역 부처의 지위는 무념이다.

[해설] 『대승기신론소』의 문장이다. 10주, 10행, 10회향의 3현위에서 분별집착을 끊고, 초지에서 제8지 법신위法身位에 이르기까지 근본심에 의지하는 마음을 멸진하며, 금강유정의 등각위에서 근본심을 멸진한다. 근본심은 제8식이다. 이것을 멸진한다는 것은 미세한 생각을 멀리 벗어난다는 뜻이다. 등각에서 미세망상이 끊어져 무념인 묘각으로 진입한다는 『기신론』의 설이다. 성철스님은 보조스님의 10신초 견성설을 비판하기 위해 이것을 인용하였다.

보조스님은 10지는커녕 10신초十信初를 견성이라 하였다. 부산에서 서울 가는 길로 치자면 고불고조께선 남대문을 통과해야 견성이라 하셨는데, 보조스님은 출발점인 부산에서 견성한다 하였으니 불조의 말씀과 너무도 어긋난다.[14]

---

14 퇴옹성철(2015), p.29.

성철스님은 한결같이 돈오원각 수증론의 진리성과 돈오점수론의 오류성을 주장한다. 그것은 당연하고 또 마땅히 그래야 한다. 후학을 지도하는 종사의 입장에서는 자기 수증론의 진리성에 대해 100% 확신을 갖고 있어야 한다. 다만 후학들은 그럴 수 없다. 자칫 종파주의에 빠질 수 있기 때문이다. 그러니까 성철스님의 깨달음을 믿는 입장이라면 오직 실참실오를 통해 그 제시한 자리에 이르고자 하는 태도와 실천이 필요한 것이다.

①과 같이 무념을 '미세념까지 영진永盡한 무념'으로 설명식 번역을 하였다. 성철스님은 아뢰야 3세 망념을 멸진한 구경무심만을 무념으로 인정한다. 수행 과정에서 체험하게 되는 이런저런 무념을 부처의 경지로 착각해서는 안 된다는 점을 강조하기 위한 조치이다.

【1-8】 十地諸賢①(聖人)이 ②[豈不通佛理, 可不如一箇博地凡夫, 實無此理, 他]說法은 如雲如雨하여도 ③[猶被佛呵云] 見性은 如隔羅縠이니라

선문정로 10지의 제현諸賢(聖人)들이 설법하기는 여운여우如雲如雨하여도 견성은 나곡羅縠을 장격障隔함과 같느니라.

현대어역 10지의 여러 현인이(성인이) [어찌 부처의 이치에 통하지 못했겠는가? 하급의 범부보다 못하다는 그런 이치는 있을 수 없다. 그러나 그] 설법이 구름이 뒤덮듯 비가 쏟아지는 듯해도 [부처님의 견책을 받는다.] 본성을 보는 일이 마치 얇은 비단천으로 눈을 가린 것 같아서이다.

[해설]   분주무업스님과 운문스님의 법어에서 가져온 문장이다. 동일한 내용인데 운문스님의 법어는 분주스님의 것에 비해 간략하다.

10지성인은 설법이 구름이 뒤덮듯 비가 쏟아지는 듯해도 오히려 부처님의 견책을 받는다. 본성을 보는 일이 얇은 비단천에 가린 것 같아서이다.[15]

분주스님은 마조스님의 법을 이었고 운문스님은 운문종의 종조로서 선문에 끼친 영향이 지대하다. 그만큼 발언의 진실성이 검증되어 있다는 뜻이다. 위의 분주스님의 법어에서는 10지성인이 평범한 범부보다 못하다는 설을 반박한다. 10지보살의 설법은 부처와 다를 바 없지만 그 평소의 행동은 평범한 범부보다 못하다는 설들이 있었던 것이다. 그렇다면 정말로 10지보살이 범부보다 못하다는 뜻일까? 그렇게 볼 수는 없다. 다만 10지의 보살이라 해도 아직 부처에 대한 지향이 남아 있고 인과를 분별하는 견해가 남아 있다. 또 약간의 지혜를 얻어 그것을 영원한 깨달음으로 착각하는 경우도 있다. 그래서 분주스님은 이렇게 말한다.

이치를 깨달은 사람에게 얼마간의 지해知解가 있다 해도 그것은 깨달음의 이치로 들어가는 입구일 뿐이라는 점을 알아야 한다. 이것으로 세간의 명리를 영원히 벗어났다고 말한다면 산수를 유람하면서 그 원류를 소홀히 하는 것과 같다. 그리하여 번뇌가 끝나지 않고 이치를 분명히 하지 못한 채 성취한 일 없이 헛되이 세월만 보내

---

15   『雲門匡眞禪師廣錄』(T47, p.545c), "十地聖人, 說法如雲如雨, 猶被呵責, 見性如隔羅縠."

다가 늙어 죽게 되는 것이다.[16]

바로 그렇기 때문에 10지보살도 부처님의 꾸지람을 받는다고 한 것이다. 그런데 앞 인용문의 ②에서 분주스님은 10지보살이 일반 범부보다 못할 이유가 없다고 말한다. 10지보살을 인정하는 말이 된다. 이에 비해 성철스님은 10지와 등각이라 해도 구경각이 아니므로 범부 중생에 속한다고 보는 입장이다. 이 구절이 10지와 등각을 부정하는 인용 목적에 어울리지 않으므로 생략하였다.

설법이 구름처럼 뒤덮고 비처럼 쏟아진다는 표현은 10지보살의 지위가 법운지法雲地로 불리기 때문이다. 비단 장막의 비유는 보기는 하지만 밝게 보지는 못하는 10지보살의 미완성을 가리키는 것이다. 제10지 이후 아뢰야의 3세를 멸진해야 진정한 견성이라는 논거를 제시하기 위한 인용문이다.

이 중 ①과 같이 제현諸賢과 성인聖人을 함께 나열하고 있다. 이 문장은 분주스님과 운문스님의 서로 다른 설법을 조절하여 하나의 문장으로 만든 특이한 인용문이다. 제현諸賢은 분주스님의 설법에서 가져온 것이고, 성인聖人은 운문스님의 설법에서 가져온 것이다. 교학적으로 말하자면 10주, 10행, 10회향은 제현諸賢이고 10지는 성인聖人이다. 여기에서는 10지보살을 말하고 있으므로 성인이라야 한다. 그런데 분주스님은 왜 10지를 제현이라 한 것일까? 10지라 해도 부처님과 같은 성인이 아니므로 그 역시 현인의 범주에 속한다고 보았기 때문일 수 있다. 성철스님이 제현과 성인의 두 단어를 '제현(성인)'의 방식으로 병렬하면

---

16 『景德傳燈錄』(T51, p.444c), "設有悟理之者有一知一解, 不知是悟中之則入理之門, 便謂永出世利, 巡山傍澗輕忽上流, 致使心漏不盡理地不明, 空到老死無成虛延歲月."

서 제현을 앞에 둔 것도 분주스님의 관점에 동의하는 바가 있었기 때문으로 보인다.

②의 문장이 생략되었다. "어찌 부처의 이치에 통하지 못했겠는가? 하급의 범부보다 못하다는 그런 이치는 있을 수 없다."라는 뜻이다. 10지보살의 견성이 미완성임을 강조하고자 하는 인용 의도에 어울리지 않으므로 생략하였다. 성철스님의 설법 취지가 진정한 견성인 돈오원각 이외의 어떠한 지위도 인정하지 않는 데 있기 때문이다.

③과 같이 '오히려 부처님의 꾸지람을 받는다(猶被佛呵云)'는 구절이 생략되었다. 부처님의 꾸지람은 완전하지 못한 깨달음을 향해 내려진다. 『화엄경소초』에 보이는 바, "8지보살이 모양 없는 도리에 원만하지 못하므로 부처님에게 꾸짖음을 받아 다시 수행하여 9지로 나아간다."[17]라는 구절이 그러한 예에 해당한다. 10지보살 역시 묘각에 비해 깨달음이 완전하지 않으므로 꾸짖음의 대상이 된다. 10지에 도달하면 묘각여래가 방편지혜로 마중을 나오고, 10지보살은 흐름을 따라 묘각여래를 향해 나아간다. 그 마중과 나아감의 만남이 등각에서 이루어진다.[18] 이것을 견책, 혹은 꾸짖음으로 표현한 것이다. 이것은 비단 장막을 사이에 두고 사물을 보는 것처럼 견성이 어렴풋하다는 뒤의 구절과 내용적으로 겹친다. 생략의 이유에 해당한다.

【1-9】 如明眼人이 隔於輕縠하고 睹①[衆]色像하야 ②[一切安住] ③[到]究竟地菩薩④[妙智]도 於一切境에 ⑤[當知]亦爾하며 如

---

[17] 『大方廣佛華嚴經隨疏演義鈔』(T36, p.386a), "以八地深證無相於一切法不能圓滿, 故爲佛呵得勸便修至九地."
[18] 『楞嚴經宗通』(X16, p.908b), "如來逆流, 如是菩薩, 順行而至, 覺際入交, 名爲等覺."

明眼人이 無所障隔하고 睹衆色像하야 如來⑥[妙智]도 於一切境에 ⑦[當知]亦爾니라 ⑧[如畵事業, 圓布衆彩, 唯後妙色未淨修治, 到究竟地菩薩妙智, 當知亦爾. 如畵事業, 圓布衆彩, 最後妙色, 已淨修治, 如來妙智, 當知亦爾.] 如明眼人이 於微闇中에 睹見衆色하야 ⑨[到]究竟地菩薩⑩[妙智]도 ⑪[當知]亦爾하며 如明眼人이 離一切闇하고 睹見衆色하야 如來⑫[妙智]도 ⑬[當知]亦爾니라

선문정로 명안인明眼人이 경곡輕縠을 장격障隔하고 모든 색상色像을 보는 것과 같아서 구경지보살도 일체 경계에 이와 같으며 명안인이 장격이 없이 모든 색상을 보는 것과 같아서 여래도 일체 경계에 이와 같느니라. 명안인이 미암중微闇中에서 중색衆色을 보는 것과 같아서 구경지보살도 이와 같으며 명안인이 일체 혼암昏闇을 떠나서 중색을 보는 것과 같아서 여래도 이와 같느니라.

현대어역 눈 밝은 사람이 얇은 비단을 사이에 두고 여러 모양을 보는 것과 같이 [모든 것에 편안히 머무르게 되어] 구경지[에 이른] 보살[의 오묘한 지혜]도 일체의 대상경계에 대해 또한 이와 같다.[이와 같음을 알아야 한다.] 눈 밝은 사람이 걸림 없이 모든 모양을 보는 것처럼 여래[의 오묘한 지혜]도 일체의 대상경계에 대해 또한 이와 같다.[이와 같음을 알아야 한다.] [그것은 마치 그림을 그리는데 모든 색을 다 칠하였지만 형상을 드러내는 마지막의 마감(妙色)을 아직 깔끔하게 정리하지 않은 것처럼 구경지보살의 오묘한 지혜도 이와 같음을 알아야 한다. 또 그림을 그리는데 모든 색을 다 칠하고 마지막의 마감도 모두 깔끔하게 정리한 것처럼 여래의 오묘한 지혜도 이와 같음을 알아야 한다.] 눈 밝은 사람이 조금 어두운 곳에서 여러 모양을 보는 것

처럼 구경지[에 이른] 보살[의 오묘한 지혜]도 또한 이와 같다.[이와 같음을 알아야 한다.] 눈 밝은 사람이 어두움을 완전히 벗어나 여러 모양을 보는 것처럼 여래[의 오묘한 지혜]도 또한 이와 같다.[이와 같음을 알아야 한다.]

[해설] 10지 이후 첫 번째 찰나에 금강유정이 일어나 등각이 되고, 두 번째 찰나에 묘각에 진입한다. 『유가사지론』에서는 등각보살과 묘각여래의 차이를 여덟 가지 비유를 들어 설명한다. 첫째, 똑같이 눈 밝은 사람이지만 얇은 비단 장막을 사이에 두고 사물을 보는 경우와 장막을 걷어낸 경우처럼 차이가 있다. 둘째, 그림에 모두 색을 칠했지만 아직 마지막 마감을 하지 않은 경우와 마감을 모두 한 경우처럼 차이가 있다. 셋째, 똑같이 눈 밝은 사람이지만 미명 속에서 사물을 보는 경우와 어두움이 모두 사라진 뒤 사물을 보는 경우처럼 차이가 있다. 넷째, 똑같이 눈 밝은 사람이지만 멀리서 보는 경우와 가까이에서 보는 경우처럼 차이가 있다. 다섯째, 약간의 백태가 낀 눈으로 보는 경우와 극히 맑은 눈으로 보는 경우처럼 차이가 있다. 여섯째, 아직 태중에 있는 아기와 태중에서 나온 아기와 같은 차이가 있다. 일곱째, 아라한이 꿈속에 있을 때의 마음과 아라한이 깨어 있을 때의 마음과 같은 차이가 있다. 여덟째, 흐린 등불의 불꽃과 밝은 등불의 불꽃과 같은 차이가 있다.

다섯째까지는 눈으로 보는 일을 들어 그 지혜(妙智)를 활용하는 차이를 비유하고 있다. 여섯째는 몸으로 비유하고, 일곱째는 마음으로 비유하고 있다. 등각의 지위에서는 여전히 제8식이 미완성 무루(劣無漏)의 상태이므로 그 미완성의 상태가 태중의 아이나 꿈속의 마음과 같다는 뜻이다. 여덟 번째는 등불의 불꽃과 같은 지혜의 본체에 차이가 있다는 것을 말하고 있다. 아뢰야식은 10지와 등각까지 이숙식으로 불리다가 묘각여래의 지위에 이르러 무구식으로 불린다.[19] 이처럼 10지와 등각은 아뢰야식의 미세번뇌를 모두 소멸하기 이전이므로 그 차이가 이와 같이 나타나는 것이다.

전체 문장은 10지와 등각보살 그리고 여래의 견성에 흐릿하고 밝음의 차이가 있다는 점을 말하고 있다. 인용문은 앞의 여덟 가지 비유 중 첫 번째, 두 번째 비유에 해당한다.

이 중 인용문에 표시한 바와 같이 많은 부분에서 조절이 행해졌다. ①의 '중衆'은 단순 탈자로서 번역문에는 '모든 색상'으로 '중衆'이 번역되어 있다. 1981년 초판본에 바로 되어 있던 것이 1993년에 가로쓰기로 바꾸면서 일어난 입력 오류이다. 복원되어야 한다.

②의 '모든 것에 편안하게 머문다(一切安住)'는 구절의 생략은 인용문을 독립시키기 위한 조치이다. 원래의 문장은 구경지보살의 오묘한 지혜(妙智)와 여래의 오묘한 지혜 간의 차이점을 묻는 질문[20]과 그에 대한 답변으로 이루어져 있다. 여기에서 그 차이점을 설명하기 위해 8종의 비유를 들었는데, 성철스님은 그중 장막의 비유와 어두움의 비유를 인용하였다. 이를 통해 10지보살과 등각보살은 어렴풋하게 보고 여래는 명백하게 본다는 뜻이 강조된다. 그런데 ②의 한 생각도 일어나지 않아 모든 것에 편안하게 머무는 선정의 상태는 등각보살과 여래의 공통된 경계에 해당한다. 인용의 목적이 등각보살과 여래의 근본적 차이를 드러내어 보여주는 데 있으므로 공통점을 언급하는 것은 논지를 흐릴 수 있다. 그래서 이를 생략하여 설법의 취지를 분명히 하고자 한 것이다.

---

19 『大方廣佛華嚴經隨疏演義鈔』(T36, p.581a), "第十地中, 猶名異熟識, 至如來位, 方捨異熟, 名無垢識."
20 『瑜伽師地論』(T30, p.574b), "問一切安住到究竟地菩薩智等, 如來智等, 云何應知此二差別."

③과 ⑨의 '도到' 자를 생략한 것은 깨달음에 대한 지위론적 이해를 차단하기 위해서인 것으로 보인다. '도달한다(到)'는 말이 있으면 등각보살의 과위에 도달한 뒤, 다시 이를 넘어 여래지에 도달하게 된다는 뜻이 형성되기 때문이다. 이것을 생략하면 등각보살과 여래의 근본적 차이를 강조하는 문장이 될 수 있다. 성철스님은 편의상 화엄의 지위론을 인용하면서도 등각보살의 지위에서 여래의 지위로 넘어간다는 이해 방식을 차단하고자 한다. 등각보살의 지위는 여래의 지위와 본질적인 차이를 갖는 미완성의 자리라는 것[21]이다. 이를 통해 성철스님은 등각보살은 "정견이 아니므로 불조 정전正傳은 견성을 불허不許하였을 뿐 아니라 제8마계魔界라 하여 극력 배격하였다."[22]라는 결론을 끌어낸다.

④, ⑥, ⑩, ⑫ 등의 '묘지妙智'를 일관되게 생략한 것 또한 10지와 등각보살 그리고 여래의 차이를 드러내기 위한 것이다. 묘지妙智는 일체종묘지一切種妙智, 여래묘지如來妙智로 표현되기도 한다. 그런데 해당 원문에서는 구경지보살의 묘지와 여래의 묘지가 병치되고 있어 문맥상으로 보자면 묘지가 구경지보살에도 있고 여래지에도 있는 것이 된다. 이래서는 두 지위 사이의 본질적 차이를 드러내는 데 도움이 되지 않으므로 이를 생략한 것이다. 한편 8종의 비유에는 오묘한 지혜, 몸과 마음, 지혜의 본체의 차이가 언급되어 있는데, 이 전체적 차이를 모두 포함하기 위해 오묘한 지혜를 생략한 것일 수도 있다.

⑤, ⑦, ⑪, ⑬ 등의 '마땅히 알라(當知)'가 생략된 것은 원문이 취하고 있는 문답식 맥락을 지워 독립된 문장으로 만들기 위한 조치이다. 이렇게 인용문을 원문의 문맥에서 떼어내어 독립된 문장으로 만드는 것은

---

21 『瑜伽師地論』(T30, p.574c), "是故當知, 一切安住到究竟地諸菩薩衆, 與諸如來妙智, 身心有大差別."
22 퇴옹성철(2015), p.33.

성철스님의 문장 인용에 나타나는 큰 특징 중의 하나이기도 하다. 다음으로 ⑧의 긴 문장을 모두 생략하였다. 생략된 문장의 내용은 다음과 같다.

> 그것은 마치 그림을 그리는데 모든 색을 다 칠하였지만 형상을 드러내는 마지막 마감(妙色)을 아직 깔끔하게 정리하지 않은 것과 같이 구경지보살의 오묘한 지혜도 그와 같음을 알아야 한다. 또 그림을 그리는데 모든 색을 다 칠하고 마지막의 마감도 모두 깔끔하게 정리한 것과 같이 여래의 오묘한 지혜도 그와 같음을 알아야 한다.[23]

이것의 생략에는 두 가지 이유가 있어 보인다. 첫째, 비유를 생략하고 핵심만 드러내고자 하는 성철스님의 언어 전략에 의한 것이다. 성철스님은 문장을 인용할 때 가능하면 비유를 생략하고자 한다. 비유는 어렴풋한 짐작을 일으킨다. 성철스님은 이것을 아예 모르는 것보다 위험하다고 보는 입장이다. 원래의 맥락에서는 얇은 비단의 비유, 그림의 비유, 어두움의 비유, 원근의 비유, 백태의 비유, 태아의 비유, 꿈의 비유, 어두운 등불의 비유 등 여덟 가지의 비유를 통해 구경지보살과 여래의 차이를 설하고 있다. 그중 특히 비유적 성격이 가장 강한 것이 위에 생략된 그림에 대한 비유이다. 비유를 보고 일어나는 어렴풋한 이해를 깨달음으로 착각할 위험이 다분하므로 이를 생략한 것이다.

둘째, 이것이 구경지보살과 여래 간에 완성과 미완성의 관계, 혹은

---

[23] 『瑜伽師地論』(T30, p.574b), "如畫事業, 圓布衆彩, 唯後妙色, 未淨修治, 到究竟地菩薩妙智, 當知亦爾. 如畫事業, 圓布衆彩, 最後妙色, 已淨修治, 如來妙智, 當知亦爾."

단계적 승급의 관계가 성립한다는 이해를 이끌 수 있기 때문에 생략한 것으로 보인다. 마지막의 선 처리를 통해 형상의 경계를 분명히 하여 그림을 완성하는 것이 묘색妙色이다. 이 비유를 충실히 따라간다면 구경지보살을 거쳐 여래지에 이르게 된다는 이해에 도달하게 된다.

그런데 거듭 살펴본 바와 같이 성철스님은 구경지보살과 여래의 근본적 차이를 강조하는 입장에 있다. 구경지보살의 눈뜸을 견성이라 할 수 없다는 것이다. 따라서 이 둘을 단계적 관계로 논하는 이 문장은 그 주장의 전개에 도움이 되지 않으므로 생략한 것이다.

【1-10】 以不生煩惱故로 則見佛性이요 以見佛性故로 則得安住大①[般]涅槃이니 是名不生이니라

선문정로 번뇌가 불생不生하는 고로 곧 불성을 정견하며 불성을 정견한 고로 대열반에 안주하나니, 이를 불생이라 하느니라.

현대어역 번뇌가 생겨나지 않으므로 불성을 보게 된다. 불성을 보므로 대반열반에 편안히 머물게 된다. 이것을 생겨나지 않는다고 한다.

[해설] 『대열반경』에서 인용한 문장이다. 부처님이 열반을 앞두고 있을 때 마갈타국의 아사세왕이 귀의한다. 아사세왕은 일찍이 부친 빈비사라왕을 시해하였고, 국왕의 지위에 오른 뒤에는 제바달다의 사주를 받아 부처님에게 위해를 가하는 등 5역죄를 골고루 범한 인물이었다. 그 업보로 온몸에 잘 낫지 않는 종기 비슷한 피부병으로 고생하고 있었고, 나중에 무간지옥에 떨어질 일을 두려워하고 있었다. 그러던 중 명의 기바耆婆에게서 부처님의 치유적 위신력에 대한 얘기를 듣고 부처님

을 만나 참회할 생각을 하게 되었다. 그런데 갑자기 부처님이 열반을 앞두고 있다는 것을 알게 된다. 아사세왕은 절망하여 괴로워한다.

이때 사라쌍수 나무 아래 있던 부처님이 그 간절한 뜻을 알고 아사세왕을 위해 무량겁 동안 열반에 들지 않겠다는 말을 한다. 가섭이 이 말을 듣고 왜 무량중생이 아니라 아사세왕을 위해 열반에 들지 않겠다는 것인지를 묻는다. 부처님은 아사세왕처럼 5역죄를 범한 중생, 무위에 들지 못한 중생을 위해 부처가 존재하는 것임을 말한다. 그러면서 부처님은 이렇게 말한다.

> 아사阿闍는 생기지 않는다는 뜻이고, 세世는 원한을 뜻한다. 불성이 생겨나지 않으므로 번뇌와 원한이 생긴다. 번뇌와 원한이 생기므로 불성을 보지 못한다.[24]

번뇌가 생기지 않으면 불성을 보게 된다는 것은 당연하다. 이 인용문은 그것을 말하고 있다. 성철스님은 여기에서 '생기지 않음(不生)'이라는 단어에 특별한 의미를 부여한다. 그것이 미세한 번뇌망상까지 멸진한 대무심지를 가리킨다는 것이다. 굳이 『대열반경』의 문장을 인용한 것은 견성이 곧 대열반임을 드러내기 위해서이다. 이렇게 하여 무심, 견성, 구경각에 대열반이 '등호(=)'로 연결된다.

선종의 돈오견성과 부처님의 구경각을 동일한 것으로 강조하는 돈오원각론은 성철선의 제1종지이다. 돈오견성이 원각이라야 한다는 성철선의 이 종지는 불교의 정체성에 대한 성찰과 시대적 상황에 대한 고려를 함께 담고 있다. 과거 중국이나 우리나라에서는 불교가 유일한 종교였

---

24 『大般涅槃經』(T12, p.480c), "言阿闍者, 名爲不生, 世者名怨. 以不生佛性故, 則煩惱怨生, 煩惱怨生故, 不見佛性."

다. 조선조에 들어 배불정책이 시행되기는 하였지만 유일한 종교로서의 지위를 위협 받을 일은 없었다. 그런데 유일신과 예수의 신성성을 강조하는 기독교가 보편적으로 수용되면서 문제는 달라진다. 무엇보다도 살불살조의 전통 속에서 아무렇지도 않게 부처를 부정하는 방만한 진리담론이 문제가 될 수 있었다. 실제로 이것은 불교의 종교성에 회의적 논의가 일어나는 지점이 되곤 하였다. 불교는 종교가 아니라 철학이라는 기독교발 논의가 그 대표적인 경우에 속한다.

이에 선종의 우수성을 그대로 지키되 전체 불교사적으로 그것이 부처님에게서 내려오는 불교의 정통임을 강조할 필요가 있었다. 물론 이것은 선종 내적으로 보면 의심할 바 없는 사실이다. 그렇지만 선종의 역사를 보면 조사선을 여래선의 위에 두고자 하는 관점이 팽배해 있었다. 우리나라에 널리 퍼졌던 진귀조사설도 그 한 예라 할 수 있다. 이것이 틀을 깨뜨리는 선가의 언어 전략이라고 이해하면 문제가 없다. 그렇지만 이 전설을 글자 그대로 믿는 오해가 일어난다면 문제는 심각해진다.

이에 성철스님은 돈오로서의 견성을 표방하는 선종의 전통을 계승하는 한편, 견성이 곧 부처님의 구경원각과 동일한 것임을 강조하는 논의들을 수집한다. 그 수집된 자료의 총정리가 바로 『선문정로』이다. 머리끝에서 발끝까지 간화선 선사였던 성철스님이 왜 『백일법문』과 같은 불교학 개론을 내놓았던 것일까? 또 왜 부처님처럼 살기를 표방했던 것일까? 그것은 그 당면한 숙제에 대한 불교의 답안이 부처님에게서 시작하는 것이라야 했기 때문이다. 그러므로 견성과 부처님의 깨달음을 동일한 것으로 강조하는 돈오원각론이 성철선의 제1종지가 되는 것이다.

인용문의 경우를 보자. ①에 보이는 바와 같이 '대반열반大般涅槃'을 '대열반大涅槃'으로 줄여서 인용하였다. 동의어로 쓰이는 관계이기 때문에 기본적으로 의미의 변화를 수반하지 않는 단순 생략에 해당한다.

그러나 여기에는 '대大' 자에 담긴 완성의 뜻을 강조하고자 하는 의도도 발견된다. 대반열반은 마하빠리닙빠나(Mahāparinirvāṇa)의 번역어로서 대반(Mahāpari)은 번뇌와 생멸이 완전히 사라진 자리에 완전하게 들어간다는 뜻이 된다. 원래 그것은 어원적으로 육체적 삶의 소멸을 뜻하는 것이었다. 이에 비해 대열반은 『법화경』 등에서 대승열반의 다른 말로 쓰이면서 위대한 깨달음이라는 뜻이 강조된다. 성철스님은 이것이 대무심지, 무여의열반, 구경각과 동의어임을 밝히면서 완성의 뜻을 강조하고자 한다. 또한 '완전한 소멸로 들어감(大般涅槃)'이라는 동사적 용어를 '위대한 열반(大涅槃)'이라는 명사적 용어로 바꿈으로써 그 완전성을 강조하고자 한 것이기도 하다.

【1-11】 第一義建立者는 謂①[唯]無餘依涅槃界中이 是無心位②[地]니 何以故오 於此界中에 阿賴耶識이 亦永滅故니라 所餘諸位는 轉識이 滅故로 名無心地나 阿賴耶識이 未③[永]滅盡④故로 於第一義에는 非無心地니라

선문정로 제일의第一義에서 건립建立한 정의는 무여의열반계無餘依涅槃界 중이 진정한 무심위無心位이다. 왜 그러냐 하면 이 경계 중에는 아뢰야식이 또한 영원히 소멸한 연고이다. 이 무여의열반 이외의 제위諸位는 전식轉識이 소멸한 고로 무심지라고 가명假名하나 아뢰야식이 영멸永滅치 못한 고로 제일의에서는 무심지가 아니다.

현대어역 진정한 의미에서 설정하자면 [오직] 무여의열반의 차원만이 무심의 지위이다. 왜 그런가 하면 이 차원이라야 아뢰야식이 영원히 소멸하기 때문이다. 나머지 모든 지위는 6식과 제7식이 소멸하였기

때문에 무심의 지위라 부르기는 하지만 아뢰야식이 영원히 소멸하지 않았기 때문에 진정한 의미로 보자면 무심의 지위가 아니다.

[해설] 『유가사지론』에서 인용한 문장이다. 이에 의하면 유가 수행자는 17단계의 지위에 의지하여 수행을 발전시켜 나간다. 오식신상응지五識身相應地, 의지意地, 유심유사지有尋有伺地, 무심유사지無尋有伺地, 무심무사지無尋無伺地, 삼마사다지三摩呬多地, 비삼마사다지非三摩呬多地, 유심지有心地, 무심지無心地, 문소성지聞所成地, 사소성지思所成地, 수소성지修所成地, 성문지聲聞地, 독각지獨覺地, 보살지菩薩地, 유여의지有餘依地, 무여의지無餘依地의 17지가 그것이다.

인용문은 이 중 제8 유심지와 제9 무심지에 대한 논의에서 가져온 것이다. 이에 의하면 유심과 무심을 가르는 여러 기준이 있고, 그에 따라 무심에도 여러 차원이 세워질 수 있다. 예를 들어 지위에 따른 무심의 차원이 있는데, 잠으로 인한 무심(無心睡眠位), 기절로 인한 무심(無心悶絕位), 6식의 작용이 멈춘 무상정위無想定位, 고요함을 추구하여 생각을 소멸한 무상생위無想生位, 일체의 생각과 감각이 잠시 멈춘 멸진정위滅盡定位와 무여의열반계위無餘依涅槃界位가 그에 속한다.

그런데 진정한 의미로 보자면 오직 무여의열반의 차원만을 무심지라 할 수 있다는 것이 인용문의 내용이다. 지위로 보자면 무심지는 제9지 이후의 차원에 해당한다. 그렇지만 진정한 무심은 구경각인 제17지 무여의지無餘依地의 차원에서만 있을 수 있다는 것이다. 이처럼 아뢰야식이 영멸한 무여의열반의 차원만이 진정한 무심이라는 점을 드러내기 위해 인용된 문장이다.

인용문에 표시한 ①과 같이 '오직(唯)'이 생략되었다. 무상정, 멸진정도 무심이 아니고 오직 무여의열반의 차원만이 진정한 무심임을 강조하는 단어이다. 뜻에는 차이가 없다.

②에서는 '무심지無心地'를 '무심위無心位'로 바꾸어 표현하였다. 뜻에는 차이가 없다.

③의 영원히 소멸하지 않았다는 구절의 '영永' 자가 생략되었다. 1981년 초판본에도 보이지 않는다. 그러나 번역문에는 '영멸永滅치 못하다'로 이 글자가 적용되어 있다. 단순 탈자에 해당하므로 복원해야 한다.

④의 '고故' 자는 문장의 인과 관계를 명백히 드러내기 위해 추가된 글자이다.

【1-12】 唯無餘依涅槃界中에 諸心이 皆滅하니 名無心地요 餘位는 由無①[諸]轉識故로 假名無心이나 由第八識이 未滅盡故로 名有心地니라

선문정로 오직 무여의열반계 중에서 모든 망심이 다 소멸하니 무심지無心地라 부른다. 여타의 제위諸位는 모든 전식轉識이 단무斷無한 고로 무심이라 가명假名하나 제8아뢰야식이 아직 멸진치 못하였으므로 유심지有心地라고 이름한다.

현대어역 오직 무여의열반 경계에서 모든 마음이 다 소멸하므로 무심지라 부른다. 다른 차원은 모든 파생된 의식(轉識)이 없기 때문에 임시로 무심이라고 부르기는 하지만 제8식이 모두 소멸하지 않았기 때문에 유심지라 부르는 것이다.

[해설] 인도 유학에서 돌아온 이후 현장스님의 주력 사업은 『유가사지론』 100권의 번역과 전파였다. 인도 유학의 목적이 유식의 학습과 전파

에 있었기 때문이다. 그가 『유가사지론』의 번역에 주력한 것도 그 때문이다. 이 인용문의 출전이 되는 『유가사지론석瑜伽師地論釋』은 100권의 방대한 『유가사지론』을 체계적으로 정리한 개설서이다. 인용문은 앞의 【1-11】의 문장을 재해석한 것이다.

①과 같이 '제諸' 자가 생략되었다. 전5식과 제6식과 제7식의 7종 식이 모두 아뢰야식의 근원에서 파생된 의식이므로 전식이라 부른다. 이 모든(諸) 파생 의식, 즉 전식이 소멸해도 아뢰야식이 남아 있으면 무심이라 할 수 없다는 것을 강조한 표현이다. 번역문에 '모든 전식轉識'으로 옮겨져 있으므로 '제諸' 자가 적용되어 있다. 단순 탈자이므로 복원해야 한다.

【1-13】 ①五祖②[知悟本性]謂六祖③[惠能]曰 ④[不識本心, 學法無益.] 若識自⑤[本]心하고 見自本性하면 卽名⑥[丈夫]天人師佛이니라

선문정로 5조五祖가 6조六祖에게 말하였다. 만약 자심自心을 통식洞識하고 자성을 명견明見하면 곧 천인사불天人師佛이라 이름하느니라.

현대어역 5조스님이 [내가 본래 성품을 깨달았음을 알고] 6조에게[이 혜능에게] 말씀하셨습니다. "[본래 마음을 모르면 법을 공부해도 도움이 되지 않는다.] 만약 자기의 [본래] 마음을 알고 자기의 본래 성품을 보면 바로 [장부라 하며,] 천상과 인간의 스승(天人師)이라 하며, 부처라 한다."

[해설] 5조스님은 회랑의 벽에 쓰인 오도송을 보고 방앗간 행자 혜

능을 방장실로 불러『금강경』을 설한다. 이때 행자 혜능은 '머무는 바 없이 그 마음을 내야 한다(應無所住, 而生其心)'²⁵는 구절에서 남김없이 깨닫는다. 그리하여 일체의 현상이 자성에서 일어난 것임을 노래한다. 이에 5조스님은 그 깨달음을 인가하며 인용문과 같이 말한다. 깨달으면 곧 부처라는 것이다. 이 제1장의 제목인 견성즉불과 일맥상통하는 발언이다.

성철스님은 이에 기초하여 6조스님의 16년 은거를 깨달음 이후의 보임으로 이해하는 관점을 반박한다. "견성하면 곧 천인사불이라고 말씀하셨지 견성했으니 더욱 부지런히 갈고 닦아 다음에 성불하라고 말씀하진 않으셨다."²⁶라는 것이다.

인용문에 표기된 바와 같이 인용된 문장 중에 추가, 생략, 변환이 가해졌다.

①은 '조사가(祖)'로 되어 있는 원문을 '5조五祖가~'로 바꾸어 그 신분을 분명히 밝히고자 한 것이다. 전체『육조단경』을 읽는 입장이라면 '조祖'가 5조 홍인스님을 가리킨다는 것을 안다. 그러나 이와 같이 독립된 문단으로 잘라 인용하면 문맥이 사라지므로 그 주어를 밝힌 것이다.

②의 본성을 깨달았음을 알고(知悟本性)를 생략하였다. 원래 이 문장은 자성이 본래 청정하고, 본래 불생불멸하며, 본래 완전하며, 본래 움직이지 않으며, 만법을 생성하는 것임을 비로소 알았다고 밝히는 행자 혜능의 사자후²⁷와 그 깨달음에 대한 5조스님의 인정을 내용으로 전달

---

25 성철스님은『금강경』의 사연 많은 이 구절을 '머무는 바 없이 그 마음이 난다'로 해석했다. 원택스님의 회고에 의하면 "다들 그 마음을 내야 한다(낸다)라고 하는데, 나처럼 보는 사람은 나밖에 없을 거다."라고 했다는 것이다.
26 퇴옹·성철(2015), p.38.
27 宗寶編,『六祖大師法寶壇經』(T48, p.349a), "何期自性, 本自清淨. 何期自性, 本不生滅. 何期自性, 本自具足. 何期自性, 本無動搖. 何期自性, 能生萬法."

한다. 견성이 곧 성불임을 보여주는 데 인용의 목적이 있었으므로 행자 혜능의 깨달음 선언과 연결된 해당 구절을 삭제한 것이다.

③에서는 '혜능惠能'을 '6조六祖'로 바꾸었다. 당시 6조스님은 의발을 전수받기 전이었으므로 6조일 수 없다. 더구나 『육조단경』의 이 부분은 6조스님이 자신의 깨달음 인연을 스스로 회고하는 장면이다. 그래서 원문에 혜능으로 되어 있다. 6조스님이 스스로 '이 혜능에게~'라고 자신을 호칭한 것이다.

그런데 성철스님은 이 설법을 통해 견성하면 그대로 부처라는 것이 종문의 철칙임을 밝히고자 한다. 따라서 6조스님의 견성이 구경각임을 강조하기 위해 행자 혜능을 6조로 바꾼 것이다. 성철스님에게 유일한 기준은 견성의 여부에 있지 사회적 공인의 여부와는 상관이 없는 것이었다. 말하자면 이미 깨달았으므로 6조인 것이다. 이것은 앞에서 살펴본 것처럼 '조祖'를 '5조五祖'로 바꾼 또 하나의 이유가 되기도 한다. 5조와 6조가 공존하므로 그것을 구분할 필요가 있었던 것이다.

④의 '본래 마음을 모르면 법을 공부해도 도움이 되지 않는다(不識本心, 學法無益)'는 구절을 생략하였다. 바로 뒤의 '만약 자기의 본래 마음을 알고 자기의 본래 성품을 보면(識自本心, 見自本性)'의 구절과 의미상 중복된다고 보았기 때문이다.

⑤에서 '본本'자를 생략하여 '스스로의 본래 마음(自本心)'을 '스스로의 마음(自心)'으로 바꾸었다. 의미상의 큰 차이는 없다. 다만 인용된 문장을 다시 살펴보면 ②, ④, ⑤에 보이는 바와 같이 '본本'자가 공통적으로 생략되어 있음을 발견하게 된다. 심지어 '본本'자를 생략하지 않은 '식자본심識自本心'의 구절 역시 '자성을 명견하면'으로 번역하여 '본本'자의 의미를 삭제하였다. 무슨 이유가 있는 것일까?

원래 불성본유佛性本有 사상은 『육조단경』의 핵심 중의 하나이다. 그런데 이 '본래 있다(本有)'는 말은 자칫 '그러므로 수행할 필요가 없다'는 수행무용론으로 흐를 수 있다. 철저한 수행과 완전한 깨달음을 강조하는 성철스님의 입장에서는 이 불성본유론에 대한 논의를 이후로 미루어 수행무용론의 위험성을 사전에 차단하고자 하는 의도가 있었던 것은 아닐까 생각해 볼 수 있다. 불성은 원인으로서의 깨달음과 결과로서의 깨달음이라는 의미를 갖는다. 성철스님은 이치적으로는 인과원융이지만 실천적으로는 인과가 분명하다는 입장을 취한다. 깨달음의 원인인 불성을 본래 갖추고 있음을 아는 것만으로는 충분하지 않다. 그것을 알아 온몸을 던져 노력하여 진정한 깨달음이라는 결과에 도달할 때 불성론이 완성된다는 것이다. '본本' 자의 생략과 관련하여 음미해 보아야 할 내용들이다.

【1-14-①】 見性하면 卽成如來니라

선문정로   견성하면 즉시에 여래가 되느니라.

현대어역   견성하면 바로 여래가 된다.

[해설] 『종경록』의 문장이다. 돈오를 표방하는 선종에서 부처가 되겠다는 지향을 세우는 일은 문제가 된다. 자성은 눈앞의 만 가지 사물로 드러나 있다. 그러므로 보고, 듣고, 느끼고, 아는 이 일이 자성 아님이 없다. 바로 그렇기 때문에 밖에서 어떤 특별한 무엇을 구하는 순간 자성을 배리하게 된다. 당연히 견성이 일어날 수 없다. 반면에 네모난 그릇은 네모난 대로, 둥근 그릇은 둥근 그릇대로 성품이 드러난 것임을 바로 보아 유감이 없다면 견성은 당연한 일이 된다. 있는 이대로 부처이

기 때문이다. 견성하면 그 즉시 부처가 된다는 점을 드러내기 위한 문장이 가리키는 바이다.

【1-14-②】 見佛性故로 卽住大涅槃이니라

선문정로   불성을 명견明見한 고로 즉각에 대열반에 현주現住하느니라.

현대어역   불성을 보았으므로 대열반에 거주하게 된다.

[해설]   『종경록』의 문장이다. 무위법에 계합하려면 스스로 무위 그 자체가 되어야 한다. 이것을 작위적 행위가 없는 삼매라는 뜻에서 무작삼매無作三昧라 부른다. 진여의 한마음을 관조하여 생각생각 진여에 계합하는 것이 무작삼매이다. 또한 이것이 중도제일의제의 닦음이기도 하다. 이렇게 하여 청정한 마음이 순일해지면 불성이 저절로 드러난다. 견성은 이처럼 저절로 불성이 드러나는 사건이다. 견성이 곧 대열반임을 보여주기 위해 인용한 문장이다.

【1-14-③】 若頓見①眞[佛]性하면 ②[卽]一念에 成佛하느니라

선문정로   만약에 ③진성眞性을 돈견頓見하면 일념에 성불하느니라.

현대어역   만약 돈오하여 진여자성을 보면 [바로] 한 생각에 성불한다.

[해설]   역시 『종경록』에서 가져온 문장이다. 한 생각에 돈오하여 성불한다는 말도 있고, 3아승지겁을 지나서 성불한다는 말도 있다. 이 반대

되는 말을 어떻게 이해해야 할 것인가? 겁은 무한한 시간을 가리키지만 수행에 임하는 자세에 따라 실제 체감은 달라질 수 있다. 『법화경』에서는 일념으로 수행하는 이에게는 50소겁이 반나절과 같다고 했고, 『유마경』을 보면 보살은 1겁을 7일로 바꾸는 위신력을 갖는다고 했다. 그러므로 지금 당장 성품을 보지 못하는 일에 간절한 분심을 발하는 수행자는 한마음에 성불할 수 있고, 간절함이 없는 수행자는 3아승지겁을 거쳐도 불지에 들어가지 못하는 것이다. 인용문은 이러한 문맥에서 가져온 것이다. 성철스님은 돈오견성이 곧 구경각임을 밝히는 논거로 인용하였다.

이 인용문과 관련하여 1981년 본을 보면 ①과 ③의 '진성眞性'이 '불성佛性'으로 표현되어 있다. 원문의 진성眞性을 성철스님이 불성佛性으로 바꾸어 표현한 것이다. 그런데 이것이 2006년 본과 2015년 본에서 진성眞性으로 복원된다. 대체적인 판본의 상황을 살펴보면 성철스님이 직접 교정한 1981년 본이 가장 정확하고, 이후의 판본에는 잘못된 입력으로 인한 오류가 드물지 않게 발견된다. 이 인용문의 경우, 교정자가 원문에 따라 교정한 것으로 보여진다. 원래 진성과 불성은 구별 없이 동일하게 쓰이는 단어로서 의미상 차이는 없다. 그렇지만 성철스님이 어떤 이유로 이것을 바꾸어 표현하고자 한 것만은 분명하다. 이것을 교정자가 마음대로 바꿀 수는 없다. 만약 교정자의 판단에 따라 바꾸어도 된다면 성철스님의 의도적 손질을 거쳐 새롭게 조직된 문장들을 모두 원문에 따라 복원할 수도 있다는 말이 된다. 거듭 확인하겠지만 『선문정로』의 인용문은 성철스님이 원전에서 그대로 채록한 것이 아니라 자신의 기준에 의해 손질을 하여 새롭게 구성한 문장들이 주를 이룬다. 따라서 2015년 본의 진성眞性은 성철스님의 최초 표현과 같이 불성佛性으로 교정해야 한다.

②의 '즉卽' 자를 생략하였다. 이 글자의 '곧바로'라는 뜻이 바로 뒤의 '한 생각'과 의미상 중복되므로 생략한 것이다.

【1-15】 若能諦觀心性하면 卽是見佛性이며 住大涅槃이니 卽同如來니라

선문정로 만약에 심성心性을 체관諦觀하면, 즉시 불성을 철견徹見한 것이며 대열반에 현주現住한 것이니 여래와 동일하니라.

현대어역 마음의 본성을 명료하게 관조할 수 있다면 그것은 곧 불성을 보는 일로서 대열반에 머물러 여래와 같게 된다.

[해설] 『종경록』의 문장이다. 마음의 본성을 명료하게 관조한다는 것은 무슨 뜻인가? 여실한 수행을 통해 일체의 현상이 마음에서 일어나는 것임을 아는 일이다. 임시적 인연에 의해 일어나는 것임을 아는 일이다. 그리하여 일체의 공성을 철견하는 일이다. 여기에서 모든 현상이 공함을 아는 바른 관찰이 일어나 일체지一切智를 성취한다. 공의 도리에서 보면 부처의 깨달음이라 할 것도 없고, 중생의 미혹이라 할 것도 따로 없다. 그런데 이 공에 머물면 성문, 연각에 떨어져 불성을 보지 못하게 된다. 이에 보살은 중생구제의 발원으로 공에 대한 집착을 내려놓고 앞으로 나아간다. 그리하여 마음의 본성이 공하지만 인연에 따라 모든 현상이 일어난다는 것을 명료하게 안다. 여기에서 평등한 관찰(平等觀)이 일어나 도종지道種智를 성취한다. 이 자리에서는 강력한 지혜의 힘으로 불성을 보기는 하지만 명료하지 못하다. 그래서 평등(空)과 인연(假)을 함께 실천하는 중도제일의관中道第一義觀에 진입해야 한다. 여기에서

마음의 본성을 명료하게 관조하게 되면 그것이 곧 견성이다.

심성을 명료하게 보는 일(諦觀)이 곧 견성임을 보여주기 위해 인용한 문장이다. 이 견성즉불의 장에서는 대부분의 문장을 『종경록』에서 가져오는데 그만큼 공명하는 바가 컸기 때문일 것이다.

【1-16】 見佛性하야 住大涅槃하면 卽是住不思議解脫也니라

선문정로 불성을 명견明見하여 대열반에 현주現住하면 즉시 부사의해탈不思議解脫에 상주하느니라.

현대어역 불성을 보면 대열반에 거주하게 되는데, 이것은 곧 부사의해탈不思議解脫에 머무는 일이 된다.

[해설] 『종경록』의 문장이다. 부사의해탈은 생각으로 이해할 수 없고 언어로 논의할 수 없는 차원이라는 뜻이다. 『화엄경』에 보이는 것처럼 보현보살은 모든 현장에 실천의 원력으로 나타난다. 다만 보현보살의 원력은 특정한 모양을 짓지 않으므로 깊은 삼매로도 직접 목도할 수 없다. 그러므로 생각으로 이해할 수 없고 말로 표현할 수 없는 해탈이라 하는 것이다.

성철스님은 부처의 경계를 유심의 차원에서는 알 수 없다는 점, 그러니까 확철대오해야만 모든 것을 밝게 보는 차원이 열린다는 점을 보여주기 위해서 이 문장을 인용하였다.

【1-17】 但見法性하면 住①[證]大涅槃이니라
於一切法에 見心自性하면 卽是如實究竟之覺이니 卽是頓成佛義니라

선문정로   다만 법성을 명견明見하면 대열반에 주住하느니라.

일체 만법에 진심眞心의 자성을 명견明見하면 즉시 여실如實한 구경각이며 즉시 돈연頓然히 성불함이니라.

현대어역   법성을 보기만 하면 대열반에 머물게[깨닫게] 된다.

모든 현상에서 마음의 자성을 보면 그것이 바로 실상에 합치되는 깨달음이며 바로 그 즉시 부처가 되는 도리이다.

[해설]   선종에서 전가의 보도처럼 휘두르는 견성이란 무엇인가? 견성에 대한 논의를 하려면 견성이 무엇인지에 대한 설명이 필요하게 된다. 그래서 성철스님은 견성에 대해 정의한 여러 문장을 인용한다. 앞의 인용문에 의하면 6조스님은 자성을 보는 일을 견성이라 했고, 『종경록』에서는 불성을 보는 일, 진여자성을 보는 일, 마음의 본성을 보는 일을 견성이라 했다. 그리고 여기에서는 다시 법성을 보는 일을 견성이라 하고 있다. 요컨대 자성, 불성, 진여자성, 법성은 표현만 다를 뿐 동일한 무엇을 가리키는 어휘인 것이다. 각각의 자신에게 있다는 측면에서 보면 자성이 되고, 부처를 찾는 입장에서 보면 불성이 되며, 만사만물과 다양한 현상을 상대하는 입장에서 보면 법성이 된다.

문제는 그것을 자성이라 하든, 불성이라 하든, 법성이라 하든 볼 수 있는 실체가 따로 있지 않다는 데 있다. 모든 사물들과 현상들은 이 마음의 투영일 뿐이다. 그리하여 만약 일체의 괴로움과 즐거움, 선과 악이 있는 그대로 한마음의 일임을 확인하게 된다면 그는 곧장 모든 것이 여여한 열반의 세계에 노닐게 될 것이다. 마니주는 붉은색을 만나면 붉게 되고, 푸른색을 만나면 푸르게 된다. 자기를 고집하지 않고 오는 대로 비추는 이 마니주야말로 법성에 대한 적절한 비유가 된다. 만 가지로 다른 저것이 있는 그대로 한마음임을 알면 어떤 일에도 걸리지 않는 자유를 확보하게 될 것이다. 그래서 법성을 보는 일이 곧 대열반의 세계에 노니는 일이 되는 것이다.

①과 같이 '대열반을 깨닫게(證) 된다'를 '대열반에 머물게(住) 된다'로 바꾸었다. 대열반은 깨닫는 경계이기도 하고, 머무는 세계이기도 하다. 성철스님의 견성즉불론은 견성하여 열반계의 주민이 되면 다시는 부처로서의 신분이 변하지 않는다는 점을 강조한다. 그래서 머문다는 말로 표현을 바꾼 것이다.

【1-18】諸佛境界는 廣大無邊하야 非情識所知요 唯見性하야사 能了니라

선문정로 제불의 경계는 광대무변하여 3세6추의 정식情識으로써는 부지不知하고, 오직 견성하여야만 능히 요달了達하느니라.

현대어역 부처의 경계는 넓고 커서 끝이 없다. 마음이나 생각으로 알 수 있는 것이 아니고 오직 견성을 통해서만 밝게 알 수 있다.

[해설] 부처는 아뇩다라삼먁삼보리를 깨달았다. 그렇지만 아뇩다라삼먁삼보리, 즉 무상정등각이라고 할 어떤 실체가 따로 있지 않다. 모든 현상과 원리를 남김없이 깨달았다고 하지만 그 깨달은 마음이라고 할 어떤 실체가 따로 있지 않다. 자아와 대상의 경계가 사라져 오로지 넓고 큰 하나의 앎이 있을 뿐이다. 그러니까 '넓고 큼' 그 자체가 부처의 경계인 것이다. 이에 비해 우리의 마음이나 생각은 자아와 대상, 선과 악, 행복과 불행 등의 방식으로 나누기를 끝없이 반복하는 현장 그 자

체이다. 그런 점에서 부처의 경계와 분별적 생각은 하나가 사라져야 하나가 드러나는 상반된 영역이다. 중생의 분별적 생애를 중단해야 대원각의 부처경계에 들어가게 된다는 말이다. 부처의 경계를 보는 유일한 지점인 견성은 최후의 미세한 분별까지 내려놓은 궁극적 사건의 현장인 것이다.

성철스님은 10지와 등각도 최후의 미세한 분별이 남아 있으므로 부처의 경계를 까마득히 모른다는 말로 견성의 절대성을 강조한다.

【1-19】 親到諸法無疑之處는 悟心方知요 頓照萬境無相之門은 見性方了니 斯乃如來行處요 大覺所知니라

선문정로 제법에 의혹이 없는 심현처深玄處에 친히 도달함은 자심自心을 철오徹悟하여야 바야흐로 명지明知요, 만경萬境에 형상이 없는 절묘문絶妙門을 돈연頓然 ①남조鑑照함은 본성을 통견洞見하여야 바야흐로 요달了達하나니 이는 여래의 행처行處요 대각大覺의 소지所知니라.

현대어역 모든 법에 의혹이 없는 자리는 마음을 깨달아야 비로소 알 수 있다. 모든 경계에 차별적 모양이 없음을 당장 비춰보는 길은 견성을 해야 비로소 분명해진다. 이것이 바로 여래가 가는 자리이고 대각이 아는 일이다.

[해설] 여래의 경계에 대한 표현은 다양하다. 일체가 평등한 자리, 모든 일로 법륜을 굴리는 경계, 항복시킬 수 없는 경계, 생각으로 이해할 수 없고 언어로 표현할 수 없는 차원, 차별 없는 해탈지혜의 차원, 헤아릴 수 없는 삼매의 경계 등이 그것이다.

이 다양하게 표현된 경계와 차원들은 여래의 어떤 측면을 가리키는 것이다. 그러므로 하나의 표현은 다른 모든 표현을 포함한다. 이 중 인용문은 특히 모든 법에 의혹이 없으며, 모든 경계에 분별을 세우지 않는 차원을 제시하고 있다. 역시 여래의 경계에 대한 전형적 표현이다.

여래의 경계는 직접 마음을 깨닫고 성품을 보아야 알 수 있다. 이것을 밝히는 데 인용의 목적이 있다. 이것은 어떤 정밀한 사유로도 이해할 수 없다. 그래서 오직 직접 도달해 봐야(親到) 알 수 있고, 지금 당장 비춰보아야(頓照) 알 수 있다고 하는 것이다.

직접 깨달아 아는 일(證智)과 알고 이해하는 일이 전혀 다른 차원의 것임을 보여주기 위한 인용문이다. 실질적 수행과 직접적 깨달음의 체험을 내용으로 하는 실참실오에 대한 강조는 성철선 3대 종지의 하나이다. 성철스님에게 있어서 깨달음은 직접 체험한 것, 현재 진행 중인 것이라야 한다. 그렇지 않다면 공허한 수사의 남발이 될 수밖에 없다.

번역문의 ①'남조鑑照'는 '감조鑑照'의 한글 오자이다. 세로쓰기로 조판한 초판본과 가로쓰기로 조판한 1993년 본에는 한글 표기 없이 한문으로만 되어 있었으나 2006년 한글을 병기하면서 일어난 오류이다.

【1-20】 二十八祖內에는 無①[有]一祖도 不見②[此]性成祖니라

선문정로 서천西天의 28대 조사 중에는 일인一人도 견성하지 않고 조사됨이 없느니라.

현대어역 28명의 조사들 중에 이 성품을 보지 않고 조사가 된 경우는 한 사람도 없다.

[해설] 『종경록』의 문답장에서 가져온 문장이다. '부처님이나 조사의 가르침에 의하면 마음만 있으면 모두 성불할 수 있다고 했는데 왜 지금의 중생들은 성불하지 못하는가?'라는 질문에 대한 답변의 일환이다.

성불의 필수 조건은 우리가 이미 완전한 본래 깨달음을 갖추고 있다는 사실에 대한 충분한 믿음과 철저한 체험이다. 중생들이 성불하지 못하는 것은 그 믿음이 충분하지 못하고 체험이 철저하지 못하기 때문이다. 그러므로 청정한 마음의 바탕이 부처를 탄생시킨다는 사실을 믿어 의심치 않는 자리에 도달해야 한다. 바람직한 수행자의 마음은 비옥한 밭이 좋은 곡식을 낸다는 것을 믿어 의심치 않는 좋은 농사꾼과 같다. 모든 부처가 이 청정한 마음의 바탕을 믿었기 때문에 부처가 되었고, 모든 조사가 이 성품을 밝게 보았기 때문에 조사가 되었다.

이 문장은 역대 선문의 조사나 종사들은 견성하여 그 자리에 올랐다는 점을 보여주기 위해 인용되었다. 이를 통해 견성하지 않으면 선문의 계승자가 아니라는 점을 강조하고자 한 것이다.

①과 같이 '무유無有'를 '무無'로 바꾸었다. 한문 표현의 관례를 따른 것일 뿐, 뜻의 차이는 없다.

②의 '이 성품(此性)'의 지시사 '차此' 자를 생략하였다. 앞에서 본래 깨달음, 청정한 마음 바탕(淨心地)이 부처를 키우는 밭이므로 수행자는 이곳에서 수행이라는 농사를 짓는다는 도리를 설했다. '차此'는 이러한 설법의 전후 맥락을 잇는 역할을 한다. 성철스님은 이것을 생략하여 인용문을 독립시키고자 한 것이다.

【1-21】 得旨하면 卽入祖位라 誰論頓漸之門이며 見性하면 現證圓通이라 豈標前後之位리오

선문정로 구경현지究竟玄旨를 오득悟得하면 즉시에 조사의 보위寶位에 등입登入하는지라 그 누가 돈頓과 점漸의 노문路門을 논의하며, 진여 본성을 정견하면 현전現前에 대각원통大覺圓通을 철증徹證하는지라 어찌 전前과 후後의 지위地位를 표적標的하리오.

현대어역 진리를 증득하면 조사의 지위에 들어가므로 돈과 점의 노선을 논할 일이 없다. 견성하면 장애 없는 불보살의 경계를 생생하게 깨달으므로 전후의 지위를 세울 필요가 없다.

[해설] 『종경록』의 문답장에서 가져온 문장이다. 여기 질문이 있다. "선종은 오로지 조사의 뜻을 드는 일에 전력을 기울인다. 그런데 어째서 영명스님은 부처님과 논사들의 언어적 가르침을 인용하여 지침으로 제시하는가? 문자성인은 조사의 자리에 들어가지 못한다는 종문의 가르침에 위배되는 것은 아닌가?"

인용문은 이에 대한 답변의 일환이다. 선문에서 경전을 보지 말라는 것은 부처의 뜻을 알지 못하고 문자만 따라다니는 폐해가 있을 수 있기 때문이다. 그렇지만 옛날 약산스님은 평생 『대열반경』을 손에서 내려놓지 않았고, 마조스님이나 남양스님과 같은 조사들은 한결같이 경전에 근거를 두고 법문을 펼쳤다. 더구나 가섭존자는 석가모니와의 염화미소로 선문의 초조가 되었다. 그렇다면 부처님은 조사 중의 조사에 해당한다. 그러므로 부처님의 가르침인 경전에 의지하여 진리에 나아가는 것은 전혀 이상한 일이 아니다.

다만 문자로 표현되는 무엇이 실재한다는 관념은 반드시 내려놓아야 한다. 그리하여 밖으로 찾아다니기를 멈추고 부처님의 마음에 직접 계합하는 길을 걸어야 한다. 이 도리를 깨닫는 것이 바로 조사가 되는 길이다. 이러한 조사의 입장에서 보면 돈과 점의 구분은 방편에 불과하다. 견성하여 완전히 깨달은 입장에서 보면 경전의 지위설 역시 방편에 불과하다.

이것이 영명스님이 내놓은 답변의 대강이다. 견성하면 돈점이나 각각의 지위가 방편임을 알아 모두 내려놓게 된다는 점을 보여주기 위해 인용하였다. 이를 논거로 하여 성철스님은 이렇게 말한다.

> 만약 수행에 위계와 돈점이 필요하다면 이는 유병요약有病要藥으로 망멸증진妄滅證眞하여 병차약제病差藥除한 구경무심究竟無心이 아니니 절대로 견성이라 할 수 없다.[28]

이처럼 성철선은 더 이상의 수행이 필요 없는 구경무심이라야 견성이라 할 수 있다는 점을 강조한다. 요컨대 그대가 도달한 그 자리는 견성이 아니다. 도달한 자리가 있다면 그것은 버려야 할 무엇일 뿐이다. 그런 의미에서 어떤 기특한 경계라도 거기에 머무르거나 의미를 부여하지 말고 다시 공부를 지어 나가라는 것, 이것이 성철스님의 일관된 가르침이다.

【1-22】 若得直下에 無心하면 量出①處[虛]空之外어니 又何用更歷階梯리오

선문정로 만약 직하直下에 무심하면 허공 밖에 초출超出하거니 어찌 계제階梯를 수력修歷하리오.

---

28 퇴옹·성철(2015), p.44.

현대어역 만약 곧바로 무심할 수 있다면 허공 밖으로 벗어나게 되니 다시 어떤 단계를 거칠 필요가 있겠는가?

[해설] 『종경록』에서 가져온 문장이다. 선문에도 성불에 이르기까지 거쳐야 하는 지위가 있는지를 묻는 질문이 제시된다. 이에 영명스님은 두 가지의 가능성을 모두 열어 보여주는 답변을 한다.

영명스님에 의하면 진여일심의 차원에서는 지위 자체를 세울 수 없다. 그렇지만 실천의 차원에서는 습기를 다스리는 일이 있어야 하므로 승진하는 일이 없을 수 없다. 예컨대 8지보살은 마음 밖에서 정토를 보고 지혜로써 이치에 계합하고자 한다. 10지보살은 마음 밖에 대상을 설정하지는 않지만 여전히 주체와 대상을 나누는 습기가 남아 있다. 등각보살에게도 마지막 1품의 무명이 남아 있다. 그러므로 이것을 제거해 나가는 점차적 단계가 없을 수 없다는 것이다.

그러니까 곧바로 무심하기만 한다면 계급이 필요 없지만, 단번에 무심에 계합하지 못한다면 부처의 지혜로 다스리고, 진리에 맡기고(五忍)[29], 몸으로 체득하는(六卽)[30] 과정을 단계별로 거칠 수밖에 없다는 것이다.

---

29 영명스님은 진리에 맡기는 5단계(五忍)를 말한다. 그것은 번뇌를 항복시키는 단계(伏忍), 믿어 의심치 않는 단계(信忍), 진리의 흐름에 맡기는 단계(順忍), 불생불멸의 이치를 밝게 아는 단계(無生忍), 모든 번뇌가 소멸하여 고요한 단계(寂滅忍)의 다섯 단계를 거친다고 얘기된다. 자세한 것은 『仁王護國般若波羅蜜多經』(T8, pp.836b-837a) 참조.

30 영명스님은 천태스님이 말한 몸으로 체득하는 여섯 차원(六卽)을 순차적으로 밟아 나가는 길을 하나의 가능성으로 제시한다. 구체적으로 그것은 이치 이대로 부처(理卽)임을 체득하는 차원, 배움을 통해 일체법이 불법임을 체득하는 차원(名字卽), 직접 실천하여 이치에 상응하는 차원(觀行卽), 거듭 실천하여 부처에 다가가는 차원(相似卽), 불성을 보아 점차적으로 지혜를 밝혀 가는 차원(分眞卽), 구경각에 도달하여 진리 그 자체로 살아가는 차원(究竟卽)이라는 단계를 갖는다. 자세한 것은 『摩訶止觀』(T46, pp.10b-10c) 참조.

여기에서 말하는 곧바로 무심한 일은 등각에서 마지막 1품 무명을 멸진하여 묘각에 진입하면서 일어나는 것일 수도 있고, 각각의 지위에서 일어나는 일일 수도 있다. 요컨대 무심은 원칙적으로 어떤 지위에서도 일어날 수 있다. 그럼에도 곧바로 무심할 수만 있다면 그것이 바로 구경각과 내용적으로 동일한 것이라는 점은 분명하다.[31]

성철스님은 곧바로 무심한 일이 견성과 함께 일어난다고 강조한다. 견성하는 순간 지위점차를 초탈하는 일이 함께 일어나는 것이다.

①의 '처공處空'은 '허공虛空'의 오자이다. 초판본에 바로 되어 있던 것이 1993년에 가로쓰기로 바꾸면서 일어난 오류인데, 이것이 2015년 본까지 이어진 것이다. 바로잡아야 한다. 한편 '약득직하若得直下'가 '약직하若直下'로 잘못 입력되어 있던 1993년의 오류를 2015년 본에서 교정했음을 확인할 수 있다. 정본의 확정을 위한 지속적 교정이 필요하다는 점을 확인할 수 있는 부분이다.

【1-23】 諸聖은 分證이요 諸佛은 圓證이니라
無明을 若除하면 一時에 頓證이니라
祖佛은 圓證法界니라
利根上智는 須圓證이니 十聖三賢을 一念超로다

선문정로 제성諸聖은 분분증득分分證得이요 제불諸佛은 원만철증圓滿

---

[31] 『黃檗山斷際禪師傳心法要』(T48, p.380b), "但能無心, 便是究竟. 學道人若不直下無心, 累劫修行終不成道. 被三乘功行拘繫不得解脫. 然證此心, 有遲疾, 有聞法一念便得無心者, 有至十信十住十行十迴向乃得無心者, 長短得無心乃住. 更無可修可證, 實無所得, 眞實不虛. 一念而得, 與十地而得者, 功用恰齊, 更無深淺. 祇是歷劫枉受辛勤耳."

徹證이니라.

근본무명根本無明을 만약 단제斷除하면 일시에 돈증頓證하느니라.

조사와 불타는 진여법계眞如法界를 원증圓證하니라.

이근利根과 상지上智는 모름지기 원증圓證할지니, 10성十聖과 3현三賢을 일념에 초월하느니라.

현대어역 10지의 각 단계에 있는 보살들은 부분 부분 증득하며 부처님은 완전하고 철저하게 깨닫는다.

무명을 제거하면 단번에 바로 깨닫게 된다.

조사와 부처는 법계를 완전하게 깨닫는다.

영리한 상근기는 완전하게 깨달아 3현과 10성을 한 생각에 뛰어넘는다.

[해설] 견성이 단번에 일어나는 깨달음(頓證)이며 완전한 깨달음(圓證)이라는 점을 말하기 위한 4개의 인용문이다. 첫 인용문은 부분적 깨달음(分證)과 완전한 깨달음(圓證)을 대비적으로 제시하고 있다. 10지의 보살들은 번뇌의 일부를 타파하여 그만큼의 진여를 증득한다. 그러나 10지에 이르러도 여전히 주관과 객관을 나누는 미세한 분별이 남아 있다. 등각에 이르러도 그러한 분별을 낳는 무명이 남아 있다. 그러니까 제10지를 지난 등각에서 마지막 1품 무명을 타파하면서 완전한 깨달음인 묘각에 진입하게 되는 것이다. 이것이 부처의 완전한 깨달음, 즉 원증인 것이다.

두 번째 인용문은 당장에 깨닫는 돈증을 말한다. 『종경록』에서는 이 돈증이 수행을 통해 얻어지는 것이 아니므로[32] 시간의 선후가 성립하지

---

32 『宗鏡錄』(T48, p.560c), "一時頓證, 則是頓得, 不從修得."

않는다고 말한다. 성철스님은 여기에서 "부처님과 조사들은 진여법계를 단번에 완전히 깨닫는다."[33]는 점을 강조한다. 이것이 부처님의 모범과 선종의 수증론을 통일한 성철스님의 돈오원각론이다. 요컨대 성철선에서는 부처님이 그랬던 것처럼 깨달음은 한 번에 일어나며, 그것은 더 이상의 닦음을 요하지 않는 것이다. 최초의 깨달음이 곧 최후의 깨달음이 되는 것이다.

【1-24-①】 若明悟相하면 不出二種이니 一者는 解悟니 謂明了性相이요 二者는 證悟니 謂心造玄極이니라 ①[若明漸頓者, 乃有多門,] 若②言[云]頓悟漸修하면 此約解悟니 謂豁了心性하고 後漸修學하야 令其契合이니라

선문정로 만약에 오상悟相을 설명하면 이종二種을 불출不出한다. 일一은 해오解悟니 성리性理와 법상法相을 명백히 요지了知함이요 이二는 증오證悟니 오심심현悟心深玄하여 궁극에 도달함을 말함이다. 만약 돈오점수頓悟漸修를 말하면 이는 해오이니 심성心性을 활연요지豁然了知하고 후에 점점 수학修學하여 계합契合하게 함이다.

현대어역 깨달음의 모양을 설명하자면 두 가지를 벗어나지 않는다. 첫째는 해오로서 본성과 현상을 밝게 아는 것이다. 둘째는 증오로서 마음이 궁극에 도달하는 것이다. [점과 돈을 설명하자면 여러 길이 있는데] 돈오점수를 말하자면 이것은 해오로서 마음의 본성을 밝게 이해한 뒤 점차적으로 닦고 배워 그것에 계합하도록 하는 것이다.

33　퇴옹·성철(2015), p.46.

[해설] 깨달음의 심천深淺에 대한 청량스님의 논의에서 가져온 문장이다. 지해적 차원의 깨달음을 해오, 직접 진여에 계합하는 일을 증오라 한다는 것이다. 돈과 점의 여러 논의를 여기에 배치해 보면 돈오점수는 해오에 속한다. 먼저 이해의 차원에서 깨달은 뒤 수행을 통해 완전하게 계합하는 분증의 길을 걷기 때문이다. 성철스님은 해오와 그에 바탕하여 단계를 밟아 나가는 분증을 배제하고 구경각으로서의 증오만을 인정한다.

> 정전의 대종장大宗匠들은 묘각후과妙覺後果인 원증이 아니면 견성과 오심悟心을 허락하지 않고 분증과 해오는 사지악해邪知惡解 망식정견妄識情見으로 극력 통척痛斥하는 바이다.[34]

한편 인용문의 문장에 표시한 바와 같은 손질이 행해졌다. 이 중 ①의 '점과 돈을 설명하자면 여러 가지의 길이 있다(若明漸頓者, 乃有多門)'는 문장이 생략되어 있다. 원문에서는 이 문장을 받아 구체적으로 돈점에 대해 돈오점수(해오), 점수돈오(증오), 점수점오(증오), 그리고 해오와 증오에 함께 통하는 돈오돈수 등의 길이 있음을 자세하게 논하고 있다.[35] 성철스님은 돈오점수가 해오에 해당함을 밝히기 위해 이 문장을 인용하였다. 그래서 그 밖의 점수점오, 점수돈오, 돈오돈수 등 증오에 속하는 기타의 길을 설명하는 ①을 생략하였다. 각각에 대한 구체적 설명을 필요로 하므로 해오 비판의 논지를 드러내는 데 도움이 되지 않는다고

---

34 퇴옹성철(2015), p.49.
35 『華嚴經行願品疏』(X5, p.64c), "若云漸修頓悟, 謂初攝境唯心, 次視心本淨, 後心境雙寂. 瞥起不生, 前後際斷, 湛猶停海, 曠若虛空, 此約證名悟. 則修如瑩鏡, 悟似鏡明. 若云漸修漸悟, 亦是證悟. 則修之與悟, 並如登臺, 足履漸高, 所鑒漸遠. 若云頓悟頓修, 此通三義."

보았기 때문이다.

②와 같이 '운云' 자를 '언言' 자로 바꾸었는데 서로 통용하므로 의미상의 변화는 일어나지 않는다.

【1-24-②】 豁然了知하니 卽爲始悟요 修行契證이 目爲終入이니라

선문정로 활연豁然히 성상性相을 요지하니 곧 해오인 시오始悟가 되고, 수행하여서 현극玄極에 계합실증함은 증오證悟인 종입終入이다.

현대어역 밝게 이해하여 아는 것은 시작으로서의 깨달음(始悟)에 해당하고, 닦고 실천하여 이에 계합하고 깨닫는 것이 마지막 깨달음에 들어가는(終入) 일에 해당한다.

[해설] 『화엄경소초』에서 가져온 문장이다. 모든 부처의 존재 이유는 진여자성을 열어서(開), 보여주고(示), 깨달아(悟), 들어가도록(入) 하는 데 있다. 청량스님은 이 중 열어서 보여주는 일(開示)은 스승의 몫, 깨달아 들어가는 일(悟入)은 수행자의 몫으로 보았다. 그리고 인용문과 같이 돈오를 처음 깨닫는 일(悟)이라 보고, 이후 점수를 통해 그 깨달음을 완성하는 일을 최종의 구경각에 들어가는 일(入)로 설명하고 있다.

일초직입여래지를 표방하는 선문과 교가의 입장이 다르다는 점을 보여주기 위해 인용된 문장이다. 선과 교는 이와 같이 근본적 차별성을 갖는다. 그런데 화엄선에서는 선문과 화엄의 교리를 통합하고자 한다. 이에 성철스님은 선과 교의 차이점을 없앤다면 그것은 결국 교학이지 선문의 길이 아니라고 비판한다. 【1-24】에 제시된 일련의 인용문 역시 화엄선과 그 주창자인 규봉스님의 비판을 목적으로 하고 있다는 점은

동일하다.

【1-24-③】 悟有解悟證悟하니 ①[修有隨相離相,] 謂初因解悟하야 依悟修行하야 ②行圓功滿[行滿功圓]하면 卽得證悟니라 ③[此爲眞正.]

선문정로 오문悟門에 해오와 증오가 있다. 시초에 해오를 얻어 그 해오를 의지 수행하여 수행이 원성圓成되고 공과功果가 만료滿了하면 즉시에 증오를 얻는다.

현대어역 깨달음에는 해오와 증오가 있다. [수행에는 모양을 따르는 수행과 모양을 벗어나는 수행이 있다.] 처음의 해오를 씨앗으로 삼아 그 깨달음에 의지하여 수행하여 수행이 충족되고 공이 완전해지면 바로 증오를 얻게 된다. [이것이 진실로 바른길이다.]

[해설] 규봉스님의 『원각경대소석의초』에서 가져온 문장이다. 【1-24】에서 인용한 앞의 두 문장은 규봉스님의 주장이 화엄에서 비롯된 것임을 보여주기 위한 것이었다. 이제 본격적으로 규봉스님의 해오, 증오에 대한 논의를 시작하기 위해 인용한 문장이다. 규봉스님은 돈점의 다양한 논의를 해오와 증오의 두 범주로 재분류한다. 그런 뒤에 해오와 점수를 통일한 돈오점수를 '진실로 바른 길'로 규정했다. 이것이 규봉스님의 돈오점수 정통설이다.

성철스님은 그것이 화엄사상에 기초하고 있으므로 선문이 아니라 교가의 설이라고 단언한다. '지위점차를 내세워 단계적인 수행과 깨달음을 논한다면 그것은 화엄선華嚴禪'이라는 것이다. 당연히 이를 적극 수용한 보조스님의 수증론 역시 화엄선에 속한다는 결론에 이른다. 그리하여 보조스님은 선종의 종지를 바로 이은 분이 아니라[36]고 부정하는 것이다.

흥미로운 것은 성철스님이 인용문과 같이 돈오점수를 해오라고 규정하는 화엄학의 교설을 인용하면서도 증오에 대한 그 밖의 교설은 수용하지 않고 있다는 점이다. 선택적으로 수용한 것이다. 그리하여 화엄학의 교설에 의하면 점수돈오, 점수점오, 돈오돈수가 모두 증오에 해당하지만 성철스님은 오직 원증돈증圓證頓證만을 증오로 규정한다.

성철스님은 원증돈증에 세 가지 의미를 담는다. 첫째, 선가의 견성은 진여에 직접 계합하는 증오로서 해오와 다르다. 둘째, 그것은 완전한 원증으로서 미완성의 분증分證이 아니다. 셋째, 그것은 단박에 일어나는 돈증으로서 점차적 지위의 승진을 통해 이루어지는 것이 아니다. 이것이 바로 성철선의 제1종지인 돈오원각론의 내용이다.

①과 같이 '수행에는 모양을 따르는 수행과 모양을 벗어나는 수행이 있다(修有隨相離相)'는 구절이 생략되었다. 수행의 논의와 깨달음의 논의를 함께 진행하는 규봉스님의 글에서 해오와 증오에 대한 설명만 가져오기 위한 조치이다.

②와 같이 '행만공원行滿功圓'을 '행원공만行圓功滿'으로 순서를 바꾸어 표현하였다. 동사의 순서가 바뀌어도 뜻에는 변함이 없다. 성철스님은 수행에는 '완성된다(圓)'는 표현이 어울리고, 공덕에는 '가득 찬다(滿)'는 표현이 어울린다고 보아 그 순서를 바꾼 것 같다. 또 이렇게 바꾸고 나면 앞뒤의 동사가 자연스럽게 이어져 '원만圓滿'이라는 단어를 형성할 수 있다는 점도 고려한 것으로 보인다.

---

36 성철(2015), p.50.

③과 같이 '이것이 진실로 바른 길이다(此爲眞正)'는 구절이 생략되었다. 규봉스님은 해오에 기초하여 점차적으로 닦아 증오에 이르는 돈오점수가 선문의 정통임을 주장한다. '이것이 진실로 바른길'이라는 생략된 구절은 그 결론에 해당한다. 성철스님은 화엄선에서 말하는 돈오가 해오라는 점, 그것은 지해적 차원의 일로서 결국 망상에 속한다는 점을 밝히기 위해 이 문장을 인용하였다. 그런데 '이것이 진실로 바른길'이라는 규정이 워낙 강력한 표현이므로 독자의 눈길을 끌게 된다고 보아 이 구절을 생략한 것으로 보인다.

제 2 장

중생불성 衆生佛性

제2장
중생불성 衆生佛性

1. 중생불성 설법의 맥락

　모든 중생이 다 불성을 가지고 있다는 명제는 대승불교의 정체성을 결정짓는 핵심 요소이다. 바탕이 불성이므로 중생 그대로 이미 부처이다. 이것을 굳게 믿어 망상을 내려놓고 진여에 계합하면 실질적 부처가 된다. 이것이 돈오이다. 불성은 모든 존재의 본질이다. 그것은 평등성과 불변성을 갖는다. 평등성이란 모두가 갖추고 있다는 뜻이고, 불변성이란 성불하거나 미혹하거나 간에 차이가 없다는 뜻이다. 불성은 법성, 법신, 진여, 12인연, 중도, 마음 바탕[心地] 등 불교의 핵심 용어들과 동의어의 관계에 있다. 요컨대 불성론의 입장에서 보자면 불교는 불성의 종교인 셈이다.
　불성론이 있으므로 대승불교는 초기불교와의 차별성을 확보한다. 초기불교에는 불성설이 없었다. 초기불교는 인도의 전통적 브라흐만·아트만설과 정면 대립한다. 우주 현상계의 뒤에는 불멸의 브라흐만이 있고, 개인의 육체에는 불멸의 아트만이 실려 있다는 것, 이 양자는 둘이 아니라는 것이 브라흐만·아트만설의 핵심이다. 그런데 이 설은 필연적으로 영원불멸론과 허무론으로 연결된다. 불교는 이 양극단을 벗어난 중도연기의 원리를 내세워 이를 타파한다. 그래서 3법인의 하나인 무아설은 불교와 외도를 가르는 경계선이 된다.

그런데 대승불교가 발전하면서 무아설과 모순되는 불성설이 제기된다. 그것은 아트만을 인정하는 신아론神我論과 크게 유사하며 이로 인해 비판의 대상이 되기도 한다. 심지어 일본의 비판불교에서는 불성설을 불교의 가르침이 아니라고 단언하기도 한다. 그래서 고금에 걸쳐 불성과 아트만의 차이에 대한 논의가 여러 가지로 나오게 된다. 그런데 그 규명이 쉽지 않다. 불성과 아트만의 차이점이 무엇이라고 제시되기만 해도 바로 그에 대한 반론이 나올 수 있는 관계에 있기 때문이다. 이에 대한 철학적 논의가 끝없이 재생산되어 온 이유이다.

그렇지만 불성과 아트만이 어떤 관계에 있는가의 논의나 불성이 있느냐 없느냐의 논의에 말려드는 것은 실천적 입장에서 득 될 것이 없다. 부처님도 이러한 논의를 위한 논의를 경계하였다. 중요한 것은 자유이고, 해탈이고, 깨달음이기 때문이다.

다만 실천적 차원에서 왜 무상·고·무아·공에서 상常·낙樂·아我·정淨으로 건너가게 된 것일까 생각해 볼 필요가 있다. 그것은 불교판 아트만설이라는 비판의 위험성을 감수하면서 감행한 교리의 혁명이다. 성철 스님이 거듭 밝힌 것처럼 불교는 중도의 실천을 핵심으로 한다. 그 실천의 목적은 해탈이고 깨달음이다. 초기불교의 3법인은 그 논리적 완벽성에도 불구하고 실천의 과정에서 중도불이의 정신을 상실하는 경우가 없지 않았다. 여기에 불성론이 제기되어 무상·고·무아·공 대신에 그 반대인 상락아정, 즉 영원성, 지복성, 존재성, 평등성을 말하게 되었다. 이 반대되는 개념들은 어느 한쪽이 다른 한쪽을 폐기하는 관계에 있지 않다. 오히려 양자는 상호 간에 서로의 개념화를 차단하는 기능을 한다. 또한 그것은 서로를 포함하는 체용불이적 관계에 있다. 성철스님이 불성과 같은 뜻을 갖는 동의어들을 나열하는 것으로 불성을 설한 것도 이 때문이다.

물론 성철스님은 불성론의 우월성을 강조하는 입장이다. 성철스님은 대승불교의 선승이기 때문이다. 그래서 불성론이야말로 "불교의 생명이며 모든 종교가 추수追隨할 수 없는 가장 탁출卓出한 특색"[37]임을 강조한다. 같은 차원에서 기독교의 하나님은 모든 것을 초월해 저 멀리 계시는 분이지만, 불교의 불성론은 "하나님의 지고지순한 가치를 바로 이 죄인이 전혀 부족함 없이 완전히 구비하고 있다."[38]라고 강조하면서 이것이 불교의 우수성이라 규정한다.

2. 성철스님 중생불성 설법의 특징

성철스님의 선사로서의 정체성은 제1장 견성즉불론에 남김없이 드러나 있다. 이후의 모든 설법은 견성즉불론에 대해 덧붙이는 부가적 설명이라 해도 과언이 아니다. 견성즉불론의 핵심은 돈오견성이 부처님의 원각과 같은 것이라는 돈오원각론의 피력에 있다. 그렇다면 견성의 내용인 진여본성이 무엇인가를 설명해야 한다. 제2장에서는 진여본성이 바로 불성임을 설한다.

---

37 퇴옹성철(2015), p.53.
38 퇴옹성철(2015), p.54.

그런데 성철스님이 불성을 시설한 보다 중요한 이유가 있다. 성철스님은 견성즉불론에서 깨달음에 대한 오해를 불식하기 위해 구경무심의 중요성을 설했다. 그것은 선방의 수좌들과 같이 수행에 전념하는 수행자들로 하여금 백 척의 장대 끝에서 다시 한 걸음 더 나아가도록 하는 경책의 의미가 강하다. 그런데 보통 사람의 입장에서 이 법문을 대하면 용기가 꺾이지 않을 수 없다. 선방에서 치열하게 공부하는 스님들도 도달하지 못하는 자리라면 나는 가망이 없는 것이 아닌가? 그리하여 수행 의지가 꺾이는 일이 있을 수 있다.

그래서 중생불성론에서는 모든 중생이 불성을 갖고 있으므로 누구나 다 부처가 될 수 있으며 또 그래야 한다는 점을 강조한다. "누구나 불성을 가지고 있으니 이는 결코 어려운 일이라 할 수 없다. 바로 믿고 열심히 노력하기만 하면 누구나 성취할 수 있다."[39]는 것이다. 자기가 깨달았다는 자부심을 갖는 수행자를 위해서는 문을 좁혔지만 어렵다는 생각을 내는 입문자를 위해서는 문을 넓게 열어 준 것이다.

그것은 성철스님이 처했던 불교적 상황과도 무관하지 않다. 성철스님 당시의 한국 불교의 주류는 기복불교였다. 부처는 신적인 존재로서 복을 내려주는 주체였고, 중생은 그 시혜를 받는 대상적 존재였다. 견성한 수행자는 그 초월성으로 주목되었고, 보통의 나와 다른 차원의 존재로 이해되었다. 말할 것도 없이 대승불교의 가치가 땅에 떨어진 상황이었다. 여기에서 성철스님은 중생불성론을 통해 누구나 부처가 될 수 있으며, 그렇게 노력하는 것이 불교의 전부임을 강조하고자 한 것이다. 그것은 대승불교를 대중에게 돌려주어야 한다는 원칙의 확인이기도 하다.

다만 성철스님은 모든 존재가 불성을 갖추고 있다는 점을 언급하면

---

[39] 퇴옹성철(2015), p.63.

서도, 그 가능성으로서의 부처를 논의하는 대신 결과로서의 부처를 강조한다. 씨앗이 심어져 있음을 아는 데서 한 걸음 더 나아가 잡초를 매고 물을 주는 등의 노력이 있어야 그 싹을 틔우고, 꽃을 피우고, 열매를 맺도록 할 수 있다는 것이다. 요컨대 부처의 씨앗을 가꾸는 직접적인 실천이 있어야 진정한 부처의 열매를 거둘 수 있다는 쪽으로 강조점을 옮겨간 것이다. 실제적 수행과 실제적 깨달음이 있어야 한다는 것이다. 성철선의 또 하나의 종지인 실참실오론이다.

성철스님은 중생불성의 논거가 되는 인용문의 대부분을 『대열반경』에서 가져온다. 그것은 이유가 있다. 『대열반경』은 불성의 경전이다. 불성은 대승불교의 핵심 교설의 하나로서 『화엄경』, 『승만경』, 『법화경』 등 여러 경전에도 법계, 여래장, 자성청정심 등과 같은 용어로 제시된다. 그렇지만 불성이라는 말을 직접 언급한 경전으로는 아무래도 『대열반경』이 대표가 된다.

『대열반경』은 애초부터 불성, 즉 부처의 변하지 않는 본성에 대한 모색에서 나왔다고 보아야 한다. 대승과 소승에는 동일한 명칭을 갖는 두 경전이 전한다. 다만 그 내용은 판연히 다르다. 그래서 그 구분의 편의를 위해 『소승대열반경』, 『대승대열반경』이라는 명칭을 붙이기도 한다. 소승의 『대열반경』은 석가세존의 열반이라는 역사적 사건에 대한 기록에 가깝다. 이에 비해 대승의 『대열반경』은 여기에 불성론과 불신상주설 등을 더해 경전의 내용을 전혀 다른 차원으로 옮겨간다.

석가세존이 대열반에 든 뒤 불교 교단은 종교적 권위의 부재라는 딜레마에 처하게 된다. 부처님은 열반에 임해 각자 스스로와 법에 의지하라고만 했을 뿐, 어떤 초월적 존재, 혹은 영원성에 대해 언급하지 않았기 때문이다. 허전함을 넘어 공동체의 동요가 일어날 수도 있는 상황이었다. 부처님이 남긴 사리의 불변성에 대한 소박한 신앙이 일어났던 것도 이러한 상황과 무관하지 않다. 대승의 『대열반경』에 불성론이 더해진 것 역시 이러한 상황적 요구와 무관하지 않다.

초기불교에서 말하는 바와 같이 삶이 무상·고·무아라면 그 질곡에서 벗어나 다시 태어나지 않는 것이 최선이다. 이것이 대열반으로서 초기불교에서 그것은 죽음과 동의어였다. 자연히 죽음에 대한 숭배가 나타나게 된다. 자칫하면 허무주의적 경향으로 전개될 수 있는 상황이었다. 대승의 『대열반경』은 그 부정적 측면을 극복하고자 하였다. 중생의 삶은 무상하고, 괴롭고, 실체가 없다. 과연 그렇다. 그러나 열반의 세계는 이와 정반대여서 영원하고, 지복으로 가득 차 있고, 실체가 있으며 평등하다. 이러한 논리적 전환을 통해 '대열반'은 무상한 몸(無常身)의 소멸을 의미하는 대신에 영원한 본래성(佛性)으로의 회귀를 뜻하는 말이 된다.

대승의 『대열반경』은 성립 과정 그 자체부터가 극적이다. 이 경전은 성립 과정에서 내용의 확충이 있었던 것으로 보이는데, 그것은 성철스님이 강조하는 일천제一闡提 성불설에 이르러 완결된다. 모든 중생이 불성을 갖고 있다면 원칙적으로 거기에 예외가 있어서는 안 된다. 이와 관련하여 『대열반경』에는 전반부와 후반부에 흥미로운 맥락적 단층이 발견된다. 전반부에서는 선근을 모두 끊어 버린 일천제는 불성이 없으므로 성불할 수 없다는 내용으로 전개되다가 후반부에서는 문맥이 일변하여 일천제의 성불 가능성을 분명하게 밝히고 있기 때문이다.

이러한 불성론은 6조스님의 돈오론에 적극 수용된다. 이에 성철스님은 다양한 인용을 통해 불성의 동의어를 제시하여 성불의 내용을 밝히고자 한다. 불성이 곧 부처의 본래 성품이므로 이것을 보아 전면적으로 구현하면 곧바로 성불하여 부처님과 한 치도 다를 것이 없게 된다는 것이다. 그래도 독자의 입장에선 여전히 의심이 남을 수 있다. 그렇다면 과연 불성은 무엇인가? 그래서 성철스님은 『육조단경』의 문장을 인용하여 불성이 따로 있는 것이 아니라 '보고, 듣고, 느끼고, 아는' 이것이 불성임을 강조한다. 이 일상사에 3신과 4지의 모든 공덕이 다 구비되어 있으니 이것만 바로 알면 된다는 것이다.

6조스님의 전기에는 불성에 대한 흥미로운 언급이 두 번 발견된다. 처음 5조스님을 찾아갔을 때 "사람에게는 남북의 구별이 있지만 불성에는 남북이 없다."라고 한 것이 그 하나이고, 신수스님의 게송에 대해 반론의 형식으로 제시된 게송이 다른 하나이다. 일반적으로 그것은 "본래 한 물건도 없는데, 어디에 먼지가 있겠는가."라는 구절이었다고 알려져 있다.

그런데 돈황본 『육조단경』에는 이 구절이 "불성은 항상 청정하니(佛性常清净), 어디에 먼지가 있겠는가."로 되어 있다. 원래 이 게송은 판본에 따라 글자의 출입이 다양한데, 그중 '본래 한 물건도 없다'는 표현이 그 절묘함으로 인해 보편적으로 수용되어 왔다. 그런데 돈황본이 선행한다는 점을 생각하면 '불성은 항상 청정하다'가 6조스님의 원래 게송일 가능성이 높다. '본래 한 물건도 없다'가 반야사상이라면 '불성은 항상 청정하다'는 열반사상이라 부를 수 있다.

이 열반사상과 반야사상은 중국 선종의 두 개의 큰 기둥이다. 보통 6조스님 이후 선종의 소의경전이 불성의 『능가경』에서 반야의 『금강경』으로 대체되었다고 이해된다. '불성은 항상 청정하다'가 '본래 한 물건도 없다'로 교체된 것도 이와 관련이 있어 보인다. 그런데 '항상 청정한 불성'이 원래 게송이라면, 6조스님은 불성적 긍정(表)과 반야적 부정(遮)을 통일하는 입장이었다고 할 수 있다. 성철스님은 이러한 6조스님의 문장을 마지막에 배치함으로써 묘유妙有의 열반불성론과 진공眞空의 반야성공설을 불이不二의 자리에서 만나게 한다.

그렇다면 중생불성론의 설법에 보이는 가장 큰 특징은 무엇일까? 성철스님의 불성에 대한 설법은 "바로 믿고 열심히 노력하기만 하면 누구나 성취할 수 있다."[40]는 말로 결론을 맺는다. 무엇을 믿는가? 나 자신이 완전한 불성을 가지고 있음을 믿으라는 것이다. 이에 대한 바른 믿음이 있어야 나의 밖에서 진리를 구하는 맹목을 면할 수 있다. 열심히 노력하라는 가르침은 성철스님의 설법에 있어서 가장 중요한 핵심이다.

이와 관련하여 지금 이대로 완전한 불성을 갖추고 있다면 이 사실만 잘 확인하면 되지 따로 수행할 것이 없다는 견해를 내는 사람들이 있을 수 있다. 사람들은 분별 사유의 뿌리 깊은 습관성을 과소평가한다. 분별 사유는 착하고 악함을 떠나 그 자체가 번뇌망상이다. 그래서 불성을 보았다거나 무심을 성취했다고 하는 것이 분별적 차원의 착각일 경우가 십중팔구이다. 수행은 분별의 그림자를 걷어내는 것이지 따로 찾을 불성이 있는 게 아니다.

그렇다면 분별의 구름을 어떻게 걷어내어 구경의 무심을 성취할 것인가? 성철스님은 시종일관 활구참구를 최선의 길로 제시한다. 애초에 어불성설인 공안에서 다시 앞부분의 얘기까지 잘라내 버린 외마디 화두를 드는 일이므로 생각이 붙을 곳이 없다. 끝없이 의심해 들어가므로 머물 수가 없다. 이러한 말 길이 끊어지고 생각할 길이 사라진 실천을 두고 열심히 화두를 든다고 하는 것이다.

성철스님은 화두를 열심히 들면 두꺼운 번뇌망상의 구름장도 단번에 확 걷힌다고 단언한다. 화두참구는 번뇌망상을 제거해야겠다는 생각조차 끼어들 수 없는 '모를 뿐인 자리'에 단번에 들어가는 길이다. 그 모를 뿐인 상태가 일관되어 주체와 대상이 사라진 자리에서 불성이 저절로

---

40 퇴옹성철(2015), p.63.

드러나는 것이다. 그러니까 불성이 원래 그 자리에 있다는 확고한 믿음이 있어야 일심으로 화두를 드는 일이 가능해진다. 이처럼 실제적 화두 참구를 통한 직접적 깨달음을 내용으로 하는 실참실오론의 제시가 성철스님의 불성론 설법의 가장 큰 특징이라 할 수 있다.

3. 문장 인용의 특징

【2-1】 一切衆生이 悉有佛性하야 佛法①[衆]僧에 無有差別이니라

선문정로 일체중생이 진여본성인 불성을 다 가지고 있어서 불佛이나 법法이나 승僧이나 평등하여 추호도 증감차별이 없느니라.

현대어역 모든 중생이 다 불성을 가지고 있어 부처와 불법과 승가 [대중] 간에 차별이 없다.

[해설] 『대열반경』은 불성의 경전이라 부를 정도로 불성의 설법이 주를 이룬다. 그래서 이 경전에 따른 수행으로 얻는 공덕이 있다면 그 첫째가 불성을 아는 일이 된다. 불성은 모든 중생의 마음에 완전하게 갖추어져 있다. 다만 무명번뇌가 이것을 가리고 있어 보지 못할 뿐이다. 이제 『대열반경』의 법을 닦으면 불성이 상주하고 있다는 이치를 깨닫게 된다. 불성이 있으므로 불법승은 물론 모든 존재가 차별 없이 평등하다. 불성이 있으므로 삼보의 본성과 현상이 영원하고(常), 즐겁고(樂), 실재하고(我), 청정하다(淨). 불성이 있으므로 부처님의 몸이 열반에 들었

어도 본성은 변함없이 머물게 된다. 불성이 있으므로 여래의 열반은 일체의 분별을 떠나 있다.

이와 같이 나와 대상의 구분 없이 모든 현상에 불성이 관통하고 있으므로 돈오가 성립한다. 한 걸음도 움직일 필요 없이 지금 당장 불성과 한 몸으로 만나고 있기 때문이다. 그런데 번뇌와 습관의 힘이 만만치 않다. 그래서 그것을 걷어내는 수행이 필요한 것이다.

다만 불성을 알아 번뇌를 다루는 수행이 있고, 불성을 모르고 번뇌와 씨름하는 수행이 있다. 그래서 불성에 대한 믿음이 있다면 수행은 차원 자체가 다르다. 본래 밝은 눈의 백태를 걷어내는 일이므로 빠르고 완전하다. 구름 뒤에 보름달이 있음을 알고 있으므로 눈 뜬 뒤에 의혹이 없다. 땅 아래에 물이 있음을 알고 있으므로 우물을 파는 일에 신념이 있다. 등불이 본래 밝음을 알고 있으므로 등 유리를 닦아 그 밝음을 해방시키는 일에 의심이 없다.

이 인용문은 불교의 '깨닫는다'는 말이 본래 갖춘 불성에 눈을 뜨는 일을 가리키는 것임을 드러내는 문장이다. 여기에서 성철스님은 불성을 하나님과 동의어로 해석한다. 모두가 불성을 갖고 있다는 것은 모두가 하나님임을 선언하는 일이며, 그러므로 이 불성론이야말로 불교의 우수성이 드러나는 지점이라는 것이다.

> 하나님의 지고지순한 가치를 바로 이 죄인이 전혀 부족함 없이 완전히 구비하고 있다고 선언한다. 개개인 속에 다 하나님이 있어서 하나님 아닌 이가 하나도 없다는 것이 불교의 주장이다. 이는 다른 종교가 도저히 따라올 수 없는 불교의 우수성이다.[41]

---

41 퇴옹성철(2015), p.54.

인용문의 ①로 표시한 바와 같이 '중(衆)' 자가 생략되었다. '중승衆僧'은 승가 대중을 의미하는 관용적 표현이다. 불법승이라는 표현이 더 널리 쓰인다는 점을 고려한 생략이다.

【2-2】 一切衆生이 悉有佛性이언마는 ①[即是我義, 如是我義, 從本已來,] 常爲無量煩惱所覆②[是]故로 ③[衆生]不能得見이니라

선문정로 일체중생이 그 누구를 막론하고 평등하게 불성을 구유具有하고 있건마는, 항상 한량이 없는 번뇌망상이 개복盖覆한 고로 능히 그 불성을 볼 수 없느니라.

현대어역 모든 중생에게 다 불성이 있으니, [이것이 바로 진정한 나이다. 이와 같은 진정한 나는 처음부터] 항상 한량없는 번뇌에 덮여 있다. 그래서 [중생들이] 불성을 볼 수 없는 것이다.

[해설] 『대열반경』에서 가져온 문장이다. 초기불교에서는 모든 존재는 영원하지 않고(無常), 괴롭고(苦), 나라는 실체가 따로 없다(無我)고 설했다. 이 3법인은 불교의 정체성을 드러내는 표어였다. 그런데 『대열반경』에서는 그것을 뒤집어 상락아정의 열반4덕을 설한다. 3법인과 열반4덕은 정면으로 충돌하는 것처럼 보이지만 이 둘은 본성과 현상, 본체와 작용의 관계처럼 상호 통일되어 있다. 인용문의 출처인 「여래성품」은 3법인의 자아 부정(無我)에서 열반4덕의 불성 긍정(我義)으로 나아가게 된다는 점을 설하는 장이다.

교리적으로 큰 간극을 뛰어넘는 문제였으므로 그 논의 전개가 정치하다. 무엇보다도 아트만과 불성의 차이점, 무아설와 진아론의 모순을

해명하는 것을 주된 내용으로 하고 있다. 경전에서는 이를 위해 아픈 자식의 복약을 위해 젖에 쓴 것을 발라 일시적으로 젖을 끊은 어머니의 비유를 든다.

> 여인에게 말하여 아이에게 약을 먹일 때에는 젖을 주지 말고 약 기운이 다 사라지면 젖을 주도록 하였다. 이에 여인은 젖에 쓴 것을 바르고 아이에게 젖에 독이 있어 먹을 수 없다고 말하였다. 아이는 배가 고파 젖을 찾다가 독이 발려 있다는 말을 듣고 그것을 멀리하였다. 그리고는 복약이 끝나자 쓴 것을 씻어내고 아이를 불러 젖을 주었다.[42]

여기에서 젖에 바른 쓴 약은 무아법이고, 병이 나은 뒤 젖을 씻어 다시 수유하는 것은 불성론의 가르침이다. 무아론과 불성론의 상호 간에 계승 발전 관계가 있다는 점을 강조하는 비유이다. 이 불성론은 존재의 실체성에 대한 철학적, 종교적 집착이 덜한 한자문화권에서 큰 호응을 얻게 된다. 한자문화권에는 개별적 존재의 실체성을 부정하고 궁극적 원리를 긍정하는 일에 큰 모순을 느끼지 않는 사유 방식[43]이 통용되고 있었기 때문이다.

성불을 내용으로 하는 불교의 본질을 회복하고자 하였던 성철스님에게 불성론은 특히 중요하다. 그것은 민속 신앙적 차원, 문화적 차원에

---

[42] 『大般涅槃經』(T12, p.407b), "因告女人, 兒服藥已, 且莫與乳, 須藥消已, 爾乃與之. 是時女人卽以苦味用塗其乳, 語其兒言, 我乳毒塗, 不可復觸. 小兒渴乏欲得母乳, 聞乳毒氣便遠捨去. 至其藥消, 母乃洗乳, 喚子與之."

[43] 중국의 경우에 그러한 사유 방식은 하나의 점이 천지를 가득 채우는 반고盤古가 되고, 다시 그것이 흩어져 만물을 이룬다는 신화에 잘 나타나 있다. 하나와 전체를 불이적 상관관계로 이해하는 이러한 사유 방식은 불성론의 수용에 양질의 토양이 되었던 것으로 보인다.

안주하고 있던 당시 한국 불교에 꼭 필요한 일이기도 하였다. 그래서 개개인 속에 다 하나님이 있어서 하나님 아닌 이가 하나도 없다[44]는 식으로 아트만, 브라만을 긍정하는 것처럼 보이는 발언에도 거리낌이 없었던 것이다.

①의 생략된 문장은 불성이 곧 '진정한 나(我義)'로서, 그 진정한 나가 본래부터의 번뇌에 덮여 있어 그것을 볼 수 없다는 뜻을 갖는다. 이미 개관한 바와 같이 『열반경』「여래성품」의 설법 목적은 3법인의 무아와 열반4덕의 진아眞我가 계승 관계에 있음을 밝히는 데 있다. 원래의 문맥으로 보자면 ①의 생략된 부분이 그 핵심 논의를 이끄는 출발이 된다. 그런데 성철스님에게는 『대열반경』에 요구되었던 과제가 절실하지 않았다. 아트만과 불성의 차이점, 무아와 진정한 나(佛性)의 모순에 대한 설명을 요구하는 문화적·종교적 압박이 거의 없었다는 말이다. 이에 비해 깨달은 부처를 신앙의 대상으로 삼아 복을 비는 기복 불교의 문제를 해결하는 일은 절대적 과제의 하나였다.

한편 ①을 생략함으로써 복잡한 논의를 피하고 모든 중생이 차별 없는 '불성을 갖추고 있음→번뇌의 장폐→번뇌의 구름을 걷어 냄'으로 전개되는 견성성불의 경로를 부각시키는 효과를 거둘 수도 있다. 이러한 생략을 통해 논리적, 설명적이었던 문장은 선언적 문장으로 바뀌게 된다. ②와 ③은 단순 생략으로써 의미의 차이는 일어나지 않는다.

【2-3】 四無礙①智[者]가 卽是佛性이니 佛性者는 卽是如來니라

선문정로 4무애지四無礙智가 곧 불성이니 불성은 곧 여래니라.

---

[44] 퇴옹성철(2015), p.54.

현대어역 4무애지란 바로 불성이다. 불성이란 바로 여래이다.

[해설] 불성은 일심, 자성, 여래장 등과 동의어이다. 이것은 본성의 측면에서 설정된 명칭이다. 이에 비해 부처가 성취한 다양한 경계로 불성을 표현할 수도 있다. 4무애지, 대자대비, 대희대사, 대신심, 일자지一字地, 방편력, 12인연, 정삼매頂三昧 등이 그것이다. 부처님과 보살은 이것들을 드러내어 보여주고, 중생은 그 교화를 받아 이것을 실현한다. 이러한 불성은 부처님과 보살이 성취한 결과(果地)인 동시에 성불의 원인으로서 갖추어져 있다. 그래서 다음과 같이 인연과 결과의 두 측면을 모두 말하는 것이다.

> 불성은 4무애지라 부르기도 한다. 4무애지의 인연으로 인해 제법의 이치와 이름에 걸림이 없다. 이치와 이름에 걸림이 없으므로 중생을 잘 교화할 수 있다. 4무애란 곧 불성이고, 불성이란 곧 여래이다.[45]

성철스님은 이 중 마지막 문장을 인용한다. 성취한 결과(果地)로서의 4무애지만을 드러내고 가능성(因地)으로 갖추어진 4무애지를 생략하기 위해서이다.

이를 위해 인용문에 보이는 바와 같이 ①의 '4무애자四無礙者'를 '4무애지四無礙智'로 바꾸어 원래 맥락에서 독립된 문장으로 만들었다. 원문과 같이 '4무애란(四無礙者) 바로~'로 표현하면 앞에서 언급한 4무애를 다시 자세하게 설명하겠다는 문맥이 형성된다. 그 구체적 내용을 설명

---

[45] 『大般涅槃經』(T12, p.557a), "佛性者, 名四無礙智. 以四無礙因緣故, 設字義無礙, 字義無礙故, 能化衆生. 四無礙者, 卽是佛性. 佛性者, 卽是如來."

해야 하는 번거로움이 있다. 그래서 '4무애지四無礙智'로 인용문을 시작함으로써 원래의 문맥에서 떼어내어 독립된 문장으로 만든 것이다. 이를 통해 원래 문맥에 대한 번쇄한 설명을 하지 않아도 되는 편리함을 얻게 된다.

성철선은 가능성으로서의 부처(因佛), 혹은 원인으로서의 깨달음(因地)에 대한 언급을 최소화한다. 대신 결과로서의 깨달음(果地)에 대한 논의에 강조점을 둔다. 원인과 결과가 둘이 아니라는 것은 분명하다. 그러나 실제 수행의 현장이나 깨달음을 점검하는 현장에서 보자면 원인은 원인이고 결과는 결과이다. 가능성으로서의 부처를 안고 있다는 원리가 탁월하기는 하지만 그 논의만 반복한다면 그림의 떡이라서 배를 부르게 하지 못한다.

더구나 가능성으로서의 부처를 거듭 말하다 보면 스스로 그 경계에 도달한 것처럼 자기 포장을 할 수도 있다. 나아가 미혹한 청법자들은 그것에 혹하여 미친 마음을 낼 수도 있다. 자칫하면 최고의 설법인 불성론이 말하는 사람이나 듣는 사람을 모두 해치는 양날의 검이 될 수 있는 것이다. 성철스님은 당시 불교계에 견성했다는 사람이 넘쳐난다고 보았고, 그것은 불성론이 허담虛談에 빠졌기 때문이라고 진단하였다. 그런 점을 고려하여 성철스님은 본래 깨달음(本覺)에 대한 논의를 최소화하고자 한다.

【2-4】 佛性者는 不可思議니 乃是諸佛①[如來]境界니라

선문정로 불성은 불가사의한 것이니 이는 제불의 경계니라.

현대어역 불성이란 생각으로 알 수 없고 언어로 표현할 수 없는 것으

로서 바로 모든 부처[와 여래]의 경계이다.

[해설] 『대열반경』의 문장이다. 불성은 감각기관으로 인지할 수 있는 모양이나 특성을 전유하지 않는다. 그럼에도 모든 존재는 티끌조차 배제할 것 없이 불성 그 자체이다. 인연에 의해 나타나는 그것이 바로 불성이다. 불 속의 철은 붉은색으로 나타나지만 불이 사라지면 검은색을 띠게 된다. 이 검은색은 안에서 온 것도 아니고 밖에서 온 것도 아니다. 원래 자체적으로 갖추고 있다가 조건이 되어 드러났을 뿐이다. 불성 또한 마찬가지다. 번뇌의 불길이 사라지면 원래 갖추고 있는 불성이 남김없이 드러나는 것이다.

"불성은 무상정각을 성취한 제불여래의 심심현현深深玄玄한 경계"[46]임을 보여주기 위해 인용한 문장이다. 성철스님은 이를 성취하려면 열심히 화두를 들어야 한다는 것을 거듭 강조하는 입장이다.

이 자리에도 불성의 거울, 하나님의 거울을 가지지 않은 자는 한 사람도 없다. 열심히 화두를 들어 확연히 깨치면 빛이 샐 틈조차 없어 보이던 그 두꺼운 번뇌망상의 구름장도 단번에 확 걷힌다.[47]

①의 '여래如來'는 단순 생략에 해당한다. 부처의 경계나 여래의 경계는 같은 것이므로 하나를 생략한 것이다.

【2-5】 見十二①因緣者는 卽是見法이요 見法者는 卽是見佛이라 佛者는 卽是佛性이니 何以故오 一切諸佛이 以此爲性이니라

---

46 퇴옹성철(2015), p.56.
47 퇴옹성철(2015), p.56.

선문정로 12인연을 요견了見한 자는 즉시 만법을 정견한 자요, 만법을 정견한 자는 즉시 불타를 철견徹見한 것이라, 불타라는 것은 즉시 불성이니 무슨 연고인고 하면 일체제불이 이것으로써 자성을 삼기 때문이니라.

현대어역 12인연을 본다는 것은 바로 불법을 보는 것이고, 불법을 보는 것은 바로 부처를 보는 것이다. 부처란 바로 불성이다. 왜 그런가 하면 모든 부처가 불성으로 본성을 삼기 때문이다.

[해설] 12인연은 늙음과 죽음, 근심과 슬픔, 고뇌를 낳는 인연의 고리다. 불법의 문에 들어온 수행자는 이 12인연을 관조하여 지혜를 얻는다. 이 지혜가 아뇩다라삼먁삼보리를 성취하는 최초의 씨앗에 해당한다. 그러니까 12인연이 불성이라는 말은 그 관조하는 지혜가 불성이라는 뜻이기도 하다.
  ①의 '십이연十二緣'으로 되어 있는 본문을 '십이인연十二因緣'으로 교체하였다. 여러 판본을 참고하여 교정한 것으로 보인다.

【2-6】 佛性者는 ①[所謂]十力 四無所畏 大悲 ②四[三]念處니라

선문정로 불성은 ③제불의 극과極果인 10력十力과 4무소외四無所畏와 대비大悲와 4념처이다.

현대어역 불성은 [이른바] 여래의 열 가지 지혜의 힘(十力)과 네 가지 두려움 없음(四無所畏)과 큰 자비로 세 가지 생각을 두는 자리(三念處)이다.

[해설] 10력十力과 4무소외四無所畏와 18불공법十八不共法, 대자대비3념처大慈大悲三念處는 부처에게만 있는 지혜와 복덕을 가리키는 용어이다. 그것은 성문과 연각은 물론 여러 지위의 보살들도 갖추지 못한 부처만의 특징이다. 가능성으로서의 불성에서 시작한 수행이 궁극의 결과를 얻게 되면 이러한 지혜와 복덕을 갖추게 된다는 것이다.

①의 '소위所謂'는 단순 생략에 해당한다.

②에서는 '3념처三念處'를 '4념처四念處'로 대체하였다. 그것은 익숙한 관용어를 쓴다는 원칙에 의한 대체로 보인다. 3념처三念處는 3념주三念住라고도 하며, 묘각을 성취한 부처는 어떠한 상황에도 기쁨과 걱정의 생각에 치우치는 일이 없다는 뜻이다. 요컨대 부처는 법계의 평등한 이치를 밝게 깨달았으므로 중생들이 일심으로 듣지 못해도 걱정하지 않고, 일심으로 들어도 기뻐하지 않으며, 항상 평등한 마음으로 중생들을 이익되게 할 뿐, 그렇게 한다는 생각조차 없는 바른 생각과 바른 지혜에 편안히 머문다.[48] 불성의 부동성에 어울리는 개념이다.

이에 비해 4념처는 신수심법身受心法을 관조의 대상으로 하여 집중과 관찰을 실천하는 길이다. 궁극적으로 이를 통해 실상을 보게 되므로 여래의 경계를 표현하는 데 큰 문제는 없어 보인다. 그럼에도 수행의 테마인 4념처를 가지고 제불의 극과인 3념처를 대체한 뚜렷한 이유는 발견되지 않는다.

③과 같이 10력, 4무소외, 대비4념처에 원문에 없는 '제불의 극과極果인'이라는 설명을 붙여 번역문을 구성하였다. 불성을 완전하게 구현한 결과로서의 깨달음으로 집중시키고자 하는 의도에 의한 것이다.

---

[48] 『涅槃經疏三德指歸』(X37, p.495b), "正念處者, 不爲信毀所動名正, 慧心能緣名念, 平等之理不增不減謂之爲處. 言三者, 一不一心聽法不以爲憂, 二聽者一心不以爲喜, 三常行捨心."

【2-7】 中道者名爲佛性이니 以是義故로 佛性은 常恒하야 無有變易이니라

선문정로 중도를 불성이라 부르나니 그러므로 불성은 상주항일常住恒一하여 변동과 천역遷易이 없느니라.

현대어역 중도를 불성이라고 부른다. 이치가 그러하므로 불성은 항상 유지되며 변하거나 바뀌는 일이 없다.

[해설] 불성은 볼 수 있는 모양이 없다. 그래서 『대열반경』에서는 불교적 진리의 핵심을 측면을 바꿔가며 반복하여 설하는 언어 전략을 쓴다. 여기에서는 불성의 동의어에 중도를 포함시킨다. 세상의 모든 이론은 있음과 없음, 고통과 즐거움, 영원과 허무 등의 상대적 개념을 설정하고 그 사이를 오간다. 그런데 불법은 둘을 세우기 전의 자리를 제시한다. 이것이 중도이다. 중도의 입장에서 보면 모든 것이 다 공하지만 그 공하다는 개념 역시 공하다. 그것은 분별이 일어나기 전의 바탕이므로 항상 변함이 없다.

위의 문장은 선종의 견성과 부처님의 중도적 깨달음이 동일한 것임을 드러내기 위해 인용된 문장이다. 성철스님은 힘주어 말한다.

이것이 석존의 대각大覺 내용을 개진開陳한 중도대선언이어서, 중도는 불성이므로 중도를 정각하였다 함은 불성의 정견 즉 견성하였다 함이다.[49]

---

[49] 퇴옹성철(2015), p.58.

【2-8】 中道之法을 名爲佛性이니 是故로 佛性은 常樂我淨이니라

선문정로 중도의 대법大法을 불성이라 호칭하나니 그러므로 불성은 상락아정常樂我淨이니라.

현대어역 중도의 법을 불성이라고 부른다. 그러므로 불성은 상락아정常樂我淨이다.

[해설] 『대열반경』의 문장이다. 중도를 깨달았다는 말과 불성을 보아 견성하였다는 말이 동일한 뜻이라는 것이다. 불성을 모르는 입장에서 보면 이 세계와 삶은 생노병사의 변화 속에 있다. 무상하고, 괴롭고, 실체가 없다. 그것은 마치 자기 집에 보물창고가 있다는 사실을 모르는 빈천한 사람과 같다. 그런데 선지식의 안내로 불성을 본 사람은 보물창고의 문을 열어젖힌 사람과 같다. 항상 변하거나 바뀌는 일이 없고(常), 즐겁고(樂), 실체가 뚜렷하고(我), 분별을 떠나 청정하다(淨). 다만 불성은 씨앗과 같이 숨어 있으므로 볼 수 없다. 요컨대 불성은 오직 그것이 발현한 대열반경계를 통해서만 확인할 수 있는 것이다.

중도와 불성이 상락아정의 대열반경계를 말한다는 것을 보여주기 위한 인용문이다. 성철선은 이처럼 직접 확인할 수 있는 실제 경계의 제시를 통해 수행을 이끌고 깨달음을 점검하는 길을 제시한다.

【2-9】 佛性者는 名①爲第一義空이요 第一義空은 名爲智慧니라

선문정로 불성은 제일의공第一義空이라 이름하며 제일의공은 지혜라 이름하느니라.

현대어역 불성은 제1의공이라 부르며, 제1의공은 지혜라 부른다.

[해설] 제1의공은 중도실상의 다른 표현이다. 공 일변도(但空)의 치우침에서 벗어났으므로 진실한 공(眞實空)이라고도 한다. 공조차 실체가 없어 잡을 수 없음을 아는 이것은 대승의 열반경계를 가리키는 말이기도 하다. 불교의 궁극적 성취를 가리키는 말들이 모두 불성과 동의어의 관계에 있다는 점을 드러내기 위한 인용문이다.

①의 '위爲' 자는 단순 추가로서 원래의 문맥에도 '명名~', '명위名爲~'를 혼용하고 있다. 문장 표현의 통일성을 기하기 위해 추가한 것이다.

【2-10】 十二因緣은 名爲佛性이니 佛性者는 卽第一義空이요 第一義空은 名爲中道며 中道者는 卽名爲佛이요 佛者는 名爲涅槃이니라

선문정로 12인연은 불성이라 부르나니 불성은 즉시卽是 제일의공이요, 제일의공은 중도라 하며 중도는 불타니 불타는 열반이라 하느니라.

현대어역 12인연은 불성이라 부른다. 불성은 곧 제1의공이다. 제1의공은 중도라고 부른다. 중도는 부처라 부른다. 부처는 열반이라 부른다.

[해설] 불성이라는 씨앗은 그것의 궁극적 결과인 묘각여래의 대열반경계를 통해서 확인된다. 성철스님은 이 점을 강조하기 위해서 부처의 경계와 불성을 동의어로 규정하는 문장들을 두루 인용한다. 이 인용문은 앞의 모든 인용문의 결론에 해당한다. 불성과 등치된 단어들을 모아 '불성=12인연=제1의공=중도=부처=열반'의 등식을 제시하고 있는 것이다. 성철스님은 여기에 성불의 원인과 결과가 불성임을 강조하는 문장을 더한다.

제일의공과 중도와 불타와 열반은 전부 불성을 말함이니, 그러므로 시방삼세十方三世의 일체여래가 불성을 철견徹見하여 득도得道 성불한 것이다.[50]

【2-11-①】　①自性[性自]이 滿足一切功德하느니라

선문정로　자성이 무량무변한 공덕을 원만구비하였느니라.

현대어역　성품이 자체적으로 모든 공덕을 완전하게 갖추고 있다.

[해설] 『기신론』의 문장이다. 자성은 불성과 동의어로서 그 표현하는 측면이 다를 뿐이다. 불성은 부처가 될 가능성으로서의 측면이 강조되는 데 비해 자성은 모든 현상이 스스로 갖추고 있는 본질을 가리키는 말로 이해되기 때문이다.

①과 같이 '성품이 자체적으로(性自)'라는 구절을 '자성自性'으로 바꾸었다. 여기에서 '자체적으로'란 원래부터 갖추고 있다는 말이다. 늘거나 줄어드는 일이 없고, 생기거나 소멸하는 것이 아닌 언제나 변함없는 것, 이것이 자성自性의 성격이다. 그러니까 자성自性과 성자性自는 의미상의 큰 차이가 없다. 실제 문맥에서도 성품은 닦을 일조차 없이 자체적으로 모든 공덕을 구비하고 있다는 주제[51]를 구성하고 있다.

50　퇴옹성철(2015), p.60.
51　『大乘起信論』((T32, p.579), "菩薩諸佛, 無有增減, 非前際生, 非後際滅, 畢竟常恒. 從本已來, 性自滿足一切功德, 所謂自體有大智慧光明義故, 遍照法界義故, 眞實識知義故, 自性淸淨心義故,常樂我淨義故, 淸涼不變自在義故."

다만 자성과 같이 명사로 번역하면 '저절로'라는 뜻이 약화된다. 치열한 수행을 강조하는 성철스님의 입장에서 수행무용론으로 이어질 수도 있는 '저절로'라는 말이 강조되는 상황은 바람직하지 않다. 이것이 단어를 바꾼 이유로 보인다. 『육조단경』의 여러 판본 중 이 구절을 성철스님과 같이 교정한 경우도 있다.

【2-11-②】 自性이 具三身하야 發明成四智하나니 不離見聞緣하고 超然登佛地니라

선문정로 자성이 법法·보報·화化의 3신三身을 구비하여서 발명發明하여 4지四智가 되나니, 견문의 반연攀緣을 이거離去하지 않고 초연히 불지佛地에 등입登入하느니라.

현대어역 자성이 3신을 갖추고 있어서 네 가지 지혜로 밝게 계발되는데, 보고 듣는 작용을 떠나지 않고 훌쩍 뛰어넘어 부처의 지위에 오른다.

[해설] 『육조단경』의 문장이다. 자성이 모든 것을 갖추고 있다는 앞의 인용문과 문맥상 연결된다. 자성이 법신, 보신, 화신의 3신불과 성소작지, 묘관찰지, 평등성지, 대원경지의 네 가지 지혜를 포함하고 있다는 것이다. "중생이 곧 부처라는 것을 바로 믿고 바로 보고 철저하게 깨달으면 그가 곧 부처님"[52]이라는 점을 강조하기 위한 인용이다.

---

52 퇴옹성철(2015), p.63.

제 3 장

번뇌망상 煩惱妄想

제3장
번뇌망상 煩惱妄想

1. 번뇌망상 설법의 맥락

　번뇌망상은 번뇌와 망상이라는 두 친연성을 갖는 용어를 하나로 묶은 말이다. 마음을 번거롭게(煩) 괴롭게(惱) 하는 것이 번뇌이다. 번뇌는 말하는 방식에 따라 다양하게 분류된다. 먼저 근본번뇌, 수번뇌隨煩惱의 두 분류가 있다. 탐욕(貪)과 분노(瞋)와 어리석음(癡)에 오만(慢), 의심(疑), 바르지 못한 견해(不正見)를 더한 여섯 가지 번뇌가 근본번뇌이다.
　근본번뇌의 핵심에 탐진치가 있다. 중생들은 좋은 것을 탐내고, 싫은 것에 분노하며, 실상에 어둡다. 이 탐진치는 맹독과 같아 본래 청정한 세상을 심각하게 왜곡시킨다. 탐욕은 아귀의 세계를 불러일으킨다. 분노는 지옥의 세계를, 어리석음은 축생의 세계를 불러일으킨다. 내생을 기다릴 것도 없이 탐진치의 번뇌를 일으키는 순간, 지금 이 자리에 3악도가 출현한다. 그러므로 탐진치가 번뇌를 낳는 뿌리 중의 뿌리가 된다고 하는 것이다.
　다음으로 오만(慢)은 나를 높이고 남을 낮추는 마음이다. 의심(疑)은 불법을 믿지 않아 선근을 키우지 못하도록 하는 번뇌이다. 바르지 못한 견해(不正見)에는 몸을 가진 나를 영원한 실체라고 집착하는 견해(我見), 영원론이나 단멸론의 어느 한쪽을 고집하는 견해(邊見), 인과를 부정하고 불교적 실천을 부정하는 삿된 견해(邪見), 자기의 견해가 깨달음에 기초하고 있다는 견해(見取見), 계율을 절대적인 것으로 보아 집착하는 견해(戒禁取見)가 포함된다.

이상의 여섯 가지 번뇌가 모든 번뇌를 낳는 뿌리가 되므로 근본번뇌라 부른다. 이 뿌리가 되는 번뇌에서 가지처럼 파생된 번뇌가 수번뇌이다. 근본번뇌의 작용이 전면적임에 비해 수번뇌는 작용하는 범위가 상대적으로 좁다. 수번뇌는 20종이 되는데, 이것은 다시 그 작용하는 범위의 좁고 넓음에 따라 소·중·대로 분류한다. 소小 수번뇌는 열 가지[53]로 부덕한 감정과 욕망의 발산과 관련되어 있다. 중中 수번뇌는 2가지[54]로 반성과 부끄러움이 없는 일을 가리킨다. 수번뇌 중 작용하는 범위가 넓은 대大 수번뇌는 여덟 가지[55]로 서로가 서로를 연쇄적으로 일으키며 진여를 가리고 오염시키는 역할을 한다.

한편 천태교학에서는 여섯 가지 번뇌 중 탐욕, 분노, 어리석음, 오만, 의심의 다섯 가지 번뇌를 사유 차원의 미혹(思惑)이라 부른다. 이 번뇌는 고집스럽고 둔하여 항복시키기 어렵다. 그래서 다섯 가지 둔한 심부름꾼이라는 뜻에서 오둔사五鈍使라 부른다.

또한 여섯 가지 근본번뇌의 마지막에 제시되는 바르지 못한 견해(不

---

53 분노(忿), 원한(恨), 은폐(覆), 열불(惱), 질투(嫉), 인색(慳), 거짓(誑), 아첨(諂), 상해(害), 교만(憍).
54 회개하지 않는 마음(無慚), 부끄러움을 모르는 마음(無愧).
55 동요로 인한 도거掉擧, 혼침昏沈, 불신不信, 해태懈怠, 방일放逸, 바른 생각의 상실(失念), 산란散亂, 바르지 못한 지혜(不正知).

正見)를 천태교학에서는 견해의 미혹(見惑)이라 부른다. 이것은 바른 스승을 만나 바른 진리를 듣는 일을 통해 상대적으로 쉽게 극복할 수 있다. 그래서 이것을 다섯 가지 영리한 심부름꾼(五利使)이라 부른다. 이 다섯 가지 생각의 미혹과 다섯 가지 견해의 미혹, 즉 견사혹을 모두 끊어 소멸하면 아라한과를 증득한다.

그래도 번뇌는 여전하다. 항하의 모래 수와 같은 현상에 어두워서 일어나는 진사혹塵沙惑의 장애가 그것이다. 이 장애가 있으면 중생들을 교화할 수 없다. 보살은 그 보살행의 수행을 통해 이것을 끊는다. 다음으로 중도의 궁극적 이치에 어두워서 생기는 무명혹無明惑이 있다. 이것은 근본 중의 근본인 번뇌로서 모든 번뇌의 마지막 뿌리에 해당한다. 이것을 끊어 구경의 깨달음에 이른다. 이상이 번뇌의 개관이다.

이 번뇌와 비슷한 뜻으로 쓰이는 말이 망상이다. 망상은 실상을 바르게 보지 못하고 엉뚱하게 왜곡하는 일들을 가리킨다. 망상의 가장 큰 원인은 자아에 대한 집착이다. 물질적, 정신적 요소의 조건적 집합체에 불과한 자아에 불변의 실체가 있다고 보아 이것에 집착하는 것이 아집이다. 이 자아를 기준으로 시비호오와 취사선택이 일어난다. 그러므로 망상의 가장 큰 특징은 분별이라고 보아야 한다. 각각의 현상은 진여일심의 드러남이다. 그런데 중생들은 모양에 따라 분별하여 이름을 붙이고 관념을 세워 가공의 세계를 구성하는 것이다. 이처럼 제반 망상이 분별에서 일어나므로 분별망상이라 부른다.

경전에서 말하는 망상은 여러 종류가 있다. 『능가경』에서는 12가지의 망상[56]을 말한다. 그것은 자성이 공한 이치를 모르고 대상경계에 자성

---

56 언설망상言說妄想, 소설사망상所說事妄想, 상망상相妄想, 이망상利妄想, 자성망상自性妄想, 인망상因妄想, 견망상見妄想, 성망상成妄想, 생망상生妄想, 불생망상不生妄想, 상속망상相續妄想, 박불박망상縛不縛妄想.

이 있다고 집착함으로써 나타나는 허망한 생각들이다. 『보살지지경』에서는 여덟 가지의 망상[57]을 말한다. 중생들이 본래의 법을 몰라 이런저런 분별을 내용으로 하는 망상을 일으킨다는 것이다. 이 번뇌와 망상을 묶어 번뇌망상으로 말하기도 한다. 번뇌와 망상은 상호 연합하여 고통의 업을 키워 나가는 연합군이라 할 수 있다.

다만 성철스님의 번뇌망상론은 번뇌와 망상과 그것을 다스리는 수행법에 대한 자세한 논의를 내용으로 하지 않는다. 다만 번뇌와 망상을 3세6추로 묶어들이고, 다시 3세에 대한 논의에 집중하고자 할 뿐이다. 아뢰야식의 3세를 타파하는 것이 모든 번뇌를 타파하는 궁극의 길임을 보여주기 위해서이다.

2. 성철스님 번뇌망상 설법의 특징

『선문정로』의 각 장은 앞의 설법을 뒤의 설법이 이어받는 고리식 연계성을 갖고 시설되어 있다. 이 번뇌망상의 장 역시 그렇다. 모든 중생이 불성을 가지고 있다. 그렇다면 불성이란 무엇인가를 밝히는 것이 앞 제2장의 주된 내용이었다. 그런 뒤에 왜 불성을 보지 못하는가? 하는 질문이 제시되고, 번뇌망상 때문이라는 답변이 마련된다. 이제 번뇌망상이란 무엇인가를 알아볼 차례가 된 것이다. 그리하여 번뇌망상을 논의하는 제3장이 시설된다.

---

[57] 자성망상自性妄想, 차별망상差別妄想, 섭수적취망상攝受積聚妄想, 아망상我妄想, 아소망상我所妄想, 염망상念妄想, 불념망상不念妄想, 구상위망상俱相違妄想.

앞에서 살펴본 것처럼 일반적인 번뇌망상의 설법은 탐진치를 기본으로 하여 다양한 번뇌의 종류와 그 대치법을 설하는 방식으로 전개된다. 그런데 성철스님은 그것이 모두 마음의 한 점에서 파생되는 것임을 밝히는 방식으로 설법을 전개한다. 현상적(事) 모양에 따라 논의를 전개하다 보면 결국 그것에 묶이기 쉽다. 더구나 번뇌를 다스리는 일이 삶의 부정적 측면을 지양하고 긍정적 측면을 추구해야 한다는 도덕적 작업으로 오해될 위험성도 있다. 그래서 『선문정로』는 번뇌의 시작점이자 종결점인 3세 번뇌의 차원으로 집중하여 번뇌망상에 대한 논의를 전개한다. 이것은 성철스님 설법의 주된 특징이기도 하다.

8만4천 번뇌를 요약하면 세 가지 미세한 번뇌와 여섯 가지 거친 번뇌가 된다. 그렇다면 이 3세6추는 무엇인가? 불성이 본래 청정한데 번뇌는 어디에서 왔는가? 근본무명에서 세 가지 감지하기 어려운 미세한 번뇌가 일어나고, 3세의 경계상에서 여섯 가지 뚜렷한 번뇌가 일어난다. 3세6추는 『대승기신론』의 용어로서 그에 대한 논의는 여러 논서에 자세하다. 그런데 성철스님은 그에 대한 논의와 설명에 친절하지 않다. 그저 6추를 3세에, 3세를 마지막 한 점인 근본무명으로 귀납시킨다. 이렇게 함으로써 그 근본무명을 바로 대면하는 활구참구의 자리만을 남겨 두는 것이다.

이 과정에서 성철스님은 두 가지 특별한 논의를 전개한다. 3세와 근본무명을 동일시하는 것이 그 하나이고, 제7식의 언급이 불필요하다는 점을 거듭 강조하는 것이 다른 하나이다. 우선 3세와 근본무명을 동일시한 것은 3세의 시작이 무명업상이므로 이것을 최초의 불각인 근본무명과 구분할 필요가 없다고 보았던 듯하다. 어차피 목적은 3세가 아뢰야식의 차원임을 밝히고 아뢰야식을 넘는 것이 견성임을 밝히는 데 있기 때문이다. 제7식에 대한 논의가 불필요하다고 본 것 역시 문제의 핵심이 아뢰야식에 있음을 강조하기 위해서였던 것이라 이해된다.

그렇다면 아뢰야식의 3세 타파를 그토록 강조한 이유는 무엇일까? 수행에 있어서 마음의 간섭 작용이 완전히 사라진 구경무심이 유일한 도달처가 되어야 한다고 보았기 때문이다. 수행자는 구경무심의 자리에 이르러 비로소 옛 부처님이나 조사들과 자신이 둘이 아님을 직접 확인하게 된다. 그런데 의식의 층차가 다양하고 무심이라고 여겨지는 차원 역시 다양하다.

수행의 현장에서 표층의 의식이 사라지는 차원의 무심만 체험해도 견성을 선언하고 가르침을 펴는 경우가 드물지 않다. 성철스님은 무심의 구현에 있어서 분명한 기준을 제시할 필요가 있다고 보았다. 그래서 표층 의식만 사라진 것인지, 아니면 심층 아뢰야식을 넘어선 것인지에 따라 정사正邪가 갈린다고 보았다. 그러니까 "추중망상뿐 아니라 미세망상까지 완전히 끊어져야 견성"[58]이라는 점을 거듭 강조하는 것이다.

문제는 아뢰야식이 깊고 미세하며 의식적 이해의 차원을 벗어나 있어 그 작용을 알기 어렵다는 데 있다. 더구나 제8식은 보고, 듣고, 느끼고, 아는 작용이 있기는 하지만 시비분별의 차원을 떠나 있다. 그것이 여래의 경지와 같으므로 이를 진아眞我로 착각하는 일까지 있게 된다. 이에 대해 성철스님은 제8마계第八魔界라는 용어까지 사용하여 그 위험성을 경고한다.

성철스님에 의하면 아뢰야식의 차원에 진입하면 본래의 자리를 찾은 것 같고 지극한 자재로움을 느끼게 되는데 이것이 8지 자재보살의 경계이다. 그렇지만 이 자재보살의 경계에는 세 가지 미세한 번뇌가 남아 있어 아직 견성했다고 할 수 없다는 것이다. 심의식의 분별상을 넘어

---

58 퇴옹성철(2015), p.68.

무공용의 자재한 경지에 노닌다 해도 그것은 결국 마계에 불과하다는 뜻이다.

거듭 살펴본 바와 같이 성철스님은 더 내려놓을 것이 없는 구경무심만을 견성이라 보았다. 그 사이의 어떤 중간 단계나 지위를 일괄 중생 경계로 규정하는 것은 성철스님의 일관된 관점이다.

중국 유식학의 종조인 현장스님은 8지보살에서 아뢰야식을 버린 뒤 성불하기 전까지 아마라식의 성숙 단계를 거쳐 불지에 들어가면 무구식이 된다고 설명한다.[59] 그러나 성철스님은 화엄의 지위를 수용하지 않는 입장에서 똑같이 현장스님의 아뢰야식 단계론을 채용하지 않는다. 결국 성철스님의 아뢰야식 강조는 번뇌성을 알아차리기 어려운 차원을 뚫고 지나가야 진정한 견성에 이를 수 있다는 점을 강조하기 위한 것이다. 성철스님은 이렇게 주장한다.

> 줄기를 자르고 근본인 뿌리까지 완전히 뽑아낸 것을 견성이라 한다. 중생이 본래 부처라는 것을 알았다 해도 번뇌망상이 그대로 남아 있다면 그건 중생이지 부처가 아니다.[60]

이 번뇌망상은 어떻게 끊어야 하는 것일까? 번뇌망상은 표층 의식과 심층 아뢰야식에 의한 간섭과 왜곡 작용의 다른 이름이다. 이 표층

---

59 『八識規矩補註』(T45, p.476a), "初從無始至不動地名阿賴耶. 此云藏次. 亦從無始至解脫道名毘播迦. 此云異熟. 蓋具變異而熟. 異時而熟. 異類而熟. 故名異熟. 後佛果位盡未來際名無垢識. 初阿賴者, 有情執爲自內我故. 異熟者是善惡所引果故. 持無漏種現無間斷故. 謂此本識初至此地, 捨藏識名過失重故. 有情不執爲自內我故. 金剛道後異熟空, 謂二障種習有漏種. 現皆永斷捨故. 捨此名因幷劣無漏亦皆捨盡."
60 퇴옹성철(2015), p.68.

과 심층 의식의 간섭과 왜곡을 멈추는 것은 번뇌를 끊는 일로서 불교의 모든 수행법은 이것과 관련되어 있다. 그중 성철스님은 화두참구를 최고의 수행법으로 제시한다. 이 화두참구법은 철저성과 항일성을 생명으로 한다. 화두는 말이 일어나기 전의 자리로 끝없이 나아가게 하는 힘이다. 어떠한 의식 차원의 관념적 이해에도 머물지 못하게 하면서 끝없이 '왜? 어째서?'의 힘으로 오직 모를 뿐인 자리로 밀고 나간다. 그러니까 화두가 있으면 의식이 움직이지 못하게 된다. 의식이 기동하지 않으면 장애가 없고, 분별이 없으며, 밝은 알아차림만 있는 경계가 일어나는데 이것이 부처의 차원이다. 문제는 이것이 일시적 경계인가 아니면 항구적으로 움직이지 않는 자리인가에 있다.

이와 관련하여 성철스님은 유명한 3관三關, 즉 동정일여, 몽중일여, 오매일여(숙면일여)의 기준을 제시한다. 사람들은 성철스님의 이 기준 제시를 두고 지위와 단계를 설정하는 모순에 빠졌다고 말하기도 한다. 그러나 성철스님은 오매일여, 그중에서도 내외명철의 오매일여만을 인정한다. 성철스님의 3관은 수행자들의 자기 점검용 기준으로 제시된 것이지 도달할 단계로 제시된 것은 아니라고 보아야 한다. 동정일여가 되었다면 그것을 자랑하지 말고 몽중일여가 되는지 점검하라. 몽중일여가 되었다 하여 견성했다 자처하지 말고 숙면일여한 오매일여가 되는지 살펴보라. 나아가 여기에서도 보살의 오매일여와 여래의 내외명철한 오매일여가 다름을 알아 여기에도 머물지 말라. 이것이 성철스님의 3관이 제시하는 바이다.

여기에서 우리는 이 3관의 조어법에 대해 생각해 볼 필요가 있다. 원래 일여一如라는 말은 상대적 차원에 있는 두 모양의 둘 아님을 나타내는 말이다. 둘이 아니므로 일一이고, 다르지 않으므로 여如이다. 그러니까 단어의 구성상 일여의 앞에는 보통 서로 다른 두 가지 상대적 개념이 제시되어야 한다. 동정일여, 오매일여, 생사일여 등이 그 예로써 경전에 자주 나타난다. 그런데 한편 일여에는 항일성, 항구성의 뜻도 있다. 성철스님이 말하는 일여는 주로 항구성에 초점이 맞춰져 있다. 그래서 몽중일여, 숙면일여 등과 같은 용어가 함께 제시되는데, 이들 용어는 경론에 잘 보이지 않는다. 성철스님이 용례가 드문 이 두 가지 용어를 쓴 것은 이 일여한 경계가 지속되어야 한다는 것을 강조하기 위해서이다. 성철스님에 의하면 영원한 지속성이 없는 깨달음은 의식의 장난에 불과하다. 일시적 사건에 불과하다. 이것을 깨달음이라 해서는 안 된다는 것이다. 그래서 숙면일여 등의 항일한 무심경계의 제시를 통해 일체의 관념적 이해를 배격하고자 한 것이다. 여기에 성철선의 실참실오론이 분명히 드러난다. 이처럼 숙면일여 등은 실참실오라야 진정한 수행이고 진정한 깨달음이라는 주장이 담긴 용어인 것이다.

3. 문장 인용의 특징

【3-1】 以根本無明이 動彼眞如하야 成於三細를 名爲梨耶요 ① [末那無此義, 故不論.] 又以境界緣故로 動彼心海하야 起於六麤를 名爲意識이니라

선문정로 근본무명이 진여본성을 고동鼓動하여 3종三種의 미세한 망상을 결성結成하니 아뢰야阿賴耶라 한다. 그리고 각종의 경계반연境界攀緣으로 망심업해妄心業海를 기동起動하여 6개六箇의 추중번뇌麤重煩惱를 첨기添起하니 이를 의식意識이라 한다.

현대어역 근본무명이 저 진여를 뒤흔들어 3세를 형성한다. 이것을 아뢰야라 한다. [말나에는 이런 이치가 없으므로 논하지 않는다.] 또 대상경계의 인연이 마음의 바다를 움직여 6추를 일으킨다. 이것을 의식이라 한다.

[해설] 현수스님의 『대승기신론의기별기』에서 가져온 문장이다. 3세6추를 논하면서 왜 말나식을 설명하지 않는가 하는 질문에 대한 답변의 일부이다. 이에 의하면 말나식은 제8식과 같이 세 가지 미세번뇌[61]를 일으키지도 않고, 제6식과 같이 외적 대상에 반응하여 여섯 가지 거친 번뇌[62]를 일으키지도 않는다. 그러므로 논의하지 않는다는 것이다.

아뢰야식이 3세를 일으키고 제6식이 6추를 일으킨다. 그런데 말나식은 그 어디에도 속하지 않으며 자체의 독립적 영역도 없다. 다만 아뢰야식에서 주체의식과 대상의식이 일어날 때 여기에 이미 관여하고 있고, 의식이 말나식에 의지하여 일어난다. 이처럼 분명한 작용은 있으나 독립적 영역이 없으므로 별도로 논의하기에 불편하다. 그래서 논의하지 않는다는 것이다.

성철스님 역시 논의의 편리를 위해 이를 생략하였다. 또한 "제7말나

---

61 깨닫지 못함에 상응하여 세 가지 모양이 생긴다. 무명업상과 능견상과 경계상이 그것이다. 깨닫지 못하였으므로 마음이 움직인다. 이것이 무명업상이다. 무명업상의 움직임으로 인해 보는 주체가 생긴다. 보는 주체가 있으므로 인해 대상경계가 나타난다. 이에 대해서는 元曉, 『起信論疏記』(X45, p.216c) 참조.

62 여섯 가지 거친 번뇌는 다음과 같다. 3세 중의 경계상을 대하여 그것을 나누는 지상智相, 분별한 둘에 대해 고락을 나누는 상속상相續相, 고락의 분별에 의해 집착을 일으키는 집취상執取相, 집착의 대상에 명칭을 붙여 헤아리는 계명자상計名字相, 법집과 아집에 의해 선악의 업을 일으키는 기업상起業相, 업으로 인해 고해에 떨어지는 업계고상業繫苦相.

第七末那를 별론하지 않아도 수도상修道上에 관계없으므로"[63] 생략한 것이다.

한 가지 흥미로운 것은 이 말나식의 설정과 관련하여 『백일법문』과 『선문정로』 사이에 입장의 변화가 발견된다는 점이다. 1967년의 『백일법문』에서는 현수스님의 설을 취하지 않는다.

> 현수스님은 제7식을 "위로는 제8식에 합하고 아래로는 제6식에 합한다.(上合第八, 下合第六.)"고 하여 제7식은 자체가 없으니 그대로 제8식과 제6식으로만 설명하자고 말했습니다. 이것도 일리가 있는 말이지만 엄격하게 우리의 정신상태를 분석해 보면 제7식을 두는 것이 논리상 더 적합하다고 볼 수 있습니다.[64]

이에 비해 1981년의 『선문정로』에서는 현수스님의 설을 취해 제7식에 대해 회의적 입장을 취한다.

> 부처님의 말씀인 『능가경』에서도 제7식은 본체가 없는 것이라 하였고, 명말 4대 고승 중 한 분인 감산스님도 제7식은 본체가 없다고 하였다. 어디 거기에 그치겠는가? 8식설이 유식의 학설이기는 하지만 정작 법상종의 소의경전인 『해심밀경』에서는 6식과 제8식만 거론하였을 뿐 제7식은 나오지도 않는다. 이런 여러 자료를 근거로 추론할 때 제7식설은 『해심밀경』 이후 호법護法 계통 유식학파의 학설이지 부처님의 말씀이라 단정할 수는 없다.[65]

---

63 퇴옹성철(2015), p.65.
64 퇴옹성철(2014), 『백일법문』(상), 서울, 장경각, pp.371-372.
65 퇴옹성철(2015), p.324.

이와 같이 제7식에 대한 논의를 생략하거나 그 근거에 대해 회의하게 된 이유는 무엇일까? 그래서 다시 살펴보면 성철스님은 6추에 대해서도 깊이 논의하지 않았다는 것을 알게 된다. 오직 아뢰야식의 3세의 소멸을 내용으로 하는 구경무심으로 논의를 집중하기 위해서이다. 그런 점에서 설사 제7식이 있다 해도 논의의 대상이 될 일은 별로 없어 보인다.

이 중 ①의 '말나에는 이런 이치가 없으므로 논하지 않는다(末那無此義故不論)'는 구절이 생략되었다. 말나는 의식의 심층과 아뢰야식의 표층 사이를 연계하면서 아뢰야와도 다르고 의식과도 달라 독립적 실체가 없다. 그러므로 논의를 생략한다는 것이 문장의 요지이다.

이에 의하면 우선 말나식은 아뢰야식과 다르다. 심층 내면의 근본무명이 본성을 뒤흔들어 세 가지 미세한 망상을 일으키는 것이 아뢰야식인데 말나식에는 그런 일이 없다. 또 외적 경계가 마음의 바다를 흔들어 여섯 가지 뚜렷한 번뇌를 일으키는 것이 의식인데 말나식에는 그런 일이 없다. 그러므로 생략한다는 것이다. 또한 말나식은 내적으로 아뢰야식과 구분하기 어렵고, 외적으로 의식과 연계되어 있다. 따라서 3세 6추를 말하면 말나식이 자동으로 포함되는 관계에 있다. 그러므로 생략하고 논하지 않는다는 것이다. 성철스님은 말나식을 논하지 않는다는 바로 이 구절을 생략하였다.

그것은 이 문장의 인용 의도와 관련이 있다. 말나식을 생략하는 이유에 대한 논의 자체를 생략함으로써 내적 무명에서 일어나는 3세와 외적 경계로 인해 일어나는 6추로 번뇌망상의 내용을 단순화할 필요가 있다고 본 것이다. 여기에는 복잡하고 치밀한 논리가 수행의 실천에 도움이 되지 않는다는 판단이 개입되어 있다. 내적 번뇌(아리야)와 외적 번뇌(의식)의 중간에 말나식을 설정하게 되면 논의가 복잡해져서 말과 생각이 꼬리를 물게 될 것이기 때문이다.

또한 "말나식을 별론하지 않아도 수도상에 관계없다."고 한 것은 성철선의 한 특징과 관련되어 있는 것이기도 하다. 말나식은 나(我)와 나의 것(我所)을 집착하는 자아의식을 가리킨다. 이 자아의식의 소멸은 수행의 중요한 실천 과제이다. 말나식은 무기無記이지만 자아(我)를 집착함으로써 탐진치의 근본이 되는 다양한 번뇌를 동반하기 때문이다. 『유식삼십송』에서는 이것이 아라한의 멸진정과 출세도出世道에서 소멸한다[66]고 말한다. 그런데 이러한 자아의식이 소멸하는 체험을 견성으로 보는 관점이 있을 수 있다. 자아가 소멸함에 따라 나와 대상경계의 구분이 사라지는 체험을 하게 되기 때문이다. 성철스님은 이 단계에 의미를 두는 일을 제8마계에 머무는 일로 규정하여 극력 배제한다. 제8아뢰야식인 극미세망상까지 영단한 무여열반이라야 진정한 무심이고 견성이라 할 수 있다는 것이다. 그리고는 다음과 같은 비판적 논의를 전개한다.

> 만약에 객진번뇌客塵煩惱가 여전무수如前無殊하여 6추도 미제未除한 해오解悟를 견성이라고 한다면 이는 정법을 파멸하는 용서할 수 없는 대과오이며 불조佛祖의 반역이다.[67]

성철스님이 지적한 바와 같이 원효스님은 제7말나식을 6추의 지상智相에 배대하였고[68], 현수스님은 그에 대한 논의를 생략하였다. 성철스님은 현수스님의 입장에 무게를 실어주는 듯한 논의를 전개하지만 보다 큰 목적은 표면적 자아의식의 소멸에 의미를 두는 수행 풍토에 대한 비

---

66 『唯識三十論頌』(T31, p.60b), "有覆無記攝, 隨所生所繫. 阿羅漢滅定, 出世道無有."
67 퇴옹성철(2015), p.68.
68 『起信論疏記』(X45, p.217c), "初之一相, 是第七識. 次四相者, 在生起識. 後一相者, 彼所生果也. 初言智相者, 是第七識麤中之始, 始有慧數分別我塵, 故名智相."

판적 성찰에 있었다. 따라서 제7말나식에 대한 논의를 생략한다는 현수스님의 문장을 인용한 것이고, 나아가 말나식에 대한 논의를 생략한다는 구절 자체까지 생략하였던 것이다. 이를 통해 말나식의 소멸에 의미를 두지 말고 아뢰야식의 궁극적 소멸에 수행의 핵심을 두어야 한다는 주장을 부각시키고자 한 것이다.

【3-2】 三細六麤가 總攝一切染法하나니 皆①[因根本無明] 不了眞如而起니라 故로 云當知하라 無明이 能生一切染法也라하니라

선문정로 3세와 6추가 일체의 생멸하는 염법染法을 총섭總攝하나니 이는 다 진여본성을 배치背馳한 인유因由로 생기生起한다. 그러므로 당연히 알지어다. 3세6추의 근본인 무명이 능히 일체의 생멸법을 파생派生한다고 하였느니라.

현대어역 3세와 6추가 모든 번뇌를 다 포섭한다. 그것은 모두 [근본무명으로 인하여] 진여를 밝게 깨닫지 못하기 때문에 일어나는 것이다. 그러므로 무명이 모든 번뇌를 낳는다는 것을 알아야 한다.

[해설] 3세6추를 설명하는 현수스님의 『대승기신론의기』에서 가져온 것이다. 상기 인용문은 그 결론에 해당하는 문장[69]이다. 모든 번뇌는 3세와 6추로 귀결되고, 그것은 근본무명으로 인해 진여를 깨닫지 못하여 일어난 것이므로 결국 3세와 6추의 모든 번뇌가 근본무명에서 일어

---

[69] 『大乘起信論義記』(T44, p.263c), "此結歸也. 三細六麤總攝一切染法, 皆因根本無明不了眞如而起. 問, 染法多種差別不同, 如何根本唯一無明. 答, 染法雖多, 皆是無明之差別相, 故不異不覺也."

난 것임을 알아야 한다는 것이 그 주된 내용이다. 여기에 ①의 '근본무명으로 인하여(因根本無明)'가 생략되었다. 홀연히 일어나는 근본무명까지 뽑아내야 진정한 견성이라 할 수 있다는 것을 강조하는 것이 인용의도라 할 수 있다. 그런 점에서 생략될 이유가 없어 보인다. 오히려 이 인용문을 통해 모든 번뇌는 3세6추로 귀납되고, 그 3세6추는 다시 근본무명에서 시작된다는 점을 밝히는 것이 더 효과적이었을 수도 있다. 해결해야 할 번뇌망상에 대한 논의가 극히 분명해질 수 있기 때문이다.

그런데 번역문과 해석을 보면 이 생략은 다분히 의도적인 것이다. 우선 성철스님이 생략한 ①의 구절에 이어지는 '모두 진여본성을 밝게 깨닫지 못하기 때문에 일어난다(皆不了眞如而起)'라는 구절을 "이는 다 진여본성을 배치背馳한 인유因由로 생기生起한다."[70]로 번역하였다는 점에 주목할 필요가 있다. 왜 '밝게 깨닫지 못하기 때문에(不了)'로 번역할 수 있는 것을 '배치하였기 때문에'로 옮긴 것일까?

성철스님은 견성에 대한 기존의 견해를 반성적으로 검토하는 입장에 있었다. 특히 해오의 차원에서 깨달음을 자처하는 풍조를 깨끗이 씻어내는 것이 그 핵심을 이루고 있다. 그런데 '밝게 깨닫지 못하다'는 말은 나라는 주체가 진여라는 대상에 어둡다는 의미로 이해될 수 있는 위험성이 있다. 말하자면 지해知解적 차원의 앎이 깨달음의 기준으로 세워질 수 있는 것이다. 이러한 위험성을 피해 진여에 배치된다는 말을 쓴 것으로 보인다. 그것은 진여와 하나로 계합하는 것이 진정한 깨달음이라는 것을 전제로 하는 말이기 때문이다.

다음으로 ①의 생략과 관련하여 3세를 근본무명으로 보고 6추를 지말무명으로 정의한 해설에 주목할 필요가 있다. 『기신론』 등의 논의

---

70 퇴옹성철(2015), p.67.

에 따르자면 3세6추는 모두 지말무명에 속하며 마지막 지점인 근본무명과 구별된다.[71] 요컨대 근본무명에서 지말무명, 즉 무명업상, 능견상, 경계상의 3세와 지상 등의 6추가 일어난다는 것이다. 그러니까 같은 3세에 속한다 해도 무명업상이 다른 능견상과 경계상의 근본이 되는 관계에 있는 것이다.

성철스님은 제8아뢰야식 차원의 3세를 모두 근본무명으로 정의하였다. 그것은 감지할 수 없는 최심층의 미세망상을 단절하는 문제에 수행자의 관심을 집중시키기 위한 조치로 보인다. 이를 통해 시비선악을 가리는 분별적 차원의 6추 번뇌는 물론 아뢰야식 차원의 무부무기無覆無記적 장애[72]를 완전히 멸진해야 진정한 견성에 들어갈 수 있음을 밝히고자 한 것이다. 이러한 고려하에 ①을 생략함으로써 아뢰야식의 3세의 소멸을 강조하고자 한 것이다.

【3-3】 於六趣生死에 彼彼有情이 墮①[彼]彼有情②[衆]中이라 ③[或在卵生, 或在胎生, 或在濕生, 或在化生, 身分生起.] 於中最初에 一切種子心識이 ④[成熟]展轉和合하야 增長廣大하나니 ⑤[依二執受, 一者有色諸根及所依執受, 二者相名分別言說戲論習氣執受, 有色界中具二執受, 無色界中不具二種, 廣慧.] 此識을 亦名阿陀那⑥[識]하며 ⑦[何以故, 由此識於身隨逐執持故.] 亦名阿賴耶⑧[識]하며 ⑨[何以故, 由此識於身攝受藏隱, 同安危義故.] 亦名爲心이니라 ⑩[何以故. 由此識色聲香味觸等積集滋長故. 廣慧.] 阿陀那⑪[識]가 ⑫[爲]依⑬持[止]하야 ⑭[爲]建立故로

---

71 『起信論疏筆削記』(T44, p.309b), "於中有根本枝末之異, 枝末復有三細六麤."
72 『唯識三十頌』(第四頌)(T85, p.964a), "是無覆無記, 觸等亦如是. 恆轉如暴流, 阿羅漢位捨."

六⑮轉識身이 轉하나니 謂眼⑯[識]耳鼻舌身意⑰[識]니라

선문정로 6도六途에서 생사윤회할 때에 피등彼等의 유정중생有情衆生들이 생멸하는 유정들 중에 타락하여 있다. 그중 최초에 일체의 생멸하는 종자種子인 심식心識이 전전展轉하며 화합하여 증장增長하고 광대廣大하나니, 이 근본식根本識을 혹은 아타나阿陀那 혹은 아뢰야阿賴耶 혹은 심心이라 명칭한다. 이 아타나식阿陀那識이 ⑱의지依持가 되어서 건립하는 고로 6전식신六轉識身이 전동轉動하나니 안이비설신의 眼耳鼻舌身意이다.

현대어역 6도에서 생사윤회할 때에 저들 유정중생이 저 유정의 무리 가운데 떨어져 [혹은 난생, 혹은 태생, 혹은 습생, 혹은 화생의 몸으로 생겨난다.] 그중 맨 처음에 모든 것을 낳는 종자인 제8의 심식이 [성숙하고,] 변환하고, 화합하고, 증장하고, 확대하여 [다음과 같은 두 가지 대상에 집착하여 이런저런 반응을 하게 된다. 첫째, 물질적 요소인 감각기관과 그것이 의지하는 몸에 대한 집착과 반응이다. 둘째, 관념과 이름에 따라 분별하는 언어와 논의 등의 습기에 대한 집착과 반응이다. 물질적 차원에서는 이 두 가지 집착과 반응이 다 있고, 물질을 초월한 차원에서는 뒤의 하나만 있다. 광혜여!] 이 제8식을 아타나식이라 부른다. [왜 그런가? 이 제8식이 육신을 따라다니며 집착하여 붙잡기 때문이다.] 또 아뢰야식이라 부르기도 한다. [왜 그런가? 이 제8식이 몸에 들어가고, 간직되며, 그 안위를 함께 하기 때문이다.] 또 마음이라 부르기도 한다. [왜 그런가? 이 제8식이 물질과 소리와 향기와 맛과 감촉 등의 집적으로 자라나기 때문이다. 광혜여!] 아타나식에 의지하고 세워져 여섯 가지 의식의 몸체로 전환된다. 안식, 이식, 비식, 설식, 신식, 의식이 그것이다.

[해설] 아뢰야식에 의지해 여섯 가지의 파생 의식이 생긴다는 점을 밝히고 있는 문장이다. 유식의 소의경전인 『해심밀경』에서 제7식을 설하지 않았다는 것을 보여주기 위한 인용문이다. 이 중 표시한 바와 같이 다양한 이유로 거의 모든 구절에 조정이 가해졌다.

①의 '피피彼彼'는 복수를 지칭하며 '저들', 혹은 '이런저런'으로 번역되는 말인데 생략되었다. 성철스님의 번역문에는 '생멸하는 유정들'로 복수로 번역되어 있으므로 중복을 피한 단순 생략에 가깝다.

②의 '중衆' 자는 ①의 피피彼彼와 함께 복수를 지칭하는 글자이다. 유정有情과 유정중有情衆은 다른 말이다. 유정이 개별적 중생을 가리킨다면 유정중은 그 중생이 속하는 유적類的 범주, 예컨대 태란습화의 전체 종류를 가리킨다. 그래서 유정중은 유정취有情聚, 혹은 유정류有情類로 표현하기도 한다. 성철스님의 번역문에는 '유정중생들'로 중衆이 반영되어 있다. 복원되어야 한다. 다만 가운데 중中 자가 있어서 유정有情이 저절로 복수가 되므로 의미의 변화는 일어나지 않는다.

③의 생략된 문장은 모두 유정중有情衆에 대한 구체적 표현이 된다. 생략된 '혹은 난생, 혹은 태생, 혹은 습생, 혹은 화생의 신분으로 일어나는 것(或在卵生, 或在胎生, 或在濕生, 或在化生, 身分生起)'이 유정중의 구체적 예가 되는 것이다. 성철스님은 문장을 인용할 때 가능하면 논리적인 문장만 취하고 구체적 예나 비유는 생략하고자 한다. 여기에도 그러한 원칙이 적용된 것으로 보인다. ③은 바로 그 구체적인 실례를 생략한 경우에 해당한다.

그 밖에 아타나식의 특성과 다양한 이름을 밝히는 ⑤, ⑦, ⑨, ⑩의 구절들이 모두 생략되었다. 이 문장을 인용한 목적은 '아뢰야식에 의지하여 여섯 가지 파생 의식이 생기므로' 결국 번뇌망상의 출발점에 아뢰야식이 있다는 점을 밝히는 데 있었다. 아타나식의 다양한 특성과 이름들을 일일이 밝히는 것은 이러한 설법의 핵심을 드러내는 데 도움이 되지 않는다고 보아 이를 생략한 것이다.

⑥, ⑧, ⑪, ⑯, ⑰과 같이 '식識' 자를 생략하여 아타나식을 아타나로, 아뢰야식을 아뢰야로, 안이비설신의식을 안이비설신의로 표현하였다. 의미의 변화를 수반하지 않는 단순 생략이다.

⑫의 '위爲' 자가 빠져 있다. 번역문에 '아나타식에 의지依止가 되어서'와 같이 '위爲' 자가 적용되어 있다. 1981년 본에 바로 되어 있었으나 1993년에 가로쓰기로 조판하면서 실수로 누락되어 2015년 본까지 이어졌다. 바로 잡아야 한다.

⑬의 '의지依持'는 '의지依止'의 오사誤寫로 보인다. 의지依止는 의지하여 머문다는 의미이다. 교정해야 한다. 이와 연동하여 번역문 ⑱ 또한 '의지依持'→'의지依止'로 교정해야 한다.

⑭의 '위爲' 자가 생략되었다. '건립하는 고로'와 같이 생략된 상태에서 번역되었으므로 의도적으로 생략한 것이다. ⑫의 '위爲'가 그 문법적 기능을 함께할 수 있다고 보아 생략한 것으로 보인다.

⑮에 '전轉' 자를 추가하였는데, 유식의 입장에서 전5식과 제6식은 아뢰야식에 의지해 변화하여 일어나는 의식이므로 6전식六轉識이라고도 한다. 여섯 가지 파생 의식이라는 뜻이다. 여섯 가지 의식의 뿌리가 아뢰야식임을 강조하기 위해 추가한 것으로 보인다.

【3-4】 諸識이 有二種生하니 謂流注生及相生이니라

선문정로 번뇌망상인 제종식심諸種識心에 2종二種의 생生이 있으니 유주생流注生과 상생相生이다.

현대어역 전체 심의식에는 두 가지의 생성이 있다. 끝없이 흘러드는 유주流注의 생성과 분별적 모양(相)의 생성이다.

[해설] 근본무명은 모든 번뇌의 출발점으로서 물의 수원지와도 같다. 여기에서 발원한 물결이 흘러들어 번뇌와 집착을 파생한다. 그 끝없이 흘러드는 일을 유주流注라 한다. 아뢰야식에는 선과 악, 그리고 선도 아니고 악도 아닌 것이 함께 흐르고 있다. 그래서 이것을 흐름으로 표현하는 것이다.

이 미세한 흐름을 받아 분별적 모양(相)이 생긴다. 3세와 6추는 연쇄작용으로 일어난다. 무명업상에서 능견상이 일어나고, 능견상에서 경계상이 일어난다. 그리고 이 3세 중의 경계상을 상대로 하여 그것을 분별하는 지상智相이 일어나고, 분별한 모양에 대해 고락을 나누는 상속상相續相이 일어난다. 다시 고락의 분별에 따라 집착을 일으키는 집취상執取相이 일어나고, 여기에 명칭을 붙여 헤아리는 계명자상計名字相이 일어난다. 여기에 기초하여 선악의 업을 일으키는 기업상起業相이 일어나고, 이 업으로 인해 고해에 떨어지는 업계고상業繫苦相이 일어난다. 그러니까 인용문에서 말하는 분별적 관념은 대체로 제6의식의 차원에서 일어나는 여섯 가지 거친 번뇌를 가리키는 말이다.

성철스님은 전체적으로 생성(生), 유지(住), 소멸(滅)을 말하는 문맥에서 생성의 문단만 가져왔다. 어차피 생성이 없다면 유지될 것도 없고 소멸할 것도 없기 때문이다. 성철스님은 이에 대해 유주생은 3세, 상생은 6추라고 간략히 정의한다. 이것은 다음의 문장을 인용하기 위한 서론으로서의 역할을 한다. 다음의 문장을 보자.

【3-5】 阿陀那識이 甚深細하야 一切種子如瀑流로다 我於凡愚에 不開演은 恐彼分別執爲我니라

선문정로 아타나식阿陀那識이 극심히 심세深細하여 일체 생멸의 종자가 폭포같이 유동流動한다. 내가 우매한 범부에게 이 아타나식阿陀那識을 개연開演하여 설명하지 않는 것은, 피등彼等이 분별하여 진아眞我라고 오집誤執할까 두려워하는 까닭이다.

현대어역 아타나식은 아주 깊고 세밀하여 일체의 종자가 폭포같이 흐르든다. 내가 범부나 우매한 사람들에게 이것을 널리 설하지 않는 것은 그들이 이것을 진아眞我라고 생각하여 집착할까 걱정되기 때문이다.

[해설] 『해심밀경』의 게송에서 가져온 문장이다. 아타나식은 아뢰야식의 다른 표현이다. 아타나라는 말은 물질적, 정신적 종자를 붙잡아 유지시키는 역할을 하기 때문에 붙여진 이름이다. 우리의 육체도 아타나식의 작용이 있기 때문에 해체되는 일 없이 유지된다. 일반적 의식으로 인지할 수 없는 깊이와 세밀함과 항구성을 가지므로 이 아타나식을 구경의 실체로 보는 관점이 생길 수 있다. 그래서 부처님도 이를 조심스럽게 다룬다는 것이다.

아타나식, 즉 아뢰야식을 보아야 오매일여의 경지에 들어가게 된다는 점, 그런 뒤 아뢰야식의 간섭을 완전히 벗어나야 진정한 오매일여인 숙면일여에 진입하게 되고, 이를 투과해야 내외명철의 부처자리에 도달하게 된다는 점을 보여주기 위한 인용문이다.

오매일여도 3세 중의 오매일여가 있고 진여 중의 오매일여가 있다.

8지 이상 자재보살의 오매일여는 3세 가운데의 오매일여이고 여래의 오매일여는 진여 가운데의 오매일여이다. 오매일여라는 같은 표현으로 인해 흔히 혼동할 수 있는데 그 둘 사이엔 결정적인 차이가 있다. 그것은 바로 내외명철內外明徹이다.[73]

제6의식 차원의 거칠고 무거운 추중번뇌를 벗어나는 것으로는 무심이라 할 수 없다. 제7식은 분별과 집착의 작용을 가리킬 뿐, 그 자신의 본체를 갖고 있지 않으므로 성철스님은 언급할 필요가 없다고 보았다. 그래서 바로 제8아뢰야식의 타파가 강조된다. 제8아뢰야식의 깊고 미세한 움직임을 보아 오매일여의 선정이 유지된다 해도 구경의 무심이 아니라는 것이다. 성철스님은 아뢰야식 차원의 오매일여를 숙면일여로 표현하면서 이것을 가무심假無心[74]이라고 표현한다. 이 무심이 가짜로서 진여 차원의 오매일여와 구분된다는 것을 강조하기 위해서이다.

【3-6】 六麤中智相은 ①[以能分別世出世諸法染淨, 故云智也. 是法執修惑, 七地已還, 有出入觀異, 故於境界有微細分別, 然地地分除, 故云漸離. 八地已去, 無出觀外緣境, 故,] 於七地에 盡此惑也요 [……] 三細中業相은 ②[以無明力不覺心動故, 菩薩地盡等者, 謂] 十地終心金剛喻定에서 ③[無垢地中, 微細習氣心念]都盡하느니라

---

73 퇴옹성철(2015), p.73.
74 1967년 백일법문의 설법에서는 아뢰야식 차원을 대무심지라고 표현했다가 『선문정로』에서는 가무심이라 표현하고 있다. 주목할 만한 변화이다. 이에 대해서는 퇴옹성철(2014), pp.282-283 참조.

선문정로 6추의 종말인 지상智相은 7지에서 이 미혹이 진멸盡滅하고, 3세의 최후인 업상業相은 10지종심十地終心인 금강유정金剛喩定에서 영진永盡한다.

현대어역 여섯 가지 거친 번뇌의 끝인 지상智相은 [세간과 출세간의 모든 법의 오염과 청정을 분별할 수 있으므로 지혜(智)라 한다. 이 법집으로 인한 관념상의 미혹은 7지 이전에는 외적 관찰(出觀)과 내적 관조(入觀)의 차이가 있다. 그래서 그 경계에 미세한 분별이 있게 되는 것이다. 각 지위에서 부분 부분 쪼개어 제거하므로 점차적으로 떠난다고 말한다. 8지 이후에는 외적으로 만나는 경계에 대한 외적 관찰이 없다. 그러므로] 7지에 이 관념상의 미혹이 모두 사라진다. [……] 3세 중의 무명업상은 [무명의 힘이 깨닫지 못한 마음을 동요함으로 인한 것이다. '보살의 지위가 모두 끝나고' 등으로 말한 것은] 10지의 마지막인 금강유정에서 [무구지無垢地에서 미세한 습기의 마음과 생각들이] 모두 사라진다는 뜻이다.

[해설] 현수스님의 『대승기신론의기』에서 가져온 인용문이다. 진여의 근본지혜를 오염시키는 여섯 가지 번뇌의 마음(六染心)이 있다. 첫째, 대상경계에 집착하여 근본지혜를 오염시키는 집상응염執相應染이 있다. 이것은 6추 중의 집취상執取相과 계명자상計名字相에 해당한다. 둘째, 법집이 단절 없이 연속되며 근본지혜를 오염시키는 부단상응염不斷相應染이 있다. 6추 중의 상속상相續相에 해당한다. 셋째, 대상에 대한 분별로 인해 근본지혜를 오염시키는 분별지상응염分別智相應染이 있다. 6추의 마지막인 지상智相에 해당한다. 넷째, 객관 대상의 설정으로 인해 근본지혜를 오염시키는 현색불상응염現色不相應染이 있다. 3세 중의 경계상

境界相에 해당한다. 다섯째, 주체의 설정으로 인해 근본지혜를 오염시키는 능견심불상응염能見心不相應染이 있다. 3세의 능견상能見相에 해당한다. 여섯째, 무명업상으로 인해 마음이 움직여 진여와 계합하지 못하도록 하는 근본업불상응염根本業不相應染이 있다. 3세의 무명업상에 해당한다.

인용문은 이 중 세 번째 분별지상응염과 여섯 번째 근본업불상응염에 대한 설명에서 가져온 것이다. 세 번째 분별지상응염이 6추의 마지막인 지상에 해당하고, 여섯 번째 근본업불상응염이 3세의 마지막인 무명업상에 해당하기 때문이다.

번뇌의 생성은 미세한 것에서 거친 것으로 확산되고, 번뇌의 소멸은 거친 것에서 미세한 것으로 수렴된다. 그러니까 6추의 번뇌를 차례로 소멸시켜 지상의 소멸에 이르고, 3세의 번뇌 단멸로 넘어가 무명업상의 소멸에 이르는 것으로 번뇌의 멸진이 완료되는 것이다.

6추의 마지막인 지상은 7지에서 사라지고, 3세의 마지막인 무명업상은 10지종심에서 사라짐을 밝히는 구절을 취해 새로운 문장을 만든 것이다.

이 정도 되면 굳이 옛 문장을 인용할 필요가 있을까 싶지만 성철스님에게는 자신의 체험에 바탕한 주장을 증명하는 이 구절이 중요한 것일 수 있다. 성인의 지위로 불리는 10지보살의 계위 중에서 7지 원행지는 극히 중요하다. 번뇌를 끊어 다시는 이곳으로 돌아오지 않는 자리이기 때문이다. 그럼에도 불구하고 번뇌가 여전한 현장으로서 궁극의 자리가 아니다. 8지 이후 10지에 이르기 전까지 아뢰야식의 미세한 번뇌가 남아 있기 때문이다. 이처럼 성철스님이 중요하게 생각하는 10지보살 미견성의 원칙을 밝히는 문장이었으므로 그 인용 출처를 밝히고 정식 인용문으로 처리한 것이다. 이를 통해 "추중麤重을 영리永離한 뇌야

무심賴耶無心도 견성이 아니다."[75]라는 입장을 강조할 수 있었던 것이다. 또한 동정일여와 몽중일여를 6추의 영역으로 설명하고, 숙면일여를 3세의 차원으로 설명하면서 결국 숙면일여를 투과하지 않으면 견성이라 할 수 없다는 결론에 이르는 데 있어서 아뢰야식의 영단永斷을 말하는 이 문장은 극히 중요한 것이었음에 틀림없다.

①이 생략되었다. 지상智相이 청정과 오염을 나누는 분별을 특징으로 하며 8지 이후 그 분별이 사라짐을 말하는 구절이다. 몽중일여라 해도 여전히 6추의 경계에 머물러 있으므로 여기에 머물러서는 안 된다는 점을 강조하기 위한 인용이므로 그 구체적 내용을 생략한 것이다.

②의 생략된 부분은 3세 중의 무명업상에 대한 설명이다. 아직 주체(능견상)와 객체(경계상)의 분별은 일어나지 않았으나 무명의 관성으로 인해 마음이 움직이는 차원이 무명업상이다. 이것이 보살지가 모두 끝나는 지점에서 사라진다는 설명이다. 숙면일여라 해도 여전히 무명업상이라는 가무심의 소멸이 숙제로 남아 있으므로 이것을 끊어야 진정한 견성에 이를 수 있다는 것을 강조하기 위한 인용이므로 그 구체적인 내용을 생략한 것이다.

③을 생략하였다. '무구지無垢地에서 미세한 습기의 마음과 생각들이'라는 내용이다. '무구지'는 등각보살의 별칭으로서 금강유정과 동의어이므로 생략하였고, '미세한 습기의 마음과 생각들'은 앞의 3세 중의 업상과 같은 뜻이므로 중복을 피해 생략한 것이다.

---

75 퇴옹성철(2015), p.73.

제 4 장

무상정각 無上正覺

제4장
무상정각 無上正覺

1. 무상정각 설법의 맥락

 무상정각은 무상정등정각의 줄임말로서 보리수 아래에서 석가모니 부처님이 증득한 아뇩다라삼먁삼보리를 가리킨다. 아뇩다라삼먁삼보리를 성취하기 위해서는 그에 대한 발심과 직접적 실천이 있어야 한다. 발심은 부처와 같은 무상정각을 이루겠다는 아뇩다라삼먁삼보리심을 내는 일이고, 실천은 부처와 같이 모양에 머물지 않는 아뇩다라삼먁삼보리도에 안착하는 일이다. 아뇩다라삼먁삼보리의 마음이란 무엇인가? 애착하지 않는 마음이다.『보살본연경』에 보면 출가한 왕자가 자기 목숨보다 소중히 여기는 두 아들을 추루한 바라문에게 종으로 내주면서 고민하는 장면이 있다.

 내가 지금 어째서 이런 일을 생각하는 것일까? 어렵고 괴로운 일의 실천이 없다면 어떻게 아뇩다라삼먁삼보리를 성취할 수 있겠는가? 그러므로 나는 이렇게 실천해야 한다. 원컨대 이 실천으로 아뇩다라삼먁삼보리를 속히 증득하고자 한다. 내가 지금 사랑하는 두 아들을 내주는 것은 전륜성왕, 제석천왕, 범천의 4천왕과 같은 천상과 인간 세상의 과보를 바라는 것이 아니다. 원컨대 이 공덕으로 모든 중생들과 함께 위 없는 도를 성취하고자 한다.[76]

어째서 애착하는 마음을 내려놓는 것이 아뇩다라삼먁삼보리를 속성으로 증득하는 길이 되는가? 일체의 모양과 관념이 실체가 없는 공空임을 알아 그것을 실천하는 일이 되기 때문이다. 보시바라밀의 실천이 그렇다. 생명까지 내려놓는 보시라 해도 그것을 통해 내가 무엇을 성취하겠다는 기대 심리가 남아 있는 한, 깨달음은 오지 않는다. 보시를 하는 나, 보시를 받는 타인, 보시하는 행위에 대한 생각이 남아 있기 때문이다. 만약 3륜이 청정하여 추호의 생각에도 걸리는 일이 없다면 그는 반드시 아뇩다라삼먁삼보리를 성취한다. 이와 같이 철저한 출세간적 무분별과 무집착을 실천한다면 아뇩다라삼먁삼보리를 성취하는 첩경이 된다. 그것은 『금강경』에서 강조하는 것처럼 궁극의 가치인 아뇩다라삼먁삼보리를 성취했다는 생각까지 내려놓는 철저함을 요구한다.

"수보리여! 어떻게 생각합니까? 여래가 아뇩다라삼먁삼보리를 증득하였겠습니까? 여래가 어떤 법을 설한 일이 있었겠습니까?" 수보리가 말하였다. "제가 부처님의 말씀하신 도리를 이해하기에는 여래가 증득한 어떤 법이 없는 것을 가리켜 아뇩다라삼먁삼보리라고 부릅니다. 또한 여래가 말씀하신 법이라는 것도 없습니다."[77]

---

76 『菩薩本緣經』(T3, p.59c), "我今何緣計如是事, 若不修行難行苦行, 何緣得成阿耨多羅三藐三菩提. 以是因緣, 我當行之, 願以此行速得成就阿耨多羅三藐三菩提. 我今捨此所愛二子, 不求生天人中果報, 轉輪聖王帝釋梵四天王, 願此功德悉與衆生成無上道."

77 『金剛般若波羅蜜經』(T8, p.758a), "須菩提, 汝意云何, 如來得阿耨多羅三藐三菩

반야의 철저한 실천이 곧 진정한 아뇩다라삼먁삼보리를 성취하는 길
이다. 이와 같이 각 경전에서는 각기 그 제시하는 실천론이 아뇩다라삼
먁삼보리에 도달하는 가장 효과적인 길이라는 점을 주장한다. 그래서
각 경전마다 그것을 수지독송하면 아뇩다라삼먁삼보리를 성취할 수 있
다는 찬탄이 관용어처럼 제시된다. 예컨대 불성의 경전인『대열반경』에
서는 불성에 대한 믿음을 바탕으로 방편을 닦으면 아뇩다라삼먁삼보리
에 이를 수 있다고 강조[78]한다. 그러므로 10바라밀, 4섭법, 37조도품,
3해탈문 등 아뇩다라삼먁삼보리의 성취를 이끄는 다양한 실천의 길[79]
이 있게 되는 것이다. 성철스님은 간화선의 실천에 의한 돈오견성, 혹은
구경무심의 성취가 곧 무상정각임을 강조하는 입장에서 무상정각의 설
법을 펼친다.

2. 성철스님 무상정각 설법의 특징

견성이 곧 구경의 무상정각이며 성불임을 밝히는 것이 무상정각 설
법의 핵심이다. 모든 존재가 가능성으로서의 부처인 불성을 이미 갖추
고 있다는 불성론은 돈오견성론의 전제이다. 원래부터 완전하게 청정한

提耶, 如來有所說法耶. 須菩提言, 如我解佛所說義, 無所有法如來所得, 名阿耨
多羅三藐三菩提, 亦無有法如來所說."

78 『大般涅槃經』(T12, p.405c), "廣爲無量諸優婆塞, 說言汝等盡有佛性, 我之與汝俱
當安住如來道地, 成阿耨多羅三藐三菩提, 盡無量億諸煩惱結. 作是說者, 是人不
名墮過人法, 名爲菩薩."

79 『大方廣佛華嚴經』(T9, p.561c), "是菩薩具足十波羅蜜時, 四攝法, 三十七品, 三解
脫門, 一切助阿耨多羅三藐三菩提法, 於念念中皆悉具足."

불성을 갖추고 있으므로 그것을 보는 것이 단번에 일어날 수 있다. 단번에 일어나므로 돈오이고 본래 갖춘 것을 보므로 견성이다.

그런데 그 보는 일에 차이가 있을 수 있다. 들어서 그러한 사실을 알고는 있지만 아직 직접 보지는 못한 차원(不覺), 얼핏 본 차원(相似覺), 보고는 있으나 분명하지 않은 차원(隨分覺), 언제나 명료하게 보는 차원(究竟覺)이 그것이다.

성철스님은 이 중에서 언제나 명료하게 보는 차원만이 진정한 견성이라고 주장한다. 이를 위해 『대열반경』의 문장을 집중적으로 인용한다. 『대열반경』에서는 분명하게 성문과 연각은 불성을 보지 못하였으며, 10단계의 지위에 있는 보살들조차 아직 분명하지 않은 차원에 머물러 있음을 밝히고 있기 때문이다.

성철스님은 견성과 깨달음이라는 용어에 붙어 있는 다양한 역사적 흔적을 벗겨내고 그 원래 의미를 복원하고자 한다. 그리고 그 복원은 석가세존의 깨달음에 직접 연결될 때 비로소 완전해질 수 있다고 보았다. 그리하여 견성이 곧 성불이며, 깨달음은 오직 아뇩다라삼먁삼보리의 구경각일 뿐임을 거듭 주장한 것이다. 아라한은 물론 10지, 등각 또한 견성하지 못하였으므로 무상정각이 아니라는 것이다.

성철스님의 이러한 주장에 대해 무상정각으로서의 돈오돈수는 오직 상상근기의 수행자에게 가능할 뿐이라는 반론이 제기된다. 중하근기의 수행자들에게는 돈오 이후 점수가 필요하다는 것이다. 사실 이러한 근기론은 『대열반경』에도 보인다. "하급, 중급의 수행자는 불성을 보지 못해 성문·연각의 도를 얻고, 상급 수행자는 분명하게 보지 못해 10지보살에 머물며, 상상급 수행자는 밝게 보아 무상정각을 얻는다."[80]라는

---

80 『大般涅槃經』(T12, p.524b), "下智觀者不見佛性, 以不見故得聲聞道. 中智觀者不

내용이 그것이다. 그런데 여기에는 상상근기의 밝은 견성만을 인정하고 다른 것을 배제한다는 결론이 전제되어 있다. 그러니까 미리 자신을 상상근기가 아니라고 한정하는 것은 『대열반경』의 의도가 아니다. 그것은 또한 성품을 보고 마음을 밝히는 선문의 공부에도 도움이 되지 않는다.

여기에서 학문적 고찰과 선문의 실천에 그 지향하는 바의 차이가 있을 수 있음을 상기할 필요가 있다. 사실의 연관 관계를 설명하는 데 집중하는 학문 연구의 입장에서는 궁극의 깨달음에 이르는 궤적을 설명하는 데 있어서 같은 돈문이라 해도 돈오점수론이 더 매력적일 수 있다. 이에 비해 당장 이 자리에서의 깨달음을 이끌어 내고자 하는 선사의 법문에서는 돈오돈수의 윽박지름이 더 효과적일 수 있다. 이것은 수행자의 내면에 남아 있는 미혹을 겨냥한 것이기도 하다.

『선문정로』는 윽박지르는 법문이다. 그만하면 됐다는 말을 기대할 수 없는 비타협의 극치이다. 이것이 성철스님이 제시하는 길이다. 그러므로 『선문정로』의 가르침을 지침으로 삼고자 한다면 돈오돈수의 윽박지름 앞에 솔직한 무방비 상태로 스스로를 드러낼 필요가 있다.

무상정각론의 의의는 무엇인가? 수행이 익어가고 전에 없던 경계를 체험할 때, 수행자는 정직한 자아 성찰을 행해야 한다. "나는 지금 불성을 보고 있는가? 보고 있다면 그것이 한결같은가?" 이에 대해 견성이 곧 무상정각이라는 입장이라면 '그렇다!', 혹은 '아니다!'의 두 가지 대답만 나올 수 있다. 그리고 자기 마음을 속이지 않는다면 거의 대부분의 수행자는 '나는 아니다!'라는 대답을 하게 될 것이다.

見佛性, 以不見故得緣覺道. 上智觀者見不了了, 不了了故住十住地. 上上智觀者見了了故, 得阿耨多羅三藐三菩提道."

분명히 우리는 본래 깨달아 있음(本覺)과 아직 깨닫지 못함(不覺)의 모순 속에 놓여 있는 존재이다. 그래서 수행은 큰 신심과 부지런한 공부의 통일에 다름 아니다. 먼저 본래 깨달아 있음에 대해 확고부동한 믿음이 있어야 한다. 부처와 중생이 둘이 아닌 이치에 어둡지 않아야 한다. 다음으로 아직 깨닫지 못하였음을 아프게 인정하고 간절한 마음으로 애쓰는 일이 있어야 한다. 이 둘은 또한 상보적인 관계에 있기도 하다. 본래 깨달아 있음을 믿기 때문에 수행이 실속을 갖추게 되고, 수행이 심화될수록 본래 깨달아 있음에 대한 믿음이 강화되어 가기 때문이다.

이 양자 간의 모순이 해결되어 변증적 통일이 일어나면 그것을 궁극적 깨달음(究竟覺)이라 부른다. 반면 둘 중 하나가 부족하면 진정한 깨달음으로 연결되지 못한다. 본래 깨달음만 가지고는 '미친 소견'이 되고, 부지런한 노력만 가지고는 외도선이 된다.

그래서 성철스님은 불성이 스스로에게 갖춰져 있음을 믿고 부지런히 공부해 나가면 누구나 성취할 수 있다고 거듭 강조한다. 이렇게 바른 견해를 갖춘 바른 노력이 수행의 본질이다. 여기에는 스스로를 중생으로 규정할 일도 없지만 닦음 없이 이미 깨달아 있다는 허담을 일삼을 일도 없게 된다.

그렇다면 열심히 수행하라는 이 말이 혹 무위심을 지향하는 선문의 가르침과 모순되지는 않을까? 돈오문의 입장에서 볼 때 성철스님의 노력하라, 열심히 수행하라는 말에는 설명이 필요하다. 마조스님에게 이런 말이 있다.

도는 수행할 필요가 없으니 다만 때만 묻지 않게 하라. 어떤 것이 때 묻는 일인가? 일단 생멸하는 마음이 있거나 방향을 조작하는 일이 있다면 그것이 모두 때 묻는 일이다. 만약 곧바로 그 진리를 알고자 한다면 평상심이 바른 도이다. 평상심이란 조작이 없고, 시비가 없고, 취사선택이 없으며, 단멸과 영원함이 없고, 범부와 성인이 없는 것이다.[81]

분명 마조스님은 남악스님의 가르침을 듣고 바로 이렇게 깨달았다. 이렇게 깨달은 뒤 다시 수행한다는 마음이 일어난다면 그것은 생멸심이고 조작하는 일이다. 성철스님의 수행 제일주의에 대한 비판이 일어날 수 있는 지점이다.

사실 모든 참선 수행법은 조작하지 않는 마음을 지향한다. 돈점의 모든 길이 그렇고 묵조선이 그렇다. 선종의 역사상 가장 강력한 수행법인 간화선도 물론 그렇다. 그런데 간화선은 화두참구라는 구체적 과제가 있어서 열심히, 그야말로 목숨을 떼어놓고 수행하는 길을 제시한다. 머리가 터지고 엉덩이가 짓무르는 일이 화두선 수행도량의 흔한 풍경이기도 한 이유이다. 이것은 지금 당장 무심을 실천해야 궁극의 무심에 도달할 수 있다는 황금률에 위배되는 것처럼 보이기까지 한다. 그런데 이렇게 노력하는 일이 바로 지금 여기에서 조작하지 않는 마음을 성취하는 길이라는 역설이 성립되는 화두참구의 현장이기도 하다.

조작 없는 무위심에 머물라는 말은 가장 쉽고 완벽한 가르침임에 틀림없다. 다만 그것은 깨달음 그 자체인 스승이 생생하게 현존하는 현장일 때 가능하다. 반면 스승이 없다면 그것은 바로 관념으로 변질되기 십상이다. 이에 비해 화두참구는 알 수 없음에 대한 간절한 질문을 내용으로 한다. 간절한 질문은 일체의 관념과 생각에 머물 틈이 없이 오

---

81 『景德傳燈錄』(T51, p.440a), "道不用修, 但莫污染. 何爲污染, 但有生死心, 造作趣向, 皆是污染. 若欲直會其道, 平常心是道. 謂平常心, 無造作, 無是非, 無取捨, 無斷常, 無凡無聖."

로지 모를 뿐인 상태로 밀고 나가도록 추동한다. 겉으로는 인위적이고 조작적인 노력의 모습으로 나타나지만 실제 화두참구의 매 순간은 무위심의 실천이 된다. 그래서 간화선의 문에서 열심히 노력하라는 가르침은 조작적 유위심을 가지라는 뜻이 아니게 된다. 무위심을 지향하는 선문의 가르침과 전혀 모순되지 않는다는 말이다.

무상정각론의 보살에 대한 논의를 보면 성철선이 지향하는 바가 뚜렷해진다. 성철스님이 남긴 가르침 중에 '중생을 이익되게 하라'는 말이 있다. 그것은 보살정신을 표현한 말임에 분명하다. 그런데 『선문정로』에서는 영원히 번뇌를 타파한 제불여래만이 견성이라 강조하고 있다. 이러한 관점에서 성철스님은 『대열반경』을 거듭 인용하면서 보살의 견성이 미완성형임을 강조한다. 즉 9지까지의 보살은 직접 본 것이 아니라 전해 듣는 방식으로 보았다(聞見)는 것이고, 보살의 최고위에 오른 10지 보살도 눈으로 직접 보기는 하지만 어두운 밤에 물건을 보는 것처럼 분명치 못하다는 것이다. 결론적으로 번뇌를 끊어내지 못하였으므로 진정한 견성이 아니라는 것이다.

그렇다면 당장 보살의 하화중생은 어떻게 가능한 것인가? 이와 관련하여 일찍이 목정배 교수는 선의 실천은 "인식적 논리나 동정심으로 구원하는 윤리적 봉사가 아니다."라고 적절히 지적한 바 있다. 보살의 하화중생은 사회적 실천의 방식으로 드러나기는 하지만 그것이 윤리적 봉사와는 차이가 있다는 말이다. 그렇다면 어떤 것이 진실로 중생을 이익되게 하는 길일까?

성철스님이 인용한 『대열반경』의 문장 중에 "해탈을 얻은 고로 불성을 보며, 불성을 봄으로 대열반을 얻나니, 이는 보살의 청정지계淸淨持戒니라."는 구절이 있다. 해탈, 견성, 대열반을 이룬 보살이라야 청정지계가 가능하다는 것이다. 성철스님은 여기에서 깨달음을 향한 여정을 걷고 있는 지상보살과 견성 이후의 과후果後보살, 대력大力보살을 구분한다. 문수보살과 같은 이들은 대력보살, 즉 성불한 여래의 다른 이름이라는 것이다.

그런데 이 문장은 중생을 이익되게 하는 길을 제시한 것이기도 하다. 보살의 청정지계를 설명하는 방식이 중생에 대한 헌신에도 그대로 적용되기 때문이다. 원래 계율이란 출가수행상의 장애를 차단하기 위한 방편으로 이해되는 경향이 있다. 그것은 자칫 계금취견으로 고착하여 중도 실천의 대원칙을 흔드는 집착이 될 수 있다. 그러므로 그것을 절대화하지 말고 상황에 따라 지키기도 하고, 깨기도 하고, 열어주기도 하고, 닫아걸기도 하는(持犯開遮) 탄력적 태도가 필요하다고 가르친다. 그런데 여기 절대적 지계가 있다. 해탈, 견성, 대열반에서 나오는 청정지계가 그것이다.

보살의 중생 교화를 윤리적 봉사의 차원으로 떨어지지 않게 하려면 어떻게 해야 할까? 해탈, 견성, 대열반이 그 답이 되는 것이다. 이익중생과 청정지계에 화합애경和合愛敬을 더하면 성철스님이 승가에 내린 세 가지 가르침(諭示)이 된다. 그렇다면 사랑과 존경으로 화합하는 진정한 길 역시 오직 해탈, 견성, 대열반이라야 가능하다는 말이 된다.

이처럼 성철스님의 가르침은 완전한 깨달음을 향해 윽박지르는 자리에서 한 걸음도 떠나지 않는다. 무엇보다도 부분적 깨달음(分證)과 일시적 체험에 대해 전면 부정의 자세를 취한다. 어떤 경계에 의미를 부여하기 시작하면 불교의 최고 가치를 포기하는 일이 된다고 보았기 때문이다. 성철스님이 말했던 '영원한 진리를 위해 일체를 희생한다'는 가슴 속의 쇠말뚝은 우리에게도 필요한 것이다. 출세간은 패러다임의 전환을 의미한다. 세간의 틀 속에서 불교의 가치를 논하는 것도 가치 있는 일에 속하지만 그 한계는 뚜렷하다. 적어도 불교도에게는 불교가 절대가 되어야 한다. 결국 진정한 출세간이라야 세간으로 돌아올 수 있다. 성철스님은 이것을 진정한 보살의 하화중생의 길이라 본 것이다.

3. 문장 인용의 특징

【4-1-①】　　卽見佛性하야 得阿耨多羅三藐三菩提니라

선문정로　곧 불성을 정견正見하여 아뇩다라삼먁삼보리阿耨多羅三藐三菩提를 증득하느니라.

현대어역　바로 불성을 보아 아뇩다라삼먁삼보리를 증득하였다.

[해설]　『대열반경』에서 가져온 문장이다. 견성이 곧 무상정등각임을 밝히고 있다. 석존이 열반에 들려 할 때 대장장이 순타가 마지막 공양을 올리게 해 달라고 간절히 청한다. 석존은 이를 허락하며 이 마지막 공양이 수자타의 최초 공양과 공덕이 같다고 칭찬한다.

그런데 순타가 질문한다. 수자타가 최초의 공양을 올릴 때 보살은 음식으로 이루어진 몸(雜食身), 번뇌로 이루어진 몸(煩惱身), 파생된 몸(後邊身), 무상한 몸(無常身)을 가진 존재였다. 이에 비해 최후의 공양을 받는 지금의 세존은 번뇌가 없는 몸, 금강의 몸, 법신, 영원한 몸(常身), 경계 없는 몸(無邊身)을 가진 존재이다. 이처럼 다른 차원에서 올린 공양이 어떻게 같을 수 있느냐는 것이었다.

순타는 법신을 성취한 부처의 몸과 최초의 공양을 받은 보살의 몸이

다르다고 생각했다. 불성을 몰랐기 때문이다. 불성은 중생이라 해서 줄지 않고 여래라 해서 늘지 않는다. 그러므로 열반에 들려 할 때 올리는 최후의 공양과 아뇩다라삼먁삼보리의 성취를 앞둔 보살에게 올린 최초의 공양에는 공덕의 차별이 없다. 순타는 이것을 알지 못했던 것이다.

불성을 보는 견성이 곧 성불이고 부처의 몸을 이루는 성불이 곧 견성이라는 점을 드러내기 위한 인용문이다. 성철스님은 이를 논거로 하여 견성이 곧 성불이므로 "불성을 보고 나서 부지런히 닦아 성불한다는 주장은 잘못된 것"[82]임을 주장한다.

【4-1-②】 必得阿耨多羅三藐三菩提하야 得①[淨]見佛性이니라

선문정로 반드시 아뇩다라삼먁삼보리를 증득하여서 불성을 정견함을 얻느니라.

현대어역 반드시 아뇩다라삼먁삼보리를 증득하여 불성을 밝게 본다.

[해설] 『대열반경』의 문장이다. 『대열반경』을 수지독송하면 정등각을 증득하여 불성을 철견하게 된다는 문장의 일부이다. 앞의 문장과 마찬가지로 견성이 아뇩다라삼먁삼보리의 성취와 같은 것임을 보여주기 위한 것이다.

①과 같이 '정견淨見'을 '득견得見'으로 바꾸었다. 이로 인해 '불성을 밝게 보게 된다(淨見佛性)'에서 '불성을 볼 수 있게 된다(得見佛性)'로 의미의 전환이 일어난다. 성철스님은 이 부분을 "불성을 정견함을 얻느니라."고

---

82 퇴옹성철(2015), p.76.

번역하였다. 번역문의 정견을 밝게 봄(淨見), 혹은 바르게 봄(正見) 중 어느 쪽으로 번역해도 의미상의 큰 차이는 없다.

그렇다면 왜 굳이 앞 구절에 나온 '득得' 자를 다시 추가하여 중복된 구문을 만든 것일까? 성철스님에게는 무상정각을 증득하는 것과 견성하는 것은 동일한 일이다. 득得 자를 중복시켜 이 둘을 상동 관계로 병렬시킴으로써 그 동질성을 뚜렷하게 드러내고자 한 것이다. 이처럼 돈오하여 불성을 보는 일이 석존의 원각과 동일하다고 보는 돈오원각론은 성철선의 제1종지이다. 돈오견성 이후 점차적으로 닦아 부처를 완성하는 것도 아니라는 것이다. 조사선의 돈오와 석존의 원각 간에 어떠한 차별성도 없다는 것이다.

【4-2】 ①[如]我性者는 ②[卽是]如來祕密之藏이니 ③[如是祕藏, 一切無能毀壞燒滅, 雖不可壞, 然不可見,] 若得成就阿耨多羅三藐三菩提하면 爾乃證知하느니라

선문정로 아성我性 즉 불성은 3세여래三世如來의 궁극비밀窮極秘密의 보장寶藏이니 만약에 무상정각을 성취하면 아성我性을 원증명지圓證明知하느니라.

현대어역 아성我性은 [곧] 여래의 비밀스럽게 감춰진 창고이다. [이 비밀창고는 어떤 것으로도 허물어 무너뜨리거나 소멸시킬 수 없다. 비록 무너뜨릴 수 없지만 볼 수도 없다.] 만약 아뇩다라삼먁삼보리를 성취하면 그것을 바로 깨달아 알게 된다.

[해설] 불성의 경전인 『대열반경』에서 가져왔다. 아성我性, 즉 불성은

여래의 비밀 보물창고로서 정각을 성취하고 나면 그것을 깨달아 알게 된다는 문장이다. 이 비밀 보물창고는 불성에 대한 다양한 비유, 즉 용사의 이마에 박힌 보주寶珠의 비유, 설산 약미藥味의 비유에 이은 세 번째 비유로 제시된 것이다.

성철스님은 정각을 성취하는 일과 불성을 깨달아 아는 일(證知)이 같은 것임을 보여주기 위해 이 문장을 인용하였다. 또한 직접적이고 완전한 깨달음이 아닌 해오와 분증이 정설이 아님을 드러내기 위한 인용이기도 하다. 『대열반경』에서는 불성을 들어서 보는 일(聞見)과 눈으로 직접 보는 일(眼見)의 점진적 관계를 말한다. 10지보살은 들어서 알고, 제불여래는 눈으로 직접 본다는 것이다. 이것을 문견聞見→안견眼見의 점진적, 순차적 관계로 보는 것이 교학의 입장이다. 그렇지만 성철스님은 이것을 단절과 극복의 관계로 해석한다.

> 보는 것에는 두 가지가 있다. 첫째는 눈으로 직접 보는 것이고, 둘째는 들어서 보는 것이다. 제불세존은 눈으로 직접 불성을 본다. 그것은 손바닥의 아마륵 열매를 보는 것과 같다. 10주보살은 불성을 들어서 보므로 분명하지 못하다. 10주보살은 자신이 아뇩다라삼먁삼보리를 틀림없이 증득할 것을 알 수 있을 뿐 일체중생이 모두 불성을 갖고 있음을 알지 못한다.[83]

문장에서 말하는 10주보살은 보살지의 마지막인 10지보살을 가리킨다. 이 문장에서 10지보살과 제불세존은 연속의 관계라기보다 극복과

---

[83] 『大般涅槃經』(T12, p.527c), "見有二種, 一者眼見, 二者聞見. 諸佛世尊眼見佛性, 如於掌中觀阿摩勒果. 十住菩薩聞見佛性, 故不了了, 十住菩薩唯能自知定得阿耨多羅三藐三菩提, 而不能知一切衆生悉有佛性."

단절의 관계에 있다. 성철스님이 보살의 지위를 말하는 문장을 인용할 때는 그 극복과 단절의 필요성을 역설하기 위해서이다. 어떤 성취가 있을 때 그것이 구경이 아니라면 바로 버려야지 그것에 의지하여 수행을 심화시켜 가는 길을 걷고자 해서는 안 된다는 것이다. 이러한 입장에서 성철스님은 해오와 분증을 배격한다.

> 『대열반경』에서 견성이 곧 구경의 성불임을 누차 밝히고 있음에도 불구하고 해오와 분증을 정설이라 우긴다면 그것은 불법을 헐뜯는 외도가 아니겠는가?[84]

거듭 확인되는 바이지만 이러한 성철스님의 논의 방식은 득실이 반반이다. 강력한 메시지의 전달에 있어서 이 방식은 효과가 있다. 그러나 이에 대한 반론의 증거를 얼마든지 제시할 수 있다는 점에서 이 방식은 손실이 있다.

당장 해오와 분증만 해도 화엄과 천태의 소의경전 및 논서들에서 정치하게 밝히고 있는 내용들이다. 성철스님은 이에 대해 교가의 설이므로 배격한다는 입장을 취한다. 그런데 이제 똑같이 교가의 설에 속하는 『대열반경』의 구절에 근거하여 해오와 분증의 주장을 외도로 규정한다. 그렇다면 『대열반경』만 정전이 되고, 『화엄경』과 『법화경』, 천태스님과 현수스님은 외도가 되는 것이다.

성철스님의 논의를 옳고 그름의 입장에서 접근하면 영원한 도돌이표를 그리게 된다고 말하는 이유가 여기에 있다. 어차피 모든 선사의 가르침은 자기주장을 강하게 피력하는 방식으로 설해진다. 그것은 강력한

---

84 퇴옹·성철(2015), p.77.

배타성을 띤다. 그래야 깨달음에 뜻을 둔 수행자의 어림짐작을 차단하여 은산철벽에 가둘 수 있기 때문이다.

이런 점을 고려하면서 성철스님의 주장을 받아 수행실천에 들어가자는 것이 성철선의 입장이다. 사실 모든 경전과 선지식들의 설법은 하나의 방편이다. 『화엄경』과 『법화경』도 방편이고 『대열반경』도 방편이다. 성철선 역시 진정한 견성에 도달하도록 안내하기 위한 방편이라고 볼 때, 그 진정한 의의가 구현될 수 있는 것이다.

어쨌든 성철스님은 『대열반경』을 논거로 하여 그 돈오원각론의 진리성을 증명하고자 한다. 이를 통해 모든 지위를 계승 발전의 관계가 아니라 단절과 극복의 관계로 보아 거듭 앞으로 나아갈 뿐인 향상일로의 길에 대한 믿음을 불러일으키고자 하는 것이다.

이 중 ①의 '여如' 자가 생략되었다. 여如는 여기에서 '나의 본성의 경우(如)', '나의 본성을 말하자면(如)' 정도로 해석될 수 있는 글자이다. 그것은 ②에 생략된 '즉시卽是'와 호응 관계를 이룬다. 그런데 일반적 한문의 어감으로 보자면 '여如'는 '~과 같은 것'이라는 의미를 담게 된다. 그렇게 되면 자아의 본성(我性)과 유사한 다른 것이 여럿 있다는 해석이 나타날 수 있다. 이러한 불필요한 해석의 가능성을 차단하기 위해 ①과 ②를 생략한 것이다.

③의 생략된 문장은 '이 비밀창고는 어떤 것으로도 허물어 무너뜨리거나 소멸시킬 수 없다. 비록 무너뜨릴 수 없지만 볼 수도 없다'는 뜻이다. 그러니까 이 문장은 불성의 모순적 특징, 즉 영원하여 생멸을 벗어나 있지만 직접 볼 수는 없다는 특징을 드러내고 있다.

이러한 불성에 관해서는 이미 제2장 중생불성의 장에서 충분히 논의되었으므로 다시 말할 필요가 없다고 생각했을 수도 있다. 또한 무상정각이 곧 견성이라는 점, 깨달아 아는 것(證知)만이 진짜 견성이라는 점을 강조하고자 하는 인용 목적에 어울리지 않으므로 생략한 것이기도 하다.

【4-3】 是諸衆生이 爲無量①[億諸]煩惱②[等]之所覆蔽하야 不識佛性하나니 若盡煩惱③[爾]時엔 乃得④[證]知⑤明了[了]하야 如彼力士가 於明鏡中에 見其寶珠니라

선문정로 이 모든 중생이 무량한 번뇌망상의 복폐覆蔽한 바 되어 자기 심중心中의 불성을 알지 못한다. 만약에 번뇌가 멸진滅盡한 때에는 불성을 증득하여 분명요지分明了知하되, 저 역사力士가 명경明鏡 중에서 액상額上의 무가보주無價寶珠를 명견明見함과 같느니라.

현대어역 이 모든 중생이 무량한 [수억의 모든] 번뇌[들]에 덮여 있어 불성을 알지 못한다. 만약 번뇌가 모두 사라지면 그때 바로 분명하고 뚜렷하게 깨달아 알게 된다. 그것은 마치 저 용사가 밝은 거울 속에서 이마 위의 보배구슬을 보는 것과 같다.

[해설] 제4장 무상정각론의 인용문은 거의 대부분 『대열반경』에서 가져온 것이고 이 문장 역시 마찬가지다. 『선문정로』 전체를 보아도 『대열반경』은 가장 많이 인용된 경전에 속한다.[85] 성철스님의 수증론, 그러니까 성철선에 있어서 이 경전이 극히 중요한 지위를 점한다는 것을 알

---

85 서명원은 『선문정로』 전체에서 가장 많이 인용된 경전에 여섯 가지가 있다는 통계를 제시한다. 빈도에 따라 배열하면 『열반경』, 『종경록』, 『법보단경』, 『벽암록』, 『중봉광록』, 『대방광불화엄경수소연의초』의 순서가 된다. 이에 대해서는 서명원 (2005), 「선문정로의 전통인식」, 『백련불교논집』, p.94 참조.

제4장 무상정각 · 151

수 있다.

번뇌망상에 가려 불성을 모르다가 번뇌가 소멸하면 밝은 지혜를 얻어 명료하게 알게 된다는 내용이다. 멸진해야 할 번뇌란 무엇인가? 원문에서는 탐욕(貪婬), 분노(瞋恚), 어리석음(愚癡)의 번뇌[86]를 꼽는다. 이에 비해 성철스님은 아뢰야식의 3세를 멸진하는 일로 정의한다. 원래 문맥에서는 번뇌의 종류를 말하는 데 비해 성철스님은 번뇌의 뿌리를 말하는 것이다. 10지성인의 분증도 미세지해에 속하므로 견성이 아니라고 배제[87]하는 성철스님의 입장에서 번뇌의 멸진이란 가장 깊은 층차의 극히 미세한 망상의 멸진이라야 한다. 아뢰야 무기를 무심으로 착각하는 일을 차단하는 것은 성철선의 주된 지향에 해당한다. 다음의 해설을 보자.

> 3세細의 극미망상까지 멸진무여滅盡無餘하면 자연히 구경무심究竟無心에 도달하나니, 이것이 견성이며 성불이다.[88]

무량한 번뇌를 말하는 문장을 해설하면서 이를 3세를 멸진하는 일로 대체하고 있다. 원래 무량번뇌와 그것을 다스리는 방법을 세세히 논하는 것은 선문에서 동의하는 바가 아니다. 말끝에 바로 눈떠 부처로 사는 것이 선문의 길이기 때문이다. 다만 그것이 안 된다면 화두일념으

---

86 『大般涅槃經』(T12, p.408a), "雖有佛性皆不能見, 而爲貪婬瞋恚愚癡之所覆蔽故."; 『大般涅槃經』(T12, p.408b), "貪婬瞋恚愚癡覆心不知佛性."
87 제성諸聖의 분증도 미세지해微細知解에 속하여 견성이 아니다. 그뿐만 아니라 추호의 지해가 잔류하여도 증오치 못하고 일체의 지견해회知見解會가 철저히 탕진되어야 견성케 되므로 분증과 해오를 수도상의 일대 장애, 즉 해애解礙라 하여 절대 배제하는 바이다. 퇴옹성철(2015), p.49.
88 퇴옹성철(2015), p.78.

로 매 순간, 매 찰나, 무심을 실천함으로써 구경무심에 도달하는 길을 걷는 것이 선문의 길이다. 성철스님 역시 이러한 정신에 바탕하고 있다. 다만 모든 번뇌망상의 멸진, 구경무심의 성취를 아뢰야식 3세의 타파로 설명하는 것은 성철스님 법문의 주된 특징이라 할 수 있다.

이를 위해 ①의 '수억의 모든(億諸)' 번뇌와 ②의 번뇌'들(等)'을 생략하여 번뇌의 수량과 종류를 강조하는 어감을 약화시키고자 하였다. 결과적으로 '무량한 수억의 모든 번뇌들'이 '무량한 번뇌망상'으로 간명하게 바뀌게 된다. 무량한 번뇌 역시 수량의 의미가 강하지만 생략하기 전에 비해 3세의 극미세망상을 표현할 수 있는 언어적 탄력이 확보되었다고 할 수 있다.

③의 지시사 '이(爾)' 자가 생략되었다. 의미상 뚜렷한 분기가 일어나지는 않는다. 그렇지만 지시사가 들어간 '번뇌가 모두 사라지면 그(爾)때'라는 구절과 이를 생략한 '번뇌가 모두 사라진 때'라는 구절 간에는 그 의미에 있어서 미묘한 차이가 있게 된다. 지시사가 있으면 시간적 개념이 강해진다. '그때'와 상대되는 다른 어떤 시간이 설정되기 때문이다. 지시사를 생략하면 '번뇌가 모두 사라지면'의 조건절의 뜻이 뚜렷해진다. 이를 통해 깨달음의 과정에 해오와 분증을 인정하지 않으려는 설법 의도[89]가 분명히 드러나게 된다.

④의 '깨달음의 지혜[證知]'에서 '증證' 자가 생략되었는데 편집 시 일어난 탈자로 보인다. 성철스님의 번역에도 '불성을 증득하여'로 '증證' 자가 적용되어 있다. 복원되어야 한다.

⑤에서는 '요요了了'를 '명료明了'로 바꾸었는데 의미상의 차이는 없다.

---

[89] 『대열반경』에서 견성이 곧 구경의 성불임을 누차 밝히고 있음에도 불구하고 해오와 분증을 정설이라 우긴다면 그건 불법을 헐뜯는 외도가 아니겠는가? 퇴옹성철 (2015), p.77.

【4-4】 如來는 ①[亦爾] 於諸衆生에 猶如良醫하야 知諸煩惱體相差別而爲 ②斷除[除斷]하야 開示如來祕密之藏의 清淨佛性이 常住不變하느니라

선문정로 제불여래는 일체중생에게 양의良醫와 같아서 모든 번뇌의 체상차별體相差別을 실지悉知하여 이 번뇌를 단멸제거斷滅除去하여, 여래의 비밀한 보장寶藏 중에 있는 청정무구清淨無垢한 불성이 영겁永劫토록 상주하여 절대로 불변함을 개시開示하느니라.

현대어역 여래도 [그와 같이] 모든 중생들에게 좋은 의사와 같다. 모든 번뇌의 본체와 현상적 차별을 알아서 그것을 제거하고 끊어내기 위해 여래의 비밀스러운 창고에 있는 청정한 불성이 영원히 머물러 변하지 않음을 열어서 보여준다.

[해설] 『대열반경』의 이 문장은 허무론적 단견과 영원론적 상견을 떠나 청정한 여래장에 눈을 떠 일체 공덕을 성취하는 길[90]을 제시한다. 인용문 중 ①의 '그와 같이(亦爾)'가 생략되었다. 앞에서 말한 바와 같다는 뜻이다. 바로 앞의 문장에서는 신체의 불균형을 알아 그에 상응하는 처방을 내리는 의사의 비유를 말하였다. 그리고는 단견과 상견의 두 상대적 극단을 떠나 진여평등의 법을 설하는 부처님이 의사와 같다는 이 결론을 제시한다. '역이亦爾'를 생략한 것은 원문의 문맥에서 인용문을 독립시키기 위한 조치이다.

---

90 『大般涅槃經』(T12, p.411a), "智者了達其性無二, 無二之性即是實性, 我與無我性無有二, 如來祕藏其義如是. 不可稱計無量無邊諸佛所讚, 我今於是一切功德成就經中皆悉說已."

『선문정로』는 현대적 논문 집필의 방식으로 문장을 인용하고 그 출전을 명확히 밝히고 있다. 그럼에도 그것은 새로운 문맥을 구성하기 위한 것이지 독자들을 원문의 맥락으로 끌고 들어가고자 하는 것은 아니다. 그래서 원문의 맥락에 대한 궁금증을 유발하는 구절들이 있으면 그것을 생략하여 독립된 문장을 만든다. 인용문만 가지고도 설법의 취지를 분명히 할 수 있는데, 굳이 출전을 뒤적이도록 부추길 필요가 없다고 본 것이다.

사실 성철스님에게는 일반인들이 접근하기 어려운 불조의 언설을 『선문정로』 한 권으로 대신하고자 하는 집필 의도가 감지된다. 수행자가 경전과 어록을 뒤적일 필요 없이 이 한 권의 책을 지침으로 삼아 오로지 수행에 매진할 수 있도록 추동하는 계기로 삼고자 한 것이다.

②의 '단제斷除'는 '제단除斷'의 단순한 어순 바꿈이다.

【4-5】 ①[所謂]佛性은 非是作法이요 但爲煩惱客塵의 所覆이니 若②[刹利婆羅門毘舍首陀]能斷除③[者]하면 卽見佛性하야 成無上道하느니라

선문정로 불성은 중생이 본유本有한 것이요 조작造作한 법法이 아니다. 다만 번뇌인 객진客塵에 복폐覆蔽되어 있을 뿐이니, 만약에 그 번뇌를 단제斷除하면 즉시에 불성을 명견明見하여 무상대도無上大道를 성취하느니라.

현대어역 불성은 지어서 만들어 내는 법이 아니라 다만 번뇌의 먼지에 가려져 있을 뿐이다. 만약 [성직자나 왕족이나 평민이나 천민이] 이것을 끊는 사람이 있다면 바로 불성을 보아 무상대도를 성취하게 된다.

[해설] 불성을 보지 못하도록 가리고 있는 번뇌만 끊어내면 견성하게 됨을 밝히는 문장이다. 이 중 ①의 '이른 바(所謂)'를 생략하였다. 전체 문맥에서 떼어내어 독립된 문장을 만들기 위한 조치이다. 전체 문맥으로 보면 소가 먹으면 제호를 생산하는 설산의 비니초肥膩草, 짠 바닷속의 우유 맛이 나는 상묘수上妙水, 독사와 같은 육체를 구성하는 네 가지 구성 요소(四大)에 흔들리지 않는 묘약대왕妙藥大王의 비유를 통해 불성을 설명하였다. 인용문은 불성을 직접 말하는 부분이다. 그러니까 '소위所謂'는 앞의 문장을 받아 정리하겠다는 의미를 전달한다. 이것을 생략한 것은 독자들이 인용문에만 집중하도록 하기 위한 조치이다. 그래서 '지어서 만들어진 법이 아니다(非是作法)'는 구절에 대해 "중생이 본유本有한 것이요 조작造作한 법이 아니다."[91]라고 설명식 번역을 행하였다.

다음으로 ②의 '찰제리, 바라문, 바이샤, 수드라(刹利婆羅門毘舍首陀)'가 생략되었다. 찰제리는 왕족, 바라문은 성직자, 바이샤는 평민, 수드라는 천민이다. 불교에서는 이러한 종성에 상관없이 불성을 덮고 있는 번뇌만 모두 끊어내면 견성성불할 수 있다고 본다. 『대열반경』은 선근이 단멸한 일천제一闡提도 불성만 정견하면 전부 성불한다[92]는 불성평등론을 역설하는 경전이다. 생략된 문장 또한 불성의 평등성을 강조하는 내용을 담고 있다. 이것을 생략한 것은 불성론이 수용되는 환경을 고려한 것이다. 『대열반경』의 이 구절은 신분에 따라 운명이 결정되어 있다는 당시 인도의 사회제도와 문화적 관념을 배경으로 하고 있다. 따라서 네 가지 종성에 상관없이 견성이 가능하다는 점을 강조할 필요가 있었다.

---

91 퇴옹·성철(2015), p.79.
92 퇴옹·성철(2015), p.53 참조.

이에 비해 성철스님은 그러한 저항이 크지 않은 환경에서 설법을 하는 입장이었다. 따라서 이것을 일일이 열거할 필요가 없었던 것이다. 나아가 ②를 생략하면 문장이 단순화되어 결과적으로 번뇌만 모두 끊어내면 무상정각을 성취한다는 뜻을 강조할 수 있다. 주변을 에두르는 이야기들을 모두 생략할 수 있다는 것이다. 생략의 원인에 해당한다.

③의 '~하는 사람(者)'은 신분과 종성에 상관없이 누구라도 번뇌를 끊는 '사람(者)'이라면 견성성불하게 됨을 가리킨다. ②에서 네 가지 종성을 생략하였으므로 함께 생략된 것이다.

【4-6】 無一衆生而不具①[有]如來智慧언마는 但爲②[以]妄想顚倒執著而不證得하나니 若離妄想하면 一切③[智]自然智와 無礙智가 卽得現前하느니라

선문정로 일인一人의 중생도 여래의 지혜인 불성을 구유具有하지 않은 자 없지마는, 망상으로 생긴 전도顚倒에 집착하여 이것을 증득하지 못한다. 만약에 망상을 이탈하면 자성에 구유되어 있는 일체一切의 자연지自然智와 무애지無礙智가 즉시에 현전하느니라.

현대어역 모든 중생이 여래의 지혜를 갖추고 있다. 단지 망상과 전도와 집착으로 인해 증득하지 못했을 뿐이다. 만약 망상에서 벗어나면 일체지와 자연지와 무애지가 즉시에 앞에 드러난다.

[해설] 『화엄경』의 문장으로서 일체중생이 예외 없이 여래의 지혜를 갖추고 있지만 망상과 집착으로 이것을 알지 못하므로 망상만 떠나면 여래의 지혜가 즉시 현전한다는 뜻을 전달한다. 여래는 이러한 중생의

실상을 잘 알아 바른 가르침을 베풀어 스스로 갖추고 있는 지혜를 계발하여 부처와 다를 바 없도록 하겠다는 마음을 내도록 한다. 이것이 원문의 문맥이다.

『화엄경』에서는 여래의 지혜가 갖는 특성을 열 가지의 비유로 설명한다. 여래의 지혜는 ①스스로 존재하는 허공과 같고, ②증감이 없고, ③모든 땅을 받치는 물과 같고, ④모든 보물을 내는 보주와 같고, ⑤모든 시내를 받아들여 일정하게 유지시키는 바다와 같고, ⑥3계를 포용하는 허공과 같고, ⑦모든 나무의 뿌리와 줄기를 키우는 나무의 왕(藥王樹)과 같고, ⑧모든 것을 태우는 불과 같고, ⑨모든 것을 소멸시키기도 하고 보호하기도 하는 바람과 같으며, ⑩세계와 동일한 크기로 모든 지혜를 담고 있는 경전을 가리고 있는 먼지를 떨어내는 청정한 천안을 가진 사람과 같다.[93]

여기에서 ①과 같이 '유有' 자가 생략되었다. '구具'나 '구유具有'나 모두 동일한 뜻을 전달하지만 성철스님의 번역에는 '불성을 구유具有하지 않은 자'로 되어 있어 '유有' 자가 적용되어 있다. 복원해야 한다.

②에서는 '이以' 자를 '위爲' 자로 대체하였다. 두 글자 모두 '~로 인해서', '~때문에'의 뜻을 형성하므로 뜻은 달라지지 않는다.

이에 비해 ③의 '지智' 자를 생략한 것은 극히 의도적이다. '지智'를 생략하면 '일체지一切智'가 관형어 '일체一切의'가 된다. 이를 통해 첫째, 여래의 모든 지혜를 묶어서 표현하는 효과를 얻을 수 있다. 중생이 수행을 통해 여래지혜를 증득하면 자연지自然智, 무사지無師智, 무애지無礙智, 일체지一切智, 일체종지一切種智 등의 현전을 얻게 되는데, 이것을 '일체一切의'라는 한마디로 요약할 수 있는 것이다. 둘째, 일체지一切智와 일

---

93 『大方廣佛華嚴經』(T10, pp.271a-272c).

체종지一切種智의 미묘한 차이를 고려하였던 것으로 보인다. 일체지와 일체종지는 같이 쓰기도 하고 다르게 쓰기도 한다. 의미를 구별할 경우에 일체지는 일체종지와 인과의 관계를 이룬다. 이와 관련하여 일체지는 인위因位로서 성문, 연각도 갖추고 있지만, 일체종지는 과위果位라서 성문, 연각이 갖추지 못한 것이라는 다음과 같은 설명에 주목할 필요가 있다.

> 일체지는 성문, 벽지불의 차원이고, 도종지는 모든 보살지의 차원이며, 일체종지는 부처의 차원이다. 성문, 벽지불에게는 일체지만 있고 일체종지는 없다.[94]

성철스님은 망상으로부터의 이탈이 곧 견성이고, 견성이 바로 무상정각임을 드러내기 위해 해당 문장을 인용하였다. 이처럼 견성이 무상정각임을 강조하는 데 있어서 성문이나 연각, 그리고 보살과의 차별성을 부각시키는 일은 성철스님 설법의 한 핵심[95]에 속한다. 따라서 성문이나 연각에게도 적용되는 일체지를 생략하여 견성이 곧 무상정각이라는 설법 주제를 분명히 하고자 하였던 것이다.

【4-7】 如來①[以無障礙淸淨智眼, 普觀法界一切衆生而作是]言하사되 奇哉奇哉라 此諸衆生이 云②[何]③[具]有如來智慧어늘

---

[94] 『大智度論』(T25, p.259a), "一切智是聲聞, 辟支佛事, 道智是諸菩薩事, 一切種智是佛事. 聲聞, 辟支佛, 但有總一切智, 無有一切種智."
[95] 성철스님에게 성문, 연각, 보살은 불지와 뚜렷하게 구별되는 무엇이다. 심지어 아라한의 궁극, 10지보살, 등각보살도 구경각과 구분하여 유심으로 규정한다. 요컨대 모든 분증과 해오를 깨달음의 영역에서 배제하는 것이다. 이에 대해서는 퇴옹성철(2015), pp.47-48에 자세하다.

愚癡迷惑하야 不知不見④고 我當教以聖道하야 令其永離妄想執
著하야 自於身中에 得見⑤[如來]廣大智見⑥[慧]하야 與佛無殊⑦
[異]케 하리라

선문정로 여래가 언명言明하였다. 신기하고도 신기하다. 일체중생이 모두 일체지자一切智者인 여래의 지혜를 구비하고 있거늘 우치愚癡하고 미혹하여 부지不知하며 불견不見하는도다. 내가 당연히 성도聖道로써 교도教導하여 그 장폐물障蔽物인 망상집착을 영원히 이탈케 하여 중생의 자신自身 중에서 광대무변廣大無邊한 지견知見을 체득하여 독존무비獨尊無比한 차이가 없게 하리라.

현대어역 여래가 [장애 없는 청정한 지혜의 눈으로 법계의 모든 중생을 두루 관찰하고서 이와 같이] 말씀하셨다. 신기해라, 신기해라. 이 모든 중생들이 [어찌하여] 여래의 지혜를 갖추었으면서도 어리석음과 미혹으로 인해 알지 못하고 보지 못하는가? 내 반드시 성인의 길을 가르쳐 그들이 망상과 집착을 영원히 벗어나 스스로 자신에게서 [여래의] 광대한 지혜를 보아 부처와 다름이 없도록 하리라.

[해설] 『화엄경』의 문장이다. 일체중생은 여래와 동일한 지혜를 본래부터 갖추고 있다. 그렇지만 어리석음과 미혹함으로 인해 그것을 알지도 못하고 보지도 못한다. 이에 부처님은 진리에 이르는 길로 안내하여 그 광대무변한 지혜를 볼 수 있도록 하고자 하는 원력을 발한다는 내용이다.

이 인용문은 여래지혜의 열 번째 특징을 말하는 【4-6】의 인용문과 선후를 이루는 문장이다. 원래의 설법은 여래지혜의 열 가지 특징이 그러하므로 수행자도 그와 같이 실천해야 한다는 점을 밝히기 위해[96] 설해졌다.

이 중 ①과 같이 '장애 없는 청정한 지혜의 눈으로 법계의 모든 중생을 두루 관찰하고서 이와 같이 말씀하셨다(以無障礙清淨智眼, 普觀法界一切衆生, 而作是言)'는 구절에서 '말하였다(言)'만 남기고 모두 생략하였다. 여기에서 장애 없음, 청정지혜, 두루 관찰하는 일은 모두 여래지혜의 핵심이고, 수행의 실천 과제에 해당한다. 이것을 생략한 것은 부처님의 가르침이 중생들의 무상정각을 이끌기 위해 설해진 것이라는 하나의 주제를 강조해서 보여주기 위해서이다.

②와 같이 '운하云何'에서 '하何' 자가 생략되었다. 이것을 생략하면 반어식 의문문이 평서문으로 바뀐다. 이 문장에서 '어째서'의 뜻을 갖는 '운하云何'는 뒷부분의 '부지불견不知不見'과 호응하여 '어째서~알지 못하고, 보지 못하는가?'라는 반어식 의문문을 구성한다. 성철스님은 ④와 같이 '부지불견不知不見고'로 현토하였다. 반어식 의문문으로 처리한 것이다. 그런데 번역에서는 '부지不知하며 불견不見하는도다'의 평서문으로 옮겼다. 의문문을 평서문으로 바꾸어 그 의미를 분명히 하고자 했다는 뜻이다. 뜻에는 변함이 없지만 원문과 번역문 간에 상호 충돌이 일어나므로 현토 '~고'를 '~이로다' 정도로 교정하는 방안을 생각해 볼 필요가 있다.

성철스님은 경전을 인용하는 데 있어서 뜻만 취하고 학문적 엄밀성은 고려하지 않는다. 그래서 설법의 의도를 효과적으로 드러낼 수만 있다면 서슴없이 원문에 손질을 가한다. 전체 뜻은 가져오되 인용문을

---

[96] 그래서 여래심의 각 특징을 말한 뒤 "모든 대보살들도 이와 같이 알아야 한다.(諸菩薩摩訶薩, 應如是知.)"라는 수행과 눈뜸의 촉구가 공통된 결론으로 거듭 제시된다. 이에 대해서는 『大方廣佛華嚴經』(T10, pp.268c-273a) 참조.

독립시켜 자신의 설법에 유기적으로 녹아들도록 하기 위해서이다.

이와 같은 관점에서 다시 '하何' 자의 생략을 보면 고려한 바가 없지 않다. 인용문에 나타난 바, 여래가 불성을 본 직후의 소회는 놀라운 감탄과 안타까운 탄식이 뒤섞인 것이었다. 특히 '어째서~알지 못하고, 보지 못하는가?'에는 탄식의 어감이 강하다. 이에 비해 성철스님은 모든 존재가 불성을 갖추고 있음을 알려주는 것이 불교의 특장점이라는 것을 거듭 강조하는 입장에 있다. 반어문에서 평서문으로 바꾸어 탄식에서 감탄으로 주된 어감을 바꾼 이유라 할 수 있다.

> 부처님도 성불하기 전에는 모든 중생에게 불성이 있다는 사실을 몰랐다. 그러나 깨달음을 얻고 대자재지大自在智로 관찰해 보니 모든 중생이 하나도 빠짐없이 불성을 갖추고 있는 것이 아닌가. 그래서 "신기하고 신기하구나." 하고 감탄했던 것이다. 스스로에게 갖춰져 있음을 믿고 부지런히 공부해 나가면 누구나 성취할 수 있는 것이 불성이다.[97]

이처럼 성철스님은 불성에 눈뜬 감탄과 그 완전한 실현에 대한 확신을 공유하고자 한다. 탄식의 어감이 붙을 여지가 없는 것이다. 이미 갖추어진 불성을 보는 일이므로 이 일은 단번에 완전하게 일어난다. 그래서 돈오견성이다. 이미 갖추어진 불성을 보는 일이므로 제대로 보았다면 다시 헷갈릴 일이 없다. 그래서 돈오견성은 곧 원각이다. 이것이 성철선의 돈오원각론이다.

이러한 성철선의 돈오원각론은 종교 간의 경쟁이 본격화된 당시의 종교 지형을 염두에 둔 것이기도 하다. 전지전능한 절대적 존재의 구원

---

[97] 퇴옹성철(2015), p.83.

을 약속하는 기독교에 상대하여 불교의 특장점은 무엇일까? 성철스님은 그것이 불성론과 그에 기초한 불성에의 눈뜸, 혹은 불성의 실현이라 본 것이다.

> 불교에선 위로 하늘에서 찾으라거나 아래로 땅에서 찾으라고 하지 않는다. 자기의 마음속을 들여다보라고 말한다. 절대적 가치는 다른 곳에 있지 않고 바로 여기에 있으며 자기 자신이 절대자라고 부처님께선 말씀하셨다. 저 멀리 어딘가에 있는 것이 아니라 마음 가운데 하나님이 있고, 마음 가운데 천당이 있고, 마음 가운데 극락이 있는 것이다.[98]

자신이 절대자라는 말은 인간과 개인의 가치를 중시하는 근대의 인본주의적 진리담론의 패러다임에 부합한다. 그리고 당시 불교에는 이러한 인본주의로 신본주의적 기독교를 상대하고자 하는 입장이 있었다. 불교의 근대화를 지향한 한용운스님의 불교유신론이 그렇고, 성철스님의 불성론 역시 그렇다.

다만 일체의 절대적 실체성을 부정하는 불교적 관점에서 이 말은 조심스럽게 수용할 필요가 있다. 자기 자신이 절대자라는 말을 개인의 절대성을 가리킨다고 이해하면 곤란하다. 다만 우리가 말하는 개인과 우주법계가 둘이 아니라고 보아야 문제가 없다. 어쨌든 성철스님은 불교적으로 오해의 소지가 있는 자신이 절대자라는 말을 동원하면서까지 개인의 완성(대자유인)에 대해 거듭 강조한다. 기독교의 신본주의를 겨냥한 발언으로 이해된다.

---

[98] 퇴옹·성철(2015), p.82.

③에서는 '구유具有'에서 '구具' 자를 생략하였다. 의미상의 큰 차이는 없지만 번역문을 보면 '구비하고 있다'로 '구具' 자가 적용되어 있다. 복원할 필요가 있다.

⑤에서는 '여래如來'를 생략하였고, ⑥에서는 '지혜智慧'를 '지견智見'으로 바꾸었다. 이로 인해 '여래의 광대한 지혜'가 '광대한 지견'으로 바뀌었다. 의미상의 큰 차이는 일어나지 않는다.

⑦에서는 '다를 이異' 자를 '다를 수殊' 자로 바꾸었다. 의미상의 차이는 없으며 익숙한 표현법을 취한 것으로 보인다.

【4-8】 諸阿羅漢은 不見佛性이니 以不見故로 不得阿耨多羅三藐三菩提니라

선문정로 모든 아라한阿羅漢은 불성을 불견不見하였으니, 불성을 불견不見한 고로 무상정각, 즉 아뇩보리阿耨菩提를 얻지 못하느니라.

현대어역 모든 아라한은 불성을 보지 못한다. 보지 못하므로 아뇩다라삼먁삼보리를 증득하지 못한다.

[해설] 『대열반경』에서 가져온 문장이다. 일체중생이 불성을 갖추고 있다는 불성론은 연기설과 반야공관설 이후에 성립된 것으로 보인다. 불성론은 모든 중생에게 이미 갖춰져 있으므로 그 사실을 확신하고 수행을 통해 그것을 확인하는 길을 걷도록 인도한다. 이 불성론에 기초하여 선종의 돈오론이 힘을 얻게 된다.

그러므로 초기불교의 근본교설인 연기설에 따라 깨달음을 성취한 아라한은 불성이 있는지 몰랐다고 규정된다. 있는지조차 몰랐으므로 그

것을 보는 견성이 있을 수 없다. 그래서 견성하지 못했으므로 아뇩다라삼먁삼보리를 증득할 수 없었다는 말이 성립하는 것이다.

그렇다면 아라한이 성취한 해탈은 무엇인가? 이 점을 밝히기 위해 『대열반경』에서는 두 가지의 해탈을 말한다. 하나는 출발에 해당하는 씨앗의 단절(子斷)에 의한 해탈이고, 다른 하나는 결과의 단절(果斷)에 의한 해탈이다. 씨앗의 단절은 번뇌의 단절을 가리킨다. 이에 비해 결과의 단절은 불성을 보는 일에 의해 일어난다. 그런데 아라한은 불성을 모른다. 따라서 아뇩다라삼먁삼보리의 성취 또한 있을 수 없다는 것이 이 문장의 요지이다.

성철스님은 이 인용문에 의거하여 "아라한은 유여열반有餘涅槃이어서 견성이 아니"[99]라고 규정한다. 견성이 무여열반, 즉 아뇩다라삼먁삼보

---

[99] 퇴옹성철(2015), p.84. 아라한의 유여열반과 관련하여 원택스님의 회고를 듣고 『백일법문』을 다시 살펴보면 성철스님이 최초의 가르침을 받은 다섯 비구를 부처님과 똑같은 자리에 도달하였다고 평가하는 관점을 가지고 있었음이 확인된다. 교진여를 시작으로 '생사 그대로가 열반임'을 깨달은 다섯 비구를 보면서 부처님은 "나와 같은 사람이 세상에 여섯이다."라고 말씀하셨다고 한다. 특히 성철스님은 다섯 비구가 '일체의 유루심을 해탈했다'는 말을 '제8아뢰야식의 근본무명까지 완전히 다 끊었다'는 뜻으로 해석하였다. 원래 아라한의 깨달음을 불완전한 것으로 보는 것은 대승불교의 일반적 관점이다. 대표적으로 천태에서는 10주 초주에 성문의 극과인 아라한과를 증득한 뒤 본격적인 분파분증의 여정을 시작한다고 본다. 성철스님 역시 "2승무학二乘無學의 경계는 3계三界 번뇌를 영단永斷한 멸진정이다. 그러나 회심멸지灰心滅智한 유여열반에 주착住著하여 있으므로 무상정각無上正覺인 무여열반은 망연히 알지 못하는 것"이라는 관점을 곳곳에서 피력한다. 그럼에도 다섯 비구를 부처의 극과를 성취한 대비구라고 말한 것은 근본불교와 대승불교, 나아가 선불교를 우열 관계로 교판하는 대신 오직 깨달음의 진실성만을 문제 삼았던 관점에서 비롯된 것이었다고 생각된다. 그러한 관점에 의한 설법의 총화가 바로 『백일법문』이다. 성철스님은 이 법문에서 불교의 범주에 속하는 모든 흐름이 '중도에 대한 진정한 깨달음'이라는 동일성을 공유한다고 해석한 바 있다. 그러니까 성철스님의 아라한에 대한 평가는 대승불교의 일반론과는 궤를 달리한다. 비록 아라한의 유여열반을 지적하기는 하지만 그중에도 완전한 무여열반을 성취한 견성성불의 예가 있다는 것이다. 아라한이 무여열반을 알지 못

리의 성취와 같으므로 견성 이후의 수행을 말하는 것은 모순이라는 점을 강조하기 위한 인용이고 해석이다.

【4-9】 菩薩이 位階十地하여도 尙不明了知見佛性이니 何況聲聞緣覺之人이 能①[得]見耶아

선문정로 지위地位가 최후인 제10지第十地에 도달한 대보살도 오히려 불성을 명료明了히 지견知見하지 못하였거늘 하물며 성문연각聲聞緣覺이 능히 정견하리오.

현대어역 보살이 제10지의 지위에서도 불성을 명료하게 알고 보지 못하는데, 하물며 성문과 연각이 볼 수 있겠는가?

[해설]   10지보살은 불성을 밝게 보지 못하며, 성문과 연각은 더 말할 나위가 없다는 인용문이다. 『대열반경』은 아상의 부정(無我)에서 진실한 나(眞我)의 제시로 설법의 방향을 바꾼 경전이다. 불성론의 출현을 알리는 경전인 것이다.

그런데 여기에는 논리상 뛰어넘기 어려운 비약이 있다. 무엇보다도 여래는 왜 불성을 바로 설하지 않고 무아를 먼저 설했는가에 대한 질문에 답할 필요가 있다. 『대열반경』에서는 그 답변의 일환으로 왕세자가 가지고 나간 칼에 대한 비유를 든다.

불성은 행방불명된 왕세자가 가지고 나간 칼과 같다는 것이다. 그것

한다는 성철스님의 논의는 퇴옹·성철(2015), p.332 ; 다섯 비구의 깨달음을 무여열반으로 평가한 논의는 퇴옹·성철(2014), 『백일법문』(상), pp.171-175 참조.

은 분명히 존재하지만 다양성의 총화라서 한마디로 형언하기 어렵다. 그것을 하나의 모양으로만 기억하고 집착하는 사람들을 위해 왕세자를 기다리는 왕들은 그런 칼은 원래 없었다고 말한다. 사람들의 집착과 잘못된 인식을 끊기 위해서이다. 그런데도 사람들은 이후 그 칼에 대해 푸른 연꽃과 같다, 양의 뿔과 같다, 불꽃처럼 붉다, 검은 뱀과 같다는 등으로 분별하여 말한다. 이에 복귀하여 왕위에 오른 왕세자가 그대들은 내 칼의 진실한 모습을 몰랐다고 말한다. 그리고는 그것을 직접 보여준다. 불성이 곧 그렇다. 그러니까 그런 칼은 없다(無我)고 하는 말이나 이것이 내 칼의 진짜 모습이라고 직접 보여주는 일(佛性)이 모순되지 않는 것이다.

성문과 보살들은 불성을 보았지만 칼을 어렴풋이 본 신하들과 같다. 그래서 그 불성에 대해 엄지손가락 같다, 쌀과 같다, 잡초의 씨앗과 같다, 해가 타오르는 것과 같다[100]고 말한다. 불성의 실상을 밝게 보지 못한 이유이다.

이처럼 밝게 보지 못하는 범주에는 보살의 최후인 10지보살도 포함된다. 10지보살도 남김없이 견성하지 못했다는 맥락에서 따온 이 인용문에 ①의 '득得' 자가 생략되었다. '득得'은 옛말로는 '시러곰'이라 번역하였는데 '~할 수 있다'는 뜻을 갖는다. 그런데 여기에 유사한 기능을 하는 '능能' 자가 있으므로 생략한 것이다. 이로 인해 한문 문장의 매끄러움이 사라지는 대신 뜻이 간명하게 드러나는 효과를 얻게 된다. 간명한 의미만을 전달하고자 하는 성철스님의 인용 방식이 확인되는 지점이다.

---

[100] 『大般涅槃經』(T12, p.653c), "我見我相大如母指, 或言如米, 或如稗子, 有言我相住在心中熾然如日."

【4-10-①】 諸佛如來와 十住菩薩은 眼見佛性이요 ①[復有聞見.] ②[一切衆生,] 乃至九地는 聞見佛性이니라

선문정로 제불여래와 10주보살十住菩薩은 양안兩眼으로 불성을 보고, 9지九地에 이르기까지는 전문傳聞으로 불성을 보느니라.

현대어역 제불여래와 10주보살은 두 눈으로 보듯 불성을 본다. [또 귀로 듣듯이 보는 일이 있다. 일체의 중생들이나] 9지에 이르기까지는 귀로 듣듯이 불성을 본다.

[해설] 제불여래와 10지보살이 눈으로 직접 보듯 불성을 보는 입장(眼見)이라면, 일체중생과 9지보살에 이르기까지는 귀로 간접적으로 듣는 것처럼 불성을 보는 입장(聞見)임을 밝히는 문장이다. 성철스님은 오직 부처만이 두 눈으로 보듯 분명하게 불성을 볼 수 있으며, 그 이전은 모두 명료하지 못하거나 아직 확인하지 못하는 차원에 있다는 것을 밝히기 위해 이 문장을 인용하였다.

여기에서 ①의 '또 귀로 듣듯이 불성을 보는 경우가 있다(復有聞見)'를 생략하였다. 원래 이 문장은 눈으로 불성을 직접 보는 일(眼見)과 귀로 들어 보는 일(聞見)을 고하 관계, 순차 관계로 논의하는 맥락 속에 있다. 성철스님은 ①을 생략하여 그것이 순차 관계가 아니고 단절의 관계에 있음을 드러내고자 하였던 것으로 보인다.

②에서는 '일체중생一切衆生'을 생략하여 일체중생에서 9지보살에 이르기까지는 귀로 듣고 믿는 차원을 벗어나지 못했다는 원래 문장을 '9지에 이르기까지는'으로 단순화하였다. 바로 뒤의 '~에 이르기까지', 혹은 '나아가'의 뜻을 갖는 '내지乃至'가 이것을 포함할 수 있다고 보았기

때문이다. 또한 일체중생을 생략하지 않으면 일체중생과 10지보살, 일체중생과 9지보살이 구분되는 관계에 있게 된다. 10지, 등각까지 일괄하여 깨닫지 못한 중생으로 보는 성철스님의 입장에서 보살과 일체중생이 다른 차원으로 구분되어 의미화되는 일을 차단하고자 한 조치로 이해된다.

원래 『대열반경』에서는 안견眼見, 문견聞見과 관련하여 모순된 내용이 발견된다. 즉 바로 앞의 문장에서 부처님은 눈으로 직접 보는 것처럼(眼見) 명료하고, 10지보살은 귀로 전해듣는 것처럼(聞見) 명료하지 못하다[101]고 정의해 놓고, 다시 이 인용문과 같이 10지보살은 제불여래와 마찬가지로 눈으로 직접 보듯 한다는 문장이 이어지고 있기 때문이다.

수隋의 관정灌頂스님은 『대반열반경소』에서 이 모순과 관련하여 10지보살이 문견聞見과 안견眼見의 차원에 걸쳐 있고, 오직 부처만이 직접 확인하는 안견眼見임을 알아야 한다[102]고 밝힌 바 있다. 한편 청량스님은 지전地前보살은 문견聞見하고, 지상地上보살은 안견眼見한다고 하면서도 그 설이 일정하지 않음에 대해 다음과 같이 말한다.

> 부처의 눈(佛眼)은 성문, 연각에게는 아예 없는 것이다. 보살의 경우에는 기준이 일정하지 않다. 지전地前보살은 귀로 들듯이 불성을 보는 입장인데 부처의 눈을 갖추지 못했기 때문이다. 지상地上보살은 눈으로 보듯 직접 확인한다. 불안佛眼을 갖추었기 때문이다.[103]

---

101 『大般涅槃經』(T12, p.527c), "諸佛世尊眼見佛性, 如於掌中觀阿摩勒. 十住菩薩聞見佛性, 故不了了."
102 『大般涅槃經疏』(T38, p.181a), "此中應作四句, 第十住亦聞見亦眼見, 九地已下但有聞見, 佛地但有眼."
103 『大方廣佛華嚴經隨疏演義鈔』(T36, p.644c), "佛眼二乘全無, 菩薩人中進退不定, 地前菩薩聞見佛性, 未有佛眼, 地上眼見故有佛眼."

성철스님은 인용문의 10주보살이 10지보살의 이칭임을 밝히면서도 궁극적으로 10지보살의 견성을 인정하지 않는다. 성철스님에게는 제불보살의 안견眼見 이외의 모든 봄은 문견聞見으로서 진정한 견성이 아니기 때문이다.

【4-10-②】 九地已還은 聞見佛性이요 十地는 眼見이나 ①[而]未了하고 ②[但見自身所有佛性, 不見衆生所有佛性, 於自身中十分見一.] 如來佛眼이라사 窮盡하니라

선문정로 9지 이하는 이문耳聞으로 불성을 보고 10지十地는 양안兩眼으로 보나 명료하지 못하고, 여래의 불안佛眼이라사 요요명명了了明明히 궁진窮盡하느니라.

현대어역 제9지 이전은 귀로 듣듯이 불성을 본다. 10지는 두 눈으로 보듯이 불성을 보기는 하지만 분명하지 못하다. [단지 자신이 갖춘 불성만을 볼 뿐 중생들에게 갖추어진 불성을 보지 못한다. 자기의 몸에서도 1/10의 불성만을 본다.] 여래의 불안이라야 끝까지 완전히 본다.

[해설] 청량스님의 『화엄경소초』에서 가져온 문장이다. 9지 이전은 불성론을 믿는 입장이고, 10지는 직접 보기는 하였지만 명료하지 못하다. 여래의 불안이라야 모든 것을 남김없이 본다는 문장이다.

①의 접속사 '이而' 자가 생략되었다. 역접의 기능을 하는데, 한글 현토 '~이나'와 기능이 겹치므로 생략한 것으로 보인다.

②의 긴 문장이 생략되었다. 10지보살이 불성을 보기는 하지만 완전

히 명료하게 보지는 못한다는 뜻을 갖는다. 보살의 마지막 지위인 10지조차 이처럼 완전하지 못한데 다른 경우는 말할 것도 없음을 강조하기 위해 인용된 문장이다. 여래의 견성만이 완전한 것임을 드러내고자 하는 설법 의도를 살리는 데 있어서 부분적인 견성을 논하는 해당 문장은 큰 도움이 되지 않는다. 그러므로 이를 생략한 것이다.

【4-11-①】 十地①[住]菩薩이 雖見佛性이나 而不明了니라

선문정로 10지보살이 비록 불성을 보나 명료치 못하느니라.

현대어역 10주보살이 불성을 보기는 하지만 명료하지 못하다.

[해설] 『대열반경』의 문장이다. 10지보살을 10주보살로도 표기한다는 점을 보여주고, 또 10지보살의 견성이 바른 견성이 아님을 강조하고자 하는 인용이다. 거의 동일한 의미를 전달하는 일련의 문장을 인용하였는데 위 문장은 그 첫 번째이다. ①과 같이 '10주＋住'를 '10지＋地'로 대체하였다. 10지가 10주로도 표현된다는 점을 보여주고자 하는 인용 의도를 고려하면 단순 오자에 해당한다.

성철스님은 남조 송宋의 혜엄慧嚴 등이 보완한 남본『대열반경』[104]을 텍스트로 하고 있다. 그런데 이 10주보살을 그보다 앞선 북량 담무참曇

---

[104] 『대열반경』은 담무참이 번역하기 전에 동한 지루가참支婁迦懺 등에 의해 일부가 번역된 일이 있고, 또 동진東晉의 법현法顯 등에 의해 일부가 번역된 일이 있다. 특히 『대열반경』이 처음부터 완성된 것이 아니라 이후에 송출된 것이 있어서 내용상 빠진 부분이 있으므로 혜엄慧嚴 등은 담무참의 번역본을 저본으로 하고 법현 등의 번역본을 참고하여 개정본을 낸다. 이것을 남본열반南本涅槃이라 부르며, 이와 상대되는 담무참의 번역을 북본열반北本涅槃이라 부른다.

無識의 번역에서는 10지보살十地菩薩로 옮기고 있다. 동일한 지위가 번역자에 따라 10주로도 번역되고 10지로도 번역된다는 점이 확인되는 대목이다.

【4-11-②】 十住菩薩①[摩訶薩等]이 知②[諸衆生皆]有佛性이나 ③[見不明了,] 猶如闇夜하야 所見이 不了하고 ④[復有亦見亦知, 所謂]諸佛如來는 亦見亦知니라

선문정로 10주보살은 불성이 있음을 아나 암야闇夜의 소견所見과 같고, 제불여래는 또한 보며 또한 아느니라.

현대어역 10주보살[마하살 등]은 [모든 중생들에게] 불성이 있다는 것을 알기는 하지만 [명료하게 보지 못한다.] 마치 어두운 밤에 명확하게 보지 못하는 것과 같다. [또 보기도 하고 알기도 하는 일이 있다. 예컨대] 제불여래는 보기도 하고 알기도 한다.

[해설] 불성을 갖추고 있음을 아는 것과 그것을 직접 보는 일은 다르다. 중생은 설법을 들어서 알고는 있지만 보지 못한다. 10지보살은 보기는 하지만 명료하지 못하다. 제불여래는 보기도 하고 알기도 한다. 이러한 뜻을 전하는 문장에서 위에 보인 바와 같이 여러 곳에서 생략이 일어났다.

①의 '마하살 등摩訶薩等'은 앞의 10지보살과 중복되는 호칭이므로 생략하였다.

②의 '모든 중생들에게(諸衆生皆)'는 바로 뒤의 구절, 즉 '불성이 있다(有佛性)'와 주술 관계를 형성한다. 그런데 이것을 생략하여 간단히 '불성

이 있다는 것을 알기는 한다'는 문장으로 바꾸었다. 중생들은 알기는 하지만 보지 못하고, 10지보살은 보기는 하지만 명료하지 못하며, 제불여래는 알기도 하고 명료하게 보기도 한다는 것이 원문의 내용이다. 그런데 이것을 모두 제시하면 10지보살에 의미를 부여하는 일이 일어난다. 10지와 등각까지 모두 깨닫지 못했다는 점에서 중생과 다름이 없으므로 오로지 궁극의 견성에만 의미를 두어야 한다는 성철스님의 기본 관점을 피력하는 데 도움이 되지 않으므로 이를 생략한 것이다.

③의 '명료하게 보지 못한다(見不明了)'는 바로 뒷 문장의 어두운 밤에 어렴풋이 보는 것과 같다는 구절과 중복되므로 생략하였다.

④의 '또 보기도 하고 알기도 하는 일이 있다. 예컨대(復有亦見亦知, 所謂)'의 구절이 생략되었다. 이것은 제불여래가 불성에 대해 잘 알기도 하고 직접 확인하여 보기도 한다는 결론을 끌어내기 위한 도입부에 해당한다. 원래 이 문장은 불성에 대해 들어서 알고 있기는 하지만 직접 확인하지 못한 중생(知而不見), 알고 있으면서 약간 본 보살(知而少見), 알기도 하고 남김없이 전체를 보기도 하는 여래(亦見亦知)의 차원을 나누어 설하는 문맥의 일환이다. 성철스님은 해당 구절을 생략함으로써 인용문의 원래 문맥을 함께 설명해야 하는 번거로움을 덜고자 하였다. 이것은 또한 10지보살과 여래의 근본적인 차이점을 강조하는 설법 의도를 달성하기 위한 것이기도 하다.

【4-11-③】 十住菩薩의 所見佛性은 如夜見色이요 如來所見은 如畫見色이니라

선문정로 10주보살의 소견所見한 불성은 흑야黑夜에 색채를 봄과 같고, 여래의 소견所見은 백주白晝에 색상色像을 봄과 같느니라.

현대어역 10주보살이 보는 불성은 어두운 밤에 색채와 모양을 보는 것과 같고, 여래가 보는 것은 밝은 대낮에 색채와 모양을 보는 것과 같다.

[해설] 역시 『대열반경』의 문장이다. 청황적백의 색채와 길고 짧음의 모양을 갖는 물건이 있어도 눈이 먼 사람은 그것을 보지 못한다. 그런데 보지 못한다고 해서 색채와 모양이 없다고 말할 수는 없다. 눈이 멀어 보지 못하는 것일 뿐이지 눈이 밝은 사람은 그것을 보기 때문이다. 불성도 그렇다. 중생은 눈이 먼 사람과 같아 전혀 보지 못한다. 10지보살은 일부를 본다. 불안을 갖춘 여래는 전체를 본다.

여기에서 10지보살은 비유하자면 눈에 백태가 낀 안질 환자와 같다. 좋은 의사와 좋은 약을 만나면 눈을 치료하여 시력을 회복한다. 수행자 역시 수능엄삼매의 힘으로 불성의 상락아정을 분명하게 보게 된다. 성철스님은 이를 논거로 하여 "백주견색白晝見色이라야 정견이므로 10지도 견성으로 인정하지 않는다."[105]는 점을 강조한다.

【4-11-④】 **十住菩薩**은 **智慧力**이 **多**하고 **三昧力**이 **少**①[**是**]**故**로 **不得明見佛性**이니라

선문정로 10주보살은 지혜력이 많고 삼매력三昧力이 적으므로 불성을 명견明見치 못하느니라.

현대어역 10주보살은 지혜의 힘은 많지만 삼매의 힘은 적다. 그러므

---

[105] 퇴옹·성철(2015), p.87.

로 불성을 밝게 보지 못하는 것이다.

[해설] 수행의 요체는 삼매와 지혜를 함께 닦는 데 있다. 그것은 말을 몰 때 고삐를 조이거나 풀어주는 일을 적절하게 하는 일과 같다. 그러므로 삼매가 많으면 지혜를 닦고, 지혜가 많으면 삼매를 닦아야 한다. 성문과 연각은 삼매는 많고 지혜가 부족하다. 그러므로 이들에게는 불성의 도리를 밝게 비추어 보는 지혜의 닦음이 필요하다. 이에 비해 10주보살은 지혜의 힘은 충분하지만 삼매의 힘은 상대적으로 부족하다. 그로 인해 불성을 밝게 보지 못하는 것이다. 그러므로 삼매(사마타)와 지혜(비파사나)의 어느 한쪽에 기울지 않도록 균등히 닦는 우필차가 필요하다. 이것이 앞 인용문의 맥락이다.

①과 같이 '시고是故'를 '고故'로 줄였다. 뜻의 변화는 일어나지 않는다.

【4-11-⑤】 十住菩薩은 不見佛性일새 名爲涅槃이요 非大涅槃이니라

선문정로 10주보살은 불성을 보지 못하였으므로 열반이라 이름하고 대열반大涅槃이 아니니라.

현대어역 10주보살은 불성을 보지 못하였으므로 열반이라 부르며 대열반이 아니다.

[해설] 성문과 연각, 그리고 10주보살이 성취한 해탈을 열반이라고 하기는 하지만 대열반이라 하지는 않는다. 아직 번뇌의 습기가 남아 있기 때문이다. 자아에 대한 집착을 끊어 무상·고·무아·부정의 도리에

밝은 일만 가지고는 대열반이라 할 수 없다는 것이다. 오직 불성을 밝게 보아 그 상락아정의 도리에 계합해야만 이것을 대열반이라 할 수 있다는 것이다.

성철스님은 이처럼 『대열반경』의 서로 다른 맥락에서 가져온 일련의 인용문을 통해 10지보살이 아직 견성을 못했다는 주장을 펼치고 있다.

【4-12-①】 ①諸善男子의 所有佛性은 如是甚深하야 難得知見이니 唯佛能知니라

선문정로 모든 선남자善男子의 소유所有한 불성은 이렇게 지극히 심현深玄하여 정지명견正知明見하기 심히 어려우니, 오직 정각正覺한 불타만이 이를 능히 할 수 있느니라.

현대어역 선남자여! 갖추어진 불성은 이와 같이 깊고 깊어 알고 보기 어려우니 오직 부처만이 알 수 있다.

[해설] 어두운 밤에는 모든 것이 어렴풋하다. 10지보살이 불성을 밝게 보지 못하는 것이 이와 같다. 그렇다면 어떻게 해야 불성을 볼 수 있는가? 『대열반경』의 설법 의도는 명백하다. 불성이 스스로에게 갖추어져 있음을 깊이 믿고 부지런히 수행함으로써 견성에 이를 수 있다는 것 외에 다른 말이 아니기 때문이다.

인용문에 표시된 ①과 같이 선남자의 앞에 '모든(諸)'이라는 수식어를 추가하였다. 그리고는 모든 선남자가 갖춘 불성으로 번역하였다. 원문을 보면 이 선남자는 경전에서 주의를 환기시키기 위해 쓰이는 관용

어로서 '선남자여!'로 번역된다. 성철스님은 여기에 '제諸'를 붙였다. 왜일까? 바로 그 뒤의 '소유所有'가 '~가 갖춘 바'라는 뜻이므로 그 갖춘 주체를 밝히고자 한 것이다. 분명히 원문의 이 '소유所有'는 번역이 자연스럽지 않다. '모든'으로 번역하면 불성에 여러 가지가 있다는 뜻이 되므로 적절치 않다. '갖춘 바'로 번역하자면 성철스님이 고민한 것처럼 누가 그것을 갖추었는지 특정되지 않는다. 그래서 성철스님은 '제諸' 자를 붙여 '모든 선남자가 갖춘 불성'으로 이 문장을 번역하였다.

그래도 문제는 여전히 남는다. 불성은 선남자만 갖춘 것이 아니라 일천제도 갖추었고, 지각력을 갖춘 모든 생명체가 다 갖춘 것이기 때문이다. 나아가 깨닫고 보면 우주의 삼라만상이 불성의 드러남이다. 그런데 이처럼 불성을 선남자에 한정한 성철스님만의 이유가 있다. 다음의 해설을 보자.

> 불성은 즉 여래여서 제불경계諸佛境界이니, 불 이외는 모두 정지정견正知正見하지 못함은 당연한 귀결歸結이다.[106]

불성과 완전히 계합한 제불여래라야 그것을 바르게 보고 바르게 알 수 있다는 것이다. 모든 중생이 불성을 갖추었지만 그것과 한 몸인 자리에 돌아가기 전에는 명확하게 보는 일이 있을 수 없음을 밝히고 있다. 인용문에 개입하여 모든 선남자가 갖춘 불성이라는 번역을 이끌어내는 이 문장은 곧 여래 그 자체로서의 불성을 말하기 위한 것임을 알 수 있다.

---

[106] 퇴옹·성철(2015), p.88.

【4-12-②】 如是佛性은 唯佛能知니라

선문정로   이렇게 불성은 오직 불타만이 능히 아느니라.

현대어역   이와 같이 불성은 오직 부처만이 알 수 있다.

[해설]   앞에서 살펴본 바와 같이 '소유所有'라는 단어로 인해 글자를 추가하는 등 복잡한 조치가 취해졌다. 그런데 그로 인해 번역문에 모순이 일어나게 된다. 그래서 불성에 완전히 계합함으로써 부처가 되어야 그것을 알 수 있다는 동일한 의미를 전달하는 이 문장을 제시한 것이다.

【4-13-①】 諸佛이 了了得見佛性이니라

선문정로   제불여래諸佛如來만이 분명요요分明了了히 불성을 볼 수 있느니라.

현대어역   제불세존만이 분명하게 불성을 본다.

[해설]   『대열반경』의 문장이다. 보는 내가 있고 보이는 불성이 있다면 거기에 왜곡이 일어날 수밖에 없다. 중생들은 12인연과 한순간도 떨어진 적이 없지만 자아가 있으므로 그것의 시작과 끝을 볼 수 없다. 10지 보살은 그 끝점인 죽음만 볼 뿐, 시작점에 해당하는 무명을 보지 못한다. 이에 비해 제불세존은 그 시작과 끝을 밝게 본다. 무명이 단절되어 머무는 자리가 없이 그것을 내 몸처럼 알기 때문이다. 그래서 제불세존만이 분명하게 불성을 본다고 한 것이다.

성철스님은 이 문장을 해설하면서 "제8마계인 근본무명을 타파해야만 정안으로 인허認許"107한다는 방식으로 미세망상의 단멸을 강조한다. 또한 불성을 밝게 보는 완전한 견성은 미세망상을 단멸한 구경무심이라야 하며, 이것은 '당자當者의 노력 여하如何에 있을 뿐'임을 강조한다. 돈오원각론, 구경무심론, 실참실오론의 3대 종지를 함께 피력하고 있는 대목이다.

【4-13-②】 佛眼見故로 ①[故]得明了니라

선문정로 불안佛眼으로 보므로 명명요요明明了了하다.

현대어역 불안으로 보므로 명료할 수 있다.

[해설] 10지보살은 혜안으로 불성을 본다. 그러나 보는 나와 보이는 대상이 있는 자리에 머물기 때문에 명료하지 않다. 부처는 불안으로 본다. 머물지 않고 오고 감이 없는 것이 불안이다. 이처럼 스스로 머물지 않으므로 불성에 완전히 계합하여 실상에 명료할 수 있는 것이다.
①의 '고故' 자를 생략한 것은 바로 앞의 '고故' 자와 중복되기 때문이며 뜻의 변화는 없다.

【4-13-③】 明見佛性①[以是義]故로 名明行足이니라

선문정로 불성을 분명히 보므로 명행족明行足이라 하느니라.

---

107 퇴옹성철(2015), p.89.

현대어역 불성을 밝게 본다. 그런 의미가 있으므로 밝은 실천을 충분히 갖춘 명행족이라 한다.

[해설] 여래의 다양한 호칭들을 설명하는 문장에서 명행족에 대한 설법을 가져왔다. 각각의 글자를 풀이하는 전통적 한문 해석법을 취하여 명행족의 각 글자, 즉 명明과 행行과 족足에 대해 어원적 풀이를 제시하고 있다. 인용문에 보이는 '불성을 분명히 보는 일(明見佛性)'은 족足에 대한 어원적 풀이의 하나이다. 그 전체 내용은 다음과 같다.

명明은 세 가지 밝음이라고도 한다. 보살의 밝음, 제불의 밝음, 밝음 없는 밝음이 그것이다. 보살의 밝음은 반야바라밀이고, 제불의 밝음은 불안佛眼이며, 밝음의 실체가 없다는 밝음은 필경공畢竟空을 가리킨다. 행行은 무량겁 동안 중생을 위하여 모든 선업을 닦는 일을 말한다. 족足은 불성을 분명히 보는 일을 가리킨다. 이러한 의미로 명행족明行足이라 한다.[108]

성철스님은 짧은 핵심 구절을 인용함으로써 불성을 분명히 보면 바로 명행족明行足, 즉 여래라 부른다는 의미를 전달하고자 하였다. 엄밀한 의미에서는 문장의 의미를 확대 해석한 경우에 속한다. 여기에서 명행족의 각 글자가 갖는 의미들은 상호 인과, 혹은 등호(=) 관계로 연결된다. 불안으로 밝게 보는 명明과 선업을 실천하는 행行과 불성을 분명히 보는 족足은 논리적으로는 인과 관계가 되고, 내용적으로는 불이不二

---

[108] 『大般涅槃經』(T12, p.771a), "又復明者名爲三明, 一菩薩明, 二諸佛明, 三無明明. 菩薩明者卽是般若波羅蜜, 諸佛明者, 卽是佛眼, 無明明者卽畢竟空. 行者於無量劫爲衆生故修諸善業. 足者明見佛性. 以是義故名明行足."

의 관계가 되기 때문이다.

  사실 여래에 대한 다양한 호칭은 언제나 등호로 연결될 수 있다. 다만 성철스님은 『대열반경』의 불성에 대한 논의를 인용하는 입장에 있었으므로 명행족만을 취한 것이고, 그중에서도 다시 족足에 대한 해설만을 인용한 것이다. 이러한 인용 목적을 달성하기 위해 전체적인 어원 해석의 결론격인 ①의 '그런 의미가 있으므로(以是義故)'의 구절을 생략하면서 '있으므로(故)'만 남겨 견성과 명행족을 바로 연결하는 문장을 만들고자 한 것이다.

【4-14】 諸佛世尊은 眼見佛性하되 如①[於]掌中에 觀阿摩勒하나라
諸佛世尊은 見於佛性을 如觀掌中의 阿摩勒果②[菓]하나라
諸佛世尊은 定慧等故로 明見佛性하야 了了無礙하듯 如觀掌中의 菴摩勒果하나라

선문정로 제불세존은 쌍안雙眼으로 불성을 통견洞見하되 장중掌中에 아마륵과阿摩勒果를 보는 것과 같느니라.
제불세존은 불성을 요견了見하되 장중掌中의 아마륵과阿摩勒果를 봄과 같느니라.
제불세존은 정定과 혜慧를 등지等持하므로 불성을 명견明見하여 요요了了히 장애가 없어서 암마륵과菴摩勒果를 봄과 같느니라.

현대어역 제불세존은 눈으로 보듯 불성을 보는데 마치 손바닥의 아마륵과를 보는 것과 같다.
제불세존이 불성을 보는 것은 마치 손바닥의 아마륵과를 보는 것과 같다.

제불세존은 선정과 지혜가 균등하므로 불성을 밝게 보아 분명하여 걸림이 없는데, 그것은 마치 손바닥의 암마륵과를 보는 것과 같다.

[해설] 아마륵과는 남방 과일로서 불성의 발현을 비유하기 위해 자주 드는 비유이다. 과일이 크지 않아 손바닥에 들어간다. 자기 손바닥에 쏙 들어가는 아마륵과를 보듯 해야 진정한 견성이라는 것이다.

『대열반경』에서는 10지보살이 수행 방편을 두루 갖추어서 불성을 보기는 하지만 명확하게 보지 못한다는 점을 여러 방식으로 설명한다. 보살은 불성을 보기는 하지만 귀로 듣는 것처럼 간접적으로 보고, 제불세존은 눈으로 보듯 명확하게 본다는 것이다. 인용문은 이러한 문맥의 곳곳에서 가져온 것이다. 의미는 거의 동일하다. 이러한 반복적 문장 인용을 통해 오직 제불세존만이 견성했다고 할 수 있다는 점을 강조하는 효과를 거두고 있다. 성철스님은 이를 논거로 하여 돈오원각론의 주장을 펼친다.

성철스님은 안견眼見을 '쌍안雙眼으로 불성을 통견洞見한다'로 번역하였다. 불성은 모양으로 볼 수 없다. 다만 마지막 남은 근본무명을 타파하고 나면 보이는 모든 것들을 나의 몸처럼 알게 된다. 이러한 일체종지를 얻어 불성을 걸림 없이 보는 것이 제불세존임을 강조하기 위한 번역이다.

제불세존은 불성을 직접 보되 손바닥 안에서 아마륵과를 보는 것과 같다는 뜻의 문장을 구성하는 ①의 '에서(於)'를 생략하였다. 단순 생략이다.

②에서는 아마륵과阿摩勒菓의 '菓'를 '과果'로 대체하였다. 둘 다 같은 뜻이기는 하지만 여러 경전이나 『대열반경』에서 '果'를 더 많이 쓰고 있다. 표현의 통일을 위한 교정의 의도가 있다.

【4-15-①】 如來가 ①[亦復如是] 入大涅槃②[無有虧盈]이니라

선문정로 대각여래大覺如來가 대열반에 들어가느니라.

현대어역 제불여래도 [이와 같이] [이지러짐 없는] 대열반에 들어간다.

[해설] 부처님은 2월 15일에 열반에 든다. 그래서 불교에서는 2월 15일을 열반재일로 삼고 추모하는 행사를 한다. 여래의 모든 행적이 법의 이치와 일치하므로 사소한 사건 하나도 그냥 이루어지는 일이 없다. 출생일(4월 8일), 출가일(2월 8일), 성도일(12월 8일)이 모두 8일인데 왜 열반일만 2월 15일일까?

『열반경』에 의하면 당시의 제자들도 이것이 궁금하여 부처님께 질문을 한다. 이에 부처님이 대답한다. 중생들은 2월에 봄을 맞이하여 만물이 소생하는 것을 보면서 이처럼 삶도 영원한 것이 아닐까 생각한다. 부처님은 이러한 영원에 대한 집착을 깨기 위해 봄이 시작되는 2월에 열반을 한다. 왜 15일인가? 보름달은 이지러짐 없이 완전히 원만하다. 여래의 대열반 역시 부족함이 없이 완전하므로 보름달이 뜨는 15일에 대열반에 든다.

여기에서 대열반은 쿠시나가라 사라쌍수 아래에서 부처님이 육신을 버린 일을 가리킨다. 그렇지만 성철스님은 오직 여래만이 완전한 깨달음을 성취한다는 뜻으로 인용하였다.

①의 생략된 부분, '이와 같이(亦復如是)'는 대열반이 보름달과 같다는 것을 가리킨다.

②의 '이지러짐이 없다(無有虧盈)'는 구절은 앞에서 보름달의 비유를 밝히는 구절을 생략하였으므로 연쇄적으로 생략된 것이다.

【4-15-②】 是大涅槃은 卽是諸佛의 甚深禪定이니라

선문정로 이 대열반은 곧 제불세존의 심심甚深한 선정禪定이니라.

현대어역 이 대열반은 바로 모든 부처의 아주 깊은 선정이다.

[해설] 부처님이 대열반에 들려 할 때 순타가 최후의 공양을 올린다. 그것은 영광이고 복덕이었지만 한편으로 슬픈 일이기도 하였다. 순타와 대중들이 다시는 부처님께 공양을 올릴 기회가 없다는 사실을 깨닫고 슬퍼하자 부처님은 여래상주如來常住의 이치를 설한다. 육신으로서의 세존은 등이 아파 오른쪽 옆구리를 대고 누워 있지만 불생불멸의 여래는 허공과 같아 눕거나 앉는 일이 없다. 그러므로 석존의 대열반은 모든 부처의 깊은 선정에 해당한다는 것이다.

여기에서 대열반은 석존이 육신을 버린 일을 가리킨다. 이것을 성철스님은 여래가 성취하는 완전한 깨달음을 뜻하는 것으로 인용하였다. 성철스님은 이렇게 말한다.

> 제불의 심심선정甚深禪定인 대열반, 즉 무여열반은 오직 불성을 정견하여야 성취하나니 이는 견성이 즉 여래며 대열반인 까닭이다.[109]

대승 『대열반경』의 설법 의도는 여래성품의 상락아정을 말하는 데 있다. 무상·고·무아·부정을 본질로 하는 현상으로서의 부처는 소멸한다. 그렇지만 본성으로서의 여래는 허공과 같아 상주불멸의 특징을 갖는다.

---

[109] 퇴옹성철(2015), p.92.

이러한 차원에서 보면 대열반은 선정에 드는 일과 둘이 아니다. 이것을 잘 아는 부처는 육신의 소멸에 임해서도 여래성품과의 합일을 기쁘게 수용한다. 성철스님처럼 사라쌍수 아래에 있었던 석존의 열반에 관한 문장을 견성, 무여열반의 뜻으로 해설하여도 무리가 없는 이유이다.

【4-15-③】 若見佛性하면 能斷煩惱하나니 是則名爲大①[般]涅槃이니라

선문정로 만약에 불성을 정견正見하면 능히 번뇌를 단진斷盡하나니 이를 대열반이라 하느니라.

현대어역 불성을 보고 번뇌를 끊을 수 있으면 이것을 대반열반이라 부른다.

[해설] 원래『대열반경』에서는 열반과 대반열반을 구분한다. 번뇌가 끊어졌지만 불성을 보지 못한 경우를 열반이라 하고, 불성을 보아 번뇌를 완전히 끊는 일을 대반열반, 혹은 대열반이라 부른다는 것이다. 그러므로 대반열반은 오로지 불성을 밝게 본 여래의 경계를 가리키는 말이 된다.

①과 같이 '대반열반大般涅槃'에서 '반般' 자를 생략하여 '대열반大涅槃'으로 표현하였다.『대열반경』에서는 대반열반과 대열반을 동의어로 함께 쓰고 있다. 다만 열반의 위대성을 강조한다는 의미에서 대열반이라는 말을 더 많이 쓰고 있다. 상좌부에도 동일한 명칭의『대열반경』이 있다. 이것은 순수하게 부처님이 육신을 버리는 역사적 사건을 다루고 있다. 대승『대열반경』에서는 이 점을 고려하여 여래의 원각과 동의어가 되

는 '대열반'이라는 용어를 자주 사용한 것으로 보인다. 성철스님 역시 이 점을 고려하여 '대반열반'을 가능하면 '대열반'으로 표기한다. 『대반열반경』의 경명을 일괄 『대열반경』으로 표기한 것을 보면 그 완전한 열반, 혹은 위대한 열반이라는 의미를 강조하고자 하는 뜻이 분명하였음을 확인할 수 있다.

【4-15-④】 若①[能]了了見於佛性하면 ②[則]得③明[名]爲大涅槃④[也]이라 是大涅槃은 唯大象王이 能盡其底니 大象王者는 謂諸佛也니라

선문정로 만약에 요요了了히 불성을 정견하면 대열반이라 하는지라, 이 대열반은 오직 대상왕大象王이 능히 그 심저深底를 궁진窮盡하나니 대상왕大象王은 제불을 말함이니라.

현대어역 불성을 명료하게 보아야만 대열반이라 부를 수 있다. 이 대열반은 오직 코끼리 왕만이 강바닥에 발바닥이 닿을 수 있는 것과 같다. 코끼리 왕은 모든 부처를 말한다.

[해설] 열반과 대열반의 차이를 말하는 여러 비유 중 코끼리 왕의 비유이다. 제일가는 향상香象도 강바닥에 발바닥이 닿지 않는 큰 강이 있다. 그런데 코끼리 왕은 이 강의 바닥을 밟을 수 있다. 크고 작은 코끼리들도 강을 건너기는 하지만 강바닥을 딛지 못한다. 그런데 코끼리 왕은 그 바닥을 밟으며 강을 건너는 것이다.

성문과 연각과 10지보살은 크고 작은 코끼리들이다. 이들은 큰 강과 같은 불성을 믿거나, 알거나, 본다. 그렇지만 그 바닥까지 완전히 알고

보지는 못한다. 이에 비해 제불여래는 코끼리 왕이 강바닥을 밟고 강을 건너는 것처럼 불성을 완전히 알고 본다는 것이다.

①의 '~할 수 있으면(能)'을 생략하였다. 이로 인해 '불성을 밝게 볼 수 있으면'이라는 가능형의 문장이 '불성을 밝게 보면'이라는 직서법 문장으로 바뀌었다. 성철스님에게 불성을 보는 일은 한 번 일어나면 영원한 현실태가 되므로 '~할 수 있다면'의 가능태가 성립하지 않는다. 가능태 문장을 이끄는 '능能' 자를 생략한 이유에 해당한다.

②의 '즉則'은 '~한다면'의 뜻을 갖는 글자인데, 바로 앞에 '~하면'이라는 한글 현토가 있으므로 의미의 중복을 피해 생략하였다.

③의 '명明'은 '~이라 한다'는 뜻을 갖는 '명名' 자의 오자이다. 초판본에 바로 되어 있었으나 1993년에 가로쓰기로 바꾸면서 오류가 일어나 2015년 본까지 이어진 것이다. 교정되어야 한다.

④의 종결 조사 '야也'는 한글 현토 '~이라'와 기능이 겹치므로 생략한 것이다.

【4-15-⑤】 衆生佛性은 諸佛境界니 ①[非是聲聞緣覺所知, 一切衆生不見佛性, 是故常爲煩惱繫縛, 流轉生死.] ②以見佛性故로 ③[諸結煩惱所不能繫,] 解脫生死하야 得大涅槃이니라

선문정로 중생의 불성은 제불의 경계이니, 불성을 정견한 고로 생사를 해탈하여 대열반을 얻느니라.

현대어역 중생의 불성은 모든 부처의 경계로서 [성문이나 연각이 알 수 있는 것이 아니다. 모든 중생들은 불성을 보지 못한다. 그러므로 항상 번뇌에 묶여 나고 죽는 일을 반복하는 것이다.] 불성을 보면 그

로 인해 [모든 번뇌의 밧줄에 묶이지 않고] 나고 죽는 일을 벗어나 대열반을 얻게 된다.

[해설]   견성이 곧 해탈이고, 대열반이고, 성불임을 밝히는 문장이다. 우리는 허공이 있다는 것을 분명히 알지만 그것을 보지 못한다. 불성은 바로 허공과 같다. 그래서 그것을 분명히 보기 어렵다. 『대열반경』에서는 성문과 연각이 그 도를 성취했다 해도 불성을 보았다고 할 수 없다고 본다. 자아에 대한 집착을 내려놓기는 했지만 여전히 주체와 대상을 나누는 미세한 분별이 남아 있기 때문이라는 것이다. 이 극미세한 3세의 분별이 남아 있는 한, 아직 어두움이 가시지 않은 새벽과 같아서 불성을 명확하게 보지 못한다. 성철스님은 견성이 부처의 원각과 동의어로 쓰이고 있다는 점을 보여주기 위해 이것을 인용하였다.

①의 긴 문장이 생략되었다. 불성을 보는 일은 성문이나 연각이 알 수 있는 차원이 아니라는 점, 나아가 불성을 보지 못하면 번뇌의 속박과 그로 인한 생사윤회가 근본적으로 해결되지 않는다는 점을 말하는 문장이다. 이것을 삭제함으로써 견성이 곧 부처의 대원각이라는 점만을 드러내고자 한 것이다.

②의 '이以' 자가 추가되었다. 이것은 뒤의 '고故' 자와 결합하여 '~이기 때문에'라는 뜻을 구성한다. 윤문의 의도가 있는 추가이다. 또한 ①의 생략으로 인해 끊어진 문맥을 매끄럽게 연결하고자 한 조치이기도 하다. 성철스님에게 한문 문장은 특별한 역사적 지속성을 갖는 무엇이었다. 그것은 당시의 시대적 분위기이기도 하였다. 사실 최근까지도 스님들은 깨달음의 체험을 전달하기 위해 그것을 한자로 기록하고자 했고, 그것이 어려우면 한문에 능통한 이에게 작문을 부탁하는 경우도 있었다. 요컨대 성철스님에게 한문은 여전히 지배력을 갖는 권위적 문

자였다. 따라서 이처럼 인용문을 조정하여 자기의 문장으로 삼을 경우, 한문 문장을 윤문하여 그 의미의 전달이 매끄럽게 이루어지도록 하였던 것이다.

③의 '모든 번뇌의 밧줄에 묶이지 않는다(諸結煩惱所不能繫)'는 구절이 생략되었다. 바로 뒤의 해탈과 같은 뜻이므로 중복되는 감이 있어서 생략한 것이다.

【4-16】 涅槃經에 云호대 金剛寶藏이 無所減缺이라하니 故名圓教也니라

선문정로 『열반경』에서 말하기를, "금강불괴金剛不壞의 무진보장無盡寶藏이 증감과 흠결이 없다."고 하였으니 그러므로 원교圓敎라 하느니라.

현대어역 『열반경』에 말하기를, 금강의 보물창고가 줄어들거나 부족한 것이 없으므로 원교라 부른다.

[해설] 『천태사교의』에서 가져온 문장으로서 『대열반경』이 원교의 경전이라고 판정하고 있다. 천태스님은 부처님의 가르침을 장교, 통교, 별교, 원교로 교판한다. 그중 궁극적 가르침의 정수를 담은 원교에 『화엄경』, 『법화경』, 『대열반경』을 배치한다. 성철스님은 견성이 곧 원각임을 밝히는 문장의 대부분을 『대열반경』에서 가져왔으므로 그에 대한 천태스님의 논술을 빌려 이 경전이 갖는 권위를 강조하고자 한 것이다.

천태스님은 『대열반경』에 금강의 보물창고가 무소감결無所減缺로 되어 있다고 서술했다. 그런데 해당 구절을 찾아보면 만족무결滿足無缺로 되어 있다. 완전무결하다는 의미이다. 성철스님은 천태스님과 관점을 같

이 하여 불생불멸의 이치를 적용하여 "증감과 흠결이 없다."고 번역하였다.

【4-17-①】 復願諸衆生이 永破諸煩惱하야 了了見佛性하되 猶如 ①[妙德]文殊等케 하여지이다

선문정로 다시 원願하노니 모든 중생이 일체 번뇌를 영원히 파멸破滅하여 요요了了히 불성을 정견하되 문수보살 등과 같게 하여지이다.

현대어역 다시 원컨대 모든 중생이 번뇌를 모두 영원히 타파하여 밝고 밝게 불성을 보아 문수보살 등과 같게 되기를 바랍니다.

[해설]   5역죄를 저지른 아사세왕이 열반에 임한 부처님의 설법을 듣고 아뇩다라삼먁삼보리를 향한 마음을 내며 노래한 게송이다. 원래 이것은 문수보살이 다른 지위의 보살들과 달리 불성을 밝게 본 대력보살임을 강조하기 위해 인용한 문장이다. 성철스님은 "10지의 계위에 든 보살들은 견성한 것이 아닌가? 하는 의심을 품는 자들이 있을까 하여 그 내용을 자세히 밝히기 위해"110 이 문장을 인용한다고 밝히고 있다. 문수보살이 이미 원각을 이룬 권현보살이며 대력보살이라는 점, 그러므로 보살이 견성한다는 이 문장이 부처라야 진정한 견성이라 할 수 있다는 『대열반경』의 종지와 모순되지 않는다는 점을 밝히고 있다.

①의 '묘덕妙德'을 '문수文殊'로 바꾸었다. 문수보살은 출생 시에 열 가지 오묘한 현상이 일어나 묘덕妙德보살, 묘길상妙吉相보살 등으로 불린

---

110   퇴옹성철(2015), p.93.

다.¹¹¹ 성철스님은 문수보살과 관련된 불필요한 해설을 줄이고 논지를 분명히 하기 위하여 묘덕보살을 문수보살로 바꾸었다.

【4-17-②】 文殊師利와 諸菩薩等이 已無量世에 修①[習]聖道하야 了知佛性이니라

선문정로 문수사리文殊師利와 모든 보살이 이미 무량세無量世에 성도聖道를 수습修習하여 불성을 요요명지了了明知하느니라.

현대어역 문수사리와 여러 보살들은 이미 무량한 세상에서 성도를 닦고 익혀 불성을 분명하게 알았다.

[해설] 『대열반경』에서는 중생이 불성을 보기만 하면 도를 닦을 필요가 없다고 말한다. 그런데 보살은 여덟 가지 성스러운 길을 닦아 불성을 약간 보았을 뿐인데 어떻게 불성을 볼 수 있다고 하는 것일까? 문수보살 등의 여러 보살이 단번에 불성을 보았다는 『대열반경』의 표현을 보고 이런 의문을 일으킬 수 있다. 그렇지만 문수보살 등은 이미 무량한 세상에서 여덟 가지 성스러운 길을 닦아 불성을 밝게 알았던 이들이다. 이미 불성을 밝게 보고 밝게 안 부처이지만 중생들을 위해 방편으로 출현한 대력보살이었다는 것이다. 이에 비해 성문과 벽지불은 견성과는 먼 거리에 있다. 이렇게 보면 보살의 견성을 말하는 『대열반경』 역시 견

---

111 『大乘本生心地觀經淺註』(X20, p.896b), "妙吉祥者, 卽文殊翻過之名. 以菩薩示現生時, 有十種祥瑞. 一光明滿室, 二甘露盈庭, 三地涌七珍, 四神開寶藏, 五雞生鳳子, 六豬娩龍豚, 七馬產麒麟, 八牛生白澤, 九倉變金粟, 十象具六牙. 十種瑞相, 皆不可測, 故曰妙吉祥菩薩."

성을 구경으로 보았다는 말이 된다.

①의 '습習'은 단순 탈자에 해당한다. 성철스님은 번역문에서 '성도를 수습修習하여'로 옮겨 이 글자를 적용하고 있다. 복원되어야 한다.

【4-18】 云何了了見고 ①[如眼見色, 善男子.] 如人이 ②[眼根淸淨不壞,] 自觀掌中의 阿摩勒果③[菓]하야 ④[菩薩摩訶薩了了見]道와 菩提와 涅槃을 ⑤[亦復如是, 雖如是見, 初無見相.] ⑥[善男子, 以是因緣, 我於往昔, 告舍利弗, 一切世間, 若有沙門若婆羅門, 若天若魔若梵若人, 所不知不見不覺,] 唯有如來가 悉知見覺하나니 及諸菩薩도 亦復如是니라

선문정로 어떤 것이 요요견了了見인고. 사람이 스스로 장중掌中의 아마륵과阿摩勒果를 보는 것과 같아서, 무상도無上道와 보리와 열반은 오직 여래만이 완전히 요지명견정각了知明見正覺하나니 모든 보살도 또한 이와 같느니라.

현대어역 밝고 밝게 보는 차원(了了見)이란 무엇인가? [마치 눈으로 모양을 보는 것과 같다. 선남자여!] 마치 사람의 [눈이 청정하고 손상이 없어서] 스스로 손바닥 안의 아마륵과를 보는 것과 같다. [보살마하살이 밝고 밝게] 도와 보리와 열반을 보는 것이 [또한 이와 같다. 비록 이렇게 보기는 하지만 애초에 본다는 관념이 없다.] [선남자여! 이러한 인연으로 내가 과거에 사리불에게 말하기를, 일체 세간의 사문이나 바라문, 천인이나 천마, 범천이나 인간들이 알 수 없고, 볼 수 없고, 깨달을 수 없다고 한 것이다.] 오직 여래만이 모두 알고, 보고, 깨달을 수 있으며, 여러 보살도 또한 이와 같다.

[해설] 불성을 보는 일에는 모양으로 보는 차원(相貌見)과 밝고 밝게 보는 차원(了了見)이 있다. 모양으로 보는 차원은 연기를 보고 불을 보았다고 하는 것과 같고, 꽃과 잎을 보고 뿌리를 보았다고 하는 경우와 같으며, 담장 사이의 뿔을 보고 소를 보았다고 말하는 것과 같다. 거짓말은 아니지만 여전히 추론과 관념이 개입되어 있는 것이다. 이에 비해 밝고 밝게 보는 차원은 손바닥의 아마륵과를 보는 일과 같다.

이처럼 여래와 보살은 일체의 중생이나 성문, 혹은 연각 등과는 달리 불성을 밝게 본다. 그런데 이 문장은 독해하기에 따라서 10지보살의 견성을 인정하는 문장으로 이해될 수도 있다. 그래서 성철스님은 여기에서 말하는 보살은 대력보살이라고 정의[112]한다. 본래 이 문장은 열반에 임한 석가여래가 법의 불생불멸을 노래한 게송[113]과 그 설명에서 가져온 것이다. 여래는 이 게송이 단지 순타純陀만을 위한 것이 아니라 중생과 성문과 연각을 위한 것이며, 나아가 문수사리보살을 위한 것[114]임을 밝힌다. 모든 보살은 문수사리보살로 대표되는 보살들로서 대력보살을 가리킨다는 성철스님의 정의는 이러한 문맥에 근거하고 있다.

이 중 ①의 '눈으로 모양을 보는 것과 같다(如眼見色)'는 구절을 생략하였다. 앞의 요요견了了見과 의미상 중복되므로 생략한 것이다. '선남자善男子'를 생략한 것은 가섭보살과 석가여래의 대화 형식으로 이루어진 이 문장을 원문의 맥락에서 독립시키기 위한 조치이다. 성철스님은 인용문들을 유기적으로 결합하여 그 설법 의도를 효과적으로 드러내고

---

112 그러니 '급제보살及諸菩薩'이라 함은 '유여문수등猶如文殊等'과 같이 대력보살大力菩薩이다. 퇴옹성철(2015), p.95.
113 『大般涅槃經』(T12, p.707a), "本有今無, 本無今有, 三世有法, 無有是處."
114 『大般涅槃經』(T12, p.707a), "善男子, 我爲化度諸衆生故而作是說, 亦爲聲聞辟支佛故而作是說, 亦爲文殊師利法王子故而作是說, 不但正爲純陀一人說是偈也."

자 한다. 따라서 그 인용된 문장이 원문의 문맥으로 되돌아가는 것은 바람직한 일이 아니었다. 사소한 부분이기는 하지만 '선남자善男子'의 생략에는 이러한 입장이 반영되어 있다.

②의 '눈이 청정하고 손상이 없어서(眼根清淨不壞)'의 생략에는 두 가지 이유가 발견된다. 첫째, 그것이 '분명하게 불성을 본다(了了見)'는 첫 구절과 내용적으로 중복되므로 생략하였다. 청정함에는 감각기관으로서의 정결성, 탐진치의 번뇌를 떠난 비구속성, 반야지를 체득한 무집착성, 상대적 분별 사유를 내려놓은 명징성 등의 의미가 포함된다. 무엇보다도 그것은 나와 대상을 둘로 나누지 않는 불이적 안목을 갖추었다는 의미를 전달한다. 그러므로 이것은 분명하게 불성을 보는 일과 의미상 중복된다. 생략의 이유가 되는 것이다.

둘째, 6근청정에 대한 전통적 정의를 의식하였기 때문에 생략하였다. 세친보살은 『법화경』의 해설에서 6근청정을 초지보살 이전의 지위로 규정[115]하였다. 또 일반적 천태교의에서는 이 6근청정의 지위가 52계위 보살 중 최초보살의 지위인 10신에 속하는 것[116]이라고 규정하기도 한다. 이 구절이 이러한 문맥과 연결되어 있으므로 여래와 대력보살만을 견성이라 할 수 있다는 설법 의도에 도움이 되지 않을뿐더러 새로운 설명이 필요하다. 제반 번거로움을 피해 해당 구절을 생략한 것이다. 원문에서 이미 보살은 구체적으로 문수보살을 가리키는 것이라 명시했으므로 이를 생략해도 문제가 없다고 본 것이다.

③에서는 '아마륵과阿摩勒菓'의 '과菓'를 '과果'로 대체하였다. 같은 뜻이지만 보편적인 표현을 택한 것이다. 교정의 의도가 있다.

---

115 『妙法蓮華經憂波提舍』(T26, p.10a), "此得六根清淨者, 謂諸凡夫以經力故, 得勝根用, 未入初地菩薩正位, 此義應知."
116 『妙法蓮華經文句』(T34, p.138b), "十信心, 即是鐵輪六根清淨位也."

④의 '보살마하살이 밝고 밝게 ~을 본다(菩薩摩訶薩了了見)'는 구절이 생략되었다. 설법 의도를 분명하게 드러내고자 한 조치이다. 원문은 문수보살과 같은 위대한 보살은 성문이나 연각을 넘어 여래와 다름이 없음을 말하고 있다. 그 같고 다름의 기준은 무상·고·무아의 방편 교리에 묶여 있느냐, 아니면 상·낙·아·정의 불성을 바로 보느냐의 여부에 있다. 이에 석가여래는 열반에 임해 가섭보살과 문수사리보살 등에게 방편을 모두 내려놓고 진정한 핵심 교리인 불성에 눈떠야 한다는 가르침을 내린다. 전체 원문은 이러한 최종적인 가르침을 받아서 바르게 실천하는 위대한 보살을 찬양하는 내용으로 이루어져 있다.

이에 비해 성철스님은 오직 여래와 대력보살만이 불성을 분명하게 볼 수 있다는 점을 강조하기 위해 이 구절을 인용하였다. 특히 여기에서 말하는 보살은 이미 불성을 본 대력보살을 가리킨다는 점을 강조하는 입장이다. 이에 비해 보살마하살의 마하(大)는 성문이나 연각에 비해 크다는 뜻을 담고 있다. 마하살의 의미는 논서에 따라 달라지기는 하지만 아무리 높이 잡아도 10지 초지 이상의 지상보살을 가리키는 용어이다. 그래서 보살마하살을 생략한 것으로 보인다.

⑤의 '또한 이와 같다. 비록 이렇게 보기는 하지만 애초에 본다는 관념이 없다(亦復如是, 雖如是見初無見相)'는 구절이 생략되었다. 앞의 ④에서 주어가 되는 보살이 생략되었으므로 그에 대한 서술을 하고 있는 이 구절을 함께 생략한 것이다.

⑥에서는 '선남자여! 이러한 인연으로 내가 과거에 사리불에게 말하기를, 일체 세간의 사문이나 바라문, 천인이나 천마, 범천이나 인간들이 알 수 없고, 볼 수 없고, 깨달을 수 없다고 한 것이다(善男子! 以是因緣, 我於往昔, 告舍利弗, 一切世間, 若有沙門若婆羅門若天若魔若梵若人, 所不知不見不覺)'라는 긴 문장이 생략되었다. 오직 여래만이 남김없이 보고 깨닫는

다는 것을 드러내기 위한 문장이다. 실제로 이 긴 문장은 바로 뒤의 '오직 여래만이(唯有如來)'의 '오직(唯)'에 의해 일괄 제외되는 내용이다. 그 제외되는 내용을 굳이 자세하게 논할 필요가 없다고 생각하여 이를 생략한 것이다.

【4-19】 阿耨多羅三藐三菩提와 大般涅槃을 若知見覺①[者]하면 ②[不名世間,] 當名菩薩이니라

선문정로 아뇩보리阿耨菩提와 대반열반大般涅槃을 만약에 요지명견정각了知明見正覺하면 마땅히 보살이라 이름하느니라.

현대어역 아뇩다라삼먁삼보리와 대반열반을 알고, 보고, 깨달은 사람이라면 [세간 사람이라 하지 않고] 보살이라 해야 한다.

[해설] 세간 사람들은 불성을 보지 못하지만 보살은 불성을 보고, 알고, 깨닫는다. 마찬가지로 세간 사람들은 12부경과 12인연과 상락아정을 모른다. 네 가지 전도와 4제와 37조도품과 아뇩다라삼먁삼보리, 그리고 대반열반을 모른다. 요컨대 불법을 알지 못하고, 보지 못하고, 깨닫지 못한다. 만약 이것을 알고, 보고, 깨닫는 이가 있다면 그를 보살이라 이름해야 한다는 뜻이다. 전체적으로 깨달음의 경계를 밝히는 용어가 병렬되어 있는데, 성철스님은 이 중 아뇩보리와 대반열반만을 따왔다. 이를 통해 무상정각에 이른 뒤라야 진정한 보살이라 부를 수 있다는 뜻을 간명하게 전달하고자 한다.

①의 '~한 사람(者)'을 생략하였다. 원래는 대열반 등을 깨달은 '사람'이라는 뜻이다. 이 글자가 생략되면 수행을 통해 불성을 '깨닫게 된다

면'의 조건절의 문장이 된다. 이를 통해 글을 읽는 당사자의 수행을 촉구하는 의미가 뚜렷해진다.

②의 '세간 사람이라 하지 않고(不名世間)'를 생략하였다. 뒤의 '보살이라 해야 한다'는 말과 표현은 다르지만 같은 뜻을 전달하므로 이를 생략하였다. 불교 경전은 하나의 뜻을 전달하기 위해 다양한 표현을 동원하여 거듭 말하는 독특한 언술 전략을 쓴다. 이에 비해 성철스님은 전후가 정연하게 연결되는 논리적 문장을 선호한다. 의미상 중복되는 구절을 대부분 생략하는 이유이다.

【4-20-①】 若有知見覺佛性①[者]하면 名②位[爲]菩薩이니라

선문정로 만약에 불성을 지견각知見覺한 자라면 보살이라 이름하느니라.

현대어역 만약 불성을 알고, 보고, 깨달은 이가 있다면 보살이라 부른다.

[해설] 보살은 세간 사람들이 아는 것도 알고 그들이 알지 못하는 것도 안다. 세계의 시작과 끝, 혹은 단멸과 영원 등의 분별적 차원은 세간 사람들이 알고, 보고, 깨닫는 일이다. 보살은 세간 사람들과 마찬가지로 이러한 세간의 분별적 차원을 알고, 보고, 깨닫는다. 또한 보살은 세간 사람들이 알지 못하는 불성과 12인연과 상락아정과 생노병사와 아뇩다라삼먁삼보리 등을 알고, 보고, 깨닫는다. 그러므로 불성을 본다면 그는 이미 세간의 중생이 아니라 보살이고 여래이다. 위 인용문은 이러한 맥락을 구성하는 문장이다. 성철스님은 여기에 언급된 보살이

불성을 밝게 보아 대열반을 성취한 대력보살임을 강조한다.

①과 같이 '~한 사람(者)'이 생략되었다. 그런데 번역문을 보면 '불성을 지견각知見覺한 자라면'과 같이 '자者' 자가 적용되어 있다. 생략의 의도가 없었으므로 복원되어야 한다.

②와 같이 '위爲' 자가 '위位' 자로 되어 있는데 오자이다. 번역문에는 '보살이라 이름하느니라'로 '위爲' 자가 바르게 적용되어 있다. 초판본에 바로 되어 있던 것이 1993년 입력 오류가 일어났고, 이것이 2015년 본까지 이어진 것이다.

【4-20-②】 明見佛性하면 是名菩薩이니라

선문정로 불성을 명견明見하면 이를 보살이라 이름하느니라.

현대어역 불성을 분명하게 보면 그것을 보살이라 부른다.

[해설] 『대열반경』의 가르침에 의하면 경전에서 말하는 불성에 대한 가르침을 듣고 그것을 믿어 아뇩다라삼먁삼보리를 향한 마음을 내면 그가 바로 보살이다. 다만 불성을 보고 아는 일이 관념의 차원에 머물러 있으므로 이들을 세간보살이라 부른다. 세간보살들은 자신이 믿고 지향하는 견성을 위해 필요한 것이 무엇인지 생각한다. 그리하여 청정한 계율을 지키고, 선정을 닦고, 청정한 지혜를 닦는다. 그러한 계정혜의 닦음으로 무상·고·무아·부정에 대한 확고한 앎과 봄과 깨달음의 자리에 도달한다. 이렇게 하여 해탈을 얻는다.

여기에서 다시 상락아정의 불성을 보는 자리에 나아가게 된다. 이렇게 하여 불성을 분명하게 보면 그것을 보살이라 한다는 것이다. 이러한 원문의 맥락에 의하면 불성을 보면 세간보살에서 보살로 고쳐 부른다는 의미가 성립한다. 성철스님은 바로 이러한 근거로 여기에서 말하는 보살이 불성을 보아 대열반을 성취한 대력보살임을 강조한다.

【4-20-③】 得解脫故로 得見佛性이요 見佛性하면 ①[故]得大涅槃이니 是②[名]菩薩의 淸淨持戒니라 ③[非世間戒.]

선문정로 해탈을 얻은 고로 불성을 보며 불성을 봄으로 대열반을 얻나니, 이는 보살의 청정지계淸淨持戒니라.

현대어역 해탈을 얻으므로 불성을 보고, 불성을 보므로 대열반을 얻는다. 이것을 보살이 수지하는 청정한 계율이라고 [한다.] [이것은 세간적 계율과 구분된다.]

[해설] 세간적 계율과 보살의 청정한 계율은 질적으로 차이가 있다. 세간적 계율은 이런저런 행위를 금하는 금지 조항들로 이루어져 있다. 이에 비해 보살의 계율은 분별을 내려놓은 청정함을 본질로 한다. 분별 없는 청정함을 계율로 하므로 보고, 듣고, 느끼고, 아는 일에 악이 발생하지 않는다. 그러므로 마음이 안정되고, 마음이 안정되므로 고요한 선정을 얻고, 선정을 얻으므로 실상을 알고 보게 되고, 실상을 알고 보므로 생성과 소멸을 멀리 벗어나고, 생성과 소멸을 벗어나므로 해탈을 얻는다. 해탈을 얻으므로 불성을 보고, 불성을 보므로 대열반을 얻는다. 이것이 보살이 수지하는 청정한 계율로서 세간적 계율과 차별성을 갖는다.

이처럼 보살이 계정혜를 닦아 불성을 보면 모든 것이 계정혜를 닦는 현장이 된다. 세간보살과 대열반을 성취한 대력보살의 차이를 보여주는 인용문이다.

①의 '고故' 자와 ②의 '명名' 자는 단순 생략이다.

③의 '세간적 계율(世間戒)'은 새로운 설명을 필요로 하므로 생략하였다.

【4-21】 大般涅槃은 唯佛菩薩之所見이니 故로 名大涅槃이니라

선문정로 대반열반大般涅槃은 오직 불과 보살의 소견所見이니, 그러므로 대열반이라 하느니라.

현대어역 대반열반은 오직 부처와 보살만이 볼 수 있는 것이므로 그래서 대열반이라 부른다.

[해설] 왜 열반이 아니라 대열반이라고 '대大' 자를 붙였는지에 대한 다양한 해석 중의 하나이다. 천하통일을 이룬 전륜성왕의 도읍은 군소 국가의 도읍과 비교할 수 없는 크기를 갖는다. 그처럼 부처와 보살의 깨달음은 성문이나 연각의 작은 열반과 달리 크고 완전하므로 대열반이라 한다. 대자비를 일으켜 중생들에게 실상의 도리를 보여주는 실천에 들어가므로 대열반이라 한다. 불성이 불가사의하여 부처와 보살만이 볼 수 있으므로 불성을 보는 일을 대열반이라 한다. 위 문장은 이러한 일련의 해석 중 하나이다.

이러한 다양한 비유를 통해 불보살의 대열반은 성문이나 연각의 열반과는 비교할 수 없는 크기를 갖는다는 것이 강조된다. 부처와 병칭되는 보살이 대력보살을 가리킨다는 점을 보여주기 위한 인용문이다. 성철스님은 10지보살, 등각보살도 견성이라 할 수 없다는 입장이다. 따라

서 보살이 부처와 동일한 대열반을 성취한다는 이 일군의 문장에서 말하는 보살이 대력보살을 가리킨다는 해설이 필요하다고 본 것이다.

【4-22-①】 佛世尊을 ①[常, 不變易, 具足十力, 四無所畏, 大師子吼,] 名②爲大沙門이며 大婆羅門이니라

선문정로 불세존을 대사문大沙門이라 대바라문大婆羅門이라 하느니라.

현대어역 부처, 세존, [영원, 불변, 10력 구족, 4무소외, 대사자후,] 대사문, 대바라문이라 생각한다.

[해설] 『대열반경』에 의하면 보살은 6념처를 실천함으로써 세간 사람들이 알지 못하고, 보지 못하고, 깨닫지 못하는 것을 알고, 보고, 깨닫는다. 6념처란 부처에 대한 사유, 진리에 대한 사유, 승가에 대한 사유, 계에 대한 사유, 보시에 대한 사유, 천계에 대한 사유를 가리킨다.[117]

그 첫 번째가 부처에 대한 사유로서 여래의 복덕과 지혜를 찬탄하는 다양한 명호와 그 속에 담긴 의미를 사유하여 그것에 계합하는 길을 걷는 것이다. 이를 위해 원래 문맥에서는 여래 10호를 포함한 45종의 명호를 제시한다. 위 인용문의 표현들은 그 다양한 호칭의 하나에 속한다.

그런데 성철스님은 이렇게 여래에 대한 다양한 호칭의 나열을 주어와 술어를 갖춘 문장으로 바꾼다. 인용문의 불세존이나 대사문이나 대바라문은 모두 여래의 다양한 호칭의 하나로서 상호 병렬되는 관계에 있다. ①의 생략된 표현들 역시 그 다양한 호칭에 해당한다. '영원, 불

---

117 『大般涅槃經』(T12, p.710c), "何等爲六. 念佛, 念法, 念僧, 念戒, 念施, 念天."

변, 10력 구족, 4무소외, 대사자후'라는 여래의 특징이 그대로 여래의 호칭이 된다는 것이다. 성철스님은 이렇게 병렬되는 호칭의 하나인 불세존에 목적격 조사 '~를'을 현토하여 목적어로 바꾼다. 그런 뒤 '명名'에 ②의 '위爲' 자를 추가하여 '~이라 부른다(名爲)'는 뜻을 구성한다. 이를 통해 불세존을 '진정한(大) 사문'이라고도 하고, '진정한(大) 바라문'이라고도 한다는 뜻이 형성된다. 병렬되는 단어군을 가져와 현토와 추가를 거쳐 하나의 문장으로 바꾼 것이다.

여래에게는 여래 10호를 포함하여 다양한 명칭이 헌정된다. 깨달음과 실천의 측면에서 여래만이 갖는 차별성을 강조하여 표현하는 일이므로 그 호칭은 거의 무한에 가깝다.

성철스님은 호칭이 어떻든 그것이 정각을 표현한다는 점에 있어서는 다를 바 없다는 점을 보여주기 위해서 이것을 인용하였다.

> 여하如何히 호칭하여도 정각인 내용에는 변동이 없다. 이와 같이 명견불성明見佛性한 여래세존을 방편상 보살로 표현하여도 명견불성明見佛性인 여래세존임에는 추호秋毫의 상관도 없다.[118]

사실 여래가 갖춘 덕을 일일이 논의하는 것은 선문의 특기가 아니다. 오히려 불성을 밝게 보는 일 하나로 그것을 묶어들이는 것이 수행으로 이끄는 데 힘이 된다.

그런데 왜 하필 35가지의 호칭 중 대사문, 대바라문의 호칭만을 가져온 것일까? 사문, 바라문은 진리의 완성을 향해 노력하는 수행자들이다. 그 노력의 과정에서 상호 간에 차별성이 나타나기도 하지만 진리

---

118 퇴옹성철(2015), p.98.

와의 완전한 계합을 성취한 완성의 자리에서는 서로 완전히 동일하다. '대大'가 그 동일성을 증명하는 수식어가 되는 것이다.

이 장의 설법 목적은 견성은 오직 부처에게만 일어나는 것임을 밝히는 데 있다. 따라서 문장에 따라 보살, 대사문, 대바라문 등으로 호칭해도 그것이 견성한 부처를 가리키는 다른 말이라는 것을 보여주고자 한 것이다.

【4-22-②】 大身①[衆]生者는 ②[謂]諸佛菩薩이니 大智慧故로 名大③[衆]生이니라

선문정로 대신중생大身衆生이라 함은 불타와 ④대력보살大力菩薩이니, 무상대지혜無上大智慧인 고로 대중생大衆生이라 하느니라.

현대어역 큰 몸의 중생이란 부처와 보살을 가리킨다. 지혜가 크므로 큰 중생이라 하는 것이다.

[해설] 『대열반경』은 8대 불가사의를 갖추고 있다. ①점차적 심화(漸漸深), ②끝없는 깊이(深難得底), ③한 맛(一味), ④한계 넘지 않기(潮不過限), ⑤보배 같은 법문의 창고(種種寶藏), ⑥큰 몸 중생의 거주처(大身衆生所居住處), ⑦일천제의 불법 훼손 차단(不宿死尸), ⑧증감 없음(無增減)이 그것이다.

인용문은 『대열반경』이 큰 몸 중생의 거주처가 된다는 여섯 번째 불가사의에 관한 설명에서 가져온 것이다. 부처도 몸을 가졌다는 점에서 중생이다. 그렇지만 큰 지혜를 갖추었으므로 큰 중생이라 한다는 것이다. 마찬가지로 여래의 현현인 『대열반경』은 큰 몸, 큰 마음, 큰 장엄, 큰

조복, 큰 방편, 큰 설법, 큰 영향력, 큰 대중, 큰 신통, 큰 자비, 영원불변, 일체중생에 걸림 없음, 일체중생을 수용함 등의 특징을 갖고 있으므로 큰 몸의 중생이 거처하는 곳이 된다.

①, ③과 같이 큰 몸 중생, 큰 중생을 나타내는 문장에서 '무리 중衆' 자가 생략되었다. 번역문과 강설에는 모두 '중생'으로 되어 있으므로 단순 탈자에 속한다. 1981년 초판본에 바로 되어 있던 것이 1993년에 가로쓰기로 바꾸면서 입력 오류가 일어났고, 이것이 2015년 본으로 이어진 것이다. 복원해야 한다.

②와 같이 '위謂' 자가 '제諸' 자로 오기되어 있다. '위謂'는 '~을 가리킨다', 혹은 '~이다'는 뜻을 표현하는 글자로서 문법적으로 필요한 글자이다. 두 글자의 형태적 유사성으로 인한 식자 오류인 것으로 보인다. 교정하는 것이 좋겠다.

④와 같이 '보살菩薩'을 '대력보살大力菩薩'로 설명식 번역을 하였다. 돈오원각론을 강조하는 입장에서 이 문장의 보살이 인위因位에 있는 보살들과 같은 차원으로 이해되는 것을 차단하기 위한 조치이다.

【4-23】 眞解脫者는 卽是如來요 如來者는 卽是涅槃이요 涅槃者는 卽是無盡이요 無盡者는 卽是佛性이요 佛性者는 卽是決定이요 決定者는 卽是阿耨多羅三藐三菩提니라

선문정로 진해탈眞解脫은 곧 여래요, 여래는 곧 열반이요, 열반은 곧 무진無盡이요, 무진은 곧 불성이요, 불성은 곧 결정決定이요, 결정은 곧 아뇩다라삼먁삼보리阿耨多羅三藐三菩提니라.

현대어역 진정한 해탈은 바로 여래이며, 여래는 바로 열반이며, 열반

은 바로 무진법계이다. 무진법계는 바로 불성이고, 불성은 바로 결정된 성취이며, 결정된 성취는 바로 아뇩다라삼먁삼보리이다.

[해설] 『대열반경』에서 가져온 문장이다. 가섭보살이 진정한 해탈에 대해 질문을 한다. 이에 부처님은 다양한 비유를 들어 진정한 해탈이 곧 여래이자 불법에서 말하는 모든 궁극의 성취와 동일한 것임을 자세하게 설한다. 가섭이 해탈에 대해 질문한 것은 대열반의 해탈이 성문이나 연각의 그것과 다른 차원의 것임을 알았기 때문이고, 부처님의 설법으로 대중들이 그것을 바로 알기를 바랐기 때문이다.

성문과 연각의 해탈은 무엇이고, 진정한 해탈이란 무엇인가? 성문과 연각은 자아에 대한 집착과 대상에 대한 분별을 내용으로 하는 견사혹을 끊어 3계를 벗어나는 해탈을 이룬다. 견해와 관념으로부터의 자유를 획득한다는 것이다. 그러나 대승에서는 이것이 해탈의 완성이 아니라 진정한 해탈의 시작이라고 본다. 무엇보다도 견사혹을 끊어낸 아라한이 공의 도리에 머무는 일을 문제시한다. 공의 도리가 옳기는 하지만 모래 수와 같은 현상세계에 눈감는 자세를 취하므로 또 하나의 집착인 진사혹에 빠지게 된다는 것이다. 그리하여 성문과 연각에서 보살로 진입하려면 진사혹을 끊어야 한다는 숙제가 제시된다.

중생제도를 서원하여 중생계로 돌아오는 보살은 무량한 법문을 통달할 필요가 있다. 그래야 복잡하게 얽힌 현상 속에 갇혀 사는 중생을 구원할 다양한 방편이 갖춰지기 때문이다. 진사혹의 소멸은 공혹空惑에서 빠져나와 현상을 바로 보는 가관假觀의 닦음으로 일어난다. 그런데 이 진사혹을 끊어도 미세한 분별의 무명혹에 빠져 진정한 중도를 바로 보는 깨달음이 일어나지 않는다. 아직 갈 길이 먼 것이다. 결국 선정과 지혜를 함께 닦는 실천을 통해 무명혹을 끊어 무상정등각에 쑥 들어가야만 이것을 진정한 해탈이라 할 수 있다는 것이다.

이 인용문은 이러한 논의 끝에 제시된 결론격 문장으로서 '진정한 해탈=여래=열반=무진無盡=불성=결정決定=아뇩다라삼먁삼보리'의 관계임을 말하고 있다. 성철스님은 이에 근거하여 불성을 바로 보는 견성과 무상정각인 여래가 동의어 관계임을 강조한다.

【4-24】 佛言하사대 善男子야 無因緣故로 故名①爲無生이요 以無爲故로 故名無出이요 無造業故로 故名無作이요 ②[不入五見, 故名屋宅, 離四瀑水, 故名爲洲.] ③[調衆生故, 故名歸依.] 壞結賊故로 故名安隱이요 諸結火滅故로 ④[故]名滅度요 離覺觀故로 ⑤[故]名涅槃이요 遠慣鬧故로 名爲⑥[曰]寂靜이요 永斷生死故로 名無病이요 一切無故로 名無所有니 善男子야 ⑦[若]菩薩⑧[摩訶薩]이 作是觀時에 即得明了⑨[見]於佛性이니라

선문정로 불타가 말씀하셨다. 선남자들아, 인연이 없으므로 무생無生이라 명칭하며, 무위인 고로 무출無出이라 하고, 조업造業이 없으므로 무작無作이라 이름한다. 망결妄結과 업적業賊을 파괴하였으므로 안온安穩이라 하고, 모든 망결妄結의 업화業火가 영멸한 고로 멸도滅度라 하며, 각관覺觀을 사리捨離하였으므로 열반이라 호칭한다. 궤료憒鬧함을 원리遠離하였으므로 적정寂靜이라 하며, 생사를 영단永斷하였으므로 무병無病이라 하고, 일체가 공무空無하므로 무소유無所有라 하나니, 보살이 이 심관深觀을 작득作得하였을 때 즉시에 불성을 명료明了히 정견하느니라.

현대어역 부처님이 말씀하셨다. 선남자들이여! 인연이 없으므로 생성

과 소멸 없음이라 하고, 인위적 행위가 없으므로 나가고 들어감 없음이라 하며, 업을 짓는 일이 없으므로 지음 없음이라 한다. [다섯 가지의 잘못된 견해에 들어가지 않으므로 안전한 가옥이라 하며, 네 가지의 거센 물의 흐름을 벗어나 있으므로 안전한 삼각주라 부른다.] [중생들을 조어하므로 귀의라 부른다.] 업의 속박을 파괴하므로 편안함이라 부르며, 업의 불길을 꺼버리므로 소멸하여 제도한다고 부른다. 알아차림과 관조를 벗어났으므로 열반이라 부르고, 심란함과 시끄러움을 벗어났으므로 적정이라 부른다. 삶과 죽음을 벗어났으므로 병이 없다고 부르고, 일체가 공하므로 있지 않음이라 부른다. 선남자여! 보살[마하살]이 이렇게 본다면 바로 명료하게 불성을 볼 수 있게 된다.

[해설]　대열반을 생성과 소멸 없음(無生), 나가고 들어감 없음(無出), 지음 없음(無作), 가옥(屋宅), 삼각주(洲), 귀의歸依, 편안함(安隱), 소멸하여 제도함(滅度), 적정寂靜, 병 없음(無病), 있지 않음(無所有) 등으로도 부른다는 『대열반경』의 법문이다.
　①의 '위爲'는 단순 추가, ④와 ⑤의 '고故'는 단순 생략, ⑥의 '위爲'는 '왈曰'의 단순 대체에 해당하며 의미상의 변화는 일어나지 않는다.
　②와 ③에 보이는 바와 같이 '가옥, 삼각주, 귀의'라 부르기도 한다는 내용을 생략하였다. 성철스님은 문장을 인용하면서 자세한 교리적 해설이 필요한 용어가 나오면 이를 생략한다. 설법의 핵심을 흐릴 수 있기 때문이다. 위의 생략된 문장에는 해설이 필요한 부분이 있다. 우선 '다섯 가지의 잘못된 견해에 들어가지 않으므로 안전한 가옥이라 부른다(不入五見, 故名屋宅)'고 했는데, 무엇이 5견인지 설명할 필요가 생긴다. 이에 대해 신견身見, 변견邊見, 사견邪見, 견취견見取見, 계금취견禁戒取見

을 5견이라 한다는 설명을 하자면 다시 그 각각의 내용을 설명해야 하고, 나아가 본혹本惑과 수혹隨惑에 대해 설명해야 한다. 선문에서 교학을 경계하는 이유가 바로 이것이다. 가지와 잎사귀를 하나하나 설하고 이에 따라 학습하다 보면 지금 당장 이 자리에서 불이의 도리에 눈뜨는 일이 불가능해지기 때문이다.

②의 생략된 뒷 부분, 즉 '네 가지의 거센 흐름을 벗어나 있으므로 안전한 삼각주라 부른다(離四瀑水, 故名爲洲)'는 구절 역시 자세한 설명이 필요하기 때문에 생략되었다. 네 가지의 거센 흐름은 욕망의 거센 흐름(欲暴流), 존재성의 거센 흐름(有暴流), 견해의 거센 흐름(見暴流), 무명의 거센 흐름(無明暴流)을 가리키는 것으로서 무명의 다른 이름이다. 이것을 설명하다 보면 각각의 번뇌에 대한 자세한 설명과 번뇌의 전체 지형을 보여주어야 한다. 설법 목적을 벗어나 번뇌에 대한 교학적 논의에 빠질 위험이 있다. 더구나 성철스님은 모든 번뇌망상을 3세로 요약하고, 그것을 다시 근본무명으로 귀납하여 수행의 과제를 분명히 드러내고자 하는 입장이다. 생략의 이유가 되는 것이다.

③과 같이 '중생들을 조어하므로 귀의라 부른다(調衆生故, 故名歸依)'를 생략하였다. 원래 여기에 나열되는 대열반의 다양한 이름들은 모두 한마음도 일어나지 않는 구경무심을 가리키는 용어들이다. 그래서 성철스님 역시 이것들은 "제8아뢰야의 미세망상을 영단하고 구경대무심지에 도달한 심심현경을 표현한 명칭"[119]으로 설명하였던 것이다. 엄밀히 말하자면 중생을 조어하는 일 역시 내면의 번뇌를 내려놓는 일이고, 귀의 역시 둘 아닌 한마음으로 돌아가는 일이다. 역시 구경무심의 범주에 귀속시킬 수 있다는 말이다. 그러나 교학적 차원에서 보자면 '귀의=열반'

---

[119] 퇴옹성철(2015), p.100.

의 논리에는 설명이 필요하다. 중생이 귀의하면 대열반이라 한다는 규정을 중생의 생멸심에 의한 귀의와 혼동할 여지가 있기 때문이다. 오직 부처만을 견성이라 할 수 있다는 설법 취지를 구현하는 데 불필요한 논의를 더해야 하므로 이를 생략한 것이다.

⑦의 '약若'은 '~한다면', '~같은 경우는'의 뜻으로서 가정적 문장을 이끈다. 보살이 이렇게 알아차리고 관조한다면 그때 견성한다는 뜻이다. 성철스님은 여러 문장을 인용하여 보살이 부처의 다른 명칭으로 쓰이는 경우가 있음을 강조한 바 있다. 이 문장 역시 대열반에 다양한 호칭이 있음을 보여주기 위해 인용한 것이다. 그런데 ⑦의 '약若'을 적용하여 '보살이 이렇게 본다면'의 문장이 되면 이 보살은 아직 견성하지 못한 지위에 있게 된다. 교리에 있어서나 설법의 전개에 있어서나 기본적인 문제는 없지만 동일한 장 내에서 보살에 대한 규정이 달라지는 모순이 생긴다. 이것을 생략한 이유로 보인다.

⑧의 '마하살摩訶薩'은 초지에서 10지에 이르는 지상보살을 가리키는 것으로 이해할 수 있으므로 생략한 것이다.

⑨에 생략된 '견見' 자는 편집상의 탈자로 보아야 한다. 성철스님의 번역문에 '즉시에 불성을 명료히 정견하느니라'로 '견見'이 적용되어 있다. 복원해야 한다.

제 5 장

무생법인 無生法忍

제5장
무생법인 無生法忍

1. 무생법인 설법의 맥락

　무생법인은 생멸이 없는 실상의 이치를 믿고 깨달아 물러나지 않는 지혜를 가리킨다. 만사만물은 생성하고 소멸하는 모습으로 나타난다. 그렇지만 그 본질인 불성은 생겨나거나 소멸하는 일이 없다. 이것이 생멸 없는 실상의 이치이다.

　그런데 엄밀하게 말하자면 생멸 없는 무생무멸은 생멸과 불이적 관계에 있다. 생멸하는 현상들과 별개로 무생무멸이라 할 어떤 실체가 따로 있지 않기 때문이다. 이러한 실상의 이치에 눈을 떠 유보 없이 수용하는 것이 무생법인이다. 무생법인의 '인忍' 자는 참고 수용한다는 뜻, 깨닫는다는 뜻, 물러나지 않는다는 뜻을 갖는다.

　그런데 이러한 제법의 실상을 깨달아 수용하는 일이 있으려면 적어도 나라는 주체, 제법의 실상이라는 대상이 따로 있는 차원은 아니라야 한다. 나와 대상을 나누는 분별적 눈으로는 현현된 것의 차별상만을 보기 때문이다. 무엇보다도 무생법인의 차별 없는 평등상을 깨닫기 위해서는 관찰하고 의식하는 주체가 사라져야 한다. 그리하여 생멸 없는 진여의 마음에 계합해야 한다. 무심無心이 되어야 한다.

성철스님은 무생법인의 다양한 설법을 인용하는 대신 바로 무심을 강조하는 문장들을 인용한다. 그리고는 "망념이 멸진하면 이것이 무생이다."라는 말로 이 장의 설법을 끌고 나간다.

여기에도 돈오원각, 구경무심, 실참실오를 강조하는 성철선의 특징이 분명하게 나타난다. 대체적으로 교가의 설에 의하면 무생법인은 초지初地 보살이나 7지, 혹은 8지, 혹은 9지보살이 증득하는 경계이다. 경전에 따라 그 기준이 각기 다른 것이다. 무생법인의 의의는 이를 계기로 뒤로 물러나는 일이 없는 불퇴전의 자리에 들어가게 된다는 데 있다. 그래서 무생법인을 증득한 보살을 아비발치, 즉 불퇴전보살이라 하는 것이다. 특히 대승불교에서는 이처럼 번뇌가 일어나지 않아 오직 중생을 제도하겠다는 발원만 남게 되는 제8지 부동지不動地 보살의 자리가 중요하다. 중생제도를 위해 생멸을 거듭하되 그것에 휩쓸리지 않는 부동의 마음을 성취하는 일이기 때문이다.

그런데 성철스님은 이것을 단 한마디로 정리한다. "경전에서 여러 가지로 무생법인을 설하고 있지만 묘각만이 진무생眞無生"[120]이라는 것이다. 영원한 깨달음을 무생법인으로 규정한 마조스님의 설법이 그 논거가 된다. 마음과 대상경계를 깨달아 망상이 생겨나지 않는 것을 무생법인이라 한다는 마조스님의 설법이 그것이다. 성철스님은 무생법인을 10지를 초월한 구경무심의 증오證悟와 등치하여 설명한다. '한 번 깨달으면 영원히 깨닫는다(一悟永悟)'고 한 마조스님의 깨달음은 구경각 외에 다른 것이 될 수 없으므로 무생법인 또한 구경각의 성취와 다를 수 없

---

[120] 퇴옹성철(2015), p.121.

다는 것이다.

사실 반야나 화엄 등의 경전에 보이는 무생법인에 대한 규정이 틀린 것이라 할 수는 없다. 그런데 선문에서는 그 자세하고 체계적인 설명이 깨달음으로 가는 길을 더디게 한다고 보는 입장을 취한다. 더구나 교가의 논의에 의하면 무생법인은 하품(7지), 중품(8지), 상품(9지)으로 분류된다. 그렇다면 도대체 진짜 무생법인은 무엇인가?

여기에 진무생眞無生만을 인정하는 성철스님식 일도양단법이 제기되는 것이다. 성철스님은 수시로 진짜(眞), 혹은 큼(大) 등의 수식어를 붙여 그 논의를 단순화하는 어법을 구사한다. 이를 통해 상황은 단순해진다. 무심인가 망념인가, 깨달음인가 착각인가, 실제인가 관념인가와 같이 둘 중의 하나가 되기 때문이다. 이것은 선가의 어법이기도 하다. 우리가 수행이나 깨달음을 설명하려는 자세에서 벗어나 스스로의 존재를 바꾸고자 하는 입장이라면 이러한 단순한 자세가 필요하다. 전부 아니면 전무인 자리에 자기의 전 존재를 내거는 것, 이것이 수행자의 자세이기 때문이다.

2. 성철스님 무생법인 설법의 특징

무생법인의 설법은 마조스님의 설법을 인용하는 것으로 시작된다. 마조스님이 내린 가르침의 핵심은 평상심이 도(平常心是道), 이 마음이 바로 부처(此心卽佛), 온 세계가 오직 마음일 뿐(三界唯心)이라는 말에 집중된다. 무수한 현상이 오직 한마음의 일이라면 그것은 또한 생멸의 모양으로 나타난 무생멸이라고 할 수 있다. 개별적 사건은 일어나기도 하고 사라지기도 하는 모양을 취하지만 한마음은 일어난 적도 없고 사라진 적도 없기 때문이다. 바로 그렇기 때문에 모든 수행은 무생의 도리에 계합하는 실천이라야 한다. 이미 갖추어져 있으므로 그것을 바로 알고 안착하면 되는 것이지 일부러 닦아 얻을 것이 아니다. 이러한 입장이므로 마조스님에게 있어서 공을 관하고 선정에 드는 수행 자체가 조작에 해당한다. 그래서 아공我空의 선정에 머무는 성문이나 아공, 법공法空의 도리에 침잠해 있는 보살이 부정된다. 마음 밖에서 따로 법을 구하는 수행 방편을 쓰고 있기 때문이다.

흥미로운 것은 마조스님이 상근기의 중생을 성문이나 보살의 위에 두었다는 것이다. 선지식을 만나 이 마음이 부처이고, 평상심이 부처라는 가르침을 받았다 하자. 성문과 연각과 보살은 각자 그 지향하는 바에 기초하여 가르침을 듣고, 생각하고, 수행한다. 마조스님은 이렇게 분별적 지향을 내려놓지 못하고 마음의 밖에 깨달음을 설정하는 수행자를 둔근아사鈍根阿師라 불렀다. 이에 비해 상근기의 중생은 가르침을 듣는 즉시 불성을 돈오하므로 모든 수행자의 위에 둔 것이다. 상근기는 마음이 이미 갖추어져 있어 생성과 소멸을 벗어난 무생無生의 차원에 있음을 알아 바로 그 본성을 돈오하는 존재라는 것이다.

성철스님 역시 지위론을 벗어나 찰나에 구경무심지에 진입하여 정각을 성취하는 이것을 선문의 특장점으로 강조한다. 그런데 이렇게 단번에 무생의 도리에 계합하는 돈오는 여래의 원각과 같은 것인가, 다른 것인가?

성철스님은 두말없이 조사선의 돈오와 여래선의 원각이 동일하다는 점을 역설한다. 무생법인과 여래청정선은 모두 생멸 없는 실상에 대한 깨달음을 가리키는 말들이라는 것이다. 여래선이라는 용어는 그 함의가 확장되는 역사를 갖는다. 초기에 그것은 불타의 지위에 들어 여래의 성스러운 지혜를 직접 깨닫는 일을 가리켰다. 『능가경』에서는 선을 실천하는 입장에 따라 우부소행선愚夫所行禪, 관찰의선觀察義禪, 반연여선攀緣如禪, 여래선으로 나누었다. 이것은 수행의 단계이기도 하다. 이 경우 여래선은 제반 단계를 이력하거나 방황하다가 도달하게 되는 궁극의 도달처가 된다. '자아의 실체 없음(우부소행선)→대상세계의 실체 없음(관찰의선)→실체가 없다는 깨달음조차 실체 없음(반연여선)'의 단계를 거쳐 여래의 지혜를 증오하는 여래선의 구경처에 이른다는 것이다.

이후 여래선은 깨달음에 대한 다양한 내용들을 담는 그릇이 된다. 그리고 그것은 이 마음이 바로 청정한 부처(卽心卽佛)임을 역설하는 마조스님, 황벽스님의 설법에 이르러 절정에 달한다. 성철스님이 인용한 마조스님, 황벽스님의 제 언설이 이에 속한다. 여래선은 "마음이 이대로 부처임을 바로 가리켜 보이나니 등각, 묘각을 단번에 뛰어넘어 결정코 제2념第二念에 떨어지지 않는다."[121]라는 황벽스님의 설법 등이 그렇다.

재미있는 것은 마조스님이나 황벽스님의 홍주종을 계승한 앙산스님이 여래선을 뛰어넘는 조사선을 제시한 것처럼 보이는 말을 했다는 점이다. 성철스님도 자세하게 기술하고 있는 것처럼 향엄스님의 깨달은 경지를 앙산스님이 듣고 "여래선은 알았지만 조사선은 꿈에도 보지 못했다."고 말한다. 이것은 수행자들에게 하나의 공안이 되어 있는 사건이다. 이 사건 이후 여래선은 점漸이고 조사선은 돈頓이라거니, 여래선은 언어문자의 차원에 있고 조사선은 언어도단의 차원에 있느니 하는 다양한 설명들이 나오게 된다.

그런데 『선문정로』에 인용된 바와 같이 6조스님은 "온 곳 없고, 가는 곳 없으며, 생성도 없고 소멸도 없는 이것이 여래청정선"이라고 했다. 언

---

[121] 퇴옹성철(2015), p.109.

어문자는 물론 돈점조차 세울 자리가 없는 것이 여래선이라는 말이다. 조사선과 여래선을 차별적으로 이해하고자 하는 모든 시도가 헛된 것임을 알 수 있다.

생각해 보면 조사선을 내세웠을 때는 어떤 현실적 요구가 있었을 것이다. 요컨대 조사선의 제시는 우는 아이 달래려고 누런 나뭇잎을 황금 대신 흔들어 보여준 일에 해당한다. 그래서 성철스님은 "여래선 밖에 조사선을 따로 세워 고하심천을 논하는 것은 참으로 어리석은 일"이라고 단언한다. 그리하여 이에 대한 허다한 논의들을 단칼에 잘라내 버린다. 그것은 무생법인의 복잡하고 뒤얽힌 논의들을 진무생, 진무심으로 정리하여 공부의 방향을 뚜렷이 한 일과 일맥상통한다. 무생법인을 세분하고 여래선과 조사선을 분별하는 일체의 논설들을 일도양단하여 오직 생멸 없는 실상에 바로 안착하도록 이끌고자 하는 것이 성철스님의 설법 의도인 것이다.

3. 문장 인용의 특징

【5-1】 聲聞은 不知聖心이니 ①[本無地位因果階級, 心量妄想, 脩因證果,] 住於空定이요 ②[八萬劫二萬劫, 雖卽已悟, 悟已却迷.] 諸菩薩은 ③[觀如地獄苦,] 沈空滯寂하야 不見佛性이라 若是上根衆生이면 忽④[爾]遇善知識指示하야 言下에 領會하야 更不歷⑤[於]階級地位하고 頓悟本性이니라

선문정로 성문聲聞은 불타의 성심聖心을 모르니 공정空定(人空)에 주착

住著하여 있고, 모든 보살은 공空(人空)에 침잠沈潛하고 적적(法空)에 체류滯留하여 불성을 보지 못한다. 만약에 상근중생上根衆生이면 홀연히 선지식의 지시를 받아서 언하言下에 요연了然히 영회領會하여 ⑤[다시는 계급과 지위를 거치지 않고] 본성을 돈오하느니라.

현대어역 성문은 성스러운 마음에 [본래 지위나 인과나 계급이 없음을 모르고 마음으로 헤아리고 망상으로 생각하여 원인을 닦아 깨달음이라는 결과를 증득하고자] 모든 집착을 내려놓은 선정에 머문다. [이렇게 8만 겁, 2만 겁을 머물며, 비록 깨달았지만 깨달은 뒤 다시 미혹하게 된다.] 모든 보살은 [지옥의 고통을 관하므로] 공에 빠지고 고요함에 걸려 불성을 보지 못한다. 상근기의 중생은 문득 선지식의 가르침을 받게 되면 말끝에 깨달아 다시 계급과 지위를 거치지 않고 본성을 단번에 깨닫는다.

[해설] 『마조어록』에서 가져온 문장이다. 성문은 공을 하나의 지향점으로 생각하므로 그것에 집착하여 불성을 보지 못한다. 보살 또한 중생들의 구원이라는 지향이 있다. 이에 비해 상근기 중생은 선지식의 가르침을 듣는 순간 지위 계급을 거치지 않고 바로 본성을 깨닫는다는 것이다. 자성이 본래 완전히 갖추어져 있으므로 선악의 양변에 걸리지만 말라, 전체 이대로 성인의 마음이므로 수행에 기댈 것 없이 이 마음만 바로 보라는 것이 여기에 인용한 마조스님 법문의 주제이다.

이 중 ①과 같이 '본래 지위나 인과나 계급이 없다(本無地位因果階級)'는 구절이 생략되었다. 이 구절은 일체 만법이 생기지 않는 무생법인의 도리와 그것을 단박에 깨닫는 돈오의 원리를 설파하는 데 있어서 효과적이다. 그런데 왜 이것을 생략한 것일까? 이 효과적인 구절의 생략에는 두 가지 이유가 발견된다. 원래 이것은 '성문은 성스러운 마음을 모른다(聲聞不知聖心)'는 앞 구절에 대한 설명에 해당한다. 이미 지위와 인과와 계급이 없음을 특징으로 하는 성스러운 마음(聖心)을 제시했으므로 생략해도 무방하다고 보았을 수 있다. 다음으로 중복을 피하고자 한 의도도 발견된다. 인용문의 말미에 '다시 계급과 지위를 거치지 않고(更不歷於階級地位)' 본성을 돈오한다는 구절이 있다. 두 구절이 의미상 중복되므로 이를 생략함으로써 단순 명료한 의미 전달이 이루어지도록 한 것이다.

다음으로 ①의 뒷 구절 '마음으로 헤아리고 망상으로 생각하여 원인(因)을 닦아 깨달음이라는 결과(果)를 증득하고자 한다(心量妄想, 修因證果)'는 구절을 생략하였다. 성문은 이 작용 전체가 생멸 없는 이치의 드러남이자 성스러운 마음(聖心)의 작용임을 모른다. 그래서 수행을 통해 깨달음을 얻고자 한다. 마조스님의 돈오문은 공에 집착하는 성문의 이러한 조작적 수행을 반대하는 입장에 있다. 이에 비해 성철스님은 돈오를 주장한다는 점에 있어서 마조스님과 다를 바 없지만, 구경각에 이르기 위해 부단히 수행할 것을 권면하는 입장[122]이다.

그렇다면 성철스님의 입장은 마조스님과 상호 충돌하는가? 그렇지 않다. 화두참구라는 무심의 실천을 핵심으로 하는 간화선의 특징으로 인해 그 모순이 해소되기 때문이다. 그럼에도 수행을 통해 깨달음을 얻고자 하는 것이 망상이라는 구절은 추가적 해설을 필요로 하는 불편한

---

[122] 그것은 성철스님이 간화선을 제창하는 선사였기 때문이라 이해된다. 간화선의 수행에 있어서 부단한 노력은 깨달음의 기본조건이 된다. 성철스님은 자신의 간화선 체험에 바탕하여 이렇게 말한다. "보잘것없는 견해로 괜한 오기 부리지 말고 열심히 공부해 6추뿐 아니라 3세의 미세망상까지 완전히 떨치고 오매일여, 숙면일여의 경계를 넘어서야 할 것이다. 그것이 바로 견성이다." 퇴옹성철(2015), p.74 참조.

내용을 담고 있다. 심층적으로 마조스님에게 동의한다 해도 독자들이 이 인용문을 보고 수행을 하지 않아도 된다는 잘못된 이해에 도달하지 않도록 차단할 필요가 있었다는 말이다.

『선문정로』의 설법 의도는 지해적 차원의 눈뜸을 깨달음으로 자처하며 수행의 고삐를 늦추는 수행자들의 폐단을 바로잡고자 하는 데 있다. 그러므로 이 구절을 아예 생략하여 처음부터 오해의 소지를 차단하고자 하였던 것으로 보인다. 실제로 마조스님도 이 점을 우려하여 "닦지 않으면 범부와 같다."[123]고 경고하였다. 해당 구절의 생략에는 이러한 고려가 담겨 있는 것으로 보인다.

②의 '이렇게 8만 겁, 2만 겁을 머물며, 비록 깨달았지만 깨달은 뒤 다시 미혹하게 된다(八萬劫二萬劫, 雖卽已悟, 悟已却迷)'가 생략되었다. '8만 겁, 2만 겁'은 성문이 공의 선정을 통해 수다원, 사다함, 아나함, 아라한의 깨달음을 증득한 뒤, 다시 대승의 견성에 이르기까지 경과해야 하는 시간이다. 즉 최초의 불과인 수다원에서 대승적 견성에 들어가려면 8만 겁이 필요하고, 사다함에서는 6만 겁, 아나함에서는 4만 겁, 아라한에서는 2만 겁의 시간이 필요하다는 것이다. 이것은 공의 선정에 머무는 일의 비효율성을 강조하는 말로서, 앞의 머문다(住)는 글자에 그 내용이 압축되어 있다. 구체적인 시간을 언급하지 않아도 되는 것이다.

나아가 생략된 구절은 교학적 설명을 필요로 하는 부분이 있다. 최소한 왜 8만 겁이고, 왜 2만 겁인지에 대한 설명이 있어야 한다. 그 번다함으로 인해 인용의 취지가 흐려질 수 있다. 이를 생략한 이유에 해당한다. 더구나 해당 구절은 수다원→사다함→아나함→아라한의 점차적 지위의 승급을 전제로 한다. 성철스님은 이러한 지위를 뛰어넘어 단

---

[123] 『馬祖道一禪師廣錄』(X69, p.2c), "若言不修, 卽同凡夫."

박에 완전한 견성의 자리에 이르는 돈오원각론을 제창하는 입장에 있었으므로 이 구절을 생략한 것이다.

②의 뒷부분, 즉 성문은 '비록 깨달았지만 깨달은 뒤 다시 미혹하게 된다(雖卽已悟, 悟已却迷)'는 구절의 생략을 보자. 마조스님이 지적하는 성문의 한계는 조작적 수행을 통해 깨달음을 성취하고자 하는 데 있다. 이렇게 없는 것을 성취하는 깨달음이라면 그것은 나중에 다시 사라질 수도 있다. 이에 비해 성철스님은 여래의 원각이라야 진정한 깨달음이라는 돈오원각론을 주장하는 입장에 있다. 한 번 깨달으면 영원히 깨닫는 것이므로 다시 미혹해지는 일이 없으며, 미혹이 남아 있다면 그것을 깨달음이라 할 수 없다는 것이다. 그러므로 다시 미혹해질 수도 있는 성문의 경계를 깨달음(悟)이라는 용어로 표현한다는 것은 곤란하다. 이 구절을 생략한 이유에 해당한다.

③에서는 '지옥의 고통과 같은 것으로 본다(觀如地獄苦)'는 구절을 생략하였다. 이 구절은 두 가지 해석이 가능하다. 첫째, 보살이 성문의 길을 비판적으로 본다는 뜻으로 해석할 수 있다. 보살들은 이 성문을 지옥의 고통과 같이 여기는데, 성문이 공에 빠지고 고요함에 걸려 불성을 보지 못하기 때문이라고 해석하는 것[124]이다. 둘째, 보살이 공적에 집착하고 있다는 뜻으로 해석할 수 있다. 여러 보살들은 지옥의 고통을 보면서, 이를 벗어나고자 공적을 추구하다가 공에 빠지고 고요함에 걸리게 된다(沈空滯寂)고 해석하는 것[125]이다. 성철스님의 번역은 두 번째 경우에 해당한다. 문장의 구조, 문맥, 교리 등의 각 측면에 있어서 공히 두 가지 해석이 가능하다. 일반적으로 공에 빠지고 고요함에 걸리는 일

---

[124] 김태완, 『마조어록』, 서울 : 침묵의 향기, 2000. p.68.
[125] 백련선서간행회, 『마조록·백장록』, 서울 : 장경각, 1989. p.26.

을 성문과 연각의 문제[126]로 보기도 하고, 7지보살, 혹은 8지보살의 문제[127]로 규정하기도 하기 때문이다.

성철스님은 보살의 침공체적설에 근거하여 보살이 성문과 마찬가지로 견성하지 못하였음을 드러내고자 한다. 두 가지의 해석 중 보살의 한계성을 지적하는 쪽으로 번역 및 해석의 방향을 맞춘 것이다. 나아가 이러한 해석의 분기가 가능한 원문을 아예 생략함으로써 불필요한 논의에 빠지는 일을 사전에 차단하고자 하였던 것으로 보인다.

④와 같이 '이爾' 자가 생략되었다. '홀이忽爾'는 '홀연히'라는 뜻으로서 '이爾'를 생략해도 뜻에는 변함이 없다. 구어체를 문어체로 바꾸고자 한 의도적 생략이다.

⑤의 번역문이 누락되어 있다. 초판본의 교정본에 교정 지시가 되어 있는 것을 1993년 본이나 2015년 본에서 반영하지 않았다. 추가되어야 한다.

【5-2-①】 悟則①[卽]悟自家本性이니 一悟하면 永悟하야 不復更迷니라 如日出時에 不合於冥하야 智慧日出하면 不與煩惱暗으로 俱하고 了心及境②[界]하야 妄想이 ③[卽]不生하느니라 妄想이 旣不生하니 卽是無生法忍이라 本有今有라 不假修道坐禪이니 不修不④生[坐]이 卽是如來淸淨禪이니라

---

[126] 『楞嚴經指掌疏』(X16, p.282a), "今於四空天中, 以窮空力漸斷三十六思, 證我空理, 成阿羅漢, 而名不迴心者."
[127] 7지 만심과 8지 초심이 겹치는 관계에 있으므로 두 가지 관점이 있게 된다. 침공체적의 내용은 다음을 참조. 『大智度初品中十方菩薩來釋論』(X25, p.127b), "如七住菩薩, 觀諸法空無所有, 不生不滅. 如是觀已, 於一切世界中心不著, 欲放捨六波羅蜜入涅槃."

선문정로 오悟라 함은 자가自家의 본성을 철오徹悟함이니 한 번 오달悟達하면 영원히 요오了悟하여 다시는 미혹하지 않는다. 백일白日이 출현한 때에 명암明暗의 상합相合하지 않음과 같아서, 지혜의 일광日光이 출현하면 번뇌의 암운暗雲이 소멸되고 내심內心과 외경外境을 요망了亡하여 망상이 생기生起하지 않으니⑤[않는다. 이미 망상이 생기하지 않으니] 이것이 곧 무생법인無生法忍이라, 본래부터 있는 것을 지금 갖는 것이다. 수도와 좌선을 가차假借할 것 없이 수치修治하지도 않고 생기生起하지도 않으니 즉시 여래의 청정선淸淨禪이다.

현대어역 깨닫는다는 것은 [바로] 자기의 본성을 깨닫는 것이다. 한 번 깨달으면 영원히 깨달아 다시 미혹할 일이 없다. 마치 태양이 뜨면 어두움에 빠지지 않는 일과 같다. 지혜의 태양이 떠오르면 번뇌의 어두움과 함께 할 일이 없다. 마음과 대상세계를 깨달아 [바로] 망상이 생겨나지 않게 된다. 망상이 생겨나지 않으면 그것이 바로 무생법인으로서 본래 있었던 것이고 지금도 있는 것이라 수도와 좌선을 빌릴 일이 없다. 수행도 없고 망상의 생성[좌선]도 없는 이것이 바로 여래청정선이다.

[해설] 깨달음은 본래 갖추고 있는 자신의 본성을 깨닫는 것이므로, 한 번 깨닫기만 하면 다시 잃어버릴 일이 없다. 그러므로 깨달으면 바로 망상이 없는 무심에 이르게 되며 이를 무생법인이라 한다. 또한 이것은 수도와 좌선에 기댈 필요도 없다는 의미에서 여래청정선이라 한다. 이것이 마조스님의 설법이 전하고자 하는 바이다.

성철스님은 시종일관 선문의 돈오견성과 여래의 원각이 동일한 것이라는 주장을 펼친다. 여기에서 마조스님의 설법에 근거하여 무생법인과 여래청정선을 함께 논한 것은 마조스님이야말로 선문의 대표라 할 수 있기 때문이다. 마조스님은 평상심이 도라 하고, 또 자기 마음이 바로 도라 하며, 이것을 지금 여기 완전히 갖추고 있는 것이므로 닦을 필요조차 없다고 단언한다. 그런데 마조스님의 이러한 가르침에는 원리적 차원에서의 깨달음과 실제적 깨달음이 뒤섞여 있다. 어쩌면 이로 인해 지해적 차원의 경계 체험을 깨달음으로 자처하는 병폐가 나타날 수도 있다.

성철스님은 이 점을 주목하며 마조스님이 설한 돈오로서의 깨달음과 여래의 원각이 완전히 같은 것임을 힘써 강조하고자 한다. 망상이 멸진하는 일과 무생을 철증하는 일은 동일한 일[128]로서, 이를 여래청정선이라 한다는 것이다. 인용문은 이러한 설법 취지에 가장 부합하는 설법일 수 있다. 마조스님 스스로 자신의 선이 여래선임을 밝히고 있기 때문이다.

①에 '즉卽'→'즉則'으로의 대체가 보인다. 모두 '~하면 곧'이라는 조건절을 이끄는 글자로 통용되는 관계에 있다.

②의 '경계境界'에서 '계界' 자가 생략되었다. 경계境界나 경境은 모두 마음의 상대가 되는 외적 경계를 드러내는 말이므로 의미상의 차이는 없다.

③의 '즉卽'은 단순 생략이다. '곧', '바로(卽)'는 '~이다(是)'를 강조하는 부사어로서 이를 생략해도 뜻에는 변함이 없다.

④에 '좌坐'→'생生'의 대체가 발견된다. 이 글자는 형태상의 유사성으로 인해 집필 시 잘못 필사한 것일 수[129] 있다. 그런데 성철스님은 이렇게 변

---

128 성철스님에게 무생은 망념의 멸진과 같은 것이다. 그래서 망념이 멸진하면 이것이 무생이다, 일체 망상이 소진한 무생, 무여열반이 곧 견성이라고 거듭 강조한다. 이에 대해서는 퇴옹성철(2015), pp.125-126 참조.
129 동일한 문장이 『백일법문』에도 나타나는데, 불수불좌不修不坐의 원문이 그대로 인용되어 있다. 이 점을 고려하면 우연한 오기에 가깝다고 볼 수 있다. 그런데 『백일법문』에서도 성철스님은 불수불좌不修不坐를 수행의 필요성을 부정하는 말

형된 텍스트에 기초하여 설법을 전개한다. 무엇보다도 대체된 '생生' 자를 적용하여 번역문을 제시한다. 그래서 '수행할 일도 없고, 좌선할 일도 없는 것(不修不坐)이 여래의 청정선'이라는 문장이 '수치修治하지도 않고 생기生起하지도 않으니(不修不生) 즉시 여래의 청정선'이라는 문장으로 바뀐다. '생기하지 않는다(不生)'는 것은 망상이 일어나지 않는다는 뜻이다.

성철스님은 이를 통해 '닦을 일이 없다(不修)'는 말의 뜻을 분명히 하고자 한다. 즉 닦을 일이 없는 것(不修)은 망상이 일어나지 않기(不生) 때문이라는 것이다. 요컨대 불생不生이 아니라면 불수不修를 말해서는 안 되고, 불수不修가 아니라면 불생不生이 아니므로 진짜 무생법인이 아닌 것이다. 결과적으로 수행하지 않으면서 깨달음을 운운하는 경향에 대한 비판, 깨달았다고 하면서 여전히 수행을 필요로 하는 사람들에 대한 비판을 동시에 진행하는 효과를 거두게 된다. 이런 점을 고려하여 '좌坐'→'생生'의 대체가 이루어졌다고 이해되는 것이다. 특히 이 장의 설법 주제인 무생법인의 도리를 설하는 데 있어서 이러한 대체는 극히 효과적이라 할 수 있다.

⑤와 같이 번역이 누락되었다. 초판본에 교정 지시가 있었으나 적용되지 않고 2015년 본까지 내려온 것이 확인된다. 지시된 바와 같이 추가하여야 한다.

【5-2-②】 未審師所說法은 如何오 師曰 ①[道由心悟, 豈在坐也.] ②[經云, 若言如來若坐若臥, 是行邪道. 何故, 無所從來, 亦無所去,] 無生無滅이 是如來淸淨禪이니라

로 이해하지 않는다. 오히려 이미 구경각을 성취했으므로 다시 닦을 일이 없다는 말로 해석한다. 퇴옹성철(2015), p.107 및 『백일법문』(2014), pp.195-197 참조.

선문정로 아지못케라. 스님의 설법하신 바는 어떠합니까? 6조六祖 말씀하시되, 생도 없고 멸도 없음이 여래의 청정선清淨禪이니라.

현대어역 스님의 설법은 어떠하신지 알고 싶습니다. 스님이 말씀하셨다. [도는 마음으로 깨닫는 것이지 어떻게 좌선하는 일에 있겠는가? 경전에 '만약 여래가 앉았다거나 누웠다거나 말을 한다면 그것은 삿된 도를 행하는 것'이라고 했다. 왜 그런가 하면 오는 곳도 없고 가는 곳도 없기 때문이다.] 생성도 없고 소멸도 없는 것이 바로 여래청정선이다.

[해설] 6조스님이 직접 자기 가르침의 핵심이 여래청정선에 있다고 설하는 내용이다. 좌선이라는 특별한 모습이 깨달음이라는 결과를 낳는 것이 아니다. 깨달음은 생멸을 떠난 불이중도의 체화 그 자체라 할 수는 있어도 좌선을 인연으로 하여 증득하는 결과가 아니라는 것이다.

『육조단경』의 이 문장을 인용한 것은 마조스님과 6조스님의 여래청정선에 대한 규정이 서로 다르지 않음을 보여주기 위한 것이다. 나아가 앞에서 살펴본 바, '불좌不坐'를 '불생不生'으로 대체한 근거를 제시하는 일이기도 한다. 6조스님은 이 설법에서 좌선이라는 특별한 모양에 집중하는 대중들의 선입견을 교정한다. 진정한 깨달음의 수행, 즉 여래청정선은 생멸 없음(無生無滅)을 특징으로 하는 것이지 앉는 일(坐)에 있지 않다는 설명이다. 이를 통해 불좌不坐와 불생不生은 동일한 내용의 다른 표현이 되는 것이다.

인용문 중 ①과 같이 '도는 마음으로 깨닫는 것이지 어떻게 좌선하는 일에 있겠는가(道由心悟, 豈在坐也)'는 문장이 생략되었다. 6조스님에게 수행은 가고 옴이나 생성과 소멸의 상대적 차원이 일어나지 않는 불이 중도의 실천이다. 그것은 앉거나 눕는 모양과 상관이 없는 일로서 오로지 지금 이 마음을 밝게 깨닫는 실천으로 관철되어야 하는 일이다. 그런 점에서 좌선을 원인으로 하여 깨달음을 얻는다는 생각은 착각이다.

다만 깨달음이 좌선하는 일에 있지 않다고 말했다 해서 이것을 좌선하지 말라는 뜻으로 이해해서는 곤란하다. 선사들의 설법은 눈앞에 있는 청법자의 생각과 관념을 공략하는 데 집중된다. 6조스님 당시 선문의 수행자들은 좌선에 특별한 의미를 부여하고 있었다. 신수스님식 장좌불와가 수행의 전형으로 이해되던 상황이었다. 이에 6조스님은 좌선이 아니라 깨달음이고, 모양이 아니라 마음이라고 설하였던 것이다.

반면 성철스님은 동시대 선문의 수행자들이 제대로 닦아보지도 않고 깨달음을 자처하는 것이 문제[130]라고 보는 입장에 있었다. 사실 이러한 풍조는 좌선 수행에 핵심이 있지 않다는 6조스님이나 마조스님의 가르침을 오해한 결과이다. 그래서 성철스님은 진지한 좌선 수행을 제안하는 차원에서 좌선에 대한 집착을 내려놓으라는 문장을 생략한 것이다.

다음으로 여래의 중도성을 말하는 ②의 구절이 생략되었다. "경전에 '만약 여래가 앉았다거나 누웠다거나 말을 한다면 그것은 삿된 도를 행하는 것'이라고 했다. 왜 그런가 하면 오는 곳이 없고 가는 곳도 없기 때문이다."는 내용이다. 이것은 바로 뒤의 '생성도 없고 소멸도 없다(無生無滅)'는 구절로 재요약된다. 불경에서는 말과 생각을 떠난 불이중도의 진리를 직관하도록 돕기 위해 반복하여 거듭 설하는 방식을 자주 취한다. 이를 통해 언어도단의 메시지를 전달하고자 하는 것이다.

성철스님은 이렇게 반복되는 구절을 만나면 대부분 하나의 핵심 구

---

130 동정일여, 몽중일여도 안 된 것이야 말해 무엇하겠는가? 그러고도 견성이니 깨달음이니 한다면 그건 차라리 외도라고 해야 하지 않을까? 퇴옹성철(2015), p.74.

절만 남기고 모두 생략한다. 성철스님에게는 불법을 보다 명료하게 드러내기 위한 현대적 어법에 대한 모색의 흔적이 뚜렷이 발견된다. 중복되는 구절을 생략하여 핵심 내용을 드러내기 위한 이러한 생략도 그 모색의 일환에 해당한다.

【5-3】 入佛地①位하야 ②[住]自③[地]證④聖智를 ⑤[三種樂,] ⑥[爲諸衆生, 作不思議事,] ⑦[是] 名⑧[諸]如來禪이니라

선문정로 불타의 지위地位에 돈입頓入하여 여래의 성지聖智를 자증自證함을 여래청정선如來淸淨禪이라 한다.

현대어역 부처의 지위에 진입하여 스스로 증득한 성인의 지혜와 [그 세 가지 즐거움에 머물면서] [모든 중생들을 위하여 생각으로 헤아릴 수 없는 일들을 하는 것을] [모든] 여래선이라고 부른다.

[해설] 불타의 지위에 들어가 여래의 성지를 자증하는 일을 여래선이라 한다는 뜻이다. 『능가경』의 여래선에 대한 문장을 인용한 것이다. 원래 『능가경』은 구나발타라가 처음 번역하고(宋譯), 보리유지가 재번역하였으며(魏譯), 실차난타가 마지막으로 번역하였다(唐譯). 이를 초역, 재역, 후역으로 구분하여 말하기도 한다.

성철스님은 이 중에서 실차난타의 번역을 인용하고 있다. 그런데 성철스님은 위에 표시된 바와 같이 기존의 문장에서 부분적 글자만을 따서 거의 새로운 문장을 구성하고 있다.

①의 '위位' 자는 단순한 추가에 해당한다. 불지佛地나 불지위佛地位나 의미상의 차이가 없기 때문이다. 다만 이를 통해 한문 문장의 형태적

완결성을 기하고자 한 것은 분명하다. 이에 대한 번역을 보면 송역宋譯에서는 '여래지에 들어감(入如來地)', 위역魏譯에서는 '실상 그대로 여래지에 들어감(如實入如來地)', 당역唐譯에서는 '불지에 들어감(入佛地)'으로 다르게 나타난다. 성철스님은 마조의 여래선이 구경불지임을 밝히기 위해 불지와 여래선을 함께 말한 당역唐譯을 채택하였다.

나아가 성철스님은 '불지에 들어감(入)'을 '불타의 지위에 돈입頓入함'으로 번역하였다. '들어감(入)'을 '단번에 들어감(頓入)'으로 번역한 것은 『능가경』에서 말하는 네 가지의 선이 점차적 지위 관계[131]로 서술될 수 있으므로 이를 차단하고자 한 것이다. 즉 『능가경』의 여래선에 대한 규정을 수용하면서도 그것을 위계 관계로 설명하는 교학적 맥락을 끊어 선문의 입장을 뚜렷이 드러내고자 한 것이다.

②~⑤에서는 생략(住, 地, 三種樂)과 추가(聖)를 통해 '스스로 증득한 성인의 지혜와 그 세 가지 즐거움에 머문다(住自地證智三種樂)'는 구절을 '여래의 성지를 자증한다(自證聖智)'는 뜻으로 바꾸었다. 세 가지 즐거움은 성지상(聖智相), 즉 여래의 특징인 법신, 반야, 해탈을 뜻한다. 그것은 스스로 갖추고 있는 것을 깨닫는 것이므로 송역에서는 '스스로 깨닫는 성지상(自覺聖智相)', 위역에서는 '스스로 갖춘 성지상(內身聖智相)'으로 번역하기도 한다. 그런데 이것이 성철스님이 강조하고자 하는 '견성=구경각=여래청정선'의 설법을 전개하는 데 도움이 되지 않으므로 생략한 것이다. '깨달은 지혜(證智)'에 '성聖'을 추가하여 '성인의 지혜를 깨달음'으로 바꾼 것은 내용적 축약을 위한 조치이다. 법신, 반야, 해탈(聖智相)을 성인의 지혜(聖智)로 묶어서 말할 수 있다고 보았기 때문이다.

---

131 범부소행선凡夫所行禪, 관찰의선觀察義禪, 반연진여선攀緣眞如禪, 제여래선諸如來禪으로 제시된 바, 보다 고차원의 수행 경계로 나아가는 데 있어서 앞의 차원은 그 뒤의 차원에서 볼 때 극복과 계승의 관계로 서술되고 있다.

⑥에 생략된 '모든 중생들을 위하여 생각으로 헤아릴 수 없는 일들을 한다(爲諸衆生, 作不思議事)'는 구절은 상구보리와 짝이 되는 하화중생을 가리키는 말로서 성불에 대한 전형적 표현이 된다. 이를 생략한 것은 깨달음이 곧 중생제도이지, 중생제도가 따로 있지 않다는 일관된 뜻[132]을 밝히기 위해서이다.

⑦의 '이것을 ~라 한다'는 문구를 구성하는 '시是' 자가 생략되었는데 단순 생략이며 의미상의 변화는 없다.

⑧에서는 '제諸' 자를 생략하여 '모든 여래선(諸如來禪)'을 '여래선如來禪'으로 바꾸었다. 『능가경』에서는 여래선에 대해 여래선, 관찰여래선, 여래청정선, 제여래선 등의 다양한 명칭으로 표현하고 있다. 요컨대 '모든 여래선'은 '여래선'과 동의어이다. 다만 이 '제諸'의 생략에는 청법자의 오해를 사전에 차단하기 위한 고려가 발견된다. '모든(諸) 여래선'이라 했을 때 여래, 혹은 여래선에 여러 가지가 있는 것이 아닐까 하는 분별에 빠질 수 있기 때문이다. 분명 여래는 여럿이 있을 수 있다. 그러나 여래는 둘 아닌 중도의 다른 표현이다. 표현이 달라져서 무수한 여래가 있다 할지라도 이 다양한 형상이 본래 여여하여 둘이 아님을 보는 것이 여래선이다. 나아가 불지의 구경성을 강조하는 데 있어서 '제諸'를 생략하여 표현을 단순화하고자 하였던 것으로 이해된다.

【5-4-①】 問하되 如今說此土에 有禪이라하니 如何오 師云不動不禪이 是如來禪이니 離生禪想이니라

---

132 성철스님은 부처님의 중생에 대한 최대 공헌으로 불성의 발견을 든다. 불성의 존재와 그 개발의 방법을 선시宣示하지 아니하였으면 중생은 영원히 중생으로서 고해를 벗어나지 못했을 것이라고 보았다. 그런 점에서 각자 불성을 보는 견성의 실천이 바로 중생제도이다. 이에 대해서는 퇴옹성철(2015), pp.62-63 참조.

선문정로 문問, 지금 차토此土에 선禪이 있다 하니 여하如何오. 사운師云, 부동不動하며 불선不禪함이 즉시 여래선이니 선상禪想이 생기生起함을 이탈하니라.

현대어역 질문 : "지금 이 땅에 선禪이 있다고 하는데 어떤 것입니까?" 스님의 답변 : "움직이지도 않고 참선도 하지 않는 것이 여래선으로서 참선을 한다는 생각이 일어나는 것조차 벗어나 있다."

[해설] 백장스님의 설법에서 인용한 문장이다. 백장스님에 의하면 본래 여여한 자리에 돌아가 선을 닦는다는 생각조차 일으키지 않는 것이 진정한 여래선이다. 백장스님은 중생의 심성이 본래 원만하므로 조작을 가하지 않는 것을 수행의 첫째가는 미덕으로 삼았다. 이에 의하면 참선을 한다는 생각조차 조작에 속한다.

그래서 유정에는 불성이 없고 무정에는 불성이 있다는 충격적인 선언까지 한다. 물론 여기에서 말하는 무정불성은 나무나 돌이나 허공과 같은 것이 스스로 불성을 갖추었다는 뜻은 아니다. 일체의 현상에 대해 취사심을 내지 않고, 취사심을 내지 않는다는 생각조차 없어 마음에 묶이는 일이 없다면 그것이 무정이다. 나아가 취사심이 아예 없는 궁극의 자리를 만났다면 그것이 바로 여래의 마음이라는 것이다. 구경무심으로서의 여래심에 계합하는 것이 구경원각이다. 성철스님은 이를 논거로 "마조, 백장, 황벽 때까지의 스님들은 여래선이란 명칭만 거론했지 조사선이란 말은 사용하지 않으셨다."[133]는 점을 강조한다. 이를 통해 조사선과 여래선을 분별하거나 조사선을 여래선의 위에 놓으려는 이

---

133 퇴옹·성철(2015), p.111.

해 방식을 차단한다.

【5-4-②】 夫學道者는 先須併却雜學諸緣하고 決定不求하며 決定不著하야 聞甚深法하되 恰似 清風이 屆耳하야 瞥然而過하고 更不追尋이니 是爲甚深入如來禪하야 離生禪想이니라 從上①諸祖師는 唯傳一心하고 更無二法하야 指心是佛하나니 頓超等妙二覺之表하야 決定不流至第二念이니라

선문정로 대저 학도學道하는 자는 우선에 반드시 잡학雜學과 제연諸緣을 병각倂却하고 결정코 일체불구一切不求하며 일체불착一切不著하여 심심묘법甚深妙法을 청문聽聞하되 청풍清風이 계이屆耳함과 흡사하야 별연瞥然히 지나치고 다시는 추심追尋하지 않나니, 이것이 심심甚深히 여래선에 득입得入함이 되어서 선상禪想이 생기함을 이탈함이니라. 종상從上의 제조사諸祖師는 오직 일심법만 전하고 다시 이법二法이 없어서 즉심卽心이 시불是佛임을 직지直指하나니, 등묘이각等妙二覺의 표表를 돈초頓超하여 결정코 제이념第二念에 유락流落하지 않느니라.

현대어역 도를 공부하는 사람이라면 무엇보다 먼저 잡다한 배움과 여러 인연들을 모두 내려놓아야 한다. 절대로 구하는 것이 없고 절대로 집착하는 일이 없어야 한다. 극히 심오한 법을 들어도 마치 바람이 귀를 스쳐 지나가는 것처럼 여겨 추구하거나 찾는 일이 없어야 한다. 이것이 극히 심오한 여래선에 들어가는 일로서 참선을 한다는 생각조차 일어나지 않는다. 예로부터 조사들은 오직 한마음만 전하였다. 또한 어떤 특별한 법이 있지 않아 마음이 곧 부처임을 가리켜 보일 뿐이었다. 등각이니 묘각이니 하는 틀을 단번에 벗어나 절대로

두 번째 생각에 떨어지지 않았다.

[해설] 황벽스님의 법문에서 가져온 문장이다. 황벽스님은 스승인 마조스님의 즉심즉불 사상을 그대로 계승하여 마음이 곧 부처임을 주장했다. 마음이 곧 부처이므로 이것을 내려놓고 따로 부처를 찾거나 구해서는 안 된다는 것이었다. 마음으로 마음을 구하고, 스스로가 부처이면서 부처를 찾는 그 자체가 장애가 된다는 것은 분명하다. 그래서 황벽스님은 부처를 추구하는 마음조차 내려놓는 무심의 실천을 강조하였다. 무심일 수만 있다면 그것이 곧 구경각이지 따로 수행을 하여 부처가 되고자 한다면 억겁을 수행해도 도를 이룰 수 없다는 것이 그 주장의 요체였다. 이것이 무심도인, 혹은 무위도인을 제창한 황벽스님의 선법이다. 그러므로 임제스님이 말한 것처럼 황벽스님의 불법은 복잡하지 않다. 이렇게 황벽스님은 무심으로서의 한마음만을 전하는 선풍으로 마조를 잇고 임제를 열었다.

임제선의 정통을 계승하여 널리 펼치고자 하는 성철스님의 입장에서 볼 때, 이 3대 조사들은 모든 선승들의 무게를 능가하는 것이었다. 그래서 ①과 같이 '제諸' 자를 추가하여 '조사들'을 '모든 조사들'로 바꾸었다. 마조, 황벽, 임제만 가지고도 모든 조사들의 총칭이 될 수 있다고 본 것이다.

【5-4-③】 問迦葉이 受佛心印하니 得爲傳語人否아 師云是니라 云若是傳語人이면 應不離得羊角이로다 師云迦葉은 ①[自]領得本心일새 所以不是羊角이니 若以領得如來心하야 見如來意하며 見如來色相者는 卽屬如來使하야 爲傳語人하느니라

선문정로 문問, 가섭이 불타의 심인心印을 전수하였으니 전어인傳語人이 되는가. 사운師云, 여시如是니라. 운云, 만약 전어인傳語人이면 응당히 ②구멱자求覓者인 양각羊角을 이득離得하지 못하도다. 사운師云, 가섭은 스스로 본심을 영득領得하였기 때문에 양각羊角이 아니니, 만약에 여래심을 영득領得하여 여래의如來意를 명견明見하고 여래색상如來色相을 정견한 자는 여래사如來使에 속하여 전어인傳語人이 되느니라.

현대어역 질문 : "가섭이 부처님께 마음의 도장을 받았으니 말을 전하는 사람이 된 것이 아니겠습니까?" 스님의 답변 : "그렇습니다." 질문 : "만약 말을 전하는 사람이라면 보검을 양의 뿔에 비유하는 차원을 벗어나지 못했다는 말이 됩니다." 스님의 답변 : "가섭은 [스스로] 본래 마음을 깨달았으므로 보검을 양의 뿔에 비유하여 이해하는 차원이 아닙니다. 여래의 마음을 깨달아 여래의 뜻을 보고 여래의 모양을 보는 이는 여래의 심부름꾼에 속하며 말을 전하는 사람이 되는 것입니다."

[해설] 승상 배휴의 질문에 황벽스님이 대답하는 형식으로 이루어진 『완릉록』의 법문이다. 배휴가 질문한다. 만약 석가모니 여래의 마음을 가섭이 받은 것이라면 가섭은 결국 석가모니의 말을 전하는 사람일 뿐이지 않겠느냐는 것이다. 석가모니가 전한 마음이 따로 있다고 생각한 것이다. 석가모니의 마음이 따로 있다면 가섭은 그것을 찾아다니는 입장이 된다.

그것은 『열반경』에 비유된 바, 왕의 보물창고에 있다는 보검과 같다. 왕자가 보검을 들고 있는 것을 보았다고 생각하는 사람들은 그것이 우담발화같이 생겼다고 말한다. 그런데 다시 생각해 보니 그것은 숫양의 뿔과 같다고 해야 옳을 것 같다. 그래서 양의 뿔과 같다고 말한다. 그런 뒤에도 불꽃과 같다거니 검은 뱀과 같다거니 하면서 그것을 모양으로 드러내고자 한다. 그러나 그것은 보검의 실상을 보지 못하고 모양에 집착하여 밖으로 찾아다니는 사람의 착각일 뿐이다. 그래서 배휴는 가섭이 석가모니의 마음을 보고 그것을 전하는 사람이라면 결국 보검에 대해 이런저런 측면을 말하는 사람이 아니냐고 물었던 것이다.

이에 황벽스님이 답변한다. 스스로 본래의 마음을 깨닫는 것이 바로 여래의 마음을 깨닫는 일이라는 것이다. 직접 깨달았으므로 어떻게 말해도 옳다. 심지어 이것은 양의 뿔과 같이 생겼다고 해도 옳다. 요컨대 가섭은 여래의 마음과 완전히 하나가 된 사람이었다. 그런 점에서 그는 진정한 여래의 심부름꾼이다. 왜냐하면 여래와 한 몸이기 때문이다. 그는 진정으로 말을 전하는 사람이다. 왜냐하면 여래의 뜻과 완전히 같게 되었기 때문이다.

이러한 인용문에서 ①의 '자自' 자가 생략되었다. 밖에서 찾지 않고 '스스로 깨닫는 일'을 강조하는 데 있어서 이 글자는 중요한 역할을 한다. 생략할 이유가 없다. 번역문에도 '스스로 본심을 영득領得하였기 때문에'와 같이 '자自'를 적용하고 있다. 복원되어야 한다.

②에서는 '구멱자求覓者인 양각羊角'으로 설명식 번역을 하였다. 보검을 숫양의 뿔과 같다고 말하는 사람은 부처를 밖에서 찾는 사람(求覓者)과 같다고 하는 말이 『열반경』에 보인다. 여기에서는 그러한 전후 맥락이 없이 갑자기 양의 뿔이 나오므로 이것을 이해하기 쉽도록 설명식 번역을 한 것이다.

【5-4-④】 問六祖는 不會經書어늘 何得傳衣爲祖오 ①[秀上座是五百人首座, 爲教授師, 講得三十二本經論, 云何不傳衣.] 師

云 ②[爲他有心, 是有爲法所修所證將爲是也. 所以五祖付六祖.]
六祖는 當時에 只是默契하야 得③[密授]如來甚深意니 所以付法
與他니라

선문정로 문問, 6조는 경서를 모르거늘 어찌 법의法衣를 전수傳受하여 조사가 되었는고. 사운師云, 당시에 6조는 다못 묵묵히 계합하여 여래의 심심한 밀의密意를 증득하였으니 소이所以로 대법大法을 그에게 부여付與하니라.

현대어역 질문 : "6조스님은 경전을 이해하지 못했는데 어떻게 가사를 전수받아 조사가 되었습니까? [그리고 신수상좌는 5백 대중의 수좌이자 교수스님으로서 32종의 경론을 강설할 수 있었는데, 어떻게 하여 가사를 전수받지 못했습니까?]" 스님의 답변 : "[그가 유심이었기 때문입니다. 인위적인 닦음과 깨달음을 옳다고 여긴 것입니다. 그래서 5조는 6조에게 법을 부촉한 것입니다.] 6조는 당시 말없이 계합하여 여래의 극히 깊은 뜻을 [비밀리에 전수]받을 수 있었습니다. 그래서 6조에게 법을 부촉한 것입니다."

[해설] 6조스님이 가사를 전수받은 것은 분별적 사유를 떠나 여래의 깊은 뜻을 체득하였기 때문이다. 조사를 대표하는 6조스님의 깨달음이 여래와 다르지 않음을 보여주기 위한 인용문이다. 이 중 ①, ②와 같이 신수스님의 자격이 충분했는데도 의발이 전수되지 않은 이유를 묻는 문장이 생략되었다. 생략된 ①에서는 '신수스님은 5백 대중의 수좌이자 교수사로서 32종의 경론을 강설할 수 있었는데, 의발을 전수하지 않은 이유가 무엇인가(秀上座是五百人首座, 爲教授師, 講得三十二本經論, 云何不

傳衣)'를 묻고 있고, ②에서는 '신수스님은 유심에 머물러 있었고, 인위적 수행으로 닦아 깨달은 것을 옳다고 여기는 입장에 있었기 때문에(爲他有心, 是有爲法所修所證, 將爲是也)' 의발을 전수하지 않았다고 대답하고 있다.

신수스님과 6조스님의 닦음과 깨달음에 유심과 무심의 차이, 유위법과 무위법의 차이가 있음을 밝히는 문장이다. 성철스님은 여기에서 6조스님과 여래의 깨달음이 동일하다고 한 부분을 부각시키고자 한다. 선문의 대표인 6조스님의 경우를 통해 조사와 여래의 깨달음이 다르지 않음을 밝히고자 한 것이다. 따라서 신수스님에 대한 긴 문장을 생략한 것이다. 문맥의 전환이 이루어진 경우에 해당한다.

③의 '비밀리에 전수하다(密授)'를 생략한 것은 깨달음에 대한 성철스님의 관점이 적용된 결과이다. 이 구절을 그대로 두면 '극히 깊은 여래의 뜻을 비밀리에 전수해 줌을 얻을 수 있었다(得密授如來甚深)'는 뜻이 된다. 성철스님은 이것을 생략하여 '여래의 심심甚深한 밀의密意를 증득하였다'로 바꾸었다. 즉 '밀수密授'를 생략하지 않으면 여래의 뜻을 전달해 주는 주체가 5조스님이 되고, 이를 생략하면 여래의 뜻을 증득하는 주체가 6조스님 자신이 된다.

성철스님에게 있어서 여래의 마음은 스스로 증득하는 것이지 전해 주는 누군가가 따로 있는 것이 아니다. 『육조단경』의 문장 역시 이렇게 이해되어야 한다. 그렇지만 자칫 선문의 표현법을 글자 그대로 이해하여 무엇인가 진짜 비밀스럽게 전해 주고, 전해 받은 것이 있다고 이해하는 수행자가 있을 수 있다. 생략을 통해 그러한 가능성을 미리 차단한 것이다. 이로써 6조스님의 깨달음이 스스로 증득한 결과라는 의미가 분명해진다. '밀수密授'를 생략할 이유가 되는 것이다.

【5-5-①】 如來禪祖師禪이 豈有兩種이리오 未免嫌含하야 各分

皂白하야 特地乖張이로다

선문정로 여래선과 조사선이 어찌 양종兩種이 있으리오. 암함불결媕啥不決하여 ①각각급백各各皂白을 망분妄分하여 특히 종지에 괴배乖背함을 미면未免하는도다.

현대어역 여래선과 조사선이 어떻게 서로 다르겠는가? 분명하지 못한 모호한 짐작으로 각자 검으니 희니 분별하면 크게 어긋날 수밖에 없다.

[해설] 천泉이라는 수행자에게 내려준 원오스님의 법문에서 가져온 문장이다. 견성의 요체는 생각을 내려놓고 닦는다는 의도마저 끊어 일체의 득실시비에 마음을 두지 않는 데 있다. 순경과 역경이 도래해도 오로지 끊고 끊어 서로 이어지지 않도록 하는 것이다. 그렇게 오랜 시간 내려놓고 끊기를 반복하다 보면 저절로 무위무사無爲無事의 자리에 도달하게 된다. 그럼에도 무위무사가 뛰어난 경계라는 생각이 조금이라도 일어난다면 그것은 아직 아니다. 이미 하나의 파도가 일어난 것이고, 이 파도로 인해 만 가지 파도가 연속으로 일어나 끝이 없게 될 것이기 때문이다. 그러므로 매 순간 시비를 일으키는 일이 없어야 한다. 조사선이니 여래선이니 하는 구분 역시 시비를 일으키는 일에 속한다. 이에 대한 시비까지 아낌없이 내려놓아야 하는 것이다. 이것이 원오스님이 내린 가르침의 대강이라 할 수 있다.

성철스님은 '후대에 조사선이라는 말이 나와 여래선과 구별 짓고 잘못된 견해로 우열을 논하는 자들이 생긴 것'임을 강조하기 위해 이 문장을 인용하였다. 원오스님도 조사선, 여래선을 구분하는 이들을 꾸짖었다는 것이다.

번역문에 표시한 ①과 같이 '검을 조緇' 자를 '급'으로 읽었다. 2015년 본에서 한글을 병기하면서 일어난 오류이다. 교정되어야 한다.

【5-5-②】 達磨遠繼西天二十七祖하야 以如來圓極心宗之謂禪也라

선문정로 달마가 서천西天 27대의 조사들을 계승하여 여래의 원극圓極한 심종心宗으로써 선禪을 삼았느니라.

현대어역 달마대사는 멀리 서천 27대의 조사들을 계승하여 여래의 구경원만한 마음의 종지를 선이라 하였다.

[해설] 중봉스님의 『산방야화』에서 가져온 문장이다. 중봉스님이 깊은 산중에 지내고 있는데 한 은자가 방문하여 달마스님의 태식론에 관한 질문을 한다. 태식론은 일종의 단전호흡법에 관한 이론인데 달마스님이 지었다는 『달마태식론』이 당시 유행하고 있었다. 위작이지만 오대와 송대의 선 수행자들에게 널리 알려졌고 돈황 문건으로 현재까지 전하고 있다. 이것이 중봉스님이 활동하던 원대에도 선문의 비전으로 포장되어 유통되고 있었던 것이다.

중봉스님은 이러한 술법은 물론 성문연각의 4선8정이라 해도 달마스님이 전한 최상승선과는 천양지차가 있다고 단언한다. 여래의 마음은 어떠한 수단으로 얻어지는 것이 아니라는 것이다. 달마스님이 전한 것은 문자의 차원을 벗어나 바로 사람의 마음을 가리켜 보이는 길이다. 그런데 어떻게 태식이라는 호흡법에 기대는 일이 있을 수 있겠느냐는 것이다. 성철스님은 달마의 선이 여래심을 종지로 하는 선이라는 내용

을 보여주기 위해 이 문장을 인용하였다.

【5-5-③】 如來禪與祖師禪이여 一手猶分掌與拳이로다 旣得髓時에 忘直指하고 已拈花①[華]處에 喪單傳이라 烏焉成馬는 今皆是요 黃葉爲金도 古亦然이니 未具照空生死眼이면 爭敎仰不愧龍天이리오.

선문정로 여래선과 조사선이여, 일수一手를 장掌과 권拳으로 양분兩分함과 같도다. 골수骨髓를 득得하였을 때 이미 직지直指를 망실忘失하였고, 연화蓮華를 염拈한 곳에 벌써 단전單傳을 상각喪却하였는지라, 오언烏焉을 마자馬字로 오사誤寫함은 지금도 다 이렇고 황엽黃葉을 진금眞金으로 착인錯認함은 옛도 또한 그러하니, 조파照破하여 생사가 개공皆空한 명안明眼을 구비하지 못하면, 어찌 앙망仰望하여 용천龍天이 부끄럽지 않으리오.

현대어역 여래선과 조사선은 한 손을 손바닥과 주먹으로 나누는 일과 같다. 골수를 얻었다고 했을 때 이미 바로 가리키는 종지를 잊었고, 꽃을 들어 올리는 순간 한마음을 전하는 도리를 상실하였다. 오烏와 언焉 자를 마馬 자로 잘못 쓰는 일은 오늘날에도 여전하고, 누런 낙엽을 황금으로 여기는 일은 옛날에도 있었다. 생과 사가 공함을 보는 눈을 갖추지 못했다면 위로 우러러 천룡팔부에 부끄럽지 않을 수 있겠는가?

[해설] 중봉스님이 선 수행자를 위해 내려준 10수의 게송(寄同參十首)이 있다. 중봉스님은 여래의 마음에서 벗어나지 않는 삶에 철저하였다.

게송에는 중봉스님의 그러한 철저함이 요약되어 있다. 인용문은 그중 일곱 번째 게송이다. 선수행과 그 깨달음은 언어적 표현의 차원이나 마음으로 이해하는 틀을 훌쩍 넘어서 있다. 그러므로 불법을 생각과 언어에 호소하는 방식에 대해 유보적일 필요가 있다. 설사 그 가르침을 수용하더라도 그 한계성을 알고 수용할 필요가 있다.

여래선과 조사선을 나눈 것 역시 상황에 따른 방편의 일환이었을 뿐이다. 진공묘유의 도리를 실증한 입장이라면 어떻게 표현해도 옳다. 만약 그렇지 못하다면 부처의 염화와 가섭의 미소조차 핵심을 벗어나 있다. 오烏와 언焉 자는 마馬 자와 유사하여 배움이 서툰 사람들이 잘못 쓰는 경우가 많다. 누런 낙엽을 황금이라고 말하여 우는 아이를 달래주는 것처럼 불교에서는 무수한 교학적 가르침을 베풀었지만 그것이 진정한 황금으로서의 여래심은 아니었다. 이 점을 모르고 문자만 따라다니면 온갖 착각과 집착이 일어나게 된다. 성철스님은 이렇게 말한다.

부처님이 연꽃을 들어 보이고 2조가 세 번 절한 것조차 틀렸는데 여래선이니 조사선이니 하는 명칭이야 두말해서 무엇 하겠는가? 게다가 둘을 놓고 우열을 논한다는 것이 가당키나 한 소리인가? 어찌 부처님과 달마스님의 본뜻이 연꽃과 절 세 번에 있겠는가?[134]

이처럼 성철스님은 여래선, 조사선이라는 표현에 집착하지 않아야 한다는 점을 강조하기 위해 이 게송을 인용하였다. 이치와 현상이 원융한 여래심을 표현하자면 수천수만이 되겠지만 언어적 표현에 집착한다면 모든 것이 착오가 되고 만다는 뜻이다.

---

[134] 퇴옹성철(2015), p.115.

①과 같이 '화華'→'화花'의 대체가 있었다. 통용하는 관계에 있는 글자이지만 번역문에 '연화蓮華를 염拈한 곳'과 같이 '화華'로 되어 있으므로 원래의 글자로 돌아가야 한다.

【5-6-①】 如來禪이여 烈焰光中에 綻白蓮이요 祖師意여 海底紅塵이 成陣起로다

선문정로 여래선이여, 맹렬한 화염광중火焰光中에 백련白蓮이 탄개綻開하고, 조사의祖師意여, 대해심저大海深底에 홍진紅塵이 성진成陣하여 비기飛起하는도다.

현대어역 여래선이라! 세찬 불길 속에 흰 연꽃이 피어나는 격이다. 조사의 뜻이라! 바닷밑에 뿌연 먼지가 떼지어 일어나는 격이다.

[해설] 송대 응암스님의 어록에서 가져온 문장이다. 응암스님은 대혜스님과 함께 임제종의 2대 감로문으로 불리며 맹렬한 종풍을 드날렸다. 둘 사이의 교분도 깊었는데 당시 대혜스님은 그의 상당법문을 보고서 다음과 같은 찬탄의 노래를 헌정한 바 있다.

불법의 제일봉을 장악하니
천백의 요괴가 모두 자취를 감추었네.
근래 다시 진정한 소식을 얻어보니
양기의 정맥에 통하였음을 말하고 있네.[135]

---

135 『釋氏稽古略』(T49, p.897b), "坐斷金輪第一峰, 千妖百怪盡潛踪. 年來又得眞消息, 報道楊岐正脈通."

응암스님의 법어를 보면 여래의 마음, 조사의 뜻에서 한 걸음도 물러서지 않는 철저함을 보여준다. 대혜스님이 감탄하는 지점이다.

【5-6-②】 祖師禪과 如來禪이여 折角泥牛連夜吼로다

선문정로 조사선과 여래선이여, 절각折角한 이우泥牛가 연야連夜하여 효후哮吼하는도다.

현대어역 조사선과 여래선이라. 뿔 부러진 진흙소가 밤새 울부짖는 격이다.

[해설] 중봉스님의 게송은 조사의 뜻, 여래의 마음과 계합한 자리를 그대로 드러내고 있다. 성철스님은 이것을 인용함으로써 여래선과 조사선이 동일한 언어도단, 심행처멸의 소식으로 표현될 수 있다는 점을 보여주고자 한다. '정전거장正傳巨匠들은 여출일구如出一口로 여래선 즉 조사선임을 명시'하였다는 것이다.

【5-6-③】 僧問하되 仰山이 謂①[香嚴云,] 如來禪은 許師兄會어니와 祖師禪은 未夢見在라하니 此意如何오 師云 蛇入竹筒이니라 僧云 仰山이 平白受屈이로다 師云 和爾脫不得이니라

선문정로 승僧이 문問하되 앙산이 운위云謂하기를, "여래선은 사형師兄이 영회領會함을 허락하나 조사선은 몽매夢寐에도 미견未見하였다." 하니 차의지此意旨가 여하如何오. 사운師云, 사蛇가 죽통竹筒에 입入하니라. 승운僧云, 앙산이 명백히 굴욕을 받는도다. 사운師云, 그대도

같이 탈출치 못하니라.

현대어역 중이 물었다. 앙산이 [향엄에게] 말하기를 "여래선은 사형이 깨달았다고 인정하겠지만 조사선은 꿈에서도 보지 못하였다."고 했는데 그 뜻이 무엇입니까? 스님이 말하였다. "뱀이 대나무 통속에 들어간 격이지." 중이 말하였다. "앙산이 허물도 없이 억울하게 되었습니다." 스님이 말하였다. "그대도 같이 벗어나지 못하였네."

[해설] 조사선과 여래선에 대한 가장 인상적인 담화가 펼쳐진 현장이다. 향엄스님은 처음에 백장스님에게 공부하면서 큰 인정을 받았다. 백장스님의 열반 후에는 사형인 위산스님 회상에서 부모미생전의 화두를 받아 참구하였으나 제시하는 경계마다 모두 부정당하는 참담함을 경험한다. 더구나 위산스님은 오직 부정하기만 할 뿐 시원한 답을 내려주지 않았다. 이에 홀로 행각하다가 남양혜충선사의 공부 터에서 세월을 보내게 된다.

하루는 깨진 기왓장을 던지다가 그것이 대나무에 맞는 소리를 듣고 크게 깨닫는다. 이에 오도송을 지어 스승 위산스님에게 인정을 받게 되는데, 당시 위산스님과 법좌를 반분하고 있던 제자 앙산스님이 그 깨달음의 진실성을 의심하여 직접 찾아간다. 그리고는 그 오도송이 머릿속에 기억하는 구절들을 엮은 혐의가 있다면서 새롭게 말해 보라고 한다. 이에 향엄스님이 새로운 게송을 제시한다.

작년 가난은 가난도 아니었고
금년의 가난이라야 비로소 가난이라 하겠네.
작년 가난은 그래도 송곳을 꽂을 땅은 있었는데

금년의 가난은 송곳조차 없네.[136]

　이 노래를 들은 앙산스님은 인용문과 같이 여래선은 깨달았다고 인정하겠지만 조사선은 꿈에도 보지 못하였다고 판정한다. 이에 향엄스님이 다시 노래한다.

　나에게 하나의 도가 나타난 자리가 있어
　눈 깜빡이는 순간에도 그것을 보네.
　만약 이래도 모르겠다면
　따로 사미를 부르겠네.[137]

　앙산스님이 이에 그 조사선의 깨달음을 인정했다는 것이다. 문장만 가지고 보자면 조사선이 여래선보다 뛰어나다는 말이 된다. 이 두 게송을 굳이 비유하자면 앞의 가난의 노래는 진공을 드러냈고, 뒤의 눈 깜빡이는 순간에도 도를 본다는 노래는 묘유를 표현했다. 앞은 적寂이고, 뒤는 조照이다. 그렇지만 진공과 묘유에 우열이 없고, 적과 조에 지위가 없다. 만약 여기에 우열을 매기는 일이 있다면 분별의 차원에 떨어지기를 자처하는 일이 될 뿐이다. 그래서 성철스님은 앙산스님과 향엄스님 간의 이 문답을 '납승의 회호시절回互時節'로 판정했던 것이다.
　①이 생략되었다. 이로 인해 '향엄에게 말하기를謂香嚴云'이라는 구절에서 대화 상대인 향엄香嚴이 삭제되고 그냥 '앙산이 말하기를'로 바뀌었다. 이로 인해 대화의 현장성이 사라졌다. 성철스님은 깨달음의 언어

---

[136] 『潭州潙山靈祐禪師語錄』(T47, p.580b), "去年貧未是貧, 今年貧始是貧. 去年貧猶有卓錐之地, 今年貧錐也無."
[137] 『潭州潙山靈祐禪師語錄』(T47, p.580b), "我有一機, 瞬目視伊. 若人不會, 別喚沙彌."

들이 소설처럼 흥미진진하게 묘사되는 방식을 좋아하는 편이 아니다. 그래서 가능하면 현장성을 지우고 문답의 핵심만을 드러내는 문장을 구성하고자 한다. 이 생략도 그러한 예의 하나이다.

【5-6-④】 聞擊竹而悟道하되 灼然不會祖師禪이라하고 見桃花而不疑어늘 敢保老兄猶未徹이라하니 ①[大底眞金百煉, 要須本分鉗鎚.] ②[蔣山今日, 當爐不避火迸, 敢道,] 仰山 玄沙는 不曾夢見香嚴靈雲의 汗臭氣在로다

선문정로 격죽擊竹을 문聞하고 오도悟道하였으되 작연灼然히 조사선을 알지 못한다 하고, 도화桃花를 보고 의심하지 않거늘 노형老兄이 오히려 미철未徹이라 하니, 앙산과 현사는 향엄과 영운의 한취기汗臭氣도 몽견夢見하지 못하였도다.

현대어역 대나무에 기왓장 부딪치는 소리를 듣고 도를 깨달았지만 서슴없이 조사선을 알지 못한다 하였고, 복숭아꽃을 보고 다시 의심하지 않았지만 노형이 아직 철저하게 깨닫지 못했음을 장담한다고 했다. [대체로 진정한 금이 되려면 백 번의 단련이 필요하듯, 본분종사의 거듭되는 담금질이 필요하다.] [나 장산치절蔣山癡絕은 오늘 용광로 앞에서 불길을 피하지 않고 자신 있게 말하고자 한다.] 앙산과 현사는 향엄과 영운의 땀 냄새를 꿈에서도 맡지 못하였다.

[해설] 앙산스님은 향엄스님이 기와 조각이 대나무에 부딪치는 소리를 듣고 깨달았다는 소식을 듣고 그를 찾아간다. 그리고는 바로 당신은 여래선만 깨달았을 뿐, 조사선은 깨닫지 못했다는 말로 그를 점검한다.

또 현사스님은 영운스님이 복사꽃을 보고 다시 의심할 것이 없게 되었다는 소식을 듣고 찾아가 아직 확실히 깨닫지 못했다는 말로 그를 점검한다. 문자만 보자면 앙산스님이 향엄스님보다 낫고, 현사스님이 영운스님보다 낫다. 그렇지만 그 상호 간에는 우열이 없다. 오직 산을 말하면 물을 가리키는 자유로운 영혼의 교류가 있을 뿐이다. 성철스님은 치절스님의 상당법문을 인용하여 조사선과 여래선이 우열의 문제가 아님을 보여주고자 하였다.

이 중 ①의 구절이 생략되었다. '대체로 진정한 금이 되려면 백 번의 단련이 필요하듯, 본분종사의 거듭되는 담금질이 필요하다(大底眞金百煉, 要須本分鉗鎚)'는 내용이다. 앙산스님이나 현사스님이 이렇듯 과격한 방식으로 상대의 깨달음을 부정한 것은 그 초보적인 깨달음을 더욱 단련해 주기 위한 일이었다는 말이다.

그런데 이 구절을 왜 생략한 것일까? 그것은 구경각만을 깨달음으로 인정하는 성철스님의 입장과 관련이 있다. 일시적 눈뜸을 깨달음으로 인정하는 돈오점수적 입장에서는 이처럼 조사선과 여래선을 나누어 말하는 언어 관습을 글자 그대로 수용하는 경향이 있었다. 여래의 깨달음이 움직임 없는 자리를 보여준다면, 활발한 작용의 현장을 드러내는 것이 조사선의 특징이며 장점이라고 주장하는 흐름이 있었다는 말이다.

성철스님이 조사선과 여래선이 다르지 않음을 거듭 강조한 것은 바로 이러한 흐름의 문제점을 지적하기 위해서이다. 향엄스님과 영운스님의 이후 행적을 보면 분명 그들에게는 한 번 깨달아 영원히 깨닫는(一悟永悟) 깨달음이 있었다는 것이다.

더구나 이 생략된 구절은 이해하기에 따라 먼저 깨달은 뒤 거듭된 수행을 통해 깨달음을 완성해 나간다는 뜻으로 해석될 수도 있다. 그래서 이 구절을 생략한 것이다. 또한 이를 통해 향엄스님의 깨달음에 대한 앙산스님의 부정, 영운스님의 깨달음에 대한 현사스님의 부정이 실은 각자의 깨달은 경지가 둘 아님을 거듭 확인하는 회호시절의 교류였음을 강조한 것이다.

다음으로 ②에서는 '나 장산치절蔣山癡絶은 오늘 용광로 앞에서 불길을 피하지 않고 자신 있게 말하고자 한다(蔣山今日, 當爐不避火迸, 敢道)'는 구절이 생략되어 있다. 앙산스님과 현사스님의 시비를 거는 말들만 가지고 보자면 오히려 이들이 향엄스님과 영운스님의 깨달은 냄새조차 맡지 못한 사람들이라는 것이다. 그야말로 파격에 파격을 더하는 구절이다. 성철스님의 입장에서는 이것을 그대로 두면 치절스님의 독백투 어투가 되살아나서 인용문이 전체 설법에 유기적으로 녹아들지 못한다. 더구나 새롭게 우열을 겨루는 논쟁이 일어날 수도 있다. 원래 이 문장은 선사들의 우열을 겨루는 듯한 대화의 장면이 사실은 상호 간의 찰떡궁합을 확인하는 현장이었다는 점을 보여주고 있다. 그런데 앙산스님과 현사스님에 대한 공격이 워낙 강하게 진행된 감이 있다 보니 자칫 새로운 우열을 가리는 문장이 될 위험이 있다. 문제의 구절을 생략한 이유가 되는 것이다.

【5-7-①】 佛은 無生을 爲生하고 ①[亦]無住로 爲住하나니라

선문정로 불타는 무생無生을 생生으로 하고 무주無住로 주住를 한다.

현대어역 부처는 생성 없음으로 태어나고, [또한] 머물지 않음으로 머문다.

[해설] 『섭대승론』에서는 법신의 본질과 현상에 대한 다양한 게송을 제시한다. 인용문은 법신의 심오한 모양을 노래하는 12개의 게송 중 제1수의 첫 두 구절이다. 부처가 생성 없음으로 태어난다는 것은 무슨 뜻일까? 중생은 업과 번뇌로 태어난다. 이에 비해 부처는 업과 번뇌가 일어나지 않음으로 태어난다. 업과 번뇌가 일어나지 않으므로 생성 없음이라 한다. 같은 차원에서 머물지 않음으로 머문다고 한다. 머물지 않음을 내용으로 하는 열반을 거주처로 삼는다는 뜻이다.

성철스님은 이 무생이 바로 '망상의 멸진을 근본으로 한 마조의 무생'과 동일한 차원임을 보여주고자 한다. 망상이 일어나지 않는 것을 부처라 했으므로 묘각만이 진정한 무생법인이라는 것이다.

①과 같이 '역亦' 자를 생략하였다. 5언의 정형을 맞추기 위해 붙여진 '역亦'을 삭제하여 단순 명료한 의미만을 드러내고자 한 것이다. '역亦'은 판본에 따라 '이以'로도 표현되는데 뜻에는 차이가 없다.

【5-7-②】   悟①[法]無生하면 名爲妙覺이라 一念②頓超[越]어니 豈在③煩[繁]論④[者爾]이리오

선문정로 무생을 오달悟達하면 불지佛地인 묘각인지라, 일념의 사이에 돈연頓然히 초월하거니 어찌 번론煩論할 바 있으리오.

현대어역 [모든 현상이] 생성하는 일이 없음을 깨달으면 묘각이라 부른다. 한 생각에 바로 뛰어넘는 것이지 번다하게 논의하겠는가.

[해설] 무생법인을 묘각으로 해설한 남양혜충스님의 법문에서 가져왔다. 현장스님이 번역한 『반야바라밀다심경』은 짧은 글 속에 반야중도

의 핵심을 남김없이 드러낸 명작이다. 그래서 많은 방식으로 판각되었는데, 그 판각에는 역대의 황제와 고승들의 서문이 따라붙는다. 남양스님의 서문이 달린 이 판각만 해도 명 태조 주원장의 서문이 함께 붙어 있다.

남양스님에 의하면 모든 법이 한마음을 바탕으로 일어난 것이므로 불교의 핵심은 오직 '바탕으로서의 마음(心地)'을 깨닫는 데 있다. 또한 한마음의 일이므로 한 생각에 곧장 뛰어넘는 일이지 번다한 논의를 통해 얻어지는 것이 아니다. 『반야심경』의 간략함을 찬탄하는 이 서문은 극히 짧지만 뛰어난 명문에 속한다.

①과 같이 '법法' 자를 생략하였다. 원래 앞의 문장을 보면 '어떤 현상도 마음에 바탕하여 일어나지 않는 것은 없다(何法不因心之所立)'라는 구절이 있다. 생략된 '법法'은 이 구절의 '현상(法)'과 동일한 의미를 갖는 글자이다. 그러니까 원문은 만법이 불생불멸임을 깨닫는다면 그것을 묘각이라 한다는 뜻이 된다. 성철스님은 이 '법法' 자를 생략하여 무생無生으로 번역하고, 무생을 망상의 멸진으로 설명한다. 현상의 무생을 망상의 무생으로 옮겼으므로 원문의 맥락과 어긋남이 있다. 그러나 망상이 멸진한 무념이라야 만법의 불생불멸을 깨달을 수 있다는 점에서 뜻은 상통한다. 한 생각도 일어나지 않는 구경무심이 무생법인의 본질이라고 강조하기 위한 생략에 해당한다.

②와 같이 '돈頓' 자를 추가하여 '일념초월一念超越'을 '일념돈초一念頓超'로 표현을 바꾸었다. 이로 인해 '한 생각에 뛰어넘는다'는 뜻에 '돈연頓然'이라는 수식어가 붙었다. 성철스님에게 '돈頓'은 최초이자 최후이며, 찰나이자 영원인 깨달음을 표현하는 선종의 키워드이다. 남양스님이 '일념초월一念超越'에 담고자 한 의미도 그와 다르지 않지만, 성철스님은 '돈頓'을 추가하여 이러한 선종의 본색을 명확히 드러내고자 하였다.

③과 같이 '번繁'을 '번煩' 자로 바꾸었다. 번다하다, 복잡하다는 뜻으로 통용되는 글자이므로 뜻에는 차이가 없다.

④의 문장을 '끝맺는 말(者爾)'을 생략하였다. '~바 있으리오'의 한글 현토와 중복되는 어감을 전달하므로 생략한 것이다.

【5-8-①】 了然守心하야 則妄念이 不起하면 則是無生이니라

선문정로 요연了然히 진심眞心을 수호하여 망념이 일어나지 않으면 즉 시무생則是無生이니라.

현대어역 온전하게 마음을 지켜 망념이 일어나지 않으면 그것이 바로 무생이다.

[해설] 5조스님의 『최상승론』에서 가져온 문장이다. 여기에서 5조스님은 본래 청정하고, 불생불멸이며, 이미 완전한 자성의 마음을 지키는 것이 깨달음의 요체라고 강조한다. 그래서 이 자성청정하며 원만구족한 마음을 스승으로 삼아 그것을 지키는 일에 투신하라고 가르친다.

성철스님은 이 마음(心)을 생멸심으로 이해하지 않도록 '진심眞心'으로 번역한다. 그런 뒤 망념이 일어나지 않는 일을 무생법인으로 번역한다. 무생법인의 본래 의미는 불생불멸의 진여심에 온전히 계합하는 일을 가리킨다. 그런데 구경무심이 아니라면 이러한 계합이 일어나지 않는다. 그런 점에서 망념불생과 무생법인은 그 의미가 서로 통한다. 번뇌가 일어나지 않는 일을 무생으로 풀이하는 성철스님의 해설에는 구경무심의 실제적 구현을 촉구하는 실참실오의 주장이 반영되어 있다.

【5-8-②】 守本眞心하야 妄念이 不生하야 ①我 我所心이 滅하면 自然히 與佛로 平等無二하니라

선문정로 본유本有의 진심眞心을 수호하여 망념이 일어나지 않고 아我와 아소심我所心이 멸하면 자연히 불타와 평등하여 동일하니라.

현대어역 근본이 되는 진짜 마음을 지켜 망념이 일어나지 않으면 나와 나의 것을 집착하는 마음이 소멸한다. 그리하여 저절로 부처와 평등하여 둘 아니게 된다.

[해설] 『최상승론』에서 가져온 문장으로서 본질이 같은 부처와 중생이 왜 다른 삶을 사는지를 묻는 질문에 대한 답변이다.

진정한 본체를 공유한다는 점에서 부처와 중생은 완전히 동일하다. 그런데 부처는 생멸을 떠나 무량한 쾌락을 누리며 걸림 없이 자유롭지만, 중생은 생사의 굴레에 떨어져 무수한 고통을 받는다. 왜 그런가?

부처는 법성을 분명히 본다. 마음의 근원을 밝게 비추어 알기 때문에 망상이 일어나지 않고 바른 생각(正念)을 잃지 않는다. 바른 생각이란 나와 나의 것에 대한 집착을 벗어난 마음이다. 집착이 없으므로 생사에 떨어지지 않는다. 생사에 떨어지지 않으므로 필경 적멸하다. 그러므로 모든 즐거움이 저절로 찾아온다.

이에 비해 중생은 진여자성을 알지 못하고, 마음의 뿌리를 알지 못한다. 그로 인해 이런저런 허망한 인연에 휘둘려 좋아하고 싫어하는 마음이 일어난다. 이 좋아하고 싫어하는 마음은 본래 완전한 마음의 그릇을 깨뜨려 새게 만든다. 이렇게 하여 생과 사가 일어나고 모든 고통이 저절로 나타나는 것이다.

진여불성에 눈뜨지 못하고 제6식의 바다에 침몰하면 생사에 떨어져 버린다. 이 고해를 벗어나려면 진여본심에 눈떠 이를 지키는 실천에 들어가야 한다. 이 지킴이 진실해져 진여본심이 전면적으로 체화되면 나와 대상에 집착하는 마음이 완전히 소멸하게 된다. 이것이 부처가 되는 길이다. 인용문은 이와 같은 의미를 전하고 있다.

①과 같이 '아我'를 추가하였다. 원문에서는 '아소심我所心' 하나로 나와 나의 것에 집착하는 마음을 표현하고 있다. 논리적으로 보자면 '아我'가 빠진 것이다. 의미를 분명히 드러내기 위해 빠졌던 글자를 교정의 차원에서 다시 추가한 것이다.

【5-8-③】 妄想이 斷故로 則具正念이요 正念具故로 寂照智生이요 寂照智生故로 窮達法性①[源]이요 窮達法性②[源]故로 則得涅槃이니라

선문정로 망념이 단절된 고로 정념正念이 원구圓具하고, 정념이 원구한 고로 적조寂照의 진지眞智가 생기고, 적조의 진지가 생기므로 만법의 근원을 궁달窮達하고, 만법의 근원을 궁달한 고로 무여의열반을 증득한다.

현대어역 망상이 끊어지면 바른 생각이 갖추어진다. 바른 생각이 갖추어지면 고요하며 밝은 지혜(寂照智)가 생겨난다. 고요하며 밝은 지혜가 일어나면 법성을 완전하게 깨닫게 된다. 법성을 완전하게 깨달으면 열반을 증득하게 된다.

[해설] 5조스님의 『최상승론』은 앞의 답변에 기초하여 새로운 질문을

일으키는 연쇄적 문답체 방식을 취하고 있다. 이 앞의 문단에서는 진여심을 지키는 것이 열반의 근본이며 도에 들어가는 입구임을 강조하는 내용이 제시되어 있다. 이에 근거하여 새로운 질문이 일어난다. 왜 진여심을 지키는 것이 열반의 근본이 되느냐는 것이다. 이에 대해 답변이 제시된다. 열반이란 적멸의 다른 이름이고, 무위의 다른 이름이며, 안락의 다른 이름이다. 그리하여 나의 마음이 이대로 진여심이라는 사실을 안다면 망상이 성립할 수 없다. 그래서 진여심을 지키는 일이 망상의 소멸로 이어진다. 망상의 소멸은 정념의 일어남으로 이어지며, 정념의 일어남으로 열반에 이르게 된다는 것이다.

이렇게 깨달음의 여정은 진여심을 지키는 일로 시작된다. 성철스님은 진여심을 지키는 시작 부분을 인용하지 않고 망상을 소멸하는 일부터 인용한다. 이로 인해 이 공부는 망상을 소멸하는 일에서 출발하는 것이 된다. 그러니까 성철스님에게 있어서 닦음은 망상을 지우는 닦음이고, 깨달음은 망상이 완전히 소멸한 깨달음인 것이다.

그렇다면 이것은 서로 다른 말이 되는가? 원래 활구참구의 현장에서는 진여심을 지키는 일과 망상을 끊는 일이 같은 일이 된다. 그러니까 돈오원각론, 실참실오론, 구경무심론으로 정리되는 성철선의 모든 종지가 간화선의 실천을 전제로 한다고 말할 수 있는 것이다.

①과 ②의 '법성法性'은 흥미로운 교정의 결과이다. 초판본에 '법원法源'으로 되어 있던 것을 교정본에 원전과 같이 '법성法性'으로 고치라는 교정 지시가 표시되어 있다. 1993년 본에는 '법원法源'으로 초판본 그대로 편집되었고, 2015년 본에 '법성法性'으로 교정되었음을 확인할 수 있다. 그런데 성철스님의 번역문을 보면 이것이 '만법의 근원'으로 옮겨져 있다. '법원法源'으로 손을 본 텍스트에 기초하여 번역문을 구성한 것이다. 거듭 확인되는 바와 같이 『선문정로』의 인용문은 인용의 방식을 취

한 성철스님의 문장으로 보아야 한다. 번역문을 이렇게 구성했다면 그것이 성철스님의 의도적 변환이었다고 보아야 한다. 그러므로 초판본과 같이 '법원法源'으로 돌아가야 한다.

【5-8-④】 衆生의 佛性은 本來淸淨하야 如雲底日하니 但了然守本眞心하야 妄念雲이 盡하면 慧日이 卽現하느니라

선문정로 중생의 불성은 본래 청정하여 흑운黑雲 속의 백일白日과 같아서, ①[다만 요연히 사무쳐서] 본유本有의 진심을 수호하여 망념의 흑운黑雲이 산진散盡하면 자성의 혜일慧日이 즉시 출현한다.

현대어역 중생의 불성은 본래 청정한데 구름 속의 태양과 같다. 오직 온전하게 본래의 진여심을 지키면 망념의 구름이 사라져 지혜의 태양이 그대로 드러나게 된다.

[해설] 『최상승론』의 문장이다. 이 문장의 앞에 본래의 진여심을 지키는 일에서 12부의 모든 경전이 나왔다는 설법이 있다. 이에 왜 그런지를 묻는 질문이 일어난다. 왜 진여심을 지키는 것이 12부 경전의 조상이 되는가? 왜 한 가지 진여심을 지키는 일에서 그토록 많은 8만4천의 법문이 일어났는가? 중생들의 이런저런 욕심으로 인해 무수한 추구가 생겨난다. 부처님은 이들의 마음을 겨냥하여 하나의 부처세계로 인도하고자 한다. 그 추구하는 마음이 많으므로 법문이 많아진 것이다.

그렇지만 그 8만4천의 마음은 하나의 진여심이 나타난 현상일 뿐이다. 각각의 파도가 하나의 바다가 드러낸 현상인 것처럼 8만4천의 마음과 진여심의 관계가 그렇다. 그러므로 만 가지 현상의 뿌리인 진여심만

지킨다면 그 가지와 잎에 해당하는 무수한 중생심에 가장 적절한 법문을 내놓을 수 있는 것이다.

　원문에 대한 조정은 없다. 다만 ①의 번역문에 누락된 부분이 있다. 초판본에 ①과 같은 내용으로 교정 지시가 표시되어 있으므로 이에 따라 번역문을 보완해야 한다.

　한편 이 문장과 관련하여 그 강조하는 측면이 어디에 있는지 살펴볼 필요가 있다. 원래의 문장은 뿌리가 되는 진여심의 수호를 원인으로 하여 망념이 사라지고 지혜의 태양이 드러난다는 일관된 주제 의식을 표현한다. 진여본심을 지키는 것이 원인이라면 망념이 소멸하는 일은 결과가 된다. 이 망념의 소멸과 동시에 지혜의 태양이 드러난다. 진여본심의 지킴에서 망념의 소멸로, 망념의 소멸에서 지혜의 태양의 드러남으로 이어지는 연쇄 작용이 일어나는 것이다.

　이에 비해 성철스님은 망념의 구름이 흩어지는 일을 원인으로 하여 지혜의 태양이 드러난다고 번역한다. 요컨대 5조스님은 진여심을 지키는 일을 깨달음의 원인으로 본 것이고, 성철스님은 망상의 멸진을 깨달음의 원인으로 본 것이다.

　이처럼 성철스님에게 있어서 무심은 수행과 깨달음의 핵심 내용이다. 성철스님이 5조스님의 『능가경』적 여래장사상보다 『육조단경』의 반야사상에 체질적 친연성을 갖고 있었기 때문에 나타난 번역으로 이해된다. 선종에서는 5조스님에게서 6조스님에게로 넘어가면서 여래장사상에서 반야사상으로의 사상적 전환이 일어난다. 그것은 6조스님의 오도송에 잘 나타난다. 『육조단경』에는 6조스님의 오도송이 다음과 같이 두 개 나타난다.

　마음은 깨달음의 나무라 치자

몸은 밝은 거울이라 치자
밝은 거울은 본래 청정한데
어디에 먼지와 티끌이 묻었던가?[138] – 돈황본

깨달음의 나무라는 것이 따로 없고
밝은 거울이 따로 있지 않다.
본래 한 물건도 없는데
어디에 먼지와 티끌이 있겠는가.[139] – 종조본

밑줄 친 부분이 주목할 곳이다. 본래 청정한 밝은 거울을 말하는 돈황본의 노래는 『능가경』의 여래장사상에 기반한 깨달음의 계보, 즉 '능가사자기'를 그리고자 했던 5조스님의 기존 구상에 부합한다. 이에 비해 본래 한 물건도 없다는 종보본의 구절은 『금강경』을 선양하여 동산법문을 개창한 5조스님의 미래 지향에 어울리는 노래이다.

본래 청정한 하나로서의 여래장이 설정된다면 그것은 지켜야 한다. 그래서 『최상승론』 전체가 진여본심을 지키는 일을 설법의 주제로 삼았던 것이다. 이에 비해 본래 한 물건도 없다면 모든 지향과 의도를 내려놓아야 한다. 6조스님이 제시한 바와 같이 무념, 무상, 무주의 실천 외에 다른 것이 없다. 6조스님을 계승하고자 하는 성철스님이 망념의 타파를 깨달음의 조건으로 번역한 것은 당연한 일에 속한다.

---

138 『南宗頓教最上大乘摩訶般若波羅蜜經六祖惠能大師於韶州大梵寺施法壇經』, "菩提本無樹, 明鏡亦非臺. 佛性常清淨, 何處有塵埃." 번역은 강경구(2021), 『평설육조단경』, 세창출판사, p.42.

139 『六祖大師法寶壇經』, "菩提本無樹, 明鏡亦非臺. 本來無一物, 何處惹塵埃." 번역은 강경구(2021), 『평설육조단경』, 세창출판사, pp.44-45.

【5-9-①】 **自從頓悟了無生**으론 **於諸榮辱**에 **何憂喜**리오

선문정로 돈오하여 무생을 요달了達하고 나면 모든 영화榮華나 곤욕에 어찌 우려하며 희락하리오.

현대어역 돈오하여 무생을 분명히 깨닫고 난 이후 모든 영화와 욕됨에 걱정하거나 기뻐할 일이 무엇인가?

[해설]   영가스님의 『증도가』에서 가져온 문장이다. 돈오가 원각이며, 원각이 구경무심이며, 구경무심이 바로 무생법인이라는 내용이 그대로 드러나 있다. 성철스님은 이를 논거로 하여 "제8의 미세까지 멸진한 무생은 즉 견성이며 정각이니, 이것이 원증돈증圓證頓證의 돈오"[140]라는 점을 강조한다.

【5-9-②】 **損法財滅功德**은 **莫不由斯心意識**이니 **是以**로 **禪門**은 **了却心**하고 **頓入無生知見力**이니라

선문정로 법재法財를 훼손하고 공덕을 파멸하는 것은 이 심心과 의意와 식識이니, 그러므로 선문에서는 망심을 요각了却하고 무생인 지견력知見力에 돈입頓入하느니라.

현대어역 법의 재산을 손상시키고 공덕을 소멸하는 것은 모두 이 분별심(心)과 자의식(意)과 제8아뢰야식으로 인한 것이다. 그래서 선문

---

[140] 퇴옹·성철(2015), p.123.

에서는 마음을 내려놓아 불생불멸의 알고 보는 힘으로 단번에 들어간다.

[해설] 제6식 분별심과 제7식 자의식과 제8식 아뢰야식은 층은 다르지만 지해적 차원에 속한다. 이에 비해 진여심은 지해를 내려놓은 자리에서 활짝 열린다. 그러므로 이 공부에 있어서 총명함과 영리함은 극약과 같다. 수행의 생명인 무심의 명줄을 끊기 때문이다. 바깥의 장애는 극복할 방안이라도 세울 수 있다. 그렇지만 총명함과 영리함으로 불법을 이해하는 사람은 구원할 길이 없다. 그래서 영가스님은 심의식 차원의 이해를 내려놓고 불생불멸의 지견력으로 바로 들어가는 길을 제시한 것이다. 불생불멸의 알고 보는 힘이 곧 무생법인이다.

성철스님은 심의식 차원의 이해를 내려놓는 일은 제8의 미세까지 멸진한 무생이라야 완성된다고 설명한다. 결국 무생법인은 구경무심과 돈오원각의 동의어가 되는 것이다.

【5-10】 若識心이 寂滅하여 無一動念處하면 是名正覺이니라

선문정로 만약에 식심識心이 적멸하여 일호一毫의 망념도 동요함이 없으면, 이것을 무상정각이라고 이름한다.

현대어역 만약 식심이 고요하게 소멸하여 한 생각도 움직이는 일이 없게 되면 이것을 바른 깨달음이라 한다.

[해설] 달마어록에서 가져온 문장이다. 이 어록은 대정장에는 『소실육문少室六門』이라는 제목으로 되어 있고, 『선문촬요』(범어사판)에는 『사행

론』이라는 제목으로 실려 있다. 엄격히 말하자면 『사행론』, 즉 달마조사의 『이입사행론』은 『소실육문』의 한 장에 속한다. 예문은 달마어록의 제4장 「안심법문」의 한 구절이다.

불성을 갖춘 존재인데 왜 미혹이 있고 해탈이 있는가? 분별하고 따지는 마음이 있기 때문이다. 법이 있다거니 없다거니 하지만 법이 스스로 있거나 없거나 하는 것이 아니다. 각자의 마음에 있다거니 없다거니 하는 분별을 일으키는 일이 있을 뿐이다. 그러므로 마음의 분별의식만 내려놓으면 고통을 만나도 근심할 일이 없고, 즐거움을 만나도 기뻐할 일이 없다.

이처럼 모든 현상에 실체가 없으므로 수행하는 주체로서의 나도 없다. 나가 없으므로 대상경계를 만나도 시비가 일어나지 않는다. 이것이 무심이다. 무심이 되면 본래의 근원에 바로 통달하여 지금 이 현장의 모든 인연이 그 뿌리에서 온 것임을 안다. 그리하여 오는 대로 맞이하고 가는 대로 보내주는 일이 일어난다. 이처럼 의식과 마음, 즉 식심識心이 소멸하여 한 생각도 일어나지 않는다면 이것을 무상정각이라 부른다는 것이다.

성철스님은 식심이 망상의 총칭으로 쓰였다는 점, 선종의 초조인 달마스님이 식심의 소멸을 망상의 소멸로 보았다는 점을 보여주기 위해 이 문장을 인용하였다.

성철스님은 일체 망상이 소진한 무생, 무여열반이라야 진정한 열반이라는 말이 달마스님에게서 나왔다는 점을 강조한다. 세월이 지나면 본래의 가르침이 와전되고 곡해되기 마련이다. 무생에 대한 의미 부여 역시 그러한 혐의가 있다. 그러므로 선문의 최초 스승인 달마스님의 안목을 기준으로 와전과 곡해를 바로잡아야 한다는 것이 성철스님의 주장이다.

제 6 장

무념정종 無念正宗

제6장
무념정종 無念正宗

1. 무념정종 설법의 맥락

　무념법문은 육조선의 핵심이다. 원래 달마스님이 혜가스님에게 법을 전할 땐 『능가경』을 소의경전으로 지정하였다. 그런데 이 경은 개념이 복잡해서 마음을 바로 가리키는 역동성이 부족하였다. 그래서 4조 도신스님을 분수령으로 하여 소의경전에 변화의 조짐이 일어나게 된다. 반야경전이 중시되기 시작한 것이다. 그리고는 드디어 5조 홍인스님에 이르러 정식으로 『금강경』을 종문의 소의경전으로 내세우게 된다. 무상無相, 무주無住의 이치가 간편하고 설득력 있게 펼쳐져 있기 때문이다. 나무꾼이었던 혜능이 나무를 파는 현장에서 '머무는 바 없이 마음을 내라(應無所住, 而生其心)'[141]는 경문을 듣고 바로 그 핵심을 깨달았다

141　앞의 각주 25에서 성철스님이 이 구절을 "머무는 바 없이 그 마음이 난다."로 해석했다는 원택스님의 회고를 든 바 있다. 수행의 입장에서 음미해 보면 '머무는 바 없이 그 마음을 내야 한다'와 '머무는 바 없이 그 마음이 난다'는 인과의 관계에 있다. 깨닫기 전에는 그렇게 '그 마음을 내야 하고', 깨달은 뒤에는 저절로 그

는 이야기는 전설에 가깝지만 『금강경』의 이러한 대중성과 간편성을 웅변하는 것이기도 하다.

6조스님은 이 간편한 경전조차 내려놓는다. 오로지 무념법문을 종지로 한다는 선언이 있게 된 것이다. 이 무념법문에 대해서는 찬양과 비판이 교차되어 왔다. 찬양하는 쪽에서는 그 명확한 종지와 실천적 효용성에 주목한다. 비난하는 쪽에서는 그것이 마음의 절대성을 인정하는 외도(先尼外道)에 가깝다고 말한다. 그러나 『육조단경』을 읽어보면 그 무념법문은 반야진리에 철저하게 계합한다.

사실 무념은 유념과 상대되는 개념이 아니다. 6조스님 스스로도 무념과 관련하여 "만약 아무 생각도 하지 않고, 모든 생각을 다 제거해 버리는 방식이라면 한 생각이 끊어져 죽은 뒤 다른 곳에서 생을 받게 될 것이므로 큰 잘못"[142]이라고 했다. 이것을 멍청한 무념이라 말할 수 있겠다. 무념의 핵심은 의식 활동이 대상경계에 머물거나 집착하지 않는 데 있다. 의식 활동을 멈추어 무생물처럼 되는 일이 아닌 것이다. 오히려 그것은 인지 작용의 본래적 완전함과 생생함을 회복하는 일이라 할 수 있다. 그리하여 보고, 듣고, 느끼고, 아는 인지 작용에 있어서 모든 것에 두루 호응하고 자유롭게 통한다면 그것이 무념無念이다. 진여본성에서 비롯되는 지혜로써 관조하되 취하지도 버리지도 않는 것이 무념이다.

그렇다면 6조스님은 반야관조, 불이중도를 왜 무념으로 풀었던 것일까? 달마의 견성법이 제시된 후 깨달음을 선언하는 가짜 선지식이 넘쳐났고 그 폐해 또한 적지 않았다. 6조스님은 경계를 만나면 생각이 일어

렇게 '그 마음이 나는 것'이기 때문이다.
[142] 『六祖大師法寶壇經』(T48, p.353a), "只百物不思, 念盡除卻, 一念絕卽死, 別處受生, 是爲大錯."

나고, 그에 따라 삿된 견해가 일어나며, 이로 인한 무수한 망상의 파도에 허우적대는 이들의 현주소를 잘 알고 있었다. 그리하여 무념의 실천과 구현을 그 선적 수행의 핵심으로 삼았던 것이다. 모두 자성을 얻을 수 있는 대상물로 생각하고 이를 실체화하는 사람들의 오해를 끊기 위해서였다.

이러한 상황은 성철스님에게서도 발견된다. 성철스님 역시 견성한 사람들이 넘쳐나는 수행 풍토에서 오직 무념과 무심을 핵심으로 삼을 것을 강조하는 가르침을 펼쳤기 때문이다. 성철스님은 "오직 견성법만을 전하며 세상에 출현하여 사종邪宗을 파쇄하노라."고 한 6조스님의 선언을 격정적으로 인용하면서 무념의 실천과 구경무념의 성취를 거듭 강조한다. 6조스님의 깨달음에 대해 그리고 당시 수행 풍토의 진단에 대해 완전한 공감이 있었던 것이다.

2. 성철스님 무념정종 설법의 특징

그렇다면 성철스님의 무념법문은 6조스님과 완전히 같은 것일까? 성철스님의 대답은 한결같다. 구경무심이라야 진정한 무심이라는 이 주장은 6조스님을 비롯한 역대의 정안종사들이 여출일구如出一口, 즉 한 입에서 나온 것처럼 말했다는 것이다. 무념은 일체의 망념이 다 떨어진 구경무심을 가리킨다. 이처럼 망념이 모두 소멸한 구경의 무심에서 진여를 증득하는 견성이 일어나게 된다는 것이다.

그런데 망상의 소멸과 진여의 증득은 순차적으로 일어나는 일일까, 아니면 동시적으로 발생하는 일일까? 이 점에 있어서는 관점에 따라 미묘한 차이가 나타날 수 있다. 망념이 떨어지고 나서 진여를 증득하게 된다고 본다면 이것은 순차적인 입장이다. 이 경우, 무념은 과정이 되고 증득할 진여가 기다리고 있다는 말이 된다.

이에 비해 무념의 성취와 진여의 증득이 함께 일어난다는 동시적 입장도 있다. 이 경우, 구경의 무심에서 만나는 모든 것이 진여라는 말이 된다. 성철스님은 동시성을 강조하는 입장이다. 구경의 무심은 진여와의 완전한 계합과 동의어가 된다는 것이다. 구경무심의 성취와 깨달음의 성취가 동시적인 사건이라면 이 둘은 서로의 완전성을 상호 증명하게 된다. 구경무심이므로 깨달음이 완전하고, 깨달음이므로 무심이 완전하다. 성철스님이 돈오원각과 구경무심의 성취에 모든 법문의 핵심을 집중시킨 것도 이 때문이다. 유식의 설을 적극 채용하면서도 전식득지 대신 아뢰야식의 3세 타파를 거듭 강조한 것도 그 점진성 대신 동시성과 완전성을 강조하기 위한 전략이라 할 수 있다.

그럼에도 성철스님은 무념을 먼저 말하고, 6조스님은 견성을 먼저 말한다. 차이가 있는 것이다. 예컨대 6조스님은 "이 법을 깨달은 자는 즉시 무념이다."([6-1])라고 한 데 대해 성철스님은 "이 무념이 즉 무생이니 즉 돈오이며 견성이며 성불이다."라고 설명한다. 또 "진실하고 바른 반야관조가 일어나면 찰나간에 망념이 모두 사라진다."([6-6])라는 6조스님의 말에 대해 성철스님은 "망념이 구멸俱滅하면 자성을 명견明見하고"로 먼저 무념을 말한다.

이것은 흥미로운 차이일 수 있다. 6조스님은 분명 '머무는 바 없이 마음을 내는 일(머무는 바 없이 마음이 나는 일)'을 깨달아, 먼지(塵埃)와 밝은 거울(明鏡)이라는 이름조차 붙일 수 없는 자리에 도달했다. 이것이 반야관조이다. 선악조차 가르지 않는 이러한 비춤에서 보면 먼지도 거울도 모두 진여이기 때문이다. 망념 자체가 진여의 드러남이므로 망념을 일으키려야 일으킬 수가 없다.

　이에 비해 성철스님은 6조스님의 반야관조에 통하는 화두참구를 스스로의 실천 과제로, 그리고 수행자 교육의 핵심으로 삼는 입장에 있었다. 화두참구는 무념이라는 육조선의 종지를 실현하는 데 있어서 과정과 목적이 통일된 수승한 길로 인정받아 왔다. 그 닦음 자체가 곧 무념이라는 것이고, 무념의 닦음을 통해 구경무심의 깨달음에 도달할 수 있다는 것이다. 화두참구의 과정 자체가 바로 무념이라는 목적지이므로 가장 빠른 길(徑截門)이라고도 했다. 간화선의 실천자로서 성철스님이 무념을 견성에 앞서 먼저 말한 이유가 여기에 있다고 생각된다.

　이 무념정종의 법문은 수행에 어떻게 적용되는 것일까? 그 전에 우리는 먼저 6조스님이 설한 무념無念, 무상無相, 무주無住의 상호 관계를 짚어볼 필요가 있다. 당연한 말이겠지만 무념, 무상, 무주는 하나의 진여에 대한 다른 표현이다. 돈오문에서는 시간적 전후와 형상적 차별의 불이성을 실경계로 체험한다. 그것은 『유마경』에서 말한 것처럼 "다양한 형상의 차별성을 분명히 인지하되 진여의 입장에서 움직이지 않는 것(能善分別諸法相, 於第一義而不動)"이다.

　6조스님의 3무법문三無法門이 바로 그렇다. 무념이란 생각 속에 있으면서 생각을 떠난 것이다. 생각의 작용은 분명하지만 대상경계에 오염되지 않는다. 일체의 현상에 대해 시비호오의 차별상을 내지 않는다는 말이다. 무상이란 형상에 있으면서 형상을 떠난 것이다. 천차만별의 형상에 휘둘리지 않고 진여불성에 안주한다는 뜻이다. 무주란 세간의 선악호오에 대해 취사선택하는 마음을 내지 않는 것이다.

　이처럼 무념, 무상, 무주의 어느 경우라 해도 진공묘유의 진여불성을 떠나지 않는다. 대상경계에 흔들리지 않는 무념이 된다는 것은 형상에 차별상을 내지 않는 무상을 실천하는 일이다. 또한 그것은 생각에 집착하지 않는 무주를 실현하는 일이기도 하다. 요컨대 '무념=무상=무주'이다. 그러니까 성철스님은 무념정종의 법문으로 6조스님의 무념, 무상, 무주의 3무법문을 요약하고자 한 것이다.

6조스님은 자신을 추격한 혜명惠明스님에게 대유령 고개에서 최초의 설법을 한다. 바로 "선도 생각하지 않고 악도 생각하지 말라. 그때 무엇이 그대의 본래면목인가?" 하는 질문으로 시작하는 법문이다. 혜명스님은 이 법문에 크게 깨닫는다. 이렇게 바로 가리켜 보이고 바로 깨닫는 것이 조사선의 가풍이다.

그렇지만 우리들은 대부분 애석하게도 이것이 안 되므로 수행을 해야 한다. 드문 자질을 갖춘 수행자라 해도 그 믿음과 현실 사이의 뼈아픈 단층을 절감하게 된다. 그래서 수행을 하지 않을 수 없다. 수행의 방편들은 다양하지만 한결같이 선악을 생각하지 않는 자리에 몰아넣는 일을 핵심으로 한다. 성철스님이 무념만을 택하여 돈오견성법을 설한 것도 이 때문이다.

이와 관련하여 성철스님은 묵조선의 수행을 의도적인 무념의 연출이라고 의심한다. 해오解悟를 의심하는 것도 거기에 무심을 향한 의도적 조작과 의미화가 개입되어 있다고 보았기 때문이다. 이에 비해 화두참구에는 의도가 끼어들 수 없다(무념). 오로지 모를 뿐 한정하여 지향하는 바가 없으므로 형상에 따른 분별이 없다(무상). 간절한 의심으로 밀고 나가므로 머물 수가 없다(무주). 이것을 온몸으로 열심히 실천하는 것이 화두참구이다.

사실 수행을 열심히 한다는 말은 당장 깨닫는 돈오문에 어울리지 않는다. 그런데 조사선의 정통을 잇는 화두참구법에서는 간절한 마음과 열심히 하는 태도가 큰 미덕이 된다. 그리하여 성철스님은 안 해서 그렇지 "열심히 하기만 하면 된다."라고 거듭 강조하는 것이다. 열심히 무심으로 나아간다는 말이 모순이지만 화두참구의 독특한 원리가 그것을 가능하게 하는 것이다.

3. 문장 인용의 특징

【6-1】 悟此法者는 卽是無念이니 無憶無著하야 不起誑妄하고 用自眞如性하야 以智慧觀照하야 於一切法에 不取不捨하나니 卽 ①[是]見性成佛道니라

선문정로 이 법을 요오了悟한 자는 즉시 무념이니 억념憶念과 집착이 없어서 광망誑妄이 일어나지 않고, 자기의 진여본성을 사용하여 지혜로써 관조하여 ②[일체법에 있어서] 취하지도 버리지도 않나니, 이것이 견성이며 불도를 성취함이니라.

현대어역 이 법을 깨달은 이는 바로 무념이 되어 기억하거나 집착하는 일이 없게 됩니다. 거짓된 망상이 일어나지 않으며 자기의 진여자성을 가지고 지혜로써 관조하여 모든 현상을 취하지도 않고 버리지도 않습니다. 그것이 바로 견성이고 불도의 성취입니다.

[해설] 6조스님의 법문에서 가져온 문장이다. 무념이란 시비호오, 취사선택의 마음이 작동하지 않는 일이다. 그것은 또한 진여와 마하반야, 대지혜의 빛에 일체의 분별심을 내려놓는 일이다. 이렇게 본래 지혜에 맡겨 비추기에 철저하면 분별에 기초한 취사선택, 시비호오가 사라질

수밖에 없다. 이것이 진정한 무념이다. 이것을 성취하면 그것이 바로 견성이고 성불이다.

여기에서 ①의 '이다(是)'가 생략되었다. 이것을 생략하면 견성과 성불은 동사적으로 해석되어 '자성을 보고(見性), 부처의 도를 성취한다(成佛道)'는 뜻이 된다. 반면 원문과 같이 '시是' 자를 넣으면 명사적으로 해석되어 '이것이 바로 견성이고 성불'이라는 뜻이 된다. 성철스님은 "이것이 견성이며 불도를 성취함이니라."로 번역하여 ①의 '시是'를 적용하였다. 따라서 ①의 생략된 '시是'는 복원되어야 한다.

번역문 ②의 '일체법에 있어서(於一切法)'의 번역이 누락되었다. 초판본에 교정 지시가 되어 있는 것이 적용되지 않고 2015년 본까지 이어진 것이다. 보완되어야 한다.

【6-2】 悟無念法者는 萬法에 盡通하며 悟無念法者는 見諸佛境界하며 悟無念法者는 至佛地位니라

선문정로 무념법을 철오徹悟한 자는 만법에 전부 통달하며 제불의 심심甚深한 경계를 통견洞見하며 불타의 지위에 이른다.

현대어역 무념의 법을 깨달은 사람은 만 가지 현상에 두루 통합니다. 무념의 법을 깨달은 사람은 모든 부처님의 경계를 봅니다. 무념의 법을 깨달은 사람은 부처의 지위에 이릅니다.

[해설] 생각은 번뇌의 원인이다. 아니 번뇌 그 자체이다. 그런데 사람들은 무념의 가르침을 들으면 바로 생각을 끊고자 하는 생각을 일으킨다. 생각으로 생각을 끊고자 하므로 설상가상이 된다. 물론 애써 삼매

를 닦으면 생각이 끊어지는 것처럼 보이는 자리가 있기는 하다. 그 순간 일체의 번뇌가 사라지는 것처럼 보이기도 한다. 그런데 생각이 끊어졌다 해서 자아의식이 사라지는 것은 아니다. 그것은 돌에 눌려 있던 풀처럼 잠시 눌렸다가 더 강한 기세로 부활한다. 자아의식이 이 정도이니 그 깊은 뿌리인 근본무명은 더 말할 나위가 없다.

더구나 생각을 끊겠다는 의지 자체가 시비분별과 취사선택을 내용으로 하는 번뇌의 일종이다. 그러므로 6조스님이 말하는 무념의 법은 생각을 끊겠다는 의지 자체까지 내려놓는 일이다. 의지 자체를 내려놓는 일이므로 이 무념은 만 가지 현상에 걸림이 없다. 일체의 분별과 시비 호오를 내려놓고 보면 만 가지 현상이 모두 한마음이다. 동서남북으로 나뉜 공간의 방위 개념을 내려놓고 보면 모두가 허공인 것과 같은 이치이다.

이렇게 일체의 분별과 집착이 사라진 자리가 곧 부처의 경계이다. 그래서 무념의 법을 깨달은 사람은 지금 당장 이 자리에서 부처로서 산다. 그에게는 불법이라 할 특별한 것이 따로 없다. 지금의 모든 것이 그대로 불법이기 때문이다. 부처의 마음으로 보므로 모든 것이 부처의 살림인 것이다.

모든 깨달음은 분별의 생각이 무너지는 사건과 동시에 일어난다. 분별이 무너지는 순간, 산은 산이 아니고 물은 물이 아니다. 무엇보다도 나는 내가 아니고, 너는 너가 아니다. 그런데 이렇게 나와 대상의 구분을 남김없이 내려놓고 보면 큰 부활이 일어난다. 그리하여 산하대지가 한결같이 부처이다. 보고, 듣고, 느끼고, 아는 이 작용 또한 부처의 일일 뿐이다. 진정한 무심은 이렇게 모든 것에 대한 절대 부정과 절대 긍정이 동시에 일어나는 사건이다. 크게 죽어 크게 되살아나는 일이다. 그리하여 산은 산이고 물은 물이다.

돈황본에서는 이 무념의 법(無念法)을 무념으로 당장 깨닫는 법(無念頓法)이라 표현한다. 돈오법의 강조는 『육조단경』을 전법의 징표로 전수하던 6조 문중의 정체성에 해당한다. 그래서 무념과 돈오법이 합쳐진 '무념돈법'이라는 단어가 나타나게 된 것이다.

그런데 각 유통본에서는 여기에서 당장 깨닫는다(頓)는 말을 빼고 무념의 법(無念法)으로 표현하고 있다. 무념이란 분별을 내려놓는 일이다. 그것은 지금 여기에서 당장 일어나는 일이지 의식적 수련을 통해 단련되는 것이 아니다. 그래서 무념법은 당장 깨닫는 법이기도 하다. 돈황본에서 무념법과 돈법을 합쳐 한 단어로 만든 것은 그 때문이다.

무념법이나 돈법이나 모두 6조스님의 법이기는 하지만 무념돈법이라는 표현을 버린 것은 유감이다. 작은 자아를 내려놓고 만 가지 모양으로 드러나는 큰 나에 녹아드는 일은 연습으로 성취되지 않는다. 연습은 진짜를 맞이하기 위한 예비적 길 닦음일 뿐이다. 인연이 익어 문득(頓) 진짜가 도래하면 이제까지의 모든 생각, 모든 현상이 이 하나의 큰 몸(大身)을 벗어난 적이 없음을 알게 된다. 이렇게 중요한 글자를 생략한 것은 아깝다.

성철스님은 돈오로서의 무념을 견성, 제불경계, 구경불지로 규정한 6조스님의 관점을 보여주기 위해 이것을 인용하였다.

> 그러므로 중생과 제불의 차이는 유념有念과 무념無念에 있다. 육조가 선설宣說한 무념정오無念正悟는 구경불지이니, 즉 원증돈증圓證頓證의 증오證悟이며 견성의 표본이다.[143]

---

[143] 퇴옹성철(2015), p.127.

【6-3-①】 故로 云 悟無念法者는 萬法에 盡通하며 悟無念法者는 見諸佛境界라하니 是知若入無念法門하면 成佛이 不出刹那之際니라

선문정로 그러므로 무념법을 요오了悟한 자는 만법에 다 통달하며 제불의 경계를 본다 하였으니, 만약에 무념법문에 정입正入하면 성불이 찰나경刹那頃에 있음을 알겠다.

현대어역 그러므로 "무념의 법을 깨달은 사람은 만 가지 현상에 두루 통하고, 무념의 법을 깨달은 사람은 모든 부처님의 경계를 본다."라고 했다. 무념법문에 들어가면 성불이 찰나의 시간을 벗어나지 않음을 알 수 있다.

[해설] 『종경록』의 문장이다. 『육조단경』의 문장을 인용하여 무념이 부처가 되는 길임을 밝히고 있다. 초발심에 즉시 무상정각을 성취한다는 말이 있다. 상식적으로 초주의 초발심은 시작점이고 무상정각은 종점이다. 그런데 어떻게 초발심에 무상정각을 성취하는가? 저절로 그러한 자성, 본래의 부처 마음은 지금 이 자리에 이미 온전하게 드러나 있다. 다만 구름이 끼면 태양이 보이지 않는 것처럼 번뇌의 장막으로 인해 부처의 마음이 드러나지 않을 뿐이다.

그래서 숙제는 단순하다. 번뇌의 장막만 걷어내면 되는 것이다. 그런데 생각 그 자체가 번뇌이므로 생각에 의한 분별작용을 멈추는 일이 성불의 유일한 길이 된다. 생각만 멈추면 부처의 지혜는 저절로 드러난다는 것이다.

초발심은 생각을 내려놓는 일이 가능하다는 것을 체험한 지점이다.

부처의 지혜가 얼굴을 드러내는 시점이기도 하다. 이처럼 본래 갖추어져 있는 부처의 지혜를 여는 일이므로 초발심에 바로 무상정각을 성취한다는 말이 성립한다. 그러나 습관의 기운으로 인해 다시 분별로 돌아간다. 무심의 지속성, 무심의 순도에 문제가 있기 때문이다.

다만 그 단계의 여하에 상관없이 깨달음에 이르는 오직 하나의 길은 무념을 닦아 무념을 성취하는 데 있다. 무념법을 닦아 구경무심에 이르는 것은 6조스님이 제시한 길이고, 영명스님이 동의한 길이다. 성철스님은 이를 논거로 하여 무념으로 깨닫는 것이 '원증돈증圓證頓證의 증오證悟이며 견성의 표본'임을 강조한다.

【6-3-②】 金剛已還의 一切衆生은 ①[獨力業相大無明念, 未出離故, 則是現示一切衆生,] 皆是有念일새 名爲衆生이요 一切諸佛은 皆得無念②故로 名爲佛③[故]이니라

선문정로 금강 즉 등각 이하로부터의 일체중생은 개실皆悉 유념有念이므로 중생이라 하고, 일체제불은 전부 무념을 증득하였으므로 불타라 호명呼名한다.

현대어역 금강, 즉 등각 이전의 모든 중생은 [근본무명에서 일어나는 독력업상의 대무명념을 벗어나지 못한다. 그래서 모든 중생은] 모두 유념으로 나타나므로 중생이라 부른다. 모든 부처는 다 무념을 증득하였으므로 부처라 부른다.

[해설] 『종경록』의 문장이다. 이에 의하면 등각보살까지는 중생이다. 모두 유념이기 때문이다. 오로지 무념을 성취하여야 부처라 할 수 있다

는 것이다. 요컨대 중생과 부처의 차이는 유념과 무념에 있다. 성철스님은 일체 망념이 다 떨어진 묘각이라야 성불이고 돈오라 할 수 있다는 점, 등각보살도 미세번뇌가 남아 있는 그만큼 유념이므로 역시 견성, 성불, 돈오에 들어가지 못한 중생에 속한다는 점을 강조하기 위해 이 문장을 인용하였다.

①의 구절이 생략되었다. '근본무명에서 일어나는 독력업상의 대무명념을 벗어나지 못한다. 그래서 모든 중생은 유념으로 나타난다(獨力業相大無明念, 未出離故, 則是現示一切衆生)'는 뜻이다. 그런데 성철스님은 강설에서 "등각도 아직 극미세망념을 미단한 고로 중생이라 하며"[144]의 방식으로 이 생략된 부분을 되살리고 있다. 내용적으로는 생략될 이유는 없었던 것이다. 다만 유념=중생, 무념=부처의 공식을 설하는 것이 인용의 목적이었으므로 그 대비를 분명히 하기 위해 이 복잡한 설명 부분을 생략한 것으로 보인다.

다음으로 ②에 '고故' 자가 추가되고, ③에 '고故' 자가 삭제되었다. 결과적으로 '고故'의 자리를 바꾼 셈이 되었다. 이로 인해 '고故'의 문법적 기능, 문맥상의 역할이 달라진다. 원래와 같이 ③에 '고故' 자를 두면 인용문의 앞에서 제기된 내용, 즉 일체중생을 깨달았다(覺)고 말할 수 없는 이유를 밝히는 기능[145]을 한다. 이것을 ②의 자리로 옮기면 '무념을 얻었으므로(故) 부처라 부른다'는 뜻이 되어 바로 뒷 구절의 이유를 밝히는 기능을 한다. 인용문을 원래의 문맥에서 떼어내어 『선문정로』의

---

144 퇴옹성철(2015), p.127.
145 『六祖大師法寶壇經』(T48, p.491b), "是故一切衆生, 不名爲覺, 以從本來, 念念相續, 未曾離念, 故說無始. 無明者, 卽是成立上無念義, 謂金剛已還, 一切衆生, 獨力業相大無明念, 未出離故. 則是現示, 一切衆生皆是有念, 名爲衆生, 一切諸佛得無念, 名爲佛故."

설법에 녹아들게 하기 위한 조치이다.

【6-4】 我於忍和尙處에 一聞하고 言下에 便悟하야 頓見眞如本性하니라 是以로 將此敎法하야 流行하야 令學道者로 頓悟菩提하야 ①[各自觀心,] 自見本性케 하느니라

선문정로 내가 오조 홍인화상의 처소에서 한 번 듣고 문득 대오하여 진여본성을 돈견頓見하니라. 그러므로 이 돈오견성법으로써 세상에 유행流行하여 학도學道하는 자로 하여금 보리를 돈오하여 본성을 자견自見케 하느니라.

현대어역 나는 홍인스님에게서 한 번 듣고 말이 떨어짐과 동시에 크게 깨달았습니다. 진여의 본래 그러한 자성을 그 자리에서 보았던 것입니다. 그래서 나는 당장 깨닫도록 가르치는 이 법을 후세에 퍼뜨려 도를 공부하는 사람들이 당장 보리를 깨닫게 하려 합니다. [각자 스스로 마음을 보아] 자기의 본래 자성을 당장 깨닫게 하려는 것입니다.

[해설] 6조스님이 5조스님의 설법을 듣고 바로 깨달아 진여본성을 완전히 보았으며, 자신의 가르침이 이것에 바탕하고 있음을 말하는 구절이다.

이 중 ①의 '각자 스스로 마음을 본다(各自觀心)'는 구절이 생략되어 있다. 마음을 알고 자성을 보는 일(識心見性)은 『육조단경』의 핵심 종지이다. 그런데 이 중 식심識心의 다른 표현인 각자관심各自觀心을 생략한 것이다. 여기에는 몇 가지 이유가 있어 보인다.

첫째, 관심觀心과 견성見性은 기본적으로 둘이 아니므로 하나를 생략한 것일 수도 있다. 동일한 말을 중복시켜 이해를 복잡하게 할 필요가 없다고 보았을 수 있다는 말이다.

둘째, 마음을 본다는 말에 따라다니는 오해의 소지를 없애고자 한 것일 수도 있다. 성철스님은 교리적으로, 혹은 실천적으로 오해의 소지가 있는 말은 과감히 생략하거나 조정한다. 생략된 구절의 '마음을 본다(觀心)'는 말 역시 생멸심을 본다거나 마음으로 마음을 본다는 뜻으로 오해될 수 있다. 물론 원리적으로 보면 생멸심 이대로 진여심이다. 그런데 실천적 차원에서 보면 진정한 무심에 이르지 못한 사람이 생멸심의 차원에서 이 말을 이해하는 경우가 있을 수 있다.

원래 이 「무념정종」 법문의 핵심은 망념이 떨어지고 진여자성의 본체가 드러난 것을 무념이라 하며, 이것이 견성이고 성불이라는 점을 강조하는 데 있다. 그런데 해당 구절은 다른 해석을 불러일으킬 수 있는 부분이 있다. 나아가 이 관심觀心이 신수스님의 간심간정看心看淨과 어떻게 다른지에 대한 설명도 필요하다. 그러자면 인용의 목적을 흐리는 긴 설명이 필요하다. 이러한 점들을 고려하여 생략이 행해진 것으로 보인다.

【6-5】 唯傳見性法하야 出世破邪宗하노라

선문정로 오직 견성하는 법만을 전하여 세상에 출현하여 사종邪宗을 파쇄破碎하노라.

현대어역 오직 자성을 보는 법만을 전하여 세상에 출현하여 삿된 종파를 부순다네.

[해설] 6조스님의 법문은 지역의 수령이던 위사군韋使君의 요청에 의한 것이었다. 여기에서는 위사군이 재가불자에게 적절한 수행법이 있는지를 묻는다. 이에 6조스님은 게송의 방식으로 재가불자의 수행 역시 모양을 설정하지 않고(無相), 머물거나 지향하는 바 없고(無住), 분별집착을 멈추는(無念) 실천에 있음을 가르친다.

게송은 전체 14수에 달하는데, 인용문은 제1수의 두 구절에 해당한다. '성품을 깨닫는 법(見性法)'은 돈황본에는 '오직 지금 당장 깨닫는 법(頓敎法)'으로 표현되어 있다. 돈황본에는 당장 깨닫는 돈오에 대한 강조가 뚜렷하다. 물론 돈오법과 견성법은 모두 6조스님이 완성한 깨닫는 법의 다른 표현이다. 성품은 전체 현상에 스며들어 떼어낼 수 없는 무엇이다. 이것을 아는 일은 모든 현상을 하나하나 체험하는 과정을 필요로 하지 않는다. 나와 그것이 한 몸임을 단번에 보아 당장 볼 수 있는 것이므로 견성법은 곧 돈오법이기도 하다.

성철스님은 이것을 돈오견성법으로 묶어 표현한다. 그리하여 돈오견성법만이 실질적 깨달음을 성취한 불지인 증오證悟이며, 이것만이 실법實法임을 강조한다. 여기에서 증오는 관념적 이해의 성분을 모두 떨어낸 구경각을 가리키는 말이다.

깨달음을 완성한 부처의 대원각이라야만 돈오견성이라 할 수 있다는 것은 성철스님의 지론이다. 돈오견성의 체험으로 깨달음의 여정을 시작한다는 돈오점수론과 그 길이 크게 갈리는 지점이기도 하다. 어떻게 보아도 이 문제의 핵심은 돈오견성이 시작점인지 마지막 도달점인지에 있다.

돈오점수론에서 주장하는 것처럼 돈오견성이 시작점이라면 그 체험한 내용을 점점 확고히 하는 과정이 필요하다. 그 여정에는 자유와 낭만이 있다. 다만 이것이 지나치면 막행막식의 부작용이 나타날 수 있다. 이에 비해 돈오견성이 도달점이라면 까마득하게 모를 뿐인 입장에서 알고자 하는 간절함으로 나아가는 일이 있게 된다. 그 여정은 근실함과 간절함으로 채워진다. 이것이 지나치면 수행 제일주의에 빠질 수 있다. 당장 자성을 보고야 말겠다는 대발심이 없으면 안 되는 이유이고, 이것이 무엇인지를 진정으로 알고자 하는 자기 질문이 있어야 하는 이유이다. 또한 눈뜨지 못한 자신에 대한 절망과 거듭 새로 일어나 몸을 던지는 발분망식의 마음이 있어야 하는 이유이다. 이것이 없이 도달점으로서의 돈오견성을 기대하는 마음을 가지고 억지로 힘을 쓰는 일을 능사로 삼는다면 자칫 무의미한 시간 보내기가 될 수 있다. 그러므로 성철선은 수행자 각자 스스로에게 자신의 철저하지 못한 발심, 철저하지 못한 수행, 철저하지 못한 깨달음을 자책하는 자세를 요구한다.

【6-6】 若起①眞正[正眞]般若觀照하면 一刹那間에 妄念이 俱滅이요 若識自性하면 一悟에 卽至佛地니라

선문정로 만약에 자성의 진정한 반야인 관조가 현전발기現前發起하면, 일찰나간一刹那間에 망념妄念이 구멸俱滅한다. 그리하여 자성을 식득識得하면 일오一悟해서 즉시에 불지에 도달한다.

현대어역 진정한 반야관조가 일어나면 찰나간에 망념이 모두 사라집니다. 자성을 알면 한 번에 깨달아 즉시 부처의 자리에 이르게 됩니다.

[해설] 바깥의 선지식도 있고 안의 선지식도 있다. 안내자로서의 바깥 선지식은 내 안의 선지식인 반야지혜를 일으키는 계기적 역할을 한

다. 반야지혜와 그에 의한 관조가 일어나면 깨달음과 성불은 저절로 성취된다.

그렇다면 새삼스러운 질문이 일어난다. 반야란 무엇이고 관조란 무엇인가? 불변의 이치와 그것의 형상적 발현이 둘 아님을 보는 것이 반야이다. 내적 자아와 외적 대상에 간섭받음이 없이 실상을 비추어 보는 것이 관조이다. 쉽게 말해 분별을 내려놓고 본래 갖추어진 밝은 알아차림에 돌아가 맡기는 것이 반야이고 관조이다.

결국 반야와 관조는 같은 말이다. 이것이 진정으로 실천되면 일체의 분별이 사라진다. 이렇게 말하다 보니 다시 답답해진다. 분별을 내려놓는 일과 반야관조를 실천하는 일을 인과 관계로 볼 수 없기 때문이다. 굳이 말하자면 분별을 내려놓는 일과 반야관조는 서로가 서로를 계발시키고, 발전시키고, 완성시키는 관계에 있다. 이것이 주거니 받거니 상승작용을 일으켜 문득 자성에 눈뜨는 일이 일어나는 것이다. 이렇게 눈뜨는 일을 단번에 깨달아 부처의 자리에 들어간다고 표현하기도 하는 것이다.

이상과 같은 내용을 설하는 앞의 인용문에서 ①과 같이 '정진正眞'을 '진정眞正'으로 바꿔 썼다. 경전에서 '정진正眞'과 '진정眞正'은 진실하고 바르다는 뜻으로 통용되는 관계에 있다. 그러므로 뜻에는 변함이 없다. 다만 '진정眞正'이 보다 관용적인 표현이라는 점이 고려되었을 수 있다.

【6-7】 我此法門은 ①[從上以來,] ②[先立] 無念으로 爲宗하며 無相으로 爲體하고 無住로 爲本이니라

선문정로 나의 이 법문은 무념으로 종취를 삼아서, 무상無相으로 체를 삼고, 무주無住로 근본을 삼는다.

현대어역 나의 이 법문은 [예로부터] 생각 없음(無念)을 [우선적인] 종지로 세우고, 모양 없음(無相)을 본체로 하며, 머물지 않음(無住)을 근본으로 합니다.

[해설] 생각 없음(無念), 모양 없음(無相), 머물지 않음(無住)에 관한 이 법문을 흔히 세 가지 없음에 관한 법문이라 하며 『육조단경』 법문의 핵심으로 꼽는다.

물론 생각 없음이라 해서 지각 작용으로서의 생각을 일으키지 않는다는 뜻은 아니다. 모양에 따라 분별하지 않는 것이 생각 없음이다. 모든 현상은 구체적이거나 추상적인 모양을 갖는다. 둥글고 모난 것도 모양이고, 아름다움과 추함도 모양이고, 착함과 악함도 모양이고, 추구하거나 버리려 하는 것도 모양이다. 심지어 공함조차 있음에 상대되는 없음이라는 모양이 된다. 이러한 모양을 대하되 어떠한 모양에도 시비분별과 취사선택의 입장을 취하지 않는 것이 생각 없음이다.

그러니까 생각 없음은 모양 없음과 동의어일 수밖에 없다. 모양 없음을 본체로 한다고 했는데 그렇다고 모양을 무시하라는 뜻이 아니다. 모양에 대해 시비호오의 분별심을 내지 않는다는 것이지 모양을 지워 버리거나 모양에 눈 감는 일이 아닌 것이다. 그러므로 모양 없음을 강조하는 설법을 듣고 그것을 개념화하여 이에 집착하는 일이 있어서는 안 된다. 개념이야말로 중요한 모양이기 때문이다. 특히 허공과 같은 모양 없음의 차원을 따로 설정해서는 안 된다. 중요한 것은 모양을 대하되 그 모양에 지배되지 않는 데 있다. 그것이 바로 진여와 하나되는 평등의 길이며, 우주법계를 빈틈없이 채우고 있는 눈앞의 부처에게 바로 돌아가는 길이다.

머물지 않음 역시 둘 아닌 이 일의 다른 표현이다. 머물지 않는다는 것은 특별한 어떤 차원을 집착하거나 그것을 지향점으로 삼지 않는다는 뜻이다. 생각은 인간의 본성이므로 이것을 소멸할 수는 없다. 다만 폭포와 같이 쏟아져 내리는 생각의 물방울들을 그냥 흘러가도록 놓아두면 된다. 그래서 마음씀을 마니주와 같이 하라고 하는 것이다. 마니주는 붉은 것이 오면 그것을 반영하여 전체가 붉은색이 되고, 파란색이 오면 전체가 파랗게 된다. 색깔이 지나간 뒤에는 어떤 흔적도 남지 않는다. 머물지 않는 마음이 이렇다. 모든 것과 하나로 만나 맷돌의 아랫돌-윗돌과 같이 서로 상응하되 그 어떤 것에도 호오의 감정과 그에 따른 집착을 일으키지 않는 것이다. 이것이 머물지 않는 일이다.

이 중 ①의 '예로부터(從上以來)'와 ②의 '~을 우선적으로 세운다(先立)'는 구절이 생략되었다. ①의 '예로부터'는 석가모니로부터 지금까지를 뜻한다. 무념, 무상, 무주는 처음부터 불교의 종취이고, 본체이며, 근본이었다는 뜻이다. 이 구절을 생략하면 무념, 무상, 무주의 주창자는 6조스님이 된다. 사실 6조스님이 밝힌 바와 같이 무념, 무상, 무주는 다양한 경전에서 불교의 핵심으로 강조[146]된 바 있다. 그러나 선종사에서 이 3무三無의 종지는 육조선의 핵심으로 수용되어 왔다. 따라서 ①을 생략함으로써 그 논지를 뚜렷이 하고자 한 것이다.

②의 '~을 우선적으로 세운다(先立)'는 구절의 생략은 문장의 균형과

---

[146] 『지심범천소문경持心梵天所問經』에서는 부처는 무의無意, 무념無念을 바른 사유의 길이라 가르친다고 했고, 『불설혜인삼매경佛說慧印三昧經』에서는 부처는 사리불에게 부처의 경계는 무념無念, 부동不動, 불요不撓의 특징을 갖고 있다고 설한 바 있다. 『持心梵天所問經』(T15, p.7a), "何謂佛之所教所當思者, 答曰, 無意無念."; 『佛說慧印三昧經』(T15, 0461b), "佛所至到處, 非若阿羅漢辟支佛等所可知, 獨佛自知之耳, 所以者何, 無念不動不搖故." 이 밖에 무상은 『금강경』의 사상四相 부정으로 설명되며, 무주無住는 『금강경』의 '응무소주應無所住, 이생기심以生其心'에 대응되어 설명된다.

명확성을 드러내기 위한 조치이다. 문장의 구성상 '선립先立'은 무념, 무상, 무주에 모두 적용되는 것으로 볼 수도 있고, 무념에만 적용되는 것으로 볼 수도 있다. 그러나 어떻게 적용해도 문맥상 자연스럽지 못하다. 사실 돈황본 등에는 ②의 '선립先立'의 자리에 '돈오문이나 점수문에서 공히 무념을 종지로 삼는다(頓漸皆立, 無念爲宗)'는 구절이 자리잡고 있다. 이 구절은 묘하다. 6조스님이 돈과 점을 함께 인정한 것처럼 보이는 구절이기 때문이다. 그래서 성철스님은 돈황본을 평설하면서 이 돈점頓漸을 생략할 필요가 있다고 주장[147]한 바 있다. 이처럼 '선립先立'은 문법적 기능이 애매하고 엇갈리는 판본들이 있어 제반 측면에서 논의에 불편한 점이 있다. 이것을 생략함으로써 불필요한 논의를 차단하겠다는 의도로 읽힌다.

【6-8】 無者는 無何事며 念者는 念何物고 無者는 無二相이며 無①[諸]塵勞之心이요 念者는 念眞如本性이니 眞如는 卽是②無念之體요 念은 卽是眞如之用이니라

선문정로 무無라 함은 하사何事가 없음이며, 염念이라 함은 하물何物을 염念하는고. 무라 함은 상대相對의 2상二相이 없으며 진로塵勞의

---

147 돈황본에는 이 구절이 "我自法門, 從上已來, 頓漸皆立, 無念無宗, 無相無體, 無住無爲本"으로 되어 있어 의미가 통하지 않는다. 성철스님은 이에 대해 "善知識아 我自法門은 從上已來로「頓漸」皆立無念爲(無)宗하야 無相爲(無)體하며 無住「無」爲本이니라."로 교정하여 의미가 통하게 하는 한편, 돈점에 표시를 하여 논의의 여지가 있으며 결국 생략하여야 하는 구절이라는 점을 밝혔다. 돈황본의 원문은 『南宗頓教最上大乘摩訶般若波羅蜜經六祖惠能大師於韶州大梵寺施法壇經』(T48, p.338c) 참조. 성철스님의 교정문은 퇴옹성철(1988), 『돈황본육조단경』, 장경각, pp.126-127 참조.

망심이 없는 것이요. 염이라 함은 진여의 본성을 염念함이니, 진여는 즉시 염念의 본체요 염念은 즉시 진여의 대용大用이니라.

현대어역 없다니, 무엇이 없다는 것인가? 또 생각한다니, 무엇을 생각한다는 것인가? 없다는 것은 둘로 나누어 분별하는 모양이 없다는 뜻입니다. 그로 인해 일어나는 모든 번뇌에 묶이지 않는다는 뜻입니다. 생각한다는 것은 진여의 본래 그러한 자성을 생각한다는 뜻입니다. 진여는 생각의 본체이고 생각은 진여의 작용입니다.

[해설] 무념에 대한 6조스님의 설법이다. 무념을 '생각 없음(無念)'으로 풀지 않고 '없음(無)'과 '생각(念)'으로 구분하여 풀이하는 것은 한자 해석학의 전형이라 할 수 있다. 이를 통해 '망념이 없음(無)'과 '진여의 본성을 생각함(念)'은 불이不二 관계에 있게 된다.

원래 6조스님이 우려한 바와 같이 '생각(念)이 없다(無)'는 뜻의 무념은 단어의 구성상 자칫 아무 생각도 없는 상태를 가리키는 말로 이해될 수 있다. 성철스님은 이것을 편공偏空, 악취공惡取空에 떨어지는 일[148]이라고 비판한다. 6조스님 역시 아무 생각도 하지 않고(百物不思), 아예 생각을 없애는(念盡除卻) 방식의 무념은 생사의 윤회에 빠지는 일이라고 경계한 바 있다. 이러한 점을 우려하여 인용문과 같이 무념을 망념이 없음(無)과 진여의 드러남(念)이라는 뜻으로 새롭게 해설한 것이다.

앞에서 말한 것처럼 '생각 없음'을 '없음(無)'과 '생각(念)'으로 나누어 설명하는 것은 한문이기 때문에 가능한 해석이다. 생각 없음의 설법은 자칫 없음의 측면이 강조될 위험이 있다. 그런데 이것을 '없음(無)'과 '생각

---

[148] 퇴옹성철(2015), p.132.

(念)'으로 나누어 설명하면 진공과 묘유의 통일이 된다. 서로 보완하여 상대되는 한 측면에 떨어지지 않게 된다. 없음은 실체가 있다는 착각을 부정하고, 생각은 이 실체가 없다는 생각을 다시 부정한다. 이렇게 함으로써 있음에 대한 집착을 끊고, 없음에 대한 집착까지 끊어 중도를 실천하는 길을 여는 것이다.

진여자성을 생각한다고 했는데 사실 생각할 수 있는 진여가 따로 없다. 그것은 만사만물을 통해서만 나타나기 때문이다. 그래서 유마거사는 밖으로 모양을 잘 분별하되 그와 동시에 안으로 진여의 자리에서 움직이지 않아야 한다고 말한 것이다. 『육조단경』에는 생각 없음을 왜 가르침의 핵심으로 삼아야 하는지 그 이유를 밝히는 다음의 문장이 제시되어 있다.

> 말로만 견성을 말하는 사람들이 있습니다. 그들은 미혹한 사람들이라 경계를 만나면 생각이 일어나고, 그 생각에서 다시 삿된 견해가 일어납니다. 그리하여 모든 번뇌와 망상들이 여기에서 생겨납니다.[149]

바로 이렇기 때문에 이 공부는 무념에서 시작하여 무념으로 돌아가야 하는 것이다. 여기에서 6조스님은 다시 진여와 생각을 본체와 작용의 관계로 설명한다.

> 진여자성에서 생각이 일어납니다. 눈이나 귀, 코나 혀가 생각하는 것이 아닙니다. 진여에 자성이 있으므로 생각이 일어납니다. 만약

---

149 『六祖大師法寶壇經』(T48, p.353a), "只緣口說見性, 迷人於境上有念, 念上便起邪見, 一切塵勞妄想, 從此而生."

진여가 없으면 눈이나 귀, 모양이나 소리가 애초에 성립할 수 없습니다.[150]

진여자성의 본체적 성격과 생각의 작용적 특징을 강조하는 설법이다. 그러니까 시비분별과 그에 기초한 집착을 내려놓고 보면 모든 것이 진여자성을 증명하는 현장이 된다.

이 중 ①과 같이 '모든 번뇌(諸塵勞)'에서 '모든(諸)'을 생략하였는데 뜻에는 큰 변화가 없다. 다만 '모든 번뇌'라고 하면 번뇌의 종류를 일일이 거론해야 하는 교학적 설명이 요구된다. 성철스님은 번뇌의 뿌리가 되는 제8아뢰야식의 3세를 타파해야 한다는 데 법문을 집중한다. 여기에서도 이 '모든(諸)'을 생략함으로써 중도로서의 무념 실천이 바로 모든 번뇌의 타파를 대신하는 것이 되도록 한 것이다. 이를 통해 무념법문의 주제를 더욱 분명하게 드러낼 수 있게 된다.

다음으로 ②와 같이 '생각의 본체(念之體)'에 '무無' 자를 추가하여 '무념의 본체(無念之體)'라 하였다. 이것은 편집상의 오류일 것이다. 성철스님의 번역문에는 "진여는 즉시 염念의 본체"[151]로 되어 있어 추가된 '무無' 자가 적용되어 있지 않다. 물론 진여를 생각의 본체라 해도 되고, 무념의 본체라 해도 모두 통하기는 한다. 그렇지만 성철스님의 의도가 여기에 있지 않으므로 바로잡아야 할 것이다.

【6-9】 若識本心하면 卽本解脫이요 若得解脫하면 卽是般若三昧며 卽是無念이니라

---

150 『六祖大師法寶壇經』(T48, p.353b), "眞如自性起念, 非眼耳鼻舌能念. 眞如有性, 所以起念. 眞如若無, 眼耳色聲當時卽壞."
151 퇴옹성철(2015), p.131.

선문정로 만약에 진여본심 즉 진심을 식득識得하면 즉시 근본해탈이요, 해탈을 체득하면 즉시 반야삼매며 무념이니라.

현대어역 본래 마음을 알게 되면 그것이 본래의 해탈입니다. 해탈을 얻었다면 그것이 바로 반야삼매이며 그것이 바로 무념입니다.

[해설] 『육조단경』에서 가져온 것으로 본래 마음을 아는 일과 해탈과 반야삼매와 무념이 동의어임을 밝히는 구절이다. 성철스님은 이것이 모두 구경무심의 다른 이름이라는 점을 강조하기 위해 인용하였다.

불교의 교학이나 선문의 역사는 다양한 용어를 창안한 역사이기도 하다. 새롭게 창안된 용어는 기존의 용어에 침착된 관념의 먼지들을 떨어내고 불교의 핵심을 새롭게 드러내는 역할을 한다. 그래서 새로운 용어는 기존의 성스러운 용어들에 대한 새삼스러운 눈뜸으로 연결된다. 그러므로 불교의 핵심을 놓치지 않는 안목으로 볼 때 새롭게 창안된 용어들은 기존의 용어들과 동의어 관계에 있게 된다. 그러니까 12인연이 중도이고, 중도가 공이며, 공이 불성이다. 불성이 본래 마음이며, 본래 마음을 아는 일이 해탈이며, 반야삼매며, 무념이며, 무념이 대원경지가 되는 것이다.

【6-10】 云何爲頓悟오 答하되 頓者는 頓除妄念이요 悟者는 悟無所得이니라

선문정로 어떤 것을 돈오라 하는고. 대답하되 돈頓이라 함은 일체 망념을 단제斷除함이요, 오悟라 함은 오悟에 소득所得이 없음이니라.

현대어역 질문 : "무엇이 단번의 깨달음(頓悟)입니까?" 답변 : "단번(頓)이라 하는 것은 진실하지 못한 생각을 단번에 제거하는 것이고, 깨달음(悟)이란 얻을 바 없음을 깨닫는 것이다."

[해설] 대주혜해스님의 『돈오입도요문론』에서 가져온 문장이다. 문답식으로 이루어진 간명하면서도 활용성 높은 이 책은 성철스님이 특히 중시한 어록에 속한다.

대주스님은 법문을 시작하는 첫 부분에서 선문의 길이 돈오임을 밝힌다. 그런 뒤 단번에 깨닫는 돈오와 번뇌를 멸진한 무심, 혹은 무념을 강조하는 설법으로 들어간다. 성철스님은 이를 논거로 하여 돈오가 곧 구경무심의 성취이며, 불지에 들어가는 일이며, 그것이 견성의 본뜻이라는 점을 보여주고자 한다.

【6-11】 此頓悟門은 以何爲宗하고 以何爲旨하며 以何爲體하고 以何爲用고 答하되 無念으로 爲宗하고 妄①念[心]不起로 爲旨하며 以淸淨으로 爲體하고 以智爲用이니라

선문정로 이 돈오문은 무엇으로 종宗을 삼고, 무엇으로 지旨를 삼으며, 무엇으로 체體를 삼고, 무엇으로 용用을 삼는고. 대답하되 무념으로 종宗을 삼고, 망념이 일어나지 않음으로 지旨를 삼으며, 청정으로 체體를 삼고, 지혜로 용用을 삼는다.

현대어역 "이 돈오문은 무엇을 근원(宗)으로 하며, 무엇을 핵심적인 뜻(旨)으로 합니까? 무엇을 본체(體)로 하며, 무엇을 작용(用)으로 합니까?" 답변 : "무념을 근원으로 하고, 망녕된 마음이 일어나지 않는

것을 핵심적인 뜻으로 한다. 청정을 본체로 하며, 지혜를 작용으로 한다."

[해설] 『돈오입도요문론』 중의 무념에 대한 설법이다. 돈오의 길은 무념, 즉 망념이 일어나지 않음을 종지로 삼으며, 청정함과 그것에서 일어나는 지혜를 본체와 작용으로 삼는다는 말이다.

성철스님은 이것이 망념의 제거→무념의 증득→청정무구→반야대지의 관계에 있다고 설명한다. 또한 그러면서도 그것이 내용적으로 같은 차원에 있는 것임을 강조한다. "표현은 달리했지만 그 내용은 같다."[152]는 것이다.

이 중 ①과 같이 '망심妄心'을 '망념妄念'으로 대체하였다. 이 문단에서 '심心'과 '염念'이 동의어로 쓰였다는 점[153], 무념정종의 법문이므로 무념과 망념의 어휘적 대비가 더 어울린다는 점 등이 고려된 것으로 보인다. 대주스님은 바로 뒷 구절에서 이 망심妄心을 사념邪念으로 바꾸어 표현하기도 한다. 사념은 시비선악을 가르는 생각을 가리킨다. 당연히 그것은 망념妄念과 동의어가 된다. 또한 바로 앞의 인용문과 해설에서 망념을 단번에 없애는 것이 무념을 증득하는 길로 설명되고 있다는 점 또한 고려된 것으로 보인다.

성철스님은 이 단어들을 하나로 묶어서 단순화하고자 한다. 망념妄念과 망심妄心이 어떻게 다른지에 대한 교학적 논의에 빠지는 것은 선가

---

152 퇴옹성철(2015), p.134.
153 망심妄心과 망념妄念과 망상妄想을 구분하여 보는 관점도 있으나 불교사전에서는 거의 동일한 뜻으로 해석한다. 즉 망심은 허망하게 분별하는 마음(虛妄分別之心), 망념은 허망한 심념(虛妄之心念), 망상은 허망하게 분별하는 마음(虛妄分別)이라 하고 있다. 『佛光大詞典』, 北京圖書館出版社, 1988. pp.2339-2341 참조.

의 일이 아니라고 보았기 때문이다. 그 복잡한 논의에 빠져 생각을 작동하느라 무념의 직접적 실천에 바로 뛰어들지 못하게 될 수 있다고 보았기 때문이다. 강설에서 "무심인 무념은 구경불지"[154]라고 '무심=무념'을 먼저 설명한 것도 바로 이러한 고려에 의한 것이다. 수행자들로 하여금 복잡한 논의와 생각을 끊고 지금 당장 무념, 무심을 실천하는 실참에 들어가도록 이끌기 위한 조치이다.

【6-12-①】 無念者는 一切處에 無心이 是니 無一切境界하며 無餘思求가 是니라 對諸境色하야도 永無起動이 是①[卽]無念이니 無念者는 是②[名]眞念也니라

선문정로 무념이라 함은 일체처一切處에 무심함이니, 일체 경계가 없으며 ③[나머지] 사려思慮 희구希求가 없다. 모든 경계와 색상色相을 대하여도 영원히 기멸起滅과 동요가 없는 것이 무념이니, 무념은 즉 진여정념眞如正念이다.

현대어역 무념이란 모든 곳에 마음이 없음을 가리킨다. 일체의 대상 경계가 없고, 이런저런 생각과 추구가 없는 것을 가리킨다. 모든 대상경계의 모양을 만나도 생각이 일어나거나 움직이는 일이 영원히 없다면 그것이 [바로] 무념이다. 무념을 진실한 생각(眞念)이라 부른다.

[해설] 성철스님이 중시한 『돈오입도요문론』은 일체처에 무심함을 특별히 강조한다. 위의 예문에서도 무념의 구체적 내용을 설명해 달라는

---

154 퇴옹·성철(2015), p.135.

질문에 대해 일체처에 무심함으로 답변하고 있다. 그것은 추구하는 생각이 없으며, 외적 경계와 모양을 대하되 움직임이 없는 것으로 설명된다. 이것이 무념이고, 진실한 생각(眞念)이고, 바른 생각(正念)으로서 분별적 삿된 생각(邪念)과 구별된다.

이 중 ①의 '바로 ~이다(卽)'와 ②의 '~이라 부른다(名)'가 생략되었다. 생략된 두 글자, '즉卽' 자와 '명名' 자는 '시是' 자와 문법적 기능이 중복된다. 그래서 해당 글자를 생략하면 문장의 부드러움은 사라지지만 의미는 뚜렷해진다. 이를 통해 '무념=일체처 무심=진념=정념'의 등치 관계가 보다 분명히 드러나도록 한 것이다.

③과 같이 빠진 번역이 있다. '무여사구無餘思求'는 '이런저런 생각과 추구가 없다'는 뜻이다. "사려思慮 희구希求가 없다."는 번역으로 충분히 그 뜻이 전달되지만 '남을 여餘' 자가 갖는 중요성이 간과될 수 있다. 일체의 경계가 없는 것과 같아도 미세한 분별에 의한 생각과 추구가 남아 있을 수 있다. 그래서 초판본을 보면 '여餘' 자의 번역어인 '나머지'를 보완하라는 교정 지시가 있다. 지시된 대로 교정되어야 한다.

【6-12-②】 若離一切處無心하고 得菩提解脫과 ①得涅槃寂滅과 禪定見性②[者]은 非也니라

선문정로 만약에 무념인 일체처무심一切處無心을 떠나서 보리해탈과 열반적멸涅槃寂滅과 선정견성禪定見性을 체득하려면 될 수 없다.

현대어역 일체처에 무심함을 벗어나 보리와 해탈, 열반과 적멸, 선정과 견성을 얻을 수 있다고 한다면 옳지 않다.

[해설] 『돈오입도요문론』의 중도에 대한 설명 부분에서 따온 인용문이다. 전체 문맥을 보자면 상대적 두 차원(二邊)을 세우지 않는 일을 일체처에 무심한 일이라 한다. 일체의 모양에 본질이 따로 없음을 아는 일을 일체처에 무심한 일이라 한다. 무심이 결코 무생물과 같은 무지각 상태를 가리키는 말이 아닌 것이다. 이처럼 일체처에 무심함이 중도의 실천이므로 그것은 보리, 해탈, 열반, 적멸, 선정의 내용이 된다. 성철스님은 무심이 곧 구경불지임을 보여주기 위해 이것을 인용하였다.

이 중 ①의 '~을 얻을 수 있다(得)'를 추가하였다. '득得'과 관련하여 문법적 일관성을 갖추려면 보리와 해탈, 열반과 적정, 선정과 견성을 말하는 세 구절에 모두 '득得'을 붙이는 방법과 맨 앞의 보리와 해탈에만 붙이고 나머지를 모두 생략하는 방법이 있을 수 있다. 원문은 맨 앞에서 전체를 거느리는 방식으로 '득得'을 붙였다. 성철스님의 인용문은 두 번째 구절에도 '득得'이 있으므로 문법적 일관성이 결여되어 있다. 그래서 다시 번역문을 살펴보면 '보리해탈과 열반적멸涅槃寂滅과 선정견성禪定見性을 체득하려면'으로 '득得'이 한 번만 적용되어 있다. 추가할 의도가 없었던 것이다. 초판 편집 시 일어난 식자의 오류로 보이므로 삭제하는 것이 좋겠다.

②의 '자者'를 생략한 것은 문장의 뜻을 분명하게 하기 위한 것이다. '자者'를 붙이면 '일체처에 무심함을 떠나 보리, 해탈, 열반, 적멸, 선정, 견성을 구하는 사람(者)은 옳지 않다'는 뜻으로 번역될 수 있다. 그런데 성철스님은 일체처에 무심함이 바로 보리, 해탈이라는 점을 강조[155]하는 것이 대주스님의 설법 요지라 보았다. 이에 그 등치 관계를 강조하기

---

155 『頓悟入道要門論』(X63, p.24a), "一切處無心者, 卽修菩提, 解脫, 涅槃, 寂滅, 禪定, 乃至六度, 皆見性處."

위해 '자者'를 생략한 것이다.

【6-13】 ①[修]頓悟者는 ②[亦復如是,] 爲頓除妄念하고 永絶人我 ③[我人]하야 畢竟空寂하야 即與佛로 齊等하야 無有異니라 ④[故云即凡即聖也.]

선문정로 돈오한 자는 망념을 돈제頓除하고 인아人我를 영절永絶하여 필경에 공적空寂하므로 즉시에 불타와 제등齊等하여 추호秋毫의 차이도 없다.

현대어역 돈오를 닦는 사람은 [또한 이와 같아서] 허망한 생각을 단번에 제거하고 나와 대상에 대한 집착을 영원히 끊어 궁극적으로 공적하여 부처와 동등하여 차이가 없다. [그러므로 범부가 곧 성인이라 하는 것이다.]

[해설] 『돈오입도요문론』의 문장이다. 돈오는 망념이 단번에 사라져 자아나 대상세계에 실체가 있다는 생각을 영원히 끊는 일이다. 이 차원에서 보면 삼라만상이 변화무쌍하게 일어나고 사라지지만 언제나 공적하다. 이것이 돈오다. 돈오는 결국 부처와 한 몸이 되는 일인 것이다. 돈오에 대한 정의가 구경불지에 대한 정의와 완전히 같다는 점을 밝히고 있는 문장이다.

성철스님은 이 구절에 대해 "일체 망념이 영단永斷된 대공적삼매大空寂三昧를 돈오라 하나니 이는 구경불지"[156]라고 재해석한다. 이 중 '일체,

---

[156] 퇴옹·성철(2015), p.135.

영원(永), 큼(大), 구경'은 돈오가 구경각임을 강조하기 위해 동원된 수사에 해당한다. 원문의 맥락에서는 새끼 사자와 어미 사자, 봄의 죽순과 다 자란 대나무에 대한 비유[157]를 통해 돈오와 부처의 관계를 설명하고 있다. 지금 이 자리에서 당장 망념을 제거하고 깨달을 것 없다는 바로 그 사실을 깨달아 즉시 해탈하는 것이 돈오이다. 이 돈오의 길[158]을 닦지 않는다면 "여우가 사자를 따라다닌다 해도 사자가 될 수 없는 것과 같다."[159]는 부연 설명이 뒤따른다. 요컨대 돈오가 아니면 영원히 깨달을 수 없음을 밝힌 것이다.

첫머리의 '돈오한 자는(頓悟者)'이라는 구절의 앞에 ①과 같이 '수修' 자가 생략되어 있다. 이를 복원하면 '돈오를 닦는 자는'이라는 뜻이 된다. 성철스님은 '수修'를 생략하여 '돈오란(頓悟者)'으로 바꾸었다. 이를 통해 성철스님이 선호하는 A=B의 방식으로 그 의미를 규정하는 문장이 구성된다.

한편 이 '수修'의 생략에는 '돈오를 닦는다(修頓悟)'는 구절에 대한 해석의 범위를 좁히고자 하는 의도가 발견된다. 성철스님은 일시적 불이不二 체험을 깨달음으로 자부하는 수행자들의 관념적 이해를 끊고자 한다. 특히 돈오와 견성은 오로지 구경각을 가리키는 것임을 강조하여 일시적 체험을 깨달음으로 자처하는 위험을 차단하고자 한다. 그런데 해당 구절의 '돈오를 닦는다'는 문장은 자칫 돈오한 뒤에 닦는다는 뜻으로 해

---

157 『頓悟入道要門論』(X63, p.22c), "頓悟者, 不離此生, 卽得解脫. 何以知之, 譬如師子兒, 初生之時, 卽眞師子. 修頓悟者, 亦復如是, 卽修之時, 卽入佛位. 如竹春生筍, 不離於春, 卽與母齊, 等無有異."
158 『頓悟入道要門論』(X63, p.18a), "問, 欲修何法, 卽得解脫. 答, 唯有頓悟一門, 卽得解脫. 云何爲頓悟, 答, 頓者, 頓除妄念, 悟者, 悟無所得."
159 『頓悟入道要門論』(X63, p.22c), "不修頓悟者, 猶如野干, 隨逐師子, 經百千劫, 終不得成師子."

석될 수 있다. 이를 우려하여 '수修'를 생략한 것으로 보인다. 돈오가 바로 구경불지160임을 강조하는 입장에서 '돈오를 닦는다'는 말이 적절치 못하다고 보았을 수 있다는 것이다.

②의 '또한 그러하다(亦復如是)'의 구절이 생략되었다. 그것이 지칭하는 것은 어린 대나무가 다 자란 대나무와 다를 바 없다는 비유이다. 어린 사자의 비유와 더불어 원인과 결과의 동일성을 강조하는 비유161에 해당한다. 성철스님은 이치적으로 원인과 결과가 원융하지만 실제 수행에 있어서는 인과가 분명하다는 것을 강조하는 입장이다. 상호 충돌하므로 이 구절을 지워 원문과의 연계성을 끊고자 한 것이다.

③에서는 '아인我人'을 '인아人我'로 바꾸어 표현하였다. 번역문도 '인아人我를 영절永絶하여'로 바뀐 구절을 적용하고 있다. 전달되는 의미에 차이는 없다. 다만 엄밀하게 따진다면 인아人我는 자아의 실체를 상정하는 인아상人我相의 준말로서 대상의 실체성을 상정하는 법아상法我相과 짝이 되는 말로 쓰인다. 이에 비해 '아인我人'은 아상, 인상, 중생상, 수자상의 준말로 쓰이는 경향이 있다. 4상의 소멸뿐만 아니라 아뇩다라삼먁삼보리라는 법을 설정하는 법상까지 내려놓아야 궁극적으로 공적하여 부처와 동등해진다. 그래서 성철스님은 법아상과 짝이 되는 인아상으로 단어를 바꾼 것으로 보인다.

④의 '그러므로 범부가 곧 성인이라 하는 것이다(故云即凡即聖也)'가 생략되었다. 역시 인과원융의 도리를 밝히는 문장으로서 결과로서의 돈

---

160 일체 망념이 영단永斷된 대공적삼매大空寂三昧를 돈오라 하나니 이는 구경불지이다. 퇴옹성철(2015), p.135.
161 『頓悟入道要門論』(X63, p.22c), "譬如師子兒初生之時, 即眞師子, 修頓悟者, 亦復如是. 即修之時, 即入佛位. 如竹春生筍, 不離於春, 即與母齊, 等無有異. 何以故, 爲心空故, 修頓悟者, 亦復如是."

오견성을 강조하는 성철스님의 주장[162]과 어울리지 않으므로 생략한 것이다. 성철스님에게 있어서 돈오견성은 구경각과 기타의 지위를 뚜렷하게 나누는 경계선이다. 이에 비해 해당 구절은 '번뇌 이대로 열반(不捨煩惱而入涅槃)'임을 주장하는 문맥에서 나왔다.

생각해 보면 성철스님에게 있어서 결과로서의 돈오견성에 대한 역대 선지식의 묘사는 자신의 그것과 완전히 일치하는 것이었다. 그래서 그 문장들을 적극 인용하는 것이다. 다만 그 과정에서 인과원융의 이치를 말하는 문장은 가능하면 생략된다. 그것이 관념의 유희를 조장할 수 있다고 보았기 때문이다. 성철스님의 법문은 지금 당장 실참실오로서의 화두참구에 들어가도록 하는 데 모든 초점이 맞춰져 있다. 관념적 이해를 불러일으키는 인과원융의 도리를 피력한 문장을 가능하면 생략하는 이유에 해당한다.

【6-14】 妄念不生이 爲禪이요 坐見本性이 爲定이니 本性者는 是汝無生心이요 定者는 對境無心하여 八風이 不能動이니 ①[八風者, 利衰毁譽稱譏苦樂, 是名八風.] 若得如是定者는 雖是凡夫나 卽入佛位니라

선문정로 망념이 생기지 않음이 선禪이요 정좌正坐하여 본성을 명견明見함이 정定이니, 본성은 여등汝等의 무생심이요, 정定이라 함은 외경

---

[162] 성철스님은 10지보살, 등각보살까지도 망념이 남아 있으므로 중생이라는 견해를 거듭 피력한다. 예컨대 '제1장 견성즉불'의 장에 보이는 다음과 같은 문장은 거의 모든 장에서 반복적으로 주장된다. "『기신론』에서도 미세한 망상이 완전히 제거된 묘각, 즉 구경각究竟覺만이 견성임을 분명히 하였다. 또한 원효와 현수 두 스님도 금강유정에 든 등각보살도 아직 망념이 남아 있는 중생이라 하여 견성하면 곧 부처고, 견성하지 못하면 중생임을 그 소에서 밝혔다." 퇴옹성철(2015), pp.17-18.

外境을 대하여도 무심하여 8풍八風이 능히 요동하지 못하나니, 이러한 정定을 체득하면 비록 범부이지만 즉시에 불위佛位에 돈입頓入하느니라.

현대어역 분별망념이 생기지 않는 것이 참선이고, 앉아서 본성을 봄이 선정이다. 본성이란 그대의 생멸 없는 마음이고, 선정이란 대상경계를 상대해도 무심하여 여덟 가지 바람이 흔들지 못하는 것을 가리킨다. [여덟 가지 바람이란 이익과 손해, 배후 비방과 배후 칭찬, 눈앞 칭찬과 눈앞 비난, 고통과 쾌락을 여덟 가지 바람이라 부른다.] 만약 이와 같은 선정을 얻으면 비록 범부라 해도 바로 부처의 지위에 진입하게 된다.

[해설] 원래 『돈오입도요문론』은 문답 형식의 문장을 통해 어떻게 해탈할 것인지, 어떻게 닦을 것인지 등을 알기 쉽게 설하는 문장으로 구성되어 있다. 성철스님은 이 설법을 『증도가』와 함께 선종 초기의 근본사상을 알 수 있는 가장 신빙성 있는 자료로 꼽는다.

『돈오입도요문론』은 대주스님이 직접 저술하였으므로 거기에 가필이나 착오가 없다고 보며 다른 어떠한 어록보다도 완전한 것이라고 학자들은 생각하고 있습니다. 또 마조스님이 인가하신 논이니만큼 부처님의 정법正法을 정확하게 기술한 것으로서 선종 초기의 근본사상을 연구하는 데 있어서 『증도가證道歌』와 함께 가장 중요한 지위를 차지하고 있습니다.[163]

---

[163] 원택(1986) 엮음, 『돈오입도요문론』, 대구, 해인사출판부, pp.13-14 참조.

이러한 판단이 있었기 때문에 성철스님은 무념법문을 전개하면서 많은 예문을 여기에서 가져온다. 이 인용문은 마음을 근본으로 하여 닦는 방법에 대한 질문과 그에 대해 선정의 길을 제시하는 답변으로 구성되어 있다. 전체적으로 망념이 생기지 않는 것을 선禪, 정좌하여 본성을 보는 일을 정定이라 규정한 뒤 이러한 선정을 얻은 이는 범부의 자리에서 즉시 부처의 지위에 들어가게 됨을 밝히는 문장이다.

이 중 ①의 여덟 가지 바람에 대한 설명이 생략되었다. '이익과 손해(利衰), 배후 비방과 배후 칭찬(毁譽), 눈앞 칭찬과 눈앞 비난(稱譏), 고통과 쾌락(苦樂)을 여덟 가지 바람이라 부른다'는 구절이다. 원래 법을 숫자로 설명하는 방식(法數)은 불교적 말하기의 한 특징이다. 이것은 일정한 모양을 갖지 않는 진리를 명확하게 정리하여 쉽게 이해하고 기억에 오래 남도록 해준다. 그러나 다른 한편 이에 대한 설명과 나열을 따라가다가 설법의 본래 취지를 망각하고 지식의 증장을 지향하게 되기도 한다. 성철스님은 법수나 비유, 혹은 구체적인 예가 제시되는 구절은 가능하면 생략한다. 지식과 논리의 완결성을 추구하다가 당장 이 자리에서의 수행과 깨달음을 미루는 일이 있을 수 있기 때문이다.

【6-15】 但能無心하면 便是究竟이니라

선문정로 다만 능히 무심하면 문득 이것이 구경인 성불이니라.

현대어역 단지 무심할 수만 있다면 바로 구경각이다.

[해설] 황벽스님이 승상 배휴에게 설한 법문을 정리한 『전심법요』에서 가져온 문장이다. 황벽스님은 이 법문을 시작하면서 이 깨달음의 법이

한마음의 법이자 무심의 법이라는 것을 강조하여 말한다.

　무심은 모양에 따라 시비호오의 마음을 내지 않는 일이다. 귀중한 보물이나 향기로운 사향 등을 보면 좋다고 생각하며 탐내고 집착하는 마음을 일으킨다. 이것이 유심이다. 그런데 이에 대해 판단과 집착을 일으키지 않는다면 그것이 무심이다. 분뇨와 같은 악취가 풍기는 물건 등을 보면서 싫다는 마음을 일으킨다. 이것이 유심이다. 만약 그러한 시비호오의 판단과 취사선택의 집착이 없다면 그것이 무심이다.

　그리하여 일체의 모양에 대한 분별과 취사선택의 마음이 전혀 없다면 그것이 바로 부처이다. 중요한 것은 지금 당장 이 자리에서 모양에 집착하지 않는 무심을 실천하는 일이다. 이것이 황벽스님이 가리켜 보인 선문의 요체이다. 성철스님은 무념무심이 돈오와 견성의 동의어라는 점을 보여주기 위해 이 문장을 인용하였다.

【6-16】 若①[自]了了知心이 不住一切處하면 卽②[名]了了見本心也요 亦名了了見性也라 只箇不住一切處心者는 卽是佛心이며 亦 ③[名]解脫心이며 亦名菩提心이며 亦名無生心이니 ④[亦名色性空.] 經에 云하되 證無生法忍이 是也니라

선문정로 만약에 마음이 일체처에 주착住著하지 않음을 명명요요明明了了하게 알면, 곧 본심을 요요了了하게 본 것이며 또한 본성을 요요하게 본 것이라고 이름한다. 이 일체처에 주착住著하지 않는 심心은 즉시卽是 불심佛心이며 또한 해탈심이요 보리심·무생심이라고 하나니, 경에 말씀하시기를, "무생법인을 증득하였다." 함이니라.

현대어역 스스로 명료하게 아는 마음으로 일체처에 머물지 않으면 명

료하게 본래 마음을 보았다고도 하고, 명료하게 견성하였다고도 한다. 이 일체처에 머물지 않는 마음이 바로 부처 마음으로서 해탈 마음, 보리 마음, 생멸 없는 마음(無生心), [모양과 성품이 공함을 아는 마음(色空心)]이라 한다. 경전에 "무생법인을 증득한다."라는 말을 하는데 이것을 가리킨다.

[해설] 『돈오입도요문론』에서 가져온 문장이다. 머물지 않는 자리에 머물라고 하는데 그 머물지 않는다는 것에 대한 집착이 있게 되지 않을까 하는 질문이 제기된다. 이에 대해 진정한 공을 실천하는 입장이라면 그러한 집착이 일어날 수 없다는 답변이 제시된다. 머물지 않는 자리라는 것 역시 실체가 없으므로 머물 곳이 없음을 알기 때문이다.

청정함과 공적함에 도달했을 때 그것에조차 머물지 않는 것이 진정한 청정함이고 공적함이다. 마음이 외부 경계를 따라가지 않는 안정에 이르렀을 때, 그 안정된 자리에 이르렀다는 생각조차 하지 않는 것이 부처 마음이다. 결국 머무는 일과 머물지 않는 일에 머물지 않는 것, 그리하여 마음이 일체처에 머물거나 집착하지 않는 것이 견성이다. 이 마음이 바로 부처 마음, 해탈 마음, 보리 마음, 생멸 없는 마음이라는 것이다. 이것이 인용문이 전달하고자 하는 바이다.

이 중 ①의 '스스로(自)'가 생략되었다. 그것이 안이나 밖, 중간의 어디에 있는 무엇에 머무는 일이 아님을 강조하는 단어이다. 다만 전체 뜻에 있어서 '명료하게 아는 마음' 자체가 이미 '스스로(自)'의 일이므로 의미상 중복되는 감이 있다. 생략의 이유에 해당한다.

②에 '명名' 자가 생략되었다. 바로 앞의 '즉卽'이 '곧 ~이다'는 뜻을 전달하므로 뜻에는 차이가 없다. ③에도 '명名' 자가 생략되었다. 바로 앞의 '즉시卽是'를 받아 '곧 ~이다'라는 뜻을 전달할 수 있다고 보아 생략

한 것이다.

④와 같이 '또한 모양과 성품이 공함을 아는 마음이라 한다(亦名色性空)'는 구절이 생략되었다. 『돈오입도요문론』에서는 일체처에 무심하다는 말과 현상이나 본성에 실체가 없다는 말이 같은 뜻임을 거듭 강조[164]한다. 글자만 가지고 볼 때 일체처에 무심함은 마음의 상태를 가리키고, 현상이나 본성에 실체가 없음은 법의 본성을 가리킨다. 무심의 자리에서 이 둘은 차별이 없다. 그래서 대주스님은 증애 없는 마음(無憎心), 물들지 않는 마음(無染心)을 현상이나 자성에 실체가 없음을 아는 일이라 정의[165]하기도 하였다.

성철스님은 불필요한 설명을 줄이기 위해 이 구절을 생략하였다. 일체처에 무심함을 부처 마음, 해탈 마음, 보리 마음, 생멸 없는 마음의 동의어로 설명하는 것만으로도 인용의 목적은 달성된다. 무심이 궁극적인 부처의 자리임을 거듭 드러내고 있기 때문이다. 굳이 여기에 '현상이나 본성에 실체가 없다고 말하기도 한다'는 말을 추가하여 불이중도에 대한 새로운 설명을 전개할 필요가 없다고 본 것이다.

---

[164] 『頓悟入道要門論』(X63, p.23c), "然一切色空者, 卽一切處無心也. 一切處無心者, 卽一切色性空, 二義無別, 亦名色空, 亦名色無法也."
[165] 『頓悟入道要門論』(X63, p.24a), "見惡事亦不起憎心, 卽名無憎心也. 無愛者, 卽名無染心, 卽是色性空也."

제 7 장

보임무심 保任無心

제7장
보임무심 保任無心

1. 보임무심 설법의 맥락

보임保任은 보호하고(保) 맡겨 둔다(任)는 두 가지의 반대되는 지향이 담긴 묘한 말이다. 참선은 이치와 현상의 둘 아님을 실천하여 그 완전한 통일에 이르는 길을 걷는다. 그러므로 참선을 표현하는 용어들은 항상 모든 상대적 측면을 함께 담는 특징을 갖는다.

잡아 유지함(把持)과 놓아둠(放行)이 깨달음 이전의 실천이라면, 보호하고 맡겨 두는 보임은 깨달음 이후의 실천이다. 왜 보호하는가? 이미 견성했지만 습관의 관성이 남아 원래 부처인 이 마음을 다시 가릴 수 있기 때문이다. 왜 가는 대로 맡겨 두는가? 부처 마음은 원래 있는 것에 눈 뜨는 것이지 없던 것을 창조하거나 새로 획득하는 것이 아니기 때문이다. 그것을 분명히 보아 깊이 믿고 가는 대로 맡겨 둘 때, 참된 자성이 스스로 완전함을 구현하게 된다.

이것은 잃어버렸던 소를 되찾은 이후의 상황에 비유할 수 있다. 소를 되찾고 나면 그것이 다시 달아나지 않도록 잘 지켜보아야 한다. 그런데 이렇게 지켜보는 일은 보호하는 일인 동시에 맡겨 두는 일이기도 하다. 이러한 보호와 맡겨 둠을 통해 소는 결국 배고프면 혼자 나가서 풀을 뜯고, 어두워지면 스스로 알아서 돌아오는 자재한 상황이 된다.

보임에 대한 선지식들의 설법을 보면 보호하는 일을 강조하는 경우와 맡겨 두는 일을 강조하는 경우로 나뉜다. 보호하는 일을 강조하는 입장에서는 견성 이후에도 습관의 관성이 남아 미혹으로 끌고 갈 수 있다고 본다. 그래서 간절히 조심하되 마치 독 이슬이 내린 풀밭을 지나듯 하라고 했다. 한 방울의 독만 묻어도 생명이 위험한 상황이므로 조심하지 않을 수 없다. 이와 같이 한 생각이 바로 치명적인 독과 같음을 알고 일념불생의 자리를 보호해 나가라는 것이다.

맡겨 두는 쪽을 강조하는 입장에서는 보호하고자 하는 유위적 의도의 장애성을 지적한다. 수행은 병을 고치기 위한 처방약이다. 몸이 좋아지면 약을 끊어야 한다. 그렇지 않으면 그것이 새로운 병을 만들어 내게 될 것이다. 이때 자성의 생멸 없는 안락한 자리에 맡기는 일이 필요하다. 노력하지 않아도 저절로 수행이 되는 불퇴전不退轉이 이 경계의 특징에 해당한다.

이 보임 공부는 보통 해오와 짝을 이루어 시설되었다. 그러니까 선종의 수행 과정은 여징呂澂이 정리한 것처럼 발심發心→이해적 차원의 깨달음(悟解)→보호와 맡겨 둠(保任) 및 실천과 이해의 통일(行解相應)의 단계로 설명[166]된다. 해오 이후 그것이 자기화되는 과정(解行相應)을 거친다는 것이다. 이것은 한편으로는 그 깨달음의 경계가 끊어지지 않도록 면밀히 지키고, 다른 한편으로는 가볍고 자유롭게 맡겨 두어 불성이 완

---

166 呂澂, 『中國佛學源流略講』(LC2, p.549a), "禪家這種態度的修養, 是經過相當努力而有幾個階段. 粗淺些說, 至少可分三層次第, 最初要有迫切的尋求, 其次湊泊悟解, 發明心地, 再次是保任和行解相應."

전히 드러나게 하는 일이기도 하다. 이렇게 깨달음 뒤에 닦는 수행이므로 깨달음 이후의 보호와 맡겨 둠(悟後保任), 혹은 깨달음 이후의 닦음(悟後修行)이라 부르기도 한다. 보임이 중요한 이유는 해오의 눈뜸에 도취되어 수행에 느슨해지면 다시 미혹해지는(悟後迷) 일이 일어날 수 있기 때문이다.

2. 성철스님 보임무심 설법의 특징

성철스님은 앞에서 말한 바 보임의 두 의미 중에서 맡겨 두는 측면만 인정하고 보호하는 측면은 부정한다. 보호하고 지킬 것이 있다면 진정한 깨달음이 아니라는 이유에서이다. 성철스님은 돈오점수를 이단사설로 규정한다. 따라서 깨달은 뒤 남아 있는 습관의 관성과 미세한 번뇌를 차근차근 제거해 가는 것이 보임이라는 설을 수용할 수 없다.

원래 성철스님의 모든 설법은 견성이 바로 무상정각이라는 돈오원각론을 핵심으로 한다. 일념불생의 진정한 무심, 제8아뢰야식의 근본무명까지 완전히 끊어버린 대무심경계를 철저히 증득한 것이 견성이라는 것이다. 그러니까 견성 이후 아직 닦아내야 할 습관의 관성이나 번뇌망상이 남아 있다면 그것은 잘못일 뿐더러 그것을 보임이라 한다면 더구나 인정할 수 없다는 것이다.

그런데도 성철스님에게 보임은 중요하다. 『선문정로』 전체 19장 중 가장 자세한 견해를 피력한 것이 바로 견성즉불과 보임무심의 두 장이라는 점은 흥미로운 부분이 아닐 수 없다. 견성즉불은 제1장이자 전체 종지를 드러내는 장이므로 그것이 자세하게 설해지는 것은 당연하다. 이에 비해 보임무심이 압도적인 분량을 차지하고 있다는 것에는 눈길을 주지 않을 수 없다.

이와 관련하여 우선 보임무심장을 시작하는 처음의 두 인용문이 보임이 아니라 견성에 대한 설법이라는 점에 주목할 필요가 있다. 그 핵심은 본래면목을 철증하면 미래겁이 다하도록 자재무애한 대휴헐지大休歇地에 도달하며, 그 열반묘심은 천만년이 다하여도 변이가 없다는 데 있다. 바로 이것이 견성이므로, 이후의 수행을 통해 깨달음을 더 견고히 하는 것이 보임이라는 말은 성립되지 않는다. 더 견고해지거나 다시 미약해질 것이 없는 것이 견성이기 때문이다. 모든 것을 성취했으니 다시 해야 할 일이 무엇이 있겠느냐는 것이다. 그래서 참다운 보임이란 깨달음 이후의 안락하고 자재한 생활을 이어나가는 일이 된다.

그런데 꼭 그렇지만은 않은 것 같다. 심지어 성철스님이 널리 인용한 원오스님의 설법에도 '간절히 조심하라'는 말이 보인다. 예컨대 견성을 정의하기 위해 예로 든 【7-1】의 인용문을 보면 "한 번 증득하면 영원히 증득하여 미래제가 다하도록 망실亡失하지 않는다."라는 문장의 뒤에 다음과 같은 구절이 생략되어 있다.

> 소소한 득실과 시비, 영광과 쇠퇴, 고요함과 시끄러움 같은 것들은 그냥 잘라내 버려라. 잘 잡도리하면서 주인공의 자리에서 오래 길러 나가노라면 한 마음도 생겨나지 않아 만 가지 현상에 잘못이 없게 될 것이다. 다만 자아의 견해가 일어나지 않도록 간절히 조심하라. 대상과 나의 구분에 떨어져 애증이 생기게 되어 말끔하게 벗어나지 못하게 될 것이기 때문이다. …… 이렇게 성인의 태아를 오래 길러 가는 것(長養聖胎)이 진정한 수행이다.[167]

---

[167] 『佛果克勤禪師心要』(X69, p.477c), "至於小小得失是非榮枯寂亂, 直下截斷, 把得

성철스님은 깨달음 이후의 자유자재한 생활이 진정한 보임이라고 강조한다. 이에 비해 원오스님은 오래 기름(長養)을 설하는 법문에서 이와 같이 조심하고 노력할 것을 당부한다. 견성 이후 자칫하면 빠질 수 있는 위험성이 남아 있다는 것이다. 원오스님과 성철스님 사이에 견해 차이가 있는 셈이다. 성철스님은 보임무심의 전체 설법을 거의 대부분 원오스님의 법문에 기대어 전개한다. 원오스님의 견해에 거의 전적으로 동의한다는 뜻이다. 그도 그럴 것이 원오스님의 보임에 대한 규정은 다음과 같이 완전한 깨달음 이후의 실천을 가리키고 있기 때문이다.

> 더구나 이것은 삶과 죽음을 훌쩍 벗어나 미래의 끝이 다하는 일조차 없어 한 번 얻으면 영원히 얻는 일입니다. 뿌리를 깊고 튼튼하게 해야 합니다. 뿌리가 견고하면 가지와 잎이 무성하지 않을 수 없습니다. 다만 모든 때에 그것이 영원히 유지되도록 할 뿐, 일부러 찾아가거나 조작할 필요는 없습니다. 맑고 맑아 모든 모양을 삼키고 태워 버리는 일이라서 이 몸과 감각기관이 모두 가재도구와 같은 것들일 뿐입니다. 더구나 앎이라든가, 견해라든가, 말이나 이해 같은 것들은 말할 것조차 없습니다. 모두 일시에 남김없이 내려놓고 지극히 진실하고, 평상적이며, 크게 편안한 자리에 이르게 되어 얻을 것이 전혀 없어야 합니다. 오직 이렇게 모든 자리에서 가볍고 평안한 것이 진짜 무심도인입니다. 이 궁극적 무심을 보호하고 맡겨두면 궁극적으로 부처조차 있을 수 없습니다. 그러니 무엇을 중생이라 부르겠습니까? 깨달음조차 세울 수 없습니다. 그러니 무엇을 번뇌라 부르겠습니까? 시원하게 영원히 벗어나 시절인연에 따라오는 것을 맞아들일 뿐입니다. 차가 오면 차를 마시고 밥이 오면 밥을

住作得主, 長養將去. 一心不生萬法無咎, 只是切忌起見作承當, 便落彼我必生愛憎, 不能脫灑也.……此長養聖胎入眞正修行也."

먹을 뿐입니다. 설사 복잡한 시정에 산다 해도 산속이나 숲속과 같아 애초에 두 가지로 나누는 견해가 없습니다. 설사 연화좌에 앉게 되어도 기쁜 마음이 일지 않으며, 구천지하 지옥에 떨어지더라도 싫어하는 마음이 일어나지 않습니다. 만나는 곳마다 세운다 해도 또한 취하여 얻는 차원의 일이 됩니다. 그러니 그것이 나에게 무슨 의미가 있겠습니까?[168]

성철스님의 견해와 완전히 일치한다. 그러면서도 '간절히 조심하라'고 경계하는 경고의 문구가 보이는 문장이기도 하다. 성철스님은 서슴없이 이것을 생략해 버린다. 여러 곳에서 확인되는 바와 같이 성철스님은 옛 선지식들의 말을 인용하되 취하고 버림이 자유롭다. 그것은 스스로의 닦음과 깨달음에 대한 자신감에서 비롯되는 것으로 보인다.

그렇다면 왜 반드시 보임이 궁극적 무심의 차원에서 이루어지는 자재한 삶이라야 할까? 구경무심의 대원각에 이르기 전까지 수행의 고삐를 늦추지 말라는 의도일까? 꼭 그렇지만은 않다. 돈오점수론에서도 깨달음 이후 그것을 견고히 하는 보임수행을 통해 구경각을 향한 수행을 멈추지 않도록 가르친다. 구경각에 이르기까지 수행을 내려놓지 않는다는 점에서 성철스님의 입장과 다르지 않다.

그렇다면 왜 구경무심이라야 할까? 성철스님은 여기에 두 가지 이유를 내놓는다. 첫째는 유심에서 무심으로 건너가는 데 넘기 힘든 단층

---

[168] 『圓悟佛果禪師語錄』(T47, pp.784a-784b), "況透脫死生窮未來際, 一得永得當深固根本. 根本既固, 枝葉不得不欝茂. 但於一切時令長在, 勿使走作, 湛湛澄澄吞爍群象, 四大六根皆家具爾, 況知見語言解會耶. 一時到底放下, 到至實平常大安穩處, 了無纖芥可得, 只恁隨處輕安眞無心道人也. 保任此無心究竟佛亦不存, 喚甚作衆生菩提亦不立, 喚甚作煩惱儵然永脫. 應時納祐, 遇茶喫茶遇飯喫飯, 縱處闤闠如山林, 初無二種見. 假使致之蓮華座上, 亦不生忻, 抑之九泉之下, 亦不起厭, 隨處建立又是贏得邊事, 何有於我哉."

이 있기 때문이다. 해오는 유심이므로 여기에 의미를 두면 무심으로 가는 길에 장애가 된다는 것이다. 다른 하나는 시간의 문제다. 경전에서의 보임은 제8지 무공용지無功用地 이상의 수행을 가리킨다고 얘기된다. 무공용지란 애쓰지 않아도 저절로 공부가 되는 단계이다. 그런데 선문에서는 여기에 다그치는 공부를 제시하여 찰나간에 구경각에 이르도록 한다는 것이다. 성철스님은 이렇게 말한다.

> 교가에서는 제8지 이상이면 무공용이므로 더 이상 애쓸 것 없이 자유자재로 생활하는 가운데 저절로 성불의 길로 나아간다 하였지만 선문에서는 아직 길 위에 있다 하여 부정하였다. 왜냐하면 교가의 방법대로라면 성불하기까지 헤아릴 수 없는 시간이 필요하기 때문이다. 그래서 선종에서는 단박에 원만한 불과를 성취케 하기 위해 무공용지에 들었더라도 다시 화두를 주어 대답을 다그치고 용맹정진을 시키는 것이다.[169]

바로 이렇기 때문에 보임은 구경각 이후의 자재한 삶이자, 무위무작의 실천이자, 부처의 행위라야 하는 것이다. 다만 성철스님도 완전한 깨달음 이후 구체적인 실천의 측면에서 노력하는 일을 보임이라 할 수 있다는 유연함을 보여주기는 한다. 즉 이 점에 한정하여 점수를 인정하고 있다는 것이다. 원래 '이치로는 돈오라야 하지만 일에 있어서는 점수가 필요하다(理須頓悟, 事要漸修)'는 말은 돈오점수의 대강령이다. 원오스님도 이 말을 하고 있다. 이에 대해 성철스님은 같은 말이지만 그것이 규봉스님의 돈오점수와 전혀 다른 뜻을 갖는다고 해석한다. 규봉스님은 '마음속의 망념을 제거한다(心中除妄)'는 의미에서 점수이지만, 원오스님은 '구

---

[169] 퇴옹성철(2015), p.172.

체적인 선행을 쌓아나가는 일(事上修善)'을 점수라 했다는 것이다. 이와 같이 성철스님은 전통적인 보임의 설법 중 보살행의 측면을 적극 수용한다. 이를 통해 깨달음 이후 자유로운 삶을 자처하면서 수행에 느슨해지거나 막행막식으로 떨어지는 길을 차단하였다. 그러니까 성철스님에게 진정한 보살행은 깨달음 이후의 일이었던 것이다.

더 이상 닦을 것이 없는 완전한 깨달음을 강조하는 돈오원각론은 성철선의 주된 종지이다. 선종은 중국 불교를 찬란하게 꽃피운 축복이었지만 그 말류의 폐해 또한 적지 않았다. 이들은 평상심이 그대로 도(平常心是道)라는 마조스님의 말을 빌려 옷 입고 밥 먹는 모든 일 그대로 부처의 길이라 보았다. 그래서 이들이 보기에 수행을 한다는 것이 오히려 스스로 미망에 빠져 있다는 증거일 수 있었다. 이와 관련하여 특히 남종선의 대선사들이 보여준 파격적 행위가 그 깨달음의 증거로 찬양되는 경우도 있었다. 그러나 부처를 태우는 단하천연스님과 같이 틀을 뛰어넘는 장부다운 행위가 있기 위해서는 분명한 전제가 필요하다. 그것이 진정한 깨달음에서 나오는 행위라야 한다는 것이다. 그렇지 못하다면 그것은 파계이고 타락일 뿐이다.

수행의 부정은 대부분 본래 깨달음(本覺)의 이치에 대한 오해에서 비롯된다. 모든 중생은 불성을 갖춘 존재이고, 보다 본질적으로 말하자면 이미 완전한 존재이다. 뿐만 아니라 이미 부처이다. 처음에는 이것을 알지 못하여 중생과 부처를 둘로 나누어 이원적으로 이해한다(不覺). 이것은 마치 조상들의 보물이 감춰진 집에 사는 가난한 후손과 같다. 사실은 부자이지만 스스로 이것을 알지 못하는 것이다. 그러다가 선지식을 만나 본래의 천진불에 대해, 본래의 깨달음에 대해 강력한 가르침을 받는다. 그것은 수행자의 전 존재를 뒤흔드는 체험이 된다. 불교의 실천은 이것을 진정으로 믿는 데서 시작된다. 만약 이 진리를 듣고 완벽하게 믿어 의심치 않게 되었다면 깨달음의 자리에서 물러나지 않게 된다. 이것이 진정한 의미에서의 돈오이다. 그래서 조사선은 '말끝에 바로 깨닫기(言下卽悟)'를 기본원리로 삼는 것이다.

그런데 '스스로 마음을 속이지 않는다(不欺自心)'는 전제하에 자신에게 물어보아야 한다. 나는 과연 깨달았는가? 광선狂禪과 같은 선종의 말류에서는 본각의 원래 깨달음을 강조하면서 이러한 질문을 진지하게 제기하지 않았다. 그러나 질문이 진지하다면 대부분 자신의 현주소가 그렇지 못하다는 것을 인정하게 된다. 그래서 수행의 실천에 들어가게 된다. 간절하게 알고자 하는 마음이 깊어지고, 청정한 알아차림이 일어나고, 성철스님이 강조하는 것처럼 한 생각도 일어나지 않는 자리에서 깨달음이라는 사건을 직접 체험한다. 깨닫고 보니 이제까지 믿어 왔던 본래의 깨달음과 다르지 않은 바로 그것이다. 거듭 확인해 보아도 본각과 시각은 서로 다르지 않아 스스로 본래면목으로 돌아왔음을 안다. 나와 대상의 이원적 대립을 벗어나 중도실상의 자리에 직접 도달한 것이다. 이것이 본래의 깨달음과 실천수행을 통한 깨달음이 만나서 하나가 되는 증오證悟의 풍경이다.

그런데 이 깨달음이라는 사건의 체험(始覺)은 믿음의 차원에서 시작하여 한 생각도 일어나지 않는 구경각의 차원에 이르기까지의 제반 단계를 아우르는 말이기도 하다. 성철스님은 구경각의 단계를 여타 차원과 분명하게 구분하는 입장에 있다. 시각始覺에 속하는 상사각相似覺이나 수분각隨分覺도 결국은 불각不覺이라는 것이다. 거기에는 말류에 이른 선풍을 개선하고자 하는 의도가 뚜렷하다. 개선의 방향은 근본의 회복이다. 6조스님의 조계선이 뿌리로 세워지고, 백장, 마조, 원오, 대혜 등을 조계 적자로 하는 기둥이 세워진다. 이 선문의 종장들이 보여 준 그대로 실천하자는 것이다.

그런데 『선문정로』에 끝없이 추구되고 있는 보다 궁극적인 또 하나의 지향이 있다. 바로 불교의 뿌리 중의 뿌리인 부처님의 깨달음으로 돌아가고자 하는 지향이다. 왜 굳이 여래선이 곧 조사선임을 밝혔던 것일까? 그것은 조사선을 여래선의 위에 두고자 했던 관점에 동의하지 않았기 때문이다. 그런 점에서 성철스님은 조사선의 일부 갈래에 대해서 일정한 비판적 관점을 유지한다. 특히 증오證悟가 아닌 본각에 바탕한 구두선적 허담虛談에 대해서는 양보가 없다.

성철스님은 부처님처럼 살기를 원했다. 그것은 생활은 물론 그 닦음과 깨달음에 있어서도 마찬가지였다. 부처님의 구경각은 비상비비상의 고도의 선정에도 머무는 바 없이 나아갔기 때문에 가능했다. 이렇게 궁극적으로 깨닫는 것만이 진정한 불교의 길이라 보았던 것이다. 『선문정로』의 집필을 마치고 '부처님께 밥값 하였다'고 한 의미가 여기에 있지 않을까 생각되는 것이다.

3. 문장 인용의 특징

【7-1】　內外①[虛]寂하고 湛然凝照하야 到一念不生處하야 透徹②[徹透]淵源하야 翛然自得하면 體若虛空하야 莫窮邊量이라 亘古亘今하야 萬像③[象]이 羅籠④[籠羅]不住하며 凡聖이 拘礙不得하야 淨裸裸⑤[倮倮]赤灑灑하나니 謂之本來面目이며 本地風光이니라 一得永得하야 盡未來際하나니 更有甚生死하야 可爲滯礙리오 ⑥[至於小小得失是非, 榮枯寂亂, 直下截斷, 把得住作得主, 長養將去. 一心不生, 萬法無咎. 只是切忌起見作承當, 便落彼我,

必生愛憎, 不能脫灑也.] 此箇無心境界와 無念眞宗은 要猛利人
이라니 方能著實이니라

선문정로 내외가 허적虛寂하고 담연湛然히 응조凝照하야 일념도 불생
하는 심처深處에 도달하여서 연원을 철저히 투득透得하여 소연翛然히
자득自得하면, 그 당체當體가 허공과 같아서 변량邊量을 궁진窮盡하지
못한다. 상고上古와 현금現今에 뻗쳐서 만상萬像이 나농羅籠하지 못하
며 범성凡聖이 구애拘礙하지 못하여 정나라적쇄쇄淨裸裸赤灑灑하나니,
이를 본래면목本來面目이라 본지풍광本地風光이라 한다. 일득一得하면
영원히 증득證得하여 미래제未來際가 다하여도 ⑦망실亡失하지 않나
니, 무슨 생사가 있어서 가히 체애滯礙하리오. 이 무심경계와 무념진
종無念眞宗은 맹리猛利한 사람이라야 능히 실증實證한다.

현대어역 안과 밖에 걸림이 없고 고요하며, 맑고 흔들림 없이 비추어
한 생각도 일어나지 않는 자리에 도달하여야 합니다. 그 원천에 철저
히 통하여 홀가분하게 구속을 벗고 스스로 증득하여야 합니다. 본체
는 허공과 같아서 그 경계를 알 수 없고 범위를 알 수 없습니다. 옛
날에서 지금까지 펼쳐져 있어 만 가지 현상으로도 그것을 포괄하지
못하고, 범부와 성인으로 한정하거나 구분하지 못합니다. 청정하여
가림없이 드러나 있으며, 맨몸으로 뚜렷하게 나타나 있습니다. 이것
을 가리켜 본래의 모습, 또는 본래 바탕의 풍경이라 부릅니다. 한 번
증득하면 영원히 증득하는 것이라 미래의 끝이 다할 때까지 생성이
니 소멸이니 하는 것에 걸리고 막힐 일이 없습니다. [자잘한 득실과
시비, 번영과 쇠퇴, 고요함과 어지러움 같은 것들을 단번에 바로 잘
라내 버리고, 잡아 지키기도 하고, 자재하게 움직이기도 하면서 오래

길러가는 것입니다. 하나의 마음이 일어나지 않으면 만법에 잘못이 없습니다. 다만 견해가 일어나 스스로를 주체로 자처하는 일이 없도록 간절히 조심해야 합니다. 자칫 나와 대상을 나누는 일에 떨어지면 필연적으로 사랑과 미움의 마음이 일어나 구속을 말끔하게 벗지 못하게 되기 때문입니다.] 이 무심의 경계와 무념의 진정한 종취는 용맹하고 날카로운 사람이라야 실증할 수 있습니다.

[해설]　선교宣敎 벼슬을 지내고 있는 장중우張仲友라는 사람에게 내리는 가르침(示張仲友宣敎)으로서 진정한 공부의 요체와 궁극적 깨달음의 경계를 설하는 법문이다.

①과 같이 '허虛' 자가 빠져 있는데, 그 번역문에 '내외가 허적虛寂하고……'로 되어 있는 것을 보면 편집 과정에서 탈락된 글자이다. 1981년 초판본에 바로 되어 있던 것이 1993년에 가로쓰기로 바꾸면서 탈락되어 2015년 본까지 이어졌음을 확인할 수 있다.

②에서는 '철투徹透'를 '투철透徹'로 대체하였고, ③에서는 '만상萬象'을 '만상萬像'으로 대체하였고, ④에서는 '농라籠羅'를 '나농羅籠'으로 대체하였으며, ⑤에서는 '정나라淨倮倮'를 '정나라淨裸裸'로 대체하였다. 상호 통용하는 관계에 있으며 의미상의 변화는 없다.

⑥의 긴 문단이 생략된 것은 만법에 여여한 무심의 자리가 다시 흔들리는 일이 있을 수 있으므로 조심해야 한다는 다음과 같은 언급이 있기 때문으로 보인다.

하나의 마음이 일어나지 않으면 만법에 잘못이 없습니다. 다만 견해가 일어나 스스로 주체를 자처하는 일이 없도록 간절히 조심해야 합니다. 자칫 나와 대상을 나누는 일에 떨어지면 필연적으로 애착과 미움의 마음이 일어나 구속을 말끔하게 벗지 못하게 되기 때문입니다.

앞에서 "한 번 증득하면 영원히 증득하는 것이니 미래의 끝이 다할 때까지 생성이니 소멸이니 하는 일에 걸리고 막힐 일이 없다."라고 했다. 그런데 여기에서 '다시 견해가 일어나 분별의 함정에 빠지게 되는' 위험성을 경고하고 있는 것이다. 성철스님은 이로 인해 전달하고자 하는 뜻에 손상이 일어난다고 본 것 같다. 이 문단을 생략한 이유에 해당한다.

번역문 ⑦의 '망실亡失하지 않나니……'는 원문에 없는 구절을 더한 것이다. 성철스님에게 무심과 유심 사이를 널뛰기하는 것은 진정한 무심이 아니다. 요컨대 성철스님이 인정하는 무심은 한 번 증득하면 영원히 증득하는 것으로서, 영원히 사라지지 않는 경계에 해당한다. 이 점을 강조하기 위해서 설명식 번역문을 구성한 것이다. '한 생각도 일어나지 않는 자리(一念不生處)'와 관련하여 이와 비슷한 문장이 원오스님의「광 선인에게 말함(示光禪人)」이라는 글에 보인다. 이 글에서는 "한 번 증득하면 영원히 얻어 자기 것으로 쓰는 것이니, 어떻게 그 끝나는 일이 있겠는가."170로 표현되어 있다. 그러니까 '미래의 끝이 다하도록(盡未來際)'이라는 이 구절이 한 번 증득한 사람의 깨달음은 사라지는 일이 없다는 것을 가리킨다는 것은 분명하다.

다만 『원오어록』과 『원오심요』에 깨달음 이후에 조심해야 할 부분에 대하여 동일한 언급이 나타나고 있다는 점은 주목을 요한다. 여기에서는 깨달음 이후에도 '견해가 일어나 스스로 주체를 자처하는 일이 없

---

170 『圓悟佛果禪師語錄』(T47, p.778b), "一得永得受用, 豈有窮極耶."

도록 간절히 조심해야 한다'는 점이 강조되어 있는데, 『원오어록』에서는 "발디딤이 굳건하지 못하여 철저하게 증득하지 못하게 되는 일이 있을 수 있으므로 조심해야 한다."[171]라는 구절이 이를 대신하고 있다.

그러니까 원오스님이 보는 깨달음 이후의 수행이란 견해가 일어나 다시 분별에 떨어지는 일을 조심하는 것이고, 굳건하지 못한 발디딤을 조심하는 일이다. 이에 비해 성철스님의 보임은 그 설명식 번역문에 제시한 바와 같이 한 번 깨달으면 '미래제가 다하여도 망실하지 않는' 완전한 깨달음을 전제로 한다. 그것이 깨달음의 실천이자 대무심의 자리에 유희하는 일이라 본 것이다.

성철스님의 증득은 '크게 쉬는 부처의 자리(大休歇地)'에 도달하는 일이다. 이 부처의 자리에 도달하면 추호도 의지할 바가 없고 다시 떨어질 일도 없다. 이 자리에서 자유롭게 쉬고 노니는 것이 보임이다. 그러므로 완전한 무심의 자리가 아니라면 진정한 깨달음이 아니므로 보임이라는 말을 붙여 가며 수행의 고삐를 늦추는 일이 있어서는 안 된다는 것이 그 주장의 핵심이다.

【7-2】 直透本來妙心하면 亘古亘今하고 湛然不動하야 萬年一念이요 一念萬年이라 永無滲漏하야 ①[諦當之地,] 一得永得하야 無有變②易[異]하나니 乃謂之直指人心見性成佛이니라

선문정로 본래의 진여묘심眞如妙心을 ③직투철증直透徹證하면 고금古今에 장긍長亘하고 담연湛然히 부동하여 만년萬年이 일념一念이요 일념

---

[171] 『圓悟佛果禪師語錄』(T47, p.778b), "但患體究處根脚不牢, 不能徹證, 直須猛截諸緣令無纖毫依倚, 放身捨命, 直下承當."

이 만년이다. 심지心地에 영영히 일호一毫의 삼루渗漏도 없어서 일득一得하니 영득永得하여 ④여여부동如如不動하는 묘심妙心은 변이變異가 절대로 없나니 이것을 인심人心을 직지直指하여 견성성불한다고 하느니라.

현대어역 본래 이러할 뿐인 진여의 미묘한 마음을 곧바로 남김없이 깨달으면 예와 지금을 관통하고 고요하여 움직이는 일이 없습니다. 만년이 한 생각이고 한 생각이 만년이라 그 딱 맞아떨어지는 자리는 영원히 새거나 빠져나갈 일이 없습니다. [확실하고 확실한 자리라서] 한 번 깨달으면 영원히 깨달아 이와 같을 뿐 움직이는 일 없는 오묘한 마음은 변하거나 달라질 일이 없습니다. 이것이야말로 사람의 마음을 바로 가리켜 성품을 보아 성불한다는 것입니다.

[해설] 변함없는 구경무심지가 진정한 견성이며 성불임을 강조하기 위한 인용이다. ①과 같이 '확실하고 확실한 자리라서(諦當之地)'의 구절이 생략되었다. 이 확실한 자리는 앞에서 제시한 진여의 미묘한 마음을 깨닫는 일, 즉 견성의 자리이다. 이미 제시된 주제어가 반복되는 느낌이 있어서 생략한 것으로 보인다.

원문의 ②'변역變易'은 '변이變異'의 오자이다. 성철스님의 번역 문장에도 '변이變異가 절대 없다'로 옮겨져 있다. 교정해야 한다.

번역문의 ③'직투철증直透徹證'은 직투直透를 강조하여 번역한 것이다. 곧바로 통하는 일은 철저한 깨달음이라야 의미가 성립한다고 보았기 때문이다.

번역문의 ④'여여부동如如不動하는 묘심妙心은 변이變異가 절대로 없나니'는 '변이가 없다(無有變異)'는 원문에 설명과 강조가 더해진 번역이다.

이처럼 원문에 없는 설명식 문구를 더한 이유는 무엇일까? 원래 '예와 지금을 관통한다, 고요하여 움직임이 없다, 만년이 한 생각이고, 한 생각이 만년이다'는 등으로 열거된 경계들은 진여묘심의 특징인 동시에, 이것에 통한 사람이 체험하는 수승한 경계이기도 하다. 그러니까 이 번역문에는 여래장으로서의 진여묘심과 그것을 깨달아 내외의 경계에 움직이지 않게 된 열반묘심의 수승한 경계를 함께 표현하고자 한 의도가 담겨 있다.

견성은 불성을 보고 눈뜨는 일인 동시에 존재를 실질적으로 바꾸는 일이기도 하다. 그래서 본래의 미묘한 마음(本來妙心)을 보는 일은 곧 여여부동한 열반묘심을 성취하는 일이기도 해야 하는 것이다. 이것을 강조하기 위해 이와 같은 설명식 번역문을 제시한 것으로 보인다.

일반적으로 견성은 진리의 얼굴을 보는 일을 가리키는 말로 이해되기도 한다. 이 경우 견성 이후, 실제로 존재를 바꾸기 위한 끝없는 노력이 필요하다. 그래서 돈오점수와 같이 깨달음 이후의 수행이 필요하다는 점수론이 나오게 된 것이다. 점수론의 입장에서 보면 깨달음 이후의 보호와 맡겨 둠을 내용으로 하는 오후보임(悟後保任) 또한 몸을 바꾸는 장구한 실천에 속한다. 이 경우 견성성불은 '견성→성불'의 선후 관계가 된다.

그러나 성철스님에게 있어서는 '견성=성불'이다. 바로 보는 일은 곧 투철한 깨달음이고, 진여묘심에 통하는 일은 곧 열반묘심을 성취하는 일이라야 하는 것이다.

성철스님은 견성이 되었든 돈오가 되었든 조사선에서 말하는 모든 깨달음을 가리키는 용어는 부처의 구경각과 같은 자리를 가리키는 것이라야 한다고 본다. 다만 성철스님이 자주 인용하는 어록 등에 한정해 보더라도 이러한 입장과 충돌하는 구절이 수시로 나타난다. 그래서 이러한 생략 등의 방법을 통한 문맥 조절이 행해진 것이다.

성철스님이 이렇게 문맥을 조절하면서까지 '견성은 곧 구경각'임을 강조하는 것은 조사선이 곧 석가모니 부처님이 실천한 여래선과 같은 것이고, 조사의 깨달음이 부처의 깨달음과 완전히 같은 것임을 강조하기 위해서이다. 성철스님은 조사선과 여래선의 통일, 근본불교와 선불교의 통일을 지향하고 있었다. 부처님은 완전한 깨달음에 이르기까지 추호의 해태심도 없이 수행에만 전념했다. 성철스님은 우리도 그처럼 살아가야 한다고 보았다. 거기에는 부처님을 모델로 하여 한국의 수행 풍토를 바르게 복원하고자 했던 발원이 발견된다.

【7-3】 與無心으로 相應하면 乃是究竟落著之地니 ①[永嘉道, 但自懷中解垢衣.] 巖頭道하되 只守閑閑地라하며 雲居道하되 ②[處]千萬人中에 如無一人相似라하며 曹山이 道하되 如經蠱毒之鄕하여 水也不得沾他③[它]一滴이라하니 謂之長養聖胎며 謂之污染 ④[染污]卽不得이니라
長養聖胎一句는 作麼生道오 不起纖毫修學心하고 無相光中에 常自在로다

선문정로 ⑤진무심眞無心으로 상응하면 이는 구경의 낙착지落著地이다. 암두巖頭는 "다만 ⑥무위무사無爲無事한 한한지閑閑地만 수호한다." 하였고, 운거雲居는 말하기를 "천인만인중千人萬人中의 ⑦분잡紛雜한 곳에 있어도 일인一人도 없는 것과 같이 ⑧무심하다."고 하였다. 조산曹山은 "고독蠱毒의 사향死鄕을 경과經過하는 것과 같아서 한 방울의 물도 젖지 않는다." 하였다. 이것을 성태聖胎를 장양長養하는 것이라 하며 오염할 수 없는 ⑨무심의 진경眞境이라 했다.

장양성태長養聖胎의 일구一句는 어떻게 말하는고? 섬호纖毫의 수학심修學心도 일으키지 않고 무상광중無相光中에 항상 자재하도다.

현대어역 무심과 서로 한 몸으로 만나는 것이 바로 궁극적인 도착지이다. [영가스님은 다만 "자기 마음의 때 묻은 옷을 벗을 뿐"이라 하였고] 암두스님은 "다만 인위적 행위와 일이 없는 한가하고 한가한 자리만 지킬 뿐이다."라고 했고, 운거스님은 "천만 명의 사람 속에 있더라도 마치 한 사람도 없는 것과 같다."라고 하였으며, 조산스님은 "마치 독이 넘치는 땅을 지나가는데 한 방울도 그를 적시지 못하는 일과 같다."라고 하였다. 이것을 성인의 태아를 길이길이 기른다고 하며, 물들일 수 없는 무심의 진정한 경계라고 하는 것이다.

성인의 태아를 길이길이 기른다는 것은 무슨 말인가? 수행하고 공부한다는 마음이 추호도 일어나지 않으며, 모양 없는 빛 속에서 항상 자재한 것이라네.

[해설] 위의 문장은 원오스님이 장자고張子固에게 내린 법문의 일부이고, 아래 문장은 수시법문의 일부이다. 두 문장 모두 추호의 생각도 일어나지 않아 "대적멸장중大寂滅場中에서 유희자재遊戱自在하는 것이 정안종사들의 오후행리悟後行履[172]임을 밝히기 위해 인용한 문장이다.

①의 구절이 생략되었다. '영가스님은 다만 자기 마음의 때 묻은 옷을 벗을 뿐(永嘉道, 但自懷中解垢衣)'이라고 말했다는 내용이다. 이 구절의 전후 맥락은 다음과 같다.

---

172 퇴옹성철(2015), p.144.

상근기의 수행자는 한 번 깨우쳐 일체를 모두 깨닫는다. 중하근기의 수행자는 많이 듣기만 할 뿐 믿지 않는 경우가 많다. 다만 마음속의 때 묻은 옷을 벗을 뿐, 밖을 향해 수행 정진을 과시할 필요가 있겠는가?[173]

그러니까 상근기의 수행자로서 한 번 깨우쳐 일체를 모두 깨달은 사람이 깨달음 이후에 하는 일이 '마음속의 때 묻은 옷을 벗는 일'이라는 뜻이다. 대적멸의 마당에서 유희자재하는 것이 진정한 깨달음 이후의 살림이라고 보는 성철스님의 입장을 드러내는 데 불편한 구절이다. 마음속에 벗어야 할 때 묻은 옷이 아직 남아 있다면 그것은 진정한 깨달음이 아니라고 보았기 때문이다. 만약 이것을 깨달음이라고 생각하는 순간, 수행이 느슨해져서 기왕의 성취를 허무는 일이 될 수 있다고 본 것이다. 무심경에 도달했을 때조차도 이것이 진정한 무심의 차원인지 살펴보고 그렇지 않다면 화두를 더욱 분명하게 움켜쥐는 길, 이것을 선문의 바른길로 제시하고 싶었던 것이다. 성철스님이『증도가』를 그토록 중시하는 입장이었으면서도 이 구절을 생략한 이유로 보인다.

② 의 '처處' 자가 생략되었다. '~한 곳', 혹은 '~에 있다'는 뜻이다. 성철스님은 "천인만인중千人萬人中의 분잡紛雜한 곳에 있어도"와 같이 '처處'를 적용하여 번역문을 구성하였다. 초판본의 교정 지시를 반영하지 않아 2015년 본까지 이어진 오류이다. 교정되어야 한다.

③ 에 '타佗'→'타他'의 교체가 일어났다. 두 글자 모두 구어체의 3인칭 대명사로서 통용되는 관계에 있다. 인용문의 원전인『원요심요』내에도 구분 없이 섞어 쓰고 있다.

---

[173]『景德傳燈錄』(T51, p.460b), "上士一決一切了, 中下多聞多不信. 但自懷中解垢衣, 誰能向外誇精進."

④에 '염오染汚'→'오염汚染'의 대체가 보인다. 익숙한 표현으로 바꾼 것이며 뜻의 변화는 없다.

⑤의 '진무심眞無心으로 상응하면'은 '무심과 서로 한 몸으로 만나면(與無心相應)'으로 번역되는 구절이다. 여기에서 무심을 진무심으로 옮겼다. 무심에 다양한 차원이 있어서 진정한 무심과 구별된다는 점을 밝히기 위한 것이다. 성철스님은 이에 대해 다음과 같이 말한다.

> 그러면 중도를 바로 깨치면 우리의 심리 상태는 어떻게 되는가? 대무심지大無心地가 됩니다. 이것을 무심無心이라 하고, 무념無念이라 하며, 무생無生이라 합니다. 여기에서 말하는 무심·무념·무생은 제8아뢰야 무기식無記識의 침공체적沈空滯寂한 무심이 아니라 거기서 나아가 확철히 깨친 대원경지大圓鏡智의 무심입니다.[174]

그러니까 성철스님의 '진무심'은 '확철히 깨친 대원경지의 무심', 즉 대무심지를 가리키는 것으로서, 유심의 상대인 무심이 아니라는 점을 강조하기 위해 선택한 설명식 번역어이다. 실제로 성철스님은 미세하게 흐르는 분별이 남아 있는 제8지의 무심을 가무심假無心이라 규정하여 대무심지와는 다르다는 점을 강조하는 입장이다. 진무심과 가무심은 성철스님의 독창적 용어라 할 수 있다.

한편 대무심지라는 용어의 사용에 있어서 『선문정로』와 『백일법문』의 의미가 다르며, 같은 『백일법문』에서도 다르게 쓰인 흔적이 보인다. 『백일법문』 상권에서는 "언어와 문자와 몸과 마음이 다 끊어진 대정적大寂定, 대무심지大無心地, 즉 아뢰야식에서도 알 수가 없다."[175]라고 했다. 대

---

174 퇴옹성철(2014), p.388.
175 이에 대해서는 퇴옹성철(2014), 『백일법문』(상), p.42 참조.

무심지가 아뢰야식의 차원이라는 규정이다. 이에 비해 그 하권에서는 대무심지를 대원경지의 무심, 즉 진정한 무심이라 규정하고 있다. 대무심지에 대한 정의에 변화가 있는 것이다.

어쨌든 성철스님은 아뢰야식 차원의 무심을 극복해야 할 차원으로 본다. "아뢰야식은 무심경계無心境界인데, 여기에서 한 발짝 더 나아가서 그 무심경계까지도 완전히 떨어야 한다."[176]라고 말하고 있기 때문이다. 그 깨달음의 완결성을 드러내기 위해 진무심과 같이 수식을 더하는 것은 성철스님의 전형적 표현 전략이라 할 수 있다.

번역문 ⑥의 '무위무사無爲無事한 한한지閑閑地' 역시 설명식 번역문으로서 원문에 없는 '무위무사無爲無事'라는 수식어가 더해져 있다. 이를 통해 무심지를 체득한 사람이라면 한가하고 한가할 뿐 다시 더 닦을 바가 없음을 강조하고 있다. '한한지閑閑地'는 암두스님의 말로 인용되어 있지만 원오스님 역시 자주 썼고, 다른 선사들 역시 관용적으로 쓰던 말이다. '한한지'는 '한가한 경지'라는 뜻도 되고, '한가하고 한가하게'로 부사적으로 쓰이기도 하는 말이다. '지地'가 구어체에서 부사어를 만드는 성분이기 때문이다. 다음과 같은 운암진정雲庵眞淨스님의 상당법문에 보이는 문장이 그렇다.

깨닫게 되면 적절하고 적절하게(可可地), 한가하고 한가하게(閑閑地), 뚜렷하고 분명하게(了了明明地), 명확하고 명확하게(歷歷落落地) 일체의 신통변화가 모두 저절로 갖춰져 밖에서 구할 일이 없게 된다.[177]

---

[176] 퇴옹성철(2014), 『백일법문』(상), p.60.
[177] 『古尊宿語錄』(X68, p.277b), "悟得也, 可可地, 閑閑地, 了了明明地, 歷歷落落地, 一切神通變化, 悉自具足, 不用外求."

또 불감스님의 "그것을 깨달은 사람은 완전히 달라 하루 12시간 가운데 그저 이렇게 한가하고 한가하게(閑閑地), 걸림 없고 걸림 없이(蕩蕩地) 마치 쟁반의 구슬처럼 건드리면 바로 구르되 흔적을 남기지 않는다."라는 법문[178]에도 동일한 용례가 발견된다. 어느 경우나 깨달은 사람의 한가한 경계를 드러내는 말이다. 성철스님은 그 경계가 '더 이상의 인위적 닦음'이 없는 자리임을 밝히기 위해 번역문에 '무위무사無爲無事'라는 수식 성분을 추가하였다.

번역문 ⑦의 '분잡紛雜한 곳에 있어도'는 천 사람, 만 사람이 있는 곳의 특징을 드러내기 위해 추가한 것이고, ⑧의 '무심하다'는 '일인도 없는 것과 같이'의 본뜻을 밝히기 위해 추가한 것이다. ⑨의 '무심의 진경眞境'은 오염시킬 수 없는 무심의 자리에서 유희하는 것이 보임임을 강조하기 위해 추가한 설명식 구절이다. 이 연속된 3번의 추가는 모두 본문의 뜻을 명확하게 전달하기 위한 단순 추가로써 진정한 무심의 경계를 강조하기 위한 의도가 뚜렷이 드러나 있다.

【7-4】 心冥境寂然後에 有所證入하나니 及至證入①[之後]하야는 證亦非證이요 入亦非入이라 翛然通透하야 如桶底②[子]脫하야사 始③豈[契]無生無④[爲]한 閑閑妙道正體니라

선문정로 내심內心이 현명玄冥하고 외경外境이 공적空寂한 연후에 ⑤대도大道에 증입證入한 바 있나니, 증입證入하고 나서는 증證도 또한 증證이 아니요, 입入 또한 입入이 아닌지라, 소연翛然히 심통철투深通徹透하여 통저桶底가 함탈陷脫한 것과 같아야 비로소 무생무위無生無爲한

---

[178] 『佛鑑禪師語錄』(X70, p.253a), "十二時中只麼閑閑地, 蕩蕩地, 如珠在盤, 觸著便轉."

한한閑閑한 묘도妙道의 정체正體에 계합契合하느니라.

현대어역 안으로 마음에 분별이 없고 밖으로 대상경계에 휘둘리지 않게 된 이후라야 큰 도에 깨달아 들어가게 됩니다. 깨달아 들어가 보면 깨달음도 깨달음이 아니고 들어감도 들어감이 아닙니다. 시원하게 끝까지 통하여 마치 통 밑이 왕창 빠지는 것처럼 되어야 비로소 생멸이 없고 할 일이 없어서 한가하고 한가할 뿐인 오묘한 도의 바른 본체와 신표처럼 맞아떨어지게 됩니다.

[해설] 원오스님이 황 통판黃通判에게 보낸 답신의 일부이다. 통판通判은 각 지방의 곡식 운송과 토지, 수리 등을 관장하는 지방 관리로서 소송 등의 사무를 겸임하였으므로 통판이라 불렀다. 황 통판은 선에 심취한 수행자였다. 마음을 쉬어 애써 노력하기를 멈추고 이런저런 헛된 인연들에 흔들리지 않는 공부를 계속하다가 여여한 자성을 보는 체험을 한다. 이에 그 사연을 편지에 적어 원오스님에게 보낸다. 원오스님은 황 통판의 체험을 인정한다. 그렇게 생각을 쉬고 사유를 맑게 하는 일이야말로 도에 들어가는 길이라는 것이었다. 나아가 그렇게만 하면 궁극적 깨달음에 도달할 수 있다는 격려를 보낸다.

궁극적 깨달음의 경지에 대한 원오스님의 입장을 보여주기 위해 인용한 문장이다. 원오스님은 깨달으면 생멸이 없고 할 일이 없는 경계를 만나게 된다고 말한다. 오묘한 도는 한가하고 한가할 뿐이다. 이 오묘한 도의 바른 본체와 신표처럼 맞아떨어지는 일을 체험한 사람이라면 한가할 수밖에 없다. 깨달았다면서 보임의 길을 물었는데 오로지 한가할 뿐인 경계에서 유희적으로 노니는 일 외에 어떤 것이 따로 있을 수 없다는 것이다.

성철스님은 이러한 원오스님의 설법을 해설하면서 구경대휴헐지究竟大休歇地라는 말을 사용한다. 원래 선사들도 대휴헐지라는 말을 구경각과 같은 의미로 쓴 용례가 있다. 깨달음 이후 남은 티끌을 떨어내는 소제掃除로써의 수행을 강조[179]하는 차원에서였다. 성철스님은 여기에 구경이라는 말까지 더하여 그 완전성을 강조한다.

한편 한가하고 한가할 뿐인 도의 본체에 계합하는 일을 암두스님은 지수한한지只守閑閑地로 표현했다. 이것은 두 의미를 갖는다. 더 닦을 일이 없어 한가한 자리에 노닐 뿐이라는 뜻이 그 하나이고, 한가할 뿐인 도의 본체에 신표처럼 맞아떨어지려면 스스로 분별의식을 내려놓는 한가함의 실천이 있어야 한다는 뜻이 다른 하나이다. 성철스님은 한가하고 한가한 자리를 지키는 일을 구경무심의 한한지閑閑地에서 노니는 일로 보았다. 그리하여 보임이 한한지에서 노니는 일일 뿐, 분별의 관습을 떨어내려는 노력이 있다면 진정한 보임이라 할 수 없다는 점을 강조한다.

거듭 확인되는 것처럼 성철스님은 조사의 깨달음과 여래의 구경각을 동일한 것으로 본다. 그것은 조사선이 관념의 유희로 떨어지는 위험성을 차단하기 위한 조치인 동시에 조사선의 도전적 파워와 여래선의 온건한 권위를 통일하기 위한 구상의 일환이기도 하다.

①의 '지후之後'는 탈자이다. 번역문에는 '증입證入하고 나서는'과 같이

---

[179] 『永覺元賢禪師廣錄』(X72, p.443a), "夫悟之一字, 古人所重, 卽悟後尙當掃除, 況全未悟者乎. 蓋以識心對境, 一一分別, 了能知. 雖似有禪可會, 有道可學, 然而絲毫纔動, 卽便相違. 所以世尊, 喩爲欲以螢火, 燒須彌山, 終無得理. 石霜喚作朝生之子, 非人王種. 雲居謂, 其頭頭上了. 物物上通. 祇喚作了事人. 終非尊貴. 當知尊貴一路自別. 古人作如是言, 豈欺我哉. 昔僧問石霜, 如何是頭. 霜曰, 直須知有. 後有僧問九峯, 如何是頭. 峯曰, 開眼不見曉. 是知, 開眼不見曉, 方謂之眞知有. 豈識心對境, 了了分別之事乎. 然此知有, 尙當掃除, 到無有變易之地, 方可謂之大休歇地."

이것이 적용되어 있다. 초판본에 교정 지시가 내려진 것을 적용하지 않고 2015년 본까지 이어졌다. 교정되어야 한다.

②의 '자子' 자가 생략되었다. 이것은 구어체 접미사로서 통저桶底나 통저자桶底子나 의미상의 차이는 없다. 성철스님은 가능하면 구어체의 흔적을 지워 문언문화하고자 하고자 한다. 이러한 문장관이 적용된 결과이다.

③의 '기뿔'는 '계契'의 오자이다. 번역문에는 '계합契合하느니라'로 되어 있다. 1981년 초판본에 바로 되어 있던 것을 1993년에 가로쓰기로 바꾸면서 입력에 오류가 일어나 2015년 본까지 이어진 것이다.

④에 '위爲' 자가 탈락되어 있다. 번역문에는 '무생무위無生無爲'와 같이 원문대로 번역하고 있다. 1981년 초판본에 바로 되어 있던 것을 1993년에 가로쓰기로 바꾸면서 입력에 오류가 일어나 현재까지 이어진 것이다.

번역문 ⑤의 '대도大道에 증입證入한 바 있나니'의 대도大道는 수행 현장에 흔한 말이 되어 버린 깨달음의 진정한 의미를 살리기 위한 추가이다. 깨달음(證)은 오직 큰 도에 들어가는 큰 깨달음 외에 다른 일이 될 수 없음을 강조하고자 한 것이다.

【7-5】 得道之士는 ①[立處旣孤危峭絶, 不與一法作對, 行時不動纖塵, 豈止入林不動草, 入水不動波. 蓋中已虛寂, 外絶照功, 翛然自得.] 徹證無心이라 雖萬機頓赴나 豈②[能]撓其神하며 ③[千難殊對, 而不]干其慮哉아 ④[平時]只守閑閑地하야 如癡似兀하나 及至臨事하야는 ⑤[爲物, 初不作伎倆, 准擬剷割,] 風旋電轉하야 靡不當機니라

선문정로 대도大道를 체득한 고사高士는 무심을 철저히 심증深證한 바라. 비록 만반군기萬般群機가 일시에 내부來赴하여도 어찌 그 정신을 요동搖動하며 그 심려深慮를 간범干犯하리오. 다만 한한閑閑한 심지心地만 수호하여 우치愚癡함과 같으며 둔올鈍兀함과 같으니, 백사百事에 응임應臨하여서는 급풍急風과 같이 선회旋回하며 비전飛電과 같이 활전活轉하여 적기的機에 정당正當치 않음이 없느니라.

현대어역 큰 도를 체득한 사람은 [그 발 디딘 자리가 높고 깎아지른 듯하여 어떠한 현상과도 상대하지 않는다. 움직일 때에는 추호의 먼지도 일으키지 않는다. 그러니 숲에 들어가되 풀을 움직이지 않고 물에 들어가되 파도를 일으키지 않는 정도에 그치겠는가? 안으로는 걸림이 없고 고요하며 밖으로는 관조하는 공부까지 끊어 시원하게 스스로 증득하였기 때문이다.] 무심을 깊고 철저하게 증득하였으므로 어떠한 상황이 갑자기 닥친다 해서 그 정신이 흔들릴 일이 있겠는가? [무수한 고난이 불쑥 닥친다 해도] 그 생각이 어지럽혀지겠는가? [평소에는] 다만 한가하고 한가한 마음의 바탕만을 수호할 뿐이라 마치 바보 같고 멍청한 것 같다. 그렇지만 일을 처리하고 [상황에 대응할 때에는 애당초 어떤 재주도 부리지 않지만 일을 처리할 때에는] 빠른 바람처럼 선회하고 나는 번개처럼 활발히 움직여 상황에 딱 맞지 않는 일이 없다.

[해설] 원오스님이 원圓수좌를 송별하며 권면의 뜻으로 내린 설법의 일부이다. 일시적 눈뜸을 귀하게 여기지 말고 장구한 시간에 걸쳐 도저한 공부에 힘쓰라는 당부의 내용을 담고 있다. 인용문은 이러한 공부의 끝에 만나게 되는 무심의 자유로운 경계를 말하고 있다. 이 문장은

견성한 사람은 임기응변의 기봉이 번갯불처럼 빠르고 회오리바람처럼 매섭다는 점을 드러내기 위해 인용되었다.

이 중 ①과 같이 득도한 사람의 경계를 묘사하는 문장이 생략되었다. 현대어역에 보인 것처럼 깨달은 사람은 걸림 없는 자재함의 차원에 노닌다는 뜻이다. 이 구절은 '어떠한 상황에도 정신이 흔들리지 않고 생각이 어지럽게 되지 않는다'는 뒤의 구절과 내용적으로 중복된다. 그 설법 주제를 분명하게 드러내기 위해 중복되는 문구를 생략한 것이다.

②의 '능能' 자를 생략하였다. 한문 문장의 문맥을 고려한 윤문에 해당한다. 뜻의 차이는 없다.

③의 '무수한 고난이 불쑥 닥친다 해도, ~하지 않겠는가(千難殊對, 而不)'의 구절이 생략되었다. '무수한 고난이 불쑥 닥친다 해도(千難殊對)'는 앞의 '어떠한 상황이 갑자기 닥친다 해도(萬機頓赴)'와 동일한 상황을 전달하므로 중복을 피해 생략하였다. 뒷부분의 '이불而不'은 윤문을 위해 생략하였다. 이것을 그대로 적용하면 "무수한 고난이 불쑥 닥친다 해도 그 정신을 흔들 수 있겠으며, 천 가지 어려움이 두루 찾아온다 해도 그 생각을 어지럽히지 않을 수 있겠는가(而不干其慮哉)."로 되어 의미가 성립하지 않는다. 그래서『원오심요』의 편집자는『원오어록』에 보이는 이 구절에서 '불不'을 삭제하여 맥락이 통하도록 교정한 바 있다. 성철스님은 이 부분을 생략하여 한편으로는 요령부득의 문장을 수정하고, 다른 한편으로는 중복되는 부분을 지워 의미의 전달을 명확히 하고자 한 것이다.

④의 '평소(平時)'와 ⑤의 '상황에 대응할 때에는 애당초 재주도 부리지 않지만 일을 처리할 때에는(爲物, 初不作伎倆. 准擬割制)'의 구절이 생략되었다. 득도한 사람의 경계가 보통 때는 멍청한 듯 보이지만 유사시에 일을 처리함에 있어서는 바람 같고 번개 같다는 말을 이끌어 내는 구절이다. 이 말은 평소 한가하고 한가한 자리를 지키되 현상에 거울처럼 반

응한다는 말과 표현은 상반되지만 내용은 한가지로 통한다. 모두 상적상조의 경지를 표현한 말이기 때문이다. 따라서 굳이 평소와 유사시를 나눌 필요가 없고, 또 이것을 생략해도 그 뜻을 전달하는 데 문제가 없다고 생각하여 이를 생략한 것으로 보인다.

【7-6】 到極深處하야는 無深하며 極妙處하야는 無妙하야 大休歇大安穩하야 不動纖塵하고 只守閑閑地하야 ①凡聖[聖凡]이 莫能測하며 萬德이 不將來然後에 可以分付鉢袋子也니라

선문정로 극심처極深處에 도달하여서는 심深이 없으며, 극묘처極妙處에서는 묘妙가 없어서, 대휴헐大休歇하며 대안온大安穩하며 섬진纖塵도 부동하고 다만 한한지閑閑地만 수호하며, 범성凡聖이 능히 측량測量치 못하며 만덕萬德이 ②장래將來하지 못한 연후에 전법傳法의 발대자鉢袋子를 분부分付하느니라.

현대어역 지극히 깊은 자리에 도달하면 깊음이라 할 것이 없고, 극히 오묘한 자리에 도달하면 오묘함이라 할 것이 없다. 크게 쉬고 쉴 뿐이며 크게 평온할 뿐이다. 추호의 망상도 일어남이 없어 오로지 한가하고 한가한 자리만 수호할 뿐이다. 범부와 성인이 짐작하지 못하며 ③[범부니 성인이니 하는 생각을 일으키지도 않으며], 이런저런 복덕이 찾아오지도 않게④[이런저런 복덕을 가져오지도 않게] 된 뒤라야 의발을 전수할 수 있다.

[해설] 바른 깨달음에 뜻을 두고 있으며 또 어느 정도 눈 뜬 바도 있는 상태에 도달한 민民씨 성을 가진 사천 지역의 관리가 있었다. 원오스

님은 그에게 뜻을 쉬는 데 해태하지 말 것을 권하면서 이와 같은 가르침을 내린다. 특히 수행에 있어서 무엇인가 추구하여 좇아가는 일이 없어야 하며(逐物爲下), 오로지 내려놓음의 실천을 귀하게 여겨야 한다(却物爲上)는 점을 강조한다.

이 인용문에서 말하는 바와 같이 깊음, 오묘함, 성인과 범부, 복덕 등에 대한 일체의 추구를 내려놓으라는 것이다. 그것을 추구하여 좇아가지 말고 오로지 내려놓고 내려놓기만을 실천함으로써 크게 쉬는 자리, 크게 한가한 자리에 도달하기를 기약해야 한다는 것이다. 그 내려놓음의 예로 온몸을 내어놓는 두타행적 수행[180]을 제시하여 멈춤 없는 수행을 촉구하는 것이 원오스님 법문의 핵심이다.

인용문 ①과 같이 '성범聖凡'→'범성凡聖'의 변화가 보인다. 글자의 순서를 바꾸었을 뿐이므로 뜻에 변화가 없을 것 같지만 그 의도는 단순하지 않다. 성철스님은 이렇게 순서를 바꾼 '범성막능측凡聖莫能測'이라는 구절을 '범성凡聖이 능히 측량測量치 못한다'로 번역하고, 그 한가롭고 한가로운 경지는 '보통 사람뿐 아니라 어떤 성인들도 짐작할 수 없다'라고 강설했다. 낮은 범부나 높은 성인이나 그 한가하고 한가한 경지를 헤아릴 수 없다는 의미를 분명히 하고자 한 것이다. 물론 문장만 가지고 보자면 이렇게 번역하는 것이 원칙이다. 그것이 짐작하고 이해하기를 멈추어야 도달하는 경지이므로 성인조차 짐작하는 순간 틀리게 되기 때문이다. 그런데 이 문장과 관련하여 원오스님은 다음과 같은 비슷한 내용의 법문을 한 적이 있다.

---

[180] 『佛果克勤禪師心要』(X69, p.467b), "古人爲此一段事, 直得捨全身立雪負舂賣心肝 然兩臂投猛火聚七處割截飼虎救鴿捨頭施目, 百種千端. 蓋不艱苦則不深到, 有志 之士固宜以古爲儔晞顏慕藺也."

늘상 오로지 한가하고 한가한 자리를 지킬 뿐, 범인이니 성인이니 하는 생각을 터럭만큼도 일으키지 않는다면 다시 무슨 득실을 걱정할 일이 있겠으며 생사를 벗어날 일이 있겠는가?[181]

그러니까 '범성막능측凡聖莫能測'의 구절을 '범부와 성인이 헤아리지 못하며'로 번역할 수도 있고, 원오스님의 법문처럼 '범부니 성인이니 하는 생각을 일으키지도 못하며'로 옮길 수도 있다는 뜻이다. 그래서 현대어역의 ③에서는 다르게 번역할 수 있는 가능성을 제시해 두었다. 마찬가지로 이와 짝이 되는 '만덕부장래萬德不將來' 역시 '이런저런 복덕이 찾아오지도 않게'로 번역할 수도 있고, ④에 제시한 바와 같이 '이런저런 복덕을 가져오지도 않게'로 옮길 수도 있는 것이다.

사실 여기에 쓰인 장래將來는 '~을 가져온다'는 뜻의 타동사로 번역할 수 있다. 예컨대 숙면이 아닌데도 멸진정에 들어가는 여래의 선정에 감탄한 불가사弗迦娑가 귀의의 뜻으로 금색의 면포를 바치는 다음과 같은 장면이 있다.

"나의 금색 면포 두 장을 가져오너라. 내가 부처님께 올리고자 한다." 시종이 명령을 받아 곧 그것을 가지고 왔다(卽取將來). 이에 불가사弗迦娑가 손에 면포를 들고 부처님 앞에 반듯하게 꿇어앉아 이렇게 말하였다. "제가 지금 이것을 받들어 세존께 올리오니 원컨대 가엾게 여기셔서 받아들여 주옵소서."[182]

---

181 『圓悟佛果禪師語錄』(T47, p.749c), "尋常只守閑閑地, 不起毫髮凡聖情量, 更有什麼得失可疑生死可出."
182 『大般涅槃經』(T1, p.198b), "汝可取我金色劫貝二張持來, 我欲上佛. 侍人奉勅, 卽取將來.時, 弗迦娑手執劫貝, 長跪佛前而作是言, 我今以此奉上世尊, 唯願哀愍, 卽賜納受."

요컨대 범성凡聖과 만덕萬德을 주어로 볼 수도 있고 목적어로 볼 수도 있다는 말이 된다. 성철스님은 이것을 주어로 처리하였는데 여기에는 이유가 있다. 성철스님은 "한한지閑閑地는 철증무심徹證無心한 대휴헐처大休歇處의 표현"[183]이며, 또 "구경지를 체득한 대해탈도인은 이처럼 무위무사無爲無事하여 그저 한가롭고 한가로울 뿐"[184]인 보임을 실천할 뿐이라 강설했다. 그러니까 '자성을 철저히 깨치는 일'은 '구경각을 성취하는 일'이고, "하는 일도 없고 할 일도 없는 한가로운 대해탈인"[185]이 되는 일이다. 이처럼 절대 경지이므로 범부는 물론 성인조차 짐작할 수 없다는 점을 강조하고자 한 것이다. 짐작은 주체(能)와 대상(所)을 나누는 차원에서 일어나는 일이기 때문이다. 성철스님은 이처럼 진정한 무심은 타인이 짐작할 수 없는 부사의한 경계라는 점을 드러내기 위해 이러한 번역문을 구성했던 것으로 보인다.

【7-7】 到無心①[之]地하면 一切②妄念[染]情習이 俱盡하고 知見解礙가 都消③[銷]하나니 更有甚事리오 ④[是]故로 南泉이 云平常心이 是道라하니라

선문정로 무심지에 도달하면 일체의 망념과 정습情習이 구진俱盡하고 지견知見과 해애解礙가 도소都消하나니, 다시 무슨 일이 있으리오. 그러므로 남전南泉이 말하기를 "평상심이 도"라 하니라.

현대어역 무심지에 도달하면 일체의 망상과 감정 및 습기들이 모두

---

183 퇴옹성철(2015), p.146.
184 퇴옹성철(2015), pp.148-149.
185 퇴옹성철(2015), p.149.

사라지고, 앎과 견해, 이해 등의 장애가 모두 녹아 버리니 다시 무슨 일이 있겠는가? 그래서 남전南泉이 말하기를, "평상심이 도"라 한 것이다.

[해설]　윤상인倫上人이라는 수행자에게 주는 원오스님의 법문이다. 도를 닦는 데 있어서 가장 큰 장애는 마음과 생각을 일으켜 무언가를 지향하는 일이다. 그러므로 오로지 마음을 끊고 내려놓는 수행이 있어야 한다는 가르침이다. 여기에서 원오스님은 '평상심이 도'라는 말이 무심 경계를 가리키는 말이라고 분명하게 규정하고 있다.

생각이 일어난 후 그것을 가라앉히고자 하면 벌써 틀린 일이다. 오로지 생각을 끊고 끊어 완전히 죽은 사람처럼 숨결이 끊어지도록 하되 거기에서 되살아나는 일이 있어야 한다는 것이다. 그래서 완전한 무심에 이르기까지 추호의 물러섬이 없는 수행이 필요하다. 그렇게 거듭거듭 끊고 내려놓다 보면 만사만물이 그대로 진리의 드러남임을 확인하게 되는 날이 도래한다는 것이다. 여기에서 중요한 것은 끝없는 내려놓음의 실천이다. 석가도 태어날 때부터 석가는 아니었다. 미륵도 저절로 되는 미륵은 있을 수 없다. 오직 끝없는 수행을 통해 자유자재한 자리를 스스로 체득해야 한다는 것이 원오스님 가르침의 핵심이다.

이러한 법문의 일단을 인용하면서 ①과 같이 '지之' 자를 생략하였다. 의미상의 큰 변화는 일어나지 않는다. 다만 이것을 생략하면 무심지無心地가 하나의 고유한 경지가 될 수 있다. 원래 무심지는 각각의 상황 및 지위에 통용되는 말이기도 하고, 궁극적 차원에 한정적으로 쓰이는 말이기도 하다. 통용되는 경우, 그 의미 폭은 상당히 넓다. 잠을 잘 때, 기절했을 때, 무상정, 무상생無想生, 멸진정과 무여의열반의 차원을 모두 무심지라 부르기 때문이다. 궁극적 차원에서는 그 의미가 극도로 한정된다. 오로지 무여의열반의 차원, 그러니까 아뢰야식이 영원히 소멸하고 전5식, 제6식, 제7식이 영원히 소멸한 자리를 무심지라 하기 때문이다.[186] 원오스님은 아뢰야식까지 영원히 소멸한 무여의열반의 자리를 가리키기 위해 무심의 자리(無心之地)라는 말을 사용하였다. 그런데 '지之' 자가 들어가 '무심의(之) 경지'가 되면 여러 상황에 통용되는 표현이 될 수 있다. 성철스님은 이것이 궁극의 무심지에 한정적으로 쓰이는 말임을 드러내기 위해 '지之' 자를 생략한 것으로 보인다.

다음으로 ②와 같이 '망염妄染'을 '망념妄念'으로 바꾸었다. 망염妄染의 허망(妄)은 공의 도리를 배리하는 일이고, 오염(染)은 모양에 집착하는 일을 가리킨다. 요컨대 망염妄染은 일체의 생멸법과 그에 대한 집착을 가리키는 말이다. 이 망염妄染이 사라진다는 것은 허망하고 오염된 중생의 차원을 벗어나 진실하고 청정한 부처의 차원으로 진입하는 일에 해당[187]한다. 그래서 망염妄染이 깨끗이 사라지는 일을 성불로 규정[188]하는 것이다.

성철스님의 '망념妄念' 역시 분별과 집착의 의식 활동이라는 점에서 동일한 뜻을 전달한다. 다만 이것은 수행의 초기부터 성불에 이르기까지 다양한 차원의 의식 작용에 널리 통용되는 어휘이기도 하다. 망념이 생기지 않도록 수행하는 사람을 출가자라고 부른다는 다음의 구절을 보자.

---

186 『瑜伽師地論』(T30, p.345a), "分位建立者, 謂除六位, 當知所餘名有心地. 何等爲六. 謂無心睡眠位, 無心悶絶位, 無想定位, 無想生位, 滅盡定位, 及無餘依涅槃界位. 如是六位, 名無心地. 第一義建立者, 謂唯無餘依涅槃界中, 是無心地. 何以故, 於此界中, 阿賴耶識亦永滅故. 所餘諸位, 轉識滅故, 名無心地."
187 『大方廣佛華嚴經疏』(T35, p.821a), "以本識有二分, 一妄染分凡夫所住. 二眞淨分此地所住. 由住眞如故捨黎耶之名, 又佛地單住眞如, 不云黎耶眞如, 今爲有變易報在."
188 『大般涅槃經義記』(T37, p.739b), "於此體上更無生死妄染可得, 故卽如來."

출가자는 그 친하고 사랑하는 이들을 떠나 부귀영화와 쾌락에 집착하지 않고, 항상 청정한 수행을 닦고 계율과 규범을 지킨다. 번뇌를 버리고 등지며, 6근과 6식을 조절하고 단속하여 망념妄念이 일어나지 않도록 하며, 지혜가 자라나는 일을 실천한다. 이렇게 끝없이 나아가며 닦는 이를 가리켜 출가자라 부른다.[189]

망념은 망심, 망상 등과 비슷한 뜻으로 쓰이는데 근본무명인 망심에서 일어나는 생각의 파도를 망념으로 보는 관점도 있다.[190] 요컨대 망념이 사라지는 일이 궁극적 무심, 즉 대무심처로 이해되지 않을 수도 있다는 말이다. 다만 망념은 무심과 대비되는 어휘이므로 이러한 교체를 통해 「보임무심」장의 설법 의도를 분명히 드러낼 필요가 있다고 보았을 수 있다.

③과 같이 '녹일 소銷' 자를 '사라질 소消' 자로 대체하였다. 망상과 습기는 수행을 통해 녹여내는 일이기도 하고 사라지는 일이기도 하다. 망상과 습기가 완전히 사라지는 소멸이 있어야 비로소 무심이라고 할 수 있다는 의미를 강조하기 위해 해당 글자를 바꾼 것으로 이해된다.

④와 같이 '시고是故'를 '고故'로 축약하여 표현하였다. 의미상 차이는 없다.

---

189 『衆許摩訶帝經』(T3, p.944b), "夫出家者, 離其親愛, 不著榮樂, 恒修梵行, 堅守律儀, 棄背塵勞, 禁縛根識, 妄念不生, 實行增長. 如是進修名出家者."
190 이 경우 망심→망념→망상의 순으로 심층에서 표층으로 나아가는 관계가 성립한다. 즉 제8아뢰야식의 무명이 바깥 대상을 대하여 물결처럼 일어나는 인식의 작용이 있는데 이것을 망심이라 한다. 이 망심은 근본무명이다. 이 망심이 바깥 대상을 만나면 마음이 움직이고 생각이 일어난다. 이것을 망념이라 하며, 좋은 것은 취하려 하고 싫은 것은 버리려 한다. 마음이 바깥 대상에 집착하여 놓지 않는 것을 망상이라 한다. 이에 대해서는 元音老人, 『略論明心見性』, 참조.

【7-8】 致①[到]至實平常大安穩處하면 了無纖芥可得하고 只恁②麼隨處轉③[輕]安하나니 眞無心道人也라 保任此無心하면 究竟에 佛亦不存이어니 喚甚④麼作衆生이며 菩提도 亦不立이어늘 喚甚⑤麼作煩惱리오 翛然永脫하야 應時納祐하야 遇飯喫飯하며 遇茶喫茶니라 ⑥[遇茶喫茶, 遇飯喫飯.] 縱處闤闠하야도 如山林하야 初無二⑦[種]見하야 假使致之蓮華臺⑧[座]上하야도 亦不生忻이요 抑之九泉之下하여도 亦不起厭이니라

선문정로 지실至實한 평상의 대안온처大安穩處에 도달하면 요연了然히 섬개纖芥도 가히 소득所得한 것이 없고, 다만 이같이 처소處所를 따라서 자유로이 안온安穩하나니 진실로 무심도인無心道人이다. 이 무심을 보임保任하여 구경에 불佛도 또한 존재하지 않는데 무엇을 불러 중생이라 하며, 보리도 또한 성립되지 않거늘 무엇을 불러 번뇌라 하리오. 소연翛然히 영탈永脫하며 때에 순응順應하여 자재하니 밥을 만나면 밥을 먹고 차를 만나면 차를 마신다. 설사 분잡紛雜한 시정市井에 처하여도 적정寂靜한 산림과 같아서 당초當初에 2종二種의 견해가 없다. 설사 연화대상蓮華臺上에 모셔도 흔열欣悅하지 않으며, 구천지하九泉地下에 억폐抑閉하여도 혐염嫌厭하지 않는다.

현대어역 지극히 진실하며 흔들림이 없어 완전히 평온한 자리에 도달하면 환하게 밝아 티끌만큼도 얻을 것이 없게 된다. 오로지 이렇게 만나는 자리마다 편안함으로 돌리는 것이[가볍고 편안한 것이] 진정한 무심도인이다. 이 무심을 보호하고 이 무심에 맡기면 궁극적으로 부처조차 세울 수 없다. 그러니 무엇을 중생이라 부르겠는가? 깨달음조차 세울 수 없다. 그러니 무엇을 번뇌라 하겠는가? 홀가분하게

영원히 벗어던지고 때에 맞게 자기 몫을 받아들여 밥을 만나면 밥을 먹고 차를 만나면 차를 마신다.[차를 만나면 차를 마시고, 밥을 만나면 밥을 먹는다.] 시장에 있어도 산의 숲속에 있는 것과 같아 애당초 분별하는 견해가 없어서 설사 연화대[연화좌] 위에 모셔도 기쁜 마음을 내지 않으며 저승으로 쫓아내도 싫어하는 마음을 일으키지 않는다.

[해설] 원오스님이 지조智祖라는 수행자에게 내린 가르침이다. 원오스님의 설법은 수행과 깨달음의 철저함을 강조한다. 평생을 다 바쳐 수행을 하여 바른 자리에 들어섰다 해도 철두철미해질 때까지 노력을 멈추지 않아야 한다[191]는 수행론이 특히 그렇다.

뛰어나고 날카로운 수행자라면 그 발 딛는 자리를 알아야 하며, 허리는 강철처럼 굳건해야 한다. 인간 세상에서 지낸다 해도 모든 인연을 환영처럼 보아야 한다. 움직임 없이 멈추기도 하고, 자재하게 역할을 수행하기도 하지만 인간적 감정을 따르지 않아야 한다. 자아와 대상에 대한 집착을 끊고, 이해의 차원을 벗어나야 하며, 앎을 내려놓아야 한다. 당장 이 자리에서 자성을 보아 성불하여야 하며, 곧바로 부처의 마음을 가리켜 보이는 것을 자신의 길로 삼아야 한다. 인연에 호응하여 행위하고 활용하되 하나의 틀에 갇혀서는 안 된다. 한 덩어리 장구한 시간 동안 노력을 기울여 몸과 마음을 고요하고 담박하게 지켜 가되 이런저런 번뇌의 수고로움에서 완전히 벗어나 살아가는 것, 이것이 최고 중의 최고라 하겠다.[192]

---

191 『佛果克勤禪師心要』(X69, p.485b), "從上古德動盡平生或三二十載靠箇入處, 期徹頭徹尾去."
192 『佛果克勤禪師心要』(X69, p.485c), "靈利漢脚跟須知點地, 脊梁要硬似鐵. 游人間世, 幻視萬緣, 把住作主, 不徇人情, 截斷人我, 脫去知解. 直下以見性成佛, 直指

원오스님의 법문에는 철저한 수행과 철저한 깨달음이 어떤 것인지에 대한 가르침이 명확하게 나타나 있다. 이 법문을 보면 성철스님이 보임 무심의 논의를 왜 전적으로 원오스님의 법문에 기대어 전개하였는지가 이해된다.

성철스님은 이를 논거로 하여 무애자재한 대적삼매에 노니는 무심도인의 유희를 보임으로 규정한다. 요컨대 보임은 대해탈지, 대해탈경계의 일이라는 것이다. 그러므로 무언가 닦고 배우고 익힐 것이 남아 있다면 그것은 견성도 아니고, 무심도 아니며, 보임도 아니게 되는 것이다. 오로지 크게 쉬어 할 일이 없는 대무심지의 자유자재한 생활만이 진정한 보임이라는 성철스님의 주장이 힘을 얻는 지점이다.

인용문에 표시해 놓은 것과 같이 원문에 손질이 가해졌다. ①과 같이 '도到'→'치致'의 대체가 이루어졌다. 번역문을 보면 '지실至實한 평상의 대안온처大安穩處에 도달하면'으로 되어 있다. 두 글자 모두 '도달한다'는 의미를 갖고 있으므로 뜻의 변화는 없다. 다만 '치致'로 바꾸면 '치지실致至實'과 같이 유사 형태, 유사 발음이 중복되는 불편한 문장이 구성된다는 점, 『원오심요』나 『원오어록』에 모두 '도到'로 표기되어 있다는 점, 그리고 무엇보다도 '도달하면'으로 번역문을 구성하였다는 점 등에 있어서 이 교체는 성철스님의 의도가 아니었다고 생각된다. '치致'와 '도到'의 형태적 유사성으로 인해 초판본의 식자에 오류가 일어났던 것으로 보인다. 원문대로 교정하는 것이 좋겠다.

②의 '그렇게, 이렇게' 등의 뜻을 갖는 지시대사 '임恁'에 백화 접미사 '마麽'를 추가하였다. 선사들의 어록에는 대부분 '임마恁麽'로 기록되어

妙心爲階梯, 及至作用應緣不落窠臼, 辦一片長久, 守寂淡身心, 於塵勞透脫去, 乃善之又善者也."

있고, '임恁'은 이 인용문 외에 거의 그 용례를 찾아보기 어렵다. 그러니까 성철스님의 이 추가는 원문 교정에 가깝다.

③과 같이 '경안輕安'→'전안轉安'의 대체가 일어났으나 특별한 이유가 보이지 않는다. 번역문 역시 '자유로이 안온하나니'로 되어 있다. '자유로이(輕) 안온함(安)'으로 대응 관계가 성립하므로 원문이 그대로 적용되어 있다. 바로잡아야 한다.

④, ⑤와 같이 '무엇'의 뜻을 갖는 의문대사 '심甚'에 접미사 '마麽' 자를 추가했다. 뜻은 같기는 하지만 선가의 어록에는 '심甚'이 '심마甚麽'보다 압도적으로 활용 빈도가 높다. 그런 점에서 굳이 접미사를 추가할 필요는 없어 보인다. 다만 '심甚'을 '심하다'는 뜻으로 번역하는 사람들이 있을 수 있으므로 이를 차단하기 위한 친절한 가필에 해당한다.

⑥은 단순한 어순의 변화이다. '밥을 만나면 밥을 먹고(遇飯喫飯), 차를 만나면 차를 마신다(遇茶喫茶)'는 말은 선사들의 어록에 무수히 등장하는 상투어인데, 밥과 차의 순서는 전혀 상관이 없다. 원오스님도 『원오어록』이나 『원오심요』나 『벽암록』에서 밥과 차의 앞뒤를 법칙성 없이 뒤섞어 설하고 있다. 다만 성철스님은 밥을 먼저 말하는 것이 더 일반적이라고 보았던 것으로 보인다.

⑦에서는 '2종견二種見'을 '2견二見'으로 바꾸었는데 두 단어 모두 영원론과 허무론의 분별적 견해를 가리킨다는 점에서 의미의 차이는 없다. 다만 그 번역문에 "당초에 이종二種의 견해가 없다."[193]로 되어 있는 것을 보면 이것을 바꾸겠다는 의도가 없었던 것으로 보인다. 복원해야 한다.

⑦과 같이 '연화좌蓮華座'를 '연화대蓮華臺'로 바꾸었다. 경전에 보면 연

---

[193] 퇴옹성철(2015), p.152.

화대와 연화좌는 구분 없이 쓰인다. 깨달음에 이른 불보살이 앉는 자리가 연화대이고 연화좌이다. 이것을 한 문장에서 뒤섞어 사용한 다음과 같은 불타발타라佛馱跋陀羅의 『화엄경』 번역도 있다.

> 그때 여래성기묘덕보살이 연화좌蓮華座에서 일어나 오른 어깨를 드러내고 오른 무릎을 연화대蓮華臺 위에 대고 일심으로 합장하고는 여래를 바로 향하여 게송으로 말하였다.[194]

문장만 가지고 보자면 연화대 위에 연화좌가 있다는 의미로 이해할 수도 있다. 그렇다면 여래성기묘덕보살은 연화좌에서 내려와 연화대에서 여래에게 예경했다는 뜻이 된다. 그런데 실차난타實叉難陀의 번역본에는 그냥 "오른 무릎을 꿇고"[195]로 되어 있다. 연화좌에 앉아 있다가 거기에서 무릎을 꿇고 설법을 청했다는 뜻이 된다. 실차난타는 동진東晉 불타발타라의 번역본을 참고하는 입장에 있었다. 그러므로 여기에 교정의 의도가 있었다고 볼 수 있다. 연화좌를 받치는 연화대가 따로 있다고 보지 않았다는 말이다. 성철스님 역시 특별한 의도는 없었던 것으로 보이며 옮겨 쓰는 과정에서 익숙한 말로 바꾼 것으로 보인다.

【7-9】 脚踏實地하야 到安穩處時엔 中①[時中]無處②[虛]假③[棄]底工夫하야 綿綿不漏絲毫하고 湛寂凝然하야 佛祖莫知요 魔外無提④[捉摸]라 是自住無所住大解脫이니 雖歷無窮劫하야도 亦

---

194 『大方廣佛華嚴經』(T9, p.611b), "爾時, 如來性起妙德菩薩, 於蓮華座起, 偏袒右肩, 以右膝著蓮華臺上, 一心合掌, 正向如來."
195 『大方廣佛華嚴經』(T10, p.262a), "爾時, 如來性起妙德菩薩於蓮華座上, 偏袒右肩, 右跪合掌, 一心向佛."

只如如地어니 況復諸緣耶아

선문정로 자성의 실지實地를 답착踏著하여 무사안온無事安穩한 곳에 도달한 때에는 심중心中에 허가虛假한 공부가 없다. 면면부절綿綿不絕하여 사호絲毫도 삼루滲漏하지 않고, 응연凝然히 담적湛寂하여 불조佛祖도 자득自得할 수 없으며 마외魔外도 제휴提携하지 못한다. 이것은 무소주無所住의 대해탈에 자주自住함이니, 비록 궁겁窮劫을 경력經歷하여도 또한 여여불변如如不變하거늘 하물며 진연塵緣이 다시 있으랴.

현대어역 실상의 자리에 발을 디뎌 평온한 자리에 도달하고 보면 마음속에 헛되거나 거짓된[모든 시간 중에 헛되이 버리는] 공부가 없다. 면면히 연결되어 새어나가는 일이 전혀 없고 흔들림 없이 맑고 고요하여 부처님이나 조사도 알지 못하고 사마외도도 손으로 잡지 못한다.[짐작조차 하지 못한다.] 이것이 머무는 바 없는 대해탈에 스스로 머무는 것으로서 무궁한 겁을 거친다 해도 오로지 한결같은 자리일 뿐이니 다시 무슨 이런저런 끄달릴 인연이 있겠는가?

[해설] 원오스님의 회상에서 서기를 하던 단유端裕라는 수행자에게 내린 가르침의 일단이다. 여기에서 원오스님은 감정과 생각을 내려놓고, 분별을 허물고, 낡은 틀을 허물며, 이해의 차원을 벗어나 실상의 이치를 증득하는 길을 제시하고 있다. 원오스님의 가르침은 철저한 수행, 철저한 깨달음을 강조한다. 그 철저함은 부처에 대한 지향조차 내려놓는 자세를 요구한다. 그 견해가 부처와 같더라도 부처의 지위(佛地)를 설정하는 장애가 있음을 알아 의지할 곳이 전혀 없게 해야 한다는 것이다. 원오스님은 이렇게 의지할 바 없도록 모든 것을 내려놓는 수행

을 하는 것을 농사꾼의 소를 쫓아내는 일, 배고픈 사람의 밥을 빼앗는 일[196]로 비유한다. 농사꾼에게 소는 궁극의 자산이다. 배고픈 사람에게 밥은 생명 그 자체이다. 이 마지막 기댈 곳조차 없애는 일이 수행이라는 것이다.

성철스님은 이렇게 하여 도달하는 대해탈 경계의 특징을 강조한다. 그 경계는 무궁한 겁을 거쳐도 변함이 없다. 만약 이러한 여여불변, 자유자재한 경계가 없어진다면 깨친 것이 아니다. 견성도 아니다. 그러므로 깨치고 나서 차근차근 망상을 없애 나간다는 말이 성립하지 않는다. 어떤 고명한 차원이라 해도 수행할 것이 남아 있다면 오후보임悟後保任이라 할 수 없다는 것이다.

그렇다면 지금 체험하고 있는 이 무심이 궁극의 것인지 아닌지를 어떻게 판별할 것인가? 여기에 조사의 관문이 필요하다. 성철스님의 숙면일여는 바로 그러한 기준에 해당한다. 이를 통해 그 무심의 진실성을 판정할 수 있다는 것이다.

인용문 ①과 같이 떼어 읽은 위치에 따라 '시중時中'의 의미가 달라질 수 있다. 성철스님은 '시時'를 앞의 구절에 붙여 '무사안온한 곳에 도달한 때에는'으로 번역했다. 이렇게 하면 '중中'이라는 단어가 가리키는 바를 특정하기 어렵게 된다. 성철스님은 이것을 '심중心中'으로 번역한다. 그래서 그 뒤에 이어지는 '무허기저공부無虛棄底工夫'를 '헛되이 버리는 공부가 없다'고 옮기는 대신 원문에 손을 보아 '허가虛假한 공부가 없다'로 번역했다. '허가虛假'는 허망하고 거짓되다는 뜻이고, 원문의 '허기虛棄'는 '헛되이 버린다'는 뜻이다. 대무심지, 대해탈경계, 구경각의 절대적 진실성

---

196 『佛果克勤禪師心要』(X69, p.455b), "意在鉤頭, 只貴獨脫. 切忌依草附木, 所謂驅耕夫之牛奪飢人之食."

을 강조하기 위해 마음에 헛되고 거짓된 공부가 없다고 번역한 것이다.

그런데 중국의 불학자들은 '시중時中'을 붙여서 '모든 시간 중에'로 해석한다. 모든 시간 중에 헛되이 버리는 공부가 없다는 뜻이 된다. 헛되이 버리는 공부가 없다는 말이나 헛되고 거짓된 공부가 없다는 말이나 뜻은 크게 다르지 않다. 다만 구두점을 바꾸고 뜻을 조절해서라도 그 주장을 분명히 드러내기 위한 성철스님의 언어 전략이 여기에서도 발견된다는 것을 확인할 수 있다.

②와 같이 '허虛' 자가 '처處' 자로 바뀌었다. 번역문에 '허가虛假한 공부가 없다'로 되어 있는 것을 보면 '처處'는 '허虛'의 편집 과정에서의 오류이다. 교정해야 한다.

이렇게 오자를 교정해 놓고 보면 ③과 같이 '허기虛棄'가 '허가虛假'로 변환되었음을 알 수 있다. '헛되이 버리는' 공부가 '헛되고 거짓된' 공부로 바뀐 것이다. 성철스님은 유심에 기대는 공부는 '헛되고 거짓된' 공부라고 보는 입장이다. 유심의 차원인 해오에 기대는 돈오점수를 그토록 배격하는 것도 이 때문이다. 공부 자체가 '헛되고 거짓된' 공부이므로 바른 깨달음으로 나아갈 수 없다는 것이다. 이에 비해 '헛되이 버리는' 공부가 없다는 말은 모든 것이 공부가 되는 시절을 가리킨다. 상호 비슷한 뜻을 전달하지만 돈오돈수의 수행론을 강조하기 위한 변환이었음이 확인된다.

④와 같이 '사마외도는 짐작조차 하지 못한다(魔外無捉摸)'는 구절을 '마외魔外도 제휴提携하지 못한다(魔外無提)'로 바꾸었다. '짐작한다(捉摸)'는 것은 그 무심경계가 사마외도로서는 짐작조차 할 수 없는 차원이라는 뜻이다. 외도에게도 무상정無想定과 같은 무심의 수행이 있고, 기대고 의지하는 바가 없는 평온의 성취가 있다. 부처님이 한때 도를 배웠던 알라라깔라마는 무소유처정無所有處定을 무심의 극치로 삼았고, 웃

다까라마뿟따는 비상비비상처정非想非非想處定을 무심의 궁극으로 삼았다. 다만 그들은 자신들이 도달한 무심의 경계 위에 멸진정滅盡定과 같은 무심의 차원이 있음을 몰랐다. 나아가 진여와 하나가 된 대원경지의 무심이 있다는 것은 더더욱 몰랐다. 그래서 짐작조차 하지 못한다고 표현한 것이다. 성철스님은 이에 대해 다음과 같이 강설한다.

> 누구든 견성해서 구경각·대열반·대무심을 확실히 증득하면 그 경계는 부처와 조사도 엿볼 수 없다. 하물며 마구니와 외도야 말할 것 있겠는가? 부처를 구함도 조사를 구함도 없는 그런 대무심지를 머무는 바 없는 대해탈경계라 한다.[197]

대무심의 경계는 부처나 조사도 모르고 사마외도는 더더구나 모른다는 설명이다. 단어를 바꿀 특별한 이유는 발견되지 않는다. 다만 성철스님이 이 문장을 이렇게 교정해 놓고 '마외魔外도 제휴하지 못한다'로 번역한 것은 어떤 유위적 경계도 끼어들 수 없다는 점을 강조하기 위한 것으로 생각해 볼 수 있다.

【7-10】 ①[等閑要當.] 心中에 不留一物하면 直下에 似箇無心底人하야 如癡②似兀하야 不生勝解라 養來養去하야 觀生死하되 甚譬如閑하야 便與趙州南泉과 德山臨濟로 同一見也니 切自保任하야 端居此無生無爲大安樂之地니라

선문정로 심중心中에 일물一物도 잔류殘留하지 않으면 직하直下에 목석

---

[197] 퇴옹성철(2015), p.156.

木石과 같은 무심인無心人이 되어서, 우치둔올愚癡鈍兀함과 같아 승해勝解를 내지 않는다. 양래養來하고 양거養去하여 생사를 관하되 심히 무사한가無事閑暇로움과 같아 문득 조주趙州, 남전南泉과 덕산德山, 임제臨濟와 더불어 동일한 견지見地에 서게 되니, 간절히 스스로 보임保任하여 이 무생무위無生無爲의 대안락한 경지에 단거端居하느니라.

현대어역 [평등하고 한가하게 지내되 다음과 같이 해야 한다.] 마음 가운데 어떠한 것도 남아 있지 않아서 당장 그 자리에서 나무나 돌처럼 무심한 사람과 같아야 하며, 바보나 멍청한 사람과 같아야 한다. 뛰어난 견해의 마음을 내는 일 없이 잘 양육해 나가야 한다. 삶과 죽음을 보되 극히 한가한 사람과 같이한다면 바로 조주나 남전, 덕산이나 임제와 보는 자리가 같게 될 것이다. 간절히 스스로 보임하여 태어나는 일도 없고 인위적 닦음도 없는 크게 안락한 경지에서 평온하게 지내야 한다.

[해설] 수행과 깨달음의 가장 큰 적은 생각이고, 견해이고, 언어이고, 문자이다. 그래서 원오스님은 이런저런 앎과 이해는 물론 청정한 생각이나 성스러운 이해까지 내려놓는 철저함을 요구한다. 나아가 철저한 내려놓음에 도달했다면 그것이 하루 24시간 끊어짐이 없는지 점검해야 한다고 강조한다. 인용문은 이러한 가르침의 일환이다. 여기에서는 평등하고 한가하여 마음에 남은 찌꺼기가 없는 경계를 제시한다. 이 무심 경계에 거주하며 삶과 죽음에 대해서조차 바보같이, 멍청이같이, 아무 할 일 없는 사람같이 지내야 한다는 것이다. 이 법문을 받아 성철스님은 다음과 같이 말한다.

무생법인을 증득해 일체 만법이 나지 않으니 부처라는 견해, 진리라는 견해조차 생기지 않는다. 따라서 아무 할 일이 없다. 모든 법을 성취해 불견佛見·법견法見도 설 수 없고 부처도 조사도 설 수 없는데 무슨 할 일이 있겠는가? 아무 할 일이 없으니 곧 천하가 태평한 대안락지大安樂地이다.[198]

이와 같은 경계에서 대안락, 대자유를 누리는 일이 진정한 보임이라는 것이다. 인용한 문장에서 ①과 같이 '등한요당等閑要當'이 생략되었다. 오로지 앞을 향해 나아가 뒤로 물러서지 않는 자리에 이르러 평등하고 한가하게 지내는 일을 '~해야 한다(要當)'는 것이다. 이 구절의 '~해야 한다(要當)'는 미래적 지향의 의미를 담고 있다. 성철스님은 이것을 생략하여 현재완료형 문장으로 바꾸었다. 이로 인해 마음속에 아무것도 '남아 있지 않아야 한다'의 문장이 '남아 있지 않다'로, 뛰어난 견해의 마음을 내는 '일이 없어야 한다'의 문장이 '일이 없다'로 바뀌었다. 당위형 문장이 직서법 문장으로 바뀐 것이다. 수행자가 지향해야 한다는 당위적 지향점이 도달점으로 바뀌게 되었다는 말이다.

그러니까 '~해야 한다(要當)'는 말은 어떤 당위적 지향점을 세우고 있다. 그렇게 되면 보임保任은 어떤 지향점을 세우고 노력하여 나아가는 길이 된다. 이미 궁극의 무심에 도달하여 유희삼매에 노니는 일이 보임임을 강조하는 성철스님의 입장에서 불편한 점이 있다. 생략의 이유라 할 수 있다.

②와 같이 '바보 멍청이 같다(如癡兀)'는 말에 '사似' 자를 추가하였다. '바보 같고 멍청이 같다(如癡似兀)'는 뜻의 표현에 있어서는 큰 차이는 없

---

198 퇴옹성철(2015), pp.158–159.

다. 한문 문장을 윤문하기 위한 개입이다.

【7-11】 到一念不生하고 前後際斷處하야 驀然透徹하야 如桶底①[子]脫하야 有歡喜處하면 極奧極②[窮]深하야 踏著本地風光하며 明見本來面目하야 不疑天下老和尙의 舌頭니라 坐得斷把得住하야 以無心③[無爲]無事로 養之라 二六時中에 ④[更]無虛過底工夫하야 心心不觸物하며 步步無處所하나니 便是箇了事衲僧也니라

선문정로 일념도 불생하고 전후제前後際가 단절한 심처深處에 도달하여 맥연驀然히 투철透徹하여 통저桶底가 탈락함과 같아서 ⑤탈락한 처소가 있으면 극오極奧하고 극심極深하여 본지本地의 풍광風光을 답착踏著하고 본래의 면목을 명견明見하여 천하노화상天下老和尙의 설두舌頭를 의심하지 않는다. 일체를 좌단坐斷하며 파주把住하여 무심과 무사無事로 장양長養한다. 이육시중二六時中에 허과虛過하는 공부가 없어서 심심心心에 촉물觸物하지 않고 보보步步에 처소가 없나니 이것이 참으로 만사를 요필了畢한 ⑥출진出塵한 납승이다.

현대어역 한 생각도 일어나지 않고 앞의 경계, 뒤의 경계가 끊어진 자리에 도달하면 찰나간에 남김없이 통하여 마치 통의 밑바닥이 떨어져 나가는 것과 같아 환희하는 자리가 있다. 극히 오묘한 궁극의 깊이에 들어가 본래 바탕의 풍경에 발 딛고 본래의 모습을 밝게 보고 나면 천하에 법을 설한 노스님들의 혀끝을 의심할 길이 없게 된다. 당장 끊어 버리기도 하고 잡아 유지하기도 하면서 마음 없음, [하는 일 없음과] 할 일 없음으로 그것을 길러간다. 하루 24시간 중에 다시는 헛되이 보내는 공부가 없어 마음마음이 대상 사물에 걸리는 일

없고, 걸음걸음에 머무는 곳이 없다. 이것이 바로 할 일을 마친 자유로운 스님이다.

[해설] 중생이 중생인 이유는 자아를 진지로 하여 시비선악의 전선을 형성하기 때문이다. 이 시비선악의 전선에서 한 걸음 물러나서 본래의 바탕에 마음을 돌리는 일이 수행이다. 그 본래 바탕에 녹아들어 본래면목을 바로 본 뒤라야 무심, 무사無事의 양육 공부가 시작된다. 성철스님은 여기에서 '한 생각도 일어나지 않는' 경계를 구경각의 성취, 대적삼매大寂三昧의 고요함으로 설명한다.

'한 생각도 일어나지 않는다' 함은 6추의 거친 망상뿐 아니라 3세의 미세한 망상까지 일어나지 않는 것이다. 따라서 10지와 등각도 일념불생一念不生이 아니다. 왜냐하면 제8아뢰야식의 미세무명이 그대로 남아 있기 때문이다. 10지와 등각을 초월해 정각을 성취하고 나서야 비로소 본지本地, 즉 자성의 본래면목을 확연히 보게 된다.[199]

인용문에서 ①과 같이 구어체 접미사 '자子'를 생략하였다. 뜻에는 변화가 없으며 문언문화하고자 하는 윤문의 결과이다.

②와 같이 '궁窮' 자를 '극極' 자로 바꾸었다. 성철스님은 이렇게 손을 본 텍스트에 기초하여 '극오極奧하고 극심極深하여 본지本地의 풍광을 답착하고'의 번역문을 구성하였다. '극오하고 극심함'을 본지풍광의 경계를 수식하는 말로 해석한 것이다. 원문의 '극오궁심極奧窮深'이나 손을 댄 '극오극심極奧極深'이나 심오한 경계에 대한 표현이라는 점에서 뜻의 차이

---

[199] 퇴옹성철(2015), p.161.

는 크지 않다. 다만 원문의 '극오궁심極奧窮深'은 '궁窮' 자의 역동성 때문에 '극히 심오한 자리로 끝까지(窮) 나아간다'는 해석이 나올 수 있다. 그러면 환희하는 자리에서 본지풍광을 밟는 자리로 더 나아가는 길이 세워진다. 깨달으면 그대로 성불이라서 더 나아갈 자리가 없다는 것을 강조하는 입장에서 불편한 점이 있는 것이다. 생략의 이유에 해당한다.

③과 같이 '무위無爲'를 생략하였다. 무심과 무위와 무사는 깨달음에 대한 단골 수식어이다. 이 중 무위는 '하는 일 없음'으로 번역되어 그 뒤의 '할 일 없음(無事)'과 비슷한 말이 된다. 무위와 무사는 행위의 주체와 행위의 대상으로 나눌 수 있으므로 엄밀히 말해 의미가 구분된다. 그렇지만 번역을 해 놓고 보면 유사어 내지 동의어로 이해될 수밖에 없다. 그래서 이를 생략함으로써 문장의 뜻을 간명히 하고자 한 것으로 보인다.

④에 생략된 '갱更' 자는 바로 뒤의 부정사 '무無' 자를 강조하는 부사어로서 '다시, 전혀'의 뜻을 갖는다. 수식 성분이므로 생략해도 뜻의 변화는 없다. 이미 하루 24시간 끊어지지 않는 무심을 강조하는 표현이 앞에 제시되었다는 점을 고려한 생략으로 보인다.

다음으로 번역문 ⑤와 같이 '환희처歡喜處'가 '탈락한 처소로 번역되어 있다. 1981년 불광출판사에서 간행된 초판본이나 1993년의 가로쓰기 조판본에도 '歡喜한 處所'200로 되어 있다. 이것이 2006년 본에 '탈락한 처소'로 잘못 입력되어 2015년 본에 이르게 된 것이다. 편집상의 오류이므로 바로잡아야 한다. 다만 선문에서는 이 환희하는 경계에 대해 경계하는 입장에 있다는 것은 유의할 필요가 있다. 다음의 경우가 그렇다.

---

200 『선문정로』, 불광출판사, 1981, p.95 ; 『선문정로 평석』, 장경각, 1993, p.109.

대체로 참선하는 사람들은 고요한 선정 중에 환희하는 자리를 얻는다. 그것은 분잡한 번뇌가 잠시 멈추어 지혜의 빛이 조금 드러난 일로서 궁극의 깨달음이라 할 수 없다. 제8식의 밭에 무명의 뿌리가 아직 남아 있어 돌을 가지고 풀을 눌렀다 해도 돌을 치우면 다시 무성하게 되는 것과 같다. 경계해야 한다.[201]

대체로 이것은 전통 교학에서 말하는 10지 초지인 환희지歡喜地에 대한 논의로 이해된다. 이 논의를 보면 보살이 10지의 초지를 증득하면 환희, 믿음, 청정, 기쁨, 유연, 수용의 마음이 넘치고, 투쟁과 번뇌와 분노를 싫어하게 된다.[202] 다만 여전히 환희를 수용하는 주체의 뿌리가 남아 있으므로 아직 궁극의 자리가 아니다.

다음으로 ⑥과 같이 '출진出塵한'이라는 문구를 더해 설명식 번역을 하였다. 할 일을 마친 스님(了事衲僧)은 구경각을 성취한 선사를 가리킨다. 모든 번뇌를 벗어났다는 점을 분명히 하기 위해 '출진出塵'이라는 수식어를 붙인 것으로 보인다. 독자들이 납승衲僧을 단순히 스님을 뜻하는 말로 이해할까 우려하여 수식어를 덧붙여 그 궁극의 차원을 강조한 것이다.

【7-12】直似大死底人하야 絶氣息然後에 甦醒하면 始知廓同太 ①[虛]하야 方到脚踏實地니라 深證此事하야 ②[明得徹, 信得及,] 等閑蕩蕩地하야 百不知百不會하나니 纔至築著하면 便轉轆轆이

---

201 『宗範』(X65, p.306c), "大凡參禪人, 於靜定中, 得箇歡喜處, 乃塵勞暫息, 慧光少現, 未爲究竟. 八識田中無明根本尙在, 喻如石壓草, 去石再靑矣, 戒之."
202 『十住經』(T10, p.500b), "諸佛子, 菩薩摩訶薩住是歡喜地, 多喜多信多淸淨多踊悅多調柔多堪受, 不好鬪諍, 不好惱亂衆生, 不好瞋恨."

라 更無物③[拘]制하며 亦無方所하야 要用便用하며 要行便④[卽]
行하나니 更有甚得失⑤[是非]이리오 通上徹下하야 一時收攝하나니
此無心境界는 豈⑥[是]容易履踐湊泊이리오 要須是箇人始得다

선문정로 곧 대사大死한 사람과 같아서 기식氣息이 단절된 연후에 소
성甦醒하면, 비로소 확연廓然히 태허太虛와 동일함을 알아야 바야흐
로 실지實地를 답착踏著하는 데 도달한다. 차사此事를 심심철증深深徹
證하여 등한等閑에 탕탕무애蕩蕩無礙하여 백부지百不知 백불회百不會하
나니, 반드시 축착築著하게 되면 문득 녹록轆轆히 활전活轉한다. 다시
는 ⑦물제物制도 없고, 또한 방소方所도 없어서 요용要用하면 편용便用
하고, 요행要行하면 편행便行하는데, 다시 무슨 시비득실是非得失이 있
으리오. 상上으로 통투通透하고 하下로 철저徹底하여 일시에 수섭收攝
하나니, 심현深玄한 이 무심경계를 어찌 용이容易히 이천履踐하며 주
박湊泊하리오. 이것은 모름지기 ⑧과량대인過量大人이라야 한다.

현대어역 오직 크게 죽은 사람과 같이 의식의 자취가 끊어진 뒤에 다
시 살아나야 비로소 허공과 같이 넓음을 알게 된다. 바야흐로 실상
에 발 딛는 자리에 도달하여 이 일을 깊이 깨달으면 [투철하게 밝고
믿어 의심치 않게 되며,] 평등하고 한가하게 텅 비어 아는 일도 없고
눈뜨는 일도 전혀 없게 된다. 모든 현장에서 척척 맞아떨어지게 되면
걸림 없이 굴러 묶이는 일이 없고 머무는 곳도 없게 된다. 활용하려
면 그대로 활용하고 움직이려면 그대로 움직이게 되니 다시 무슨 득
실과 시비가 있겠는가? 위아래로 철저히 통하여 동시에 거두어들이
게 되니 이 무심의 경계에 어찌 쉽게 발 딛고 머물 수 있겠는가? 제
대로 된 사람이라야 비로소 가능한 일이다.

[해설] 윤상인倫上人이라는 수행자에게 주는 법문으로서 【7-7】에서 그 무심을 강조하는 일부 문장을 인용한 바 있다. 이 법문의 핵심은 유심을 잠재우는 방식으로 무심이 성취되는 것이 아님을 강조하는 데 있다. 오로지 기진맥진할 때까지 씹고 씹어 모든 것을 끊어내어 기댈 것조차 전혀 없는 자리에서 세월을 보내는 것이 깨달음 이후의 수행이라는 것이다. 허공과 같은 무심으로 지내는 것이 보임의 삶임을 보여주기 위한 인용문이다.

①의 '허虛' 자가 생략되어 허공을 뜻하는 '태허太虛'가 '태太'로 표현되었다. 1981년 초판본에 바로 되어 있던 것을 1993년에 가로쓰기로 바꾸면서 오류가 일어났고, 이것이 2015년 본까지 이어진 것이다. 단순 탈자이므로 복원되어야 한다.

②의 '명득철明得徹, 신득급信得及'이 생략되었다. '깊이 깨달아 투철하게 밝아지고(明得徹) 완전히 믿게 된다(信得及)'는 뜻이다. 이 중 '완전한 믿음(信得及)'이 생략의 이유인 것으로 보인다. 원래 '완전한 믿음(信得及)'은 남종의 돈오선에서 깨달음의 조건으로 얘기되거나 심지어 깨달음과 동의어로 쓰이기도 하는 말이다. "완전히 믿기만 하면 바로 성불하게 되니 닦을 필요가 없다."203는 말이 그 대표적인 경우라 하겠다. 원오스님도 이 말을 애용하는 편이었다.

완전하게 믿고(信得及) 흔들림 없이 잡아 부처를 따라 실천하되 부처에 집착하지 않고, 조사에 의지하여 깨닫되 조사에 집착하지 않는다. 법의 깃발을 잘 세우고 종지를 잘 세운다. 부처와 조사를 찬양하여 마치 비단 위에 꽃을 뿌리는 것 같고, 천상천하가 온통 금과

---

203 『大慧普覺禪師語錄』(T47, p.842b), "若信得及, 卽今成佛不假修治."

같고 옥과 같다. 이러한 곳으로 나아가 증득하면 그 역시 할 일 없는 도인의 한 사람이라 하겠다."[204]

물론 성철스님도 믿음의 의의를 십분 강조하는 입장이다. 예컨대 『신심명』에 붙인 성철스님의 서문을 보면 신심이란 "처음 발심할 때로부터 마지막 구경성불할 때까지 가져야 하는 것", "도道의 본원本源이면서 진여법계眞如法界에 사무쳐야 하는 것"[205]이라 규정하고 있다. 그런데 왜 이것을 생략했을까? 어쩌면 무심과 보임의 완전성을 강조하는 맥락에서 3현10성의 최초 단계인 10신위를 연상시키는 '믿음'이라는 말을 언급하는 것이 효과적이지 않다고 생각했을 수 있다.

다음으로 ③과 같이 구속과 제약을 뜻하는 '구제拘制'를 '물제物制'로 바꾸어 구속과 장애가 없다는 뜻을 '물제物制도 없고'[206]로 옮겼다. '물제物制'가 '사물의 제약이 없다'는 뜻으로 번역될 수 있으므로 뜻의 차이는 없다. 다만 글자를 바꿔야 할 특별한 이유는 없어 보인다. 초판본에 표시된 교정 지시를 보면 '구拘' 자로 교정하고 있다. 편집 과정에 글자의 유사성으로 인해 '구拘'→'물物'의 식자 오류가 일어났음을 확인할 수 있다. 이것이 교정되지 않고 2015년 본까지 내려온 것이다. 교정 지시에 따라 원문과 번역문의 '물物' 자를 모두 '구拘' 자로 바로잡아야 한다. 번역문 ⑦의 '물제物制' 역시 '구제拘制'로 교정해야 한다.

④와 같이 '즉행卽行'을 '편행便行'으로 바꿔 인용하였다. 움직이려면

---

204 『圓悟佛果禪師語錄』(T47, p.757c), "有箇信得及把得住, 依佛行而不著佛, 依祖證而不著祖. 善建法幢能立宗旨. 讚佛讚祖如錦上鋪華. 乃至天上天下如金如玉, 若向箇裏薦得, 亦是一員無事道人."
205 퇴옹·성철(2008), 『신심명증도가 강설』, p.9.
206 퇴옹·성철(2015), p.162.

바로 움직인다는 뜻에는 변화가 없다

⑤에서는 '득실시비得失是非'에서 '시비是非'를 생략하였다. 번역문에는 '시비득실是非得失'로 표현되어 있으므로 단순 탈락에 속하며 복원되어야 한다.

⑥에서는 '시是' 자를 생략하였다. 뜻에는 차이가 없다.

번역문 ⑧에서는 '제대로 된 사람'이라는 뜻을 갖는 개인箇人을 '과량대인過量大人'으로 설명식 번역을 하였다. 그 뜻을 분명히 드러내고자 한 경우에 속한다. '과량대인過量大人'은 이원적 분별 사유의 틀을 벗어난 사람을 가리키는 말이다. 틀을 벗어났다는 의미에서 출격장부出格丈夫, 분별 사유가 아예 없다는 의미에서 몰량대인沒量大人으로도 표현한다. 어느 경우나 스스로 견성하여 본래 지혜에 굳건히 발 디딘 사람을 가리킨 말이다. 원오스님도 이 법문의 바로 앞부분에서 몰량대인이라는 말을 쓴 적이 있다. 평상심으로 불리는 무심경계는 생각이 일어난 뒤 잠재우는 방식으로는 도달할 수 없는 자리이다. 그러므로 몰량대인도 이것을 자신하지 못한다는 것이다. 오로지 기진맥진하여 머릿속이 텅 빌 때까지 거듭 탁마하여 생각의 잔재를 끊어내는 것이 진정한 수행이다. 성철스님은 원오스님의 이러한 철저함에 십분 공감하는 입장에 있었다.

> 바로 깨친 사람이면 죽은 송장처럼 온갖 망상이 다 떨어진 무심경계가 된다. 또한 그런 무심경계마저 머물지 않고 초연히 벗어난다. 죽은 송장처럼 철저한 무심경계, 그런 깊은 경지에서 눈을 떠 확연히 깨치는 것이 견성이다.[207]

---

[207] 퇴옹성철(2015), p.164.

죽은 송장과 같다는 말은 인용문의 크게 죽은 사람(大死底人)이라는 단어를 옮긴 말이지만 표현이 극단적이다. 생각의 흔적조차 사라진 무심경계를 표현하기 위해서 이와 같은 극단적 표현을 아끼지 않은 것이다. 제8아뢰야 근본무명까지 완전히 끊고, 나아가 10지와 등각마저 완전히 초월한 과량인過量人[208]을 기약하는 성철스님의 법문은 이렇게 철저하다.

【7-13】 直截根源하야 更無依倚하고 脫却知見解礙하며 不拘淨 ①染[穢]二邊하야 超證無上眞宗하야 履踐無爲無作이니라

선문정로 심성의 근원을 직절直截하여 다시는 의의依倚가 없고, 지견知見과 해애解礙를 탈각脫却하여 정예2변淨穢二邊에 구애拘礙되지 않아서 무상無上의 진종眞宗을 초증超證하여 무위무작無爲無作을 이천履踐한다.

현대어역 마음과 성품의 근원에 곧바로 도달하여 다시 기댈 바가 없다. 앎과 견해, 이해 등의 걸림에서 벗어나 청정함과 더러움의 이원 분별에 묶이지 않는다. 위 없는 진정한 종취를 단번에 깨달아 하는 일 없고(無爲) 짓는 일 없는(無作) 길을 걷는다.

[해설] 수행자 유선인有禪人에게 주는 법문이다. 이 법문에서 원오스님은 바른 깨달음은 마음이 일어나느냐(生心), 마음을 쉬느냐(息心)에 달려 있다고 일도양단한다. 마음만 쉬면 모든 인연에 걸릴 일이 없게 되

---

208 퇴옹성철(2015), p.165.

며 허공처럼 텅 비어 기댈 것이 없게 된다. 기댈 것이 없으면 지향할 바가 없고, 지향할 바가 없으면 있는 그대로 자유자재한 입장이 된다. 이때 억지로 애쓰지 않고 오는 대로 맡겨 두는 일이 필요하다. 맡겨 두는 일만 가지고도 저절로 도의 흐름이 끊어지지 않는 자유자재한 도인의 삶이 성취된다는 것[209]이다. 성철스님은 깨달음 이후, 행위 없음과 지음 없음의 길을 걷는 것이 깨달음 이후의 보임이라는 것을 보여주기 위해 이 문장을 인용하였다.

그런 사람은 하는 일도 할 일도 없다. 모든 것을 성취했으니 다시 무슨 일이 있겠는가? 이런 편안하고 자유자재한 생활을 이어가는 것이 바로 참다운 보임이다. 허공처럼 청정한 경계마저 벗어나야 하는데 잔뜩 낀 구름처럼 번뇌망상이 우글우글한 것이야 말해 무엇하겠는가?[210]

여기에서 ①과 같이 '정예淨穢'가 '정염淨染'으로 글자가 바뀌었다. 둘 다 깨끗함과 더러움의 분별을 가리키는 말이므로 뜻의 변화는 없다. 다만 번역문에 '정예2변淨穢二邊'으로 되어 있으므로 교정해야 한다.

【7-14】 若一念圓證하야 念念修行하면 以無修而修하며 無作而作이라 ①[煉磨將去,] 於一切境에 不執不著하야 不被善惡業緣縛하야 得大解脫하나니 到百年後에는 儵然獨脫하야 前程이 明朗하야 劫劫生生에 不迷自己니라

---

209 『佛果克勤禪師心要』(X69, p.486c).
210 퇴옹성철(2015), pp.166-167.

선문정로 만약 일념에 원증圓證하여 염념念念히 수행修行하면 수修함이 없이 수修하며 작作함이 없이 작作하는지라, 일체의 경계에 집념執念치 않으며 애착치 않아 선악의 업연業緣에 계박繫縛되지 않아서 대해탈을 얻는다. 사후死後에 이르러서는 소연翛然히 독탈獨脫하여 전정前程이 명랑明朗하여 겁겁생생劫劫生生에 자기를 미매迷昧하지 않느니라.

현대어역 만약 한 생각에 남김없이 깨달아 생각생각 닦음을 실천하면 닦음 없이 닦으며 지음 없이 짓게 된다. [닦아 나아가다 보면] 모든 대상경계에 집착하는 일이 없으며 선업이나 악업의 인연에 묶이는 일이 없어 대해탈을 얻게 된다. 생애를 마친 후에는 시원하게 벗어나 앞길이 밝고 훤하여 무수한 겁을 거치며 생을 거듭하더라도 자기를 잃지 않게 된다.

[해설] 원오스님은 무념을 마음과 대상에 대한 지각분별은 물론 앎과 견해와 이해와 알아차림조차 끊어진 자리로 규정한다. 그것을 다음과 같은 석상石霜선사의 말을 빌려 형상적으로 표현한다.

쉬고 또 쉬어 입술 위에 곰팡이가 슬도록 나아가라. 한 폭의 흰 비단처럼 나아가며, 한 생각이 만년이 되도록 나아가라. 차갑고 싸늘하게 나아가며, 폐허가 된 사원의 향로처럼 나아가라. 오로지 이 말을 믿고 의지하여 실천함으로써 몸과 마음을 흙이나 나무처럼, 돌덩이처럼 하라.[211]

---

211 『佛果克勤禪師心要』(X69, p.479b), "石霜道, 休去歇去, 直教唇皮上醭生去, 一條白練去, 一念萬年去, 冷湫湫地去, 古廟裏香爐去. 但信此語依而行之, 放教身心如土木如石塊."

이렇게 닦아 나아가다 보면 문득 모든 무거운 짐을 내려놓은 듯 가볍고 편안한 자리에 도달하게 된다. 그리하여 세상의 만 가지 현상이 허공의 꽃처럼 잡을 수 없음을 알게 되었을 때 이것을 본래면목이 나타났다고 하고, 본지풍광이 드러났다고 한다. 만약 그렇지 못하여 깨달음과 증득이 따로 있다면 그것은 사이비 반야(相似般若)라서 구경의 깨달음이 아니라고 규정[212]된다.

성철스님은 선종에서의 견성은 증오, 즉 원증 이외의 다른 것이 될 수 없다고 강조하는 입장이다. 돈오견성이 곧 구경원각이라는 돈오원각론의 종지를 제시한 것이다. 그러므로 성철스님이 말하는 깨달음 이후의 수행은 일반적 수행과는 다르다. 무엇보다도 그것은 일반적으로 생각하는 유위적 수행(有爲行)이 아니다.[213]

여기에서 ①과 같이 '닦아 나아가다 보면(煉磨將去)'이 생략되었다. 깨달은 뒤에도 수행이 필요하다는 뜻으로 해석될 수 있는 구절이므로 이를 생략하여 그러한 이해의 가능성을 차단하고자 한 것으로 보인다. "오후수행, 오후보임, 장양성태라는 것이 유위적 수행이 아니라 자성을 원만히 증득해 더 이상 할 일이 없는 한가한 도인의 자재무애한 삼매이자 해탈"[214]이라는 점을 분명히 하고자 한 것이다.

【7-15】 南岳이 云修證卽不無나 汚染①[染汚]卽不得이라하니 卽此不汚染之修는 可謂圓修니 還著得箇修②麼字아 卽此不汚染之證이 可謂圓證이니 還著得箇證字麼아 如此則終日修而無修하야

---

212 『佛果克勤禪師心要』(X69, p.479b), "於無得而得, 得亦非得, 乃眞得也. 若不如是, 便落有證有得相似般若中, 却不究竟也."
213 퇴옹·성철(2015), p.168 참조.
214 퇴옹·성철(2015), pp.168-169.

掃地焚香이 ③皆悉無量之佛事어늘 又安可廢리오 但不著修證④[耳]이니라 九地도 尙無功用⑤[行]이어늘 況十地乎아 乃至 等覺이 說法을 如雲如雨⑥[如雨如雲]하야도 猶被南泉呵斥하야 與道全乖어늘 況十地觀照가 與宗門而較其優劣이 可乎아

선문정로 남악南岳이 "수증修證은 없지 않으나 오염은 즉 얻을 수 없다."고 말하였다. 이 불오염不汚染의 수수는 가위可謂 원수圓修니 수수자가 붙을 수 있는가. 이 불오염不汚染의 증증證이 가위可謂 원증圓證이니 증證 자가 붙을 수 있는가? 이러한즉 종일토록 수수修證하여도 수수함이 없어서 소지분향掃地焚香이 전부 무량無量한 불사佛事이어늘, 이를 또한 어찌 폐폐廢하리오. 다만 수증修證에 착著하지 않을 뿐이다. 9지九地도 오히려 무공용無功用이어늘 하물며 10지十地리오. 설사 등각이 설법하기를 여운여우如雲如雨하여도 오히려 남전南泉의 가척呵斥을 당하여 대도大道에 전연 배괴背乖되었거늘, 하물며 10지보살의 관조로써 선문의 우열을 논할 수 있으리오.

현대어역 남악스님의 말씀에 "닦음과 깨달음이 없지는 않으나 오염시킬 수는 없다."라고 했다. 이렇게 오염되지 않는 닦음이라야 완전한 닦음이라 할 수 있으니 여기에 다시 닦음이라는 글자를 붙일 수 있겠는가? 이렇게 오염되지 않는 깨달음이라야 완전한 깨달음이라 할 수 있으니 여기에 다시 깨달음이라는 글자를 붙일 수 있겠는가? 이와 같이 하면 종일 닦아도 닦는 일이 없어서 빗자루질하는 일, 향 사르는 일이 모두 한량없는 불사가 된다. 그러니 어떻게 수행을 그만둘 수 있겠는가? 다만 닦음과 깨달음에 집착하지 않을 뿐이다. 9지보살도 여전히 무공용을 실천하는데 10지보살은 말할 것도 없다. 또한

등각보살이 설법을 비 내리듯 구름 덮듯 해도 남전南泉스님에게 꾸짖음을 당했으니, 진리에서 완전히 어긋났기 때문이다. 그러니 10지보살의 관조를 가지고 선종과 그 우열을 비교한다면 말이 되겠는가?

[해설] 박산무이선사의 법어에서 가져온 문장이다. 돈오선에서는 분별을 내려놓는 수행을 통해 깨달음의 자리를 확인한다. 수행이 분별 내려놓기의 노력이라면 깨달음은 분별 내려놓기의 성취이다. 그러므로 수행과 깨달음에 내용적 차이는 없다. 다만 미숙함에서 완전함으로 익어가는 일이 있을 뿐이다. 그런 점에서 닦음이라는 것과 깨달음이라는 것이 있기는 하지만 그것이 다른 일은 아니다.

박산선사의 법문은 닦음과 깨달음에 대한 집착이 있어서도 안 되지만 그렇다고 닦음과 깨달음을 무시하거나 아예 폐지하는 일이 있어서도 안 된다는 점을 거듭 강조한다. 유위적 수행도 문제지만 무위적 방일 역시 문제가 되기는 마찬가지라는 것이다. 박산선사는 먼저 유위적 수행의 문제점을 지적하기 위해 9지와 10지보살의 관조 실천을 비판한다. 돌이켜 관조하는 수행을 한다면 관조하는 주체와 관조의 대상이 있어야 한다. 이미 분별의 두 기둥을 세웠으므로 이것은 망상일 수밖에 없다. 망상을 닦아 깨달음에 도달할 길은 없는 것이다.

다음으로 박산선사는 무위적 방일의 문제점을 지적한다. 이를 위해 등각보살의 설법을 예로 든다. 그것이 모든 중생들에게 공평하게 이익을 주는 설법이라서 마치 고르게 적시는 비와 같고, 온 세상을 덮는 구름과 같다 할지라도 여전히 설법의 주체와 대상이 설정되어 있다. 이미 분별의 두 축을 세웠으므로 남전스님과 같은 선사들은 그것을 인정하지 않았다. 그러므로 여기에 머물지 않고 한 걸음 더 나아가 분별을 완전히 내려놓는 차원을 성취해야 한다는 것이다.

결국 9지, 10지, 등각조차 유위와 무위의 두 축을 오가는 유심의 차원에 오염되어 있다. 성철스님은 유심의 오염이 없는 무심의 실천이라야 보임이라 할 수 있다는 점을 강조하기 위해 이 문장을 인용하였다. "남악스님이 말씀하신 수증修證은 10지와 등각을 넘어 원증한 사람의 수증으로서 무작無作, 무위無爲, 무수無修의 자재행임을 알 수 있다."[215]는 말이 가리키는 바가 그것이다.

①에서 '염오染汚'를 '오염汚染'으로 바꾸었다. 뜻은 달라지지 않으며 익숙한 단어를 택한 것이다.

②의 '수마자修麽字'는 '수자마修字麽'의 오류이다. '마麽'는 문장의 끝에 붙어서 의문문을 만드는 조사이다. 1981년 초판본에 바로 되어 있던 것이 1993년에 가로쓰기로 조판하면서 글자의 순서가 바뀌는 오류가 일어났고, 이것이 2015년 본까지 이어진 것이다. 초판본에 따라 바로잡아야 한다.

③과 같이 '개皆' 자를 추가하여 '개실皆悉'로 만들었다. 원문의 '실悉'이나 글자를 추가한 '개실皆悉'이나 뜻의 차이는 없다. '모두'를 뜻하는 글자가 두 번 중복되었으므로 의미의 강조가 일어났다는 것은 분명하다.

④의 '~일 뿐', '~일 따름'이라는 뜻의 '이耳' 자가 생략되었다. 앞에 동일한 뜻을 갖는 '다만(但)'이 있으므로 '단지 ~일 따름'이라는 의미는 전달된다. 그런데 번역문에는 '다만 수증修證에 착著하지 않을 뿐[耳]이다'로 '이耳'를 번역하고 있다. 복원되어야 한다.

⑤의 '행行' 자가 생략되었다. 이로 인해 '9지도 여전히 무공용을 실천한다(無功用行)'는 원문이 '9지도 오히려 무공용無功用'이라 번역되어 뜻에 약간의 차이가 일어난다. 8지 이후는 애쓰지 않아도 저절로 수행이 되

---

[215] 퇴옹성철(2015), p.172.

는 무공용의 차원이다. 저절로 수행이 되므로 8지 이상은 뒤로 퇴보하는 일이 없다. 그래서 이 경지를 무공용無功用, 불퇴전不退轉으로 부른다. 무공용은 의식적 노력과 인위적 실천을 내용으로 하는 유공용有功用과 대비되는 단계에 있다. 그러나 구경각의 차원에서 보면 8지 이상이라 해도 여전히 노력과 실천이 필요한 유공용有功用의 차원이다. 그러므로 '실천한다(行)'는 말이 붙게 되는 것이다. 무공용의 실천이나 무공용이나 동일한 뜻을 전달한다. 그러므로 '행行' 자의 생략은 단순 생략에 해당한다.

⑥은 단순한 순서 바꿈으로써 의미의 변화는 없다.

【7-16】 於一念不生處에 明悟此心이니라 ①[況此心能生一切世出世間法, 長時印定方寸, 孤迥迥活鱍鱍. 纔生心動念, 卽昧却此本明也. 如今要直截易透, 但放教身心, 空勞勞地.] 虛而靈寂而照하야 ②[內忘己見, 外絶纖塵.] 內外洞然하야 唯一眞實이니라 ③[眼耳鼻舌身意, 色聲香味觸法, 皆依他建立. 他能透脫超越, 得如許萬緣, 而如許萬緣, 初無定相. 唯仗此光轉變, 苟信得此一片田地及, 則一了一切了, 一明一切明.] 便能隨所作爲가 皆是透頂透底하야 大解脫金剛正體也니 要須④[先]了悟⑤[了悟]此心然後에 修一切善이니라 ⑥[豈不見, 白樂天問鳥窠, 如何是道. 窠云, 諸惡莫作, 衆善奉行. 白云, 三歲孩兒也道得. 窠云, 三歲孩兒雖道得, 八十老翁行不得. 故應探過, 正要修行, 如目足相資. 若能不作諸惡, 精修衆善, 只持五戒十善之人, 亦可以不淪墜. 何況先悟妙明眞心堅固正體, 然後隨力修行, 作諸善行, 令一切人不迷因果, 知地獄天堂之因, 皆自本心作成.] ⑦[當]平持此心하야 無我人無愛憎하며 無取舍無得失하야 漸漸長養하나니 ⑧[三十二十年, 逢順違境界, 得不退轉, 到生死之際, 自然翛然, 無

諸怖畏.] **所謂理須頓悟**요 **事要漸修**니라 ⑨[多見學佛之儔, 唯以世智辯聰, 於佛祖言教中, 遠掠奇妙語句, 以資譚柄, 逞能逞解. 此非正見也, 應當棄捨, 冥心靜坐, 忘緣體究, 逗到徹底玲瓏, 於自家, 無價無盡寶藏中, 運出, 何有不眞實者哉. 却須先悟了本來, 明見卽心卽佛正體.] **離諸妄緣**하야 **翛然澄**⑩[**淨**]**然後**에 **奉行一切**⑪[**衆**]**善**하야 ⑫[**起大悲**]**饒益有情**이니라

선문정로 일념도 불생하는 곳에서 차심此心을 명료히 오철悟徹하느니라. 공허하여 영영靈靈하고 적적寂寂하여 조요照耀하며 내외가 넓게 밝아서 유일한 진실뿐이니라. 문득 능히 작위作爲하는 바를 따라서 다 투정투저透頂透底하여 대해탈인 금강정체金剛正體이니 우선 차심此心을 요요了了히 명오明悟한 연후에 일체제선一切諸善을 수행할지니라. 차심此心을 평지平持하여 아인我人이 없으며 애증이 없고 취사取捨가 없으며 득실이 없어서 점점漸漸히 장양長養하나니 소위 이理는 모름지기 돈오할 것이요 사事는 점수함을 요要하느니라. 모든 망연妄緣을 절리絕離하고 소연翛然히 징정澄淨한 연후에 일체제선一切諸善을 봉행奉行하여 유정有情을 요익饒益할지니라.

현대어역 한 생각도 생겨나지 않는 곳에서 이 마음을 밝게 깨닫습니다. [하물며 이 마음이 모든 세간과 출세간의 현상들을 생겨나게 하는 것 아니겠습니까? 이것은 오랜 시간 가슴에 새겨져 있는 것으로서 홀로 멀찍이 벗어나 있는 것인 동시에 펄떡펄떡 살아 있는 것입니다. 다만 마음이 생겨나고 생각이 움직임으로써 그 순간 이 본래의 밝음을 어둡게 하는 것입니다. 이제는 곧바로 도달하고 남김없이 꿰어 몸과 마음을 텅 비게 해야 합니다.] 텅 비어 있지만 영활하게 반

응하고, 고요하지만 밝게 비추어서 [안으로는 자기의 견해를 잊고 밖으로는 털끝만 한 번뇌까지 끊어] 안팎이 훤하여 오직 하나의 진실일 뿐이라야 합니다. [눈과 귀와 코와 혀와 몸과 뜻, 모양과 소리와 향기와 맛과 감촉과 현상이 모두 이것에 기대어 세워지는 것입니다. 이것은 완전히 벗어나 뛰어넘으면서도 이와 같은 무수한 인연들로 드러납니다. 그런데 이와 같은 무수한 인연들이라 하지만 애초에 정해진 모양이 없습니다. 그저 이 빛에 기대어 거듭 변화하여 나타나는 것일 뿐입니다. 만약 이러한 바탕으로서의 땅을 완전히 믿게 된다면 한 번 깨닫는 것으로 모든 것을 깨닫게 될 것이고, 한 번 밝아지는 것으로 모든 것에 밝게 될 것입니다.]

그러면 모든 곳에서의 지음과 행위가 모두 머리끝에서 발끝까지 투철하여 완전히 해탈한 금강의 바른 본체가 됩니다. [우선] 이 마음을 깨달은 뒤에 모든 선善을 닦아야 합니다. [이런 일이 있었습니다. 백락천이 조과鳥窠선사에게 무엇이 진리인지를 묻자 조과선사가 대답했습니다. "모든 악을 짓지 말고, 많은 선善을 정성껏 실천하십시오." 백락천이 말했습니다. "3살 어린애도 말할 수 있는 일이군요." 조과선사가 말했습니다. "3살 어린애도 말할 수 있지만, 80 먹은 노인도 실천할 수 없는 일입니다." 그러므로 스스로 확인해 가며 바로 수행을 하되, 눈과 발이 서로를 돕듯 해야 합니다. 만약 모든 악을 짓지 않고 많은 선善을 정성껏 닦는다면 5계五戒와 10선十善만 수지하는 사람이라 해도 윤회에 떨어지지 않을 수 있을 것입니다. 그런데 오묘하게 드러나는 진짜 마음과 견고한 바른 본체를 먼저 깨달은 뒤에 힘닿는 대로 닦으며 모든 선행을 실천하는 경우라면 어떻겠습니까? 모든 사람들이 인과에 어둡지 않아 지옥과 천당을 만드는 원인이 모두 자신의 본래 마음에서 이루어지는 것임을 알도록 하는 일이라면 어떻겠습니까?]

이 마음을 평등하게 유지하여 자아와 대상의 분별이 없으며, 취사와 득실이 없도록 하여 점차적으로 긴 시간을 두고 길러 나아갑니다.[나아가야 합니다.] [이렇게 20년, 30년 동안 마음에 맞는 경계나 거슬리는 경계를 만나도 뒤로 물러서는 일이 없는 차원을 성취하면 생사의 경계에 이르러도 자연스럽고 홀가분하여 어떠한 두려움도 없게 될 것입니다.] 그래서 이치상으로는 당장 지금 깨달아야 하지만, 구체적 상황에서는 점차적으로 닦아야 한다고 하는 것입니다.

[부처를 공부한다는 많은 사람들이 세간의 지혜와 말재주와 총명함으로 부처님과 조사들이 말씀하신 가르침 가운데에서 특별히 멋진 말들을 뽑아내어 대화의 자료로 삼으며 자신의 능력과 견해를 뽐내는 경우가 있습니다. 이것은 바른 견해가 아니므로 남김없이 버려야 합니다. 분별을 내려놓은 마음으로 고요히 앉아 인연을 잊고 직접 탐구하여야 합니다.

그리하여 철저하게 정밀하며 밝은 자리에 도달하고 나면, 값을 매길 수 없는 보물들이 가득한 자기 집의 창고에서 그것들을 꺼내게 되는 것입니다. 여기에 진실하지 않은 것이 하나라도 있겠습니까? 그러니 본래의 그것을 먼저 깨달아야 하는 것이며, 이 마음 이대로 부처인 바른 본체를 밝게 보아야 하는 것입니다.] 모든 허망한 인연을 떠나 홀가분하게 맑고 청정하게 된 뒤에 [모든] 선을 정성껏 실천하며, [동체대비의 마음을 일으켜] 유정중생들을 두루 도와야 합니다.

[해설] 호상서胡尙書에게 주는 원오스님의 가르침이다. '자성을 깨달은 뒤 선을 실천하기를 권하는 글(悟性勸善文)'이라는 제목을 달고 있는 법문이다. 호胡씨 성으로 원오스님과 동시대에 상서로 불릴 만한 사람은

유명한 호안국胡安國(1074-1138)이 있다. 원오스님이 1063년에 태어나 1135년에 열반했으니까 생몰 시기가 완전히 겹치고, 또 1111년에 원오스님의 교화 범위에 있던 성도成都에 임직된 일도 있으며, 무엇보다도 그가 당시 성리학의 대표적 실천자의 한 사람으로서 선종의 자성론에 대한 깊은 이해를 갖고 있었다는 점에서 이 문장에서 말하는 호상서가 호안국이라 확정해도 좋다.

이 글의 핵심은 모든 사람이 다 갖추고 있는 자성을 강조하여 보여주는 데 있다. 자성은 모양이 없지만 모든 곳에 걸림 없이 통하고 있다. 다만 이것을 분별망상이 가리고 있으므로 관찰의 눈길을 돌려 한 생각도 일어나지 않는 자리에서 본래의 마음을 밝게 깨달아야 한다. 그러한 깨달음을 체험한 뒤 이 마음을 유지하면서 나와 대상의 분별, 취사득실에 따른 호오의 감정을 내려놓은 자리에서 20년씩, 30년씩 긴 시간을 가지고 잘 양성하되 인연에 따라 모든 선행을 하는 일이 참선 공부의 요체라는 것이다.

성철스님은 10지와 등각을 초월하여 더 이상 할 일이 없는 자리가 아니라면 견성이라 할 수 없다는 입장이다. 견성이 아니므로 보임이라는 말 자체가 성립하지 못한다. 자신의 이러한 관점을 분명히 드러내는 논거가 되기에 충분하다고 보아 문장을 인용하였다. 다만 본래의 문맥과 약간의 어긋남이 있다. 성철스님은 더 닦을 것이 남아 있다는 차원에서 10지와 등각조차 환자로 규정한다.

견성하면 당하에 무심하여 10지와 등각도 초월하므로 약과 병이 다 필요 없어진다고 했다. 그럼 환자는 누구인가? 번뇌망상의 경중에 차이가 있기는 하나 저 아래 지옥 중생부터 위로 10지와 등각보살까지도 모두 환자이다. 부처님의 눈으로 볼 때 10지와 등각도 미세망상이 남아 있으므로 아직 환자이다. 병이 완전히 나아 더 이상 약이 필요 없는 것이 견성이라 했으니, 견성이란 10지와 등각을 초월한 것임이 분명하다.[216]

성철스님은 3현10성의 교가지위설을 선문禪門에 적용하는 일에 반대한다. 무엇보다도 8지, 9지, 10지, 등각에 특별한 의미를 부여하는 일에 반대한다. 아뢰야식의 미세망상이 남아 있는 한 이들 역시 환자라는 점에서 중생과 다를 바 없다는 것이다. 이러한 입장이므로 성철선은 머무는 바 없는 끝없는 수행을 강조하게 된다. 성철스님이 말하는 궁극의 깨달음에 도달한 뒤라야 비로소 그 수행이 완료될 것이기 때문이다.

인용문은 원문에 표시한 바와 같이 허다한 생략을 안고 있는 축약문에 가깝다. 우선 ⓛ과 같이 긴 문장이 생략되었다. 모든 사람들은 오염될 수 없는 본성으로서의 본지풍광을 갖추고 있다. 이것을 바로 보지 못하는 것은 망념을 일으키는 분별의 구름 때문이다. 이 문장은 이러한 상황을 지적하고 그 해소책으로 원래 갖춰진 이 마음을 돌이켜 비춰보는 길을 제시한다. 이를 위해 한 생각도 일어나지 않는 자리에서 이 마음을 밝게 깨달아야 한다는 강조가 행해진다. 그런 뒤에 ⓛ과 같이 이 마음을 밝게 깨달아야 하는 이유와 그 방법을 설하는 긴 문장이 이어지는데 이를 생략한 것이다. 내용은 다음과 같다.

하물며 이 마음이 모든 세간과 출세간의 현상들을 생겨나게 하는 것 아니겠습니까? 이것은 오랜 시간 가슴에 새겨져 있는 것으로서 홀로 멀찍이 벗어나 있는 동시에 펄떡펄떡 살아 있는 것입니다. 다

---

[216] 퇴옹성철(2015), p.176.

만 마음이 생겨나고 생각이 움직임으로써 그 순간 이 본래의 밝음을 어둡게 하는 것입니다. 이제는 곧바로 도달하고 남김없이 꿰어 몸과 마음을 텅 비게 해야 합니다.

마음은 모든 현상들을 낳는 근원이자 모든 것에 관철되는 본질이다. 본질이므로 움직이지 않는다. 그래서 홀로 멀찍이 벗어나 있다고 표현한다. 모든 현상으로 나타나므로 한순간도 머무는 일이 없다. 그래서 펄떡펄떡 살아 있다고 표현한다. 이것에 곧바로 도달하려면 마음과 생각이 일어나지 않는 공부를 지어야 한다. 흥미로운 것은 이 공부라는 것이 한 생각도 일어나지 않는 자리에 발 딛는 일을 가리킨다는 점이다. 한 생각도 일어나지 않는 실천을 통해 한 생각도 일어나지 않는 자리에 도달한다! 이것이 이 공부의 설명하기 어려운 점이다.

유위적 노력을 중시하는 사람들은 여기에서 유위적 노력의 중요성을 읽고, 무위적 내려놓음을 강조하는 사람들은 여기에서 내려놓음의 중요성을 읽는다. 성철스님은 이러한 해석의 분기를 차단하기 위해 이 문장을 생략한 것으로 보인다.

다음으로 ②의 '안으로는 자기의 견해를 잊고 밖으로는 털끝만 한 번뇌까지 끊는다(內忘己見, 外絶纖塵)'는 말이 생략되었다. 유식으로 말하자면 아뢰야식의 견분見分과 상분相分의 미세번뇌를 끊는다는 뜻이 된다. 이것은 궁극의 깨달음을 가리키는 표현으로서 원오스님이 특히 즐겨 쓴 말이기도 하다. 『원오어록』에도 다음과 같은 말이 보인다.

안으로는 보는 나를 잊고, 밖으로는 대상에 실체가 없음을 깨달아 안팎이 한결같고 집착이 없어 뚜렷하고, 맑고, 고요하다. 이렇게 된다면 마음 전체가 곧 부처이고, 전체 부처가 곧 마음이라서 모든

부처와 손잡고 함께 움직이게 될 것이며, 조사들과 깨달음과 활용이 동일하게 될 것이다.[217]

주체와 대상의 이원 분별이 완전히 사라져 실상의 왜곡이 없는 대원경지의 차원에 대한 묘사이다. 원오스님에게 있어서 이 말은 물아일여物我一如, 내외일여內外一如, 전심즉불全心卽佛, 허응징적虛凝澄寂, 허령적조虛靈寂照, 내외통연內外洞然 등과 같은 말이다. 그런데 성철스님은 여기에서 허령적조와 내외통연만 취하고 견분과 상분의 완전한 소멸을 말하는 전체 구절을 생략하였다. 성철스님은 유식에 기대어 무심의 심천과 고하를 설명하는 입장에 있다. 그러므로 이 구절의 생략은 뜻밖이다. 다만 '안으로는 자기의 견해를 잊고 밖으로는 털끝만 한 번뇌까지 끊는다(內忘己見, 外絕纖塵)'는 말이 애써 닦는 수행을 뜻하는 말로 이해될 여지가 있으므로 이를 생략한 것으로 보인다. 수행할 것이 남아 있다면 대원경지라 할 수 없다고 보는 입장이기 때문이다.

다음으로 ③과 같이 긴 문장이 생략되었다. 현대어 번역에 보인 것처럼 대광명, 본지풍광, 마음, 근원, 근본, 본성 등으로 불리는 불성에 대한 설명이다. 이 대광명은 만사만물의 근원이지만 모든 것을 초월해 있다. 만약 이것을 철저하게 믿을 수만 있다면 단번에 모든 것을 깨닫게 되리라는 가르침이다. 본지풍광을 묘사한 이 구절을 생략한 것은 믿는 차원을 깨달음으로 인정하는 일이 있을까 우려했기 때문일 것이다. 특히 '만약 이러한 바탕으로서의 땅을 완전히 믿게 된다면(苟信得此一片田地及)'이라는 구절이 문제가 될 수 있다. 여기에서 말하는 완전한 믿음은

---

[217] 『圓悟佛果禪師語錄』(T47, p.745b), "若能內忘己見, 外了法空, 內外一如, 虛凝澄寂, 則全心卽佛, 全佛卽心. 與諸佛把手共行, 與祖師同得同用."

완전한 무심과 동의어이다. 그렇지만 이 믿음을 나라는 주체(能)가 본지 풍광이라는 대상(所)을 믿는다는 뜻으로 이해할 수도 있다. 분별의 차원에서 각각의 깜냥으로 믿음이라는 말을 이해하고 깨달음을 자처할 수 있다는 말이다. 이런 우려에서 해당 문장을 생략한 것으로 보인다.

④의 '우선(先)'이라는 단어가 생략되었다. 번역문에 '우선 ~'이 번역되어 있으므로 편집 과정의 오류이다. 복원되어야 한다.

⑤의 '오료悟了'를 '요오了悟'로 바꾸었다. 둘 다 '깨닫는다'는 뜻을 전달하므로 의미의 차이는 크지 않다. 다만 '요了' 자를 앞에 두면 그 '명료하다'는 뜻이 강조된다. 그래서 번역문을 보면 '요요了了히 명오明悟한 이후에 ~'로 되어 있어 깨달음의 명료성을 강조하기 위한 순서 바꿈임을 알 수 있다.

⑥의 긴 문장을 생략하였다. 현대어 번역에 보인 것처럼, 악을 멈추고 선행을 닦는 일에 대한 백락천과 조과선사의 문답을 내용으로 하고 있다. 여기에는 단순한 선행과 견성 이후의 선행이 같기도 하고 다르기도 하다는 가르침이 담겨 있다. 이것은 앞에서 언급한 바, 마음을 깨달은 뒤의 선행에 대한 부연 설명에 해당하므로 의미상 중복이 된다. 성철스님은 중복되는 구절이 나오면 대체로 그것을 생략하여 논지를 분명히 하고자 한다. 생략의 이유가 되는 것이다.

⑦과 같이 '당當' 자가 생략되었다. 이것은 '~해야 한다'는 뜻의 부사어로서 뒤의 문장을 당위형 문장으로 만드는 글자이다. 이 글자를 적용하면 무심에 도달한 뒤 그것을 지켜나가는 유위적 수행을 해야 한다는 뜻으로 이해될 수 있다. "망멸증진妄滅證眞한 무념무생의 대휴헐大休歇 대해탈의 구경지"[218]에 도달하여 인연 따라 작용하는 것이 보임장양保

---

[218] 퇴옹성철(2015), p.175 참조.

任長養이라는 지론을 펼치는 데 불편한 점이 있다. 그래서 '~해야 한다(當)'를 지워 이미 도달한 상황임을 강조하고자 한다. 성철스님이 '응무소주應無所住 이생기심而生其心'의 문장에서 '응應' 자를 빼고 "머무는 바 없이 그 마음이 난다."로 번역한 일과 유사하다. 성철스님은 만약 진정한 깨달음이라면 '해야 하는(應, 當)' 일이 있어서는 안 된다고 본다. 규봉스님과 원오스님의 돈오점수를 다른 차원으로 해석하는 핵심도 이 '응應' 자나 '당當' 자가 남아 있는지의 여부에 달려 있다.

> 규봉의 돈오는 심중유망心中有妄이므로 그 점수漸修는 심중제망心中除妄이요, 원오圓悟의 돈오는 심중무망心中無妄이므로 그 점수는 사상수선事上修善이어서, 규봉의 점수漸修는 제업除業이요 원오圓悟의 점수漸修는 적선積善이니 돈오점수의 명칭은 동일하나 그 내용은 남북상반南北相反이다.[219]

규봉스님의 돈오점수와 같이 수행하는 주체가 있고 제거해야 할 망상이 남아 있다면 '응應'과 '당當'은 생략할 수 없다. 이에 비해 원오스님의 돈오점수는 저절로 이루어지는 "불오염不汚染의 수修인 고로 기실其實은 원수圓修"이므로 '당當' 자가 떨어져 나가야 한다고 본 것이다.

⑧의 문장은 '점차적으로 긴 시간 동안 길러 간(漸漸長養)'이라는 말의 부연 설명이다. 긴 시간으로 20년, 30년의 세월이 제시되어 있다. 현대어 번역으로 제시하였지만 다시 살펴보면 다음과 같다.

> 20년, 30년 동안 마음에 맞는 경계나 거슬리는 경계를 만나도 뒤로 물러서는 일이 없는 차원을 성취하면 생사의 경계에 이르러도

---

[219] 퇴옹성철(2015), p.174.

자연스럽고 홀가분하여 어떠한 두려움도 없게 될 것입니다.

읽기에 따라 긴 세월 동안의 점차적 수행을 인연으로 하여 불퇴전을 증득하고 생사의 경계에서 두려움이 없게 되는 결과를 얻게 된다는 뜻으로 이해될 수 있다. 20년, 30년의 점차적 수행이 없다면 불퇴전을 얻지 못하고, 생사의 경계에서 두려움에 빠지게 된다는 뜻이 될 수 있다. 이렇게 보면 앞의 깨달음이 불완전한 것이 된다. 이로 인해 '돈오=견성=구경각=보임'의 공식이 무너질 수 있다. 이러한 해석의 가능성을 차단하기 위해 해당 문장을 생략한 것으로 이해된다.

다음으로 수행자가 조심하고 명심해야 할 일을 제시한 ⑨의 긴 문장이 생략되었다. 가장 조심해야 할 일로 불조의 가르침 중에서 멋진 말을 인용하여 자신의 지혜를 뽐내는 일이 지적된다. 출가승이나 재가의 불교인들 중에는 약간의 눈뜸에 자부심을 갖고 불조의 가르침을 인용하며 스스로를 높이 세우는 풍조가 있다. 이것은 해오의 해악으로서 성철스님 역시 비판해 마지않는 지점이기도 하다.

그런데 이 구절은 원오스님이 돈오 이후 남은 망념을 덜어내는 점수를 필요로 한다고 말한 것으로 이해될 수도 있다. 특히 모든 것을 내려놓고 분별없는 마음으로 고요히 앉아 인연을 잊고 궁극에 이르기까지 탐구하는 수행의 길에 대한 안내도가 제시되어 있는데, 이 또한 돈오 이후의 점수로 이해될 수 있다. 이런 점들을 고려하여 생략이 이루어진 것으로 보인다.

사실 해오 이후의 심중제망心中除妄으로 규정되는 규봉스님의 돈오점수도 부단한 수행을 통해 도달할 구경의 자리를 설정한다. 그리고 구경의 깨달음에 이르기까지 부단한 수행을 권면한다. 끝없는 수행을 강조한다는 점에 있어서 성철스님의 주장과 통하는 점이 있어 보인다. 그러나 완전한 무심의 자리에서 "크게 벗어나고, 크게 눈 뜨며, 크게 살아나는 것"[220]을 돈오견성이라고 보는 성철스님의 입장에서 그것을 깨달음이라 인정할 수 없다. 망상이 한 점이라도 남아 있다면 그 무심은 수준의 고하에 상관없이 여전히 망상의 범주에 속하는 것이라 보기 때문이다.

그래서 10지와 등각도 환자이기는 마찬가지[221]라는 점을 강조한다. 해오는 '내가 자성을 보았다'고 자처하는 일이기 때문에 주체(能)와 대상(所)의 분별을 내려놓지 못한다. 성철스님에게 있어서 무심의 차원에서 더욱 간절히 화두를 드는 일은 분별적 유심에 떨어지지 않도록 하는 보증수표에 해당한다. 그래서 오로지 모를 뿐인 화두일념의 한 길만을 제시하는 것이다. 보임무심의 설법이 깨달음 이후의 자재한 실천에 초점이 맞춰져 있기는 하지만 결국 이것은 작은 성취에 만족하는 마음을 내려놓고 화두일념, 무심의 실천에 힘쓰라는 수행의 권면에 다름없다.

다음으로 ⑩와 같이 '징정澄淨'의 '정淨' 자가 탈락되어 있다. 번역문이 '소연脩然히 징정澄淨한 연후에'로 되어 있으므로 단순 탈자에 속한다. 1981년 초판본에 바로 되어 있던 것이 1993년에 가로쓰기로 바꾸면서 입력에 오류가 일어나 2015년 본까지 이어진 것이다. 복원되어야 한다.

⑪의 '중선衆善'에서 '중衆' 자를 뺀 것은 그 앞에 '모든(一切)'이라는 말과 의미상 중복되기 때문이다. 간략함을 추구하여 생략한 것으로 보인다.

⑫에 '동체대비의 마음을 일으켜(起大悲)'를 생략한 것은 유정중생을 돕는다는 말과 의미가 중복되기 때문이다. 또한 '의식적으로' 자비한 마음을 일으킨다는 뜻으로 이해되는 길을 차단하기 위한 생략이기도 하

---

[220] 퇴옹성철(2015), p.176.
[221] 퇴옹성철(2015), p.176.

다. 무심에서 크게 살아나 구경각을 이룬 이는 일거수일투족이 저절로 대비행이 된다. 일부러 자비한 마음을 일으킬 필요가 없는 것이다. 일체의 유위적 노력과 마음 먹음을 떠나 인연 따라 불사를 하는 보임무심의 특징을 드러내기 위한 생략이다.

【7-17】 煩惱習은 名煩惱殘氣니라 ①[若身業口業不隨智慧, 似從煩惱起. 不知他心者, 見其所起, 生不淨心. 是非實煩惱, 久習煩惱故, 起如是業.] 譬如久鎖脚人이 卒得解脫하야 行時에 雖無有鎖나 猶有習在요 如乳母衣가 久故垢著일새 雖以淳灰로 淨洗②[浣]하야 雖無有垢나 垢氣猶在니라

선문정로 번뇌의 습習이라 함은 번뇌의 잔기殘氣를 말함이니라. 비유하건대, 장구長久히 양각兩脚을 구쇄拘鎖한 인간이 졸지卒地에 해탈함을 얻어서 행보行步할 때에 비록 구쇄拘鎖가 없으나 오히려 습관이 잔재殘在하고, 유모乳母의 의복衣服이 일구日久한 고로 구예垢穢가 부착付着하였을새 비록 순회淳灰로써 청정히 세완洗浣하여 구예垢穢가 완전히 없으나 구예垢穢의 기분氣分이 잔재殘在함과 같으니라.

현대어역 번뇌의 습관(習)이란 번뇌의 남은 기운을 가리킨다. [몸으로 지은 업과 입으로 지은 업은 지혜를 따르지 않고 번뇌를 따라 일어나는 것처럼 보인다. 또 그 마음을 모르는 이들은 번뇌를 일으키는 것을 보고 청정하지 못한 마음을 일으킨다고 생각한다. 이것은 실질적인 번뇌가 아니라 오랜 습관이 된 번뇌 때문에 이러한 업을 일으키는 것이다.] 예를 들어 오랜 시간 발이 족쇄에 묶여 있던 사람은 마침내 그것을 벗게 되어 족쇄가 없음에도 움직일 때에 여전히 습관이

남아 있는 경우와 같다. 하녀의 옷이 오래되어 때가 묻은 것을 고운 재로 깨끗이 세탁을 해도 때는 없어지지만 때의 흔적이 남아 있는 것과 같다.

[해설] 『대지도론』의 문장이다. 앞의 인용문에서 보임의 설법을 총결한다고 해 놓고 다시 추가 인용한 문장이다. 스님의 입장을 보강해 줄 유력한 자료라고 생각되었기 때문에 추가가 이루어진 것으로 보인다. 인용은 무루의 깨달음을 얻어 번뇌를 끊은 뒤에도 그 번뇌의 습관이 남아 있을 수 있다는 내용을 담고 있다. 오랫동안 족쇄에 묶여 있다가 마침내 풀려난 사람이 여전히 족쇄에 묶인 듯한 부자유를 느끼는 예, 하녀의 옷을 빨아도 그 때의 흔적이 남아 있는 예를 들고 있다. 그것은 그런 느낌이 남아 있다는 것이지 실제적 구속이 아니며 실제적 때가 아니다. 마찬가지로 깨달음 이후, 번뇌처럼 보이는 것은 실제적 번뇌가 아니라 관성적 습관일 뿐이다. 그러므로 번뇌의 남은 기운이라 부르는 것이다.

『대지도론』에서는 이와 관련하여 무루의 깨달음을 얻은 불제자들의 구체적 예를 들고 있다. 난타難陀는 설법을 할 때마다 무의식중에 여자 신도들에게 먼저 눈길을 주었는데 전생에 색을 탐했던 습관이 남아 있기 때문이었다. 교범발제憍梵鉢提는 공양 이후에 되새김질을 했는데 전생에 소였던 습관이 남아 있기 때문이었다. 또 필릉가파차畢陵迦婆蹉에게는 남을 하대하는 말버릇이 있었다. 깨달음 이후 필릉가파차는 갠지스강을 건너야 탁발을 할 수 있는 곳에 살았는데 탁발을 나가면 강의 신을 불러 강물을 멈추게 했다. 그때마다 필릉가파차는 손가락을 튕기면서 "종놈아! 강물을 멈추게 하라."고 명령하고 강의 신은 깨달음을 존중하는 마음으로 그 말을 따르곤 했다. 그런데 이것이 반복되므로 강의 신이 부처님께 고해 바쳤다. 부처님이 이를 지적하자 필릉가파차가 강의 신에게 사과를 한다. "종놈아! 기분 풀어! 내가 지금 너에게 참회하마."라고 했다. 부처님은 이 일에 대해 필릉가파차가 500생 동안 높은 바라문의 가문에서 태어나 교만이 습관화되었으므로 일어난 일이지 그에게 교만이 남아 있는 것은 아니라고 설명한다.

성철스님은 무심대정無心大定에 들어가면 습기는 홍로점설紅爐點雪일 뿐이므로 오직 자성을 원증圓證하여 보임무심할 뿐 습기는 문제 삼을 필요가 없다[222]는 입장이다.

이러한 문장에서 ①의 구절이 생략되었다. 남아 있는 번뇌의 기운에 대한 구체적 설명이다. 즉 몸과 입으로 지은 업이 깨달음 이후에도 계속 나타나 마치 번뇌가 여전한 것처럼 보이지만 그것이 실제적 번뇌는 아니라는 것이다. 이것은 족쇄에서 풀려난 사람의 예나 세탁했지만 자국이 남아 있는 옷의 예와 내용상 중복된다. 단도직입적 의미 전달을 위해 내용상 중복되는 이 문구를 생략한 것 같다.

다음으로 ②와 같이 '완浣' 자를 '세洗' 자로 바꾸었다. 두 글자 모두 '씻는다'는 뜻이므로 문장의 뜻에는 차이가 없다. 다만 그 번역문에 '청정히 세완洗浣하여'로 되어 있으므로 글자를 바꿀 의도는 없었던 것으로 보인다. 그렇다면 복원할 필요가 있다. 꼭 그런 것은 아니지만 대체적으로 옷을 빤다는 뜻일 경우, '세의洗衣'보다는 '완의浣衣'가 어울리기 때문이다.

【7-18】 法達①[一聞]이 言下에 大悟하고 ②[涕淚悲泣,] 自③[白] 言하되 ④[和尙, 實未曾轉法華, 七年被法華轉,] ⑤[以後로는] ⑥ [轉法華] 念念修行佛行하리이다 大師言하되 即佛行이 是佛이니라

---

222 퇴옹성철(2015), p.179.

선문정로 법달法達이 언하言下에 대오大悟하고 스스로 말하기를, "이후로는 생각생각 불행佛行을 수행하겠습니다." 하니, 대사大師 말씀하시기를, "불행佛行이 곧 불佛이니라."

현대어역 법달이 [듣자마자] 말끝에 크게 깨달아 [눈물을 흘리고 비통하게 울면서] 말하였다. ["스님! 사실 법화를 굴려본 적 없이 7년간 법화에 굴려왔습니다.] 이후로는 [법화를 굴려서] 생각생각 부처의 행을 닦고 실천하겠습니다." 대사께서 말씀하셨다. "부처의 행이 바로 부처이다."

[해설] 법달은 『법화경』을 3천 번이나 읽었으면서도 불법에 눈을 뜨지 못해 6조스님을 찾는다. 글자를 읽을 줄 몰랐던 6조스님은 법달에게 경전을 읽도록 해서 들어보고는 바로 설법에 들어간다.

6조스님에 의하면 경전 전체가 부처의 지견을 열어서(開), 보여주고(示), 깨달아(悟), 들어가게(入) 하는 일을 일대사인연으로 삼고 있다. 그러므로 오직 스스로 부처의 지견을 열 뿐인 실천을 해 나가야 한다. 이것이 설법의 요체였다. 이에 법달이 깨닫는다. 그런 뒤 생각생각마다 부처의 지견을 열고 부처의 행을 닦겠다는 발원을 한다.

성철스님은 깨달으면 부처의 행을 닦는 일이 있을 뿐이라는 말을 가져오기 위해 이것을 인용하였다. "돈오견성하면 불지佛地이므로 오후점수悟後漸修는 필요 없고 불행佛行을 수행하는 일일 뿐이며, 무심을 원증圓證한 이후의 일 없는 실천(無事行)이 있을 뿐"[223]이라는 것이다.

여기에서 다양한 성분을 생략하여 '생각생각 부처의 행을 닦고 실천

---

[223] 퇴옹성철(2015), p.180.

하겠다'는 의미를 갖는 문장을 새로 구성하였다.

①의 '듣자마자(一聞)'가 생략되었다. 원래 조사선은 선지식의 가르침을 듣고 그 말끝에 깨닫는다. 선지식의 설법이 수행자의 분별 사유의 틀을 부수는 힘을 발휘하기 때문이다. 이것이 바로 뒤의 '말 끝에(言下)'와 의미상 중복된다고 생각하였기 때문에 생략한 듯하다.

②와 같이 '눈물을 흘리고 비통하게 울면서(涕淚悲泣)'가 생략되었다. '체루비읍涕淚悲泣'은 사무치는 깨달음이나 참회 등이 일어날 때의 장면을 표현하는 관용어이다. 자아와 대상을 나누는 장벽이 무너져 완전한 무장 해제가 일어나는 순간, 그 해방감에서 체루비읍의 반응이 일어난다. 다만 그 사정을 모르는 이들은 이것을 미숙한 감정적 반응으로 이해할 수 있다. 생략의 이유일 수 있다.

③과 같이 '아뢰어 말씀드리다(白言)'를 '스스로 말씀드리다(自言)'로 바꾸었다. '백白'에는 윗사람에게 말씀드린다는 뜻이 있기는 하지만 '언言'과 의미상 겹치는 부분이 있다. 그래서 스스로의 심경을 말한다는 '백白'의 뜻을 살리면서 '언言'과의 중복을 피하기 위해 '백白'→'자自'로 글자를 바꾼 것으로 보인다.

④와 ⑥의 생략된 문장에는 법화法華라는 불법이 따로 있다는 법집을 내려놓고 스스로 법화 그 자체가 되는 실천의 길을 걷겠다는 법달의 서원이 담겨 있다. '법화에 굴려진다(法華轉)', '법화를 굴린다(轉法華)'와 같이 절묘한 표현을 담고 있는 문장과 내용이 더없이 훌륭하지만 그것이 생각생각 부처의 행行을 실천하겠다는 서원과 내용상 중복되므로 생략한 것으로 보인다.

⑤의 '이후以後로는'이 누락되어 있다. 1981년 본의 교정지를 보면 원래 이 인용문은 최초의 출판본에 없던 부분을 원융스님이 추가한 것이다. 원융스님의 추가와 교정은 성철스님의 말씀에 따른 것으로 보이며,

이 추가된 문장은 1993년 본부터 적용된다. 그런데 당시 입력의 오류로 누락되어 2015년 본까지 이르른 것이다. 번역문에 적용되어 있으므로 원문의 빠진 부분을 복원해야 한다.

제 8 장

오매일여 寤寐一如

제8장

오매일여 寤寐一如

1. 오매일여 법문의 맥락

   불교의 가르침은 분별을 내려놓는 8만4천의 다양한 길을 제시한다. 그리고 이렇게 분별을 내려놓는 무심의 성취에 있어서 중요한 의미를 갖는 단계들을 언급한다. 대표적으로 무상정無想定과 멸진정滅盡定이 있다. 무상정은 사념처정 제4선의 끝에 성취되는 선정이고, 멸진정은 비상비비상처정 이후에 도달하는 경계이다. 그것은 유루와 무루의 차이, 의식 소멸의 차이, 중생과 성인의 차이 등 다양한 차이[224]가 있지만 분별이 사라진 선정이라는 점에서 모두 중요하다. 요컨대 무심은 선정의 힘이 분별의 힘을 압도하는 단계이고, 그로 인해 의식의 특징인 분별적

---

[224] 무상정과 멸진정은 계界(색계−무색계), 지지地(제4선정−비상비비상처정), 상속相續(異生相續−聖者相續), 상想(出離想−止息想), 염厭(厭想−通厭想受), 욕欲(欲滅想−欲滅受想), 낙樂(색계의 심과 심소법−무색계의 심과 심소법), 소멸所滅(제4선정의 심과 심소법−비상비비상처의 심과 심소법), 이숙異熟(색계이숙−무색계이숙, 제4정려이숙−비상비비상처이숙, 生受異熟−生後不定受異熟)의 차이를 갖는다. 『阿毘達磨大毘婆沙論』(T27, p.775c) 참조.

사유가 작동하지 않는 차원이다.

그런데 무상정의 차원에서는 잠이 들면 선정이 사라지고 꿈속에서 다시 희노애락이 일어나는 한계를 갖는다. 대혜스님과 같은 선승들은 이것을 고민하면서 더욱 간절하게 수행에 임했다. 그 결과 꿈을 꿀 때나 깨어 있을 때나 한결같이 둘 아닌 자리에 도달한다. 잠을 자나 깨어 있으나 한결같은 상태를 체험하였다는 것이다. 성철스님은 이것을 몽중일여夢中一如로 규정한다. 여기에서 더 나아가 의식이 작동하지 않는 숙면시에도 경계가 변함없는 멸진정의 차원이 있다. 성철스님은 이것을 숙면일여熟眠一如라 불렀다.

몽중일여와 숙면일여는 깨어 있을 때와 잠잘 때가 한결같다는 공통점을 가지므로 오매일여寤寐一如, 혹은 오매항일寤寐恒一이라는 용어로 함께 표현되기도 한다. 그렇지만 성철스님은 숙면일여만을 진정한 오매일여로 인정한다. 그러니까 대혜스님이 체험한 오매일여는 몽중일여로서 아직 제6식의 영역에 있고, 이를 넘어 제8아뢰야식의 영역에 들어가야 진정한 오매일여인 숙면일여가 된다는 것[225]이다. 나아가 숙면일여조차 가짜와 진짜를 나눈다. 6추를 소멸하였지만 아직 아뢰야식의 차원에 머물러 있는 것은 가짜 무심(假無心)이다. 이 차원을 넘어 아뢰야의 미세분별까지 멸진해야 진짜 무심(眞無心)이라 할 수 있다[226]는 것이 성철스님의 견해이다. 진정한 오매일여는 아뢰야식의 3세까지 멸진한 진짜 무심만을 가리킨다는 것이다. 이 가짜 무심(假無心)과 진짜 무심(眞無心)이라는 용어는 성철스님의 창안으로 보인다. 의식의 티끌이 남아 있는 무심과 제8식 차원까지 넘어선 구경무심을 논하기 위한 것이다.

---

225 퇴옹성철(2015), p.189.
226 퇴옹성철(2015), p.35.

무심의 진실성 정도에 관해서는 대혜스님의 경우에 볼 수 있는 것처럼 옛 선사들 간에도 심도 있는 논의들이 있었다. 특히 한국에서는 성철스님이 오매일여를 깨달음 점검의 제1항목으로 제시한 뒤 치열한 논쟁들이 계속되어 왔다.

2. 성철스님 오매일여 설법의 특징

앞에서 살펴본 바와 같이 성철스님은 오매일여의 의미를 좁게 한정한다. 견성, 무심, 보임에 대한 설법에서 살펴본 것처럼 성철스님은 선가에서 활용되어 온 단어들에서 가장 순수한 의미만 남기고 나머지를 배제하는 경우가 많다. 오매일여도 마찬가지다. 깨어 있을 때와 잠잘 때가 한결같음을 뜻하는 오매일여에서 꿈속에서의 한결같음을 빼 버리고 꿈조차 없는 숙면 상태에서의 한결같음만 인정한다. 그러기 위해 몽중일여夢中一如와 숙면일여熟眠一如라는 자신만의 단어를 창안하는 일도 사양하지 않는다. 진정한 오매일여는 숙면일여일 뿐임을 강조하기 위해서이다.

원래 일여라는 말은 상반되는 두 개념이 둘이 아님을 드러내는 말이다. 움직일 때(動)와 가만히 있을 때(靜)가 둘이 아니므로 동정일여動靜一如가 된다. 깨어 있을 때(寤)와 잠잘 때(寐)가 둘이 아니므로 오매일여寤寐一如가 된다. 삶(生)과 죽음(死)이 둘이 아니므로 생사일여生死一如가 된다. 그런데 몽중일여와 숙면일여에는 이러한 조어법이 적용되지 않는다. 상반되는 두 차원이 세워지지 않았기 때문이다. 이 경우 일여는 항일성, 지속성을 뜻하는 말이 된다.

그렇다면 성철스님은 왜 오매일여에서 몽중일여를 버리고 숙면일여의 차원만을 인정한 것일까? 우리는 선지식의 가르침을 받아 부처와 중생이 다르지 않음, 혹은 미혹과 깨달음이 다르지 않음을 알고, 이해하고, 직접 실증하는 길을 걷게 된다. 그리하여 돈오라 정의하든 증득이라 표현하든 부처님과 조사들의 도달처와 전혀 다르지 않다고 확신이 드는 그런 자리를 만나게 된다.

문제는 이것의 지속성에 있다. 깨달음이란 '본래 있었고 지금도 있는(本有今有)' 부처의 지혜를 확인하는 일이다. 따라서 '한 번 얻어 영원히 상실하지 않아야(一得永得)' 진짜 깨달음이다. 그러나 우리의 삶을 지배하는 뿌리 깊은 분별의 습관이 되살아나 그 깨달음을 다시 어둡게 하는 일이 일어나곤 한다. 돈오점수의 입장에서는 분명한 자성의 자리를 한 번 본 일을 돈오견성으로 규정한다. 그런데 돈오견성이 있고 난 이후에도 분별의 군대가 권토중래하여 망상의 나라를 복원할 수 있다. 그래서 이를 차단하고 깨달음의 왕국을 영원한 반석 위에 올리기 위한 수행이 필요하다. 요컨대 돈오 이후의 수행을 통해 그 분명하게 확인되는 자리로 돌아가기를 반복하다 보면 마침내 궁극적 깨달음에 이르게 된다는 것이다. 이것이 점수의 논리이다.

이에 비해 성철스님은 깨달음의 체험이 영원히 지속되지 않는다면 그것은 유심의 영역에서 일어나는 망상이라고 규정한다. 망상이므로 지키고 보호할 것이 없다. 모두 내려놓고 더 간절하게 화두를 드는 일만이 있어야 한다. 이것이 성철스님의 주장이다. 그리하여 동정 간에, 혹은 몽중 간에 지속됨을 넘어 숙면시에도 지속되는 경우라야 비로소 깨달음에 도달할 수 있는 입구에 선 줄 알라고 말한다. 동정일여, 몽중일여, 숙면일여의 이 기준을 성철선의 '세 가지 관문(三關)'으로 부르기도 한다. 성철스님에게 비판적인 학자들은 이러한 단계 설정이 돈오돈수만을 주장하는 성철스님의 자기모순이라고 말하기도 한다. 성철스님이 돈頓을 역설하면서 온통 점漸의 구도를 말하고 있다는 것이다.

그러나 그 점漸의 구도를 도입하는 의도가 돈頓의 표명에 있다는 점은 분명해 보인다. 더구나 성철스님은 오로지 숙면시에 항일한 마지막 관문이 있고, 그것조차 타파하는 일이 있어야 한다는 점을 강조하기 위해 이러한 기준들을 말한 것이다. 그 각각의 단계에 어떤 특별한 의미를 부여한 것은 아니다.

유식적 관점에서 볼 때, 숙면시에 항일한 오매일여는 중요하다. 이와 관련하여 멸진정에 도달한 여래와 자재보살에게는 수면과 혼절(悶絶)이 없다는 『성유식론』의 문장이 고려되어야 한다. 혼절은 기절했다는 뜻이다. 숨을 쉬고 있을 뿐 분별의식이 작동하지 않는다. 숙면 상태 역시 마찬가지다. 자재보살과 여래는 겉으로 보면 잠을 자는 것 같아도 실제로는 선정이 지속되고 있으므로 오직 멸진정의 선정만 있을 뿐, 수면과 혼절이 없다는 것이다.

성철스님은 8지 이상의 자재보살조차 인정하지 않는다. 자재보살은 아뢰야식의 3세가 남아 있는 가짜 무심(假無心)의 상태에 있으므로 진짜 오매일여가 아니라는 것이다. 진정한 오매일여는 구경의 무심에서만 가능하며 이것이 여래의 차원이라는 것이다.

성철스님은 숙면시에 항일한 오매일여가 실경계 체험임을 거듭 강조한다. 그것이 불이론의 이론적 천명이 아니라 실제 수행자가 체험하는 경계라는 것이다. 이것을 체험하지 못했다면 아직 깨달음의 입구에조차 도달하지 못했음을 알라는 뜻이기도 하다.

이에 비해 돈오점수론의 입장에서 깨달음은 진정한 수행의 출발이 된다. 성문4과로 불리는 수행의 계위설에서는 수다원이라는 견도위見道位, 사다함과 아나함이라는 수도위修道位를 거쳐 아라한이라는 무학

위無學位에 도달한다. 돈오점수의 돈오→점수→구경각은 이러한 구도와 닮아 있다.

 그런데 부처님은 외도外道를 따라 수행하면서 공무변처, 식무변처, 무소유처, 비상비비상처의 선정을 체험했지만 그것을 깨달음으로 인정하지 않았다. 그것이 높은 차원이기는 하다. 그래서 부처님의 수행을 이끌었던 스승들이 그 깨달음을 인정한다. 그렇지만 부처님이 보기에 그것은 보다 고급의 욕망을 추구하는 일일 뿐이었다. 그것으로는 결코 생사윤회를 넘는 결정적 계기가 되지 못하는 것이었다. 추구하는 마음이 남아 있는 한 그것은 물에 젖은 나무와 같아서 불을 붙일 수 없는 것과 같다. 바짝 마른 나무가 필요하다. 바짝 마른 나무란 무엇인가? 일체의 욕망을 내려놓아 추구하는 바가 없는 마음, 바로 진정한 무심無心이 그것이다.

 그리하여 부처님은 모든 추구하는 마음을 내려놓고 좌선에 들어가 4선정과 6신통을 고루 성취하고 마지막에 누진통을 얻어 깨달음을 완성한다. 이에 부처님은 가장 높고 바른 깨달음의 성취를 선언한다. 그런데 이렇게 정리된 부처님의 생애는 4선8정을 인정한 것일까, 부정한 것일까? 중요한 것은 4선8정이 부처님에게 일어나기는 했지만 그에 대한 추구가 없었다는 점이다. 사실을 말하자면 4선8정은 물론 깨달음에 대한 추구를 내려놓음으로써 그것을 완성하였다.

 깨달음은 수행의 끝에 일어나는 구경의 궁극적 사건 이외의 다른 것이 될 수 없다는 성철스님의 입장은 이러한 부처님의 구경무심에 대한 완전한 공감을 토대로 한다. 그러니까 성철스님의 이 관문은 성문4과나 3현10성, 등각, 묘각의 보살 지위와 같이 그 의미를 인정하는 차원에서 제시된 것이 아니다. 관문은 통과하는 것이지 도달하는 것이 아니기 때문이다. 만약 그렇다면 교가의 지위점차를 비판하면서 스스로 지위를 설정하는 모순을 범했다는 비판을 면할 길이 없다.

성철스님의 이러한 단계와 지위의 부정은 화두선의 실천과 뗄 수 없는 관계에 있다. 화두선은 실천하는 행위가 있으므로 유위처럼 보인다. 그렇지만 화두 자체가 무심의 실천이므로 화두를 드는 일은 무위가 된다. 화두참구는 끝없이 밀고 나가므로 추구하는 바가 있는 것처럼 보인다. 그렇지만 까맣게 모르는 자리에 거듭 나아가므로 한결같이 추구하고 욕망하는 바가 없어 부처님의 선정과 동일하다. 이처럼 화두선은 간절함으로 일관하지만 궁극적으로 추구하고 욕망하는 바가 없다. 화두 자체가 무심이므로 유심 차원의 이해인 해오를 비판하는 근거가 된다.

한편 오매일여에 대한 비판적 논의들은 결국 오매일여의 근거가 희박하다는 비판, 그것이 실경계 체험일 수 있는가에 대한 비판으로 귀결된다. 이와 관련하여 오매일여의 문헌적 근거가 박약하다는 비판이 있다. 특히 오매일여에 대한 옛 선가 서적의 논의들이 성철스님의 주장과 다르다는 논의가 자주 제기된다. 당장 오매일여 설법을 위한 첫 번째 인용문인 현사스님의 법문이 오히려 소소영영昭昭靈靈하게 아는 마음(心)이 자성(性)과 다른 것임을 강조하기 위한 문장이라는 지적이 제기된다. 나아가 간화선의 주창자인 원오스님이나 대혜스님이 말한 오매일여도 숙면시의 비춤이 항일한 상태를 가리키는 말이 아니라는 지적도 제기된다. 그리하여 오매일여는 깨어 있을 때와 잠잘 때가 둘이 아니라는 불이론의 원론적 표현일 뿐, 항일한 상태를 상정하는 것 자체가 분별에 해당한다는 지적까지 나타난다.

소소영영한 작용이 그대로 본체(作用卽性)라고 본 마조스님, 혹은 임제스님의 관점에 대해 현사스님이 부정적 입장을 취했다는 지적은 틀림이 없다. 그리고 성철스님이 인용 과정에서 그 맥락을 무시하였다는 지적도 옳아 보인다. 사실 성철스님은 문장 인용의 곳곳에서 원래 맥락과의 어긋남을 감행한다. 옛 문헌의 문장들을 편의적으로 활용하고 있는 부분도 흔하게 발견된다.

그런데 이것이 바로 성철선의 특징이 드러나는 지점이기도 하다. 우리의 논의는 성철스님이 숙면일여를 내용으로 하는 오매일여의 실경계를 체험하고, 그것을 투과하는 체험을 하였다는 최초의 진실을 믿는 데서 비롯된다. 그렇지 않다면 『선문정로』의 전체 설법은 논의의 대상이 될 수 없을 것이기 때문이다. 이러한 입장에서 다시 문헌적 문제를 검토해 보면 전혀 다른 이해가 일어난다.

우선 성철스님이 옛 문헌을 편의적으로 생략하거나 재구성하여 인용하였다는 점을 살펴보겠다. 성철스님은 자신의 수행과 깨달음이 옛 불조들과 다르지 않음을 확신하는 입장에 있었다. 따라서 문장에 묶이지 않고 그것을 활용하는 입장을 취하였다. 현대 학문의 입장에서 보면 사실의 왜곡에 속하지만 옛 한자문화권에서는 흔히 일어났던 일이기도 하다.

예컨대 『시경』의 연애시에서 한두 구절을 단장취의하여 도덕률을 선양하는 문장에 활용하는 경우를 들 수 있겠다. 그것은 옛 성현과 완전히 하나가 되었거나 그것을 능가하는 정신적 성취를 거둔 증거로 이해되기까지 하였다. 성철스님은 자신의 수행과 체험에 대한 확신이 있었고, 옛 문장의 맥락에 묶이지 않고 그것을 가져다 활용하는 입장에 있었다.

흔히 술이부작述而不作의 핵심이 창작하지 않음에 있다고 생각하지만, 원래 '술述'은 옛 사람의 말을 그대로 베끼는 것이 아니었다. 거기에는 심화된 재해석과 새로운 관점의 제시가 필수적으로 요구되었다. 성철스님의 문헌 인용은 그런 점에서 술이부작의 전통에 맞닿아 있다고 볼 수도 있다.

다음으로 원오스님이나 대혜스님이 오매일여의 항일한 상태를 설정하는 일을 분별망상으로 규정하였다는 주장이 있다. 그 주장의 근거는 이렇다. 대혜스님이 수면할 때 캄캄하여 주인이 되지 못함을 탄식하며 오매일여에 대해 질문한다. 이에 원오스님이 "그만하고 그만하라. 망상을 쉬고 쉬어라.", "망상이 단절될 때 오매항일처에 도달하리라."고 대답한다. 이를 통해 원오스님이 오매항일을 망상이라 규정했다는 결론을 이끌어 내는 것이다.

선가의 가르침을 문자 그대로 따라가서는 핵심에 도달하지 못한다. 그것은 오직 번뜩이는 만남의 현장에서 밝은 깨달음으로 인도하기 위한 방향타일 뿐이다. 스승에게 제자가 찾아와서 묻는다. "깨달음은 어떻게 얻습니까?" 그러면 스승은 십중팔구 깨달음과 미혹함을 가르는 그 망상을 쉬도록 수단을 쓴다. 망상을 깨기 위해서라면 "깨달음은 없다."라는 극단적 대답도 서슴지 않는다. 그렇다고 이 말에 근거하여 깨달음은 없다고 할 것인가? 오매일여를 묻는 대혜스님의 질문에 망상을 쉬라고 대답한 원오스님의 경우가 그렇다.

흥미로운 것은 오매일여를 불이론이나 화두참구의 상태에 대한 일종의 상징적 표현, 철학적 원칙론의 천명으로 보는 경우가 있다는 점이다. 실참수행을 통한 실오로서의 증오란 옛 불조들의 가르침이 진여실상과 그대로 하나임을 확인하는 사건이다. 거기에는 언어적, 의식적 이해의 과정이 개입되어 있지 않다. 불조의 말에 대한 궁극적 동의는 지금까지의 이해가 결국은 2% 부족한 오해였음을 깨닫는 일과 동시에 일어나는 것이다.

세 번째로 숙면시에 항일한 오매일여가 과연 실천적으로 가능한가에 대해 회의적 입장을 취하는 경우가 있다. 나아가 그것이 간화선에는 적용되지 않는 다른 수행법의 결과라는 주장도 있다. 오매일여에 대한 기록들을 살펴보면 그것이 드문 주제인 것 같지는 않아 보인다. 『능엄경』에 오매항일寤寐恒一에 대한 언급이 보이고, 『선문정로』에 인용된 대로 대혜스님과 원오스님의 대화에도 이것이 언급되어 있다. 또 원나라 임제종의 선승인 몽산덕이스님의 이에 대한 구체적 묘사도 발견할 수 있다. 한편 설암조흠스님은 자신의 화두참구와 깨달음의 과정을 회고하는 중에 깨어 있을 때와 잠잘 때 경계가 달라(打作兩橛) 오매일여를 성취하지 못하여 애를 썼던 일을 묘사하고 있다. 또 백장스님의 『좌선의』에 오매일치, 생사일여에 대한 언급이 보이기도 한다. 『좌선의』가 선수행의 기본 매뉴얼로 수용되어 온 저간의 상황을 감안할 때 오매일여가 간화선 수행의 핵심 주제였다는 점을 확인할 수 있다.

한편 염불수행의 정토문에서는 오매일여에 대해 비교적 자주 언급한다. 그 핵심은 "각명覺明이 공허하고 적정하여 허공과 같아서 대상세계에 반연하는 인식 작용이 없다."라는 데 있다. 몽산스님은 이 흔들림 없는 비춤을 '물에 비친 달빛과 같다'고 묘사하기도 하였다.

그렇다면 이것이 과연 상징적 표현이거나 불이론적 원칙론의 반복인가 아니면 실제 체험하는 경계인가? 이와 관련하여 다른 문화권의 체험담을 제시할 수도 있겠다.

> 깨어 있는, 꿈꾸는, 그리고 잠자는 상태 모두를 관통하는 이 항상적 의식은 다년간의 명상 이후에 나타나는 경향이 있다. …… 그러고 나서는 깊은 꿈 없는 잠의 상태로 들어가면서도 여전히 의식이 있다. 이제는 어떤 내용도 없이 거대하고 순수한 공空만을 인식하게 되는 것이다. 하지만 '인식하게 된다'는 것이 완전히 옳지는 않다. 여기에는 이원성이 없기 때문이다. 그보다는 그저 순수한 의식 그 자체만이 있는 것과 같다. 아무런 속성이나 내용물 또는 주체나 목적

이 없는, '아무것도 아닌' 것은 아니지만 한정할 수 없는 광대하고 순수한 공과 같은 것이다.[227]

몽산스님과 기본적으로 같은 내용을 말하고 있다. 물론 이것이 간화선이 아닌 다른 수행의 결과라고 주장할 수도 있다. 켄 월버도 간화선을 수행한 것은 아니다. 그러나 이 체험과 표현이 크게 불이론의 범주에 속하는 것임에는 틀림없다. 오매일여는 체험의 문제이다. 스스로 깨달음과 비슷한 체험을 했을 때, 그에 대한 점검 없이 소견을 마구 피력하는 일의 위험성은 수행을 해 본 입장이라면 십분 동감할 것이다. 성철스님의 오매일여는 이에 대한 자기 점검의 기준으로 제시된 것이다. 그렇기 때문에 성철스님의 안목의 고저는 『선문정로』 자체의 논리적 정합성으로 증명되는 것이 아니라 수행과 깨달음의 체험으로 가려져야 한다.

3. 문장 인용의 특징

【8-1】 ①[更]有一般②[便說]昭昭靈靈한 靈臺智性하야 能見能聞하야 向五蘊身田裏하야 作主宰하나니 恁麼爲善知識하면 大賺人이니라 ③[知麼] 我今問汝하노니 ④[汝]若認昭昭靈靈하야 爲⑤[是]汝眞實이면 爲甚⑥[什]麼하야 瞌睡時엔 又不成昭昭靈靈고 若瞌睡時에 不是면 ⑦[爲什麼有昭昭時 汝還會麼.] ⑧[這]箇는 ⑨[喚

---

227 켄 월버(2010), 『켄 월버의 일기』, 서울, 학지사, p.96.

作]認賊爲子니 是生死根本이며 妄想緣起⑩[氣]니라

선문정로 일반一般으로 소소영영昭昭靈靈한 영대靈臺의 지성智性이 있어서, 능히 보며 능히 듣고 오온五蘊의 신전身田 속에서 주재主宰를 짓나니 이렇게 하여 선지식이라 한다면 크게 사람을 속임이다. 만약에 소소영영을 인득認得하여 너의 진실을 삼는다면 갑수瞌睡할 시에는 어째서 소소영영이 없어지는가. 만약 갑수할 때에 없어지면 이것은 도적을 오인하여 자식으로 삼는 것과 같으니, 이는 생사의 근본이며 망상의 연기緣起이다.

현대어역 [또] 한편에서는 밝고 신령스러운 마음속 지혜의 성품이 보고 듣는 주체로서 오온으로 이루어진 몸의 터전에서 주재한다[고 말하는 사람들이 있다.] 이러면서 선지식이라 한다면 크게 남을 속이는 일이다. [알겠는가?] 여러분에게 물어보자. [여러분이] 만약 밝고 신령스러움을 여러분의 진정한 실체라고 인정한다면 왜 졸거나 잠잘 때는 밝고 신령스럽게 되지 못하는가? 만약 졸거나 잠잘 때는 실체가 아니라면 [어째서 밝고 신령스러울 때는 여러분은 또 알게 되는가?] 이것을 가리켜 도적을 아들로 여긴다[고 말하]는 것으로서 생사의 뿌리이며 망상이 일어나는 기미이다.

[해설] 현사스님은 우리들이 도를 구하는 상황이 큰 물속에 잠겨 있으면서 손을 내밀어 물을 달라고 애걸하는 상황과 같다고 지적한다. 그러면서 이런저런 가짜 깨달음과 가짜 가르침의 현장을 예로 든다. 그에 의하면 경전의 말을 기억해서 아는 소리를 하다가 어려운 질문을 받으면 아무 대답도 못하는 경우, 높은 법상에 앉아 선지식을 자처하면서

질문을 받으면 몸과 손을 흔들거나 눈을 깜빡이거나 혀를 빼물거나 눈을 부릅떠 보이는 경우, 밝고 신령스러운(昭昭靈靈) 실체를 강조하는 경우 등이 그것이다. 그리고는 인용문과 같이 밝고 신령스러워 소소영영하다고 표현되는 이 경계가 거북의 털이나 토끼의 뿔과 같이 실체가 없는 것임을 지적한다. 소소영영하게 보고 듣는 것을 실체로 삼는다면 그것은 결국 대상 사물을 분별하는 일 외에 다른 것이 아니며, 이것은 말할 것도 없이 망상분별이다.

그럼에도 자신의 몸 안에 보고 듣는 주체로서의 실체를 상정한다면 그것은 망상을 깨달음으로 착각하는 일로서 도적을 자식으로 인정하는 것과 같다. 이것이 현사스님의 경고이다. 『능엄경』에서는 소소영영함을 자기의 주인공으로 삼는 일을 가리켜 '두 번째의 달(二月)'[228]이라 부른다. 그것은 자증분(見精)[229]일 뿐으로서 어쨌든 보는 주체를 설정하는 일이므로 궁극의 진여본성을 보지 못한다는 것이다.

그렇다면 어떻게 수행해야 하는가? 현사스님은 우리의 몸 안에 있는 궁극의 무엇을 추구하는 대신 우주법계에 가득 찬 금강의 몸체(金剛體)를 알아차리라는 대안을 제시한다. 그것은 햇빛에 비유되기도 한다. 이와 같이 우리의 몸과 마음을 포함한 모든 것이 금강의 몸체가 드러난 것임을 알아차리라는 것이다. 물론 그렇다고 소소영영한 알아차림이 필요 없다는 말은 아니다. 그것은 진정한 본지풍광이 아니기는 하지만 그렇다고 그것을 타기할 수는 없다. 이것이 바른 알아차림(正知)과 바른

---

[228] 『楞嚴經集註』(X11, p.254a), "孤山云, 眞月喻眞心, 第二月喻見精, 水中影喻緣塵分別. 第二月由捏目而成, 見精由迷眞而起, 旣分能所, 豈達一如, 不捏目則眞月宛然, 亡能所則眞心可了."
[229] 제8식의 자증분을 견정見精이라 부른다. 그것은 망상에 속하는 견분이나 상분은 아니지만 대상에 의지하여 일어나는(依他起) 것이다.

마음가짐(正念)을 수행하는 방편이 되기 때문이다. 이와 관련하여 성철스님은 오매일여를 투과해야 한다는 표현을 한다. 그것이 궁극의 도달처에 도달하기 위해 투과해야 할 필수 관문이라는 뜻이다. 결코 도달해야 할 목적지로 제시하지 않았다는 말이다.

성철스님은 오매일여에서 말하는 일여, 즉 한결같음이 소소영영함을 가리킨다는 점을 밝히기 위해 이 문장을 인용하였다. 이에 근거하여 평상시와 숙면시에 소소영영함이 여일하지 않으면 깨달음에 들어갈 수 없다는 주장을 전개한다. 같은 차원에서 "여하히 대오大悟하고 지견知見이 고명高明한 것 같아도, 실지경계實地境界에 있어서 숙면시熟眠時에 여전히 암흑하면 이는 망식妄識의 변동變動이요 실오實悟는 아니라는 것"230이다.

이러한 해석은 현사스님의 설법 취지와 차이가 있는데 그것은 ⑦의 문단 생략으로 인한 것이다. '왜 소소영영할 때가 있어 그대가 또 알게 되는가(爲什麼有昭昭時, 汝還會麼)'의 11자가 그것이다. 이것을 누락시키면 전체 문맥이 소소영영한 주체를 부정하는 쪽에서 긍정하는 쪽으로 바뀌게 된다. 현사스님은 소소영영함이 깨어 있을 때는 있다가 잠을 잘 때는 없는 것이라면 그것은 어두움에 상대되는 밝음을 세우는 일이므로 망상의 시작이라 보았다. 이에 비해 성철스님은 위 11자를 생략함으로써 잠을 잘 때 그것이 없다면 수행의 불철저함에 대한 증명이 된다고 해석한다.

이것이 문제가 될까? 원래 소소영영은 『능엄경』 등의 경전 해석231에 자주 쓰인 용어이다. 그리고 그것에 대한 집착, 혹은 실체로 오인하

---

230 퇴옹성철(2015), p.182.
231 『楞嚴經疏解蒙鈔』(X13, p.566a), "阿難此時, 尙未捨緣心, 認有昭昭靈靈一物, 現在目前, 喚作本性, 墮鬼窟中活計者哉."

는 일을 경계하는 문장이 자주 보인다. 그럼에도 그것이 수행상의 혼매함을 극복하고 한결같은 비춤의 상태에 도달한 것을 가리키는 말이라는 점은 분명하다. 예를 들어 원오스님은 소소영영함에 도달했지만 안온한 자리에 도달하지 못하여 애를 썼다. 그러다가 어느 날 문득 유정 중생과 무정 사물이 차별없이 드러나는 체험을 한다.[232] 이로써 소소영영함에 기반한 정밀한 수행이 있었기에 견성의 체험이 있었다는 논리가 성립한다.

원래 현사스님의 이 문장은 홍주종의 수증론을 정면으로 비판하는 입장[233]에서 나온 것이다. 소소영영을 궁극의 도달처로 보는 것이 집착이라는 것이다. 사실 집착하는 측면에서 보자면 깨달음에 대한 지향도 집착이다. 그렇다고 깨달음 자체가 부정되는 것은 아니다. 소소영영도 마찬가지다. 소소영영을 궁극의 도달처로 여겨 여기에 집착한다면 망상의 출발이 된다. 그렇지만 그것은 치열한 수행의 끝에 체험하는 경계로서 그 자체가 부정되는 것은 아닌 것 같다. 특히 서산스님의 "여기 한 물건, 처음부터 소소영영한 이것 운운"[234]하는 문장이 관용어처럼 쓰여온 한국 불교의 환경에서 소소영영은 긍정적 개념으로 쓰이는 경우가 많았다.

---

[232] 『南岳單傳記』(X86, p.39a), "所謂天地同根, 萬物一體, 不能釋然, 恍恍惚惚, 昭昭靈靈, 終未得安穩, 秋日過銅棺山頂, 頓覺情與無情."
[233] 임제스님은 목전目前에 소소영영昭昭靈靈하게 보고, 느끼고, 듣고, 아는 비추는 것에 주목하라 하였는 바(還是爾目前昭昭靈靈, 鑑覺聞知, 照燭底安一切名句), 현사 玄沙스님은 그러한 작용을 본성으로 이해하는 관점(作用卽性)에 대해 비판한 것이다. 대체로 홍주종에서는 소소영영을 긍정하고, 현사스님이나 감산스님 등은 이를 정면으로 부정한 것으로 얘기된다. 土屋太韋占, 「玄沙對昭昭靈靈的批判再考」, 『宗敎學硏究』(2006년 제2기).
[234] 西山休靜, 『禪家龜鑑』, "有一物於此, 從本以來昭昭靈靈, 不曾生不曾滅, 名不得狀不得."

어찌 되었든 성철스님이 숙면시에 어둡지 않음, 즉 소소영영함이 오매에 항일한 이 경계를 투과해야 정오正悟할 수 있다고 보았다. 다만 그 논거로 반대되는 입장의 글을 인용하였다는 것은 아이러니하다.

인용문에 생략된 ①의 '갱更' 자는 추가 논의를 이끄는 글자이다. '갱유更有'와 ②의 '편설便說'이 상호 짝이 되어 '또 ~과 같이 말하는 경우도 있다'는 뜻을 형성한다. 앞에서 선지식을 자처하는 사람들의 병폐를 이런 경우, 저런 경우로 나열해 왔으므로 그 문맥을 이어 말하겠다는 뜻이다. 성철스님은 이 추가적 논의를 이끄는 '갱更' 자를 생략함으로써 원래의 문맥으로부터 인용문을 독립시킨다. 소소영영이 궁극의 견성은 아니지만 본래 깨달음을 확인하는 실천 현장이라는 점을 드러내기 위해서이다.

③의 '알겠는가(知麽)'는 주의를 환기시키는 말이다. 이것을 생략하였는데 이로 인한 의미의 변화는 없다.

④의 '여汝'는 '그대, 그대들'이라는 뜻으로서 중복을 피해 생략한 것이고, ⑤의 '이다(是)' 역시 바로 앞의 '~로 여긴다(爲)'와 의미상 중복되므로 생략한 것이다.

⑥에서는 '십什' 자를 '심甚' 자로 바꾸어 표현하였다. '위심마爲甚麽'나 '위십마爲什麽' 모두 '왜, 어째서'의 뜻을 갖는 구어체 의문사로서 구분 없이 쓰는 관계에 있다.

⑦의 문장이 생략되었다. "어째서 밝고 신령스러울 때는 여러분은 또 알게 되는가?"라는 뜻이다. 원문에서는 소소영영에 집착하지 않아야 한다는 점을 강조한다. 그러므로 그것이 소소영영이 깨어 있을 때는 작용하다가 잠이 들면 사라지는 상황을 들어 그것이 진실불변의 진여가 아님을 말하고 있다. 이에 비해 성철스님은 '졸거나 잠잘 때'에도 소소영영함이 항일한 단계를 거쳐야 진여에 계합하는 일이 있을 수 있다는 것

을 강조하고자 한다. 그 강조하고자 하는 부분에 도움이 되지 않으므로 해당 문단을 생략한 것이다.

⑧의 지시사 '이(這=遮)'를 생략하였는데 이것은 편집상의 오류이다. 1981년 초판본에 바로 되어 있고, 1993년 가로쓰기 조판본에도 문제가 없었던 것이 확인된다. 2006년에 새로 입력하면서 일어난 오류이다. '이(這=遮)'을 복원하는 것이 옳아 보인다.

⑨에서는 '~이라 부른다(喚作)'를 생략하였다. 이것이 없어도 '도적을 자식으로 여긴다'는 뜻을 표현하는 데 문제가 없다.

⑩에서는 '연기緣氣'를 '연기緣起'로 바꾸었다. '연기緣氣'는 상대하는 대상(緣)을 세우는 사유의 시작(氣)이라는 뜻이고, '연기緣起'는 인연에 의한 일어남을 뜻한다. 의미상의 큰 변화는 없고 바꾼 이유 역시 분명하지 않다. 발음이 같아서 옮기는 과정에 익숙한 단어로 바뀌었을 수도 있다.

【8-2】 湛堂①準이 謂大慧杲曰②[問曰] 杲上座여 我這裏禪을 你③[爾]一時理會得하야 敎你④[爾]說也說得하며 敎你⑤[爾]⑥[做]拈古頌古와 小參普說도 你⑦[爾]也做得하나 秖是有一件事未在라 你⑧[爾]⑨還知麽. 對曰, 甚麽事. 湛堂曰, 爾秖欠這一解在囡, 若爾不得這一解, 我方丈與爾說時便有禪, 纔出方丈便無了.] 惺惺思量時엔 便有禪하되 纔睡著⑩時에 便無了하니 若如此하면 如何敵得生死리오 杲⑪[對]曰 正是 某의 疑處니이다

선문정로 담당준湛堂準이 대혜大慧에게 말하였다. "고상좌杲上座여, 나의 선법禪法을 그대가 일시에 이해하여, 설법을 하라면 설법을 잘하고 염고송고拈古頌古나 소참보설小參普說 할 것 없이 잘한다. 그러나

일건一件 사실이 있어서 실오實悟가 아니다. 그대가 성성惺惺히 사량思量할 때에는 문득 선禪이 있으나 겨우 잠들었을 때에는 문득 없어진다. 만약에 이러할진대 어찌 생사를 당적當敵하리오." 고杲가 대답하되, "참으로 이것이 저의 의심하는 바입니다."라고 하였다.

현대어역 담당스님이 말하였다. "고상좌여! 나의 이 선법을 그대가 일시에 이해하여 설법을 시켜 보아도 잘하고, 옛 조사의 깨달은 현장을 예로 들고(拈古) 노래로 표현(頌古)해 보라 해도 잘한다. 수시로 하는 설법(小參)이나 대중설법(普說)도 시켜 보면 잘한다. 다만 한 가지 안 되는 일이 있다. [그것이 무엇인지 알겠는가?]" 대답하여 말하였다. "어떤 일입니까?" 담당스님이 말하였다. "그대는 오직 이 하나를 시원하게 해결하지 못하고 있다. 그대가 이것을 해결하지 못하였기 때문에 내가 방장실에서 그대와 말을 할 때에는 선정이 있다가도 방장실을 나가자마자 바로 없어지고 만다.] 또렷하게 의식할 때에는 선정이 있다가도 잠만 들면 바로 없어진다. 만약 이와 같다면 어떻게 삶과 죽음을 대적할 수 있겠는가?" 대답하여 말하였다. "그것이 바로 저의 풀리지 않는 점입니다."

[해설] 대혜스님은 출가 이후 교학에 전념하다가 교학을 내려놓고 선을 공부하여 당대 제일가는 조동종의 선사들로부터 그 깨달음을 인정받았다. 그러나 대혜스님은 자신의 깨달음이 혼자 얻은 것(自證自悟)이라 분별의 차원을 벗어나지 못한 것일 수 있다고 생각하여 담당문준스님을 찾아간다. 담당스님은 수차에 걸쳐 대혜스님을 점검한다. 대혜스님은 그때마다 막히는 바가 없었다. 그러나 담당스님은 그것이 선사를 흉내내는 일에 불과하다는 이유로 인정하지 않는다.

그런 뒤에 인용문과 같은 결정적 법문을 내린다. 마음이 작동할 때는 선정이 유지되지만 잠이 들어 그것이 사라진다면 그 무심은 가짜 무심일 수밖에 없다. 가짜 무심으로는 삶과 죽음을 대적하는 데 아무런 효과가 없다는 것이 그 주된 내용이다. 담당스님 역시 성철스님이 강조하는 숙면일여를 점검의 기준으로 삼았던 것이다.

여기에서 ①, ②와 같이 '담당이 물어 말하였다(湛堂問曰)'를 '담당준이 대혜종고에게 말하였다(湛堂準, 謂大慧杲曰)'로 바꾸어 완전히 새로운 문장을 구성하였다. 본래 이 문장은 담당스님과 대혜스님이 묻고 답하는 문답의 방식을 취하고 있다. 성철스님은 그 구체적 상황을 지우고 담당스님의 가르침을 드러내기 위해 문답형 문장을 서술형으로 바꾼 것이다.

③, ④, ⑤, ⑦, ⑧에서 '이爾' 자를 '니你' 자로 바꾸었는데 구분 없이 통용되는 글자이다.

⑥의 '주做' 자가 생략되었다. 이것은 백화문에서 자주 쓰이는 '~하다'라는 동사이다. 그런데 그 목적어가 되는 염고拈古와 송고頌古가 스스로 동사(拈, 頌)를 가지므로 엄밀히 따지자면 의미상 중복이 일어난다. 성철스님은 이것을 생략하여 중복을 피하는 동시에 구어체 문장을 문언문으로 바꾸었다.

다음으로 ⑨와 같이 긴 문장이 생략되었다. 대혜스님의 선정이 한결같지 못하다는 내용이다. 방장실에서 스승과 대화를 할 때는 그것이 유지되지만 밖으로 나가면 그것이 사라지고 만다는 것이다. 이것의 생략에는 몇 가지 이유가 있을 수 있다. 먼저 뒤의 문장과 내용상 중복되기 때문에 생략되었다. 의식이 또렷할 때는 선정이 유지되다가 잠만 들면 그것이 사라진다는 것이 뒤의 문장인데 선정이 항일하지 못하다는 점에서 내용상 중복된다. 주제를 바로 드러내는 문장을 선호하는 성철스님의 입장에서 이를 생략한 것이다.

다음으로 동정일여와 몽중일여가 뒤섞여 있기 때문에 생략이 행해진 것으로 보인다. 방장실의 밖에서 선정이 항일하지 못하다면 그것은 동정일여의 미성취이다. 잠에서 항일하지 못하면 그것은 오매일여(몽중일여 내지 숙면일여)의 미성취이다. 동정일여→몽중일여→숙면일여의 순차적인 실경계 체험이 일어난다고 강조하는 성철스님의 입장에서 이러한 혼재는 곤란하다. 동정일여의 미성취 상태에서 오매일여의 미성취를 함께 말할 수는 없기 때문이다. 원래 성철스님은 대혜스님이 동정일여를 넘어 오매일여를 성취하지 못해 애쓰고 있는 중이었음을 드러내기 위해 이 문장을 인용했다. 그런데 문장만 가지고 보자면 대혜스님은 동정일여에도 도달하지 못하고 있다.

전체적 문맥으로 볼 때 담당스님은 대혜스님이 분별을 완전히 떨어내지 못한 상황에 있다는 점을 지적하고 있다. 동정일여를 넘어 오매일여의 문턱에서 그것을 성취하지 못하고 있다는 지적이 아닌 것이다. 담당스님의 말과 성철스님의 인용 사이에 발화 의도의 불일치가 일어나고 있다는 말이다.

일반적으로 '일여一如'는 둘이 아니라는 주된 뜻과 변함없이 유지된다는 부수적 의미를 갖는다. 성철스님이 구사하는 동정일여, 몽중일여, 오매일여에는 항상적 지속(恒一)이라는 의미가 강하다. 물론 성철스님이 말하는 일여에 불이不二의 의미가 없는 것은 아니다. 항상적 지속이 없다면 그것이 곧 분별의 차원에서 벗어나지 못하고 있다는 뜻이 되기 때문이다. 다만 그 의미의 무게 중심에 차이가 있다는 것은 분명하다.

나아가 이 문장의 생략에는 또 하나의 상황이 고려되었다. "다만 그대는 오직 이 하나를 시원하게 '해결하지' 못하고 있다. 문제는 그대가 이 하나를 '해결하지' 못해서(爾祇欠這一解在爾, 若爾不得這一解)"에서 '해결하지'로 번역한 '해解'가 앎, 혹은 이해로 해석될 수 있다는 데 있다. 해오를 배제하는 성철스님의 입장에서 반갑지 않은 단어이다. 해당 문단을 생략한 또 하나의 이유가 될 수 있다.

⑩의 '막 잠이 들면(纔睡著時)'의 '시時'는 '또렷하게 의식할 때(惺惺思量時)'의 구절과 균형을 맞추기 위해 추가한 것이다.

⑪에서 '대답하여 말하기를(對曰)' 대신에 '종고가 말하기를(杲曰)'로 표현한 것은 묻고 답하는 상황을 지우고 담당스님의 가르침을 드러내기 위한 것이다.

【8-3】 ①大慧問圓悟하되 自念하니 此身이 尙在②[存]하야도 只是睡著하면 已作主宰不得이어니 況地水火風이 分散하야 衆苦가 熾然하면 如何得不被回換이닛고 ③悟가 但以手로 指曰 住住어다 休妄想休妄想하라 ④[到這裏方始著忙, 先師]又曰待汝說底許多妄想이 絶時하 汝自到寤寐恒一處也리라 初聞코 亦未之信하야 每日我自顧하되 寤與寐가 分明作兩段이어늘 如何敢大開口⑤[開大口]하야 說禪고 ⑥[除非]佛說寤寐恒一이 是妄語則我此病을 不須除어니와 佛語果不欺人이면 乃是自我⑦[我自]未了로다 後⑧[因]聞 ⑨[先師擧諸佛出身處,] 薰風이 自南來하야 忽然去却礙膺之物하고 ⑩方知黃面老子所說, 是眞語實語如語不誑語不妄語不欺人, 眞大慈悲, 粉身沒命不可報, 礙膺之物旣除,] 方知夢時便是寤時底요 寤時便是夢時底니 佛言寤寐恒一을 方始自知라 這般道理는 拈出人不得하며 呈似人不得⑪[拈出呈似人不得]하되 ⑫[說與人不得,] 如夢中境界하여 取不得捨不得이니라

선문정로 대혜大慧가 원오圓悟에게 물었다. "제가 생각하니 차신此身이 아직 존재하여도 다못 수면할 때에는 캄캄하여 주재主宰가 되지

않습니다. 그러하니 지수화풍地水火風이 분산하는 사경사경死境에서 중고 衆苦가 치연熾然히 일어날 때에는 어찌 회환전도回換轉倒되지 않겠습니까?" 원오圓悟는 다만 수지手指로 가리키며, "그만하고, 그만하라. 그리고 망상을 쉬어라. 망상을 쉬어라."고 말할 뿐이었다. 그리고 또한 "그대가 지금 설법하는 허다許多한 망상이 단절될 때에 그대 스스로 오매항일처寤寐恒一處에 도달하리라."고 하였다. 초문初聞하고는 또한 신종信從하지 않아서 매양每樣 말하기를, "내가 스스로 회고하여 보건대, 오寤와 매寐가 분명히 양단兩段이어늘 어찌 감히 크게 개구開口하여 선禪을 설하리오. 다못 오매항일寤寐恒一이라 한 불어佛語가 망어妄語라면 나의 차병此病을 제거할 것 없지마는, 불어佛語가 과연 중생을 기만하지 않으면 이는 내가 아직 미달未達한 것이다." 후일에 훈풍薰風이 남南으로부터 취래吹來한다는 설법을 듣고, 홀연히 심중心中에 애응礙膺된 물건을 거각去却하고서 바야흐로 몽시夢時가 곧 오시寤時와 같고, 오시寤時가 곧 몽시夢時와 같음을 알게 되니 오매항일寤寐恒一이라 한 불언佛言을 알았다. 이 도리는 타인에게 염출拈出할 수도 없고 정사呈似할 수도 없어서 몽중경계夢中境界와 같이 취할 수도 없고 버릴 수도 없다.

현대어역 내가 원오스님에게 물었습니다. "스스로 생각해 보니 이 몸이 여전히 존재해도 잠이 들기만 하면 스스로 어찌지 못하는데 하물며 지수화풍이 흩어져 무수한 고통이 불길처럼 일어날 때는 어떻겠습니까? 어떻게 하면 뒤집히거나 되돌아가지 않을 수 있겠습니까?" 원오스님께서 단지 손으로 가리키며 말씀하셨다. "그만해라, 그만해라. 망상을 쉬고, 망상을 쉬어라."[이 지점에서 허둥지둥하였다. 스승님께서는] 다시 말씀하셨습니다. "그대가 말하는 이 허다한 망상이 끊어질 때 그대는 저절로 깨어 있을 때와 잠잘 때가 항상 한결같은 자리에 도달할 것이다." 처음에는 이 말을 듣고도 믿지 못했습니다. 매일 스스로 돌아보면 깨어 있을 때와 잠잘 때가 분명히 둘로 나뉘어 있었습니다. 그러니 어찌 감히 큰 입을 열어 선정을 말할 수 있었겠습니까? 부처님이 말씀하신 바 깨어 있을 때와 잠잘 때가 항상 한결같다(寤寐恒一)는 것이 거짓이라면 나의 이 병을 제거할 필요가 없겠지만 부처님의 말씀이 정말로 사람을 속인 것이 아니라면 바로 내가 스스로 깨닫지 못하였기 때문일 것이라 생각했습니다. 나중에 [스승님이 모든 부처가 나오는 자리에 대한 물음에] 훈풍은 남쪽에서 불어온다고 대답했다는 사례를 드는 것을 듣고 홀연히 가슴에 막혀 있던 것이 말끔히 사라졌습니다. [비로소 부처님의 말씀이 진짜 말이고, 실제 말이고, 변함없는 말이고, 속이는 말이 아니고, 거짓말이 아니라서 사람을 속이지 않는 것임을 알게 되었습니다. 진실로 큰 자비에 분골쇄신하여 목숨을 바쳐도 갚을 길이 없음을 알았습니다. 가슴에 막혀 있던 것이 사라지고 나자] 비로소 꿈을 꿀 때가 바로 깨어 있을 때의 그것이고, 깨어 있을 때가 바로 꿈을 꿀 때의 그것임을 알았습니다. 부처님이 말씀하신 바, 깨어 있을 때와 잠잘 때가 항상 한결같음을 비로소 직접 알게 된 것입니다. 이러한 도리는 집어 들어 사람들에게 보여줄 수 없으며 [말로 설명해 줄 수 없는 것으로서] 꿈 속의 경계와 같이 소유할 수도 없고 버릴 수도 없는 것입니다.

[해설]   오늘날의 차관쯤에 해당하는 시랑 향백공(向伯恭)이라는 사람이 있었다. 대혜스님과 깊이 교류하면서 수시로 참선의 길에 대해 질문하는 독실한 수행자였다. 그가 잠에 들어 꿈을 꿀 때 평상시와 같은 선정이 유지되지 못하는 일에 대해 질문한다. 상당한 수행자였던 것이다. 이

에 대혜스님은 자신이 36살 때, 이 문제에 봉착하여 애를 쓰다가 스승 원오스님에게 가르침을 받았던 일을 소개한다.

성철스님은 대혜스님이 체험한 바 깨어 있을 때와 잠잘 때가 항상 한결같음(寤寐恒一)을 오매일여 주장의 근거로 세우기 위해 이를 인용하였다. 성철스님은 여기에서 오매항일을 꿈을 꿀 때와 꿈조차 없을 때의 두 차원으로 구분한다.

> 오매항일寤寐恒一은 수몽중睡夢中과 숙면시熟眠時의 양종兩種이 있는데, 몽중위夢中位는 제6의식의 영역이니 교가敎家의 7지七地에 해당하고, 숙면위熟眠位는 제8리야第八梨耶의 미세에 주착住著한 8지 이상의 자재보살들과 리야미세梨耶微細를 영리永離한 불지佛地의 진여항일眞如恒一이니, 지금 대혜大慧가 말한 바는 몽중일여夢中一如이다.[235]

원래 오매항일은 『능엄경』의 용어로서 삼매를 닦아 생각의 덮개(想陰)가 소멸한 상태를 가리킨다. 생각의 덮개가 소멸하였으므로 본래의 깨달음이 태양처럼 드러나 사라지지 않아서 깨어 있을 때와 잠잘 때가 항상 한결같음을 유지하게 되는 것이다.

대혜스님은 경전에서 말하는 이러한 한결같음이 자신에게 일어나지 않음을 문제로 여긴다.[236] 그리고는 스승에게 그 고민을 토로한다. 그때마다 원오스님은 억지로 추구하지 말고 오로지 망상을 쉴 것만을 당부

---

[235] 퇴옹성철(2015), p.189.
[236] 『大慧普覺禪師普說』(M59, p.891b), "後因讀楞嚴經, 見佛說寤寐恒一如. 從此疑著, 我每日惺惺時, 佛所讚者, 依而行之, 佛所呵者, 不敢違犯. 却到夜間, 一睡著時, 夢見善境界, 便生歡喜, 見惡境界, 便憧惶怕怖, 先佛所謂, 寤寐一如, 自家分明作兩般, 將非所得, 未盡善乎."

한다. 경계의 심천고하에 상관없이 선수행은 억지로 추구하기를 멈추는 데 있기 때문이다.

이 오매항일은 선종 어록에 자주 보이는 말은 아니다. 다만 성철스님이 인용한 것처럼 고려 말 나옹스님의 '공부10절목工夫十節目'에 보인다. 선문의 수행 매뉴얼을 자처한 '공부10절목'의 성격을 감안해 볼 때, 이것이 공부 점검용 기준의 한 항목이었다는 것은 분명하다.

인용문에는 번호로 표시한 바와 같이 재구성, 추가, 생략 등 다양한 손질이 가해졌다.

먼저 ①과 같이 '대혜가 원오에게 물었다(大慧問圓悟)'는 새로 구성된 문장이 더해졌다. 원래 이 글은 조정의 높은 관리인 향 시랑에게 보내는 것이므로 자신을 가리킬 때 모某 자를 사용하였다. 대혜大慧는 황제가 내린 사호賜號였으므로 스스로 쓸 수는 없다. 그래서 원문의 해당 구절은 '종고가 다시 말하기를(宗杲復曰)'로 되어 있고, 동일한 내용을 기록한 『지월록』에는 '제가 다시 말하기를(某復曰)'로 되어 있다. 해당 문장이 대혜스님의 회고이므로 직접 자신의 이름인 '종고宗杲'를 제시하거나 '모某'라는 1인칭 대명사를 사용한 것이다. 성철스님은 이 문장을 새로 구성하는 입장이었으므로 호를 사용하였다.

②에서 '존存' 자를 '재在' 자로 바꾸었다. 의미의 차이가 없는 단순 대체에 해당한다.

③은 앞의 문장을 가져다 삽입한 문장이다. 원오스님이 '수지手指로 가리키며, "그만하고, 그만하라. 그리고 망상을 쉬어라. 망상을 쉬어라."고 말할 뿐'이었다는 내용이다. 원래 대혜스님과 원오스님의 관련 대화는 두 부분으로 되어 있고, 인용문은 두 번째 대화에 해당한다. 그래서 원문에는 '종고가 다시 말하기를(宗杲復曰)'과 같이 다시 '부復' 자가 붙어 있는 것이다. 그 대화 중 ③의 문장은 앞부분 문답의 핵심이다. 성철스

님이 문장을 인용하면서 앞부분의 핵심 내용을 뒷부분으로 가져온 것이다. 이것은 바로 뒤의 '또 말하기를(又曰)'과 관련이 있다. 원오스님이 '또' 말했다면 앞에서는 무슨 말을 했을까? 전체 문장을 모르는 독자들로서는 이렇게 생각할 수 있다. 그래서 원오스님이 앞에서 말한 것을 뒤로 가져와 보여주고자 한 것이다.

④의 '이 지점에서 허둥지둥하였다(到這裏方始著忙)'는 구절은 대혜스님이 스스로를 진단하는 말이다. 그것은 앞부분의 질문, 즉 죽음에 임해 전도망상이 되살아나는 일에 관한 질문(況地水火風分散, 衆苦熾然, 如何得不被回換)과 내용상 중복되므로 생략한 것이다.

⑤에서는 '큰 입을 열다(開大口)'는 원문을 '크게 입을 열다(大開口)'로 바꾸어 표현하고, '크게 개구開口하여'로 번역문을 구성하였다. 원문의 '큰 입을 열다'는 말에는 자기 비하의 의미가 담겨 있다. 대혜스님이 스스로를 가리키는 상황이므로 가능한 표현이다. 성철스님은 이 대혜스님의 자기 회고를 객관적 표현으로 바꾸어 인용했으므로 대혜스님에 대한 비하의 뜻이 담긴 '큰 입'이라는 말을 쓰기 곤란하다. 글자의 순서를 바꾼 이유이다.

⑥의 '제비除非'는 '불不'과 짝하여 '~인 경우라면 ~하지 않는다'는 뜻을 형성한다. 이 문장에서는 '부처님이 말씀하신 바 깨어 있을 때와 잠잘 때가 항상 한결같다는 것이 거짓이라면 나의 이 병을 제거할 필요가 없겠지만'의 의미를 형성한다. 그런데 이 관용어에서 '제비除非'를 빼도 뜻이 달라지지 않는다. 그래서 성철스님은 이 구어체 특유의 관용어를 생략한 것으로 보인다. 이것을 빼면 저절로 문어체가 되므로 읽는 사람의 편의를 도모할 수 있다는 점을 고려한 것이다.

⑦에서는 글자의 순서를 바꾸었다. 이로 인해 '내 스스로가(我自)'가 '내가(自我)'로 의미의 축약이 일어났지만 전체적으로 의미의 변화는 없다.

⑧의 '인因'을 생략하였다. '인문因聞'은 구어체로서 '~을 듣고서'의 뜻을 갖는다. 그 듣는 것이 원인이 되어 뒤의 어떤 결과가 나타나게 된다는 문맥을 구성한다. 그러나 결과적으로 '들을 문聞' 자 한 글자만 쓰는 경우와 같은 뜻이 된다. 구어체 문장에 익숙하지 않은 독서 환경을 고려하여 생략한 것이다.

⑨의 '스승님이 모든 부처가 나오는 자리에 대한 물음에(先師擧諸佛出身處)'의 구절을 생략하였다. 이것은 '훈풍은 남쪽에서 불어온다(熏風自南來)' 운운의 구절과 문답의 관계에 있다. 이미 선문에 널리 알려진 공안이므로 둘 중 하나만 들어도 그 맥락이 전달될 수 있다고 보아 생략한 것이다.

⑩의 긴 문단이 생략되었다. 문장의 인용 목적인 오매항일을 밝히는 데 있어서 인용문이 길어지면 핵심을 흐릴 수 있다고 보았던 것 같다. 이 문장이 없어도 오매항일의 경계를 밝히는 데 지장이 없다. 그 생략된 구절은 현대어역에 밝힌 것처럼 오매항일에 대한 부처님의 말씀에 거짓이 없었다는 점을 확인할 수 있었다는 내용이다.

⑪에서는 '이것을 집어서 드러내어 내어줄 수 없다(拈出呈似人不得)'는 구절을 '집어줄 수 없다(拈出人不得)', '이것을 내어줄 수 없다(呈似人不得)'의 두 문장으로 나누어 표현하였다. 의미상의 큰 차이는 없다. '염출정사인부득拈出呈似人不得'이 뒤의 '설여인부득說與人不得'의 구절과 글자 수가 달라 매끄러운 독해가 일어나지 않는다고 보아 5자로 맞추기 위한 조치일 수도 있다.

⑫와 같이 '사람들에게 말로 설명해 줄 수 없다(說與人不得)'가 생략되어 있다. 앞의 문장에서 그 깊은 깨달음의 체험은 모양을 갖지 않는 것이므로 집어서 드러낼 수 없고 내어줄 수 없다고 했다. 설명해 줄 수 없다는 말 역시 이와 동일한 표현의 반복이므로 생략한 것이다. 이 법문

은 『종범』237에도 수록되어 있는데, 흥미롭게도 성철스님의 인용문과 같이 이 부분이 생략되어 있다.

【8-4】 妙喜는 一生을 不自肯하고 晩登川勤之室하야 直階華嚴七地하니라

선문정로 묘희妙喜(대혜大慧)는 일생 동안 자긍自肯하지 않고, 만년晩年에 천근川勤(원오圓悟)의 조실祖室에 입참하여 곧 화엄7지華嚴七地에 승진昇進하였다.

현대어역 묘희종고스님은 일평생 스스로 자긍하지 않았는데 나중에 원오스님의 회상에 참여하여 곧바로 화엄 7지의 단계에 올랐다.

[해설] 화엄 7지는 원행지遠行地로 불리며 분별망상을 내려놓아 생각생각 선정에 들어가는 단계이다. 모양을 지어 애써 공부하는 단계와 유위적 공부를 내려놓는 단계(無功用行)의 경계 지점에 해당한다. 이 지점에서 출발하여 세간의 살림을 멀리 벗어나므로 원행遠行이라 부른다.
　성철스님은 대혜스님이 도달한 화엄 7지를 몽중일여로 규정한다. 몽중일여는 성철스님의 조어로서 대혜스님이 말한 오매항일과 동일한 뜻238

---

237 『지월록指月錄』의 문장은 『대혜어록大慧語錄』과 같이 해당 문장(說與人不得)을 동일하게 수록하고 있으므로 이것이 원래의 문장이고 『종범宗範』은 축약형이라 할 수 있다. 실제로 앞부분의 휴망상휴망상휴망상休妄想休妄想休妄想의 반복 문장을 휴망상休妄想으로 수록한 것을 보면 『종범』이 축약형 문장 구성을 원칙으로 하고 있음을 알 수 있다.
238 성철스님은 오매항일을 수몽중睡夢中과 숙면시熟眠時의 두 단계로 세분하고, 몽중위를 제7지, 숙면위를 제8지 이상 자재보살의 단계로 이해한다. 그러면서 대

을 갖는다.

【8-5】 想陰이 盡者는 是人이 平常에 夢想이 消①[銷]滅하야 寤寐恒一하야 覺明이 虛靜하야 猶如虛②[晴]空하야 無復麤重前塵影事니라

선문정로 상음想陰이 멸진滅盡한 자는 시인是人이 평상시에 몽상夢想이 소멸하여 오매寤寐에 항일恒一하여, 각명覺明이 공허하고 적정하여 허공과 같아서 다시는 추중麤重한 전진망상前塵妄想의 영사影事는 없다.

현대어역 생각의 덮개(想陰)가 모두 소멸한 사람이라면, 그 사람은 평상시에 꿈과 생각이 소멸하여 깨어 있거나 잠들거나 항상 한결같다. 본래의 밝은 깨달음이 텅 비고 고요하여 [맑은] 허공과 같아서, 거칠고 무거운 번뇌와 대상경계에 영향을 전혀 받지 않는다.

[해설] 앞에서 대혜스님의 오매항일이 화엄 7지에 해당한다는 구절을 인용하였다. 여기에서는 그 특징인 오매항일이 생각의 퇴적물로 이루어진 덮개인 상음想陰이 완전히 소멸할 때 일어난다는 『능엄경』의 구절을 인용하고 있다.

생각의 퇴적으로 이루어진 덮개인 상음想陰의 소멸이 일어나면 본래 깨달음을 덮고 있던 때가 사라진다. 이 본래 깨달음의 자리에서는 태어남과 죽음이 평등하다. 이것을 생각의 퇴적 덮개, 상음이 사라졌다고 한

혜가 말한 바는 몽중일여夢中一如에 해당한다고 규정하였다. 퇴옹성철(2015), p.189 참조.

다. 이처럼 생각이 녹아 버리면 존재를 휘젓고 뒤흔드는 번뇌가 사라진다. 번뇌의 근본인 생각이 사라졌기 때문이다. 이 차원에서 깨어 있을 때의 생각과 잠잘 때의 꿈이 소멸하여 오매항일의 경계를 체험한다. 물론 생각의 덮개가 사라진 뒤에도 특별한 경계 체험을 지향하는 장애[239]가 나타날 수 있다. 그러므로 애착하고 자부하는 마음을 내려놓는 일은 경계의 심천고하에 상관없이 수행자의 유일한 살림이 되어야 한다.

성철스님은 오매항일이 상음의 소멸로 구현된다는 점을 보여주기 위해 이 구절을 가져왔다. 이것이 대단한 것처럼 보이지만 아직 행음行陰과 식음識陰의 소멸이 남아 있다. 그러므로 상음의 소멸이 구경이 아니라는 점을 보여주고자 한다. 오매항일을 몽중위의 화엄 7지와 숙면위의 8지 이상으로 구분한 것도 그 때문이다.

『능엄경』의 5음 멸진에 대한 법문을 보면 성철스님이 모든 수승한 경계에 대한 의미화를 왜 원수처럼 미워했는지 알 수 있게 된다. 모든 수승한 경계에 대한 자긍심이 바로 마군의 일[240]에 속하기 때문이다. 다

---

[239] 상음이 멸진한 즈음에 그것을 방해하는 열 가지 경계(求善巧, 欲經歷, 願契合, 樂辨析, 希冥感, 冀靜謐, 祈宿命, 求神力, 愛深空, 好永歲)가 나타나는데, 이것은 모두 융통망상融通妄想의 범주에 속한다.
[240] 5온의 순차적 소멸의 단계마다 열 가지씩의 경계가 나타난다. 색음의 소멸 단계에서 열 가지(身能出礙, 體拾蟯蛔, 密義聞空, 華臺踞佛, 空呈寶色, 物見暗中, 傷體無知, 遍觀諸界, 他方夜覩, 師體變移) 경계가 일어난다. 이 경계를 자부하거나 집착하면 열 가지의 경계가 마군이 되며 이것은 모두 견고망상堅固妄想에 속한다. 수음의 소멸 단계에 나타나는 경계에 열 가지[見物生悲(悲魔), 勇志齊聖(狂魔), 渴心沈憶(憶魔), 疑自果成(足魔), 逼意憂愁(常憂愁魔), 生心喜樂(好喜樂魔), 無端我慢(大我慢魔), 頓獲輕安(好輕淸魔), 誤入空心(空魔), 狂成貪欲(欲魔)]가 있다. 이것은 모두 허명망상虛明妄想의 범주에 속한다. 상음이 멸진한 즈음에도 그것을 방해하는 열 가지 경계(求善巧, 欲經歷, 願契合, 樂辨析, 希冥感, 冀靜謐, 祈宿命, 求神力, 愛深空, 好永歲)가 나타난다. 이것은 모두 융통망상融通妄想의 범주에 속한다. 행음이 멸진할 즈음에 열 가지 경계(無因論, 四常論, 一分常論, 有邊論, 不死矯亂論, 有相論, 無相論, 俱非論, 斷滅論, 涅槃論)가 나타난다. 이것은 그 번뇌성이 미세하여 눈치채기 어려우

만 성철스님은 『능엄경』의 5음 멸진을 자세히 구분하여 설하지는 않는다. 수행자가 그것을 보고 수행의 의지를 꺾는 일이 일어날 수 있기 때문이다. 그래서 현애상이나 퇴굴심을 낼 것 같은 현장에서는 조사선의 입장에서 바로 깨닫는 이치를 강조한다. 또 그 반대로 관문상慣聞想이나 쉽다는 생각을 내거나 수승한 체험을 깨달음으로 자부하는 현장에서는 끝없는 수행의 강조로 그 문제를 교정하고자 한다.

①과 '소銷' 자를 '소消' 자로 바꾸었다. 서로 통용하는 글자이며 『능엄경』의 주석서에도 뒤섞어 쓰고 있다.

②와 같이 '맑은 허공晴空'을 '허공虛空'으로 바꾸어 표현하였다. 허공이 아무것도 없다는 뜻을 가지므로 자주 쓰는 용어로 바꾸어 뜻을 명확히 하고자 한 것이다.

【8-6】菩薩①[摩訶薩]이 住此第七地②[已]하야 ③[入無量衆生界, 入無量諸佛教化衆生業, 入無量世界網, 入無量諸佛清淨國土, 入無量種種差別法, 入無量諸佛現覺智, 入無量劫數, 入無量諸佛覺了三世智, 入無量衆生差別信解, 入無量諸佛示現種種名色身, 入無量衆生欲樂諸根差別, 入無量諸佛語言音聲令衆生歡喜, 入無量衆生種種心行, 入無量諸佛了知廣大智, 入無量聲聞乘信解, 入無量諸佛說智道令信解, 入無量辟支佛所成就, 入無量諸佛說甚深智慧門令趣入, 入無量諸菩薩方便行, 入無量諸佛所說大乘集成事令菩薩得入. 此菩薩作是念, 如是無量如來境

므로 유은망상幽隱妄想의 범주에 속한다. 식음이 멸진할 즈음에 열 가지 경계(因所因執, 能非能執, 常非常執, 知無知執, 生無生執, 歸無歸執, 貪非貪執, 眞非眞執, 定性聲聞, 定性緣覺) 등이 나타난다. 이것은 모두 미세망상微細妄想의 범주에 속한다. 『首楞嚴義疏注經』(T39, p.948c) 참조.

界, 乃至於百千億那由他劫不能得知, 我悉應以無功用無分別心
成就圓滿. 佛子, 此菩薩以深智慧如是觀察, 常勤]修習方便慧와
④[起]殊勝道하야 安住不動하야 無有一念도 休息廢捨하나니 行住
坐臥와 乃至睡夢⑤中에도 未曾⑥[暫]與蓋障으로 相應하느니라

선문정로 보살이 차제7지此第七地에 주住하면 방편혜方便慧와 수승도
殊勝道를 수습修習하여 안주부동安住不動하여 일념도 휴식하여 폐사
廢捨하지 않나니, 행주좌行住坐臥와 내지 수몽중睡夢中에서도 잠시
라도 개장蓋障과 상응하지 않느니라.

현대어역 보살[위대한 보살]이 이러한 제7지에 머물게 되면 [무량한 중
생세계에 들어가고, 무량한 모든 부처님들의 중생 교화사업에 들어
간다. 무량한 세계의 관계망에 들어가고, 무량한 모든 부처님들의 청
정국토에 들어간다. 무량한 여러 가지의 다양한 현상에 들어가며, 무
량한 모든 부처님들의 현재를 깨닫는 지혜에 들어간다. 무량한 겁
에 들어가며, 무량한 모든 부처님들의 3세를 깨달은 지혜에 들어간
다. 무량한 중생의 여러 가지 다양한 믿음과 이해에 들어가며, 무량
한 모든 부처님들의 여러 가지 이름으로 드러난 색신에 들어간다. 무
량한 중생들의 욕망과 좋아함과 근기의 다양함에 들어가며, 무량한
모든 부처님들의 언어와 음성이 중생들을 기쁘게 하는 데 들어간다.
무량한 중생들의 여러 가지 마음의 움직임에 들어가며, 무량한 부처
님들의 깨달아 아는 광대한 지혜에 들어간다. 무량한 성문승들의 믿
음과 이해에 들어가며, 무량한 부처님들의 지혜의 길을 설하여 믿고
이해하도록 하는 데 들어간다. 무량한 벽지불의 성취에 들어가며, 무
량한 부처님들의 극히 깊은 지혜의 문을 설하여 끌어들이도록 하는

데 들어간다. 무량한 보살들의 방편 실천에 들어가며, 보살들로 하여금 무량한 부처님들의 설한 바 대승의 모든 일들에 들어가게 한 것에 들어간다. 이 보살은 이렇게 생각한다. 이와 같이 무량한 여래의 경지와 차원은 백천 억 나유타 겁에 이르러도 알 수가 없다. 나는 이 모두를 무공용과 무분별의 마음으로 완전하게 성취해야겠다. 불자여! 이 보살은 깊은 지혜로 이와 같이 관찰하여 항상 부지런히] 방편의 지혜를 거듭 닦고, 수승한 실천의 길을 [일으켜] 안정되게 머물며 움직이지 않아 한 생각도 쉬거나, 폐지하거나, 버리는 일이 없다. 움직이거나, 가만히 있거나, 앉거나, 눕거나, 심지어 잠자고 꿈을 꿀 때라도 잠시라도 덮개의 장애와 상응하지 않는다.

[해설] 『화엄경』에서 가져온 문장이다. 보살은 분별로 오염된 차원에서 무분별의 청정한 차원으로 건너가고자 한다. 문제는 그 건너가고자 하는 의지 자체가 분별적 차원에서 일어나는 일이라는 데 있다. 아무리 좋은 것이라 해도 생각이 일어나는 순간, 그 자체가 청정함의 구현에 장애가 되는 것이다.

7지보살은 생각생각 멸진정에 출입한다. 분별이 사라진 멸진정에 출입한다는 점에서 7지는 진정한 보살로 탄생하는 경계가 된다. 여기에서 수행자는 유위적 수행인 방편지와 수승한 실천을 통해 무공용인 제8지로 넘어가는 길을 걷는다. 다만 7지에서는 여래의 지혜를 추구하는 유위적 마음이 작동한다. 그래서 무공용, 불퇴전의 8지보살과 구별된다.

경문에 따르면 7지보살의 특징은 행주좌와는 물론 잠을 잘 때조차도 밝은 비춤이 이어져 번뇌망상이 전혀 일어나지 않는 데 있다. 성철스님은 몽중에 일여함이 7지보살의 특징임을 밝히기 위해서 이 문장을 인용하였다.

그런데 ③에 보이는 것처럼 첫 구절 '보살이 이러한 제7지에 머물게 되면(菩薩住此第七地)[241]' 이하의 긴 문단이 생략되었다. 생략된 내용은 현대어역에 제시한 바와 같이 '20가지 무량함에 들어가는 일'에 관한 것이다. 이것은 뒤에서 말하는 방편의 지혜에 해당한다. 공의 지혜를 깨달은 보살은 그것에 머물지 않고 다양한 방편으로 중생제도의 실천에 들어간다. 이처럼 20가지 무량함에 들어가는 일은 모두 방편지혜에 속한다. 성철스님은 방편지혜라는 말만 남기고 이 20가지 무량함을 모두 생략한다. 요약의 차원이다. 또 인용 의도가 몽중에 장애가 없는 상태를 묘사하는 데 있었으므로 그 외의 경계를 생략하여 주제를 분명히 드러내고자 한 것이기도 하다.

①의 '마하살摩訶薩'은 단순 생략에 해당하고, ②의 '이러한 제7지에 머물게 되면(住此第七地已)에서 완료형 조사 '이已' 자를 생략했는데, 역시 단순 생략이다. 뜻에는 변화가 없다.

④의 '일으킴(起)'을 생략하였다. 이로 인해 방편의 지혜와 수승한 실천의 길이 모두 '거듭 닦음(修習)'의 목적어가 된다. 원래의 문장에 충실하자면 방편의 지혜는 닦음의 대상이고, 수승한 실천의 길은 일으킴의 대상이다. 방편의 지혜는 앞에서 말한 바와 같이, 보살이 공에 머물지 않고 향상의 길을 가도록 하는 원동력이다. 이것이 10바라밀과 같은 수승한 실천을 일으키는 것이다. 그래서 '방편지혜를 닦아(修習) 수승한 실천의 길을 일으킨다(起)'고 표현한 것이다. 방편지혜는 유위적 노력의 차원이므로 '닦는다'고 표현했고, 수승한 실천의 길은 무위적 맡김의 차원이므로 '일으킨다'고 표현했다. 그러나 실천적 입장에서 보자면 이 방편지혜나 수승한 실천이나 모두 닦음의 범주에 속한다. 그런 점에서 의

---

[241] 또 원문의 구절은 '菩薩摩訶薩住此第七地已'이므로 이에 대한 축약도 발견된다.

미상의 큰 차이는 일어나지 않는다.

⑤의 '수몽중睡夢中'의 '중中'은 의미를 분명히 드러내기 위해 추가한 것으로 보이고, ⑥의 '잠暫'은 편집 과정에 탈락된 것으로 보인다. 성철스님의 번역문에는 "잠시라도 개장蓋障과 상응하지 않느니라."[242]와 같이 '잠暫'이 번역되어 있다. 복원되어야 한다.

【8-7】 ①菩薩이 第七地에 ②行住坐臥③[時]와 乃至睡④[眠]夢에도 遠離障蓋⑤[蓋障]니라

선문정로 보살이 제7지에서 행주좌와 내지 수몽중睡夢中에서도 모든 장개障蓋를 원리遠離한다.

현대어역 보살이 제7지에서는 [움직이고] 멈추고, 앉고, 누울 때, 나아가 잠이 들어 꿈을 꿀 때도 덮개의 장애를 멀리 벗어난다.

[해설] 『십지경』에서 가져온 문장으로서 【8-6】의 인용문과 완전히 같은 구절이다. 다만 번역자가 달라 약간의 문자적 차이가 보인다. 성철스님이 원문에 개입한 부분이나 그 이유 역시 앞의 문장과 동일하다.

①의 '보살이 제7지에서는(菩薩第七地)'은 20가지 무량함에 들어가는 일을 말하는 긴 문장을 이끄는 주제어이다. 그런데 【8-6】에서 살펴본 바와 같이 이 주제어만 남기고 나머지는 생략한 것이다.

②의 '행行' 자는 원문에 없는 것을 추가한 것이다. 잘못된 원문을 동일한 내용을 말하는 【8-6】의 문장에 근거하여 바로잡은 것이다.

---

242 퇴옹성철(2015), p.194.

③의 '시時' 자를 생략하였다. 문법적으로 보자면 원문의 '시時'는 위치가 자연스럽지 않다. '움직이고, 멈추고, 앉고, 눕는(行住坐臥)'일과 '나아가 잠이 들어 꿈을 꾸는(乃至睡夢)'일은 모두 같은 차원의 '~하는 때'이다. 그러므로 두 구절 뒤에 모두 '시時'를 붙이거나 뒷 구절에 붙여야 한다. 성철스님은 문장 교정의 차원에서 이것을 생략하였다.

④에서는 '면몽眠夢'을 '수몽睡夢'으로 바꾸었다. 뜻에는 차이가 없으며 바로 앞에 인용된 『화엄경』에 의거하여 대체한 것이다.

⑤에서도 '개장蓋障'을 '장개障蓋'로 바꾸었다. 뜻은 크게 다르지 않다.

결과적으로 앞의 【8-6】과 이 인용문은 한 구절만 표현이 다르게 된다. 앞의 문장에서는 '생각의 퇴적 덮개의 장애와 상응하지 않는다'고 했고, 여기에서는 '생각의 퇴적 덮개의 장애를 멀리 벗어난다'고 표현했다. 성철스님은 '상응하지 않음'과 '멀리 벗어남'이라는 표현이 같은 뜻임을 보여주기 위해 동일한 내용의 다른 번역문을 함께 제시한 것으로 보인다.

【8-8-①】　①無想天과 無想定과 滅盡定과 睡眠과 悶絶의 此五位中에 異生은 有四하니 除在滅定이요 聖唯後三이라 於中에 如來 ②及自在菩薩은 唯得③[存]一이니 無睡悶故니라

선문정로　무상천無想天과 무상정無想定과 멸진정滅盡定과 수면睡眠과 민절悶絶의 차5위此五位 중에, 이생異生인 범부는 4위四位를 다 구유하니 멸진정을 제외함이요, 성위聖位에서는 후後의 3위三位만 있다. 그중에 여래와 자재보살들은 오직 멸진정 1위一位만 있으니 수면과 민절이 없는 연고이다.

현대어역 무상천, 무상정, 멸진정, 수면, 혼절의 이 다섯 지위 중에 중생인 범부에게는 앞의 네 가지가 모두 있고 멸진정만 없다. 성인의 지위에서는 멸진정과 수면과 혼절만 있다. 그중 여래와 자재보살에게는 멸진정만 있다. 수면과 혼절이 없기 때문이다.

[해설] 『성유식론』에서 가져온 문장이다. 자재보살과 여래에게는 오직 멸진정의 무심만 있으며, 그중에서도 여래의 멸진정만이 진정한 무심임을 밝히기 위해 인용하였다. 원래의 문장은 다섯 가지 무심의 지위에 대한 자세한 설명을 내용으로 하고 있다. 성철스님은 ①과 같이 그 표제 단어만을 따서 예시한 뒤, 그중 여래의 멸진정을 핵심으로 드러내고자 했다. 문장을 요약하여 재구성한 예라 하겠다.

여기에서 성철스님은 멸진정에도 진무심과 가무심의 다른 차원이 있다는 것을 강조한다. "자재보살은 제8의 무기무심無記無心에서 일여하고, 여래는 진여의 구경무심에서 일여한 바 진정한 일여는 불지佛地의 구경무심뿐"[243]이라는 것이다.

멸진정은 보살에게 일어나는 선정이다. 특히 성문, 연각에서 대승으로 마음을 돌린 회심廻心 보살들의 경우, 초지에서 10지에 이르기까지 멸진정을 일으킬 수 있다고 얘기된다. 그래서 멸진정을 보살선정이라 부르기도 한다. 다만 처음부터 대승으로 출발한 보살의 경우에는 그것이 제7지 만심滿心에서 일어난 후, 10지에 이르기까지 공통적으로 나타난다.[244] 결국 멸진정은 7지가 완전히 성숙한 뒤 도달하는 8지보살 이후

---

243 퇴옹성철(2015), pp.197-198.
244 『成唯識論訂正』(D23, p.656a), "入菩薩乘, 名爲廻心大阿羅漢. 則無論位之高下, 或賢或聖, 皆能起此定也. 若非二乘廻心, 一向發大乘心者, 必先斷三界見惑, 登初地已, 乃至七地滿心, 方能永伏三界一切俱生煩惱. 雖未永斷欲界修惑, 而如不

의 선정이다. 이 인용문에 대한 해설에도 "여래와 8지 이상의 보살에게는 오로지 멸진정만 남는다. 극히 무거운 수면과 혼절이 결코 없기 때문"[245]이라고 되어 있다.

그런데 성철스님은 여기에서 7지 자재보살의 멸진정을 제6의식만 소멸된 가무심으로 규정한다. 8지 부동지보살의 한결같은 진여의 마음(一眞如心)과 차별이 있다는 것이다. 그렇지만 8지의 멸진정은 다시 9지에 비해 부족한 점들을 가지고 있다. 그 묘용의 차원에서도 한결같은 무심을 유지하는 9지 선혜지善慧地에 비해 마음의 흔적이 남아 있기 때문이다. 10지, 등각, 묘각에 비하자면 그 마음의 흔적은 더 뚜렷하다. 그래서 가무심이라 규정한 것이다.

②에 '급及' 자를 추가하여 여래와 자재보살을 동일한 자격으로 나열하면서도 그것이 서로 구별되는 관계에 있음을 분명히 하고자 하였다.

③의 '존存' 자가 생략되었다. 멸진정 하나만 남게 된다는 뜻을 전달하는 데 필요한 글자이기는 하지만, '득得' 자가 그것을 대신할 수 있다. 생략의 이유로 보인다.

【8-8-②】 無心①[此]五位中에 異生이 有四②等者는 除滅③盡定이요 聖唯④[有]後三이며 佛及八地已去菩薩은 唯得⑤有一滅定하야 無睡眠悶絕이니 二以惡法故로 現似有睡나 實無有故요 卽二乘無學도 亦有悶絕也니라

還已斷, 能起此定. 如經謂遠行地菩薩, 方能現起滅盡定是也. 此約漸悟者言耳. 若頓悟菩薩, 復有從初地中, 卽能永伏三界修所斷惑, 如阿羅漢永斷無異. 彼從初地乃至十地, 皆起此定, 證之于經, 六地旣然, 後四可例知矣."

245 『成唯識論訂正』(D23, p.656a), "如來與八地已上菩薩, 唯得存一滅定, 幷無極重睡眠悶絕故也."

선문정로 무심의 5위 중에 이생異生에게 4위가 있다 함은 멸진정을 제외한 것이요, 성중聖衆은 오직 후後의 3위三位뿐이며, 불과 8지 이후의 자재보살은 유독 멸진정만 있어서 수면과 민절이 없나니, 이 2종二種은 악법이므로 현상現狀으로는 수면하는 것 같아도 실질로는 없는 연고요, 즉 2승二乘의 무학無學들도 또한 민절이 있느니라.

현대어역 무심의 다섯 지위 중에 중생인 범부에게 네 가지가 있다는 것은 멸진정이 없다는 뜻이다. 성인의 지위에서는 뒤의 세 가지만 있고, 부처와 8지 이상의 보살은 오직 멸진정 하나만 있고 수면과 혼절이 없다. 이 두 가지는 법을 벗어난 현상이기 때문이다. 겉으로는 수면이 있는 것 같지만 실제로는 없으며, 성문이나 연각의 아라한에게도 혼절이 있기 때문이다.

[해설] 바로 [8-8-①]에 인용된 『성유식론』의 문장에 대한 『종경록』의 설명이다. 범부와 외도는 선업을 쌓고 선정을 닦아 천상적 차원의 삶으로 나아가고자 한다. 이처럼 무상정과 그 과보로 나타나는 무상천은 아무리 고차원이라 해도 의식적 지향과 연결되어 있다. 그것이 비록 욕망을 벗어난 색계천이기는 하지만 여전히 의식적 조작이 남아 있으며 자칫하면 다시 욕계로 떨어질 수 있는 한계를 안고 있는 차원이라는 것이다. 그래서 무상천과 무상정은 여전히 중생의 차원이다. 또한 몸을 비롯한 모양의 구속이 남아 있는 한 수면과 혼절을 피할 수 없다. 이에 비해 중생은 지향하는 바가 있으므로 지향하는 주체와 지향할 대상까지 사라진 멸진정과는 인연이 없다. 그래서 다섯 가지 중에 멸진정을 뺀 네 가지가 있다고 한 것이다.

이에 비해 아라한이나 10지보살(초지~7지)의 성위聖位에 들어가면 멸진정을 성취하게 된다. 그러나 여전히 제8식의 미세분별이 남아 있으므로 수면과 혼절이 여전하다. 그래서 무상천과 무상정을 뺀 세 가지, 즉 멸진정, 수면, 혼절만 남는다고 하는 것이다. 8지 이후 자재보살이나 여래의 차원이 되면 일체의 모양에 의한 구속을 내려놓아 수면과 혼절이 사라지게 된다. 그래서 멸진정 한 가지만 남게 된다고 한 것이다.

이처럼 『종경록』의 이 문장은 【8-8-①】의 각 구절에 대한 충실한 해석을 내용으로 하고 있다. 이 중 ①과 같이 '이(此) 다섯 지위 중에'를 '무심無心의 다섯 지위 중에'로 바꾸어 표현하였다. 인용문을 원문의 맥락에서 독립시키기 위한 조치이다.

②의 '등等', ③의 '진盡', ⑤의 '유有' 자는 초판본에는 없던 글자들로서 2006년에 가로쓰기로 바꾸면서 원문에 근거하여 추가한 것이다. 거듭 확인하고 있는 바와 같이, 『선문정로』의 인용문은 성철스님의 이유 있는 손질을 거쳐 원문과 다르게 된 경우가 많이 있다. 그 변화가 성철스님의 의식적인 손질인지 여부는 번역문이나 그 해설 등을 통해 비교적 명확하게 확인할 수 있다. 성철스님은 【8-8-①】에 인용된 『성유식론』의 문장과 통일성을 유지하기 위해 이 글자들을 생략한 것이다. ④의 '유有' 자 역시 『성유식론』과 대조하여 교정의 의미로 삭제한 것으로서 초판본 그대로 유지되고 있음을 확인할 수 있다. 그러므로 편집자가 임의로 추가한 ②의 '등等', ③의 '진盡', ⑤의 '유有' 자 역시 삭제하여 성철스님의 문장으로 돌아가야 한다.

【8-9】 漸到寤寐一如時에 只要話頭心不離라 疑到情忘心絶處하면 金烏夜半에 徹天飛리니 於時에 莫生悲喜心하고 須參本色永決疑어다

선문정로 점점漸漸하여 공부가 오매가 일여한 시時에 도달하거든, 다못 심중心中에 화두를 이각망실離却忘失하여서는 안 된다. 참구하여 정망情忘하고 심절心絶한 심처深處에 도달하면, 금오金烏가 야반夜半에 철천徹天하여 고비高飛하리니, 그때에 비희심悲喜心을 내지 말고 모름지기 본색정안本色正眼을 왕참往參하여 영영永永히 의심을 결단하라.

현대어역 점차 오매일여한 때에 도달하리니, 오직 화두가 마음을 떠나지 않도록 하라. 화두의심으로 감정을 잊고 마음이 끊어진 자리에 도달하면 밝은 태양이 한밤중에 하늘을 뚫고 날아오르리라. 그때 희노애락의 마음을 내지 말고, 반드시 진짜 도인을 찾아 의심을 영원히 끊도록 하라.

[해설] 조주선사의 '무無' 자를 간하는 법을 설한 태고스님의 설법이다. 간화선의 핵심은 모든 시간과 모든 상황에 끊어짐 없이 참구를 이어가는 데 있다. 모든 순간에 오직 무無 자를 들되 고양이가 쥐 잡듯이 어미 닭이 알 품듯이 해야 하는 것이다. 여기에도 오매일여의 차원이 제시된다. 끊어짐 없이 참구를 이어가노라면 화두와 한 몸이 되는 단계, 즉 어묵동정에도 항상 화두가 떠나지 않는 단계를 거쳐 마침내 오매일여에 도달하게 된다는 것이다. 태고스님은 임제종 19세 석옥청공스님의 인가를 받고 해동 임제종의 초조가 된다. 귀국 전 원나라 황제가 그를 초치 접견한 후, 연경燕京 영녕사永寧寺의 개당설법을 청하고 금란가사를 하사할 정도로 스님의 깨달음은 당시에 하나의 큰 사건이었다.

　성철스님은 태고스님이 오매일여를 실경계로 성취했다는 점, 그리고 이것을 뚫고 대오하였기 때문에 인가를 받을 수 있었다는 점을 보여주기 위해 이 문장을 인용하였다. 태고스님의 게송 중 "완전한 무심에 도달하면 한밤중에 밝은 태양이 하늘을 뚫고 날아오르리라(疑到情忘心絶 處, 金烏夜半徹天飛.)"는 구절은 고봉스님의 게송에서 가져온 것이다. 원대의 임제종은 17세 설암조흠→18세 고봉원묘→19세 석옥청공의 계보로 이어진다. 석옥스님은 고봉스님에게 3년간 공부하였고, 이후 고봉스님의 안내로 급암종신스님에게 귀의하여 깨달았다. 그러므로 석옥스님에게 공부한 태고스님이 그 윗대의 스승인 고봉스님의 게송을 인용하는 것은 당연하다. 고봉스님의 원래 게송은 다음과 같다.

모든 현상이 하나로 돌아간다고 하는데 하나는 어디로 돌아가는가?
오직 성성하게 뜻을 붙여 화두의심하기를 귀히 여겨라.
화두의심으로 감정을 잊고 마음이 끊어진 자리에 도달하면,
밝은 태양이 한밤중에 하늘을 뚫고 날아오르리라.[246]

고봉스님은 엄정하고 철저한 공부로 당시의 선문을 이끌었다. 이 시를 인용한 태고스님 역시 작은 성취에 만족하지 않는 공부의 길을 스스로 걸었고 그것으로 후학을 이끌었다. 성철스님은 그러한 철저한 공부의 모델로서 태고스님의 가르침을 인용한 것이다.

【8-10】 工夫가 既到動靜無間하며 寤寐恒一하야 觸不散蕩不失하야 如狗子見熱油鐺相似하야 要舐又舐不得하며 要捨又捨不得 時에 作麼生合殺오

---

[246] 『高峰原妙禪師禪要』(X70, p.709c), "萬法歸一一何歸, 只貴惺惺著意疑. 疑到情忘心絶處, 金烏夜半徹天飛."

선문정로 공부가 이미 동정動靜에 간단間斷 없으며 오매에 항상 일여함에 이르러 저촉抵觸하여도 산거散去하지 않고 탕탕蕩蕩히 망실亡失되지도 않는다. 구자狗子가 극열極熱한 유당油鐺을 봄과 같아서 핥으려야 핥을 수도 없고 버리려야 버릴 수 없을 때에는 어떻게 해야 합당한고?

현대어역 공부가 움직이거나 가만히 있거나 중간에 끊어지는 일이 없으며 깨어 있거나 잠자거나 항상 한결같아지면 건드려도 흩어지지 않고 쓸어내도 사라지지 않게 된다. 그것은 마치 개가 뜨거운 기름솥을 보는 것 같아서 핥으려 해도 핥을 수 없고, 버리려 해도 버릴 수 없게 된다. 이때 어떻게 하면 말끔히 매듭지을 수 있겠는가?

[해설] 나옹스님의 '공부10절목工夫十節目' 중 오매항일의 단계에 대한 묘사이다. 나옹스님은 입문3구入門三句[247], 3전어三轉語[248], 공부10절목 등과 같이 점검의 표준을 제시한 바 있다. 이 중 '공부10절목'은 열 가지의 단계별 표준과 공부 과제를 제시한다. ①모양의 벗어남(超聲越色), ②바른 공부(正功), ③바른 공부의 성숙(熟功), ④진공에의 계합(打失鼻孔), ⑤의식과 마음의 멈춤(意識不及, 心路不行), ⑥깨어 있거나 잠들거나 항상 한결같음(寤寐恒一), ⑦구속이 사라짐(啐地便折, 曝地便斷), ⑧자성의 본질과 응용(自性本用, 隨緣應用), ⑨생사로부터의 해탈(要脫生死), ⑩돌아가는 자리(須知去處)가 그것이다.

---

247 李能和著, 『朝鮮佛教通史』(『懶翁和尙語錄』)(B31, p.527b), "「入門三句」, 入門句分明道, 當門句作麽生, 門裏句作麽生."
248 李能和著, 『朝鮮佛教通史』(『懶翁和尙語錄』)(B31, p.527b), "三轉語」, 山何岳邊止, 水何到成渠, 飯何白米造."

이 중 오매항일은 여섯 번째 단계이다. 성철스님은 오매항일에 대한 주장이 전체 수행자를 점검하는 공통된 표준이었음을 보여주기 위해 이것을 인용하였다. '반드시 오매일여가 된 뒤에 크게 깨치는 것'이 진정한 견성이라는 것이다. 다만 나옹스님의 오매항일이나 성철스님의 오매일여나 모두 구경각을 향해 나아갈 때 거치게 되는 관문으로 제시된 것이라는 점을 잊지 말아야 한다. 그 자체가 지향해야 할 목적지로 제시된 것이 아니라는 말이다. 그러므로 성철스님이 제시한 오매일여를 의도적으로 추구하거나 지향해서는 안 된다.

제 9 장

사중득활 死中得活

제9장
사중득활 死中得活

1. 사중득활의 설법의 배경

앞의 장에서 오매일여가 궁극의 도달처가 아니라 통과할 관문이라는 점을 강조했다. 그렇다면 오매일여의 관문을 돌파하는 일은 어떻게 확인되는가? 여기에 사중득활의 법문이 제시된다. 간화선에서 깨달음의 진실성은 눈 밝은 스승의 점검을 거쳐 확증된다. 미진한 부분이 있거나 착각한 부분이 있을 때 스승과의 대면에서 단번에 해소되거나 다시 공부를 짓는 일로 되돌아가게 된다. 그런데 말법시대의 수행자들은 눈 밝은 스승을 만나기 어렵다. 성철스님은 그래서 수행자가 스스로 자신의 현재를 돌아보고 그 수행과 깨달음을 확인해 보는 자기 점검용 기준을 제시하고자 하였다. 이것이 『선문정로』로서 일념불생, 오매일여, 내외명철 등의 경계가 뚜렷한 기준이 된다. 이것은 성철선의 한 종지인 실참실오론의 내용이기도 하다.

그런 점에서 『선문정로』는 스스로 깨달음을 자처할 만한 본격 수행자의 자기 점검 매뉴얼이라 할 수 있다. 성철스님은 스승과 제자 간의 만남과 상호작용을 핵심으로 하는 간화선을 혼자서도 실천할 수 있는 수행법으로 체계화하고자 하였던 것으로 보인다. 실경계 체험으로서의 수행, 실경계 체험으로서의 깨달음을 강조하는 이러한 실참실오론의 제시는 성철선의 주된 핵심이기도 하다.

그런데 여기에서 비롯되는 문제점 또한 없지 않다고 지적된다. 일념불생, 오매일여에 대한 강조로 인해 그것에 집착하는 또 다른 집착을 불러일으킬 수 있다는 것이다. 오매일여가 되지 않음에 걸려 앞으로 나아가지 못하고 그에 집착하던 대혜스님의 예가 있다. 원오스님은 이것이 망상이라는 것을 지적한다. "그대가 지금 말하는 허다한 망상이 끊어질 때 저절로 오매항일의 자리에 도달하게 될 것"이라는 가르침이 그것이다.

오매일여가 성취되지 않음을 고민하는 것도 집착이고 망상이다. 그런 점에서 성철스님의 오매일여 등의 기준 제시가 불교의 깨침을 어떤 절대적인 것으로 객체화하는 오류에 빠질 수 있다는 비판이 제기되기도 한다. 한마디로 법집에 걸릴 수 있다는 것이다.

그런데 이것이 간화선 수행에서는 큰 문제가 되지 않을 수 있다. 간화선은 간절히 알고자 하는 마음에 의해 오직 모를 뿐인 자리로 거듭 나아가는 의정을 본질로 한다. 의정은 심화 확산의 과정을 거쳐 의단이 독로하는 차원에 도달한다. 이러한 간화선의 원리를 충실히 구현하는 입장이라면 오매일여의 관문이 집착의 대상이 되지 않는다. 진정한 '이 뭣고', '왜', '어째서'의 활구는 어떤 관념, 어떠한 지향도 붙을 수 없는 자리이기 때문이다.

앞에서 살펴본 바와 같이 오매일여는 수행이 성숙해 가는 수행자들을 겨냥한 가르침이다. 그렇지만 오매일여가 곧 견성인 것은 아니다. 성철스님은 이 또한 뚫고 지나가야 할 관문임을 강조한다. '무심 또한 한

겹의 관문에 가로막혀 있다(無心猶隔一重關)'는 말이 가리키는 바가 이것이다.

그래서 무심을 뚫고 되돌아와 무엇에도 걸림 없이 사는 사중득활의 설법이 시설된다. 수행자가 화두와 하나 되어 무심에 이르면 우주의 밖에 홀로 있는 듯, 모든 경계와 절연되는 일이 일어난다. 6근, 6진, 6식이 소멸하여 보아도 보이지 않고, 들어도 들리지 않으며, 먹어도 맛을 모르는 상황이 된다. 숨이 끊어지지는 않았으나 죽은 사람과 같은 상태이므로 이것을 '크게 한 번 죽는다(大死一番)'고 표현한다. 이때 선지식을 만나 활연대오하면 모든 만사만물이 곧 부처임을 알게 된다. 이것이 견성의 본뜻이다. 견성하면 일체의 시비분별이 떨어져 나가고, 불법의 이치와 승묘한 경계가 모두 떨어져 나간다. 가볍고 자유롭게 세상과 한 몸으로 만나 노닐게 되는데, 이것이 '크게 되살아남(大活)'의 풍경이다.

여기에서 번뇌가 모두 떨어져 나가고, 앞뒤가 끊어지고, 한 생각도 일어나지 않는 크게 죽는(大死)의 경계는 수행자들이 고대해 마지않는 승묘한 경계이다. 세간적 망상이 더 이상 그를 침탈하지 못하기 때문이다. 이러한 상황을 옛 어록에서는 불 꺼진 재(死灰), 식은 재(寒灰), 말라버린 나무(枯木), 물이 끝나고 산이 다한 자리(水窮山盡處), 백 척 장대 끝(百尺竿頭), 파도를 가르고 물을 거슬러 올라가기(衝波逆水) 등으로 비유하였다.

그런데 이 무심경계를 깨달음으로 착각하여 거기에 머무는 일이 얼마든지 일어날 수 있다. 백 척 장대의 끝, 즉 더 이상 올라갈 곳이 없는 높이에 이르렀다는 자부심이 일어날 수 있는 것이다. 그러나 이것만 가지고는 견성이라 할 수 없다. 무심의 경계에 집착하는 자아가 남아 있기 때문이다. 요컨대 일념불생의 무심경계라 해도 아직 진여와 하나가 되지 못한 불완전한 차원이다.

그래서 자아의 완전한 해체, 진여와의 완전한 통일이 이루어졌는지를 점검하는 일이 필요해진다. 대혜스님, 설암스님, 고봉스님 등은 이러한 일념불생의 자리에 이르러서도 처절하게 참구에 임했다. 무엇보다도 잠자는 상태에서도 그것이 여전한지를 점검하였다. 그런 뒤 자신이 아직 그렇지 못하다는 사실을 확인한다. 이때 크게 죽는 자리가 승묘한 경계이기는 하지만 여기에서 다시 나아가야 한다는 가르침을 받는다.

성철스님이 점검 기준으로 제시한 오매일여 역시 완전한 깨달음의 길목에 있는 하나의 관문이다. 관문이므로 깨달음 그 자체가 아니라 뚫고 지나가야 하는 단계이다. 이 고요한 무심에서 활발한 묘용으로 되살아나는 일이 있을 때 그것을 깨달음이라 부른다.

진리와 하나 된다는 것은 죽은 재 속에 숨은 불꽃이 다시 타오르는 격이고, 고목에 꽃이 피는 격이며, 물이 끝나고 산이 다한 자리에서 신천지가 열리는 격이다. 백척간두에서 한 걸음 더 나아갈 때 대천세계가 온몸을 드러낸다고 표현하기도 한다. 그것은 그림의 떡을 보는 일이 아니라 직접 먹는 일이며, 물결과 완전히 하나가 되어 몸을 맡기는 일(隨波逐浪)이기도 하다.

이것이 죽음 속에서 되살아나는 사중득활의 풍경이다. 사중득활은 설법자에 따라 크게 죽어 크게 살기(大死大活), 영원히 죽어 영원히 살기(常死常活), 완전히 죽어 완전히 살기(全死全活), 죽은 뒤 소생하기(死後更蘇) 등으로 표현하기도 한다. 그 핵심은 일념불생의 무심경계에 집착하지 않고 그것조차 내려놓는 진실한 공의 실천에 있다. 어떤 경계를 귀하게 여겨 인위적으로 그것을 유지하려 한다면 그 자체가 집착이고 유심이기 때문이다.

간화선의 스승들은 원오스님이 그랬던 것처럼 크게 죽은 이 자리에서 더욱 진지하게 언구를 의심하도록 독려한다. 그리하여 선가의 말투를 빌리자면 부처님도 일찍이 도달하지 못한 부사의한 경계를 직접 체득하게 된다. 이 자리는 말이 성립하지 않고(言語道斷), 마음의 행적조차 끊어진(心行處滅) 차원이다. 간화선의 역사를 빛나게 한 깨달음의 사건들은 모두 이렇게 일념불생의 관문을 뚫고 통과하여 다시 되살아난 일의 성취였다는 점에 다름이 없다.

6조스님의 법을 받은 혜명상좌가 그랬다. 혜명상좌가 선도 생각하지 않고 악도 생각하지 않는 무심의 자리에 머물러 버렸다면 결코 본래면목을 바로 볼 수 없었을 것이다. 그것이 물을 마실 때 차갑고 따뜻함을 저절로 아는 일과 같다고 자신 있게 토로하지 못하였을 것이다. 혜명상좌는 무심의 자리에 안주하지 않고 '무엇이 나의 본래면목인가'를 돌이켜 묻는 새로운 질문을 일으켰다. 그리하여 찬물을 차게 알고 따뜻한 물을 따뜻하게 아는 되살아남을 실경계로 체험하였다. 이처럼 대유령에서 6조스님을 만난 혜명상좌는 그 가르침에 따라 일념불생의 자리에 이른 뒤, 다시 그것을 내려놓고 되살아나는 사중득활을 실제적 사건으로 체험하였던 것이다. 그런 점에서 일념불생은 새로운 차원으로 뛰어들도록 하는 도약대에 해당한다. 의식으로 이해하는 차원에서는 이렇게 자아를 완전히 방기하는 도약이 일어날 수 없다. 깨달음에 이를 수 없는 것이다. 이 법문이 드러내 보여주고자 하는 주제 의식이다.

2. 성철스님 사중득활 설법의 특징

사중득활의 전제 조건은 한 생각도 일어나지 않는 무심(一念不生), 앞과 뒤의 시간적 끊어짐(前後際斷), 비추는 본체만 남는 경계(照體獨立)이다. 성철스님은 여기에서 일념불생 등을 오매일여로 환치하고 이것을 투과해야 진정한 견성이라고 강조점을 바꾼다. 사중득활 설법의 특징과 의의를 이해하려면 성철스님의 무심에 대한 규정이 제한적이며 협의적이라는 점을 기억해야 한다. 성철스님은 제6식이 소멸해도 제8아뢰야식이 남아 있다면 그것을 무기무심無記無心, 즉 알아차림이 없는 무심이라 본다. 무기무심은 승묘한 경계이기는 하지만 결국 수행자를 머물도록 유혹한다. 그래서 이것을 제8마계라고 부른다는 것이다.

성철스님에 의하면 이 마계를 넘어서야만 진여의 진무심眞無心에 이르게 된다. 그러니까 대혜스님이 도달했던 제7지 무상정의 몽중일여 경계는 물론이고, 제8지 이상 멸진정의 오매일여 경계 역시 반드시 극복해야 할 새로운 출발점이 되는 것이다.

성철스님은 오매일여와 사중득활의 경전적 근거를 대혜스님과 설암스님의 경우에서 찾는다. 그런데 여기에 약간의 논리적 비약이 있다. 숙면시에 항일한 오매일여를 투과해야 견성에 이를 수 있고 사중득활을 경험하게 된다. 이것이 성철스님의 주장이다. 그런데 설암스님 등의 경우, 몽중시에 주재할 수 있는 상태에서 화두를 들어 견성하였다. 그리고 이것을 사중득활하였다고 말하고 있다. 분명 출발은 숙면시에 주인공은 어디 있는가에서 했다. 그런데 숙면시에도 주재함이 있는 경계를 얻었다는 말 대신 크게 깨달았다는 말이 나온다. 설암스님이나 그 법을 이은 고봉스님이 모두 같은 얘기를 하고 있다. 이 때문에 '숙면시의 여일함'은 실경계가 아니라 일종의 화두로 제시된 것이라는 반박이 나오게 된 것이다.

이에 대해 성철스님은 비약의 가능성을 열어놓는다. 대혜스님이 도달한 경지는 분명 제7지 무상정의 죽은 경계였다. 그렇지만 이것을 투과하여 단번에 구경지에 이르는 상근기의 모습을 보여주었다는 것이다. 제8지 이상 멸진정의 큰 죽음(大死)은 아니었지만 이 단계에서도 깊게 깨달으면 정각을 성취할 수 있다는 것이다. 요컨대 성철스님에 의하면 숙면시에 항일한 오매일여를 투과하지 않고는 견성이라 할 수 없고 진정한 사중득활이라 할 수 없다. 이것이 원칙이다. 그렇지만 대혜스님처럼 몽중일여에서 단번에 그 단계를 뛰어넘어 구경각을 성취하는 일도 있을 수 있다는 것이다.

우리는 성철스님의 설법이 멈추지 않는 철저한 수행을 강조하고 있다는 점을 잊어서는 안 된다. 성철스님은 일념무심에 도달한 대혜스님이 화두를 참구한 일, 몽중에도 일여한 고봉스님이 화두참구에 재발심한 일 등을 빌려 철저한 화두참구의 길을 제시한다. 성철스님에게 화두는 단순한 방편이 아니었다. 그것은 가장 빠르고 완전하게 깨달음에 이르는 최상의 길이었다.

한편 사중득활은 '사死'→'활活'의 순차적 사건이지만 그 결과는 '대사大死=대활大活'의 동시적 실현이다. 성철스님은 이 점을 밝히기 위해 그 동의어들을 나열한다. 대사대활, 상적상조, 명암쌍쌍, 쌍차쌍조, 동생동사, 전명전암, 전살전활이 그것이다. 관용적 표현이기는 하지만 이 사중득활은 천하 노화상과 고불도 이르지 못한 깊은 경계다. 전체 설법 중 특히 이 장에서 언어도단의 방식으로 결론을 내리고 있는 것도 다 이유가 있는 것이다.

    그러면 죽었다가 다시 살아나는 때엔 어떠한가?
    초初는 3l이요, 중中은 9요, 하下는 7이다.
    억!!!

이것을 분명히 안다면 지금까지의 법문을 빠짐없이 알겠지만 이것을 모른다면 천 년 만 년 아무리 지껄여보았자 입만 아프지 아무 소용이 없다. 모름지기 부지런히 정진하기를 바란다.[249]

성철스님이 스스로 묻고 스스로 답한 이 자문자답이야말로 사중득활로 되살아나는 풍경이다. 그 풍경은 이해의 차원을 훌쩍 벗어나 있다. 생각이 개입할 여지를 두지 않기 위해 게송의 형식을 취한 것이다. 이해의 차원이 남아 있는 경우는 물론이고 일념불생의 무심에 노니는 수행자라 해도 이 말에 답할 수 없다. 그러므로 오로지 부지런히 정진하는 길로 돌아오라는 것, 이것이 바로 사중득활의 설법이 지향하는 바이다.

3. 문장 인용의 특징

【9-1】 如今人은 多是得箇身心이 寂滅하고 前後際斷하야 ①休去歇去하야 一念萬年去로 ②[似古廟裏香爐去, 冷湫湫地去,] 便爲究竟이나 殊不知却被此勝妙境界가 障蔽③自己하야 自己正知見이 不能現前하며 神通光明하며 不能④[得]發露니라

선문정로 여금如今의 수도인은 다수가 심신이 적멸寂滅하고 전후제前後際가 단절함을 체득하여 휴거休去하고 헐거歇去하여 일념이 만년거萬年去로 문득 구경을 삼는다. 그러나 도리어 이 승묘勝妙한 경계가

---

[249] 퇴옹성철(2015), p.227.

자심自心을 장폐障蔽함을 입어서 자기의 정지견正知見이 현전하지 못하며 신통광명神通光明이 발로發露하지 못한다.

현대어역 요즘 도를 닦는 많은 사람들은 몸과 마음이 생멸에서 벗어나 고요하여 앞과 뒤가 끊어져 있음을 체득하고는 쉬고 또 쉬어 한 생각이 만년과 같도록 하며, [무너진 사당의 향로와 같도록 하며, 고요하고 냉랭하게 하면서] 이것을 구경의 자리라 여긴다. 그렇지만 이 승묘한 경계에 가려 바른 앎과 바른 봄이 현장에 드러나지 못하게 하고, 자기의 신묘하게 통하는 빛이 나타나지 못하게 한다는 점을 알지 못하고 있다.

[해설] 대혜스님이 대중을 상대로 한 설법에서 가져온 문장이다. 일체 망상이 다 끊어진 무심의 경계라 해도 여전히 미세한 생각이 일어나고 사라지기를 반복한다. 그러므로 이것을 견성으로 착각하지 말고, 죽음과 같은 무심에서 되살아나 진공묘유眞空妙有의 중도로 돌아와야 한다는 것이다. 성철스님은 이를 논거로 하여 오매일여의 대무심도 아직 깨달음이 아니므로 더욱 공부에 매진해야 한다고 강조한다. 대혜스님이나 성철스님이나 무심경계의 매력에 빠지지 말라는 주장은 동일하다. 그런데 대혜스님은 중도로 돌아오는 길을 제시했고, 성철스님은 화두공부에의 매진을 강조했다.

여기에서 말하는 '앞과 뒤가 끊어져 있다(前後際斷)'는 것은 우리의 존재가 연속성을 갖는 실체가 아님을 확인하는 현장에 섰다는 뜻이다. 찰나와 분초에도 머무는 일 없이 끝없이 생멸을 거듭하는 것, 그래서 연속성 없이 앞과 뒤가 끊어져 있는 것이 우리 존재의 본성이다. 혹 윤회의 주체인 뿌드갈라(人相)를 설정하는 이들도 있지만 반야에서는 그 어떤 연속하는 실체도 부정된다.

우리 존재뿐이겠는가? 대상이 되는 세계 또한 연속성이 없어 앞과 뒤가 끊어져 있다. 나아가 6바라밀이 앞뒤가 끊어져 있고, 4성제가 앞뒤가 끊어져 있으며, 4선8정, 4념처, 6신통, 무상정등각이 모두 앞뒤가 끊어져 있다.[250] 요컨대 그 어느 것도 연속성을 갖는 실체가 아니다. 그것을 체험하는 나라는 존재가 연속성을 갖는 실체가 아니기 때문이고, 만물이 연속성을 갖는 실체가 아니기 때문이다.

수행을 한다는 것은 이러한 실상을 한 몸으로 만나 거울처럼 비추고 도장처럼 찍는 일이다. 그래서 수행에 있어서 앞과 뒤의 끊어짐을 체험하는 일은 중요하다. 그렇다고 이것을 추구해서는 안 된다. 앞과 뒤의 끊어짐은 적멸寂滅이기도 하고 미묘微妙이기도 하다. 없다고 보자면 어떤 것도 실체가 없고, 있다고 보자면 모든 것이 실체의 현현이다. 상황이 이러하므로 수행하는 사람은 그 어떤 것도 잡아서 유지할 일이 없고 추구할 일이 없다. 쉬고 쉴 뿐이고, 한 생각이 만년으로 이어지는(一念萬年) 내려놓음을 실천할 뿐이다. 여기에서 앞과 뒤가 끊어짐(前後際斷)은 단절의 측면을 드러낸 표현이고, 한 생각이 만년으로 이어짐(一念萬年)은 지속의 측면을 강조한 표현이다.

이 전후제단이나 일념만년은 그와 짝이 되는 여러 형상적 표현들을 갖는다. 번뇌의 불길이 완전히 끊어졌다는 점에서 옛 사원의 향로처럼(似古廟香爐去), 차갑게 식은 재나 마른 나무처럼(寒灰枯木去), 고요하고 냉랭하게(冷湫湫地去) 되었다고 묘사한다. 무심이 청정하고 순수하다는 점을 강조하는 차원에서는 티끌 없는 푸른 불꽃처럼(純淸絶點去), 한 폭 흰 비단처럼(一條白練去) 되었다고 묘사한다. 실상과 딱 맞아떨어진다는 점

---

[250] 『大般若波羅蜜多經』(T6, p.606b).

에서 상자와 뚜껑이 딱 맞는 것처럼(函蓋相應去) 되었다고 표현하고, 할 말을 잊었다는 점에서 입가에 흰 곰팡이가 생긴 것처럼(口邊白醭去) 되었다고 표현하기도 한다.

이 인용문에도 앞뒤가 끊어진 경계를 묘사하는 말들이 나열되어 있다. 그중 ②와 같이 '무너진 사당의 향로와 같도록 하며, 고요하고 냉랭하게 한다(似古廟香爐去, 冷湫湫地去)'라는 구절을 생략하였다. 그것이 '쉬고 또 쉬어 한 생각이 만년과 같도록 한다'는 구절과 내용적으로 중복되기 때문이다. 이를 생략하여 문장의 경제성을 도모한 것이다. 원래 이 인용문은 일념만년의 승묘경계가 오히려 바른 앎과 바른 봄을 가로막는 장애가 될 수 있다는 점을 밝히는 문장에서 가져왔다. 인용 목적 또한 그러한 상태에 빠지는 수행자들을 경고하는 데 있다. 그러니까 앞뒤가 끊어진 상태를 거듭하여 핍진하게 묘사하는 것이 오히려 핵심을 드러내는 데 도움이 되지 않는다는 판단에 의해 생략이 이루어진 것으로 보인다. 또한 성철스님은 직접화법을 취하고 형상적 묘사를 생략하는 문장관을 갖고 있다. 그 형상적, 비유적 묘사가 지해 차원의 해석과 오해를 불러일으킬 수 있다는 점을 우려했기 때문으로 보인다.

①의 '쉬고 또 쉼(休去歇去)'과 '일념만년(一念萬年去)'에 자리바꿈이 일어나 그 선후 배치가 다르게 되었다. 의미의 차이는 없다. 대혜스님의 어록에서도 동일한 자리바꿈이 발견된다.

③의 '자기를 가려 바른 앎과 바른 봄이 현장에 드러나지 못하게 하고(障蔽自己, 自己正知見)'의 구절에 '자기自己'가 하나 더 추가되었다. 결과적으로 '자기自己'가 중복되어 자연스럽지 못한 문장이 되었다. 번역문에는 '자심自心을 장폐障蔽함을 입어서 자기의 정지견正知見이 현전하지 못하며'로 되어 있다. '자심自心을 장폐障蔽함'으로 번역하려면 '장폐자기障蔽自己'가 '장폐자심障蔽自心'이 되어야 한다. 물론 이것은 '장폐障蔽'의 설명

식 번역일 수도 있다. 어떤 경우라 해도 중복된 '자기自己'에 대한 교정이 필요하다. 1981년 초판본에 가해진 원융스님의 교정 지시를 보면 '자기自己'의 '기己' 자를 '심(心?)'으로 표시해 두고 있다. 원융스님 역시 판단에 유보적이었다는 말이다. '자심自心'으로 교정하면 장폐障蔽의 의미를 분명히 하고, 자기自己의 중복을 피하는 이중의 효과를 거둘 수 있을 것으로 보인다.

④에서는 '득得' 자를 '능能' 자로 바꾸었다. 두 글자 모두 가능성을 나타내는 조동사에 해당하므로 의미의 차이는 없다.

【9-2】 休去歇去하여 一念萬年이며 前後際斷하니 諸方에 ①[如今]有幾箇가 ②[得]到這③般田地오 他却喚作勝妙境界하니 舊時에 寶峯④[有箇]廣道者가 便是這般人이라 一箇渾身을 都不理⑤解[會]하며 ⑥[都]不見有世間事하고 世間塵勞가 昧他不得이라 雖然恁麽나 却被⑦[這]勝妙境界하야 障却道眼하니 須知⑧[到]一念不生前後際斷處하야 正要⑨見尊宿이니라

선문정로 휴거헐거休去歇去하며 일념이 만년萬年이며 전후제단前後際斷하니, 제방諸方에 기개幾個나 이 심심甚深한 전지田地에 도달하였는가? 진정眞淨이 이를 도리어 승묘경계勝妙境界라고 부르니, 구시舊時에 보봉寶峰의 광도자廣道者가 참으로 이러한 사람이다. 자기의 혼신渾身을 전연 망각하며 세간사世間事가 있음을 보지 못하고 따라서 세간의 진로塵勞가 그를 매각昧却하지 못한다. 비록 그러하나 도리어 이 승묘경계勝妙境界에 떨어져서 도안道眼을 장각障却하니, 참으로 일념불생一念不生하고 전후제단前後際斷한 승묘경계勝妙境界에 도달하여서 정正히 대존숙大尊宿을 참현參見하여야 함을 알아라.

현대어역 "쉬고 또 쉬어 한 생각이 만년과 같고 앞과 뒤가 끊어졌구나. 지금 천하의 수행 현장에 이것을 얻은 자가 몇이나 되겠느냐? 그런데 진정극문은 이것을 승묘勝妙한 경계로 불렀었다." 옛날에 보봉寶峰의 광도자廣道者라는 이가 바로 그런 사람으로서 온몸을 모두 망각하고 세간의 일을 전혀 돌보지 않았으며 세간의 잡다한 인연들이 그의 눈을 흐리게 하지 못하였다. 비록 이와 같았지만 이 승묘勝妙한 경계로 인해 도를 보는 눈이 가로막히고 말았다. 한 생각도 일어나지 않고 앞과 뒤가 끊어진 자리에 도달하면 바로 높은 스승을 만나야 한다는 것을 알아야 한다.

[해설] 오조법연스님의 회상에서 원오스님이 수좌를 맡고 있을 때의 일이었다. 오조스님이 우연히 새로 나온 진정스님의 어록을 읽고 감탄하여 후원에서 버선을 빨고 있던 원오스님을 부른다. "내가 책을 한 권 얻었는데 생각하거나 말로 표현할 수 없는 법의 요체를 잘 말하고 있다. 그대가 한 번 보라." 그런 뒤 승묘한 경계에 대한 구절을 보여준다. 그러니까 이 부분은 오조스님이 원오스님에게 한 말이고, 이것을 나중에 대혜스님이 인용한 것이다. 그래서 현대어역에 따옴표를 붙였다. 광도자에 대한 설법은 대혜스님이 대중들에게 한 설법이다. 보봉산 광도자는 진정스님의 제자로서 무심의 성취와 실천이 높아 당시 총림에서 그를 광무심廣無心이라 불렀다. 광도자스님은 대혜스님의 그릇을 알아본 선지식이기도 하다. 대혜스님이 25세 때 그 거처에 운봉문열스님의 법문을 좌우명으로 걸어놓고 있었는데 광도자스님이 그것을 보고 담당문준스님에게 "다른 평범한 이들과 비교할 수 없는 남다른 인재(非碌碌餘子之比)"라 평했다는 기록이 있다. 대혜스님은 이후 그와 깊은 친분을 유지했다.

여기에서 대혜스님은 무심이 승묘하기는 하지만 여전히 경계의 차원에 있으므로 공부를 새롭게 지어야 한다는 가르침을 내리고 있다. 이를 위해 과거에 있었던 진정스님의 법문, 그것에 대한 오조스님의 감탄, 그리고 그 사연에 대한 원오스님의 회고, 무심의 경계에 걸렸던 광도자스님의 예를 함께 설한 것이다.

성철스님은 여기에서 말하는 승묘한 경계가 오매일여의 대무심지를 가리키는 것이라 보았다. 그러면서 오매일여의 무심지가 승묘하기는 하지만 그것이 일종의 경계에 해당하므로 구경이 아니라는 점을 강조하고 있다. "완전히 깨친 구경각의 입장에서 보면 오매일여를 넘어 다시 크게 깨친 것이 제대로 눈을 뜬 것"[251]이라는 주장이다. 그래야 죽음 속에서 크게 되살아나는 사중득활死中得活이라 할 수 있다는 것이다.

인용문에 표시한 바와 같이 생략, 변환, 추가의 방식으로 손질이 가해졌다. 대부분 문장의 분위기가 달라질 뿐 의미상의 큰 차이는 일어나지 않는 손질이다.

다만 ⑤의 '이회理會'를 '이해理解'로 바꾼 부분에 대해서는 자세히 살펴볼 필요가 있다. '이회理會'는 이치를 깨달았다는 뜻이고, '이해理解'는 이치를 알았다는 뜻이다. 비슷한 뜻이지만 굳이 구별하자면 '이해'는 분별의 차원이고, '이회'는 깨달음의 차원이다. 또한 '이해'는 부정적 의미로 쓰이는 경우가 많고, '이회'는 긍정적 의미로 쓰이는 경우가 많다. 인용문은 광도자스님이 무심에 도달해서 '온몸이 있는 줄도 몰랐던' 뛰어난 경지를 표현하고 있다. 분별을 내려놓는다는 의미를 표현하기 위한 문장이므로 온몸을 '알지 못했다(不理解)'가 '깨닫지 못했다(不理會)'보다 적절하다. 성철스님의 고심이 느껴지는 손질에 해당한다.

---

251 퇴옹성철(2015), p.206.

다만 '이회理會'가 '이치를 깨닫는다'는 뜻 외에 '상관하다', '따지다'는 뜻으로 쓰이는 경우가 있다는 점을 고려할 필요가 있다. 예를 들어 대혜스님 어록에 다음과 같은 문장이 있다.

운거효순雲居曉舜 노장이 항상 천의의회天衣義懷선사가 갈등선을 한다고 비판했다. 하루는 의회선사가 열반했다는 말을 듣고는 법좌에서 합장하고 말하였다. "잘 됐다. 갈등의 말뚝이 무너졌구나." 원통법수圓通法秀스님이 그때 회상에서 유나를 하고 있었는데 매번 끝없이 꾸짖고 욕하는 것을 보다가 도반에게 말하곤 하였다. "내가 이 노인네와 한바탕 따져 봐야겠네(我須與這老漢理會一上)." 저녁 법문에 또 전과 같이 꾸짖고 욕을 하므로 법수스님이 날카로운 목소리로 말하였다. "원각경에 이런 말이 있습니다.……" 효순선사가 얼른 말하였다. "대중 스님들! 오래 서 있느라 수고했네. 부디 건강하시게." 그리고는 바로 방장실로 돌아갔다. 법수스님이 말했다. "이 노인네는 몸 전체가 바른 안목이구만. 우리 의회스님 욕을 할 자격이 있어."252

법수스님은 의회스님의 법제자였다. 효순선사가 자꾸 자기 스승의 욕을 하는 것을 듣다가 한 번 상대해 따져 보겠다(理會)고 덤볐는데, 갈등의 두 기둥을 아예 세울 여지조차 주지 않는 철저함에 감복했다는 내용이다. 여기에선 이회理會가 '따지다', '상관하다'의 뜻으로 쓰였다. 현

---

252 『普覺宗杲禪師語錄』(X69, p.621c), "雲居舜老夫, 常譏天衣懷禪師說葛藤禪. 一日聞懷遷化, 於法座上合掌云, 且喜葛藤椿子倒了也. 秀圓通, 時在會中作維那, 每見訶罵不已, 乃謂同列曰, 我須與這老漢理會一上. 及夜參, 又如前訶罵, 秀出衆厲聲曰, 豈不見圓覺經中道, 舜遽曰, 久立大衆, 伏惟珍重, 便歸方丈. 秀曰, 這老漢通身是眼, 罵得懷和尚也."

대 중국어에서는 이것이 이회理會의 대표 의미에 해당한다. 그래서 현대어역에서는 '온몸을 전혀 상관하지 않고'로 번역했다.

그 밖의 경우는 단순한 문장의 손질로서 의미상의 큰 변화는 없는 것들이다. ①의 '지금(如今)'이 생략되었다. 법연스님은 한 생각이 만년으로 이어지고, 앞과 뒤가 끊어지는 무심의 체험이 당시의 수행 현장에서 찾아보기 어려운 높은 차원임을 말하고 있다. 성철스님은 시기를 특정하는 이 말을 생략함으로써 그것이 시대의 옛과 지금에 국한되지 않는 보편적인 현상임을 드러내고자 하였다.

②의 '얻을 득得' 자가 생략되었다. 이것은 '~할 수 있다'는 부사어적 용법으로 '도到'와 결합하여 '도달할 수 있다(得到)'는 뜻을 표현한다. 이것을 생략해도 도달한다는 뜻에는 변함이 없다. 다만 '득得' 자 때문에 '그러한 차원을 얻다'는 뜻으로 해석될 수 있으므로 뜻을 명확히 드러내기 위해 생략한 것으로 보인다.

③의 '반般' 자가 추가되었다. 이것은 근칭 지시사 '저這'와 결합하여 '이러한'이라는 뜻을 형성한다. 이 '저반這般'을 '저這'로 줄여 표현할 수도 있다. 그러니까 원문에서 일어난 생략을 다시 복원한 경우에 속한다.

④와 같이 '~이라는 사람이 있었는데(有箇)'라는 구어체 표현이 생략되었다. 어록은 선사들의 입말을 그대로 채록한 것이므로 구어체 표현이 자주 나타나는데, 문언문에 익숙한 사람들을 위해 이것을 생략한 것이다. 뜻에는 차이가 없다.

⑥의 '모두, 전혀'의 의미를 표현하는 '도都' 자가 생략되었다. 원문에서는 온몸을 모두(都) 망각하고, 세간사를 전혀(都) 모른다는 뜻을 표현하기 위해 '도都'를 두 번 사용하였는데 중복을 피해 생략한 것이다.

⑦의 '저這' 자를 생략하였다. 이것은 근칭 지시사로서 '이'로 번역된다. 광도자스님이 뛰어나기는 했지만 '이(這) 승묘한 경계에 눈이 가려졌

다'는 뜻으로서 그것이 앞에 제시된 내용임을 밝히는 기능을 수행한다. 이것을 생략하면 광도자스님의 스토리보다는 무심에 집착하여 눈이 가려지는 문제적 상황을 드러낼 수 있다. 생략의 이유에 해당한다.

⑧의 '도到'자가 생략되었다. '~한 자리에 도달하면'의 뜻이다. 한 생각도 일어나지 않고, 앞과 뒤가 끊어지는 자리에 도달하면 반드시 통달한 스승을 찾아가 점검을 받을 필요가 있다는 것이다. 성철스님은 이것을 '일념불생하고 전후제단한 승묘경계에 도달하여서(到)'로 번역하여 원문에 생략된 '도到'자를 모두 살려 번역하였다. 생략의 의도가 없었으므로 복원해야 한다.

⑨에서는 '볼 견見'자를 추가하였다. 이를 통해 '높은 스승을 딱 필요로 한다(正要尊宿)'가 '바로 높은 스승을 만나야 한다(正要見尊宿)로 바뀌어 전달하고자 하는 뜻이 분명해진다.

【9-3】 達磨云하되 外息諸緣하고 內心無喘하야 心如墻壁하야사 可以入道니라
一念不生하고 前後際斷하야 ①[從茲]塵勞頓息하고 昏散을 勤除하야 ②[行亦不知行, 坐亦不知坐, 寒亦不知寒, 熱亦不知熱, 喫茶不知茶, 喫飯不知飯,] 終日獃獃地하야 恰似箇泥塑木雕底하나니 故로 謂墻壁으로 無殊라하니라 到③[纔有]這④[者]境界現前하면 卽⑤[是]到家⑥[之]消息⑦[也]이 決定去地不遠⑧[也]이니라

선문정로 달마達磨가 말했다. 외경外境의 제연諸緣을 돈식頓息하고, 내심內心이 적연무천寂然無喘하여 심경心境이 장벽墻壁과 같아야만 가히 대도大道에 정입正入하느니라. 일념도 불생하고 전후제前後際가 홀단忽斷하여 진로塵勞가 돈연頓然히 식멸息滅하고 혼침昏沈과 산란散亂을 단

제斷除하여 종일토록 전혀 분별이 없어서 이소목조泥塑木雕와 흡사하니, 그러므로 장벽牆壁과 다름이 없다 하였다. 이 경계가 현전하면 정오正悟의 도가소식到家消息이 결정코 불원不遠하다.

현대어역 달마스님이 말했다. "밖으로 모든 인연의 끄달림이 멈추고, 안으로 마음에 동요함이 없어 마음이 장벽 같게 되어야 도에 들어갈 수 있다."
한 생각도 일어나지 않고 앞과 뒤가 끊어지면 [이때부터] 무수한 번뇌가 단번에 사라지고 혼침과 산란을 말끔히 뽑아내 [움직여도 움직이는 줄 모르고, 앉아도 앉은 줄 모르며, 추워도 추운 줄 모르고, 더워도 더운 줄 모르며, 차를 마셔도 마시는 줄 모르고, 밥을 먹어도 먹는 줄 모르게 되어] 종일토록 멍청한 바보와 같이 마치 흙으로 빚거나 나무로 깎은 인형과 같아진다. 그래서 담벼락과 다름이 없다고 한 것이다. 이러한 경계가 나타나면 바로 고향집에 도달하리라는 징조로써 틀림없이 구경의 자리에서 멀지 않다.

[해설] 고봉원묘스님은 깨달음의 높은 경지뿐만 아니라 목숨을 내놓는 철저한 수행으로도 유명한 선사이다. 스님은 모든 분별을 내려놓은 철저한 무심의 차원에 이르렀다. 그럼에도 주인공이 결국 어디에 안심입명하는지를 주목하는 공부를 밀고 나가 5년간을 바보처럼, 담벼락처럼 지낸 끝에 궁극적 깨달음에 도달한다.
깨달음에 이른 뒤에는 항주 천목산 절벽의 석굴에 은거하였다. 이곳은 사다리가 있어야 올라갈 수 있는 절벽에 조성한 좁은 석굴이었다. 고봉스님은 이곳을 죽음의 관문(死關)이라 부르며 15년을 나오지 않았다. 그 수행과 깨달음의 철저함이 이와 같았다. 고봉스님의 이러한 철저

함은 성철스님에게서도 발견된다. 무엇보다도 숙면 중에 평소의 수행이 통하지 않음을 문제로 삼고 새로 공부에 들어간 점, 화두에 철저했던 공부, 무심의 강조, 동구불출 등의 여러 측면에서 성철스님의 모델이었음에 틀림없다.

이 문장은 설암선사나 고봉스님이 오매일여의 대무심을 강조했다는 점, 나아가 그것에서 되살아나는 소생이 일어나야 한다는 점을 보여주기 위해 인용되었다. 성철스님은 '목석같은 무심'을 제시하면서도 무심에 다양한 차원이 있음을 거듭 강조한다. 그리고 그 결론은 "미세한 망상이 남아 있는 제8아뢰야식의 무기무심이 아닌 진여의 참 무심"[253]을 성취해야 한다는 데 있다.

인용문의 앞부분인 달마스님의 무심에 대한 법문은 고봉스님의 법문이 아닌 다른 곳에서 가져온 것이다. 고봉스님의 이 법문 말미에 '담벼락과 다름이 없다'는 말을 하는데, 그것이 달마스님의 법문에서 가져온 것임을 밝히기 위한 것이다.

인용문 ①의 '이때부터(從茲)'가 생략되었다. 번뇌망상과 혼침산란은 분별을 토양으로 삼아 번성한다. 이에 비해 앞뒤가 끊어지는 무심에서는 번뇌망상과 혼침산란이 발아조차 할 수 없다. 무심은 좋은 의미에서의 황무지이다. 그런데 무심의 성취가 따로 있고, 번뇌망상의 소멸이 따로 있지 않다. 무심의 성취가 바로 번뇌망상의 소멸이다. 성철스님은 이렇게 생각하여 '이때부터(從茲)'를 생략한다. 무심의 성취와 번뇌의 소멸을 인과 관계가 아닌 병렬 관계로 배치하여 그것이 동시적 사건임을 보여주기 위해서이다.

---

[253] 퇴옹성철(2015), p.208.

②의 긴 문장이 생략되어 눈길을 끈다. 이것은 안과 밖의 경계에 대한 일체의 인지 작용이 멈춘 무심을 묘사하는 말들이다. 그런데 이것은 한 생각도 일어나지 않는다는 무심경계의 묘사와 중복된다. 성철스님은 중복되는 표현이 나오면 거의 예외 없이 생략한다. 말만 빠른 것이 아니라 문장도 빠르다. 이러한 문장관은 직절간명함을 추구하는 돈오선의 실천과 무관하지 않다.

③의 '바로 하기만 하면(纔有)'을 '도달하면(到)'으로 바꾸어 문어체화하였다. 이로 인해 문장의 분위기도 달라진다. '재유纔有'를 쓰면 이 경계가 현전하는 순간이 바로 집에 도착한 소식(即是到家之消息也)이라는 뜻이 강해진다. 이에 비해 '도到' 자를 쓰면 일정한 과정을 거쳐 여기에 도달한다는 뜻이 강조된다. 원래의 문장대로 하면 장벽과 같은 무심이 바로 고향집에 도착한 소식이라는 뜻이 된다. 성철스님은 장벽과 같은 무심과 무여의열반의 무심을 구분하는 입장이다. 그러므로 그 무심이 깨달음에 근접한 경계라 할 수는 있어도 깨달음 자체는 아니라는 점을 보여주기 위해 문장을 손질한 것이다.

④의 '자者' 자를 '저這' 자로 바꾸었다. 두 글자 모두 근칭 지시사의 역할을 하므로 뜻의 변화는 없다. 다만 보편적으로 쓰이는 '저這' 자로 바꾸면 의미가 분명해진다. 이 점을 고려한 교정인 것으로 보인다.

⑤의 '~이다(是)'와 ⑥의 '~하는(之)'과 ⑦과 ⑧의 종결형 어조사 '야也' 자가 생략되었다. 이 글자들을 생략하지 않으면 '고향집에 도달하리라는 소식이다'와 같이 문장이 완결되어 버린다. 그런데 이것은 '틀림없이 구경의 자리에서 멀지 않다'는 뒷 구절과 내용상 동어 반복이 된다. 성철스님은 이것을 하나의 문장을 만들고자 '이다(是)'와 완결형 조사 '야也'를 생략한 것이다. 선가의 어록은 사람들이 지적하는 바와 같이 문장의 아름다움은 물론 의미 전달의 정확성에 있어서도 허술한 점이 없

지 않다.²⁵⁴ 그래서 이를 문맥에 맞게 교정하는 작업이 선문의 관행이 되기도 하였다. 성철스님 역시 이러한 교정에 적극적이었다.

⑧의 '야也' 자는 생략의 이유가 없다. 굳이 이유를 찾자면 '~이니라'의 한국어 현토와 어감상 중복되는 느낌이 있기 때문에 생략한 것으로 보인다.

【9-4】 若一念不生하면 則前後際斷하야 照體獨立하야 物我①一[皆]如하야 直造心源하야 無知②[智]無得하고 不取不捨하며 無對無修니라

선문정로 만약에 일념불생하면 전후제단前後際斷하여 조체照體가 독립하여 물아物我가 일여하여 곧 심원心源에 도달하여 무지무득無知無得하고 불취불사不取不捨하며 무대무수無對無修니라.

현대어역 한 생각이 일어나지 않으면 앞과 뒤가 끊어져 비춤의 본체가 홀로 독립하게 됩니다. 나라는 주체와 대상 사물이 한결같이 다르지 않으니 곧바로 마음의 근원에 도달하여 지혜도 없고 증득함도 없으며, 취함도 없고 버림도 없으며, 상대도 없고 닦음도 없게 됩니다.

[해설] 징관스님이 당의 황태자 이송李誦에게 전수한 법문이다. 이송은 훗날 순종順宗 황제가 되는 이다. 징관스님은 화엄종의 제4조로서 102년의 생애에 걸쳐 7명의 황제에게 스승으로 섬김을 받았던 고승이

---

254 『祖庭事苑』(X64, p.313a), "然吾宗印寫傳錄率多舛謬者, 蓋禪家流淸心省事, 而未嘗以文字爲意."

다. 이 짧은 글 속에는 마음 공부의 핵심이 빠짐없이 담겨 있어 '심요법문'으로도 불린다. 징관스님의 뒤를 이어 화엄종의 제5조가 되는 종밀스님은 이 글을 중시하여 별도의 주석을 달아 유포한 바 있다.

마음이 곧 부처이기는 하지만 깨달음이 없으면 알 수 없는 일이다. 무엇보다도 깨달음이 있다거나 없다거나 하는 분별에 걸린 사람은 이 일을 짐작조차 하지 못한다. 깨달음이 있고 앎이 있다고 한다면 그렇게 자각하는 주체가 남아 있다는 말이 된다. 그러므로 그것은 진정한 깨달음이 될 수 없다. 그렇다고 비춤과 깨달음이 없다고 말한다면 캄캄한 무기에 걸린 것이므로 이 또한 옳지 않다. 그렇다면 어떻게 해야 하는가?

여기에서 징관스님은 한 생각이 일어나지 않는 자리, 앞과 뒤가 끊어진 자리를 제시한다. 그 비춤의 본체는 주체와 대상이 무너진 자리에 홀로 서 있다. 그래서 비춤의 본체가 홀로 독립한다고 말한다. 이때 습관적으로 비춤의 본체를 추구하는 마음이 생긴다면 공부는 다시 분별에 떨어진다. 망상을 버리고 진여를 취하는 일이라 해도 그것을 지향하는 순간 우리의 몸에서 그림자를 떼어내려는 것과 같아 헛수고가 될 뿐이다. 그런데도 이 기본을 망각하는 일이 있을 수 있다. 일체의 분별을 내려놓고 비춘다는 생각조차 내려놓을 때 진정한 쉼이 일어난다. 이것이 징관스님 법문의 핵심이다.

비춤의 본체가 홀로 독립하는 일은 분별을 떠난 7지와 8지의 공통된 특징이기도 하다. 여기에서 그 무루의 관찰지혜가 한결같이 청정한지(一向淸靜), 끊김이 있는지를 기준으로 7지와 8지로 나누기도 한다. 요컨대 7지에서는 비춤이 한결같지 않으므로 망상을 버리고 진여를 구하려는 노력이 일어날 수 있는 것이다.

성철스님은 자나깨나 한결같이 8지 이상의 대무심경계 이후라야 견성할 수 있음을 강조하는 입장이다. 견성은 대무심경계 이후의 일로서 조금의 망념이라도 남아 있으면 그것을 견성이라 할 수 없다는 것이다.

여기에서 ①과 같이 나와 사물이 모두 한결같다는 구절의 '개여皆如'를 '일여一如'로 바꾸었다. 주체와 대상을 둘로 나누는 분별이 사라졌으므로 나와 사물이 한결같이 같다고 표현한다. 이것을 물아일여物我一如라 하고, 물아개여物我皆如라고도 한다. 의미상의 차이가 없지만 한결같음을 강조하기 위해 '일여一如'로 바꾼 것으로 보인다.

②의 '지知' 자는 판본에 따라 '지智' 자로 쓰이기도 한다. 『종경록』에는 '지知'로 되어 있고, 『경덕전등록』 등에는 '지智'로 되어 있다. 통용되는 글자이지만 아무래도 '지知'로 쓰면 '앎', '지智'로 쓰면 '지혜'로 번역될 수밖에 없다. 성철스님은 '만념萬念이 구적俱寂'한 대무심경계를 강조하기 위해 이 문장을 인용하였으므로 '지知' 자를 선택한 것으로 이해된다.

【9-5】 ①老漢이 見圓悟老師[老和尙陞堂]의 擧②[僧問雲門, 如何是諸佛出身處. 門曰, 東山水上行. 若是天寧卽不然, 如何是諸佛出身處,] 薰風이 自南來하고 ③[殿閣生微凉, 向這裏,] 忽然前後際斷하니 ④[譬如一綵亂絲를 將刀一截截斷相似하여 ⑤[當時通身汗出.] 雖然動相이 不生이나 却坐在淨裸裸處라 ⑥[得一日去入室,] ⑦老師云[老和尙曰] 可惜다 ⑧[也不易爾到這箇田地,] ⑨[爾]死了不能活이로다 不疑言句是爲大病이니 ⑩[不見道, 懸崖撒手自肯承當,] 絕後再甦하야사 欺君不得이니라 ⑪[須信有這箇道理. 老漢自言, 我只據如今得處, 已是快活, 更不能理會得也. 老和尙却令我在擇木寮作不釐務, 侍者每日同士大夫, 須得三四回.] ⑫每入室에 只擧有句無句如藤倚樹하고 纔開口하면 便道不是라하다 ⑬[如是半年間, 只管參. 一日同諸官員在方丈藥石次, 我只把箸在手, 都忘了喫食. 老和尙曰, 這漢參得黃楊木禪, 却倒

縮去.] 我⑭[遂]說箇譬喻曰 ⑮[和尙]這箇道理는 恰如狗看⑯[著]
熱油鐺相似하야 要舐又舐不得하며 要捨又捨不得이니다 ⑰[老和
尙曰, 爾喻得極好, 只這箇便是金剛圈栗棘蓬.] ⑱一日에 老師가
擧樹倒藤枯相隨來也어늘 ⑲[一日因問老和尙, 見說, 和尙當時在
五祖, 曾問這箇話. 不知五祖和尙如何答. 和尙不肯說, 老漢曰,
和尙當時不可獨自問, 須對大衆前問, 如今說又何妨. 老和尙乃
曰, 我問, 有句無句如藤倚樹時如何. 祖曰, 描也描不成, 畫也畫
不就. 又問, 忽遇樹倒藤枯時如何. 祖曰, 相隨來也.] 老漢⑳[纔
聞擧,]이 便理會得하고 乃曰某會也니다 ㉑[老師[老和尙]曰 只恐你
㉒[爾]透公㉓[案]㉔不[未]得이라하고 ㉕[老漢曰, 請和尙擧, 老和
尙遂]連擧一絡索誵訛公案하니 被我三轉兩轉截斷하되 如箇太平
無事㉖[時]에 得路便行하여 更無㉗帶[滯]礙하야 ㉘[老和尙曰, 如
今] 方知道我不㉙謾你㉚[爾]하니라

선문정로 노한老漢이 원오노사圓悟老師의 훈풍자남래薰風自南來를 거
량擧揚함을 보고 홀연히 전후제前後際가 단절斷絕하니 일려一縷의 난
사亂絲를 이도利刀로써 일절一截하여 단절함과 같아서 비록 동상動相
이 불생不生하나 도리어 정나라처淨裸裸處에 좌재坐在하니라. 노사老師
가 말하되 "가석可惜하다. 사료死了하고 갱활更活치 못하는도다. 언구
言句를 의심하지 않는 것이 대병이니 사절후死絕後에 갱소更甦하여야
군君을 기만치 못한다."고 하였다. 매일 입실入室함에 다만 유구무구
有句無句는 등藤넝쿨이 수목樹木을 의지함과 같다 함을 거량擧揚하고
서, 내가 대답하려고 개구開口만 하면 문득 "불시不是"라 하였다. 내가
비유를 설하되 "저개這箇의 도리는 흡사히 구자狗子가 열유당熱油鐺
을 봄과 같아서 핥으려 하나 핥을 수 없고, 버리려 하나 버릴 수도

없습니다."고 하였다. 일일一日에 노사老師가 수도등고樹倒藤枯한 때에 상수래야相隨來也라고 거량擧揚하니 노한老漢이 문득 확철廓徹하여 이회理會하였다. 그리하여 제가 이회理會하였다고 하니, 노사老師가 말하기를 "다만 네가 공안을 투과透過하지 못할까 두려워한다."고 하며, 드디어 일락삭一絡索의 난해한 효와공안誵訛公案을 연거連擧하였다. 내가 삼전양전三轉兩轉하여 절단截斷하되 태평무사시太平無事時에 대로大路를 얻어 문득 행진行進함과 같아서 다시 체애滯礙함이 없으니, 바야흐로 내가 그대를 기만欺瞞 못한다 함을 알았다.

현대어역 이 늙은이가 원오 스승님이[노스님이 법당에 올라] 공안을 예로 드는 것을 들었다. [어떤 중이 운문스님에게 "어떤 것이 모든 부처님이 몸을 드러내는 곳입니까?" 하고 묻자, 운문스님은 "동쪽 산이 물 위를 간다."고 대답했다고 한다. 만약 나 원오였다면 그렇게 말하지 않았을 것이다. 어떤 것이 모든 부처님이 몸을 드러내는 곳인가 하고 묻는다면] "훈풍은 남쪽에서 불어오고," ["전각이 한결 시원해졌다고 하리라." 이것을 듣고 그 순간 앞과 뒤가 끊어져 마치 한 다발 얽힌 실타래를 칼을 가지고 단번에 잘라서 끊어내는 것과 같았다. [그때 온몸에서 땀이 솟아났다.] 그런데 모양에 따른 동요가 일어나지는 않았지만 도리어 깨끗할 뿐인 자리에 머물게 되었다. [하루는 스승의 방에 들어갈 기회가 있었는데] 스승님이 말씀하셨다.[노스님이 말씀하셨다.] "애석하다. [네가 이러한 차원에 도달한 것도 쉬운 일이 아니다만, 너는] 죽어 버린 뒤 되살아나지 못하였구나. 화두를 의심하지 않는 것이 큰 병이니 [이런 말도 있지 않느냐, 까마득한 절벽에서 손을 놓기를 스스로 기꺼이 받아들여야] 생명이 끊어진 뒤 다시 소생하게 될 것이니 그때 그대를 속일 수 없게 될 것이다." ["이러한 도리가 있는 줄 믿어야 한다." 이 늙은이는 생각했다. '내가 지금 얻은 자리만 가지고도 이미 충분히 상쾌하고 활발한데 다시 알아차릴 만한 일이 없다.' 노스님은 나를 시자실에 있게 하였는데 시봉의 의무가 없었고, 시자로서 매일 사대부들을 안내하여 서너 차례 뵐 기회가 있었다.] 매번 입실할 때마다 오로지 '있음과 없음의 말들은 마치 등넝쿨이 나무에 의지하는 것과 같다'는 공안을 예로 드셨는데, 말을 하려고 입을 열기만 하면 바로 "아니야!"라고 하셨다. [이와 같이 반년 동안 오로지 참구만 하였다. 하루는 여러 관원들과 함께 방장실에서 저녁 공양을 드는 참이었는데 나는 손에 젓가락을 들고는 밥 먹는 것조차 잊어버렸다. 노스님이 말씀하셨다. "이 친구는 황양목 같은 참선을 하고 있구만."] 내가 [마침내] 비유를 들어 말씀드렸다. ["스님!] 이 도리는 흡사 개가 뜨거운 기름솥을 보고 있는 것과 같아서 핥으려 해도 핥을 수 없고, 버리고 떠나려 해도 떠나지 못하는 것과 같습니다." [노스님이 말씀하셨다. "그대의 비유가 정말 좋구나. 바로 그것이 금강의 올가미요 목에 걸린 밤송이다."]

하루는 스승님이 나무가 넘어지고 등넝쿨이 마르면 서로 따르게 된다고 한 공안을 예로 들었다. [하루는 노스님이 이런 질문을 받으신 적이 있었다. "스님께서 당시 오조법연스님 회상에 있으면서 이러한 질문을 하셨을 때 오조법연스님은 어떻게 답변하셨습니까?" 스님이 대답하지 않으시기에 이 늙은이가 말씀드렸다. "스님께서 그때는 독자적으로 질문하지는 않으셨을 테고 대중들 앞에서 질문해야 했을 겁니다. 그러니 지금 무슨 상관이 있겠습니까?" 그러자 노스님이 말씀하셨다. "내가 여쭈었지. '있음과 없음의 구절들이 마치 등넝쿨이 나무에 의지하는 것과 같을 때에는 어떠합니까?' 법연스님이 말씀하셨네. '묘사하려 해도 묘사할 수 없고, 그리려 해도 그릴 수가 없다.' 내가 다시 여쭈었지. '문득 나무가 넘어지고 등넝쿨이 말라 버리게 되었을 때를 만났다면 어떻겠습니까?' 법연스님이 말씀하셨다. '서로 따라오겠지.'"] 이 늙은이가 [그 예화를 듣고는] 바로 알아차리고 말하였다. "제가 알아차렸습니다." 스승님이[노스님이] 말씀하셨다. "아무래도 그대가 공안을 아직 뚫지는 못했을걸." [이 늙은이가 말하였다. "스님께서 공안의 예를 들어보십시오."] [이에 노스님이] 연달아서 헷갈리는 공안들을 뒤죽박죽 한 뭉치 예로 들어 시험했지만 나는 두세 마디에 모두 절단해 버렸다. 마치 태평무사한 시절에 길이 있으면 바로 가는 것과 같아 걸리고 막히는 일이 전혀 없었다. [노스님이 말씀하셨다. 이제야] "내가 그대를 속이지 않았다는 것을 알았겠구나."

[해설] 대혜스님은 스승 원오스님의 회상에서 두 번의 깨달음을 체험한다. 앞과 뒤가 끊어지고 모양에 동요되지 않는 무심을 체험한 것이 그 하나이고, 그 무심경계에 빠져 있다가 화두참구를 통해 다시 되살아나는 체험을 하게 된 것이 다른 하나이다. 앞과 뒤가 끊어지는 무심경계의 체험은 '모든 부처님이 몸을 드러내는 곳'에 대한 답변에서 일어났다. 이에 대해 "동쪽 산이 물 위를 간다."라고 한 운문스님의 답변이 있었지만, 원오스님은 만약 자기라면 "훈풍은 남쪽에서 불어오고, 전각이 한결 시원해졌다고 답하겠다."라고 했다. 운문스님의 답변은 상대적 차원을 무너뜨렸고(遮), 원오스님의 답변은 상대적 차원을 되살렸다(照). 대혜스님은 원오스님의 이러한 법거량을 듣고 온몸에 땀이 나면서 앞뒤가 끊어지는 체험을 한다. 스스로 목말라하던 무심경계를 체험한 것이다.

그렇지만 스승은 대혜스님의 이 무심경계의 위험성을 지적한다. 자아를 온전히 허문 죽음의 자리라는 점에서는 대견하지만 화두참구를 내려놓고 편안하게 무심에 머무는 것이 문제라는 것이었다. 그러면서

'있음과 없음의 말들은 마치 등넝쿨이 나무에 의지하는 것과 같다'는 공안을 들어 재차 그를 화두참구의 자리로 몰고 간다. 대혜스님이 스승과 함께 저녁 공양을 하면서 젓가락을 들고 밥 먹는 일을 잊었다는 것은 화두참구가 그만큼 간절해졌다는 뜻이 된다. 그것은 마치 개가 뜨거운 기름솥을 보고 있는 것과 같아서 핥고 싶지만 뜨거워서 혀를 대지 못하고, 그렇다고 버리고 떠날 수도 없는 상황에 비유된다.

원오스님은 이 화두참구의 진실성을 인정한다. 벗어버릴 수 없는 금강의 올가미와 같고, 목에 걸린 밤송이와 같은 그런 차원이라야 진실한 화두참구라 할 수 있다는 것이다. 이 금강의 올가미와 목에 걸린 밤송이의 비유는 은산철벽, 쇠뿔에 들어간 쥐(老鼠入角) 등과 함께 수승한 화두참구의 경계를 표현하는 관용어에 해당한다.

대혜스님은 이렇게 공부가 익은 뒤, 원오스님의 입을 통해 '나무가 넘어지고 등넝쿨이 말라 버린 자리'에 대한 오조법연스님의 답변을 듣게 된다. "서로 따라온다."는 법연스님의 답변이 그것이었다. 이 말끝에 대혜스님은 공空조차 내려놓는 공공空空의 중도 도리를 몸으로 체득한다.

이와 같이 대혜스님은 움직임과 고요함의 두 모양에 흔들리는 차원 →움직이는 생각들이 사라지고 고요한 무심에 머무는 차원→고요한 무심에서 화두참구를 밀고 나가 다시 되살아나는 차원에 도달한다. 궁극의 깨달음을 얻은 것이다. 성철스님은 고요한 무심에 머물지 않고 화두참구를 강화하여 사중득활死中得活의 차원에 이른 대혜스님의 모델을 보여주기 위해 이 문장을 인용하였다.

인용문에 표시한 것과 같이 생략된 부분이 절반을 넘는다. 이 인용문은 성철스님 문장 인용의 다양한 특징들을 종합적으로 확인할 수 있는 예라 할 수 있다. 우선 전체 문장의 인용 의도는 일념불생의 무심에 이른 자리에서 다시 되살아나야 진정한 깨달음이라 할 수 있다는 점을 밝히는 데 있다. 오매일여에 이른 자재위보살과 10지보살은 어떻게 되살아나는가? 여기에서는 재발심하여 화두참구에 들어가는 길을 제시한다. 이에 대해 성철스님은 다음과 같이 강조한다.

교가에서는 오매일여 숙면일여가 된 자재위에 들어가면 굳이 애쓰지 않아도 성불한다고 하였다. 그러나 이는 많은 시일을 요할 뿐 아니라 10지보살도 잘못하면 외도에 떨어질 수 있다. 따라서 종문에서는 이를 인정치 않고 10지와 등각마저 봉사나 잠을 덜 깬 이로 취급해 눈을 뜨고 잠을 깨는 방법으로 공안을 제시하는 것이다.[255]

이를 밝히기 위해 대혜스님이 원오스님의 회상에서 체험한 두 번의 깨달음에 대한 회고담을 인용한 것이다. 원문과 비교하여 살펴볼 부분은 다음과 같다.

①의 '이 늙은이가 원오 스승님이 ~을 예로 들어 얘기하시는 것을 보고(老漢이 見圓悟老師)'의 구절은 성철스님이 새로 구성한 것이다. 대혜스님은 이런저런 부분적 깨달음을 체험했지만 여전히 앞과 뒤가 끊어지는 체험을 얻지 못한다. 그러다가 천녕사에서 원오스님의 설법을 듣게 된다. 한 중이 운문스님에게 '어떠한 것이 부처님이 몸을 나타내는 곳'인지를 질문했을 때 운문스님은 "동쪽 산이 물 위를 간다."라고 대답했지만 자기는 다르게 대답하겠다는 것이었다. 바로 "훈풍은 남쪽에서 불어오고, 전각이 한결 시원해졌다."라는 답변이었다.

원래 이 구절은 당나라의 명필 유공권柳公權이 당문종唐文宗과 작시 유희를 하는 중에 내놓아 천하의 칭송을 얻은 시구이다. 황제가 "사람

---

255 퇴옹성철(2015), pp.213-214.

들은 모두들 더위가 싫다지만 나는 여름날 긴 하루를 좋아하네.(人皆苦炎熱, 我愛夏日長.)"라는 앞 구절을 내놓고 신하들이 그에 어울리는 짝을 내놓는 현장이었는데, 유공권의 이 구절이 가장 높은 평가를 받았다는 것이다.

선승들 간의 법거량은 이러한 작시 유희와 형식적으로 닮아 있다. 그래서 어떤 중이 제기했다는 '모든 부처님이 몸을 나타내는 자리'에 대한 질문에 대해서도 이후 여러 가지 답변이 나오게 된다. 원오스님은 유공권의 구절을 빌려 대답을 대신한 것이다. 여기에서 성철스님은 원오스님이 법당에 올랐다는 묘사, 한 중이 운문스님에게 했다는 질문, 운문스님의 대답, 그리고 운문스님이 내놓은 대답의 일부를 모두 생략하였다. 그런 뒤 ①의 간단한 개괄식 문장으로 이를 대신하였다.

성철스님은 법문이 옛날이야기식으로 전개되는 것을 좋아하지 않는다. 그 흥미진진함이 법문의 핵심을 흐릴 수 있다고 생각했던 것 같다. 그래서 단도직입으로 원오스님의 설법 현장을 몇 개의 글자로 구성하여 그 상황을 개괄한 것이다.

②에 보이는 것처럼 중의 질문과 운문스님의 대답, 그리고 '만약 자기였다면 그 질문에 다른 대답을 내놓았을 것'이라는 원오스님의 말이 생략되었다. 이 구절이 들어오면 다시 중의 질문과 운문스님의 대답이 제시되고 또 그에 대한 설명이 있어야 한다. 이렇게 되면 까마득한 무심에서 화두참구를 통해 되살아나는 대혜스님의 오도 과정에 군말이 끼어들게 된다. 생략의 이유가 되는 것이다.

③과 같이 '전각이 한결 시원해졌다. 여기에서(殿閣生微凉, 向這裏)'의 구절이 생략되었다. '훈풍은 남쪽에서 불어오고'와 짝이 되는 구절이다. 선을 닦는 사람들이라면 이 훈풍과 시원함의 댓구를 잘 알고 있으리라 보았기 때문에 생략한 것 같다. 또 어차피 이 시구를 둘러싼 구체적 상

황과 문답이 이미 생략된 상황이므로 한 구절 더 생략해도 무리가 없을 것으로 보았을 수도 있다.

④의 '비유하자면(譬)'은 그 뒤의 '~과 같다(如)'와 의미상 중복되므로 생략하였다. '비여譬如'는 구어체에 많이 쓰이고, '여如'는 문언문에 많이 쓰인다. 성철스님이나 한국의 한문 독자들은 문언문에 익숙하므로 이를 문언문화하여 전달의 효과를 높이고자 한 것이다. 성철스님은 설법의 표현에 있어서나 문장의 구성에 있어서나 그 의미가 분명하게 드러나는 단도직입의 방식을 선호한다. 그래서 그것이 한 글자이든, 한 구절이든, 한 문단이든, 여러 문단이든 일단 군말이라고 판단되면 바로 생략해 버리는 것이다.

⑤의 '그때 온몸에서 땀이 솟아났다(當時通身汗出)'를 생략하였다. 새로운 경계 체험에 따른 신체적 변화를 묘사한 구절이다. 그런데 그것은 '모양에 따른 동요가 일어나지는 않았다(動相不生)'는 무념의 체험에서 일어나는 부수적 경계이다. 의미상 중복되므로 생략한 것으로 보인다. 더구나 이 문장은 그 구체성으로 인해 더 기억에 남게 된다. 설법의 핵심이 흐려지고 경계의 체험만 남게 되는 것이다. 생략이 행해진 이유다.

⑥의 '하루는 스승의 방에 들어갈 기회가 있었는데(得一日去入室)'가 생략되었다. 대혜스님이 설법을 듣는 구체적 상황에 대한 묘사이다. 이것이 설법의 핵심과 무관한 스토리를 만들어 낸다고 보아 생략한 것 같다.

⑦에서 '노스님이 말하기를(老和尚曰)'을 '스승님이 이르기를(老師云)'로 바꾸었다. 노스님은 구어체로서 친근한 느낌이 있고 스승님은 정중한 느낌이 있다. 또 '왈曰'은 직접화법에 쓰이고, '운云'은 발화된 내용을 서면어로 전환하여 기술하는 데 쓰인다. 현대문으로 표현하자면 '왈曰'로 전달되는 말은 큰 따옴표(" ")로, '운云'으로 전달되는 말은 작은 따옴표(' ')로 표현될 수 있을 것이다. 성철스님은 이 설법을 엄숙한 분위기, 정중

한 문언문으로 전달하고 싶었던 것으로 보인다.

⑧의 '네가 이러한 차원에 도달한 것도 쉬운 일은 아니다(也不易爾到這箇田地)'는 구절이 생략되었다. 이것은 대혜스님이 앞과 뒤가 끊어진 자리에 도달한 일을 대견하다고 평가해 주는 말이다. 그런데 원오스님은 바로 뒤이어 "애석하다."라고 말한다. 죽음과 같은 무심에서 다시 살아나야 진정한 깨달음에 이를 수 있는데 이것을 하지 못하고 있다는 아쉬움을 표현하는 말이다. 원오스님의 발언 핵심은 이 '애석하다'에 있다. 그런데 ⑧의 문장을 함께 담으면 칭찬과 비판이 함께 담기는 양가적 문장이 된다. 전달하고자 하는 주제를 흐릴 수 있으므로 이 구절을 생략한 것이다.

⑨의 '그대(爾)'를 생략하였다. 죽었다가 살아나지 못하는 대혜스님의 개인적 상황을 보편적 상황으로 바꾸기 위한 조치이다.

⑩의 '이런 말도 있지 않느냐, 까마득한 절벽에서 손을 놓기를 스스로 스스로 기꺼이 받아들여야(不見道, 懸崖撒手自肯承當)'라는 구절이 생략되었다. 이것은 바로 뒤의 '완전히 끊어진 뒤라야 되살아날 수 있다(絶後再甦)'는 구절과 같은 뜻이다. 아마 그 형상적 묘사가 마음에 걸렸을 것이다. 성철스님은 구체적 묘사, 형상적 묘사가 설법에 도움이 안 된다고 보는 입장이다. 그래서 구체적이고 형상적인 묘사가 나오면 거의 대부분 이를 생략하는 것이다. 냉정하게 핵심만을 밝히는 문장만 제시하는 것은 빠름을 추구하는 성철스님 법문의 특징이다.

⑪에 생략된 긴 문단은 무심의 경계에 안주하는 대혜스님을 시자실에 배치하여 접객하는 일을 맡겼다는 사연을 담고 있다. 이는 공부의 인연을 이어가도록 하려는 스승의 배려였다. 성철스님은 이를 논거로 하여 무상정의 불완전한 무심에서 멸진정의 크게 죽는 자리로 들어가야 하고, 거기에서 새로 되살아나야 하는 도리를 보여주고자 한다. 이

러한 문장 인용의 취지를 부각시키기 위해 이 흥미로운 사제 간의 밀고 당기는 상황 묘사를 생략한 것이다.

⑫와 같이 원문에 없는 '매每' 자가 추가되었다. 대혜스님의 입실이 한두 번 일어난 것이 아니므로 이러한 상황을 분명히 드러내기 위한 윤문의 일환이다.

⑬의 긴 문장이 생략되었다. 앞뒤가 끊어진 체험을 한 뒤 반년 동안 화두참구에 몰두하여 공양하는 자리에서 먹는 일까지 잊고 있다가 스승에게 황양목黃楊木과 같은 참선을 한다는 비판을 받았다는 내용이다. 황양목은 거꾸로 줄어드는 것처럼 보일 정도로 더디게 자라는 나무이다. 원오스님이 보기에 대혜스님의 참선이 그처럼 더디게 진행되었다는 말이다. 그럼에도 이것은 무심의 편안한 경계에 집착하지 않고 새롭게 화두참구를 강화해 간 결과이다. 그러므로 황양목과 같은 참선을 한다는 원오스님의 말에는 칭찬의 뜻도 숨어 있다.

이에 대혜스님은 자신의 이러한 화두일념의 간절함과 막막함을 뜨거운 기름솥을 앞에 두고 혀를 대보지도 못하고 그렇다고 포기하고 떠나지도 못하는 개의 상황에 비유한다. 성철스님은 이 절묘한 비유를 살리는 대신 밥 먹기조차 잊었던 구체적 상황의 묘사를 생략하였다. 하나는 비유이고, 하나는 구체적 상황의 묘사이다. 둘 다 성철스님이 반기는 바는 아니다. 그래서 동일한 내용을 전달하는 두 구절 중 하나만을 선택한 것이다. 하나만 가지고도 설법의 핵심을 충분히 전달할 수 있을 것으로 보았기 때문이다.

⑭와 ⑮가 생략되었다. 스승 원오스님과 제자 대혜스님의 직접화법이 갖는 현장성을 지우기 위한 조치이다. ⑭의 '마침내(遂)'는 황양목 같은 참선을 한다는 스승의 비판에 대해 '바로' 대응했음을 드러내는 말이고, ⑮의 '스님(和尚)'은 대혜스님이 직접 스승 원오스님을 부르는 말이

다. 이것이 어록체 문건이므로 그 현장에서 오갔던 말을 직접화법으로 기록한 것이다. 성철스님은 직접화법의 구어투를 정리하여 간결한 서술문으로 바꾸었다. 구어투의 중언부언을 싫어했기 때문이다. 이와 관련하여 원택스님은 『본지풍광』 제1칙인 '덕산탁발화' 녹취록을 올렸다가 몇 번이나 퇴짜를 맞았다는 회고를 한 바 있다. 노스님이 구어투를 맘에 들어하지 않았기 때문이었다[256]는 것이다.

⑯에 생략된 '저著' 자는 구어체에서 동사 '간看'과 결합하여 진행형 의미를 형성하는 보어이다. 이를 생략함으로써 구어체의 흔적을 지웠다. 한글이나 한문이나 구어체보다는 문어체를 선호하는 성철스님의 입장이 확인되는 부분이다.

⑰에는 원오스님의 비유가 생략되었다. 원오스님은 대혜스님의 상황을 '금강의 올가미(金剛圈)'와 '목에 걸린 밤송이(栗棘蓬)'에 비유한다. 긍정적 평가가 담긴 비유이다. 성철스님은 이 비유들이 모두 화두일념을 표현하는 것이므로 여러 가지를 제시할 필요가 없다고 보았던 것 같다. 그리하여 기름솥을 떠나지 못하는 개의 비유만 남기고 나머지를 모두 생략하였다. 독자의 시선이 분산되는 것을 막고 전달하고자 하는 핵심을 부각시키고자 하는 언어 전략이다.

⑱은 ⑲의 긴 문장을 요약하여 성철스님이 새로 구성한 문장이다. 당시 대혜스님은 스승의 지도를 받아 '있음과 없음의 말들은 마치 등넝쿨이 나무에 의지하는 것과 같다(有句無句如藤倚樹)'는 공안을 참구하고 있었다. 마침 어떤 수행자가 원오스님에게 이 공안에 대해 법연스님은 어떻게 답변했는지 묻는다. 이에 원오스님이 머뭇대자 대혜스님이 다시 물어 그 대답을 얻어낸다. 성철스님은 이 상황 묘사를 전부 생략해 버

---

[256] 『백일법문』(상), 장경각, 1992, pp.8-9.

린다. 대신 '하루는 스승님이 나무가 넘어지고 등넝쿨이 마르면 서로 따르게 된다고 한 공안을 예로 들었다(一日에 老師가 擧樹倒藤枯相隨來也어늘)'는 축약문을 재구성하여 제시한다.

공안의 문답과 오도인연은 모든 조사 어록의 핵심이고, 특히 그 묻고 대답하는 흥미진진한 현장성은 어록의 특징이다. 성철스님은 이것을 모두 생략하였다. 구어체 문장을 꺼렸기 때문이기도 하고, 현장감 넘치는 묘사로 인해 진정한 깨달음을 향한 대혜스님과 원오스님의 피 튀기는 전투 현장을 하나의 연극처럼 관람하는 일이 있을까 우려하였기 때문이다. 송대 이후 연극과 같은 문자 유희에 빠진 문자선의 폐단이 있었고, 우리의 수행 현장에도 말장난 같은 법거량이 성행하는 폐단이 있었다. 법거량의 흥미진진한 현장성을 지워 버린 것은 이러한 폐단을 바로 잡고자 하는 고심의 결과가 아니었을까 생각된다.

⑳의 '그 말을 듣자마자(纔聞擧)'가 생략되었다. 나무가 넘어지고 등넝쿨이 마르면 어떻게 되느냐고 다그치는 질문에 법연스님은 "서로 따라오겠지(相隨來也)."라고 대답한다. 원오스님이 이러한 스승의 말을 듣고 바로 깨달았다는 뜻이다. 조사선은 말끝에 깨닫기를 특징으로 한다. 그렇지만 그것은 도저한 화두참구의 끝에 일어나는 하나의 사건이다. 그런 점에서 말끝에 일어나는 깨달음은 우연처럼 보이는 필연이다. 성철스님은 이 구절을 생략함으로써 깨달음을 우연한 사건으로 보는 오해를 차단하고자 한 것으로 보인다.

㉑의 '노스님(老和尙)'을 '스승님(老師)'으로 바꾼 것은 친근한 구어체적 호칭을 정중한 호칭으로 바꾼 것이다.

㉒의 '이爾' 자를 대신하여 '니你' 자를 썼다. 두 글자 모두 '너'를 지칭하는 2인칭 대명사로서 통용 관계에 있다.

㉓의 '공안公案'에 '안案' 자가 누락되었다. 1981년 초판본에 바로 되

어 있던 것이 이후 가로쓰기로 바꾸면서 2015년 본과 같은 오류가 일어났다. 단순 탈자이므로 복원되어야 한다.

㉔에서는 '미未' 자를 '불不' 자로 바꾸었다. '불不'을 '투透'와 결합하면 '뚫지 못한다(透不得)'는 가능보어의 부정형이 된다. 이것을 원문과 같이 '투미득透未得'으로 해도 뜻에 큰 차이는 없다. 다만 '투부득透不得'이 보편적으로 자주 쓰이며 문법적으로도 옳다. 원문에 대한 교정의 의도가 있다.

㉕의 구절을 생략하였다. 생략된 부분은 '이 늙은이가 말하였다. "스님께서 공안의 예를 들어보십시오." 이에 노스님이 ~'의 방식으로 전개되는 직접화법의 문장이다. 이것을 생략하고 헷갈리는 공안을 연거푸 들었다는 문장만 남겨 놓았다. 역시 직접화법, 구어체를 불편해하는 성철스님의 문장관이 반영된 결과이다.

㉖의 '~한 때(時)'가 생략되었다. 번역문에는 '태평무사시太平無事時'로 원문대로 번역되어 있으므로 단순 탈자에 해당한다. 복원되어야 한다.

㉗의 '걸리고 막힌다'는 뜻의 '체애滯礙'가 '대애帶礙'로 되어 있다. 1981년 초판본에 바로 되어 있던 것이 이후 가로쓰기로 바꾸면서 2015년 본의 오류로 이어졌다. 오자이므로 교정해야 한다.

대체적으로 성철스님의 생략을 통한 요약, 혹은 새로운 문장 구성을 통한 축약은 의도한 바 효과를 거두고 있는 것으로 보인다. 다만 ㉘과 같이 생략으로 인해 문맥의 주술 관계가 뒤틀리는 경우도 있다. '노스님이 말씀하였다. 이제야(老和尙曰, 如今)'의 구절을 생략하였는데, 이것은 '내가 그대를 속이지 않았다는 것을 알았겠구나(方知道我不謾爾)'에 연결된다. 원래의 문장에서 '나'는 원오스님이고, 그대는 대혜스님이 된다. 그런데 '노스님이 말씀하셨다(老和尙曰)'를 생략하는 바람에 다음과 같이 주어가 혼동되는 번역문이 나오게 되었다.

제9장 사중득활 · 463

내가 삼전양전三轉兩轉하여 절단截斷하되 태평무사시太平無事時에 대로大路를 얻어 문득 행진行進함과 같아서 다시 체애滯礙함이 없으니, 바야흐로 내가 그대를 기만欺瞞하지 못한다 함을 알았다.[257]

원래 문맥으로는 앞의 '내가'는 대혜스님 자신을 가리키고, 뒤의 '내가'는 원오스님을 가리킨다. 내(대혜)가 막힘 없는 자리에 이른 것을 보고 원오스님이 "봐라! 내(원오)가 그대를 속인 것이 아니지 않느냐."고 확인한 것이다. 그러나 인용문, 혹은 번역문만 가지고는 그것을 파악하기 어렵게 되어 있다. 몇 글자를 줄이려다가 난해한 문장을 만들고 만 경우에 속한다.

㉙의 '만瞞' 자는 81년도 본에 '만謾' 자로 되어 있던 것을 편집자가 바꾼 것이다. 모두 '속이다'는 뜻이지만 원문이나 성철스님 원고에 모두 '만謾'으로 되어 있으므로 바로 잡아야 한다. 다만 번역문에 이 글자를 '기만欺瞞'으로 옮겼는데 이것까지 바꿀 필요는 없다. 한자어에서는 '기만欺謾'보다는 '기만欺瞞'이 일반적 표기이기 때문이다.

㉚과 같이 '이爾' 자를 '니你' 자로 바꾸었다. 통용되는 글자로서 뜻의 변화는 전혀 없다.

【9-6】 半月餘에 動相이 不生하나 ①[可惜不遇大手眼尊宿] 不合 ②[向]這裏하야 坐住니 謂之見地不脫이니 礙正知見이니라 每於睡 著하야 ③無夢想見聞地엔 打作兩橛하야 ④[公案有義路者, 則理 會得. 如銀山鐵壁者, 却又不會. 雖在無準先師會下, 多年入室陞 座, 無一語打著心下事.] 經教語錄⑤[上]에 無⑥[亦無一語]可解此

---

257 퇴옹·성철(2015), p.210.

病이라 ⑦[如是]礙在胸中者十年이러니 一日에 ⑧[在天目佛殿上行,
擡眼] 見枯栢⑨[一株古柏,]하고 觸目省發하야 向來所得境界가 ⑩
[礙膺之物,] 撲然而散하고 如闇室中에 出在白日하야 ⑪[從此不疑
生, 不疑死, 不疑佛, 不疑祖.] 始得⑫[見]徑山老人의 立地處하니
好與三十棒⑬[拄杖]이로다

선문정로 반월여半月餘에 동상動相이 불생不生하나 저리這裏에 좌주坐
住하면 합당合當치 못하니, 견지불탈見地不脫이라 운위云謂하여 정지견
正知見을 장애한다. 매양每樣에 숙면熟眠하여 몽상夢想과 견문이 없을
때에는 절단되어 양궐兩橛을 타작打作하여 경교經敎와 어록에서 차병
此病을 해소할 수 없었다. 흉중胸中에 체애滯礙하여 있은 지 10년이러
니, 일일一日에는 고백枯栢을 보고 촉목觸目하여 대성발오大省發悟하여
향전向前의 소득所得한 경계가 박연撲然히 산멸散滅하였다. 그때 암실
闇室에서 백일하白日下에 나와 있음과 같아서, 비로소 경산노인徑山老
人(무준無準)의 입지처立地處를 득견得見하니 30방三十棒을 타여打與함이
대호大好하다.

현대어역 반 달 넘게 모양에 따른 동요가 일어나지는 않았으나 [애석
하게도 큰 수단과 안목을 갖춘 고승을 만나지 못해] 여기에 앉아 머
무는 것은 옳지 않은 것으로서 보는 주체의 자리를 벗어나지 못해
바른 앎과 바른 봄에 장애가 된다는 지적을 받지 못했다. 매번 잠에
들어 꿈을 꾸거나, 생각하거나, 보거나, 듣는 일이 없어지는 자리가
되면 [이때] 상대되는 두 기둥이 세워져 [의미로 이해되는 공안은 깨
달아 알 수 있었지만, 은산철벽과 같이 길이 끊긴 것은 여전히 알 수
없었다. 비록 무준선사의 회상에서 여러 해 소참법문이나 대중설법

이 있었지만 내 심중의 일을 건드려 주는 말이 전혀 없었다.] 경전이나 어록에도 나의 병통을 풀어주는 말이 [역시 한마디도] 없었다. [이와 같이] 가슴에 걸린 것이 10년이 되었다. 하루는 [천목산天目山의 불전 앞을 지나가다가 눈길을 드는데] 오래된 측백나무가 [한 그루] 보이는 것이었다. 그것이 눈에 들어오면서 성찰이 일어나 이제까지 얻었던 모든 경계가 [떨어져 나가고, 가슴에 막혔던 것들이] 산산조각 흩어져 버렸다. 마치 어두운 방에서 밝은 태양 아래로 나온 것과 같아 [이때부터 태어남과 죽음에 대한 의혹이 없어지고, 부처와 조사에 대한 의심이 사라져] 비로소 경산徑山의 노장님이 서 있는 자리를 증득하였다.[볼 수 있었다.] 30대의 주장자를 선물해야 딱이었다.

[해설] 설암스님이 자신의 공부 이력을 회고하는 장면이다. 선수행이 익어 가면서 설암스님은 몇 단계의 진전을 체험한다. 첫째는 좌선할 때에는 무심의 경계가 현전하다가 일상 활동으로 돌아오면 그것이 사라지는 시기였다. 이때 그는 혼침과 산란을 병통으로 여기고 이를 해결하고자 하였다. 당시 스님은 지객료의 서기에게 그것이 고인물(死水)과 같다는 지적을 받는다. 이에 천목산 무준스님의 회상으로 들어가 새로운 마음으로 수행에 임한다. 그곳에서 혼침과 산란의 병통을 해소하기 위해 노력하는 중에 쇠말뚝(鐵橛子)으로 불리던 수修상좌에게 조언을 받는다. 그 결과 맹렬하게 공부하되 온몸의 골절과 모공까지 화두 하나에 모아들여 마침내 은산철벽과 같은 선정을 성취하게 된다. 이때 움직이거나 앉거나 여전한(行也如是, 坐也如是) 동정일여를 성취하게 된다.

둘째는 이 동정일여를 성취로 여기고 흡족해하던 시기로서 수修상좌의 지적을 받아 다시 화두를 들어 혼침과 산란을 극복하게 된다. 이때 스님은 온몸으로 화두를 들되 '이것이 무슨 도리인가(是甚麼道理)' 하는 간절한 의심을 일으켜 바로 선정에 들어가게 된다. 그리하여 눈앞이 환하게 열리며 삼라만상은 물론 번뇌망상과 혼침산란조차 진여자성에서 흘러나온 진리의 현장임을 확인한다. 움직이는 모양의 장애가 사라진 자리였다. 당시 스님을 친근하게 이끌어주던 수상좌가 이것을 축하한 것을 보면 수상좌가 도달한 자리도 여기였다. 스님은 여기에 머물러 버린다. 고요함의 장애(靜相)에 빠진 것이다.

셋째는 인용문과 같이 잠이 들면 상대되는 두 기둥이 세워져 분별에 떨어지는 상황을 해결한 단계이다. 당시 스님은 깨어 있을 때와 잠이 들었을 때가 서로 다른 병통에 빠져 있었다. 이에 그 해결을 위해 10년을 공부하다가 법당 앞 늙은 측백나무를 보고 문득 깨닫게 된다.

성철스님은 이러한 설암스님의 경우를 수행의 모델로 제시하고자 한다. 무엇보다도 몽중일여의 수승한 경계에서 그것이 병통인 줄 알고 진정한 오매일여에 도달하기 위해 간절한 노력을 기울였다는 점을 높이 찬양한다.

원래 설암스님의 이 오도인연담은『설암조흠선사어록』,『불조강목』,『종범』,『선관책진』등에 보이는데, 내용은 동일하지만 문장의 출입이 많다. 인용문은 설암선사의 어록에서 가져온 것으로 밝혀져 있다. 그렇지만 성철스님이 구성한 인용문과 가장 비슷한 문장은『선관책진』에서 찾아진다. 여기에서 생략된 글자들은 대체적으로 그것이 없어도 뜻이 통하는 문법적 기능을 갖는 용어들이지만 비교적 긴 구절의 생략에 대해서는 주의 깊게 살펴볼 필요가 있다.

『선관책진』을 기준으로 볼 때 ①과 같이 '애석하게도 큰 수단과 큰 안목을 갖춘 고승들을 만나지 못했다(可惜不遇大手眼尊宿)'는 구절이 생략되었다.『설암조흠선사어록』에는 "애석하게도 큰 안목과 큰 수단을 갖춘 고승을 만나 지적을 받지 못했다.(可惜許, 不遇具大眼目, 大手段尊宿, 爲我打

併.)"로 되어 있다.

　수행자는 수행의 성숙에 따라 전에 없던 경계를 체험하게 된다. 그리고 대부분 그 신묘한 경계에 매혹되어 그 자리에 머물게 된다. 부처님처럼 끝없는 자기 점검과 철저한 내려놓음, 그리고 새로운 나아감을 실천하는 경우는 흔치 않다. 이때 선지식의 안내가 필요하다. 설암스님도 고요한 무심의 경계에 도달하기까지 도반과 선배의 안내를 받았다고 회고한다.

　그러나 꿈조차 없는 숙면시에 항일하지 못한 상황을 맞이하여 이것을 뚫지 못한다. 그래서 당시 이것을 일깨워주는 스승이 있었다면 좋지 않았을까 하는 뜻에서 '애석하게도~'의 아쉬움을 토로하는 구절이 붙게 된 것이다. 이 구절을 적용하면 현대어역에 보인 것처럼 '모양에 따른 동요가 없는(動相不生)' 고요함이라 해도 여전히 보는 주체(能)와 고요함이라는 대상(所)이 둘로 나뉘어 있다는 점에서 분명한 병통에 해당한다. 이것을 스승이 지적하는 것이다. 그런데 이 구절을 생략하면 이 병통은 보편적으로 나타나는 것이 된다. 성철스님은 보편적 원리를 드러내는 것을 선호한다. 이에 비해 구체적인 상황 묘사에 대해서는 별 흥미가 없다. 그 흥미로운 상황이 눈길을 붙잡아 정작 받아들여야 할 메시지를 놓치게 되는 경우가 많다고 보았기 때문일 것이다.

　②의 '향(向)' 자가 생략되었는데 '이곳을 지향하여(向) 계속 머물러 있어서는 안 된다'는 뜻을 형성하는 데 필요한 글자이다. 1981년 초판본에는 이 글자가 그대로 있으므로 편집상의 오류에 해당한다. 복원되어야 한다.

　③의 '꿈을 꾸거나, 생각하거나, 보거나, 듣는 일이 없어지는 자리가 되면(無夢想見聞地)'의 구절은 『종범』의 표현에서 '문聞'과 '견見'의 위치를 바꾼 것이다. 출전으로 제시된 『설암어록』에는 이것이 "꿈도 없고, 생각

도 없고, 들음도 없고, 봄도 없는 자리(無夢無想無聞無見之地)"로 표현되어 있고,『불조강목』에는 "꿈과 생각이 소멸되어 사라질 때(泯無夢想時)"로 되어 있으며,『선관책진』에는 이 구절이 없다.

이 구절을 따로『종범』에서 가져다 추가한 것은 이유가 있다. 설암스님은 당시 깨어 있을 때와 잠들었을 때가 일여하지 못한 문제[258]에 막혀 있었다. 대혜스님이 그랬던 것처럼 잠이 들면 주재하는 작용이 사라지기 때문[259]이다. 몽상견문夢想見聞이 없다는 것은 성철스님식으로 말하자면 숙면시에 해당한다. 그런데『선관책진』에는 단순하게 '매번 잠이 들면(每於睡著)'으로만 되어 있어 몽중시인지 숙면시인지를 가릴 수 없게 되어 있다. 그래서 성철스님은 다른 문헌에서 별도로 해당 문단을 가져와 그것이 꿈이 없는 숙면시임을 밝힌 것이다. 나아가 이 문장에 대해 성철스님은 '매양 숙면하여(每於睡著)'와 같이 설명식으로 번역함으로써 그것이 숙면시에 일여하지 못한 문제임을 드러내고 있다.

성철스님은 몽중일여와 숙면일여의 차별성을 강조하는 입장이다. 그러므로 꿈이 없는 숙면을 표현하는 이 구절이 꼭 필요했을 것이다. 다만 함께 나열해 놓고 보아도『설암어록』은 표현의 절제가 부족하고,『불조강목』의 표현은 너무 간략하다. 이에 그 중간형인『종범』의 구절을 가져다 추가한 것으로 보인다.

④의 긴 구절이 생략되었다. '의미로 이해되는 공안은 깨달아 알 수 있었지만, 은산철벽과 같이 길이 끊긴 것은 여전히 알 수 없었으며, 비

---

[258]『雪巖祖欽禪師語錄』(X70, p.607b), "古人有寤寐一如之語, 又却透不得, 眼若不睡, 諸夢自除, 心若不異, 萬法一如之說, 又都錯會了也. 凡古人公案, 有義路可以咬嚼者, 則理會得下, 無義路, 如銀山鐵壁者, 又却都會不得. 雖在無準先師會下, 許多年, 每遇他開室, 擧主人公話, 便可以打箇㨫跳, 莫敎擧起衲僧巴鼻, 佛祖爪牙, 更無你下口處, 有時在法座, 東說西說, 又並無一語, 打著我心下事."
[259]『大慧普覺禪師語錄』(T47, p.936a), "只是睡著, 已作主宰不得."

록 무준선사의 회상에서 여러 해 소참법문이나 대중설법이 있었지만 내 심중의 일을 건드려 주는 말이 전혀 없었다'는 내용이다. 말로 설명할 수 있는 공안을 그대로 알 수 있었다는 것은 의식이 작동하는 차원에서는 문제가 없었다는 뜻이다. 이에 비해 말의 길, 생각의 길이 끊어진 공안은 전혀 알 수 없었다고 했는데, 이는 제8식을 넘어서 의식을 벗어난 차원에서는 막막할 뿐이었다는 뜻이다.

여러 판본에 나타난 해당 구절을 보면 설암스님은 자신의 이러한 병통에 대해 고민하고 있었다. 그 고민의 내용은 오매일여를 직접 체험할 수 없었다는 점에 있다. 『신심명』에서 "잠을 자지 않으면 모든 꿈이 저절로 사라지고, 마음이 분별하지 않으면 만법이 한가지로 같다."라고 했다. 그런데 스스로 확인해 보면 이것을 바로 깨닫지 못했음이 분명한 상황260이었다. 성철스님은 이것을 생략하였다. 이것들이 모두 '경전이나 어록에도 나의 병통을 풀어주는 말이 없었다'는 한 구절로 묶을 수 있는 내용이라 보았기 때문이다. 구어체보다 문어체를, 구체적 표현보다 요약적 표현을, 형상적 묘사보다 논리적 기술을 중시했던 성철스님의 단도직입적 문장관이 확인된다.

⑤의 '상上' 자는 없어도 좋은 접미사이므로 생략하였고, ⑥에서는 '역시 한마디도 없었다(亦無一語)'는 말을 '없었다(無)'로 줄여서 표현하였으며, ⑦에서는 앞의 상황을 받는 '이와 같이(如是)'를 생략하였다. 의미상의 변화는 없으며 모두 문장을 간략히 축약하기 위한 조치이다.

⑧의 '천목산의 불전 앞을 지나가다가 눈길을 드는데(在天目佛殿上行, 擡眼)'가 생략되었다. 스님이 잠잘 때와 깨어 있을 때가 다른 이러한 병

---

260 『雪巖祖欽禪師語錄』(X70, p.607b), "古人有寤寐一如之語, 又却透不得, 眼若不睡, 諸夢自除, 心若不異, 萬法一如之說, 又都錯會了也."

통으로 답답해하기를 10년이 되었을 때였다. 어느 날 천목산의 불전 앞에서 일 없이 거닐다가 우연히 눈길을 드는데 늙은 측백나무가 눈에 들어왔다. 그 순간 설암스님은 이전까지의 경계가 모두 떨어져 버리고 가슴에 막혔던 것이 산산조각이 나 흩어져 버리는 일을 체험한다. 이전까지 얻었던 경계가 날아가 버렸으므로 주체(能)가 소멸한 것이다. 가슴에 막혔던 것이 산산조각이 나 흩어져 버렸으므로 대상(所)이 소멸한 것이다. 성철스님은 이 구절을 생략하였다. 그리고는 늙은 측백나무가 눈에 들어오는 순간 주체와 대상이 소멸하게 된 상황만 남긴다.

성철스님은 실제 말하는 속도도 빨랐지만 도의 표현에 있어서도 빠른 말을 구사하고자 한다. 불전 앞에서 산책을 하던 상황과 눈길을 드는 동작에 대한 묘사는 청법자의 흥미를 일으키는 데 효과적이다. 그러나 그것에 흥미가 쏠려 핵심을 놓칠 수 있다. 성철스님은 이것을 고민한 것이다. 그러므로 말도 빨리, 표현도 빨리 함으로써 단도직입, 핵심으로 들어가도록 문장을 구성한 것이다. 이것이 성철스님 문장 손질의 큰 특징이라 할 수 있다.

⑨의 '한 그루 늙은 측백나무(一株古柏)'의 '늙은 측백나무(古柏)'를 '마른 측백나무(枯柏)'로 바꾸었다. 이 '마를 고枯' 자는 '옛 고古' 자의 오자로 보인다. 다만 이것이 죽음과 같은 무심경계를 말하는 대목이므로 일부러 바꾼 것일 수도 있으므로 교정할 수는 없다.

⑩의 '가슴에 막혔던 것들(礙膺之物)'이 생략되었다. 원래 이 문장은 '얻었던 경계→날아가 버림(一時颺下), 막힌 것들→산산조각 남(撲然而散)'의 주술 관계로 이루어져 있다. 그런데 성철스님은 중간을 생략하고 앞의 주어와 뒤의 술어를 합쳐 '얻었던 모든 경계가 산산조각 흩어져 버렸다'는 새 문장을 구성한다. 어차피 움직임과 고요함의 분별이 일어나지 않아(動靜二相不生) 주체와 대상이 소멸하게 된(能所雙亡) 삼매와 깨달음

을 말하는 것이므로 뜻에는 차이가 없다. 다만 이를 통해 절제된 문장을 구성할 수 있다는 점, 나아가 수행자들에게 무엇인가 얻었다는 생각이 있으면 티끌조차 내려놓아야 한다는 평소의 주장을 드러낼 수 있다는 점을 분명히 할 수 있다고 보았던 것 같다.

⑪과 같이 '이때부터 태어남과 죽음에 대한 의혹이 없어지고, 부처와 조사에 대한 의심이 사라졌다(從此不疑生, 不疑死, 不疑佛, 不疑祖)'는 표현이 생략되었다. 삶과 죽음이 둘이 아님을 깨달았으므로 태어남과 죽음에 대한 의혹이 일어나지 않은 것이다. 중생과 부처가 다르지 않음을 깨달았으므로 부처와 조사가 다르지 않을까 하던 의심이 사라진 것이다. 생략된 구절은 이러한 의미를 전달한다. 원래 성철스님도 이러한 중도불이의 법을 설하는 데 철저하다. 그렇지만 진정한 무심의 성취 없는 불이의 표현은 모두 구두선에 불과하다는 점을 강조하는 입장에 있다. 그리하여 설암스님이 드디어 그 스승인 경산무준스님과 동일한 차원에 서게 되었다는 말로 이 불이의 표현을 대신하고자 한 것이다.

⑫의 '견見' 자를 생략하였다. 이것을 생략하지 않으면 '볼 수 있었다(得見)'는 뜻이 되고, 이것을 생략하면 '얻었다(得)'는 뜻이 된다. 생략하는 것이 완전한 깨달음을 얻었다는 뜻을 표현하는 데 더 효과적인 것이다.

⑬에서는 '주장자(拄杖)'를 '몽둥이(棒)'로 바꾸어 표현하였다. 몽둥이 30방은 선가의 관용어에 가깝다. 익숙한 표현으로 바꾸어 읽기에 편하도록 한 것이다.

한 가지 이 구절과 관련하여 음미해 볼 일이 있다. 이것은 설암스님이 스스로의 둔함을 자책하는 의미를 담고 있다. "큰 힘과 근기를 갖춘 사람이었다면 그렇게 허다한 곡절을 거칠 일이 없는 일"[261]이라 생각했

---

261 『雪巖祖欽禪師語錄』(X70, p.607b), "何故, 若是大力量大根器的人, 那裡有許多曲折."

기 때문이다. 이 구절에 대한 성철스님의 번역문은 '30방三十棒을 타여 他與함이 대호大好하다'와 같이 칭찬과 인정의 의미가 읽히도록 구성되어 있다. 원래 선사의 몽둥이는 꾸짖음인 동시에 시원하게 소통하는 공감의 표현이라는 점을 안다면 문제가 없을 것이다.

【9-7】 雪巖이 問曰 日間浩浩時에 ①[還]作得主麼아 答하되 ②[云] 作得③[主]이니이다 ④[又問]睡夢中에도 作得主麼아 ⑤[答云] 作⑥[得]主니다 又問하되 正睡著⑦[時]하면 ⑧[無夢無想, 無見無聞,] 主在何⑨[甚麼]處오 於此⑩[到遮裏直得]엔 無言可對며 無理可伸이라 ⑪[和尙却囑云, 從今日去, 也不要你學佛學法, 也不要你窮古窮今. 但只飢來喫飯, 困來打眠, 纔眠覺來, 却抖擻精神, 我遮一覺, 主人公畢竟在甚處安身立命, 雖信得及, 遵守此語, 奈資質遲鈍, 轉見難明. 遂有龍鬚之行, 卽自誓云, 拚一生做箇癡獃漢, 定要見遮一著子明白.] 後⑫[經及]五年에 ⑬[一日寓庵宿睡覺, 正疑此事, 忽同宿道友推枕子墮地作聲,] 驀然打破疑團하니 ⑭ [如在羅網中跳出, 追憶日前佛祖所疑諸訛公案, 古今差別因緣, 恰如泗州見大聖, 遠客還故鄉, 元來只是舊時人, 不改舊時行履處.] 自此로 安邦定國하야 ⑮一念無爲하야 天下太平[天下太平, 一念無爲]하니라

선문정로 설암雪巖이 묻기를, "일간日間 호호浩浩히 분주할 때에 ⑯일여一如하느냐?" 답하되, "일여합니다." "몽중夢中에도 일여하느냐?" "일여합니다." 또 묻되 "정正히 숙면할 때에는 주인공이 하처何處에 있느냐?" 여기에서는 언어로써도 가히 대답할 수 없으며, 이치로도 가히 신설伸說할 수 없었다. 5년 후에 의단疑團을 타파하고 대오하니,

제9장 사중득활 · 473

자차自此로 안방정국安邦定國하여서 일념무위一念無爲하여 천하가 태평하다.

현대어역 설암스님이 물으셨다. "낮에 활발할 때 [여전히] 주인공으로 있는가?" 내가 대답하였다. "주인공으로 있습니다." [또 물으셨다.] "잠에 들어 꿈을 꿀 때에도 주인공으로 있는가?" [내가 대답하였다.] "주인공으로 있습니다." 또 질문하셨다. "완전히 잠이 들었을 때 [그렇게 꿈도 없고, 생각도 없고, 봄도 없고, 들음도 없을 때] 주인공은 어디에 있는가?" 이에 [여기에 이르니 오로지] 대답할 수 있는 말이 없고, 펼칠 수 있는 이치가 없었다. [스님께서 당부하여 말씀하셨다. "오늘부터 부처니 진리니 하는 것들을 공부하지 말고, 옛날이니 지금이니 궁리하지 말아라. 그저 배고프면 밥을 먹고, 피곤하면 잠을 자고, 잠에서 깨면 정신을 바짝 차려 단 한 가지, 주인공은 결국 어디에 있는지, 몸 붙이고 뜻 기탁할 곳은 어디인가를 알아차리도록 해라." 비록 그 말씀을 믿고 따르기는 했지만 자질이 둔하여 아무리 보아도 밝아지지 않았다. 그리하여 용수산龍鬚山에 가서 스스로 맹세하였다. '일생을 부여잡고 멍청한 바보로 사는 한이 있더라도 이것만은 분명하게 보고 말겠다.'] 5년 이후[5년이 지나고] [하루는 암자에서 잠자리에 들어 이 일을 참구하고 있는데 문득 함께 자던 도반의 퇴침이 땅에 떨어지는 소리에] 문득 의문 덩어리가 깨졌다. [마치 그물에서 풀려난 것 같았다. 예전에 부처님이나 조사들이 내려준 어려운 공안들이나 옛날과 오늘날의 다양한 인연들이 마치 사주泗州에서 대성인을 뵙듯, 먼 길을 떠났던 나그네가 고향에 돌아온 듯하였다. 원래 알던 그때의 사람들이고, 변함없이 그때 다니던 곳이었다.] 이로부터 지역이 안정되고 국가가 평정되어 천하가 태평해져 한 생각도 의식적으로 행하는 바가 없게 되었다.

[해설] 고봉스님은 20살에 깨달음에 뜻을 두고 3년 기한으로 참선을 시작하여 24살에 깨달음을 얻었다. 당시의 공부가 얼마나 치열했던지 함께 참선하던 도반이 스스로 공부하는 것보다 그의 견성성불을 돕는 것이 더 뜻있겠다고 생각하여 조석으로 시봉한 일까지 있었다. 설암스님에게서 공부했는데 참문할 때마다 '누가 이 죽은 시체를 끌고 왔는가(阿誰與你拖箇死屍來)'를 묻고 대답하려 하면 말이 끝나기도 전에 후려치기를 반복했다. 이후 '만법이 하나로 돌아간다고 하는데 하나는 어디로 돌아가는가(萬法歸一, 一歸何處)' 하는 화두에 의정이 일어나 깊은 선정에 들었고, 오조법연스님의 진영을 보다가 문득 주체와 대상이 사라져 거울이 거울을 비추는 것과 같은 견처를 얻었다. 기왕의 화두들을 점검해 보아도 틀림없는 자리였다. 그럼에도 설암스님에게 이것을 인정받지 못했다. '꿈도 없는 잠이 들었을 때 주인공은 어디 있는가'라는 질문에 막혔기 때문이다. 그 뒤 5년간 화두의심으로 세월을 지내다가 도반의 목침이 떨어지는 소리에 깨달았다. 이상이 인용문의 내용이다. 그러니까 최초의 깨달음으로 모든 공안을 타파했지만 숙면일여가 아니라면 깨달음으로 나아갈 수 없다는 설암스님의 지적을 받아 다시 5년간 공부하여 진정한 깨달음을 얻었다는 것이다.

성철스님은 고봉스님이 24살 때 경험한 최초의 깨달음을 '몽중일여의 가짜 죽음(假死)'이라 규정한다. 그 가짜임을 판정하는 기준이 '깊이 잠들었을 때도 일여한가'였다는 것[262]이다.

인용문의 출처를 『고봉어록』으로 밝히고 있으나 『선관책진』을 크게

---

[262] 퇴옹성철(2015), pp.217-218 참조.

참고한 것으로 보인다. 『선관책진』에서는 『고봉어록』의 '주재심마처主在甚麼處'를 '주재하처主在何處'로, '도자리到遮裏'를 어차於此로 바꾸는 등, 구어체가 문어체로 바뀌어 있다. 성철스님은 『선관책진』의 이 문어체 문장을 그대로 인용하고 있다. 번호로 표시한 것처럼 인용문과 번역에 상당한 손질이 가해졌다. 주로 문법 용어나 중복되는 글자, 반복적 표현에 해당하는 글자들이 생략되었고, 구어체를 문어체로 바꾼 부분도 발견된다.

구체적으로 ①에서는 '또한, 역시(還)'의 뜻을 갖는 구어체의 부사어가 생략되었다. 뜻의 변화는 없다.

②에서는 '말하기를(云)'이 생략되었다. 앞의 '대답하다(答)'와 의미가 중복되어 없어도 좋은 글자로 보았기 때문이다. ③에서는 '주인 노릇 할 수 있다(作得主)'는 구어체 표현에서 '주主' 자를 생략하여 문어체로 바꾸었다. ④의 '또 묻기를(又問)'과 ⑤의 '대답하여 말하기를(答云)'과 같이 문답문에 반복적으로 나타나는 단어를 생략되었다. ⑥에서는 '주인 노릇 할 수 있다(作得主)'의 가능보어를 만드는 조사 '득得' 자를 생략하여 문언문으로 바꾸었다. ③의 경우와 같다.

⑦의 '시時' 자가 생략되었다. 번역문을 보면 '정正히 숙면할 때에는'으로 '시時' 자가 적용되어 있으므로 탈자에 해당한다. 교정해야 한다.

⑧의 '꿈도 없고, 생각도 없고, 봄도 없고, 들음도 없을 때(無夢無想, 無見無聞)'를 생략하였다. 이미 '잠이 들어 꿈을 꿀 때(睡夢中)'와 구별되는 '완전히 잠이 들었을 때(正睡著時)'라는 상황이 제시되었으므로 중복을 피해 생략한 것이다. 또 이 내용은 바로 앞, 설암스님의 오도인연을 밝히는 인용문에서 이미 나온 내용이다. 이에 대한 고려도 생략의 한 원인이 된다.

⑨에서는 '무엇'이라는 뜻의 구어체 '심마甚麼'를 문어체 '하何'로 바꾸

었고, ⑩에서는 '여기에서'라는 뜻의 구어체 '도자리到遮裏'를 문어체 '어차於此'로 바꾸었다. 이로 인해 구어체 문장이 문언문으로 바뀌었다. 문언문을 선호하는 입장이고, 또 앞에서 말한 바와 같이 『선관책진』에 교정된 문장이 있으므로 그것을 채용한 것이다.

⑪에서는 긴 문단이 생략되었다. 깨달음의 불완전함을 느끼던 고봉스님에게 설암스님이 공부의 길을 알려주는 내용이다. 그런데 설암스님의 공부길 안내에는 성철스님이 우려할 만한 대목이 보인다. '배고프면 밥을 먹고, 피곤하면 잠을 자고, 잠에서 깨면 맑은 정신으로 공부하라'는 구절이 그것이다. 고봉스님은 그간 치열한 수행으로 일관하여 꿈속에서도 주인공으로 깨어 있을 수 있었다. 그런데 그 치열함은 양날의 칼이 될 수 있다. 이제까지 그것은 번뇌를 조복시키는 힘이었지만 이후로는 보는 주체(能)를 내려놓지 못하게 하는 병의 원인이 될 수 있다. 그래서 설암스님은 잠 잘 자고, 밥 잘 먹으며 자연스럽게 수행에 임하라, 그리하여 과도한 자기 주체성을 해체하라고 당부한 것이다. 나아가 깨어 있을 때 맑은 정신으로 화두를 참구하되 주체로서의 자의식이 일어날 만한 모든 일, 예컨대 열심히 공부하는 일, 경전을 보는 일, 고금의 공안을 점검하는 일 등을 멈추라고 한 것이다.

이에 비해 성철스님 설법의 기조는 시종일관 간절한 공부의 의지를 내려놓지 말라는 데 있다. 사실 그것은 대부분의 공부인들에게 적용되는 원칙이기도 하다. 잘 만큼 자고 깨어 있을 때 참선하라는 안내는 7지보살에 진입하여 8지보살로 넘어가는 단계에 있었던 고봉스님 같은 경우에나 적용되는 것이지 일반 수행자들이 흉내낼 일이 아니라는 생각에서 문단을 생략한 것이다.

⑫에서는 '지나고 나서(經及)'를 동일한 뜻의 '뒤에(後)'로 바꾸었다. 의미의 변화는 없다.

⑬과 같이 깨달음의 계기가 되는 사건을 말하는 구절이 생략되었다. 고봉스님이 잠자리에 들어 화두를 참구하던 중 도반의 퇴침이 떨어지는 소리를 듣고 의단이 깨졌다는 것이다. 성철스님은 이 퇴침 소리의 인연을 생략하였다. 선사들의 오도인연은 소설처럼 흥미진진하다. 성철스님은 흥미진진한 오도의 장면이 나오면 거의 생략한다. 그것이 수행자들로 하여금 핵심을 놓치고 주변을 맴돌게 하는 원인이 된다고 생각했기 때문이다. 그래서 의단이 깨졌다는 말만 남기고 그 계기가 되는 사건의 묘사를 생략한 것이다.

⑭와 같이 깨달음의 경계에 대한 비유적 표현들을 모두 생략하였다. 깨달음은 주체와 대상의 분별을 포함하는 제반 분별이 사라지는 일이므로 자유, 해방, 명료, 자연스러움, 편안함 등의 경계가 현현한다. 이것이 나라의 안정, 국가의 평안 등의 표현과 겹치므로 일부만 남기고 생략한 것이다.

나아가 이 장황한 묘사의 생략에는 보다 심층적인 고려가 담긴 것으로 보인다. 우선 깨달음의 경계를 거듭 말하는 것은 배고픈 사람에게 음식 이야기를 하는 것처럼 아무 의미가 없다는 점이 고려되었을 수 있다. 그 소망스러운 경계의 제시가 수행자의 마음을 급하게 만들어 의정의 일어남을 방해할 수 있기 때문이다. 수행자는 자기의 보배창고를 열기 위해 그 열쇠의 비밀번호를 두드리기를 거듭하는 사람이다. 이것이 열리지 않으므로 간절함을 더해 가며 공부에 임하게 된다. 그것은 성철스님이 인용문을 통해서 전달하고자 하는 핵심 메시지이기도 하다.

다른 이유도 생각해 볼 수 있다. 성철스님은 수행 과정에서 일어나는 약간의 경계 체험을 깨달음으로 착각하는 수행 풍토를 비판하는 입장에 있다. 수행의 여정에 있는 수행자들은 중도에서 체험하게 되는 경계와 궁극의 깨달음에서 일어나는 경계의 차이를 구분하지 못한다. 따라서 깨달음의 장면에 대한 묘사에서 자신의 체험과 유사한 것이 있으면 곧 그것에 근거하여 스스로 깨달음을 자처할 수 있다. 이에 대한 우려가 생략의 원인으로 작용했을 수 있다.

⑮의 '천하태평天下太平'과 '일념무위一念無爲'의 순서가 바뀌어 있다. 원문과 같이 천하태평이 앞에 오면 바로 앞의 구절과 순차적 관계로 연결된다. '지역 안정(安邦)→국가 평정(定國)→천하태평'의 점수적 노선이 그려진다는 말이다. 성철스님은 일체의 점수적 노선에 동의하지 않는다. 그래서 일념무위와 순서를 바꾸어 '구경무심(一念無爲)'과 '구경각(天下太平)'을 등호로 연결한 것이다.

번역문의 ⑯에서는 '주인노릇을 한다, 주인공으로 있다'는 뜻의 '작득주作得主'를 '일여一如하다'로 번역하였다. 화두에는 의미를 갖는 화두263와 의미를 벗어난 화두가 있다. 고봉스님이 참구한 '꿈도 없고 생각도 없을 때 주인공은 어디에 있는가(無夢無想時, 主人公何在)'의 화두는 의미를 갖는 화두에 속한다. 여기에서 주인공은 물질과 정신으로 이루어진 현상으로서의 나를 포함하여 만사만물로 나타나는 법신과 통일을 이룬 상황을 가리키는 말이다. 그러므로 주인공이 있다는 것은 나와 법신불이 일여하다는 뜻이 된다. 이것을 '일여하다'로 번역해도 문제가 없다는 말이다.

다만 성철스님이 쓰는 '일여'라는 말에는 화두의 항일성이라는 의미가 강하게 담긴다. 이로 인해 주인공의 현전을 일여로 번역하면 의미상 미묘한 차이가 발생한다. 주인공의 현전 여부에 대한 설암스님의 점검은 의식이 소멸하는 차원이 되면 그것이 어디에 있느냐에 초점이 맞춰

---

263 '꿈도 없고 생각도 없을 때 주인공은 어디에 있는가(無夢無想時, 主人公何在)', '만법이 하나로 돌아간다고 하는데 하나는 어디로 돌아가는가(萬法歸一, 一歸何處)', '염불하는 자 누구인가(念佛者是誰)' 등은 의미를 갖고 있는 화두이다.

져 있다. 이 시기 고봉스님은 의식이 작동하는 차원에서 법을 이해하고 있었다. 스님이 점검했다는 과거의 공안들도 대부분 의미를 통한 접근이 가능한 화두들이었다. 이에 비해 의식이 아예 작동하지 않는 차원이나 의미가 통하지 않는 화두에 대해서는 짐작조차 하지 못하고 있다. 이것은 의식이 박살나는 체험이 아니면 알 수 없는 일이기 때문이다. 그래서 새로운 화두참구에 들어간다.

이에 비해 성철스님의 '일여하다'는 번역은 '화두가 변함없이 성성하다'는 뜻을 담고 있다. 성철스님은 화두의 성성함이 의식과 무의식의 차원을 관통한다고 본다. 이래저래 성철선을 탐구하는 데 있어서 오매 간에 화두가 일여하게 성성해야 한다는 오매일여의 설법은 핵심 중의 핵심이다.

【9-8】 大死底人은 都無佛法道理하니 玄妙得失과 是非長短을 到這裏하야는 只恁麼休去니라 古人이 謂之平地上死人①[無數]이니 ②[過得荊棘林是好手, 也]須是透過那邊하야사 始得이요 ③[雖然如是, 如今人到這般田地, 早是難得.] 或④[若]有依倚⑤[有]解會하면 ⑥[則]沒交涉이니라 喆和尙이 ⑦云[謂之]見不淨潔이라하며 五祖先師謂之命根不斷이니 須是大死一番하야 却活하야사 始得다

선문정로 대사大死한 사람은 불법도리佛法道理가 전연 없어서, 현묘득실玄妙得失과 시비장단是非長短을 저리這裏에서는 다만 이렇게 휴헐休歇한다. 고인古人은 이를 평지상平地上의 사인死人이라 하니 반드시 나변那邊에 투과透過하여야 되며, 만약에 의의依倚와 해회解會가 있으면 절대로 불가하다. 철화상喆和尙은 견지見地가 정결淨潔하지 못하다고 말하고, 오조선사五祖禪師는 명근命根이 단절되지 못하였다고 말하였

다. 오직 대사일번大死一番하여서 다시 대활大活하여야 한다.

현대어역 크게 죽은 사람에게는 불법이니 진리니 하는 것이 전혀 없어서, 현묘함과 득실과 시비와 장단이 여기에서는 오로지 이처럼 쉬어질 뿐이다. 옛 도인들은 이것을 평지에서 죽어 나간 사람이 [무수하니] [가시넝쿨 숲을 지날 수 있어야 장한 솜씨라 할 수 있다고 했다. 또한] 반드시 그것을 투과해야 한다고 했다. [그렇기는 하지만 지금 사람들로서는 이러한 차원에 도달하는 것만 해도 이미 어려운 일이다.] 혹 의지하는 것이 있거나 이해하는 일이 있다면 그것에 도달할 수 없다. 모철慕喆스님은 이것을 보는 자리가 말끔하지 못하다고 했고, 스승님 오조께서는 이것을 목숨의 뿌리가 끊어지지 않은 것이라 하셨다. 반드시 한 번 크게 죽어 다시 살아나야 하는 것이다.

[해설] 인용문은 『벽암록』 41칙, 조주스님과 투자스님 간에 '크게 죽은 사람'을 주제로 오간 법거량에 대한 평설을 가져온 것이다. 크게 죽은 사람은 무심을 성취한 사람을 가리킨다. 시비장단은 물론 불법이니 진리니 하는 것에 걸리지 않는 뛰어난 경지이다. 그렇지만 그것은 고인 물과 같아 현실적 실천의 자리로 돌아오지 못한다. 그래서 높은 장대 끝에 도달했다 해도 여기에서 한 걸음 더 나아가기를 요구하는 선사들의 언설이 따라붙는다. 대위산大潙山 모철스님은 이것을 보는 자리가 말끔하지 못하다 했다. 아직 보는 주체가 남아 있다는 뜻이다. 보는 주체가 있으면 바로 그 상대편에 대상이 세워진다. 원래 이 일은 나에 대한 집착, 대상에 대한 집착을 내려놓는 일이고 무명을 소멸시키는 일이다. 그런데 이 수승한 무념의 자리에 매혹되다 보면 무명에서 파생된 주체의 입장(見分)이 청산되지 않은 상태에 안주해 버릴 수 있다. 그래서 옛

사람들은 이것을 어두운 산 아래 귀신 굴속(黑山下鬼窟裏)이라 부르며 경계한 것이다.

또 이것에 대한 평창을 진행한 오조법연스님은 목숨의 뿌리가 끊어지지 않은 일이라 지적했다. 수행은 생사를 벗어나는 일이다. 그런데 무념은 번뇌가 없어 자유로운 듯하지만 생사의 뿌리인 무명의 미세분별이 아직 남아 있는 상태이다. 그러므로 언제라도 다시 생사의 나무가 무성한 번뇌의 가지를 뻗을 수 있는 상황이라는 것이다.

어떻게 해야 이 크게 죽은 자리에서 다시 한 걸음 더 나아갈 것인가? 무엇보다도 이런저런 병폐에 빠져 있지 않은지 점검하는 자세[264]가 필요하다. 만약 공부를 통해 죽음과 같은 무심을 체험했다 해도 더 철저하게 죽겠다는 정신이 필요하다. 보봉스님과 한 수행자 사이에 이런 대화가 있었다.

보봉조寶峯照스님이 말하였다. "오로지 크게 죽은 사람이 다시 죽는 것 같아야 한다." 한 중이 말했다. "죽은 가운데 다시 살아나야 하는 것 아닙니까?" 스님이 말하였다. "그래도 너는 죽은 데서 살아나려고 하지 마라. 네가 밥을 먹고 나야 오줌 누고 똥 누는 일이 있게 될 것이다. 밥도 아직 안 먹었는데 미리 오줌 누고 똥 누는 일을 물어서 뭐 하겠느냐."[265]

죽음과 같은 무심에 만족하지 말고 여기에서 더 철저히 죽겠다는 자

---

[264] 『瞎堂慧遠禪師廣錄』(X69, p.575a), "古今宗師, 下棒下喝, 各有宗旨. 病在見聞, 病在語默, 病在情識, 病在義路, 病在滲漏, 病在知解說得. 天花亂墜, 無有是處."
[265] 『萬松老人評唱天童覺和尙頌古從容庵錄』(T48, p.256b), "寶峯照和尙道, 直須如大死底人死了更死. 僧云, 莫是死中却活麽. 師云, 爾且死莫活, 爾但喫飯裏急自去屙屎, 爾飯也未喫, 早問屙屎作麽."

세가 필요하다는 것이다. 또한 그렇게 공부를 지어 크게 죽은 것 같은 무심을 성취했다 해도 거기에 머물지 않고 더 치열하고 간절하게 화두를 드는 입장이 필요하다. 감산스님은 이렇게 말한다.

> 이렇게 망념이 녹아서 떨어질 때가 바로 힘을 붙여 화두를 들기 좋은 때이다. 간절하게 참구하되 의정疑情에 무게를 실어주어야 한다. 의정에 힘이 붙었다면 한결같이 화두에 몸을 맡겨야 한다. 밤낮에 걸쳐 살피고 참구하되 갈수록 더욱 깊이 파고 들어가다 보면 마침내 차갑게 식은 재에서 콩이 터지듯 하는 때가 있을 것이다. 일 없는 무위를 깨달음으로 인정하여 의정을 일으키지 않는다면 어떻게 해도 진실한 공부가 아니다.[266]

성철스님은 감산스님이나 보봉스님이 말한 바, 백 척의 장대 끝에서 한 걸음 더 나아가는 자세가 필요하다는 점을 강조하기 위해 이 인용문을 인용하였다. 그래서 성철스님은 크게 죽은 사람이라 해도 "제8아뢰야식의 미세무명이 아직 남아 있으니 진정한 무심, 완전히 죽은 것이 아니다. 제8아뢰야식의 근본무명마저 완전히 끊어버려야 참다운 무심, 참다운 진여경계를 얻을 수 있다."[267]라고 강조한다.

인용문의 맥락과 성철스님의 주장은 완전히 일치한다. 성철스님은 이 크게 죽는 일을 "추중망상麤重妄想인 제6의식이 멸진한 제8리야第八梨耶의 무기無記가 대사大死이니, 이는 숙면에서도 일여한 자재 이상의

---

[266] 『憨山老人夢遊集』(X73, p.556c), "此妄念銷落時, 正好著力提持話頭, 切切參究, 重下疑情, 若疑情得力, 靠定話頭, 晝夜審究, 愈究愈深, 終有冷灰爆豆之時. 若認定無事, 不起疑情, 終非眞實工夫也."
[267] 퇴옹성철(2015), p.219.

대보살위大菩薩位"[268]라고 유식과 보살지위론의 관점에서 설명한다.

중요한 것은 자신의 성취를 깨달음으로 인정하지 않고 크게 깨칠 때까지 거듭 앞으로 나아가는 향상일로의 자세이다. 이것은 또한 성철스님이 강조한 바, 자기를 속이지 않는 마음이다. 죽음에서 되살아나는 일은 거기에서 다시 더 철저하게 죽는 일을 통해 가능하다. 석가모니가 극단의 고행 끝에 우유죽을 받아드는 입장의 변화를 보였지만 그것은 타협이 아니었다. 오히려 그것은 일찍이 알라라깔라마의 무소유처정無所有處定, 웃다까라마뿟다의 비상비비상처정非想非非想處定에 도달하고도 그것을 인정하지 않고 앞으로 나아갔던 치열한 수행 정신의 일관된 구현이었다. "10지보살도 불성을 완전히 알고 보지 못한다."[269]면 어떻게 할 것인가? 머물지 않아야 한다. 오로지 연구의 의심을 강화하여 크게 깨치는 길[270]만이 있을 뿐이다. 이것이 성철스님이 제시하는 길 안내이다. 이러한 인용문에서 표시한 것과 같은 손질이 가해졌다.

①의 '무수하다(無數)'의 생략은 주목할 필요가 있다. 크게 죽어 일체의 시비장단을 쉬게 되는 경지는 보통의 경지가 아니다. 그러나 옛 도인들은 이에 대해 "평지에서 죽어 나간 사람이 무수하다."라고 경고한다. 실제 수행의 현장에서 무심의 수승한 경계에 퍼져 앉아 향상을 멈춘 이가 무수하다는 것이다. 성철스님은 이 구체적 사례를 드는 방식의 표현에서 '무수無數'를 생략한다. 이로써 그것은 보편적으로 적용되는 하나의 원리가 된다. 성철스님은 경험이나 사례를 통해 선의 담론을 이끌어나가는 것을 좋아하지 않는다. 가능하면 그것을 하나의 정리된 원리와 원칙으로 제시하고자 하는 것이다. 『선문정로』를 통해 선의 수증론

---

[268] 퇴옹성철(2015), p.219.
[269] 『大般涅槃經』, 권제8(T12, p.411c), "如是菩薩, 位階十地, 尙不了了知見佛性."
[270] 퇴옹성철(2015), p.220.

적 기준을 제시하고자 했던 집필 동기가 작용하고 있었기 때문으로 보인다.

②와 같이 '가시넝쿨 숲을 지날 수 있어야 장한 솜씨이다(過得荊棘林是好手)'는 구절이 생략되었다. 이 평지와 가시넝쿨 숲의 말은 운문스님의 말[271]이다. 이에 의하면 평지는 말과 의미가 통하는 자리, 가시넝쿨 숲은 은산철벽과 같이 말과 의미의 길이 완전히 끊긴 차원이다. 무심이 이해가 가능한 평지의 차원이라면 무심조차 인정하지 않는 가시넝쿨의 숲은 여기에서 더 나아가는 길이다. 성철스님은 이러한 비유를 달가워 하지 않는다. 오로지 무심에 매혹되어 향상의 공부를 멈추는 일이 있다는 점을 경고하는 데 힘을 기울인다. 은산철벽의 매혹적인 구절을 생략한 이유에 해당한다.

③의 '그렇기는 하지만 지금 사람들로서는 이러한 차원에 도달하는 것만 해도 이미 어렵다(雖然如是, 如今人到這般田地, 早是難得)'는 구절이 생략되었다. 성철스님은 구경각이 아닌 중간의 경계에 대해서는 최소한의 의미조차 인정하지 않는다. 스스로를 점검하는 경우이든, 스승으로서 제자를 인도하는 경우이든 마찬가지다. 궁극의 자리가 아닌데 그것에 의미를 부여한다면 결국 공부의 완성을 가로막는 큰 장애가 된다고 보았기 때문이다. 그래서 크게 죽는 일에 비유되는 무심의 성취에 대한 유보적 인정을 담고 있는 이 구절을 생략해 버린 것이다.

④에서는 '혹약或若'을 '혹或'으로 줄여서 표현하였다. 두 표현 모두 '혹시 ~라면'이라는 의미를 전달한다. 성철스님은 생략해도 좋을 글자는 대부분 생략하는데, 이러한 원칙에 의해 생략된 글자이다.

⑤와 같이 '이해하는 일이 있다면(有解會)'의 '유有'를 생략했는데 앞에

---

271 『雲門匡眞禪師廣錄』(T47, p.554b).

'의지하는 것이 있거나(有依倚)'에 붙은 '유有'로 대신할 수 있다고 보아 생략한 것이다.

⑥의 '그렇다면(則)'을 생략했다. 생략해도 의미상의 변화가 없고, 또한 '~하면'이라는 한글 현토가 달려 있어 어감상 중복의 느낌이 들 수 있으므로 생략한 것이다.

⑦의 '이에 대해 ~이라 말했다(謂之)'를 동일한 뜻의 문어체적 표현인 '운云'으로 바꾸었다. 구어체보다 정리된 문어체 표현을 선호하는 성철스님의 언어관에서 일어난 교체이다.

【9-9】 ①[正是]這般의 生鐵로 鑄就②[底]漢은 ③[何故] ④或遇奇特境界커나 或遇惡境界커나 到⑤此[他]面前하야 悉皆如夢相似하야 不知有六根하며 ⑥[亦]不知有旦暮하나라 直饒到這般田地하야도 切忌守寒灰死⑦[灰火]하야 打入黑漫漫⑧地[處]去요 ⑨[也]須⑩[是]有轉身一路하야사 始得다

선문정로 이러한 생철生鐵로 주취鑄就한 자는 혹 기특奇特한 경계를 만나거나 혹은 악경계惡境界를 만나도 그의 면전에 있어서는 전연 몽중夢中과 상사相似하다. 자기 6근이 있는 것도 모르며 단모旦暮가 있는 것도 모른다. 비록 이러한 경계에 도달하였어도 한회寒灰와 사회死灰를 고수하여 암흑한 곳으로 들어가서는 못 쓰며 오직 전신轉身하는 대활로가 있어야 한다.

현대어역 [이것이 바로] 이러한 무쇠를 부어 찍어낸 사람이라 하겠다. [어째서 그런가?] 혹 기특한 경계를 만나거나 나쁜 경계를 만나도 그의 앞에 오면 모두 다 꿈과 같아서 여섯 감각기관이 있는지조차 모

르고, 아침과 저녁이 있는지조차도 모르기 때문이다. 설사 이러한 경지에 도달했다 해도 절대로 그 식은 재나 죽은 재[불]를 지켜 캄캄하게 어두운 곳으로 들어가서는 안 된다. [또한] 반드시 몸을 돌려 살아나는 하나의 길이 있어야 된다.

[해설] 인용문은 『벽암록』 제25칙 연화봉蓮花峯 암주의 주장자 화두에 붙인 원오스님의 평창에서 가져온 것이다. 이런 일이 있었다. 연화봉 암주가 주장자를 들어 대중에게 보이며 말했다. "옛 도인들은 여기에 이르러서 왜 머물지 않았을까?" 대중들이 대답하지 못하자 스스로 대신 말하였다. "그것이 길에서 힘이 되지 못하기 때문이지." 그리고 다시 말했다. "결국은 무슨 말인가?" 그리고는 다시 스스로 대신 말하였다. "주장자 빗겨 메고 누구에게도 눈길 주는 일 없이 천 봉우리, 만 봉우리 속으로 곧장 들어가네."272 이에 대해 설두스님이 송을 붙인다.

눈에 모래 뿌리고 귀에 흙 넣는 일이라
천 봉우리, 만 봉우리에도 머물지 않는다.
떨어진 꽃은 물 따라 흘러 아득히 가는데
눈썹 치켜올리며 어디 가는가?273

황금이 좋기는 하지만 그렇다고 황금 가루를 눈에 넣으면 병이 된다. 아무리 기특한 일이라 해도 그것에 의미를 부여하여 머무는 일이 있으

---

272 『佛果圜悟禪師碧巖錄』(T48, p.166c), "蓮花峯庵主, 拈拄杖示衆云, 古人到這裏, 爲什麼不肯住. 衆無語, 自代云, 爲他途路不得力. 復云, 畢竟如何, 自代云, 柳楳橫擔不顧人, 直入千峯萬峯去."
273 『佛果圜悟禪師碧巖錄』(T48, p.166b), "眼裏塵沙耳裏土, 千峯萬峯不肯住. 落花流水太茫茫, 剔起眉毛何處去."

면 눈에 모래를 뿌리고 귀에 흙을 넣는 일과 다를 바 없다. 그러므로 어떤 경계에도 머물지 않아야 한다. 설두스님의 송은 이것을 노래하고 있다. 인용문의 평창 역시 그 전반부에서는 기특한 경계로서의 대무심을 말하고 있고, 후반부에서는 이것조차 지키지 말고 거기에서 몸을 돌리는 일이 있어야 함을 말하고 있다.

성철스님은 이에 대해 6근의 몸과 6진의 세상마저 잊었다 해도 그 경계를 안락하게 여겨서는 안 된다는 점을 강조한다. 여기에 주저앉아 버리면 "죽음의 땅인 제8아뢰야식의 무기무심에 매몰되고 만다."[274]는 것이다. 성철스님은 크게 죽는 자리를 '오매일여의 대사경계', '오매일여의 대무심지', '제8아뢰야식의 미세무명이 남은 가사假死', '제8아뢰야식의 무기무심', '8지 멸진정(숙면일여)' 등으로 설명한다. 7지 무상정을 사경死境이라 하고 8지 멸진정을 대사大死라 했으므로[275] 크게 죽은 자리는 8지 자재위를 가리킨다.

성철스님이 강조하는 것은 숙면에도 화두가 항일하다면 이것이 '크게 죽은 자리'라는 것이다. 이 크게 죽은 자리에 안주하지 않고 화두를 들어 은산철벽을 투과해야 그것이 바른 공부고 바른 깨달음이다. "10지와 등각이라도 아직 완전히 눈을 뜨지는 못했기 때문에 공안을 모르는 법"[276]이라고 규정하는 것이 성철선이다. 그렇기 때문에 공부의 시작에서 구경각에 이를 때까지 모든 가르침은 화두를 드는 한 일에 집중된다.

이상의 맥락에서 가져온 인용문에 표시한 바와 같이 생략, 순서 바꿈, 글자 바꿈이 있었다. ①의 '이것이 바로 ~이다(正是)'가 생략되었다. 원래 문맥은 공부에 본받아야 할 사람이 있다면 6근이 있는지도 모르

---

274 퇴옹성철(2015), p.221.
275 퇴옹성철(2015), p.211 참조.
276 퇴옹성철(2015), p.214.

고, 아침저녁이 있는지조차도 모르는 바로 '이러한 무쇠 같은 사람'이라는 점을 강조하는 데 있다. 그런데 생략으로 인해 '바로 이러한 무쇠를 부어 찍어낸 사람이다'가 '이러한 무쇠를 부어 찍어낸 사람은'으로 바뀌었다. 술어부가 주어부로 바뀐 것이다. 뜻에는 큰 차이가 없지만 이로 인해 ③의 '왜냐하면(何故)'이 생략되었다. 왜 '무쇠 같은 사람을 본보기로 해야 하냐면'이라는 뜻을 전달하는 구절이다. 생략으로 인해 무쇠 같은 사람이 주어가 되었으므로 '하고何故'가 들어가면 문장이 성립하지 않게 된다. 생략의 이유이다.

②와 같이 구어체의 관형격 조사 '~한(底)'이 생략되었다. 구어적 표현을 문언문으로 바꾸고자 한 것으로서 문언문에 익숙한 독자들을 위한 배려에 해당한다.

④에서는 기특한 경계와 역경계의 순서가 바뀌었다. 먼저 역경계를 말하고 다음에 순경계를 말하는 것이 일반적 표현법이다. 원문 역시 그 순서에 따라 배치했다. 성철스님은 이것을 대무심의 기특한 경계를 드러내기 위해 순서를 바꾼 것이다.

⑤와 같이 '타(他)' 자가 '차(此)' 자로 바뀌어 있다. 어떠한 역순경계라도 '그(他)의 앞에 오면' 모두 다 꿈과 같다는 내용이다. 성철스님의 번역문에도 '그의 면전에 있어서는'으로 번역되어 있다. 편집상의 오류이므로 교정해야 한다.

⑥과 같이 '역亦' 자를 생략하였다. 번역문을 보면 '아침과 저녁이 있는지조차도'의 '~도'로 이 글자를 번역하고 있다. 복원해야 한다.

⑦에서는 '죽은 불(死火)'를 '죽은 재(死灰)'로 바꾸었다. '식은 재(寒灰)'가 앞에 나와 있으므로 재를 두 번 반복하게 된 셈이다. 원래 식은 재(寒灰), 혹은 죽은 불(死火)은 마른 고목(枯木), 돌멩이(石頭)와 함께 일념불생의 무심경계를 표현하는 선문의 관용어다. 그러므로 이것을 바꿀

이유는 특별히 발견되지 않는다. 옮겨 쓰는 과정에서 오기가 일어났고 이에 기초하여 번역이 이루어진 것으로 보인다.

⑧의 '또한(也)'이 생략되었다. 생략해도 뜻에는 변화가 없다. 역시 구어체적 표현을 문언문으로 바꾸고자 한 조치에 해당한다.

⑨와 같이 '처處' 자를 '지地' 자로 바꾸어 표현하였다. 두 글자 모두 '~한 곳'으로 번역되므로 뜻의 변화는 없다.

⑩의 '시是' 자가 생략되었다. '수須'나 '수시須是'나 모두 '반드시 ~해야 한다'는 뜻을 갖는다. 다만 '수시須是'는 구어체의 부사어에 주로 쓰인다. '시是' 자를 생략하여 문언문화하고자 한 것으로 보인다.

【9-10】 ①投子因趙州問[趙州問投子]하되 大死底人이 却活時에 如何오 ②[投]子云 不許夜行이요 投明須到니라
③宏智가 小參에 擧此話云 若④介[箇]時를 識得去하면 便知道하되 當明中에 有⑤暗[闇]하니 勿以⑥暗[闇]相遇하고 當⑦暗[闇]中에 有明하니 勿以明相覩하라 一切法盡處에 ⑧介[箇]時에 了了常⑨在[存]하고 一切法生時에 ⑩介[箇]時에 空空常寂하야 須知道死中有活活中死로다

선문정로 조주趙州가 투자投子에게 물었다. "대사大死한 사람이 각활却活한 때에는 어떠한고?" 투자投子가 대답하였다. "야행夜行을 불허하고, 천명天明에 반드시 도달할지니라."
굉지宏智가 소참小參에 이 법문을 거량擧揚하고 말하였다. "만약 이 시절을 식득識得하면 문득 말하기를, 명중明中에 암暗이 있으니 암暗으로 서로 만나지 말고, 암중暗中에 명明이 있으니 명明으로 서로 만나지 말라 함을 알지니라. 일체 만법이 멸진한 이때에 요요명명了了明

明하여 항상 있고, 일체 만법이 생기한 그때에 공공활활空空豁豁하여 항상 적적寂寂하니 참으로 사중활死中活이요 활중사活中死라 함을 알 것이다."

현대어역 조주스님이 투자스님에게 물었다. "크게 죽은 사람이 다시 살아난 때는 어떠한가?" 투자스님이 말하였다. "밤에 움직이지 않되, 새벽에 도달해야 합니다."
굉지스님이 소참법문에 이 대화를 들어 말하였다. "이러한 때를 안다면 곧 '밝음 가운데 어두움이 있으니 어두움끼리만 서로 만나지 않게 하라. 어두움 가운데 밝음이 있으니 밝음끼리만 서로 보지 않도록 하라'는 말을 알게 될 것이다. 모든 법이 멸진하는 자리, 그때 분명하게 항상 존재하고, 모든 법이 생성하는 그때 텅 비어 항상 고요하다. 죽음 가운에 살아남이 있고, 살아남 가운데 죽음이 있음을 알아야 한다."

[해설] 조주스님은 투자산投子山 대동스님의 소문을 듣고 그를 찾아간다. 조주스님(778-897)과 투자스님(818-914)은 40살 차이가 난다. 또 조주스님은 남악회양의 계열에 속하고 투자스님은 청원행사의 계열에 속해서 사승 관계도 다르다. 다만 이 시기에는 사승 관계의 벽이 그리 높지 않았다. 그래서 서로 넘나들며 배우기도 하고, 상호 간에 기탄없는 법거량이 이루어지기도 했다. 조주스님과 투자스님의 법거량에도 그러한 기탄없음이 발견된다.

여기에서 조주스님이 제시한 죽은 사람이 다시 살아나는 일은 일념불생의 무심경계를 투과하는 일을 가리킨다. 이에 대해 투자스님은 "밤에 움직이지 않되, 새벽에 도달해야 한다."라고 답한다. 이것은 이후 유명한 공안의 하나로 남게 된다. 밤에 움직이지는 않는다는 원칙을 지키면서 새벽에 도달하는 결과를 얻으려면 어떻게 해야 하는가? 무심에 철저하면서 어떻게 밝음으로 나아갈 것인가?

이들의 대화에 대해 조동종의 거장인 굉지스님이 평을 한다. 평창 중에 '어두움 속에 밝음이 있고, 밝음 속에 어두움이 있다~' 운운의 구절을 작은 따옴표(' ')로 묶었는데 이것이 석두스님의 「참동계參同契」에서 가져온 것이기 때문이다. 굉지스님은 편정偏正의 논리로 '밤에 움직이지 않되, 새벽에는 도달해야 한다'는 어불성설의 이치에 대해 설명한다. 그것이 명과 암의 불이성을 밝히는 중도의 실천이었다는 것이다.

원래 조주스님은 큰 죽음에서 되살아나는 일을 물었다. 만약 여기에서 죽음을 버리고 살아남에 대해서 답한다면 그것은 중도를 상실한 자리이다. 버림과 취함이 있기 때문이다. 이에 투자스님은 어두움 속의 밝음, 밝음 속의 어두움이라는 말을 통해 중도의 길을 제시한다. 성철스님 역시 굉지스님이 그랬던 것처럼 대사즉활의 방점이 '활活'에만 찍혀 있는 것이 아니라는 점을 보여주기 위해 상사상활常死常活, 상활상사常活常死라는 어휘를 창안하기까지 한다. 이렇게 해야 투자스님, 석두스님, 굉지스님이 설한 것처럼 명암明暗이 쌍적雙寂하고 쌍조雙照함[277]을 드러낼 수 있다고 보았기 때문이다. 이상과 같은 맥락에서 가져온 인용문에 표시한 바와 같은 손질이 가해졌다.

①에서는 '조주스님이 투자스님에게 물었다(趙州問投子)'는 능동문을 '투자스님이 조주스님에게 질문을 받았다(投子因趙州問)'는 피동문으로 바꾸었다. 이 유명한 대화는 대부분의 어록에서 능동문의 형식을 취하고 있고 인용 출처로 제시된 『굉지록』에도 능동문으로 되어 있다. 다만

---

[277] 퇴옹성철(2015), p.222.

명말청초의 비구니 행철行徹(1606-1658) 선사의 어록에 이와 같은 피동문 형식의 문장이 보일 뿐이다. 이 문장의 인용이 투자스님의 대답을 부각시키기 위한 것이었으므로 투자를 앞에 제시하면서 가해진 손질로 보인다.

②의 '투자스님이 말하였다(投子云)'는 구절에 '투投' 자가 탈락되었다. 편집상의 오류이므로 교정해야 한다.

③의 '굉지스님이 소참법문에 이 대화를 들어 말하였다(宏智가 小參에 擧此話云)'는 구절은 원문에 없는 것을 성철스님이 문맥을 설명하기 위해 추가한 것이다. 성철스님은 번역문을 제시하고, 해석과 강설을 붙이는 집필 방식을 택하고 있으면서도 필요하다면 한문 문장에 이렇게 직접 개입한다. 그것은 당시의 불교 공부가 한문의 문자 생활과 밀접한 관계에 있었기 때문이다. 선방의 수좌들이 자기의 깨달음이나 수행의 경계를 한문으로 표현하기 위해 글 잘하는 사람의 손을 빌리는 일이 드물지 않던 시대였다. 성철스님 개인으로는 한자의 구속을 넘어선 자리에 있었지만 장구한 문화적 전통의 훈습에 영향 받지 않을 수 없었으리라 생각된다.

④, ⑧, ⑩의 '개箇'를 '개介'로 바꾸었다. 서로 통용 관계에 있으므로 의미의 전달에 문제는 없지만 정체자를 쓰는 원칙에 따라 '개箇' 자로 교정할 필요가 있다.

⑤, ⑥, ⑦의 '암闇'→'암暗'은 자주 쓰이는 통용자로 바꾸어 독해의 편의성을 도모한 것이다. ⑨에서는 '존存'을 '재在'로 바꾸었다. 뜻이나 어감의 변화는 없다.

【9-11】 絶氣息時와 斷蹤跡處에 須具眼하야사 始得다 那時에 歷歷不沈하고 靈靈絶對①[待]하야 便能②豁[闊]步大方하야 周旋普應하리라

선문정로 기식氣息이 영절永絕한 때, 종적蹤跡이 단멸한 곳에 참으로 청안을 구비하여야 한다. 그때에는 역력歷歷하여 침적沈寂하지 않고 영영靈靈하여 상대가 끊어져서 문득 능히 대방大方에 활보하며 주선보응周旋報應할 것이다.

현대어역 숨결이 끊어질 때 자취가 소멸하는 곳에서 안목을 갖추고 있어야 한다. 그때라야 뚜렷하여 어두움에 가라앉지 않고, 밝게 비추되 기대는 바가 없어 천지에 활보하며 모든 일에 두루 상응하게 될 것이다.

[해설] 굉지스님의 어록에서 가져온 문장이다. 굉지스님은 묵조선을 제창한 선사로서 간화선의 완성자인 대혜스님과 함께 2대 감로문(二甘露門)으로 높은 추앙을 받았다. 두 대선지식의 관계에는 인간적 감정을 넘어선 점이 있다. 원래 대혜스님은 묵조선을 묵묵히 비추기만 하는 삿된 선(默照邪禪)으로 극력 비판하는 입장에 있었다.

지금 제방에 묵묵히 비추기만 하는 삿된 선이 있어 사대부들에게 번뇌의 장애로 인해 마음이 편안하지 못한 것이라 하면서 그들에게 식은 재처럼, 마른 나무처럼, 한 폭의 흰 비단처럼, 낡은 사당의 향로처럼, 차갑게 나아가라고 가르치고 있습니다. 이렇게 하여 쉬게 된 사람이 있다 합시다. 여러분 말해 보십시오. 이렇게 해서 쉴 수 있게 되겠습니까?[278]

---

[278] 『大慧普覺禪師語錄』(T47, p.884c), "而今諸方有一般默照邪禪, 見士大夫爲塵勞所障方寸不寧, 怡便教他寒灰枯木去, 一條白練去, 古廟香爐去, 冷湫湫地去. 將這箇休歇人, 爾道, 還休歇得麼."

이처럼 대혜스님은 묵조선이 부처지혜의 생명을 상실하는 일(斷佛慧命)이라며 극력 비판하는 입장에 있었다. 그럼에도 스님은 동시대의 대표적 묵조선사였던 굉지선사와 수시로 상호방문하며 정신적 교감을 나누는 관계에 있었다. 서로 법석을 바꿔가며 법상에 오르는 공식적 교류 활동도 자주 있었다. 사실 묵조선에 대해 대혜스님이 비판적 입장을 가지고 있다 해서 그렇게 쉬는 자리 자체를 부정하는 것은 아니었다. 다만 원숭이 같은 이 마음이 쉬려 한다고 쉬어지겠느냐는 것이었고, 그러니까 아예 적극적으로 쉼을 이끌어 내는 화두참구의 길이 필요하다는 점을 강조하는 입장이었을 뿐이다.

이 인용문은 죽음과 같은 쉼이 있어야 활발하게 되살아나 인연에 맞는 활용을 할 수 있다는 점을 말하고 있다. 성철스님은 이 인용문을 들어 다시 살아날 때라야 "현기대용玄機大用이 현전하여 살활자재殺活自在하고 종횡무애縱橫無礙"[279]할 수 있다는 점을 강조한다.

①과 같이 '절대絕待'를 '절대絕對'로 바꾸었다. 단어의 의미로 보자면 '절대絕待'는 상대적 차원을 끊은 평등한 차원을 뜻하고, '절대絕對'는 상대가 없는 독존적 상황을 뜻한다. 그러나 '절대絕對'를 성철스님의 번역문과 같이 '상대가 끊어짐'으로 번역하면 두 표현이 모두 동일한 뜻을 전달하게 된다. 익숙한 표현을 선택한 것으로 보인다.

②와 같이 '활闊' 자를 '활豁' 자로 바꾸어 썼다. 비슷한 뜻이기는 하지만 "큰 걸음으로 힘차게 걷는다"는 뜻의 활보는 '활보闊步'로 쓰는 것이 옳다. 교정되어야 한다.

---

[279] 퇴옹성철(2015), p.223.

【9-12】田地穩密密處와 活計冷湫湫時에 便見劫空하야 無毫髮許로 作緣累하고 無絲綟許도 作障翳①[翳]하야 虛極而光하고 淨圓而耀하야 ②[歷歷]有亘萬古不昏昧底一段事니라

선문정로 전지田地가 안온安穩하여 밀밀密密한 곳과 활계活計가 냉담冷淡하여 추추湫湫한 때에 문득 겁劫이 공空함을 보아서 호발毫髮만큼도 연루됨이 없고 사삼絲綟만큼도 장예障翳됨이 없다. 공허함이 지극至極하여 광명이 있고 청정함이 원융圓融하여 조요照耀하니, 만고萬古에 뻗쳐 혼매昏昧하지 않은 일단一段의 사실이 있다.

현대어역 발 디딘 곳이 안정되어 빈틈이 없고, 살림살이가 차갑고 냉랭해졌을 때 겁의 시간이 실체가 없음을 보게 되리라. 추호라도 인연에 이끌리는 일이 없고 얇은 비단만큼도 가리는 일이 없게 되리라. 더할 수 없이 비어 있지만 빛으로 빛나고 완전히 청정하지만 밝게 비추어서 만고에 변함없이 어둡지 않은 하나의 일이 [뚜렷이] 있다.

[해설] 굉지스님의 어록에서 가져온 문장이다. 간화선의 선사들은 강력한 부정과 새로운 질문을 통해 고요함에 들어가는 길을 걷는다. 이에 비해 묵조선의 선사들은 부드러운 긍정을 통해 본래의 고요함을 확인하는 길을 걷는다. 굉지스님은 묵조선의 선사로서 본래 깨달음을 거듭 제시함으로써 그것에 계합하는 길을 걷는다. 수행자들을 이끄는 법문 역시 마찬가지다. 그래서 굉지스님의 어록은 대부분 깨달음의 광경을 묘사하는 내용으로 이루어져 있다.

이 인용문 역시 깨달음의 현장을 전달하는 것을 내용으로 하고 있다. 성철스님은 생각이 멸진한 죽음의 자리에서 크게 되살아나 구경무

심을 철증해야 함을 강조하기 위해서 이 문장을 가져왔다. 성철스님은 이 되살아남의 풍경을 이렇게 말한다.

> 미래겁이 다하도록 여여불변하는 대적광大寂光은 오직 대사각활大死却活에서 오나니, 리야무기梨耶無記까지 영멸한 진대사경眞大死境의 대공적중大空寂中에서 발하는 대광명은 역천겁이불고歷千劫而不古하고 궁만세이장금亘萬世而長今이다.[280]

이처럼 성철스님은 수행을 통한 깨달음이 궁극의 차원인지 여부를 판정하는 기준을 제시한다. 그것이 바로 대적광이다. 아뢰야식이 영원히 사라진 진정한 죽음의 공적함에서 일어나는 대광명이야말로 사중득활의 풍경이 된다는 것이다.

인용문 ①에 보인 바와 같이 '가릴 예翳' 자를 '백태낄 예瞖' 자로 바꾸었다. 불교에서 말하는 장애는 분별과 집착으로 인한 것으로서 그 원인이 밖에 있지 않다. 따라서 장애는 모두 눈에 낀 백태에 해당한다. 성철스님은 이 점을 고려하여 글자를 바꾼 것으로 보인다.

②의 '뚜렷이(歷歷)'를 생략하였다. 만고에 걸쳐 어둡지 않은 일이 분명하고 뚜렷하게 있다는 점을 강조하는 말이다. 생략의 이유는 없어 보인다. 단지 문장의 수식 성분을 최소화하여 주제를 밝게 드러내려는 표현 전략이 적용된 결과로 보인다.

【9-13-①】 只這大死①[底人]却活處는 古佛도 亦不②會[曾]到며 天下老和尙도 亦不③會[曾]到니 任是釋迦老子와 碧眼胡僧도

---

[280] 퇴옹성철(2015), p.224.

也須再參하야사 始得다 所以道하되 只許老胡知요 不許老胡會라 하니라

선문정로 이 대사각활大死却活한 심처深處는 고불古佛도 도달치 못하였으며 천하 노화상老和尙도 또한 도달치 못하였으니, 설사 석가와 달마라도 반드시 재참再參하여야 된다. 그렇기 때문에 단지 노호老胡가 요지了知함을 허락하고 노호老胡가 영회領會함을 불허한다고 하였다.

현대어역 다만 이 크게 죽은 [사람이] 다시 살아난 자리는 옛 부처님도 도달한 일이 없으며 천하의 큰 스님들도 도달한 일이 없다. 설사 석가모니 어른과 푸른 눈의 달마 해도 다시 참구해야 한다. 그래서 석가와 달마가 알았다고 인정할 수는 있겠으나, 석가나 달마가 깨달았다고 인정할 수는 없다고 한 것이다.

[해설] 앞에서 살펴본 바 있는 『벽암록』 41칙의 조주스님과 투자스님 간의 사건인 '크게 죽어 되살아남'의 공안에 붙인 설두스님의 송을 평창한 것이다. 설두스님은 이 공안에 대해 크게 죽은 자리에 대해 "옛 부처도 오히려 도달한 일이 없다고 말하였다(古佛尙言曾未到)."라고 노래한다. 원오스님이 여기에 평창을 붙인 것이다. 자아가 완전히 소멸하고 분별과 집착이 완전히 사라지는 일이 깨달음이다. 그러므로 깨달음의 현장에는 부처라는 개인, 달마라는 존재가 성립하지 않는다. 그러므로 누가 깨달았다고 한다면 그것이 설사 석가와 달마라 해도 인정할 수 없다는 것이다.

  인용문에 표시한 바와 같이 ①의 '~한 사람(底人)'을 생략하여 구체적 기술을 보편적 논리로 전환하였다. ②와 ③의 '회會'는 '일찍 증曾' 자의

오자이다. 성철스님도 '고불도 도달치 못하였다'와 같이 '증曾'으로 번역하고 있다. 1981년 초판본에 바로 되어 있던 것이 1993년에 가로쓰기로 바꾸면서 일어난 오류가 2015년 본까지 이어졌다. 교정되어야 한다.

【9-13-②】 諸人은 要會末後句麼아 只許老胡知요 不許老胡會니라

선문정로 제인諸人은 말후구末後句를 알고자 하는가? 지허노호지只許老胡知요 불허노호회不許老胡會니라.

현대어역 여러분들은 마지막 한마디(末後句)를 깨닫고자 하는가? 석가와 달마가 알았다고 인정할 수는 있겠으나, 석가나 달마가 깨달았다고 인정할 수는 없다.

[해설] 『벽암록』 51칙의 본칙에 붙인 원오스님의 평창에서 가져온 문장이다. 이것은 앞의 41칙에 썼던 말을 반복하는 방식을 취하고 있다. 언어도단의 현장에서 동일한 어구를 반복하는 것은 그것의 진실성을 드러내기 위한 선문의 전통적 언어 전략에 속한다.

성철스님은 크게 죽었다가 되살아나는 일을 말후구末後句라고도 표현한다는 점을 보여주기 위해 이를 인용하였다. 원래 말후구는 암두스님이 애용하던 만능키로써 그 스승 덕산스님에게도 썼고 설봉스님에게도 썼다.

이 51칙 본칙에서 암두스님은 설봉스님이 말후구를 모른다고 규정했다. 과연 스승에게도 내밀고 도반에게도 내미는 만능키인 이 말후구란 무엇인가? 또한 이렇게 우세를 점한 암두스님은 덕산스님보다 낫고 설

봉스님보다 뛰어난가? 이런 의문을 가지는 수행자들을 위해 원오스님은 자세한 설명을 가한다. 이 인용문은 그 결론에 해당한다.

물론 말후구를 전가의 보도처럼 휘두른 암두스님 역시 그것을 깨달은 주체가 될 수는 없다. 그것은 오직 자아를 완전히 내려놓는 실천을 통해 도달하는 궁극의 자리일 뿐이기 때문이다. 그래서 성철스님은 말후구를 아는 일은 "오직 실참실오에 있을 뿐"[281]이라 못 박는 것이다.

【9-13-③】 末後句를 爲君說하노니 明暗雙雙底時節이니라

선문정로 말후구를 그대를 위하여 설하노니 명암이 쌍쌍雙雙한 시절이니라.

현대어역 말후구를 그대를 위해 말하리라. 밝음과 어두움이 함께 짝하는 시절이라네.

[해설] 『벽암록』 51칙 설두스님의 송에서 가져온 것이다. 밝음과 어두움이 함께 짝하는 말후구가 쌍차쌍조, 동생동사, 전명전암, 전살전활 등의 중도 실천과 같은 차원임을 보여주기 위해서 이 구절을 가져왔다.

【9-13-④】 招慶이 ①[一日]問羅山云 巖頭道하되 恁麼恁麼不恁麼不恁麼라하니 意旨가 如何오 ②[羅山召云, 大師. 師應諾.] 山云 雙明亦雙暗이니라 ③[慶禮謝而去, 三日後又問, 前日蒙和尙垂慈, 只是看不破. 山云, 盡情向爾道了也. 慶云, 和尙是把火行. 山云,

---

[281] 퇴옹·성철(2015), p.227.

若恁麼據大師疑處問將來.] 慶云 如何是雙明亦雙暗고 山云 同生亦同死니라

선문정로 초경招慶이 나산羅山에 문문問하되, "암두巖頭가 말하기를, 임마 임마 불임마 불임마恁麼恁麼不恁麼不恁麼라 하니 그 의지意旨가 여하如何오." 산운山云, "쌍명雙明하며 쌍암雙暗하니라." 경운慶云, "여하시如何是 쌍명역쌍암雙明亦雙暗고." 산운山云, "동생同生하며 역동사亦同死니라."

현대어역 초경이 [하루는] 나산에게 물었다. "암두스님이 '그렇다 그렇다, 그렇지 않고 그렇지 않다'고 하시곤 했는데, 그 뜻하는 바가 무엇이었습니까?" [나산이 불렀다. "대사!" 초경이 "예"하고 대답하자] 나산이 말했다. "완전히 밝은 동시에 또한 완전히 어두운 것이라네." [초경이 인사를 하고 갔다가 3일 후에 다시 물었다. "전날 스님의 가르침을 받았는데 그래도 간파가 되지 않습니다." 나산이 말했다. "숨김없이 다 말해 준 것이었다네." 초경이 말했다. "스님 혼자만 횃불 잡고 가시는 겁니다." 나산이 말했다. "그렇다면 대사가 알고자 하는 것을 물어보게."] 초경이 말했다. "어떤 것이 완전히 밝기도 하고 또한 완전히 어둡기도 한 것입니까?" 나산이 말했다. "완전히 사는 동시에 또한 완전히 죽는 것이라네."

[해설] 초경스님은 나산스님을 대선배로 여겨 두루 질문하는 입장에 있었다. 둘은 모두 석두종의 선사였는데 초경스님은 석두종의 대선사였던 암두스님이 애용한 '그렇다 그렇다, 그렇지 않고 그렇지 않다'는 말을 들어 그 상반된 말의 동시 활용이 가리키는 바가 무엇인지를 질문한 것

이다. 또한 나산스님은 암두스님에게 직접 가르침을 받아 깨달은 선사였으므로 이런 질문이 일어난 것이기도 하다.

둘 사이에 오간 대화는 진공묘유의 중도에 대한 해묵은 주제를 되풀이하는 것으로 보이지만 그 위력은 가공하다. 본래 선종에서는 '그렇다 그렇다'는 말로 하나의 이치에서 펼쳐지는 모든 현상들을 남김없이 긍정한다. 그래서 완전히 밝다(雙明)고 한 것이다. 또한 '그렇지 않고 그렇지 않다'는 말로 모든 것을 남김없이 부정한다. 모든 현상들이 하나의 이치로 거두어져 들어가므로 어떤 것에도 그렇지 않다는 부정이 붙는 것이다. 그래서 완전히 어둡다(雙暗)고 한 것이다. 이 둘이 '또한(亦)'이라는 말로 묶어져 중도를 실천하는 자리를 바로 드러내고 있다.

성철스님은 이 인용문을 통해 대사대활, 상적상조, 명암쌍쌍의 모순공존적 상황이 말후구의 본질이라는 점을 보여주고자 한다. 분별을 내려놓은 자리이므로 그것은 실참실오에 의해서만 알 수 있는 일일 뿐이다. 인용문에 표시된 바와 같이 주제를 분명히 드러내고 불필요한 화젯거리를 없애기 위해서 생략이 가해졌다.

우선 ①'하루는(一日)'의 생략에는 진리에 대한 담론이 항간의 이야깃거리가 되어 입에 오르내리는 상황을 못마땅해하는 성철스님의 입장이 반영되어 있다.

②의 구절이 생략되었다. '나산이 불렀다. 대사! 초경이 대답하였다. 예!(羅山召云, 大師, 師應諾)'라고 문답이 오간 상황의 제시이다. 이 구절은 바로 앞의 질문, 즉 '그렇고 그러한(恁麽恁麽) 도리와 '그렇지 않고 그렇지 않은(不恁麽不恁麽)' 도리가 함께 하는 경계를 묻는 질문에 답하는 장면이다. 나산스님이 부르고 초경스님이 대답하였을 때 암두스님이 설하고자 한 진리는 이미 완전하게 드러났다. 나산스님은 이것을 다시 친절하게 '완전히 밝은 동시에 또한 완전히 어둡다(雙明亦雙暗)'는 말로 설명한

다. 그러니까 나산스님은 두 번 대답한 것이다. 그래서 그중 하나를 생략한 것이다.

③의 긴 문장을 생략하였다. 나산스님의 답변이 가리키는 바를 깨닫지 못해 3일 후에 다시 와서 질문하는 상황을 기술한 것이다. 이것을 생략함으로써 구체적 상황을 지우고 보편적으로 통하는 도리를 드러내고자 한 것이다. 이 흥미진진한 문장이 바로 그 뒤에 나오는 쌍명쌍조의 핵심 설법을 흐리게 할 수 있다고 보았기 때문이다. 성철스님은 이 구절이 없는 것이 핵심을 드러내는 데 더 효과적이라고 보았던 것 같다.

【9-13-⑤】 雙照雙遮하며 同生同死하고 全明全暗하며 全殺全活이로다

선문정로 쌍조쌍차雙照雙遮하며 동생동사同生同死하고 전명전암全明全暗하며 전살전활全殺全活이로다.

현대어역 완전히 비추는 동시에 완전히 가리고, 완전히 사는 동시에 완전히 죽고, 완전히 밝은 동시에 완전히 어두우며, 완전히 죽이는 동시에 완전히 살린다.

[해설] 바르게 눈을 뜨면 모든 것이 부정된다. 그래서 '아니고 아니다.' 그와 동시에 모든 것에 대한 긍정이 일어난다. 그래서 '그렇고 그렇다.' 혹은 말과 생각이 전혀 통하지 않는 차원으로 뚫고 나아가고, 혹은 일체의 하찮은 것들이 남김없이 인정되는 차원으로 돌아와 편안히 몸을 눕힌다. 혹은 가리키는 곳마다 완전한 진리의 결정체가 드러나고, 혹은

건드리는 자리마다 삼천대천세계가 남김없이 박살이 난다. 이렇게 완전한 긍정과 철저한 부정이 '~하는 동시에'로 연결되는 것이 바른 눈뜸의 풍경이다. 이 단어들이 가리키는 바이다.

제 10 장

대원경지 大圓鏡智

제10장
대원경지 大圓鏡智

1. 대원경지 설법의 맥락

　대원경지는 청정자성을 거울처럼 여실하게 보는 지혜를 가리킨다. 그것은 궁극적 깨달음에 대한 비유적 표현이기도 하다. 크고 완전한 거울에 모든 형상이 담기는 것과 같이 깨달음의 지혜는 만법을 남김없이 비춘다. 그래서 크고(大) 둥근(圓) 거울(鏡)에 비유한 것이다.
　이 지혜의 핵심은 분별과 집착의 사라짐에 있다. 또한 그것은 제8식의 미세한 분별작용까지 소멸하는 철저함을 내용으로 한다. 분별에 지배되어 자유롭지 못한 아뢰야식이 전환하여 자재한 대원경의 지혜가 된다는 것이다. 이처럼 밝게 아는 일은 일체의 경계나 형상에 휘둘리지 않는 일인 동시에 무감각에 빠지지 않는 일이기도 하다. 무감각과 휘둘림의 양쪽에 기울지 않으므로 청정하다고 표현한다.
　이 대원경지는 유식 수행의 핵심 주제이지만 선종의 수행과도 관련이 깊다. 흔히 선종사상의 핵심으로 반야의 진공眞空과 열반의 묘유妙有를 꼽는데, 유식 또한 선수행과 불가분의 관계에 있다. 유식학의 유가 수행자를 인도의 선사들이었다고 보는 관점도 있다. 그러므로 달마스님이 유식학의 수행에 밝았던 것은 자연스럽다. 나아가 유식학의 핵심을 담고 있는 『능가경』을 혜가스님에게 전한 것도 이 때문이다. 요컨대 유식학은 선종 수행의 바탕이 된다. 5조스님이 6조스님에게 법을 전할 때 소의경전이 『금강경』으로 바뀌기는 하였지만 6조스님의 대원경지에 대한 주목할 만한 법문들이 있게 된 것도 선종이 유식에 바탕하고 있었던 저간의 상황과 관련이 깊다.

대원경지와 관련하여 이런 일이 있었다. 지통이라는 스님이 『능가경』을 천 번 넘게 읽었지만 세 가지 부처의 몸과 네 가지 지혜(三身四智)의 뜻을 깨닫지 못해 6조스님을 찾아와 그 뜻을 묻는다. 6조스님은 간단하면서도 분명하게 대답한다. "청정법신은 그대의 본성이고, 원만보신은 그대의 지혜이며, 천백억 화신은 그대의 행동이다." 그러자 지통스님이 다시 묻는다. 세 가지 부처의 몸에 대해서는 알겠는데 네 가지 지혜는 무엇이냐는 것이었다. 6조스님이 답답해한다. 세 가지 부처의 몸이 무엇인지 안다면 네 가지 지혜를 모를 리가 없다는 것이다. 3신과 4지는 한 몸의 다른 측면에 해당하기 때문이다. 그래서 다음과 같이 노래한다.

> 대원경지는 청정한 자성이며
> 평등성지는 병 없는 마음이며
> 묘관찰지는 의도함 없이 밝게 봄이며
> 성소작지는 둥근 거울과 같다.[282]

---

[282] 『六祖大師法寶壇經』(T48, p.356a), "大圓鏡智性清淨, 平等性智心無病, 妙觀察智見非功, 成所作智同圓鏡."

유식의 대원경지를 청정한 자성이라는 선종의 말로 바꾼 것에 불과해 보이지만 이 설법은 간단명료하게 청법자를 깨달음으로 끌고 간다. 6조스님과 이런 사연이 있는 대원경지는 참선 수행자에게 깨달음의 대명사였다. 특히 다른 세 가지 지혜가 별로 언급되지 않았던 것과 대조적으로 대원경지는 맑고 고요하며 일체가 명료하여 여여부동한 깨달음의 지혜를 가리키는 말로 애용되었다.

설봉스님은 "나에게 옛 거울이 하나 있는 것과 같아서 오랑캐가 오면 오랑캐를 비추고, 중원 사람이 오면 중원 사람을 비춘다."[283]라고 했는데 이것이 곧 대원경지를 가리키는 말이었다.

2. 성철스님 대원경지 설법의 특징

성철스님의 대원경지 설법은 사중득활 설법의 꼬리를 물고 일어난 것이다. 크게 죽었다가 살아나는 것이 사중득활이다. 이렇게 되살아나는 순간, 우주의 실상이 남김없이 드러난다. 이것이 대원경지이다. 그러니까 성철스님에게 있어서 대원경지는 구경무심과 동의어이다. 그래서 성철스님은 먼저 6조스님이나 『능가경』의 설법을 인용하는 대신 위산스님의 무심에 대한 가르침을 인용한다. 제8식의 소멸에 대해 직접 언급하고 있기 때문이다.

성철스님은 부처님의 구경원각과 선문의 돈오견성이 완전히 같은 것

---

[283] 『圓覺經夾頌集解講義』(X10, p.364b), "雪峯示衆云, 我這裏似一面古鏡相似, 胡來胡現, 漢來漢現. 此豈不是大圓鏡智."

이라는 돈오원각론에 입각하여 모든 설법을 펼친다. 부처님처럼 살겠다는 성철스님의 서원은 부처님이 성취한 바로 그 깨달음을 성취하겠다는 서원이기도 하다.

바로 그렇기 때문에 선가의 유행어가 된 대원경지가 단순히 진여를 눈치챈 차원을 가리키는 말이어서는 안 된다. 성철스님의 입장에서 보면 제8지 이상의 대자재보살일지라도 이 불완전한 경계에 머문다면 마계에 떨어진 마구니에 불과하다. 어린아이의 천진한 무심일지라도 이에 만족해서는 안 된다. 제8식을 투과하여 구경무심을 성취하지 않은 사람은 생사의 언덕을 헤매는 사람일 뿐이다.

이처럼 성철스님은 근본무명을 모두 끊어낸 구경무심만이 진정한 대원경지임을 강조한다. 그래서 대원경지의 설법을 전개하는 데 있어서 제8식의 소멸에 대한 논의를 주로 인용한다. 대원경지를 묘사하는 수많은 매력적인 진술들까지 포기할 정도로 성철스님의 제8식에 대한 원한은 깊다. 그 미세하여 알기 어려운 가무심의 경계에 속아 무수한 수행자들이 궁극의 깨달음을 놓쳤다는 생각 때문이다.

그런데 우리는 이 장의 인용문 중에 특히 마지막 감산스님의 설법에 주목할 필요가 있다. 이것은 유식에 대한 공부가 참선에 도움이 된다는 통론적 강설의 일부이다. 참선 수행의 길잡이로 유식의 공부를 제시하였던 것이다. 감산스님은 여기에서 제8식을 타파하지 않고서 깨달음을 논할 수 없다는 원칙을 강조한다.

참선 수행의 핵심을 유식으로 설명하고 있다는 점, 제8식이 소멸하지 않는다면 그것을 깨달음이라 할 수 없다고 규정한 점 등에 있어서 감산스님은 성철스님과 깊이 통한다. 그래서 성철스님은 감산스님을 만고의 표본이 될 대선지식으로 꼽았던 것이다.

여기에서 한 가지 주의할 것이 있다. 성철스님이 해당 문장에 동의하여 그것을 인용하기는 하였지만 감산스님의 설법에 모두 동의하지는 않는 입장에 있다는 것이다. 당장 문제가 되는 돈오점수의 주장만 해도 감산스님은 상상근기가 아니라면 돈오점수일 수 있다고 그것을 부분적으로 인정하는 입장이다. 그뿐인가? 성철스님이 높이 인정한 『대승기신론』이나 『종경록』 역시 같은 방식으로 돈오점수를 인정한다. 결과적으로 경전의 인용을 통해 그 가르침의 권위를 증명하려는 성철스님의 시도는 굳이 따지자면 손익이 반반이다.

그러나 이보다 중요한 것은 성철스님이 이러한 설법을 통해 어떠한 효과를 거두고자 했는지 하는 점이다. 우리는 『선문정로』나 『백일법문』을 읽을수록 무엇이 환하게 풀리지 않고 가슴이 꽉 막힘을 느낀다. 아무리 보아도 성철스님은 듣는 사람을 시원하게 해주기 위해 설법하지 않았다. 시원하게 알고 이해하는 일은 유심의 차원이므로 구경무심을 향한 무심의 실천에 장애가 된다고 보았기 때문일 수 있다. 그래서 성철스님은 꽉 막혀 알 수 없는 답답한 자리로 우리를 끌고 간다. 그 답답함이 우리를 수행으로 몰아붙인다. 성철스님은 우리를 수행으로 몰아붙이기 위해 설법하였다.

이 공부에 화두선의 활구참구 외의 다른 것은 고려되지 않는다. 성철스님은 스스로 체험한 바 당장 무심을 실천하여 궁극적 무심에 이르는 활구참구의 직선 도로에 비해 유심에 호소하는 일은 너무 우회하는 흠이 있다고 보았다. 오로지 모를 뿐인 자리에서 간절히 알고자 하는 마음으로 나아가다 보면 저절로 분별심이 사라지고 제8식을 투과하여 무심에 이를 수 있다. 여기에서 중요한 것은 일시적 무심에 만족하지 않고 크게 죽어 다시 되살아나는 일이다. 그리하여 원명부동하고 담연상적한 대원경지를 구현하기까지 멈추지 않고 수행하자는 것이다. 이것이 설법을 통해 우리를 답답함으로 끌고 가는 성철스님의 진정한 의도라고 이해된다. 성철스님의 『선문정로』 전체가 하나의 화두로 제시되었다는 의견이 있는데, 바로 이러한 핵심을 짚고 있다는 점에서 크게 공감되는 바 있다.

3. 문장 인용의 특징

【10-1】 潙山①[師]이 謂仰山曰 吾以鏡智로 爲宗要하야 出三種生이니 所謂 想生 相生 流注生이니라 ②[楞嚴經云, 想相爲塵, 識情爲垢, 二俱遠離, 則汝法眼, 應時淸明, 云何不成無上知覺.] 想生은 ③[卽]能思之心이니 雜亂이요 相生은 ④[卽]所思之境이니 歷然이요 微細流注는 具⑤[俱]爲塵⑥埃[垢]니라 ⑦[若能淨盡, 方得自在.]

선문정로 위산潙山이 앙산仰山에게 말했다. 나는 대원경지大圓鏡智로 종요宗要를 삼아서 3종三種의 생生을 출리出離하여야 하니, 소위 상생想生과 상생相生과 유주생流注生이다. 상생想生은 능사能思하는 망상妄想이 잡란雜亂함이요, 상생相生은 소사所思의 진경塵境이 역연歷然함이요, 미세유주微細流注는 함께 진애塵埃가 되느니라.

현대어역 위산스님이 앙산스님에게 말하였다. 나의 선은 대원경지를 종지로 삼아 세 가지의 일어남에서 벗어나는데, 그것은 생각의 일어남, 모양의 일어남, 흐름의 일어남이다. 『능엄경』에서는 이렇게 말한다. 의식기관과 대상 사물은 먼지가 되고, 심·의·식은 때가 된다. 이 둘을 모두 멀리 떠나면 그 즉시 그대의 법안이 밝아질 것이므로 무상의 앎과 깨달음을 성취하지 못할 일이 없다.] 생각의 일어남은 [곧] 주체적으로 생각하는 마음이 어지러운 일이고, 모양의 일어남은 [곧] 생각의 대상이 되는 외부경계가 힘을 발휘하는 일이며, 미세한 흐름은 모두 먼지와 때가 된다. [이것을 모두 떨어낼 수 있다면 비로소 자재함을 얻게 될 것이다.]

[해설]   위산스님이 앙산스님에게 대원경지의 종지를 설하는 법문이다. 위산스님에 의하면 대원경지는 생각의 일어남, 모양의 일어남, 흐름의 일어남을 벗어나는 순간에 일어나는 하나의 사건이다. 위산스님은 자신의 이 종지가 『능엄경』에 기초한 것임을 밝히고 있다. 엄밀하게 말하자면 위산스님의 종지는 『능엄경』을 그대로 가져온 것이 아니라 활용한 것이다. 『능엄경』의 해당 구절에서 말하는 상상想相은 감각기관인 근根과 대상 사물인 경境을 가리키며, 식정識情은 심·의·식을 가리킨다고 해석된다.

그런데 위산스님은 보는 주체로서의 기관(根)과 보이는 대상으로서의 경계(境)를 뜻하는 상상想相을 둘로 나눈다. 그리고는 글자 그대로 어지러운 생각을 상想, 이것을 뒤흔드는 대상 사물을 상相이라 설정한다. 그런 뒤 심·의·식의 식정識情 대신 제8식을 미세한 흐름(微細流注)에 배대한다. 물론 이것은 위산스님이 직접 겨냥한 바이기도 하다. 식정에 해당하는 심·의·식 중 사량식(意)과 요별식(識)을 앞의 '어지러운 생각'에서 언급했으므로 제8식의 미세한 흐름만 남게 되기 때문이다. 제8식의 미세유주로부터의 벗어나는 단계가 설정된 이유이다. 이렇게 하여 제8의 미세유주를 멸진해야 구경무심인 대원경지가 현전할 수 있다는 법문이 완성된다. 성철스님은 제8식의 소멸을 강조한 위산스님의 견해를 공유하기 위해 이 문장을 인용하였다.

이 중 ①의 '스님(師)'을 '위산潙山'으로 바꾼 것은 설법의 주인공을 구체적으로 밝히기 위해서이다. 이로 인해 인용문은 원전에 기대지 않고 독립하여 기능하게 된다.

②에서 『능엄경』의 구절을 생략한 것은 앞에서 살펴본 바와 같이 위산스님의 뜻하는 바와 『능엄경』의 문맥 사이에 차이가 있다는 점을 고려한 결과로 보인다. 성철스님이 보기에는 위산스님의 제8식 미세유주의 멸진을 핵심으로 하는 이 설법에 굳이 『능엄경』의 구절이 들어오지 않아도 문제가 없었다.

③과 ④의 '곧 즉卽' 자의 생략은 단순 생략에 해당한다. 한글 현토가 있으므로 '곧 ~이다'는 뜻의 술어로 기능하는 이 글자가 없어도 된다고 본 것이다.

⑤의 '갖출 구具' 자는 '함께 구俱' 자의 오자이다. 성철스님의 번역문에는 '미세유주微細流注는 함께 진애塵埃가 되느니라'로 되어 있다. 단순 오자이므로 교정해야 한다.

⑥과 같이 '먼지와 때(塵垢)'를 '먼지와 티끌(塵埃)'로 바꾸었다. 위산스님이 인용한 『능엄경』의 구절을 보면 6근과 6경은 먼지(想相爲塵), 심의식은 때(識情爲垢)라고 정의되어 있다. 이 '진구塵垢'를 '진애塵埃'로 바꾼 것이다. 거의 동의어로 쓰이는 관계에 있으므로 이 변환으로 인해 뜻에 큰 차이가 일어나지는 않는다. 다만 진애가 더 보편적으로 쓰인다는 점이 고려된 것으로 보인다. 당장 6조스님의 게송에 보이는 "본래 한 물건도 없는데, 어디에서 먼지가 일어나겠느냐(何處惹塵埃)."는 구절을 통해서도 우리에게 익숙해진 단어이기 때문이다. 또한 앞에서 말한 바와 같이 미세유주의 소멸을 강조한 위산스님의 종지와 『능엄경』 사이의 문맥적 틀어짐을 의식한 변환이기도 하다.

다음으로 ⑦의 생략이 있다. 원래 인용문을 어디에서 시작하여 어디에서 끊을지는 전적으로 문장을 인용하는 입장에 의해 결정된다. 다만 ⑦을 생략하면 인용문이 미완결형으로 끝나게 된다. 원문은 현대어역에 보인 것처럼 미세유주의 소멸과 동시에 대원경지의 증득이 일어남을 말하는 것으로 완결된다. 주관적 사유와 객관적 대상경계와 아뢰야식인 미세유주의 3세는 거울을 흐리는 먼지와 때에 해당한다. 이것들을 영원히 벗어나면 거울이 밝아져 대원경지를 성취하게 된다는 것이다. 성철스님은 제8식 차원의 미세한 번뇌의 흐름이 마지막까지 숙제로 남는다는 점을 드러내는 것이 중요하다고 생각한 것으로 보인다. 생략의 이유에 해당한다.

【10-2】 ①[卽緣]未達其源하면 落在第八魔②[境]界③[中]니라

선문정로 그 진심眞心의 본원本源에 도달하지 못하면, ④제8미세第八微細인 마계魔界에 타락한다.

현대어역 그 근원에 도달하지 못하면 제8마계에 떨어지고 만다.

[해설] 동산스님의 시중설법에서 가져왔다. 동산스님은 여기에서 수행자의 본분을 말한다. 자아와 대상에 휘둘리지 않는 것이 수행승의 본분이다. 번뇌의 흙탕물을 벗어나 살아 있는 안목으로 선풍을 제창하는 것이 수행승의 본분이다. 부처님을 본받아 일대사인연을 드러내는 것이 수행승의 본분이다.

그런데 이러한 안목을 갖춘 사람이 왜 적은가? 동산스님은 그 이유가 바로 제8마계 때문이라고 보았다. 제8식의 차원에서는 번뇌의 흐름이 극히 미세하여 범부나 2승이 알아채지 못한다. 오히려 그 고요함을

궁극의 안락한 차원이라고 생각하여 안주해 버리는 경우가 많다는 것이다.

동산스님은 이것을 더러운 물구덩이(惡水坑裏), 암내 밴 적삼(鶻臭布衫)이라고 비판한다. 이렇게 아뢰야식에 체류하는 경계를 성철스님은 제8마계라고 불렀다. 이것은 제8지 대자재보살의 경계이기도 하다. 그러므로 자재보살도 아뢰야식에 체류하면 마구니가 되는 것이다. 이 문장은 대원경지에 대한 직접적인 설명은 아니지만【10-1】의 인용문과 선후 관계를 이루면서 아뢰야식의 무기무심을 투과해야 대원경지에 도달한다는 주제 의식을 전달하고 있다.

①에 생략된 '바로 ~이기 때문(卽緣)'은 바르게 수행하고 바르게 눈뜬 이가 '전혀 없지는 않을 텐데 어째서 이렇게 적은가?(不道全無, 其奈還少)' 하는 구절을 받아 그 이유를 밝히는 역할을 한다. 문장의 인과 관계를 설명하는 성분인데 앞의 질문이 생략되었으므로 그에 연동하여 생략된 것이다.

②와 같이 '경境' 자를 생략하였다. 이로 인해 '제8마경계'가 '제8마계'가 되었는데 어감상 제8마계가 장애로서의 성격이 강조되는 경향이 있다. 뜻에는 차이가 없다.

③과 같이 '제8마계 가운데(中) 떨어진다'는 문장의 '중中' 자가 생략되었는데 문장의 뜻에는 영향이 없다.

④의 번역문에 '제8마계'를 '제8미세第八微細인 마계魔界'라고 설명식 번역을 했다. 분별의 흐름이 미세하여 이를 알아차리지 못하고 구경의 자리로 여겨 여기에 머무는 수행자들이 있을 수 있다. 이것이 마계인 이유는 미세하여 알아차리기 어렵기 때문이다. 성철스님은 이것을 부산에서 서울 가는 여정에서 만나는 '삼랑진'쯤으로 규정한다. 그러면서 "서울 간다고 나섰다가 삼랑진도 못 가 서울에 도착했다고 떠벌리니 도

대체 어쩌자는 것인가?"[284]라고 경책한다. 천 리를 가기로 한 사람이라면 쉽게 신발끈을 풀어서는 안 된다는 것은 모든 공부에 통용되는 진리이다.

【10-3】 湛然空寂하야 圓明不動이 卽大圓鏡智니라

선문정로 담연湛然히 공공적적空空寂寂하여 원명부동圓明不動이 대원경지大圓鏡智니라.

현대어역 맑게 비어 있고 고요하며 두루 밝고 흔들리지 않는 것이 대원경지다.

[해설] 『돈오입도요문론』에서 가져온 구절이다. 『돈오입도요문론』은 마조스님의 법을 받은 대주혜해스님이 짧은 문답식 문장으로 좌선의 실천과 깨달음의 이치에 대해 정리한 문장이다. 이 글을 그 법질인 현안玄晏스님이 몰래 가져다 마조스님에게 보이는데 이에 마조스님이 큰 칭찬을 내린다. 큰 구슬이 두루 밝아 그 빛이 투철하여 막히는 곳 없이 자재하게 되었다는 것이었다. 혜해스님이 큰 구슬, 즉 대주화상大珠和尙으로 불리게 된 사연이다.

인용된 구절은 네 가지 지혜(四智)를 묻는 질문에 응해 대원경지를 설명하는 내용이다. 여래의 본성은 맑아서 고요한 물과 같고, 텅 비고 고요하여 허공과 같다. 시비선악, 호오장단 등으로 둘로 나누는 일이 없다. 그리하여 몸과 마음이 두루 밝고 대상경계의 다양한 모양에 흔들

---

[284] 퇴옹성철(2015), p.230.

리지 않는다. 이것이 대원경지다. 성철스님은 "두루 밝아 변함없이 고요하게 알아차리는(圓明常寂照) 무상대열반이 곧 대원경지"라는 6조스님의 게송을 빌려 이에 대한 설명을 대신한다. 대원경지가 곧 무상대열반이라는 점을 강조하기 위해서이다.

【10-4】①如初生孩子②[兒]가 雖具六識하야 眼能見하며 耳能聞하나 ③[然]未曾分別六塵하야 好惡長短과 是非得失을 ④[他恁麽時,] 總不知라 學道之人도 要復如嬰孩하야 榮辱功名과 逆情順境이 ⑤[都]動他不得하야 眼見色하되 如⑥[與]盲等하며 耳聞聲하되 如⑦[與]聾等하야 如癡似兀하야 其心不動이 如須彌山이니라 ⑧[這箇是衲僧家, 眞實得力處. 古人道, 衲被蒙頭萬事休, 此時山僧都不會. 若能如此, 方有少分相應. 雖然如此, 爭奈一點也瞞他不得, 山依舊是山, 水依舊是水.] 無造作⑨[無]緣慮하야 ⑩[如日月運於太虛, 未嘗暫止, 亦不道, 我有許多名相.] 如天普蓋하며 似地普擎하나니 爲⑪其無心故로 所以長養萬物하야 ⑫[亦不道, 我有許多功行, 天地爲無心故, 所以長久, 若有心則有限齊.] ⑬[得道之人, 亦復] 如是⑭[於]無功用中에 施功⑮[用]하나니라 ⑯[一切違情順境, 皆以慈心攝受. 到這裏, 古人向自呵責道, 了了時無可了, 玄玄玄處直須呵. 又道, 事事通兮物物明, 達者聞之暗裏驚. 又云, 入聖超凡不作聲, 臥龍長怖碧潭淸. 人生若得長如此, 大地那能留一名.] 雖然恁⑰[麽]나 ⑱又更須跳出窠窟하야사 始得다 豈不見가 敎中에 道하되 第八不動地菩薩이 以無功用智로 ⑲[於一微塵中, 轉大法輪. 於一切時中, 行住坐臥, 不拘得失.] 任運流入薩婆若海라하나니 衲僧家는 到這裏하야 亦不可執著이니라 ⑳[但隨時自在, 遇茶喫茶, 遇飯喫飯. 這箇向上事, 著箇

定字也不得, 著箇不定字也不得. 石室善道和尙示衆云, 汝不見小兒出胎時, 何曾道, 我會看教. 當恁麽時, 亦不知有佛性義, 無佛性義. 及至長大, 便學種種知解出來, 便道我能我解, 不知是客塵煩惱. 十六觀行中, 嬰兒行爲最, 哆哆啝啝時, 喩學道之人, 離分別取捨心. 故讚歎嬰兒, 可況喩取之. 若謂嬰兒是道, 今時人錯會. 南泉云, 我十八上, 解作活計. 趙州道, 我十八上, 解破家散宅. 又道, 我在南方二十年, 除粥飯二時, 是雜用心處. 曹山問僧, 菩薩定中, 聞香象渡河, 歷歷地. 出什麽經, 僧云, 涅槃經. 山云, 定前聞定後聞. 僧云, 和尙流也. 山云, 灘下接取. 又楞嚴經云, 湛入合湛入識邊際. 又] 楞伽經에 云 相生은 執礙요 想生은 妄想이요 流注生則逐妄流轉이라하니 若到無功用地하야도 猶在流注生㉑[相中이니 須是出得第三流注生相하야사 方始快活自在니라 ㉒[所以潙山問仰山云, 寂子如何. 仰山云, 和尙問他見解, 問他行解. 若問他行解, 某甲不知. 若是見解, 如一瓶水注一缾水. 若得如此, 皆可以爲一方之師. 趙州云, 急水上打毬子, 早是轉轆轆地. 更向急水上打時, 貶眼便過. 譬如楞嚴] 經에 云 如急流㉓[水] 望爲恬㉔靜이라하니 ㉕[古人云, 譬如駛流水, 水流無定止, 各各不相知, 諸法亦如是. 趙州答處, 意渾類此. 其僧又問投子, 急水上打毬子, 意旨如何. 子云, 念念不停流, 自然與他問處恰好. 古人行履綿密, 答得只似一箇, 更不消計較. 爾纔問他, 早知爾落處了也.] 孩子六識이 ㉖須[雖]然無功用이나 爭奈念念不停流가 如急流水㉗[如密水流]오

선문정로 갓난아기가 비록 6식을 두루 갖추고 있어 눈으로 능히 보고 귀로 능히 듣지만 일찍 6진六塵을 분별하지 못하여 호오장단好惡

長短과 시비득실是非得失을 총부지總不知함과 같다. 학도學道하는 인사人士도 이 영해嬰孩와 같아서 영욕공명榮辱功名과 역정순경逆情順境이 그를 동요動搖하지 못하며 눈으로 색色을 보되 맹인과 같고 귀로 소리를 듣되 농자聾者와 같아서, 여치如癡하며 사올似兀하여 그 심중心中이 동요하지 않아 수미산須彌山과 같다. 조작造作과 연려緣慮가 없어서 창천蒼天이 넓게 덮음과 같으며 후지厚地가 넓게 받치는 것과 같나니 무심인 소이로 만물을 장양長養하여 여시如是의 무공용無功用 중에서 시공施功한다. 비록 이러하나 그 과굴窠窟을 도출跳出하여야 한다. 어찌 교중敎中에서 말함을 보지 못하였는가. 제8부동지보살第八不動地菩薩이 무공용지無功用智로써 임운任運하여 살바야해薩婆若海에 유입流入한다 하였으나, 납승은 여기에 도달하였어도 집착하여서는 불가하다. 『능가경』에 "상생相生은 집애執礙요 상생想生은 망상이요 유주생流注生인즉 망연妄緣을 추축追逐하여 유전流轉한다 하였으니, 만약 무공용지無功用地에 도달하였어도 오히려 유주생流注生 중에 있으니 제3유주생상第三流注生相을 출리出離하여야 비로소 쾌활자재快活自在하다. 경에 말하기를, "급류수急流水를 바라보아도 염정恬靜함과 같다." 하였으니, 해자孩子의 6식이 비록 무공용無功用이나 염념念念히 유거流去함이 급류수와 같으니 어찌하리오.

현대어역 마치 갓 태어난 아기가 비록 6식을 갖추어 눈으로 보고 귀로 들을 수 있으나 [그러나] 6진을 분별하는 일이 없어 좋고 싫음, 길고 짧음, 옳고 그름, 얻고 잃음을 [이러한 때에는] 전혀 모르는 것과 같다. 도를 공부하는 사람도 또한 어린아이와 같이 영예와 오욕, 공적과 명예, 역정나는 일이나 순조로운 상황이 [전혀] 그를 동요시킬 수 없어야 한다. 눈으로 모양을 보되 맹인과 같고, 귀로 소리를 듣되

귀머거리와 같아서 바보처럼 멍청이처럼 그 마음의 동요 없음이 수미산과 같아야 한다. [이것이 참선하는 수행자가 진실로 힘을 얻는 자리이다. 옛사람이 말했다. "누더기를 머리에 덮어쓰고 모든 일을 쉬노라. 이러한 때에 산에 사는 이 중은 아무것도 모르노라." 만약 이럴 수 있다면 그나마 조금 상응하는 바 있게 될 것이다. 그리하여 그를 전혀 속일 수는 없으니 산은 변함없이 산, 물은 변함없이 물이라] 조작하는 마음과 분별하는 마음이 없으니, [마치 해와 달이 허공을 운행하면서 잠시도 멈추는 일 없지만 스스로 자기가 이런저런 이름과 모양을 갖고 있다고 말하지 않는 것과 같다.]

그것은 하늘이 두루 덮어주고 땅이 두루 받쳐주는 것과 같아서 무심으로 만물을 길러주지만 [또한 스스로 이런저런 공을 실천했다고 말하지 않는다. 하늘과 땅은 무심이기 때문에 영원하니, 만약 유심이라면 제한이 있게 된다. 도를 얻은 사람도 또한] 이와 같이 일부러 공부하려 애쓰지 않는 가운데 일을 한다. [뜻에 맞지 않는 모든 일이나 순조로운 모든 일을 모두 자비의 마음으로 끌어안는 이 자리에 이르렀다 해도 옛사람들은 오히려 이렇게 꾸짖었다. "밝고 밝아 밝은 때에 밝힐 것이 없고, 현묘하고 현묘하여 현묘한 자리에서 오로지 꾸짖음이 필요하다." 또 이렇게 말하기도 했다. "일마다 일마다 통하고 모든 사물에 밝다고 하겠는가? 통달한 사람은 그것을 듣고 암암리에 놀란다." 또 이렇게도 말했다. "성인의 지위에 들어가고 범부를 뛰어넘는 일에 소리를 내지 않으니, 누워 있는 용은 푸른 연못 맑은 것을 늘 두려워한다." 인생에 길이길이 이와 같음을 얻는다 해도 대지가 이름 하나 남기는 일 있던가?]

비록 이러하나 또다시 그 깃들어 머무는 소굴에서 벗어나야 한다. 알지 않는가? 가르침에 말하기를 "제8지 부동지보살이 인위적 조작이 없는 지혜로 [하나의 작은 티끌 속에서도 대법륜을 굴리고, 움직이고, 멈추고, 앉고, 눕는 모든 때에 득실에 구속되지 않으며] 오는 대로 맡겨 일체지의 바다에 흘러 들어간다."고 했다. 선을 닦는 수행자는 여기에 이르러서도 또한 집착해서는 안 된다. [오로지 때에 맞게 자재하여 차를 만나면 차를 마시고 밥을 만나면 밥을 먹는다. 이렇게 향상만 있는 일에는 선정의 정定 자가 붙어서도 안 된다. 또한 선정이 없다는 부정不定 자가 붙어서도 안 된다. 석실선도스님이 대중들에게 설법하였다. "알지 않는가? 아기가 태중에서 나올 때 내가 경전의 가르침을 볼 줄 안다고 말하는 경우가 있는가? 이때에는 또한 불성이 있다거나 불성이 없다거나 하는 뜻을 알지 못한다. 그러나 성장하면서 곧 각종의 앎과 이해를 배워서는 내가 할 수 있다, 내가 이해한다고 말하면서도 이것이 외적인 대상에서 일어나는 번뇌라는 것을 알지 못한다. 16가지 관법의 실천 가운데 어린아이의 실천이 최고로서 분명하게 표현하지 못하는 이때가 도를 공부하는 사람의 분별과 취사를 떠난 마음의 비유가 된다. 어린아이를 찬탄하는 것은 비유로 삼을 만하기 때문이다. 만약 어린아이가 바로 진리라고 한다면 지금 사람들은 잘못 알게 될 것이다." 또 남전스님은 "나는 10년을 여덟 번 지나서야 살아나는 살림살이를 할 줄 알았다."고 했고, 조주스님은 "나는 10년을 여덟 번 지나서야 집을 깨뜨리고 흩어버릴 줄 알았다."고 했고, "내가 남쪽에서 20년을 지내는 동안 죽 마시고 밥 먹는 두 때만 이런저런 잡된 마음을 쓰는 자리였다."고도 했다. 조산스님이 한 중에게 물었다. "보살이 선정 중에 향상香象이 강을 건너는 소리를 분명하게 들었다고 했는데, 그게 무슨 경이었지?" 중이 말했다. "『열반경』입니다." 조산스님이 말했다. "선정 전에 들었는가, 선정 후에 들었는가?" 중이 말했다. "스님이 휩쓸리셨군요." 조산스님이 말했다. "여울 아래에서 받아 잡으면 되지."

또 『능엄경』에서는 "고요함으로 들어가 고요함에 합치되는 것은 식음識陰의 차원에 속한다."고 했고, 또] 『능가경』에서는 말했다. "모양의 일어남은 집착이고, 생각의 일어남은 망상이며, 미세한 흐름의 일어남은 망상에 휩쓸려 흐르고 굴러가는 것이다. 애써 공부하지 않아도 되는 무공용지에 도달한다 해도 여전히 미세한 흐름 속에 있는 것이므로 이 3세의 흐름이 일어나는 차원을 벗어날 수 있어야 한다. 그래야 비로소 쾌활하며 자재할 수 있다."[그래서 위산스님이 앙산스님에게 묻는다. "혜적, 너는 어떻느냐?" 앙산스님이 대답했다. "스님께서는 저의 견해를 물으시는 겁니까? 아니면 이해와 실천의 상응에 대해서 물으시는 겁니까? 만약 이해와 실천의 상응을 물으시는 것이라면 저는 잘 모르겠습니다. 만약 견해에 대해 물으신다면 마치 이쪽 병의 물을 저쪽 병의 물에 따르는 것과 같습니다." 만약 이와 같다면 한 곳의 스승이 될 만하다. 조주스님이 "급류 위에서 격구시합을 한다."고 했는데 그것만 해도 걸림 없는 활용이라 할 수 있다. 게다가 급류 위에서 공을 치면 눈 깜빡할 사이에 바로 지나가 버리는 것이다. 예를 들어 『능엄경』]

경전에서는 '급류의 물을 바라보며 고요하다고 여기는 일'이라고 했다. [옛사람이 말했다. "마치 빠르게 흐르는 물과 같다. 물은 흐를 뿐 멈추는 일이 없어서 각각 서로 알지 못한다. 모든 현상이 또한 이와 같다." 조주스님이 대답한 자리의 그 뜻이 완전히 이와 같다. 그 중이 투자스님에게 다시 물었다. "급류 위에서 격구시합을 한다고 하는데 그 뜻이 무엇입니까?" 투자스님이 대답한다. "생각생각이 흐름을 멈추지 않는다는 뜻이지." 자연스럽게 그 질문하는 자리와 딱 맞아떨어지고 있다. 옛사람의 행적은 면밀해서 대답을 하게 되면 오로지 이 한 가지만 들 뿐이므로 여기에 더해 이리저리 생각해 볼 것이 없다. 그대가 그에 대해 묻는 순간 이미 그대가 떨어져 있는 것을 알아차리는 것이다.] 어린아이의 제6식이 비록 인위적 조작이 없기는 하지만 그럼에도 생각생각 흐름을 멈추지 않는 것이 마치 급류의 물과 같은 것이다.[마치 끊어짐 없는 물의 흐름과 같다.]

[해설] 『벽암록』제80칙, 조주스님의 어린아이 화두에 붙인 원오스님의 평창이다. 어떤 중이 '갓 태어난 아기에게 6식이 갖추어져 있는가'를 묻자 조주스님이 '급류 위에서 격구시합을 하는 것'과 같다고 대답한다. 이 중이 다시 투자스님에게 격구시합의 뜻을 묻자 투자스님은 '생각생각이 흐름을 멈추지 않는다'고 대답한다.

이 본칙에 대해 원오스님이 평창으로 긴 설명을 붙인다. 원래 조주스님에게 질문한 이 중은 자기가 제6식의 작용은 있지만 모양에 따른 분별과 취사선택을 하지 않는 경계에 도달했다고 자부하는 입장이었다. 그리하여 자신의 경계를 밝히고 그에 대한 평가를 받고자 한 것이다. 이에 조주스님은 그것이 '급류 위에서 격구시합을 하는 것'과 같다고 답한다. 어린아이의 제6식이 비록 인위적 조작이 없는 상태이기는 하지만 그럼에도 생각생각 흐름이 멈추지 않는 것이 마치 급류의 물과 같다고 말한 것이다. 그뿐인가? 이 중은 끝없이 흘러 잠시도 멈추지 않는 급류와 같은 마음을 안정된 것으로 보고 거기에서 무엇인가를 잡으려 하고 있다. 그것은 마치 급류 위에서 공을 맞추려는 것과 같아 불가능하다. 이것이 조주스님과 투자스님의 대답이 가리키는 바이다.

성철스님은 어린아이와 같은 무심지를 성취했다 해도 여전히 제8식의 마계이므로 여기에서 다시 용맹심을 일으켜 근본무명을 끊어야 한다는 점을 강조하기 위해서 이 문장을 가져왔다. 성철스님은 이렇게 말한다.

따라서 오매에 일여한 8지 이상의 자재보살위에 들었다 하더라도 이는 구경이 아니다. 도리어 수행인을 매몰시키는 마구니의 경계, 귀신의 소굴이니 여기서 다시 용맹심을 일으켜 근본무명을 끊고 진정한 무심을 깨달아야 한다. 그러기 전엔 종문의 종사가 아니며 눈 밝은 납자라 할 수 없다.[285]

이상과 같은 맥락을 갖는 인용문에서 다음과 같은 생략, 추가, 변환이 행해졌다.

①의 '여如' 자는 성철스님이 추가한 것이다. 질문하는 스님은 단순히 갓난아이에게 제6식이 작용하는지가 궁금했던 것이 아니다. 자신이 도달한 경지를 제시하고 그에 대한 점검을 받으려는 것이 그 질문의 의도였다. 따라서 갓난아이의 상대적으로 순결한 제6식의 작용이 수행자의 무심경계에 대한 비유가 된다는 점을 분명히 해야 한다. 이를 위해 ①의 '~한 것처럼(如)'을 추가한 것이다.

②에서는 '해아孩兒'를 '해자孩子'로 바꾸었다. 모두 어린아이라는 뜻으로 통용하는 단어이고 원문에도 구분 없이 쓰고 있다. 단어를 통일하고자 하는 의도로 일어난 교정으로 보인다.

③의 '그러나(然)'를 생략한 것은 앞의 문장에 '수雖'가 있어서 '비록 6식을 갖추어 눈으로 보고 귀로 들을 수 있으나'의 뜻을 구성하기 때문에 '그러나'가 없어도 의미가 전달된다고 보았기 때문이다. 더구나 우리말 현토까지 달려 이중 삼중의 '그러나'가 들어와 문맥을 매끄럽지 않게 하는 경향도 있다. 성철스님은 문장의 대의만 취하는 입장에 있기 때문에 고민 없이 이를 생략한 것이다.

---

[285] 퇴옹·성철(2015), p.234.

④의 '이러한 때에(他恁麼時)'는 갓난아이 시기를 가리킨다. 문장이 갓난아이로 시작되었으므로 의미상 중복이 된다. 생략하는 것이 의미를 더 명확히 드러낼 수 있다고 본 것이다.

⑤의 '도(都)'는 앞의 '영예와 오욕, 공적과 명예, 역정나는 일이나 순조로운 상황'의 네 가지를 묶는 부사로서 '모두'의 뜻을 갖는다. 이것이 '동요시키지 못한다'는 부정문과 만나면 '전혀'로 번역된다. 구어체적 경향이 농후하며 이것이 없어도 문맥이 연결되므로 생략한 것이다. 여기에는 구어체의 관용어를 생략하여 문어체로 바꾸고자 하는 의도도 있다. 구어체를 낯설어하는 독자들을 배려하고자 한 것이다.

⑥과 ⑦에서는 '여與' 자를 '여如' 자로 바꾸었다. 성철스님의 번역문을 보면 '맹인과 같고', '농자聾者와 같아서' 등으로 '여與' 자를 적용하고 있다. 편집 과정에서 일어난 단순 오류로 보인다. 교정해야 한다.

⑧의 긴 문장을 생략하였다. 이 긴 문장이 설법의 주제를 흐릴 수 있다는 점을 우려하였기 때문이다. 성철스님이 인용을 통해 밝히고자 하는 것은 어린아이와 같은 무심경계를 귀하게 여기지 말라는 것이다. 그것에 의미를 두기 시작하면 도리어 제8마계에 빠질 수 있기 때문이다. 그러므로 여기에 머물지 말고 다시 용맹정진하여 근본무명을 끊는 구경의 자리에 나아가야 한다는 것이 설법의 요지이다. 그런데 ⑧의 생략된 문장에서는 내외경계에 흔들리지 않는 어린아이와 같은 무심에 대해 '그것이 참선하는 수행자가 진실로 힘을 얻는 자리이며, 어느 정도 진여에 상응함이 있는' 차원이라고 의미를 부여하고 있다. 이로 인해 자칫 비판하고자 하는 차원에 대해 매력을 느끼고 집중하는 역효과가 날 수 있다. 논지를 흐릴 우려가 있으므로 이것을 생략한 것이다.

⑨의 '무無' 자를 생략한 것은 바로 앞의 '무無' 자로 대신할 수 있다고 보았기 때문이고, ⑩은 앞 구절 '조작하는 마음과 분별하는 마음이 없

음'에 대한 비유이다. 의미상 중복되므로 생략한 것이다. ⑪의 '기其' 자는 문맥을 매끄럽게 하기 위해 추가한 것이고, ⑫는 바로 앞 구절 '무심이기 때문에 만물을 길이 기른다'는 문장에 대한 비유이다. 의미상 중복되므로 생략하였다.

⑬의 '도를 얻은 사람(得道之人)'의 생략은 흥미롭다. 이 '도를 얻은 사람(得道之人)'을 생략한 것은 제8 무공용지에 도달한 사람을 '도를 얻은 사람'으로 부를 수 없다는 성철스님의 지론이 적용된 결과이다. 또 이와 연결된 뒷부분에서는 '또한 그러하다(亦復如是)'라는 관용어를 '이와 같은(如是)'으로 바꾸었다. '또한 그러하다(亦復如是)'는 앞 문장과 동일함을 표시하며 문단의 완결을 이끈다. 이에 비해 '이와 같은(如是)'은 뒷 문장과의 동일 관계를 표시하며 문장을 새로 시작하는 표시가 된다. 이처럼 어감은 다르지만 뜻에는 차이가 없다.

⑭의 '~에서(於)'가 생략된 것은 뒤에 '중中'이 있어 '~하는 중에'라는 뜻이 중복되고, 또 한글로 '~에'라는 현토가 달려 있어 이중 삼중으로 중복된다고 보았기 때문이다. ⑮는 단순 생략에 해당한다. 원문의 '시공용施功用'이나 성철스님의 '시공施功'이 모두 '노력을 기울인다'는 뜻을 표현한다. 바로 앞에 '공용功用'이라는 단어가 나왔으므로 중복을 피하기 위한 조치일 수 있다.

⑯의 무공용지에 대한 긴 설명을 생략한 것은 그것이 중복되는 내용이기 때문이다. 또한 통과해야 할 경계로서의 무공용지에 대한 기술이 자세할수록 그것의 매력을 강조하는 일이 될 수 있다는 점이 고려된 결과이기도 하다. 무공용지는 선정에조차 머물지 않는 마음이다. 그러므로 만물에 훤히 통하는 승묘한 경계를 만나도 그것에 집착하는 바가 없다. 생략된 문장은 이처럼 밝은 관찰의 경계에 이르러서도 그것에 집착하지 말라는 옛사람들의 문장을 나열하고 있다. 이것을 무공용이라는

한마디 말로 묶을 수 있으므로 생략한 것이다.

⑰의 의문조사를 구성하는 '마麼' 자가 생략되었는데 탈자에 해당하므로 복원해야 한다. 물론 '임恁'은 '임마恁麼'로 쓰지 않아도 '이러함'의 뜻을 갖는다. 그런데 성철스님이 달아 놓은 현토를 보면 '수연임雖然恁나'로 되어 있어 한자 '임恁'의 발음과 현토 '~나'가 호응하지 않는다. '임마恁麼나'로 보았음을 알 수 있다.

⑱의 '우又' 자는 추가된 글자이다. '또한'의 뜻으로서 문맥상 바로 뒤의 '다시(更)'와 의미가 중복된다. 중복임을 알면서도 이를 추가한 것은 8지의 경계에 머물지 않고 다시 나아가야 한다는 의미를 강조하기 위해서이다. 그것은 성철스님이 강조하는 멈춤 없는 수행의 길을 드러내기 위한 조치이기도 하다.

⑲의 생략된 문장은 보살의 무공용지에 대한 구체적 설명에 해당한다. '하나의 작은 티끌 속에서도 법륜을 굴리며, 언제나 행주좌와의 활동 중에 득실에 구애되는 일이 없는 것'이 무공용지의 일이다. 그런데 이것이 '오는 대로 맡긴다'는 임운任運과 뜻이 중복되므로 이를 생략한 것이다. 나아가 무공용지에 지나친 의미가 부여되어서는 안 된다는 입장이 반영된 결과이기도 하다.

⑳에 생략된 긴 문장은 어떠한 경계에도 집착하지 말라는 앞 문장에 대한 자세한 설명이다. 의미상 중복되므로 생략하였다. 차를 만나면 차를 마시고, 밥을 만나면 밥을 먹는 자유로운 삶으로서, 오직 향상만 있을 뿐인 이 차원에는 선정이라는 말조차 붙을 곳이 없다는 내용이다.

㉑에서는 '유주상流注相'을 '유주생流注生'으로 바꾸어 표현하였다. 이 단어의 핵심은 미세한 망상의 '일어남(生)'을 강조하는 데 있다. 원문의 '유주상流注相'은 '유주생상流注生相'의 준말에 해당한다. 그렇지만 성철스님은 그 보이지 않는 가운데 일어나는 미혹의 출발을 경계하는 입장에

서 그 '일어남(生)'을 강조할 필요가 있다고 생각하여 글자를 교체한 것으로 보인다.

㉒의 문장을 생략하였다. 이쪽 병의 물을 다른 저쪽 병에 담는 일은 높은 경계이다. 급류 위에서 공을 치는 경계 역시 마찬가지다. 성철스님은 이러한 무심경계가 궁극이 아니므로 이것에 대한 의미 부여가 있어서는 안 된다고 보는 입장이다. 생략의 이유이다.

㉓의 '급류急流'는 원문의 '급류수急流水'와 같은 뜻을 전달한다. 성철스님의 번역문에 '급류수'로 되어 있으므로 단순 탈자에 해당하며 복원되어야 한다.

㉔와 같이 '정靜' 자가 생략되었다. 염정恬靜은 심정적으로, 혹은 분위기가 고요하다는 뜻의 단어로서 글자가 생략되면 뜻의 전달에 결손이 생긴다. 성철스님도 "염정恬靜함과 같다."고 번역하였다. 1981년 본에 바로 되어 있던 것이 1993년에 가로쓰기로 조판하면서 빠져 2015년 본까지 이른 것이다. 복원되어야 한다.

㉕의 문장은 '어린아이도 6식을 갖추었는지'를 묻는 질문에 조주스님이 왜 '급류에서 공을 친다'고 대답했는지를 설명하는 내용이다. 물이 머무는 일 없이 흐르는 것처럼 마음도 멈춤 없이 흐르고, 모든 현상도 그렇게 흐른다는 것이다. 그런데 이것이 바로 앞의 '급류의 물을 바라보며 고요하다고 여긴다'는 구절과 의미상 중복되므로 생략한 것이다.

㉖의 '수須'는 '수雖'의 오자이므로 교정되어야 한다.

㉗에서는 '끊어짐 없는 물의 흐름(急水流)'을 '급류의 물(急流水)'로 바꾸었다. 원문에서 끊어짐이 없다고 한 것은 그 흐름이 멈추는 일이 없다는 뜻이다. 성철스님은 그 보이지 않는 흐름이 급류와 같음을 강조하는 입장이다.

제8아뢰야식은 워낙 깨끗하고 미세해 언뜻 보면 맑고 잔잔해 전혀 움직임이 없는 듯 보이나 깊이 관찰해 보면 그 급박한 흐름이 조금도 쉬지 않는 것이다.²⁸⁶

성철스님이 말하는 급박한 흐름은 아뢰야식의 특징에 대한 표현인 폭류瀑流와 상통한다. 아뢰야식은 번뇌에 지배되지 않고(無覆), 시비선악의 분별이 없는(無記) 고요한 차원으로 보인다. 그러나 미세한 변화가 마치 급하게 흐르는 폭류瀑流와 같다는 것이다. 이 폭류의 멈춤이 없는 측면을 강조하면 밀수密水가 되고, 급하게 흐르는 측면을 강조하면 급류急流가 된다. 성철스님은 뒤의 경우를 택한 것이다.

【10-5】異熟이 若空則超因果하야 方才轉成大圓鏡智니 言無垢가 同時發者는 以佛果位中을 名無垢①[識]니 乃淸淨眞如니라 謂鏡智로 相應하면 法身이 顯現하야 圓明普照十方塵刹하야 ②[故結云普照十方塵刹中,] 以理智가 一如하야 方證究竟一心之體니 此唯識之極則이며 乃如來之極果也라 諦觀하니 此識이 深潛難破하니 此識을 絲毫未透하면 終在生死岸頭③事니라 古德諸祖가 未有不破此識而有超佛越祖之談이어늘 今人은 生滅도 未忘하야 心地에 雜染種子도 未淨纖毫하고 便稱悟道하니 豈非未得을 謂得하며 未證을 謂證이리요 可不懼哉아

선문정로 제8인 이숙식異熟識이 만약에 공멸空滅하면, 곧 인과를 초월하여 바야흐로 대원경지大圓鏡智를 전성轉成한다. 무구無垢가 동시에

---

²⁸⁶ 퇴옹성철(2015), p.234.

발현한다 함은 불과위佛果位 중에서는 경지鏡智를 무구無垢라 하니 이 것은 청정진여인 까닭이다. 경지鏡智로 상응하면 법신이 현현하여서 시방진찰十方塵刹을 보조普照하여 이리와 지智가 일여하므로, 바야흐로 구경인 일심의 본체를 증득하는 것이니 이는 유식唯識의 극칙極則이며 여래의 극과極果이다. 밝게 관찰하니 이 제8식이 심잠深潛하여 난파難破하니, 차식此識을 사호絲毫라도 투과透過하지 못하면 끝까지 생사안두生死岸頭에 체재滯在한다. 고덕古德과 제조諸祖가 이 제8식第八識을 타파하지 않고서는 초불월조超佛越祖의 현담玄談을 하지 않았거늘, 금인今人들은 생멸심도 미망未忘하여 심지心地에 잡염雜染의 번뇌종자를 섬호纖毫도 정결케 하지 못하고서 문득 오도悟道라고 사칭하니 어찌 미득未得을 득得이라 하고 미증未證을 증證이라 함이 아니리오. 참으로 두렵지 않은가.

현대어역 이숙식이 소멸하면 인과를 초월하여 대원경지를 성취하게 된다. '무구식이 동시에 발현된다'고 한 것은 부처의 지위에 도달하면 무구식이라 하기 때문이다. 이것이 바로 청정한 진여로서 대원경지에 상응하여 법신이 드러나 완전한 밝음이 시방의 무수한 세계를 두루 비추게 된다. [그래서 '시방의 무수한 세계를 두루 비춘다'고 결론으로 말한 것이다.] 이치와 지혜가 한 몸처럼 같아져서 비로소 궁극적인 한마음의 본체를 증득하게 되는 것이다. 이것이 유식의 궁극의 도달처이며 여래의 최종 결과이다. 이 제8식은 깊이 잠재된 것이라서 간파하기 어렵다. 이 제8식을 추호라도 투과하지 못한 부분이 남으면 결국 죽고 사는 차원에 머물게 된다. 옛 선지식과 모든 조사들 중에는 이 제8식을 타파하지 않고서 부처를 초월하느니 조사를 뛰어넘느니 하는 등의 담론을 한 적이 없다. 요즘 사람들은 생멸의 마음을 씻지도 못하고 마음의 바탕을 잡되게 오염시킨 종자들을 말끔히 떨어내지도 못하고 도를 깨달았다고 자칭하곤 한다. 얻지 못하고서도 얻었다고 하고 깨닫지 못하고서도 깨달았다고 하는 일이 아닐 수 없다. 두려워할 일이 아니겠는가?

[해설] 감산스님의 『팔식규구통설』 중 제8식에 대한 해설의 일부이다. 감산스님은 제8식의 게송을 해석하면서 그것이 미혹의 차원에 갇혀 있을 때에는 전생의 업보를 담는 능장能藏으로서, 또 전7식의 훈습을 받아들이는 소장所藏으로서, 나아가 제7말나식이 집착하는 아애집장我愛執藏으로서 작용한다는 것을 밝히고 있다. 이러한 미혹 차원의 장식이 한 생각 전변하면 오묘한 성품과 공덕을 갖춘 여래장으로 전환한다.

그 전환의 출발은 태어나면서 갖추고 나온 아집(俱生我執)을 타파함으로써 시작된다. 이때 장식이라는 이름을 버리게 된다. 제8부동지에 진입하기 전, 그러니까 제7지에서 이 버림이 일어난다. 그래서 사장捨藏이라고 부른다. 그러나 그 뒤에도 비록 착한 종자이기는 하지만 유루종자가 수시로 일어나 과보를 이끌어 낸다. 이것을 이숙식異熟識이라 하는데 금강심金剛心에 이르러 해탈도를 증득함과 동시에 힘을 잃게 된다. 이렇게 하여 제8식이 대원경지로 전환된다. 완전히 오염을 벗어났으므로 무구식無垢識이라 하며, 대원경지와 상응함(鏡智相應), 혹은 법신이 현현함(法身顯現)이라고도 부른다. 유식수행의 궁극적 도달처이다.

여기에서 감산스님은 두 가지를 강조한다. 첫째는 아뢰야식 타파의 강조이다. 알아차리기 어렵고 그래서 타파하기도 어려운 것이 이숙식의 작용이다. 이 제8식을 타파하지 않으면 결국은 생사의 차원에 머물러 있을 수밖에 없다. 그러므로 그것을 철저하게 뛰어넘었는지 스스로 살펴보라는 것이다. 감산스님이 유식의 논리에 따라 다양한 층차와 명칭들을 보인 이유는 작은 성취에 만족하지 말라는 뜻이었다. 오로지 제8식의 철저한 타파가 있기 전까지 수행을 멈추지 말라는 당부의 차원이었다. 둘째는 아뢰야식 논의의 목적이 깨달음에 있다는 점을 강조한다. 유식의 논의를 배우되 이것을 마음을 깨닫는 일의 참고로 써야지 이름과 형상의 분별을 따지는 관념 놀이에 힘써서는 안 된다는 것이다.

성철스님은 제8미세유주를 영원히 떠나 구경무심을 성취하는 것이 진정한 오도라는 점을 강조하기 위해 이 문장을 인용했다. 유심의 마지막 티끌까지 떨어내고 대원경지를 증득하는 것만을 진정한 견성이라 할 수 있다는 것이다. 그런 점에서 성철스님의 주장은 감산스님의 입장과 완전히 동일한 어투와 내용을 갖는다. 특히 생멸심도 끊지 못하고 깨달았다고 자칭하는 현실에 대한 비판이 그러하다. 그래서 성철스님은 감산스님을 드문 선지식으로 추앙한다. 또 그 논의를 "수도인의 통병通病을 적파摘破한 쾌론快論"[287]으로 찬양해 마지않는다. 여기에서 인용문에 표시된 바와 같은 생략이 이루어졌다.

①의 '무구식無垢識'에서 '식識'을 생략하여 '무구無垢'로 줄인 것은 앞 문장을 모두 설명해야 하는 번거로움을 피해서이다. 감산스님의 이 문장은 원래 현장스님의 『팔식규구송』의 제8식송에 대한 해설을 내용으로 하고 있다. 수행의 차원에 따라 제8식에 장식藏識→이숙식異熟識→무구식無垢識과 같이 각기 다른 이름이 붙게 된다는 것이다. 인용문은 이숙식과 무구식에 대해 논하는 구절인데 전체 맥락으로부터 독립된 문장을 만들고자 이를 생략한 것이다.

②의 문단을 생략하였다. '그래서 시방의 무수한 세계를 두루 비춘다

---

[287] 퇴옹·성철(2015), p.236.

고 한 것이다'라는 뜻의 문장이다. 동일한 내용이 바로 앞에 제시되어 있기 때문에 중복을 피해 생략한 것으로 보인다. 감산스님의 이 문장은 원래 『팔식규구송』의 마지막 노래(末頌)[288], 마지막 구절인 보조시방진찰중普照十方塵刹中에 대한 해설이다.

③의 '사事' 자는 단순히 추가된 것으로 뜻에는 크게 상관이 없다. 성철스님의 번역문에 반영되어 있지 않은 것을 보면 일부러 추가한 것 같지는 않다. '나고 죽는 차원의 일(生死岸頭事)'이 관용어로 쓰이는 선문의 언어 습관에서 일어난 무의식적 추가인 것으로 보인다. 삭제하여 원문으로 돌아가는 것이 옳을 것 같다.

---

[288] 『八識規矩通說』(X55, p.424), "不動地前纔捨藏, 金剛道後異熟空. 大圓無垢同時發, 普照十方塵刹中."

제11장

내외명철 內外明徹

제11장
내외명철 內外明徹

1. 내외명철 설법의 맥락

　내외명철은 안과 밖의 구분이 없이 철저하게 밝다는 뜻이다. 그 핵심은 안과 밖의 분별이 없다는 데 있다. 비추는 주체와 대상과 행위가 남아 있다면 그것을 밝다고 하지 않는다. 나라는 주체와 저것이라는 대상이 세워지면 주객의 상호 집착이 무한 반복으로 일어난다. 이것이 생사윤회의 내용이고 어두움의 본질이다. 반면 몸과 마음이 실체가 아님을 밝게 알면 이 분별과 집착이 멈추고 차별 없는 실상이 드러난다. 안과 밖의 경계가 무너져 투철하게 밝게 되는 것이다. 이것을 '맑은 유리병에 달이 담긴 것과 같다'고 표현하기도 한다. 내외명철은 초기 경전과 대승 경전에 두루 나타나는데 안팎의 분별없음과 그로 인한 철저한 밝음이 주된 내용을 이루고 있다.
　원래 초기 경전에서 내외명철은 부처님의 밝은 위신력을 묘사하는 말이었다. 부처님이 왕사성에 들어갈 때, 그 광명이 두루 비추어 백천 개의 태양이 있는 듯 내외명철하였다는 표현이 보인다. 이때 내외명철은 밝음이 궁극에 이르렀음을 강조한다. 수백, 수천 개의 태양이 뜬 것 같았다고 했으므로 그 내외명철은 어두움과 상대되는 밝음이 아닌 절대적 밝음을 뜻한다.

한편 부처님의 몸을 내외명철로 표현하는 경우도 자주 보인다. 예컨대 부처님이 설법하려 할 때 입에서 광명이 일어나 그 빛이 내외명철하여 닿지 않는 곳이 없었다는 표현이 『법화경』「보문품」에 보인다. 부처님의 몸이 이러하였으므로 열반 후의 사리가 그 보관함을 투명하게 만들면서 내외명철하였다는 신화적 기록도 전한다. 이러한 형상적 내외명철이 가능한 것은 부처님이 안팎을 구분하지 않는 청정함 그 자체가 되었기 때문이다. 내적 성취가 가시적 복덕을 갖춘 외적 형상으로 나타난다는 것은 불신론佛身論의 주된 내용이기도 하다.

한편 내외명철을 직접 실천하고 체험하는 수행법도 제시된다. 예를 들어 밀교계 관상수행법이 그렇다. 이 수행에서는 이미지를 관하는 방법을 쓰는데, 5방의 여래를 머리에 안치하고 둥근 보름달 속에 있는 거대한 연꽃 위에 스스로 앉는 일을 상상한다. 그런 뒤에 그 연화대에 앉은 몸이 내외명철하여 형상에 안과 밖의 구분이 없음을 보는 것이다. 약사여래가 내세에 그 몸이 유리와 같이 내외명철하여 흠 없이 청정하게 되기를 발원한 것도 같은 차원이다. 이러한 내외명철의 이미지 관찰법이 효과를 거둘 수 있는 이유는 마음과 법계의 실상이 바로 내외명철한 것이기 때문이다. 사실 모든 작의적 차원의 수행은 이처럼 자성의 이치가 그러함을 전제로 하여 개발된 것들로서 분명한 결과를 약속하고 있다. 내외명철 역시 '이치와 같이 뜻을 짓는다(如理作意)'는 수행의 원칙에 포함되는 주제의 하나인 것이다.

한편 유식에서는 이것을 5온의 멸진滅盡으로 설명한다. 5온 중에서도 특히 식온識蘊의 멸진이 있게 되면 궁극적으로 내외명철하게 된다는 것이다. 식온, 혹은 식음識陰은 제8아뢰야식을 골간으로 한다. 유식계 경전인『능엄경』은 식음의 멸진으로 내외명철하게 되며 그것이 곧 구경각이라고 규정한다. 무심이므로 나라는 생각이 붙을 곳이 없고, 나가 없으므로 안팎이 있을 수 없다. 그래서 내외명철하게 된다는 것이다.

그것은 또한 온 우주법계가 나 아닌 것이 없다는 정반대의 말로 표현될 수도 있다. 역시 우주법계가 온통 나로 가득 차 있다면 안팎이 따로 있을 수 없고 자아의 그림자가 없으므로 투철하게 밝게 되는 것이다. 성철스님은 이와 관련된 대부분의 인용문을『능엄경』에서 가져온다. 그 관점에 크게 동의하는 입장이라는 것을 알 수 있다.

한편 원효스님은 5온이 공함을 본 뒤의 경계를 내외명철로 설명하였다. 환하게 밝고 청정하며 어떠한 그림자에도 걸리지 않으면 내외명철하게 된다는 것이다. 원효스님은 이 논의에서 수정과 영락의 내외명철을 묘사한『영락경』의 구절을 인용한다. 그런데 그것을 성철스님도 똑같이 인용하고 있다. 흥미로운 일치성이 발견되는 지점이다.

이처럼 내외명철이 구경의 묘각에 나타나는 경계이므로 자연히 선종의 무심, 견성에 대한 논의에도 자주 언급된다. 그 대표적인 것이 6조스님의 설법이다. 6조스님은 지혜로써 관조하여 내외가 명철하여 자기의 본심을 알게 되는 것, 그것이 해탈이고 무념이라고 했다. 여기에서 6조스님이 말하는 지혜는 무분별의 반야지혜이다. 반야지혜의 현장에서는 나의 몸과 마음을 기준으로 안과 밖을 나누는 분별이 발붙일 곳이 없다. 이것이 진정한 무념이다. 무엇보다도 대상과 구분되는 나라는 것이 없으므로 번뇌가 붙을 자리가 없다. 내외명철이 곧 대해탈이고, 대해탈이 곧 견성인 이유이다.

성철스님은 내외명철은 실경계 체험으로서 "실제로 견성한 이가 아니면 알 수 없다."²⁸⁹라고 강조한다. 역대의 선사들 역시 이를 실경계 체험으로 해설한다. 예를 들어 달마스님은 『혈맥론』에서 내외명철을 성인의 표징으로 말한다. 또한 내외명철을 성취하기 전에 태양보다 밝은 광명이 출현하는데, 이 과정에서 남은 습기가 모두 사라지고 법계의 자성이 저절로 드러나게 된다고 설명한다. 그러면서 그것은 실경계 체험으로서 "스스로 알 수 있을 뿐 다른 사람에게 설명할 수 없다.(唯自知, 不可向人說.)"²⁹⁰라고 말하고 있다.

만약 스스로 알 수 있을 뿐인 이것을 객관적으로 표현하고자 하면 바로 몽둥이를 맞았다. 옛날 인도의 사자師子존자에게 한 선정 수행자가 도전을 하였다. 자기는 이미 확고한 선정을 성취하여 밝은 구슬처럼 내외명철하게 되었다는 것이었다. 그러자 사자존자는 선정을 성취했다고 말하는 일 자체가 나를 세우는 것이므로 청정한 불이의 자리가 아님을 지적한다.

중국에서도 비슷한 상황이 있었다. 신조본여神照本如스님에게 어떤 수행자가 찾아와 자기가 체험한 내외명철의 경계를 제시한다. '외로운 정상에서 달을 가지고 노는 단계(孤峰頂上, 玩月輪時)'를 평가해 달라는 것이었다. 비추지 않음이 없어 내외명철이라 할 어떤 체험을 했다는 것이다. 그러나 선사는 외로운 봉우리든 달을 가지고 노는 일이든 던져 버리라고 한다. 경계 체험을 언어로 제시하는 순간 그 체험은 특별한 무엇이 된다. 이미 집착이 일어난 것이다. 그것을 자기의 경계로 제시하는 일 자체가 소멸시켰다는 자아와 대상을 다시 세우는 일이기도 하다. 결국 똑같은 경계이지만 그것을 나의 것으로 여겨 내보이는 순간, 그것은

289　퇴옹성철(2015), p.239.
290　『達磨大師血脈論』(X63, p.4a).

깨달음과 무관한 세속 놀음이 되고 만다.

그렇다고 이러한 법문답에 근거하여 내외명철의 실경계 체험이 없다고는 말할 수 없다. 그것을 나의 체험으로 기억하는 것이 문제이고, 나의 것으로 소유하는 것이 문제일 뿐이다. 그 작용이 일어난 몸과 마음을 나와 동일시하는 바로 그 일 자체가 문제되는 것이다. 선은 지금 당장 이 자리의 일이다. 과거의 대견한 체험을 기억하고 자신의 것으로 자부하는 일은 이미 그것이 깨달음이 아님을 반증한다. 바로 지금 이 자리의 깨달음을 상실하고 예전의 어느 모양에 집착하고 있기 때문이다. 그래서 선문답은 현재진행형이라야 한다. 지금 당장의 깨달음을 확인하는 자리라야 비로소 진정한 의미가 있는 것이다. 그럼에도 불구하고 선사들에게 있어서 이 내외명철의 실경계 체험이 깨달음과 동의어로 쓰였다는 것은 분명해 보인다.

2. 성철스님 내외명철 설법의 특징

내외명철의 설법은 바로 앞의 대원경지에 꼬리를 물고 일어난다. 대원경지는 그 어휘의 상징성으로 인해 자신의 어떤 체험을 그것으로 보는 아전인수격 착각이 일어나기 쉽다. 그래서 대원경지의 특징인 내외명철을 실제 경계로 제시한 것이다. 첫 인용문의 해설을 "경지鏡智로 관조하여 내외가 명철明徹하면 이것이 견성"[291]이라는 말로 시작한 것이 그 증거가 된다. 원래 이 해설의 대상이 되는 6조스님의 문장은 "지혜

---

[291] 퇴옹성철(2015), p.239 참조.

로써 관조하여 내외가 명철하면"으로 되어 있다. 성철스님은 6조스님의 지혜를 대원경지로 대체한 것이다. 표현의 차이에 불과한 것이기는 하지만 그 의도는 분명하다.

사실 원문의 맥락에서 6조스님의 지혜는 반야지혜를 가리킨다. 바르고 진실한 반야(正眞般若)로 관조하면 일 찰나간에 망상이 모두 소멸한다는 것이다. 성철스님은 이것을 대원경지로 옮김으로써 제8아뢰야식의 멸진으로 구현되는 대원경지를 내외명철 설법과 바로 연결한다. 이를 통해 '지혜관조=대원경지=견성=해탈=무념'의 등식에 내외명철의 항목이 추가된다.

내외명철은 뚜렷한 실경계 체험이라는 점에서 성철스님에게 중요하다. 반야지혜로 관조한다는 것은 분별을 벗어나 불이중도의 눈으로 본다는 뜻이다. 마음과 법계의 경계, 지옥과 극락의 구분, 중생과 부처의 차이가 없음을 아는 것이다. 그것은 불이론의 상식이라서 대부분의 수행자들은 자신이 이것을 알고 있다고 생각한다. 그러나 실제로는 대원경지도 실경계이고, 반야지혜도 실경계이며, 불이중도도 실경계이다. 따라서 알고 이해하고 있다는 생각은 대부분 착각일 가능성이 높다. 아니 오히려 알고 이해함이 남아 있는 한 깨달음은 없다.

이처럼 비유적, 관념적 사유에 의해 알고 이해하는 일과 실제적 깨달음의 체험 간에는 넘을 수 없는 단층이 존재한다. 그럼에도 불구하고 아뢰야식은 물론 관념조차 떨치지 못한 입장에서도 스스로 중도불이의 입장에서 반야로 관조하고 있다고 착각할 수 있다.

이에 비해 내외명철은 그 경계가 비교적 분명하다. 스스로 짚어 보아 자신이 심신의 차별상에 묶여서 안과 밖을 별개로 인식하고 있는 것은 아닌지, 아니면 이것을 확실하게 벗어났는지 분명하게 판단할 수 있는 기준이 될 수 있는 것이다. 성철스님이 굳이 내외명철을 깨달음의 기준으로 제시한 것은 바로 이러한 구체적 점검 가능성 때문이었다. 아니나 다를까! 성철스님은 강설을 통해 오매일여와 마찬가지로 "내외명철은 실제로 견성한 이가 아니면 알 수 없다."[292]라는 말로 그것이 실제 체험이 아니면 알 수 없는 경계임을 강조한다.

그런 점에서 오매일여에 도달하여 그것을 투과한 실제 체험이 있었는가 하는 것이 수행에 대한 자기 점검의 제1원칙이었다면 내외명철은 깨달음에 대한 자기 점검의 제1원칙쯤 된다. 무엇보다도 오매일여를 투과하여 확연히 깨칠 때 나타나는 것이 내외명철의 경계이므로 이것은 최종 점검에 해당하는 것이기도 하다.

한편 성철스님은 오매일여에 몽중일여와 숙면일여의 두 차원이 있음을 밝혔듯이, 내외명철에도 제8식 경계인 통명영상通明影像이 있어 혼동될 수 있음을 지적한다. 내외명철은 오로지 식음識陰이 멸진한 경계, 진정한 무심의 경계, 구경각의 경계에서 일어나는 체험이기 때문에 통명영상과는 차원이 다르다는 것이다.

『선문정로』는 전체에 걸쳐 오직 구경의 묘각, 즉 구경의 무심이라야 견성이라 할 수 있다고 주장한다. 그것은 내외명철의 설법에서도 마찬가지다. "구경각인 묘각을 성취해야만 내외가 명철하지 구경각을 성취하지 못하면 내외명철하지 못하다."[293]는 것이다. 성철스님이 문장 인용하는 방식을 보면 이러한 고심의 흔적이 뚜렷하다. 예컨대 처음의 인용문으로 6조스님의 문장을 가져오고, 두 번째 인용문으로 『영락경』의 문장을 가져온다. 6조스님은 '견성=내외명철'을 말하고 있고, 『영락경』은 '내외명철=묘각'을 말하고 있다. 성철스님은 이 두 문장을 논거로 하여

---

292 퇴옹성철(2015), p.239.
293 퇴옹성철(2015), p.240.

간단한 삼단논법을 전개함으로써 '견성=묘각', '조사=불타'의 등치 관계를 증명하고자 한다.

선종사에 기술된 무수한 견성 체험을 공평한 눈으로 보자면 어떤 것은 한 번의 깨달음이 영원히 지속되는 구경각이었고, 어떤 것은 일시적 깨달음으로 보완해야 할 상태의 것이었다. 그러나 거듭 확인한 바와 같이 성철스님은 구경각만을 인정하는 입장을 견지한다. 내외명철 역시 그렇다. 구경각이 아니면 내외명철이 아니며, 또 역으로 내외명철이 아니면 구경각이 아니라는 것이다. 견성성불의 의미 범주를 좁혀서 말한 것과 같이 내외명철의 논의에서도 유사한 차원들을 모두 떨어내고자 하는 것이다. 그것은 분별적 사유의 범주에서, 그리고 생사의 차원에서 일어나는 약간의 경계 체험에 의미를 부여하면서 스스로 견성을 자처할 수 있는 가능성을 차단해 버린다.

다만 이러한 가르침에 근거하여 내외명철을 지향하는 일이 있다면 그것은 경계해야 마땅하다. 사실 오매일여와 마찬가지로 내외명철의 실경계에 대한 강조는 그 가르침을 받는 수행자의 입장에서 위험할 수도 있다. 오매일여와 내외명철을 지향하는 일이 있을 수 있기 때문이다. 어떤 수승한 경계라 해도, 심지어 깨달음이라 해도 지향이 일어나는 순간 그것이 관념이 되어 '지금·여기'의 수행에 장애가 되는 것이다.

다만 화두참구의 현장에서 성철스님의 이러한 주장은 비교적 무리없이 수용될 수 있는 것으로 보인다. 성철스님이 제시하는 유일한 수행법인 화두참구 자체가 군말이 필요 없는 실참의 현장이기 때문이다. 이런저런 논리적 설명을 통해 근접한 자리에 도달하는 일보다 화두참구로 단번에 무심을 실참하는 길에 대한 확신은 성철선의 전체를 관통하고 있다.

더구나 성철스님은 내외명철을 객관화하지 않았다. 각자의 수행 중에 이것을 점검해 보라는 것이지, 이것을 지향하라고 말한 것은 아니다. 『혈맥론』에 보면 "꿈속에 태양과 같은 밝음이 출현하면 깨달음이 멀지 않다."라는 말이 보이는데 성철스님은 오매일여나 내외명철을 설하면서 이 정도의 객관적 묘사도 하지 않았다. 오로지 스스로 점검해 보라고 했을 뿐이다. 그러니까 성철스님의 실제적 경계 체험에 대한 강조를 그것을 지향하라는 뜻으로 이해한다면 그것은 천부당만부당하다. 나아가 『선문정로』의 가르침을 접한 수행자가 그것을 자기 점검이 아닌 지향점으로 삼거나, 다른 사람의 수행을 판정하는 기준으로 쓰는 일 역시 성철스님이 의도한 바가 아니다.

3. 문장 인용의 특징

【11-1】 智慧로 觀照하야 內外明徹하야 識自本心하면 ①[若識本心] 卽本解脫이니 ②[若得解脫, 卽是般若三昧,] 卽是無念이니라 智如日이요 慧如月하야 智慧常明이어늘 於外에 著境하야 被妄想 ③[念]浮雲이 蓋覆하야 自性이 不得明朗이라 若④[遇善知識]聞眞 ⑤[正]法하고 自除迷妄하면 內外明徹하야 於自性中에 萬法이 皆現하나니 見性之人도 亦復如是니라

선문정로 지혜로써 관조하여 내외가 명철明徹하여 자기의 본심을 식득識得하면, 즉본해탈卽本解脫이니 즉시卽是 무념이니라.
지智는 백일白日과 같고 혜慧는 낭월朗月과 같아서 지혜는 항상 명랑明朗하지마는 외부로 진경塵境에 주착住著하여 망상의 부운浮雲이 개복

蓋覆함이 되어서 명랑明朗하지 못한다. 만약에 진법眞法을 득문得聞하고 미망迷妄의 암운暗雲을 스스로 제거하면 내외가 명철明徹하여 진여자성眞如自性 중에 만법이 개현皆現하나니 견성한 사람도 이와 같다.

현대어역 지혜로 관조하십시오. 그러면 안과 밖이 투철하게 밝아 본래 자기의 근본마음을 알게 될 것입니다. [근본마음을 알게 되면] 그것이 바로 해탈입니다. [해탈을 얻었다면 그것이 바로 반야삼매이며] 그것이 바로 무념입니다.
지智는 해(日)와 같고 혜慧는 달(月)과 같아 지혜가 항상 밝습니다(明). 그런데 밖의 경계에 대한 집착으로 번뇌망상의 뜬구름이 뒤덮어 자성이 밝지 못하게 됩니다. [선지식을 만나] 진실하고 [바른] 법을 듣고 스스로 미혹과 망념을 제거한다면 안과 밖이 투철하게 밝아 자성 가운데 만 가지 현상이 모두 드러나게 됩니다. 견성한 사람도 이와 같습니다.

[해설] 첫 번째의 문장은 6조스님의 마하반야바라밀에 대한 설법에서 가져온 것이다. 6조스님의 설법은 자성을 떠나는 법이 없는데 마하반야바라밀의 설법 역시 마찬가지다. 반야의 법문을 모두 자성의 법문으로 재해석하는 것이다. 그리하여 자성을 바로 보는 것이 곧 반야해탈, 반야삼매, 자재해탈이며 무념의 실천이라는 점을 거듭 강조한다. 성철스님은 여기에서 반야지혜를 대원경지로 바꾸어 해설한다. 대원경지가 곧 반야지혜임에는 분명하다. 성철스님은 이것이 내외명철을 말하는 장이므로 언어적 친연성이 있는 대원경지로 바꾸어 표현한 것이다.
두 번째의 문장은 6조스님의 자성3신불에 대한 법문 중 법신불에 대한 설법이다. 사람들은 법신, 보신, 화신의 3신불이 밖에 있다고 생

각한다. 6조스님은 이것을 자성법문으로 환치한다. 자성은 있는 그대로 청정하고 밝아 해와 달과 같다. 문제는 분별망상의 구름이 이것을 가리고 있다는 데 있다. 그리하여 위는 밝지만 아래는 어두운 상황, 이것이 본래 부처를 보지 못하는 중생의 살림이다. 그러다 선지식을 만나 진여자성의 바른 법을 들어 눈을 뜨게 되면 나의 심신을 포함한 우주법계가 자성에서 일어난 것임을 확인하게 된다. 이러한 드러남에는 안팎이 없으므로 이것을 내외명철이라 하고, 다른 표현으로는 청정한 자성의 법신불이라 한다는 것이다. 성철스님은 6조스님 역시 "자성의 진여광명이 시방법계를 환히 비추는"[294] 내외명철을 견성이라 했다는 점을 보여 주기 위해서 이 문장을 가져왔다.

인용문에 보이는 것과 같은 생략이 행해졌다. ①의 '근본마음을 알게 되면(若識本心)'은 앞의 문장과 중복되므로 생략하였다. 이 문장은 원래 '내외명철→본래 마음', '본래 마음→근본해탈', '근본해탈→반야삼매', '반야삼매→무심'과 같이 고리식 논리 전개를 특징으로 하고 있다. 그러다 보니 계속해서 앞뒤로 중복된 말이 나오게 된다. 성철스님은 이 중복되는 부분들을 모두 생략하여 절제된 문장을 구성하고자 하였다.

②의 '만약 해탈을 얻었다면(若得解脫)'의 구절이 생략된 것도 ①과 같은 이유이다. 다만 뒤의 '그것이 바로 반야삼매(卽是般若三昧)'가 생략된 것은 별도의 설명을 필요로 한다. 본래 이것은 마하반야바라밀의 설법으로서 자성에 이미 갖추어진 반야지혜를 설하는 문장이다. 그런데 성철스님은 앞에서 살펴본 바와 같이 지혜를 바로 대원경지로 옮겼다. 반야지혜와 대원경지가 기본적으로 다를 것은 없지만 원문에 대한 설명이 필요하므로 아예 반야삼매의 문구를 생략한 것이다.

---

[294] 퇴옹성철(2015), p.239.

그런데 성철스님은 왜 반야지혜를 대원경지로 바꾸어 번역한 것일까? 반야지혜는 본래 갖추고 있는 것이자 깨달음으로 완성되는 지혜이기도 하다. 이에 비해 대원경지는 구경의 깨달음을 강조하는 말이다. 설법 목적이 깨달음의 실경계인 내외명철을 강조하는 데 있었으므로 역시 깨달음의 실경계인 대원경지로 이를 해석하는 것이 더 효과적이라 생각했을 수 있다. 반야삼매의 생략은 이러한 고려하에 행해진 조절의 뒤처리에 해당한다.

③에서는 '망념妄念'을 '망상妄想'으로 바꾸어 표현하였다. 뜻에는 차이가 없다.

④에서 '만약 선지식을 만나 진실하고 바른 법을 듣고(若遇善知識, 聞眞正法)'의 문장에서 선지식을 만나는 일을 생략한 것은 선지식에 대한 견해를 세울까 해서이다. 성철스님에게 깨달음은 수행으로 인한 것이지 선지식과의 만남으로 일어나는 것은 아니다. 이것은 성철스님 자신이 선지식과의 인연 없이 스스로의 수행을 통해 깨달음을 성취했던 일과도 관련이 있다. 그런 점에서 선지식을 만나 바른 법을 듣는 일이 생략되었다.

원래 6조스님의 설법에서는 밖의 선지식과 안의 선지식이 있다는 점을 보여주고 양자를 모두 긍정한다. 다만 진정한 선지식은 안의 선지식이라는 점을 거듭 강조하고 있다는 것은 분명하다. 수행을 통해 안의 선지식을 만나야 비로소 깨달을 수 있다는 성철스님의 주장을 전개하는 데는 문제가 없다. 다만 번거로운 설명이 필요하다는 점 때문에 생략한 것으로 보인다.

⑤에서 '진정법眞正法'의 '정正' 자를 생략하여 '진법眞法'으로 바꾸었다. 진정법의 '진眞'은 '거짓(僞)'이 아니라는 뜻이고, '정正'은 '삿되지(邪)' 않다는 뜻이다. 진정법은 상황에 따라 다양한 함의를 갖는다. 전체 불교의

차원에서는 삿된 외도가 아닌 바른 부처님의 법을 가리킨다. 율종의 차원에서는 추호의 범계도 허용하지 않고 계율을 수지한다는 뜻으로 쓰인다. 또 각 종파에서는 자신들이 실천하는 법만이 진정법이라 말하기도 한다. 선수행의 입장에서는 진여의 법을 가리킨다. 성철스님은 진여의 법이 곧 정법이라는 생각에서 진법으로 바꾸었다. 생략으로 인한 의미상의 차이는 크지 않다.

【11-2】 水精瓔珞은 內外明徹하야 **妙覺**에 **常住①[性]**하야 **湛然明淨**이라 **名一切智地**니 **常處中道**니라
唯佛이 **居中道第一法性之土**니라

선문정로 수정水精의 영락瓔珞은 내외가 원명통철圓明通徹하여 구경지인 묘각에 상주하여 담연湛然히 현명청정玄明淸淨한지라 일체지지一切智地라고 하나니 항상 중도中道에 안처安處하느니라.
오직 불타만이 중도제일의제中道第一義諦인 법성심토法性心土에 거주하느니라.

현대어역 수정목걸이보살(水精瓔珞菩薩)은 안팎이 밝게 통하여 묘각에 영원히 거주하며 [묘각의 변함없는 자성은] 말갛게 밝고 청정하다. 이것을 모든 것을 아는 일체지의 자리라 부르며 항상 중도에 처한다.
오로지 불타만이 중도제일의제의 법성토에 거주한다.

[해설] 여러 대승경전에서는 궁극의 깨달음에 이르기까지 거치는 다양한 단계를 시설한다. 위 인용문의 출전인 『영락경』에서도 보살의 계위를 52위로 설명하면서, 그중 10주, 10행, 10회향, 10지, 등각, 묘각

의 차원을 각기 귀중한 목걸이를 한 보살로 형상화한다. 10주보살은 구리목걸이보살이라 부른다. 구리를 무수히 단련하듯이 끝없이 닦아(習種性) 해탈에 이른다는 의미이다. 10행보살은 은이 순수하듯이 순수한 근본성품(性種性)과 함께 하므로 은목걸이보살이라는 이름을 갖는다. 10회향보살은 중도관을 닦아 금과 같은 해탈의 길에 이르므로 금목걸이보살이라는 이름을 갖는다. 10지보살은 이미 성인의 종자(聖種性)를 발아시켜 마니주와 같은 성상일여의 실천에 자재하므로 마니주목걸이보살이라는 이름을 갖는다. 등각보살은 평등한 정각의 성품(等覺性)을 깨달아 유리와 같이 추호의 왜곡도 없으므로 유리목걸이보살이라는 이름을 갖는다. 묘각보살은 이미 주체와 대상이 사라져 안과 밖의 구분이 없이 환하게 통하는 깨달음(妙覺性)을 얻는다. 그 특징이 수정과 같으므로 수정목걸이보살이라 부른다.

성철스님은 '묘각=수정영락=내외명철'의 등식이 제시된 이 문장을 들어 궁극적 깨달음의 경계가 내외명철을 특징으로 한다는 점을 보여주고자 한다.

①과 같이 '불변의 품성(常性)'을 '영원히 거주함(常住)'으로 바꾸었다. 해당 경전의 판본에 따라 다르게 나타나는 구절이기도 하다. 성철스님은 영원히 거주함이라는 표현을 선택했다. 원래 이 문장은 여섯 가지 성품의 깨달음과 그 깨달음의 차원에 따라 보살에게 다양한 이름이 헌정된다는 문맥을 구성하고 있다. 그중 묘각보살은 오묘한 깨달음의 성품(妙覺性)과 한 몸이 된 존재이다. 그러니까 이 자리에는 묘각성의 다른 표현인 묘각상성妙覺常性이 언급되어야 한다. 또한 여타 단계의 보살과 달리 묘각은 과보에 머물지 않음[295]을 특징으로 하므로 '머문다(住)'

---

295 『菩薩瓔珞本業經』(T24, p.1016a), "一切衆生乃至無垢地, 盡非淨土住果報故."

는 말이 어울리지 않을 수도 있다.

그런데 성철스님은 왜 6종의 성품과 10주, 10행, 10회향, 10지, 등각, 묘각을 배대하는 문맥에서 묘각성妙覺性을 가리키는 말 대신 묘각에 항상 머문다고 표현된 판본을 택한 것일까? 아무래도 품성이라 하면 본래 성품을 떠올리기 쉽고, 상주한다고 하면 그곳에 도달하여 영원히 떠나지 않는다는 뜻이 더 드러날 수 있다. 그래서 둘 다 변함없는 묘각의 깨달음을 말하고 있지만 깨달음의 완성이 강조되는 묘각에 상주한다는 표현을 택한 것으로 보인다. 『영락경』의 전체 문장이 수행을 통한 묘각의 성취를 말하고 있다는 점도 고려된 것으로 보인다.

한편 '오로지 불타만이 중도제일의인 법성심토에 주거한다'는 두 번째 문장은 내외명철을 구경각의 특징으로 강조하는 이 장에 어울리지 않는 인용문처럼 보인다. 그런데 가만히 살펴보면 이것은 앞 문장을 완전하게 해석하기 위한 마감처리에 해당한다. 앞 문장에서 '내외명철=묘각=일체지=중도'임을 밝혔다. 여기에서는 중도의 실천이 오직 법성토에 거주하는 부처의 일이라는 점을 말하고 있다. 요컨대 부처가 거주하는 법성정토는 다른 지위의 보살이 머무는 과보의 자리와 전혀 다른 차원이라는 것을 보여주고자 한 인용인 것이다.

【11-3】 十方世界와 及與身心이 如吠琉璃하야 內外明徹을 名識陰盡이니라
識陰이 若盡則①[汝現前諸根互用, 從互用中, 能入菩薩金剛乾慧.] 圓明淨②[精]心이 於中에 發化하야 如③[淨]琉璃內含寶月하나니 如是乃超④[十信十住十行十迴向四加行心.] 菩薩所行의 金剛十地하야 等覺圓明하야 圓滿菩提하야 入於如來妙莊嚴海하야 歸無所得이니라

선문정로 시방十方의 세계와 및 신심身心이 폐유리吠琉璃와 같아서 내외가 명철明徹함을 식음識陰이 진盡하였다 한다.

만약에 식음識陰이 멸진하면, 원명圓明한 청정묘심이 그중에 발화發化하여 청정한 유리琉璃 내의 보월寶月과 같다. 그리하여 보살의 소행所行인 금강金剛과 10지를 초월하여 정각과 동등하게 원명圓明하여 여래의 묘장엄해妙莊嚴海에 돈입頓入하여 보리를 원만성취하여 무소득無所得에 귀환한다.

현대어역 시방세계와 몸과 마음이 마치 유리처럼 안과 밖이 철저하게 밝은 것을 식음이 완전히 소멸하였다고 한다.

식음이 모두 소멸하면 [그대에게 모든 감각기관이 서로 통하는 호용이 현전하게 되고, 호용에서 보살의 금강건혜로 들어갈 수 있다.] 완전히 밝고 청정한 [잡티 없는] 마음이 그 속에서 일어나게 되는데, 그것은 마치 [깨끗한] 유리 안에 빛나는 달을 품고 있는 것과 같다. 이렇게 하여 [10신, 10주, 10행, 10회향과 네 가지 가행심과] 보살이 실천하는 금강과 10지, 등각의 두루 밝음을 뛰어넘어 깨달음을 완전히 충족하여 여래장의 오묘하며 장엄한 바다에 들어가 얻을 것 없는 자리에 돌아가게 된다.

[해설] 두 개의 인용문 모두 5음의 차원과 5음의 멸진을 논하는 『능엄경』의 설법에서 가져왔다. 5음의 멸진 중 식음識陰의 소멸은 궁극적 깨달음의 다른 표현이다. 식음, 즉 의식의 집적은 존재에 대한 집착이 시작되는 원점이므로 이것의 소멸은 곧 집착의 완전한 소멸을 뜻하게 된다. 식음이 소멸하면 모든 감각기관의 경계가 무너지고 상호 통합되어 대상세계와 자아의 심신이 맑은 유리처럼 통하게 된다. 마지막 제8식의

미세한 장벽이 무너져 안팎으로 철저하게 통하여 밝게 되는 것이다.

성철스님은 식음의 소멸이라는 궁극의 자리에 이르러야 진정한 내외 명철의 경계가 열린다는 점을 보여주기 위해서 인용문을 가져왔다. 이를 논거로 하여 성철스님은 식음의 소멸이 "제8리야第八梨耶인 식음의 멸진"[296]이라는 점을 특히 강조하고 있다.

두 번째 문장 역시 『능엄경』에서 가져온 것으로 5음 소멸의 마지막 단계인 식음의 멸진과 그 경계에 대해 말하고 있다. 식음이 모두 소멸하면 진여가 현전하고 6근에 걸리는 바가 없게 되어 금강건혜金剛乾慧의 지위에 들어가게 된다. 여기에 '마를 건乾' 자를 쓴 것은 애욕이 모두 마르고 감각기관과 대상이 결합 작용을 일으키지 않아 오로지 지혜만 현전하게 되었다는 뜻을 표현하기 위해서이다. 금강건혜는 10지 이전의 지위를 가리키기도 하고, 10지는 물론 등각을 뛰어넘은 지위를 가리키기도 한다.[297] 여기에서는 문맥상 10지 이전을 가리키는 말로 쓰였다.

이처럼 식음이 멸진하면 금강건혜가 일어나 모든 지위를 초월하여 평등한 깨달음이 완전히 밝아져서 구경의 여래지에 오르게 된다. 구경의 여래지를 오묘하고 장엄한 바다라 한 것은 모든 강물이 바다에 들어가 합류하는 것처럼 모든 덕이 통합되어 꾸미지 않아도 장엄하며 깨닫고자 하지 않아도 깨닫게 되는 궁극의 도달처이기 때문이다.

여기에서 식음이 멸진하여 금강건혜에 들어가는 지위와 그것을 뛰어넘는 다양한 지위들을 언급하고 있는데, 성철스님은 이것을 모두 생략

---

[296] 퇴옹성철(2015), p.241.
[297] 『楞嚴經箋』(X11, p.1066a), "始獲初乾, 是地前乾慧, 始起乾慧, 乾枯煩惱. 束前修位, 證此金乾, 是初地. 二地已來皆證, 此等覺後金剛乾慧, 此乾慧與地前名同, 皆云乾慧, 義異. 前唯約乾枯煩惱, 未與如來法流水接, 乾有其慧, 名爲乾慧. 後乾慧, 前念起乾慧, 後念便入妙覺."

해 버린다. 보살 10지는 물론 등각까지도 의미를 두지 않으므로 자세히 논의할 필요가 없다고 생각하였기 때문이다.

①에서는 식음의 멸진으로 '그대에게 모든 감각기관이 서로 통하는 호용이 현전하게 되고, 호용에서 보살의 금강건혜로 들어갈 수 있다'는 구절이 생략되었다. 금강건혜는 열 가지 금강심의 초지로서 금강초심이라 부르기도 한다. 이 금강건혜는 교가에서 중요하게 다루는 지위이지만 그 설정 여부를 놓고 논의가 교차되는 부분이기도 하다. 성철스님은 수행상의 지위와 점차를 자세히 논하지 않는다는 원칙에서 이를 생략하였다. 더구나 이 인용의 핵심은 모든 지위를 뛰어넘어 단번에 여래의 지위에 들어감을 논하는 데 있다. 성철스님이 생략한 지위론과 관련하여 연지주굉스님의 논의를 들어볼 만하다.

이 말들은 선종의 곧바로 가리키는 가르침을 남김없이 드러내고 있다. 다만 범부의 마음을 떨어낼 뿐 별도의 성스러운 이해가 없다는 말이 있고, 또 단번에 뛰어넘어 곧바로 여래의 지위에 들어간다는 말도 있는데 바로 이 뜻이다. 앞에서 수음受陰이 소멸하면 위로 60단계의 성인의 지위를 거친다고 했는데 이것과 다르다. 거기에서는 거친다(歷)고 했고, 여기에서는 들어간다고 했다. 아래에서 위를 향해 가는 것을 거친다(歷)고 하고, 온몸으로 완전히 도달하는 것을 들어간다(入)고 하기 때문이다.[298]

한편 ②에는 '잡티 없는 마음(精心)'을 '청정한 마음(淨心)'으로 바꾸었

---

[298] 『楞嚴經摸象記』(X12, p.501c), "此數語, 禪宗直指, 闡露已竟. 如云, 但盡凡心. 別無聖解. 又云, 一超直入如來地, 正此意耳. 與前受陰若盡, 上歷六十聖位, 其意各別. 彼言歷此言入, 從下望上之謂歷, 和身已到之謂入也."

다. 원명정심圓明精心은 『능엄경』의 고유한 표현으로서 특별히 바꿀 이유는 없어 보이지만 성철스님은 이 단어가 나올 때마다 '정심精心'을 '정심淨心'으로 바꾼다. 정심精心은 잡티가 사라진 순수한 정수로서의 마음이고, 정심淨心은 시비분별이 사라진 청정한 마음이다. 그러므로 의미상의 큰 차이는 없다. 다만 어감에 있어서 정심精心, 즉 잡티 없는 정수로서의 마음은 그 본래성이 드러나는 경향이 있고, 정심淨心, 즉 청정한 마음은 그것을 깨끗이 하는 수행의 노력이 드러나는 경향이 있다. 꼭 그런 것은 아니지만 마지막 한 티끌을 떨어낼 때까지 끝없는 수행을 강조하는 것이 성철선의 핵심이므로 이렇게 생각해 볼 수도 있다는 말이다.

③에서는 유리의 청정한 특성을 나타내는 '정淨' 자가 생략되었다. 성철스님의 번역문에 '청정한 유리琉璃'로 되어 있으므로 옮겨 쓰는 과정에서 일어난 탈자에 해당한다. 1981년 초판본에 바로 되어 있었으나 1993년에 가로쓰기로 바꾸면서 오류가 일어났다. 복원되어야 한다.

④에서는 다양한 지위와 점차를 생략하였다. 원교에서는 초발심이 그대로 정각이라고 말한다. 진여의 차원에서 보면 그것은 절대적으로 옳다. 그러나 그 근기에 따라, 혹은 그 철저성의 정도에 따라 다양한 지위를 설정할 수 있는데 교가에서는 이것에 의미를 두고 자세한 설명을 전개한다.

그러나 성철스님은 처음부터 끝까지 오직 절대적 깨달음, 완전한 견성만을 인정한다. 조금이라도 미완의 흔적이 있다면 다시 화두를 들어 가행정진하는 것이 진정한 깨달음에 이르는 길이라 주장한다. 그러므로 식음의 멸진에 의미를 부여하거나 완전하게 밝은 마음(圓明精心)에 등급을 매기는 일에 동의할 수 없다. 따라서 교학의 제반 단계는 성철스님의 손을 거치면 모두 '등호(=)'로 연결된다. 이 인용문도 '식음의 소멸=애초부터 완전하게 밝은 마음=금강과 10지의 초월=등각의 초월=보리

의 충족=여래의 묘장엄해=무소득'의 방식으로 모두 구경의 깨달음에
대한 표현이 되도록 조절되어 있다.

【11-4】 識陰이 盡者는 圓明①淨[精]心이 於中에 發化하나니 ②[此]
卽上同諸佛慈力하고 下③含[合]④[衆]生悲仰하야 普同⑤[門]示現
하야 利益衆生일새 故로 云 發化니라 ⑥[以]身心世界와 諸佛 衆生이
圓融交徹故로 如淨琉璃內含寶月이라 便能⑦超越地位[頓超諸位]
하야 入於果海하야 歸無所得하나니 如此하야사 方名究竟極則이니
라 ⑧此示陰盡圓證功用也니라

선문정로 식음識陰이 진盡한 자는 원명정심圓明淨心이 어중於中에 발화
發化한다. 차此는 즉 상上으로는 제불의 자력慈力과 동일하고, 하下로
는 중생의 비앙悲仰을 함용舍容하여 보편 동등하게 시현示現하여 중
생을 이익하므로 발화發化라 한다. 신심세계身心世界와 제불중생이 원
융교철圓融交徹하는 고로 정유리淨瑠璃 내에 보월寶月을 함유함과 같
다. 문득 능히 지위를 초월하여 대각과해大覺果海에 돈입頓入하여 무
소득無所得에 회귀하나니, 이와 같아야 비로소 구경극칙究竟極則이라
이름한다.
이는 5음五陰이 다하고 원증圓證한 공용功用을 보임이니라.

현대어역 식음이 모두 사라진 이에게는 완전히 밝고 청정한[잡티 없는]
마음이 그 속에서 발현하여 작용하게 된다. 이것은 바로 위로는 모
든 부처님의 자비한 힘에 동화되고, 아래로는 중생들의 간절한 소원
에 부합하여 곳곳에 다양한 모습으로 나타나 중생들을 이익되게 하
는 것이므로 발현하여 작용한다고 말하는 것이다. 몸과 마음과 세

계, 모든 부처와 중생이 완전히 융합하여 서로 통하므로 맑은 유리 속에 달을 품은 것과 같으며, 곧 모든 지위를 단번에 뛰어넘어 깨달음의 바다에 들어가고 얻을 바 없는 자리에 돌아가게 된다. 이렇게 해야 비로소 궁극의 깨달음이라 할 수 있다.

이것은 5음이 멸진하여 완전한 깨달음을 증득하게 되는 수행을 설명한 것이다.

[해설] 앞 『능엄경』의 구절에 대한 감산스님의 해설에서 가져왔다. 감산스님은 여기에서 식음의 소멸을 끝으로 5음이 소멸하여 완전한 깨달음을 증득함으로써 공부가 완료된다고 말하고 있다.

①의 '정심精心'→'정심淨心'으로의 변화는 앞에서 설명한 바와 같다.

②의 '이것(此)'이 생략되었다. '차즉此即'은 번역문에 차此는 '즉~'으로 옮겨져 있어 '차此'가 적용되어 있다. 탈락된 것이므로 복원해야 한다.

③에서는 '합치하다(合)'를 '포함하여 받아들이다(含)'로 바꾸었다. 번역문에 '중생의 비앙을 함용한다'고 되어 있으므로 의도적 수정에 해당한다. 식음의 소멸과 함께 드러나는 원래의 밝은 마음은 부처와 중생의 구분이 없는 마음이다. 감산스님은 그것이 둘이 아니라는 뜻에서 부처와 같아진다(同), 중생과 합치한다(合)고 표현했다. 이것을 중생을 포함하여 받아들인다(含)고 표현해도 의미상의 큰 차이는 없다. 성철스님은 모든 현상을 통해 다양한 길을 제시하여 중생을 이익되게 한다는 뒤의 문장과 어울리는 방향으로 문맥을 조절하고자 했던 것으로 보인다.

그런데 이렇게 '합하다(合)'를 '포함하다(含)'로 바꾸면 중생을 끌어안는 구원의 주체가 있다는 뜻으로 이해될 수도 있다. 위로 모든 부처님의 자애로운 마음과 힘에 같아진다는 것은 자아의 차별적 모습에 대한 집착을 모두 내려놓았다는 뜻이다. 그래서 상황에 따라 32가지의 다양한 모습을 일으켜 걸림 없이 베풀 수 있는 것이다. 아래로 중생들의 간절한 소원에 합치한다는 것은 나와 중생을 분별하는 마음이 없다는 뜻이다. 그래서 14가지 두려움(十四無畏) 없음을 선사할 수 있는 것이다. 그러니까 동同과 합合의 핵심은 나와 남, 중생과 부처가 둘 아닌 경계에 들어간다는 뜻을 표현하는 데 있다. 이것을 '포함하여 받아들이다(含)'로 바꾼 것이다. 그렇지만 이것을 깨달은 위대한 존재가 그렇지 못한 가련한 존재들을 끌어안는다는 뜻으로 이해하면 곤란하다.

④에서 '중衆' 자를 생략하여 '중생衆生'을 '생生'으로 표현하였다. '생生' 자만 가지고도 중생을 표현하는 데 문제가 없지만 일부러 생략한 것은 아닌 것 같다. 복원할 필요가 있다.

⑤에서는 '보문시현普門示現'을 '보동시현普同示現'으로 바꾸었다. 언뜻 '문門'과 '동同'의 형태적 유사성으로 인한 오기가 아닐까 생각되지만 꼭 그렇지는 않다. 번역문에 '보편 동등하게 시현示現하여'로 되어 있기 때문이다. 부처와 같아지고 중생을 포함하는 일이 모두 '동同' 자와 통한다. 그러므로 이것은 일관성을 구현하기 위한 변환으로 보인다. 또한 원문의 '보문시현普門示現'은 중생제도의 측면에만 걸릴 수 있으므로 중생과 부처에 동등하게 합일하는 '동同' 자가 필요하다고 본 것 같다.

⑥의 '이以' 자를 생략하였다. 이것은 '~이기 때문에(以~故)'의 문장을 만드는 관용어로서 이 중 하나가 없어도 의미상의 차이가 없으므로 생략한 것이다.

⑦과 같이 '모든 지위를 단번에 초월한다(頓超諸位)'는 말을 '지위를 초월한다(超越地位)'로 바꾸었다. 의미의 변화는 없으며, 이것이 구경각의 특징인 내외명철에 대한 표현이라는 것을 생각하면 '단번에 초월한다'는 원문이 더 효과적이다. 읽기의 편의를 위해서 글자를 바꾼 것이 아닐까 생각한다.

⑧의 문장은 원래 식음의 소멸을 말하는 이 문장의 앞에 붙어 있던 말이다. 식음의 소멸이 곧 전체 5음의 소멸임을 밝히고 있다. 성철스님은 이것을 문장의 뒤로 돌려 전체를 총괄하는 결론으로 삼았다. 주제 의식을 분명히 드러내기 위한 조치에 해당한다.

이 문장은 중요하다. 성철스님은 식음의 멸진을 언급하고 있는 감산스님의 문장을 인용하고 나서 '5음이 멸진하여 완전하게 깨닫는 일을 제시한 것'이라 총괄 설명하였다. 왜일까? 성철스님의 입장에서 5음의 멸진과 5음의 장애(陰魔)를 극복하는 길에 대한 이 순차적 설법은 일종의 방편에 해당한다. 진정한 설법의 핵심은 식음, 즉 아뢰야식의 멸진에 있다고 보기 때문이다. 식음이 멸진하면 여러 지위를 거치지 않고 불과를 완전하게 증득하게 된다는 것[299]이다. 그렇다면 굳이 5음의 멸진을 차례로 말한 뒤에 마지막에 식음의 멸진을 설할 필요가 있었을까? 이에 대해 감산스님은 이렇게 말한다.

> 그러므로 근본무명만 타파하면 바로 불과를 이루는 것이라 꼭 모든 지위를 거칠 필요가 없다. 따라서 5음이 멸진하는 차제를 하나하나 거칠 필요가 없다는 것을 알 수 있다. 다만 마음을 관찰하는 일반적 길을 언급한 것이므로 하나하나 제시한 것일 뿐이다.[300]

⑦의 문장은 감산스님의 이러한 입장을 담고 있는 것이었으므로 성철스님 역시 이를 인용하여 그 핵심 주제를 강조하고자 하였던 것이다. 다만 감산스님은 이 문장을 앞에 두어 설법의 주제를 미리 밝혔고, 성철스

---

[299] 『楞嚴經通議』(X12, p.654b), "此言識陰一破, 則不歷諸位, 一超直入圓證佛果."
[300] 『楞嚴經通議』(X12, p.654c), "是則但破生相無明便成佛果, 不必定歷諸位也. 是知五陰次第未必一一經歷, 但約觀心通途故須一一開示耳."

님은 이것을 뒤에 두어 설법의 결론으로 삼고자 하였다는 점이 다르다.

【11-5】 圓明①淨[精]心이 於中에 發化하면 三類分身하야 ②[徧]息苦輪하나니 唯如如理와 ③[及]如如智가 內外明徹하야 譬如琉璃內含寶月하야 ④圓[頓]超信住⑤[行向]地等하야 而成⑥[妙覺]無上道也니라

선문정로 원명圓明한 정심淨心이 그중에 발화發化하면, 삼류三類로 분신分身하여서 중생의 고륜苦輪을 쉬게 한다. 오직 여여리如如理와 여여지如如智가 내외에 명철하나니, 비유하건대 유리琉璃 속에 보월寶月을 함유함과 같아서, 10신十信 10주十住와 10회향十迴向 10지十地 등을 원만히 초월하여 무상불도無上佛道를 성취한다.

현대어역 대원경지의 밝고 잡티 없는 마음이 그 가운데서 일어나 작용하게 되면 세 가지 부처로 분신[301]하여 중생들의 괴로운 윤회를 [두루] 쉬게 한다. 오직 분별없는 이러한 이치와 지혜가 안과 밖으로 환히 통하여 유리 안에 달을 담아 놓은 것 같다. 완전하게 [단번에] 10신, 10주, [10행], 10회향, 10지 등을 뛰어넘어 [묘각의] 위 없는 진리를 성취한다.

[해설] 색이라는 물질 요소와 수, 상, 행, 식이라는 다양한 정신 요소로 구성된 인간은 그로 인한 장애에 갇혀 완전히 밝은 본래의 마음을 보지 못하고 있다. 수행은 자기를 구성하는 이 다섯 요소의 비실체성에

---

301 『八識規矩通說』(X55, p.422a), "三類身, 大化, 小化, 隨類化. 以此三身, 應機利物, 以在因中有外作用, 故果上亦成利生大用也."

눈뜨는 일로서 수행이 진전됨에 따라 거친 요소에서부터 시작하여 미세한 요소에 이르기까지 그에 대한 집착의 소멸을 체험하게 된다. 다만 여전히 그 각각의 요소에 지배를 받고 있으면서도 스스로 깨달음에 이르렀다는 착각을 하게 되는 경우가 있게 된다. 특히 5음이 소멸할 즈음에 다양한 심리적, 정신적 경계와 관념 및 이론이 출현하여 수행자를 유혹한다. 5음 중의 색, 수, 상이 소멸하는 차원에서는 귀신과 천신 등의 형상이 나타난다. 이를 망상 차원의 장애라 부른다. 행, 식의 차원에서는 자기 나름의 관념과 이론이 강력하게 일어나는데 이를 미친 견해(狂解)라 부른다. 이와 같이 경전에서는 5대 요소별로 각각 열 가지씩의 장애가 나타난다고 설명하고 있는데, 이것을 50음마五十陰魔라 부르며 전형적 선병禪病에 해당한다.

여기에서 가장 중요한 것은 식음의 소멸이다. 식음이 소멸하면 일체의 경계가 모두 무너져 제8식이 대원경지로 전환되고, 전5식이 성소작지로 전환된다. 이 궁극적 깨달음의 차원에서 성소작지의 작용으로 부처 몸으로의 현신이 나타난다. 무엇보다도 안과 밖이 환하게 통하는 내외명철의 경계가 일어난다.

이것을 분별이 사라진 이치(如如理)와 분별이 사라진 지혜(如如智)의 현현으로 표현하기도 한다. 『능엄경』에서는 분별이 사라진 이치를 텅 빈 청명한 허공에 비유하고, 그것을 보는 청정한 눈을 분별이 사라진 지혜에 비유한다. 눈은 지혜이고 허공은 진여의 이치라는 것이다. 진여자성이 허공과 같이 본래 공하며, 이것을 깨달으면 모양과 소리의 구별이 사라져 오로지 여여한 이치와 여여한 지혜만 남게 되는 것이다. 이렇게 하여 보살의 지위를 일시에 뛰어넘어 아뇩다라삼먁삼보리를 성취하게 된다.

성철스님은 내외명철과 구경의 깨달음이 같은 말이라는 점, 모든 보살의 지위를 뛰어넘어야 내외명철이 일어난다는 점을 강조하기 위해 이 문장을 가져왔다. 성철스님은 이렇게 말한다.

> 그 분(지욱스님) 역시 10신·10주·10행·10지 등을 완전히 초월해 구경의 극과를 성취해야만 내외명철하여 무상의 도를 성취한다고 분명히 말씀하셨다.³⁰²

이 중 표시한 것과 같은 생략이 행해졌다. ①의 '정심精心'→'정심淨心'으로의 변환은 앞에서 살펴본 바와 같다.

②의 '편徧' 자가 생략되었다. 원문은 깨달으면 고통의 윤회를 멈추게 하는 일이 '두루(徧)' 일어남을 가리킨다. 『팔식규구송』에는 '삼류분신식고륜三類分身息苦輪'의 구절이 있다. '세 가지 부처로 분신하여 중생들의 괴로운 윤회를 두루 쉬게 한다'는 뜻이다. 지욱스님은 이것을 인용하면서 원래의 7언 운문을 읽기 쉽게 문장형으로 바꾸면서 '편徧' 자를 더한다. 그런데 성철스님이 다시 그것을 빼서 원래 모습으로 돌아간 것이다.

③의 '~와(及)'를 뺀 것은 단순 생략에 해당하는데, '~와'라는 한글 현토를 달면서 의미상 중복이 일어났기 때문이다.

④에서 '돈초頓超'를 '원초圓超'로 대체한 것은 완전한 초월과 구경각의 성취를 강조하기 위한 것이다. '돈頓'은 여기에서 10신, 10주, 10행, 10회향, 10지의 모든 지위를 단번에 뛰어넘는다는 뜻을 갖는다. 원래 성철스님은 돈오頓悟와 관련하여 단번의 깨달음보다는 완전한 깨달음을 강조하는 입장에 있다. 여기에서는 아예 '원圓'으로 바꾸어 그 뛰어넘음이 완전하게 실현됨을 드러내고자 하였다. 또한 지욱스님이 이 구절과 관련하여 돈점頓漸 4구³⁰³를 모두 인정하는 논의를 진행하고 있다는

---

302 퇴옹·성철(2015), p.245.
303 『楞嚴經文句』(X13, p.380b), "四句者, 一頓悟頓除, 二頓悟漸除, 三漸悟頓除, 四

것을 의식한 생략이기도 하다. 그런 점에서 이 글자 교체는 십분 고민한 끝에 이루어진 것이라 할 수 있다.

⑤에서 '신주행향지信住行向地'의 50계위를 '신주지信住地'의 30단계로 줄여 표현하였다. 1981년 초판본에는 '신주향지信住向地'의 40지위로 되어 있고, 번역문도 10신, 10주, 10회향, 10지로 옮겨져 있다. 그러므로 10회향을 뜻하는 '향向' 자를 복원해야 한다. 그렇다면 10행은 왜 생략하였을까? 특별한 이유는 없어 보이고 옮겨 쓰는 과정의 단순 탈락일 수 있다. 다만 초판본과 번역문을 기준으로 삼을 필요가 있으므로 '행行' 자의 복원은 과한 교정이 될 수 있다.

⑥에서는 '묘각妙覺'이 '무상도無上道'와 의미상 중복되므로 생략하였다. 성철스님의 모든 관심은 궁극의 깨달음에 집중되어 있어 구경각, 무상각과 같은 완성의 의미가 드러나는 단어를 좋아한다. 여기에서 묘각과 무상도 중 묘각을 생략하고 무상도를 남긴 것도 이 때문이라 이해된다. 무상도라는 단어 자체가 위 없는 궁극의 깨달음이라는 뜻을 전달하고 있기 때문이다.

【11-6】 塵境이 旣空則身心內外가 一時淸淨하야 而十方이 皎然하야 ①[猶]如②吠琉璃內③含[懸]寶月하나니 豈不快哉아 斯乃頓破根本無明하야 使八識種子로 ④[一時]迸裂이니라

> 漸悟漸除. 一頓悟頓除者, 卽是最利根人, 事理二障俱薄, 始則於觀行中, 乘此心開, 超入金剛乾慧. 次又於金剛乾慧中, 圓明精心, 頓超信住行向地等, 入妙覺海也. 二頓悟漸除者, 如阿難等, 先悟藏性, 頓獲法身, 次復定境, 修觀滌除, 根中積生虛習者, 是也. 三漸悟頓除者, 如滿慈輩, 所知障重故, 開悟爲難, 由其三緣先斷故. 但使三因不生, 則狂心頓歇, 歇卽菩提也. 四漸悟漸除者, 二障俱重, 須以聞熏, 漸開圓解, 次依圓解, 而起眞修, 乃至歷劫辛勤修證者, 是也."

선문정로 진경塵境이 이미 공적空寂한즉 신심내외身心內外가 일시에 청정하여 시방이 교연皎然하여 폐유리吠瑠璃 내에 보월寶月을 함유함과 같으니, 어찌 통쾌하지 않으리오. 이는 근본무명을 돈파頓破하여 8식 종자八識種子로 하여금 병열멸진迸裂滅盡케 한 것이다.

현대어역 번뇌를 일으키는 대상경계가 사라져 고요하게 되면 몸과 마음의 안팎이 한순간에 청정해지고 시방이 환해진다. 비유하자면 투명한 유리 속에 밝은 달을 담은 것과 같으니 통쾌하지 않겠는가? 바로 이렇게 근본무명을 단번에 타파하여 제8식의 종자를 일순간에 산산조각 내는 것이다.

[해설] 『능엄경』에서는 음욕의 장애를 가장 크게 본다. 본래 청정한 자기 부처를 확인하지 못하도록 하는 가장 큰 장애라는 것이다. 음욕을 끊는 일이 궁극의 깨달음을 성취하는 데 가장 중요하다는 말이다. 수행자가 욕망의 흐름에 휩쓸리지 않고 그것을 거슬러 올라가 자성을 완전히 회귀한다면 그것이 깨달음이다. 이렇게 대상경계와 마음이 공하여 집착할 일이 없게 되면 안팎으로 툭 트여 내외명철을 체험하게 된다. 성철스님은 제8식 종자인 미세망상을 소멸시키는 일과 내외명철의 실경계 체험이 동시에 일어남을 보여주기 위해 이 문장을 인용하였다.

①의 '유猶' 자를 생략하였다. '유여猶如'나 '여如'나 모두 '~과 같다'는 뜻을 형성하므로 의미상의 변화는 없다.

②의 '폐유리吠琉璃'의 '폐吠' 자가 추가되었다. 『능엄경』에서는 내외명철한 경계에 대한 비유로 불교 7보의 하나인 유리를 언급하고 있는데, 유리琉璃, 정유리淨琉璃, 폐유리吠琉璃가 그것이다. 폐유리의 폐는 푸른색을 띠는 투명 보석인 바이두리아를 음사한 것이다. 의미상의 변화는

없으며 폐유리가 더 익숙하기 때문에 이를 추가한 것으로 보인다.

③의 '함含' 자는 원문의 '현懸' 자를 대체한 것으로 유리 속에 밝은 달이 '담겨 있다(含)'는 것이 '매달려 있다(懸)'는 표현보다 어울리고, 또 그것이 더 널리 쓰이는 표현이므로 대체한 것이다. 당장 이 문장의 다음 문단에 '투명한 유리 속에 달을 품고 있는 것과 같다(如淨瑠璃內, 含寶月)'는 문장이 보이는데 역시 '함含'으로 쓰여 있다. 뜻에 어울리게 원문을 교정하고자 한 것이다.

④의 '한순간(一時)'을 생략하였다. 의미상의 큰 차이는 일어나지 않는다. 앞에서 이미 근본무명을 돈파頓破한다는 문장이 나왔으므로 중복되는 감이 있다고 본 것 같다. 근본무명의 순간적 타파와 제8식 종자의 순간적 멸진이 같은 의미가 되기 때문이다. 또한 성철스님은 아뢰야식 멸진의 완전성 여부에 논의를 집중하고 있으므로 '한순간'이라는 말이 달갑지 않았을 수도 있다.

원래 감산스님의 식음에 대한 해석에는 일관되게 '단번에 뛰어넘음(頓超)', '한순간(一時)' 등과 같이 돈오를 강조하는 말들이 사용되고 있다. 물론 그것은 성철스님의 돈오원각론과 기본적으로 입장을 같이하고 있다. 다만 이러한 생략은 감산스님의 통쾌함과 성철스님의 근실함 간의 차이로 인한 것일 수 있다는 점을 인식할 필요가 있다.

【11-7】 若得識陰이 盡하면 方超地位하야 了無所得하고 究竟圓成하야 如淨瑠璃內含寶月이니라

선문정로 만약에 식음識陰이 멸진하면, 바야흐로 지위를 초월하여 요연了然히 소득이 없고 구경불과究竟佛果을 원만성취하여 정유리淨瑠璃 내에 보월寶月을 함유함과 같다.

현대어역 식음이 멸진하면 비로소 지위를 뛰어넘어 얻을 것 없음을 깨달아 궁극의 깨달음을 남김없이 성취한다. 그것은 맑은 유리 속에 보배달을 머금은 것 같다.

[해설] 『종경록』의 문장이다. 영명스님은 5음을 차례대로 소멸하는 것을 중하근기의 일로 규정한다. 만약 최고의 상근기라면 단번에 유식의 성품 속으로 들어가 습기와 종자를 모두 떨어내 버리므로 일체의 지위가 설 자리가 없다. 여래의 이치, 여래의 지혜, 여래의 본체, 여래의 활용, 여래의 환경, 여래의 몸체가 모두 이미 갖추어져 있음을 명확히 보기 때문이다.

이에 비해 중하근기에게는 믿음의 단계, 이치적 깨달음의 단계, 실증적 깨달음의 단계 등이 있고, 각자의 닦음과 눈뜸에 심천과 고하가 있을 수밖에 없다. 그러므로 별수 없이 점차적 닦음을 통해 5음을 소멸해 간다. 그리고 마지막으로 식음을 소멸하면서 구경각의 자리에 도달하게 된다는 것이다.

성철스님은 내외명철이 곧 구경의 극과라는 점은 부처님이나 조사의 말씀에 차별이 없다는 것을 보여주기 위해 이 문장을 인용하였다.

【11-8】 覺卽了不施功이니 一切有①[爲]法不同이라 住相布施는 生天福이나 猶如仰箭射②[虛]空이로다 勢力盡箭還墜하여 招得來生不如意라 爭似無爲實相門에 一超直入如來地리오 但得本莫愁末하③나 如淨琉璃含寶月이니 旣能解此如意珠하니 自利利他終不竭이로다

선문정로 대각하면 돈료頓了하여 공용功用을 허시虛施할 것 없으니,

일체의 유위법과는 부동不同하다. 명상名相에 주착住著한 보시는 천상에 왕생하는 복은 되나 전시箭矢로 허공을 향해 역사力射함과 같다. 세력이 다하면 전시箭矢는 도로 추락하니, 내생의 불여의不如意함을 초래할 뿐이다. 어찌 무위인 실상문實相門에서 한 번 초월하여 여래지에 직입直入함과 같으리오. 근본만 오득悟得할 것이요 지말은 걱정하지 말라. 정결한 유리瑠璃 속에 보월寶月을 함유함과 같다. 벌써 여의주를 해득解得하였으니 자리와 이타가 끝내 갈진竭盡하지 않는도다.

현대어역 깨달으면 철저하게 밝아지므로 수행의 공을 들일 필요가 없으니 일체의 유위적 수행과는 다르다. 모양에 머무는 보시는 하늘에 태어나는 복이지만 위로 허공을 향해 화살을 쏘는 것과 같아서 힘이 다하면 화살이 다시 떨어지듯, 다음의 삶이 뜻처럼 되지 않는 상황을 만나게 된다. 어찌 무위 실상의 문에서 한 번에 뛰어넘어 곧장 여래지에 들어가는 일과 같겠는가? 근본만 깨달을 뿐, 가지 끝을 걱정하지 말라. 마치 맑은 유리에 달이 담긴 것과 같으리니 이 여의주를 알고 나면 스스로 깨닫고 중생을 제도하는 데 끝내 부족함이 없으리라.

[해설] 『증도가』의 문장이다. 이 구절과 관련하여 영명스님은 "마음을 청정하게 하려면 무심으로 공부해야 한다."[304]라는 법융스님의 『신심명』을 함께 인용하면서 이렇게 해석한다.

---

[304] 『景德傳燈錄』(T51, p.457c), "欲得心淨, 無心用功."

마니주를 얻어 법에 맞는 방법들을 가지고 갈고 닦으면 이후 자연스럽게 끝없는 복을 낳는 우보雨寶가 된다. 특히 마음을 깨달아 도를 증득한 사람 역시 그러하여 부처의 자리에 들어가고 나면 자비와 지혜가 끝없이 솟아나게 된다.[305]

영가스님이 『증도가』에서 노래한 것처럼 모양에 머무는 보시인 유위적 수행은 아무리 열심히 한다 해도 생사의 차원을 벗어나지 못한다. 그러므로 모양에 머물지 않는 수행을 통해 모양에 머물지 않는 깨달음에 도달해야 한다는 것이다. 이것을 영명스님은 "법에 맞는 방법으로 갈고 닦는다."라고 표현했다. 그런데 이 법에 맞는 방법, 즉 무위 실상의 길에는 어떻게 들어가는가? 철저한 믿음과 일정한 체험이 없이는 불가능하다. 그래서 영명스님은 다음과 같은 문답을 제시한다.

다만 근본을 얻은 뒤에 그것을 완성하는 닦음을 그만두어서는 안 된다. 그 예를 들겠다. 한 수행자가 본정本淨스님에게 물었다. "스님께서도 수행을 하십니까?" 스님이 대답하였다. "내가 수행하는 것은 그대와 다르다. 그대는 먼저 닦아서 나중에 깨닫고자 한다. 이것은 유위적 공부라서 그 공부가 생멸의 차원으로 돌아간다. 만약 먼저 깨달은 뒤 닦는다면 이것이야말로 무위의 공부라서 공부를 헛되이 버리는 일이 없다."[306]

---

305 『宗鏡錄』(T48, p.496c), "得摩尼珠, 法爾以種種磨治, 然後自然雨寶. 況悟心得道之者, 亦復如是, 旣入佛位, 法爾萬行莊嚴, 悲智相續."
306 『宗鏡錄』(T48, p.496b), "但得本之後, 亦不廢圓修. 如有學人問本淨和尙云, 師還修行也無. 對云, 我修行與汝別. 汝先修而後悟, 我先悟而後修. 是以若先修而悟, 斯則有功之功, 功歸生滅. 若先悟而後修, 此乃無功之功, 功不虛棄."

깨달음 뒤의 닦음(先悟後修)을 강조하는 문장으로서 문자만 가지고 보자면 성철스님의 입장과 상충한다. 원래 성철스님은 『증도가』의 문장을 영명스님의 『종경록』에서 가져왔을 가능성이 높다. 인용 부분이 동일하기 때문이다. 최소한 성철스님이 영명스님의 이 문장을 보았다는 것은 분명하다. 그렇다면 성철스님과 영명스님은 서로 상충되는 수증론을 주장한 것일까? 영명스님의 인용과 해석을 보면 깨달음 이후의 닦음, 법다운 닦음은 결국 무위 실상의 닦음에 속한다. 무위 실상의 길을 걸어 무위 실상의 목적지에 도달해야 한다는 것이다. 성철스님에게는 화두참구의 수행법이 법다운 닦음, 무위의 닦음에 해당한다. 화두에는 분별의식이 개입할 여지가 없기 때문이다. 그런 점에서 두 관점은 다르지 않다고 할 수 있다.

어찌 되었든 성철스님은 『증도가』의 유리병 속에 담긴 보름달의 비유를 인용하여 "내외가 명철하기 전에는 아무리 크게 깨치고 크게 알았다고 해도 그것은 공부하다 병이 생긴 것이지 견성도 돈오도 아니다."[307] 라는 점을 강조하고자 한다.

인용문에 표시된 ①의 '위爲'와 ②의 '허虛' 자와 같이 단순 탈자가 발견된다. 1981년 초판본에 바로 되어 있었으나 1993년에 가로쓰기로 바꾸면서 오류가 일어났다. 번역문에도 원문과 같이 옮겨져 있으므로 복원되어야 한다.

③의 현토 '~하나'는 '~하라'의 오타이다. 1981년 초판본에 바로 되어 있던 것이 1993년에 가로쓰기로 바꾸면서 오류가 일어났다. 바로잡아야 한다.

---

[307] 퇴옹성철(2015), p.248.

제 12 장

상적상조 常寂常照

제12장
상적상조 常寂常照

1. 상적상조 법문의 맥락

　참선이나 염불수행에서는 밝게 비추되 변함없이 고요하고(照而常寂), 고요하되 변함없이 비추는(寂而常照) 성스러운 경계가 제시된다. 성철스님은 이 둘의 동시적 성취를 상적상조로 묶어서 표현한다.
　이 어휘의 핵심은 고요함(寂)과 비춤(照)의 동시성에 있다. 고요함은 자성의 여여부동함을 표현하는 말이자 외부의 인연에 휘둘리지 않는 수행 경계를 가리키는 말이다. 비춤이란 자성을 보는 지혜가 분명함을 가리킨다. 그 비춤은 형상과 관념에 묶이지 않는 청정함을 특징으로 한다. 말할 것도 없이 고요함과 닦음은 서로를 온전하게 하는 관계에 있다. 그래서 언어적 번거로움을 무릅쓰고 조이상적, 적이상조, 상적상조의 방식으로 중복된 표현을 하게 되는 것이다.
　상적상조는 무엇보다도 수행의 원리이자 깨달음의 경계로서 정혜등지定慧等持나 지관쌍수止觀雙修와 동의어가 된다. 참선 수행은 선정(定)과 지혜(慧)를 두 바퀴로 하여 나아가는 수레이다. 깨달음 역시 마찬가지다. 다만 수행 과정에서는 이 둘 사이의 무게 중심이 어디에 놓이는가에 따라 비추되 동요 없는 멈춤(止)과 멈추되 변함없는 비춤(觀)으로 구분할 수 있다는 것이 『기신론』의 관점이다. 그러니까 조이상적의 방점은 항상 고요함(常寂)에 있어서 멈춤(止), 혹은 선정(定)과 동의어가 된다. 이에 비해 적이상조의 방점은 항상 비춤(常照)에 있어서 관찰(觀), 혹은 지혜(慧)와 동의어가 된다.

이것은 3제의 원리로 설명될 수도 있다. 법계의 모든 사물은 있는 그대로 공이므로 항상 고요하다(常寂=空). 그런데 이 사물의 밖에 진리가 따로 있는 것이 아니므로 이를 밝게 구별하여 비추는 일이 있어야 한다(常照=假). 이 둘은 서로가 서로를 전제로 하는 동시적 실천으로 완전해진다. 그리하여 고요함도 아니고 밝은 비춤도 아닌 일(非寂非照=中)이 된다. 이를 공가쌍조空假雙照라고도 표현한다. 물론 상적상조와 같은 말이다.

이러한 도리이기 때문에 깨달음을 닦는 수행자는 몸과 마음의 간섭에 교란되지 않아야 하고 망상과 관행을 밝게 관찰하여야 한다. 이것이 태어남이 없는 이치를 바르게 닦는 길이다. 이때 몸과 마음의 간섭에 교란되지 않는 것이 조이상적한 오묘한 선정이고, 망상과 습기를 밝게 관찰함이 적이상조한 오묘한 지혜이다. 이것을 동시적으로 실천하는 것만이 진정한 수행이고, 이것을 통일적으로 구현하는 것만이 진정한 깨달음이다. 『선문정로』에서 말하는 바와 같이 적멸과 관조는 따로 구별되는 둘이 아니다. 만약 그렇다면 이를 동시적으로 실천하는 일은 불가능할 것이다. 이 때문에 상적상조의 법문에서 유독 쌍雙, 동시同時, 원돈圓頓이 강조되는 것이다.

그럼에도 불구하고 수행 단계나 수행법에 따라 앞과 뒤가 형성되고, 강조의 방점이 다르게 찍히는 것은 어쩔 수 없다. 방편으로써의 수행을 인정하는 경우, 먼저 고요함을 추구하는 것이 보편적이다. 그래서 조이상적이 먼저 얘기된다. 고요함, 멈춤, 선정을 먼저 성취해야 한다는 것이다. 계정혜를 나눌 수 없지만 실천적인 면에서 계→정→혜의 순차가 매겨지는 것과 같은 이치이다. 한 생각도 일어나지 않는 선정을 성취하면 자성의 빛이 저절로 발현된다. 이것이 적이상조이다. 그런데 이것이 이미 부처의 지혜이지만 이렇게 말하면 조이상적과 적이상조 간에 우열이 생겨 버린다. 그래서 이 둘을 상적상조와 같이 하나로 묶어 그 동시성을 강조하는 것이다.

성철스님도 인용한 바 『선종영가집』의 우필차는 그래서 중요하다. 사마타의 선정과 비파사나의 지혜에 대한 언술을 그냥 나열해 버리면 사마타를 원인으로 하여 비파사나의 결과를 얻는다는 논리가 세워진다. 참선 수행에서 순차는 항상 위험하다. 시간이 개입되면 과정과 결과를 둘로 구별하는 분별적 사유가 침입해 들어오기 때문이다. 그래서 비춤도 부정하고 고요함도 부정하여 모두 빼앗아 버리는 우필차를 세워 순차성 대신 동시성이 자리 잡도록 하는 것이다. 입을 열면 8만4천의 법문이 되고, 입을 닫으면 바이샬리 유마의 입닫음(杜口)이 되는 것도 같은 이치이다.

한편 성철스님이 강조한 바와 같이 상적상조는 부처의 지위와 여래의 대적광경계를 가리키는 말이기도 하다. 이때 고요함은 전6식과 제8 아뢰야식이 소멸한 상태를 가리키고, 비춤은 내외의 경계에 흔들림 없이 거울 같은 알아차림을 가리킨다. 그리하여 분명하게 비추되 제6식의 분별하는 마음이 없으면 이것이 묘관찰지의 비춤이다. 제7식이 멸진하여 아집, 법집이 없으면 이것이 평등성지의 비춤이다. 제8식이 멸진하여 추호의 분별망상조차 없으면 이것이 대원경지의 비춤이다.

이렇게 하여 분별심이 없고, 집착심이 없으며, 주체와 대상경계에 대한 의식조차 없는 이것이 고요함이다. 그리하여 경계를 대하여 분별을 일으키지 않으면서도 그 경계가 뚜렷하고 분명해지는 비춤이 일어난다. 이것이 부처의 지견이다. 이를 상적상조라 하는 것이다.

2. 성철스님 상적상조 법문의 특징

어떤 주제를 다루든 성철스님의 모든 관심은 아뢰야식의 미세번뇌를 투탈하여 구경무심에 이르렀는지의 여부에 집중된다. 그래서 구경무심론이 성철선의 주된 종지의 하나가 되는 것이다. 불교에서는 진여에 계합하기 위한 다양한 수행법을 제시한다. 참선도 그중의 하나이고, 간화선도 그중의 하나이다. 그런데 그것이 어떤 경우이든 다음의 세 가지의 길을 포함한다.

첫째는 분별적 사유를 모두 쉬는 길이다. 중생들은 본래부터 불성을 가지고 있지만 번뇌망상의 구름에 덮여 생사윤회를 한다. 그런데 생각 그 자체가 번뇌망상이므로 제6의식은 물론 제8식의 미세한 작용까지 멈추어야 한다. 이 길에서는 집요하면서도 용맹한 수행이 요구된다.

둘째는 모든 것을 끊어 관념이 깃들일 곳이 없게 하는 길이다. 모든 법과 마음은 실체가 없어 본래 공적하다. 나아가 공적하다고 하는 이 생각까지 실체가 없다. 그러므로 닦음도 없고 닦음이 없다는 관념도 없다. 요컨대 모든 인위적 행위나 이해는 다 미혹함의 증거이다. 이 길의 핵심은 마음이 깃들일 곳이 없도록 하는 데 있다.

셋째는 우주 만유의 모든 현상이 다 진실한 자성의 드러남임을 보는 길이다. 진리는 어떤 특수한 실체를 갖는 것이 아니다. 그렇지만 지금 이 자리의 저 붉은 꽃과 푸른 대나무, 우뚝한 산과 흐르는 물을 빼놓고 어디에 따로 있는 것이 아니다. 심지어 소의 오줌, 말의 똥에도 진리의 자성이 담겨 있다. 그뿐인가? 지금의 이 모든 행동, 감정, 행위, 느낌이 모두 불성을 증명한다. 이것을 빼고 따로 부처가 있는 것이 아니다. 이러한 입장에서는 지금 이대로 자성이고 이것 그대로 부처임을 알아 거기에 계합하는 것이 중요하다. 그렇지 않은 어떤 추구도 소를 타고 소를 찾는 일, 물 속에서 물을 찾는 일, 사물을 보고 있으면서 자기 눈을 찾는 것과 같이 어리석은 일에 속한다. 이 길의 핵심은 도저한 알아차림에 있다.

대체로 선지식들은 이 세 가지를 함께 실천하였고 또 함께 가르쳤다. 그럼에도 불구하고 필연적으로 이 중의 어떤 경향이 두드러지게 나타나게 된다. 그것이 선사의 가풍을 결정하는 것이기도 하다.

성철선은 한 생각도 일어나지 않도록(一念不生) 하는 일에 중점을 둔다. 그래서 성철스님은 번뇌망상의 구름이 걷히는 일에 법문을 집중한다. 구름이 걷히면 태양은 저절로 밝다. 그리하여 가장 미세한 의식이라도 남지 않도록 하는 일에 수행의 모든 노력이 경주되어야 한다. 아뢰야식의 멸진을 거듭 말하는 것, 오매일여를 투과해야 한다는 주장, 내외명철이라야 한다는 강조 등이 모두 이와 관련되어 있다. 또 '화두 열심히 하라'는 최후의 가르침도 같은 차원에서 행해진 것이다.

상적상조의 법문에도 이 종지는 그대로 관철된다. 성철스님은 일체 망상이 다 끊어진 상황을 '적寂'이라 보고, 구름이 걷힌 뒤 저절로 태양의 광명이 드러나는 일을 '조照'라 보았다. 물론 구름이 걷히는 일과 해가 비치는 일은 같은 일이다. 그래서 성철스님은 이것을 상적상조로 묶어서 설법하면서 그 동시성을 거듭 강조한 것이다. 그러면서도 성철스님의 설법은 일체 망념의 적멸, 미세무명의 멸진, 무심의 성취를 핵심으로 하여 전개된다. 말하자면 '고요함(寂)'에 무게 중심이 쏠려 있는 것이다. 그것은 조적照寂과 적조寂照의 차이를 언급한 대목에서 분명하게 확인된다.

성철스님은 "등각보살은 조적照寂이요 묘각세존은 적조寂照라 한다."라는 『영락경』의 문장을 인용한다. 여기에서 스님은 적과 조가 둘이 아니라는 기본 입장을 취하면서도 그 둘의 미세한 차이를 지적한다. 즉 조적에는 비추는 작용이 남아 있어서 여래의 적조와 구분된다는 것이다. 아직 미세식광이 남아 있는 경계이므로 구경의 불지가 아니라는 것이다. 요컨대 등각은 아뢰야식이 멸진하지 않았으므로 충분히 적寂하지 않다는 것이다.

대체적으로 상적상조가 수행론으로 언급되는 것에 비해 성철스님은 적조, 혹은 적광寂光이 구경각을 성취한 부처님의 경계라는 점을 강조한다. 그러니까 상적상조 역시 직접 실경계로 그것을 체험했는지를 판정하는 기준이 되는 것이다. 항상 고요하면서 항상 비추고 있는가를 지금 당장 점검해 보라는 것이다. 이처럼 『선문정로』는 수행의 지침인 동시에 깨달음을 판별하는 표준에 해당하는 것이다.

이 표준에 의해 점검해 보면 답은 항상 완전히 그렇다는 쪽, 혹은 아직 그렇지 못하다는 쪽, 둘 중의 하나밖에 없다. 그렇지 못한 상황이라면 어떻게 할 것인가? 그 답도 이미 나와 있다. 화두참구 열심히 하라는 것 외에 다른 말이 없기 때문이다. 제8아뢰야식의 미세망상이 흔적조차 없이 모두 사라질 때까지 파참破參은 없다. 오로지 화두참구에 들어 향상일로의 길을 걷는 일만 있다는 것이다.

사실 조이상적照而常寂, 적이상조寂而常照와 그 줄임말인 상적상조는 어감에 있어서 미묘한 차이가 있다. 원래의 조이상적과 적이상조의 어휘에는 실천적 역동성이 느껴지지만, 상적상조는 변함없는 경계를 강조하는 경향이 있기 때문이다. 용례가 흔하지 않은 상적상조를 표제어로 쓴 것은 이 변함없는 경계를 깨달음의 점검 기준으로 제시하겠다는 의도가 담겨 있다.

이러한 『선문정로』를 대하면서 우리는 그 가르침이 깨달음을 닦는 나 자신에게 무엇인가를 물어야 한다. 그렇지 않고 나를 뺀 객관적 입장에서 그 의미를 파악하고 설명하려는 시도는 깨달음과의 만남을 어렵게 만들 뿐이다.

3. 문장 인용의 특징

【12-1】 無上大涅槃이여 圓明常寂照로다

선문정로 무상無上한 대열반이여, 원융명철圓融明徹하여 항상 적조하는도다.

현대어역 위 없는 대열반은 두루 밝아 항상 고요함과 비춤이 함께 한다.

[해설] 『육조단경』의 문장이다. 10여 년을 한결같이 『열반경』을 읽어온 지도志道라는 스님이 6조스님에게 경전의 내용에 대해 질문을 한다. "모든 세간의 현상들은 영원하지 않으니 생성과 소멸의 법이다. 생성과 소멸에 대한 집착을 모두 소멸하면 생멸이 사라진 고요함으로 즐겁다."라는 구절이 이해되지 않는다는 것이었다. 지도스님이 의혹을 가진 부분은 생멸이 사라진 적멸의 상태는 무생물과 같은데 그 즐거움을 누릴

수 있는 주체가 어디에 있느냐는 것이었다. 허무론과 영원불변론의 사견에 빠졌던 것이다. 6조스님은 그를 위해 생멸에 대한 취사분별과 시비호오의 집착을 내려놓는 길을 제시한다. 이렇게 내려놓음을 실천하면 매 찰나에 분별이 사라져 고요한 적멸이 현전하게 된다는 것이었다. 그리고는 위에 인용한 대열반의 게송을 들려준다.

성철스님은 견성이 대열반임을 증명하기 위해 이 문장을 가져왔다. 불법의 궁극적 도달처가 모두 견성의 다른 이름이라는 것이다. 이것은 『대열반경』 등에서 견성이 곧 대열반임을 언급하고 있다는 증거로 제시된 것이기도 하다. 『대열반경』의 해당 구절은 다음과 같이 사자후보살의 질문에 대한 부처님의 답변으로 이루어져 있다.

> 마음에 후회되는 바가 없기 위해서이다. 왜 후회하는 바가 없어야 하는가? 즐거움을 받기 위해서이다. 왜 즐거움을 받는가? 멀리 떠나기 위해서이다. 왜 멀리 떠나는가? 편안하기 위해서이다. 왜 편안한가? 선정을 이루기 위해서이다. 왜 선정을 이루는가? 실상을 보는 앎과 봄을 위해서이다. 왜 실상을 보는 앎과 봄이라야 하는가? 생사윤회의 잘못을 보기 위해서이다. 왜 생사윤회의 잘못을 보아야 하는가? 마음에 탐욕과 집착이 없기 위해서이다. 왜 마음에 탐욕과 집착이 없어야 하는가? 해탈을 얻기 위해서이다. 왜 해탈을 얻어야 하는가? 무상대열반을 얻기 위해서이다. 왜 대반열반을 얻어야 하는가? 상락아정의 법을 얻기 위해서이다. 왜 상락아정의 법을 얻어야 하는가? 불생불멸을 얻기 위해서이다. 왜 불생불멸을 얻어야 하는가? 불성을 보기(見佛性) 위해서이다. 그래서 보살은 자성의 구경청정한 계율을 스스로 수지하는 것이다.[308]

---

[308] 『大般涅槃經』, 권제28(T12, p.529b), "爲心不悔故. 何故不悔, 爲受樂故. 何故受樂, 爲遠離故. 何故遠離, 爲安隱故. 何故安隱, 爲禪定故. 何故禪定, 爲實知見

무상대열반, 상락아정, 불생불멸이 견성과 함께 동의어로 나열되어 있는데 그중 견성이 가장 뒤, 궁극의 자리에 위치하고 있다. 성철스님은 이 긴 문장을 인용하는 대신 견성주의자였던 6조스님의 한마디 노래를 가지고 이 노래를 대신한다. 6조스님의 발언만 인용해도 그 효과가 충분하다고 보았기 때문이다.

여기에서 견성의 다른 말인 대열반은 자성(性)과 모양(相)에 함께 밝은 일이다. 그것이 두루 밝다(圓明)는 뜻이다. 성철스님은 이 밝음을 강조하여 원융명철이라 번역한다. 그것은 또한 불생불멸의 자성을 보는 일이므로 항상 고요하고(常寂), 모양으로 나타난 모든 것에서 자성을 확인하므로 항상 밝게 비춘다(常照). 이에 기초하여 성철스님은 대사대활, 상적상조, 명암쌍쌍, 정혜 등의 깨달음을 표현하는 말들을 병렬하는 것으로 견성이 곧 성불임을 역설한다.

여기에서도 성철스님은 "미세뢰야를 투탈透脫하여 말후末後 뇌관牢關을 타파하면 구경무심인 무상열반無上涅槃이 현현"[309]하게 됨을 말한다. 궁극, 최후, 무상의 일이라야 견성이라는 점을 강조하기를 잊지 않는 것이다.

【12-2】 進破①[一品]微細無明하고 入妙覺位하면 ②[永別無明父母, 究竟登涅槃山頂, 諸法不生, 般若不生, 不生不生.] 名大涅槃이니 ③[以虛空爲座, 成淸淨法身,] 居常寂光土하느니라

故. 何故爲實知見, 爲見生死諸過患故. 何故爲見於生死過患, 爲心不貪著故. 何故爲心不貪著, 爲得解脫故. 何故爲得解脫, 爲得無上大涅槃故. 何故爲得大般涅槃, 爲得常樂我淨法故. 何故爲得常樂我淨, 爲得不生不滅故. 何故爲得不生不滅, 爲見佛性故. 是故菩薩性自能持究竟淨戒."

309 퇴옹·성철(2015), p.249.

선문정로 미세무명을 진파進破하고 묘각위에 득입得入하면 대열반이라 이름하나니 상적광토常寂光土에 거주하느니라.

현대어역 한 걸음 더 나아가 [1품의] 미세무명을 타파하고 묘각의 지위에 들어간다. [무명이라는 부모와 영원히 결별하고 마침내 열반의 산정에 오르면 모든 현상의 일어남도 없고, 반야의 일어남도 없으며, 일어남 없음의 일어남도 없다.] 이것을 대열반이라 부르는데 [허공을 보좌로 삼아 청정한 법신을 성취하여] 항상 고요하고 항상 빛나는 상적광토에 거주하게 된다.

[해설] 천태원교에서는 10신의 지위에서 견해와 애착으로 인한 견사혹과 공에 집착하여 무수한 현장에 어둡게 되는 진사혹을 끊는다. 그런 뒤에 10주, 10행, 10회향, 10지에서 중도에의 합일을 가로막는 41품의 무명을 끊는다. 그런 뒤에 마지막으로 등각의 지위에서 최후 42품의 무명을 끊어 묘각의 지위에 이르게 된다고 본다. 이 인용문의 원래 맥락에서는 일생보처인 등각의 지위에서 마지막 남은 1품인 42품의 미세무명을 끊어 궁극의 깨달음에 도달하게 되는 일을 묘사하고 있다.

경전에서는 미혹을 끊은 차원에 따라 거주하는 세계가 다르다고 말하는데 수행 이전의 범성동거토凡聖同居土, 견사혹을 끊은 차원의 방편유여토方便有餘土, 1품의 무명을 끊은 초주의 실보무장애토實報無障礙土, 그리고 마지막 미세무명을 모두 끊어낸 궁극의 자리인 상적광토常寂光土가 그것이다. 이 중 실보무장애토는 1품의 무명을 끊어 중도의 일부를 증득했다는 뜻에서 분증적광토分證寂光土라 부르기도 한다. 이에 비해 상적광토는 궁극의 영원한 적광토라는 뜻이 된다. 성철스님은 천태원교에서 말하는 궁극의 '상적광常寂光'이 '상적조常寂照'의 다른 표현임을 보여주기 위해 이 문장을 인용하였다.

　이 중 원문에 표시한 바와 같은 부분들이 생략되었다. ①의 '1품[一品]'을 생략한 것은 42위의 지위에 따라 각각 1품의 무명을 끊어 한 조각씩 중도를 깨달아간다는 원래의 문맥에서 인용문을 독립시키기 위한 조치이다. 1품씩 무명을 끊어 40품의 미혹을 끊어내고, 다시 1품의 무명을 타파하여 등각의 지위에 들어가며, 여기에서 마지막 1품의 미세무명을 끊어 묘각의 지위에 들어간다는 것[310]이 원래 문맥이다. 그러나 성철스님은 상적광토에 거주하는 구경의 묘각에만 의미를 둔다. 각 지위에 따른 무명의 타파를 말하게 되면 별수 없이 그 지위에 의미를 부여하게 된다. 이에 따라 각 지위에 머물거나 지향하는 일이 나타나게 된다. 그러므로 각 지위를 거치며 차례로 42품의 무명을 끊어 궁극의 깨달음에 도달한다는 약도를 지울 필요가 있었다. 1품을 생략한 이유에 해당한다. 또 마지막에 남은 1품 무명이 미세무명인데, 1품이 이것과 동일한 말이므로 이를 생략한 것이기도 하다.

　다음으로 ②와 같이 긴 문장이 생략되었다. 묘각, 대열반에 대한 설명으로서 태어나면서 가지고 나온 무명을 영원히 이별하고 열반의 산 정상에 올라 불생불멸의 차원에 노니는 일을 말하고 있다. 모든 현상의 생성이 없고, 반야의 생성도 없으며, 생성 없음의 생성조차 없는 차원이 그것이다. 성철스님은 구경각의 차원에 대한 형상적 묘사와 비유를 대부분 생략한다. 그것이 지해적 차원의 이해를 불러일으키고 이에 기초하여 깨달음을 자처할 수 있기 때문이다. 성철스님에게 구경무심과 견성은 비유와 설명을 통해 알아듣고 이해해서 도달할 수 있는 자리가

---

310 『天台四教儀』(T46, p.780a), "各斷一品無明增一分中道, 卽斷四十品惑也. 更破一品無明入等覺位, 此是一生補處, 進破一品微細無明入妙覺位."

아닌 것이다.

③의 '허공을 보좌로 삼아 청정한 법신을 성취한다'는 말이 생략되었다. 그것이 상적광토에 거주한다는 말과 중복된다고 보았기 때문일 것이다. 또 형상적 묘사와 비유를 달가워하지 않는 문장관에 기인한 생략이기도 하다.

【12-3】 ①[三觀行三德, 三德圓修,] 障無不寂하고 理無不照하야 寂照雙流하면 徹見心性이니라

선문정로 장개障蓋가 적멸寂滅하지 않음이 없고 사리事理를 통조通照하지 않음이 없어서 적寂과 조照가 쌍류雙流하면 심성心性을 철견徹見하느니라.

현대어역 [셋째, 관조하고 실천함이 곧 열반3덕이다. 열반3덕을 완전하게 닦으면] 장애가 모두 고요함 아님이 없고 이치가 모두 밝게 비치지 않음이 없다. 고요한 멈춤과 밝은 비춤이 함께 유통하여 심성을 남김없이 보게 된다.

[해설] 『화엄경』의 권위적 해설서인 징관스님의 『대방광불화엄경수소연의초』에서 가져왔다. 「10지품」은 『화엄경』의 핵심으로서 금강장보살이 모든 부처님의 위신력을 받아 여러 보살들에게 보살 10지를 강설하는 내용으로 구성되어 있다. 본래 금강장보살은 보살 10지의 수행 계위를 설하는 것이 이익보다 장애를 더 줄 수 있다고 생각하여 10지의 명칭만 제시하고 자세한 내용을 설하지 않는다. 이에 보살들과 금강장보살 간에 3번의 요청과 3번의 사양이 오간다. 그런 뒤에 끝내 부처님의 위

신력에 힘을 얻어 금강장보살은 그 자세한 내용을 설한다.

이때 초지 환희지를 설하기 전에 그 총론격으로 5언 4구, 전체 12수로 이루어진 게송을 노래한다. 여기에서 징관스님은 네 번째 게송의 마지막인 '그 모양은 허공과 같다(其相如虛空)'는 구절의 도리를 해설하고 있다. 허공과 같다고 한 것은 해탈에 대한 묘사로서 해탈을 하면 모든 장애가 사라져 이리저리 걸리는 장애가 없음이 그와 같다는 것이다.

이와 관련하여 징관스님은 반야, 법신, 해탈의 열반3덕을 천태스님의 6즉六卽[311]의 구조로 설명한다. 3덕은 곧 부처의 다른 이름이므로 6즉에 배대할 수 있기 때문이다. 이 인용문은 6즉 중 세 번째인 관행즉觀行卽에 대한 해설의 일부이다. 이에 의하면 한 생각이 곧 삼천대천세계이며, 본질이 따로 없다(空). 그와 동시에 모든 현상으로 진리가 나타난다(假). 궁극적으로 본질과 현상이 둘이 아니다(中). 이 세 가지의 도리가 하나인 실상에 밝게 눈을 떠 이를 놓치지 않는 것이 관행즉觀行卽의 차원이다. 그 전체 내용은 다음과 같다.

셋째, 관조하고 실천함이 곧 열반3덕이다. 열반3덕을 완전하게 닦으면 장애가 모두 고요함 아님이 없고 이치가 모두 밝은 비춤 아님이 없다. 고요한 멈춤과 밝은 비춤이 함께 유통하여 심성을 남김없이 보게 된다. 실체 없음의 이치(空)를 관조하고 실천함에 있어서 모양으로 드러나는 이치(假)와 둘 아닌 중도의 이치(中)가 모두 공함을 보는 것이 반야이다. 모양으로 드러나는 이치(假)를 관조하고 실천함에 있어서 다른 두 이치 역시 모양으로 드러남을 알고 실천하는

---

311 『妙法蓮華經玄義』(T33, p.686a), "世間相常住, 理卽也. 於諸過去佛, 若有聞一句, 名字卽也. 深信隨喜, 觀行卽也. 六根清淨, 相似卽也. 安住實智中, 分證卽也. 唯佛與佛究盡實相, 究竟卽也."

것이 해탈이다. 둘 아닌 중도의 이치(中)를 관조하고 실천함에 있어서 다른 두 이치 역시 둘 아닌 중도임을 관조하고 실천하는 것이 법신이다.³¹²

성철스님은 교가를 대표하는 징관스님의 "고요한 멈춤과 밝은 비춤이 함께 유통하여 심성을 남김없이 보게 된다."라는 해설이 선종의 대조사인 6조스님이 설한 "대열반은 두루 밝아 항상 고요함과 비춤이 함께 한다."라는 도리와 상통함을 보여주기 위해 이 문장을 인용하였다.

원문에 표시한 ①과 같이 '관조하고 실천함이 곧 열반3덕이며 열반3덕을 완전하게 닦으면' 장애가 모두 소멸하게 된다는 문장에서 앞부분을 생략하여 원래의 맥락에서 독립시키고자 하였다.

그런데 단계를 설정하는 입장에서 보면 관행즉觀行卽은 이즉理卽과 명자즉名字卽을 통과하여 상사즉相似卽, 분진즉分眞卽, 구경즉究竟卽의 상급 지위로 나아가는 과도기적 단계에 해당한다. 이렇게 나누고 보면 구경의 깨달음이 상적상조를 특징으로 한다는 점을 밝히고자 한 성철스님의 인용 의도에 도움이 되지 않는다. 이것이 전체 여정의 중간조차 넘지 못한 관행즉에 속한 묘사이기 때문이다. 생략을 통해 문맥을 독립시키고자 한 이유에 해당한다.

그렇다고 해서 성철스님의 논리 전개에 무리가 있는 것은 아니다. 원래 천태스님의 6즉은 나누면 6급의 단계가 되고 합하면 하나가 되는 관계에 있다. 분별하는 입장에서 6즉은 초생달과 보름달의 차이가 있고, 무분별의 입장에서 6즉은 밝은 달이라는 동일성으로 규정될 수 있

---

312 『大方廣佛華嚴經隨疏演義鈔』(T36, p.449c), "三觀行三德, 三德圓修. 障無不寂, 理無不照, 寂照雙流徹見心性, 又一空一切空即是般若, 一假一切假即是解脫, 一中一切中即是法身."

기 때문[313]이다. 그러니까 '6六'의 여섯 가지 다름을 제거하면 '즉即'의 동질성이 남는 것이다. 그것은 모두 6덕을 완전히 닦은 부처의 경계에 대한 묘사에 해당한다. 성철스님은 이 점을 고려하여 다름의 차원에 속하는 '6六'의 구절을 생략하고, 동일성의 차원인 '즉即'의 구절만 남긴 것이다.

【12-4】 禪非智면 無以窮其寂이요 智非禪이면 無以深其照니 故로 寂智雙流하면 方成佛果니라 經에 云 佛自住大乘하나니 如其所得法은 定慧力으로 莊嚴하야 以此度衆生이니라

선문정로 선적禪寂은 지조智照가 아니면 그 적정寂定을 궁극窮極할 수 없으며, 지조智照는 선적禪寂이 아니면 그 혜조慧照를 심달深達할 수 없으니, 선적과 지조가 쌍류雙流하면 불과佛果를 성취하느니라. 경에 말하되, 불타는 대승에 자주自住하나니 그 소득所得한 대법大法은 정혜의 공력功力으로 장엄하여 이로써 중생을 제도하느니라.

현대어역 "선정은 지혜가 아니면 그 고요함을 완전하게 할 수 없고, 지혜는 선이 아니면 그 비춤을 심화시킬 수 없다."라고 했습니다. 그러니까 고요함과 지혜가 함께 유통해야 비로소 부처의 열매를 이룰 수 있는 것입니다. 경전에서는 "부처님은 스스로 대승에 머물며, 그 증득한 법과 같이 선정과 지혜의 힘으로 법답게 드러내어 이것으로써 중생들을 제도한다."라고 했습니다.

---

313 『初學題額集』(B32, p.614b), "六故地位階降歷歷, 卽故一位一切位融卽."

[해설]　징관스님의 『대화엄경약책』에서 가져온 문장이다. 이 글은 황제의 질문에 답변하는 형식으로 이루어져 있다. 징관스님은 여러 황제의 국사였으므로 그 어느 시점에 황제에게 올린 글일 것으로 추측되고 있다. 그래서 현대어역에서는 경어체를 사용하였다.

　황제가 이렇게 질문을 한다. "불법에서는 지혜가 최고이다. 그러므로 오로지 지혜를 닦아야 한다고 했다. 6도만행도 모두 보리를 증득하기 위한 것이다. 그런데 어째서 경전에서는 거듭하여 선정과 지혜를 함께 닦아야 한다고 말하는가? 함께 닦는다는 것을 어떻게 이해하면 되겠는가?" 이에 대해 징관스님이 위와 같이 대답을 올린 것이다. 두 경전이 인용되어 있는데 "선정은 지혜가 아니면 그 고요함을 완전하게 할 수 없고, 지혜는 선정이 아니면 그 비춤을 심화시킬 수 없다."라는 구절은 『달마다라선경』「지관쌍운」[314]에서 가져온 것이고, "부처님은 스스로 대승에 머물며, 그 증득한 법과 같이 선정과 지혜의 힘으로 법답게 드러내어 이것으로써 중생들을 제도한다."라는 구절은 『법화경』「방편품」에서 가져온 것이다. 황제를 상대하는 자리였으므로 경전을 두루 인용하여 그 정중함을 더한 것이다.

　성철스님은 고요함과 지혜(寂智)가 고요함과 비춤(적조), 선정과 지혜(정혜), 멈춤과 관조(지관)의 다른 말로서, 이것이 함께 구현되는 상적상조가 곧 "대열반이고 구경각이며 견성임"[315]을 보여주기 위해 이 문장을 인용하였다. 경전을 살펴보면 상적상조는 본래 깨달음의 상태이고, 실천적 깨달음의 내용이며, 궁극적 깨달음의 경계이다. 성철스님은 이 중 궁극적 깨달음의 경계에만 의미를 두고 논의를 진행한다. 그 밖의 모든

---

314 『달마다라선경達摩多羅禪經』은 인도 달마다라 존자가 선수행에 대해 설한 경전으로서 지관을 함께 닦는 수행을 말한 주요한 선수행 지침서이다.
315 퇴옹·성철(2015), p.253.

가르침은 캄캄한 모름과 간절히 알고자 함을 내용으로 하는 화두참구에 대해서만 집중된다.

【12-5】 生心卽妄이요 不生卽佛이라 言生心者는 非但生於餘心이요 縱生菩提涅槃과 觀心見性하야도 亦曰生心이니 並爲妄想이라 念想이 都寂하면 方曰不生하야 寂照現前이어니 豈不名佛가 故達磨碑에 云 心有也하면 曠劫而滯凡夫요 心無也하면 刹那而登正覺이로다.

선문정로 생심生心하면 즉 망이요 생심生心치 않으면 즉 불佛인지라, 생심生心이라 함은 잡심雜心만 나는 것이 아니요 비록 보리열반과 관심견성觀心見性의 ①묘심妙心이 나도 또한 생심生心이니 전부 망상이 되느니라. 잡념망상이 영영 적멸하여야 바야흐로 불생不生이라 이름하여 적조寂照가 현전하나니, 어찌 불佛이라고 이름하지 않으리요. 그러므로 달마비達磨碑에서 말하였다. 심념心念이 있으면 영겁토록 범부에 체류滯留하고 심념心念이 없으면 찰나에 정각을 성취하는도다.

현대어역 마음이 일어나면 그것이 곧 망상이고, 일어나지 않으면 그것이 곧 부처다. 마음이 일어난다는 것은 쓸데없는 마음의 일어남뿐만 아니라 설사 보리와 열반, 마음 관찰과 견성을 지향하는 마음이라 해도 마음의 일어남이다. 모두 망상에 속하는 것이다. 생각이 모두 고요하게 소멸해야 비로소 일어나지 않는다고 한다. 고요함과 비춤이 여기에 구현되니 부처라고 부르지 않을 수 있겠는가? 그래서 달마스님의 비문에 "마음이 있으면 무수한 겁을 거쳐도 범부에 머무르게 될 것이고, 마음이 없으면 찰나간에 바른 깨달음을 성취할 것이다."라고 하였다.

[해설] 화엄종조인 현수법장스님은 불교의 가르침을 소승교, 대승초교, 대승종교, 돈교, 원교의 5종으로 구분하고 『화엄경』을 궁극의 원교로 판정한다. 이는 천태종의 8교八敎 중 화법4교化法四敎로 불리는 삼장교, 통교, 별교, 원교의 분류에 영향을 받은 것인데, 이를 배대해 보면 소승교=삼장교, 대승초교=통교, 대승종교=별교, 돈교=없음, 원교=원교의 관계가 된다. 그러니까 돈교는 현수스님의 분류에서 별도로 새로 세운 것이라 할 수 있다. 다만 천태종에서 말하는 8교 중 화의4교化儀四敎, 즉 교화의 방법론에 돈교, 점교, 비밀교, 부정교가 제시되어 있다는 점이 눈길을 끈다. 이 점을 고려하면 방법론에 속하는 돈교를 내용에 따른 구분에 편입시킨 것이라 말할 수도 있다. 현수스님의 돈교에 대한 설명은 다음과 같다.

네 번째, 돈교에서는 현상의 차별적 모습에 대해 말하지 않고 오로지 진여자성만을 논할 뿐이다. 또한 8식의 분류도 없다. 모든 있음은 오직 망상일 뿐이며, 모든 법의 실상은 오직 말길이 끊어졌을 뿐이라고 한다. 일체의 가르침을 비판하면서 모든 것을 떠나 모양을 버리고 마음을 녹여 버리라 한다. 마음이 일어나면 그것이 곧 망상이고, 일어나지 않으면 그것이 곧 부처라고 한다. 그러니 부처도 없고 부처 아닌 것도 없으며, 생겨나는 일도 없고 생겨나지 않음도 없다고 본다. 유마거사가 말없이 앉아 둘 아닌 이치를 드러낸 것 등이 그 핵심 교의이다.[316]

---

316 『華嚴經探玄記』(T35, p.116a), "四頓敎中總不說法相唯辯眞性, 亦無八識差別之相. 一切所有唯是妄想, 一切法實唯是絶言. 呵敎勸離毀相泯心, 生心卽妄, 不生卽佛. 亦無佛無不佛無生無不生, 如淨名默住顯不二等是其意也."

징관스님은 이 중 '마음이 일어나면 곧 망상이고, 일어나지 않으면 그것이 곧 부처(生心卽妄, 不生卽佛)'라는 구절에 자세한 설명을 붙인다. 인용문은 그것을 가져온 것이다. 『화엄경』을 일승원교로 높이기 위한 문맥에서 가져온 것이기는 하지만, 성철스님은 그 전체적 견해에 동의하는 입장이다. 돈교라 해서 교학을 부정하는 것은 아니다. 단지 점차적 지위를 설정하면 필연적으로 모양(相)의 분별과 그에 대한 집착(住), 그리고 그것을 지향하는 마음(念)이 일어난다. 그리고 바로 그것이 진여실상을 바로 보는 일에 장애가 되므로 점교적 접근을 비판하는 것일 뿐이다.

흥미로운 것은 성철스님 번역문에 보이는 ①의 '묘심妙心'이라는 구절이다. 징관스님이 말한 것처럼 잡념뿐만 아니라 도를 구하는 '보리심' 역시 마음의 일어남에 속한다. 요컨대 모든 마음은 견성성불의 장애이다. 이 구절은 이렇게 이해하는 것이 더 보편적일 것이다. 그런데 성철스님은 이것을 '묘심妙心'이라 번역하고는 강설에서 그것이 '견성했다', '성불했다'는 생각을 일으키는 일³¹⁷이라 해설한다. 미묘한 마음(微妙心)을 갖춘 보살이라 해도 그것이 마음인 한, 참다운 성불과는 거리가 멀다는 성철스님의 주장이 단적으로 드러나는 지점이다.

【12-6】 **雙照有空**하며 **不住內外**하니 **似谷答聲而絶慮**하고 **如鏡鑒像而無心**하야 **妙湛圓明**하야 **寂而常照**로다

선문정로 공空과 유有를 쌍조雙照하며 내內와 외外에 주유住留하지 않으니, 공곡空谷이 성음聲音을 대답함과 같아서 심려心慮가 영절永絶하

---

317 퇴옹성철(2015), p.254.

고 명경明鏡이 색상色像을 관조하는 것과 같아서 묘담妙湛하고 원명圓明하여 적적寂寂하며 항상 조요照耀하는도다.

현대어역 있음과 없음을 함께 비추며 안과 밖에 머물지 않는다. 그것은 마치 계곡이 소리에 메아리로 대답하면서도 생각이 없는 것과 같고, 거울이 형상을 비추면서도 마음이 없는 것과 같다. 영묘하고 고요하여 두루 밝아서 고요하면서도 항상 비추는 것이다.

[해설] 비춘다니 누가 비추고 무엇을 비추는가? 보는 주체가 있고 보이는 대상이 있다면 보는 이 마음과 보이는 저 경계를 나누는 분별이 행해진다. 성인이 알고 보는 일도 이와 같은 것일까? 이런 질문에 대한 『종경록』의 답변이다. 골짜기는 일어나는 소리에 메아리로 대답하지만 내가 듣고 내가 대답한다는 생각이 없다. 거울은 오는 대로 비추지만 내가 보고 내가 비춘다는 마음이 없다. 이처럼 주체와 대상의 분별이 없어서 있음과 없음을 함께 비추는 것이 성인의 앎이고 성인의 봄이다. 이것이 『종경록』의 답변이다. 성철스님은 깨달음을 성취한 성인은 고요한 적멸과 밝은 비춤이 함께 하는 자리에서 유희하는 삶을 산다는 것을 보여주기 위해 이 문장을 인용하였다. 번역문만 제시하고 강설은 붙이지 않았다.

【12-7】 寂照無二가 爲菩提相이니 猶如明鏡하야 無心이 爲體요 鑑照가 爲用하야 合爲其相이라 亦卽禪宗의 卽體之用이 自知하며 卽用之體가 恒寂하야 智①[知]寂不二가 爲心②[之]相也니라

선문정로 적寂과 조照가 둘이 없음이 보리의 실상이 되나니 명경과

같아서 무심이 체體가 되며 감조鑑照가 용用이 되어 합하여 그 실상이 되는지라. 또한 선종에서 체體에 즉卽한 용用이 자지自知하며 용用에 즉한 체體가 항적恒寂하여 지智와 적寂이 둘이 아님이 ③진여의 실상이 됨과 같느니라.

현대어역 고요함과 비춤이 둘 아닌 것이 바른 깨달음의 모양이다. 그것은 마치 밝은 거울과 같다. 비춘다는 마음이 없음을 본체로 하고, 밝은 비춤을 작용으로 하며, 그것을 통합한 것이 모양이 된다. 또한 그것은 선종에서 말하는 바와 같이 본체와 한 몸인 활용으로 스스로 알며, 활용과 한 몸인 본체로서 항상 고요하다. 앎과 고요함이 둘 아닌 이것이 깨달은 마음의 모양이다.

[해설] 바른 깨달음이란 "도리를 관조한다는 마음이 아예 없으며, 모든 현상에 평등하여 의혹이 없는 경계"³¹⁸이다. 인용문은 『화엄경』「여래출현품」에 대한 징관스님의 해설에서 가져왔다. 관조한다는 마음이 아예 없는 무심을 본체로 하고, 밝게 비추어 의혹을 끊음을 활용으로 한다. 그리고 이 둘이 한 몸으로 결합한 것이 깨달음의 모양이라는 것이다. 그것은 예문에 있는 것처럼 거울과 비춤으로 비유되기도 하고, 등과 빛으로 비유되기도 한다. 성철스님은 이렇게 밝게 비추되 비춘다는 주체로서의 마음이 없고, 대상에 대한 분별이 없는 거울과 같은 적조무이寂照無二의 경계가 바른 깨달음의 자리임을 밝히기 위해 이 문장을 가져왔다.

이 중 ①에서는 '지知' 자를 '지智' 자로 변환하였다. 변환한 대로 하

---

318 『大方廣佛華嚴經』(T10, p.275a), "於一切義, 無所觀察. 於法平等, 無所疑惑."

자면 '지혜와 고요함이 둘이 아니다'라는 뜻이 된다. 거울의 몸체와 거울의 비추는 작용이 둘이 아닌 것처럼 움직임 없는 본체로서의 고요함(寂)과 밝게 비추는 활용으로서의 앎(知)이 둘이 아니다. 이것이 원문에서 말하고자 하는 내용이다. 번역문에도 '체體에 즉卽한 용用이 자지自知하며 용用에 즉한 체體가 항적恒寂하여'와 같이 지知와 적寂이 둘 아닌 이치를 원문과 같이 옮기고 있다. 그러므로 문맥적으로 이 앎(知)을 지혜(智)로 바꿀 이유는 없어 보인다. 그럼에도 이것을 필사의 오류라고 단정짓는 일은 유보할 필요가 있다. 이 부분의 번역문이 '지智와 적寂이 둘이 아님'으로 되어 있기 때문이다. 인용문의 앞에 "관찰하는 주체가 없음을 본체라 했는데 무념이 본체라는 뜻이고, 비추는 지혜(照智)라는 것은 위에서 말한 무분별지를 가리킨다."[319]라는 구절이 보이는데 어쩌면 이 구절의 지혜(智)를 가져오고자 한 것일 수도 있다.

②의 '지之' 자는 단순 생략에 해당한다. 의미에 큰 차이는 일어나지 않는다. 이에 비해 마음을 진여로 옮긴 ③의 번역은 흥미롭다. 마음은 본래 부처나 중생이나 차별이 없다.[320] 다만 현실적으로 중생은 분별망상에 빠져 있지만 부처는 진여에 계합하여 무분별지에 노닌다. 이것이 중생과 부처의 다른 점이다. 이러한 맥락의 끝에 제시된 것이므로 이 마음은 부처의 마음을 가리킨다. 그런 점에서 이것을 진여로 번역해도 전혀 무리가 없다. 성철스님이 우려하는 것은 마음을 생멸심으로 이해하는 일이다. 분별의 생사윤회에 빠져 있으면서 그 마음이 바로 진여라고 말할 수 있다는 것이다. 그것은 곧 지해적 차원의 눈뜸을 깨달음으로 오인하는 착각의 시작이 된다. 그러므로 이러한 해석의 가능성을 차

---

[319] 『大方廣佛華嚴經隨疏演義鈔』(T36, p.625b) "無觀是體者無念體也, 照智是上無分別智."
[320] 『大方廣佛華嚴經』(T10, p.465c), "心佛及衆生, 是三無差別."

단하기 위해 마음을 진여라고 번역한 것으로 보인다.

【12-8】卽寂之照는 爲般若요 卽照之寂은 爲解脫이며 寂照之體는 爲法身이라 如一明淨圓珠하야 明卽般若요 淨卽解脫이며 圓體法身이니 約用不同이나 體不相離故니라 此三法이 不縱不橫하며 不並不別하니 ①[如天之目, 似世之伊.] 名祕密藏하야 ②[爲]大涅槃이니라

선문정로 적寂에 즉卽한 조照가 반야요, 조照에 즉卽한 적寂이 해탈이며, 적조寂照의 체體가 법신인지라, 일개의 명정明淨한 원주圓珠와 같아서 명明은 즉 반야이며 정淨은 즉 해탈이요 원체圓體는 법신이니 용用은 부동不同하나 체體는 상리하지 않느니라. 이 3법三法이 종縱도 아니요 횡橫도 아니며 병並도 아니요 별別도 아니니 비밀장祕密藏이라 이름하여 대열반이 되느니라.

현대어역 고요함과 통일된 비춤이 반야이고, 비춤과 통일된 고요함이 해탈이며, 고요함과 비춤의 본체가 법신이다. 그것은 밝고 청정한 둥근 구슬과 같다. 밝음은 반야이고, 청정함은 해탈이며, 둥근 몸체는 법신이 된다. 활용은 서로 다르지만 몸체는 서로 떠나는 일이 없다. 그러므로 이 세 가지 법이 세로도 아니고 가로도 아니며, 나란하지도 않고 따로 떨어져 있지도 않아서 [마치 마혜수라 천왕의 세 눈과 같고, 이(∴) 자의 세 점과 같다.] 이것을 비밀의 창고라 부르며 대열반이 되는 것이다.

[해설] 『화엄경』「여래출현품」에 대한 징관스님의 해설에서 가져온 것

이다. 반야, 해탈, 법신의 열반3덕을 설명하는 문장의 일부에 해당한다. 열반은 그 어떤 것으로도 규정되지 않지만 어디든 없는 곳이 없다. 성철스님이 말한 것처럼 "자성 중에 원구圓具"321하기 때문이다. 그것은 반야와 해탈과 법신의 세 가지 덕으로 모양을 드러낸다. 그것은 없던 것을 새로 만드는 것이 아니다. 번뇌를 뒤집으면 지혜가 되고, 번뇌의 결박을 뒤집으면 해탈의 완전한 해방이 되며, 고통의 근원인 이 몸을 뒤집으면 그대로 부처의 몸인 법신이 된다.

이것을 몸으로 비유하자면 반야는 무수한 방편법문의 총합이므로 법문으로서의 몸(法門身)이라 부른다. 법신은 법의 본성으로서의 몸(法性身)이고, 해탈은 모든 구속에서 벗어나 자유로운 활용이 무궁한 몸이다. 그래서 호응하고 변화하여 나타나는 몸(應化身)이라 부른다. 또한 밝은 비춤과 고요한 적멸의 관계라는 측면에서 보면 반야는 고요한 적멸과 통일된 밝은 비춤이다. 해탈은 밝은 비춤과 통일된 고요한 적멸이다. 법신은 고요한 적멸과 밝은 비춤의 본체이다.

열반은 또한 밝고, 청정하며, 완전히 둥근 구슬에 비유할 수 있다. 여기에서 밝음은 반야이고, 청정함은 해탈이며, 둥근 본체는 법신이다. 성철스님은 고요함과 비춤이 통일되어 있는 것이 열반의 본질이며, 이것을 실증하는 것이 견성성불임을 밝히고자 이 문장을 인용하였다.

①의 비유는 열반3덕이 밝고 청정한 둥근 구슬과 같아서 밝음(반야), 청정(해탈), 둥근 몸체(법신)를 따로 떼어낼 수 없는 것과 같다는 구절과 중복되므로 생략되었다. 하늘의 눈과 같다(如天之目)는 것은 하늘의 제왕 마혜수라의 세 눈이 가로세로의 어느 한 선으로 연결될 수 없는 것과 같이 반야, 해탈, 법신이 동일성과 차별성을 동시에 갖추고 있

---

321 퇴옹성철(2015), p.256.

음에 대한 비유이다. 이(∴) 자[322] 3점과 같다는 비유 역시 여래의 비밀
장인 대열반의 모습을 비유한 것이다. 이것이 밝고, 청정하며, 둥근 구
슬의 비유와 중복되므로 생략한 것이다. 또한 형상적 비유성이 뚜렷하
여 독자들이 자기식으로 이해할 수 있으므로 이를 차단하기 위한 조치
이기도 하다. 형상적 비유의 생략은 성철스님 문장 인용의 뚜렷한 특징
이다.

②의 '~이 된다(爲)'가 생략되었다. 비밀장, 즉 비밀의 창고라 한 것은
반야, 해탈, 법신이라는 세 가지 덕이 원융무애하게 통합되어 셋이면서
하나임을 표현하기 위해 고안된 말이다. 여기에서 반야와 해탈과 법신
이 무궁무진하게 발휘되므로 창고라 한 것이다. 이처럼 비밀의 창고는
대열반이라는 원관념을 드러내기 위한 비유에 해당한다. 번역문에 '비
밀장秘密藏이라 이름하여 대열반이 되느니라(爲)'로 '위爲'를 번역하여 이
글자를 적용하고 있다. 1981년 초판본에 바로 되어 있던 것이 1993년
에 가로쓰기로 바꾸면서 오류가 일어났다. 복원되어야 한다.

【12-9】 一은 見性成佛이니 自開法身하면 稱性이 現應이요 次①偈
는 無得成佛이니 自開般若하면 佛法은 所覺이요 菩提는 能覺이라
②[必]能所相因故로 俱叵得이라 無所得者는 則得菩提며 後③揭
[偈]는 離妄成佛이니 自開解脫하면 不動無住하야 ④[故]妄倒斯寂일
새 名眞解脫이니라

---

[322] 원이삼점圓伊三點, 혹은 이자삼점伊字三點, 진이삼점眞伊三点, 혹은 세이자世伊字
등으로 불리며 범어의 한 글자를 차용하여 여래의 비밀장秘密藏을 설명한 것이
다. ∴ 혹은 ∵ 등으로 그려지지만 핵심은 세 점을 함께 담는 수직, 수평의 선이
그려지지 않는다는 데 있다.

선문정로 일一은 견성하면 성불이니 진여법신을 자개自開하면 진성眞性이 현전하고, 차次는 무득無得하면 성불이니 진성반야眞性般若를 자개自開하면 불법은 소각所覺이며 보리는 능각能覺인지라 능能과 소所가 상인相因한 고로 능소를 구부득俱不得이다. 소득所得이 절무絶無한 자는 무상보리를 즉득則得하며, 후後는 이망離妄하면 성불이니 본성해탈本性解脫을 자개自開하면 여여부동如如不動하며 탕탕무주蕩蕩無住하여 망상전도妄想顚倒가 단적斷寂하므로 진정한 해탈이라 이름하느니라.

현대어역 첫 번째 게송은 견성하면 성불한다는 것으로서 법신이 저절로 열려 자성에 맞게 응신을 현현하게 된다는 뜻이다. 다음의 게송은 얻을 것이 없으므로 성불한다는 것으로서 반야가 저절로 열린다는 뜻이다. 불법은 깨달음의 대상이고 보리는 깨달음의 주체로서 주체와 대상이 서로의 원인이 되기 때문에 둘 모두 얻을 수 없는 것이다. 그러므로 얻을 것이 없는 바로 그것이 보리를 얻는 일이 된다는 뜻이다. 마지막 게송은 망상을 떠나면 성불한다는 뜻으로서 해탈이 저절로 열린다는 뜻이다. 동요함도 없고 머무름도 없으므로 [그렇기 때문에] 전도망상이 여기에서 고요해지므로 진정한 해탈이라고 부른다는 것이다.

[해설] 『화엄경』「도솔천궁게찬품」은 시방에서 부처님을 뵈러 온 금강당보살 등 10명의 보살이 부처님의 무릎에서 백천 나유타의 광명이 비치는 것을 보고 부처님을 찬탄하는 장면의 묘사로 시작된다. 이에 보살들은 각기 10수씩의 게송을 지어 그 찬탄하는 마음을 표현한다. 10명의 보살이 10수씩 지었으므로 총 100수의 게송이 된다. 이렇게 게송

을 통해 부처님의 회향 공덕을 찬탄했으므로 「도솔천궁게찬품」이라는 품명을 갖게 되었다. 「도솔천궁게찬품」은 7처9회[323] 중 다섯 번째 장소, 다섯 번째 법회에 해당하며, 그 설법은 52단계 보살 지위 중 10회향을 내용으로 하고 있다.

『화엄경』에는 여래의 몸에서 방광이 일어날 때 그 신체 부위와 설하는 법이 일치하도록 배치되어 있다. 기초에 해당하는 10신의 법을 설할 때에는 발바닥에서 방광이 일어나고, 초입에 해당하는 10주는 발끝, 부처의 법신을 만나 그것에 의지하는 10행은 발등, 부처의 공덕을 중생에게 돌리는 10회향은 무릎, 깨달음을 확고히 해 가는 10지는 미간에서 각기 빛이 일어나는 것으로 표현되어 있다. 도솔천궁에서의 설법은 무릎에서 빛이 일어났으므로 10회향의 설법이 있으리라는 전조이다. 대체적으로 무릎은 일어나고, 앉고, 앞으로 가고, 뒤로 도는 데 있어서 그 펼치고 거둬들임이 자유자재하다. 회향의 지위에 든 보살이 진여에서 나와서 세속에 처하면서도 번뇌에 오염되는 일이 없이 자재하므로 무릎에서 빛이 일어났다고 표현한 것이다. 그래서 게송 찬탄의 게찬품이 끝나고 나면 바로 그 뒤에 이들의 상수보살인 금강당보살에 의해 「10회향품」이 설해진다. 이를 통해서도 도솔천에서의 설법이 10회향에 관한 것임을 확인할 수 있다.

이 인용문은 도솔천궁으로 부처님을 뵈러 온 여덟 번째 보살인 서북방 이구당離垢幢보살의 게송 중 마지막 3수에 대한 징관스님의 해설에

---

[323] 『화엄경』의 설법은 일곱 장소(7處)에서 열린 아홉 번의 법회(9會)로 요약할 수도 있다. 일곱 장소는 지상세계 세 곳(菩提樹下道場處, 普光明法堂處, 祇樹給孤獨園處)과 천상세계 네 곳(忉利天處, 夜摩天處, 兜率陀天處, 他化自在天處)이고, 아홉 번의 법회는 보리도량(1), 보광전(2), 도리천(3), 야마천(4), 도솔천(5), 타화천(6), 보광전(7,8), 급고독원(9)에서 열린다. 『新譯華嚴經七處九會頌釋章』(T36, pp.711a-711c) 참조.

서 가져온 것이다. 이구당보살은 진여의 청정한 본체를 실증하고 이것을 회향하여 세간을 청정하게 한다는 뜻으로 붙여진 이름이다. 첫 번째 게송 제8수는 다음과 같다.

> 세간의 이러한 몸들과 같이
> 모든 부처의 몸 역시 그렇습니다.
> 그 자성을 밝게 알면
> 그것을 바로 부처라 부르는 것입니다.[324]

법신에 대한 노래이다. 이 노래에 대해 징관스님은 인용문과 같이 견성하면 성불하여 저절로 법신이 열려 자성에 맞게 응신을 현현하게 된다는 점을 설명하였다. 두 번째 게송 제9수는 다음과 같다.

> 여래는 두루 알고 보므로
> 일체의 현상을 밝게 압니다.
> 불법과 보리가 있다 하지만
> 두 가지 모두 얻을 수 있는 것이 아닙니다.[325]

반야에 대한 노래이다. 이 노래에 대해 징관스님은 인용문과 같이 설명한다. 얻을 것이 없으면 성불하여 저절로 반야가 열린다. 불법은 깨달음의 대상이고, 보리는 깨달음의 주체이다. 이 주체와 대상은 서로의 원인이 되므로 두 가지 모두 얻을 수 있는 실체가 없다. 그러므로 얻을 것이 없으면 곧 보리를 얻게 된다. 세 번째 게송 제10수는 다음과 같다.

---

324 『大方廣佛華嚴經』(T10, p.123c), "世間如是身, 諸佛身亦然. 了知其自性, 是則說名佛."
325 『大方廣佛華嚴經』(T10, p.123c), "如來普知見, 明了一切法. 佛法及菩提, 二俱不可得."

부처는 가고 옴이 없으며
또한 머무는 바도 없습니다.
모든 전도망상을 멀리 떠나면
이것을 정등각이라 부릅니다.[326]

해탈에 대한 노래이다. 징관스님은 이 마지막 노래에 대해 망상을 떠나면 성불하여 저절로 해탈이 열려 동요하지도 않고 머물지도 않으므로 전도망상이 여기에서 고요해진다고 해설한다.

이와 같이 징관스님의 해설은 열반3덕이 자성에 본래 갖추어져 있음을 거듭 말한다. 다만 상적상조를 직접 말하고 있지는 않다. 성철스님은 바로 앞의 열반3덕에 대한 인용문을 보완·설명하기 위해 이를 인용한 것으로 보인다. 기본적으로 상적상조일 수밖에 없는 진여자성의 이치를 말하는 문장이기도 하다.

①의 '게偈' 자는 1981년 초판본에 생략된 글자였는데 2006년판에서 원본에 따라 교정하여 2015년판까지 이어지고 있다. 성철스님의 번역문에 '차次는 ~'으로 '게偈' 자가 번역되어 있지 않으므로 의도적으로 생략한 것이다. 초판본에 따라 생략하여야 한다.

②의 '반드시必'를 생략한 것은 큰 역할이 없는 글자인데다 주체(能)와 대상(所)이 상호 원인을 이룬다는 문맥을 흐릴 수 있다고 보아 생략한 것이다. 한문 문장의 구성에 있어서 '필必'과 '능能'의 결합도가 높기 때문에 오역이 일어날 수 있다는 점을 고려한 것으로 보인다.

③의 '게揭'는 '게偈'의 오기인 동시에 성철스님의 뜻과 무관하게 추가된 글자이므로 생략되어야 한다. 초판본을 보면 이 글자가 생략되어 있

---

326 『大方廣佛華嚴經』(T10, p.123c), "導師無來去, 亦復無所住. 遠離諸顚倒, 是名等正覺."

고, 또 번역문에도 '후後는 ~'으로 옮겨져 있으므로 의도적으로 생략된 것이다. 초판본에 따라 다시 생략해야 한다.

성철스님은 '게偈' 자를 지워 각 게송을 첫째(一), 둘째(次), 셋째(後)의 방식으로 표현하였다. 『화엄경』의 원래 게송과 연계하지 않고 독립적으로 열반3덕에 대한 논의를 전개하기 위해서이다. 성철스님의 문장 인용에 자주 보이는 맥락으로부터의 독립 전략이라 할 수 있다.

④의 '고故' 자는 한글 현토와 기능이 중복되므로 중복을 피해 생략하였다.

【12-10】 以奢摩他①(止·定)故로 雖寂而常照하고 以毘婆舍那②(觀·慧)故로 雖照而常寂이요 以優畢叉③(捨·平等)故로 非照而非寂이라 照而常寂故로 說俗而卽眞이요 寂而常照故로 說眞而卽俗이요 非寂非照故로 杜口於毘耶니라

선문정로 사마타奢摩他인 고로 비록 적멸하나 항상 관조하고, 비파사나毘婆舍那인 고로 비록 관조하나 항상 적멸하며, 우필차優畢叉인 고로 조조照도 아니요 적寂도 아니니라. 조조照하되 항상 적寂한 고로 속俗을 설하나 곧 진眞이요, 적寂하되 항상 조조照하는 고로 진眞을 설하나 곧 속俗이며, 적寂도 아니요 조조照도 아닌 고로 비야毘耶에서 두구杜口하였느니라.

현대어역 사마타이므로 고요하지만 항상 비추고, 비파사나이므로 비추지만 항상 고요하며, 우필차이므로 비춤도 적멸도 아니다. 비추되 항상 고요하므로 속제 그대로 진제이다. 고요하되 항상 비추므로 진제 그대로 속제이다. 고요함도 아니고 비춤도 아니므로 바이샬리에

서 유마는 침묵한 것이다.

[해설] 영가스님의 『선종영가집』의 여섯 번째 노래인 「우필차송」의 문장이다. 우필차는 사마타와 비파사나의 어느 한쪽에 치우치지 않고 정혜를 균등하게 닦는 일이다. 그러니까 우필차는 곧 천태에서 말하는 지관쌍운이다.

영가스님은 6조스님을 만나기 전에 천태학을 공부한 일이 있다. 그러므로 천태의 지관설법에 밝았다. 천태지관의 핵심은 망념의 멈춤(止)과 실상의 관조(觀)를 실천하는 데 있다. 물론 이 둘은 그것을 통일적으로 실천하는 지관쌍운止觀雙運이라야 진정한 의의를 갖는다.

영가스님이 『선종영가집』에서 천태지관을 거론한 것은 불교사적 의의가 크다. 그 영향으로 당시 중국에서 소실되었던 천태학이 부흥하는 계기가 되었기 때문이다. 원래 천태학은 당말 5대의 전란기에 소멸한 사상이었다. 그런데 오월왕 전홍숙錢弘俶이 영가스님의 『선종영가집』에 나타난 천태학의 도리를 중시하여 그것을 되살리고자 한다. 당시 천태학은 고려에만 온전한 모습으로 남아 있었다. 이에 오월왕은 천태학의 고승인 고려의 제관諦觀스님을 초빙하여 이를 부흥시킨다. 그런 점에서 영가스님은 천태학과 인연이 깊다.

그런데 영가스님이 말하는 사마타와 비파사나와 우필차는 천태학과 같은 점도 있고 다른 점도 있다. 영가스님은 천태학과 6조스님의 돈오선을 융합하는 입장에 있었기 때문이다. 그에 의하면 사마타는 망념을 멈추는 일(止)이다. 어떻게 망념을 멈추는가? 영가스님은 망념을 억제하는 길이 아니라 자성에 본래 갖추어져 있는 무심으로 돌아가는 길을 제시한다. 이것이 바로 영가스님의 자성 사마타론이다. 영가스님의 자성 사마타론은 6조스님을 만나 확고해졌다고 할 수 있다. 그것은 공부와 수행조차 내려놓는 일을 통해서 도달하는 자리이다.

이와 관련하여 『능엄경』에서는 "날뛰는 마음을 쉬게 되면 그 쉼이 바로 깨달음이다.(狂心若歇, 歇則菩提.)"라고 했다. 또 마조스님은 "도는 애써 닦는 데 있지 않으니 오직 오염되지 않도록만 하라.(道不用修, 但莫汚染.)"고 했다. 나아가 『신심명』에서는 "주체와 대상이 없는 밝음은 저절로 비추는 것이라, 마음에 애를 쓸 일이 없다.(虛明自照, 不勞心力.)"고 했다. 모두 같은 도리를 가리키는 표현들이다.

한편 비파사나는 모든 현상이 인연에 의해 일어나는 것으로서 별도의 실체가 없음을 밝게 보는 일을 가리킨다. 밝게 보기만 한다면 모든 곳이 진리를 확인하는 도량이 되고, 모든 일이 깨달음의 현장이 된다. 요컨대 비파사나는 대상으로서의 이치와 주체로서의 마음이 둘이 아님을 확인하는 자리에서 일어나는 진정한 비춤이다.

이렇게 볼 때 사마타의 수행으로 동요에서 벗어나 고요한 안정에 이르고, 비파사나의 수행으로 어두움에서 벗어나 밝은 지혜에 이르게 된다. 이것은 이론적으로 의심할 바 없는 진리이다. 그렇지만 이 두 가지 수행에 별도의 의미를 부여해서는 안 된다. 그 순간 어느 한쪽에 치우치게 되기 때문이다. 그래서 이 두 수행에 집착하는 마음을 모두 내려놓고(捨) 균등한(等) 실천에 들어가야 한다. 이것은 공空의 도리와 가假의 현상과 중도(中)의 실상을 함께 보는 일심3관一心三觀의 천태관법과 궤를 같이한다. 이것이 바로 동시 부정(雙奪)과 동시 긍정(雙與)을 특징으로 하는 우필차이다. 인용문은 우필차에 대한 노래에서 가져왔다.

성철스님은 ①의 '사마타奢摩他(止·定)', ②의 '비파사나毘婆舍那(觀·慧)', ③의 '우필차優畢叉(捨·平等)' 등과 같이 한문 원전에 협주를 추가했다. 각각의 수행 주제를 요약하여 보여주고자 한 것이다. 말하자면 사마타는 멈춤(止)과 선정(定), 비파사나는 관찰(觀)과 지혜(慧)에 해당하며, 이 둘에 대해 내려놓음(捨)과 차별 없음(平等)을 실천하는 우필차가 필요하다는 것이다. 이것을 일목요연하게 드러내기 위해 한문으로 협주를 단 것이다. 강설에서 설명해도 될 것을 굳이 한문으로 협주를 붙인 것은 독립된 문장을 만들기 위한 조치이다.

다만 원문에 추가된 주석에 대한 어떠한 설명도 없다. 심지어 번역문에도 반영된 부분이 없다. 이것은 한문의 원문이 번역문이나 설명보다 더 중요하게 다뤄지던 문화적 환경의 반영이라 할 수 있다. 대신 강설에서는 중요한 주제 의식인 고요함과 비춤의 동시 실천을 강조한다.

적멸과 관조가 실재한다면 절대 동시가 될 수 없다. 어둠과 밝음이 실제로 존재한다면 어떻게 동시에 있을 수 있겠는가? 이를 말로 표현하고 설명하자면 복잡하지만 실제로 깨치면 너무도 명확한 것이다.[327]

【12-11】 寂而常照하니 寤寐一致요 生死一如로다

선문정로 상적常寂하며 상조常照하니 오매가 일치하고 생사가 일여하도다.

현대어역 고요하면서 항상 비추니 깨어 있을 때와 잠잘 때가 일치하고 삶과 죽음이 한결같이 여여하다.

[해설] 원대元代에 황제의 명으로 새로 편수된『칙수백장청규』「좌선

---

327 퇴옹·성철(2015), p.259.

의」의 문장이다. 좌선과 관련된 문장으로는 종색스님과 불심본재스님의 『좌선의』가 유명하다. 불법에 처음 입문한 이들의 동몽 교재인 『치문경훈』에도 이 두 문장이 함께 실려 있다. 대체로 종색스님의 글은 앉는 자세에 대한 상세한 가르침이 주를 이루고 있고, 불심스님의 글은 좌선을 하는 마음자세에 대한 정밀한 가르침이 주를 이루고 있다. 서로 상보적 관계에 있다.

인용문은 종색스님의 『좌선의』에서 가져온 문장이다. 원대의 『칙수백장청규』와 종색스님의 『선원청규』는 기본적으로 옛 『백장청규』에 뿌리를 두고 있다. 원대의 덕휘스님은 당시 청규를 새로 편찬하면서 종색스님의 청규를 수용한다. 그 과정에서 문장에 손질이 가해졌으므로 종색스님의 글과 덕휘스님의 『백장청규』 간에 문자상의 출입이 있다. 그중에서도 특히 성철스님이 인용한 이 부분은 종색스님의 문장과 완전히 다르다. 양자를 비교하면 다음과 같다.

종색스님 : 좌선은 안락한 법의 길이지만 병에 떨어지는 사람들이 많다. 그것은 마음을 잘 쓰지 못했기 때문이다. 만약 이 도리를 잘 체득한다면 저절로 온몸이 가볍고 편안해질 것이며, 정신이 맑고 또렷하게 될 것이다. 바른 생각이 분명하여 법의 맛이 정신을 북돋워 줄 것이며, 고요하며 맑은 즐거움을 누리게 될 것이다.[328]

덕휘스님 : 좌선은 안락한 법의 길이지만 병에 떨어지는 사람들이 많다. 그것은 대체로 요령을 체득하지 못했기 때문이다. 그 요령만 얻는다면 저절로 온몸이 가볍고 편안해질 것이며, 정신이 맑고 또

---

[328] 『禪苑淸規』(X63, p.545a), "竊謂坐禪乃安樂法門, 而人多致疾者, 蓋不善用心故也. 若善得此意, 則自然四大輕安, 精神爽利, 正念分明, 法味資神, 寂然淸樂."

렷하게 될 것이다. 법의 맛이 정신을 북돋워 줄 것이며, 고요하되 항상 비추고, 깨어 있을 때나 잠을 잘 때에 한결같을 것이며, 삶과 죽음이 한가지로 여여하게 될 것이다.[329]

『좌선의』는 좌선을 시작하는 사람들이 갖춰야 할 앉는 자세를 가리키기 위한 일종의 좌선 매뉴얼이다. 그러므로 '도리만 잘 체득하면 고요하며 맑은 즐거움' 속에서 좌선을 이어가게 될 것이라는 종색스님의 원래 글이 더 잘 어울린다. 『치문경훈』에 종색스님의 글을 그대로 수록한 것도 그 때문이다.

이에 비해 덕휘스님이 새로 편찬한 『백장청규』는 아무리 보아도 초심자를 겨냥한 것은 아니다. 특히 그 상적조常寂照의 경계는 공에 치우치지 않은 보살의 중도실상삼매[330]를 가리키는 말로서 깨달음의 현장을 가리켜 보이고 있다. 성철스님이 이 부분을 인용한 이유에 해당한다. 성철스님은 이를 논거로 하여 상적조가 구경각을 가리키는 말이라 단언한다.

참다운 구경의 오매일여, 생사에 자유자재한 참다운 대해탈을 얻으려면 항상 고요하면서 항상 비추는 상적조常寂照를 성취해야 한다.[331]

성철스님에게는 '고요하며 맑은 즐거움' 속에서 참선을 잘 한다 해도

---

329 『勅修百丈淸規』(T48, p.1143a), "坐禪乃安樂法門, 而人多致疾者, 蓋不得其要, 得其要則自然四大輕安, 精神爽利, 法味資神, 寂而常照, 寤寐一致, 生死一如."
330 『妙法蓮華經玄義』(T33, p.781a), "菩薩得不但空, 卽中道慧. 此慧寂而常照, 二乘但得其寂, 不得寂照, 故非實相, 菩薩得寂, 又得寂照, 卽是實相."
331 퇴옹성철(2015), p.260.

구경의 깨달음에 이르지 못한다면 아무 의미가 없다. 그저 망념의 장난일 뿐이다. 그런 점에서 성철스님의 닦음과 깨달음에 대한 가르침은 한결같이 궁극의 깨달음이라는 하나의 지점을 가리켜 보이는 데 철저하다.

【12-12】 瓔珞에 云 等覺은 照寂이요 妙覺은 寂照라하니 今八地無生도 亦照寂이니라 故로 若得寂照하면 卽同佛故니라

선문정로 『영락경』에 말씀하되, 등각보살等覺菩薩은 조적照寂이요 묘각세존妙覺世尊은 적조寂照라 하였다. 즉금卽今 8지의 무생도 또한 조적照寂이니, 그런 고로 만약에 적조寂照를 증득하면 불타와 동일한 연고이니라.

현대어역 『영락경』에 이렇게 말하였다. 등각보살은 비춤에서 고요함으로 들어가고, 묘각 부처는 고요함에서 비춤으로 나온다. 이제 8지 무생법인도 또한 비춤에서 고요함으로 들어가는 것이다. 그러므로 만약 고요함에서 비춤으로 나올 수 있다면 바로 부처와 동일하게 될 것이다.

[해설] 선의 요체는 두루 비추는 보조普照와 본래 고요한 적멸寂滅의 동시 실천에 있다. 그 실천이 완전함에 이르면 보조와 적멸이 하나로 만나게 된다. 진여의 차원에서 말하자면 두루 비춤은 진여의 작용이고, 고요한 적멸은 진여의 본체이다. 그래서 비춤과 적멸은 둘이 아니다. 밝게 비추되 고요하고, 고요하되 밝게 비추는 상적상조常寂常照가 궁극적 깨달음의 기준이 되는 이유이다.

물론 비춤과 적멸의 동시 성취는 수행의 수준에 따라 차이가 있다.

그 수행의 끝에 10지를 꽉 채운 등각이 있다. 등각은 밝게 비추는 공부의 실천을 통해 본래 고요한 적멸과의 완전한 합일에 이른 보살이다. 그 깨달음은 부처와 동등하다. 그러나 애써 공부한 끝에 완전한 깨달음으로 들어서는 차원의 등각과 완전한 무위적멸에 이미 도달한 뒤 다시 중생의 살림세계로 돌아오는 묘각 간에는 나아감과 돌아옴의 차이가 있다. 그것은 마치 보물섬에서 보물을 구한 뒤 배의 방향을 돌려 돌아오는 배와 보물을 구하기 위해 막 그곳에 도착한 배의 관계와 같다. 비록 동일한 지점에 있지만 보물을 이미 구한 묘각의 배는 중생을 향해 방향을 향하고 있고, 보물섬에 이제 도착한 등각의 배는 여전히 보물섬을 향하고 있기 때문이다.

성철스님은 등각조차 묘각과 차이가 있으므로 8지보살은 말할 나위가 없음을 밝히기 위해 이 문장을 인용하였다. 등각과 마찬가지로 8지의 "조적照寂은 유심유애有心有礙하여 적이상조寂而常照 조이상적照而常寂하지 못한"[332] 미완의 단계에 불과하다. 그러므로 8지 무공용이라고 해서 공부가 완성된 것이 아니라는 것을 분명히 알아야 한다고 강조하는 것이다. 그렇다면 무공용지에 이른 8지보살은 무엇을 하는가? 다시 공부를 짓는가? 아니면 맡겨 두는가?

성철스님은 여기에서 화두참구를 계속하는 길을 제시한다. 물론 이 차원에서 화두참구는 그 자체가 맡겨 두는 일이고, 맡겨 두는 일이 곧 화두참구가 된다. 이처럼 마지막 구경각에 이르기 전까지 화두참구를 멈춰서는 안 된다는 주제 의식이 『선문정로』 전체를 관통하고 있다. 현실적으로 깨달음을 자처하는 이들이 적지 않지만 등각은 물론 8지보살에도 미치지 못한 경우가 대부분이라는 것, 이것이 성철스님의 진단이

---

[332] 퇴옹성철(2015), p.261.

었다.

만약 8지보살도 유위적 공부를 해야 한다고 말했다면 문제가 될 수 있다. 그렇지만 8지는 물론 등각조차도 구경의 자리가 아니라는 점을 거듭 말함으로써 작은 성취에 자족하여 머무는 수행자들을 경책하고자 했다는 점에서 성철스님의 8지보살, 등각보살 부정은 정당성이 확보된다. 성철스님은 특히 이 차원에서 화두참구가 계속되어야 한다는 입장을 분명히 하고 있는 것이다. 이처럼 8지조차 묘각에서 멀리 있는데 8지에도 이르지 못한 수행자들이 깨달음을 자처하며 공부를 내려놓는 일이 있어서는 안 된다는 것, 이것이 이 문장 인용의 목적에 해당하는 것이다.

【12-13】 在等覺位하야는 名照寂慧니 未離生滅①[之]動相故요 至妙覺位하야 名寂照慧니 已歸第九識하여 究竟靜故니라
前等覺位는 猶有生滅하야 未盡心源故로 在八識이요 今到妙覺하면 永離生滅하야 窮歸本覺一心之源故로 入第九識中明淨이니라

선문정로 등각의 지위에 있어서는 조적혜照寂慧라 이름하나니 생멸동상生滅動相을 이탈하지 못한 연고요, 묘각의 불지佛地에 이르러서야 적조혜寂照慧라 이름하나니, 벌써 진여인 제9식第九識에 귀복歸復하여 구경으로 적정寂靜한 연고이니라.
앞의 등각위는 아직 생멸이 있어서 심원心源을 궁진窮盡하지 못하였으므로 제8아뢰야식에 체재滯在하여 있고, 이제 묘각에 도달하면 생멸망심을 영원히 이탈하여 궁극에 본각本覺인 일심一心의 근원에 귀복歸復한 고로 진여인 제9식第九識 중의 원명청정경圓明淸淨境에 돈입頓入하느니라.

현대어역 등각의 지위에서는 비춤에서 고요함으로 나아가는 지혜라 부르는데, 생성과 소멸의 동요하는 모양을 아직 벗어나지 못하였기 때문이다. 묘각의 지위에서는 고요함에서 비춤으로 돌아오는 지혜라 부르는데, 이미 제9식에 돌아가 궁극적으로 고요하기 때문이다.

바로 앞 등각의 지위에는 아직 생성과 소멸이 남아 있어 마음의 시작점을 멸진하지 못하였으므로 제8식이라 부른다. 이제 묘각에 도달하여 생성과 소멸을 영원히 벗어나 본래 깨달음인 한마음의 근원에 완전히 돌아가므로 제9식의 밝고 맑음에 들어가게 되는 것이다.

[해설] 『영락경』에서는 중도의 닦음과 깨달음에서 오는 지혜의 성취를 보살의 지위에 배대한다. 이에 의하면 중도의 이치를 듣고 이해하는 지혜인 문혜聞慧는 10주보살, 중도의 이치를 깊이 사유하여 얻게 되는 지혜인 사혜思慧는 10행보살, 중도의 이치를 닦고 익혀 얻게 되는 지혜인 수혜修慧는 10회향보살, 중도의 이치라는 것이 별도의 본질이나 모양을 갖지 않는다는 실상의 도리를 깨달아 얻게 되는 지혜인 무상혜無相慧는 10지보살, 중도를 보는 지혜로 중도의 이치와 본체를 비추는 조적혜照寂慧는 등각보살, 고요함과 비추어 봄이 둘이 아니며 선정과 지혜가 평등한 적조혜寂照慧는 묘각불에 해당한다.

성철스님은 이 중 조적혜와 적조혜의 미세한 차이에 주목한다. 원래 비춤은 중도의 활용이고, 고요함은 중도의 본체이다. 중도의 관조하는 지혜로 중도의 본체를 비추는 일을 조적혜照寂慧라 한다. 비춤에서 고요함으로 들어가는 지혜라는 뜻이다. 묘각에 도달한 부처는 중도의 이치에 있어서 고요한 그대로 비추며, 비추는 그대로 고요하다. 이를 적조혜寂照慧라 한다. 고요함과 비춤이 둘이 아니라는 뜻이며, 선정과 지혜가 둘이 아니라는 뜻이다. 그래서 적조혜를 성취한 묘각은 깨달음과 실천이 함께 완전하며 보리와 한 몸인 동시에 중생과 한 몸이 된다. 자리이타가 저절로 이루어지는 것이다.

인용된 원효스님의 『금강삼매경론』에서는 조적혜와 적조혜의 차이를 말하고 있다. 조적혜가 아직 생성과 소멸의 모양이 남아 있는 상태로서 완전한 청정함에 도달한 적조혜에 미치지 못한다는 것이다. 『금강삼매경론』의 큰 특징은 제9식을 언급하고 있다는 것이다. 원효스님은 제9식 암마라식을 순수 진여, 본래 깨달음으로 보고, 제8식을 일체 감정의 의식으로 보는 진제삼장의 설을 채용하여 이것을 해설하고 있다. 이렇게 순수 진여인 제9식 암마라식과 진여와 망상이 뒤섞인 제8식 아뢰야식을 나눠놓으면 등각과 묘각, 조적혜와 적조혜의 분명한 차이를 논의하는 데 편리하다.

이에 비해 현장스님은 제9식 암마라식을 따로 설정하는 진제스님의 주장에 비판적 입장을 취한다. 그것이 제8아뢰야식의 청정한 측면을 가리키는 명칭일 뿐이지 제9식이라 할 별도의 식이 따로 있지 않다는 것이다. 이것은 이후 구舊유식과 신新유식을 가르는 논점의 하나가 된다. 그런데 신라스님으로서 해동유식의 조사로 불린 원측스님은 현장스님을 스승으로 삼았으면서도 진제스님의 설을 함께 인정하는 조화론적 입장을 취한다. 원효스님 역시 통섭적 입장에서 진제스님의 설에 기초하여 제9식을 설명한다.

성철스님은 제8뢰야를 근본무명으로 보는 입장에 있으므로 추호의 오염도 없는 본래 깨달음, 그러니까 순수 진여로서의 제9식을 별도로 설정하여 설명하는 원효스님의 설을 취하고 있다. 다만 그것은 제9식의 타당성 여부를 논의하기 위한 것은 아니다. 제8미세유주를 영단해야 궁극적 깨달음에 도달할 수 있다는 논의를 전개하는 데 제9식의 설정이 편리한 점이 있기 때문으로 보인다. 성철스님은 이렇게 말한다.

오직 전후제단前後際斷하여 정나라淨裸裸한 제8마계第八魔界에서 활연대활豁然大活하여 미세유주인 근본무명을 멸진무여滅盡無餘하여 오매항일寤寐恒一하고 내외명철하며 무심무념하고 상적상조常寂常照하는 궁극심처窮極深處인 대열반을 친증親證하여야 영산적전靈山嫡傳이며 소림정인少林正印이다.[333]

깨달음을 표현하는 다양한 어휘들을 총동원하고 있는 성철스님의 이 설법은 망상이 죽 끓듯 하는 현재와 분명하게 구별되는 깨달음의 세계가 실재한다는 것을 거듭 강조한다. 이처럼 유식의 제9식설은 깨달음의 실재성과 그에 이르기 위한 도저한 수행의 필요성을 강조하는 데 효과적인 논거가 된다.

성철스님의 이 끝없는 수행에 대한 강조는 일종의 처방전으로서 깨달음을 유희화하는 선문의 불치병을 겨냥한다. 이래저래 성철스님의 설법은 중관과 유식의 통섭이 일어나는 현장이라 할 수도 있고, 중관과 유식의 아슬아슬한 줄타기가 일어나는 마당이라 할 수도 있다. 살아있는 실천론은 원래 그런 것이다.

---

[333] 퇴옹성철(2015), p.263.

제13장

해오점수 解悟漸修

제13장
해오점수 解悟漸修

1. 해오점수 설법의 맥락

돈오점수를 선문의 정통으로 규정한 규봉스님은 그 돈오가 해오라고 규정하였다. 요컨대 규봉스님에게는 돈오점수가 곧 해오점수다. 해오점수는 해오와 점수라는 두 가지의 연계적 개념을 포함한다. 해오는 부처님의 가르침에 의지하여 눈을 뜨는 일이다. 해오가 지해의 차원에서 눈을 뜨는 일이므로 궁극으로 진리에 계합하여 깨달음에 이르기까지 점차적으로 닦아 나가는 단계가 설정될 수밖에 없다. 그것이 바로 해오 이후의 점수이다.

초기 경전에는 궁극의 깨달음에 이르는 두 단계에 대한 정형화된 표현이 보인다. 먼저 부처님의 4성제나 인연법의 설법을 듣고 이원적 사유에서 벗어나 청정법안을 획득한 뒤(1단계) 지속적 수행이나 청법을 통해 제반 번뇌(諸漏)에서 벗어나 궁극적 해탈을 성취했다(2단계)는 표현이 그 것이다. 다섯 비구나 사리불舍利弗, 야사耶舍 비구 등의 깨닫는 과정에 대한 표현이 기본적으로 이 두 단계를 밝히고 있다는 점에서 동일하다.

이것을 최초의 눈뜸과 최종적 깨달음이라 표현할 수 있을 것이고, 이 경우 청정법안의 획득을 해오라 할 수 있을 것이다.

이후 불교적 수행과 깨달음에 대한 논의가 체계화되는 과정에서 이 최초의 눈뜸과 최종적 깨달음 사이에 다양한 지위가 제시되기 시작한다. 성문4과의 지위론도 그에 해당한다. 깨달음의 흐름에 들어가는 수다원의 지위에서 시작하여 사다함, 아나함의 단계를 거쳐 아라한의 최종 지위에 도달하는 전체 여정을 제시한 것이다. 간단하기는 하나 최초의 눈뜸과 최종적 깨달음을 설했던 초기의 경우에 비해 상당한 체계를 갖추고 있음을 알 수 있다. 이후 교학 체계에 따라 10지론, 17지론, 41지위론, 52지위론 등 다양한 지위론이 설해진다.

그런데 이렇게 지위론이 정밀해질수록 깨달음이 객체화되는 부작용이 나타난다. 깨달음이 객체화되면 깨달음이라는 것이 따로 있다는 법집法執에 걸릴 수 있다. 또 그것을 자신의 당면 과제로 끌어안는 대신 객관적 문제로 논의하는 상황이 빈번하게 발생하는 부작용이 일어나곤 한다.

이러한 부작용을 피해 지위론적 논의를 싹 걷어내고 단번에 여래의 자리에 들어가는(一超直入如來地) 길을 걷고자 했던 것이 선종이다. 특히 6조스님은 지금 당장 이 자리에서 진여실상에 계합하는 돈오돈수의 수증론을 제창한다. 그것은 지금 당장 무심을 닦아 본래의 무심에 이르는 길이기도 하다. 이 돈오돈수의 현장에서는 더 이상 닦음과 깨달음이 둘이 아니다. 닦음이 그대로 깨달음이고, 깨달음이 바로 닦음이다. 역사상 다양한 선종의 유파가 출현하였지만 돈오돈수하여 곧바로 여래의 지위에 들어가는 남종선은 특별한 성취의 궤적을 그려왔다. 그러니까 돈오돈수론의 우수성은 그것이 이후 불교적 실천과 성취의 핵심이 되었다는 사실로도 충분히 증명되는 것이다.

그런데 각자가 체험한 바 돈오의 내용이 원리적 차원에 있어서는 처음, 중간, 끝에 있어서 추호의 차이도 없겠지만 실천적 차원에 있어서는 다양한 층차가 없을 수 없다. 이를 설명하기 위해 선문에도 작은 깨달음(小悟)과 큰 깨달음(大悟)이 얘기되고, 십우도와 같은 다양한 지위단계설이 출현하기도 하고, 심지어 무문관의 48공안을 수증의 단계로 활용하고자 하는 입장도 나타나게 된다.

특히 명대 이후 선문에는 깨달음에 이르기까지 세 개의 관문이 있다는 정형화된 3관설三關說이 널리 수용되었던 것으로 보인다. 이에 의하면 '본참 공안의 타파(破本參)'가 첫 번째 관문(初關)이다. 앞과 뒤가 끊어진 무심의 자리에서 자기 마음을 보는 단계이다. 다음으로 크게 죽은 자리에서 다시 살아나 마음과 경계가 둘이 아닌 상태에 들어가는 것을 '두 번째 관문을 지난다(透重關)'고 말한다. '무심조차 아직 한 겹의 관문에 막혀 있다(無心猶隔一重關)'라는 게송이 가리키는 단계이다. 마지막으로 깨달았다는 자기 인식조차 사라져 오직 있는 그대로 자유로울 뿐인 차원에 들어가는 일을 '최후의 감옥문을 뚫고 지난다(透末後牢關)'고 말한다. 말하자면 선문에도 '무심→중관重關→말후뢰관末後牢關'의 정형화된 단계론334이 논의되었다는 것이다.

그런데 과연 어떤 것이 견성인가에 대해서는 관점에 따라 다양하다. 최초 관문의 통과를 견성이라 인정하는 경우, 두 번째 관문을 통과한 것을 견성으로 보는 경우, 깨달음의 흔적조차 사라진 세 번째 단계를 견성으로 보는 경우가 모두 발견되는 것이다. 그럼에도 선문의 지위론은 어떻게 보아도 일종의 방편이다. 깨달음의 흔적에 머무는 수행자들을 위해 그것을 부정하면서 머무는 곳이 없도록 새로운 단계를 거듭 제

---

334 말하는 방식에 따라서 파참破參→중관重關→뢰관牢關→말후구末後句의 4관을 말하기도 한다.

시하는 과정에서 수립된 것이기 때문이다. 사실 원론적 입장에서 보자면 앞의 3단계는 얼마든지 등호(=)로 연결될 수 있는 관계에 있다.

이러한 선수증의 단계론에서 가장 큰 영향력을 발휘한 것이 돈오점수설이다. 이것은 단번에 여래의 자리에 들어간다는 선문의 대원칙을 훼손하지 않으면서도 깨달음의 고저심천을 설명할 수 있는 효과적인 논리체계로 인식되었다.

돈오점수에 대한 최초 언급은 『능엄경』에 보인다. "이치로 보자면 단번에 깨닫는 것이지만, 실천적으로 보자면 번뇌는 단번에 제거되는 것이 아니라 점차적으로 소멸하여야 한다."[335]는 것이다. 특히 규봉스님은 선과 교를 통섭하면서 이원적 분별 사유에서 불이사유로 넘어가는 깨달음의 여정에 돈오점수의 단계를 제시하였다. 그로 인해 이 돈오점수는 선의 정통으로 규정된다. 보조스님 역시 이에 공감하고 적극 수용하는 입장이었다.

그런데 성철스님은 이러한 돈오점수의 돈오가 분별의식 차원의 해오에 해당하며 이것으로는 궁극적 무심으로 건너갈 수 없다고 비판한다. 해오는 원래 증오證悟와 상대되는 말이다. 해오는 분별적 이해의 차원이고, 증오는 체험을 통해 변화가 완결되는 차원이기 때문이다. 해오를 중시하는 입장에서는 지해적 차원에서의 눈뜸을 체험한 뒤, 그것을 체화하여 이론과 실천을 일치시키는 길을 걷는 것이 효과적이라고 본다. 해오의 안내를 받아 최후의 증오에 이를 수 있다는 것이다.

이에 비해 해오를 부정하는 입장에서는 그로 인해 지견에 떨어지는 경우가 많고, 경계를 만났을 때 힘을 발휘하지 못한다고 비판한다. 해

---

[335] 『大佛頂如來密因修證了義諸菩薩萬行首楞嚴經』(T19, p.155a), "理則頓悟, 乘悟併銷. 事非頓除, 因次第盡."

오는 어떻게 보아도 이원적 분별 사유의 차원으로서 그것으로는 모양(色)과 공성(空)을 둘 아닌 관계로 보는 진정한 눈이 열릴 수 없다는 것이다. 그래서 해오를 상사반야相似般若, 즉 비슷하기는 하지만 진짜가 아닌 반야로 부르기도 한다.

또한 해오를 무의미한 정도가 아니라 장애로 보는 입장도 있다. 이 관점에 의하면 해오는 인연의 그림자, 허망한 마음의 영역에서 일어나는 일이다. 그것이 의식작용에 의지하여 있으므로 분별망상을 떠날 수 없으며, 바로 그렇기 때문에 착실한 수행과 진실한 깨달음에 장애가 될 수밖에 없다는 것이다. 간화선의 완성자인 대혜스님은 극단적으로 말한다.

만약 화두를 버리고 따로 문자에서 의심을 일으키거나, 경전의 가르침에서 의심을 일으키거나, 옛사람의 공안에서 의심을 일으키거나, 일상의 번뇌에서 의심을 일으킨다면 모두 삿된 마귀의 권속이다.[336]

공안에 대한 이론적 이해나 질문은 진정한 화두가 아니라는 말이다. 감산스님도 같은 차원에서 "예나 지금이나 도를 이해하려 하지 스스로 그 자체가 되려 하는 이 드물고, 이치를 말하려 하지 이치와 한 몸이 되는 이 드물다."라고 탄식한다. 지견을 구하고 해오를 구하는 이는 소의 털처럼 많지만, 도를 깨닫는 이는 토끼의 뿔과 같아 찾을 수 없다는 것이다.

이에 비해 증오는 실참을 통해서만 가능하다. 오직 모를 뿐인 마음으로 활구참구에 몰입하다 보면 홀연 생각이 딱 쉬어지며 찌꺼기 한 점

---

[336] 『大慧普覺禪師語錄』(T47, p.930a), "若棄了話頭, 却去別文字上起疑, 經教上起疑, 古人公案上起疑, 日用塵勞中起疑, 皆是邪魔眷屬."

남지 않는 깨달음이 일어난다. 그것을 사거리에서 친아버지를 만난 것과 같다고 표현한다. 10년을 못 만났다 해서 요모조모 확인해 본 뒤 아버지라고 결론 내리겠는가? 생각해 보고 말고가 없이 그냥 분명하게 아버지임을 안다. 진여를 직접 확인하는 증오가 그렇다.

그런데 규봉스님은 해오에 새로운 개념을 부여하면서까지 이를 높이 제창한다. 깨달음에 기초하여 닦는 것이 해오점수로서, 닦음에 의지하여 깨닫는 증오보다 고차원이라는 것이다. 그래서 규봉스님은 해오야말로 남종선의 생명이요, 달마선의 정통이라고 주장한다. 그것은 선의 수증론과 화엄학을 통섭하여 선과 교에 두루 적용되는 완벽한 이론을 제시하고자 했던 노력의 결과라 할 수 있다. 규봉스님은 돈오점수, 혹은 해오점수야말로 교의 원리와 선의 실천이 모순 없이 통일되는 길이라 믿어 의심치 않았다.

또한 그것은 하택신회스님을 정통으로 세우고자 하는 의도의 결과이기도 하였다. 그는 신회스님이야말로 공空을 깨달아 돈오문을 충족하였고, 점차적으로 망념을 쉬는 점수의 길을 걸어 점수문을 충족함으로써 돈오점수의 종지에 가장 부합되는 전형을 보여주었다고 높이 평가한다. 반면 신회스님과 구별되는 마조스님에 대해서는 강력한 비판을 행한다.

그런데 이후 선종사의 전개는 거의 마조스님에 대한 대긍정의 역사라 해도 과언이 아니다. 반면 신회스님은 6조스님의 직계 제자로서 남종선을 띄우는 데 막대한 공헌을 하였음에도 불구하고 지해종도[337]라는 비판까지 받게 된다. 하택종의 흐름 또한 아이러니하게도 규봉스님 대에 이르러 단절되고 만다. 또한 규봉스님이 최고 중의 최고 근기로서 돈오돈수의 유일한 모델로 지목한 우두스님 또한 6조스님의 법과 괴리

---

337 『六祖大師法寶壇經』(T48, p.359c), "汝向去有把茆蓋頭, 也只成箇知解宗徒."

되는 점이 많아 외도로 지목되기까지 한다.

결국 규봉스님에 대한 찬양이나 비판은 그 돈오점수론의 제창과 관련되어 있다. 규봉스님이 새로운 의미를 부여하면서까지 해오를 높이 제창한 것은 교와 선을 일치시키고자 하였던 입장에서 비롯된 것이다. 그런데 이후 돈오점수설을 수용하는 선사들조차 해오에 대한 이러한 새로운 의미 규정을 수용하지 않는 경우가 많았다. 감산스님이 그 대표적인 경우이다. 감산스님은 깨달은 뒤의 본격 수행, 즉 돈오점수의 주장을 그대로 수용하면서도 해오에 대해서만은 여지없는 비판을 가한다. 그로 인해 지견에 떨어지는 경우가 많아 궁극적 깨달음인 증오를 가로막는 장애가 된다는 것이다. 감산스님은 이렇게 말한다.

일반적으로 수행하는 이들에게는 먼저 깨달은 이후에 수행하는 경우가 있고, 먼저 닦은 이후에 깨닫는 경우가 있다. 그런데 깨달음에는 해오와 증오의 차이가 있다. 만약 부처와 조사의 말을 통한 가르침에 의지한다면 그것은 해오로서 대부분 앎과 견해의 차원에 떨어져 일체의 경계와 인연을 대하여 힘을 얻지 못하고 마음과 대상을 둘로 나누어 걸림 없이 통일시키지 못한다. 고비마다 막히는 체증이 되고 수시로 장애가 된다. 이것은 상사반야로서 진정한 참선이 아니다. 증오의 경우에는 자기 마음속에 착실하게 공부를 지어 나가다 물길과 산길이 끊어진 자리에서 홀연히 한 생각을 단번에 쉬게 되면서 자기 마음을 철저하게 깨닫는 일이다.[338]

---

338 『憨山老人夢遊集』(X73, p.469b), "凡修行人, 有先悟後修者, 有先修後悟者. 然悟有解證之不同, 若依佛祖言教明心者, 解悟也. 多落知見, 於一切境緣, 多不得力, 以心境角立, 不得混融, 觸途成滯, 多作障礙, 此名相似般若, 非眞參也. 若證悟者, 從自己心中, 樸實做將去, 逼拶到水窮山盡處, 忽然一念頓歇, 徹了自心."

2. 성철스님 해오점수 설법의 특징

성철스님은 불법을 배우고 익혀 지해적 차원의 깨달음을 체험한 뒤 이에 바탕하여 점차 닦아 나간다는 의미에서의 해오를 부정한다. 선문에는 보편적으로 해오를 부정하는 흐름이 있었다. 그것이 직접적이고 실제적인 깨달음인 증오와 천양지차가 있으며 진실한 깨달음을 방해하는 장애가 될 수도 있다는 것이다.

성철스님은 규봉스님의 주장을 비판하면서 그것은 결국 돈오가 곧 해오라고 말하는 것일 뿐이라고 규정한다. 결과적으로 보자면 규봉스님은 증오보다 해오를 중요하게 보았다는 것이다. 이후 선문에서 돈오는 조사선의 특징이고, 점수는 여래선의 특징이라는 논의가 나타나게 된다. 그리고 돈오를 특징으로 하는 조사선이 여래선보다 우월하다는 입장이 수립된다. 한국에도 진귀조사설이 유행하는 등 조사선을 높이는 흐름이 있었다. 이에 대해 성철스님은 조사선과 여래선은 다를 수 없다고 단언한다. 성철스님의 모든 논의는 종문의 선사들이 체험한 돈오가 곧 석가여래가 보리수 아래에서 성취한 원각과 다른 것이 아니라는 돈오원각론에 기초하고 있기 때문이다.

성철스님이 돈오점수라는 익숙한 용어 대신 해오점수라는 낯선 단어의 조합으로 장 제목을 정한 것도 규봉스님의 논리적, 실천적 파탄을 드러내기 위한 것이다. 이를 통해 규봉스님의 수증론과 그것을 적극 수용한 보조스님의 돈오점수론이 전적으로 부정되고 배격된다. 해오이기 때문이다. 성철스님이 거듭 강조하는 바와 같이 선종은 일초직입여래지, 당하무심, 돈오견성의 길을 제시함으로써 성립된 종파이다. 여기에 다시 해오를 인정하는 것은 그 뿌리를 뒤흔드는 일에 해당한다. 그래서 부처의 지위에 곧바로 들어가고자 하는 선문의 입장에서 그것은 비상짐독과 같은 극독이라고 극언한 것이다.

성철스님은 해오점수의 장에서 오직 구경의 무심이라야 돈오견성이라 할 수 있다는 입장을 분명히 한다. 그 과정에서 규봉스님과 보조스님이 주된 비판의 대상이 된다. 특히 깨달음 이후 남은 습기를 제거하는 수행을 목우행牧牛行으로 보는 보조스님의 돈오점수론이 주된 비판의 대상이 된다. "해오는 추중망상麤重妄想을 벗어나지 못한 허환망정虛幻妄情이므로, 객진번뇌가 전일前日과 같이 치연히 기멸起滅하는 것"[339]이라 규정하면서 이 번뇌의 망상을 제거하는 '오후悟後의 점수'를 필요로 한다면 그것은 진정한 깨달음이 아니라는 것이다. 그러면서 선문의 돈오와 견성은 이와 전혀 다른 지점을 가리키는 말이라고 강조한다.

> 선문에서는 추중망상麤重妄想은 말할 것도 없고, 제8의 미세까지 영단永斷한 구경무심의 대휴헐처大休歇處가 돈오이며 견성이므로 망멸증진妄滅證眞한 이 무심·무념·무위·무사의 금강대정金剛大定을 보임하는 것이 장양성태長養聖胎이다.[340]

규봉스님과 보조스님의 해오로서의 돈오가 진정한 닦음의 시발점으로 제시된 것이라면, 성철스님의 증오로서의 돈오는 궁극적 깨달음의 도달점으로 제시된 것이다. 서로 다른 지점을 말하고 있으므로 충돌할 이유가 없어 보인다. 그런데 성철스님은 먼저 깨달은 뒤 닦는다(先悟後修)는 그 시발점 자체를 문제로 삼는다. 왜 그럴까? 해오가 추중망상이 완전히 소멸하지 못한 자리라면 그 깨달음이라는 것 역시 추중망상을 벗어나지 못한 허환망정虛幻妄情일 수밖에 없다. 그러므로 그에 의지하

---

[339] 퇴옹성철(2015), 275.
[340] 퇴옹성철(2015), 275.

여 수행하는 일 역시 허환망정의 차원에서 일어나는 것일 수밖에 없다고 본 것이다.

그렇다면 제8의 미세분별까지 완전히 끊은 구경무심의 돈오견성에 도달하는 길은 무엇인가? 성철스님이 방법론으로 제시한 것은 보조스님이 빠르게 가로질러 가는 길(徑截門)이라고 인정한 간화선 화두참구의 길이다. 그런데 화두참구가 빠르게 가로질러 가는 길로서 그것이 비록 돈오돈수를 끌어안고 있다고는 하겠지만 일정한 수행을 요구한다는 점에서 말끝에 바로 깨닫는 본래적 의미의 돈오와 차이가 있을 수밖에 없다. 요컨대 제8의 미세망상이 모두 끊어지기까지의 면밀한 공부가 필요한 것이고, 그런 점에서 그 깨달음은 수행에 의해 성취되는 증오證悟일 수밖에 없다. 성철스님의 수증론이 결국은 선수후오先修後悟, 내지는 수오일시修悟一時에 속하는 것일 수밖에 없다는 견해[341]가 제시되는 것도 이 때문이다.

분명한 것은 끝없는 수행의 강조가 성철스님 수증론의 한 특징이라는 점이다. 그런데 깨닫지 못함과 궁극적 깨달음을 분명히 구분하고자 하는 이 수증론은 얼핏 미혹과 깨달음, 중생과 부처를 둘로 나누는 분별의 함정에 빠질 위험을 안고 있는 것처럼 보인다. 그 위험을 극복하게 해주는 것이 바로 간화선의 실천이다. 화두참구에서 일어나는 의정과 의단은 무엇보다 강력하고 순수한 무심의 실천 현장이기 때문이다. 그

---

341) 1) 선수후오先悟後修 : 해오解悟와 임운수수任運修, 2) 선수후오先修後悟 : 증오證悟, 3) 수오일시修悟一時 : 오통해증悟通解證. 실지로 깨친 사람은 구경각을 증득하였으므로 절대로 더 닦을 필요가 없기 때문에 돈수頓修라 한다는 돈오돈수頓悟頓修는 오후수행悟後修行을 필요로 하지 않는다는 측면에서 보조가 청량淸凉을 통하여 인식한 돈오돈수의 세 범주 중 2)의 선수후오와 3)의 수오일시에 가까운 것 같다. 김호성(1989), 「普照의 二門定慧에 대한 思想史的 考察」, 『한국불교학』, 제14집, p.421 참조.

러니까 성철스님의 해오점수에 대한 부정은 무심의 실천을 통해 궁극적 무심에 도달하는 간화선 수행에 대한 직접적인 체험과 깊은 믿음에 바탕하고 있는 것이다.

만약 나와 만사만물이 부처와 한 몸이라는 사실에 한 번 눈 떠 영원히 부처로 살 수만 있다면 규봉스님의 돈오점수 주장도 필요 없고 성철스님의 도저한 돈오원각론도 모양을 달리했을 것이다. 그렇지만 현실은 그렇지 않아 중봉스님이 한탄했던 것처럼 호랑이를 그리려다가 개를 그리는 일이 많았다. 이에 방법론적으로 여래로서의 삶은 어떻게 가능한가의 문제가 실천적 고민이 된다. 규봉스님은 해오에 의지하는 수행으로 여래로서의 삶이 출발한다고 보았고, 성철스님은 화두참구를 통해 여래의 세계에 직접 들어가고 나서야 여래로서의 삶이 비로소 가능하다고 보았다. 두 경우 모두 수행을 중시했다는 점에서 본래적 의미의 돈오선에 대한 보완의 흔적이 뚜렷하다. 그중 성철스님은 해오에 대한 일체의 의미 부여를 차단하고 오로지 모를 뿐이며 간절히 알고자 하는 화두참구의 길에 매진하는 수행 풍토의 진작을 희망하며 이 길을 제창했다고 보아야 한다.

이 해오점수의 부정을 수행 현장에 적용하면 그것은 곧장 6조스님이 강조한 무념, 무상, 무주의 동시 실천이 된다. 6조스님은 자신의 법이 "무념을 종지로 하고, 무상을 본체로 하며, 무주를 근본으로 한다."[342]고 선언했다. 일체의 지해를 부정하는 실천이므로 무념이고, 도달한 경계에 의미를 부여하지 않으므로 무주이며, 깨달음에 대한 개념

---

342 『南宗頓教最上大乘摩訶般若波羅蜜經六祖惠能大師於韶州大梵寺施法壇經』 (T48, p.338c), "善知識, 我自法門, 從上已來, 頓漸皆立, 無念爲宗, 無相爲體, 無住爲本."

적 규정을 부정하므로 무상이다. 이 3자는 상호 동의어의 관계[343]에 있으므로 무념, 무상, 무주는 동시 실천을 통해 완성된다. 그런 점에서 성철스님의 해오점수 부정은 6조스님의 3무三無 실천의 정통과 연결된다.

한편 해오점수라는 장의 제목은 특별하다. 원래 책이나 글을 집필하는 데 있어서 그 비판하고 부정하는 내용을 장의 제목으로 삼는 경우는 드물다. 그런데 『선문정로』에는 해오점수를 비롯하여 분파분증分破分證, 다문지해多聞知解, 소멸불종銷滅佛種 등, 그 부정하고자 하는 내용을 장의 제목으로 설정한 경우가 여럿 있음을 보게 된다. 이것은 선의 깨달음과 해오를 같은 것으로 보는 착각, 점차적 지위에 따라 한 단계씩 올라가는 것이 참선 수행이라는 오해, 불교적 지식의 축적으로 깨달음을 대신하려는 풍조, 깨닫지 못했는데도 스스로 깨달음을 선언하는 대망어가 횡행하던 선문의 병통에 대한 치유 방안을 제시하고자 했던 집필 의도와 관련이 있다. 특히 『선문정로』는 한국의 수행 풍토가 선문의 바른길에서 벗어나 있다는 반성에서 촉발된 법문이기 때문에 이러한 장 제목이 설정되었다고 볼 수도 있다.

사실 어떠한 언어적 수사가 동원된다 해도 해오는 지해의 관성에 기초해 있다. 그것은 병통이다. 다시 감산스님의 논의를 보자.

지해의 관성이 깔끔하게 제거되지 않고 반야에 스며들게 된다. 반야에 관성이 스며들면 제반 환영과 조화가 일어나게 되고 이런저런 교묘한 견해들이 일어나 그 마음을 얽어매게 된다. 이것을 현묘한 것으로 여기면서 깊이 빠져서 내려놓지 못하는 일이 있게 된다. 이것이 바로 제8식의 그림자가 나타난 것으로서 분별망상의 뿌리가

---

[343] 무념, 무상, 무주의 법문에 대해서는 강경구(2020), 『평설육조단경』, 세창출판사, pp.94-102 참조.

된다. 이것을 견해의 가시(見刺)라 부르기도 한다. 앞의 거칠게 떠다니는 망상과 구별되는 이것이 바로 미세하게 흘러드는 흐름의 생멸로서 지혜의 장애(智障)라 부르기도 한다. 바른 앎과 바른 견해를 가로막는 이것을 진여라 여기면 각종의 미친 견해들이 일어나게 되므로 무엇보다 조심해야 한다.[344]

3. 문장 인용의 특징

【13-1】 頓悟漸修者①[頓漸悟修者]는 頓悟(日出·孩生)와 漸修(霜消·孩長)이니 爲解悟니라
先須頓悟하야 方可漸修者는 此約解悟②[也]니 ③[約斷障說, 如日頓出, 霜露漸消. 約成德說, 如孩子生, 卽頓具四肢六根, 長卽漸成志氣功業.] 故로 華嚴에 說하되 初發心時에 便④[卽]成正覺⑤[然]後에 三賢十聖을 ⑥因次第修證하느니라

선문정로 돈오점수頓悟漸修라 함은 돈오(일출日出과 해생孩生)와 점수(상소霜消와 해장孩長)이니 해오解悟니라.
우선 돈오頓悟하여 바야흐로 점수漸修함은 이는 해오解悟이다. 그런 고로 『화엄경』에서 설하되 시초발심始初發心할 때에 문득 정각을 성취

---

344 『憨山老人夢遊全集』(J22, p.730a), "蓋由吾人知解, 習氣未淨, 內薰般若, 般若爲習氣所薰, 起諸幻化. 多生巧見, 綿著其心, 將謂玄妙, 深入不捨, 此正識神影. 名分別妄見之根, 亦名見刺. 比前麤浮妄想不同, 斯乃微細流注生滅, 亦名智障. 正是礙正知見者, 若人認以爲眞, 則起種種狂見, 最在所忌."

한 연후에 3현三賢과 10성十聖을 차제次第로 수증修證한다고 하였다.

현대어역 돈과 점, 깨달음과 닦음에 있어서 돈오(태양이 뜨는 일, 아이가 태어나는 일)하고 점수(서리가 녹는 일, 아이가 자라는 일)함은 해오이다.

먼저 단번에 깨달아야 비로소 점차적으로 닦을 수 있다는 것은 해오이다. [장애를 끊는 일로 말하자면 태양은 단번에 뜨지만 서리와 이슬은 점차적으로 사라지는 것과 같다. 덕을 완성하는 일로 말하자면 아이가 태어나면 단번에 손발과 모든 감각기관을 갖추고 태어나지만 자라면서 그 뜻과 기운과 공과 업적을 성취하는 것과 같다.] 그러므로 『화엄경』에 말하기를, 처음 발심을 할 때 바로 정각을 성취한 후에 10주, 10행, 10회향과 10지를 차례대로 닦아서 깨닫는다고 한다.

[해설] 규봉스님의 두 문장이 인용되어 있다. 첫 번째 인용문은 『원각경』에 대한 해설에서 가져온 것이다. 여기에서 규봉스님은 수행과 깨달음의 단계에 대해 논의한다. 규봉스님에 의하면 참선은 선정과 지혜(定慧), 깨달음과 수행(悟修), 돈과 점(頓漸)을 고루 갖추고 있어야 한다. 어느 한쪽에 치우쳐서는 안 된다는 것이다. 그리하여 돈점의 두 요소를 결합하여 돈오점수, 점수돈오, 돈수점오, 점수점오, 돈오돈수의 개념을 설명하는 것이 규봉스님 돈점 논의의 특징이다. 이 인용문을 포함하는 전체 맥락은 다음과 같다.

그 돈과 점(頓漸), 깨달음과 닦음(悟修)에 있어서 돈오(태양이 뜨는 일, 아이가 태어나는 일), 점수(서리가 녹는 일, 아이가 자라는 일)는 해오이다. 점수돈오(나무를 베어 도성에 들어가는 일), 돈수점오(거울을 닦는 일, 활쏘기를 배우는 일), 점수점오(9층의 누대에 오를 때 높은 곳으로 올라갈수록 더 멀리 보이는 일)는 모두 증오이다. 돈오돈수(한 타래의 실을 단번에 자르거나 단번에 물들이는 일)는 앞의 세 가지 경우와 통한다. 먼저 깨닫고(텅 비어 단번에 깨달음) 그 후에 닦는 것(집착도 깨달음도 없이 환하게 도에 통합됨)을 해오라 하고, 먼저 닦고(약을 복용함) 그런 뒤에 깨닫는 것(병이 제거됨)을 증오라 한다. 닦음(무심하여 비추는 일조차 없음)과 깨달음(인연대로 맡기고 고요한 본체 그대로 앎)을 동시에 한다면 해오와 증오에 모두 통한다. 본래 갖추어진 일체의 부처님 덕을 깨달음(큰 바다의 물을 마시는 일)이라 하고, 한 생각에 만 가지 실천을 갖추는 일을 닦음(모든 강물의 맛을 아는 일)이라 한다면 그 역시 해오와 증오에 함께 통한다.³⁴⁵

예문은 이 중 첫 번째 문단을 가져온 것이다. 표시한 바와 같이 ①의 '돈점오수자頓漸悟修者'를 '돈오점수자頓悟漸修者'로 바꾸었다. 여기에서 돈점오수자頓漸悟修者는 돈頓과 점漸, 오悟와 수修의 다양한 조합을 보여주기 위한 개괄적 제시에 해당한다. 이것을 번역하면 '그 돈과 점(頓漸), 깨달음과 닦음(悟修)에 있어서'로 옮겨진다. 이 총괄적 제시에 이어 돈점의 논의가 전개되는 것이다. 그러니까 돈오점수는 그 다양한 조합의 하나에 속하는 것이다.

그런데 성철스님은 ①의 총론격 주제어를 각론의 첫 번째 주제어인 돈오점수로 바꾼다. 규봉스님이 돈오점수가 해오에 속한다고 밝힌 내용을 바로 드러내고자 한 것이다. 성철스님은 돈점의 다양한 조합과 그에

---

345 『圓覺經大疏』(X9, p.334c), "其頓漸悟修者, 頓悟(日出孩生)漸修(霜消孩長)爲解悟. 漸修頓悟(伐木入都), 頓修漸悟(磨鏡學射), 漸修漸悟(如登九層之臺, 足履漸高所鑒漸遠), 並爲證悟. 若云頓悟頓修(斬染綟絲), 則通三義, 謂先悟(廓然頓了)後修(不著不證曠然合道)爲解悟, 先修(服藥)後悟(病除), 爲證悟, 修(無心忘照)悟(任運寂知), 一時卽通解證, 若云本具一切佛德爲悟(如飲大海), 一念萬行爲修(得百川味)亦通解證."

대한 논의에는 관심이 없다. 또 수행자에게 그것을 권할 생각도 없다. 오히려 그 흥미진진한 논리 전개가 수행의 핵심 과제를 흐릴 수 있다고 보는 입장이다. 그래서 돈과 점, 오와 수의 다양한 조합을 논의하겠다는 서론을 돈오점수로 바꿔 바로 본론으로 들어가고자 한 것이다. 이로 인해 '돈오점수頓悟漸修라 함은 돈오(일출日出과 해생孩生)와 점수(상소霜消와 해장孩長)이니'라는 동어 반복식 문장이 나타나게 된다.

이러한 규봉스님식 논의의 틀에 성철스님의 실참실오론을 대입시켜 보면 둘 사이의 차이가 분명하게 나타난다. 성철스님은 실질적 깨달음으로 밀고 나가는 수행의 중요성을 거듭 강조한다. 이것은 의도적 수행에 대해 비판적 입장을 취하는 6조스님이나 마조스님과 차별화가 나타나는 지점이기도 하다. 이로 인해 성철스님을 실천적 점수론자로 볼 수 있다는 관점이 제시되기도 한다. 여기에서 우리는 지금 당장 무심을 닦아 궁극적 무심에 이르는 화두선의 특성을 고려하지 않을 수 없다. 그러니까 조사선의 돈오와 여래선의 원각이 같은 것이라는 돈오원각론이 성철선의 원칙이고, 구경무심론이 성철선의 내용이라면, 지금 당장 무심을 실천함으로써 궁극적 무심에 이르도록 이끄는 간화선의 실참실오는 그것을 실현하는 방법론에 속한다.

②의 '야也' 자는 단순한 생략이다. 한글 현토를 '~니'로 달아 연결형 문장으로 만들었으므로 문장을 마감하는 조사인 '야也'를 생략할 필요가 있었던 것이다.

③의 긴 문장을 생략하였다. 괄호로 표시된 이 협주는 본래의 판각에는 두 줄로 조판되어 본문과 구별되어 있다. 생략된 내용은 해의 비유와 아이의 비유이다. 해는 단번에 뜨지만 서리와 이슬은 점차적으로 녹고 마르게 되며, 아이는 단번에 태어나지만 점차 자라면서 사람 노릇을 하게 된다. 돈오점수의 이치가 그와 같다는 것이다. 이것을 생략한

이유는 복합적이다. 우선 그것이 앞의 인용문에서 설명한 내용과 기본적으로 겹치므로 생략하였다. 다음으로 이 설득력 있는 비유가 해오점수의 타당성을 드러내는 역할을 할 수 있기 때문에 생략하였다. 해오점수에 대한 비판을 목적으로 하고 있는 입장에서 굳이 길게 인용할 필요가 없다고 본 것이다.

성철스님은 해오를 돈오와 같은 것으로 보는 교가의 논의가 있기는 하지만 선문에서는 이에 동의하지 않는다는 점을 분명히 한다. "돈오라는 용어는 같이 사용하고 있지만 그 내용은 근본적으로 다르다."[346]는 것이다. 이로 인해 견성이라는 용어도 입장에 따라 의미가 다르다고 주장한다.

> 또한 견성에 있어서도 '해오점수'에서 말하는 견성과 '증오돈수'에서 말하는 견성에는 차이가 있다. 해오의 견성은 10신초+信初이고 증오의 견성은 10지를 넘어선 최후의 묘각을 일컫는다.[347]

다음으로 ④에서 '즉卽' 자를 '편便' 자로 대체한 것은 그것이 보다 널리 알려진 표현이기 때문이다. 초발심을 할 때 '바로(卽=便)' 정각을 성취한다는 뜻에는 변함이 없다.

⑤의 '그런 뒤(然後)'를 '~한 이후(後)'로 줄인 것은 앞뒤의 문장을 하나로 연결하기 위해서이다. 성철스님은 '처음 발심을 할 때에 문득 정각을 성취한다'는 문장이 독립적으로 이해되기를 바라지 않는다. 그래서 이것을 연결형 문장으로 만들었는데, 이를 통해 '정각을 성취한 뒤 차제에 따라 닦아서 증득한다'는 돈오점수적 의미가 드러난다. 비판적 논의

---

346 퇴옹성철(2015), p.266.
347 퇴옹성철(2015), p.267.

를 전개하는 데 편리해지는 점이 있다. '연후然後'의 '연然' 자를 생략한 이유에 해당한다.

⑥에 '~을 따라'로 번역되는 '인因'은 추가된 글자인데 의미상의 변화가 없다. 더 익숙한 관용적 표현을 취하고자 했던 것으로 보인다.

【13-2】 悟後에 初入十信位也니라
初悟之人은 未能說法하며 答他問難을 皆悉①不[未]得이니라

선문정로 돈오한 후에는 시초始初로 10신위十信位에 득입得入한다. 처음 돈오한 자는 설법을 못하며 타인의 문난問難에 대답도 전연 못한다.

현대어역 깨달은 뒤에 처음으로 10신의 지위에 진입한다. 처음 깨달은 사람은 설법을 하지 못하며, 질문이나 문제 제기에 모두 아직 제대로 대답하지 못한다.

[해설] 두 문장 모두 규봉스님의 글이다. 무명 속에 있던 수행자가 불성의 법을 깨달아 수행에 들어가게 되는 과정과 특징을 밝히는 내용이다. 그것을 첫 문장에서는 꿈에서 깨는 과정에 비유하였고, 뒤의 문장에서는 병을 치유하는 과정에 비유하였다.

앞의 인용문은 마음의 근원을 깨닫는 돈오가 먼저 있어야 그 이후의 진정한 가치를 갖는 수행이 있을 수 있다는 문장에서 가져왔다. 승상 배휴[348]에게 답변하는 방식으로 이루어진 규봉스님의 설명은 다음

---

348 승상 배휴는 규봉종밀, 위산영우, 황벽희운을 스승으로 모시며 불교의 수행을

과 같다.

> 마음의 근원은 비록 하나이지만 미혹과 깨달음은 현격하게 다릅니다. 꿈을 꿀 때 재상에 임명되는 것(미혹할 때는 수행을 통해 대범천왕 등의 지위를 얻고자 함)이 깨어 있을 때 하급 무관을 하는 것(깨달은 뒤 최초로 10신의 지위에 들어감)보다 못합니다. 꿈에서 칠보를 얻는 것(미혹할 때에는 수행으로 무량공덕을 닦고자 함)이 깨어 있을 때의 100전(깨달았을 때 5계와 10선을 지킴)보다 못합니다.[349]

미혹한 닦음과 깨달음 이후의 닦음이 질적으로 다르다는 말이다. 돈오를 전제로 한 점수야말로 진정한 수행이라는 점을 강조하는 부분이다. 규봉스님은 해오라는 눈뜸을 중시한다. 이것이 있어야 굳건한 믿음에 들어갈 수 있고, 굳건한 믿음이 있어야 진정한 수행이 가능하다는 것이다. 그런 점에서 해오점수야말로 선수행의 바른길이라 본 것이다. 많은 선 수행자들이 이 길 안내를 따라 수행에 임했다. 특히 한국의 경우, 규봉스님의 『선원제전집도서』가 본격적 수행으로의 문을 여는 사집과의 교재로 널리 사용되었으므로 그 영향력은 막대했다고 할 수 있다.

그런데 성철스님은 규봉스님이 중시하는 해오가 "소견이 치성해 모든 것을 아는 듯해도 실제로 실상에 대해 물으면 아무것도 모르는"[350] 상태에 불과하다고 규정한다. 모든 것을 아는 듯한 상태는 결국 아무것도 모르는 상태와 다를 바 없다. 이것이 선문의 시각이다. 요컨대 아는 일

심화시켜 나간 수행자로서 그들의 법문을 세상에 널리 알리는 공헌을 한다.
[349] 『中華傳心地禪門師資承襲圖』(X63, p.35b), "心源雖一, 迷悟懸殊. 夢時拜相(迷時修得大梵天王等位), 不及覺時作尉(悟後初入十信位也). 夢得七寶(迷詩修無量功德也), 不及覺時百錢(悟時持五戒十善)."
[350] 퇴옹성철(2015), p.268.

을 내려놓지 않으면 진정으로 아는 자리에 들어갈 수 없다. 해오는 아는 일이므로 이 문을 통해 수행으로 들어간다면 결국 그로 인해 진정한 깨달음에 도달할 수 없다는 것이다. 이것이 성철스님의 입장이었다. 그런 점에서 해오를 돈오와 등치시키는 규봉스님을 극력 배격하지 않을 수 없었던 것이다.

두 번째의 예문은 병의 치유 과정을 비유로 들어 돈오점수를 설명한 규봉스님의 문장에서 가져왔다. 이 인용문을 전후하여 다음과 같은 비유적 상황이 제시되어 있다.

> 억지로라도 약을 먹여(처음에는 불성을 믿지 않으나 포기하지 않고 거듭 나아가게 함) 문득 깨어나게 되면(해오하게 되면) 처음에는 말을 제대로 하지 못하다가(처음 깨달은 사람은 설법을 하지 못하며, 질문이나 문제 제기에 모두 아직 제대로 대답하지 못함) 점차 말을 하게 되고(설법을 할 수 있게 됨), 조금씩 걸음을 옮길 수 있게 되며(10지와 10바라밀을 닦음), 계속 나아가 완전히 회복된다(성불함).[351]

인용문은 협주의 일부이다. 성철스님은 ①과 같이 부정사 '미未' 자를 '불不' 자로 바꾸어 인용하였다. '미未'는 '아직 ~하지 못함'[352]이라는 뜻으로서 아직 설법을 잘 하지는 못하지만 나중에 설법에 자유롭게 될 것이라는 점, 10지를 거쳐 구경각에 이르게 될 것이라는 의미를 전달하는 데 중요한 역할을 하는 글자이다. 이에 비해 '불不'은 순수히 '아니다'

---

351 『禪源諸詮集都序』(T48, p.410d), "強灌神藥(初聞不信, 頻就不捨), 忽然蘇醒(悟解), 初未能言(初悟之人, 未能說法, 答他問難, 皆悉未得) 乃至漸語(能說法也), 漸能行履(十地十波羅蜜), 直至平復(成佛)."
352 미未는 의미상 불不, 비非와 통용한다. 그러나 '學詩乎, 對曰未也'(『論語』)와 같이 이己의 반대 의미를 갖는 부정사로 많이 쓰인다. 『中文大辭典』(4卷), 未條, p.1585.

는 뜻으로서 깨달음의 완성이 아니므로 설법과 법문답을 전혀 하지 못한다는 뜻이 된다. 성철스님은 이를 통해 여기에서 말하는 처음의 깨달음(初悟)은 진정한 깨달음이 아니며 진정한 깨달음에 도달할 수 없는 태생적 한계를 갖고 있음을 강조하고자 한다.

성철스님이 해오를 부정하는 것은 그것이 진정한 깨달음이 아니라는 이유도 있지만 그 해오가 대부분 오해, 혹은 착각일 수 있다고 보기 때문이다. 무심의 바다를 항해하는데 유심에 방향타를 맡겨 둔다면 그 배가 제대로 된 방향으로 나아갈 수 없다는 판단이 있었다는 뜻이다.

【13-3】 此頓悟漸修之義①[意]는 備於一藏大乘而起信圓覺華嚴이 是其宗也니라

선문정로 이 돈오점수頓悟漸修의 의의意義는 일장대승一藏大乘에 구비하였는데, 『기신론』, 『원각경』, 『화엄경』이 그 종宗이다.

현대어역 이 돈오점수의 의의는 대승경전에 담겨 있는데, 『기신론』, 『원각경』, 『화엄경』이 그 정통이 되고 있습니다.

[해설] 규봉스님이 승상 배휴에게 설법하는 문장에서 가져온 것이다. 규봉스님은 돈오와 점수의 통일적 구현이야말로 바른길이라고 규정한 뒤, 이것을 잣대로 하여 여러 수행 유파를 판정한다. 이 판정에 의하면 남종은 돈오를 갖추었지만 점수가 없고, 북종은 점수만 있을 뿐 돈오가 없다. 그래서 둘 다 불완전하다. 이에 비해 하택종은 돈오점수에 완전하다. 그의 비판과 주장이 서 있는 지점이다. 먼저 그의 남종 비판을 보자.

남종에서는 항상 탐욕과 분노, 자비와 선행이 모두 불성이므로 어떤 차별도 없다고 말합니다. 물의 축축한 본성이 전혀 다를 바 없다는 것만 보고, 그것이 배를 띄우기도 하고 뒤엎기도 하여, 좋고 나쁨이 분명하게 구별된다는 것을 알지 못하는 일과 같습니다. 그래서 남종은 돈오문에는 가깝지만 점수문에는 전혀 맞지 않습니다. 그런 점에서 오류이고 완전히 틀리게 되는 것입니다. 우두종은 반야공에 통달하여 돈오문으로 절반을 완수하고, 감정을 내려놓는 점수문으로 결손이 없도록 하고 있습니다.³⁵³

여기에서 말하는 우두종은 우두스님을 종조로 하는 우두산 계열의 선맥을 가리킨다. 우두종에서는 반야공관에 뿌리를 두고 세계와 만물, 모든 존재에 실체가 없다는 깨달음에 도달하고자 한다. 자아라 할 실체가 없고 아뇩다라삼먁삼보리라 할 실체가 없으므로 모든 것을 꿈처럼 보는 실천이 일어난다. 이처럼 반야공의 깨달음에 기초하여 시비호오의 감정적 판단을 내려놓는 실천을 지속함으로써 고통과 속박을 벗어나 해탈에 이를 수 있다는 것이다. 이 우두종의 수행모델은 동산법문으로 불리는 5조 홍인스님의 좌선관심坐禪觀心의 적극적 수행법과 구별된다. 그래서 우두종에서는 그 종조인 우두스님이 4조 도신스님에게 별도로 법을 받았다는 법맥을 설정한다. 5조스님에게서 발원하여 신수스님의 대에 번성한 동산법문과의 차별성을 세우기 위해서이다.

선종사적으로 볼 때 우두종은 그 마음을 쉬도록 하는 사상과 실천이 도가의 무위자연사상과 닮았다는 비판을 받는다. 번뇌의 감정뿐만

---

353 『中華傳心地禪門師資承襲圖』(X63, p.35c), "洪州常云, 貪瞋慈善, 皆是佛性, 有何別者. 如人但觀濕性始終無異, 不知濟舟覆舟, 功過懸殊. 故彼宗於頓悟門雖近, 而未的於漸修門, 有誤而全乖. 牛頭以達空故, 於頓悟門而半了, 以忘情故, 於漸修門而無虧."

아니라 비추고 지키는 일체의 수행까지 끊는 일(絕觀忘守)을 수행으로 보는 우두종의 수증관에 천연외도의 경향이 발견된다는 것이다. 누카리아 카이텐(忽滑谷快天)의 말을 빌리자면 그들은 공에 치우쳐 있다. 그래서 상황에 따른 활발한 활용이 부족하다는 것이다. 이로 인해 선종의 큰 흐름에 포함되지 못하고 지류로 밀려난 것일 수도 있다.

그렇다면 적극적 좌선관심坐禪觀心의 길을 제시한 북종은 어떤가? 규봉스님은 그들에게는 돈오가 없으므로 진정한 수행이 있을 수 없다고 판정한다. 그러면서 먼저 돈오를 체험한 뒤, 그 깨달음에 의지하여 수행해 나가는 돈오점수의 길을 제시한 신회스님의 하택종을 바른 모델로 제시한다. 당장 규봉스님 자신이 하택종의 계승자였다. 그는 신회스님이 제시한 하택종의 종지가 앎(知)에 있다고 보았다. 이 앎이야말로 모든 오묘한 현상의 근원이라는 것이다. 그들은 이것을 공적한 앎(空寂之知)이라고 불렀다. 규봉스님에 의하면 우리는 이 앎을 놓쳐 버렸다. 그리하여 전체를 끌어안지 못하고 자아와 대상세계를 나누고 시비선악과 호오취사에 따른 분별을 거듭하는 것이다.

이 공적한 앎을 깨닫기만 한다면 애착과 혐오의 분별심이 저절로 담박해져 갈 것이다. 자비와 지혜의 마음이 저절로 그 밝음을 더해 갈 것이다. 규봉스님은 이렇게 공적한 앎에 눈뜨는 일을 해오로 규정하고, 그 눈뜸에 기반한 수행을 점수로 보았다. 이러한 그의 논의는 화엄과 선의 융합에서 비롯되는 것이기도 하다.

성철스님은 선문의 돈오를 교가의 해오와 등치시키는 일을 무리하다고 보았다. 나아가 "그 사람의 파멸을 자초"[354]하는 삿된 종파(邪宗)이고 앎과 이해를 숭상하는 그룹(知解宗)이라는 극언을 서슴지 않는다. 그 기

---

354 퇴옹성철(2015), p.270.

준으로 제시한 것이 『기신론』이다. 그런데 흥미롭게도 『기신론』에도 전형적인 돈오점수의 교의가 나타난다. 성철스님도 이를 부정하지는 않는다. 다만 돈오와 견성을 같은 것으로 보았던 규봉스님과는 달리 『기신론』에서는 견성을 구경각으로 보았다는 점을 강조한다. 『기신론』에서는 마음의 본성을 보는 일(得見心性)을 구경각의 내용으로 규정하고 있기 때문이다.

10지보살의 지위가 끝나 방편이 원만하게 구족되면 되면 한 생각에 상응하게 된다. 마음이 일어나는 최초에 그 마음에 최초의 실체가 없음을 깨닫는다. 미세한 분별적 생각을 멀리 떠나므로 마음의 본성을 본다(得見心性). 진여의 마음이 항상 유지되며 변이하는 일이 없으므로 구경각이라 한다.[355]

성철스님은 3현10성은 물론 등각까지도 깨닫지 못한 불각의 영역에 있다고 강조한다. 그래서 돈오, 견성 등의 깨달음을 묘사하는 거룩한 용어들을 깨닫지 못함의 영역에 속하는 3현10성의 지위에 붙이는 일을 극력 비판한다. 『기신론』의 '견성=구경각'이라는 규정을 적극 인용하는 이유라 할 수 있다.

①의 '뜻 의意' 자를 '옳을 의義' 자로 바꾼 것에는 특별한 이유가 발견되지 않는다. 두 글자가 모두 의미, 의의라는 뜻으로 통용되므로 뜻에는 변화가 없다. 번역문 역시 '의의意義'라 번역되어 있다.

---

355 『大乘起信論』(T32, p.576b), "如菩薩地盡, 滿足方便一念相應, 覺心初起心無初相, 以遠離微細念故得見心性, 心卽常住, 名究竟覺."

【13-4】 先須信解心性이 本淨하고 煩惱가 本空하야 ①[而]不妨依解薰修者也니라

선문정로 우선 심성心性이 본래 청정하고 번뇌가 본시 공적空寂함을 심신요해深信了解하여서, 그 신해信解를 의지하여 훈습수행薰習修行함이 무방하니라.

현대어역 우선 마음의 본성이 본래 청정하고 번뇌가 본래 공적함을 믿고 이해해야 한다. 그리하여 믿음과 이해에 의지하여 냄새에 배듯 닦아 나가는 것이 좋다.

[해설] 『정혜결사문』에서 가져온 보조스님의 법문이다. 이것은 진여자성이 본래 완전하므로 마음 가는 대로 맡겨 두고 있는 그대로 살면 된다는 건혜주의자乾慧主義者들을 겨냥한 것이었다. 성철스님은 여기에서 보조스님이 말한 신해信解가 돈오의 다른 표현이라는 점을 지적한다. 이와 관련하여『수심결』에 비슷한 문장이 보인다.

비록 이후에 닦음이 있기는 하지만 이미 그 전에 망념이 본래 공하고 심성이 본래 청정함을 단번에 깨닫는다. 그러므로 악을 끊음에 있어서 끊기는 하지만 끊는다는 생각이 없고, 선의 닦음에 있어서 닦기는 하지만 닦는다는 생각이 없다. 이것이 바로 진정한 닦음이고 진정한 끊음이 되는 것이다.[356]

---

[356] 普照知訥,『修心訣』, "雖有後修, 己先頓悟妄念本空, 心性本淨, 於惡斷, 斷而無斷, 於善修, 修而無修, 此乃眞修眞斷矣."

보조스님은 이렇게 먼저 깨닫고 난 뒤 그것에 의지하여 비춤과 관찰의 수행을 계속하는 경로를 제시한다. 이 수행을 통해 망상이 완전히 소멸되면 이것을 구경각이라 하며 그것이 바로 깨달음 이후 소를 기르는 실천(牧牛行)이라는 것357이다. 전체 문맥으로 볼 때 보조스님이 말하는 신해信解는 곧 해오를 가리킨다는 성철스님의 지적은 틀림이 없어 보인다.

보조스님과 성철스님 두 분 다 궁극에 이르기까지의 끝없는 수행을 주장한다. 그렇지만 그 입장이 판연히 다르다. 보조스님은 기왕에 얻은 깨달음을 훈습하는 일을 수행으로 보았다. 이에 비해 성철스님은 해오에 의지한다면 궁극적 깨달음에 이를 수 없다는 것을 거듭 강조한다. 해오는 유심이므로 그 자체가 무심의 성취에 장애가 된다는 것이다. 그러므로 지금 당장 무심을 실천하는 화두참구에 들어가 궁극의 깨달음에 이르기까지 수행을 멈추지 않는 길을 적극 제시한 것이다.

①과 같이 접속사 '이而' 자가 빠져 있는데, 이것은 역접일 수도 있고, 순접일 수도 있다. 성철스님은 순접으로 번역하였다. 접속사이므로 삭제해도 의미의 변화는 일어나지 않는다.

【13-5】忽被善知識의 指示①[爾]入路하야 一念回光하야 見自本性하야 而此性地에 元②[原]無煩惱하며 無漏智性이 本自具足하야 卽與諸佛로 分毫不殊일새 故로 云 頓悟也요 ③[漸修者] 雖④[頓]悟本性이 與佛無殊나 無始習氣를 卒難頓除故로 依悟而修하야 漸薰⑤[熏]功成하야 長養⑥成[聖]胎하야 久久成聖일새 故云 漸修也니라

---

357 普照知訥, 『修心訣』, "故悟後, 長須照察, 妄念忽起, 都不隨之, 損之又損, 以至無爲, 方始究竟, 天下善知識, 悟後牧牛行是也."

선문정로 홀연히 선지식善知識의 지시로 입로入路하여 일념에 회광回光하여 자기의 본성을 득견得見하여 이 성지性地에 원래로 번뇌가 없으며 무루無漏한 지성智性이 본연本然으로 구족하여 곧 제불과 더불어 조금도 다르지 않는 고로 돈오라 한다. 비록 본성이 제불과 다르지 아니함을 오득悟得하였으나, 무시無始의 습기習氣를 창졸히 제거하기 난難하므로 오悟를 의지하여 수습修習한다. 점점 훈습薰習하여 그 공功이 성취되어 성태聖胎를 장양長養하여 구구久久에 성성成聖할새 점수라 하느니라.

현대어역 문득 선지식의 가리킴을 받아 바른길에 들어와 한 생각의 빛을 돌이켜 자기의 본성을 보는 것이다. 이 본성의 자리에는 원래 번뇌가 없고 무루의 지혜자성이 본래 저절로 갖추어져 있어서 모든 부처님과 추호도 다름이 없음을 보는 이것을 돈오라 하는 것이다. [점수라 하는 것은] 비록 본성이 부처와 다름없음을 [단번에] 깨달았다 해도 시작을 알 수 없는 습관의 기운을 단번에 없애기는 아무래도 어렵다. 그러므로 깨달음에 의지하여 닦아 점점 스며들게 하여 공을 완성하여 길이길이 성인의 태아를 성숙시킴으로써 오랜 시간이 걸려 성인이 되는 것이다. 그래서 점수라 한다.

[해설] 보조스님은 해오와 돈오를 동일한 것으로 논의하면서 이 범주에 견성을 포함시켰다. 성철스님은 견성이라는 용어를 구경각이 아닌 최초의 눈뜸을 의미하는 것으로 썼다는 점을 극력 비판한다. 확실히 보조스님은 견성과 돈오를 같은 일로 보았다. 해오로서의 돈오는 우리가 본래 깨달아 있음을 믿고 이해하는 일을 가리키는 말이 된다. 이에 비해 견성은 불성을 직접 보는 일이다. 이 경우, 돈오와 견성은 다른 차

원의 일이라야 한다. 어떤 지역의 약도를 보고 그 대체적인 전모를 이해하는 일과 직접 눈으로 확인하는 일의 차이는 분명하기 때문이다.

그래서 "보조스님의 가장 큰 과오는 규봉의 주장에서 한 걸음 더 나아가 대담하게도 이것을 견성이라 했다는 점"358이라는 성철스님의 비판이 나오게 된다. "중생들은 불성을 보지 못해 생사를 윤회하지만 모든 부처님들은 망상을 완전히 끊어 불성을 극히 분명하게 본다."359고 한 규봉스님의 논의를 의식한 말이다. 규봉스님도 견성을 구경각으로 보았는데, 보조스님은 여기에서 더 나아가 견성까지 해오에 등치시켰다는 비판이다. 사실 규봉스님이 존중한 신회스님도 '앎(知)'과 '봄(見)'의 차이를 분명하게 구분하는 입장을 취한다.

> 타향에서 각각 고향 집에 건물과 옷, 침상과 일체 집기들이 모두 그대로 있음을 알아 의심을 내지 않는 일을 안다(知)고 하지 본다(見)고 하지는 않는다. 고향 집에 도착하여 그러한 집기들을 보게 될 때 그것을 본다(見)고 하지 안다(知)고 하지는 않는다.360

이처럼 해오와 견성 간에는 분명한 차이가 있다는 사실에는 이견이 없어 보인다. 다만 견성이 곧 구경각을 가리키는 것인지, 아니면 보살 10지 중의 어떤 지위를 가리키는 것인지에 대해서는 여전히 논의가 갈린다. 당장 『열반경』을 보면 "10지보살은 불성을 보기는 하지만 극히 분

---

358 퇴옹성철(2015), p.273.
359 『禪源諸詮集都序』(T48, p.402b), "衆生雖本有佛性, 而無始無明覆之不見, 故輪迴生死. 諸佛已斷妄想, 故見性了了, 出離生死. 神通自在."
360 胡適校定, 『新校定的敦煌寫本神會和尙遺著兩種』(B25, p.28a), "如此處各各思量家中住宅衣服臥具, 及一切等物, 其知有, 更不生疑. 此名爲知, 不名爲見. 若行到宅中, 見如上所說之物, 卽名爲見, 不名爲知."

명하지 못하며, 제불여래는 무명의 근원을 멸진하여 극히 분명하게 본다."³⁶¹라고 되어 있다. 견성에 어렴풋이 보는 일과 분명하게 보는 차원이 갈리는 것이다. 이 경우, 극명하게 보는 견성이 곧 구경각이다. 이에 비해『법화경』에서는 파리질다라수의 개화에 깨달음을 비유하면서 꽃봉오리 단계를 10지보살의 견성으로 설명하고 있다. 그 뒤에 완전한 개화를 묘각에 비유³⁶²하고 있으므로 견성은 구경각이 아니게 된다. 한편 『화엄경』에서는 별교 초지 이상을 견성으로 본다.

이처럼 견성이 구경각인지, 보살 10지인지, 초지보살인지에 대해서는 교가의 설이 각기 다르다. 성철스님은 "먼지를 완전히 닦아내 거울의 빛이 삼라만상을 자유자재로 두루 비추는 것을 두고 견성이라 했다."³⁶³고 단언한다. 입장이 이러하므로 견성과 해오를 동일한 것으로 보았던 보조스님과 첨예하게 충돌할 수밖에 없다.

원래 보조스님이 돈오점수설을 적극 피력한 것은 깨달음이 까마득하므로 나는 어렵겠다는 퇴굴심을 내는 수행자를 격려하기 위한 것이었다. 나아가 해오 이후 신통이 없다는 이유로 성현을 업신여기는 풍토를 교정하기 위한 것³⁶⁴이기도 하였다. 이에 비해 성철스님은 견성을 쉬운 일로 보고 히피적 막행막식을 일삼는 풍토를 교정하기 위한 것이었다. 견성은 결코 유심의 차원에서 일어나는 관점의 변화가 아니라는 것

---

361 『大般涅槃經』(T12, p.530b), "佛性卽, 十住菩薩, 見不了了, 諸佛如來, 窮無明源故, 了了見. 曇無識譯."
362 『法華玄義釋籤』(T33, p.928b), "嘴喻十住菩薩見性, 開敷喻得阿耨菩提. 香氣喻十方無量衆生受持禁戒, 光喻如來名號周遍."
363 퇴옹성철(2015), p.273.
364 普照知訥,『修心訣』, "旣不知方便故, 作懸崖之想, 自生退屈, 斷佛種性者, 不爲不多矣. 旣自未明, 亦未信他人, 有解悟處, 見無神通者, 乃生輕慢, 欺賢誑聖, 良可悲哉."

이다. 그것은 무엇보다도 깨닫지 못했으면서도 깨달았다고 말하는 대망어의 현장을 겨냥한 것이었다.

보조스님은 격려의 뜻이 강하고 성철스님은 경책의 뜻이 강하다. 그리하여 성철선은 수행자들에게 구경의 무심에 이를 때까지 거듭거듭 새롭게 화두를 참구하는 철저한 수행을 요구한다.

①에서 표시한 바와 같이 '지이指爾'를 '지시指示'로 바꾸어 표현하였다. 해당 텍스트의 목판 인경본에도 '지이指爾'로 되어 있으나 뜻이 통하지 않는다. 성철스님은 뜻이 통하도록 교정의 차원에서 글자를 바로잡고자 한 것으로 보인다.

②에서 '원原' 자를 '원元' 자로 표기하였는데, 이 두 글자는 여러 문헌에서 혼용하고 있으므로 뜻에는 변화가 없다.

③과 같이 '점수라 하는 것은(漸修者)'이라는 두괄식 제시어를 생략하였다. 앞에서 '돈오라 하는 것은(頓悟者)'으로 시작되는 문장의 전반부를 생략하였으므로 전체의 균형을 맞추기 위하여 생략한 것이다. 인용문을 독립된 완결형으로 만들고자 하는 성철스님의 입장이 반영된 결과이다.

④와 같이 '돈頓' 자를 '수雖' 자로 바꾸어 표현하였다. '본성이 부처와 다름없음을 깨달았다 해도'라는 문장에서 '단번에(頓)'를 생략한 것이다. 성철스님에게 단번에 일어나는 깨달음, 즉 돈오는 궁극적 깨달음의 다른 이름이다. 그러므로 비록 비판하기 위해 인용한 문장이라 해도 돈오라는 말을 쓰고 싶지 않았던 것으로 보인다.

⑤에서는 '훈熏' 자를 '훈薰' 자로 바꾸었다. 두 글자가 통용되는 관계에 있으므로 단순한 글자의 대체로 보일 수 있다. 그러나 이것은 의도적 변환이다. 성철스님은 이 바꾼 글자를 적용하여 '점점 훈습薰習하여 그 공功이 성취되어~'로 번역문을 구성하였다. 대체적으로 '훈습熏習'은

업식에 동화되는 일 등의 부정적인 물듦을 뜻하고, '훈습薰習'은 점차적으로 불법에 익숙해져서 그것을 체화하는 일과 같은 긍정적인 물듦을 뜻한다. 깨달음에 의지하여 닦아 나가는 것은 긍정적인 물듦에 해당하므로 교정의 차원에서 '훈熏'→'훈薰'으로 변환한 것이다.

⑥의 '성成'은 '성聖'의 오자이다. 번역문에는 "성태聖胎를 장양長養하여"로 바로 적용되어 있다. 1981년 초판본에 교정 지시가 되어 있는 것을 보면 바로잡지 않고 2015년 본까지 이르렀다. 바로잡아야 한다.

【13-6】 頓悟自性이 本來空寂하야 與佛無殊나 而此舊習을 卒難 ①頓除[斷]故로 逢順逆境②[逆順境]하면 瞋喜是非가 熾然起滅하며 客塵煩惱가 與前無殊③[異]하나니 若不以般若로 加工④[中功]著力하면 焉能對治無明하야 得⑤[到]大休⑥[大]歇之地리오 如云頓悟雖同佛이나 多生習氣深이라 風靜⑦[停]하야도 波尙湧이요 理現하야도 心⑧[念]猶侵이라하니 ⑨[又杲禪師云, 往往利根之輩, 不費多力, 打發此事, 便生容易之心, 更不修治. 日久月深, 依前流浪, 未免輪廻, 則豈可以一期所悟, 便撥置後修耶.] 故로 悟後에 長須照察하야 妄念이 忽起어든 都不隨之하고 損之又損하야 以至⑩於無爲하야사 方始究境이니 天下善知識의 悟後牧牛行이 是也니라

선문정로 자성이 본래로 공적空寂하여 불과 다르지 아니함을 돈오하였으나 이 구습舊習을 졸연히 돈제頓除하기 심난甚難하다. 그런 고로 역경逆境이나 순경順境에 봉착하면 진희瞋喜와 시비가 치연히 기멸起滅하여 객진客塵인 번뇌망상이 전일前日과 다름없다. 만약에 반야지혜로 가공하여 착력著力하지 않으면, 어찌 무명을 대치對治하여 대휴헐지大休歇地를 얻으리오. 고인古人이 말하기를, 비록 불타와 동일함을

돈오하였으나 다생의 습기習氣가 심심甚深하다. 풍세風勢는 정지하나 파도가 오히려 흉용洶湧하고 성리性理는 현전하였어도 망심妄心이 오히려 침입한다고 하였다. 그런 고로 오후悟後에 장구히 모름지기 반조심찰反照審察하여서 망념이 홀연히 생기하거든 전연히 수거隨去하지 말고 손감損減하고 또 손감損減하여 적연무위寂然無爲함에 도달하여야 비로소 구경이니 천하 선지식의 오후悟後 목우행牧牛行이 이것이다.

현대어역 자성이 본래 공적한 것으로서 부처와 다르지 않음을 단번에 깨달았다 해도 이 오래된 습관의 기운을 단번에 제거하고 소멸하기는 아무래도 어렵다. 그러므로 마음에 거슬리거나 뜻대로 되거나 하는 상황을 만나면 화내기도 하고 기뻐하기도 한다. 옳고 그름을 가리는 일이 불꽃처럼 일어나기도 하고 사라지기도 하면서 무수한 번뇌가 전과 다름이 없게 된다. 만약 반야지혜로 공부를 더해 가며 힘을 붙여 나가지 않으면 어떻게 무명번뇌를 다스려 크고 크게 쉬는 자리에 도달할 수 있겠는가? 옛사람이 말한 바와 같이 돈오는 비록 부처님과 동일하지만 여러 생에 걸친 습관의 기운이 깊어서, 바람이 멈추어도 파도가 여전히 일렁이듯 참다운 본성의 이치가 드러나도 생각이 여전히 침범하는 것이다. [또한 대혜종고선사는 이렇게 말하였다. "종종 영리한 자질을 갖춘 이들이 큰 힘을 들이지 않고 이 일에 눈을 뜨고는 쉬운 일이라는 마음을 일으켜 더 수행하지 않는 경우가 있다. 세월이 오래 지나다 보면 전과 마찬가지로 번뇌의 흐름에 휩싸여 윤회를 면하지 못하게 된다." 그러니 한 차례의 깨달음으로 그 이후의 수행을 방치하는 일이 있어서야 되겠는가?] 그러므로 깨닫고 나면 오래도록 비추고 살펴서 혹 망상이 일어나면 절대 따라가지 말고 덜어내고 덜어내어 의식적 행위가 없음에 이르러야 비로소 구경의 깨달음이라 할 수 있다. '천하 선지식들의 깨달음 이후 소를 기르는 실천(牧牛行)'이 바로 이것이다.

[해설]   깨달음 이후의 남은 습기를 제거하는 수행을 목우행牧牛行으로 보는 보조스님의 돈오점수론이다. 성철스님은 이에 대해 "해오는 추중망상麤重妄想을 벗어나지 못한 허환망경虛幻妄境이므로, 객진번뇌가 전일前日과 같이 치연히 기멸起滅하는 것"365이라 규정한다. 이 번뇌의 망상을 제거하는 '오후悟後의 점수'가 필요한 것이라고 설명한다. 그러면서 선문의 돈오와 견성은 이와 전혀 다르다고 강조한다.

선문에서는 추중망상麤重妄想은 말할 것도 없고, 제8의 미세까지 영단永斷한 구경무심의 대휴헐처大休歇處가 돈오이며 견성이므로 망멸증진妄滅證眞한 이 무심·무념·무위·무사의 금강대정金剛大定을 보임하는 것이 장양성태長養聖胎이다.366

인용문을 보면 ①과 같이 '돈頓' 자를 추가하여 '졸난제단卒難除斷'을 '졸난돈제卒難頓除'로 바꾸었다. 번역문도 '돈제頓除하기 심난甚難하다'로 되어 있는 것을 보면 의도적 추가이다. 본래 원문의 취지가 단번에 끊어내기 어려움을 강조하는 데 있으므로 그것을 강조하기 위한 조치이다.

②와 같이 '역순경逆順境'을 '순역경順逆境'으로 순서를 바꾸었는데 번역문에는 '역경逆境이나 순경順境'으로 원문과 같은 순서를 취하고 있다. 원문에 맞게 순서를 교정할 필요가 있다.

또 ③과 같이 다르지 않다는 뜻의 '무이無異'를 '무수無殊'로 옮겼는데

---

365 퇴옹·성철(2015), p.275.
366 퇴옹·성철(2015), p.275.

뜻에 변화는 없다. 바로 앞 구절에 '부처와 다름이 없다(與佛無殊)'는 구절에 '무수無殊'로 되어 있으므로 표현의 통일을 기하고자 한 것일 수도 있다.

④의 '가공加工'은 설명이 좀 복잡하다. 원문의 '중공착력中功著力'은 문장의 표현이 애매하다. 굳이 번역하자면 반야 '속(中)의 공부에 힘을 더해 간다'는 뜻이 되기는 하지만 억지스러운 부분이 있다. 그래서 성철스님은 '중공中功'을 '공부를 더해 가다'는 뜻의 '가공加功'으로 바꾸고자 한 것으로 보인다. 그런데 『선문정로』에는 이것이 제품을 만든다는 뜻의 '가공加工'으로 표현되어 있다. 공부를 더해 간다는 뜻의 '가공加功'의 단순 오기인 것으로 보인다. 교정할 필요가 있다.

⑤의 '도到' 자를 생략하였다. '득도得到'로 쓰여 '얻게 되다'는 결과를 표현하는 글자이다. 구어체를 구성하는 보어로서 이것을 생략하면 저절로 문언문이 된다. 문언문을 선호하는 성철스님의 문장관이 적용된 결과이다.

⑥의 '대大' 자를 생략하였다. 이로 인해 '크고 크게 쉬는 자리(大休大歇之地)'가 '크게 쉬는 자리(大休歇之地)'로 바뀌었다. 간략함을 선호하는 성철스님의 문장관이 반영된 결과이다.

⑦에서는 바람이 멈춘다는 뜻의 '풍정風停'을 '풍정風靜'으로 글자를 바꾸었는데 번역문을 보면 '풍세風勢는 정지하나'로 되어 있어 원문 그대로 적용하고 있다. 원문에 따라 바로잡아야 한다.

⑧과 같이 '염念'을 '심心'으로 바꾸었다. '염念'은 망념을 가리킨다. 번역문에 '망심妄心이 오히려 침입한다'로 되어 있으므로 의미상의 차이는 발생하지 않는다. 바로 뒤의 생략된 문장에 '쉬운 일이라는 마음(容易之心)'을 일으키는 일의 위험성이 언급되어 있는데 이것과 표현의 통일성을 기하고자 한 것일 수 있다.

⑨와 같이 대혜스님의 긴 논의를 생략하였는데, 그 내용은 다음과 같다.

또한 대혜종고선사는 이렇게 말하였다. 종종 영리한 자질을 갖춘 이들이 큰 힘을 들이지 않고 이 일에 눈을 뜨고는 쉽다는 생각을 일으켜 더 이상 수행하지 않는 경우가 있다. 세월이 오래 지나다 보면 전과 마찬가지로 번뇌의 흐름에 휩싸여 윤회를 면하지 못하게 된다. 그러니 한 차례의 깨달음으로 그 이후의 수행을 방치하는 일이 있어서야 되겠는가?

깨달음 이후의 닦음을 강조하고 있다. 원래 바로 그 앞의 구절도 대혜스님의 논의에서 가져온 것이다. 그런데 대혜스님은 여기에서 "단번의 깨달음은 비록 부처와 같지만 여러 생의 습관의 기운이 깊어서 바람이 멈추어도 파도가 여전히 일어나는 것과 같다. 그리하여 이치는 드러나지만 생각이 여전히 침범하게 된다."고 경고한다. 간화선의 완성자인 대혜스님이 깨달음 이후의 수행을 언급하고 있다고 읽혀질 수 있다. 성철스님의 돈오원각론을 피력하는 데 도움이 되지 않으므로 이를 생략한 것이다.

전체적으로 볼 때 하택·규봉·보조스님의 해오점수나 성철스님의 돈오돈수나 모두 도저한 수행을 강조한다는 점에 있어서는 동일하다. 그렇지만 수행의 방향타이자 의지처로서 해오를 인정할 것인지, 아니면 화두 무심의 실천으로 궁극의 무심에 이를 것인지로 인한 차이가 부각되는 대목이라 하겠다.

⑩에는 원문에 없는 '어於' 자가 추가되었다. 이것은 원래 『장자』의 구절로서 보조스님은 인용하면서 어조사 '어於'를 생략하였는데 성철스님은 그 생략된 글자를 복원한 것이다.

그런데 이 문장을 다루는 방식에서 흥미롭게도 그 논리 전개의 특징을 엿볼 수 있다. 여기에서 성철스님은 『장자』라는 원래의 텍스트에 기초하여 보조스님의 장자 인용을 교정하였다. 이 경우에 보이는 것처럼 성철스님에게는 원론으로 회귀하고자 하는 강한 지향이 발견된다. 불교의 원론은 무엇인가? 부처님의 정각이다. 그러므로 부처님의 정각이라는 원래의 텍스트에 기초하여 해오점수론을 교정하고자 하는 것이다.

『선문정로』의 서문에서 "정안조사正眼祖師들의 수시법문垂示法門을 채집하여 선문禪門의 정로正路를 지시指示코자 한다."[367]라고 했지만 같은 조사라 해도 하택스님과 규봉스님과 보조스님은 부정되고 6조스님과 마조스님과 백장스님은 인정된다. 성철스님은 이것이 부처님의 정각이라는 원 텍스트를 기준으로 적용한 결과라고 강조한다.

【13-7】 圭峰이 深明先悟後修之義曰 識氷池而全水하야 借陽氣而①[以]鎔消하고 悟凡夫而卽佛하야 資法力而②[以]薰③[熏]修라 氷消則水流潤하야 方呈漑滌之功하고 妄滅④[盡]則心靈⑤[虛]通하야 應現通光之用이니라

선문정로 규봉圭峰이 선오후수先悟後修하는 의의를 아주 자세히 설명하였다. 결빙結氷된 지당池塘이 전체로 유수流水임을 알아서 양기陽氣를 차용하여 소융銷融시키고, 범부중생이 즉시卽是로 불타임을 오해悟解하여 법력法力을 의자依資하여 훈수薰修한다. 빙괴氷塊가 소용銷鎔되면 수류水流가 윤활潤滑하여 바야흐로 관개灌漑와 세척洗滌의 공과功果를 얻고, 망념이 멸진하면 심령心靈이 원통圓通하여 현통玄通한 신

---

[367] 퇴옹성철(2015), p.4.

광神光의 대용大用이 응현應現한다.

현대어역 규봉이 먼저 깨닫고 나서 수행하는 도리를 아주 분명하게 설명하였는데 얼어붙은 연못 전체가 물이라는 것을 알아 햇볕을 빌려 녹이는 일이라 했고, 범부가 곧 부처임을 깨달아 법의 힘을 빌려 향기에 물들듯 수행을 해 나가는 일이라 했다. 얼음이 녹아 물이 막힘없이 흐르게 되면 비로소 관개를 하거나 세탁을 할 수 있는 효력을 발휘하게 된다는 것이고, 망상이 모두 사라지면 마음이 신령하게 통하여 그에 따른 신통광명의 활용이 나타나게 된다는 것이다.

[해설] 보조스님 『수심결』의 문장이다. 본질(性)과 현상(相)의 측면에서 자성을 설명하는 바라제존자의 설법을 듣고 이견왕異見王은 마음이 열려 깨닫는다(開悟). "그대가 바로 부처이지만 생각으로 인해 헛된 모양을 세우고 있다."는 귀종스님의 법문을 듣고 한 중이 깨닫는다. 보조스님은 이러한 오도인연을 사례로 든 뒤, 자신이 바로 부처라는 이 사실을 믿고(信) 이해(解)하기만 한다면 옛 성인과 함께 손잡고 노닐게 되리라는 설법을 한다. 그러자 어떤 사람이 견성을 한다는 것은 바로 성인이 된다는 뜻인데 어째서 깨달았다는 수행자들에게 신통변화가 없느냐는 질문을 한다. 보조스님은 이에 대해 인용문과 같이 얼음과 물의 비유를 들면서 열림과 깨달음(開悟), 혹은 믿음과 이해(信解)로 불리는 최초의 깨달음이 일어난 뒤 그것이 완성되기까지의 오랜 닦음이 있어야 한다는 도리를 피력한다. 이에 성철스님은 망상을 제거하는 닦음이 있어야 한다면 돈오니 견성이니 하는 말을 붙일 수 없다는 점을 강조한다.

역대의 어록이나 경전을 살펴보면 믿고 이해하는 것을 견성이라고 하는 주장도 있고, 추호의 그림자만 남아 있어도 견성이라 할 수 없다는 주장도 있다. 상반된 주장이 공존하는 것이다. 견성을 원리적(理) 측면에서 말하는 경우와 실천적(事) 측면에서 말하는 경우가 다르기 때문이다. 예를 들어 황벽스님은 견성에 대해 원리적 측면에서 다음과 같이 말한다.

> 마음이 바로 부처다. 위로는 모든 부처님으로부터 아래로는 뭇 중생들에 이르기까지 모두 불성을 가지고 있으므로 그 마음의 본체는 동일하다. 그러므로 달마가 서쪽에서 건너와 오로지 하나의 진리만을 전하여 모든 중생이 본래 부처임을 곧바로 가리켜 보였으니 수행을 빌릴 것조차 없다. 오로지 지금 자기의 마음만 알아차리고 자기의 본래 성품만을 볼 뿐, 다시 밖에서 구할 일이 없다.[368]

이와 같이 원리적 측면에서 견성을 정의하는 흐름이 있는데, 보조스님은 이에 속한다. 다른 한편 실천적 측면에서 보자면 불성을 조금밖에 보지 못한 경우(10주), 보기는 하지만 명료하지 못한 경우(10지)가 있어 10지와 등각도 진정한 견성에서 아직 멀다고 정의하는 흐름이 있다. 불성은 너무나 깊어 보기도 어렵고 들어가기도 어렵다[369]는 『열반경』의 논의가 대표적이다. 6조스님의 다음과 같은 논의 역시 견성의 완전무결성을 강조하는 경우에 해당한다.

> 자성을 본 사람은 어떤 것이나 세워도 되고, 아무것도 세우지 않아

---

[368] 『黃檗斷際禪師宛陵錄』(T48, p.386b), "卽心是佛, 上至諸佛, 下至蠢動含靈, 皆有佛性, 同一心體. 所以達摩從西天來, 唯傳一心法, 直指一切衆生本來是佛, 不假修行. 但如今識取自心, 見自本性, 更莫別求."

[369] 『大般涅槃經』(T12, p.652b), "迦葉菩薩白佛言, 甚奇, 世尊. 所言佛性, 甚深甚深, 難見難入, 聲聞緣覺所不能解."

도 된다. 가거나 오거나 자유로워 걸림이 없다. 상황에 맞게 활용하고, 상황에 따라 행동하며, 오는 말에 호응하여 대답을 한다. 두루 다양한 몸을 드러내면서도 자성을 떠나는 일이 없다. 이처럼 있는 그대로 막힘없이 통하는 유희삼매를 얻게 되니 이것을 견성이라 하는 것이다.[370]

견성을 구경각으로 보고 있다. 성철스님은 6조스님이 제시하는 이 기준에 미달했다면 그것은 견성일 수 없다는 점을 강조한다. 추호라도 망상이 남아 있다면 그것은 백내장, 녹내장의 눈으로 세계를 보는 것과 같이 흐릿한 상태이므로 밝은 견성이 아니다. 그러므로 완전히 명료한 견성이 일어날 때까지 눈을 밝히는 공부를 해야 한다는 것이다. 성철스님은 모양에 대한 집착의 타파(破相)와 무심의 성취가 얼마나 철저한가를 가지고 그 수행과 깨달음의 기준으로 삼고자 한 것이다.

①, ②와 같이 '이以'→'이而'로의 변환이 일어났다. '이以' 자로 접속사 '이而' 자를 대신할 수는 있지만 거꾸로 '이而' 자를 가지고 '이以' 자를 대신할 수는 없다. 성철스님의 번역문을 보면 '양기陽氣를 차용하여 소융銷融시키고', '법력法力을 의자依資하여 훈수薰修한다'와 같이 '함으로써(以)'의 뜻을 적용하고 있다. 접속사로 보지 않은 것이다. 그러므로 원문으로 돌아가야 한다.

③에서는 '그을릴 훈熏' 자를 '향기 훈薰' 자로 바꾸었다. 서로 통용되는 글자이며 '훈수熏修'와 '훈수薰修'는 모두 오랜 시간을 두고 마음을 청정하게 닦는다는 의미를 전달한다. 다만 '향기 훈薰' 자에 긍정적 의미가 뚜렷하므로 이를 취하고자 한 것으로 보인다.

---

[370] 『六祖大師法寶壇經』(T48, p.358c), "見性之人, 立亦得, 不立亦得, 去來自由, 無滯無礙. 應用隨作, 應語隨答, 普見化身, 不離自性, 即得自在神通游戲三昧, 是名見性."

④와 같이 사라지다는 뜻의 '진盡' 자를 소멸하다는 뜻의 '멸滅' 자로 바꾸었다. 번역에서는 '멸진한다'로 옮겼는데 어느 경우나 동일한 뜻을 전달한다. 일부러 바꾼 것 같지는 않으므로 원전으로 돌아가는 것이 좋겠다.

⑤에서는 '허虛' 자를 '영靈' 자로 바꾸었다. 결과적으로 마음이 '텅 비어 두루 통한다(心虛通)'가 '심령心靈이 원통圓通함(心靈通)'으로 바뀌었다. 마음이 텅 비는 일과 두루 통하는 일은 같은 일이다. 성철스님은 이것이 동어 반복이라고 보았던 듯하다. 이것을 '영靈'으로 바꾸어 깨달음을 성취한 마음의 신령스러움을 강조하고자 한 의도도 없지 않다.

【13-8】 譬如寒月에 結水爲氷①[水結爲氷]이라가 及至暖時에 釋氷爲水②[氷釋爲水]하나니 衆生이 迷時에 結性成心이라가 衆生이 悟時에 釋心成性이니라

선문정로 비유를 들면, 혹한인 동절冬節에 유수流水가 응결하여 견빙堅氷이 되었다가 따뜻한 시기에 이르면 견빙堅氷이 소석消釋되어 유수流水로 환원함과 같다. 중생이 미혹할 때에는 본성이 응결하여 망상이 되었으나 중생이 정오正悟할 때에는 망심이 소석消釋하여 본성으로 환원한다.

현대어역 비유하자면 추운 계절에는 물이 얼어서 얼음이 되었다가 따뜻한 때가 되면 얼음이 녹아서 물이 되는 것과 같다. 중생이 미혹할 때에는 성품이 동결되어서 마음이 되지만, 중생이 깨닫게 되면 마음이 풀려서 성품이 되는 것이다.

[해설] 남양혜충스님의 설법에서 가져온 인용문이다. 남양스님은 북방 중원에 6조스님의 법을 널리 펼친 선사로서 당의 현종, 숙종, 대종 세 황제에게 국사의 책봉을 받았으므로 보통 남양국사로 호칭된다. 남양스님은 무정설법에 뛰어났는데, 이 인용문도 무정설법의 맥락 속에서 설해진 것이다. 이런 일이 있었다. 어느 날 한 수행자가 물었다.

"어떠한 것이 부처의 마음입니까?" "담장의 기와와 벽돌이 그것이다." "경전의 가르침과 크게 차이가 납니다. 『열반경』에 보면 담벼락과 같은 인식 작용이 없는 사물을 떠나 있으므로 불성이라 한다고 했습니다. 이제 이것을 부처의 마음이라 하시니 부처의 마음과 불성이 다른 것인지 같은 것인지 알고 싶습니다." "미혹하면 다르고 깨닫고 보면 다르지 않지." "경전에 보면 불성은 변함이 없고, 마음은 무상하게 변한다고 했습니다. 이제 이것이 다르지 않다고 하시니 무슨 까닭입니까?" "너는 언어만을 좇아갈 뿐 그 뜻을 따르지 않고 있다. 비유하자면 추운 계절에는 물이 얼어서 얼음이 되었다가 따뜻한 때가 되면 얼음이 녹아서 물이 되는 것과 같다. 중생이 미혹할 때에는 성품이 동결되어서 마음이 되지만, 중생이 깨닫게 되면 마음이 풀려서 성품이 되는 것이다. 만약 인식 작용이 없는 사물들에게 불성이 없다고 한다면 3계는 오직 마음일 뿐이라는 경전의 말이 성립될 수 없을 것이다. 아마 그대 자신이 경전에 위배되는 것일 테고 나는 위배된 것이 없다." "인식 작용이 없는 사물에 마음이 있고 성품이 있다면 설법을 할 수 있는 것입니까?" "그것들은 분명하게 설법하고 있으며 쉬는 일이 없다." "왜 저는 듣지 못합니까?" "그대가 스스로 듣지 않고 있기 때문이지." "누가 들을 수 있습니까?" "모든 부처님이 들을 수 있지."[371]

---

[371] 『景德傳燈錄』(T51, p.438a), "僧又問, 阿那箇是佛心. 師曰, 牆壁瓦礫. 是僧曰, 與

모양을 분별하고 그에 집착하면 무생물과 생물로 나뉜다. 그렇지만 얼음이 녹아 물이 되듯 분별과 집착을 내려놓으면 우주법계의 만사만물이 부처의 마음이다. 만사만물에 평등한 불성을 보면 그 현재진행형의 설법을 들을 수 있게 된다는 법문이다. 이를 위해 여기에서는 집착하는 마음을 얼음에 비유하고, 집착을 내려놓은 마음을 물에 비유하고 있다. 성철스님은 이 적절한 비유를 인용하여 "망심의 견빙堅氷이 완전히 소멸하여 유통자재流通自在한 활수活水가 되어야 돈오이며 견성"이라는 점, 그리고 이것은 "망심 이대로 원래 진성(眞性)인 줄 안 것으로써 돈오이며 견성이라 주장하는 것과 전혀 다른 차원"372의 일이라는 점을 강조한다.

①에 보이는 것과 같이 '물이 얼어서 얼음이 된다(水結爲氷)'는 원문의 어순을 바꾸어 '물을 얼려서 얼음을 만든다(結水爲氷)'로 바꾸었다. ②에서도 같은 방식으로 자동사문을 타동사문으로 바꾸었다. 그런데 번역문에는 '유수流水가 응결하여 견빙堅氷이 되었다가' 등으로 원문의 어순을 그대로 적용하여 자동문으로 옮겨져 있다. 그런 점에서 어순 바꿈에 특별한 의도가 개입된 것 같지는 않다. 다만 수행자의 끝없는 주체적 노력을 중시했던 성철스님의 관점이 무의식중에 반영된 것은 아닐까 생각해 볼 수 있다.

본래 물처럼 걸림 없이 유통하는 불성을 얼음과 같은 딱딱한 망심으

經大相違也. 涅槃云, 離牆壁無情之物, 故名佛性. 今云是佛心, 未審心之與性, 爲別不別. 師曰, 迷卽別悟卽不別. 曰經云, 佛性是常, 心是無常. 今云不別何也. 師曰, 汝但依語, 而不依義. 譬如寒月, 水結爲氷, 及至暖時, 氷釋爲水. 衆生迷時, 結性成心, 衆生悟時, 釋心成性. 若執無情, 無佛性者, 經不應言, 三界唯心. 宛是汝自違經, 吾不違也. 問無情旣有心性, 還解說法否. 師曰, 他熾然常說, 無有間歇. 曰某甲爲什麽不聞. 師曰, 汝自不聞. 曰誰人得聞, 師曰, 諸佛得聞."
372 퇴옹성철(2015), p.278.

로 바꾸는 것은 남양스님이 지적한 것처럼 우리 스스로 자초한 것이다. 성철스님 역시 우리 스스로 물(불성)을 얼려 얼음(망심)을 만드는 것이고, 우리 스스로 얼음을 녹여 물을 만드는 것이므로 그 바른 해소를 위한 스스로의 노력이 관건이 된다는 수증론을 피력한다. 수행자의 노력을 강조하는 이러한 관점이 문장의 어순 변환에 반영되어 있다고 볼 수도 있다는 말이다.

【13-9】 一切惡業과 ①[及]貪瞋癡인 ②[與]無明煩惱와 種種塵勞 等은 俱無自性이요 皆由迷自心故로 依妄而有니라 如水因寒하야 結而爲氷이니 此心을 既悟則諸妄이 乘其所悟而消하야 如氷이 因 慧日所照하야 復化爲水어늘 ③[既化水已,] 今云氷復④[向]何處⑤ [安]著고하면 此寔迷中迷人⑥[倍人]⑦[也]이니라

선문정로 일체 악업과 탐진치인 무명번뇌와 각종의 진로塵勞 등은 다 자성이 없고, 진여본심을 미혹함으로 인하여 망념에 의지하여 있다. 정수淨水가 한기寒氣로 인하여 응결하여 견빙堅氷이 된 것과 같다. 이 진여본심을 정오正悟하면 일체 망념이 그 정오正悟를 따라서 소멸하니, 견빙堅氷이 혜일慧日의 조열照熱로 인하여 다시 정수淨水로 귀복歸復함과 같다. 그런데 지금 빙괴氷塊의 처리를 말하는 것은 진실로 미혹한 인간 중에 한층 더 미혹한 인간이다.

현대어역 일체의 악업 및 탐진치와 무명번뇌와 먼지 같은 번뇌들은 모두 자성이 없다. 스스로의 마음에 미혹하기 때문에 그로 인해 망상이 일어나게 된다. 마치 그것은 물이 추위에 얼어서 얼음이 되는 것과 같다. 이 마음을 깨달으면 모든 망상이 그 깨달음에 따라 사라

져 버린다. 그것은 마치 얼음이 지혜의 햇볕에 쬐어 다시 녹아 물이 되는 것과 같다. [이미 녹아 물이 되어 버렸는데] 이제 또 얼음을 어디에 두느냐고 묻는다면 그것은 미혹한 사람 가운데 두 배나 미혹한 사람이라 하겠다.

[해설] 한 수행자가 중봉스님에게 불성의 불이성과 평등성에 대해 질문한다. 불성이 각자의 조건에 따라 다르지 않고 평등하게 편재하며 모든 것이 불성의 표현이므로 악이라 해서 끊을 것도 없고 선이라 해서 닦을 것도 없다는 주장이 있다. 탐진치라 해서 버릴 것도 아니고 계정혜라 해서 닦을 것도 없다고 주장하는 이들이 있다. 이에 대해서 어떻게 생각하느냐? 하는 질문이었다.

중봉스님은 한마음으로서의 법계(一心法界)라는 측면에서 보면 그 말이 틀리지 않다고 인정한다. 그러나 우주법계 전체가 한마음이라는 것을 몸소 깨닫지 못한 입장에서 함부로 말한다면 이 말은 위험하다. 만약 그것을 곧이곧대로 수용하여 범부의 저열한 욕망을 마음대로 발산한다면 계율을 파괴하는 등 갖가지 부작용이 창궐하게 되리라는 것이었다. 자기 마음의 마지막 티끌까지 남김없이 떨어낸 뒤라야 선과 악, 부처와 중생이 따로 없다는 말이 진실로 성립한다. 중봉스님은 여기에 더해 만약 마음의 티끌을 떨어내지 못한 사람이 그 원리만 주장한다면 호랑이를 그리려 하다가 개를 그리는 꼴이 되리라는 경고를 잊지 않는다.

그러자 수행자가 다시 질문을 한다. 탐진치 등이 모두 자기 마음임을 깨달아 끊으려 하지도 않고 끌려가지도 않은 차원에 도달한 뒤에는 그 탐진치는 어디에 있게 되느냐는 질문이었다. 이에 중봉스님은 얼음이 이미 녹아 물이 되었는데 다시 얼음을 어디에 둘 것인지를 묻는 질문이 성립하겠느냐는 답변을 한다. 이 인용문이 그것이다.

그러자 수행자가 다시 질문한다. 이미 깨달아 탐진치 등을 촉발하는 대상경계의 인연을 만나도 움직이지 않는 차원에 도달한 사람이 있다면 어떻겠느냐는 것이다. 중봉스님은 아직 망심이 남아 있는 경우와 완전히 깨달은 경우의 두 가지가 있을 수 있다고 대답한다. 아직 망심이 남아 있다면 더 닦아야 한다. 망심이 남아 있는지조차 모르고 스스로 깨달았다고 자처하며 닦지 않는다면 끝내 전도된 망심으로 돌아가게 될 것이다. 이미 모든 경계를 꿈처럼 보게 되었다면 질문할 것이 없다. 스스로 널리 동사섭을 실천하면서도 제반 탐진치에 휘둘리지 않게 될 것이기 때문이다. 이러한 답변이었다.

성철스님은 이 중 얼음이 이미 녹아서 물이 되었는데 얼음이 어디에 있느냐고 묻는 질문이 성립하지 않는다는 중봉스님의 답변을 강조하여 보여준다. 그런 뒤 이를 논거로 하여 "깨달았다면서 망상을 제거하는 방법을 논하고 제거함에 따라 얻는 소득을 논하는 사람은 미혹한 사람 가운데서도 많이 미혹한 사람"[373]이라는 비판을 가한다.

인용문에 표시한 바와 같이 상당한 글자와 구절들에 변환이 가해졌다. ①, ②와 같이 병렬을 표시하는 허사 '급及' 자와 '여與' 자가 생략되었다. 이들 허사로 연결되는 문장은 현대어역에 보인 것처럼 '일체의 악업 및 탐진치와 무명번뇌와 먼지 같은 번뇌들'로 번역된다. 성철스님은 이 중에서 탐진치와 무명번뇌를 등치시키기 위해서 '~과'의 뜻을 갖는 '여與' 자를 생략하였고, 다시 한글 현토를 달면서 불필요해진 '~및'의 뜻을 갖는 '급及' 자를 생략하였다.

전체적인 문맥을 보자면 여기에서 탐진치는 견사혹, 무명번뇌는 근본번뇌, 그리고 여러 가지 번뇌들은 진사혹을 가리키는 것으로 읽는다.

---

[373] 퇴옹·성철(2015), p.280.

번뇌가 멸진하는 차례에 대한 교학적 논의를 보면, 2승二乘의 수행을 통해 탐진치 등을 포함하는 견사혹을 멸진한다. 그런 뒤에 공에 빠지는 미혹(空惑)을 극복하여 보살의 지위에 들어가고, 다시 중생의 진사혹을 밝게 알아 그 교화에 들어간다. 여기에서 다시 나아가 미세한 근본번뇌(무명번뇌)를 부분적으로 소멸해 가는 10지의 순차적 승급을 거쳐 등각, 묘각에 이른다. 이처럼 이들 번뇌가 상이한 차원의 번뇌라는 점에서 병렬의 관계로 배치한 것이다.

그런데 성철스님은 병렬형 접속사를 지우고 '탐진치貪瞋癡인 무명번뇌無明煩惱'라고 현토를 달면서까지 탐진치와 무명번뇌를 동일한 것으로 취급한다. 왜일까? 이들을 병렬시킬 경우, 깨달음의 지위점차를 언급해야 한다. 간화선사로서 이에 대한 불편함을 느끼지 않을 수 없다. 간화선이라 해서 그 수행과 눈뜸에 심천이 없을 수 없지만 그것에 지위점차를 설정하여 미리 한계를 설정하는 것은 간화선의 지향하는 바가 아니기 때문이다.

③의 '이미 녹아 물이 되어 버렸는데(旣化水已)'라는 구절이 생략되었다. 이미 녹아 물이 되었다면 얼음이라는 것 자체가 있을 수 없다. 그러므로 그것을 어디에 둘 것인지를 묻는 질문이 성립할 수 없다는 것이다. 다만 이 구절은 지혜의 햇볕에 쬐면 '다시 녹아 물이 된다(復化爲水)'는 앞 구절과 의미상 중복이 된다. 성철스님은 간단명료한 논리적 문장을 선호하여 의미적으로나 문자적으로 중언부언하는 부분은 거의 삭제해 버린다. 그러한 문장관이 반영된 생략이라 하겠다.

④의 '향向' 자는 뒤의 '하처何處'와 함께 '어느 곳으로'라는 뜻을 형성하는데 구어체의 허사이므로 생략한 것이다. 구어체를 없애고 문언문으로 바꾸기 위한 조치인 것이다.

⑤의 '안安'은 '착著'를 보어로 하여 '두다, 위치시키다'는 뜻을 표현한

다. 역시 구어체이므로 생략하였다. 이로 인해 허사였던 '착著'이 '붙이다'는 뜻을 갖는 실사로 기능하게 된다. 구어체를 문어체로 바꾸고자 한 경우에 속하며, 생략으로 인한 뜻의 변화는 없다.

⑥에서는 '미혹한 사람 가운데 두 배나 미혹한 사람(迷中倍人)'을 '미혹한 인간 중에 한층 더 미혹한 인간(迷中迷人)'으로 바꾸어 표현하였다. 성철스님이 쓴 이 '미혹한 인간 중에 한층 더 미혹한 인간(迷中迷人)'이라는 말은 길장스님의 표현이다. 길장스님은 『법화경』을 해석하면서 방편을 실체로 집착하는 성문과 연각을 비판하면서 이 용어를 사용한 바 있다. 길장스님은 성문, 연각, 보살의 3승이 사실은 일불승을 드러내기 위한 방편이라는 점을 밝히고자 한다. 다만 그 깨달음의 수준에 있어서 '미혹함 중의 미혹함(迷中迷),' '미혹함 중의 깨달음(迷中悟)', '깨달음 중의 미혹함(悟中迷)', '깨달음 중의 깨달음(悟中悟)' 등의 차이가 있다고 보았다.

얼음이 녹아 물이 되는 이치를 이미 깨달았다면서 그 얼음은 어디에 두게 되느냐고 묻는 이 수행자는 여전히 모양의 분별을 벗어나지 못하고 있다. 번뇌의 자성이 따로 있고, 그것을 해소하는 계정혜의 자성이 따로 있다고 보고 있기 때문이다. 그는 방편에 집착하는 성문과 연각이 걸었던 '미중미迷中迷'의 전철을 밟고 있다고 할 수 있다. 그런 점에서 여기에 견사혹의 멸진을 궁극의 깨달음으로 집착한 성문과 연각의 동의어에 해당하는 '미중미인迷中迷人'의 표현을 쓴 것은 퍽 흥미롭게 읽힌다.

다만 성철스님이 꼭 이런 점을 고려하여 그 문자적 표현을 바꾼 것은 아닐 수 있다. 번역에도 '미혹한 인간 중에 한층 더 미혹한 인간'이라고 옮겨져 있어 아주 미혹한 사람이라는 정도의 뜻을 전달하고 있다. '미중배인迷中倍人'이라는 원문을 윤문하는 과정에서 선가의 익숙한 관용어가 들어오게 된 경우가 아닐까 생각된다.

⑦의 '야也' 자는 단순 생략으로 한글 현토 '이니라'와 기능이 중복된

다는 점이 고려된 것이다.

【13-10】 圭峰이 摠①[總]判先悟後修之義曰②[云] 頓悟此性이 元無煩惱하며 無漏智性이 本自具足하야 與佛無殊하나니 依此而修者는 是名最上乘禪이며 亦名如來淸淨禪也라 若能念念修習하면 自然漸得百千三昧하나니 達磨門下에 展轉③[轉展]相傳④[者]은 是此禪也라하니 ⑤[則]頓悟漸修之義는 如車二輪하야 厥⑥[闕]一不可니라

선문정로 규봉이 선오후수先悟後修의 뜻을 총판摠判하여 말하였다. 차성此性이 원래로 번뇌가 없으며 무루無漏한 지성智性이 본연히 구족하여 불타와 더불어 차이가 없음을 돈오하여 이를 의지하여 수습修習하는 사람은 이를 최상승선最上乘禪이라 하며 여래청정선이라 명칭한다. 만약에 능히 염념念念에 수습하면 자연히 백천 삼매를 점점 획득하나니, 달마문하達磨門下에서 전전展轉하여 대대로 상전相傳하는 것이 곧 이 선禪이라 하였다. 그런즉 돈오와 점수의 2의二義는 승차乘車의 2륜二輪과 같아서 한 개도 없어서는 안 된다.

현대어역 규봉이 먼저 깨달은 뒤에 수행에 들어가는 도리를 전체적으로 말하였다. 이 자성에 원래 번뇌라는 것이 없으며 무루의 지혜 성품이 본래 저절로 완전히 갖추어져 있어서 부처와 다름이 없다는 것을 깨닫고 이에 의지하여 수행을 하는 것을 최상승선이라 하며 여래청정선이라고도 한다. 생각생각에 닦고 익혀 나간다면 자연스럽게 점차 백천 삼매를 얻게 될 것이니 달마의 문하에 대를 이어 전해진 것이 바로 이 선이라는 것이다. 그러므로 돈오점수의 도리는 마치 수

레의 두 바퀴와 같아 하나라도 빠져서는 안 되는 것이다.

[해설] 보조스님의 『수심결』은 문답체의 형식으로 이루어져 있다. 인용문 역시 하나의 질문에 대한 답변으로 나온 것이다. 보조스님은 이에 앞선 설법에서 청정하며 공적한 부처의 마음이 모든 중생에게 본래 갖추어져 있다는 점을 말한다. 나아가 그 이치에 대해 바른 견해를 내어 스스로 공감하는 차원이 되면 그것을 해오라고 한다는 점, 거기에는 계급과 순서가 없으므로 이를 돈오라 한다는 점 등을 밝힌다. 이 설법을 들은 뒤 다시 질문이 일어난다. '이러한 이치를 깨달으면 계급이 없다면서 어째서 깨달음 뒤의 수행을 통해 점차 물들이듯 닦고 점차 완성하게 된다고 말하느냐'는 것이다.

그러자 보조스님은 답변한다. 깨달음 뒤의 수행이 있기는 하다. 그렇지만 망념에 실체가 없으며 마음의 자성이 본래 청정하다는 것을 돈오했으므로 수행하는 입장이 전혀 다르다. 악을 끊기는 하지만 악을 끊는다는 생각이 없고, 선을 닦기는 하지만 선을 닦는다는 의식이 없기 때문이다.

이러한 답변에 이어서 바로 규봉스님의 말을 인용한 이 법문이 시작된다. 원래 규봉스님의 법문은 외도선, 범부선, 소승선, 대승선, 최상승선에 대한 것이었다. 이에 의하면 기대하는 바를 가지고 위를 좋아하고 아래를 싫어하는 마음으로 수행한다면 그것은 외도선이다. 인과를 바르게 믿기는 하지만 여전히 지향하고 극복하는 입장에서 수행한다면 그것은 범부선이다. 공空에 집착하는 마음으로 수행한다면 소승선이다. 자아에 실체가 없을 뿐만 아니라 진리라는 독립적 실체조차 없음을 알고, 인연으로 드러나는 진리를 깨닫고 수행한다면 그것은 대승선이다. 이에 비해 자기 마음이 본래 청정하며 애초에 번뇌라는 것 자체가 없다는 도리에 눈떠 수행한다면 그것이 최상승선, 여래청정선이다. 규봉스님의 이러한 5종선 분류는 선에 임하는 마음자세를 주된 판정 기준으로 삼고 있다. 그중 돈오점수, 즉 선오후수야말로 진정한 참선이라는 판단을 담고 있는 용어가 최상승선이다. 성철스님은 선오후수를 여래청정선, 달마정전이라고 한 규봉스님의 선언과 그것을 수용한 보조스님의 입장을 문제시한다.

성철스님의 입장에서 여래청정선은 구경각 이외의 다른 것이 될 수 없다. "미세망념이 멸진한 불지佛地의 무생법인을 정오正悟라 여래청정선이라 한다."[374]는 것이다. 원래 여래청정선이라는 표현은 『능가경』에서 온 것이다. 『능가경』에서는 선수행을 우부소행선愚夫所行禪, 관찰의선觀察義禪, 반연여선攀緣如禪 그리고 여래선如來禪의 네 부류로 구분한다. 이중 여래선은 "여래의 지위에 진입하여 본래의 부처지혜를 자각하여 공空삼매, 무원無願삼매, 무상無相삼매에 상주하면서 중생제도를 실천하는 일"[375]로 정의된다. 이 여래선이 곧 여래청정선이다. 여래의 지위에 들어가 여래로 살며 여래로서 실천하는 것이 여래청정선이라는 것이다. 6조스님도 이와 동일한 차원에서 여래청정선을 말한다.

> 도는 마음으로 깨닫는 것이지 앉는 일에 그것이 있겠습니까? 경전에서는 만약 여래가 앉고 눕는 것이라고 본다면 이것은 삿된 길을 걷는 것이라 했습니다. 왜 그럴까요? 오는 곳 없고 가는 곳 없으며, 태어남도 소멸함도 없는 바로 이것이 여래청정선이기 때문입니다. 일체의 현상에 실체가 없고, 움직임이 없으니 이것이 여래의 청정한

---

374 퇴옹성철(2015), p.281.
375 『楞伽阿跋多羅寶經』(T16, p.492a), "如來禪, 謂入如來地, 行自覺聖智, 三種樂住, 成辦衆生不思議事, 是名如來禪."

좌선입니다.[376]

마조스님도 6조스님과 같은 차원에서 여래청정선을 정의한다. 지혜의 해가 솟으면 번뇌의 어두움이 공존할 수 없는 것처럼 망상이 일어날 수 없으므로 좌선 수행조차 실천할 일이 없는 것이 여래청정선[377]이라는 것이다.

그러므로 6조스님이나 마조스님의 경우, 돈오와 여래청정선은 서로 통한다. 다만 여기에서 돈오가 눈을 뜨는 일인지, 전체 존재를 바꾸는 일인지가 문제가 된다. 성철스님은 한결같이 존재의 완전한 탈바꿈이 없다면 그것은 돈오라 할 수 없고, 여래청정선이라 할 수 없다는 입장을 견지한다.

인용문에 표시한 바와 같이 몇 곳에 글자의 변환이나 생략이 일어났다. ①에서는 '전체적 논의, 총괄적 논의'라는 뜻을 갖는 '총판總判'을 '총판摠判'으로 글자를 바꾸어 표기하였다. 특별한 의도는 발견되지 않는다. '총판總判'을 '총판摠判'으로 표기한 전적도 보이기 때문이다. 그러나 표준적인 표기인 '총판總判'으로 돌아가는 것이 적절해 보인다.

②에서는 '운云'을 '왈曰'로 바꾸어 표기하였다. '왈曰'은 직접화법의 표시에, '운云'은 간접화법의 표시에 쓰이는 경우가 많지만 두 글자는 통용관계에 있다. 그러므로 무의식중에 일어난 변환으로 보인다. 특별한 이유가 발견되지 않으므로 원전의 표기로 돌아가는 것이 적절할 것이다.

---

[376] 『六祖大師法寶壇經』(T48, p.359c), "道由心悟, 豈在坐也. 經云, 若見如來若坐若臥, 是行邪道. 何故, 無所從來, 亦無所去, 若無生滅, 是如來淸淨禪. 諸法空寂, 是如來淸淨坐."

[377] 『馬祖道一禪師廣錄』(X69, p.3b), "智慧日出, 不與煩惱暗俱. 了心及境界, 妄想卽不生. 妄想旣不生, 卽是無生法忍. 本有今有, 不假脩道坐禪, 不脩不坐, 卽是如來淸淨禪."

③의 '~한 것(者)'이나 ④의 '그러므로(則)'의 생략은 한글 현토와 의미상 중복되므로 생략한 것이다.

⑤의 '그 궐厥' 자는 '빠질 궐闕' 자의 오자이므로 바로잡아야 한다.

【13-11】 此頓漸兩門은 是千聖軌轍也니 ①[則]從上諸聖이 莫不先悟後修하며 因修乃證이니라

선문정로 이 돈오점수의 양문兩門은 곧 천성千聖의 궤철軌轍이니 종상從上의 제성諸聖이 선오先悟하여 후수後修하고 수습함을 인하여 증득하지 않음이 없느니라.

현대어역 돈오점수의 두 길은 모든 성인들이 걸었던 공통된 길이다. 그러므로 예로부터 모든 성인들이 다 먼저 깨닫고 나서 그 뒤에 수행하였고, 모두 수행을 통해 깨달았다.

[해설] 보조스님의 설법에서 가져온 인용문이다. '깨달았다고 하면서 어째서 신통변화를 발휘하는 사람이 없는가' 하는 질문에 의해 촉발된 답변의 일부이다. 여기에서 돈오돈수가 인정되기는 하지만 그것은 상근기에 속하는 일이고, 길게 보면 돈오점수에 속하는 것이라고 설명된다. 과거 여러 생에 걸쳐 돈오에 의지하여 점차 닦아 오다가 금생에 돈오돈수한 것이므로 실제로는 돈오점수라는 것이다. 위 인용문은 그 결론에 해당하는 문장이다. 핵심은 돈오점수가 모든 성인이 걸어온 공통의 길로서 예외가 없다는 점을 강조하는 데 있다. 돈오돈수도 길게 보면 돈오점수에 해당한다고 규정되기 때문이다.

성철스님은 돈오점수를 교학의 주장으로 본다. 그리고 교학의 점교

와 선종의 돈오를 대립적 관계로 보는 입장에서 만약 진정한 선종이라면 점수를 말해서는 안 된다고 강조한다. 선종의 닦음과 깨달음이란 결국 생각과 지향과 모양에 대한 집착을 완전히 내려놓는 일이다. 이것을 6조스님은 무념, 무주, 무상으로 표현하였다. 그런데 돈오점수는 생각이 있고, 지향이 있고, 모양에 대한 집착이 남아 있다. 요컨대 돈오점수는 해오에 기반하고 있으므로 생각의 차원을 벗어날 수 없다. 해오에 의미를 부여함으로써 그에 머무는 혐의가 있다. 단계를 설정했으므로 모양에 묶여 있다. 그래서 성철스님은 "해오에 기초한 돈오점수가 교가에는 금과옥조가 되겠지만 선문에는 비상짐독이 된다."[378]라고 단언하는 것이다.

성철스님은 보조스님에게서 발원하여 조선시대 불교를 관통한 선교일치적 전통이 선종의 특장점을 훼손시켜 왔다고 본다. 이에 임제선, 그중에서도 순수한 간화선의 수행 전통을 새롭게 정립하고 그것을 바르게 실천하는 길을 제시하고자 한다. 그 과정에서 돈오점수와 같이 유심의 혐의가 드는 일체의 논의를 배격한 것이다.

성철스님이 제시하는 화두참구는 강력하고 순수한 무심의 실천으로 밀고 나가는 동력원이 된다. 여기에는 경전뿐만 아니라 화두의심을 일으키는 공안 자체까지 내려놓는 철저함이 요구된다. 대혜스님이 단언한 바와 같이 공안에서 의심을 일으킨다 해도 그것은 삿된 마구니의 권속이다. 대혜스님이 이렇게까지 극언하는 것은 분별적 생각의 범주에 속하는 것들은 그 자체가 무심의 실천에 장애가 된다고 보았기 때문이다. 성철스님이 말하는 선문정로, 혹은 달마정전은 대혜스님의 이러한 수증론과 직접 연결되어 있다.

---

[378] 퇴옹성철(2015), p.282.

인용문의 ①과 같이 '곧', '그러므로'의 뜻을 갖는 접속사 '즉則' 자가 생략되었다. '~니'라는 한글 현토를 통해 예로부터의 모든 성인이 동일하게 걸었던 '길이므로'라는 뜻이 충분히 표현되었다는 점을 고려한 생략일 수 있다. 그런데 번역문을 보면 '곧 천성千聖의 궤철軌轍이니'와 같이 '즉則'이 '곧'으로 번역되어 있다. 생략할 뜻이 없었음을 확인할 수 있다. 편집상의 오류로 보이며 복원해야 한다.

【13-12】 頓悟漸修는 深諧敎理요 ①[首楞嚴經云, 理雖頓悟, 承悟倂消. 事在漸修, 依次第盡. 如大海猛風頓息, 波浪漸停. 猶孩子諸根頓生, 力量漸備. 似曦光之頓出, 霜露漸消. 若卽文之頓成, 讀有前後. 或]頓悟頓修는 正當宗鏡이니라
②明鏡이 本來淨이라 何用拂塵埃리오하니 此是六祖가 直顯本性하야 破其漸修니라

선문정로 돈오점수는 교리에 심심甚深히 해당하고, 돈오돈수는 ③종경宗鏡 즉 선종에 진정 적당하니라.
④명경이 본래 청정한지라 어찌 진애塵埃를 불식拂拭할 필요가 있으리오 하였으니, 이는 6조가 본성을 직현直顯하여 그 점수漸修를 타파함이니라.

현대어역 돈오점수는 교가의 이치에 딱 들어맞는다. [『수능엄경』에서 말하길, 이치상으로는 돈오로서 깨달음과 함께 모두 소멸하지만, 실천적으로는 점수로서 차례에 따라 멸진한다고 했다. 큰 바다에 거센 바람이 단번에 그쳐도 파도는 점차 멈추는 이치와 같고, 어린아이의 모든 신체기관이 단번에 생기지만 그 역량은 점차 갖추어지는 이

치와 같다. 햇빛이 단번에 나오지만 서리와 이슬이 점차 마르는 일과 같고, 즉석에 지은 글(卽文)이 단번에 이루어지지만 읽는 데 앞과 뒤가 있는 것과 같다. 어쩌면] 돈오돈수는 한마음을 핵심으로 하여 만법을 거울처럼 비추어 보는 일(宗鏡)에 바로 해당한다.
'밝은 거울은 본래 깨끗한데 먼지를 떨어낼 필요가 있는가'라고 했다. 이는 육조가 본래 자성을 곧바로 드러내어 점차적 닦음을 파기한 것이다.

[해설] 돈오점수는 교가의 설이며, 돈오돈수는 선가의 설이라는 것을 밝히고자 인용한 문장이다. 영명연수스님은 『종경록』에서 돈오점수에 대해서는 『능엄경』, 돈오돈수에 대해서는 징관스님의 『화엄경소초』의 문장379을 인용하여 논의를 전개한다. 돈오점수에 대한 『능엄경』의 논의는 현대어역에 옮겨진 괄호 속의 문장과 같다. 돈오돈수에 대한 징관스님의 논의에 대해서는 약간의 설명이 필요하다. 우선 징관스님은 『화엄경』 「세주묘엄품」의 주림신이 성취한 해탈문에 대해 다음과 같은 해석을 내놓는다.

지혜가 만법에 통하므로 보문이라 하고, 대상경계로 인한 번뇌가 일어나지 않으므로 청정이라 했다. 깨달음은 햇빛과 같아 법계를 단번에 두루 비추고, 공부는 거울을 닦는 일과 같아 설법과 지혜가 점차 밝아진다. 밝음은 본래 밝음이고, 점차는 완전함에 기반한 점차(圓漸)이다.380

---

379 『大方廣佛華嚴經隨疏演義鈔』(T36, p.164c).
380 『大方廣佛華嚴經疏』(T35, p.554b), "五, 智通萬法, 是曰普門, 客塵不生, 故曰淸淨. 悟如日照, 頓周法界, 功如拂鏡, 說智漸明. 明是本明, 漸爲圓漸."

주림신이 성취하는 지혜의 특징을 햇빛과 구리거울을 닦는 일에 비유하고 있다. 햇빛과 같이 단번에 세상을 비추므로 돈頓이고, 구리거울과 같이 거듭 닦아야 완전히 밝아지므로 점漸이다. 그러나 단순한 점차가 아니고 원점圓漸이다. 실상의 이치를 바로 보았다는 점에서 처음이나 궁극이나 차이가 없으므로 원圓이다. 그렇지만 실제적으로는 완전히 상응하지 못하였으므로 수행을 통해 점차적으로 나아가야 한다. 그래서 점漸이다.[381] 화엄에서는 이러한 원점圓漸의 원리를 돈오점수의 논의에 적용한다. 여기에서도 징관스님은 돈과 점의 원리에 대해 상세한 설명을 추가하고 있다.

성철스님은 ①과 같이 돈오점수의 최초 출전이 되는 『능엄경』의 문장을 생략하였다. 이치상으로는 돈오이지만 구체적 실천에 있어서는 점차 닦아 차례대로 멸진한다는 내용이다. 그것을 이미 언급하기도 했거니와 돈오점수는 교가의 법, 돈오돈수는 선가의 법이라는 간명한 주장을 드러내는 데 언급할 필요가 없는 구절로 보았기 때문이다.

②와 번역문 ④는 별도로 인용된 두 개의 문장인데, 2015년 본은 행을 바꾸지 않고 한 인용문으로 배치했다. 1981년 초판본이나 1993년 본까지 두 개의 문장이었던 것이 2006년 본에 바뀌어 현재에 이르고 있다. 바로잡아야 한다. 다만 우연한 편집 오류로 보이기는 하지만 한 문장으로 처리한 2006년 본이 전혀 근거가 없는 것은 아니다. 이 문장은 원래 다음과 같은 문장을 중간에 두는 하나의 문장이었기 때문이다.

화엄종에서는 깨달음은 햇빛이 비추는 일과 같다고 비유하면서 이는 해오와 증오로서 모두 돈에 속한다고 했다. 또 구리거울을 닦는

---

[381] 『妙法蓮華經玄義』(T33, p.796a), "圓漸者, 初入此圓, 同觀三諦, 見實相理, 初後無殊. 然而事中修行, 未能盡備, 復須研習, 據初入圓, 故名爲圓. 進修上行, 復名爲漸."

것에 비유하기도 하는데 한 번에 두루 닦아지지만 밝히고 깨끗하게 함에는 점차가 있다고 했다. 이를 논하면서 밝음은 본래 밝음이고, 점차는 원점圓漸이라 했는데, 밝음은 본래 밝음이지만 거울을 닦는 것은 아무래도 단번에 일어나는 일은 아니라고 하고 있다.[382]

여기에서 영명스님은 돈오돈수가 자신의 취지에 딱 들어맞는다는 점을 밝히면서 그 논거로 화엄종의 설을 제시하고 있다. 그것은 "선은 달마를 따르고, 교는 현수를 따른다.(禪尊達磨, 敎尊賢首.)"는 『종경록』의 저술 방침이 드러난 현장이기도 하다. 영명스님의 수증론은 화엄의 원돈 사상과 선의 돈오론을 결합한 것이다. 그렇기 때문에 화엄종과의 친연성이 두드러지게 나타난다.

성철스님은 이러한 내용의 문장은 취하지 않고 점수를 비판한 6조스님의 설만을 인용하여 별도의 인용문으로 삼았다. 성철스님이 분명히 하고자 하는 것은 "달마의 법에는 돈頓만 있을 뿐 점漸이 있을 수 없다."[383]는 것이다. 성철스님은 영명스님이 선교일치의 입장에 서 있음에도 불구하고 그 내용을 적극 인용한다. 다만 위와 같이 동의할 수 없는 차이가 보이는 부분에 대해서는 언급하지 않는 방식을 취한다. 그럼에도 이것은 규봉스님에 대해 부정적 입장을 일관했던 것과 대조된다. 같은 선교일치라 해도 영명스님의 종지가 선에 있다고 보았기 때문이다. 성철스님은 영명스님을 선이라는 용광로에 화엄, 유식, 천태 등의 다양한 교학을 녹여낸 선사로 보았던 것이다.

그래서 번역문에 ③으로 표시한 바와 같이 '종경宗鏡'을 선종과 동의

---

[382] 『宗鏡錄』(T48, p.626c), "如華嚴宗, 取悟如日照, 卽解悟證悟, 皆悉頓也. 又如磨鏡, 一時遍磨, 明淨有漸. 今論, 明是本明, 漸爲圓漸. 明是本明者, 恐謂拂鏡非頓."
[383] 퇴옹성철(2015), p.284.

어로 번역하였다. '종경宗鏡'이 그 뜻에 있어서 바로 선종과 등치되는 것은 아니다. 양걸楊傑은 『종경록』의 서문에서 종경宗鏡에 대해 "한마음을 종취로 삼고(宗) 만법을 비추는 거울로 삼는다(鏡)."라고 설명한다. 한마음을 거울로 보는 것이 불교의 핵심이라는 것이다. 그래서 문자적으로 보자면 종경이 곧 선종으로 등치되지는 않는다. 그러나 성철스님은 영명스님을 정통 선사로 보았기 때문에 종경을 바로 선종으로 번역하였다.

【13-13】 迷人은 ①[卽]漸契하고 悟人은 頓修니라
自性自悟하야 頓悟頓修하야 亦無漸②[次]니라

선문정로 미혹한 인간은 점점 계합契合하고 오달悟達한 고인高人은 돈연頓然히 수단修斷한다.
자성으로 자오自悟하여 돈오하고 돈수하여 또한 지위점차地位漸次가 없느니라.

현대어역 미혹한 사람은 점차적으로 계합하고자 하고, 깨달은 사람은 당장 깨달음을 닦는다.
자성은 스스로 깨닫는 것이며, 지금 당장 깨닫고 지금 당장 닦는 것이므로 점차적 단계가 없다.

[해설] 6조스님은 지역의 관리였던 위거의 청법으로 최초의 설법을 하면서 돈오돈수의 길을 제창한다. 그 설법의 맥락은 이렇다.

여러분! 진리에는 당장 깨닫는다거나 점차 닦는다거나 하는 구분이 없습니다. 다만 사람에게는 영리함과 우둔함의 차이가 있습니다.

미혹한 사람은 점차적으로 계합하고자 하고, 깨달은 사람은 당장 깨달음을 닦습니다. 저절로 그러한 본래의 마음을 알면 본래의 자성을 보게 됩니다. 깨닫고 보면 원래부터 차별이 없습니다. 그러나 깨닫지 못하면 무수한 겁을 윤회하게 됩니다.[384]

6조스님이 돈오돈수의 길을 제창했다는 것은 누구나 동의하는 바이다. 그런데 위의 구절은 보기에 따라서 돈오와 점수를 함께 인정하는 말로 이해될 수도 있다. 사람에게 영리함과 우둔함의 차이가 있어서 조건에 따라 돈오와 점수의 길이 갈린다고 말하고 있기 때문이다. 영리한 사람은 돈오의 길을, 우둔한 사람은 점수의 길을 걷게 된다는 것이다. 그렇다고 해서 이것이 우둔한 사람은 점수의 길을 걸어야 한다는 뜻으로 해석되어도 좋다는 말인가? 물론 객관적으로 보자면 깨달음에 이르기까지 점차적 수행의 과정이 있는 것처럼 보인다. 그래서 돈오점수론의 입장에서는 6조스님 역시 여러 생에 걸친 점수의 과정이 있었기에 돈오가 가능했다고 말한다. 그러나 아무리 보아도 6조스님은 점수의 길을 인정하지 않았다. 미혹한 사람은 점수의 길, 깨달은 사람은 돈오의 길을 걷는다고 분명히 밝히고 있기 때문이다. 점수는 미혹의 길이고, 돈오는 깨달음의 길이라는 것이다.

6조스님은 지금 당장 깨달음을 실천하도록 몰아붙이는 입장에서 법을 설하였다. 깨달음이 무엇인지 설명하는 일에는 도무지 관심이 없다. 배고픈 사람에게 종일 음식 이야기를 해봐야 허기가 해결되지 않는다. 돈과 점의 다양한 조합을 통한 설명들이 바로 음식 이야기에 해당한

---

[384] 『南宗頓教最上大乘摩訶般若波羅蜜經六祖惠能大師於韶州大梵寺施法壇經』(T48, p.338b), "善知識, 法無頓漸, 人有利鈍. 迷即漸契, 悟人頓修, 識自本心, 是見本性. 悟即原無差別, 不悟即長劫輪迴."

다. 이에 비해 6조스님은 배가 고프다면 지금 당장 이 앞에 차려진 음식을 먹으라고 가르친다.

요컨대 교학의 점수설법과 6조스님의 돈오설법은 서로 다른 차원에서 나온 말이다. 차원이 다르므로 충돌하지 않는다. 교학적으로는 궁극적 깨달음에 이르기까지의 지위점차를 말할 수 있다. 석가족의 한 태자가 수행을 하여 성불하여 석가모니가 되었다. 거기에는 미혹한 시기가 있었고, 점차적 닦음이 있었으며, 깨달아 부처가 되는 일이 있었다. 이에 대해 돈과 점의 개념을 이리저리 조합하여 어떻게 말해도 모두 이치에 틀리지 않을 수 있다. 깨달음에 대해 돈오돈수, 돈오점수, 점수점오, 점수돈오 등으로 어떻게 설명해도 각 측면에서 그 말이 성립할 수 있다는 말이다.

그렇지만 6조스님은 지금 당장 깨달음을 실천하는 일에만 관심이 있었고 우리에게도 그것만을 요구했다. 수행을 통해 깨달음에 이르겠다는 생각을 하는 순간, 깨달음은 어떤 특별한 것이 되어 버린다. 어떤 경우이든 특별한 무엇을 설정하고 그것을 향해 나아가고자 한다면 모양에 갇힌 수행이 된다. 그것은 마치 눈을 가리고 연자방아를 끄는 나귀와 같다. 자신은 열심히 앞으로 나아간다고 생각하지만 제자리 돌기를 반복하며 윤회의 궤도를 벗어나지 못하게 되는 것이다.

진정한 수행자라면 당장 이 자리에서 이 깨달음을 닦아야 한다. 나와 대상, 미혹과 깨달음을 분별하는 관념의 유희를 멈춰야 한다. 그리하여 밖이나 안에서 별도의 부처를 구하지 않고, 지금 당장의 이 마음, 지금 당장의 이 현장이 바로 부처임을 확인하고 안심하는 일이 있어야 한다. 이 '지금 당장'에는 시간이 개입하지 못한다. 시간이 없으므로 닦음을 통해 깨달음을 얻는다는 생각이 들어설 자리가 없다. 오직 이 순간에 깨닫는 일만 있을 수 있기 때문이다. 그래서 6조스님이 말하는 지금 당장의 깨달음(돈오)과 지금 당장의 닦음(돈수)은 같은 말이 된다.

돈오법문의 핵심은 지금 당장 부처를 깨닫고 지금 당장 부처를 보는데 있다. 왜 지금 당장 깨달아야 하는가? 지금 당장의 이 인연이 부처가 현전한 자리이기 때문이다. 이 자리에 드러난 부처를 보는 일이므로 지금 당장이라야 한다. 눈앞의 이것을 버리고 별도의 부처를 이루기 위해 수행을 한다면 그것은 모래를 눌러 기름을 짜려는 일과 같고, 머리에게 눈과 얼굴을 보라고 요구하는 일과 같다. 그 일은 결코 일어날 수 없다. 성철스님은 이러한 맥락에서 "점문은 미혹한 이들의 경계이지 깨달은 이의 경계는 아니다."[385]는 점을 보여주기 위해 이 문장을 인용하였다.

인용문은 돈황본 『육조단경』에서 가져온 것이다. ①의 '미혹한 사람은 점차적으로 계합한다(迷人漸契)'는 구절은 원래 돈황 필사본에는 '밝으면 점차를 권한다(明卽漸勸)'로 되어 있었다. 오자일 가능성이 높다. 이것을 성철스님은 『돈황본 육조단경』[386]에서 '미혹하면 점차로 계합한다(迷卽漸契)'로 교정하였고, 『선문정로』에서는 다시 '미혹한 인간은 점점 계합한다(迷人漸契)'로 수정하였다.

『선문정로』와 동일한 문장은 '혜흔본惠昕本'에 보인다. 앞의 '~하다면 곧'의 뜻을 갖는 '즉卽'으로 연결된 문장은 읽기에 따라서 점차적 계합을 인정하는 의미로 독해될 수 있다. 이에 비해 혜흔본이나 『선문정로』의 교정된 문장은 미혹한 사람과 깨달은 사람을 분명하게 나누고 있어 그 낮추고 높이려는 의도가 분명히 드러난다. 번역문도 '미혹한 인간은 점점 계합契合한다'고 옮겨져 있다. 그 낮추고 부정하는 의도를 분명히 드러낸 것이다. 한편 종보본宗寶本 『육조대사법보단경』 등의 유통본에는

---

[385] 퇴옹성철(2015), p.285.
[386] 퇴옹성철,『돈황본 육조단경』, 장경각, 1988, p.126.

"미혹한 사람은 점차 닦고, 깨달은 사람은 당장 깨달음에 계합한다."[387] 와 같이 닦음(修)과 계합(契)의 자리가 바뀐 경우도 있어 주목을 요한다.

②의 '점차漸次'에서 '차次' 자가 빠져 있다. 번역문에 '지위점차地位漸次가 없느니라'로 되어 있으므로 편집 과정에서 탈락된 것이다. 1981년 초판본과 1993년 본에 바로 되어 있었으나 2006년 편집 과정에서 탈락되어 2015년 본으로 이어진 것이 확인된다. 교정해야 한다.

【13-14】 頓悟頓修①[者]는 此說上上智니 根性②欲[樂]欲이 俱勝하야 一聞千悟하야 得大摠持하야 一念不生하야 前後際斷하느니라 ③斷障은 如斬一綟絲하야 萬條를 頓斷하며 修德은 如染一綟絲하야 萬條를 頓④染[色]也라. 此人三業은 唯獨自明了하야 餘人所不見이니 且就事跡而言⑤[之]컨대 如牛頭融大師之類也니라

선문정로 돈오돈수라 함은 이는 상상지上上智를 설함이니, 근성根性과 낙욕樂欲이 전부 수승하여 일문一聞하면 천오千悟하여 대총지大摠持를 증득하여서 일념도 불생하여 전후제前後際가 돈단頓斷한다. 장혹障惑을 단제斷除함은 일려사一綟絲를 참단斬斷하는 것과 같아서 만조萬條를 일시에 돈단頓斷하며, 성덕聖德을 원수圓修함은 일려사一綟絲를 ⑥염색, 만조萬條를 일시에 돈색한다.⑦[돈색함과 같다.] 이 사람의 3업三業은 유독히 명료하여 타인은 엿보지 못하나니, 또한 사적상事跡上에서 논하면 우두융대사牛頭融大師의 유類이다.

현대어역 돈오돈수라 하는 이것은 최상의 지혜를 말하는 것이다. 근

---

[387] 『六祖大師法寶壇經』(T48, p.353a), "迷人漸修, 悟人頓契."

본 성품과 의욕이 모두 뛰어나서 한 번 들으면 일체법의 핵심을 알아 그대로 실천하는 차원을 깨닫는다. 한 생각도 일어나지 않고 앞뒤가 단번에 끊어져 버린다. 장애가 되는 미혹을 끊는 일에 있어서는 마치 한 타래의 실을 끊듯이 만 가닥을 단번에 끊는다. 부처의 덕을 닦는 일에 있어서는 마치 한 타래의 실을 물들이듯이 만 가닥을 단번에 물들인다. 이런 사람은 실천과 말과 마음씀이 특별히 명료하여 다른 사람이 엿볼 수 없다. 또한 사례를 들어 말하자면 우두법융대사와 같은 이들이다.

[해설] 규봉스님은 돈오돈수가 크게 보면 돈오점수에 속한다고 판정한다. 현재의 삶에서 보자면 돈오돈수처럼 보이지만 숙세의 차원까지 포함하면 다생의 훈습으로 발현된 것388일 수밖에 없다는 것이다. 그러므로 진정한 수행은 오직 돈오점수밖에 없다고 하는 것이다. 그러면서 그 전형으로 우두스님을 제시하고 있다.

성철스님은 한 생각도 일어나지 않고 앞뒤가 끊어진 무심경계의 성취와 돈오돈수의 모델을 우두스님에게 한정한 것에 논리적 파탄이 있다는 점을 드러내기 위해 이 문장을 인용하였다.

우두스님은 4조스님의 법을 받았다는 설이 있을 정도로 선종사에 있어서 중요한 인물이다. 우두종의 설에 의하면 4조스님이 그 깨달음을 인증하였지만 법의 계승자로 삼지는 않았다. 한 사람에게만 법을 전하는 전통이 있었고, 당시 이미 홍인스님을 5조로 선포한 뒤였기 때문이다. 그래서 4조스님은 우두스님에게 직접 종파를 세우도록 권했다는

---

388 『禪源諸詮集都序』(T48, p.408a), "然上皆只約今生而論, 若遠推宿世則唯漸無頓, 今頓見者, 已是多生漸熏而發現也."

것이다. 4조스님과 우두스님 간에 실제로 이러한 사승 관계가 있었는지에 대해서는 회의적으로 보는 학자들이 많다. 우두종에서 그 종교적 권위를 세우기 위한 가탁일 가능성이 농후하다는 말이다.

여기에서 규봉스님은 자신의 스승 신회스님을 제7조로 주장하는 입장이다. 신회스님의 정통성을 주장하려면 당대의 여러 선사들에 대한 판정이 필요하다. 그래서 당시에 선풍을 드날리고 있던 문파를 7개로 정리하여 평가한다. 그에 의하면 신수스님에게 시작된 '먼지 떨어내는 파(拂塵看淨, 方便通經)', 신라 스님 정중사 김화상이 제기한 과거를 기억하지 말고, 미래를 염려하지 말며, 지혜와의 상응을 잊지 말 것을 수행 과제로 삼는 '세 마디 파(三句用心, 爲戒定慧)', 거사 진초장陳楚章이 이끈 '교학·수행 방기파(敎行不拘而滅識)', 마조스님을 대표로 하는 '모든 일 진리파(觸類是道而任心)', 우두스님을 대표로 하는 '본래 공한 파(本無事而忘情)', 남산 염불선종의 '향을 전하는 파(藉傳香而存佛)', 그리고 마지막으로 이들의 장점을 고루 갖춘 신회스님 계열의 '공적영지파(寂知指體, 無念爲宗)'의 선수행 그룹이 있었다.

이 중 우두스님은 일체의 감정과 의지를 내려놓는 수행을 제안한 '본래 공한 파'에 속한다. 규봉스님은 감정과 의지를 내려놓고 무심의 도리를 닦았던 우두스님을 돈오돈수의 모델로 꼽는다. 그런데 한편으로는 그를 『원각경』에서 말하는 '의식적 작위(作), 멈춤(止), 방임(任), 절멸(滅)'의 네 가지 선병 중 멈춤의 병(止病)에 걸려 있다고 판정한다. 모든 마음을 영원히 쉼으로써 고요하고 평등한 자성을 체득하겠다는 지향을 세우는 병통에 걸려 있다는 것이다. 또한 마조스님을 방임의 병(任病), 진초장 거사를 절멸의 병(滅病)으로 판정한다. 신회스님만이 제반 병통을 벗어났음을 말하기 위한 교판적 논의에 속한다. 그러니까 우두스님이 최고의 지혜를 갖추어 돈오돈수를 실천할 수 있었다는 이 인용문과 병통의 판정에는 자기모순의 경향조차 있다.

성철스님은 우두스님에 대한 규봉스님의 판정에 동의하지 않는다. 우두스님의 무심이 제8마계에 속한다는 것이다.

달마문하 5가7종의 대종사치고 '일념불생 전후제단一念不生 前後際斷'의 무심경계를 거치지 않고 견성한 이는 한 분도 없다. 또한 승묘경계인 '일념불생 전후제단'의 무심경계마저 제8마계라 하여 다시 그 자리에서 크게 깨치고 크게 살아나야 정안종사라 하였다.[389]

규봉스님은 한 생각도 일어나지 않고 앞뒤가 끊어진 경계를 성취한 경우를 우두스님 외에 찾아보기 드물다고 보았다. 이에 대해 성철스님은 그것이 선종의 기본이라고 강조한다. 성철스님은 이를 통해 규봉스님이 선수행에 있어서 실천적 체험이 부족했음을 지적한다.

나아가 우두스님에 대해서는 "4조 문하의 우두융 대사가 설법은 종횡무진으로 하였지만 향상일로의 문빗장(向上關捩子)은 몰랐다."는 황벽스님의 말로 비판을 대신한다. 인용문에 표시한 바와 같이 생략, 대체 등이 행해졌다.

①의 '자者' 자를 생략하였는데 의미상의 변화가 없는 단순 생략에 해당한다.

②의 '욕욕欲欲'은 '낙욕樂欲'의 오자이다. 낙욕은 '원하다', '욕망하다'는 뜻이다. 번역문에도 '낙욕樂欲'으로 옮겨져 있다. 1981년 초판본에 바로 되어 있던 것이 1993년에 가로쓰기로 바꾸면서 일어난 오류이다. 교정해야 한다.

---

[389] 퇴옹성철(2015), pp.287-288.

③에서는 협주를 본문으로 편입하여 인용하였다. 한 생각도 일어나지 않아 앞뒤가 끊어지는 무심에 대한 비유를 버리기 아까웠기 때문으로 보인다. 한 묶음의 실타래를 끊으면 만 가닥의 실이 단번에 끊기고, 한 묶음의 실타래를 물들이면 만 가닥의 실이 단번에 물든다는 이 말은 돈오돈수에 대한 절묘한 비유이기도 하다.

④의 '염染'은 원문의 '색色'을 대체한 것이다. '염染'이 물들인다는 뜻을 더 잘 표현한다고 보아 윤문한 것일 수 있다. 다만 번역문에는 '만조萬條를 일시에 돈색頓色한다'라고 원문대로 번역되어 있다. 변환의 의도가 없었으므로 원래의 글자로 돌아가야 한다.

⑤의 '지之' 자는 단순 생략이다.

번역문 ⑥의 '염색'이라는 번역문이 자연스럽지 않다. 동일한 구조를 갖는 앞의 문장을 참고한다면 '염색하는 것과 같아서' 정도의 번역문이 와야 할 자리이다. 초판본의 교정 지시에 따라 ⑦의 '돈색함과 같다'로 '여如'를 번역할 수도 있다. 원융스님의 필적으로 된 교정 지시이므로 이것을 따르는 것이 적절할 것 같다.

【13-15】 各各反照하야 有病卽治요 無病勿藥이니라

선문정로 각각 반조反照하여 보아서 유병有病하면 치료하여야 하고 무병無病하면 용약用藥할 필요가 없느니라.

현대어역 각자 돌이켜 비추어 보아 병이 있으면 바로 치료하고 병이 없으면 약을 쓰지 말아야 한다.

[해설] 규봉스님의 논의에서 가져왔다. 돈오 이후 진정한 무심을 실

천하고 있는지 돌이켜 보아 탐진치의 마음이 남아 있다면 그것을 치료하는 점수의 실천에 매진하여야 한다는 내용이다. 규봉스님이 말하는 점수의 실천이란 무엇인가? 뜻과 마음을 허공처럼 하며 거듭하여 반야지혜의 비춤으로 돌아가는 것이 병을 고치는 실천방안이라는 것이다.

그런데 진정한 무심에 도달했다면 약을 쓸 필요가 없다. 6조스님이 말한 것처럼, 부처님이 일체의 법을 설하신 것은 일체의 마음을 제도하기 위한 것이다. 자신에게 일체의 마음이 없다면 일체의 법이 필요 없게 된다.[390] 그렇지만 습관의 기운이 남아 있다면 그에 맞는 처방을 해야 한다. 규봉스님은 처방의 핵심이 돌이켜 비춤(진맥)과 무심의 실천(치료)에 있다고 보았다. 분노의 마음이 일어난다면 그 욕하고 미워하는 마음이 없도록 하는 처방이 필요하다. 탐욕의 마음이 일어난다면 그 추구하여 얻고자 하는 마음이 없도록 하는 실천이 필요하다. 다른 사람들의 부귀영화를 질투하거나 내가 더 낫게 되기를 바라는 마음이 없도록 해야 한다. 이렇게 실천하여 하루 24시간 걱정하는 마음, 두려워하는 마음, 멸시하는 마음이 없다면 이것이 바로 일체의 마음이 없는 것이며 이것이 수행이라는 것이다. 그리하여 마음에 거슬리거나 흡족한 상황 등 어떤 경우에도 탐욕과 분노, 애착과 미움의 마음이 일어나지 않게 되었다면 그것을 득도得道라 한다는 것이다.

성철스님은 이 말을 긍정한다. 그러면서도 깨달은 뒤에 망상을 하나하나 끊는 것을 보임이라 할 수 없다는 점을 분명히 한다. 이처럼 견성한 이후에 닦음이 필요하다는 관점을 비판하기 위해서 이 문장을 인용하였다.

---

[390] 『禪源諸詮集都序』(T48, p.411b), "六祖大師云, 佛說一切法, 爲度一切心. 我無一切心, 何須一切法."

【13-16】 彼宗①(馬祖)은 於頓悟門엔 雖近而未的이요 於漸修門엔 有誤而全乖니라

선문정로 마조는 돈오문頓悟門에는 비록 근사하나 적당치 못하고 점수문漸修門에는 착오하여 전연 괴려乖戾되었다.

현대어역 홍주종은 돈오문에 가깝기는 하지만 딱 맞지 않고, 점수문에는 오류가 있어 완전히 어긋나 있다.

[해설] 규봉스님의 시대에 중국의 선수행 지형은 크게 나누어보자면 마조선을 실천하는 남방의 홍주종, 우두선을 따르는 우두종, 신회를 종조로 하는 하택종으로 3분되어 있었다. 하택종에 속했던 규봉스님은 자신들과 경쟁 관계에 있었던 마조의 홍주종에 대해 크게 비판하는 입장이었다. 규봉스님에 의하면 마조선은 만나는 모든 것이 도이므로 마음 가는 대로 맡기는 길을 제시한 유파였다. 마조선의 수증론은 선으로는 육조선을 계승하고, 교학으로는 『능가경』의 여래장사상에 근원을 두고 있다. 이에 의하면 여래장은 선과 악을 포함한 일체가 여래장의 표출이다. 그러므로 마음을 일으키는 일, 생각을 움직이는 일, 손가락을 튕기고 기침 소리를 내는 일, 눈썹을 치켜올리고 눈을 깜박이는 일 등이 모두 부처의 일이다. 그러므로 일부러 수행을 하겠다는 마음을 낼 필요가 없다고 보았던 것이다.

이에 대해 규봉스님은 마조선이 탐진치와 자비행을 구분하지 못한다고 비판한다. 원리적 측면에서 보면 모든 물이 습기로 이루어져 있다고 말해도 되지만, 상황적 측면에서는 그 물이 배를 띄우기도 하고 배를 뒤집기도 한다는 점을 고려해야 하는데 마조선에는 그것이 없다는 것

이다. 그래서 점수의 길을 전혀 제시하지 못하는 오류에 빠졌다는 것이 이 인용문이 전하는 맥락이다.

성철스님은 규봉스님이 분별적 견해에 빠졌다고 비판한다. 규봉스님과 같은 차원에서는 결코 '마조의 원증심경圓證深境을 이해할 수 없다'는 것이다. 규봉스님은 중국 불교사의 대표적 불교이론가이고, 마조스님은 별도의 저술이 없이 약간의 대중설법과 법문답의 기록만 남아 있는 전형적인 선승이다. 그럼에도 규봉스님이 돈오점수의 전형으로 꼽았던 하택종은 규봉의 대에서 소멸한다. 이에 비해 마조선은 백장스님을 필두로 하는 88명의 대선사를 배출하였으며 이후 중국선의 주류가 된다. 왜 하택종은 소멸하고 마조의 홍주종은 번성했을까? 성철스님은 그 이유가 해오점수를 통해 견성성불할 수 있다는 그 이론 자체에 있다고 보는 것이다.

①은 지시사 '피彼'가 마조를 가리킨다는 주석이다. 번역문이나 해설을 통해 밝힐 수 있음에도 불구하고 한문으로 된 주석을 삽입했다. 한문 문장의 권위가 힘을 발휘하던 문자 환경과 관련이 있다.

【13-17】 且悟證之跡도 尙不容①[存]於心이어늘 何況信解리오 純是情見이니 其於至道之體에 愈親而愈踈하고 益近而益遠하야 ②[且]自未能會于③[乎]道어니 安④[有]能使人會道之理哉아

선문정로 또한 철오徹悟하여 실증實證한 형적形跡도 오히려 심중心中에 용납하지 않거든 하물며 신해信解리오. 순전히 이는 식정망견識情妄見이니 그 지도至道의 본체에 친하려 할수록 더욱 소疎하여지고, 근近하려 할수록 더 원격遠隔하여진다. 그리하여 자신도 대도를 회통하지 못하였는데 어찌 타인으로 하여금 회통케 하리오.

현대어역 깨달음의 흔적조차 마음에 남는 것을 용납하지 않는데 하물며 믿음과 이해는 어떻겠는가? 그것은 순전히 의식이나 감정에 따른 견해로서 그 궁극적 진리의 본체에 친하고자 할수록 더욱 소원해지고, 가까이하고자 할수록 더욱 멀어지는 것이다. 또한 스스로 진리에 계합하지 못하였는데 어떻게 남들로 하여금 진리에 계합하게 할 수 있는 이치가 있겠는가?

[해설] 중봉스님의 법문에서 가져왔다. 선종은 당송대에 황금기를 맞게 되는데 특히 송대에는 산림의 선사들이 주류문화 속에서 활약하는 국면이 펼쳐진다. 그로 인해 선종의 영향력이 확대되었음은 물론이다. 그런데 이 과정에서 문자선이 일어나 선의 진면목을 상실해 버리는 부작용이 심상치 않았다.

원대에도 그러한 분위기는 여전하였는데 중봉스님만은 그렇지 않았다. 그는 황제에게 국사로 책봉되는 등 남다른 사회적 명예를 누렸음에도 자신에게 쏟아지는 종교적·세속적 영예와 지위를 극력 사양하거나 회피하는 입장을 취하였다. 그저 작은 배나 암자를 거주처로 삼아 머무는 그곳을 환주암幻住庵이라 부르면서 납승의 본분을 지키고자 하였다. 그러자 그를 존경하는 이들이 문제를 제기한다. "큰 사찰에 주지로 머물면서 널리 법을 펼치는 것 또한 부처님의 제자로서 감당해야 할 큰 임무다. 작은 절개에 지나치게 집착하여 임무를 회피한다면 그 또한 문제가 아닌가." 하는 것이었다. 이에 중봉스님은 주지가 갖추어야 할 조건으로 도력, 인연의 힘(緣力), 지혜의 힘(智力)의 세 가지를 들면서 그 이유를 이렇게 말한다.

나는 부처와 조사의 도에 깨달음(悟證)이 부족하여 그저 말이나 문자로 표현된 것들을 깊이 믿고 이해하고(信解) 있을 뿐이다. 생각해 보면 옛 도인들은 깨달음을 얻고 난 후 더 이상의 위험이 없게 된 후에도 2, 30년을 아궁이 가에서 지내면서 그 깨달음의 자취를 차단하고 그 깨달은 이치를 쓸어 버렸다. 그런 뒤 진제나 속제에 있어서 마음을 움직이는 것이 전혀 없게 되면 온몸이 날카로운 반야의 검, 본래의 거울(古鏡)이라서 한 상황에 머물지 않게 되고 쓸데없는 말이 없었다. 천만의 군중 위에 의젓하게 임하여도 높은지 영광스러운지조차 몰랐다.

이러한 됨됨이를 갖추었다면 인간이나 천신들의 추대를 받는다 해도 그런대로 잘못이 없을 것이다. 이것은 감정이나 견해를 벗지 못한 자들이 흉내낼 수 있는 것이 아니다. 대체로 깨달음의 흔적을 다 씻어내지 못하면 보는 주체와 보이는 대상이 걸핏하면 분분히 일어나게 되는데, 주체와 대상이라는 것은 모두 의식이나 감정에 따른 견해이다.

이와 같이 깨달음의 흔적조차 마음에 남아 있는 것을 용납하지 않는데 하물며 믿음과 이해는 어떻겠는가? 그것은 순전히 의식이나 감정에 따른 견해로서 그 궁극적 진리의 본체에 친하고자 할수록 더욱 소원해지고, 가까이하고자 할수록 더욱 멀어지는 것이다. 또한 스스로 진리에 계합하지 못하였는데 어떻게 남들을 진리에 계합하게 할 수 있는 방법이 있을 수 있겠는가?[391]

---

[391] 『天目中峰廣錄』(B25, p.814a), "余於佛祖之道, 缺於悟證. 尋常形之語言毫楮者, 特信解耳. 思古人得旨後, 復不懼危亡, 三二十年, 置身爐棪之側, 尙欲屛其悟跡, 蕩其證理, 然後入眞入俗, 不見一法當情, 則其通身, 如利劒如古鏡, 無停機無剩語. 儼臨千羣萬衆之上, 不知爲尊, 不知爲榮. 具如是體裁, 或遭人天推出, 庶幾無忝. 斯豈情見未脫者, 所能假借耶. 原夫悟證之跡或未盡洗, 則其能所之見, 動輒紛然. 謂能所者, 皆情見也. 且悟證之跡, 尙不容存於心, 何況信解, 純是情見. 其於至道之體, 愈親而愈疎, 益近而益遠. 且自未能會乎道, 安有能使人會道之理哉."

성철스님이 인용한 부분은 마지막의 문단이다. "해오는 대도大道에 완전히 배치되거나 거론할 필요조차 없을 뿐만 아니라, 정안을 장폐障蔽하는 최대 병통病痛이므로 선각先覺들이 극력 배격한 것"[392]이라는 점을 강조하기 위한 인용이다.

많은 경우가 그렇듯 중봉스님의 이 발언은 성철스님에게 유력한 논거가 되는 동시에 반박의 자료가 되기도 한다. 우선 유력한 논거가 되는 부분은 성철스님의 인용 부분이다. 여기에서 중봉스님은 믿고 이해하는 신해信解, 즉 규봉스님이 말하는 해오는 의식이나 감정의 분별적 견해라는 점, 이것으로는 궁극적 진리의 본체에 계합할 수 없을 뿐만 아니라 장애가 된다는 점을 분명히 말하고 있다.

그런데 그 앞의 문장을 보면 꼭 그렇지만은 않다. 우선 중봉스님은 자신이 아직 믿고 이해하는 신해의 차원(信解)에 머물러 있어 깨달음(悟證)이 부족하다고 고백하고 있다. 표현에 충실하자면 중봉스님이 신해信解에서 깨달음(悟證)으로 가는 경로상에 있다는 뜻으로 이해될 수 있다. 성철스님은 중봉스님의 사상이 선문의 정통사상이며 "임제직전臨濟直傳의 정안으로 선문의 표준"[393]이라고 보는 입장이다. 또한 중봉스님의 언설에 근거하여 해오를 배격하는 논의를 펼친다. 그런데 중봉스님이 신해信解의 차원이었다면 그것을 논거로 삼기에 곤란한 점이 있다.

물론 우리는 중봉스님의 말을 겸사로 읽어야 한다. 중봉스님이 주지직을 맡아 수행자들을 널리 이끌어 달라는 요구에 대해 스스로 물러나면서 한 말이기 때문이다. 따라서 전체 문맥으로 보자면 성철스님이 독해한 것처럼 신해를 내려놓아야 깨달음에 들어갈 수 있다는 주제 의식

---

392 퇴옹·성철(2015), p.292.
393 퇴옹·성철(2015), p.291.

이 성립한다. 신해가 무용한 것도 아니고 또 깨달음의 과정에 그것이 일정한 작용을 하는 것도 사실이지만 궁극의 깨달음에 들어가기 위해서는 그것을 말끔히 씻어 버려야 한다는 것이다. 신해에 기대어 수행을 이끌어간다는 주장과 그것을 말끔히 씻어내야 한다는 주장은 분명히 다른 곳을 가리키고 있다.

인용문에 표시된 바와 같이 생략된 글자가 보인다. ①의 '존存' 자가 생략되어 있는데, 이것이 있으면 깨달음의 흔적이 '남아 있는 것'조차 용납하지 않는다는 뜻이 된다. 이에 비해 이것을 빼면 깨달음의 흔적을 '심중心中에 용납하지 않는다'는 뜻이 된다. 큰 차이가 없는 것 같지만 깨달으면 일체의 미세번뇌조차 남지 않는다는 성철스님의 일관된 주장에 맞지 않는 부분이 있다. 깨달음의 흔적이 남아 있다면(存), 그리고 그것이 중봉스님이 말한 것처럼 감정과 의식의 차원이라면 결국 깨닫고 난 뒤에도 청소를 계속해야 한다는 돈오점수론에 힘이 실리게 될 것이기 때문이다. 생략의 이유이다.

다음으로 ②와 같이 '또한(且)'이라는 허사가 생략되었다. 한문의 문장에 한글 현토를 달면 대부분의 한문 허사들이 불필요해지는데 이 경우도 그런 이유로 생략되었다.

③에서는 '호乎' 자를 '우于' 자로 바꾸었다. 두 글자 모두 '~에'의 뜻으로 통용되는 관계에 있다.

④에서는 '유有' 자가 생략되었다. 판본에 따라 생략되기도 하는 글자이다.

【13-18】 ①悟[情]解之者는 語益工而旨益昏하고 言愈奇而理益 ②[愈]昧③[矣]니라

선문정로 ④정해情解한 자는 어언語言이 더욱 공교工巧할수록 본지本旨는 더 암혼暗昏하고, 언어가 더욱더 기묘할수록 성리性理는 더 혼매昏昧하니라.

현대어역 의식 차원으로 이해하는 자들은 말이 뛰어날수록 종지에는 더 어둡고, 말이 감탄스러울수록 이치에는 더욱 어둡게 된다.

[해설] 투철한 깨달음(徹悟)과 의식 차원의 이해(情解)가 겉으로는 차이가 없어 보여도 하늘과 땅의 차이, 모자와 신발의 차이가 있다는 중봉스님의 설법에서 가져온 문장이다. 중봉스님은 대매스님이 보여준 깨달은 뒤의 삶을 찬양한다. 대매스님은 마조스님에게서 마음이 곧 부처(卽心是佛)라는 말을 듣는 순간, 10개의 태양이 함께 비추는 것처럼 감정의 구름과 의식의 안개가 한 생각에 사라지는 체험을 한다. 그런 뒤 곧장 대매산으로 가서 마음도 아니고 부처도 아닌 자리에 맡겨 놓고 살았다. 중봉스님은 이것이 철저하게 깨달은 모습이라고 감탄한다. 이로부터 이것이 천하에 유행하여 도를 닦는 이들은 물론 장사꾼이나 가정주부들까지 입을 열었다 하면 '마음이 곧 부처'라는 말을 하게 되었다. 그렇지만 그들이 흉내낸 것이 진정한 깨달음이 아니라는 것은 분명하다. 그래서 중봉스님은 이렇게 설한다.

간혹 평소 참선을 좀 했다는 사람들이 시를 짓거나 노래를 하면서 그 마음의 본체를 가리키는 것이 마치 거울 속의 눈과 눈썹을 뚜렷하게 보듯 털끝 하나 놓치지 않는 듯하다. 그러나 그것으로 법상스님의 홀가분한 자유를 구하고자 한다면 하늘과 땅, 모자와 신발과 같아 함께 할 수가 없다. 왜 그럴까? 법상스님은 철저하게 깨달은 분이었지만 다른 사람들은 의식 차원으로 이해한 자들이기 때문이다. 의식 차원으로 이해한 자들은 말이 뛰어날수록 종지에는 더 어둡고, 말이 감탄스러울수록 이치에는 더욱 어둡다.394

성철스님은 중봉스님이 말한 의식 차원의 이해(情解)가 곧 신해信解, 오해悟解, 해오解悟와 동일한 것으로 판단한다. 논의의 여지가 있기는 하지만 해오解悟가 넓은 의미에서 정해情解의 범주에 속한다는 것은 분명해 보인다. 옛 선사들은 깨달음을 논하는 데 있어서 바로 이 의식 차원의 이해를 완전히 떨어냈는지 여부를 핵심으로 삼았다. 예를 들어 원오스님은 "참구를 통해 투과하여 철저하게 견성하면 저절로 최고 맛의 제호와 같아질 것이고, 의식 차원의 이해가 완전히 사라지지 못했다면 견해가 지리멸렬하여 절대로 이러한 법문을 깨닫지 못한다."395라고 했다. 완전한 깨달음과 의식 차원의 이해가 서로 대비되고 있다. 성철스님의 해오 비판은 이러한 관점과 맥을 같이하는 것으로 읽혀진다.

①의 '정情'은 1981년 본에는 '오悟'로 되어 있다. 번역문 역시 '오해悟解한 자는'으로 되어 있다. 이것을 2006년에 원문에 따라 '정情'으로 바꾸고, 번역문 역시 '정해情解한 자는'으로 바꾸었다. 성철스님은 이 장에서 해오의 폐해를 비판하기 위해 이 문장을 인용하였다. 따라서 해오解悟를 연상시키기 위해 '오해悟解'로 바꾼 것으로 이해해야 한다. 초판본으로 돌아가 성철스님의 의도를 살려야 하며 ④의 번역문 역시 '정해情解한 자는'을 '오해悟解한 자는'으로 재교정해야 한다.

---

394 『天目中峰廣錄』(B25, p.887a), "間有素稱參學之士, 一歌一詠, 指其心體. 若觀眉目於鏡中, 毫髮不隱. 逮求其如常公之脫略, 則天冠地履之不侔矣. 何以然哉 蓋常公乃徹悟者也, 他人則情解者也. 情解之者, 語益工而旨益昏. 言愈奇而理愈昧矣."
395 『佛果圓悟禪師碧巖錄』(T48, p.142b), "若參得透見得徹, 自然如醍醐上味相似. 若是情解未忘, 便見七花八裂, 決定不能會如此說話."

②와 같이 '유愈' 자를 '익益' 자로 바꾸었다. 두 글자 모두 '더욱 ~하다'는 뜻이다. 그런데 '말이 뛰어날수록(益) 종지에는 더(益) 어둡고'라는 앞 구절과 '말이 감탄스러울수록(愈) 이치에는 더욱(愈) 어둡게 된다'라는 뒤 구절이 이 두 글자의 차이로 인해 대비적 효과를 거두고 있다. 만약 성철스님이 모두 '익益'으로 썼다면 그것은 문장을 단순화하기 위한 의도라 하겠지만 그런 것도 아닌 것 같다. 뒤의 구절에 '유愈'와 '익益'을 함께 쓰고 있기 때문이다. 옮겨 쓰는 과정이나 편집 과정에서 일어난 단순 변환이므로 원문으로 돌아가는 것이 좋을 것 같다.

③과 같이 문단을 끝맺는 조사 '의矣' 자가 생략되었다. '~니라'라는 한글 현토가 그 기능을 대신하고 있으므로 중복을 피해 생략한 것이다.

【13-19】若從根本上做工夫하야 打破八識窠臼하고 頓翻無明窟穴하면 一超直入하야 更無剩法하나니 此乃上上利根所證者①[深]이라 ②[其餘漸修, 所證者淺, 最怕得少爲足, 切忌墮在光影門頭. 何者, 以]八識根本을 未破하면 縱有作爲하나 皆[是]識神邊事니 若以此爲眞하면 大似認賊爲子니라 古人이 云 學道之人이 不識眞은 只爲從前認識神이라 無量劫來生死本이어늘 癡人은 喚③[認]作本來身④[人]이라하니 於此一關을 ⑤最爲要透[過]니라

선문정로 만약 근본상으로부터 공부를 하여서 8식八識의 과구窠臼를 타파하고 무명의 굴혈窟穴을 돈번頓翻하면, 일초一超하여서 불지佛地에 직입直入하여 다시는 남은 법이 없나니 이는 상상上上의 이근利根의 실증實證한 바이다. 8식의 근본을 미파未破하면 비록 득력得力한 작위作爲가 있어도 이는 전혀 식신識神의 망변사妄邊事이니, 만약에 이로써 진정眞正을 삼는다면 참으로 도적을 오인하여 친자식으로 삼는 것

과 같다. 고인古人이 말하기를 "학도學道하는 인사人士가 진眞을 알지 못함은 다만 종전의 식신識神을 오인誤認하기 때문이다. 이는 무량겁래無量劫來의 생사근본이어늘 우치한 인간은 불러서 본래신本來身이라 한다." 하였으니, 이 일관一關을 투과透過하는 것이 가장 긴요하다.

현대어역 만약 근본으로부터 공부를 해서 제8식의 틀을 깨뜨리고 무명의 동굴을 문득 뒤집으면 단번에 여래의 차원에 곧바로 들어가 다시는 남는 것이 없게 됩니다. 이것이 바로 최고 중의 최고로서 영리한 자질을 갖춘 이의 깨달음입니다.[깨달음이 깊은 경우입니다.] [그 밖에 점수는 깨달음이 얕은 경우입니다. 가장 문제가 되는 것은 사소한 증득에 만족하는 일이므로 절대로 그림자의 차원에 떨어지는 일이 없어야 합니다. 왜 그런가 하면] 제8식의 근본무명을 깨뜨리지 못하면 설사 어느 정도 비슷한 점이 있다 해도 모두 생각과 의식 차원의 일이 되기 때문입니다. 만약 이것을 바른길로 삼는다면 도적을 아들로 인정하는 것과 다를 바 없습니다. 옛사람이 말했습니다. "도를 공부하는 사람이 진여를 알지 못하는 것은, 오로지 전과 같이 생각과 의식을 용인하기 때문이라네. 무수한 겁 동안 생과 사의 뿌리가 되는 이것을 어리석은 사람들은 본래의 몸이라 여긴다네." 그러니 이 하나의 관문을 뚫고 지나는 것이 가장 중요합니다.

[해설] 감산스님이 어사중승 정곤암鄭崑巖의 서신에 답장을 하는 형식으로 이루어진 설법이다. 여기에는 수행과 깨달음의 전체 약도가 제시되어 있다. 이에 의하면 사람마다 추호의 부족함 없이 성불의 인연을 완전히 갖추고 있다. 그런데 뿌리 깊은 애착과 망상으로 인한 때가 그것을 가리고 있다. 이 망상에서 일어나는 영상들을 지우는 일이 수행

이고, 홀연히 한 생각 쉬어 본래 마음의 본래 청정함을 밝게 보는 것이 깨달음이다. 문제는 여러 겁에 걸쳐 쌓아 온 습관의 힘이 견고하다는 데 있다. 그 자아에 대한 애착의 뿌리가 여간해서 쉽게 뿌리 뽑히지 않는 것이다. 이것을 어떻게 말끔히 씻어낼 것인가?

그 핵심은 이런저런 앎과 견해(知見)가 깨달음을 가로막는 장애로 작용한다는 것을 분명하게 인식하는 데 있다. 앎과 이해(知解)를 쉬어 오직 본래 청정한 이 한마음에 맡겨 두고 망상이 생멸할 때마다 그것이 생멸하는 자리를 밝게 비춰 보는 실천을 해야 한다. 어떤 경계가 나타나더라도 그것이 부처든 마귀든 상관할 것 없이 허공에 보검을 휘두르듯 오직 알아차리는 한마음으로 돌아가는 것이다. 이것이 진정한 수행이다. 그렇게 거듭 정신을 차려 오직 화두를 들다 보면 집착이 떨어져 나가는 때가 올 것이다. 다만 제8식의 습관의 힘과 애착의 뿌리는 쉽게 떨어지는 것이 아니므로 예불, 송경, 참회, 다라니의 힘을 빌리면 그것을 녹이는 데 가일층의 힘을 얻어 깨달음에 도달할 수 있다. 이것이 감산스님의 내린 가르침의 대강이다.

그런데 깨달음에도 이해적 차원에서의 깨달음인 해오와 실질적 깨달음인 증오가 갈리고, 다시 증오에도 깊고 옅음의 차이가 있게 된다. 감산스님은 해오는 진정한 참선이 아니라고 한마디로 잘라 말한다. 이에 비해 물을 마셔 차고 따뜻함을 스스로 분명히 알지만 말로는 표현할 수 없는 경계에 도달하는 것만이 진실한 참선이고 진실한 깨달음, 즉 증오이다. 다만 이 증오에도 깊고 옅음의 차별이 있다. 그러므로 진정한 깊은 깨달음에 도달해야 한다는 설법이 앞의 인용문과 같이 이어진다.

여기에서 감산스님은 제8식을 타파하지 못하면 진정한 깨달음에 들어갈 수 없다고 주장한다. 성철스님과 동의하는 부분이다. 감산스님의 해오에 대한 비판을 보자.

깨달음에는 해오와 증오의 구별이 있습니다. 불조의 언어적 가르침에 의지하여 마음을 밝히는 것은 해오로서 앎과 견해에 떨어지는 경우가 많습니다. 일체의 경계와 인연에서 대부분 힘을 얻지 못하고 마음과 경계의 두 뿔을 세워 하나로 녹이지 못합니다. 길을 만나면 그것에 걸려 장애가 되는 일이 많습니다. 이를 '비슷한 반야(相似般若)'라 하며 진실한 참선이 아닙니다.[396]

감산스님은 이렇게 해오를 진실한 참선이 아니라고 비판한다. 참선은 오직 실증적 깨달음인 증오라야 한다는 것이다. 감산스님이 주장하는 증오로서의 깨달음은 제8식의 근본무명을 타파하는 데 있다. 성철스님은 인용문을 논거로 하여 "제8식의 근본 미세무명을 영단永斷하여 구경을 실증實證하지 않으면 이는 전혀 망식妄識의 환경幻境이요 진오眞悟가 아님"[397]을 강조한다.

인용문에 표시한 바와 같이 약간의 손질이 가해졌다. ①의 '심深' 자를 생략한 것은 증오에 심천의 차이가 있다는 문맥을 지우기 위한 조치이다. 원문에 의하면, "제8식의 소굴을 타파하고 무명의 굴혈을 뒤집으면 단번에 불지에 들어가게 된다. 이것을 깊은(深) 증오라 한다. 이에 비해 옅은(淺) 증오가 있는데, 그것은 돈오점수를 필요로 한다."고 말하고 있다. 성철스님은 구경각만을 깨달음으로 인정하는 입장에 있으므로 깨달음에 심천의 차이가 있다는 이 문장을 수용할 수 없다. 그래서 ①의 '심深' 자를 생략하여 그 심천을 논하는 문맥을 지운 것이다.

---

[396] 『憨山老人夢遊集』(X73, p.469b), "然悟有解證之不同, 若依佛祖言教明心者, 解悟也. 多落知見, 於一切境緣, 多不得力, 以心境角立, 不得混融. 觸途成滯, 多作障礙, 此名相似般若, 非眞參也."
[397] 퇴옹성철(2015), p.294.

②에서는 옅은 깨달음의 경우, 점수를 필요로 한다는 말을 생략하였다. 생략된 문장은 "그 밖에 점수는 깨달음이 옅은 경우인데, 가장 문제가 되는 것은 사소한 증득에 만족하는 일로서 절대로 그림자의 차원에 떨어지는 일이 없어야 한다."라는 내용이다. 옅은 깨달음일 경우, 점수를 필요로 한다는 것이다. 성철스님의 입장에서 보면 그것은 분별의 티끌에 지배되는 해오로서 진정한 깨달음이 아니다. 생략의 이유에 해당한다.

③에서는 '~이라 인정하다(認作)'를 '~이라 부른다(喚作)'로 바꾸었다.

④에서는 '본래인本來人'을 '본래신本來身'으로 바꾸었다. 원래 이것은 장사경잠長沙景岑스님의 게송에서 가져온 것이다. 인용문에 '옛사람이 말했다(古人云)'고 했는데, 그 옛사람이 바로 경잠스님이다. 이 경잠스님의 게송은 판본에 따라 환작喚作과 인작認作, 본래신本來身과 본래인本來人으로 다르게 표현되어 있다. 성철스님은 『경덕전등록』 등에 기초하여 감산스님의 문장을 교정하는 입장을 취하였다.

⑤의 '최위요투最爲要透'는 '최요투과最要透過'의 원문을 대체한 것인데 뚜렷한 의도가 발견되지는 않는다. 다만 '최위最爲'가 불경의 관용적 표현이라는 점, 또 '최요투과最要透過'의 구어체 표현을 다듬어 문언문으로 바꾸고자 했던 점 등이 그 이유가 아닐까 짐작된다.

【13-20】 ①[謂]正悟者는 如久暗遇明하며 大夢俄覺하야 一了一切了하야 更無纖毫憎愛取捨之習이 滯于胷中이니라
若②[見]有纖毫라도 情習이 未盡하면 卽是悟心不圓而然也라 或悟③[心悟]不圓이면 須是掃其未圓之跡이니 別立生涯하야 以期大徹이 可也니라 ④[其]或謂悟心이 未盡이어든 以履踐盡之라하니 如抱薪救火⑤[焚]하야 益其熾⑥[矣]로다

제13장 해오점수 · 691

선문정로 정오正悟한 자는 장구한 암흑에서 광명을 만나며 대몽大夢을 홀연히 각성覺惺함과 같아서, 일一을 요달하매 일체를 요달하여 섬호纖毫도 증애憎愛와 취사하는 정습情習이 흉중胸中에 체류하지 않느니라.

만약에 조금이라도 정습情習이 다하지 못함이 있으면 곧 심성心性을 오달悟達함이 원만치 못한 연유이다. 혹 심성을 원만히 오달치 못하면 모름지기 그 원만치 못한 당처當處를 소탕할지니, 특별히 생애를 세워서 확철대오하여야 한다. 혹자는 심성을 오달하되 미진未盡하였거든 이천수행履踐修行하여 미진함을 궁진窮盡한다 하니, 이는 신초薪草를 안고 화재火災를 소멸하려 함과 같아서 더욱더 그 불꽃만 더하게 한다.

현대어역 바른 깨달음이라는 것은 오랫동안 어둠 속에 있다가 광명을 만난 것 같고, 큰 꿈을 갑자기 깬 것과 같습니다. 그래서 하나를 깨달으면 모든 것을 깨달아 사랑과 미움, 취함과 버림의 습관이 남아 있거나 마음속에 걸리는 일이 추호도 없게 됩니다.

만약 조금이라도 생각의 습관이 남아 있으면 그것은 마음의 깨달음이 완전하지 못해서 그런 것입니다. 혹 마음의 깨달음이 완전하지 못하면 그 완전하지 못한 흔적을 쓸어내야 하는데, 따로 삶을 꾸려 크게 깨닫기를 기약해야 옳습니다. 어떤 사람들은 마음의 깨달음이 미진하다면 실천을 통해 그것을 완성한다고들 합니다. 그것은 마치 마른 나무를 안고 불을 끄려는 것과 같아 그 불길을 더하게 될 것입니다.

[해설] 중봉스님이 당시의 명신이었던 주일거사主一居士 서세융徐世隆에게 보낸 편지의 일단이다. 간편하고 쉽게 도에 들어가는 길을 제시해

달라는 요청에 응해 답변하는 내용이다. 여기에서 중봉스님은 먼저 바른 깨달음(正悟)과 유사 깨달음(相似悟)이 있음을 밝힌다. 그런 뒤 국가의 정무에 참여하면서도 바른 깨달음에 들어가는 길을 걸을 수 있다고 강조하면서 화두를 선물한다. '물질의 조합으로 이루어진 이 육신이 흩어질 때 어느 곳에 몸을 붙이고 생명을 세울 것인가(四大分散時, 向何處安身立命)'라는 질문이다. 이것을 책상에 붙여 놓고 고요히 참구하라는 것이었다. 그중 바른 깨달음에 대한 정의는 인용문에 보이는 바와 같고, 유사 깨달음에 대한 비판은 다음과 같다.

> 유사 깨달음이란 궁극의 이치처럼 보이는 많은 말들을 마음에 기억하여 이 몸뚱이에서 일어나는 그림자 같고 메아리 같은 일들을 불생불멸의 신성(神性)이라 인정하는 경우입니다. 총명하고 영리한 자질로 그것들을 마음속에 수용하는 것인데, 도에 계합한 것처럼 보이지만 실제로는 전혀 그렇지 못합니다. 어떻게 진정으로 생사의 큰일을 결단하기를 추구하는 사람이 이와 같을 수 있겠습니까?[398]

유사 깨달음은 생사의 큰일을 결단하고자 하는 수행자가 취할 일이 아니라는 가르침이다. 성철스님은 이를 논거로 하여 유사 깨달음이라면 그것을 내려놓고 새로 시작해야지 "점수한답시고 미진한 것을 억지로 없애려 들고 닦고 보완하려 들어서는 절대 안 된다."[399]고 강조한다.

두 번째의 인용문은 문답체로 이루어진 중봉스님의 『산방야화』에서 가져온 것이다. 마음을 깨달은 이후에 실천(履踐)의 과정이 필요한지를

---

[398] 『天目中峰廣錄』(B25, p.759b), "謂相似悟者, 多以相似極理之言, 記憶于懷, 於四大身中, 影影響響, 妄認箇不生不滅之神性, 用聰利之資, 領納在心, 似與道會實未曾也. 豈眞誠求決死生大事者, 當如是耶."
[399] 퇴옹성철(2015), p.296.

묻는 질문에 대한 답변의 일환이다. 중봉스님은 그 질문의 허망함을 지적한다. 마음이라 할 것이 없는데 무슨 깨달음이 따로 있겠느냐? 깨달음이 따로 없는데 지향하는 마음이 있을 수 있겠느냐? 만법이 모두 여여한데 별도의 실천이라 할 것이 있겠느냐는 것이다.

여기에서 중봉스님은 깨달음의 주체를 설정하는 그 자체를 문제 삼는다. '깨달음이 미진하면 실천을 통해 그것을 끝낸다'고 하는데 도대체 '누가 무엇을 실천하느냐'는 것이다. 만약 '내'가 '도'를 '실천'한다면 그것이 무슨 깨달음이 되겠느냐는 말이 된다. '나'가 있으면 이에 대립하는 '너'가 있다는 것이고, '도'가 있으면 이에 대립하는 '거짓'이 있다는 것이며, '실천'이 있다면 그에 대립하는 '방기'가 있다는 말이 된다. 이것들은 모두 중생의 지견에서 나온 말에 불과하다는 것이다.

중봉스님은 질문자에게 경책을 내린다. 깨닫지도 못했는데 깨달음 이후 실천이 필요한지 여부를 가지고 마음을 어지럽히지 말라. 부지런히 참구하여 일단 어두운 칠통의 바닥이 떨어져 나가는 자리에 도달해 보라. 그러면 깨달음 이후, 실천이 필요한지 여부를 스스로 알게 되지 않겠느냐는 것이었다.

성철스님은 기특한 지견이 생기는 해오를 아낌없이 던져 버려야 한다는 것을 강조하기 위해 두 번째 문장을 인용하였다. 해오를 던져 버리고 오로지 그 빈 자리를 화두참구로 채우라는 것이다. 성철스님은 "대혜스님이 한 번 깨쳐 몽중에 일여한 7지보살의 경지에 들었지만 도리어 원오스님으로부터 언구를 의심하지 않는 것이 큰 병이라는 꾸지람을 들었다."[400]는 말로 도저한 화두의심의 중요성을 강조한다. 인용문에 번호로 표시한 바와 같이 생략과 조절이 행해졌다.

---

[400] 퇴옹성철(2015), p.296.

①의 '~이라 하는 것은(謂)'을 생략하였다. 원래 이 글자는 '바른 깨달음이라 하는 것은', '유사 깨달음이라 하는 것은'과 같이 두 종류의 깨달음을 나누어 논술하는 문장을 이끈다. 성철스님은 바른 깨달음과 유사 깨달음을 나누어 말하는 일조차 불필요하다고 생각한다. 유사 깨달음은 아예 깨달음이 아니므로 동일한 차원에서 얘기될 수 없다고 보기 때문이다. 그래서 성철스님은 이 글자를 생략한 뒤 '정오자正悟者'를 '바른 깨달음이라 하는 것은~'에서 '정오正悟한 자는~'으로 바꾸어 번역하였다. 이로 인해 뜻에 큰 변화는 없지만 바른 깨달음의 체험적 측면이 부각되는 문장이 되었다.

②의 '견見' 자가 생략되었다. 이것은 '유有'와 결합하여 '있게 되다'는 뜻으로 불경에 자주 쓰인다. 의미상 '유有'와 중복된다고 보아 생략한 것 같다.

③과 같이 '심오心悟'를 '오심悟心'으로 순서를 바꾸었다. 바로 앞 구절에 '오심悟心'으로 되어 있으므로 문장 표현의 통일성을 기하고자 한 것으로 보인다. 마음을 깨닫는다는 뜻을 전달하는 이 표현은 문법적으로 보자면 성철스님이 제시한 '오심悟心'이 더 적절하다. 다만 백화체 중국어는 물론 고대 한문에도 '심오心悟'와 같이 목적어를 전치하여 그것을 강조하는 표현법이 있었다는 점은 기억해 둘 필요가 있다.

④의 '기其' 자를 생략하였다. '어떤 사람(或)'만 가지고도 그 뜻을 바르게 전달할 수 있다고 보아 생략한 것이다. 뜻에 변화는 없다. 문법적으로 '기혹其或'을 함께 쓰면 '만약', '혹시'의 뜻으로 해석될 수 있다. 같은 뜻이라면 한 글자라도 더 생략하고자 하는 문장관의 반영이다. 성철스님은 문장의 표현에도 빠름을 지향하는데, 그 '빠름'은 '바름'이기도 하다.

⑤에서는 '불사를 분焚' 자를 '불 화火' 자로 바꾸었다. 더 익숙한 표현

으로 바꾼 것이다.

⑥의 조사 '의矣' 자를 생략하였다. '~로다'라는 현토가 달려 있어서 의미상 중복되므로 생략한 것이다.

【13-21】 從語言中作解하야 未得徹悟者는 流出無邊狂解하느니라 ①[有以日用事無別, 惟吾自偶偕, 而生狂解. 有以隨流認得性, 無喜亦無憂, 而生狂解. 有以神通幷妙用, 運水及搬柴, 而生狂解. 有以本來無一物, 何處惹塵埃, 而生狂解. 有以對境心數起, 菩提作麼長, 而生狂解. 有以山河及大地, 全露法王身, 而生狂解. 有以無明實性卽佛性, 幻化空身卽法身, 而生狂解. 有以入門便打, 而生狂解. 有以答問機緣, 口頭快便, 而生狂解. 有以不必參究, 直下承當, 而生狂解. 有以入門便罵, 而生狂解. 有以習學詩賦詞章工巧技業, 而生狂解. 有以放下又放下, 開口卽錯, 而生狂解.] 嗟呼라 醍醐上味는 爲世所珍이어늘 遇斯等人하야는 反成毒藥이로다 良以正法이 傾頹하고 邪魔가 熾盛相續하야 眷屬이 彌滿世間하니 於生死界에 ②[分中]留心者는 ③[不可不先④[燭]破此虛⑤[妄]境⑥[界]也리오

선문정로 어언語言으로부터 견해를 작作하여 철오徹悟를 체득하지 못한 자는 무변無邊한 광망견해狂妄見解를 유출流出한다. 차호嗟呼라. 제호醍醐의 상미上味는 세상의 진보珍寶이어늘, 여사광해인如斯狂解人을 만나면 반대로 독약이 되는도다. 참으로 정법이 경퇴傾頹하고 사마가 치성상속熾盛相續하여 권속들이 세간에 미만彌滿하니, 생사해탈에 유심留心하는 자는 가히 솔선하여 이 허망한 광해狂解의 경계를 파쇄하지 않으리오.

현대어역 언어로 이해할 뿐 철저한 깨달음을 얻지 못한 이는 미친 견해를 끝없이 내놓게 됩니다. [어떤 사람은 '일상사에 특별한 것이 없으니 나는 오직 그것에 짝하여 어울린다'는 말에 미친 견해를 냅니다. 어떤 사람은 '변화되는 흐름을 따라 자성을 알아차리니 기뻐할 것도 없고 걱정할 것도 없다'는 말에서 미친 견해를 냅니다. 어떤 사람은 '신통과 묘용이 물 긷고 나무하는 일'이라는 말에 미친 견해를 냅니다. 어떤 사람은 '본래 하나의 물건조차 없는데, 어디에서 먼지가 일어나겠는가' 하는 말에서 미친 견해를 냅니다. 어떤 사람은 '대상경계에 따라 마음이 수시로 일어나니, 깨달음이 자라고 말고가 있겠는가'라는 말에서 미친 견해를 냅니다. 어떤 사람은 '산과 강, 그리고 대지가 통째로 부처님의 몸을 드러내고 있다'는 말에서 미친 견해를 냅니다. 어떤 사람은 '무명번뇌의 실제 자성이 바로 불성이고, 헛것으로 나타난 실체 없는 이 몸이 곧 법신'이라는 말에서 미친 견해를 냅니다. 어떤 사람은 '들어서는 순간 몽둥이로 후려치는 일'에서 미친 견해를 내고, 어떤 사람은 '문답이나 계기가 되는 인연에 서슴없이 말이 나오는 것'에서 미친 견해를 냅니다. 어떤 사람은 '참구할 것조차 없이 말이 떨어지는 순간 딱 맞아떨어지도록 하는 것'에서 미친 견해를 내고, 어떤 사람은 '들어오자마자 큰 소리로 꾸짖는 것'에서 미친 견해를 내며, 어떤 사람은 '시와 문장에 뛰어난 재주를 익히는 것'에서 미친 견해를 냅니다. 어떤 사람은 '내려놓고 내려놓으라'거나 '입을 여는 순간 틀렸다'는 말에서 미친 견해를 냅니다.]

아! 최고의 맛을 가진 제호는 세상에서 귀중하게 여기는 것이지만, 이런 사람들을 만나면 거꾸로 독약이 되어 버립니다. 진실로 바른 법이 무너지고 사마외도가 번성하여 서로 계승하여 그 권속들이 세간에 가득하기 때문입니다. 생과 사가 나뉘는 자리에 유념하는 수행자라면 먼저 이 허망한 경계를 밝게 비추어 타파하지 않으면 안 될 것입니다.

[해설] 박산무이스님은 명대를 대표하는 조동종의 선사로서 당시의 명사들과 교류가 깊었다. 인용문은 태사太史 오관아吳觀我의 질문에 대한 답글의 일부이다. 태사 오관아는 참선 수행에 매진하여 의정疑情이 뚜렷한 경계에 도달하였지만, 그것이 지속되지 않자 그 고민을 박산스님에게 토로한다. 이에 박산스님은 해오의 병폐와 투철한 깨달음(徹悟)의 공덕을 대조해 보여주는 설법을 답신으로 보낸다. 성철스님은 "정안종사들은 철증徹證 이외는 모두 마설마속魔說魔屬으로 통척痛斥하였다."401는 논거로써 이 문장을 인용하였다.

박산스님은 이 답신에서 문자에 기댄 해오의 병폐와 투철한 깨달음의 차이를 강조한다. 해오는 힘이 약하고 들어서 기억할 뿐 직접 본 것이 아니므로 실상과 하나로 만나지 못한다. 해오는 문자의 마력에 빠지기 쉽고 환하게 아는 것 같지만 생사의 현장에서는 아무 소용이 없다. 해오한 자는 아만과 증상만에 빠지기 쉽고 실천이 되지 않는다. 부처와 같은 신통광명이 없다. 그래서 해오로써는 자신감을 갖지 못한다. 이에 비해 진정하고 투철한 깨달음을 증득하면 부처와 같은 다양한 방편과 신통광명과 설법의 자유를 얻는다. 모든 보살의 동체대비가 저절로 실천되며, 다른 존재나 다른 세계와 장애 없이 오가면서도 뒤섞이지 않는다. 이렇게 설한 뒤 박산스님은 다시 인용문과 같이 언어적 차원에서의 해오에서 일어나는 미친 견해의 위험성을 사례별로 제시한다.

①과 같이 긴 문장이 생략되었다. 미친 견해가 일어나는 다양한 사례들에 관한 것이다. 흥미로운 것은 그 미친 견해로 꼽은 것들이 대부

---

401 퇴옹·성철(2015), p.297.

분 선종사에 빛나는 깨달음의 표현들이라는 점이다. 첫 번째 미친 견해가 일어나는 현장으로 꼽은 '일상사에 특별한 것이 없으니 나는 오직 그것에 짝하여 어울린다'는 말은 방거사의 오도송이다. 방거사가 석두스님을 방문했다가 깨달음 이후의 일상사가 어떤지에 대한 질문을 받는다. 이에 방거사는 앞의 구절로 시작되는 노래를 올린다. 분별을 내려놓고 다양한 현상으로 나타나는 진리와 한 몸으로 어울려 살고 있다는 것이었다. 방거사는 이 노래로 석두스님의 인정을 받는다. 물론 박산스님이 이렇게 널리 알려진 오도송 자체를 부정하는 것은 아니다. 진리의 표현을 언어문자적으로 이해하여 스스로 무엇을 깨달았다고 생각하는 사람들을 비판하기 위한 것이다.

두 번째, '변화되는 흐름을 따라 자성을 알아차리니 기뻐할 것도 없고 걱정할 것도 없다'는 표현은 서천 23조 학륵나鶴勒那 존자의 게송이고, '신통과 묘용이 물 긷고 나무하는 일'이라는 표현은 방거사 오도송의 뒷부분이며, '본래 하나의 물건조차 없는데, 어디에서 먼지가 일어나겠는가'는 표현은 6조스님의 유명한 오도송이고, '대상경계에 따라 마음이 수시로 일어나니, 깨달음에 자라고 말고가 있겠는가'라는 표현 역시 6조스님의 게송에서 가져온 것이다. '산과 강, 그리고 대지가 통째로 부처님의 몸을 드러내고 있다'는 표현은 대혜스님의 게송이며, '무명번뇌의 실제 자성이 바로 불성이고, 헛것으로 나타난 실체 없는 이 몸이 곧 법신'이라는 표현은 영가스님의 『증도가』에서 온 것이다. '들어서는 순간 몽둥이를 후려치는 것'은 덕산스님의 설법 방식이었고, '문답이나 계기가 되는 인연을 만나 서슴없이 말이 나오는 것'은 선지식의 일반적 설법 방식이었다. '참구할 것조차 없이 말이 떨어지는 순간 딱 맞아떨어지도록 하는 것' 역시 조사선의 실천 형식이었다. '시와 문장에 뛰어난 재주를 익히는 것'은 송대 이후 선문의 보편적 현상이었으며, '내려놓고 또 내려놓으라'는 것은 모든 선사들의 설법의 핵심이었으며, '입을 여는 순간 틀렸다'는 것은 수행을 점검하는 스승의 입에서 가장 많이 나오는 말 중의 하나였다.

하나같이 모두 선종사에 빛나는 보석과 같은 표현들이고, 선사들의 깨달음을 증명하는 찬란한 장면들이다. 박산스님도 이것을 최고의 맛을 가진 제호로 인정한다. 그러나 어떠한 금과옥조의 표현이라 해도 언어문자적 차원에서 접근하는 순간 미친 견해가 일어난다. 박산스님의 비판이 집중되는 곳이고, 성철스님이 극력 배제하는 지점이다.

②와 같이 '생과 사가 나뉘는 중(生死分中)'이라는 표현을 '생과 사의 경계(生死界)'로 바꾸었다. 의미상의 차이는 없다. 다만 '생사분중生死分中'이라는 말은 박산스님이 즐겨 사용했던 표현으로 보이고, '생사계生死界'는 보다 보편적인 표현이다. 쉽게 전달될 수 있는 용어로 대체하고자 한 것으로 보인다.

③에서는 '~하지 않으면 안 된다(不可不)'는 강조 표현을 '~하지 않을 수 있겠는가(可不)'라는 부정의문문으로 바꾸어 표현했다. 뜻에는 큰 변화가 없다.

④와 같이 '비추어 깨뜨리다(燭破)'를 '깨뜨리다(破)'로 줄였고, ⑤~⑥과 같이 '허망경계虛妄境界'를 '허경虛境'으로 줄였다. 전체적으로 ③~⑥에 이르기까지의 생략은 문장을 간략화하기 위한 노력의 일환이다. 그 결과 '이 허망한 경계를 가장 먼저 비추어 타파해야 한다(不可不先燭破此虛妄境界也)'는 구어체적 표현이 '우선 이 헛된 경계를 타파해야 하지 않겠는가(可不先破此虛境也)'라는 문언문적 표현으로 바뀌었다.

성철스님은 구어체보다 정리된 문언문적 표현을 선호한다. 문장을 구성하는 글자를 줄일 수 있다면 한 글자라도 줄이고자 하고, 이해를 돕기 위한 다양한 비유와 반복적 표현 역시 가능하면 생략하고자 한다.

빠른 말, 빠른 문장, 빠른 견성, 성철스님의 참선은 빠름으로 일관한다.

【13-22】 今錯承禪旨者는 或以頓漸之門으로 爲正脉하고 或以圓頓之敎로 爲①[作]宗乘하나니 ②[或引外道書說密旨, 或以弄業識爲本分, 或以認光影爲自己者. 至於恣行盲聾棒喝, 無慚無愧者, 是誠何心哉.] 其謗法之愆을 余何敢言고

선문정로 지금 선의 종지를 착각하여 계승하는 자는 혹은 돈오점수 문으로써 정맥正脈을 삼고, 혹은 원돈신해圓頓信解의 교리를 종지로 삼나니, 그 정법을 비방하는 과건過愆은 여余가 어찌 감히 말하리오.

현대어역 지금 선의 종지를 잘못 계승하는 이들은 혹은 돈오점수의 길을 바른 맥으로 여기고, 혹은 원돈신해의 교리를 선종의 극치로 삼고 있다. [또 외도의 서적을 인용하여 비밀스러운 종지를 설명하는 이도 있고, 업식을 다루는 일을 본분으로 삼는 이도 있으며, 그림자를 본래의 자기라고 아는 이도 있다. 거리낌없이 행동하며 눈멀고 귀먹은 것처럼 몽둥이를 휘두르고 고함을 질러대면서도 부끄러움조차 모르는 이들은 정말 무슨 마음으로 그러는 것일까?] 그 법을 비방하는 죄를 내가 어떻게 말로 다 하겠는가?

[해설] 서산스님의 『선교결』은 성철스님이 『돈황본 육조단경』에 함께 묶어서 수행의 자료로 제시할 정도로 높이 평가한 글이다. 성철스님은 『선교결』이 "서산西山 만년晩年의 명저名著로서 단경 이해에 도움이 될 것"[402]

---

[402] 퇴옹성철 저, 『육조단경』 「책머리에」, 장경각, 1988.

이라 보았다. 두 명저의 핵심 종지가 서로 통한다고 본 것이다.

서산스님은 여기에서 돈오점수와 원돈신해의 가르침을 선문의 종지로 착각하는 오류에 대해 지적하고 있다. 서산스님은 출가하면서부터 "차라리 어리석은 바보로 평생을 살지언정 문자나 외우는 법사는 되지 않으리라."고 서원한 철저한 선사이다. 그의 사교입선론捨敎入禪論은 『선가귀감』에서는 온건한 모습으로 나타나고, 『선교석』과 『선교결』에서는 비타협적인 모습으로 나타난다. 그래서 읽는 이에 따라서 사교입선론은 선가일치적 논의로 이해되기도 하고, 일체의 교학적 이해를 배격하는 돈오선의 주장으로 이해되기도 한다. 성철스님은 『선가귀감』과 『선교석』, 『선교결』의 사이에 사상의 전환이 있었다고 판단한다.

> 서산도 『선가귀감』을 지은 시절(44세)에는 돈오점수의 교의敎義를 먼저 배워 익힌 뒤에 교의 뜻을 놓아버리고(放下敎義) 참선하라고 지시했다. 그러나 나이가 들어 묘향산 금선대金仙臺 시절에 이르러서는 공부가 익어 가면서 사상도 바뀌어, 원돈·점수는 사구이며 지해의 병(知解之病)이니 '사람의 눈을 멀게 함이 적지 않다(瞎人眼不少)'고 하여 가르치지 못하게 하였고, 만일에 그를 따르지 않으면 '어리석고 미쳐서 밖으로 내닫는다'고 심히 나무랐으며, 또 한편으로는 그의 『선교석』 끝부분에서 '교를 중히 여기고 마음(선)을 가벼이 여기면 비록 많은 겁을 거쳐 닦더라도 모두 천마·외도가 된다[重敎輕心(禪) 하면 雖歷多刼하여도 盡作天魔外道라]'고까지 극단적으로 말하였다.403

이처럼 선과 교를 판석하는 내용으로 이루어진 서산스님의 『선교석』, 『선교결』의 교학 부정은 철저하다. 이 두 저작에서 진귀조사설眞歸祖師

---

403 퇴옹성철 저, 『육조단경』, 장경각, 1988, pp.305-306.

說을 거듭 강조한 것도 교외별전으로서의 선을 높이기 위한 것이었다. 성철스님은 조사선과 여래선의 통일을 지향하는 입장에서 진귀조사설을 인정하지는 않지만 서산스님의 『선교결』 등에 보이는 간화선 제일주의적 주장에 십분 동의하는 입장이다.

제 14 장

분파분증 分破分證

제14장
분파분증 分破分證

1. 분파분증 설법의 맥락

교가에서는 수행의 진전에 따른 지위의 승진을 체계적으로 논의하는 지위설을 개발한다. 이 교가의 지위론은 수행의 심천을 설명할 수 있는 유효한 도구이다. 그렇지만 그것은 실제적 깨달음을 추동하는 힘이 미약하며 오히려 수행에 전념하지 못하도록 하는 장애가 될 수도 있다. 그래서 선종에서는 지위론을 부정하고 단번에 깨닫는 돈오의 길을 제시하는 것이다.

그만큼 교가의 지위론은 정치함을 자랑한다. 특히 원교를 표방하는 천태와 화엄 등에서는 돈오와 점수적 지위설을 함께 만족시키는 지위론을 제시한다. 그 완성형이 10주 초주의 초발심에 견성한 뒤, 다양한 지위를 차례로 밟아 깨달음을 완결시킨다는 분파분증分破分證, 혹은 분진分眞의 교리이다.

분파분증은 견성 이후 무명을 한 조각씩 타파하여 그만큼의 진여를 증득해 나간다는 뜻이다. 천태에서는 초주 견성 이후 10주, 10행, 10

회향, 10지, 등각의 지위를 거쳐 묘각에 이르기까지 42품의 무명을 타파하고 진여를 증득하는 길을 걷게 된다는 지위론을 제시한다. 이 지위론에서 10신은 본격적 깨달음의 진행을 위한 준비 단계에 해당한다. 그런데 그 준비 단계의 차원이 어마어마하다. 10신에서 견혹(初信), 사혹(2신~7신), 진사혹(8신~10신)을 단멸한다고 보기 때문이다. 요컨대 10신 만심, 혹은 10주 초주에 이미 성문의 극과인 아라한과를 증득한 뒤 본격적 여정을 시작한다는 것이다.

이처럼 천태에서는 10주의 초주에 견성한 뒤 10주, 10행, 10회향, 10지의 지위를 거치며 40품의 무명을 끊고 40조각의 진여를 증득한다. 그런 뒤 10지에서 다시 1품의 무명을 끊어 일생보처인 등각에 진입하고, 등각에서 마지막 1품의 미세무명을 끊어 묘각에 진입하게 된다.

천태에 의하면 이러한 분파분증은 장교와 별교, 그리고 통교와는 비교조차 할 수 없는 고차원의 것이다. 이를 상호 비교해 보면 천태의 10신 완성이 장교의 극과인 아라한과에 해당한다. 성문승의 공부가 완료된 시점에서 원교의 본격 공부가 시작된다는 것이다. 또한 이 10신의 완성은 통교의 극과인 성불에 해당하는 것이기도 하다. 나아가 원교의 10행 중 제2행이 별교의 묘각에 해당한다. 그래서 천태에서는 "자신들의 진정한 원인의 시작이 다른 교파의 극과에 해당한다."[404]라고 말하는 것이다.

그 차이는 근본무명을 단멸하는 정도에 있다. 천태의 교리에 의하면 장교와 통교에서는 근본무명이라는 것이 있는지조차 모른다. 별교도 비교가 안 된다. 별교에서도 무명을 끊는 수행을 하기는 하지만 10주에서 10행의 제2행에 이르기까지 12품의 무명을 끊을 뿐이다. 이에 비해

---

[404] 『天台四教儀』(T46, p.780a), "我家之眞因, 爲汝家之極果."

원교에서는 42품의 무명을 끊으므로 그 차원을 비교할 수 없다는 것이다.

여기에서 말하는 총 42품의 무명은 제8식 차원의 미세번뇌에 속하는 것들이다. 그러니까 10신에서 견사혹과 진사혹의 거친 번뇌를 모두 멸진하는데, 이 자리가 진정한 수행을 위한 출발의 조건이 되는 셈이다. 이후 10주 초주에 견성하여 마지막 남은 제8식 차원의 미세번뇌를 멸진하게 되는데, 거기에 42품의 무명을 끊는 어마어마한 지위의 승급이 필요하다는 것이다. 그래서 3아승지겁을 거쳐야 궁극의 깨달음에 이를 수 있다는 얘기가 나오게 된 것이다.

이 분파분증에는 하나의 큰 시작점이 있다. 10주의 제1주, 즉 초주에서 견성을 한다는 것이 그것이다. 깨달아 견성하는 이 사건이 없이는 부분적으로 증오해 나가는 일은 있을 수 없다. 그래서 초주 견성을 전제로 하는 분증은 천태와 화엄에서 볼 때 결코 하찮은 단계가 아니다. 오죽하면 석가의 화신으로 불렸던 천태스님이 열반하면서 '자신은 아직 분증의 지위에 들어가지 못한' 범부의 자리에 있었다고까지 밝혔겠는가? 그러니까 원교에서 분파분증은 견성 이후의 일인 것이다.

그런데 이 어마어마한 단계가 수행의 의지를 꺾는 부정적 작용을 할 수도 있다. 자아에 대한 집착으로 인한 미혹(견혹), 대상에 대한 집착으로 인한 미혹(사혹), 공에 대한 집착으로 인한 미혹(진사혹)을 끊는 일만 해도 극히 어려운 일이다. 그런데 이 견사혹, 진사혹의 단멸이 본격 수행의 출발도 아니고 예비 단계의 일에 불과하다면, 그 이후는 얼마나 까마득한 차원이겠는가? 이로 인해 수행의 의지가 꺾이고 깨달음을 미리 포기하는 경우가 일어날 수 있는 것이다.

천태스님은 이러한 부작용을 차단할 필요가 있다고 생각하였다. 그리고 그와 동시에 함부로 깨달음을 자처하는 폐단을 함께 차단할 필요도 있다고 보았다. 이 양극단의 폐단을 차단하는 논리가 바로 여섯 차원 그대로 부처임을 말하는 6즉불六卽佛의 이론이다. 이것은 원리적으로 모든 지위가 곧(卽) 부처라는 점에서 다르지 않지만, 실제 수행의 차원에서는 지위에 따른 번뇌의 타파와 지혜의 증득이 일어난다는 논리이다. 천태스님은 이를 통해 원교의 원돈사상과 단계적 지위론을 모순 없이 통일시킬 수 있다고 보았다.

우선 그것은 단계적으로 분명하게 나뉘는 지위를 설정하고 있다. 이 치적으로 부처인 지위(理卽)에서 출발하여, 선지식과 경전을 통해 가르침을 듣는 명자즉名字卽, 가르침에 의지하여 관조의 수행을 진행하는 관행즉觀行卽, 견사혹과 진사혹을 모두 끊어 부처와 닮게 되는 상사즉相似卽, 근본무명을 한 조각씩 타파하며 그만큼의 진여를 증득하는 분증즉分證卽의 지위를 거쳐 궁극적 깨달음의 지위인 구경즉究竟卽에 이른다는 6단계의 설정이 그것이다. 천태에서는 이 6즉불의 원리를 수행에 적용하면 모든 지위 그대로 곧(卽) 부처이므로 밖에서 찾아 헤맬 일이 없고, 6단계의 분명한 지위가 있으므로 넘칠 일이 없다고 자부한다.

한편 화엄에서도 스스로 원교이자 돈교임을 자처하면서 보살 52지위설을 제시한다. 특히 『화엄경』에서는 10신품, 10주품, 10행품, 10회향품, 10지품과 같이 품을 나누어 지위별 논의를 진행할 정도로 지위론의 설법에 집중한다. 이 중 10신은 범부의 지위에 속하며, 10주, 10행, 10회향은 현인의 지위(三賢)에 속한다. 가장 중요한 10지는 성인의 지위(十聖)에 속하며, 여기에 등각과 묘각의 두 지위가 더해져 총 52지위가 된다.

이러한 화엄에서도 10주 초주가 중요하다. 견성이 일어나는 지점이기 때문이다. 수행자는 이 지점에서 스스로 갖춘 지혜 법신에 눈을 떠 진정한 수행의 여정을 시작한다는 것이다. 진정한 발심이 일어나는 초주는 깨달음의 원인이다. 그런데 바로 그 원인이 궁극적 깨달음인 묘각이라는 결과를 품는다. 전체 법계가 청정한 마음의 바탕에서 일어난 것이라는 법계연기法界緣起의 도리이다. 이에 의하면 원인과 결과가 모두 본래의 청정한 마음에서 일어난 것이다. 그러므로 성불을 향한 원인과 결과가 원융(因果圓融)하다. 청정한 마음이 만법의 근본이고, 법계의 본체가 청정한 마음이다. 그러니까 10주 초주는 이후의 모든 결과를 내포하는 부처로서의 정체성을 갖추는 지점이 되는 셈이다. '초발심(10주 초주)의 시기에 바로 무상정등각을 성취한다'는 선언이 가리키는 바가 이것이다.

그렇지만 실제로는 지위적 차별이 없을 수 없다. 그래서 10주, 10행, 10회향을 거치면서 여래의 동체대지와 동체대행과 동체대원을 증득하여 자비와 지혜를 통일시켜 나간다. 그 뒤 10지의 초지에서 제7지에 이르기까지 생멸 없는 법의 이치에 순응하며 시간을 들여 태아로서의 성인을 기르는 과정을 거친다. 그리고는 다시 제8지에 진입하여 무생법인을 성취하여 의식적 행위조차 없는 수행에 들어간다. 제8지에 이르러 의도적 수행이 종식되고 무공용의 수행이 전면화된다는 것이다. 그런데 논의하는 입장에 따라 제9지, 혹은 제10지에 이르러서도 수행이 필요하다고 얘기하기도 한다. 그래서 전체적으로 보자면 10주 초주에서 10지의 완성에 이르기까지 진여를 한 조각씩 증득하는 분진의 단계가 세워지는 것이다.

화엄의 분진은 천태의 분파분증과 기본적 논리구조에 있어서 동일하다. 초주에서 묘각에 이르기까지 42품의 무명을 끊어낸다는 입장이기 때문이다. 다만 미세망상이 단절되는 시점이 다르다. 천태에서는 초주에서 등각까지가 근본무명을 끊는 단계에 해당한다. 이에 비해 화엄에서는 제8지, 제9지, 제10지에서 세 가지 미세번뇌가 끊어진다. 구체적으로 보자면 근본무명에서 일어나는 대상경계의 상(相分)은 제8지에서 끊는다. 근본무명에서 일어나는 주체적 봄의 상(見分)은 제9지에서 끊는다. 그리고 마지막으로 미혹의 근원인 무명은 제10지 금강유정金剛喩定에서 끊는다. 그러니까 화엄의 지위론에서는 10지가 특히 중요하고, 그 중에서도 무생법인을 성취하는 제8지가 중요하다. 『화엄경』의 「10지품」이 특별히 중시되는 이유가 여기에 있다.

2. 성철스님 분파분증 설법의 특징

분파분증은 교학의 최고 완성형인 원교의 원돈사상 또한 해오점수에 속하며 그러므로 선문에서 동의하는 바가 아니라는 점을 논의하는 장이다. 특히 천태나 화엄에서는 해오인 초주를 견성으로 규정했으므로 오랜 기간을 요하는 점수의 단계를 설정할 수밖에 없다는 점을 집중적으로 논의한다. 교가에서 말하는 견성이 구경각이 아니라는 점, 보조스님이 제창한 돈오점수가 결국 교가의 설이라는 것을 보여주기 위해서이다.

성철스님은 분파분증론에서 『천태사교의』를 중심으로 10주 초주에 견성하고 무생법인을 성취한다는 천태의 기본 관점을 검토한다. 천태스님은 초주가 성불을 향한 여정의 진정한 출발(眞因)이기는 하지만, 그렇다고 그 자체가 묘각인 것은 아니라는 점을 분명히 한다. 성철스님은 바로 이렇게 천태종의 종조인 천태스님 스스로도 인과가 원융하고 상즉하는 것은 원리이지 실제로는 원인과 결과가 엄연히 다르다는 점을 인정했다고 강조한다.

10주의 초주는 그 뒤로 타파해야 할 무명이 40여 품이나 남아 있다. 그러므로 성철스님에게 있어서 초주는 여정의 출발일 뿐, 그 어떤 의미도 부여해서는 안 되는 버려야 할 티끌에 해당한다. 무엇보다도 초주를 견성이라 보는 논의는 철저한 비판의 대상이 된다.

> 주초정각住初正覺은 무명몽중無明夢中의 몽각夢覺이요 진각眞覺이 아니며, 주초무생住初無生은 무명이 미진未盡한 가무생假無生이요 무명이 영진永盡한 진무생眞無生이 아니다. 따라서 주초견성住初見性도 『대열반경』의 불생번뇌不生煩惱한 견성, 『기신론』의 원리미세遠離微細한 견성이 아니니, 이는 견성의 진인眞因이요 불조가 정전正傳하는 묘각 즉 구경각의 견성이 아니다.[405]

참다운 견성은 대열반을 증득한 묘각이고 구경각 이외의 다른 것이 될 수 없다는 것이다. 이처럼 구경각이라야 견성이라 할 수 있다는 주장은 성철선의 핵심이다. 성철스님은 석가모니 부처님의 대원각과 선종의 돈오견성을 등치시킨다. 여래선과 조사선이 다르지 않다는 것이다. 보다 엄밀히 말하자면 성철스님은 조사선의 전통에 석가모니의 팔상성도를 오버랩시킨다. 이를 통해 선종의 말류에서 일어나는 문제들을 교정하고자 한다. 부분적 눈뜸을 견성으로 인정하여 일어나는 폐해, 중도와 진여의 실천 수행을 사족으로 평가절하하는 폐해, 깨달음을 지적 유희로 전락시키는 폐해 등이 그것이다. 일체의 타협과 안주를 거부했던 부처님의 수행과 깨달음의 전통을 되살리고자 한 것이다.

선사로서 교종의 분파분증론을 비판하면서도 천태의 교리를 상대적

---

[405] 퇴옹성철(2015), p.306.

으로 높게 평가했던 것도 이 때문이다. 천태에서 견사혹과 진사혹을 끊어낸 아라한과의 자리에서 다시 나아가 무명의 분파와 진여의 분증을 내용으로 하는 수행을 지속해 가야 한다고 주장하였다는 점을 높이 본 것이다.

> 태교台敎의 초주견성初住見性이 불조정전佛祖正傳은 아니나 태교台敎의 3혹三惑인 견사見思·진사塵沙·무명無明 중에서 견사見思와 진사塵沙의 양혹兩惑을 단제斷除하고 일품무명一品無明을 분파分破한 분증무생分證無生을 내용으로 하였으니, 견사見思도 미탈未脫한 초신初信의 해오解悟로써 견성이라고 주장함과는 근본적으로 다르다.[406]

10주, 10행, 10회향, 10지, 등각을 거치며 42품의 미세망상을 타파한다고 밝힌 천태의 교리는 그 제시하는 차원이 어마어마한 감이 있다. 이 단계에 도달하기 이전인 10신의 지위에서 이미 견사혹과 진사혹을 소멸시켰기 때문이다. 이에 비해 화엄은 10주 초주의 견성을 말하기는 하지만 3세의 미세번뇌가 제8지(경계상), 제9지(능견상), 제10지(무명)에서 소멸한다고 본다. 용어는 같지만 수준은 서로 다른 것이다. 성철스님은 화엄종사인 규봉스님이 견성으로 규정하는 해오가 별교의 초신에 해당한다고 말한다. 견사혹, 진사혹을 단멸한 초주를 견성이라고 규정한 천태와 비교해 천양지차가 있는 것이다. 이런 판단이 있었으므로 성철스님은 천태의 교리를 화엄의 교리에 우선하여 논의한 것으로 보인다.

다음으로 화엄의 분수분득分修分得의 교리를 검토한다. 성철스님은 '중중무진 법계연기에서는 곳곳이 극락이고 티끌마다 여래가 출현한다'

---

[406] 퇴옹성철(2015), p.310.

는 화엄의 교리에 전적으로 동의한다. 그러나 실상의 이치를 보지 못하도록 가로막는 번뇌의 티끌을 떨어내는 일을 두고 보자면 중생과 부처가 엄연히 다르다는 것을 거듭 강조한다. 궁극의 깨달음을 성취하고자 한다면 부처를 중생에 머물게 하는 마지막 티끌까지 걷어내는 철저한 수행이 있어야 한다는 것이다.

성철스님은 초주 견성을 출발점으로 삼는 화엄의 분진론分眞論도 결국은 천태의 분파분증론과 동일한 구조를 취하고 있다고 본다. 여기에서 특히 유위의 공부가 끝나는 무공용의 화엄8지가 비판적 검토의 대상이 된다. 뒤로 물러남이 없는 제8지가 중요하기는 하다. 그렇지만 여전히 제9지, 제10지, 등각, 묘각의 지위가 남아 있으므로 무공용행 역시 분수분득의 과정이며 "절학무위絕學無爲의 정전正傳의 견성이 아니라"[407]는 것이 그 비판적 검토의 요지이다.

나아가 제8지에서 증득한다는 무생인에 대한 비판이 뒤따른다. 이를 위해 먼저 일체 심의식心意識의 분별상을 영원히 벗어나 무생인을 성취하면 제8지에 들어간다는 『화엄경』의 경문을 인용한다. 그런 뒤 제8지에는 치상治想, 즉 분별망상을 다스린다는 생각이 남아 있다는 청량스님의 해설을 인용한다. 이 치상이 제10지에서 사라진다고 했으므로 제8지의 무생인은 궁극의 진정한 무생인일 수 없다는 것이다. 그리고는 제8지의 미완성을 강조하기 위해 3세의 미세번뇌가 제8지, 제9지, 제10지에서 순차적으로 소멸한다는 현수스님의 해설을 인용한다.

이처럼 성철스님은 제8지의 무생인 증득으로 초주견성설을 부정하고, 제8지의 무생인 증득은 미세번뇌의 완전한 소멸이라야 견성이라

---

[407] 퇴옹·성철(2015), p.315.

할 수 있다고 한⁴⁰⁸ 『기신론』과 그것에 동의한 현수스님의 『대승기신론의기』의 논리로 부정한다. 말하자면 화엄의 논리를 화엄 종사의 설명으로 부정하는 방식을 취하고 있는 것이다. 이와 같이 제8지의 가무생도 견성이라 할 수 없다. 그러므로 10주 초주를 견성이라고 하는 것은 '절대로 용인할 수 없다'는 것이 성철스님의 결론이다.

성철스님은 이렇게 말한다.

> 오직 불조의 정전正傳을 표방하여 불성을 장폐障蔽하는 최대 난관인 뇌야賴耶의 극미를 타파하고 3현10성을 초월하여 대열반의 진무생眞無生을 증득하여 상적상조常寂常照의 제불정토諸佛淨土에서 진여 본성을 정견正見하여 불조의 혜명을 계승하여야 한다.⁴⁰⁹

성철스님의 이 결론에 의하면 해오는 견성이 아니다. 견사혹과 진사혹을 단멸하여 아라한과를 성취했다 하더라도 견성이 아니다. 초주의 눈뜸 역시 견성이 아니다. 화엄8지에서 무생법인을 성취했다 해도 견성이 아니다. 3세의 미세번뇌를 단멸한 10지 만심도 견성이 아니다. 오로지 "극미세 무명을 단멸한 구경각, 무여의열반의 무심무념, 묘각적조의 대반열반과 대원경지의 원증불과圓證佛果만이 종문정전의 견성"⁴¹⁰이라는 것이다.

여기에서 성철스님이 인정하는 불조정전은 『기신론』, 『대열반경』, 『종경록』, 『유가론』⁴¹¹ 등의 경전이다. 다만 성철스님의 주장을 뒷받침해 줄

---

408 『大乘起信論』(T32, p.576b), "以遠離微細念, 故得見心性, 心卽常住, 名究竟覺. 馬鳴菩薩造."
409 퇴옹성철(2015), p.320.
410 퇴옹성철(2015), p.322.
411 퇴옹성철(2015), p.321.

전적이 오히려 소수일 가능성이 높다는 것은 인정할 필요가 있다. 심지어 성철스님이 '불조정전'으로 인정한 전적에 돈오점수론이 발견되기까지 한다. 그 예로 『종경록』을 들 수 있다. 『종경록』에서도 돈오 이후 점수를 통해 구경 해탈에 이른다는 기본 노선을 제시하고 있기 때문이다. 다음을 보자.

> 자성 이대로 청정하며 자성 이대로 해탈되어 있음을 돈오하고, 점수를 통해 때를 벗겨내어 청정함을 회복하고 장애를 벗어나 해탈하여 원만하고도 청정한 궁극의 해탈을 성취해야 한다.[412]

전형적인 돈오점수설이다. 이렇게 살펴볼 때 성철스님이 말하는 불조정전이 결코 다수를 점할 것 같지는 않다. 성철스님 역시 이 점을 분명히 알고 있었다. 그럼에도 견성과 구경각이 같은 것이라야 한다는 돈오원각론의 주장은 그 논리 전개에 있어서 전혀 궁핍해 보이지 않는다. 왜 그런가? 성철스님은 스스로의 체험에 근거하여 조사선의 돈오와 여래선의 원각을 통합할 수 있다고 보았다. 또 부처님의 제자라면 마땅히 그래야 한다고 보았다. 부처의 궁극적 깨달음이 아닌 것을 돈오, 견성, 무생법인 등의 말을 붙여가며 그것에 머물러서는 안 된다는 원칙, 성철선은 여기에서 시작한다. 나아가 그것은 캄캄한 모름과 간절하게 알고자 함을 동력으로 하여 매 순간 '왜, 어째서'로 나아갈 뿐인 향상일로의 화두선에 의해 실천되는 것이다.

---

[412] 『宗鏡錄』(T48, p.615a), "必須頓悟, 自性淸淨, 自性解脫. 漸修令得, 離垢淸淨, 離障解脫. 成圓滿淸淨, 究竟解脫."

3. 문장 인용의 특징

【14-1】 入初住하야 破無明하고 見佛性하나니 華嚴에 云 初發心時에 便成正覺이라하니 ①[眞實之性, 不由他悟] 卽此意也라 如是次第四十二位하야 究竟妙覺하니라 ②[無有叨濫, 是名知次位.] 入銅輪位하야 證無生③法忍하나니 ④[亦名至寶所, 亦名入祕藏, 亦名得醍醐,] 亦名見佛性이며 亦名法身顯하야 八相作佛이니라

선문정로 초주初住에 진입하여 무명을 깨뜨리고 불성을 보나니,『화엄경華嚴經』에 운하되 "초발심初發心할 때에 정각을 변성便成한다." 하니 즉 차의此意니라. 이와 같이 42위位를 차제하여 구경에 묘각하느니라. 동륜위銅輪位에 진입하여 무생법인을 증득하나니 견성이라 이름하며, 또한 ⑤[법신을 현현顯現하여] 8상八相으로 작불作佛한다 하느니라.

현대어역 초주에 들어가 무명을 깨뜨리고 불성을 본다.『화엄경』에 초발심할 때에 무상정등각을 성취한다고 했고, [일체의 법이 바로 진실한 자성임을 아는 일이고, 지혜의 부처님 몸을 이미 갖추고 있는 것이라 다른 어떤 것을 깨닫는 일이 아니라고 했는데,] 바로 이것을 가리키는 말이다. 이와 같이 차례대로 42지위를 지나 구경묘각에 이르는 것이다. [함부로 넘쳐서는 안 되며 이것을 지위점차에 대해 잘 알아야 한다고 하는 것이다.]
동륜위에 들어가 무생법인을 증득한다. 이것을 [보배창고에 도달했다고도 하고, 비밀창고에 들어갔다고도 하며, 제호를 얻었다고도 하

며,] 불성을 보았다고도 하고, 법신을 드러내어 여덟 가지 모양으로 부처가 된다고도 한다.

[해설] 견성은 선종의 표지어에 해당하지만 여러 경전에서도 그 용례를 쉽게 발견할 수 있다. 또한 성철스님이 지적한 것처럼 각 경전에 따라 견성에 대한 정의가 다르다. 초주 견성설(화엄, 천태), 초지 견성설(유식), 10지 미견성설(『기신론』) 등이 그 대표적인 경우가 될 것이다.

예문은 『마하지관』의 원교 지위설에서 가져온 것으로서 견성이 10주의 초주에서 일어난다는 내용이다. 천태스님은 이 42위의 지위에 대해 분명히 알아야 한다는 점을 보여주기 위해 논의를 전개하면서 가장 먼저 10신 이전인 외범위外凡位에 속하는 다섯 지위에 대해 자세하게 살펴본다. 10신 이전의 자리만 해도 철저한 발심을 필요로 한다는 것이다. 천태스님은 범부위에서의 승급도 이처럼 어려운데 구경의 묘각에 이르는 길은 얼마나 어렵고 먼 길이겠느냐. 그러므로 이 길을 가는 데 있어서 함부로 넘치는 일이 있어서는 안 된다는 점을 알아야 한다, 그 점을 보여주기 위해 지위점차에 대해 설하는 것이라고 밝힌다. 성철스님은 선문의 견성이 원교의 묘각에 해당한다는 점을 보여주기 위해 이 문장을 인용하였다.

두 번째 인용문도 『마하지관』에서 가져온 것으로서 여기에서 말하는 동륜위銅輪位는 10주를 가리킨다. 동륜위인 10주의 초주에 올라가 견성한다는 것이다. 여기에서는 무생법인의 증득과 견성, 성불이 동일한 의미로 쓰이고 있다. 10주 견성의 문장이 이렇게도 표현된다는 것을 보여주기 위해 인용되었다.

①의 『화엄경』 문구가 생략되었다. 본래 이 구절은 "일체의 법이 바로 진실한 자성임을 아는 일이고, 지혜의 부처님 몸을 이미 갖추고 있

는 것으로서 다른 어떤 것을 깨닫는 것이 아니다."[413]는 구절을 축약한 것이다. 이 구절을 바로 전달하려면 이렇게 생략된 부분을 다시 언급해야 한다. 그런데 성철스님의 입장에서는 초발심의 초주에 대해 바른 깨달음이라는 표현을 붙이는 일이 허락되지 않는 일이었을 수 있다.

한편 초발심할 때에 아뇩다라삼먁삼보리를 성취한다는 구절과 관련하여 천태와 화엄의 규정이 다르다는 점에 유의할 필요가 있다. 천태에서는 예문에 보인 것처럼 초발심을 10주의 초주로 보지만, 화엄에서는 10신의 만심滿心으로 보기 때문이다.

②의 '함부로 넘쳐서는 안 되며 이것을 지위점차에 대해 잘 알아야 한다고 한다'는 구절이 생략되었다. 성철스님은 선종의 깨달음이 교가의 지위설에서 말하는 구경의 묘각에 해당한다는 점을 강조할 뿐, 그 세세한 논의에는 관심이 없다. 일체의 지위설을 배격하고 일초직입여래지를 강조하는 선문의 종지를 드러내는 데 도움이 되지 않기 때문이다. 물론 끝없는 수행을 강조한다는 점에서는 비슷해 보이지만 지위설 대신 수행 과정 전체를 관통하는 '화두일여'의 화두 수행을 주장하고 있기 때문이기도 하다.

③에서 '무생인無生忍'을 '무생법인無生法忍'으로 바꾸어 표현하였는데 의미상의 차이는 없다.

④와 같이 원문에서는 10주 동륜위의 성취를 무생법인의 증득, 보배창고에 도달함, 비밀창고에 들어감, 제호를 얻음, 불성을 봄, 법신을 드러냄 등의 다양한 표현으로 묘사하고 있다. 성철스님은 이 모든 비유적 표현을 삭제하고 논리적 표현만을 남긴다. 성철스님은 실경계에 속하는 깨달음에 대한 일체의 비유적 표현은 최대한 삭제하고자 한다. 깨닫지

---

413 『大方廣佛華嚴經』(T09, p.449c), "知一切法, 眞實之性, 具足慧身, 不由他悟."

못한 이들로 하여금 짐작하고 상상하도록 하는 일로서 성철스님이 동의하는 바가 아니기 때문이다. 성철선의 실참실오론은 이처럼 일체의 이해적 접근을 배격한다.

⑤의 '법신을 현현顯現하여'의 뜻을 갖는 번역이 누락되어 있다. 1981년 초판본에 원융스님의 필적으로 번역문의 추가 지시가 되어 있는데 이후 반영되지 않았다. 지시된 바와 같이 추가해야 한다.

【14-2】入初住하야 **斷一品無明**하고 **證一分三德**하나니 ①**所謂解脫般若法身**이라 ②**[此之三德, 不縱不橫, 如世伊三點, 若天主三目, 現身百界.] 八相成道**하야 **廣濟群生**하나니 **華嚴**③**[經]**에 **云 初發心時便成正覺**이라하니라 ④**[所有慧身不由他悟, 清淨妙法身, 湛然應一切.] 解曰初發心者**는 **初住**⑤**[名]也요 便成正覺者**는 **成八相佛也**라 **是分證果**니 **卽此教眞因**이요 **謂成妙覺**하면 **謬之甚矣**니라

선문정로 초주初住에 진입하여 일품一品의 무명을 단제斷除하고 일분一分의 3덕三德을 증득하니 해탈과 반야와 법신인지라 8상八相으로 성도成道하여 군생群生을 광제廣濟하나니, 『화엄경華嚴經』에 이르되 "초발심시初發心時에 정각을 변성便成한다." 하니라. 해석하면 초발심이라 함은 초주初住요 변성정각便成正覺이라 함은 8상불八相佛을 성취함이라. 이는 분증分證한 결과이니, 즉 차교此敎의 진인眞因이요 묘각을 성취함이라 하면 오류의 극심이니라.

현대어역 초주에 들어가서는 한 차원씩 무명을 끊어내고 한 부분씩 세 가지 덕(三德)을 증득하게 되는데 해탈, 반야, 법신이 그것이다. [이 세 가지의 덕은 세로나 가로로 나란하지 않아 범어 이(∴) 자의 세

점과 같고, 대자재천왕의 세 눈과 같아 백 개의 세계에 몸을 드러내어] 여덟 가지 모습으로 도를 성취하여 뭇 중생들을 널리 구제한다. 『화엄경』에 말하기를, "처음 발심할 때에 무상정등각을 바로 성취한다."고 했고, ["일체의 법이 바로 진실한 자성임을 아는 일이고, 지혜의 부처님 몸을 이미 갖추고 있는 것이라 다른 무엇을 깨닫는 것이 아니다."고 했으며, "청정하며 미묘한 법신이 맑고 맑아 모든 것에 상응한다."고 했다.] 해석하자면 초발심이라는 것은 초주의 이름이고, 무상정등각을 바로 성취한다는 것은 여덟 가지 모습을 보여주며 도를 성취한다는 뜻이다. 이것은 부분적으로 깨닫는 결과이다. 이 원교의 진정한 원인(眞因)을 가지고 묘각을 성취했다고 말한다면 큰 오류라 하겠다.

[해설]   고려 제관스님의 『천태사교의』에서 가져온 문장이다. 『천태사교의』는 방대한 천태교의를 1권으로 요약한 책으로서 이후 많은 불교 수행자와 학자들의 애독서가 되었고, 현재까지도 중국 불교의 제1입문서로 전해 오고 있다. 어떻게 고려 스님의 천태교학이 중국 불교의 중심이 되었던 것일까? 이런 사연이 있었다.

당 말 오월국의 충의왕忠懿王 전홍숙錢弘俶은 불교 경전의 실천과 연구에 깊은 흥미를 갖고 있었다. 어느 날 『선종영가집』에 "네 가지 머묾과 집착(四住)[414]을 제거했다는 점에 있어서는 이 지위가 동등하지만 무명

---

414   원교 6즉불六卽佛의 네 번째 지위인 상사즉불相似卽佛은 원교 10신으로서 내범위內凡位에 해당하는데, 1종의 견혹見惑과 3종의 사혹思惑을 합한 네 가지 미혹을 멸진한다. 그래서 견사혹을 끊는 일을 네 가지 머묾과 집착(四住)을 끊는다고 표현했다. 『敎觀綱宗』(T46, p.941b), "相似卽佛者, 十信內凡位也(名與別十信同, 而義大異). 初信任運, 先斷見惑, 證位不退, 與別初住, 通見地, 藏初果齊. 二心至七心, 任運斷思惑盡, 與別七住, 通已辦, 藏四果齊, 而復大勝. 故永嘉云, 同除四住,

을 항복시키는 것으로 보자면 장교, 별교, 통교는 원교보다 못하다."라는 구절이 이해가 안 되어 천태덕소스님에게 그 뜻을 묻는다. 덕소스님은 국청사國淸寺의 의적義寂스님을 추천하고, 의적스님은 그것이 『법화경현의』에 나오는 구절이라고 알려준다. 그렇지만 안사의 난과 회창會昌의 법난으로 불경이 전부 불태워져 중국에서는 볼 수 없고, 고려에 천태교학이 완전하게 전하고 있다는 사정을 고한다. 이에 오월 충의왕은 고려에 사신을 보내 천태의 전적들을 요청한다. 고려에서는 경전과 함께 제관스님을 보내 그것이 바로 전해지도록 하였다. 제관스님은 중국에서 천태학 연구를 계속했는데, 그 대표 저서가 바로 이 『천태사교의』이다.[415]

인용문은 이러한 사연이 있는 『천태사교의』에서 설하고 있는 분증즉불分證卽佛의 지위에 대한 논의에서 가져온 것이다. 천태교학에 의하면 분증즉불의 지위는 10주, 10행, 10회향, 10지, 등각, 묘각을 아우르는 지위로서 이 지위에서는 한 조각씩 무명을 끊어 그만큼씩의 3덕(법신, 반야, 해탈)을 증득한다.

원교의 입장에서는 일체중생의 불성이 그대로 곧 대열반이지만 이것은 원인을 가지고 결과를 말하는 것이다. 결과의 자리에서 보자면 대열반은 결과이지 원인이 아니다. 마찬가지로 불성은 원인이지 결과가 아니다. 지위설을 적용할 때 각각의 지위는 다음 지위의 원인이 되고, 앞 지위의 결과가 된다. 예컨대 등각은 묘각의 원인이 되고, 10지보살의 결과가 되는 것이다. 그러므로 부처를 기준으로 보면 10주, 10행, 10회향, 10지는 모두 원인이 된다. 이것을 진정한 결과(眞果)를 이루는 진정한 원인이라는 뜻에서 진인眞因이라 한다. 견혹과 사혹을 항복시키는

此處爲齊. 若伏無明, 三藏則劣也. 八心至十心, 任運斷界內外塵沙, 行四百由旬, 證行不退, 與別十向齊.
415 『天台四敎儀』(T46, p.779c).

복인伏忍, 순인順忍의 단계와는 달리 근본무명을 끊어나가는 진정한 수행 단계이기 때문이다.

천태스님은 "10주 초주에 이르러 무상정등각을 성취한다.(初發心時, 便成正覺.)"고 선언하면서도 그것이 성불의 진정한 원인이 된다는 말이지 실제로 묘각에 이르렀다는 뜻으로 보아서는 안 된다는 점을 분명히 한다. 만약 초주에 실제로 묘각을 성취하는 것이라면 10주의 남은 9주는 물론 10행, 10회향, 10지의 수행은 사족이 되지 않겠느냐는 것이다. 천태에서는 부처님에게 내세에 부처가 될 것이라는 수기를 받았던 성문 제자들의 지위가 바로 10주 초주에 해당한다고 본다. 그렇기는 하지만 이후 계속된 수행을 통한 번뇌의 타파와 진리의 증득이 있어야 하고, 그에 따른 지위의 승급이 있게 된다는 것을 명확히 알아야 한다는 주장인 것이다.

성철스님은 원인으로서의 부처인 인불因佛과 결과로서의 부처인 과불果佛을 뒤섞어 이해해서는 안 된다는 점, 원교 교판의 원조인 천태스님이나 현수스님이 직접 이 말을 했다는 점을 보여주기 위해 이 문장을 가져왔다. 성철스님은 결론 격으로 이렇게 말한다.

> 화엄의 이치에서 보면 인과가 원융하고 상즉하여 서로 거리낌이 없다. 따라서 초주를 묘각이라 하고 묘각을 초주라 하는 등 그 표현을 달리해도 전혀 상관이 없다. 그러나 그것은 이치이다. 사실에 있어서는 10지에 가서도 인과 과가 엄연히 다르다.[416]

원인과 결과를 둘로 분별하는 일은 번뇌에 속하지만, '있는 그대로

---

416 퇴옹성철(2015), p.307.

부처'라는 점을 알았다고 하여 실체로 부처가 되는 것은 아니다. 그러므로 부처라는 진짜 결과에 도달하기까지 어떤 특별한 경계에도 마음을 뺏기는 일 없이 불이중도의 실천에 매진할 뿐인 삶, 이것이 성철스님이 제안하는 수행과 깨달음의 길인 것이다. 인용문에 표시한 것처럼 추가와 생략이 행해졌다.

①과 같이 '~이라 한다(謂)'에 '소所' 자를 추가하여 '이른바(所謂)'로 바꾸었다. 해탈, 반야, 법신이라는 덕이 열반의 세 가지 덕으로 불리고 있다는 점을 고려한 표현이다. 다만 이와 관련하여 깨달음의 덕은 세 가지로 셀 수 없지만 '이 세 가지를 들어 전체를 대신한다'는 설명417도 있다는 점을 기억해 둘 필요가 있다.

②에서는 깨달음의 세 가지의 덕을 형상적 비유로 설명하는 구절을 생략하였다. 현대어역에 보이는 것처럼 '이 세 가지의 덕은 세로나 가로로 나란하지 않아 범어 이(∵) 자의 세 점과 같고, 대자재천왕의 세 눈과 같아 백 개의 세계에 몸을 드러낸다'는 뜻이다. 성철스님은 깨달음에 대한 비유가 불필요한 추측이나 이해를 불러일으켜 지해를 증장시키는 부작용을 일으킬 수 있다고 보는 입장에 있다. 생략의 이유이다.

③은 『화엄경』에서 '경經' 자를 생략하였다. 뜻에는 전혀 변화가 없지만 번역문에 『화엄경』으로 되어 있으므로 복원하는 것이 합당하다.

④의 『화엄경』의 인용 구절이 생략되었다. 인용 목적에 어울리지 않으므로 생략한 것으로 보인다. 원래 초발심에 무상정등각을 성취한다는 말은 이치적 측면과 실천적 측면에서 두 의미로 해석된다. 성철스님이 생략한 부분은 초발심에 무상정등각을 성취하는 인과불이의 차원을 설

---

417 『四教儀註彙補輔宏記』(X57, p.940a), "而今文明初住證一分三德, 乃舉要攝諸也. 大經疏云, 果地衆德, 但言三者, 蓋舉略該諸耳."

명하고 있다. 성철스님은 원교를 제창한 천태스님과 현수스님조차 실천적 측면에서 원인과 결과를 뒤섞어서는 안 된다고 강조했다는 점을 드러내기 위해 이 문장을 인용하였다. 그러므로 『화엄경』의 장황한 내용을 생략하여 그 논지를 분명하게 드러내고자 한 것이다.

⑤에 '~의 이름이다(名)'라는 글자가 생략되었다. 발심주發心住가 10주 초주를 가리키는 이름이라는 뜻이다. 성철스님은 이 글자를 생략하여 초주의 내용이 초발심임을 드러내고자 하였다. 의미상의 큰 변화는 없다.

【14-3】 進破①[一品]微細無明하고 入妙覺位하야 永別無明父母하고 究竟에 登涅槃山頂하나니 ②謂諸法不生이며 般若不生이라 不生不生일새 名大涅槃이니 ③[以虛空爲座,] 成淸淨法身하야 居常寂光土하나니 卽圓敎佛相也니라

선문정로 미세무명을 진파進破하고 묘각위에 득입得入하여 무명의 부모를 영별永別하고 구경으로 열반산정涅槃山頂에 등도登到하나니, 제법이 불생이며 반야가 불생인지라 불생도 불생이므로 대열반이라 칭명稱名하며, 청정법신을 성취하여 상적광토常寂光土에 거처하나니 즉 원교圓敎의 불상佛相이니라.

현대어역 여기에서 나아가 [1품의] 미세무명을 깨뜨리고 묘각의 지위에 들어가 번뇌의 부모인 무명과 영원히 이별하여 궁극으로 열반의 산꼭대기에 오른다. 모든 법은 생멸하는 것이 아니고, 반야지혜도 생멸하는 것이 아니며, 생멸하지 않는다는 것 역시 생멸하지 않는다. 그러므로 대열반이라 부르는 것이며, [허공을 앉는 자리로 삼아] 청정법신을 성취하여 항상 고요하되 밝은 국토에 거주한다. 이것이 바

로 원교의 부처상이다.

[해설] 10주, 10행, 10회향, 10지를 거치며 전체 41품의 무명을 끊고 등각에 이른 뒤 마지막 남은 1품의 무명을 끊어 묘각의 지위에 오르는 상황을 묘사하고 있다. 천태스님 스스로 10주 초주의 견성은 씨앗(眞因)일 뿐이므로 결과로서의 구경묘각과 혼동하지 말라고 경고했다는 것을 보여주기 위해 인용한 문장이다.

성철스님은 분파분증의 장에서 통교와 별교는 물론이고 최고의 원교로 인정받는 천태, 화엄의 지위설과 깨달음에 대한 규정이 각각 다르다는 것을 보여주고자 한다. 다르다면 어떤 하나의 옳은 것을 찾아내야 한다. 그래서 『기신론』에 의거하여 견성이 구경각과 동의어임을 논증하고자 한다. 논리 전개가 이러한 노선을 따르다 보니 우선 천태의 지위설을 비판하기 위한 인용이 계속되는 것이다.

위에 인용된 바, 묘각으로의 진입을 묘사한 문장 중 ①의 '일품(一品)'을 생략하여 '1품 미세무명'을 '미세무명'으로 표현하였다. 미세무명은 마지막 최후의 번뇌이다. 성철스님은 최후의 미세무명이 등각에 이르기까지의 41품 번뇌와는 질적으로 다르다는 점을 드러내기 위해 '1품'이라는 말을 생략하였다. 또한 원문과 같이 '1품'이라는 말을 붙이면 그 뒤에 또 다른 '1품'에 해당하는 무엇이 있을까 하는 선입견이 일어날 수도 있으므로 생략한 것이기도 하다.

②에서 '말하다'는 뜻의 '위謂' 자가 추가되었는데 특별한 이유는 발견되지 않는다. 번역문에도 전혀 반영되어 있지 않다. 편집 과정에서 잘못 들어간 글자로 보이므로 삭제되어야 한다.

③의 '허공을 앉는 자리로 삼는다(以虛空爲座)'는 구절이 생략되었다. 부처의 본체는 따로 실재하는 것이 아니다. 깨달음은 색신의 허공적 본

성에 대한 철저한 눈뜸을 내용으로 한다. 그래서 허공을 보좌로 한다는 말이 궁극적 깨달음의 한 표현이 되는 것이다. 그런데 거듭 확인되는 것처럼 성철스님은 수행과 깨달음의 실경계에 대한 표현을 채용할 뿐, 대부분의 비유적 표현을 생략한다. 비유적 표현이 깨달음에 대한 불필요한 추측과 짐작을 불러일으킬 수 있다고 보았기 때문이다.

【14-4】 分破分見은 爲分證卽이니 從初住至等覺이요 智斷이 圓滿은 爲究竟卽이니 妙覺位니라

선문정로 분파分破하여 분견分見함은 분증즉分證卽이니 초주初住로부터 등각까지요, 진지眞智와 단혹斷惑이 원만함은 구경즉究竟卽이니 묘각위이다.

현대어역 무명을 일부 타파하여 진여를 부분적으로 보는 것이 분증즉이다. 이것은 초주에서 등각까지이다. 지혜의 증득과 미혹의 단멸이 완성되는 것이 구경즉이다. 이것이 묘각의 지위이다.

[해설] 천태스님은 『영락경』의 52위설을 채용한다. 다만 원교의 입장에서 그 번뇌 단멸과 지혜 증득의 내용을 새롭게 정리한다. 그리하여 10주, 10행, 10회향, 10지, 등각에 이르기까지 42품의 무명을 끊는 분파의 단계를 제시한 것이다.

문제는 이 어마어마한 여정의 제시가 수행의 의지를 꺾을 수도 있다는 데 있다. 그렇다면 깨닫지 못했으면서 깨달음을 자처하는 넘침을 차단하는 동시에 수행의 여정에 겁을 먹고 물러나는 부작용을 차단하는 길은 무엇일까? 여기에서 천태스님은 6즉불六卽佛의 논리를 제시한다.

그것은 모든 소리와 모양이 중도 아님이 없다는 원리에 눈뜨는 단계(理即), 부처님의 가르침을 학습하는 단계(名字即), 가르침에 따라 관조의 수행을 실천하는 단계(觀行即), 진리에 근접한 눈뜸에 도달하는 단계(相似即), 차례대로 번뇌를 타파하고 진여를 증득해 가는 단계(分證即), 궁극의 깨달음 단계(究竟即)로 나뉜다.

이 논리는 초주에서 묘각에 이르기까지를 6단계의 지위로 분명하게 나누어 깨달음을 자처하는 넘침의 가능성을 차단한다. 그와 동시에 이 모든 단계가 곧(即) 부처의 구경각과 다르지 않음을 함께 말함으로써 수행의 용기를 꺾는 일이 없도록 이끈다. 천태스님은 이것을 6즉불 논리의 특장점으로 꼽았다.

그러나 구경각만을 인정하는 성철스님의 입장에서 보면 천태의 교리는 결국 분파분증의 해오점수론에 해당한다. 그 근거가 되는 것이 이 인용문이다. 여기에서 10주 초주에 무상정등각을 이룬다는 것이 원교의 원리라는 점, 초주는 진정한 원인(眞因)의 자리이지 진정한 결과(眞果)로서의 묘각은 아니라는 점, 그러므로 이를 혼동해서는 안 된다는 점을 분명히 하고 있기 때문이다. 성철스님은 이에 근거하여 천태스님의 초주 견성이 묘각을 향한 출발점에 해당한다고 강조한다. 마지막 도달점을 가리키는 선종의 견성과 판연하게 다르다는 것이다.

【14-5】 1) ①初發心住中에 卽能頓證佛果法門이니라

2) 十住初首에 便卽見性하야 起法身智慧하야 便成正覺하느니라

3) 十住初心에 正證如來佛果智法②門하느니라

4) 十住之首에 位齊佛果니라

5) 事事融通하야 ③[通而互收故,] 重重無盡하니 悟此則全同佛果라 方是圓因④이니라

6) 一一滴中에 皆得大海요 ⑤[如是菩薩五位之中, 十住十地,] 一一位內에 皆有佛果니라
7) 七地以⑥[已]前엔 皆有功用이요 八地已去에 得無功用이니라
8) 初地已來로 至於七地는 有爲無爲를 皆有修學이요 此八地에 二行이 已終이니라

선문정로 1) ⑦초발심주初發心住 가운데서 곧 능히 불과법문佛果法門을 돈증頓證하느니라.
2) 10주 초수十住初首에서 문득 견성하여 법신의 지혜를 발기發起하여 정각을 성취하느니라.
3) 10주 초심十住初心에서 정正히 여래의 불과지법문佛果智法門을 증득하느니라.
4) 10주 초수十住初首에서 그 지위가 불과佛果와 제등齊等하느니라.
5) 사사융통事事融通하여 중중무진重重無盡하니 차此를 깨친즉 불과佛果와 같은지라 바야흐로 원교圓敎의 인因이니이다.
6) 일일적중一一滴中에 다 대해大海를 얻고, 일일위내一一位內에 다 불과佛果가 있느니라.
7) 7지 이전에는 전부 공용功用이 있고, 8지 이후에서 무공용無功用을 얻느니라.
8) 초지初地로부터 7지까지는 유위와 무위를 다 수학修學하고, 8지에서 2행二行이 종료하느니라.

현대어역 1) 초발심주初發心住에서 곧바로 단번에 결과로서의 부처법문을 증득할 수 있다.
2) 10주의 맨 처음에서 바로 견성하여 비로자나 법신의 지혜를 일으

켜 곧바로 무상정등각을 성취한다.

3) 10주의 첫 마음에서 여래불의 과보인 지혜법문을 바르게 증득한다.

4) 10주 처음의 지위는 성불한 부처의 지위와 동일하다.

5) 모든 일이 서로 걸림 없이 통하고, [통하면서 서로 포함하고 있어서] 무궁무진 상호 겹쳐져 있습니다. 이것을 깨달으면 성불한 부처와 완전히 같은데, 바로 이것이 원교의 원인圓因입니다.

6) 한 방울 한 방울의 물에서 모두 큰 바다를 알 수 있는 것처럼 [보살의 다섯 지위 가운데 10주에서 10지에 이르기까지] 각각의 지위 속에 결과로서의 부처가 들어 있다.

7) 7지 이전에는 모두 애써 공부하는 일이 있고, 8지 이후로는 애써 공부하는 일이 없는 경지를 얻는다.

8) 초지 이후 7지까지는 인위적 실천이든 무위적 실천이든 모두 닦고 공부하는 일이 있지만, 이 8지에서는 두 실천이 모두 종결된다.

[해설] 8개의 문장이 함께 인용되었지만 사사융통의 도리를 말하는 5)의 인용문만 출전이 다를 뿐, 나머지는 모두 이통현 장자의 『신화엄론』에서 가져왔다. 인용된 문장들은 크게 세 가지 주제를 전달한다.

첫째, 10주의 초주 단계에서 견성하여 부처와 같은 지위가 된다는 원교의 원칙 제시로서 앞의 네 문장이 이에 속한다. 화엄의 핵심은 이통현 장자가 밝힌 것처럼, 이 세계가 법신여래의 성품에서 일어난 큰 지혜의 세계(性起大智法界)라는 것에 눈뜨는 데 있다.

1)에서는 10주의 초주인 초발심주에서 단번에 부처의 과보를 증득한다고 했다. 그리하여 10주, 10행, 10회향, 10지, 등각 등의 지위를 포함한다. 그것은 도장을 찍는 일에 비유된다. 도장을 찍으면 그 전체 문양이 전후가 없이 찍히는 것과 같다는 것이다.

2)에서는 그 눈뜸에 해당하는 견성과 그에 수반하는 법신지혜가 일어나는 지위가 바로 10주 초주라는 것을 말한다. 원교의 입장에서 볼 때 초주에서 이러한 견성과 법신지혜가 일어나므로 10지에 견성하고 3 아승지겁을 지나야 성불하는 별교와 달리 앞당겨 성불하게 된다는 것이다. 이에 의하면 선정에 들어가는 보살이라는 원인과 부처라는 결과가 둘이 아니다. 법신의 본체와 보살의 작용이 둘이 아니기 때문이다. 이통현 장자는 이것이 원교의 특장점으로서 앞의 지위를 원인으로 하여 뒤의 지위를 결과로 얻는 권교의 보살지위론과 다르다고 말한다.

3)과 4) 역시 10주 초주의 지위가 궁극의 부처와 같음을 말하는 문장이다. 화엄의 이 세계가 곧 법신여래의 성품에서 일어난 큰 지혜의 세계라는 것이 원교의 입론이다. 이 실상의 진리를 믿고, 이해하고, 따르고, 깨닫는 일이 10주 초주의 지위에서 일어나며 그것이 여래의 집에 태어나는 일이라는 것이다. 초발심할 때 정각을 성취한다는 말이 가리키는 바이다. 성철스님은 이러한 화엄의 이치에 대해 십분 동의한다. 그렇지만 그것은 이치일 뿐이지 실제로 10주 초주가 부처는 아니라는 점을 강조한다. 화엄의 이치에 눈을 뜨면 가일층의 진실한 수행을 하게 된다. 그러므로 그것을 원인으로서의 부처(因佛), 원인으로서의 견성(因見)으로 보아야 한다는 것이다. 원인과 결과가 둘이 아니라 해서 그것이 실제로 하나라는 말은 아니지 않느냐는 것이다.

둘째, 어째서 초주보살이 결과로서의 부처(果佛)와 같은지에 대한 설명이다. 5)에서 말하는 바와 같이, 이 세계는 화엄의 성품바다로서 모든 일이 둘 아닌 관계에 있다. 이것을 깨닫기만 하면 완전히 부처와 같은 자리에 올라서게 된다는 것이다. 6)에서는 초주 이후 보살의 각 지위는 결과로서의 부처를 포함한다는 것을 말한다.

이 중 5)는 규봉스님의 글이다. 규봉스님은 청량국사의 『화엄소』와 그에 대한 재해석서인 『화엄경소초』를 읽고 크게 눈을 뜨게 된다. 이에 그 계발된 바를 청량국사에게 보고하는데 인용문은 그 편지글의 일부이다. 이 편지를 계기로 규봉스님은 청량국사를 직접 만나게 되고, 결국 그 법을 전수받아 화엄종 5조의 지위에 오르게 된다. 인용문은 화엄의 이치에 대한 규봉스님의 요약이다. 규봉스님은 사사융통, 중중무진의 도리를 깨달아 원교의 부처가 되는 원인을 갖추는 것을 돈오라고 본다. 그리고 나서 그에 의지하여 부처를 닦는 것이 점수인 것이다. 이 화엄의 도리가 곧 그 돈오점수의 모델이 된다. 규봉스님은 이에 바탕하여 신회스님의 돈오점수와 화엄의 원교를 통일시키고자 한 것이다.

성철스님은 비록 이치가 그렇다 해도 '각 지위의 지혜와 능력에 차이가 있는 것'이므로 가일층의 공부를 필요로 한다는 점을 강조하는 입장이다. 초주 견성은 진정한 견성이 아님을 밝히기 위해 이 문장을 인용한 것이다.

6)의 인용문에서는 초주의 지위가 비록 작은 견성(小見性)이기는 하지만 이미 부처의 수레에 탑승한 일임을 강조한다. 그것은 한 방울의 바닷물이 전체 바다를 포함하는 이치와 같다. 그러므로 초주 이후의 모든 지위는 부처라는 결과를 포함하게 된다는 것이다. 다만 그것 역시 원리가 그렇다는 말이다. 실제로 부처가 되기 위해서는 치열한 가행정진이 필요함은 췌언의 여지가 없다. 이러한 점을 보여주기 위해 이 문장을 인용하였다.

셋째, 7)과 8)의 인용문은 7지까지는 애쓰는 공부가 있어야 한다는 이통현 장자의 주장을 담고 있다. 사실 규봉스님이나 지눌스님의 돈오점수론도 돈오 이후의 면밀한 수행을 요구한다. 면밀한 수행, 가일층의 수행을 독려하는 점에서 성철스님과 다르지 않다. 다만 성철스님은 해오에 의지하는 수행의 근본적 문제점을 비판하는 입장이다. 해오는 어떤 경우라 해도 깨달음에 장애가 된다는 것이다. 이에 비해 화두참구는 모든 견해를 아낌없이 떨어내는 길을 걷는다는 점에서 더없이 수승한 길이라는 것이 성철스님의 입장이다. 인용문에 표시한 바와 같이 추가와 생략 등 변환이 행해졌다.

①의 전체 문장이 누락되었다. 1981년 초판본에 가해진 교정을 보면 원문을 복사해 붙이고 다시 성철스님의 필적으로 필사한 교정 지시가 표시되어 있다. 또한 ⑦과 같이 이에 대한 번역문이 원융스님의 필적으로 추가되어 있다. 여러 개의 다른 문장이 함께 인용되고 교정 지시 역시 복잡하게 얽히는 바람에 바르게 적용되지 못하였던 것으로 보인다. 최초의 교정 지시에 따라 추가되어야 한다.

②에서는 원문에 없는 '문門' 자를 추가하였다. 부처의 지위에서 증득하는 지혜를 불과지佛果智라 하고, 그 불가사의한 법을 불과법佛果法, 혹은 불과법문佛果法門이라 한다. 이 문장에서는 10주 초에 이러한 부처로서의 지혜와 부처로서의 법을 증득하게 된다고 말한다. 그것은 사자의 새끼가 아직 사자로서의 위력을 떨치지는 못하지만 사자로서의 모든 조건을 갖춘 것과 같다고 비유하고 있다. 또 설산의 비니초에 비유되기도 한다. 이것을 소가 먹으면 우유를 정제하는 중간 단계 없이 바로 순수한 제호를 낸다는 것이다. 이러한 문장에서 '불과법佛果法'보다 '불과법문佛果法門'이라는 용어가 더 널리 쓰이므로 '문門' 자를 추가한 것으로 보인다.

③의 '통하면서 서로를 포함하므로(通而互收故)'를 생략하였다. 화엄의 성품바다에서는 원인이 결과의 바다에 들어가고, 결과가 원인의 근원에 통한다. 성품의 바다라는 점에서 다르지 않으므로 서로를 포함하며 앞과 뒤에 차별이 없다. 그래서 서로 통하며 서로를 포함한다는 관용적 표현이 있게 된다. 다만 이것이 이미 앞에서 말한 사사융통이나 뒤의

중중무진과 중복되는 표현이므로 이를 생략한 것이다.

④의 '이니라'로 되어 있는 한글 현토는 '이니이다'의 오류이다. 규봉스님이 공부하는 입장에서 대스승인 청량국사에게 올리는 편지글이기 때문이다. 성철스님도 이를 감안하여 번역문에서는 '바야흐로 원교圓敎의 인因이니이다'와 같이 올림체로 옮겼다. 그러므로 원문의 현토 '이니라'가 편집상의 오류임을 알 수 있다.

⑤의 '이와 같이 보살의 다섯 지위 가운데 10주에서 10지에 이르기까지(如是菩薩五位之中, 十住十地)'라는 구절이 생략되었다. 여기에서 말하는 보살의 다섯 지위는 문맥상 10주, 10행, 10회향, 10지와 등각을 가리킨다. 그런데 원문에서는 다섯 지위라 해 놓고 10주와 10지의 두 지위만 적시했다. 전체적 문맥으로 읽는다면 그것이 전체를 대표하는 것임을 이해할 수 있겠지만 여기에는 추가 설명이 필요하다. 그것이 주제의식을 드러내는 데 도움이 되지 않으므로 생략한 것으로 보인다.

⑥에서는 '이전已前'을 '이전以前'으로 바꾸어 표현하였다. 엄밀히 보자면 '이전以前'이 한문 문법에 적절한 표현이다. 다만 불경에서 '이전已前'과 '이전以前'은 통용 관계에 있다. 문법적 정확성을 추구한 교정에 해당한다. 성철스님은 수행과 깨달음은 물론이고, 문자적 표현에 있어서까지 옳고 바름에 대해 집중하는 입장을 취한다. 단순한 문자적 교정의 실천이지만 '바름'에 집중하는 성철스님의 체질에 기인하는 것으로 이해된다는 말이다.

【14-6】 1) 十住 十行 十迴向에 得一分如來同體大智하며 得一分如來同體大①[之]行이니라
2) 初地已來로 至七地는 是順無生忍이요 八地에 方名得無生忍이니 八地已前엔 ②[有爲無爲,] 皆有覺觀修學이나 至此八③地하야

는 ④[爲]二行이 方終이니라
3) 從初地至第九地히 以分分白淨法으로 修道助行⑤[修助道行]
하느니라
4) 從十住初心하야 直至十地히 皆名分眞이니라

선문정로　1) 10주와 10행과 10회향에서 일분一分의 여래동체대지如來同體大智를 수습修習하며, 일분一分의 여래동체대행如來同體大行을 수득修得하느니라.
2) 초지初地 이래로 7지까지는 무생인無生忍에 순향順向함이요 8지에서 바야흐로 무생인無生忍을 체득하였다고 이름하나니, 8지 이전에는 각찰覺察과 관행觀行의 수학修學이 다 있으나 8지에 이르러서 2행二行을 바야흐로 종식하느니라.
3) 초지初地로부터 제9지에 이르기까지 분분分分의 백정법白淨法으로써 수도하며 조행助行하느니라.
4) 10주 초심十住初心으로부터 10지十地에 직지直至하기까지 전부 분득진여分得眞如 즉 분진分眞이라 하느니라.

현대어역　1) 10주, 10행, 10회향에서 부분 부분 여래의 동체대지와 부분 부분 여래의 동체행을 증득한다.
2) 초지 이후 7지에 이르기까지는 무생인을 따라가고, 8지에 비로소 무생인을 증득했다고 말한다. 8지 이전에는 [유위의 수행이든 무위의 수행이든] 모두 각찰하고 관조하는 닦음과 공부가 있어야 하며, 8지에 이르면 두 가지 행이 바야흐로 끝나게 된다.
3) 초지에서 9지에 이르기까지 부분 부분의 모든 청정한 법으로써 도를 북돋우는 수행을 한다.

4) 10주 초심에서 계속하여 10지에 이르기까지 모두 분진즉分眞卽이라 한다.

[해설] 부분적 증득을 논하는 화엄의 교리이다. 화엄 역시 분수분득分修分得임을 보여주기 위한 인용이다. 화엄에서는 각 수행 차원의 동질성과 차별성을 통일시키는 논리를 개발하여 그 원교의 진리성을 증명한다. 그래서 화엄은 동질성의 측면인 동상문同相門과 차별성의 측면인 별상문別相門을 함께 말하는 특징을 갖는다.

동상문, 즉 동질성의 측면에서 보면 초발심은 곧 무상정등각과 동일하다. 10주 초주에 전체 지위를 관통하는 "여래의 근본인 모든 곳을 비추는 광명과 같은 큰 지혜, 고요한 본체와 활발한 적용에 걸림이 없는 깨달음, 스스로 그러한 본체로서의 깨달음"[418]을 갖추게 되는 것이다. 그러나 별상문, 즉 차별성의 측면에서 보면 그것을 부분적으로 증득하여 최후의 완성에 이르는 41등급의 지위에 따른 차별이 있게 된다.

1)은 별상문의 차원에서 지위에 따른 부분적 성취가 있음을 말하는 부분이다. 여기에도 돈오점수의 구조적 원리가 언급되고 있다. 여래의 동체대지는 10주에 일부 증득되고, 여래의 동체행은 10행에 일부 증득된다. 그리고 10회향에서 여래의 회향대원이 일부 증득되어 지혜와 자비와 발원이 하나로 통일되는 차원에 진입한다. 이렇게 갖추어진 큰 지혜와 큰 실천과 큰 발원은 10지 초지에서부터 시작하여 성숙의 과정을 거치게 된다. 일부를 증득한 것이지만 그 내용이 무상정등각과 다르지 않으므로 원돈의 논리가 성립한다. 그러나 이후 성숙과 완성의 과정이

---

418 『新華嚴經論』(T36, p.902a), "若以同相門中, 總是一箇, 如來根本, 普光明大智, 寂用無礙, 自體菩提."

필요하므로 점수, 즉 분수분득分修分得이 필요하다. 성철스님은 그중 일부를 인용하여 화엄 역시 분수분득에 기대는 점교漸敎임을 보여주고자 한다.

2)는 지위에 따라 무생법인의 성취에 차이가 있다는 내용이다. 제7지까지는 수행의 의도가 작동하지만 제8지에서는 의도가 사라진 무공용無功用의 수행이 일어나 무생법인을 성취하게 된다는 것이다. 성철스님은 진정한 무생법인은 구경각에서 성취되는 것임을 강조하는 입장이다. 다만 여기에서는 잠시 그 주장을 내려놓고 무생법인의 성취 역시 원돈이 아니라 점수점득을 말하고 있다는 점을 보여주고자 한다. 화엄은 결국 분수분득임을 보여주고자 하는 것이 문장 인용의 목적이다.

3)은 초지에서 제9지에 이르기까지 다양한 방법으로 도를 북돋우는 수행을 한다는 문장이다. 이에 의하면 실상에 계합하는 수행을 통해 근본지를 깨닫는다. 그런 뒤에 두루 실천하는 수행(徧修行)을 통해 후득지를 성취한다. 후득지는 근본지를 전면화하는 지관의 수행과 그것을 돕는 다양한 방법을 통해 성취된다. 여기에 백정법白淨法이라는 용어가 보인다. 백정법은 『화엄경』 경문의 무량지혜無量智慧의 다른 표현으로서 일체의 좋은 법을 가리킨다.

성철스님은 제8지 무공용행 이후 제9지에 이르기까지 수행이 필요하다고 본 『화엄경』의 관점을 보여주기 위해 이 문장을 인용하였다. 제8지 이후의 "무공용행 역시 단혹승진斷惑昇進하므로 분수분득分修分得이며 따라서 절학무위絶學無爲인 정전正傳의 견성이 아니다."[419]라는 것이다.

성철스님은 이상과 같이 10주, 8지, 9지로 단계를 높여 가며 지위에 따른 수행을 말하는 『화엄경』의 점수론을 인용한다.

---

[419] 퇴옹성철(2015), p.315.

4)는 10주 초심에서 10지에 이르기까지 지위를 밟아 나가면서 진여를 부분적으로 증득한다는 의미에서 분진즉分眞卽이라 부른다는 것을 밝히는 문장이다.

청량스님은 법신, 반야, 해탈의 열반3덕을 설명하면서 천태스님의 6즉불六卽佛의 구조를 차용한다. 이에 의하면 이치 이대로 열반3덕(理卽三德)이다. 그래서 번뇌가 곧 반야이고, 업을 지음이 곧 해탈이며, 고해의 과보가 곧 법신이다. 미혹하여 세 가지 오염이 일어났지만 그 본체는 열반3덕이기 때문이다. 두 번째는 교리 공부 이대로 3덕(名字三德)이다. 원교의 이치에 대한 분명한 이해가 곧 깨달음이라는 것이다. 세 번째는 관조수행 이대로 3덕(觀行三德)이다. 3덕을 부족함 없이 닦으면 모든 장애가 잦아들고 모든 이치에 밝게 된다는 뜻이다. 네 번째는 비슷한 차원 이대로 3덕(相似三德)이다. 6근이 청정한 법신이 마치 유리와 같아 법계의 실상을 밝게 비추며 업에 묶이지 않는다는 뜻이다. 다섯 번째는 부분적 증득 이대로 3덕(分眞三德)이다. 초발심의 초주에서 여래의 한 몸을 증득하여 무량한 몸으로 설법하는 지혜를 얻으며 그 하는 일에 자재하다는 뜻이다. 여섯 번째는 궁극의 3덕(究竟三德)으로서의 여래이다. 이와 같이 각 단계 그대로 이미 3덕인 동시에 각 단계에 따라 차별이 있음을 밝히는 것이 6즉3덕의 논리로서 원교의 특징을 잘 드러내고 있다.

성철스님은 이 6즉3덕의 다섯 번째에 해당하는 분진즉에 대한 설명을 인용하였다. 이를 통해 화엄 역시 실천적 입장에서 결국은 분수분득分修分得이 될 수밖에 없음을 보여주고자 한다. 차별적 차원에서 보면 6즉3덕 전체가 모두 분수분득이 되겠지만 특히 분진즉을 택하여 인용한 것은 그것이 특히 부분적 증득과 점수를 주제로 설하고 있기 때문이다.

인용문에 표시한 바와 같이 생략과 추가, 교정이 행해졌다. ①에서는 '동체의 행(同體之行)'을 '동체대행同體大行'으로 바꾸었다. 동체의 행은 10행에 상응하는 것으로서 동체대행이라 표현해도 의미는 동일하다. 다만 10주에 상응하는 동체대지, 10회향에 상응하는 회향대원과 함께 논의하자면 동체대행이라는 표현이 더 어울린다는 점이 고려된 것으로 보인다. 윤문의 의도가 있다.

②에서는 '유위의 수행이든 무위의 수행이든(有爲無爲)'의 구절이 생략되었다. 제8지 무공용지는 무위적 맡김이 전면화되는 단계이다. 이 문구를 적용하면 8지 이전에도 유위적 수행과 무위적 맡김이 공존하는 상황이 있다는 뜻이 된다. 성철스님은 진정한 '절학무위絕學無爲'는 구경각에서만 일어나는 것임을 강조하는 입장에 있으므로 불편한 점이 있다. 문구를 생략한 이유이다.

흥미로운 것은 이 생략이 '제8지에 이르면 두 가지 행이 바야흐로 끝나게 된다(二行方終)'는 구절의 번역에 영향을 미치게 된다는 것이다. 두 가지 행, 즉 2행二行은 교학적으로 다양한 의미를 갖는다. 수행적 측면에서는 자리행과 이타행을 가리키는 용어가 되고, 번뇌적 측면에서는 번뇌장과 소지장의 작용을 가리키는 용어가 된다. 또 둘로 나누는 제반 분별행위를 가리키기도 한다. 이 중 번뇌적 측면은 여기에서 고려의 대상이 될 수 없다. "묘각의 깨달음이 모두 충족되면 두 가지 행이 영원히 끊어진다.(妙悟皆滿, 二行永絕.)"[420]라는 『화엄경』의 규정이 있기 때문이다. 묘각에 끊어진다는 말과 제8지에 끊어진다는 말이 병립할 수는 없는 것이다.

그래서 두 가지 행은 두 가지 수행으로 보아야 한다. 이러한 점들을

---

420 『大方廣佛華嚴經』(T10, p.57c).

고려해 볼 때, 이 문장에서 말하는 두 가지 행은 유위행과 무위행을 가리키는 것으로 볼 수 있다. 성철스님은 이 구절을 생략하면서 두 가지 수행을 관행과 각찰로 번역하였다.

③에서는 '팔八'을 '8지八地'로 바꾸었다. 교정을 통해 의미를 분명히 하고자 한 것이다.

④에서는 의미의 전달에 별 기능을 하지 않는 '위爲' 자를 생략하였다. '위爲'는 문법적 오류는 아니지만 없어도 되는 글자에 해당한다. 성철스님은 전달하고자 하는 내용에 불필요한 수식이 더해지면 대체로 그것을 생략한다. 이 경우 역시 그러한 문장관이 적용된 것이라 할 수 있다. 비판의 목적으로 인용된 문장이지만 그 문장관의 적용이 일관된다는 점을 확인할 수 있다.

⑤에서는 '수조도행修助道行'의 어순을 바꾸어 '수도조행修道助行'으로 표현하였다. 이로 인해 '도를 북돋우는 수행을 한다'는 뜻이 '수도하며 도를 북돋운다'의 뜻으로 바뀌었다. 성철스님은 이것을 '수도하며 조행助行하느니라'로 번역하였다. 조도행, 즉 도를 북돋우는 수행을 한다는 원문은 진여에 눈을 뜬 뒤 그것을 완전하게 하는 보완적 수행에 들어간다는 뜻을 전달한다. 이에 비해 성철스님은 초지에서 9지는 물론, 등각까지도 묘각의 완전한 눈뜸이 아니므로 수행이 필요하다는 점을 보여주고자 한다. 그래서 어순을 바꾸어 수도와 도를 북돋우는 실천(助行)이 있어야 한다는 뜻의 문장을 만든 것이다.

【14-7】 1) 離一切心意識의 分別①妄想하면 ②[無所取著, 猶如虛空, 入一切法, 如虛空性.] 是名得無生③[法]忍이니 ④[佛子, 菩薩]成就此忍하면 ⑤[卽時]得入第八不動地니라

2) 滅一切心意識의 分別⑥妄想은 但是滅障法想이니 障法想者는

卽 ⑦[有]分別觀解之想이요 有治想하니 卽無分別智니라
3) 治想은 至佛方滅하나니 故로 入八地하면 雖無障想而有治想하니라

선문정로 1) 일체 심의식心意識의 분별망상을 영리永離하면 무생인無生忍을 체득하였다고 하나니, 이 무생인無生忍을 성취하면 제8부동지第八不動地에 득입得入하느니라.
2) 일체 심의식心意識의 분별망상을 멸한다 함은 단지 장법상障法想을 멸함이니, 장법상障法想은 즉 분별관해分別觀解하는 상념想念이요 치상治想이 있나니 즉 무분별지無分別智니라.
3) 치상治想은 불지佛地에 이르러야 멸하나니, 고로 8지에 득입得入하면 비록 장상障想은 없으나 치상治想은 있느니라.

현대어역 1) 일체의 마음과 뜻과 이숙식의 분별적 생각을 떠나면 [집착함이 없어 허공과 같으며, 일체의 현상에 들어가는 것이 허공의 본성과 같다.] 이것을 무생법인을 증득했다고 말한다. [불자여! 보살이] 이 무생인을 성취하면, [그 즉시] 제8부동지에 들어갈 수 있다.
2) 일체의 마음과 뜻과 이숙식의 분별적 생각을 소멸한다는 것은 단지 법에 장애가 되는 생각이 소멸된다는 뜻일 뿐이다. 법에 장애가 되는 생각이란 분별하여 보고 이해하는 생각이 있다는 뜻이다. 장애를 다스린다는 생각은 남아 있는데 그것이 바로 무분별지이다.
3) 장애를 다스린다는 생각은 부처의 자리에 이르러 비로소 소멸한다. 그러므로 제8지에 진입하면 장애가 되는 생각은 없으나 그것을 다스린다는 생각은 남아 있는 것이다.

[해설] 제8지 아비발치는 깨달음의 경로에서 중요한 관문이다. 애쓰지 않아도 저절로 공부가 되는 무공용지이며 장애에 흔들리지 않는 부동지이기 때문이다. 그 특징은 일체의 분별망상이 사라졌다는 데 있다. 그런데 성철스님은 제8지는 물론 제9지, 제10지와 등각에 이르기까지 모두 궁극의 깨달음에서 아직 멀리 떨어져 있으므로 어느 것에도 머물면 안 된다는 점을 강조하는 입장이다. 이를 위해 먼저 제8지의 한계를 말하는 청량스님의 해설을 가져왔다. 청량스님에 의하면 제8지에서 장애가 되는 생각들은 사라진다. 그렇지만 분별망상을 다스린다는 주체의 식(治想)은 사라지지 않는다. 성철스님은 이처럼 화엄종사인 청량스님의 말을 빌려 『화엄경』의 분증론을 비판한다.

1)의 인용문은 제8지의 무생법인을 설하는 『화엄경』에서 가져왔다. 경전에서는 제7지에서 방편지혜와 모든 도와 조도법을 잘 닦아 복덕과 지혜를 성취함으로써 제8지에 진입하게 된다고 말한다. 그렇게 진입한 제8지에서 제7지와 다른 차원의 제반 성취를 얻게 됨은 물론이다. 『화엄경』의 묘사를 빌리자면 그것은 무량한 지혜의 길에 들어서는 차원이고, 일체의 법이 불생불멸함을 체화하는 차원이다. 전후가 평등한 차원이자 분별이 사라진 여여如如한 지혜의 차원이다.

인용문은 제8지의 이러한 다양한 특징에 대한 묘사의 일부에서 가져온 것이다. 그중 주목할 것은 제8지에 이르면 제6식과 제7식은 물론 제8식의 차원에서 일어나는 일체의 분별과 그로 인한 집착이 끊어진다는 내용이다. 허공이 모든 현상에 들어가듯 일체의 실체가 없음을 실증하는 차원에 들어간다는 것이다. 이것이 무생법인의 특징이다. 그러니까 『화엄경』의 논리에 입각하자면 제8지에서 무생법인을 성취함과 동시에 망상이 모두 소멸된다.

그런데 성철스님은 청량스님의 말을 빌려 제8지에는 치상治想이라 불리는 주체의식이 남아 있으므로 진정한 무생이 아님을 강조한다. 2)는 바로 그러한 목적으로 인용된 문장으로서 제8지의 성취와 한계를 함께 밝히고 있다. 일체의 분별적 사유는 법을 바로 보지 못하게 하는 장애이다. 그래서 이것을 법을 가로막는 생각(障法想)이라 부른다. 이것은 장애를 다스리겠다는 의도가 담긴 의식(治想)에 의한 실천을 통해 소멸된다. 문제는 이러한 주체의식이 제8지에 이르러서도 여전히 남아 있다는 데 있다. 그것이 수행을 추동해 온 힘이기는 하지만 아무래도 생각의 차원이므로 진정한 무심과는 아직 거리가 멀다. 무엇보다도 주체를 세우는 의식은 대상을 함께 세운다. 미세하기는 하지만 분별망상에 속한다. 그러므로 장애를 다스리겠다는 의식이 작동하는 제8지는 궁극의 자리가 아니게 되는 것이다.

청량스님에 의하면 장애를 다스리겠다는 의식이 담긴 무분별지는 다섯 가지 별경심소(別境心所) 중 다섯 번째인 혜심소(慧心所)에 속한다. 외도나 2승의 멸진정은 생각과 감각이 멸진한 상태이므로 다스린다는 생각(治想)이 없다. 멸진정의 문제는 밝은 비춤이 없다는 데 있다. 이에 비해 제8지의 무생법인은 본체를 비추는 작용(照寂)이 있어 성문·연각의 멸진정과 차원이 다르다. 그럼에도 여여함 그 자체인 여래의 적조(寂照)와 달리 한계를 갖는다. 그것이 바로 비추고 다스린다는 주체의식(治想)인 것이다.

3)은 기본적으로 2)와 동일한 의미를 전달하고 있는데, 망상을 다스린다는 생각이 남아 있는 상황을 잘 표현하고 있어 인용한 것 같다.

인용문에 표시한 바와 같이 생략과 추가가 행해졌다. ①과 ⑥은 '분별적 생각(分別想)'을 '분별망상(分別妄想)'으로 바꾸어 표현한 것이다. 엄밀히 말하자면 분별과 망상과 집착은 독립적 개념이다. 성철스님은 아뢰야식 차원의 미세한 분별이 곧 망상임을 강조하는 입장에 있으므로 이것을 한 단어로 묶어서 표현한 것이다.

②에 제8지의 경계에 대한 묘사인 '집착함이 없어 허공과 같으며, 일체의 현상에 들어가는 것이 허공의 본성과 같다'는 구절이 생략되었다. 심의식의 모든 차원에서 분별을 내려놓아 몸과 마음이 허공과 같아진다는 표현이다. 성철스님은 비유적 표현을 가능하면 생략한다. 이 구절도 그러한 이유에서 생략된 것으로 보인다.

③에서는 '무생법인無生法忍'을 '무생인無生忍'으로 표현하였다. 무생법인은 일체의 법에 생성과 소멸이 없는 이치를 깨달아 안주하는 지혜를 가리킨다. 이것을 무생무멸법인이라 하는데 이것을 줄여서 무생법인으로 표현하고, 이것을 다시 줄여서 무생인으로 표현한다. 『화엄경』의 해당 문맥에서도 무생법인과 무생인의 두 용어를 혼용하고 있다. 그러므로 뜻에는 차이가 없다. 이것을 바꿔 표현할 특별한 이유는 없어 보이지만 오직 불지라야 진정한 무생(眞無生)이라는 관점을 드러내는 데 더 적절한 어휘로 보았던 것이 아닐까 생각된다.

④의 '불자여 보살이(佛子, 菩薩)'와 같이 청법자의 주의를 환기시키는 말이 생략되었다. 본래의 경전에서는 이 말을 기준으로 문단이 나뉜다. 이것을 생략함으로써 두 문단이 하나의 문장으로 묶이게 된다. 효과적 인용을 위한 생략이다.

⑤의 '즉시卽時'가 생략되었다. 무생법인을 성취하면 그 '즉시卽時' 제8지에 진입하게 된다는 문장이다. '즉시'가 없어도 뜻의 전달에는 문제가 없으므로 생략한 것이다.

⑦의 '유有'자를 생략하였다. 이 글자가 있으면 법에 장애가 되는 생각(障法想)과 장애를 다스린다는 생각(治想)이 '있음(卽有)'과 '없음(卽無)'으로 대비된다. 이렇게 대비적 관계로 보면 장애가 되는 생각에는 분별이 있고, 장애를 다스린다는 생각에는 '분별지가 없다'는 뜻이 된다. 문

장만 가지고 보자면 정확한 대비관계가 성립하는 것처럼 보인다. 장애가 되는 생각에는 분별심이 있고, 장애를 다스리는 생각에는 분별심이 없다는 말로 이해될 수 있기 때문이다. 그런데 원문은 분별심이 아니라 분별지로 되어 있다. 분별심과 분별지는 다르다. 분별심은 장애이지만 분별지는 근본지와 짝이 되는 여래의 지혜이다. 그러므로 만약 분별지가 없으면 무기무심이므로 수행의 진전이 일어날 수 없다. 성철스님은 이러한 모순을 해결하기 위해 '유有' 자를 생략하여 '있음(即有)'과 '없음(即無)'의 대비관계를 지우고 장애를 다스리는 생각을 무분별지로 설명하는 문장을 구성하였다. 제8지에서 무분별지를 얻는 것이므로 이 문장의 의도와 일치하게 된다. 그런 점에서 교정의 의도가 있는 생략이다.

【14-8】 1) ①[以]七地엔 ②[於無相觀,] 有加行方便之功用이요 ③[故, 云無相方便地.] ④[以]八地已去로는 ⑤[於無相] 無方便功用 ⑥[故]이니라
2) 三細中境界相은 ⑦[猶如明鏡, 現色像等, 此依根本無明, 動令現境也.] ⑧[以]八地中⑨[得三種世間自在, 色性隨心, 無有障礙, 故云,] 色自在地에 能離⑩[也]니라
3) 三細中能見相은 ⑪[以根本無明, 動令能見, 上文云, 依於動心, 成能見故.] ⑫[第]九地中⑬[善知衆生心, 行十種稠林, 故云心自在. 此於他心得自在, 又以自得四十無礙智, 有礙能緣, 永不得起. 故云,] 心自在地에 能離⑭[也]니라
4) ⑮[謂]十地終心은 金剛喩定無垢地中에 微細習氣心念이 都盡故로 ⑯[上文]云得見心性이니라

선문정로 1) 7지에는 가행加行하는 방편의 공용이 있고, 8지 이후로

는 방편의 공용이 없느니라.

2) 3세三細 중에 경계상境界相은 8지 중 색자재지色自在地에서 능리能離하느니라.

3) 3세三細 중에 능견상能見相은 9지 중 심자재지心自在地에서 능리能離하느니라.

4) 보살지菩薩地가 개진皆盡한 10지종심十地終心인 금강유정金剛喩定과 무구지無垢地 중에서 미세한 습기심념習氣心念인 업상業相이 전부 멸진한 고로 득견심성得見心性이라고 하니라.

현대어역 1) 제7지에는 [모양 없음을 관조함에 있어서] 힘을 더해 수행하는 방편으로써의 공부가 있고, [그렇기 때문에 모양 없는 방편의 지위라 부른다.] 제8지 이후로는 [모양 없음을 관조함에] 방편으로써의 공부가 없기 때문이다.

2) 이상 세 가지 미세번뇌 중의 경계상은 [마치 거울에 모양이 비치는 것처럼 근본무명에서 발동하여 대상경계로 나타난 것이다.] 제8지에 [세 가지의 세간자재를 증득하여 모양과 본성과 마음 가는 바에 장애가 없게 된다. 그러므로] 모양에 자재한 지위에서 그것을 떠난다[고 말하는 것이다].

3) 세 가지 미세번뇌 중의 능견상은 [근본무명에서 발동하여 본다는 주체의식을 일으키므로 위의 글에서 마음의 움직임으로 인하여 본다는 의식이 형성된다고 하였다.] 제9지에 [중생들의 마음이 작용하는 열 가지의 빽빽한 숲을 잘 알기 때문에 마음에 자재한 심자재心自在라 한다. 여기에서는 타인의 마음에 자재함을 얻으며, 또한 40가지 장애 없는 지혜를 증득하여 장애가 되는 주체의식이 영원히 일어나지 못하게 된다. 그러므로] 심자재의 지위에서 그것을 떠난다[고 말

한 것이다].

4) 제10지의 마지막 마음인 금강유정金剛喩定의 오염 없는 지위에서 미세한 습기와 마음이 모두 소진한다. 그래서 [위의 문장에서] 심성을 보게 된다고 말한 것이다.

[해설] 마음의 본체는 본래 청정하여 애초에 망상이니 오염이니 할 것이 없다. 그러나 깨닫지 못한 상황에서 무명이 일어나고 오염된 마음이 나타나게 된다. 『기신론』에서는 이것을 여섯 가지 오염된 마음(六染心)으로 정리하고 그것이 수행에 따라 차례대로 없어지는 상황을 밝히고 있다. 여섯 가지 오염된 마음이란 무엇인가? 첫째는 자아에 집착하는 번뇌가 마음에 상응하여 일어나는 오염으로서 집상응염執相應染이라 부른다. 10주의 지위에서 이것을 끊는다. 둘째는 대상에 집착하는 번뇌가 마음에 상응하여 일어나는 오염으로서 연속하여 끊임없이 마음을 오염시키므로 이것을 부단상응염不斷相應染이라 부른다. 보살 초지에서 이를 끊는다. 셋째는 모든 현상을 분별하는 지혜가 마음에 작용하여 일으키는 오염으로서 분별지상응염分別智相應染이라 한다. 제7지에서 이것을 끊는다. 넷째는 근본무명에서 일어나는 경계상으로서 극히 미세하여 마음과 상응하지 않으므로 현색불상응염現色不相應染이라 부른다. 제8지에서 이것을 끊는다. 다섯째는 근본무명에서 일어나는 능견상으로서 능견심불상응염能見心不相應染이라 부른다. 제9지에서 이것을 끊는다. 여섯째는 근본무명으로 인해 마음의 본체가 움직이는 미혹의 근원으로서 근본업불상응염根本業不相應染이라 부른다. 제10지 금강유정金剛喩定에서 이것을 끊는다.

성철스님은 이 중 제7지에서 제10지에 해당하는 문장을 인용하였다. 1)은 분별지에 상응하는 오염(分別智相應染)이 제7지 이후에 소멸함을 말하는 문장에서 가져왔다. 제7지에서는 모양 없음을 관조하는 가행과 방편공부를 통해 분별로 인한 오염을 소멸시킨다. 그리하여 제8지에 진입한다. 제8지에서는 그 모양 없음을 관하는 방편공부조차 사라져 무공용의 공부가 시작된다. 성철스님은 8→9→10지의 단계를 거치며 아뢰야식의 3세가 차례차례 사라진다는 『기신론』의 논리 전개를 보여주기 위해서 그 이전 단계를 말하는 이 문장을 인용하였다.

2)는 제8지의 성취를 보여주는 문장에서 가져왔다. 대상경계로서의 모양인 경계상境界相은 근본무명에서 일어난다. 그런데 제8지에서는 모양으로 인한 장애를 벗어나는 자유(色自在)를 얻었으므로 경계상으로 인한 오염(現色不相應染)이 소멸하게 된다. 경계상은 3세 번뇌 발생의 연쇄 고리 중 세 번째에 해당한다. 이것이 제8지에서 소멸된다는 것이다. 성철스님은 화엄의 종조인 현수스님의 말을 빌려 제8지가 번뇌 소멸의 중간 단계임을 보여주고자 한다.

3)은 제9지에서 능견상能見相으로 인한 오염(能見心不相應染)을 끊게 됨을 말한다. 내가 본다는 주체의식은 3세 번뇌 발생의 연쇄 고리 중 두 번째에 해당한다. 이것이 제9지에서 소멸된다는 것이다. 성철스님은 제9지 역시 미세번뇌의 완전한 소멸과는 거리가 있는 미완의 단계임을 보여주기 위해 이를 인용하였다.

4)는 제10지에서 번뇌의 근원인 근본무명으로 인한 오염(根本業不相應染)이 끊어짐을 말하는 문장이다. 보살의 지위가 완결되는 제10지 금강유정의 무구지에서 미세한 습기와 마음의 작용이 모두 사라진다는 것이다. 이 무명업상은 3세 번뇌 발생의 연쇄 고리 중 시작점에 해당한다. 성철스님은 제10지에서 아뢰야식의 3세의 번뇌가 끊어지기는 하지만 궁극적 멸진은 불지에 이르러야 완성된다는 점을 설하기 위해서 이 문장을 가져왔다.

성철스님은 이와 같이 제8지, 제9지, 제10지의 성취와 한계를 말하는 문장을 논거로 하여 그것이 진정한 무생법인이 아니며, 진정한 견성이 아님을 말한다. 그러면서 제8지, 제9지, 제10지조차 인정할 수 없는데 10주 초주의 견성은 더더구나 인정할 수 없음을 강조하는 것이다.

인용문에 표시한 바와 같이 상당한 손질이 가해졌다. 먼저 1)의 문장을 보자. ①의 '이以'는 ③의 '고故'와 결합하여 '~이기 때문'이라는 뜻을 형성한다. 제7지를 '계를 갖춘 지위(具戒地)'로 부르는 이유를 밝히는 내용으로서 '~때문'이라고 기술된 문장이다. 앞의 문장까지 함께 언급하는 것이 불편하므로 이를 생략하여 독립된 문장으로 만들었다. ④의 '이以'와 ⑥의 '고故' 역시 같은 이유로 생략되었다.

한편 ③에는 '고故' 외에도 제7지를 '모양 없음을 방편으로 하는 지위라고 한다(云無相方便地)'는 구절이 생략되었다. 제7지를 부르는 이름이 여럿 제시될수록 그것은 중요해진다. 성철스님은 제7지, 제8지는 물론 제10지, 등각에 이르기까지 구경각이 아님을 강조하는 입장이므로 각 지위를 중시하는 문맥을 지우고자 한다. 생략의 이유이다.

②의 '모양 없음을 관조함에 있어서(於無相觀)'와 ⑤의 '모양 없음에 있어서(於無相)'의 구절이 생략되었다. 불교 공부의 핵심은 모양 없음을 관하여 모양 없음과 존재적 통일을 이루는 데 있다. 이를 위해 의식적 공부를 짓는 단계가 있고, 의식 없이 저절로 공부가 되는 단계가 있다. 모양 없음을 관하는 데 있어서 애써 공부해야 하는 제7지는 의식적 공부를 짓는 단계이다. 마음을 쓰지는 않지만 공부가 아직 남아 있는 제8지는 의식 없이 공부가 저절로 되는 단계이다. 성철스님은 제7지와 제8지 모두 아직 공부가 남아 있는 단계라는 점에서 다를 것이 없다고 보는 입장이다. 이를 생략한 이유가 된다.

⑦과 같이 경계상에 대한 설명을 생략하였다. '거울에 모양이 비치는

것처럼 근본무명에서 발동하여 경계의 모양으로 나타난 것'이 경계상이라는 설명이다. 제8지에서 경계상, 제9지에서 능견상, 제10지에서 무명업상을 차례로 멸진한다는 것이다. 제8지, 제9지, 제10지의 미완성을 강조하는 입장에서 볼 때 미세번뇌에 대한 구체적 설명은 그리 중요하지 않다. 생략의 이유가 되는 것이다.

⑧의 '이以'와 ⑨의 긴 문단이 생략되었다. 제8지에서 '세 가지의 세간자재를 증득하여 모양과 본성과 마음 가는 바에 장애가 없기 때문에 ~이라고 한다(得三種世間自在, 色性隨心無有障礙, 故云)'는 뜻이다. 성철스님은 수행자들이 제8지의 성취에 주목하기를 원치 않는다. 오직 제8지가 경계상의 소멸을 숙제로 안고 있는 미완의 단계에 속한다는 것을 보여주고자 한다. 생략의 이유에 해당한다.

⑩의 어조사 '야也'는 '~니라'라는 한글 현토와 기능이 중복되므로 생략하였다.

⑪의 능견상에 대한 설명, 즉 '근본무명에서 발동하여 본다는 주체의 식을 일으키므로 위의 글에서 마음의 움직임으로 인하여 본다는 의식(能見相)이 형성된다고 하였다'는 구절을 생략하였다. 능견상에 대한 구체적 해설이다. 제9지가 미완의 단계라는 점을 드러내고자 하는 것이 인용 목적이다. 굳이 구체적 해설이 필요치 않은 것이다. 생략의 이유이다.

⑫는 단순 생략이고, ⑬에서는 제9지에서 성취하게 되는 것들을 생략하였다. 현대어역에 보인 바와 같이 '중생들의 마음이 작용하는 열 가지의 빽빽한 숲을 잘 알기 때문에 마음에 자재한 심자재心自在라 한다. 여기에서는 타인의 마음에 자재함을 얻으며, 또한 40가지 장애 없는 지혜를 증득하여 장애가 되는 주체의식이 영원히 일어나지 못하게 된다'는 내용이다. 제9지라 해도 능견상을 소멸하는 숙제가 남아 있다는 점을 드러내는 인용 목적에 도움이 되지 않으므로 생략하였다. 성취와 한

계를 함께 말하면 아무래도 양가적인 문장이 되어 주제 의식을 효과적으로 드러내기 어렵다고 보았기 때문이다.

⑭의 '야也'는 한글 현토 '~니라'와 기능이 중복되므로 생략하였다.

⑮의 '위謂' 자는 바로 앞의 '보살지가 모두 다했다는 등은(菩薩地盡等者)'의 주제어를 받아 설명을 시작하는 글자이다. '~을 가리킨다(謂)'는 뜻이다. 인용문을 전후 맥락에서 떼어내어 독립시키기 위한 생략이다. 흥미로운 것은 번역에서는 ⑰의 '보살지菩薩地가 개진皆盡한'과 같이 생략된 부분을 번역하고 있다는 점이다. 제10지 종심 역시 숙제를 다 해결하지 못한 단계임을 강조하기 위해서 설명식 번역을 한 것이다. 결과적으로 생략된 주제어를 다시 살린 셈이 되었다.

⑮의 '위의 문장에서(上文)'를 생략하였다. 인용문을 원래의 문맥에서 독립시키기 위한 조치이다.

제 15 장
다문지해
多聞知解

제15장
다문지해 多聞知解

1. 다문지해 설법의 맥락

    다문지해는 다문多聞과 지해知解라는 두 가지 연계된 단어를 조합한 말이다. 다문은 부처님의 가르침을 많이 듣고 기억한다는 말이고, 지해는 부처님의 가르침을 알고 이해한다는 뜻이다. 아함부에서 다문과 지해는 불법의 일곱 가지 바른 실천의 하나였다. 일곱 가지 바른 실천이란 여래에 대한 믿음(信), 자신의 부족함에 대한 뉘우침(悔), 잘못된 행위에 대한 부끄러움(愧), 계율 등의 가르침을 받아 청정범행을 닦는 다문多聞, 고행을 부지런히 닦는 정진精進, 배운 것을 잊지 않는 총지總持, 닦음을 통해 생멸법을 알고 괴로움의 근본을 제거해 나가는 지혜智慧가 그것이다. 경전에 따라 포함되는 항목에 약간의 변화가 있기는 하지만 이것을 수행자의 일곱 가지 재산이라 불렀다.
    이 중 믿음과 다문이 다문에 속하고, 총지와 지혜가 지해에 속한다. 또 보다 넓게 해석하자면 일곱 가지 재산 전체가 다문이나 지해에 속한다. 요컨대 성문승의 바른 실천은 다문과 지해에 있었던 것이다. 그런 점에서 아난에게 헌정된 다문제일이라는 호칭은 절대적인 찬양의 뜻이 담긴 말이었다.

『화엄경』에 이르면 다문에 대한 평가가 달라진다. 많이 듣는 일만 가지고는 여래의 법에 들어갈 수 없다는 것이다. 이것은 물속에 있는 사람이 물에 빠지는 것을 두려워하여 목말라 죽는 일, 맛있는 음식을 앞에 두고도 굶어 죽는 일, 모든 처방을 아는 의사가 스스로를 구하지 못하는 일, 종일 타인의 보물을 세지만 자기 몫은 반푼도 없는 일 등으로 비유된다. 다만 이것은 다문만 있고 실제적 수행이 없는 경우에 대한 비판이지 다문 자체를 부정하는 것은 아니었다.

다문에 대한 부정은 가섭이 결집을 위해 모인 대중 속에서 유독 아난을 축출한 사건을 통해 극적으로 부각된다. 다문제일 아난이 무루과를 성취하지 못하여 500명의 아라한에 포함되지 못했다는 것이다.

지해를 보는 관점 역시 다문과 유사한 변화를 겪게 된다. 불교 경전에서 지해는 부처님의 가르침을 알고 이해하는 미덕이었다. 이에 비해 선문의 전적에서 지해는 부정적인 의미를 갖는다. 6조스님이 신회스님을 지해종사知解宗師가 되리라고 예언한 일은 그 상징적 사건이다. 그래서 선문에서 '귓속의 먼지, 눈속의 헛것'[421]처럼 바른 견해를 가로막는 장애로 인식되거나 깨달음을 가로막는 장애로 지목[422]된다. 나아가 미혹과 동요를 일으킨다는 점에서 아예 번뇌와 동의어로 쓰이기까지 한다.

그래서 지해는 선문에서 반드시 물리쳐야 하는 큰 도적이다. "이 문에 들어오려면 지해를 남기지 말라."[423]고 한 평전보안平田普岸스님의 법

---

[421] 『圓悟佛果禪師語錄』(T47, p.719c), "若存情識論知解, 耳裏塵沙眼內華."
[422] 『大慧普覺禪師語錄』(T47, p.921a), "晚年爲知解所障, 未有一悟入處."
[423] 『景德傳燈錄』(T51, p.267a), "天台平田普岸禪師, 洪州人也 …… 神光不昧, 萬古徽猷. 入此門來, 莫存知解."

어가 선문의 표어처럼 쓰이게 된 것도 이러한 맥락의 반영이다. 요컨대 지해는 선문의 원수이다. 그래서 지해를 완전히 내려놓는 일은 선문에서 깨달음의 동의어가 된다. 대혜스님이 스승 원오스님의 필생의 지혜가 담긴 『벽암록』을 불태웠던 것[424]도 후학들이 지해에 탐닉하느라 실제적 수행에 소홀하게 되지 않을까 걱정했기 때문이다.

한편 불교 전적에서 다문과 지해를 함께 묶어 논의한 예는 『종경록』에서 찾아진다. 『능엄경』에 의하면 아난은 부처님의 설법을 모두 듣고 모두 기억하는 다문총지의 모범 수행자였다. 그렇지만 마등가의 유혹에 흔들리고 만다. 이에 부처님은 아난에게 여러 겁에 걸쳐 부처님의 가르침을 듣고 기억한다 해도 하루 동안 무루업을 닦는 일보다 못하다는 가르침을 내린다. 영명스님은 『종경록』에서 이것을 해설하면서 "자성을 보는 수행에 전력을 다해야 하며 다문지해를 능사로 삼아서는 안 된다."[425]고 말한다. 다문지해의 대표적 용례가 되는 것이다. 이후 몇몇 『능엄경』의 해설서에서 영명스님의 설을 채용하면서 이 말이 쓰였을 뿐, 그 밖에 다문지해라는 용어의 직접적 용례는 발견되지 않는다.

2. 성철스님 다문지해 설법의 특징

그러니까 다문지해라는 용어는 영명스님의 『종경록』에서 가져온 것이다. 이에 대한 성철스님의 논의는 전반부는 다문, 후반부는 지해를 비

---

[424] 『佛果圓悟禪師碧巖錄』(T48, p.224c), "圓悟老祖居夾山時, 集成此書, 欲天下後世, 知有佛祖玄奧, 豈小補哉. 老妙喜深患, 學者不根於道, 溺于知解, 由是毀之."
[425] 『宗鏡錄』(T48, p.624c), "全爲見性修行, 不取多聞知解."

판하는 방식으로 전개된다. 다문에 대한 비판의 논거는 『능엄경』 등의 경전에서 가져오고, 지해에 대한 비판의 논거는 주로 백장스님의 어록과 보조스님의 논서에서 가져온다.

성철스님은 여기에서 비판의 대상이 되는 진영에서 그 비판의 근거가 되는 대부분의 자료를 가져온다. 그것은 『선문정로』의 주된 언술 전략에 해당한다. 경전의 결집이 다문제일 아난에게서 이루어졌다는 점을 생각하여 바로 그 다문의 진영에서 그것을 비판할 자료를 가져온다. 또 신회, 규봉, 보조스님이 지해를 높이 평가했다는 점을 중시하여 바로 그 지해의 진영에서 논박의 근거를 가져온다. 이를 통해 비판과 배격의 효과를 높이고자 한 것이다.

성철스님은 다문지해를 바로 해오와 동일시한다. 다문지해는 불조의 언설에 대한 학습과 기억, 사량분별 차원의 이해를 뜻한다. 그래서 모든 선지식들은 다문지해를 경계했던 것이다. 이에 비해 해오는 다문지해를 통해서든 수행을 통해서든 간에 전에 없던 차원의 깨달음을 체험했다는 뜻을 갖는다. 그래서 '깨달을 오悟' 자를 쓴 것이다. 규봉스님 계열의 선사들이 해오를 높이 세우고자 했던 이유가 이 '오悟' 자에 있었다.

그렇지만 성철스님의 입장에서는 그 말이 그 말이다. 지해나 해오나 결국은 유심의 영역에서 일어난 일이기 때문이다. 해오인 돈오를 견성이라 생각하는 일이나 유심의 향연인 다문지해로 깨달음에 이를 수 있다는 생각이나 서로 다를 바 없다고 보는 것이다.

경론의 학습과 독송을 수행의 가장 큰 장애로 보는 성철스님의 평소 지론은 다문지해에 대한 이러한 관점에 깊이 뿌리를 대고 있다. 경전에 제시된 불가사의한 경계와 절묘한 문구들은 우리를 매혹한다. 성철스님의 입장에서 생각해 보면 '책을 보는 일'은 두 가지의 측면에서 수행에 장애가 된다. 우선 그것에 대한 이해를 깨달음으로 착각하는 일이 있을 수 있다. 깨달음의 완성도는 무심의 성취에 비례한다. 그런데 경론의 학습은 정교한 유심의 구조물을 건축하는 일로 귀결된다. 그것은 무심과 정반대의 길을 걷는다. 그러므로 장애이다. 다음으로 책을 보고 학습하는 일은 시간과 에너지를 요구하므로 수행에 전념하지 못하게 한다. 그러므로 장애이다.

성철스님은 이 두 경우를 모두 고려하여 경론의 학습과 독송을 배격한다. 그러니까 경론의 학습은 무익할 뿐만 아니라 고질병을 키우는 일이라는 것이 성철스님 다문지해 설법의 주제가 되는 것이다. 그래서 성철스님은 문자에 탐닉하는 총명한 지식인이 아니라 무쇠같이 둔한 자세를 요구한다.

> 생철生鐵로 주취鑄就한 치둔癡鈍으로써 일체 만사를 돈망頓忘하고 오직 불조공안佛祖公案을 참구하여 주야로 게을리하지 않으면 오매일여의 깊은 경지에서 활연대오豁然大悟하여 진여본성眞如本性을 통견洞見하리니 어찌 기쁘지 아니하리오. 이것이 원증圓證인 증오證悟이며 견성이며 성불이다.[426]

짧은 문장이지만 성철스님의 전체 주장이 효과적으로 집약된 문장이다. 성철스님에 의하면 참선 공부는 첫째, 무쇠 같은 둔함으로 공부에 임해야 한다. 둘째, 공안을 참구하는 화두선의 수행이라야 한다. 셋째, 주야로 잠을 줄여가며 정진해야 한다. 넷째, 오매일여의 실경계가 있음을 알아야 한다. 다섯째, 오매일여의 경계를 뚫고 크게 죽어 크게 살아나는 활연대오가 있어야 한다. 여섯째, 여래가 성취한 원각이라야

---

[426] 퇴옹성철(2015), p.340.

한다. 일곱째, 해오가 아닌 증오라야 한다. 여덟째, 견성이 곧 성불이다. 이것이야말로 여래선과 조사선을 통일한 성철선의 기본 내용을 모두 담은 문장이라 할 수 있다. 이 모든 내용을 이 장에서는 다문지해의 완전한 내려놓음이라는 말로 요약하고 있는 것이다.

성철스님의 보조스님에 대한 긍정과 비판도 이러한 다문지해에 대한 배격과 관련되어 있다. 성철스님은 『절요』와 『간화결의론』에 대한 검토를 통해 보조스님이 다문지해에 경도되어 있던 초기의 한계를 극복했다고 긍정적으로 평가한다. 그러나 후기 사상에도 여전히 남아 있는 원돈사상에 대해서는 여전히 유심에 호소하는 경향이 있다는 점을 지적하며 비판적 논의를 쏟아낸다. 그 돈오점수론에 대한 비판 역시 그것이 유심의 영역인 해오에 기대는 일이었기 때문이다. 이처럼 바른길을 판정하는 성철스님의 기준은 무심의 실천과 성취에 있다. 무심으로 참구하는 것이 실참이고, 무심의 완성형인 구경무심에 도달하는 것이 실오이다. 성철선의 실참실오론이 구경무심론과 한 몸을 이루고 있음을 확인할 수 있다.

3. 문장 인용의 특징

【15-1】 譬人이 大惠施하되 種種諸肴膳이어늘 不食自餓死하니 多聞亦如是니라

선문정로 비유컨대 어떤 사람이 만반진수滿盤珍羞를 산적山積하여 주거늘 먹지 않고 그 스스로 굶어 죽음과 같이 박학다문博學多聞도 또

한 이와 같느니라.

현대어역 어떤 사람이 큰 은혜를 베풀어 진수성찬을 차려 준다 해도 먹지 않으면 굶어 죽습니다. 많이 듣기만 하는 것도 이와 같습니다.

[해설] 『화엄경』「명난품明難品」의 문장이다. 이 문장은 불법의 열 가지 쟁점에 대해 문수보살이 질문하고 여러 보살들이 대답하는 형식을 취하고 있다. 인용문은 중생들이 정법을 듣고도 어째서 번뇌를 끊지 못하는지를 묻는 질문에 대한 법수法首보살의 답변에서 가져온 것이다. 법수보살은 설법을 많이 듣는 것만 가지고는 여래의 법에 들어갈 수 없다고 강조한다. 그리고는 아홉 가지의 비유를 들어 그 이유를 설명한다. 법수보살의 비유를 보면 설법을 많이 듣는 일 자체를 부정하지는 않는 것처럼 보인다. 오직 바른 실천이 없는 경우만을 문제 삼는 것으로 보인다는 말이다. 그런데 성철스님은 이 게송을 인용한 뒤 서슴없이 "광학다문廣學多聞은 오도悟道에 제일 큰 장애로 이를 극력 배척한다."[427]고 단언한다. 왜 그런가?

사실 다문지혜가 어째서 번뇌를 끊지 못하느냐는 질문에는 표층과 심층의 두 질문이 담겨 있다. 첫째는 표층적 질문이다. 설법을 많이 들어 이해했다면 그 가르침대로 번뇌가 소멸되어야 하지 않느냐는 질문이다. 이 질문은 듣기만 하고 실천이 없기 때문이라는 답변으로 해소된다. 둘째는 부처의 가르침을 기억하고 그에 따라 수행한다면 그것은 유심 차원의 일이 되지 않겠느냐는 심층적 질문이다. 물론 답은 준비되어 있다. '설법과 같이 실천하는 일(如說行)'이 곧 유심의 차원을 떠나는 일

---

[427] 퇴옹성철(2015), p.329.

이라는 것이다. 어느 경우나 이 문맥에 의하면 설법을 많이 듣는 일은 죄가 없다. 오직 바른 실천이 문제가 될 뿐이다. 현수스님은 이 아홉 가지의 비유를 다음과 같이 해석한다.[428]

1) 물속에 있으면서 물을 마시면 빠져 죽을까 봐 목말라 죽는 사람의 비유: 설법대로 실천하지 않는 일
2) 많은 음식을 보시받고도 먹지 않아 굶어 죽는 사람의 비유: 언어 문자만 따르고 생각을 하지 않는 일
3) 모든 처방을 알면서도 자기 병을 고치지 못하는 의사의 비유: 문자에만 밝고 실천에 어두운 일
4) 종일 남의 보물을 세지만 자신의 몫은 반푼도 없는 가난한 사람의 비유: 자기의 몫이 아니라고 여기는 일이나 문자에만 탐닉하느라 실천을 하지 못하는 일
5) 무궁한 즐거움을 향유할 수 있는데 업장 때문에 가난한 왕자의 비유: 악업이 장애가 되는 일
6) 음악을 남에게 들려주면서도 자신은 듣지 못하는 귀먹은 이의 비유: 자기가 말하는 것을 알지 못하는 일
7) 본래 익힌 그림 실력으로 남에게 보여주면서도 자신은 보지 못하는 눈먼 이의 비유: 자기에게 갖춰진 도리를 보지 못하는 일
8) 사람들을 건네 구해 주면서도 자기는 구하지 못하는 바닷길 안내인의 비유: 자신은 실천하지 않고 남을 돕는 일
9) 대중에게 뛰어나고 오묘한 일을 말하는 데 뛰어나지만 스스로에게는 실속이 없는 이의 비유: 잘못을 감추고 옳음을 드러내는 일

들은 대로 실천하지 않으므로 문제가 된다는 해설이 주를 이루고 있

---

428 『華嚴經探玄記』(T35, p.176c).

다. 청량스님도 이것을 문자만 따라가다 도리를 놓치는 일에 대한 비유로 보았다. 우리가 불법의 도리에 들어가 있는 것은 마치 사람이 바닷물 속에 들어가 있는 것과 같다. 이미 바다에 들어가 있는 사람이 파도에 빠지는 것을 두려워하는 일이 있을 수 있다. 이처럼 불법의 도리 속에 들어 있으면서도 수행할 마음을 내지 못하여 스스로 지혜의 생명을 끊는 일이 있을 수 있다. 이것을 물속에서 목말라 죽는다고 비유했다는 것[429]이다. 그런데 여기에도 다문 자체가 깨달음의 장애가 된다는 해석이 보인다. 여덟 번째 비유와 아홉 번째 비유에 대한 현수스님의 추가된 해석을 보자.

여덟 번째 게송은 자신은 방치하고 남을 돕는 비유이다. 우왕목牛王目 비구가 8만 법문을 암송하여 무수한 대중들을 제도하여 도를 얻도록 했지만 자신은 지옥에 떨어져 버린 일 등이 그것이다. 아홉 번째 게송은 잘못을 감추고 옳음을 드러내는 비유이다. 제바달다는 설법을 잘했지만 마음은 썩어 문드러져 있었다. 이것은 설법을 믿고 분에 넘치게 스스로를 높이다가 오히려 해를 받게 되는 일을 가리킨다.[430]

많이 듣는 다문지해가 장애가 된다는 해석이 제시되어 있다. 현수스님은 특히 수행의 힘이 충분히 성숙하지 않은 10신의 차원에서는 많이 듣는 일이 장애가 될 수 있다고 경고한다. 대신 수행력이 충분히 성숙

---

[429] 『大方廣佛華嚴經疏』(T35, p.610b), "初懼溺渴死喻, 喻貪隨文義失, 謂義門波濤漂蕩其心, 慮溺溺他無暇修行, 自絶慧命故名渴死."
[430] 『華嚴經探玄記』(T35, p.176c), "八廢正成助喻, 謂如牛王目比丘, 誦八萬法聚, 永度多億衆得道, 自身不免墮地獄等. 九隱非現是喻, 謂如調達, 善說法內懷朽爛等, 又倚恃此說, 非分自高, 返爲所害等."

한 10주 이후로는 그것에 묶이지 않을 수 있다고 보았다. 또한 이를 통해 널리 중생을 이롭게 하는 방편을 얻을 수 있으므로 문제가 되지 않는다고 했다. 많이 듣는 일의 가치를 제한적으로 인정한 것이다. 성철스님이 대중들에게는 책을 보지 말라고 하면서 스스로는 대장경을 두루 섭렵한 도리가 현수스님의 이 다문에 대한 이중적 의미 부여와 맥락을 같이하고 있는 것으로 보인다.

【15-2】 譬如貧窮人이 日夜數他寶하되 自無半錢分이니 多聞도 亦如是니라

선문정로 비유컨대 빈궁貧窮한 사람이 주야로 타인의 진보珍寶를 헤아리되 자기에게는 반푼어치도 없는 것과 같이 박학다문博學多聞도 또한 이와 같느니라.

현대어역 비유하자면 가난한 사람이 밤낮 타인의 보물을 셀 뿐 자기의 몫은 반푼도 없는 것처럼, 많이 듣기만 하는 것도 이와 같습니다.

[해설] 아홉 가지 비유 중 네 번째에 해당한다. 현수스님의 해석에 따르면 '자기의 몫이 아니라고 여기는 일, 혹은 문자에만 탐닉하느라 실천을 하지 못하는 일'을 가리키는 비유다. 이에 대해 청량스님은 "불보살이 공덕을 말하면서도 그것을 자기의 몸과 마음에서 구하지 않으므로 그 몫이 없는 것"[431]이라고 해석했다. 진리를 듣고 기억하기만 할 뿐 직

---

431 『大方廣佛華嚴經疏』(T35, p.610b), "四貧數他寶喻, 喻說佛菩薩功德, 不能求諸身心故無分也."

접 실천하지 않는 일에 대한 비판이라는 것이다.

성철스님은 경론의 학습과 독송은 수행의 가장 큰 장애이므로 단연 폐기해야 한다고 본다. 두 스님의 입장과 상통하는 점도 있지만 교학과 선문의 차별성이 분명하다. 현수스님이나 청량스님은 화엄종의 종주로서 경전 학습이 실제 수행으로 이어지는 길을 제창한다. 이에 비해 성철스님은 화두일념으로 망상을 바로 끊는 빠른 길을 제시한다. 나아가 경론의 학습과 독송은 이 빠른 길을 더디게 하는 장애로 배격된다.

경전에 제시된 불가사의한 경계와 뛰어난 안목, 절묘한 문구들에 정신이 팔리는 일은 확실히 장애가 될 수 있다. 대상화된 진리를 이해하고 기억하고자 하기 때문에 에너지의 분산이 일어나는 것이다. 보다 본질적으로는 무심의 공부에 유심이라는 불순물이 들어가는 일이므로 장애가 된다. 성철스님은 이 두 경우를 모두 고려하여 경론의 학습과 독송을 언어문자에 속하는 일이라고 규정하고 배격하는 것이다.

【15-3】 是法은 非思量分別之所能解니라

선문정로 불법의 심오한 현지玄旨는 사량분별로 능히 이해 못하느니라.

현대어역 이 법은 생각과 헤아림과 분별로 이해할 수 있는 것이 아니다.

[해설] 『법화경』에서 가져온 문장이다. 『법화경』의 핵심은 "모든 부처님 세존은 오직 하나의 큰일에 대한 인연으로 세상에 나타나셨다.(諸佛世尊, 唯以一大事因緣故, 出現於世.)"는 16자에 있다. 하나의 큰일이란 부처의 지견을 열어(開), 보여주고(示), 깨달아(悟), 들어가게(入) 하는 일이다. 인용문은 이러한 『법화경』의 핵심 법문을 설하는 문단에서 가져왔다.

어떻게 하면 부처의 지견에 눈뜨고, 보고, 깨달아, 들어갈 수 있을까? 중생적 지견을 내려놓으면 된다. 중생적 지견은 시비선악을 나누어 자아와 세계를 이해하는 일이다. 그것은 십중팔구 오해(非量)이거나 상대적 비교와 추리를 통한 이해(比量)일 뿐이다. 이러한 중생적 지견을 내려놓으면 이미 태양처럼 밝은 부처의 지견이 저절로 드러난다. 이것이 부처의 지견이 열리고, 보이고, 깨달아, 들어가는 일의 시작이 된다. 거꾸로 말하자면 중생적 지견이 남아 있는 한 부처의 지견은 열릴 수 없다.

성철스님은 "사량분별을 떠나는 것이 불법의 도리인데 도리어 사량분별 속에서 불법을 헤아린다면 서울로 가려면서 부산 쪽으로 발걸음을 옮기는 것"[432]이라 했다. 성철선에서 아뢰야식의 미세분별을 거듭 겨냥하여 그것이 소멸한 구경무심을 기약하는 것도 이 때문이다.

【15-4】 但諸聲聞의 ①[所圓]境界는 身心語言이 皆悉斷滅하여도 終不②[能]至彼之親證한 所見③[現]涅槃이어늘 何況能以有思惟心으로 測度大④[如來]圓覺境界리오 如取螢火하야 燒須彌山하야 終不能著이니라

선문정로 무학無學인 성문의 경계는 신심身心과 어언語言이 전부 단멸하여 현행의 사량분별이 영진永盡하여도 ⑤여래가 친증親證한 무여열반에는 도달 못 한다. 그러하거늘 하물며 사유분별로써 대원각大圓覺의 심현경계深玄境界를 어찌 알 수 있으리오. 이는 미충微蟲인 형화螢火로써 수미거산須彌巨山을 소각하려는 것과 같이 절대로 불가능한 일이다.

---

[432] 퇴옹성철(2015), p.331.

현대어역 모든 성문의 [깨달음을 완성한] 경계에서는 몸과 마음과 언어가 모두 단멸한다. 그럼에도 끝내 여래가 직접 증득하여 드러낸 열반에 이르지 못한다. 그런데 하물며 사유하는 마음을 가지고 [여래] 대원각의 경계를 추측하고 헤아릴 수 있겠는가? 그것은 마치 반딧불을 가지고 수미산을 태우려는 것과 같아서 끝내 불을 붙일 수 없다.

[해설] 『원각경』의 문장이다. 성문승은 자아의 공성을 보는 수행을 통해 자아에 대한 집착에서 풀려난다. 그와 함께 제6식 차원의 시비선악에 대한 분별이 사라지고, 제7식의 자아의식이 항복하여 힘을 발휘하지 못하는 단계에 진입한다. 감산스님에 의하면, 이것이 소승이 증득하는 열반이다. 문제는 번뇌가 일어나지 않는 이 단계가 제8식의 무명에 머무는 재앙으로 연결될 수 있다는 데 있다. 성문과 연각은 제8식 차원의 근본무명의 장애를 모른다. 그래서 제7식이 소멸하고 제8식의 굴에 머물면서 그것을 열반이라 부른다는 것이다. 마음의 거친 분별작용이 소멸하기는 하였지만 스스로 도달한 곳이 무명의 경계임을 알지 못한다는 것이다.

이처럼 일체의 집착과 분별망상을 끊어 멸진정에 도달한 아라한의 단계에서도 무명의 존재조차 모른다면 범부는 어떻겠는가? 생각하고 헤아리는 분별심으로는 여래의 대원각을 짐작조차 할 수 없다는 것이다. 조정의 관리들(아라한)도 재상(대원각)을 어려워하는데, 일반 백성(중생)이 국왕(부처)과 친하다고 하는 것이 말이 되느냐는 것이다. 성철스님은 사량분별인 해오를 가지고 여래의 원각을 알았다고 하거나 견성을 했다고 하거나 하는 주장이 성립할 수 없음을 보여주기 위해 이것을 인용하였다. 인용문에 표시한 바와 같이 조절이 행해졌다.

①에서는 '성문의 깨달음을 완성한(所圓) 경계'라는 구절에서 '소원所

圓'을 생략하였다. '원圓'이라는 글자가 여래의 원각圓覺과 혼동될 수 있다고 보았기 때문이다. 성철스님의 입장에서 성문의 원증圓證이 따로 있고 여래의 원각圓覺이 따로 있지 않다. 깨달음은 오직 불조의 깨달음 하나만 있다고 보기 때문이다. 그러므로 성문의 도달점에 '원圓' 자를 허락할 수 없어서 이것을 생략한 것이다.

그런데 이 부분을 삭제하다 보니 필연적으로 ④와 같은 삭제(如來)와 추가(大)가 행해졌다. 원래 이 문장에서는 '성문의 원증한 경계'와 '여래의 원각경계'라는 서로 대비되는 경계가 주제어가 된다. 그런데 앞에서 원각은 여래만 도달할 수 있는 경계라는 점을 드러내기 위해 성문의 '원증'을 생략하였다. 그리고 여기에서는 여래를 생략하였다. 원각과 동어 반복의 느낌이 있기 때문이다. 나아가 원각에 상대적 의미가 끼어들 수 없도록 '대원각大圓覺'으로 바꾸어 표현하였다. 견성, 돈오, 무심, 무생법인 등의 용어에 구경각 이외의 다른 차원을 인정하지 않는 입장에서 나온 조절이다.

②의 '~할 수 있다'는 뜻의 조동사 '능能' 자가 생략되었다. 뜻의 변화는 없다. 다만 성철스님의 번역문을 보면 '여래가 친증親證한 무여열반에는 도달 못 한다'고 옮겨져 있어 '능能'이 적용되어 있다. 복원하는 것이 마땅하다.

③과 같이 '현現'→'현見'의 변환이 일어났다. '견見'을 '현'으로 읽으면 '현現'과 통용되므로 의미의 변화는 일어나지 않는다. 성철스님은 '여래가 친증親證한 무여열반'으로 번역하여 소현所現, 혹은 소현所見을 번역하지 않았다. 엄격히 말하자면 '여래의 친증親證'은 깨달음을 성취한 주체의 측면을 강조하고, '드러낸 것(所現)'은 진여실상과 하나가 된 열반경계의 측면을 강조한다. 동시적으로 일어나는 일을 두 측면으로 나누어 말한 것이므로 번역을 생략한 것일 수 있다.

한편 번역문의 ⑤ 역시 주목할 부분이다. 성철스님이 '여래가 친증親
證한 무여열반'으로 번역한 부분의 원문은 '피지친증彼之親證'이다. '피彼'
는 3인칭 대명사로서 '그'에 해당하므로 이 구절은 '그가 직접 증득한'이
라 번역된다. 여기에서 그(彼)가 알지 못하는 것이 무엇인지가 문제가 된
다. 우선 성철스님이 본 것처럼 그를 여래의 깨달음으로 보는 관점이 있
다. 이 경우 성문은 여래가 직접 증득한 경계에 도달하지 못한다는 뜻
이 된다. 이에 대한 다음과 같은 해석이 있다.

성문이란 언어를 통한 가르침을 듣고 깨달은 이를 가리킨다. 원증
한 경계라는 것은 깨달은 경계를 가리킨다. 그들(彼)이 깨달은 경계
에서 몸이 사라지고 사유가 소멸했다 해도 여전히 부처의 적멸한
묘각에 이를 수 없다는 것이다.[433]

이것은 황제가 해석한 것이라 되어 있지만 실제로는 당대 최고의 교
학자들의 의견을 종합한 권위 있는 해석이다. 한편 규봉스님이나 감
산스님은 '피彼'가 성문과 연각의 깨달음을 가리킨다고 본다. 규봉스님
은 "아라한의 진실한 지혜(아공)로도 여전히 그 아라한의 진리(아공진여)
에 직접 이르지 못한다."[434]고 해석했다. 감산스님은 "성문과 연각은 몸
과 마음이 소멸해도 여전히 자신이 증득한 열반에 이르지 못한다."[435]
고 해석했다. 요컨대 성문은 근본무명이 남아 있으므로 자신의 깨달음
에 완전히 하나가 되지 못한다는 해석과 성문은 여래의 깨달음을 알

---

[433] 『御註圓覺經』(X10, p.156c), "聲聞者, 聞聲教而悟者也. 所圓境界者, 所悟境界也. 以彼所悟境界, 雖灰身滅智, 亦不能造佛寂滅之妙."
[434] 『圓覺經大疏』(X09, p.373b), "小聖眞智(生空), 尙不能親到小聖之理(生空眞如)."
[435] 『圓覺經直解』(X10, p.489c), "且二乘身心已滅, 尙不能至自證涅槃."

수 없다는 해석이 서로 갈리는 것이다. 성철스님은 직접 증득했다(親證)는 말은 여래의 깨달음에만 붙일 수 있다고 보아 번역문과 같은 입장을 취했다.

【15-5】 佛言하시되 學我法者는 唯證乃知니라

선문정로 세존께서 말씀하시되, 불법을 수학修學코자 하는 자는 오직 증오證悟하여야만 요지了知하느니라.

현대어역 부처님께서 말씀하시기를, 나의 법을 공부하려는 사람은 오직 깨달음으로만 안다고 했다.

[해설] 『종경록』은 성철스님이 높이 인정하는 저서로서 『선문정로』의 모델이다. 그러므로 그것이 자주 인용되는 것은 당연하다. 이 인용문은 『종경록』「문답장」에 제시된 질문의 일부를 가져온 것이다. 그 질문의 전체 내용은 다음과 같다.

> 경전에 부처님이 말씀하시기를, 나의 법을 공부하려는 사람은 오직 깨달은 사람만 안다고 했다. 지금 무상정등각을 설명하면서 몸이나 마음으로 얻을 수 있는 것이 아니라 했고, 닦음도 없고 증득하는 일도 없다고 했다. 그렇다면 보리심을 처음 발심한 이는 어떻게 나아가야 하는가?[436]

---

[436] 『宗鏡錄』(T48, p.539b), "問, 經云, 佛言學我法者, 唯證乃知. 今言菩提者, 不可以身心得, 無修無證, 則初發菩提心人, 如何趣向."

이렇게 제시된 질문에 대해 영명스님은 상구보리, 하화중생의 발심이 구경의 깨달음보다 더 어렵다는 점을 말한다. 그 대강의 뜻은 이렇다.

"깨달음은 잡을 수 있는 모양이 없다. 닦을 수 있는 본성이 따로 있는 것도 아니다. 이것을 아는 것이 진정한 깨달음이다. 그렇다면 이 깨달음에 어떻게 도달할 것인가? 이 몸과 마음과 우주법계에 어떤 것이 나인지, 어떤 것이 나의 것인지를 생각해 보라. 누가 부처의 깨달음을 얻을 수 있는가? 몸인가? 마음인가? 이렇게 관조해 보면 이 몸이 깨달음을 얻을 수 없다는 것을 알게 된다. 이 마음 또한 깨달음을 얻을 수 있는 것이 아님을 알게 된다. 모든 여래의 몸이 불생불멸이므로 마음 또한 불생불멸이다. 모든 여래의 마음이 불생불멸이므로 전체 현상 또한 불생불멸이다. 이러한 마음을 내어 한마음과 만법이 둘 아닌 흐름에 들어가는 것이 진정한 발심(眞發)이다. 발심과 구경각이 둘로 구별되는 것은 아니지만 이 두 마음 중에 발심이 더 어렵다."[437]

구경의 깨달음과 초발심의 마음을 내는 일 중에서 초발심이 더 어렵고 그래서 더 귀중하다는 것이다. 불법은 깨달은 사람만이 알 수 있다는 것은 분명하다. 그렇지만 감산스님이 보기에 불생불멸의 이치에 눈

---

[437] 『宗鏡錄』(T48, pp.539b-539c), "答, 若能信悟菩提, 無相不可取, 無性不可修, 如是明達, 即是眞證. 如大樹緊那羅王所問經云, 菩薩已復應更作如是思惟, 是中何者是我, 誰爲我所法. 誰能得成諸佛菩提, 爲身得耶, 爲心得耶. 乃至如是觀時, 分明了了見, 是身相. 不得菩提, 亦知是心, 不得菩提. 何以故, 諸法無有以色證色, 以心證心故. 然彼於言說中, 知一切法, 雖無色無形, 無相無漏, 無可覩見, 無有證知, 亦非無證. 何以故, 以一切諸如來身無有漏故, 又諸如來身無漏故, 心亦無漏, 又諸如來心無漏故, 色亦無漏. 若能如是知無所發, 能發此心, 若入宗鏡中, 是名眞發. 既能發心, 便又爲他開示, 則諸聖同讚, 功德無涯. 如經偈云, 發心畢竟二不別, 如是二心先心難, 雖自未度先度他, 是故我禮初發心."

떠 법의 흐름에 들어가는 발심 또한 그 이상의 가치가 있다는 것이다.

이처럼 이 문답은 언어와 사유 차원의 초발심을 긍정하는 내용으로 되어 있다. 전체 문맥으로 보자면 성철스님의 입론에 도움이 되지 않는다. 물론『종경록』의 해당 맥락이 그렇다는 것이지 '불법은 오직 깨달아야 알 수 있다'는 대원칙은 무너지지 않는다. 경전과 조사의 어록에도 이와 유사한 문장이 곳곳에 보인다.

그렇다면 성철스님은 왜 자신의 입론에 상반되는 맥락에서 이 문장을 가져온 것일까?『종경록』에 익숙했기 때문이었을까? 어쨌든 '실증實證이 아니면 불법에 문외한'이라는 실질적 깨달음의 강조는 성철선의 주된 특징이다. 말 붙일 자리가 없는 치열한 수행과 궁극적 깨달음만을 인정하는 실참실오론의 주장을 여기에서 확인할 수 있다.

【15-6】 雖卽心卽佛이나 有證者라사 方知니라

선문정로 비록 즉심즉불卽心卽佛이라 한 것도 오직 증오證悟한 자라야만 비로소 요지了知하느니라.

현대어역 비록 이 마음이 곧 부처라고는 하지만 오직 깨달은 이라야 비로소 알 수 있는 것입니다.

[해설] 나중에 당나라 순종順宗이 되는 황태자가 마음 닦는 길에 대해 질문을 하자 청량스님이 답변을 한다. 그것이 청량스님의 마음공부의 요체(心要)에 대한 답변으로서 위 인용문의 출전이다. 청량스님은 이 마음 그대로 곧 부처라는 원교의 원리를 먼저 제시한다. 그런 뒤 그것을 알려면 이해하는 차원을 넘어 실제로 깨닫는 일이 있어야 한다는 점

을 강조한다.

그런데 이렇게 물을 수 있다. '누가 깨닫고 무엇을 깨닫는가?' 깨닫는 주체인 자아가 있다면 이미 깨달음이 아니다. 앎의 대상인 진리가 따로 있다면 그 또한 깨달음이 아니다. 그러니까 이 주체와 대상의식이 함께 사라져야 진정한 깨달음이 구현될 수 있다. 청량스님은 수행의 요체를 이렇게 말한다.

비록 이 마음이 곧 부처라고는 하지만 오직 깨달은 이라야 비로소 알 수 있는 것입니다. 그렇지만 깨달음이 따로 있고 앎이 따로 있다고 한다면, 지혜의 해가 있음(有)의 영역에 떨어져 버리게 될 것입니다. 그렇다고 비춤도 없고 깨달음도 없다고 한다면 캄캄하게 어두운 구름이 공(空)의 문을 가려 버릴 것입니다. 한 생각도 일어나지 않으면 앞과 뒤가 끊어져 비춤의 본체만이 홀로 드러납니다. 사물과 자아가 모두 진여와 같게 되어 마음의 근원에 곧바로 도달하게 됩니다. 그러면 지혜도 없고 증득함도 없으며, 취함도 없고 버림도 없습니다. 상대하여 다스림도 없고 닦음도 없게 됩니다.[438]

성철스님은 이 중 첫 구절을 인용하였다. 교가의 최고봉이라 할 청량스님도 실질적 깨달음에서 일어나는 앎(證知)을 표방하고 있다는 것을 보여주기 위한 인용이다. 교종에서도 이러한데 선종에서 앎과 이해에 의미를 둔다면 "이는 자살 이상의 자살"[439]이 아니냐는 강조가 행해지는 지점이다.

---

[438] 『景德傳燈錄』(T51, p.459b), "雖卽心卽佛, 唯證者方知. 然有證有知, 則慧日沈沒於有地. 若無照無悟, 則昏雲掩蔽於空門. 若一念不生, 則前後際斷, 照體獨立. 物我皆如. 直造心源, 無智無得, 不取不捨, 無對無修."
[439] 퇴옹성철(2015), p.333.

【15-7】 法性은 圓融無二相하니 諸法이 不動本來寂이라 無名無相絕一切하야 證知①[智]所知요 非餘境이로다

선문정로 ②일체 만법의 근원인 진여자성은 원융무애圓融無礙하여 ③유무·선악 등의 2상二相을 초월하였다. ④이 절대적인 제법이 응연부동凝然不動하여 본래로 공공적적空空寂寂하다. 이 법성은 명언名言과 형상形相이 전무하여 일체 ⑤돈절頓絕하였으니, ⑥구경무심의 증지證知로써 도달할 것이요 기타의 어떤 경계로써도 측량하지 못한다.

현대어역 만법과 성품은 원융하여 두 가지 모양이 없으므로, 모든 현상이 있는 그대로 본래 공적하다. 이름도 없고 모양도 없으며 일체를 끊었으므로 깨달은 지혜로만 알 수 있는 것이지 다른 경계로는 알 수 없다.

[해설] 출전이 되는 의상스님의 「법성게」는 『화엄경』의 요체를 간략하게 드러낸 명문장이다. 일체의 현상을 드러내는 바탕으로서의 본성이 있다. 그것은 별도의 모양을 갖지 않는다. 바탕인 본성과 드러난 현상이 둘이 아니어서 하나가 전체이고 전체가 하나이다. 이것이 진성연기眞性緣起의 도리이다.

그러므로 현상을 거두어 본질로 돌아갈 일이 없고, 본질을 펼쳐 현상으로 확산할 일이 없다. 현상 이대로 본질이고, 본질 이대로 현상이기 때문이다. 중생이 곧 부처이고, 번뇌가 곧 보리이기 때문이다. 이것은 앎과 이해의 영역을 벗어나 있다. 다만 진정으로 자아와 대상에 대한 분별과 집착을 내려놓고, 다시 더 나아가 미세한 무명의 뿌리까지 남김없이 끊어낸 무심의 현장이라면 그것은 명약관화하다.

앞의 인용문 네 구절이 가리키는 바이다. 이처럼 한국 화엄종의 최고 법문인 「법성게」에서도 법성, 여래장, 법신 등은 오직 깨달음의 지혜로 알 수 있는 것이라고 했음을 보여주기 위해 인용한 문장이다. 성철스님은 이를 논거로 하여 "교가도 이러한데 하물며 선문에서 해오를 견성이라 해서야 되겠는가."440라고 역설한다.

인용문과 번역문에 표시한 바와 같이 상당한 변환과 설명식 번역이 행해졌다. ①에서는 '깨달음의 지혜(證智)'를 '깨달아 앎(證知)'으로 글자를 바꾸어 표현하였다. 기본적으로 통용하기도 하는 글자인데, 이것을 바꾼 이유는 특별히 발견되지 않는다. '증지證智'는 '깨달음의 지혜'라는 뜻의 명사형으로, 증지證知는 '깨달아 안다'는 동사형으로 쓰이는 것이 일반적이다. 그런데 이 글자를 바꿔서 '증지소지證知所知'로 표현하면 증지證知의 앎과 소지所知의 앎이 동어 반복이 된다. 또 번역도 자연스럽지 않게 된다. 뒤의 '지知'를 안다는 뜻으로 옮기면 동어 반복이 되기 때문이다. 1981년 초판본에 가해진 교정을 보면 원융스님의 필적으로 원문과 번역문의 해당 부분을 '증지證智'로 교정하고 있다. 교정에 따라 바로잡을 필요가 있다.

번역문에 번호로 표시한 것처럼 원문에 없는 설명식 번역이 행해졌다. ②에서는 '진여자성'을 '일체 만법의 근원인 진여자성'으로 설명을 붙여 번역하였다. 원래 법성원융法性圓融이라는 구절은 제가의 해석에 차이가 나타나는 부분이기도 하다. 성철스님과 같이 '자성은 원융무애圓融無礙하다'고 번역하는 경우도 있고, '만법과 자성은 원융무애하다'로 해석하는 경우도 있기 때문이다.

법성을 만법과 자성으로 나누어 해석한 경우로는 조선조의 유문有聞

---

440 퇴옹성철(2015), p.334.

스님과 설잠雪岑 김시습의 해석을 들 수 있다. 유문스님은 법法을 사법계, 성性을 이법계로 보았다. 법성원융은 이사무애, 사사무애의 도리를 밝히고 있다[441]는 것이다. 설잠 김시습은 법法을 삼라만상으로, 성性은 헤아림으로 도달할 수 없는 소식이라고 해석했다. 그리하여 법성원융에 대해 일체의 법이 곧 일체의 자성이며, 일체의 자성이 곧 일체의 법인 경계를 가리킨다[442]고 보았다. 물론 성철스님과 같이 법성을 불성과 자성의 동의어로 해석하는 경우도 있다.

성철스님은 이러한 해석의 분기를 의식하고 있었다. 철저한 내려놓음을 통해 진정한 공에 도달하여 묘유가 저절로 확인되는 길을 걷고자 하는 것이 성철선이다. 법성을 만법과 자성으로 나누어 해석하지 않은 이유이다. 원융의 도리를 말로 표현하는 일을 귀하게 여기지 않는 것이다. 그래서 법성을 '일체 만법의 근원인 진여자성'이라고 번역하여 해석의 분기를 차단한 것이다.

③에서는 '두 모양(二相)'을 '유무·선악 등의 2상二相'으로 역시 설명식 번역을 하였다. 법성을 만법과 자성으로 해석하는 경우라면 두 모양은 법성과 만법을 가리킨다. 이 둘이 원융무애하며 불이적 관계에 있다는 뜻이 된다. 성철스님은 이러한 해석에 동의하지 않는다. 그래서 두 모양이 없는 것을 '유무, 선악, 시비' 등의 이원 분별이 없다고 설명식 번역을 한 것이다.

④에서는 '제법諸法'을 '절대적인 제법'이라고 설명식 번역을 하였다.

---

441 有聞科註,『義相法師法性偈』(B32, p.820a), "法乃事法界, 性謂理法界, 圓無際涯. 竪窮則三世無間斷時, 橫徧則十方無空缺處. 融通爲理事無礙, 事事無礙, 冥合一相."
442 雪岑著,『大華嚴一乘法界圖註幷序』(B32, p.772a), "法者, 卽六根門頭, 森羅萬像, 情與無情也. 性者, 六根門頭, 常常受用, 計較摸索不得底消息也."

교학적으로 제법은 두 가지 의미로 쓰인다. 우선 제법諸法은 '우주법계의 유형무형의 사물과 현상'을 가리키는 말로서 만법과 동의어로 쓰인다. 만법유식萬法唯識, 심생만법心生萬法 등의 만법이 그것이다. 위에 언급한 바 있는 조선의 두 해석가는 이 의미를 취하였다. 유문스님은 이것을 다음과 같이 해석한다.

> 현상을 거두어 이치로 돌아가는 일이다. 오로지 전체를 내려놓는 차원이다. 중생이니 부처니 하는 이름이나 더러우니 깨끗하니 하는 모양이 텅 비어 공적하다. 모든 것을 끊어 깃들일 곳이 없게 하였다.[443]

만법을 모양과 이름으로 분별하지 않으면 그 자체로 공적한 이치가 된다는 것이다. 시끌벅적한 현상과 고요한 삼매가 아니므로 원융의 차원에서 보면 시끄러움이 성립하지 않는다는 것이다.

그런데 다른 한편 제법은 부처님이 설한 진리를 의미한다. 성철스님이 이렇게 보았다. 흥미로운 것은 여기에 '절대적인'이라는 수식어를 붙였다는 점이다. 제법諸法이라 하면 성문과 연각의 법도 있고, 대승의 법도 있고, 최상승의 법도 있다. 그런데 성철스님은 오직 돈오원각의 견성이라야 진리라는 이름을 붙일 수 있다는 입장을 취한다. '원증圓證 아닌 분증分證과 해오解悟를 견성이라 함'은 인정할 수 없다는 것이다. '절대적인 제법'이라는 설명식 번역을 한 이유에 해당한다.

⑥에서는 증지證智를 '구경무심의 증지證知'로 번역하였다. 증지證智와 증지證知의 관계에 대해서는 ①에서 다룬 바가 있으므로 여기에서는 구

---

[443] 有聞科註, 『義相法師法性偈』(B32, p.820a), "攝事歸理, 唯是全揀, 生佛之名, 染淨之相, 蕭然空寂. 泯絶無寄也."

경무심이라는 수식어를 붙인 이유에 대해서만 살펴보자. 성철스님은 증오證悟, 견성, 무생법인, 돈오 등의 거룩한 어휘는 구경각에만 허락되어야 한다고 보는 입장이다. 그러니까 '깨달음의 지혜로 안다'는 이 말을 해오解悟나 분증의 깨달음으로 이해하지 않도록 미리 차단하고자 한 것으로 보인다. 원문에 없는 구경무심이라는 수식어를 붙인 이유가 여기에 있다고 생각된다.

【15-8】 阿難아 汝雖歷劫토록 憶持如來祕密妙嚴하여도 不如一日에 修無漏業이니라

선문정로 ①불타가 아난에게 고구가책苦口呵責하였다. "네가 아무리 억만겁토록 여래의 비밀묘엄祕密妙嚴인 ②금언옥음金言玉音을 독송하여도 잠시인 일일간一日間에 선정禪定을 수습修習함만 못하니라."

현대어역 아난아! 네가 여러 겁을 거치면서 여래의 비밀스럽고 오묘하고 장엄한 법문을 기억하고 있지만 하루 동안 수능엄삼매를 닦는 것보다 못하다.

[해설] 『능엄경』의 문장이다. 이 설법의 대상인 아난은 부처님이 55세 되던 해로부터 열반에 이르기까지 25년간 부처님을 시봉한 충실한 시자였다. 아난은 특히 총명하여 모든 설법을 기억하였으므로 다문제일多聞第一로 불렸다. 그에게는 전생의 석가모니가 사미로서 공부할 때 경전을 독송하고 암기할 시간을 많이 가질 수 있도록 공양을 올린 공덕이 있었다. 이러한 과보로 아난은 무수한 겁을 거치며 무수한 부처님의 설법을 듣고, 보고, 욀 수 있었다.

그런데 총명과 함께 뛰어난 논리력과 표현력을 갖고 있었던 아난이 과거에 들었던 법문에 기초하여 부처님의 대승실법에 반박을 하는 일이 있었다. 이에 부처님이 많이 듣고 기억하는 일의 폐해를 지적하는 설법을 하는데, 이 인용문은 그 일단이다.

이 설법에서는 아난이 비록 여러 겁을 거치며 여러 부처님의 법문을 독송하고 기억하고 있지만 이것이 수행에 도움이 되지 않는다는 것, 그러므로 삼매를 닦아 분별을 내려놓고 고통을 벗어나야 한다는 것을 말하고 있다. 실제로 아난은 고통 속에 있었다. 무수한 법문을 기억하는 총명함과 수려한 외모로 여신도들의 흠모를 받았지만 이로 인해 문제가 발생하곤 하였기 때문이다. 그 대표적인 일이 음녀 마등가의 유혹이었다. 나중에 마등가는 부처님의 가피로 음욕의 속박에서 벗어난다. 부처님에게 능엄신주를 받아 무루의 선법을 닦아 아나함과를 성취할 수 있었던 것이다. 반면 아난은 여전히 듣고 기억하는 일을 능사로 삼아 도의 흐름에 들지 못하는 상황에 있었다.

번역문에 표시한 바와 같이 주목할 부분이 있다. ①의 '불타가 아난에게 고구가책苦口呵責하였다'는 문장은 인용문에 없는 설명이다. 부처님이 아난을 꾸짖는 문맥임을 보여주기 위해 원문에 없는 문장을 제시한 것이다. 이 말은 『종경록』의 표현(佛責阿難言)을 가져온 것일 수 있다.

②에서는 '금언옥음金言玉音을 독송하여도'와 같이 원문에 없는 설명식 번역을 추가하였다. 원문의 비밀묘엄秘密妙嚴의 비밀은 심오하다는 뜻이고, 묘엄은 엄숙하고 청정하다는 뜻이다. 부처님의 설법은 하나이지만 돈오의 근기를 갖춘 이에게는 돈오법으로 전달되고, 점수의 근기를 갖춘 이에게는 점수법으로 이해된다. 그런데 청법자들은 그 설법이 다른 이에게 어떻게 전달되는지 모른다. 그래서 비밀이라고 표현한다. 같은 이치로 하나의 음성이 무량한 음성으로 전달되고, 하나의 뜻이

무량한 뜻으로 나타난다. 이것을 묘엄이라고 표현한다. 그래서 금옥과 같은 말씀이라는 찬탄의 표현을 추가한 것으로 보인다.

성철스님은 결집의 현장에서 아난이 가섭에게 옴 앓는 여우(疥癩野干)라 비판받으며 쫓겨났다는 사실을 강조한다. "이 다문多聞의 고질은 세존께서도 속수무책이었으니 얼마나 가공할 병통인가."[444]를 알 수 있지 않느냐는 것이다. 성철스님에게 있어서 다문지해는 무익한 수준이 아니라 고질병이다. 이것을 벗어나야 불법의 문에 들어갈 수 있다는 것을 아난의 경우를 통해 보여주고자 한다.

【15-9】 旣不①[依]住善惡二邊하야 亦不作不依住知解를 名菩薩覺이요 旣不依住하야 亦不作無依住知解하야사 始得名爲佛覺이니라

선문정로 벌써 선악의 2변二邊에 주착住著하지 않아서, 또한 의주依住하지 않는다는 지해知解까지 작지作持하지 않음을 보살각菩薩覺이라 한다. 벌써 의주依住하지 않고 또한 의주依住함이 없다는 지해知解도 작지作持하지 않아야 비로소 불각佛覺이라 한다.

현대어역 선악의 두 차원에 기대거나 머물지도 않고 머물지 않는다는 지해를 일으키지도 않는 것을 보살의 깨달음이라 한다. 기대거나 머물지도 않고 기대거나 머무는 일이 없다는 지해조차 일으키지 않아야 비로소 부처의 깨달음이라 할 수 있다.

---

444 퇴옹성철(2015), p.335.

[해설] 백장스님의 설법에서 가져온 문장이다. 선문에서 지해는 불법과 반대의 자리에 있다. 어떤 것에 대해 알고 이해하는 일이 있다면 이미 그것에 의지하고 머무는 일이 된다. 긍정적이든 부정적이든 그것에 의미 부여를 하게 되고 그에 따른 지향점을 세우게 되기 때문이다. 그래서 성불에 대한 지향조차 성불을 막는 주된 장애가 된다. 의지하고 머무는 모양이 세워졌기 때문이다. 대통지승불大通智勝佛이 성불하기 전에 모든 조건을 모두 완성하여 선정에 들었음에도 부처의 경계가 현전하지 않았던 일이 있다. 부처의 경계에 대한 지향이 있었기 때문이다.

이에 백장스님은 말한다. "악을 만나 악에 머문다면 그것은 중생이다. 선을 만나 선에 머문다면 그것은 성문이다. 그들은 번뇌라는 악을 버리고 보리라는 선을 선택한다. 그것은 머무는 일이고 의미를 부여하는 일이다. 선악의 상대적 측면을 떠나는 것이야말로 옳은 일이라 여기고 그것을 지향한다면 벽지불의 차원이다. 선악의 상대적 측면도 떠나고 자신이 머물지 않는다는 생각까지 짓지 않는다면 그것은 보살의 차원이다. 선악의 상대적 측면도 떠나고 머물고 의지할 곳이 없다는 생각조차 일으키지 않는다면 그것이 부처의 깨달음이다."[445]

백장스님의 입장에서 중생, 성문, 연각, 보살, 부처를 나누는 기준은 의식의 개입과 생각의 작용 여부이다. 중생 쪽으로 갈수록 의식의 개입과 생각의 작용이 강하고, 부처 쪽으로 나아갈수록 그것이 희박해진다. 그리하여 의식의 개입과 생각의 작용이 전혀 없다면, 그리하여 오직 여여하게 인연에 따라 자유롭다면 그것이 바로 부처의 깨달음이 된다.

---

[445] 『古尊宿語錄』(X68, p.9c), "觸惡住惡, 名衆生覺. 觸善住善, 名聲聞覺. 不住善惡二邊, 不依住將爲是者, 名二乘覺, 亦名辟支佛覺. 旣不依住善惡二邊, 亦不作不依住知解, 名菩薩覺. 旣不依住, 亦不作無依住知解, 始得名爲佛覺."

성철스님은 이러한 백장스님의 기준을 적용하여 3현10성이 아직 견성성불할 수 없는 자리에 머물게 되는 이유를 말한다. 극히 미약하기는 하지만 의식의 개입과 생각의 작용이 남아 있기 때문에 성불이 아니라는 것이다. 이러한 원리에 따라 의식과 생각의 차원을 벗어나지 못한 "규봉·보조의 해오解悟나 천태·화엄의 분증分證에 의미를 부여하여 머무는 일이 있으면 안 된다."는 주장을 거듭 반복하는 것이다.

①과 같이 '의依' 자를 생략하였다. 성철스님은 이렇게 '의依' 자를 생략한 문장에 기초하여 '선악의 2변二邊에 주착住著하지 않아서 ~'로 번역했다. 원래 '머무는 일(住)'이나 '머물고 의지하는 일(依住)'은 뜻에 있어서 차이가 없다. '의依' 자를 생략해야 할 특별한 이유가 발견되지 않는다는 말이다. 뒤의 【15-11】의 인용문에도 '의주依住'가 '주住'로 생략되어 있는데 성철스님은 이 부분을 '유무의 제법에 의주依住하지 않고~'로 번역했다. 그것을 변환할 의도가 없었다는 증거가 된다. 다만 본 인용문의 경우, '의依' 자를 생략한 문장에 따라 번역이 행해졌으므로 원전으로 돌아갈 수는 없다.

【15-10】 佛地는 斷二愚하나니 一은 微細所知愚요 二는 極微細所知愚니라

선문정로 불지佛地는 2종의 우지愚知를 단斷하였으니, ①일은 미세한 소지우견所知愚見이요 ②이는 극미세한 소지우견所知愚見이니라.

현대어역 부처의 지위에서 두 가지의 어두움을 끊는다. 그 하나는 미세한 어두움이고, 다른 하나는 극히 미세한 어두움이다.

[해설] 백장스님의 법문이다. 모든 중생이 불성을 갖추고 있다는 것은 사실이지만 궁극적 깨달음은 아무에게나 구현되지 않는다. 수행이 높아질수록 전에 없던 경계를 체험하게 되는데, 그렇게 성취한 도에 대한 집착이 일어나기 때문이다. 그 집착은 산 넘어 산이다. 자아에 집착하는 견해와 관념으로 인한 미혹의 장애(見思障)를 끊는다 해도 공을 실천하는 지혜와 공의 이치에 대한 집착이 남는다. 이것을 근본지혜를 가리는 장애(智障)라 한다. 태어나면서 갖추고 나왔다는 의미에서 선천적 대상집착(俱生法執)이라고도 하고, 시작을 알 수 없는 무명(無始無明)이라고도 한다. 이로 인해 얇은 비단에 가려진 것처럼 법계의 실상을 명확하게 보지 못하는 장애가 일어난다. 그 장애성이 미세하므로 미세한 어리석은 견해, 나아가 극미세한 어리석은 견해라 부르는 것이다. 이 장애는 등각의 지위에서 소멸된다.

사실 이 미세한 어두움, 나아가 극히 미세한 어두움은 완전한 밝음에 대비해서 그렇다는 뜻이지 진짜 어둡다는 뜻은 아니다. 그래서 얇은 비단으로 시야를 가린다는 비유를 든 것이다. 이것은 등불의 밝기로 비유할 수도 있다. 12개의 등이 켜져야 완전히 밝아지는 공간이 있다. 여기에 하나의 등이 켜진 경우, 2개의 등이 켜진 경우, 나아가 11개의 등이 켜진 경우를 상정할 수 있다. 그 어느 경우라 해도 12개의 등이 모두 밝혀진 완전한 밝음과는 차이가 있다. 성철스님은 제8아뢰야식의 미세망상이 완전히 제거된 구경무심의 불지라야 모든 등이 다 켜진 견성이고 원증이라 할 수 있음을 강조하기 위해 이것을 인용하였다.

번역문 ①의 '일은'과 ②의 '이는'은 한글만 가지고 보면 '첫째', '둘째'라는 의미가 쉽게 드러나지 않는다. 성철스님의 어투이므로 이것을 고칠 수는 없겠지만 1981년 초판본의 원고를 참고하여 한자를 병기하여 '일一은', '이二는'으로 교정할 필요가 있다.

【15-11】 但不①[依]住一切有無諸法하고 亦不住無依住하야 亦不作不依住知解하면 是名大善知識이요 亦名②[云]唯佛一人이 是大善知識이니 爲無兩人이요 餘者는 盡名外道며 亦名魔說이니라

선문정로 다만 일체 유무의 제법에 의주依住하지 않고 또한 무의주無依住에도 의주依住하지 않아서 또한 불의주不依住하는 지해知解도 짓지 않으면 이를 대선지식大善知識이라 이름하며 또한 오직 불타佛陀 일인一人을 대선지식大善知識이라 이름하나니, 양인兩人이 없기 때문이요, 그 나머지의 자는 전부 외도外道며 또한 마설魔說이라 이름하느니라.

현대어역 오로지 어떠한 유무有無의 법에도 전혀 의지하거나 머물지 않고, 의지함과 머묾 없음에도 머물지 않으며, 또한 의지하지 않고 머물지도 않는다는 지해조차 짓지 않는다면 이것을 대선지식이라 한다. 또한 오직 부처님 한 분만을 대선지식이라 할 수 있고 그 외의 경우는 없다. 나머지는 전부 외도라 하고 또 마설이라 한다.

[해설] 백장스님의 법문에서 가져온 문장이다. 머물지 않는 것이 불교의 실천이다. 그런데 각자가 머무는 차원이 다르므로 그에 따라 가르침의 길도 다르게 나타난다. 만약 그가 탐진치에 머무는 범부라면 계율을 제시하고, 수행을 권하며, 깨달음을 제시하고, 이 마음이 곧 부처임을 설한다. 백장스님은 이것을 오염된 쪽을 솎아내는 가르침(揀穢法邊語)이라고 불렀다. 만약 그가 수행과 깨달음에 의지하여 머무는 수행자라면 수행과 깨달음을 부정하고 마음도 아니고 부처도 아님을 말한다. 백장스님은 이것을 청정한 쪽을 솎아내는 가르침(揀淨法邊語)이라고 불렀다. 그리하여 일체의 악법은 물론 선법에조차 의지하거나 머물지 않고,

그 머물지 않는다는 앎과 이해도 짓지 않으며, 나아가 그러한 앎과 이해조차 없다면 그것이 대선지식이고 부처님이다.

백장스님은 이와 같이 의지하고 머무는 일이 없도록 하는 것이 불교의 가르침이고 수행의 요체임을 거듭 밝히고 있다. 성철스님은 부처 외의 다른 차원을 인정하는 것은 전부 외도이고 마설이라는 말을 보여주기 위해 이를 인용하였다. 그래서 해오점수를 배격한다. 이것을 거론하는 순간, 이미 의지하고 머무는 일이 일어나기 때문이다.

①과 같이 '의주依住'에서 '의依' 자가 빠져 있는데, 번역문은 '일체 유무의 제법에 의주依住하지 않고'로 되어 있다. 편집 과정에서 일어난 단순 탈자이므로 복원되어야 한다.

②에서는 '운云' 자를 '명名' 자로 바꾸었는데 뜻에는 변화가 없다. 바로 뒤에 오는 모든 구절이 '명名'으로 끝나므로 표현의 통일성을 기하고자 한 것으로 보인다. '~이라 한다(名)'는 동일한 뜻을 표현하는 데 문자를 통일할 필요가 있다고 본 것이다.

【15-12】 古人의 授記는 終不錯하니 如今에 立知解爲宗①者는 卽荷澤이 是也니라

선문정로 고인古人의 수기授記는 전혀 착오가 없으니 지금 지해知解를 광립廣立하여 종지로 삼는 자는 곧 하택신회荷澤神會이다.

현대어역 6조스님의 예언은 결국 틀리지 않았다. 오늘날의 지해종을 세운 것은 바로 하택신회이다.

[해설] 법안스님의 설법에서 가져왔다. 하택스님은 남종의 돈오법을

중원에 널리 펼쳐 주류를 점하도록 했다는 점에서 공헌이 크다. 그러나 남악南岳→마조馬祖→백장百丈→황벽黃檗→임제臨濟로 이어지는 남종의 주류에서는 그를 지해종도로 규정한다. 여기에 하택스님을 계승한 북방 남종의 규봉스님 등이 마조 계열의 선풍을 비판한 일에 대한 반작용이 있었다는 점도 부정할 수 없다. 그렇지만 그것은 어떻게 보아도 앎을 불법의 핵심으로 보았던 하택스님의 수증론에 기인하는 바 크다. '앎이라는 한 글자가 모든 오묘함의 문(知之一字, 是衆妙之門)'이라 선언하면서 선종의 핵심을 앎에 두었기 때문이다. 실제로 그는 달마스님에서 6조스님에게까지 내려오는 선종의 핵심을 '신령한 앎(靈知)'이라는 한 단어로 꿰고자 했다. 더구나 하택스님을 따라다니는 지해종도라는 표현은 6조스님의 입에서 나온 것이다.

하루는 6조스님이 대중들에게 말했다. "나에게 한 물건이 있는데 머리도 없고 꼬리도 없다. 이름도 없고 별명도 없다. 뒤도 없고 앞도 없다. 그대들은 이것이 무엇인지 알겠는가?" 신회가 나서서 대답했다. "모든 부처님의 뿌리이자 근원이며, 이 신회의 불성입니다." 6조스님이 말했다. "내가 이름도 없고 별명도 없다고 말했는데 너는 그것을 뿌리, 근원, 불성이라 하는구나. 네가 나중에 법을 주관하게 된다 해도 그저 지해종도나 되겠구나."[446]

법안스님은 하택스님이 이 예언과 같이 지해종을 세웠다고 말한다. 하택스님과 규봉스님의 사상과 실천이 알고 이해하는 일을 지향하고

---

[446] 『六祖大師法寶壇經』(T48, p.359c), "一日, 師告衆曰, 吾有一物, 無頭無尾, 無名無字, 無背無面. 諸人還識否. 神會出曰, 是諸佛之本源, 神會之佛性. 師曰, 向汝道, 無名無字, 汝便喚作本源佛性, 汝向去有把茆蓋頭, 也只成箇知解宗徒."

있다고 본 것이다. 성철스님은 해오점수가 지해종의 주장이라는 점, 6조스님 이후 남방의 정전 조사들이 모두 하택스님의 지해를 배격했다는 점을 드러내기 위해 이 문장을 인용하였다.

예문 ①과 같이 '자者' 자가 추가되었는데 지해종에 대한 비판과 폄하의 뜻이 담겨 있다.

【15-13】 神光이 不昧하야 萬古徽猷하니 入此門來하야는 莫存知解어다

선문정로 신묘神妙한 광명이 항상 비춰서 만고에 휘황輝煌하니, 이 현문玄門에 들어와서는 사지악해邪知惡解를 남겨 두지 말아라.

현대어역 신묘한 광명은 어둡지 않아 만고에 빛나는 길이다. 이 문에 들어오려면 알고 이해하는 일을 남겨 두지 말아야 한다.

[해설] 이 유명한 법문은 백장 문하의 평전平田스님에게서 나온 것이다. 알고 이해하는 중생심을 내려놓고 신묘한 광명으로 만고에 빛나는 진여심으로 돌아가는 길을 제시한 드물게 아름다운 문구이다.

지해란 무엇인가? 부처와 조사의 법문을 들어 그것을 금과옥조로 여긴다면 그것이 알고 이해하는 지해이다. 성문의 수행자가 아집을 끊어 유사 깨달음(相似覺)을 성취하고 이에 의지하고 머무는 일이 있다면 그것이 알고 이해하는 지해이다. 서산스님은 '막존지해莫存知解'의 구절을 해석하면서 "하택스님이 조계의 적자가 되지 못한 것이 이 때문"[447]이라 했다.

---

[447] 退隱述, 『禪家龜鑑』(X63, p.745b), "知解二字, 佛法之大害. 故時擧而終之, 荷澤

사정이 이러하므로 문자에 탐닉한다면 설상가상이 된다. 깨달음이라는 것이 알고 이해하는 지해의 소탕을 의미하는 것인데, 문자 탐닉은 그 반대 방향인 지해를 증장시키는 길로 나아가기 때문이다. "선종에 들어왔으면 모름지기 불성을 확연히 밝힐 생각을 해야지 알음알이의 증장에 힘써서는 안 된다."⁴⁴⁸라는 성철스님의 지적이 일어나는 지점이다.

【15-14】 牧牛子曰 荷澤①[神會]은 是知解宗師라 雖未爲曹溪嫡子나 然이나 悟解高明하고 決擇이 了然하니 密師宗承其旨故로 ② [此錄中, 伸而明之, 豁然可見.] 今爲因敎悟心之者하야 除去繁詞하고 鈔出綱要하야 以爲觀行龜鑑焉하노라

선문정로 목우자牧牛子가 말하였다. "하택荷澤은 지해종사知解宗師인지라 비록 조계曹溪의 적자嫡子는 되지 못하였으나, 오해悟解가 고명高明하고 결택決擇이 요연하니 규봉이 그 종지를 계승하였으므로 이제 교敎를 인因하여 심心을 오悟한 자를 위하여 번사繁詞를 제거하고 강요綱要를 초출鈔出하여 관행觀行의 귀감을 삼게 하노라.

현대어역 나 목우자는 말한다. 하택(신회)은 앎과 이해를 중시하는 지해종의 선사로서 비록 조계의 적자가 되지는 못했지만 깨달음과 이해가 고명하고 결단과 간택이 분명하다. 규봉스님이 그 사상을 계승하였으므로 [이 『별행록別行錄』에 그것을 서술하고 설명하여 분명하

神會禪師, 不得爲曹溪嫡子者, 以此也."
448 퇴옹·성철(2015), p.340.

게 볼 수 있도록 하였다.] 이제 교학에 기대어 마음을 깨닫고자 하는 이를 위하여 번거로운 표현들을 제거하고 그 요강을 뽑아내어 참선수행을 검증하고 살펴보는 거울로 삼고자 한다.

[해설]   보조스님이 『절요』의 집필 취지를 밝히는 문장이다. 규봉스님은 하택의 종지를 계승하는 입장에서 『법집별행록』을 지었으며, 자신은 다시 그 요점을 추린 『절요』를 집필하여 수행의 귀감으로 삼도록 하고자 한다는 내용이다. 『절요』는 간화경절문으로의 경도가 두드러지게 나타나는 문건이다. 상무주암에서의 간화선 체험은 보조스님의 사상을 전기와 후기로 나누는 하나의 기준점이 된다. 이를 계기로 한 사상적 도약이 발견되기 때문이다. 다만 여기에서 일관된 동질성을 발견하는 입장도 있고, 명백한 차별성에 주목하는 관점도 있다.

성철스님은 보조스님이 간화선을 체험하면서 사상에 일대 전환이 있었다는 입장을 취한다. 해오점수의 주장에서 간화선의 실참과 증오를 주창하는 방향으로 입장의 변화가 일어났다고 보는 것이다. 보조스님이 하택스님을 지해종의 선사로서 조계의 적자가 아니라고 보게 된 것도 그 때문이라는 것이다. 사실 『절요』에 소개된 간화경절문은 간략하기는 하지만 전체 문맥에서 결론적 위치에 배치되어 있다. 이에 대해 성철스님은 보조스님의 수증관에 주목할 만한 변화가 일어났다고 해석하는 것이다.

그렇지만 『절요』의 전체 맥락을 보면 보조스님은 하택종의 돈오점수론을 여전히 중시하고 있다. 그 가려 뽑은 내용 역시 규봉스님의 핵심 주장들이다. 하택종을 우위에 두고 이에 기초하여 여러 선종을 비판한 점, 돈오점수를 선의 정통으로 본 점 등이 모두 그렇다. 다만 여기에 간화경절문을 새롭게 제시하여 깨달음을 향한 마지막 결정타로 활용하고자 했던 것은 분명하다. 요컨대 해오점수와 화두참구를 전후 관계, 혹은 근기에 따라 적용하는 방식으로 통합 내지 병존시키고자 했던 것이다.

성철스님은 이로 인해 보조스님에게 자가당착적 모순이 나타난다고 지적한다. 성철스님은 『백일법문』에서 그 모순에 대해 별도의 절을 마련하여 논의한 바 있다. 이를 통해 보조스님의 돈오점수에 대한 관점에 일관성이 없다는 비판을 전개한다. 보조스님은 달마대사의 깊은 뜻이 돈오점수에 있다고 단언한다. 그러면서 돈오점수는 원돈신해하는 자들을 위한 것이고, 또 교외별전은 돈오점수가 아니라 말한다. 그렇다면 돈오점수(=원돈신해)를 주장한 달마대사가 따로 있고, 교외별전을 대표하는 달마대사가 따로 있다는 말이 되지 않느냐는 것이 성철스님의 비판이다.

또한 돈오점수는 교에 의지해 마음을 깨닫는 자들을 위한 것이라 해 놓고, 언어적 가르침에 의지하면 영원히 살아나지 못하므로 경절문으로 들어가야 한다고 한 것도 모순이라 지적한다. 이와 같은 모순에도 불구하고 성철스님은 보조스님의 사상에 일대 전환이 있었다는 점을 확신한다. 그리고 그 전환은 열반 후 출간된 『간화결의론』에서 더 분명하게 확인된다고 주장[449]한다.

거듭 확인되는 것처럼 성철스님은 교와 선, 해오와 증오, 돈오와 점수와 같은 모순된 둘을 함께 인정하는 통합론을 거부한다. 그 대신 간화선이라는 용광로에 불교의 모든 수증론을 녹여내고자 한다. 그래서 모든 수증론을 논의의 장에 올리되 그 논의의 끝은 항상 활구참구의 실참을 통한 실오로서의 견성, 즉 구경원각에 대한 강조가 되는 것이다. 실참실오를 주장하는 성철선의 주된 특징이라 할 수 있다.

---

[449] 『백일법문』, p.347 참조.

①과 같이 '하택신회荷澤神會'를 '하택荷澤'으로 줄여서 말하였다. 간명함을 선호하는 성철스님의 문장관이 반영된 결과이다.

②의 '이 기록에 그것을 서술하고 설명하여 분명하게 볼 수 있도록 하였다(此錄中, 伸而明之, 豁然可見)'는 구절을 생략하였다. 이 기록이란 『법집별행록』을 가리키는 것이겠지만 규봉스님의 『법집별행록』이라는 저서가 따로 전하지는 않는다. 아마도 보조스님이 텍스트로 한 것은 『중화전심지선문사자승습도中華傳心之禪門師資承襲圖』일 것이다. 인용 목적에 어울리지 않는 설명을 필요로 하는 부분이므로 생략하였다.

【15-15】 今且約圓頓信解者言之爾요 敎外別傳은 不在此限이니라

선문정로 지금 원돈신해자圓頓信解者를 위하여 말함이요 교외별전敎外別傳은 차한此限에 있지 않느니라.

현대어역 이것은 원돈신해에 대해 말한 것으로서 교외별전은 이 범주에 있지 않다.

[해설] 보조스님『절요』의 문장이다. 보조스님의 사상은 선과 화엄의 두 영역 사이에서 굴곡진 궤적을 그려 간 흔적의 총화이다. 한편으로는 화엄사상을 수용한 측면이 있고, 다른 한편으로는 화엄을 포함한 일체의 지해를 비판하며 간화선을 제창한 측면이 있기 때문이다. 대체적으로 초기의 저작들에는 선교일치적, 화엄수용적 경향이 짙고, 사후에 간행된 『간화결의론』에서는 간화경절문에 대한 적극적 제창이 확인된다. 그리고 이러한 화엄 수용과 화엄 비판의 중간쯤에 『절요』가 있다. 그래서 『절요』에는 성철스님이 모순이라고 지적한 바, 약간의 뒤섞임 현상이

발견된다.

이 인용문은 화엄의 원돈적 특징을 논의한 뒤, 이것과는 차원이 다른 교외별전이 따로 있음을 밝히는 문맥에서 가져왔다. 보조스님은 이통현 장자의 성기론性起論에 기초하여 화엄과 선의 융합을 꾀하면서도 교외별전을 높이 평가하고 있다. 간화선 경절문이 이 논의의 틀을 훌쩍 넘어서는 특별한 차원의 수증론이라는 것이다. 보조스님이 돈오점수를 교외별전에 포함하지 않았음을 보여주기 위해 인용된 문장이다.

【15-16】 上來所擧法門은 並是爲依言生解悟入者하야 委辨法有隨緣不變二義하고 人有頓悟漸修兩門이라 ①[以二義, 知一藏經論之旨歸, 是自心之性相. 以兩門, 見一切賢聖之軌轍, 是自行之始終. 如是揀辨本末了然, 令人不迷, 遷權就實, 速證菩提.] 然이나 若②[一向]依言生解하야 不知轉身之路하면 雖終日觀察하나 轉爲知解所縛하야 未有休歇時일새 故로 更爲今時衲僧門下의 離言得入하야 頓亡知解之者하야 雖非密師所尙이나 略引祖師善知識이 以徑截方便으로 提接學者의 所有言句하야 係於此後하야 令參禪峻流로 知有出身一條活路耳로다

선문정로 상래上來 소거所擧의 법문은 전혀 의언생해依言生解하여 오입悟入한 자를 위하여 법에 수연隨緣과 불변不變의 2의二義가 있고, 인人에 돈오와 점수의 양문兩門이 있음을 위변委辨하니라. 그러나 만약에 의언생해依言生解하여 전신轉身하는 활로活路를 부지不知하면 비록 종일 관찰하나 전전轉轉히 지해知解에 얽히어 휴헐시休歇時가 없으므로 다시 납승문하衲僧門下에 이언득입離言得入하여 지해知解를 돈망頓亡한 자를 위하여 비록 규봉이 숭상崇尙하는 바는 아니나 간략히 조

사와 선지식이 경절방편徑截方便으로 학자를 제접한 소유언구所有言句를 인증引證하여 차후에 계열係列하여 참선준류參禪峻流로 하여금 출신出身하는 일조一條 활로活路가 있음을 알게 하노라.

현대어역 앞에 제시한 법문들은 모두 말에 의지하여 이해하고 깨달아 들어가는 이들을 위한 것들이다. 그리하여 법에는 인연에 따라 나타나는 것(隨緣)과 불변하는 것(不變)의 두 가지 도리가 있고, 사람에게는 돈오와 점수의 두 길이 있음을 자세히 구분하여 설명한 것이다. [두 이치로써 모든 경전과 논서들의 핵심이 자기 마음의 본성(性)과 모양(相)에 관한 것임을 안다. 두 길로써 일체 성현이 공유한 길이 자기 실천의 시작과 끝임을 안다. 이와 같이 근본과 지말을 분명하게 가리고 분별하여 사람들이 미혹에 빠지지 않고 방편에서 실상으로 나아가 보리를 빠르게 증득하도록 한 것이다.]

그렇지만 만약 [계속] 말에만 의지하여 이해하는 마음을 내기만 하고 몸을 바꾸는 길을 모른다면 비록 종일토록 관조하고 성찰한다 해도 오히려 앎과 이해에 묶여 쉴 기약이 없게 될 것이다. 그리하여 다시 오늘날의 참선하는 이들 중에 말을 떠나 도에 들어가고 앎과 이해를 단번에 소멸시키고자 하는 사람들을 위해, 비록 규봉스님이 높게 평가했던 것은 아니지만 조사와 선지식들이 빠르게 끊는 방편으로 수행자들을 이끌었던 여러 말씀들을 약간 인용하고자 한다. 이것을 뒤에 붙여 참선하는 뛰어난 사람들에게 몸을 뺄 한 가닥의 활로가 있음을 알게 하고자 하는 것이다.

[해설] 보조스님이 『절요』의 결론으로 경절문의 활로를 제시하고 있다는 것을 보여주고자 하는 인용문이다. 원래 보조스님의 『절요』는 화

엄으로 선을 융섭하고자 한 규봉스님의 주요 논지를 초록한 뒤 여기에 자신의 의견(私記)을 덧붙이는 방식으로 이루어져 있다. 보조스님은 규봉스님의 견해에 대해 비판적 계승의 입장을 취한다. 규봉스님이 교를 중심으로 하는 데 반해 보조스님은 선을 위주로 하기 때문이다.

특히 그 차이점은 간화선을 제시한 마지막에 두드러진다. 그것은 규봉스님의 주요 논지에 기대어 돈과 점을 논하고 공적영지空寂靈知를 드러내겠다는 본래의 집필 취지와는 무관(雖非密師所尙)하다. 그럼에도 경절문의 언구들을 부록으로 제시(係於此後)한 것은 규봉스님을 비판적으로 계승한다는 입장에서 비롯된 것이다.

성철스님은 이것을 『절요』의 결론으로 보았다. 그리하여 이것을 보조스님의 사상에 주목할 만한 변화가 일어났다는 주된 근거로 삼는다. '지해대병知解大病을 제거하는 전신활로轉身活路의 경절문이 보조스님의 결론'이라 보았던 것이다.

> 이로써 지해종도知解宗徒인 하택·규봉의 돈오점수는 의언생해依言生解하는 교가의 원돈사상圓頓思想이요, 이언망해離言亡解한 선문의 경절활로徑截活路가 아님을 해명하였다.[450]

『절요』에 수록된 경절문의 언구들은 선문의 다양한 가르침을 두루 담고 있다. 그렇지만 그 절대적인 부분은 대혜스님의 법문에서 가져온 것이다. 보조스님은 이것을 "잘 참구할 수만 있다면 이전까지의 불법에 대한 지해知解의 병을 말끔하게 씻어내고 궁극의 안락한 경지에 이르게 될 것"[451]이라 하였다. 그러니까 보조스님의 경절문 소개는 하나의 선택

---

[450] 퇴옹성철(2015), p.344.
[451] 普照知訥, 『法集別行錄節要幷入私記』(韓國佛敎全書4, p.765c), "若善能參詳, 可以

지로 제시된 것임에 분명하다. 또한 보조스님의 경절문에 특별한 가치를 두었음도 분명해 보인다. 다음의 문장을 보자.

> 또한 애착과 증오, 분노와 기쁨, 나와 남을 가르는 승부의 마음이 있다면, 그것은 체중현體中玄을 깨닫지 못하였기 때문이다. 그로 인해 마음 밖에 대상이 세워져 말로는 깨달은 것 같지만 경계를 상대하면 다시 미혹해지는 것이다. 이러한 사람은 차라리 규봉스님의 여실한 언어적 가르침에 의지하여 정밀하게 관찰함으로써 애착과 증오, 분노와 기쁨, 나와 남을 가르는 승부의 마음을 항복시키는 것이 낫다.[452]

간화선과 원돈신해를 함께 선택 가능한 길로 제시하는 법문이다. 흥미로운 것은 '차라리 규봉스님의 가르침을 따르는 것이 낫다'는 말이 경절문의 우월성을 전제로 하는 어투를 취하고 있다는 점이다. 보조스님의 경절문에 대한 경도는 『간화결의론』에 이르러 더욱 분명하게 나타난다. 성철스님은 이러한 전체 맥락을 감안하여 부록으로 제시된 보조스님의 경절문 소개를 『절요』의 결론으로 보았던 것이다.

①에 표시한 것처럼 수연隨緣과 불변不變, 그리고 돈오와 점수의 특징을 구체적으로 밝히는 부분을 생략하였다. 이 생략된 부분은 돈오점수가 『절요』의 핵심 내용임을 밝히고 있다. 그러니까 전체 맥락으로 보자면 경절문의 활로는 부수적으로 추가된 별도의 길에 속하는 것이다.

그런데 성철스님은 이 인용문을 통해 보조스님의 사상적 변화의 움

淨盡前來佛法知解之病, 到究竟安樂之地也."
452 普照知訥, 『法集別行錄節要並入私記』(韓國佛敎全書4, p.766a), "又有愛憎嗔喜人我勝負之心, 爲不悟體中. 心外有境, 說時似悟, 對境還迷者也. 似此之流, 返不如依密師, 如實言敎, 專精觀察, 能伏愛憎嗔喜人我勝負之心也."

직임을 보여주고자 한다. '말에 의지하여 이해를 내는' 교학을 비판하고 그 대안으로 경절문의 가르침을 제시한다는 이 구절에서 보조스님의 사상적 변화를 읽을 수 있다는 것이다. ①은 이러한 인용 목적에 어울리지 않는다고 보아 생략한 것이다.

②의 '일향一向'이 생략되었다. 현대어역에 보이는 것처럼 '계속하여, 변함없이'의 뜻으로 번역되는 말이다. 이 단어의 유무에 따라 전체 뜻에 상당한 변화가 일어난다. 만약 원문대로라면 '말에 의지하여 이해를 내는 일(依言生解)'은 부분적으로 인정되고 부분적으로 부정된다. 처음에 도에 들어갈 때는 말에 의지하게 되지만 '계속해서' 그것에 기대서는 안 된다는 뜻이 되기 때문이다. 그러니까 마지막 남은 지해의 티끌을 떨어내는 결정타로써 경절문 활구참구의 길을 제시한 것이다.

그런데 '일향一向'을 생략하면 '의언생해依言生解'는 전면 부정된다. 성철스님은 분별적 지해는 물론 특별한 성취인 해오조차 부정한다. 그것이 궁극의 깨달음이 아닌 한 아무리 특별한 성취라 해도 결국 언어의 길, 이해의 차원에 있는 것이기 때문이다. 그러니까 성철스님의 입장에서 해오는 어떻게 보아도 의언생해依言生解이다. 원래 성철스님은 보조스님에 대해 전면적 비판과 부분적 긍정의 입장을 취한다. 여기에서는 보조스님을 긍정하고자 한다. 무심의 실천에 들어가는 경절문을 긍정하고 있기 때문이다. 이러한 인용 목적이 있었기 때문에 '일향一向'을 생략한 것으로 보인다.

【15-17】 1) 圓頓信解門則①[以此十種知解, 亦爲眞性緣起, 無可取捨, 然] 以有語路義路聞解思想故요 ②[初心學者, 亦可信受奉持.] ③[若約] 徑截門則④[當於親證密契,] 無有語路義路하며 未容聞解思想故니라

2) 此中所論悟者는 ⑤[非先修而後悟故,] ⑥乃[是]解悟也라
3) 話頭疑破하야 噴地一發者는 乃能親證無障礙法界矣라

선문정로 1) 원돈신해문圓頓信解門인즉 어로의로語路義路와 문해사상
聞解思想이 있는 연고요, 경절문徑截門인즉 어로의로語路義路가 없으며
문해사상聞解思想을 용납하지 않는 연고니라.
2) 차원돈성불론此圓頓成佛論 중에 소론所論한 오悟는 이에 해오解悟
니라.
3) 화두에 의심을 타파하여 분지일발噴地一發한 자는 이에 무장애법
계無障礙法界를 친증親證하느니라.

현대어역 1) 원돈신해문에서 보자면 [이 열 가지 앎과 이해의 병이라
는 것 역시 진실한 자성의 인연으로 일어난 것이므로 취하고 버릴 것
이 없다. 그런데] 말의 길, 뜻의 길, 듣고 이해하고 사유하고 생각하
는 일이 있다. [또한 초심 수행자가 믿어 수용하고 정성껏 실천하기
쉽다.] 경절문으로 보자면 [직접 깨달아 비밀스럽게 계합하는 데 있
어서] 말의 길, 뜻의 길이 없고, 듣고 이해하고 사유하고 생각하는
일을 용납하지 않는다. [법계무애연기의 도리라 해도 오히려 말과 이
해의 장애가 되어 버린다. 상근기의 큰 지혜가 아니라면 어떻게 이것
을 밝게 증득할 것이며, 어떻게 이것을 뚫어 통과할 수 있겠는가?]
2) 여기에서 논의한 깨달음은 [먼저 닦아 그 뒤에 깨닫는 것이 아니
므로] 해오이다.
3) 화두의 의단이 깨지면서 확! 하고 단번에 열리게 되는 사람은 바
로 무장애법계를 직접 깨칠 수 있게 된다.

[해설]　1)은 『간화결의론』에서 가져온 구절이다. 『간화결의론』은 보조스님의 입적 이후 상당한 시간이 경과된 후 간행된 것이다. 그래서 일부 학자들은 이것이 보조스님의 저술이 아니라 그 제자 혜심慧諶스님의 저작일 수 있다고 보기도 한다.

　여기에서 보조스님은 화엄의 원돈신해와 간화선의 활구참구 간의 차별성을 논한다. 화엄의 진성연기眞性緣起의 설법과 사사무애의 실천과 체중현體中玄의 도리는 어느 누구도 반박하지 못할 오묘한 이치이다. 그러나 경절문의 입장에서 보면 그 전체가 결국은 의식의 범주를 벗어나지 못하는 것이며, 언어와 개념의 상대성을 넘지 못하는 것이다. 그래서 앎과 이해의 틀을 깨뜨리고 확! 하고 단번에 열려 법계일심法界一心을 직접 증득하는 경절문이 세워진다. 이 인용문은 이러한 맥락 속에 있다.

　이 문장은 보조스님이 스스로 원돈신해문에서 말하는 돈오점수가 해오解悟라고 인정했다는 점을 보여주기 위해 인용한 것이다. 흥미로운 것은 원래의 문장이 원돈신해의 가치를 함께 인정하는 문맥을 구성하고 있다는 점이다. 말의 길, 뜻의 길이 있고, 듣고 이해하고 생각하는 일이 있으므로 또한 초심 수행자가 믿어 수용하고 정성껏 실천하기 쉽다고 말하고 있기 때문이다. 그러니까 문맥만 가지고 보자면 이것은 지해의 가치를 인정하는 문장이 된다.

　다만 이것은 결론적 부정을 위한 잠정적 인정의 언어 전략에 의한 것이다. 결론에서 보조스님은 의미를 생산하는 화엄적 지해를 경절문 간화선의 관점에서 비판한다. 그것은 모두 의식으로 헤아리는 병이므로 간화문에서는 이를 배격한다는 것이다. 요컨대 여기에서 보조스님은 화엄의 원돈신해와 간화선의 활구참구가 질적으로 얼마나 다른지를 역설하고 있는 것이다. 성철스님은 이 문장의 인용을 통해 돈오점수의 돈오가 해오이므로 진정한 깨달음이 아니라는 점을 강조한다.

①과 같이 '이 열 가지 앎과 이해의 병이라는 것 역시 진실한 자성의 인연으로 일어난 것이므로 취하고 버릴 것이 없다. 그런데(以此十種知解, 亦爲眞性緣起, 無可取捨. 然)'의 구절이 생략되었다. 화엄의 원돈적 요체를 말하는 부분으로서 많은 설명이 필요하므로 생략하였다. 보조스님의 사상이 화엄의 원돈문에서 간화선의 경절문으로 넘어가는 움직임이 있다는 것을 보여주고자 하는 인용 목적에 어울리지 않기 때문에 생략한 것이기도 하다.

②와 같이 '처음 발심한 수행자가 또한 믿어 수용하고 정성껏 실천하기 쉽다(初心學者, 亦可信受奉持)'는 구절이 생략되었다. 원돈신해문이 접근하기 쉬운 장점을 갖고 있다는 내용이다. 원돈신해의 도리 역시 지해의 차원일 수밖에 없다는 점을 비판하겠다는 인용 목적에 어울리지 않으므로 생략하였다.

③의 '약약若約'은 '~에 대해 말하자면' 정도의 뜻을 갖는데, 그 뒤의 곧 '즉則' 자와 의미상 중복되는 점이 있다고 보아 생략한 것으로 생각된다.

④와 같이 '직접 깨달아 비밀스럽게 계합하는 데 있어서(當於親證密契)'라는 구절이 생략되었다. 이 말은 뒤의 구절과 동어 반복의 감이 있다. 깨달음이란 말의 길, 뜻의 길이 끊기고, 듣고 이해하고 생각하는 차원이 완전히 사라진, 바로 그 일이기 때문이다.

2)는 『원돈성불론』에서 가져온 것이다. 『원돈성불론』은 보조스님의 선교일치적 관점이 드러난 논서이다. 여기에서 말하는 돈오는 곧 해오이다. 이 문장에 의하면 10신에서 먼저 해오한 뒤 부지런히 지관을 닦아 육체적, 정신적 번뇌를 모두 멸진하고 10주 초주에 이르게 된다. 이때는 선정의 힘이 완성되어 지혜로 인한 장애가 모두 사라져 증오證悟

가 일어난다. 이처럼 초주의 지위에 들어 다시 10주, 10행, 10회향, 10지, 등각의 지위를 거치게 된다는 점을 밝히고 있다. 10신에서 해오하여 10주에서 등각까지를 거치며 점수의 과정을 거쳐 성불에 이른다는 것이다. 이와 같이 청량스님이나 규봉스님이 말하는 돈오점수의 돈오는 해오이다. 화엄의 이치를 깨닫는 것은 해오이지 결과로서의 깨달음은 아니라는 점을 분명히 밝히고 있는 것이다. 결국 해오를 시작으로 점수의 수행에 들어가는 돈오점수는 화엄의 수증론이다. '깨닫지 못하고 닦는 것은 진실한 닦음이 아님(若未悟而修, 非眞修也)'을 강조하는 것도 이 때문이다. 성철스님은 10신의 깨달음은 해오로서 점수를 필요로 한다는 점을 보조스님이 인정했다는 것을 보여주기 위해 이 문장을 인용하였다.

이 중 ⑤와 같이 '먼저 닦아 그 뒤에 깨닫는 것이 아니므로(非先修而後悟故)'라는 구절이 생략되었다. 화엄에서는 닦음을 통한 깨달음을 증오證悟로 보고, 법계무애연기의 이치에 대한 의심 없는 눈뜸이 일어나는 것을 해오解悟로 규정한다. 생략된 부분은 해오가 진정한 수행을 견인하는 깨달음임을 설명한다. 이 문장은 해오를 우월하게 보는 화엄선의 맥락 속에 있다. 성철스님은 부지런한 수행을 통한 궁극의 견성만을 깨달음으로 인정하는 입장이기 때문에 해오를 높이 인정하는 맥락에서 나온 이 구절을 생략하였다. 이를 통해 해오는 증오가 아니므로 미완성의 자리라는 점, 그러므로 진정한 깨달음이 아니라는 점을 밝히고자 한다.

⑥에서는 원문의 '시是' 자를 '내乃' 자로 바꾸어 표현하였다. 두 글자 모두 '~이다'라는 뜻을 표현하므로 의미상의 변화는 없다.

3)은 『간화결의론』에서 가져온 것이다. 『간화결의론』은 한국 최초의 간화선 논서이기도 하다. 여기에서 보조스님은 간화선의 수행이 빠르고

직접적인 깨달음을 약속한다는 점에서 지해에 의지하는 화엄의 원돈신해가 미칠 바가 아님을 거듭 강조한다.

인용문의 '분지일발噴地一發'은 대혜스님에게서 나온 말로서 '확! 하고 단번에 열리는' 깨달음의 순간을 묘사하는 관용어이다. 이와 같이 보조스님의 간화선 경절문은 대혜스님의 관점을 그대로 수용한다. 다만 보조스님은 교와 선의 구분이 없이 일심법계, 무장애법계를 바로 보는 일이 곧 깨달음임을 강조하는 입장을 유지한다. 이것을 직접 깨닫는다(親證)고 했는데, 간화선의 깨달음이 지해가 개입된 해오와 질적으로 다르다는 뜻이다. 보조스님은 간화선의 정로인 참구參句가 뛰어난 것은 말할 것도 없고, 그 잘못된 길인 참의參意만 해도 원돈의 교학에 의지하여 관행을 실천하는 일에 비한다면 훨씬 뛰어나다는 평가를 하기까지 한다.

이렇게 직접 깨달음을 구현한 사람은 오늘날 찾아보기 어렵고 듣기 어렵다. 오늘날에는 그저 화두의 참의문參意門에 의지하여 바른 지견을 내는 일을 귀하게 여길 뿐이다. 이런 사람들의 견처라 해도 교학에 의지하여 관행을 실천하며 생각과 인식의 차원을 벗어나지 못한 사람들과 비교하자면 천지현격으로 다르기 때문이다.[453]

성철스님은 『간화결의론』에 대해 십분 동의하는 입장이다. 그런데 바로 위의 구절 때문에 새로운 비판이 일어난다. 보조스님이 간화경절문으로 완전히 전향한 뒤에도 "원돈신해圓頓信解인 참의문參意門을 선

---

[453] 普照知訥, 『看話決疑論』(韓國佛敎全書4, p.737b), "此證智現前者, 今時罕見罕聞故, 今時但貴依話頭參意門, 發明正知見耳. 以此人見處, 比於依敎觀行, 未離情識者. 天地懸隔故也."

양"⁴⁵⁴했다는 비판이 그것이다.

경절문의 말류인 참의문이라 해도 원돈신해보다 뛰어나다는 말은 분명히 경절문을 높이는 말이다. 그런데 성철스님의 입장에서는 간화선을 적극 제창했다 해서 참의문을 부분적으로라도 인정하는 일에 동의할 수 없다. 활구를 참구하는 참구문參句門 외의 모든 가능성을 차단하는 것, 그것이 간화선 본분종사의 유일한 길이라 보았기 때문이다. 약간의 지해적 요소라도 용인한다면 그것은 결국 교학으로 회귀하는 일이라 보았다는 말이다. 그래서 간화선의 참의문이라도 화엄의 원돈관행보다 낫다고 한 보조스님에 대해 여전히 교종을 선양하는 입장을 버리지 못했다는 비판을 전개한 것이다.

【15-18】 然此義理雖最圓妙나 總是識情聞解思想邊量故로 於禪門①[話頭參詳]②徑截[悟入之]門엔 一一全揀佛法知解之病也라

선문정로 그와 같이 의리義理가 비록 가장 원묘圓妙하나 총總히 식정識情인 문해聞解와 사상思想의 변邊의 양量인 고로, 선문의 경절문徑截門에서는 일일一一이 온전히 간택揀擇하여 불법지해佛法知解의 병이 되느니라.

현대어역 그런데 이 도리가 비록 가장 원묘하기는 하지만 결국은 의식과 생각으로 듣고, 이해하고, 생각하는 분별적 인식이다. 그러므로 선문의 [화두를 참구하여] 빠르게 가로 질러 [깨달음으로 들어가는] 길에서는 하나하나 남김없이 불법 중의 지해의 병으로 가려내는 것

---

454 퇴옹성철(2015), p.351.

이다.

[해설] 간화선 수행은 모든 지해를 내려놓는 일이다. 그와 동시에 수행에 대한 모든 개념적 이해와 구상의 틀을 부수는 일이기도 하다. 간화선 수행에서 주의해야 할 10종병이라 불리는 장애 역시 기본적으로는 지해로 인한 것이다. 그런데 진성연기眞性緣起의 관점에서 보자면 이 10종병이라 하는 것 역시 진여자성에서 인연에 따라 일어난 것이다. 원칙적으로 보자면 굳이 이것을 제거할 일이 없는 것이다. 그러나 이 진성연기의 도리에 대한 깨달음이라는 것 역시 지해적 차원에 머물러 있다. 나아가 10종병에 대해 진성연기의 차원이니 제거할 일이 있느니 없느니 하는 논의들 역시 지해에 속하는 일이다. 그러므로 아낌없이 버려야 한다는 것이다.

인용문은 일체의 지해를 남김없이 솎아내는 것이 경절문의 길임을 밝히는 구절이다. 성철스님은 어떠한 오묘한 법문이라 해도 지해이며, '의언생해依言生解하는 해오는 전체가 병'이라는 점을 강조하기 위해 이 문장을 인용하였다.

①, ②와 같이 경절문의 닦음과 결과를 말하는 부분을 생략하였다. ①의 '화두를 참구하는(話頭參詳)'은 간화선으로써의 닦음을 말하는 부분이다. ②는 빠르게 가로질러 '깨달음에 들어가는(悟入之)' 결과를 얻게 된다는 부분이다. 모두 경절문의 주된 내용이다. 성철스님은 경절문이라는 단어만 가지고도 이 뜻을 표현할 수 있다고 보아 이를 생략한 것이다.

【15-19】 1) ①[禪門中此等]圓頓信解인 如實言敎가 如②恒河沙數나 謂之死句니 以令人으로 生解礙故라 並是爲初心學者於徑截門

活句에 未能參詳故로 示以稱性圓談하야 令其信解不退轉故니라
2) ③[今所論] 禪宗教外別傳徑截④[得入之]門은 超越格量故로 非但教學者難信難入이요 亦乃當宗의 下根淺識도 茫⑤[罔]然不知⑥[矣]니라.
3) 故云 教外別傳은 迥出教乘이라하니라 ⑦[非淺識者, 所能堪任.]
4) 夫參學者는 須參活口요 莫參死口니 活句下에 薦得하면 永劫不忘이요 死句下에 薦得하면 自救不了니라

선문정로 1) 원돈신해圓頓信解인 여실언교如實言教가 항하사수恒河沙數 같으나 사구死句라 하나니 학인으로 하여금 해애解礙를 내게 함이다. 아울러 이 초심학자가 경절문徑截門 활구活句에 능히 참상參詳하지 못하게 되는 고로 자성에 칭합稱合한 원담圓談으로 보여서 그로 하여금 신해信解하여 퇴전退轉치 못하게 한 연고이다.
2) 선종의 교외별전인 경절문徑截門은 격량格量을 초월하므로, 다못 교학자만 난신난입難信難入할 뿐만 아니라 또한 선종의 하근천식下根淺識도 망연히 알지 못하느니라.
3) 고로 이르기를, "교외별전은 교승教乘을 형출迥出한다."고 하니라.
4) 대저 참학參學하는 자는 모름지기 활구活句를 참參할 것이요 사구死句를 참參하지 말지니, 활구 하에 천득遷得하면 ⑧[영겁토록 불망不忘이요, 사구 하에 천득薦得하면] 자구自救도 불료不了니라.

현대어역 1) [선문에도 이러한] 원돈신해적 실상을 말하는 언어적 가르침이 항하의 모래알 수처럼 많지만 이것을 사구死句라 말한다. 수행자에게 지해로 인한 장애가 일어나게 하기 때문이다. 그런데 초심 수행자는 경절문의 활구를 제대로 참구하지 못한다. 그래서 자성에

상응하는 원교의 담론들을 설하기도 하는데, 그 믿음과 이해가 물러나지 않도록 하기 위해서이다.

2) [여기에서 논하는] 선종은 가르침의 밖에 별도로 전해진 것으로서, 곧바로 가로질러 [깨달음에 들어가는] 문이다. 개념의 틀을 벗어났으므로 교를 공부하는 사람들이 믿고 들어가기 어려울 뿐만 아니라 선문의 사람이라 해도 근기가 낮고 식견이 얕은 사람들은 까마득히 모른다.

3) 그러므로 "가르침의 밖에 별도로 전해진 것으로서 교학적 가르침을 훌쩍 벗어나 있다. [식견이 얕은 사람들이 감당할 수 있는 것이 아니다.]"고 했다.

4) 모름지기 참선 수행을 하는 사람은 활구를 참구해야지 사구를 참구해선 안 된다. 활구의 아래에서 깨달음에 나아가면 영겁토록 잊지 않지만 사구의 아래에서 깨달음에 나아가면 자기 자신도 구하지 못한다.

[해설]   보조스님은 『간화결의론』에서 경절문을 높이 제창하고 그것이 교학적 지혜와 병립할 수 없음을 역설한다. 그럼에도 수시로 교학적 가르침을 차용하는 문을 열어놓는다. 그래서 성철스님은 보조스님을 '참 묘한 분'이라 했다. 지혜의 장애를 거듭 말하면서 '끝끝내 원돈신해문을 버리지 않으셨다'고 보았기 때문이다.

보조스님은 선종에도 원돈신해의 교학을 빌려 선종을 깨닫도록 하는(借敎悟宗) 가르침이 많다고 밝힌다. 진성연기眞性緣起, 사사무애事事無礙의 도리를 말하거나 체중현의 도리를 알도록 하는 일 등이 그 예라는 것이다. 또한 한량없는 국토의 이곳과 저곳이 터럭만큼도 나뉘어 있지 않다고 하거나, 10세와 고금의 처음과 끝이 지금 이 순간을 떠나지 않는다고 말하는 등도 그 예에 해당한다는 것이다. 보조스님은 이러한 사례가 선종의 가르침에 "항하의 모래 수처럼 많다."고 말했다.

1)의 인용문에서 보조스님은 선문에서는 원돈신해적 가르침들을 사구死句로 배격한다고 하면서도 그것의 가치를 부분적으로 인정하는 입장을 취하고 있다. 아직 제대로 의정을 일으키지 못한 초심 수행자들로 하여금 믿음과 바른 관점을 유지하도록 하는 긍정적 작용이 있다는 것이다. 그렇다면 보조스님은 참선 수행에 있어서 지해를 배격한 것일까, 아니면 지해를 인정한 것일까?『간화결의론』에는 이처럼 보는 입장에 따라서 얼마든지 다르게 말할 수 있는 논의가 수시로 발견된다.

성철스님도 이 인용문에 근거하여 두 가지 주장을 펼친다. 첫째는 보조스님이 분명하게 일체의 지해를 사구死句로 규정했다는 주장이다.

> 보조 자신도 만년에는 교외별전은 형출교승逈出敎乘이라 선설宣說하여 돈오점수를 지해知解인 사구死句라고 규정하고 선종의 경절문徑截門 활구가 아니라고 분명히 말하였거늘, 만약에 돈오점수를 선종이라고 다시 운위云謂한다면 이는 선종정전禪宗正傳의 반역일 뿐만 아니라 보조에 대해서도 몰이해한 어리석은 견해이다.[455]

보조스님을 계승하려면 경절문으로 완전히 돌아선 만년의 사상을 따라야 한다는 것이다. 두 번째는 보조스님의 사상적 모순을 지적하는 주장이다.

> 선문은 증지證智임을 주장한『간화결의론』의 결미結尾에서 교종의 원돈신해圓頓信解인 참의문參意門을 선양하였으니, 보조의 내교외선

---

[455] 퇴옹성철(2015), p.350.

內敎外禪의 사상이 여기에서도 역연歷然하다.[456]

　요컨대 성철스님 스스로도 보조스님에 대해 상호 모순된 두 가지 견해를 갖고 있었던 셈이다. 보조스님의 사상에 있어서 초기의 『수심결』에서 중기의 『절요』로, 다시 중기의 『절요』에서 후기의 『간화결의론』으로 넘어가면서 분명한 변화가 감지되는 것은 사실이다. 경절문에의 경도가 점차 두드러진다는 말이다. 그럼에도 성철스님이 지적한 것처럼 보조스님은 원돈신해문을 버리지 않는다. 더구나 『간화결의론』과 함께 보조스님의 만년 저작에 해당하는 『원돈성불론』은 그 주제 자체가 원돈신해의 제창에 있다. 그러니까 만년에 이르러서 선으로는 '간화결의론', 교로는 '원돈신해론'의 길을 정리하여 제시하였다는 말이 된다. 순수 간화선사인 성철스님이 '참 묘한 분'이라고 할 정도로 그 선교일치의 실천은 일관돼 보인다. 만년의 간화선 중시에도 불구하고 보조스님의 기본 사상은 선교일치이다. 성철스님은 이것을 겉으로는 간화선, 속으로는 화엄학이라는 의미에서 내교외선內敎外禪이라 불렀다.

　①과 같이 '선문에도 이러한(禪門中此等)'이라는 구절이 생략되었다. 선문에도 원돈신해의 실상을 말하는 언어적 가르침이 얼마든지 있다는 말이다. 성철스님은 원돈신해를 말하는 일이 진정한 선문에서 일어날 수 없다고 보는 입장이다. 그러므로 이 말을 생략하여 일체의 교학적 담론을 배격하는 것이 선문의 본류임을 보여주고자 한다.

　②에서는 '강의 모래알 수(河沙數)'를 '항하사수恒河沙數'로 바꾸었다. 관용적인 표현으로 바꾸어 이해하기 쉽도록 한 것이다.

　인용문 2)에서는 알고 이해하는 영역에 머무는 사람은 경절문에 들

---

[456] 퇴옹성철(2015), p.351.

어가기 어렵다는 점을 강조한다. 성철스님은 언어와 이해의 차원에 머무는 해오는 그 자체가 병이라는 점을 드러내기 위해 이 문장을 인용하였다.

인용문에 표시된 ③과 같이 '여기에서 논하는(今所論)'이라는 구절이 생략되었다. 전체적 문맥은 별교나 원교에 비해 경절문이 빠르게 깨닫는 길이라는 점을 말한다. 이에 의하면 별교나 원교에서도 무념으로 진여에 상응하는 길을 제시하기는 한다. 그렇지만 지해에 의지하여 지해를 내려놓고자 하므로 오랜 시간이 필요하다고 고백한다. 이에 비해 경절문은 무념의 실천으로 무념에 계합하므로 빠를 수밖에 없다는 것이다. ③의 '여기에서 논하는'이라는 구절은 이처럼 여타 교학의 경우와 비교하는 논의를 시작하겠다는 말이다. 성철스님은 이것을 삭제함으로써 전체 문맥에서 떼어내어 독립된 문장을 만들고자 하였다.

④를 생략하여 '빠르게 질러 증득하여 들어가도록 하는 길'을 경절문으로 표현하였다. 경절문은 빠르게 깨닫도록 하는 간화선의 특징을 단적으로 드러내는 말이므로 굳이 '깨달아 들어가도록 하는'이라는 중복된 수식을 붙일 필요가 없다고 본 것이다.

⑤와 같이 '망연罔然'을 '망연茫然'으로 바꾸어 표현하였다. 둘 다 '까마득히'라는 뜻으로 통용되는 단어이므로 의미상 변화는 없다.

⑥에 어조사 '의矣' 자가 생략되었다. 한글 현토와 뜻이 중복된다고 보았기 때문이다.

인용문 3)은 교외별전인 간화선 경절문의 우월성을 강조하는 구절이다. 전체 문맥에 따르면 모든 불교적 가르침과 실천은 일심법계에 환하게 통하는 길을 걷는다. 그렇지만 경절문은 모든 교학이 비교할 수 없는 빠른 지름길을 걷는다. 간화선에서는 애초부터 듣고 이해하는 마음을 내려놓고 오로지 의미를 벗어난 화두를 들 뿐이다. 말의 길, 의미의 길을 끊고 시간의 전후를 끊어 화두가 확! 하고 단번에 터짐과 동시에 진여에 남김없이 계합하게 됨으로 이것을 경절문이라 부르는 것이다.

이 중 ⑦에 표시한 바와 같이 '식견이 얕은 사람들이 감당할 수 있는 것이 아니다(非淺識者, 所能堪任)'라는 구절이 생략되었다. 성철스님은 간화선 경절문이 깨달음에 뜻을 둔 모든 사람에게 열려 있는 길이라 본다. 그러므로 간화선은 상근기만 할 수 있다는 견해에 동의하지 않는다. 그런 입장이므로 이 구절을 굳이 인용하여 논의를 길게 전개할 필요가 없다고 본 것이다.

인용문 4)는 활구와 사구의 차이에 대해 밝히는 문장이다. 활구와 사구의 차이는 알고 이해하는 지해의 유무에 있다. 선문에서는 곧장 질러 깨달음에 들어가는 일만 인정하고 지해의 개입을 용납하지 않는다. 보조스님이 일체의 지해를 내려놓은 활구의 참구를 제창했음을 보여주기 위해 인용한 문장이다.

번역문 ⑧의 해당 구절이 탈락되어 있다. 초판본과 1993년 본, 2006년 본까지 제대로 되어 있었으나 2015년 본의 편집 과정에서 오류가 일어났다. 바로잡아야 한다.

제 16 장

활연누진 豁然漏盡

제16장
활연누진 豁然漏盡

1. 활연누진 설법의 맥락

누진漏盡은 유루有漏 혹은 제루諸漏가 멸진한다는 뜻이다. 유루는 번뇌의 다른 표현이다. 탐욕이나 분노, 어리석음 등과 같은 번뇌가 감각기관의 인식에 간섭하여 우주법계의 실상을 왜곡시키는 일이 유루이다. 이때 누漏는 안팎으로 끝없이 샌다는 뜻을 갖는다. 그것은 마치 밑바닥에 구멍이 난 그릇과 같다. 여기에 물을 담으면 새어 버리는 것처럼 번뇌는 우리의 자성공덕을 전부 새어 버리게 만든다.

실상을 바로 보지 못하고 분별적 사유에 지배되면 생사의 바다에 떨어지게 된다. 그래서 누漏는 빠져서 떨어진다는 뜻을 갖기도 한다. 중생의 살림살이는 착각과 집착의 연속된 생성이자 자가 증식의 과정이다. 보고, 듣고, 느끼고, 아는 등의 인식 작용만 해도 그렇다. 이 과정에서 몸과 마음을 가진 '나'가 독립적 실재성을 갖는다는 착각에 빠진다. 이러한 착각에 기반하여 호오의 반응이 나타난다. 몸과 마음에 흡족하면 좋은 것, 그렇지 않으면 나쁜 것이라는 반응이 일어난다. 그것은 다시 탐욕과 분노와 어리석음을 일으키고 결론은 언제나 괴로움이 된다. 마음에 맞지 않는 일은 원래 괴롭다(苦苦). 마음에 흡족한 일은 그것이 곧 사라지기 때문에 괴롭다(壞苦). 괴로움도 아니고 즐거움도 아닌 것은 언젠가 둘 중의 하나가 되기 때문에 결국 괴롭다(行苦).

불교의 가르침은 이처럼 자신이 괴로움이라는 병을 앓고 있다는 사실을 바로 알라고 요구한다. 그리고는 그 고통의 원인을 밝히고, 그 해결의 가능성을 믿게 하고, 그 해결의 길을 걷도록 안내한다. 이것이 고집멸도苦集滅道의 4성제이다. 부처님은 처음 법을 펼치면서 세 번이나 그것을 반복하였다. 그만큼 중요하게 다뤘다는 뜻이다.

이 중 특히 집集이 중요하다. 모든 고통의 원인이기 때문이다. 집은 생사의 괴로움을 불러모은다는 뜻이다. 그래서 '고집苦集'이라 표현하기도 한다. 실상에 어두우면 자아가 영속적 실체를 갖고 있다는 견해를 세우게 된다. 이로 인해 만사만물에 대해 애착과 미움의 마음을 일으킨다. 이제 몸과 입과 생각으로 짓는 모든 일들이 업이 된다. 구멍 난 항아리와 같이 모든 것이 끝없이 새 나가고, 스스로 생사의 바다에 떨어진다.

이러한 유루를 멸진하려면 무명과 아견, 그리고 애착을 끊는 실천이 있어야 한다. 그 실천을 통해 궁극의 성취에 이를 때 이것을 누진漏盡이라 한다. 누진은 초기불교에 『누진경』이라는 경전이 전할 정도로 중요하다. 이 짧은 경전은 바른 관심과 바른 앎을 통해 누진을 성취하는 빠른 길을 제시한다. 바른 관심이란 무엇인가? 원래 우리가 일으키는 특정한 관심과 질문은 정답의 범위를 한정하는 특징을 가지고 있다. 예컨대 '과거에 나는 존재하였는가' 하는 관심이 있을 수 있다. 이에 대해서는 나는 존재하였다, 혹은 존재하지 않았다는 둘 중의 하나에서 정답이 나와야 한다. 그런데 어느 쪽으로 답하든 간에 불멸의 실체가 있다는 상주론과 아무것도 없다는 단멸론의 어느 하나에 속하게 된다. 그리고 그렇게 도출된 답은 유루번뇌의 소멸에 어떠한 힘도 주지 못한다. 나는 무엇이었는가? 나는 무엇이 될 것인가? 하는 등의 질문도 마찬가지다. 그것은 꼬리를 무는 견해의 밀림에서 빠져나오지 못하게 한다. 그래서 불교에서는 이러한 논의를 유희적 논의(戱論)라 하여 배격한다.

그렇다면 바른 정답을 유도하는 바른 관심이란 무엇인가? 선지식의 가르침을 받아 자신의 살림살이가 이대로 괴로움이며, 집착하는 것이 그 원인이 되며, 괴로움의 소멸이 있으며, 그것을 가능하게 하는 길이 있음을 아는 것이다. 이를 통해 다양한 견해의 오류들, 예컨대 몸과 마음을 나라고 보는 견해(我見), 편벽된 행동을 바른 계율로 착각하는 견해(戒禁取見), 우왕좌왕하는 견해(疑見) 등이 제거된다.

이와 함께 감각적 욕망의 발산으로 인해 발생하는 괴로움을 끊는 등과 같은 실천의 길이 제시된다. 대체적으로 그것은 심신에 대한 동일시에서 벗어나는 일, 수행 환경을 잘 선택하는 일, 욕망을 방기하는 일, 선정과 지혜를 닦는 구체적 방법의 제시 등을 내용으로 하고 있다.

한편 대승경전에서는 무명번뇌까지 모두 끊는 일을 누진이라 하여 그것이 소승의 아라한과와 차원을 달리함을 강조한다. 대승경전의 관점에 의하면 소승의 아라한은 견해와 사유에서 비롯되는 거친 번뇌(견사혹)를 끊는다. 이에 비해 대승의 대력아라한은 여기에 멈추지 않고 대상에 대한 앎의 오류(진사혹)와 뿌리 깊은 미세무명(무명혹)을 끊는다. 성철스님이 소승의 아라한과 대력아라한을 구분하는 것도 이러한 이유에서이다.

한편 유루가 멸진하면 누진통을 얻게 된다. 성문승의 경우, 견해와 생각의 오류로 인한 번뇌를 끊는 것이 누진이다. 이로 인해 마음과 현상에 장애가 없는 누진통이 일어나는 것이다. 불교에서는 6신통이라 해서 깨달음의 과정에서 얻게 되는 신비한 능력에 대해 말한다. 그리고

이 중 가장 중요한 것이 누진통이다. 나머지는 외도의 수행을 통해서도 얻을 수 있고, 또 얻지 못해도 큰 상관이 없다는 것이 불교의 관점이다.

2. 성철스님 활연누진 설법의 특징

성철스님은 아난의 일화로 설법을 시작한다. 부처님의 열반 후 그 가르침을 결집하기 위한 대집회가 기획된다. 그런데 이때 그 주역이 되어야 할 아난이 결집의 성회에서 축출되는 사건이 일어난다. 제반 번뇌(諸漏)를 멸진하지 못하였으므로 부처님의 말씀을 증명할 자격이 없다는 이유에서였다. 이에 아난이 반성하고 크게 분발하여 잔재되어 있던 유루번뇌를 모두 끊고 가섭의 법을 받게 된다. 성철스님은 이 일화를 자세히 다루면서 몇 가지를 강조한다.

첫째, 불법이 언어문자의 기억과 해설에 있지 않다는 것이다. 아난은 총명하여 부처님의 설법을 가장 많이 듣고 모두 기억하고 있었다. 그렇지만 그 자신의 유루번뇌를 끊는 데 전혀 도움이 되지 못하였다. 성철스님은 이와 동일한 차원에서 박학다식의 지식인이었던 신수스님이 오히려 5조스님의 법을 잇지 못했음을 지적한다. 이러한 논의 전개 과정에서 많이 들어 기억하는 총명한 지혜(多聞聰智)는 죽은 법(死法)으로 규정된다. 나아가 이에 치중하는 이들은 불법 중의 눈뜬 봉사(靑盲)로 비판된다. 성철스님은 깨닫고자 한다면 많이 듣는 일, 알고 이해하는 일을 사갈蛇蝎같이 멀리해야 한다고 강조한다. 오직 실제적 수행과 실제적 깨달음(實參實悟)의 길을 걸어 궁극의 깨달음인 견성(圓證見性)을 성취하여야 한다는 것이다.

둘째, 아난이 축출 사건 이후에 성취한 활연누진의 깨달음이 성문의 아라한이 아니라 대력아라한, 즉 불지임을 강조한다. 이에 대한 설득력을 더하기 위해 성철스님은 아난이 끊은 제루결사諸漏結使가 3세6추의 번뇌로서 근본무명까지 포함하는 것이었다고 설명한다. 원래 제루는 108번뇌와 같은 무수한 번뇌를 가리킨다. 그것은 3세의 번뇌, 즉 능견상과 경계상과 근본무명을 원천으로 한다. 수행의 차원에 따라 이 중의 일부를 끊게 되는데, 성철스님은 근본무명까지 완전히 끊어내야 그것이 진정한 깨달음이라 주장한다. 구경각만을 진정한 깨달음으로 인정한다는 원칙에 따라 누진 역시 3세의 원천인 근본무명까지 끊어야 진정한 누진이라 할 수 있다는 것이다. 아난이 불타 아닌 가섭의 법을 이었다는 설명도 그가 대력아라한, 즉 불지를 성취하였음을 강조하기 위한 것이다. 대표적 성문승인 아난의 설화를 통해 성문 차원의 다문제일을 부정하고 실참실오, 돈오원각의 길로 들어간 구체적 모델을 삼고자 한 것이다.

셋째, 누진을 향해 열심히 화두를 들고 정진할 것을 강조한다. 성철스님의 설법은 모든 망상을 떨치고 화두만 열심히 들라는 한마디로 집약된다. 지해를 끊는 입장에서 보면 화두참구는 가장 빠른 수행의 길이다. '왜?', '어째서?'의 외마디 말을 드는 순간 저절로 이미 무심이기 때문이다. 그런 점에서 화두참구는 인위적 공부이기는 하지만 무루에 드는 첩경이 되는 것이다. 이렇게 무루에 이르는 유위적 수행을 무루적 유위라 부른다. 그래서 성철스님은 모든 불교 수행의 머리에 화두를 위치시킨 것이다.

넷째, 인용문이 직접 누진을 설한 것이 아니라 다문지해의 무용성 내지 폐해를 말한 것들이라는 점을 하나의 특징으로 들 수 있다. 성철스님에게 유루번뇌에 대한 교리적 해석은 큰 의미가 없다. 교리적 해석에 현혹되어 유심으로써 불법을 이해하려는 시도야말로 깨달음을 가로막는 가장 큰 장애라 보았기 때문이다. 어차피 성철스님에게 무루는 결국 망상의 소멸과 무심의 성취 외에 다른 것이 될 수 없다. 그런데 제반 유루에 대한 교리적 설명은 무심의 성취와 무관하거나 그것을 가로막는 장애일 수 있다. 무심의 실참을 해야 할 자리에 관념이 쳐들어오게 되기 때문이다. 따라서 모든 인용문을 통해 아난이나 신수스님의 특기가 되는 다문지해가 깨달음의 제일 장애라는 점을 드러내고자 하였던 것이다.

3. 문장 인용의 특징

【16-1】 1) 大迦葉이 ①[從禪定起,] 衆中에 手牽阿難出하야 言하되 今淸淨衆中에 結集經藏하노니 汝結이 未盡하니 不應住此니라
2) ②又語阿難言하되 斷汝漏盡然後에 來入하라 殘結이 未盡이어든 汝勿來也어다 如是語竟하고 便自閉門하니라
3) 是時中間에 阿難이 思惟諸法하야 求盡殘漏하야 晝夜③[其夜] 坐禪經行하야 ④愍[懃]懃求道하니라 是阿難은 智慧多하고 定力少할새 是故로 不卽得道러라 ⑤[定智等者, 乃可速得.] 後夜에 ⑥欲臥하니 過疲極偃息하야 卽⑦[却]臥就寢⑧[枕]할새 頭未至枕하야 廓然得悟하니라 ⑨[如電光出, 闇者見道.] 阿難이 如是入金剛定하야 破一切諸煩惱山하고 得三明六⑩[神]通과 共解脫하야 作大力阿羅漢하야 卽夜에 到僧堂⑪[門, 敲門而喚. 大迦葉問言, 敲門者誰. 答言, 我是阿難. 大迦葉言, 汝何以來. 阿難]言하되 我今夜에

得盡諸漏하니라

선문정로 1) 대가섭이 대중 중에서 친히 아난을 견출牽出하여 말하되, "지금 청정중淸淨衆 중에서 경장經藏을 결집結集하려 하노니 여汝는 망결妄結이 미진未盡하니 차처此處에 주거치 못하느니라."
2) 또 아난에게 말하되, "여汝의 망결유루妄結有漏를 단진斷盡한 연후에 내來하라. 잔여한 망결妄結이 미진未盡하거든 여汝는 내입來入하지 말지어다." 이렇게 말하고는 문득 손수 문을 닫아 버렸다.
3) 이때 중간에 있어서 아난이 제법을 사유하여 잔루殘漏를 단진斷盡코저 하여 주야로 좌선하며 경행經行하여 근실勤實히 대도大道를 구하였다. 그러나 아난은 지혜智慧는 과다하고 정력定力은 심소甚少하여 즉시에 대도大道를 체득하지 못하였다. 후야後夜에 침와寢臥코저 할 때 과도過度히 피곤하여 쉬고자 하여 취침就寢하니 두부頭部가 침자枕子에 미지未至하여 확연히 대오大悟하였다. 아난이 이와 같이 금강대정金剛大定에 심입深入하여 일체의 모든 번뇌산煩惱山을 파멸하고 3명6통三明六通과 대해탈을 증득하여 대력아라한大力阿羅漢이 되었느니라. 그리하여 당야當夜에 승당僧堂에 이르러 "내가 금야今夜에 제루諸漏의 멸진함을 증득하였다."고 말하니라.

현대어역 1) 대가섭이 [선정에서 일어나] 대중 가운데에서 손으로 아난을 잡아 끌어내며 말하였다. "지금 청정한 대중들과 경장을 결집하고자 하는데 그대가 번뇌를 멸진하지 못하였으므로 이곳에 있을 수 없다."
2) 아난에게 말하였다. "그대의 번뇌를 모두 끊은 뒤에 들어오도록 해라. 남은 번뇌가 멸진하지 않는다면 오지 말도록 해라." 이렇게 말

을 마치고는 바로 직접 문을 닫아 버렸다.

3) 그동안 아난은 모든 불법을 사유하며 남은 번뇌를 멸진하고자 하였다. 그날 밤 좌선을 하고 경행을 하면서 간절하게 도를 구하였다. 아난은 지혜는 많았지만 선정의 힘이 부족하였기 때문에 바로 도를 얻지 못하였다. [선정과 지혜가 균등해야 빠르게 깨달을 수 있는 것이다.] 후반야가 지날 무렵 극히 피곤하여 누워서 쉬기로 하였다. 그런데 누우며 목침을 베려고 하는데 머리가 목침에 채 닿기도 전에 마음이 텅 비워지면서 깨달음을 얻게 되었다. [마치 번갯불이 번쩍이듯, 눈 어두운 이가 길을 보듯 하였다.] 아난이 이와 같이 금강삼매에 들어 모든 번뇌의 산을 깨뜨리고 3명6신통과 해탈을 얻어 대력아라한이 되었다. 바로 그날 밤에 승당에 이르러 [승당의 문에 이르러 문을 두드려 사람을 호출하였다. 대가섭이 물었다. "문을 두드리는 자 누구인가?" 아난이 대답하였다. "아난입니다." 대가섭이 말하였다. "그대는 어찌하여 왔는가?" 아난이] 말하였다. "제가 오늘밤에 모든 번뇌를 멸진할 수 있었습니다."

[해설] 부처님의 10대 제자에게는 각각 그 뛰어난 성취를 칭송하는 미칭이 헌정된다. 이것은 부처님 생전에 부처님의 법을 효과적으로 학습하고, 실천하고, 전파하는 데 특별한 성취를 거둔 수행자들에게 주어진 것이었다. 그중에서도 아난에게 헌정된 다문제일이라는 미칭은 특별한 존경의 뜻이 담겨 있었다. 그런데 부처님이 열반한 뒤 다문제일 아난존자에게 문제가 생긴다.

이 인용문의 출전인 『대지도론』에 의하면 이런 일이 있었다. 가섭은 결집을 위해 뛰어난 아라한들을 모아 놓고 직접 선정에 들어 결집에 부적합한 제자가 있는지 살펴보았다. 그런데 아난이 번뇌의 장애를 멸진하지 못했다는 것이 드러났다. 그래서 인용문과 같이 결집장에서 아난에 대한 축출이 행해진다.

당시 아난은 아라한에 오른 이는 부처님을 시봉할 수 없다는 법이 있었기 때문에 번뇌의 멸진에 힘쓰지 않았다는 변명을 한다. 그러자 다시 가섭존자는 아난이 범한 여섯 가지의 돌길라죄[457]를 지적한다. 가섭존자가 지적한 돌길라죄는 극히 경미한 죄로서 일반적 기준으로는 죄라고 할 수도 없는 것들이었다. 예를 들어 보자.

> 마하가섭이 다시 말했다. "부처님이 열반에 드시기 위해 쿠시나가라성에 도착할 즈음에 등에 통증이 일어나 가사를 네 겹으로 접어서 깔고 누우시면서 그대에게 물을 달라고 했는데 그대는 물을 드리지 않았다. 그것은 돌길라죄이다." 아난이 대답하였다. "당시 500대의 수레가 물을 건너면서 물을 흐려 놓아서 물을 뜰 수 없었습니다." 마하가섭이 다시 말하였다. "설사 물이 흐리더라도 부처님은 큰 신통력이 있어서 큰 바다의 흐린 물도 맑게 하실 수 있다. 그런데 그대는 어찌 물을 올리지 않았단 말인가? 이것은 그대의 죄이다. 가서 돌길라죄를 참회하라."[458]

아난의 행위가 정말 죄가 되는 일인지는 확정하기 어렵다. 그렇지만

---

[457] 아난의 여섯 가지 돌길라죄는 번뇌를 모두 끊어 아라한에 들지 못한 일, 여인의 출가를 간청하여 성사시킨 일, 부처님이 반열반에 들려 할 때 목마른 부처님에게 물을 떠다 드리지 않은 일, 반열반을 앞에 둔 부처님에게 오래 사시기를 간청하지 않은 일, 부처님의 가사를 밟은 일, 여인들에게 부처님의 음장상陰藏相을 보여 준 일을 가리킨다. 이에 대해서는 『大智度論』(T25, pp.68a-68b) 참조.

[458] 『大智度論』(T25, p.68a), "佛欲涅槃時, 近俱夷那竭城, 脊痛, 四疊漚多羅僧敷臥, 語汝言, 我須水, 汝不供給, 是汝突吉羅罪. 阿難答言, 是時, 五百乘車, 截流而渡, 令水渾濁, 以是故不取. 大迦葉復言, 正使水濁, 佛有大神力, 能令大海濁水清淨, 汝何以不與, 是汝之罪, 汝去作突吉羅懺悔."

부처님을 시봉하는 제자가 자기 나름의 기준을 세워 행동했다는 것은 문제가 된다. 나아가 이에 대한 가섭존자의 비판에 아난은 자기를 정당화하는 변명을 한다. 이것은 아난에게 자아 집착이 남아 있었다는 증거가 된다. 이렇게 가섭존자는 선정에서 아난의 유루번뇌를 발견한 뒤 여섯 가지 돌길라죄에 대한 대화를 통해 다시 그것을 확인한다. 그래서 문답이 끝난 뒤 다시 한 번 "번뇌를 단멸한 뒤 다시 들어오도록 하라. 남은 번뇌가 끝나지 않으면 들어오지 말라."고 축출령을 내렸던 것이다.

성철스님은 이 아난의 축출 사건을 들어 유루의 망상번뇌를 멸진하는 일만이 진정한 불법임을 보여주고자 한다. 또한 초기 율장의 서적들에 이 일이 실려 있음을 일일이 거론함으로써 그것이 의심의 여지 없는 사실임을 설득하고자 한다. 성철스님은 여기에서도 진정한 깨달음은 3세6추의 소멸 외에 다른 것이 될 수 없다는 원칙을 강조한다. 아난이 축출 당한 뒤 얻게 된 깨달음 역시 3세6추를 모두 멸진한 누진의 깨달음이었다고 규정한다. 이 논리에 따르자면 당시 먼저 칠엽굴에 머물고 있던 모든 성문들 역시 대력아라한이라야 한다. 그리고 이렇게 아난을 비롯한 모든 성문들이 부처님과 동일한 깨달음을 성취한 것이라면 소승과 대승을 나누는 구분이 무의미해진다. 성문들은 번뇌장은 멸진하였지만 소지장은 소멸시키지 못했다거나 아뢰야의 3세 번뇌가 있다는 사실조차 몰랐다고 하는 유식학의 규정이 무효가 되는 것이다.

성철스님도 이러한 모순을 인식하고 있었다. 그래서 부처님의 무상정법을 부촉받은 가섭존자가 그 법통을 아난에게 전했다는 사실을 강조한다. 조사선과 여래선의 통일을 지향하는 성철스님에게 있어서 중요한 것은 깨달음의 완전성과 동일성이다. 가섭존자에서 아난존자에게 이어지고 이후 서천 28조를 거쳐 중국 6조에 이르기까지, 선문의 모든 정안종사들이 도달한 깨달음은 모두 부처님의 깨달음과 완전히 동일한 것이어야 한다. 그러기 위해서는 부처님의 말을 기억하는 일을 능사로 삼지 말고 부처님의 마음에 곧바로 합류하는 길을 걸어야 한다. 그래서 "다문지해多聞知解는 사갈蛇蝎같이 미워하고 실증實證에만 노력하여 원증견성圓證見性하여야 함"⁴⁵⁹을 거듭 강조한 것이다.

성철스님은 "박학다식한 신수가 일자무식꾼 혜능을 당하지 못한"⁴⁶⁰ 일 역시 아난의 경우와 동일하다고 보았다. 결국 성철스님에게 중요한 것은 참선을 통한 실참실오이다. 그러므로 참선에 대한 찬양은 끝이 없다.

> 물질만능과 더불어 자기 상실의 시대에 살고 있는 현대인들에게 자신을 바로 찾고자 하는 욕구 또한 커져 가고 있는 것이다. 진실한 자기 자신을 찾는 방법은 참선밖에 없다.⁴⁶¹

이처럼 성철스님은 실참실오를 내용으로 하는 참선이야말로 불교의 영원한 생명이며 현대의 제반 문제에 대한 유일한 답안이라 보았던 것이다.

인용문에 표기한 바와 같이 생략과 추가가 행해졌다. ①은 대가섭이 '선정에서 일어났다'는 뜻이다. '대가섭이 선정에 들어 천안통으로 1천 아라한들을 살펴보고 오직 아난에게 번뇌가 남아 있음을 알게 되었다'는 구절 뒤에 나온 말이다. 그런데 이와 같이 선정에 들어가고 선정에서 나오는 일은 선문에서 비판하는 바이다. 6조의 법을 널리 전하였던 현책스님이 선정을 중시하는 수행자에게 "들어가고 나오는 일이 있다면

---

459 퇴옹성철(2015), p.358.
460 퇴옹성철(2015), p.359.
461 퇴옹성철(2015), p.359.

진정한 선정이 아니다."⁴⁶²라고 단언한 것도 그 때문이다. 성철스님은 오매일여와 같이 선정의 들고 남이 없는 항상성을 중시하는 입장이었으므로 이 구절을 생략한 것으로 보인다.

②의 '우又' 자는 성철스님이 추가한 것이다. 가섭존자는 대중 속에서 아난을 끌어내어 축출령을 내리면서 아난이 범한 돌길라죄를 지적한다. 그런 뒤에 다시 한 번 그에게 결집장에서 나가 번뇌를 멸진하기 전에는 돌아오지 말라는 축출령을 내린다. 성철스님은 1)과 2)의 문장을 통해 이 두 개의 축출령을 연결하고자 한다. 그렇게 하면 아난의 지해로 인한 장애가 심각함을 강조할 수 있기 때문이다. 그래서 '또', '다시 한 번'의 뜻을 갖는 '우又' 자를 추가한 것이다.

③에서는 '그날 밤에(其夜)'가 '밤낮으로(晝夜)'로 바뀌었다. 경전의 문맥으로 보면 아난이 깨달은 것은 축출 당한 바로 그날 밤이었다. 성철스님은 이것을 '주야로 좌선하며 경행經行'한 일로 표현하였다. 또한 이와 관련하여 '간절하게 도를 구하였다(慇懃求道)'는 구절을 '근실勤實히 대도大道를 구하였다'로 번역하였다. 물론 간절하면 근실할 수밖에 없다. 그렇지만 성철스님은 이 '밤낮으로'와 '근실함'을 결합하여 아난의 수행이 끊임없이 일여했음을 보여주고자 한다. 이처럼 이 한 글자의 변환과 번역 어투의 조절을 통해 '크게 발심해서 열심히 화두를 들고 정진하라'는 일관된 메시지를 전달하는 효과를 거두고 있다.

④의 '민慜'은 '은근할 은慇' 자의 오자이다. 교정해야 한다.

⑤의 구절이 생략되었다. 선정과 지혜가 균등해야 빨리 깨달을 수 있다는 내용이다. 성철스님은 아난의 장애가 다문지해로 인한 것이라 판

---

462 『六祖大師法寶壇經』(T48, p.357c), "不見有有無之心, 即是常定, 何有出入. 若有出入, 即非大定."

단한다. 그런데 이 구절을 그대로 가져오면 경전을 익히고 독송하는 것이 깨달음의 장애가 된다는 의미가 약화된다. 인용 목적에 도움이 되지 않으므로 이를 생략한 것으로 보인다.

⑥에 '와臥' 자가 추가되었다. 원래 문장의 '욕과欲過'는 후반야가 '지나려 할 무렵'이라는 뜻이다. 성철스님은 여기에 '와臥' 자를 추가하여 '눕고자 하였다(欲臥)'는 문장을 만들었다. 여러 경전의 문장을 함께 고려하면 당시 아난은 자정을 넘기며 좌선과 경행을 하다가 잠시 누워 쉬려고 하는 상황이었다. 성철스님은 이러한 문장들을 종합하여 '누우려 하였다(欲臥)'는 점을 부각시키고자 한다. 그리고 남게 된 원래의 '과過' 자를 뒤로 돌려 '과피극過疲極'의 구절을 만들고 이를 '과도過度히 피곤하여'로 번역하였다. 이로 인해 피곤의 정도를 표현하는 더 강력한 수식어인 '극도로(極)'를 번역하지 않아도 되게 하였다. 한편 여기에서 말하는 후반야가 지나려 할 무렵이 새벽녘을 가리키는 말은 아닌 것 같다. 아난이 여기에서 깨달음을 얻은 뒤 결집장의 문을 두드린 것도 그날 밤의 일이었기 때문이다.

⑦과 같이 '각却→'즉卽'의 변환이 행해졌다. '즉卽'은 순접형, '각却'은 '도리어'라는 뜻으로 역접형 부사이다. 피곤함과 누워 목침을 베는 일이 순접 관계에 있다는 점을 고려한 윤문이다.

⑧에서는 '목침을 베다(就枕)'는 말을 '취침하다(就寢)'로 바꾸었다. 뜻에는 변함이 없다. 그런데 1981년 초판본의 번역을 보면 '취침就枕하니'로 원문과 같이 되어 있다. 1993년 본에 이것이 취침就寢으로 바뀌었는데 발음의 유사성으로 인한 오자로 보인다. 교정해야 한다.

⑨는 아난의 깨달음이 '번갯불이 번쩍이듯 눈 어두운 사람이 길을 보듯' 하였다는 비유적 묘사이다. 성철스님은 가능하면 깨달음에 대한 비유를 생략한다. 비유를 통한 이해가 무심을 실천하는 실참에 도움이

되지 않는다고 보는 입장이기 때문이다.

⑩의 '신神' 자가 생략되었다. 원문의 '3명6신통'을 '3명6통'이라는 관용적 표현으로 바꾸기 위한 윤문이다.

⑪은 아난이 깨달음을 얻은 뒤 결집장의 문을 두드리고 가섭이 나와 응대하는 장면이다. 초기 경전의 특징인 세밀한 현장 묘사를 그대로 가져온 것이다. 그러나 빠른 말에 체질화된 성철스님으로서는 지나치게 시시콜콜한 표현이 주제 의식의 전달에 방해가 된다고 보는 입장이다. 이것을 생략한 이유에 해당한다.

【16-2】 1) ①[惠]能은 不識字하니 請上人은 爲讀하라
2) 字卽不識이나 義卽請問하라
3) 吾不識②[文]字하니 汝試就③[取]經하야 誦一篇하라

선문정로 1) 혜능은 문자를 모르니 청컨대 상인上人은 나를 위하여 읽어 달라.
2) 문자는 모르나 청컨대 그 뜻을 물어라.
3) 나는 문자를 모르니 네가 경經을 한 편 낭송하라.

현대어역 1) 나는 글자를 모르니 스님이 나를 위해 읽어주기 부탁하오.
2) 글자는 모르지만 도리에 대해서라면 물어보도록 하시오.
3) 내가 문자를 모르니 그대가 경전을 가져다가 한 번 낭송해 보도록 해라.

[해설] 6조스님은 나무꾼으로 일자무식이었다. 위 예문은 6조스님 스스로 자신이 일자무식임을 밝힌 부분에서 가져온 것이다. 1)은 회랑

의 벽에 쓰인 신수스님의 게송을 동자승에게 대신 읽어 달라고 하는 장면이다. 당시 장일용張日用이라는 지방 관리가 그 자리에 있다가 일자무식인 행자 혜능을 위해 게송을 읽어준다.

2)는 6조스님이 무진장이라는 비구니 스님에게 『대열반경』의 뜻을 해설해 주는 장면이다. 이것이 법을 받기 전의 일이었는지 법을 받아 6조가 된 이후의 일이었는지는 판본에 따라 차이가 난다. 그렇지만 잠시 유지략劉志略이라는 유학자의 집에 머물렀던 일이 있었음은 분명하다. 당시 그의 고모인 무진장 비구니가 『대열반경』을 읽고 있었다는 것이다. 무진장은 6조스님의 해설을 듣고 모르는 글자를 묻는다. 그러자 혜능스님은 자신이 글자는 모르지만 대신 그 오묘한 이치는 해설해 줄 수 있다고 말한다. 성철스님은 6조스님이 일자무식인 문맹이었음을 증명하기 위해 이 문장을 인용하였다.

3)은 『법화경』을 3천 번이나 읽은 법달法達이 경전의 뜻을 묻자 6조스님이 자신은 글자를 모르니 한 번 읽어 보라고 말하는 장면이다.

이 3개의 문장은 유루번뇌의 말끔한 해소를 말하는 이 장의 주제와 직접적인 연관은 없다. 다만 앞의 인용문을 강설하는 중에 박학다식한 신수스님과 일자무식인 6조스님을 비교한 일이 있으므로 이에 대해 부연 설명을 하기 위해 인용한 것이다.

6조스님이 일자무식이라는 사실은 성철스님에게 있어서 극히 중요한 의미를 갖는다. 문자를 알고 경전을 읽는 일이 실상의 이치에 계합하는 일과 무관하다는 주장의 근거가 되기 때문이다. 성철스님은 심지어 경전 공부로 얻는 지혜가 깨달음에 방해가 된다는 입장을 취한다. 그래서 이에 근거하여 하나의 인과적 등식을 제시한다. 박학다식한 신수스님은 왜 못 깨달았는가? 박학다식으로 증장된 지혜 때문이다. 6조스님은 어떻게 깨달을 수 있었는가? 일자무식으로 지혜의 장애가 엷었기 때문이다.

인용문에 표시한 ①과 같이 '혜능惠能'을 '능能'으로 줄여서 표현하였다. 일반적으로 호칭하는 대상에 대한 존중의 뜻이 담길 때 호칭의 앞 글자를 생략한다. 그런데 이 문장은 6조스님이 스스로를 가리키는 자칭이므로 생략될 수 없다. 성철스님의 번역문에도 '혜능은~'으로 되어 있다. 편집상의 오류로 보이며 교정되어야 한다.

②에서는 '문자文字'를 '자字'로 줄여서 표현하였다. 뜻에는 차이가 없다. 중복된 표현을 생략한다는 성철스님의 문장관에 의한 생략으로 보인다.

③에서는 '취取'를 '취就'로 변환하였다. 이로 인해 '경전을 가져다가(取經)'라는 뜻이 '경전을(就經)'로 바뀌었다. 발음의 유사성으로 인한 오기로 보이지만 성철스님의 번역문이 '경經을'로 되어 있어 '취就'를 적용한 것을 보면 쉽게 단정짓기 어렵다. 뜻에는 차이가 없으므로 교정할 필요는 없다.

【16-3】 老莊의 玄旨와 書易大義와 三乘經論과 四分律儀에 說通訓詁하고 音參吳晉하야 爛乎如襲孔翠하며 玲然如振金玉이라

선문정로 『노자老子』·『장자莊子』의 심현深玄한 의지意旨와 『서경書經』·『주역周易』의 광대한 진의眞義와 3승三乘의 경론과 4분四分의 율의律儀에 설법은 훈고에 통달하고 음운音韻은 오진吳晉에 참상參詳하여 찬란하기 공취孔翠를 의습衣襲함과 같고 영롱하여 금옥金玉을 진동함과 같다.

현대어역 『노자』와 『장자』의 현묘한 뜻, 『서경』과 『주역』의 큰 도리, 3

승의 경론, 4분의 율의에 있어서 학설로는 훈고에 통하고 성운학으로는 오吳와 진晉 등의 발음을 연구하였다. 찬란하기로는 공작새와 파랑새의 깃털로 장식한 것과 같았고, 맑기로는 금과 옥을 울리는 것과 같았다.

[해설] 당 현종 시기 중서령中書令 장열張說이 쓴 신수스님 비문이다. 비문이므로 찬양하는 어투 일색으로 이루어져 있다. 그럼에도 우리는 이 문장을 통해 신수스님이 불학은 물론 유학과 도학, 그리고 성운학과 훈고학에 연구가 깊은 학자였음을 알 수 있다. 신수스님의 이러한 박학다식이 그의 깨달음을 가로막은 장애라는 점을 보여주기 위해 인용되었다.

【16-4】 朕請安秀二師하야 宮中에 供養하고 萬機之暇에 每究一乘하노이다 二師가 並推讓云하되 南方에 有能禪師하야 密受忍大師衣法하였으니 可就問他①[彼問]하소서하니 今遣內侍薛簡하야 馳詔請迎②[迎請]하노니 願師는 慈念으로 速赴上京하소서

선문정로 짐이 혜안慧安과 신수神秀 2사二師를 초청하여 궁중에서 공양 드리고 만기萬機의 여가에 매양 일승一乘을 궁구하노이다. 2사二師가 병개추양並皆推讓하여 말하되 "남방에 혜능선사가 있어서 비밀히 5조五祖 홍인대사弘忍大師의 의법衣法을 전수傳受하였으니 피사彼師에게 청문請問하소서." 하여, 이제 내시 설간薛簡을 보내 조서詔書를 받들어 영청迎請하오니, 원컨대 대사大師는 자비한 심념心念으로 속속速速히 떠나서 경도京都에 상래上來하소서.

현대어역 짐이 혜안스님과 신수스님 두 분을 모셔 궁중에서 공양하면서 조정의 국사를 보는 틈틈이 일승의 법을 질문하곤 합니다. 두 분 스님이 모두 서로 미루고 양보하면서 "남방에 혜능선사가 있는데 홍인대사의 가사와 법을 비밀스럽게 전수받았으니 그분께 물어보는 것이 옳습니다."라고 말하곤 합니다. 이에 내시 설간을 파견하여 조서를 전하여 맞아들이고자 청합니다. 원컨대 스님께서는 자비한 마음으로 속히 상경하시기 바랍니다.

[해설] 인용문에서 말하는 짐은 당의 중종이다. 그는 어머니 측천무후에게 섭정을 받던 시절, 측천무후에게 제위帝位를 내주고 물러났던 시절, 반정으로 다시 제위에 복귀하는 시절을 거치며 굴곡 많은 생애를 보낸 황제이다. 이 조서를 내리던 시기는 측천무후의 섭정을 받던 시절이다. 그러므로 여기에서 '짐'이 실질적으로 가리키는 것은 측천무후이다. 혜안스님이나 신수스님 모두 측천무후에게 국사의 예우를 받은 고승이다. 이들이 측천무후에게 6조스님을 천거했다는 것이다. 당시 6조스님은 병을 핑계로 응하지 않고 칙사 설간을 통해 돈오의 이치를 설해 주었던 것으로 전해진다.

성철스님은 인용문을 통하여 '아난의 축출과 신수의 실격'을 거듭 말한다. 최고의 지혜를 갖춘 아난이고 신수였지만 유루번뇌의 완전한 멸진이 없었으므로 그 결과는 축출이고 실격일 뿐이었다는 것이다. 그러므로 실참실오의 진정한 깨달음이 아니라면 재발심하여 공안참구로 되돌아가야 한다는 것이다. 성철스님은 이렇게 말한다.

그러니 활연누진豁然漏盡하여 무념무심하고 상적상조常寂常照하여 원증견성圓證見性한 대원경지를 성취하기 이전에는 공안참구의 투

관일로透關一路뿐이니, 이것이 원증견성하는 첩경이며 정로正路이다.[463]

①에서는 '그에게 물어보는 것이 옳다'는 말을 '가취문타可就問他'로 표현하였다. 구어투가 농후한 표현이다. 이 부분의 표현이 판본에 따라 각기 다른데, 여러 경전에는 '가취피문可就彼問', 성철스님이 출전으로 밝힌 『법보단경』에는 '가청피문(可請彼問)'으로 표기되어 있다. 세 경우 모두 동일한 뜻을 전달하므로 차이는 없다. 다만 '피사彼師에게 청문請問하소서'로 되어 있는 번역문을 통해 성철스님이 택한 구절이 가청피문可請彼問임을 알 수 있다. 원문과 번역문에 따라 교정하여야 한다.

②에서는 '맞아들이기를 청한다'는 뜻의 '영청迎請'이 '청영請迎'으로 표기되어 있다. 둘 모두 동일한 뜻을 전달하므로 차이는 없다. 다만 번역문에 '영청迎請하오니'로 되어 있는 것으로 보아 단어의 순서를 바꿀 의도가 없었던 것으로 보인다. 편집 과정의 단순한 오류로 보이며 원문과 번역문에 따라 교정해야 한다.

---

463 퇴옹성철(2015), pp.365-366.

제 17 장

정안종사 正眼宗師

제17장
정안종사 正眼宗師

1. 정안종사 설법의 맥락

　정안종사는 바른 눈의 큰 스승이라는 뜻의 용어로서 명안종사明眼宗師, 본분종사本分宗師 등으로 표현하기도 한다. 『선문정로』의 설법은 글자 그대로 선문禪門의 바른길을 제시하기 위해 설해졌다. 성철스님에게 선문은 6조스님의 남종선, 그중에서도 임제종의 간화선문을 가리킨다. 그래서 많은 주제들을 다루면서도 주로 간화선문에 속하는 종사들의 설법을 인용한다.
　그런데 그것은 좋은 스승의 계보를 밝히는 일이기도 하다. 불교에서 바른 눈을 갖춘 스승은 수행과 견성의 전 과정에 걸쳐서 결정적인 역할을 한다. 수행자 스스로 자기 집착을 내려놓고 견성을 한다는 것은 거의 불가능에 가깝다. 분별적 사유로 살아가는 입장에서 스승 없이는 무엇이 무심인지 체험할 길이 없기 때문이다. 오로지 스승의 적절한 담금질(鉗鎚)이 있을 때 그것이 가능하며 또 안전하다. 따라서 바른 눈을 갖춘 정안종사를 찾아 스승으로 삼는 일이 무엇보다 긴요하다. 문제는 안목이 없는 입장에서 스승을 찾아야 한다는 데 있다. 더구나 진정한 정안종사를 만나 스스로 정안종사가 되는 일은 어려운 일 가운데 어려운 일이 아닐 수 없다.

그렇다면 어떻게 해야 바른 눈을 가진 스승을 찾을 수 있을까? 여기에서 가장 중요한 것은 구도자의 발원이다. 올바른 정안종사를 만나 바로 눈을 떠 생사의 고해를 벗어나겠다는 발원이 필요한 것이다. 그 발원은 간절해야 한다. 간절함의 차원만큼 마음이 열리고, 마음이 열리는 만큼 바른 눈과 수단을 갖춘 정안종사를 찾는 길이 열리며, 그 간절함에 의해 바른 눈을 갖춘 정안종사의 맥을 이을 수 있다. 그럼에도 정안종사를 찾는 일은 쉽지 않다. 그래서 안내도가 필요한데 가장 효과적인 것은 법맥이다. 부처님에게서 오늘에 이르기까지 역사적으로 진실성이 증명된 정안종사들이 있고, 그 가르침의 흐름이 있다. 그래서 정안종사의 설법은 주로 법맥의 흐름을 규명하는 데 집중된다.

예컨대 한국 불교는 임제 법맥의 계승을 자처한다. 태고스님이 임제종 제19대 석옥청공石屋淸珙스님의 법을 이어 한국 임제종의 초조가 되었기 때문이다. 이와 관련하여 대혜스님의 가르침이 특히 중시되었다. 다시 거슬러 올라가면 임제종의 전성기를 장식한 황룡파와 양기파의 두 흐름을 만나게 된다. 더 거슬러 올라가면 임제종의 종조가 되는 임제스님의 가르침을 만나게 된다. 그것은 역대 수행자의 금과옥조로 존중받아 왔다. 심지어 선문의 스님들에게는 다음 생에는 꼭 임제 문중에 다시 태어나기를 발원하는 전통까지 있었다. 여기에서 다시 임제스님을 있게 한 스승의 계보, 즉 황벽희운→백장회해→마조도일→남악회양으로 거슬러 올라가는 종사들의 가르침이 존중되었다 그 원류에는 6조스님의 『육조단경』이 위치하고 있다. 이것이 임제정맥으로서 성철스님은 이 흐름 위에 한국 불교를 세우고자 하였다. 그래서 이 장에서는 가장 안심하고 의탁할 수 있는 정안종사로서 임제정맥에 속하는 스승들의 가르침을 제시하고 있는 것이다.

2. 성철스님 정안종사 설법의 특징

깨달으면 가장 먼저 외도와 정통을 가리는 안목이 생기고, 수행자의 살림살이를 간파하는 안목이 생긴다. 이것이 정안종사의 본뜻이다. 그런데 정안종사는 수행자가 들고 오는 수행의 경계를 좀체 인정하지 않는다. 그 비판의 칼날은 선배 선지식들이라 해서 사양하는 법이 없다. 특히 임제종의 경우, 그것은 상당히 직접적인 방식을 취하는 경우가 많았다.

석상초원石霜楚圓스님의 경우가 그렇다. 이 초원스님에게서 임제종의 큰 흐름인 황룡, 양기의 두 파가 일어났다. 그러니까 임제종의 전성기는 초원스님에게서 시작되었다고 해도 틀리지 않다. 초원스님은 분양선소汾陽善昭스님의 법을 받았다. 그런데 초원스님이 법을 물으면 분양스님은 그의 코를 가리키며 악지식惡知識이라 욕을 하고, 또 제방의 선지식들에 대해 비판하기를 서슴지 않았다. 초원스님은 처음에 기가 질렸다가 결국 그 가차없는 비판의 끝에 내몰려 바른 눈을 뜨게 된다. 이후 초원스님도 스승을 본받아 학인들에게 욕을 해서 눈을 뜨도록 하는 방법을 쓴다. 사량분별로 법을 이해하려는 구도자들과 제방의 선지식 중에 그 욕을 피해 가는 사람은 거의 없었다.

성철스님의 설법을 접해 본 구도자에게 이것은 낯선 풍경이 아니다. 성철스님은 보조스님을 비롯하여 역대의 선지식들, 제방의 조실 스님들을 여간해서 인정하지 않았다. 어쩌면 오늘에 이르기까지 성철스님에 대한 비판의 한 축은 성철스님의 이러한 태도와 관련된 것일 수도 있다. 또 보다 화쟁적인 입장에서 '크게 같은 부분(大同)을 적극 인정하고, 일부 다른 부분(小異)을 비판했다면 좋지 않았을까' 하는 아쉬움을 표현하는 경우도 있다.

그런데 황벽스님이나 초원스님, 대혜스님 같은 임제종의 대종사들은 포용적 태도가 후학에게 도움이 되지 않는다고 생각했다. 예컨대 황벽스님은 마조스님의 직계 제자들을 거침없이 부정한다. 그들은 모두 스승의 법형제들로서 자기의 사숙뻘되는 선지식이었지만 황벽스님은 그 비판에 거침이 없었다.

또 황룡스님은 초원스님의 회상에서 눈을 뜨고 난 뒤에는 자신의 원래 스승인 늑담회징스님의 법을 가차없이 부정해 버린다. "늑담은 정말로 죽은 말로 사람을 가르쳤다."고 비판했다. 황룡스님은 당시 이미 공식적으로 늑담스님의 계승자로서 법좌를 반분하여 대중들을 교화하는 입장이었다. 그런데도 깨달음을 얻고 나서 스스로 초원스님의 법을 받았다고 공표해 버린다. 이로 인해 늑담스님의 문하들과는 아예 관계가 끊어지게 된다.

한편 대혜스님이 스승 원오스님의 『벽암록』을 불태워 버리는 사건도 있었다. 그것은 유교식으로 보자면 사문난적斯文亂賊의 폭거에 가까운 일이었다. 그것을 불태운 대혜스님을 보던 당시의 분위기도 그랬다. 그렇지만 성철스님은 이를 찬양해 마지않는다. 차라리 온몸이 가루가 되어 지옥에 들어갈지언정 불법으로 인정을 팔지 않겠다고 한 대혜스님의 진면목이 뚜렷하다는 것이다. 이처럼 대혜스님의 폭거는 진정한 수행의 현장에서 보자면 영원한 미담이자 선의 위대함에 대한 찬가가 된다. 가장 존경하는 스승, 선배, 동시대의 도반, 간절함으로 사무치는 학인들이라 해도 잘못이 있다면 가차없이 부정하고 비판하는 것이 정안종사의 길이라 할 수 있다.

그렇다면 어떤 사람들이 정안종사로 인정받았던 것일까? 성철스님은 임제종의 법맥에서 정안종사로 인정받은 스님들을 주로 거론한다. 이와 관련하여 황벽스님의 문장이 가장 먼저 인용된다. 이것은 이유가 있다. 임제종은 임제스님을 종조로 한다. 그런데 바로 그 임제스님을 있게 한 스승이 황벽스님이다. 요컨대 황벽스님은 임제종의 대조사가 되는 것이다. 그런데 황벽스님은 제방의 선지식에 대한 평가에 극히 각박하다. 그래서 80명이 넘는 마조스님의 법제자 중에서 여산廬山의 귀종지상歸宗智常스님만을 인정한다. 다른 도량으로 공부하러 떠나는 한 중과 귀종스님 사이에 이런 일이 있었다.

귀종스님이 물었다. "어디로 가는가?" 중이 말했다. "제방에 다섯 가지 맛의 선(五味禪)을 배우러 갑니다." 귀종스님이 말했다. "제방에는 다섯 가지 맛의 선이 있고, 여기에는 한 가지 맛의 선(一味禪)이 있지. 왜 이것을 배우지 않는가?" 중이 물었다. "한 가지 맛의 선은 무엇입니까?" 귀종스님이 중을 때렸다. 중이 말했다. "알겠습니다. 제가 알겠습니다." 귀종스님이 말했다. "말해 봐라." 중이 입을 열려 하자 스님이 또 때렸다.[464]

황벽스님이 이 에피소드를 듣고 감탄해 마지않는다. 마조스님에게서 88인의 선지식이 나왔다고 하지만 하나같이 에두르기만 할 뿐 직접 보

---

[464] 『虛堂和尙語錄』(T47, p.1050a), "宗云, 向什麼處去. 僧云, 諸方學五味禪去. 宗云, 我者裏一味禪. 因什麼不學. 僧云, 如何是和尙一味禪. 宗便打. 僧云, 我會也, 我會也. 宗云, 道來看. 僧擬開口, 宗又打."

여주지 못하는데 귀종스님만이 인정할 만하다는 것이었다. 에두르지 않고 바로 가리켜 보이는 귀종스님의 수단에 감탄한 것이다.

이와 똑같은 일이 황벽스님과 임제스님 사이에서 일어난다. 임제스님이 법을 물을 때마다 황벽스님은 몽둥이질로 대답을 대신한다. 이것이 세 차례나 반복된다. 이에 임제스님은 황벽스님을 떠나 대우스님에게 가서 이 사연을 말한다. 대우스님은 그 말을 듣고는 황벽스님이 손자를 보살피는 할머니와 같은 마음으로 도를 알려주고 있다고 감탄한다. 임제스님이 그 순간 마음을 직접 가리켜 보이는 법의 비밀을 깨닫는다. 그리고는 황벽스님에게 돌아와서 이를 재차 확인하고 그 법을 잇는다.

당시 법을 확인하던 현장에서 임제스님은 그 스승인 황벽스님의 뺨을 때렸다고 한다. 이것은 황벽스님이 스승 백장스님의 뺨을 때린 일과 일치한다. 물론 뺨을 때리는 일 자체가 정답은 아니다. 스승의 뺨을 때리는 과격한 행위는 깨달음의 진실성을 드러내고 그것을 확인하는 정안종사의 눈을 갖추었음을 확인하는 하나의 현장일 뿐이다.

그럼에도 이 극적인 에피소드에 임제종의 모든 것이 들어 있다고 해도 과언이 아니다. 거기에 마음을 직접 가리켜 보이는 일이 있고, 마음을 밝히고 자성을 보는 일이 있고, 3현3요三玄三要가 갖춰져 있기 때문이다. 이후 임제종 정안종사들의 오도인연은 모두 이 황벽스님과 임제스님 간의 원곡을 변주한다.

양기방회楊岐方會스님도 그랬다. 양기스님은 초원스님의 법을 잇는다. 그런데 양기스님이 공부할 때, 스승인 초원스님의 가르침이 그다지 친절하지 않았다. 법을 물어도 지금 바쁘다거나 네가 나보다 나은데 말해 줄 게 뭐가 있겠느냐는 등의 대답으로 일관하였다. 양기스님이 하루는 스승과 함께 밖에 나갔다가 큰 비를 만났다. 비에 젖은 진흙길에 양기스님은 스승을 등에 업는다. 그렇게 얼마를 가다가 스승을 내동댕이치며 말한다.

양기 : 노인네야! 오늘은 꼭 말해 줘야 해. 그렇지 않으면 가만두지 않는다.
초원 : 네가 지금 이 일을 알았으니, 나도 말할 게 없다.

이 대답에 양기스님은 모든 일을 분명하게 깨닫는다. 사실 양기스님의 시대쯤 되면 제방의 참선 좀 한다는 선사들은 모두 기이한 말과 행동으로 현묘한 도리를 표현하는 것이 유행처럼 퍼진 상황이었다. 몽둥이를 휘두르고 고함을 치는 것은 이미 낡은 표현이 되어 있던 시대였다. 그런데 양기스님의 설법은 평범하면서 실질적이고 이렇다 할 특징이 없었다. 그럼에도 불구하고 그 깨달음의 현장은 이렇게 극적이었다. 사실 알고 보면 이것이 신화처럼 기록되어서 그렇지 이들 정안종사들의 행동은 평범하고 단순하다는 점에서 완전히 동일하다. 특별한 것이 있을 수 없는 일이기 때문이다. 그러니까 정안종사들은 이것을 판별하는 바른 눈을 갖추었다는 점에서 선문의 생명줄이 된다. 이렇게 열린 양기파에서 오조법연스님이 나왔고, 오조스님에게서 원오스님이 나왔고, 원오스님에게서 대혜스님이 나왔다.

성철스님은 이러한 정안종사들이 후학들로 하여금 백척간두에서 한 걸음 더 나아가도록 격려하는 역할을 하였다는 점을 강조한다. 오매일여의 수승한 경계에 머물지 않고 이를 뚫고 지나가 진정한 구경무심, 견성의 자리로 나아가게 하였다는 것이다. 그런 점에서 정안종사의 설법은 전체 『선문정로』의 결론을 준비하는 즈음에 중요한 의미를 갖는다. 특히 정안을 갖춘 종사들이 극히 드물다는 사실을 거듭 밝힘으로써 약간의 견처를 가지고 함부로 깨달음을 자처해서는 안 된다는 점을 거듭 강조한다. 여기에도 부처님의 원각과 같은 것이라야 진정한 돈오견성이라는 돈오원각론이 반복되고, 또 실참실오, 구경무심의 논의가 한 몸처럼 엮어져 있음은 물론이다.

종문정안은 이와 같이 극난하지마는 5가7종五家七宗의 정맥상전正脈相傳으로써 구경무심의 극심현처極甚玄處를 증득하지 않고서 종사宗師를 자처한 자는 전무하다. 그러니 오매일여하여 내외명철하며 무심무념하고 상적상조常寂常照한 명암쌍쌍明暗雙雙의 대휴헐지大休歇地 즉 무상대열반無常大涅槃을 실증實證하여야만 소림정전(少林正傳)이다.[465]

3. 문장 인용의 특징

【17-1】 馬大師下에 有八十八人이 坐道場하되 得馬師正眼者는 止三兩人이니 廬山和尙이 是其一人이니라 夫出家人은 須知有從上來事分이니 且如四祖下牛頭融大師가 橫說竪①[堅]說하야도 猶未知向上關棙子니 有此眼腦하야사 方辨得邪正②[宗黨]이니다

선문정로 마대사馬大師의 법하法下에 88인이 출세出世하야 도량에서 교화하지마는 마사馬師의 정안을 증득한 자는 두세 사람뿐이니 여산화상廬山和尙이 기중其中에 일인一人이다. 대저 출가학도인出家學道人은

---

[465] 퇴옹성철(2015), p.375.

종상래從上來의 본분사本分事가 있음을 명지明知하여야 한다. 4조四祖 하의 우두산牛頭山 법융대사法融大師가 불법을 횡설수설하지마는 구경처인 향상관려자向上關棙子는 모르니, 이것을 명견明見하는 안뇌眼腦가 있어야 비로소 사邪와 정正을 분변할 수 있다.

현대어역 마조스님의 문하에서 88명이 세상에 나타나 도량을 형성하고 있다. 그러나 마조스님의 바른 안목을 얻은 이는 2, 3인에 불과하다. 여산의 귀종스님이 그중 하나이다. 대체로 출가한 사람이라면 위로부터 내려온 일이 있음을 알아야 한다. 예를 들어 4조스님을 계승했다는 우두법융스님은 종횡무진 거침없이 말하지만 역시나 차원을 바꾸는 장치를 알지 못한다. 이러한 안목이 있어야 비로소 삿된 [무리와] 바른 [종사]를 분간할 수 있다.

[해설] 당시 선문의 폭탄선언쯤 되는 이 말은 황벽스님에게서 나왔다. 황벽스님은 6조–남악–마조–백장을 잇는 남종의 대선사이자 임제스님을 배출한 정안종사이다. 황벽스님은 백장스님의 제자로 되어 있지만 실제로는 마조스님의 법을 받았다. 황벽스님이 마조스님에게 법을 물으러 찾아갔을 때 마조스님은 이미 열반에 든 뒤였다. 이에 백장스님에게 마조스님과의 사이에서 먼지떨이를 가지고 진행된 법거량을 듣고 말끝에 깨달았다. 백장스님은 그가 마조스님의 법을 계승했다고 인정한다. 그러나 그는 단전심인單傳心印의 전법 질서를 중시하여 백장스님의 제자가 된다. 이때 백장스님은 "제자의 견해가 스승과 같으면 스승의 반밖에 안 되고, 스승을 넘어야 법을 받을 수 있다."는 말로 황벽스님의 성취가 자신을 뛰어넘는 것임을 인정하였다.

실제로 그는 6조스님의 법을 잇는 데 있어서 앞으로는 마조스님, 뒤로는 임제스님을 연결하는 돈오선의 대표적 정안종사이다. 이런 그가 마조스님의 수많은 제자 중 바른 안목을 갖춘 이는 2, 3인밖에 되지 않는다고 박한 평가를 내린 것이다. 그 2, 3인 속에 여산화상, 그러니까 귀종지상스님이 포함되는 것이다. 황벽스님은 이처럼 마조 문하의 선지식 중 귀종스님만을 특별히 높게 평가한다. 적어도 자신이 도달한 차원에서 인정할 만한 무엇이 있었다는 뜻이 될 것이다. 아마도 그것은 귀종스님이 상근기를 이끄는 걸림 없는 수단을 갖추었다는 사실에 대한 인정일 것이다.

어쨌든 "이 당나라 땅에 선사라 할 사람이 없다."[466]는 황벽스님의 박한 평가는 당시 선문에 엄청난 파장을 일으킨 폭탄선언이었다. 원래 이 말은 스승을 찾아 행각을 하는 일이 능사가 아님을 지적하는 문장의 일부이다. 우두스님 같은 걸림 없는 말솜씨를 가진 선사들은 많이 있다. 만약 도처에 행각하면서 그 말들을 기억하여 그것을 선으로 착각한다면 참선 수행자의 지옥행은 예정되어 있다. 그러니까 스승을 찾는답시고 천하를 행각하면서 말 몇 마디를 기억하는 것으로 참선을 대신하는 수행 풍토에 대한 꾸짖음이 이 인용문의 전후에 담겨 있다고 할 수 있다.

'차원을 바꾸는 장치'로 번역한 '향상관려자向上關棙子'는 일체의 상식에서 벗어나는 일, 도달한 자리에서 바로 몸을 돌리는 일[467]을 가리키는 말이다. 도달한 경계에 머물지 않고 다시 새로운 차원으로 나아가도록 하는 스승의 결정타를 가리키는 말이기도 하다. 성철스님은 정안종사가 되는 일이 극히 어렵다는 점을 강조하기 위해 이 문장을 인용하였다.

---

466 『景德傳燈錄』(T51, p.266c), "還知道大唐國內無禪師麼. 時有一僧出問云, 諸方尊宿, 盡聚衆開化, 爲什麽道無禪師. 師云, 不道無禪, 只道無師."
467 『五家宗旨纂要』(X65, p.260a), "向上關棙子, 迥出尋常, 踏著便轉."

①과 같이 '굳을 견堅' 자를 '더벅머리 수豎' 자로 바꾸었다. 해당 구절의 목판본에도 '굳을 견堅'으로 되어 있지만 이것은 '수豎' 자의 오자임에 분명하다. 여타 판본에도 '견堅'이 '수豎'로 되어 있다. 횡설수설은 보통 '함부로 말한다'는 뜻이지만 선문에서는 언어 표현의 자유를 얻어 틀에 묶이지 않는 솜씨를 얻었다는 뜻으로 쓰인다.

②의 '종당宗黨'을 생략하여 '삿된 무리와 바른 종사를 구분할 수 있다'는 뜻을 '삿됨과 바름을 분간할 수 있다'로 간단히 표현하였다. 뜻에는 변화가 없으며 문장의 뜻을 간명하게 드러내기 위한 조치이다.

【17-2】①靈源清이 常謂學者曰 宗門正人難得이니 自離晦堂② 以後로 所見眞正宗師는 惟東山法兄一人而已로다

선문정로 영원청靈源清이 항상 학도자學道者에게 말하였다. 종문에 정안인正眼人을 얻기가 심난甚難하니 회당선사晦堂先師를 이별한 후로부터 상견相見한 진정종사眞正宗師는 유독 동산법형東山法兄(오조법연五祖法演) 일인一人뿐이다.

현대어역 영원유청스님이 항상 수행자들에게 말하였다. 선문에 바른 눈을 갖춘 사람 찾기가 어렵다. 회당 스승님을 떠난 이후 내가 본 진짜 정안종사는 오직 동산의 법형, 즉 법연스님 한 사람뿐이다.

[해설] 영원스님은 황룡파 회당조심스님의 계승자이다. 그런 그가 다른 사승관계인 양기파의 동산화상, 그러니까 오조법연스님을 자기의 스승 다음으로 유일하게 만난 진정한 정안종사라고 인정하고 있다. 자신이 법을 계승한 황룡파 문하에서는 정안종사를 찾아보기 힘들다는 말

도 된다. 영원스님은 법연스님 회상의 초청법좌에 올라 조주스님의 '진주의 큰 무(鎭州大蘿蔔)'의 공안에 대해 이야기를 한다. 여기에서 그는 "그대들 모두 직접 진주鎭州에서 왔다."고 설법을 끝낸다. 그러자 오조스님이 그 손을 잡으며 "원래 한 집안 사람이었군요."라고 맞장구친다. 영원스님은 이 법거량의 인연이 있은 뒤, 법연스님을 최고의 선지식으로 인정하게 된다. 법연스님은 원오극근 등의 걸출한 제자를 배출하면서 선문을 양기파 천하로 바꾸는 출발점이 된 정안종사이다. 영원스님의 판정이 정확했던 것이다.

성철스님은 돈오선의 선풍을 드날린 몇몇의 종안종사들을 점처럼 찍어 보여주기 위해 이 문장을 인용하였다.

①의 '영원청靈源淸'은 원래 '청淸'으로 표현되어 있는 것을 알기 쉽도록 법호를 추가하여 영원유청스님으로 밝힌 것이다.

②에서는 '후後'를 '이후以後'로 바꾸어 표현했다. 이해하기 쉽도록 관용적 표현으로 바꾼 것이다.

【17-3】 ①佛眼이 謂靈源日 比見都下一尊宿하니 語句似有緣이로다 靈源日 演公은 天下第一等宗師어늘 何故로 捨而事遠遊오 所謂有緣者는 蓋知解之師라 與公初心相應②[耳]이니라

선문정로 불안佛眼이 영원靈源에게 말하였다. "도하都下의 일존숙一尊宿을 참현參見하니 그 언구가 나에게 인연이 있는 것 같다." 영원靈源이 말하기를, "연공演公(오조법연五祖法演)은 천하제일등天下第一等의 종사宗師이어늘 하고何故로 사리捨離하고 원유遠遊하는고. 소위 인연이 있다는 자는 대개가 지해사사知解邪師로서 공공의 초심初心에 상응함이니라."

현대어역 불안스님이 영원스님에게 말하였다. "최근 도성의 한 고승을 만났는데 그 가르침에 인연이 있는 것 같습니다." 영원스님이 말하였다. "법연스님은 천하에 제일가는 종사인데 어쩌자고 그를 떠나 멀리 가려 합니까? 인연이 있다는 자는 대개가 알고 이해하는 차원의 스승으로서 그대의 첫 마음에 부합하는 것일 뿐입니다."

[해설] 법연스님에게서 불과극근, 불감혜근, 불안청원의 위대한 세 제자가 나온다. 당시 선문에서는 이들을 법연스님 문중의 '세 부처(三佛)'라 불렀다. 그중 불안스님은 출가 초기에 경전 공부에 힘썼는데, "법은 생각, 헤아림, 분별로 이해할 수 있는 것이 아니다.(法非思量分別之所能解.)"는 『법화경』의 구절이 이해되지 않았다. 그래서 이에 대해 강사스님에게 질문하였으나 흡족한 답을 듣지 못하였다.

이에 법연스님의 문하에 들어가게 되는데 매번 법을 물을 때마다 "나는 너보다 못하다. 네가 스스로 깨달을 수 있다."는 답을 들을 뿐이었다. 그래서 회상의 수좌였던 원례元禮스님에게 같은 질문을 한다. 원례스님은 그의 귀를 잡고 화롯가를 몇 바퀴 돌면서 "그대가 스스로 깨달을 수 있다."는 대답을 하였다. 불안스님은 법을 알려 달라는데 귀를 잡고 장난을 하느냐고 따졌다. 그러자 원례스님이 대답한다. "그대가 이후 깨닫게 되면 비로소 오늘의 이 곡절을 알게 될 것이다." 불안스님이 울적해 하는 중인데 법연스님이 주석하는 장소를 옮기는 일까지 있게 된다.

이에 실망하여 다른 스승을 찾아 떠나다가 중도에 만난 사람이 영원스님이다. 영원스님은 천하의 정안종사로 꼽을 사람은 법연스님이 유일하다는 점을 강조하며 그를 만류한다. 이처럼 불안스님이 깨닫는 데 있어서 영원스님의 공로가 혁혁하다.

①의 '불안스님이 영원스님에게 말하였다(佛眼謂靈源曰)'는 구절은 원문에 없는 것을 추가한 것이다. 핵심 구절을 인용하기 위해 약간의 맥락을 밝힐 필요가 있다고 보았기 때문일 것이다. 성철스님은 인용문이 독립된 문장으로서의 역할을 하기를 바란다. 대화가 오간 상황을 간단히 밝히는 문구를 추가한 이유가 여기에 있다.

②의 '이耳' 자가 생략되었다. 초심, 즉 도를 구하는 최초의 마음은 순수하기는 하지만 추구하는 주체와 대상이 뚜렷한 분별 차원의 일이다. 인연이 있다는 사람의 가르침은 분별심에 호소하는 것일 뿐이라는 의미를 강조하기 위해 '따름(耳)'이라는 한정적 상황을 강조하는 조사를 쓴 것이다. 성철스님은 지해종사知解宗師라는 말만 가지고도 비판적 의미를 뚜렷이 드러낼 수 있다고 보아 이를 생략한 것 같다.

【17-4】 ①大慧杲云[師云] 老南②會下尊宿을 五祖는 只肯晦堂과 歸宗③[眞淨]二老而已요 自餘는 皆不肯他也니라

선문정로 대혜종고大慧宗杲가 말했다. "황룡남회하黃龍南會下의 존숙尊宿들을 오조연五祖演은 다만 회당晦堂과 ④귀종歸宗(진정眞淨) 2인만 긍정할 뿐이요 그 밖에는 모두 긍정하지 않았다."

현대어역 대혜종고스님이 말하였다. 혜남 노스님 회하의 고승들 중 오조스님은 회당조심과 진정극문 두 노장을 인정했을 뿐, 그 외에는 모두 인정하지 않았다.

[해설] 임제종의 극성기에 양기파와 황룡파의 두 종파가 일어난다. 양기파는 이후 동산법연→원오극근→대혜종고로 이어지는 큰 흐름을

형성한다. 다른 하나는 황룡파로서 회당조심과 진정극문이라는 걸출한 종사를 배출하였다. 그런데 양기 계열의 동산법연스님은 유독 황룡 계열의 회당조심스님과 진정극문스님을 높이 평가하였다. 진정스님과 관련해서는 다음과 같은 일이 있었다.

전에 진정화상께서 어록을 새로 내었을 당시 우리 스님(원오스님)은 오조법연스님의 회중에서 수좌를 맡고 계셨다. 오조께서 하루는 회랑 아래에서 한 중이 책 한 권을 들고 있는 것을 보고는 물었다. "그대 손에 들고 있는 것은 무슨 책인가?" 중이 대답하였다. "진정화상의 어록입니다." 오조께서 받아 읽어보고는 바로 찬탄하여 말하였다. "내 부끄럽구나. 말세에 이러한 고승이 있다니." 이에 수좌를 부르셨는데, 우리 스님은 그때 뒷채에서 버선을 빨고 있다가 부르는 소리를 듣고 급히 나갔더니 오조스님이 말씀하셨다고 한다. "내가 책 한 권을 얻었는데 불가사의하다. 법의 요체를 잘 설한 것이니 그대가 한 번 보라.[468]

이러한 사연이 있었으므로 원오스님의 법을 받은 대혜스님 역시 진정스님의 법문을 자주 인용한다. 진정스님은 보봉사寶峯寺에 주석하였으므로 보봉진정, 혹은 보봉사의 옛 이름인 늑담泐潭을 따서 늑담진정 등으로 불린다. 또 당시의 명찰 여산 귀종사歸宗寺에 주석하기도 하였으므로 귀종진정으로도 불린다.

---

[468] 『大慧普覺禪師語錄』(T47, p.882a), "昔因眞淨和尙新開語錄, 其時我老和尙在五祖堂中, 作首座. 五祖一日廊下見僧, 把一冊文字. 祖曰, 爾手中是甚文字. 僧曰, 是眞淨和尙語錄. 祖遂取讀, 卽讚歎曰, 慚愧末世中有恁地尊宿. 乃喚首座, 我老和尙時在後架洗襪, 聞呼很忙走出來. 祖曰, 我得一本文字, 不可思議, 所謂善說法要, 爾試看."

성철스님이 ③, ④와 같이 원문의 '진정眞淨'을 '귀종歸宗'으로 바꾼 것은 이러한 점을 고려한 것이다. 다만 이 호칭이 마조스님의 법을 이은 귀종지상스님과 혼동될 수 있다. 성철스님도 이 점을 고려하여 ③, ④에서 '귀종歸宗(진정眞淨)'과 같이 주석했던 사찰과 법호를 함께 표기하였다.

①에서는 '스승님께서 말씀하셨다(師云)'를 '대혜종고스님이 말씀하셨다(大慧杲云)'로 바꾸어 표현하였다. 인용문의 출전인 『종문무고』는 대혜스님의 제자인 도겸道謙스님이 편찬한 것이다. 그러므로 이 책을 읽는 사람은 '스승님(師)'이 대혜스님을 지칭한다는 것을 안다. 그렇지만 이 짧은 인용문으로는 그것을 밝힐 수 없으므로 그 발화자를 직접 드러내어 보여준 것이다. 인용문이 독립된 문장으로 기능할 수 있도록 한 것이기도 하다.

②에서는 '회남 노스님 아래(老南下)'를 '회남 노스님 회하(老南會下)'로 바꾸었다. 회하가 더 명확한 뜻을 전달한다고 보아 윤문의 차원에서 바꾼 것이다.

【17-5】 ①大慧杲가 謂敎忠光曰, 今諸方이 浩浩說禪②[者]하되 ③[見處總如此, 何益於事.] 其楊岐正傳은 三四人而已니라

선문정로 대혜大慧가 교충敎忠에게 말했다. "지금 제방諸方에서 호호浩浩히 선법禪法을 광설廣說하지마는 그 양기楊岐의 정전正傳은 3, 4인 三四人뿐이다."

현대어역 대혜종고스님이 교충미광스님에게 말하였다. "지금 제방에서 막힘없이 선을 말하는 [자들의] [견처가 모두 이와 같으니 깨달음에 무슨 도움이 되겠느냐.] 양기의 정안을 전해받은 이는 3, 4인뿐이다."

[해설] 교충미광敎忠彌光스님의 오도인연이다. 그는 대혜스님을 찾아가 공안참구로 얻은 견처를 말하였지만 인정을 받지 못한다. 교충스님은 공안에 밝았다. 대혜스님은 그것이 나무의 뿌리는 자르지 않고 가지를 자르는 일과 같아 크게 죽어보지 못한 경계라고 판정하였다. 그 뒤 의정을 키워 가다가 하루는 입실하여 견처를 점검받는 중에 "네가 또 선을 말하고 있구나.(爾又說禪也.)"라는 말에 크게 깨달는다.

　이 인용문은 이러한 맥락에서 가져온 것이다. 여기에서 선을 말하는 일(說禪)은 삶을 바꾸는 데 아무런 도움이 되지 않는 일이라 비판된다. 배가 고프면 밥을 먹어야 하는데 그저 밥 이야기만 한다면 무슨 소용이겠느냐는 것이다. 성철스님은 도량을 차리고 설법을 한다고 해서 모두 정안종사는 아니라는 점을 드러내기 위해 이 말을 인용하였다.

　①의 '대혜종고스님이 교충미광스님에게 말하였다(大慧杲謂敎忠光曰)'는 원문에 없는 것을 성철스님이 추가한 말이다. 인용문을 독립된 문장으로 만들기 위한 조치이다.

　②에서는 '자者' 자를 생략하였다. 이로 인해 '막힘없이 선을 말하는 사람들'이라는 원문이 '막힘없이 선을 말하지만'으로 바뀌었다.

　②의 '자者'를 생략한 것은 ③에 표시한 구절을 생략하기 위한 조치이다. '제방에서 막힘없이 선을 말하는 사람들의 견처가 모두 이와 같으니 깨달음에 무슨 도움이 되겠느냐'는 내용이다. 성철스님은 이것을 생략하였다. 천하를 주름잡는 양기파의 선사들이라 해도 진정한 정안종사는 몇 명에 불과하다는 구절만을 드러내기 위한 조치이다.

【17-6】 ①應菴華가 住歸宗日에 大慧在梅陽이러니 有僧이 傳師 垂示語句어늘 慧見之하고 極口稱歎하야 後以偈寄曰 坐斷金輪第一峯하니 千妖百怪盡潛蹤이라 年來에 又得眞消息하니 報道楊岐

正脈通이로다하야 其貴②[歸]重이 如此니라

선문정로 응암화應菴華가 귀종歸宗에 출세出世하였을 때에 대혜大慧는 ③매양梅楊에 있었다. 일승一僧이 응암應菴의 수시어구垂示語句를 전하니 대혜大慧가 극구칭탄極口稱歎하였다. 후일에 게송을 보내되 "금륜金輪의 제일봉第一峰을 좌단坐斷하니, 천요백괴千妖百怪가 전부 적적跡跡을 잠익潛匿했다. 연래年來에 또한 진소식眞消息을 득문得聞하니, 양기楊岐의 정맥正脈에 통달通達했음을 보도報道하더라."고 하니 그 귀중함이 여차如此하니라.

현대어역 응암담화스님이 귀종사에 주석하던 때, 대혜스님은 매양에 있었다. 한 중이 응암스님의 가르침을 담은 글을 전하였다. 대혜스님이 그것을 보고는 극구 칭찬하고 감탄하였다. 나중에 게송을 붙였는데 그 내용이 이러하였다. "불법의 제일 높은 봉우리를 차지하고 앉으니, 천백의 요괴들이 모두 자취를 감췄네. 이즈음에 또 진정한 소식을 들으니, 양기의 정맥이 통하였다고 말하고 있네." 그 추대하고 중시함이 이러하였다.

[해설] 응암담화스님은 호구소륭스님의 법을 계승하였다. 그는 남악→마조→백장→황벽→임제로 전해지는 남종 정맥의 한가운데 있는 종사이다. 이에 비해 원오스님의 법을 계승한 대혜스님은 방계가 된다. 선종의 정맥은 뒤의 제자에 의해 정리되는 것이므로 대혜스님이 방계가 된 것은 그와 법을 겨루던 응암스님 계열의 법손이 융성했기 때문이다.

그럼에도 그 전법 계열에 있어서 조카(法姪)가 되는 응암스님에게 보낸 대혜스님의 시에는 진심이 넘쳐흐른다. 한편 이처럼 응암스님이 양기파의 정맥을 계승했다고 선언했다는 것은 자신의 제자들이 그보다 못하다는 것을 인정하는 일이기도 했다. 응암스님은 대혜스님과 함께 당시 사람들에게 두 개의 감로문으로 불렸으므로 대중들의 평판 또한 다르지 않았다.

성철스님은 이에 대해 "불법으로써 인정人情을 팔지 않겠다고 한 대혜의 진면목이 약동한다."[469]고 찬탄하였다. 대혜스님은 선종사에 보기 드문 정안종사로서 간화선풍을 드날렸다. 그렇지만 대혜스님에게서는 응암스님 같은 분이 나오지 않았다. 정안종사가 얼마나 귀한 존재인지를 거듭 보여주고자 하는 인용문이다.

①의 '응암화應菴華'를 추가하여 문장을 독립시키고자 하였다.

②의 추대하고 중시한다는 뜻의 '귀중歸重'을 귀중하게 여긴다는 뜻의 '귀중貴重으로 바꾸었다. 의미상의 큰 차이는 없다. 의미를 명확하게 전달하기 위해 쉬운 단어로 바꾼 것일 수 있다. 혹 발음이 같아서 옮겨 쓰는 과정에 오기가 일어난 것일 수도 있다.

번역문 ③에서는 '매양梅陽'을 '매양梅楊'으로 잘못 표기했다. 편집상의 오류로 보이며 바로잡아야 한다.

【17-7】 ①黃龍南이 初參慈明하야 聞其②[論多]貶剝諸方하되 而件件數以爲邪解者가 皆泐潭密付旨訣일새 氣索而歸하니라

선문정로 황룡남黃龍南이 처음으로 자명慈明에게 왕참往參하여 그 제방諸方을 폄박貶剝함을 들으매, 건건件件이 사해邪解라고 배척하는 것이 거개擧皆 늑담泐潭이 밀부密付한 지결旨訣이므로 기색氣索하여 귀

---

[469] 퇴옹성철(2015), p.372.

환하니라.

현대어역 황룡혜남스님이 처음에 초원자명스님을 만나 그 말을 들어보니 그 [논의가 대부분] 전체 선문을 낮추고 깎아내리는 것으로서 일일이 예로 들어 삿된 견해라고 규정하는 것마다 모두 늑담회징스님이 비밀리에 전한 뜻이었다. 이에 기가 막혀 방으로 돌아갔다.

[해설] 황룡혜남스님의 오도인연을 밝히는 문장에서 가져온 예문이다. 황룡스님은 운문종의 늑담회징스님에게 깨달음을 인가받아 이름이 제방에 널리 알려졌다. 그러다가 운봉문열스님이 그의 스승인 회징스님의 가르침을 죽은 말이라고 비판하는 말을 듣게 되었다. 처음에는 분격하여 운봉스님을 목침으로 때리기도 하였으나 간곡한 충고를 듣고 초원스님을 만나보기로 한다. 그때 마침 초원스님이 그가 서기로 있는 복엄사福嚴寺의 주지로 초빙되어 법석을 열게 되었다. 황룡스님이 설법을 들어보니 자기 스승인 회징스님이 주창하는 내용들을 모두 삿된 알음알이로 비판하는 것이었다. 이에 마음을 고쳐먹고 초원스님에게 참구하여 깨달음을 얻게 된다. 그 첫마디가 "늑담스님의 가르침이 정말로 죽은 말이었구나.(泐潭果是死語.)" 하는 탄식이었다.
　아무리 스승의 가르침이라 할지라도 그것이 죽은 말이라면 아낌없이 버려야 바른 눈을 얻을 수 있다는 점을 강조하는 차원에서 인용된 문장이다. 성철스님은 스승에 대한 비판을 감내하며 오로지 바른 도를 향해 간절한 마음을 낸 그를 수행자의 귀감으로 추앙한다. 진리의 깨달음을 우선하고 인정을 뒤로 하는 모범을 보여주었기 때문이다. 이것은 바로 앞의 대혜스님의 경우와 통한다. 앞의 인용문에서 대혜스님은 제자가 아닌 법질인 응암스님에게 정맥이 전해졌음을 인정한다. 이 두 예

문을 통해 사사로운 인정의 배제가 정안종사의 한 특징임을 보여주고자 한 것이다.

①은 성철스님이 추가한 문구이다. '황룡혜남 스님이 처음에 자명스님을 뵈니(黃龍南初參慈明)'라는 뜻으로 독립된 문장을 만들기 위한 조치이다.

②의 두 글자가 생략되었다. 그 '논의가 대부분(論多)' 전체 선문을 낮추고 깎아내리는 것이었다는 뜻이다. 그것이 뒤에 나오는 '전체 선문'이나 '일일이' 등의 어군과 의미상 중복되는 점이 있다고 보아 생략한 것이다.

【17-8】 ①圓悟謂大慧杲曰 能有幾箇하야 得到你②[爾]田地오 舊時에 只有③[箇]璟上座④[坐]하야 與你⑤[爾]一般이러니 却已死了也로다

선문정로 원오圓悟가 대혜大慧에게 말했다. "능히 몇 사람이나 그대의 전지田地에 도달하였는고. 예전에 다못 경상좌璟上坐가 있어서 그대와 동일하더니 벌써 사거死去하였다."

현대어역 원오스님이 대혜스님에게 말하였다. "몇 사람이 그대와 같은 차원에 도달할 수 있겠는가? 예전에 경상좌 한 사람이 그대와 똑같았지만 이미 죽고 말았다."

[해설] 대혜스님은 젊어서부터 불법에 대한 이해가 빨라 모두에게 인정받는 불교 천재였다. 그러나 담당문준스님은 그가 어떤 표현을 해도 모두 인정하지 않았다. 모든 표현이 옳기는 하지만 깨어 있을 때의 그것

이 잠잘 때 없다면 생사를 대적할 수 없다는 이유에서였다.

담당스님이 열반한 후, 대혜스님은 원오스님에게 법을 묻는다. 그러나 원오스님은 더했다. 49번이나 견처를 내보여도 모두 인정을 받지 못하였다. 어느 날 모든 부처가 몸을 드러내는 자리에 대한 질문에 "훈풍은 남쪽에서 불어오니, 전각에는 서늘함이 일어난다.(薰風自南來, 殿閣生微涼.)"는 대답을 듣고 깨닫는 바가 있었다.

이에 대혜스님이 그 경계를 밝혔지만 역시 큰 법은 깨닫지 못했다는 평가를 받는다. '죽은 뒤에 다시 살아나지 못하고, 활구를 의심하지 않는 것이 큰 병'이라는 것이었다. 기꺼이 절벽에서 손을 놓을 때, 명줄이 끊어진 자리에서 되살아날 때 비로소 속지 않게 되는 도리가 있음을 알라는 것이었다.

이후로도 입을 열어 견처를 보일 때마다 '아니다'라는 부정에 직면하게 된다. 이에 대혜스님은 화두를 더욱 깊이 참구하게 되는데, 밥을 뜨고 나면 입에 넣는 일을 잊을 정도였다. 원오스님은 그가 갈수록 더 작아지는 황양목黃楊木과 같은 선을 한다고 평하면서도 그 오매일여한 경계를 인정하였다. 이후 '있음과 없음의 구절이 등나무가 나무에 의지하는 것과 같다'는 공안에 대한 법연스님의 설파를 듣고는 크게 깨닫는다. 당시 원오스님은 여러 가지 공안을 들어 그를 점검한 뒤에 그의 깨달음을 인정한다.

이 과정에서 원오스님은 대혜스님을 두 번 인정한다. 한 번은 그가 앞뒤가 끊어지는 경계 이르렀을 때이다. 이때는 "그래도 그대가 이 차원에 도달한 것은 쉽지 않은 일이다.(也不易爾到這裏田地.)"라고 유보적 인정을 한다. 그래서 아직 죽어서 되살아나지는 못해 애석해하는 평가가 뒤따르는 것이다.

다른 한 번은 그가 크게 깨달은 뒤의 일로서 앞의 인용문이 그것이다. 이 인용문은 대혜스님의 깨달음이 천하에 드문 성취임을 인정하는 문장이다. 성철스님은 삿된 길에서의 방황→정안종사와의 만남→일념불생, 전후제단→활연대오의 과정을 거쳐 스승의 마지막 인정을 받기까지 끝없는 전력투구의 노력이 있었음을 보여주기 위해 이를 인용하였다. 구경무심을 성취한 정안종사가 되는 일이 어렵고도 어려운 일이므로 노력하고 노력해야 한다는 것이다.

대혜스님과 같은 성취를 이루었다는 경상좌璟上坐는 원오스님의 제자로서 깨달음을 성취했지만 일찍 요절한 선사이다.

①의 '원오가 대혜종고에게 말하였다(圓悟謂大慧杲日)'는 구절이 추가되었다. 문맥에서 잘라내어 독립시키기 위한 조치이다.

②와 ⑤의 '니你'는 '이爾'와 함께 2인칭 대명사로서 전적에 따라 같은 뜻으로 쓰인다. 1981년 초판본을 보면 '이儞'로 되어 있다. 역시 원문의 '이爾'와 통용되는 글자이다. 뜻에는 차이가 없으며 동일한 글자로 쓰인 데다가 다른 문장에도 대부분 '니你' 자로 통일되어 있으므로 글자를 바꿀 필요까지는 없어 보인다.

③에서는 '개箇' 자를 생략하였다. 구어체에서는 인칭 앞에 관용적으로 '개箇'라는 양사를 붙인다. 성철스님은 구어체의 어투를 가능하면 지우고자 하는 입장이므로 이것을 생략한 것으로 보인다.

④에서는 원문의 '상좌上坐'를 '상좌上座'로 바꾸었다. 원문의 오류를 교정한 것이다.

【17-9】 先聖이 云 寧可破戒를 如須彌山이언정 不可被邪師의 薰①[熏]一邪念하야 如芥子許도 在情識中이니 如油入②麵[麪]하야 永不可出이니라

선문정로 선성先聖이 말했다. 차라리 파계하기를 수미산같이 할지언정, 사사邪師에게 사념邪念으로 훈습薰習되어 개자芥子만큼이라도 정식情識 중에 침입하여서는 아니된다. 식유食油가 면중麵中에 혼입混入됨과 같아서 영원히 출리出離하지 못한다.

현대어역 옛 성인이 말했습니다. "차라리 파계를 수미산과 같이 할지언정 삿된 스승에게 삿된 생각으로 물이 들어서는 안 됩니다. 개자씨만큼이라도 생각과 의식에 들어가면 마치 밀가루에 기름이 들어간 것처럼 영원히 빼낼 수 없습니다."

[해설] 대혜스님에게는 도를 묻는 고관대작들이 많았다. 대혜스님은 이들과 편지로 왕래하며 활구참구를 격려하는 입장에 있었다. 인용문은 참정參政 이한로李漢老에게 보내는 편지글이다. 묵조와 정좌를 내용으로 하는 묵조선은 삿된 선으로서 한 번 빠지면 쉽게 벗어날 수 없다는 점, 그것이 일상생활에서 화두를 들기 어렵게 만든다는 점을 지적하는 내용이다. 그런데 묘고당妙高堂으로 불리는 추밀원의 한 관리가 이런 병에 빠져 있으므로 참정 이한로에게 직접 만나보라는 부탁을 한다. 또한 가능하면 바른길로 이끄는 동사섭을 실천해 달라는 당부를 한다.

    대혜스님은 선을 닦는 사람이 알고, 보고, 이해하는 일을 추구하는 것은 잡스러운 독이 심장에 들어간 것과 같다고 설명한다. 불법을 추구한다는 생각이 조금이라도 일어난다면 치명적 독에 중독된 것과 같아 치유하기 어렵다는 것이다. 묵조선이 아무 생각도 하지 않는다고 하지만 이미 부처를 세우고 있으므로 지혜의 성분이 개입되어 있다고 본 것이다. 성철스님은 삿된 견해를 가진 스승의 피해가 가공할 만하다는 점을 강조하기 위해 이것을 인용하였다.

악지사견惡知邪見의 피해가 여사如斯히 가공可恐하다. 사사邪師에 봉착하여 사로邪路에 인도되면 이것이 고질화하여 설사 정사正師를 상면相面하여도 사견邪見에 장폐障蔽되어 정로正路를 분변치 못하며, 사견邪見을 영영 포기하지 못하고 결국은 사마외도邪魔外道가 되고 마는 것이다.[470]

①에서는 '물든다'는 뜻의 '훈熏'을 '훈薰'으로 썼다. 두 글자 모두 훈습한다는 뜻으로서 통용하는 관계에 있으므로 의미에는 차이가 없다.
②에서는 '면麵' 자를 '면麵' 자로 바꾸었다. 같이 쓰는 글자로서 '면麵'이 더 보편적으로 쓰인다는 점을 고려한 결과로 보인다.

---

470 퇴옹성철(2015), pp.374-375.

제 18 장

현요정편 玄要正偏

제18장
현요정편 玄要正偏

1. 현요정편 설법의 맥락

    선종에서는 단번에 깨닫는 심법이 석가세존에게서 가섭존자에게 전해지고, 이후 27대를 거쳐 달마대사에게 전해졌다고 믿는다. 달마대사는 중국으로 옮겨 혜가스님에게 법을 전수하는데 이때 『능가경』을 함께 부촉한다. 이 경전에 기초하여 수행자들을 깨달음으로 이끌라는 것이었다. 이것이 5조 홍인스님에게까지 이른다. 5조스님은 『능가경』 대신 『금강경』에 의지하여 심법을 전수한다. 그러니까 5조스님까지는 선이 교외별전이라고 하기는 했지만 경전에 의지하여 법을 전하고 수행에 임했다는 말이 된다. 적어도 경전과 그 가르침이 수행의 주제로 자리 잡고 있었다는 말이 성립하는 것이다.
    그런데 6조스님에 이르러 이러한 전통이 일변한다. 자신의 오도 체험에 바탕하여 극히 단순한 방식으로 바로 가리켜 보이는 길을 세운 것이다. 그 단순한 방법은 그것을 구현한 스승이 현존하는 동안 막강한 힘을 발휘하게 된다. 문제는 이 단순한 방법은 일정 기간이 지나면 관념의 때가 묻게 된다는 데 있다. 그것에 사연과 의미가 담기고 그에 따라 생각이 끼어들게 되기 때문이다. 이로 인해 더 이상 말의 길을 끊고(言語道斷), 마음이 갈 곳이 없게 하는(心行處滅) 힘을 발휘하지 못하게 된다. 당연히 이 말은 오직 이것일 뿐인 자리에 계합하도록 하는 힘을 상실한 죽은 말이 된다. 그래서 다시 새로운 방법이 등장한다. 고함을 친다든가, 몽둥이를 휘두른다든가, 먼지떨이(拂子)를 들어 보인다든가, 침묵한다든가, 한마디로 짧게 말한다든가, 혹은 간곡하게 거듭 설한다든가 하는 등의 방편이 그것이다. 그 목적은 곧바로 자성을 보도록 하는 데 있다. 그래서 이러한 수단을 잘 쓴 스님들은 정안종사로서 대중들의 귀의 대상이 되었다.

원래 스승의 법을 이은 제자들은 그 뛰어난 수단을 함께 계승하는 경우가 많았다. 스승들 또한 제자들의 열망에 부응하여 자신이 효과를 본 방법을 정리하여 전수하기도 하였다. 예를 들어 6조스님은 36가지 대법對法을 깨달음으로 이끄는 방법으로 제자들에게 전수한 바 있다. 삶에 집착하는 이에게는 죽음을 보이고, 본질에 집착하는 이에게는 현상을 제시하는 것이 36대법의 원리이다. 이러한 방식으로 어느 한쪽에 머물지 못하도록 하는 것이다. 이것이 적절하게 활용된다면 구도자를 중도의 실천 현장으로 초대할 수 있다는 것이다. 그 핵심은 수행자가 빠져 있는 맥락 자체를 끊는 데 있었다.

선문에서는 6조스님의 대법을 모델로 하여 다양한 방법들이 계발되고 활용되었다. 이와 동시에 스승의 방법을 정형화하여 활용하는 그룹들이 형성되었는데, 그 대표적인 것이 5가7종이다. 그 형성된 순서에 따라 보자면 위앙종, 임제종, 조동종, 운문종, 법안종이 있었고, 임제종의 지맥으로 황룡파와 양기파가 있었다.

이 중 위앙종은 가장 먼저 사라지고 운문, 임제, 법안종은 송나라

때 큰 영향력을 발휘한다. 조동종은 주류가 되지는 못했지만 끊어짐 없이 유지되다가 일본에 건너가 크게 발전하게 된다. 중국의 전체 선종사에 있어서 가장 큰 영향력을 발휘한 것은 당연히 임제종이다. 그래서 명·청 시기가 되면 임제종이 천하를 뒤덮고 조동종이 한구석을 차지하고 있다는 말이 나오게 된다.

 이 각 종파는 자신들만의 특징, 즉 종풍을 갖는다. 위앙종은 스승과 제자 간의 상호작용을 특히 중시하였다. 밥을 먹으려 하면 국을 내주고, 강을 건너려 배를 타면 노를 젓는 식이다. 위앙종에서는 구체적으로 96가지 원상(○)을 가지고 수행자를 이끌었는데 그 핵심은 서로 주고받는 데 있었다. 법연스님은 이것을 '부러진 비석이 옛길에 가로놓여 있는 격(斷碑橫古路)'이라 묘사했다. 또 기척이 드러나기 전에 완전히 합일된다(暗機圓合), 목전에 다른 길이 없다(目前無異路), 밀어도 앞으로 나아가지 않고 당겨도 뒤로 물러나지 않는다(推不向前, 約不退後), 뿔 없는 무쇠소가 소실산에서 잠을 잔다(無角鐵牛眠少室)는 등의 표현도 있다. 앞과 뒤가 끊어져 어느 곳으로도 나아갈 길이 없는 수행의 현장을 비유한 말들이다.

 이에 비해 임제종은 철추로 돌을 때려 불꽃을 일으키듯 단번에 수행자의 생각을 끊고 실상을 깨닫게 하는 장군의 기풍이 있었다. 임제스님의 회상에는 거의 전투와 같은 분위기가 형성되어 있었다. 법연스님은 이에 대해 '5역 죄인이 우렛소리를 듣는 격(五逆聞雷)'이라 표현했다. 알고 이해하는 마음이 떨어지는 것이 마치 우레와 벼락에 간담이 내려앉고 뇌가 찢어지는 것 같다는 것이었다. 그만큼 선풍이 높고 극렬했다. 그래서 깨달음으로 인도하는 과정에 있어서나 깨달음 이후에 있어서나 임제종풍은 단도직입적이며 통쾌하고 활발함을 특징으로 한다.

 임제스님의 무위진인無位眞人 설법은 그 통쾌함과 활발함의 좋은 예가 된다. 임제스님은 "그대들에게는 붉은 살덩이 위의 무위진인이 하나 있어 바로 앞에 출입하고 있으니 이것에 의지하여 보라."고 설법한다. 그러자 제자가 묻는다.

"어떠한 것이 무위진인입니까?"

스님이 법상에서 내려가 그를 잡고 말한다. "말해라, 말해!" 제자가 말하려고 하자 그를 밀치며 말한다. "무위진인은 무슨 똥 막대기냐?" 그리고는 방장실로 돌아간다.

이 가르침에는 유위적 수행의 부정→무위진인의 제시→무위진인의 부정→실상의 제시를 통해 수행자의 생각을 단번에 끊는 통쾌함이 있다. 그것은 수행자의 입장에서 보면 한순간도 머물 수 없는 전투의 현장이다.

조동종은 그 수행과 깨달음의 현장이 의젓하고 온건하여 선비의 기풍이 있다는 평을 받았다. 그것은 동산스님이 물에 비친 그림자를 보고 '그것이 바로 나(渠正是我)'임을 알았던 인연에 기초한다. 곳곳에서 법을 만난다면 지금의 모든 현장이 '나'이다. 밖에서 법을 찾을 일이 없다. 따라서 조동종의 문하에서는 말없이 비추어 알 뿐, 상관하지 않는 자리로 나아간다. 밖으로 인연에 끌리는 마음을 이끌어 자기 집에 돌아와 쉬도록 하는 것이다. 법연스님은 이것을 '집으로 편지는 이미 보내 놓았지만 아직 도착하지는 않은 상황(馳書不到家)'으로 묘사했다. 편지를 누가 읽어야 내 외로움과 억울함을 알아줄 텐데 편지가 도착하지 않았으니 그것을 달랠 길이 없다. 이를 위해 조동종의 가르침에는 말없이 계합하도록 거듭 짚어주는 간곡함이 있다. 그래서 세밀하다는 평가를 받는다.

운문종은 고원함과 험준함, 그리고 간결명쾌함으로 이름이 높았다. 이리저리 많은 말을 하는 일 없이 짧은 한두 마디 말을 통해 수행자의 생각을 끊고 본래면목을 바로 보도록 하였다. 그것은 '선연한 붉은 깃발이 번뜩이는 듯(紅旗閃爍)'하다고 묘사된다. 보여주는 것은 일부분이지만 항상 전체를 담고 있어 자꾸 노출되다 보면 어느새 계합하게 된다는 것이다. 이와 관련하여 흔히 운문3구雲門三句를 말한다. 그 언어가 하늘과 땅을 아우르고(函蓋乾坤), 생각의 흐름을 단번에 끊으며(截斷衆流), 있는 그대로 오는 이대로 실상을 확인하도록 하는(隨波逐浪) 특징을 갖추고 있다는 말이다. 수행자는 이를 통해 헤아리고 짐작하는 일을 쉬고 전체 이대로 오묘한 본체와 계합한다. 만 가지 생각들을 단번에 쉬고, 말과 생각의 길을 끊어, 사물과 현상 전체가 진여임을 알게 하는 것이다. 운문의 법은 항상 수행자의 질문에 대해 맥락을 끊는 대답을 내놓아 의심을 일으키도록 하는 특징이 있다. 이 한 점을 사무치도록 껴안고 의심해 들어가면 시절인연에 의해 반야와 상응하게 되는 것이 운문의 일이다.

법안종은 간단명료한 점에서 운문종과 같고, 온건하고 치밀하다는 점에서 조동종과 같다. 그 인도하고 교화하는 말이 평범하지만 그 안에 깨달음의 계기를 가득 담고 있다는 말이다. 특히 수행자의 문제점을 파악하여 적절한 처방을 내려주는 데 뛰어났다. 법연스님은 이것을 '순라꾼이 통금을 범한 격(巡人犯夜)'이라 묘사했다. 스스로의 법망에 스스로의 몸을 던지듯 저절로 깨달음 속으로 들어가게 된다는 뜻이다. 그 종조인 법안스님이 직접 편찬한 『종문십규론宗門十規論』은 법안종의 이러한 특징을 웅변하는 글이다. 이 책은 참선하는 이들에게 보편적으로 발견되는 열 가지 문제점을 지적하는 내용으로 이루어져 있다. 이 문제점에서 시작하여 수행자의 지해를 멸진하여 밝은 거울을 되찾도록 하는 것이다. 특히 3계유심三界唯心의 도리를 강조하였는데, 그 설복을 위한 언구들은 자세하면서도 분명하다.

아마도 이것은 법안스님이 스스로 경전 공부와 참선 수행을 병행한 일, 선과 교가 둘이 아니라는 강령으로 제자들을 길러낸 일과 관련이 있어 보인다. 종조가 이러했으므로 법안종의 스님들은 대체로 경전에 밝았다. 바로 그 절정에 영명연수스님이 있다. 영명스님은 각 교파의 교설을 선종의 종지에 녹여 이를 일체화하고자 하였다. 그 결과물이 용수보살 이후 최대 저술로 꼽히는 『종경록』이다. 이것은 최소 300여 성현의 학설과 60부의 경전이 하나로 녹아 있는 책이다. 성철스님도 이를 높게 평가하여 적극적으로 인용한다. 나아가 그것은 『선문정로』의 집필 모델이 된 책이기도 하다. 그런데 아이러니하게도 법안종은 영명스님에 이르러 소멸한다. 전법의 도리는 이래저래 불가사의하다.

성철스님은 이 장에서 임제종의 3현3요三玄三要와 조동종의 군신5위君臣五位를 중심으로 논의를 전개한다. 앞에서 개관한 바와 같이 5가7종의 종파에는 깨달음으로 이끄는 정형화된 방법이 있었다. 그 대표적인 것으로 임제의 3현3요와 조동의 군신5위를 들 수 있다는 것이다.

임제종의 3현3요는 원래 임제스님의 원칙론적인 한마디에서 비롯된다. 임제스님은 말한다. "선종의 요체를 설하고 제창하려면 한마디 말에 3현문三玄門을 갖추어야 하고, 1현문一玄門에 3요三要을 갖추어야 한다." 진리를 전달하는 말은 방편과 실체, 비춤과 활용을 동시에 갖추어야 한다는 뜻이다. 임제스님은 그 이상의 말을 하지 않았다. 그런데 후대의 학자들과 수행자들은 이 3현3요가 구체적으로 가리키는 것이 무엇인지를 규명하고자 하였다.

그래서 이에 대한 다양한 논의들이 나오게 된다. 그중 3현을 체중현體中玄, 구중현句中玄, 현중현玄中玄으로 나눈 고탑주古塔主스님의 분류가 유명하다. 이에 의하면 3요의 제1요는 언어에 분별과 조작이 없어야 한다는 것이다. 제2요는 모든 성인의 깊은 도리에 바로 들어가야 한다는 것이고, 제3요는 말의 길이 끊어져야 한다는 것이다.

그러나 이 해석에 대해 분양선소스님은 개탄한다. 원래 전체가 한 몸인 것을 하나씩 억지로 떼어내어 개념화하고 있다는 것이다. 고탑주스님의 해석은 이론적으로 큰 문제가 없어 보인다. 그렇지만 바로 그 '이론적으로 큰 문제 없음'이 선문에서는 병이 된다.

나아가 3현을 지위로 해석하는 경우, 1현문마다 3요를 포함한다는 말에 착안하여 3현9요를 발명해 내는 일 등은 많은 비판을 받았다. 그것이야말로 문자선의 개념놀이이기 때문이다. 무엇보다도 그것은 임제스님이 뜻한 바가 아니었다.

깨달음의 언어에는 존재성과 의미성이 통일되어 있고, 나아가 불이의 차원에 대한 각성이 담겨 있어야 한다. 그렇지만 그것은 주체와 대상에 대한 집착이 사라진 차원에서만 일어날 수 있다. 언어에 의지하되 말의 길이 끊어진 언어, 그것이 3현3요의 비밀이다.

그런 점에서 임제스님의 3현3요는 단지 임제종에만 한정되지 않는다. 모든 정안종사의 가르침에 3현3요가 구현되어 있다. 법안스님과 여칙如則스님의 법문답을 보자. 법안스님은 여칙스님이 입실 참문하는 일이 없자 그 이유를 묻는다. 여칙스님이 대답한다.

여칙 : 스님은 모르십니까? 저는 청림靑林에서 도를 얻었습니다.
법안 : 한 번 나에게 말해 보게.
여칙 : 제가 어떤 것이 부처입니까 하고 물었단 말입니다. 청림선사가 대답하기를, 병정丙丁동자가 불을 구하는 일이라 했습니다.
법안 : 좋은 말이네. 그렇지만 그대가 틀렸을 수 있으니 더 말해 보게.
여칙 : 병정은 불에 속하므로 불로 불을 구하는 것입니다. 마찬가지로 제가 부처인데 다시 부처를 찾는 격입니다.
법안 : 그대가 과연 잘못 알았네.

여칙이 분해서 바로 일어나 강을 건너갔다. 법안스님이 말했다.
"그가 돌아온다면 구해줄 수 있겠지만 돌아오지 않는다면 구할 길이 없다."

여칙이 도중에 스스로 생각하였다. '스님은 5백 대중을 거느리는 선지식이다. 나를 속일 일이 있겠는가?' 그리고는 마침내 돌아와 법안스님에게 다시 참문하였다.

여칙 : 스님이 저한테 물으셔서 저는 대답을 했습니다. 이제 여쭙겠습니다. 어떤 것이 부처입니까?
법안 : 병정동자가 불을 구하는 일이지.
여칙은 이 말에 크게 깨달았다.[471]

여칙스님은 처음에는 깨달음의 말을 상징과 비유로 해석했다. 그에게 병정동자가 불을 구한다는 말은 상징을 담는 그릇일 뿐이었다. 병丙과 정丁은 오행에서 불에 속하므로 병정동자는 곧 불이다. 그래서 여칙스님은 이 말을 듣고 이미 부처인데 부처를 추구하는 일을 가리키는 것이라 이해한 것이다. 물론 그 이해가 틀린 것은 아니다.

문제는 이해 그 자체에 있다. 이해는 생각과 의미의 틀에 갇혀 있다. 이 차원에서는 생사문제가 해결되지 않는다. 여칙스님이 분해서 절을 떠났다는 사실 자체가 그것을 증명한다. 옳고 그름이 있고, 바르게 이해한 나와 잘못을 지적한 법안스님이 있다. 분별로 인한 윤회를 벗어나지 못한 것이다.

다행히 여칙스님은 마음을 비우고 돌아와 다시 묻는다. 그리고 전과 같은 대답을 듣는다. 법안스님의 이 말은 존재성과 의미성의 통일, 그리

---

[471] 『佛果圜悟禪師碧巖錄』(T48, 147b), "和尙豈不知, 某甲於青林處, 有箇入頭. 法眼云, 汝試爲我擧看. 則云, 某甲問如何是佛, 林云, 丙丁童子來求火. 法眼云, 好語. 恐爾錯會, 可更說看. 則云, 丙丁屬火, 以火求火, 如某甲是佛, 更去覓佛. 法眼云, 監院果然錯會了也. 則不憤便起單渡江去. 法眼云, 此人若回可救, 若不回救不得也. 則到中路自忖云, 他是五百人善知識, 豈可賺我耶. 遂回再參法眼云, 爾但問我, 我爲爾答. 則便問, 如何是佛, 法眼云, 丙丁童子來求火, 則於言下大悟."

고 그 통일된 자리까지 넘어서는 완전한 불이의 현장이다. 그런 점에서 법안스님의 말은 3현3요를 갖추었다고 말할 수 있다.

이 밖에도 임제종에서는 4료간四料揀, 4빈주四賓主, 4할四喝, 4조용四照用, 3구三句 등 깨달음으로 이끄는 다양한 방법을 썼다. 또한 이에 대한 자세한 논의가 선문에 유행하기도 하였다. 물론 그 핵심은 주체와 객체를 둘로 분별하는 병폐를 치유하는 데 있었다.

사실 깨달은 입장에서는 모든 것이 진여인 동시에 방편이다. 따라서 깨닫지 못하면 가만히 침묵하는 일조차 8만4천의 번뇌가 되고, 깨달으면 8만4천의 법문이 오로지 하나의 방과 할에 수렴된다. 이렇게 알 때 임제종의 다양한 방편들을 자유롭게 쓸 수 있는 것이다.

한편 조동종의 5위설은 치밀한 체계성을 갖춘 것으로 유명하다. 동산스님은 진리에 눈뜨는 일을 정중편正中偏, 편중정偏中正, 정중래正中來, 편중지偏中至, 겸중도兼中到의 다섯 차원으로 분류하였다. 그리고 그를 이은 조산본적스님이 각각의 차원에 설명을 달았다. 이로써 5위설은 조동종의 중심 사상이 된다. 이것은 본체와 이치를 정正으로 삼고, 활용과 현상을 편偏으로 삼아 그 상호 관계를 다섯 가지 조합으로 구분한 것이다. 이에 의하면 본체, 공, 이치에 대해 눈뜨는 차원을 정중편正中偏이라 한다. 개별적인 일, 각각의 형상이 그대로 공이자 자성의 이치를 갖추고 있음을 인지하는 차원을 편중정偏中正이라 한다. 모든 현상이 공과 다르지 않으며 인연에 따라 일어난 것임을 아는 차원을 정중래正中來라 한다. 개별적인 일의 활용이 전적으로 본체에 계합하는 차원을 편중지偏中至라 하고, 체와 용, 일과 이치가 서로 분리할 수 없게 병행하는 차원을 겸중도兼中到라 한다. 이 중 궁극은 겸중도이다. 이 차원에서는 여러 인연에 차별없이 응하되 어떠한 있음에도 떨어지지 않는다. 그리하여 오염도 청정도 아니고, 바름도 치우침도 아닌 불이중도의 차원에서 영원히 벗어나지 않게 되는 것이다.

이것을 상호 관계로 보면 군신5위君臣五位가 되고, 수행상의 지위로 보면 공훈5위功勳五位가 된다. 다만 여기에서 점차적 지위를 설정하는 것은 일종의 방편설이 된다. 그래서 실제로는 다섯 측면이 동시에 포함된 하나의 지위만 있을 뿐이라는 점이 거듭 강조된다. 그 핵심은 수행자의 치우친 견해를 타파하는 계기를 마련하도록 하는 데 있다.

2. 성철스님 현요정편 법문의 특징

현요정편의 설법은 바로 앞 정안종사의 설법과 짝을 이루어 시설되었다. 정안종사의 설법에서는 임제종의 종사들을 전형적 스승의 예로 꼽는다. 성철스님이 스스로 임제종의 법맥을 계승하고 있음을 뚜렷이 한 것이다. 그러면서도 성철스님은 임제종은 물론 전체 5가7종이 같은 집안의 살림을 말하고 있다고 강조한다.

원래 종파가 형성되고 나면 필연적으로 배타적 논쟁이 일어나게 마련이다. 실제적 수행의 실천에 있어서도 모든 것을 두루 고려하는 일은 드물다. 단순한 방편의 반복이 효과적 힘을 발휘하기 때문이다. 대혜스님이 묵조선을 삿된 선이라고 극력 비판한 것도 활구참구의 살아 움직이는 자리로 집중시키기 위해서였다.

그런데 성철스님은 이 현요정편의 설법에서 선가의 다섯 종파에 우열과 심천이 없음을 거듭 강조한다. 그 우열장단을 논하는 것은 법에 밝지 못한 눈먼 선객들의 병통이라는 것이다. 나아가 각 종파에서 깨달음으로 이끄는 다양한 방법들을 지위점차로 이해하는 관점에 대해 통탄한다.

특히 보조스님이 체중현, 구중현, 현중현의 3현을 지위 관계로 설명한 일을 크게 잘못된 것으로 지적한다. 임제스님의 본뜻이 아니라는 것이다. 더구나 그것을 알면서도 굳이 인용했으므로 잘못이 더 크다는 것이다. 같은 차원에서 조선조의 백파스님이 비판된다. 백파스님은 무엇보다도 각 종파의 우열을 나누고, 정안종사의 가르침을 순차적 지위 관계로 논하는 데 능했다. 특히 3현3요를 구분하여 3현의 위에 3요를 배치하는 해석을 내놓았다. 성철스님은 그가 종파의 우열을 나누는 데 불필요한 공을 들였다고 비판한다.

물론 보조스님이 참고로 제시한 3현의 지위론이나 백파스님의 이론은 중국에서 건너온 것이다. 그럼에도 성철스님의 비판은 보조스님과 백파스님을 겨냥한다. 이로 인해 중국의 것은 비판하지 않고 한국만 비판한다는 지적이 제기되기도 한다.

그런데 이것은 이상한 일이 아니다. 성철스님의 관심사는 오직 한국의 선풍을 바로잡는 데 있었고, 일체의 분별을 끊는 깨달음의 풍토를 진작하는 데 집중되어 있었기 때문이다. 그런데 우열론, 지위론은 상호 비교를 통해서만 가능한 일이다. 상대를 설정하여 상호 비교하는 행위 자체가 분별의 차원에 떨어지는 일이다. 그래서 보조스님과 백파스님의 비판에 집중하게 된 것으로 이해된다.

3. 문장 인용의 특징

【18-1-①】 問 如何是臨濟下事오 師云 五逆이 聞雷니라 ①[學云] 如何是雲門下事오 ②[師]云 紅旗閃爍이니라 ③[學云] 如何是

曹洞下事오 ④[師]云 馳書不到家니라 ⑤[學云] 如何是潙仰下事오
⑥[師]云 斷碑橫古路니라 ⑦[僧]이 禮拜어늘 師云何不問法眼下事
오 ⑧僧[學]이 云 留與和尙이니다 師云 巡人이 犯夜니라하고 乃云
會則⑨[卽]事同一家요 不會⑩[則]萬別千差로다

선문정로 묻기를, "어떤 것이 임제하臨濟下의 법사法事오." 사師가 답
하되, "5역五逆이 뇌성雷聲을 문聞하느니라." "어떤 것이 운문하雲門下
의 법사오." 답하되 "홍기紅旗가 섬삭閃爍하도다." "어떤 것이 조동하
曹洞下의 법사法事오." 답하되 "치서馳書에 도가到家치 못하니라." "어
떤 것이 위앙하潙仰下의 법사法事오." 답하되 "단비斷碑가 고로古路에
횡신橫身하니라." 승僧이 예배하거늘 사운師云 "무슨 일로 법안하사法
眼下事를 묻지 않는고." 승운僧云 "잔류殘留하여 화상和尙께 드립니다."
사운師云 "순인巡人이 범야犯夜하니라." 하고 이에 말하되, "회오會悟하
면 법사法事가 일가一家와 동일同一하고 회오會悟치 못하면 만별萬別과
천차千差로다."

현대어역 질문이 있었다. "어떤 것이 임제종의 일입니까?" 스님이 답
변하였다. "5역 죄인이 천둥소리를 듣는 격이다." [학인이 질문하였
다.] "어떤 것이 운문종의 일입니까?" [스님이] 답변하였다. "붉은 깃
발이 펄럭이는 격이다." [학인이 질문하였다.] "어떤 것이 조동종의 일
입니까?" [스님이] 답변하였다. "서신을 보냈는데 아직 집에 도착하지
않은 격이다." [학인이 질문하였다] "어떤 것이 위앙종의 일입니까?"
[스님이] 답변하였다. "부러진 비석이 옛길에 가로놓여 있는 격이다."
학인이 예배하였다. 스님이 말하였다. "어째서 법안종의 일은 묻지
않는가?" 학인이 말하였다. "스님께 남겨드립니다." 스님이 말하였다.

"순라꾼이 통금을 어기는 격이다." 그리고는 이렇게 말하였다. "깨달으면 모든 일이 한 집안의 일이고, 깨닫지 못하면 천 가지, 만 가지로 다른 법이다."

[해설] 수행자가 묻고 법연스님이 답하는 형식으로 이루어진 문장이다. 이에 의하면 5가의 종풍이 다르지만 그것은 모두 분별을 쉽게 하여 생사에서 벗어나도록 한다는 점에서 동일하다. 수도 서울에 들어가는데 혹은 남쪽 길로 들어가고, 혹은 북쪽 길로 들어간다. 혹은 동쪽으로 들어가고, 혹은 서쪽으로 들어간다. 길은 다르지만 도착하고 나면 모두 그곳이다.

또한 5가의 종풍이 다르다고 하지만 모두 6조스님의 자손이다. 그러므로 원래 한 집안의 일이다. 남북의 선풍이 다르지만 모두 달마의 자손이고 가섭의 후예이며 석가의 문중이다.

그런데 논리적으로 그렇다 해도 상호 간의 다름과 분별이 있을 수 있다. 결국 문제는 우리 자신의 분별심이다. 그래서 법연스님은 오직 깨달음이 있어야 5가의 종풍이 원래 한 집안의 일임을 알게 된다고 한 것이다. 그뿐인가? 깨닫고 나면 철천지원수가 한 집안이고, 중생과 부처가 한 가지 일이다.

5가의 종풍을 비롯한 선문의 다양한 방편들은 한결같이 수행자를 깨달음으로 이끌기 위해 시설된 것들이다. 각자의 깨달음의 문을 여는 계기가 다르므로 그에 상응하는 방편이 8만4천 가지로 늘어날 수밖에 없다. 우리가 잊지 말아야 할 것은 이렇게 다양한 계기와 방편이 모두 한마음에서 시작된 것이라는 점이다. 그러므로 상호 우열을 다투는 일만큼 소모적인 것은 없다. 각 종풍의 우열은 논한다는 것 자체가 이미 깨닫지 못했음을 증명하는 것이다.

다만 각 종파의 입장에서는 그 문하의 수행자를 물샐틈없이 가두어 수행에 전념하도록 할 필요가 있다. 그래서 겉으로 보기에 배타적 문파주의로 보이는 일들이 일어난다. 대혜스님이 묵조선을 삿된 참선으로 배격하면서 여기에 빠지면 간화선을 닦을 수 없다고 한 것[472]도 그 일례에 해당한다.

성철스님은 5가 종풍의 우열과 심천을 논하는 일을 절대 반대한다. 그것은 불법에 눈을 뜨지 못했다는 증거라는 것이다. 그런데 5가 종풍의 우열을 다투던 중국적 상황과 성철스님 시대의 한국적 현실에 차이가 없을 수 없다. 성철스님 시대의 한국 선문은 이미 임제종 천하가 된 상황이었다. 이런 상황에서 5가 종풍을 말하는 것은 관념적 유희였다. 그래서 성철스님의 5가 종풍의 논의는 그 우열을 다투는 방식으로 진행될 필요가 없었다. 오로지 그 기이하게 빛나는 언어들에 빠져 관념의 유희를 즐기는 일이 없도록 경계하고 차단할 필요가 있었던 것이다. 성철스님이 5가 종풍의 차별에 대한 논의를 차단한 이유이다.

①에서 ⑥까지 동일한 방식의 생략이 이루어졌는데 대화체 문장을 정연하게 표현하기 위한 것이다. 질문이 모두 '여하如何'로 시작하므로 그것이 학승의 질문이라는 것이 이미 밝혀져 있다. 그래서 '학승이 말하기를(學云)'의 표기를 모두 생략하였다. 이에 따라 '스승님이 말씀하시기를(師云)'로 표기되어 있는 법연스님의 답변을 '말씀하시기를(云)'로 줄여 표현하였다. 이로써 '질문(如何)'→'답변(云)'으로 이루어지는 정연한 호응 관계가 드러난다.

⑦의 긴 문장은 1981년 초판본에 있던 것이 이후 가로쓰기로 조판

---

472 『大慧普覺禪師語錄』(T47, p.922b), "尙爾滯在默照處, 定是遭邪師引入鬼窟裏無疑. 今又得書, 復執靜坐爲佳, 其滯泥如此, 如何參得徑山禪."

하면서 빠진 부분이다. 복원해야 한다.

⑧에서는 '학운學云'을 '승운僧云'으로 바꾸었다. 이미 '학운學云'으로 표기된 수행자들의 질문을 모두 '운云'으로 바꾼 뒤이기 때문에 다시 '학學'을 주어로 제시하기 불편했기 때문이다. 또한 바로 앞에 '중僧'을 주어로 한 구절이 있으므로 이것을 받아 주술 관계를 분명하게 하고자 한 것이다.

⑨에서는 '즉卽'을 '즉則'으로 바꾸었다. 통용하는 관계에 있는 글자이다. 다만 '즉卽'이 즉시성, 동일성을 강조하는 데 주로 쓰인다면, '즉則'은 인과를 표현하기에 적절하다. 해당 문장이 인과의 관계를 말하고 있으므로 운문하고자 한 것이다.

⑩에서는 원문에 없는 '즉則' 자를 추가하였다. 원래 '즉則', 혹은 '즉卽'이 들어가야 할 자리이다. '회즉사동일가會卽事同一家'가 6자이므로 그 동격으로 나열되는 '불회만별천차不會萬別千差'에서는 글자 수를 맞추기 위해 '즉則' 자의 생략이 일어났다. 성철스님은 이것을 복원하여 그 의미를 분명히 드러내고자 한 것이다.

【18-1-②】 若是 石頭馬師와 百丈黃檗과 臨濟雲門과 玄沙巖頭와 法眼潙仰曹洞①[此等]之流는 皆是向上宗師니라

선문정로 이와 같이 석두石頭·마사馬師와 백장百丈·황벽黃檗과 임제臨濟·운문雲門과 현사玄沙·암두巖頭와 법안法眼·위앙潙仰·조동曹洞의 등류等流는 전부 향상종사向上宗師니라.

현대어역 석두, 마조, 백장, 황벽, 운문, 임제, 현사, 암두, 법안, 위산, 앙산, 조산, 동산스님과 같은 [이러한 등급의] 인물들은 모두 궁극의 종지를 깨달은 선사들이다.

[해설] 석두스님은 청원행사의 제자이고, 마조스님은 남악회양의 제자이다. 석두스님은 상황에 따른 언어 표현이 민첩했고, 마조스님은 바로 가리키는 간명한 설법에 뛰어났다. 두 스님은 당시 석두종과 홍주종을 형성하며 남종선을 널리 펼쳤다. 그 선풍이 달라 각기 종파를 형성하기는 했지만 모두 궁극의 종지를 깨달은 선사들이라는 점에서 다르지 않다. 백장스님은 선종 총림의 창설자라 할 수 있고, 그 계승자인 황벽스님은 황벽종의 종조로서 후세 임제종을 여는 선구가 된다. 백장스님은 자신의 제자인 황벽스님이 자신보다 낫다고 인정했지만 실제로는 두 스님 모두 우열을 가릴 수 없는 궁극의 차원에 도달한 종사들이었다. 현사, 암두, 법안, 위산, 앙산, 조산, 동산스님 모두 궁극의 종지를 깨달은 조사들이라는 점에서 차이가 없다.

그럼에도 이들 종사들은 천차만별의 종풍으로 선의 황금시대를 이끌었다. 문자를 좇는 입장에서는 이들의 다름을 자세하게 논구하고자 한다. 그렇지만 깨달은 눈으로 보면 모두 한 집안의 일이다. 그러니까 이렇게 설법한 원오스님의 의도가 깨달음의 촉구에 있고, 문장을 인용한 의도 역시 깨달음의 한길을 보여주는 데 있다고 알아야 한다.

성철스님은 5가의 종풍을 바로 보려면 스스로 진리를 깨달아야 한다는 점을 강조하기 위해 이것을 인용하였다.

①과 같이 '이러한 등급의 인물들(此等之流)'을 '~의 인물들(之流)'로 축약하였다. 앞에서 이미 인물들을 나열하였으므로 '차등此等'이라는 말에 중복의 느낌이 있다. 이것을 생략한 이유라 할 수 있다.

【18-1-③】 不問雲門下臨濟下하며 ①[曹洞下]法眼下潙仰下하고 大法을 若不明하면 各宗其宗하고 各師其師니라

선문정로 운문하雲門下와 임제하臨濟下와 조동하曹洞下와 법안하法眼下와 위앙하潙仰下를 불문不問하고, 대법大法을 명철明徹치 못하면 각각 그 종宗을 종승宗乘하고 각각 그 사師를 사앙師仰하느니라.

현대어역 운문종, 임제종, 조동종, 법안종, 위앙종을 가릴 것 없이 큰 진리를 밝게 깨닫지 못하면 각기 그 종파만을 옳다 하고 그 스승만을 떠받들게 된다.

[해설] 깨달으면 자성과 현상이 둘이 아니고 본체와 활용이 둘이 아니다. 나는 동쪽을 가리키고 너는 서쪽을 가리킨다 해도 모두 같은 하늘을 가리키는 일인 줄 알면 차별이 없다. 선문의 5가 종풍을 보는 일도 마찬가지다. 깨닫기 전에는 서로의 차이가 현격하여 서로를 사마외도로 몰아붙일 지경이 되지만 깨닫고 보면 한결같이 동등하다.

①의 '조동하曹洞下'가 빠져 있는데 번역문에는 이 부분이 들어 있다. 1981년 초판본에 바로 되어 있던 것이 1993년에 가로쓰기로 바꾸면서 오류가 일어나 2015년 본까지 이어진 것이다. 생략의 의도가 없었다는 것이 확인되므로 복원해야 한다.

【18-1-④】 山僧이 在衆日에 潙仰曹洞과 雲門法眼下에 都去做工夫來하고 臨濟下則故是니 後來에 方知道하되 悟則事同一家요 不悟則萬別千差니라

선문정로 산승山僧이 대중에 있을 때에 위앙조동潙仰曹洞과 운문법안雲門法眼의 회하會下에서 두루 공부하고 ①임제하臨濟下에서는 미참하였더니, 후래後來에 확철하여 회오會悟하면 법사法事가 일가一家와 동

일同一하고 회오會悟치 못하면 만별천차萬別千差라 함을 명지明知하니라.

현대어역 내가 대중의 한 사람으로 있을 때 위앙종, 조동종, 운문종, 법안종에 대해 모두 공부를 하였으며 임제종도 물론이었다. 나중에 비로소 알게 되었는데 깨달으면 그 일이 한 집안과 같고, 깨닫지 못하면 천차만별이었다.

[해설] 대혜스님이 젊어서 선종의 각 종파를 공부하였는데 나중에 깨닫고 보니 모두 한 집안의 일이었다는 것이다. 대혜스님은 17세에 출가한 뒤 운문어록을 읽고 선문의 법이 자신에게 인연이 있음을 알게 된다. 그리하여 운문종의 선사에게 의지하여 공부하기도 하고, 선종 5가의 설을 두루 공부하기도 하였다. 특히 조동종의 고승들에게 선법을 학습하였는데 모두 실망하고 나중에 담당문준스님에게 의지하여 임제선을 닦게 된다. 담당스님 열반 후 원오스님 회하에서 깨달음을 얻었다.
　인용문은 대혜스님의 공부 이력에 대한 요약이다. 이 설법은 정성충鄭成忠이라는 유학자를 상대하여 설한 것이다. 원래 정성충은 5가의 종파에 각기 특별한 무엇이 따로 있다는 생각을 하고 있었다. 대혜스님은 이 점을 의식하여 달마조사의 법에 이런저런 차별이 있을 수 없음을 밝힌다. 오로지 마음을 비우는 일 하나로 이 공부는 귀결된다는 것이다. 이때 수행의 길을 밝힌 다음과 같은 게송을 하나 내린다.

악한 생각이 일어나지 않으면
선한 생각이 항상 이어지게 된다.
모든 바라밀의 길이

모두 저절로 갖추어진다.473

여기에서 악한 생각은 분별망상을 가리키고, 선한 생각은 대무심의 경계를 가리킨다.

한편 성철스님은 ①과 같이 '임제하臨濟下에서는 미참하였더니(臨濟下則故是)'라는 번역문을 제시한다. 시간적 선후 관계가 있지만 담당문준스님에게 이미 임제선을 공부하였다는 점, 원오스님에게 의지하였을 때도 이미 대중의 일원이었다는 점 등에 있어서 사실 관계의 충돌이 있다. '즉고시즉故是'는 어록체에 자주 나타나는 표현으로 '~은(則) 본래(故) 그렇다(是)'는 뜻을 표현한다. 대혜스님에게 공부한 정상명鄭尙明이라는 학사에 대한 다음과 같은 묘사를 보자.

그중에 정상명이라는 선비가 있었는데 극히 총명하여 교학에도 밝고, 도장道藏에도 밝았으며, 유교는 본래 그러했다(儒敎則故是也).474

한편 『대혜보각선사보설』에는 이것이 '고시固是'로 표기되어 있다. '원래 그렇다', '본래 그렇다'는 뜻이다. 이러한 점 등을 고려하여 현대어역에서는 '물론이었다'로 옮겼다.

【18-2-①】 隨處作主하고 遇緣卽宗하야 ①[法幢隨處建立.] 展臨濟三玄戈甲하고 會曹洞五位君臣하야 敲②唱[倡]雙行하며 殺活

---

473 『大慧普覺禪師語錄』(T47, p.887c), "惡念旣不生, 善念常相續. 諸波羅蜜門, 一切自具足."
474 『大慧普覺禪師語錄』(T47, p.885a), "彼中有箇士人鄭尙明, 極聰明敎乘也理會得, 道藏也理會得, 儒敎則故是也."

自在로다

선문정로 처소에 따라 주재主宰를 짓고 인연을 만나 종풍宗風을 세워 임제의 3현과갑三玄戈甲을 전개하고 조동曹洞의 5위군신五位君臣을 회합會合하여 고창敲唱이 쌍행雙行하여 살활殺活이 자재하도다.

현대어역 처하는 자리마다 주인공이 되고, 만나는 인연에 따라 종지를 세우며 [만나는 곳마다 법의 깃발을 세운다.] 임제 3현3요의 창과 방패를 펼치고, 조동 5위군신을 하나로 통일한다. 장단 맞추고 노래하기를 동시에 실천하니 죽이고 살리는 일에 자재하다.

[해설] 응암담화스님의 어록에서 가져온 것이다. 3현3요를 처음 언급한 것은 임제스님이다. 그러나 정작 그 구체적인 내용이 무엇인지는 스스로 말한 적이 없다. 다만 그것이 언어형식을 통해 진리를 드러내는 일을 가리킨다는 것은 분명하다. 그래서 3현에 대해 실상을 알 수 있도록 최선을 다한 표현(體中玄), 이해를 차단하여 실상에 눈뜨도록 하는 표현(句中玄), 상대성의 질곡을 떠난 표현(玄中玄)이라는 해석이 있게 된다. 고탑주스님의 3현에 대한 이 해석이 가장 널리 알려진 설이다. 여기에서 말하는 3현에 대한 해석은 경전과 같은 의미가 통하는 말, 화두와 같이 의미를 차단하는 말, 고함이나 침묵이나 몽둥이나 일원상과 같은 언어적 틀을 벗어난 말에 의해 불교의 진리가 표현된다는 뜻으로 보기도 한다.

그런데 임제스님은 한마디에 3현문을 갖추어야 한다고 했다. 요컨대 모든 말에 3개의 차원이 함께 하는 실존적 입체성을 구현해야 한다는 것이다. 갓난아기의 울음을 예로 들 수 있겠다. 갓난아기의 울음은 배고프다는 의미를 전달하고, 어머니의 주의를 다른 곳으로 가지 못하도록 차단하는 힘을 발휘하고, 이미 그 자체로 완전한 존재를 드러낸다. 의미성, 차단성, 존재성의 삼위일체가 아기의 울음인 것이다. 깨달음의 언어가 바로 이러한 인식-차단-존재의 삼위일체성을 본질로 한다는 것이다. 3요 역시 논의가 분분하지만 대체적으로 관념의 지배를 받지 않는 말, 상황에 따라 도에 들어가도록 이끄는 살아 움직이는 말, 분별을 떠나 한마음으로 돌아가 비추도록 하는 말이 되어야 한다는 정도의 해석이 가능하다. 이것이 임제스님 3현3요의 핵심이다. 이것은 혹은 집착을 깨뜨리고 혹은 법을 지킨다. 그래서 3현의 창과 방패라고 표현한 것이다.

한편 조동종의 5위군신은 '정(正=君=空)'과 '편(偏=臣=色)', 그러니까 진여와 현상의 다섯 가지 조합을 통해 실상을 드러내는 방편설이자 지위설이다. 조산스님의 해설 등에 따르자면 그 지위설의 대강은 다음과 같다.

제1위는 정중편正中偏이다. 진여 본체(正) 속에서 분별의 속박을 뚫고 일어나는 깨달음(偏)이다. 아직 분별의 힘이 더 커서 깨달음을 삼켜 버리는 상황이다. 최초로 진여에 눈뜨는 단계이다.

제2위는 편중정偏中正이다. 훈습의 공부(偏)를 통해 이치(正)에 점점 계합해 가는 단계로서 깨달음 이후의 공부를 지어 나가는 지위이다.

제3위는 정중래正中來이다. 법신(正)을 증득하여 세속으로 돌아오는 도중(來)에 있는 지위로서 이치와 현상의 불이성에 대한 체화가 일어난다.

제4위는 겸중지兼中至이다. 법신의 광명을 상황에 따라 자유롭게 활용하는 지위이다. 진여와 한 몸으로 계합하여 지혜가 물처럼 흘러나온다.

제5위는 겸중도兼中到이다. 진여와 현상이라는 흔적조차 남지 않은 지위이다. 원명적조한 구경열반의 자리이다.

이것을 군신의 관계로 설명하면 세 가지로 요약된다. 신하의 입장에서 임금을 지향하는 것은 편偏의 지위이다. 임금의 입장에서 신하에게로 나아가면 정正의 지위이다. 임금과 신하의 길이 합하면 겸兼하는 위치이다. 군신5위설의 핵심은 함께 겸하는 데 있다. 이것을 이 인용문에서는 회합한다(會)고 표현했다.

인용문은 임제의 3현3요와 조동의 군신5위를 지위와 심천으로 보아서는 안 된다는 점을 강조하는 내용으로 되어 있다. 성철스님의 인용 의도도 여기에 있다.

인용문에 표시한 바와 같이 ①이 생략되었다. '만나는 곳마다 법의 깃발을 세운다'는 뜻이다. '처하는 자리마다 주인공이 되고, 만나는 인연에 따라 종지를 세운다'는 앞의 구절과 내용상 중복되므로 생략한 것이다.

②의 '장단 맞추고 노래한다'는 '고창敲倡'을 '고창敲唱'으로 바꾸어 표현하였다. 같은 뜻이지만 보편적 표현으로 바꾸어 이해를 돕고자 한 것이다.

【18-2-②】 禪禪이여 曹洞五位와 臨濟三玄이로다 ①[大年三十夜, 脚踏地頭頂天.]

선문정로 선선禪禪이여, 조동의 5위五位와 임제의 3현三玄이로다.

현대어역 선, 선이라. 조동의 군신5위와 임제의 3현3요라네. [납월 30일, 발로 땅을 밟고 머리로 하늘을 받친다네.]

[해설] 응암담화스님은 임제종의 정맥을 잇는 송대의 선사로서 천하의 명산에 두루 주석하면서 임제선을 펼쳤다. 특히 마지막에 주석한 천

동산天童山 경덕선사景德禪寺에서 교화하던 시기에 도를 묻는 수행자의 행렬이 끊이지 않았다. 그래서 천동응담으로 불리기도 한다.

이 인용문은 천동산의 상당법문에서 가져왔다. 응암스님에게 영향을 받은 것이겠지만 그 이후의 선사들에게 선선禪禪, 도도道道, 불불佛佛 등과 같이 선문의 거룩한 단어를 반복하는 것으로 법문을 시작하는 경우가 여럿 발견된다. 이렇게 시작되는 법문은 대체로 말하고자 하는 것을 한마디로 정의하거나 그것을 특별한 무엇으로 생각하는 관념을 깨뜨리는 방식으로 진행되는 경우가 많다. 다음의 두 경우를 보자.

> 도, 도, 도라. 붉은 화로 위의 한 가닥 풀이로다. 선, 선, 선이라. 강에는 모두가 나무배로다.[475]

> 선, 선, 선이라. 배고프면 밥을 먹고 피곤하면 잠을 잔다. 도, 도, 도라. 성루의 북이 5경(새벽 3시~5시)을 알리면 황금빛 닭이 운다.[476]

앞의 법문은 선과 도를 한마디로 정의하고자 하고, 뒤의 경우는 특별함을 기대하는 관념을 타파하고자 한다. 응암스님의 설법은 두 경우를 겸하고 있다. 먼저 3현3요와 조동5위를 말하여 한마디로 정리하고, 다음으로 변함없이 발로 땅을 밟고 머리로 하늘을 받치는 평범한 도리를 피력했다.

인용문은 그중 앞의 문단만 가져오고 ①로 표시한 부분은 생략하였

---

[475] 『楚石梵琦禪師語錄』(X71, p.630b), "道道道, 紅爐燄上一莖草. 禪禪禪, 河裏盡是木頭船."
[476] 『善一純禪師語錄』(J39, p.904), "禪禪禪, 饑來喫飯困來眠. 道道道, 城樓五鼓金雞叫."

다. 성철스님은 배고프면 밥 먹고 피곤하면 잠을 잔다는 식의 풀어주는 (放行) 표현을 즐기지 않는다. 그것이 자칫 자연주의적 방임의 권장으로 이해될 위험성이 다분하다고 보았기 때문이다.

성철스님에게 '선, 선(禪禪)'은 당장의 활구참구를 통한 무심의 실천이고, 오묘한 도리와 하나되는 대무심의 증득이다. 그 과정은 모든 지해를 내려놓기를 반복하는 철저한 수행으로 채워진다. 성철스님이 생각하는 3현3요의 실천이고 군신5위의 회통이다.

【18-2-③】 以拂子로 擊一下하고 三玄三要로다 又擊一下하고 五位君臣이로다 又擊一下하고 一鏃破三關하니 分明箭後路로다 又擊一下하고 三界唯心이요 萬法唯識이로다 又擊一下하고 線去線來① [絲來線去]하야 明暗이 相投로다하니라

선문정로 불자拂子로써 법상法床을 일격하고 말하되 "②임제의 3현3요三玄三要로다." 또 일격하고 "③조동의 5위군신五位君臣이로다." 또 일격하고 "④운문의 일족一鏃으로 3관三關을 파쇄破碎하니 분명한 전후로箭後路로다." 또 일격하고 "⑤법안의 3계유심三界唯心이요 만법유식萬法唯識이로다." 또 일격하고 "⑥위앙의 선거線去하고 선래線來하여 명암明暗이 상투相投로다." 하니라.

현대어역 불자를 가지고 한 번 치고 말하였다. "3현3요이다." 또 한 번 치고 말하였다. "군신5위이다." 또 한 번 치고 말하였다. "하나의 화살로 세 개의 관문을 타파하지만 화살이 지난 길은 분명하다." 또 한 번 치고 말하였다. "3계가 오직 마음이고, 만법이 오직 식識이다." 또 한 번 치고 말하였다. "외가닥 실(絲)이 오면 꼰 실(線)이 가고, 어

두움과 밝음이 서로 만난다."

[해설] 대혜스님은 간화선을 전파하면서 조동종의 묵조선을 비롯한 다른 선법을 삿된 선(邪禪)으로 규정한다. 그러면서도 정작 자신은 묵조선의 제창자인 굉지정각스님과 생사의 교류를 나누었다. 굉지스님 역시 열반에 임해 불법의 등불을 대혜스님께 맡긴다는 유언을 할 정도였다. 서로를 배척하면서 서로를 인정한 것이다.

왜 배척하는가? 수행자들이 크게 깨닫기 전에는 오직 하나의 공부에 몸을 던져야 하기 때문이다. 그러니까 대혜스님의 묵조선 비판은 상호 우열을 겨루자는 도전이 아니다. 하나의 선문에 들어와 도를 공부하는 사람이라면 다른 가풍을 기웃거리며 지해를 키워 가서는 안 된다는 차원에서의 비판이다.

왜 인정하는가? 깨달은 입장이 되면 한마음의 근원에 서서 모든 선풍을 자유롭게 활용할 수 있기 때문이다. 크게 깨달은 입장이 되면 5가의 종풍이 모두 한결같이 무심의 실천이며 진여와 계합이 된다. 이 인용문은 깨달음의 차원에서 5가의 종풍을 하나하나 호명하여 나열한다. 그 차별 없음을 드러내기 위한 배치이다. 이를 통해 자아에 기초한 분별과 집착의 마음을 차단하고자 하는 것이다.

①과 같이 '외가닥 실이 오면 꼰 실이 간다(絲來線去)'는 구절을 '실이 가면 실이 온다(線去線來)'로 바꾸었다. 사絲는 외가닥 실이고, 선線은 이것을 여러 겹 꼬아서 겹친 실이다. 한쪽에서 외가닥 실(絲)을 매기면 다른 한쪽으로 꼰 실(線)이 나오는 실 잣는 이치를 비유로 들어 위앙종의 면밀한 상호작용을 표현한 것이다. 성철스님은 이것을 '선거선래線去線來'로 바꾸어 그 상호 간에 작용이 동등하게 오가는 점만을 드러내었다.

②~⑥과 같이 각각의 표어가 구체적으로 5종의 어느 종파를 가리키

는지를 밝혀 놓았다. 원문에는 없는 것을 드러내는 설명식 번역에 해당한다. 성철스님은 그 각각의 표어가 의미하는 내용을 구체적으로 설명하지 않는다. 중요한 것은 깨달음의 차원에서 보면 5종의 가풍이 모두 한집안의 일임이 확인된다는 점을 강조하는 데 있다. 만약 여전히 이것을 차별적으로 보고, 그 우열과 심천을 판정하여 취사선택하는 입장이라면 스스로 미로 속을 헤매고 있음을 인정해야 한다는 것이다. 성철스님은 이렇게 말한다.

> 대법大法에 명철明徹하여 사동일가事同一家한 고인전지古人田地에 도달하여야 5가종사五家宗師와 5종가풍五宗家風을 정견正見한다.[477]

【18-3-①】 **五家者는 乃五家其人이요 非五家其道也니라**

선문정로 5가五家라 함은 기인其人이 5가각이五家各異함이요, 기도其道가 5가각이五家各異함이 아니다.

현대어역 5가五家라 하는 것은 사람이 다섯 가지로 다른 것이지, 그 도가 다섯 가지로 다른 것이 아니다.

[해설] 인용문의 출처가 되는 중봉스님의 『산방야화』는 문답체의 방식으로 이루어져 있다. 어떤 사람이 이런 질문을 한다.

달마스님이 처음에 바로 가리켜 보이는 길을 한 사람에게만 전하

---

[477] 퇴옹성철(2015), p.378.

여 십여 번 전수되면서 5가의 종파로 나뉜 것은 무엇 때문입니까? 쪼갤 수 없는 것이 달마 일가의 설인데, 다른 것이 있어서 5가가 된 것일까요? 만약 다르지 않다면 어떻게 5가의 설이 있게 된 것일까요?[478]

이에 중봉스님은 인용문에 보이는 바와 같이 5종 가풍이 다르지 않음을 설파한다. 사람이 다른 것이지 도가 다른 것이 아니라는 것이다. 중봉스님은 등의 비유를 들어 설명한다. 등은 초롱, 등잔, 유리등, 밀랍등, 종이등의 다양한 형태를 갖는다. 그렇지만 그것이 등이라는 점은 동일하다. 5가의 불법 또한 소림에서 내려오는 하나의 등이라는 점에서 전혀 다르지 않다. 다만 법을 전하는 데 있어서 언어적 표현과 상황적 대처가 다를 뿐이라는 것이다. 크게 같고 약간 다르다(大同小異)는 것이다.

질문자가 십여 번 전수되었다고 했는데 이것은 5종 가풍이 생기기 전까지 단전, 혹은 쌍전으로 전수한 경우를 합한 숫자이다. 4조 도신스님에게 5조와 우두법융스님이 복수로 법을 받았고, 5조 홍인스님에게 6조와 신수스님이 복수로 법을 받았으며, 6조스님에게 남악스님과 청원스님이 복수로 법을 받았다. 그래서 달마에서 이들에게 이르기까지 전수된 횟수를 모두 합하면 열 번이 된다.

5종 가풍의 우열과 장단을 논하는 것은 큰 법에 눈뜨지 못한 눈먼 무리들에게 공통된 병이라는 주장의 논거로 인용되었다.

【18-3-②】 如潙仰之謹嚴과 曹洞之細密과 臨濟之痛快와 雲門之高古와 法眼之簡明은 各出其天性而父子之間에 不失故步하여

---

[478] 『天目中峰廣錄』(B25, p.797a), "達磨始以單傳直指之道, 至十餘傳而, 分爲五家宗派者, 何也. 不可破裂達磨一家之說, 異而爲五耶, 儻不異則, 安有五家之說乎."

語言機境이 似相踏①[蹈]習은 要皆不期然而然也라 ②[使當時宗師, 苟欲尙異而自爲一家之傳, 則不勝其謬矣. 以若所爲, 豈堪傳佛祖照世之命燈乎.] 今之禪流가 泥乎宗旨而起夾截虛空之妄見하야 互相長短③[短長]하니 余知五家④[宗]之師가 於大寂定中에 莫不掩鼻⑤[矣]로다

선문정로 위앙의 근엄과 조동의 세밀과 임제의 통쾌와 운문의 고고高古와 법안의 간명簡明함은 각각 그 천성에서 나왔으니, 부자간父子間에 고보故步를 부실不失하여 어언語言과 기경機境이 상호답습相互踏襲함과 상사相似함은 요컨대 기필期必치 않은 당연이다. 지금의 선류禪流들이 각 종지에 이폐泥蔽되어 허공을 협절夾截하는 망견妄見을 기起하여 장단長短을 상호 운위云謂하니, 5종五宗의 조사들이 대적정大寂定 중에서 엄비掩鼻하지 않을 수 없음을 여余는 명지明知하는도다.

현대어역 위앙종의 근엄함, 조동종의 세밀함, 임제종의 통쾌함, 운문종의 고고高古함, 법안종의 간명함은 모두 그 종조의 천성에서 나온 것이다. 그런데 스승과 제자 간에 앞에 걸었던 발자국을 놓치지 않고자 하다 보니 말이나 상황 대처가 서로 비슷하게 되었다. 원래대로 따르고 내려오는 대로 습관이 되다 보니 일부러 그런 것은 아님에도 저절로 그렇게 된 것이다. [만약 당시의 종사들이 정말로 다름을 추구하여 스스로 일가를 이루고자 전수한 것이라면 그 오류가 엄청날 것이다. 그렇게 했다면 어떻게 부처님이나 조사들의 세상을 비추는 생명의 등을 전해 받을 수 있었겠는가?] 오늘날 선을 하는 사람들은 종파적 주장에 빠져 허공을 잡아 칼로 재단하려는 허망한 견해를 일으켜 상호 간에 장점과 단점을 겨루고 있다. 5가의 종사들이 크게

고요한 삼매 속에서 모두 코를 잡을 일이라는 것을 나는 알고 있다.

[해설] 5가의 가풍은 그것의 출발이 되는 스님들의 천성에서 비롯된 것이다. 임제스님은 성품이 장군 같았으므로 통쾌한 방식으로 제자들을 담금질했다. 동산스님이나 조산스님은 그 성품이 선비와 같았으므로 조곤조곤 세밀하게 제자들을 이끌었다. 모든 스승들이 각기 자기의 성품과 깨달음의 체험에 기초하여 가장 효과적인 방법으로 수행자를 이끌었다. 5가7종은 가장 두드러진 예에 속한다. 그런데 후세 사람들은 그 흔적들을 세세하게 분류하여 시비분별, 취사선택의 대상으로 삼는 일이 일어났다.

이에 대해 중봉스님의 법을 이은 천여유칙스님은 동물의 훈련을 위한 도구로 비유를 든다. 소는 코뚜레로 훈련한다. 말에게는 재갈을 쓴다. 나귀는 말뚝에 묶어 길들이며, 코끼리는 갈고리로 훈련한다. 이 동물들이 말을 듣도록 하는 일은 한가지이지만 도구는 각기 다르다. 누군가 여기에서 코뚜레보다 재갈이 좋다거나, 말뚝보다 갈고리가 낫다는 등급을 매긴다면 누가 동의하겠느냐는 것이다.

더 큰 문제는 따로 있다. 이렇게 우열과 심천을 논의하는 일에 힘을 쓴다면 그로 인해 수행에 써야 할 시간과 에너지가 허비된다. 성철스님은 경전과 어록을 읽는 일만 해도 문제가 된다고 배격하는 입장이다. 그 우열과 심천을 다투는 일로 인해 겹겹의 장애를 자초하는 일은 말할 것조차 없다. 그러므로 5종의 "우열 심천을 망론妄論해서는 안 된다."[479]는 점을 거듭 강조하는 것이다.

①과 같이 '도습蹈習'을 '답습踏習'으로 바꾸어 표현했다. '도습蹈習'은

---

479 퇴옹·성철(2015), p.381.

'도상습고蹈常襲故'의 준말로서 원래의 것을 따르고 내려오는 것을 익힌다는 뜻이다. '밟을 도蹈'와 '밟을 답踏'이 서로 통용되므로 익숙한 글자로 바꾼 것으로 보인다.

②의 문단이 생략되었다. 현대어역에 보인 것처럼 일가를 이룬 종사들에게 스스로 다름을 뽐내기 위한 목적이 없었다는 점, 자기를 뽐내는 사람이 불법의 계승자가 될 수는 없다는 점을 말하는 내용이다. 상당히 중요한 구절이다. 다만 허공을 재단하겠다고 덤비는 말류의 수행자들을 비판하는 것이 주된 목적이므로 이를 생략한 것으로 보인다.

③에서 '단장短長'을 '장단長短'으로 바꾸었는데 한국어에 보다 익숙한 표현을 택한 것이다.

④에서는 '종宗' 자를 '가家' 자로 바꾸었다. 다섯 종파를 표현하는데 '5가五家'와 '5종五宗'을 함께 쓰므로 뜻의 차이는 없다. 다만 번역문에 '5종五宗의 조사들~'로 옮겨져 있으므로 원문으로 돌아가는 것이 좋을 것 같다.

⑤에서 문장을 맺는 '어조사 의矣' 자를 생략하였다. 한글 현토와 겹치는 부분이 있으므로 생략한 것이다.

【18-4-①】 一句語에 須具三玄門이요 一玄門에 須具三要니라

선문정로 일구一句 중에 필수必須히 3현문三玄門을 구비하고 일현문一玄門에 필수必須히 3요三要를 구비할지니라.

현대어역 한마디 말에 반드시 세 개의 현묘한 길이 갖추어지고, 하나의 현묘한 길에 반드시 세 가지의 요체가 갖추어져야 한다.

[해설] 3현3요가 구체적으로 무엇인지는 밝혀져 있지 않다. 앞에서 통용되는 해석을 예로 들었지만 또한 사람들이 지어낸 말이다. 체중현, 구중현, 현중현으로 해설한 고탑주스님의 분별에 선사들의 꾸짖는 소리가 모여드는 것은 이러한 해석 행위 자체가 문제가 되기 때문이다.

결국 3현3요에 대한 진정한 이해는 스스로 그러한 언어를 내는 무위진인의 입장이 될 때 이루어지는 것이다. 그래서 선사들은 3현3요에 대한 설명을 언어도단의 방식으로 표현하거나 아예 화두로 제시한다. 예를 들어 분주무덕스님의 다음과 같은 언어도단형 표현이 있다.

"제1현은 무엇인가?" 스님이 답하였다. "부처님이 가섭에게 친히 부촉하기 전이다." "제2현은 무엇인가?" 스님이 답하였다. "모양을 끊고 말을 떠난 설명이다." "제3현은 무엇인가?" 스님이 답하였다. "밝은 거울의 비춤은 치우침이 없다."[480]

법신, 보신, 화신을 따로 떼어 말할 수 없는 것처럼 선의 실천을 이끄는 3현3요의 언어 또한 단계별로 분리하여 말할 수 있는 무엇이 아니다. 부처님은 평생을 설법하였지만 한마디도 설하지 않았다. 거기에는 실상과 방편, 눈뜸과 활용이 함께 하는 살아 있는 언어의 현장만이 있었기 때문이다. 성철스님은 특히 3현3요를 지위로 설명한 백파스님의 견해를 배격한다. 그래서 분별을 내려놓은 깨달음의 자리에서 그 현장을 바로 가리키는 문장들을 인용하고 있는 것이다.

【18-4-②】 一句中에 有三玄三要하야 賓主歷然하면 平生事辦

---

[480] 『汾陽無德禪師語錄』(T47, p.603b), "如何是第一玄, 師云, 親囑飲光前. 如何是第二玄, 師云, 絕相離言詮. 如何是第三玄, 師云, 明鑒照無偏."

이요 **參尋事畢**이니 **所以**로 **永嘉云 粉骨碎身未足酬**니 **一句了然超百億**이라하니라

선문정로 일구 중에 3현3요가 구유具有하여 빈주賓主가 역연歷然하면 평생사平生事를 요판了辦하고 참심사參審事를 종필終畢하나니, 그러므로 영가永嘉가 이르되 "분골쇄신粉骨碎身하여도 미족수未足酬니 일구가 요연了然히 백억百億을 초월한다."고 하니라.

현대어역 한마디에 3현과 3요가 있고 4빈주四賓主가 뚜렷하면 평생의 할 일을 다하고 참선 공부를 마치게 된다. 그래서 영가스님은 "뼈를 갈고 몸을 부순다 해도 갚을 길 없으니 한마디에 분명하면 백억 년을 뛰어넘는다."고 말했다.

[해설] 3현과 3요가 구체적으로 무엇이라고 규정하는 순간 문제가 생긴다는 것은 앞에서 살펴보았다. 그렇지만 한마디 말에 3현3요가 담기려면 일체의 분별이 소멸해야 한다는 것은 분명하다. 임제의 3현3요, 4빈주 등의 방편이 모든 상황에 걸림 없이 활용하는 전기대용全機大用의 현장이라는 점, 이것을 지위점차로 이해해서는 안 된다는 점을 드러내기 위해 인용된 문장이다.

【18-4-③】 **三玄三要事難分**이여 **得意忘言道易親**이라 **一句明明**①**[分明]該萬象**하니 **重陽九月**②**[日]**에 **菊花新**이로다

선문정로 3현3요의 사리를 분별하기 극난함이여, 의지意旨를 오득悟得하고 어언語言을 망각하면 대도에 친합親合하기 용이하나니라. 일구가

명명明明히 만상萬象을 총해總該하니 중양구월重陽九月에 국화菊花가 참신嶄新하도다.

현대어역 3현3요는 나눌 수 없는 것이다. 종지를 증득하고 말을 잊어야 진리에 다가갈 수 있다. 한마디 말이 분명하게 만 가지 모양을 갖추었으니, 9월 9일 중양절에 국화꽃 새롭다네.

[해설] 분양선소스님은 임제스님의 5대 계승자이다. 이 법문은 3현3요에 대한 모든 분별적 접근을 차단한다. 실제로 분양스님 이후 3현3요를 3으로 구분하여 이해하는 이들[481]이 사라졌다는 말이 있기까지 하다. 분양스님은 종지를 얻고 언어의 틀을 벗어난 사람이라야 도를 가까이 할 수 있다고 말한다. 그러니까 3현3요는 어떤 신비한 언어적 기법이 아니다. 진리로 돌아가 걸림 없는 사람이 내놓는 말에는 3현3요가 저절로 갖추어지게 되지만 이 또한 지혜로 분석할 수 있는 것이 아니다. 그래서 3현3요의 일은 분석하기 어렵다고 했다.

요컨대 깨달은 이에게서 나오는 말은 3현3요를 갖춘 말이고, 분별에 빠진 이는 꿈에서도 알 수 없는 것이 3현3요다. 그러니까 3현3요를 세 가지의 현묘함, 세 가지의 요점으로 일일이 분별하여 말하는 것은 이미 임제스님의 뜻과 천만리로 멀어지는 것이다.

3현3요는 법문의 깊고 옅음도 아니고 깨달음의 고하도 아니다. 하나의 말이 의미성, 차단성, 존재성을 갖추고 가장 적절한 방식으로 수행

---

[481] 물론 분양스님 이후로도 담우湛愚스님 같은 이는 그의 『심등록心燈錄』(4권)에서 분양스님설에 정면으로 반박하면서 3현9요야말로 임제스님의 뜻이라고 주장하기도 하였다. 민국 초의 선승이었던 정과正果스님은 그 내용을 초록하여 문자선, 갈등선의 참고 자료로 제시하기도 하였다.

자를 공략한다면 3현3요를 갖추었다고 할 수 있다. 결국 3현3요는 깨달음의 현장에서 쏟아져 나오는 사자후의 다른 말이다.

①과 같이 '분명分明'을 '명명明明'으로 바꾸었다. 같은 뜻이지만 어감의 강조가 일어났다.

②에서는 '9일九日'을 '9월九月'로 바꾸었다. 9월 9일 중양절을 표현하는 데 있어서 9일보다 9월이 효과적이라 생각한 것으로 보인다. 원래 이 평기식 7언 절구는 운은 물론 평측까지 맞춘 시이다. 모든 글자가 깊은 고려 끝에 그 자리에 위치하게 되었다는 말이다. 성철스님은 이러한 언어적 고심에 대해 도무지 배려할 생각이 없다. 격식은 허물어져야 완성된다. 성철스님의 글자 바꾸기는 완전한 격식을 허물어 그 뜻을 완성하는 묘미가 있다. 그리고 보니 원문에 이미 "뜻을 얻으면 말은 잊어야 한다.(得意忘言)"는 구절이 들어 있다.

【18-4-④】 報汝通玄士하노니 棒喝을 要臨時니라 若明親的旨면 半夜에 太陽暉로다

선문정로 여등汝等의 통현通玄한 고사高士들에게 보고하노니 방할棒喝을 임시臨時하여 요용要用할지니라. 만약에 친적親的한 심지深旨를 명득明得하면 반야半夜에 태양이 휘황하도다.

현대어역 3현3요에 통달한 너희 수행자들에게 말하노니, 몽둥이와 고함은 때에 맞게 써야 한다. 스스로 그 정확한 종지를 밝게 증득한다면 한밤중에 태양이 빛나리라.

[해설] 초원자명스님의 3현3요에 대한 도송都頌에서 가져온 인용문이

다. 도송은 총괄하는 노래라는 뜻이다. 먼저 앞에 3현3요에 대한 6수의 게송을 노래한 뒤, 다시 이것들을 총괄하는 노래를 제시한 것이다. 성철스님이 총괄하는 노래만을 인용한 것은 제1현, 제2현, 제3현의 방식으로 개별 게송을 보여주면 이로 인해 분별을 일으킬 수 있다고 보았기 때문이다.

실제로 개별 게송을 보면 3현의 경우, 지해적 눈뜸의 차원(제1현), 미세한 자아가 남은 차원(제2현), 주체와 객체가 사라져 여여한 차원(제3현)을 노래[482]하고 있어서 지위점차로 이해할 가능성이 높다. 3요도 마찬가지다. 성현에 대해 논의하는 차원(제1요), 관문을 열어 신통자재함을 얻는 차원(제2요), 천차만별을 한가지로 비추는 차원(제3요)[483]으로 그 지위적 고하를 논하는 것처럼 보인다.

초원스님은 이 점을 우려하여 총괄 게송을 제시함으로써 그 지위점차적 해석의 가능성을 차단하고자 한 것이다. 명대의 천동사 밀운스님은 이에 대해 다음과 같이 말한 바 있다.

그때 한 중이 3현3요에 대해 가르침을 청하자 초원스님은 비록 일일이 게송을 제시했지만 그 뒤 다시 이렇게 총합하여 거두어들였다. "3현3요에 통달한 너희 수행자들에게 말하노니, 몽둥이와 고함은 때에 맞게 써야 한다. 스스로 그 정확한 종지를 밝게 증득한다면 한밤중에 태양이 빛나리라." 초원스님이 이렇게 거두어서 되돌렸

---

[482] 『石霜楚圓禪師語錄』(X69, p.195c), "第一玄, 三世諸佛擬何宣, 垂慈夢裏生輕薄, 端坐還成落斷邊. 第二玄, 靈利衲僧眼未明, 石火電光知是鈍, 揚眉瞬目涉關山. 第三玄, 萬象森羅宇宙寬, 雲散洞空山岳靜, 落花流水滿長川."
[483] 『石霜楚圓禪師語錄』(X69, p.195c), "第一要, 豈話聖賢妙, 擬議涉長途, 撞晔七顚倒. 第二要, 峯頭敲楗召, 神通自在來, 多聞門外叫. 第三要, 起倒令人笑, 掌內握乾坤, 千差都一照."

으므로 3현3요의 그림자조차 애초에 성립하지 않는다.[484]

성철스님이 총괄 게송만 제시한 것도 같은 차원이다. 지위에 따른 논의의 가능성을 사전에 차단하고, 3현과 3요를 동시에 갖춰야 한다는 점을 강조하고자 하는 것이다.

【18-4-⑤】 臨濟下에 有三玄三要하야 凡一句中에 須具三玄하고 一玄門①[中]에도 須具三要니라

선문정로 임제종하臨濟宗下에 3현3요가 있어서 일구 중에 3현이 필구必具하고 일현一玄 중에 3요三要를 필구하니라.

현대어역 임제종에 3현3요가 있다. 한마디의 말마다 3현을 갖추어야 하고, 하나의 현문에 3요를 갖추어야 한다.

[해설] 성철스님은 이 장에서 3현3요를 집중적으로 논의하고 있음에도 불구하고 그 3이 가리키는 것이 무엇인지에 대해서는 최소한의 관심조차 주지 않는다. 오히려 3을 빼고 현요玄要, 즉 그 현묘한 요체만을 남기고자 한다. 원래 임제스님은 3현3요에 대해 제1구, 제2구, 제3구로 나누어 문답을 나눈 적이 있다.

한 중이 임제스님에게 질문하였다. "제1구는 무엇입니까?" 임제스

---

484 『鬪妄救略說』(X65, p.181a), "當時慈明, 曾因僧請益三玄三要, 雖一一頌過, 復總收云, 報汝通玄士, 棒喝要臨時. 若明親的旨, 半夜太陽輝. 慈明既如是收歸, 何曾有三玄三要之影."

님이 말하였다. "3요의 도장 찍은 것을 열어보면 붉은 점들이 좁게 붙어 있어서 주객을 나눌 틈이 없다." "제2구는 무엇입니까?" 임제스님이 대답하였다. "오묘한 이해에 무착의 질문이 들어올 틈이 없으니 방편이 어찌 흐름을 바로 끊는 큰 기틀의 상근기를 저버리랴." "제3구는 무엇입니까?" "무대 위의 인형놀이를 보라. 그 움직임은 모두 뒤에 숨은 사람에 의한 것이다."

그렇다면 임제스님은 3현3요를 세 가지로 나누어 설한 것일까? 그런데 다시 살펴보면 세 번의 질문에 대해 주객의 소멸, 오묘한 이해, 진여의 작용을 말함으로써 모두 같은 내용을 반복하고 있다. 또한 매번의 대답은 이해의 길을 차단하고 있다. 첫 번째 질문이 들어오자 주객을 나눌 틈이 없다는 말로 차단한다. 주객조차 나눌 수 없는데 제1구, 제2구, 제3구를 어떻게 나누겠는가? 두 번째 질문이 들어오자 논의제일인 무착보살의 질문조차 들어올 틈이 없다고 답한다. 세 번째 질문이 들어오자 남의 장단에 춤을 추는 꼭두각시놀이를 말한다. 그러니까 임제스님은 세 번 대답했지만 세 가지로 나누어 말하지 않았다. 그런 점에서 성철스님이 3을 전혀 언급하지 않는 것은 임제스님, 분양스님의 뜻에 계합한다.

①과 같이 '일현중一玄中'을 '일현문一玄門'으로 바꾸어 표기했다. 그런데 번역문에는 '일현一玄 중에'로 원문과 같이 옮기고 있다. 변환의 의도가 없었으므로 '문門'을 '중中'으로 복원할 필요가 있다.

【18-4-⑥】 一句中에 具三玄門하고 一玄門에 具①[有]三要路니라

선문정로 일구 중에 3현문三玄門이 구족具足하고 일현문一玄門에 3요

로三要路가 구비具備하니라.

현대어역　한마디 말 속에 3현의 문이 갖춰져 있고, 하나의 현문에 3요의 길이 갖춰져 있다.

[해설]　임제의 종풍을 대기대용大機大用으로 정의한다. 그것은 진여에 바로 상응하는 길을 걸으므로 말에 착안한 분석을 용납하지 않는다. 3현3요라 해 놓고 3에 대한 관심을 차단하는 이 현장 자체가 대기대용, 즉 3현3요를 구현하는 현장이라 하겠다. 생각으로 도달할 수 없는 현玄이 하나도 아니고 세 가지나 된다. 그러므로 생각을 움직여 분별할 생각을 내는 순간 도에 어긋나 버린다. 전력을 쏟아야 통하는 관건적 긴요함(要)이 세 가지나 된다. 그러므로 눈 깜박이는 일조차 흠이 된다. 어떤 치밀한 분석이라 해도 이미 완성된 뱀 그림에 발을 덧붙이는 화사첨족의 만행이라는 점, 이것이 3현3요의 함정이라 할 수 있다. 지해로써 불법을 상대하는 이들은 모두 이 함정에 빠질 수밖에 없다.

①에서는 '유有' 자를 '구具' 자로 바꾸었다. 두 글자 모두 '갖추고 있다'는 뜻을 전달한다. 원문에서는 3현의 문이 '갖춰져 있음(具)'을 말한 앞의 구절에 쓰인 글자와의 중복을 피해 '유有' 자를 썼다. 그렇지만 성철스님은 이 수사학적 고려가 도대체 걸리적거린다. 말과 글은 정확한 뜻만 통하면 되는 것이라는 성철스님의 문장관이 확인되는 지점이다.

【18-4-⑦】　豁開三玄三要①[三要三玄]路하니 坐斷須彌第一峰이로다

선문정로　3현3요의 대로大路를 활개豁開하니 수미須彌의 제일봉第一峰

을 좌단坐斷하도다.

현대어역 3현3요의 길을 활짝 열어젖혀 수미산 제일봉을 점거한다.

[해설] 활짝 열어젖힌다는 말은 3이라는 숫자에 매달리는 분별을 내려놓고 그것이 서로 다르지 않은 삼위일체의 자리에 도달했다는 뜻이다. 그 길이 3이 되었든 9가 되었든 모두 통하므로 활개치고 다니는 경계가 임제종의 종사가 할 일이라는 뜻이다. 수미산 제일봉에 높이 앉으면 우주법계가 한눈에 들어온다. 앞뒤의 구절이 모두 일체종지를 구현한 안목을 가리키고 있다.

①에서 원문의 '3요3현三要三玄'을 '3현3요三玄三要'로 순서를 바꾸어 표현했다. 대혜스님이 3현과 3요의 순서를 바꾼 것은 그것이 논리적 선후 관계가 아님을 보여주기 위한 것이다. 그런데 큰길을 활짝 열어젖히는 일이 이미 3에 대한 분별을 모두 내려놓는 일과 다르지 않다. 그래서 성철스님은 이것을 다시 익숙한 표현으로 바꾼 것이다.

【18-5-①】 僧問五祖하되 如何是佛고 祖云露胸跣足이니라 如何是法고 云大赦不放이니라 如何是僧고 云釣漁船上謝三郎이라하니 ①[師云] 此三轉語에 一轉이 具三玄三要와 四料簡②[揀]四賓主와 洞山五位와 雲門三句니라

선문정로 승僧이 오조법연五祖法演에게 묻기를, "여하시불如何是佛고." 조운祖云, "노흉露胸하고 선족跣足이니라." "여하시법如何是法고." 조운祖云, "대사大赦하되 불방不放이니라." "여하시승如何是僧고." 조운祖云, "조어선상釣魚船上의 사삼랑謝三郎이니라." 하니, 차3전어此三轉語가 일

전어一轉語마다 각각 3현3요三玄三要와 4료간四料簡과 4빈주四賓主와 동산5위洞山五位와 운문3구雲門三句를 구비하니라.

현대어역 중이 오조법연스님에게 물었다. "부처란 무엇입니까?" 법연스님이 말했다. "가슴은 드러내고 발은 맨발이네." "불법이란 무엇입니까?" 스님이 말씀하셨다. "큰 사면령이 내렸지만 아직 풀려나지는 않았다." "무엇이 승가입니까?" "낚싯배 위의 현사사비스님이다." [대혜스님이 말했다.] 이 세 마디의 깨달음으로 돌리는 말 중의 한마디 한마디에 3현3요와 4료간과 4빈주와 동산5위와 운문3구가 갖추어져 있다.

[해설] 불법승을 묻는 질문에 대한 법연스님의 대답에는 일심법계의 도리가 피력되어 있고, 언어도단의 작용이 구현되어 있으며, 말 자체로 존재성을 지니고 있다. 요컨대 이 대답은 불교의 언어가 추구하는 모든 것을 담고 있다. 진정한 깨달음을 얻은 사람에게서 나오는 말은 모두 깨달음의 말이다. 그것이 3, 4, 5, 혹은 99, 100의 숫자로 표현된다 해도 깨달음의 표현이라는 점에 있어서 동일하다. 3현3요와 4료간과 4빈주와 동산5위와 운문3구의 숫자들은 상황에 따라 8만4천이 될 수도 있고 0이 될 수도 있다. 성철스님이 종풍에 따라 나타나는 3, 4, 5의 숫자에 의미를 부여하는 일체의 설명을 생략하는 것도 그 때문이다.

이를 통해 종사들의 한마디 말은 "모든 정안종사들의 동일한 종취를 빠짐없이 구비"[485]하고 있다는 점을 보여주고자 하는 것이다. 성철스님에게 있어서 궁극의 깨달음은 동일한 것이다. 여래선과 조사선의 깨달

---

[485] 퇴옹성철(2015), p.386.

음이 동일하고, 임제종, 조동종, 운문종, 위앙종, 법안종의 깨달음이 동일하다.

①과 같이 '스님이 말하기를(師云)'이 생략되었다. 이 글의 출전이 되는 『대혜어록』의 편찬자는 대혜스님의 제자이다. 그래서 오조법연스님의 말을 '조운祖云'으로, 자기 스승의 말을 '사운師云'으로 구분하여 표현했다. 이것을 설명하려면 원래 문맥으로 돌아가야 하므로 이를 생략한 것이다.

②에서는 '간揀' 자를 '간簡' 자로 바꾸었다. 4료간四料揀과 4료간四料簡은 구분 없이 함께 쓰이므로 관용적인 글자로 바꾸어 쉽게 이해하도록 한 것이다.

【18-5-②】 濟北之道는 出乎常情①[平常]하야 語默動靜에 脫體全彰하니 三玄三要는 松直棘曲이요 四賓四主는 鳧短鶴長이니라

선문정로 제북濟北의 도道는 상정常情을 초출超出하여 어묵동정語默動靜에 탈체전창脫體全彰하니, 3현3요는 송직극곡松直棘曲이요, 4빈4주四賓四主는 부단학장鳧短鶴長이니라.

현대어역 임제스님의 도는 평상에서 나온 것이다. 말하고, 침묵하고, 움직이고, 멈추는 일에 통째로 완전하게 드러나는 것이다. 3현3요는 소나무 곧고 가시덤불 굽은 것이며, 4빈4주는 오리 다리 짧고 학 다리 긴 것이다.

[해설] '소나무 곧고 가시덤불 굽다(松直棘曲)'는 말은 『능엄경』에서 온 것이다. 다양한 차별적 모습을 낳는 인연을 깨달으라는 뜻이다. '오리 다리 짧고 학 다리 길다(鳧短鶴長)'는 말은 『장자』에서 온 것이다. 이미 완

전하므로 짧다고 늘리지 말고 길다고 자르지 말라는 뜻이다.

불법의 지혜는 실상지혜(實智)와 방편지혜(權智)의 통일이다. 실상지혜는 말없이 이치에 계합하고, 방편지혜는 현상의 차별상을 그대로 안다. 이 둘이 동시에 구현되는 것이 진정한 지혜이지만 교화 대상에 따라 어느 한쪽을 드러내는 방식을 취하게 된다. 그러니까 여기에 인용된 설암스님의 설법은 3현3요의 3이나 4빈주의 4에서 어떤 특별한 무엇을 찾고자 하는 사람들의 선입견을 공략한다. 그래서 임제스님의 도는 평상에서 나온 것이라 말한 것이다.

그런데 성철스님은 ①과 같이 '평상에서 나온 것(出乎平常)'이라는 말을 '일반적 앎을 넘어선 것(出乎常情)'으로 바꾸었다. 성철스님은 아뢰야식 차원의 미세한 번뇌가 완전히 소멸한 구경무심이라야 소나무 곧고 가시나무 굽은 실상을 남김없이 알 수 있다는 입장이다. 그렇지 못한 입장에서 평상을 도라고 말한다면 그것은 알고 이해하는(知解) 일과 깨달음을 등치하는 일이 될 수 있다. 성철스님은 이 점을 우려하여 ①과 같이 문맥의 뒤틀림을 감수하면서까지 변환을 행한 것으로 보인다.

【18-5-③】 當知遮一句子는 便是金剛圈이며 栗棘蓬이니 一句中에 具三玄하고 一玄中에 具三要니라

선문정로 당지當知하라. 자일구자遮一句子는 문득 이 금강권金剛圈이며 율극봉栗棘蓬이니 일구 중에 3현을 구비하고 일현一玄 중에 3요가 구족具足하니라.

현대어역 이 한마디는 바로 금강의 굴레이며 목에 걸린 밤송이로서 한마디에 3현이 갖추어져 있고, 1현 중에 3요가 갖추어져 있음을 알

아야 한다.

[해설] 설암스님의 상당법문에서 가져온 문장이다. 앞에서 살펴본 바와 같이 3현3요는 구체적으로 지칭하는 것이 따로 없으면서 모든 것을 가리키는 작용을 일으킨다. 그렇다면 3현3요 자체가 말할 수 없는 화두의 말할 수 없는 내용물이 된다.

설암스님의 이 법문 역시 그렇다. 마조스님이 선정을 닦을 때 남악스님이 그 앞에서 벽돌을 갈아 거울을 만들겠다는 퍼포먼스를 한다. 그리고 그 부당함을 지적하는 마조스님에게 좌선을 해서 어떻게 부처가 될 수 있겠느냐고 윽박지른다. 그러면서 "수레가 가지 않는다면 수레를 때려야 옳겠느냐 소를 때려야 옳겠느냐.(打車卽是, 打牛卽是.)"고 묻는다. 논리적으로는 소를 때려야 한다는 것이 정답으로 제시될 수 있을 것이다. 그러나 이 말을 다시 수행 현장으로 들고 오면 문제는 전혀 풀린 것이 없다. 설암스님은 이것을 화두로 제시한다. "금강의 굴레와 같아 어떻게 해도 벗어날 수 없고, 밤송이와 같아 어떻게 해도 삼킬 수 없는 이것을 곱씹어 봐라. 수레를 때려야 하나? 소를 때려야 하나?"

이 인용문은 마조스님의 오도인연의 한 구절을 따서 화두로 제시하는 장면이다. 그런데 이 화두에 3현3요가 담겨 있다는 것이다. 금강의 굴레를 벗어날 수 없고, 목에 걸린 밤송이를 삼킬 수 없듯 3현3요는 아무리 쪼개도 쪼개지지 않는다. 그러므로 간절한 의심을 일으켜 씹고 또 씹어 보라는 것이 설암스님의 가르침이다.

성철스님은 3현3요를 지위설로 이해하는 관점을 비판하기 위해 이 문장을 인용하였다. 지위설로 이해해서 안 된다면 과연 3현3요는 무엇인가? 성철스님의 답은 분명하다. 오로지 알 수 없는 이것을 앞에 두고 "스스로 확철대오하는 방법밖에 없으니 모름지기 정진하고 또 정진하기"⁴⁸⁶만을 바란다는 것이다.

【18-5-④】 狗子還有佛性也無아 只遮無字는 是三玄三要之戈甲이요 四賓四主之喉衿이니라

선문정로 구자狗子가 불성佛性이 있는가 없는가. 다못 이 무자無字는 3현3요의 과갑戈甲이요, 4빈4주四賓四主의 후금喉衿이니라.

현대어역 개에게 불성이 있는가 없는가? 오로지 이 무자無字는 3현3요의 창과 방패이며, 4빈주의 목이고 옷깃이다.

[해설] 설암스님은 본격 수행에 들어간 뒤 개에게 불성이 없다는 조주의 무자화두를 평생의 과제로 삼았다. 심지어 조동종의 묵조선을 할 때에도 무자화두를 들었다. 그때 당시에는 잡념이 일어날 때 무자를 들어 잡념이 사라지면 다시 묵조선으로 돌아가는 방법을 썼다고 한다. 설암스님은 이후 묵조선의 특징적 함정인 혼침에 빠져 수행이 벽에 부딪치게 된다. 그리고 그때 수修상좌라는 선배에게 장군처럼 무자화두를 드는 법을 배워 혼침을 물리친다. 이후 경산무준스님에게 깨달아 법을 이었다.

위 인용문은 어떠한 지해의 작용도 일으키는 일 없이 목숨을 걸고 오직 앞으로 나아가는 화두참구의 길을 제시한다. 여기에서는 무자화두를 3현3요, 4빈4주와 동일한 것으로 말하고 있다. 무자화두로 깨달은 입장에서 모든 종사의 종취가 이 화두 하나에 모여 있음을 확인한 입장이기 때문이다.

---

486 퇴옹성철(2015), p.388.

성철스님은 강설에서 한결같이 3현3요, 4빈주의 숫자를 삭제한다. 3현3요를 해석하려는 모든 시도를 차단하기 위해서이다. 그런 점에서 설암스님의 입장과 동일하다.

번역문의 배치에 있어서 【18-5-④】로 표시한 네 번째 문장은 그 앞 3번째와 구분되는 다른 문장이다. 1981년 초판본에 가해진 교정을 보면 문장을 가르는 교정 부호가 표시되어 있다. 이 교정 지시가 적용되지 않아 2015년 본까지 내려온 것이다. 행을 바꾸어 새로운 문장으로 처리해야 한다.

【18-6-①】 先師本意는 不爲明功進修之位와 兼涉敎句요 直是格外玄談이라 要絶妙旨니라

선문정로 선사先師의 본의本意는 공훈功勳을 밝혀 진수進修하는 위차位次와 교구敎句를 겸섭兼涉함을 위함이 아니요, 직시直是 격외格外의 현담玄談이라 요절要絶한 묘지妙旨니라.

현대어역 스승님의 본래 뜻은 공훈을 세워 승진하게 되는 닦음의 지위를 밝히거나 가르침의 말씀들을 설명하기 위한 것이 아니라, 그 자체로 틀을 벗어난 현묘한 말씀들이었고 요긴하며 절묘한 뜻이었다.

[해설] 『조동오위현결曹洞五位顯訣』은 동산스님의 5위설과 그에 대한 조산스님의 설명(揀曰), 광휘스님의 해석(釋云)을 결집하고 보완(補曰)하여 완성된 고려 일연스님의 저작이다.

여기에서 스승님(先師)은 조산스님이 동산스님을 부르는 호칭이다.

이 문장이 '간왈揀曰'로 표기된 조산스님의 주석에서 나온 것이기 때문이다.

5위설을 정리한 조산스님 스스로가 이미 그것이 지위론이 아님을 밝히고 있다는 점을 보여주기 위해 인용한 문장이다. 원래 표현 자체가 다섯 지위(五位)이고, 그 내용도 지위설로 이해될 부분이 허다한 것이 조동5위이다. 그럼에도 조산스님은 겸대兼帶뿐만 아니라 5위 전체가 틀을 벗어난 현묘한 말씀이지 지위설이 아니라고 정의한다. 그러니까 지위설의 입장에서 5위설을 대하는 것은 그 제창자(동산)와 완성자(조산)의 뜻에 정면으로 위배되는 것이다.

성철스님은 이【18-6】의 절에서 5위설과 관련된 네 개의 문장을 인용한다. "전기대용全機大用의 법문을 심천深淺이나 오입悟入의 차제에 배정함은 망중대망妄中大妄"[487]임을 밝히기 위한 인용이다.

【18-6-②】 洞山下는 五位回互하야 正偏接人하니 不妨奇特이라 到這①[向]上境界하야사 方能如此로다 ②[不消安排, 自然恰好. 所以道, 正中偏, 三更初夜月明前. 莫怪相逢不相識, 隱隱猶懷舊日嫌. 偏中正, 失曉老婆逢古鏡. 分明覿面更無眞, 休更迷頭還認影. 正中來, 無中有路出塵埃. 但能不觸當今諱, 也勝前朝斷舌才. 偏中至, 兩刃交鋒不須避. 好手還同火裏蓮, 宛然自有衝天氣. 兼中到, 不落有無誰敢和. 人人盡欲出常流, 折合還歸炭裏坐. 浮山遠錄公, 以此公案, 爲五位之格. 若會得一則, 餘者自然易會. 巖頭道, 如水上葫蘆子相似, 捺著便轉, 殊不消絲毫氣力. 曾有僧問洞山, 文殊普賢來參時如何. 山云, 趂向水牯牛群裏去.

---

[487] 퇴옹성철(2015), p.391.

僧云, 和尙入地獄如箭. 山云, 全得他力.] 洞山이 道하되 何不③
[向]無寒暑處去오하니 此是偏中正이요 僧云 如何是無寒暑處오
山云 寒時엔 寒殺闍梨④[黎]하고 熱時엔 熱殺闍梨⑤[黎]라하니 此
是正中偏이나 雖正却偏하고 雖正⑥[偏]却正⑦[圓]이니 ⑧浮山遠
錄公이 以此公案으로 爲五位之格이니라

선문정로 동산하洞山下는 5위五位가 회호回互하여 정편正偏으로 접인
接引하니 참으로 기특奇特하니라. 저향상경계這向上境界에 도달하여야
비로소 능히 여차如此하도다. 동산洞山이 이르되 "어찌 한서寒暑가 없
는 곳을 향向하여 가지 않는고" 하니 이는 편중정偏中正이요, 승僧이
이르되 "어떤 것이 무한서처無寒暑處오." 산山이 운云 "한시寒時에는 사
리闍梨를 한냉寒冷케 하고 열시熱時에는 사리闍梨를 열염熱炎케 한다."
고 하니 이는 정중편正中偏이다. 수정雖正이나 각편却偏하고 수편雖偏
이나 각정却正하나니, 부산원녹공浮山遠錄公이 이 공안公案으로써 5위
五位의 표격標格으로 삼았느니라.

현대어역 동산스님의 도량은 5위를 서로 돌려가며 정正과 편偏으로
수행자를 상대하는 것이 실로 뛰어나지만, 이러한 향상일로의 경계
에 도달해야 비로소 이렇게 될 수 있는 것이다. [굳이 안배할 필요도
없이 저절로 딱 맞게 되는 것이다. 그래서 이렇게 말할 수 있다. 정중
편正中偏은 삼경 초의 밤, 달이 밝기 전이다. 서로 만나 알아보지 못
해도 탓하지 말라. 여전히 은은하게 지난날의 의심을 품고 있다. 편
중정偏中正은 눈 어두운 노파가 옛 거울을 만난 격이다. 분명히 앞에
두고도 진짜 모습을 모르니, 머리를 놓치고 그림자를 나라고 인정하
지 말라. 정중래正中來는 무념 가운데 잡념에서 벗어난 길이 있는 격

이다. 다만 지금 당장의 임금님 이름만 건드리지 않으면 지난 왕조에 혀가 끊긴 재주꾼보다 나으리라. 편중지偏中至는 두 개의 칼날이 서로 부딪쳐도 피할 필요가 없는 격이다. 솜씨를 발휘하면 그대로 불 속에 피어나는 연꽃과 같아 저절로 충천하는 기운이 있는 듯하다. 겸중도兼中到는 있음과 없음의 양변에 떨어지지 않으니 어울리는 소리를 낼 자가 없는 격이다.

사람들은 모두 일상의 흐름에서 벗어나고자 하지만 잿더미 속으로 돌아가 앉는 일과 같다. 부산원록공浮山遠錄公이 이 공안을 가지고 조동5위의 대표로 삼았다. 만약 한 공안만 깨달으면 나머지는 저절로 깨닫게 될 것이다. 암두스님이 말하였다. "마치 물 위의 호로박과 같아서 누르기만 하면 바로 돌아 조금의 힘도 쓸 필요가 없다." 일찍이 한 중이 동산스님에게 물었다. "문수, 보현이 도를 물으러 올 때는 어떻습니까?" 스님이 대답하였다. "물소 떼 속으로 쫓아버려라." 중이 말하였다. "스님이 지옥에 들어가는 것이 쏜살같습니다." 스님이 말하였다. "오로지 타력 덕분이지."]

동산스님이 말하였다. "왜 추위와 더위가 없는 곳으로 가지 않는가?" 이것은 편중정偏中正이다. 중이 "어떤 것이 추위와 더위가 없는 곳입니까?" 하고 묻자 스님이 대답하였다. "추울 때는 그대를 최고로 춥게 하고, 더울 때는 그대를 최대한 덥게 한다." 이것은 정중편正中偏이다. 이처럼 본래 바르지만 현상적으로 치우치고, 현상적으로 치우치지만 본래 바른 것이다. 부산원록공浮山遠錄公 법원法遠스님이 이 공안을 가지고 조동5위의 대표로 삼았다.

[해설] 『벽암록』제43칙 동산무한서처洞山無寒暑處 공안에 대한 원오스님의 해설(評唱)에서 가져온 문장이다.

인용문에 표시한 바와 같이 ①과 ③의 '향向' 자가 누락되어 있다. 1981년 초판본에 바로 되어 있었으나 1993년에 가로쓰기로 바꾸면서 오류가 일어나 2015년 본에 이르고 있다. 바로잡아야 한다.

②와 같이 긴 문단이 생략되었다. 조동5위의 경계에 대해 설명하는 내용이다. 전체적으로 보자면 '추위와 더위가 없는 곳'이라는 본격 공안을 제시하기 위한 서론에 해당한다. 그런데 이 정중편, 편중정, 정중래, 편중지, 겸중도에 대한 비유적 설명은 지위에 대한 논의로 이해될 소지가 충분하다. 생략된 문장 속에도 '만약 한 공안만 깨달으면 나머지는 저절로 깨닫게 될 것'이라는 말이 있기는 하지만 그래도 지위설의 흔적은 지울 수 없다. 이에 성철스님은 이 문단을 생략하고 본론에 해당하는 공안만을 드러내고자 한 것이다.

④와 ⑤의 '여黎' 자를 '이梨' 자로 바꾸었다. '사려闍黎'와 '사리闍梨'는 모두 아사리阿闍梨와 같이 승려를 높이는 호칭이다. 보다 보편적인 표현으로 바꾼 것이다.

⑥의 '정각정正却正'은 '편각정偏却正'의 오류이다. 1981년 초판본에 바로 되어 있던 것이 1993년에 가로쓰기로 바꾸면서 오류가 일어났다. 바로잡아야 한다.

한편 이 '편각정偏却正'은 ⑦에 표시한 '편각원偏却圓'으로 된 원문을 성철스님이 바꾼 것이다. 본질적 바름(正)과 현상적 치우침(偏)은 상호 융합적 통일 관계에 있다. 이것이 회호回互 관계이다. 그러니까 정正과 편偏의 상호 통일 관계를 표현하자면 정각편正却偏, 편각정偏却正이라야 한다고 본 것이다. 원문의 정正, 편偏, 원圓을 변증법(정, 반, 합)으로 해석할 수 있는 문맥이지만 역시 그렇게 하면 지위론이 세워진다. 이처럼 회호의 논리에 충실하면서, 나아가 지위론적 해석 가능성을 차단하기 위해 수정을 가한 것이다. 관련 전적을 살펴보면 대부분 '편각원偏却圓'으로 되어 있지만 일부 '편각정偏却正'으로 표현된 경우[488]도 있다.

⑧은 문장의 위치를 바꾼 것이다. 현대어역에 보인 것처럼 원래 이것은 조동5위에 대한 논의의 끝에 있던 문장이다. 이것을 '추위와 더위가 없는 곳'에 대한 문답의 뒤로 옮긴 것이다. 문맥을 바로잡기 위한 조정에 해당한다. 원문대로 읽으면 '이 공안'이 가리키는 바가 막연해진다. 앞에 조동종의 다섯 지위를 말한 끝에 이 공안이라 했기 때문에 다섯 지위 중 어느 것인지, 전부인지, 일부인지가 모호해진다. 그래서 '이 공안'이 가리키는 바가 제43칙의 공안인 '추위와 더위가 없는 곳'의 대화임을 분명히 하기 위해 위치를 조정한 것이다.

【18-6-③】 正中偏·偏中正과 正中來와 兼中至·兼中到는 ①[五位]只是一位니 一位中에 藏五位니라

선문정로 정중편正中偏, 편중정偏中正과 정중래正中來와 겸중지兼中至와 겸중도兼中到의 5위五位는 지시일위只是一位니, 일위一位 중에 각각 5위五位를 구장具藏하니라.

현대어역 정중편, 편중정, 정중래, 겸중지, 겸중도의 다섯 지위는 단지 하나의 지위일 뿐이다. 하나의 지위에 다섯 지위가 포함되어 있는 것이다.

[해설] 선문에서는 분별을 내려놓을수록 밝다고 말한다. 지위설은 분별이다. 그러므로 선문에서는 모든 지위설을 배격하는 것이다. 설암스

---

[488] 『石溪心月禪師語錄』(X71, p.40a).

님은 분명한 지위로 배치된 조동5위를 하나의 지위일 뿐이라 말하고 있다. 하나의 지위가 다섯 지위를 품는다는 말은 화엄적 틀을 가져온 것이다. 그렇지만 그 전달하고자 하는 핵심 메시지는 지위설에 마음을 두지 말라는 데 있다.

①의 '5위五位'가 생략되었는데, 번역문을 보면 '~의 5위五位는'과 같이 원문을 적용하고 있다. 편집 과정에 일어난 오류이니 복원해야 한다.

【18-6-④】 雲門은 尋常一句中에 須具三句하니 謂①[之]函蓋乾坤句며 隨波逐浪句요 截斷衆流句니 放去收來하야 不妨②[自然] 奇特이니라.

선문정로 운문은 심상尋常 일구 중에 필수必須히 3구三句를 구비하니 건곤乾坤을 함개函蓋하는 구句요, 수파隨波하여 축랑逐浪하는 구句요, 중류衆流를 절단絶斷하는 구句니 방거放去하며 수래收來하여 실로 기특하니라.

현대어역 운문의 평범한 1구에는 항상 3구가 갖추어져 있다. 그것은 하늘과 땅을 덮는(函蓋乾坤) 1구, 파도 가는 대로 물결 가는 대로의(隨波逐浪) 1구, 모든 흐름을 단번에 끊는(截斷衆流) 1구이다. 이것을 풀어 놓고 거둬들이는 것이 저절로 뛰어나다.

[해설] 두 가지 운문3구雲門三句가 있다. 하나는 운문스님이 직접 설한 함개건곤函蓋乾坤, 목기수량目機銖兩, 불섭만연不涉萬緣의 3구이다.

다른 하나는 인용문에 제시된 3구이다. 이것은 운문스님의 법을 계승한 원명圓明스님이 제시한 것이다. 『종용록』의 다음과 같은 구절을 보자.

정주鼎州 덕산德山의 제9대 주지 원명圓明스님은 법명을 연밀緣密이라 하며 운문의 계승자 중에서 가장 많은 제자들에게 법을 전하였다. 스님은 3구를 창안하였는데 하늘과 땅을 덮는(函蓋乾坤) 1구, 파도 가는 대로 물결 가는 대로의(隨波逐浪) 1구, 모든 흐름을 단번에 끊는(截斷衆流) 1구가 그것이다. 오늘날 이것이 운문3구로 전해지고 있는데 자세히 살피지 않은 것이다.[489]

그러니까 이것은 운문3구가 아니라 원명3구라 해야 옳다. 그런 점에서 『벽암록』의 원문은 약간의 착오를 안고 있다. 다만 원명스님의 3구가 운문스님의 종풍을 효과적으로 구현하고 있다는 것은 분명하다. 그러므로 운문3구가 운문스님의 것이 아니라 해서 그 가치까지 사라지는 것은 아니다.

이 3구는 1구를 깨달으면 나머지 2구가 밝아지는 삼위일체의 관계에 있다. 『기신론』의 일심문, 진여문, 생멸문이 우열의 관계가 아닌 것처럼 운문3구는 상호 평등하게 통일되어 있다.

①의 '지之' 자는 단순 생략이다. 목적격 대명사이지만 생략해도 뜻에는 변함이 없다.

②의 '자연自然'을 '불방不妨'으로 바꾸어 표현하였다. 이 두 단어는 어록에서 '기특奇特'과 결합하여 '뛰어나다고 할 만하다(不妨奇特)', '저절로 뛰어나다(自然奇特)'는 뜻을 전달한다. 대부분 비슷한 맥락에 비슷한 뜻으로 통용되는 글자이다. '불방기특不妨奇特'이 더 일반적인 표현이라 생각하여 이것으로 대체한 것으로 보인다.

---

[489] 『萬松老人評唱天童覺和尙頌古從容庵錄』(T48, p.256b), "鼎州德山第九世圓明大師, 諱緣密, 雲門嗣中唯師傳嗣最廣. 師創三句, 函蓋乾坤, 截斷衆流, 隨波逐浪.今傳爲雲門三句者, 檢討不審也."

【18-7】 三玄三要와 四料簡四賓主와 金剛寶王①[金剛王寶劒]과 踞地師子와 一喝不作一喝用과 探竿影草와 一喝分賓主와 照用一時行의 許多絡索을 多少學家가 ②搏[搏]量註③[注]解하니 殊不知我王庫內④[中]엔 無如是刀이니라 及弄將⑤[出]來하면 看底只是貶⑥[貶]眼이로다 須⑦[是]他上流는 契證驗認에 正按旁提하야 還本分草料⑧[種草]어니 豈假梯媒리오

선문정로 3현·3요와 4료간·4빈주와 금강왕보검金剛王寶劒과 거지사자踞地獅子와 일할부작일할용一喝不作一喝用과 탐간영초探竿影草와 조용일시행照用一時行의 허다許多한 낙삭絡索을 다소학가多少學家가 박량搏量으로 주해註解하니, 아왕고중我王庫中에는 여시도如是刀가 본무本無함을 부지不知하는지라, 농장농래弄將弄來하면 간관看觀하는 자가 ⑨지시폄안只是貶眼하는도다. 저 초군상류超群上流는 계증契證하고 험인驗認할새 정안正按코 방제旁提하여 본분초료本分草料만 쓰거니 어찌 제매梯媒를 가차假借하리오.

현대어역 3현3요와 4료간과 4빈주와 금강왕보검 같은 고함, 웅크린 사자와 같은 고함, 의도를 갖지 않는 고함, 고기를 모으는 장대와 풀 그늘 같은 고함과 대상 인식과 자아 인식의 동시적 실천 등이 뒤얽힌 어려운 공안들이 많이 있다. 이것을 여러 학자들은 짐작으로 주석하고 해설을 하지만 '우리 왕의 보물창고에는 그런 칼이 없다.' 그리하여 이를 들어 꺼내 보이면 보는 사람들은 그저 눈만 끔뻑일 뿐이다. 오로지 높은 선지식이라야 계합하여 깨닫고 증험으로 인정하여, 정면으로는 누르고 옆에서는 치켜올려 본래 몫의 양식을 돌려주는 것이다. 어찌 중간을 잇는 사다리를 빌려 쓰겠는가?

[해설] 임제의 종풍은 3현3요 외에 4료간四料簡, 4빈주四賓主, 4할용四喝用 등으로 구현된다. 4료간은 수행자의 자아와 대상에 대한 집착의 정도에 따라 그것을 타파하는 방법을 적절하게 활용하는 일이다. 자아 집착의 타파(奪人不奪境), 대상 집착의 타파(奪境不奪人), 두 집착의 동시 타파(人境兩俱奪), 타파한다는 의식의 타파(人境俱不奪)가 그것이다. 수행의 발전을 반영하는 지위설이라고 이해할 이유가 충분하다. 그러나 문자에 따라 단계적 지위를 세운다면 그것은 이 인용문에서 비판해 마지 않는 '어림짐작으로 말하는 일(搏量注解)'에 속한다.

4빈주는 주인(主)과 손님(賓)으로 스승과 학인의 만남, 이치와 현상의 통일성을 분간하는 방편이다. 먼저 4빈주는 학인과 스승 간의 법거량에 있을 수 있는 네 가지 상황을 가리킨다고 해석된다. 스승의 안목이 학인보다 못한 것을 빈간주賓看主, 학인의 안목이 스승을 따라오지 못하는 것을 주간빈主看賓, 학인과 스승이 뛰어난 안목으로 상호 계합하는 것을 주간주主看主, 학인과 스승이 모두 안목이 부족하여 번뇌를 더하기만 하는 것을 빈간빈賓看賓이라 한다.

이 4빈주는 이치와 현상의 통일성을 분간하는 방편이기도 하다. 현상에 매몰되어 이치를 등짐으로써 본래 진여에 어둡게 되는 상황이 있다. 이것을 빈중빈賓中賓이라 한다. 현상이 이치를 떠나지 않아 오는 대로 맡겨도 모두 진여인 상황이 있다. 이것을 빈중주賓中主라 한다. 이치로 현상을 이루어 공에 떨어지지 않는 상황이 있다. 이것을 주중빈主中賓이라 한다. 현상을 떠나 이치를 향하여 본래 진여만을 드러내는 상황이 있다. 이것을 주중주主中主라 한다.

이것이 4빈주에 대한 일반적인 해설이다. 다만 이것의 활용은 깨달음의 성취를 통해 저절로 일어나는 것이지 지해의 분별로 일어나는 것이 아니다. 만약 의식적으로 이것을 적용한다면 스스로 빈간빈賓看賓,

빈중빈賓中賓의 구덩이에 떨어지는 일이 된다는 것이 문장을 인용한 취지이다.

인용문에서 말하는 금강왕보검 같은 고함, 웅크린 사자와 같은 고함, 의도를 갖지 않는 고함, 고기를 모으는 장대와 풀 그늘 같은 고함의 네 가지 고함은 임제스님의 네 가지 고함(四喝)으로 불리는 것이다. 한편 대상 인식과 자아 인식의 동시적 실천은 대상 인식(照)과 자아 인식(用)의 상황에 따른 네 가지 활용(四照用) 중 최고의 완성형을 가리킨다.

문제는 이러한 종풍을 논리적으로 설명할수록 임제스님에게서 멀어진다는 데 있다. 학자들의 논의라는 것이 핵심을 바로 찌르지는 못하고 주변 때리기를 본질로 하기 때문이다. 그래서 '우리 왕의 보물창고에는 그런 칼이 없다'고 한 것이다. 이것은 『대열반경』의 비유이다. 왕자가 쓰는 보검이 있었는데 직접 체험해 보지 못한 군신들이 각자 알고 이해하는 수준에 따라 그것을 묘사한다. 그러자 왕이 나의 보물창고에 있는 칼은 그대들이 이해하는 그런 하나의 특징만 가진 것이 아니라는 점에서 이렇게 말했다는 것이다. 요컨대 임제스님의 높은 경지에서 쏟아져 나오는 방편들은 학자들이 생각으로 이해할 수 있는 그런 것이 아니라는 뜻이다.

성철스님은 임제종풍을 특징짓는 주제어들이 나열된 이 문장을 인용하면서도 그에 대한 설명을 모두 생략한다. 그 일 자체가 주변을 때리는 일이기 때문이다. 심지어 이처럼 모든 상황에 가장 적절하게 대응하는 방편들이라 해도 의미를 두지 말라고 당부한다. 눈에 모래를 뿌리는 격이므로 남김없이 내던져 버려야 한다는 것이다.

인용문에 표시한 것처럼 생략과 변환이 행해졌다. ①에서는 '금강왕보검金剛王寶劍'을 '금강보왕金剛寶王'으로 표기하였다. 초판본에 바로 되어 있던 것이 1993년에 가로쓰기로 바꾸면서 오류가 일어나 2015년 본까지 이어진 것이다. 교정해야 한다.

②에서는 '단량搏量'을 '박량搏量'으로 표현하였다. '단량搏量'은 빙빙 돌면서 헤아린다는 뜻이다. 직접 깨닫는 것이 아니라 생각이나 의식으로 이해하는 일을 가리키며 어록에 자주 쓰이는 말이다. '박량搏量'은 용례를 찾기 어렵다. 글자의 유사성으로 인한 편집 오류로 보인다. 번역문에도 '다소학가多少學家가 박량搏量으로 주해註解하니'와 같이 되어 있다. 다만 이 한문에 대한 한글의 병기는 성철스님의 원고가 아니라 이후의 편집 과정에서 가해진 것이므로 역시 편집 오류에 의한 것이다. '박搏'을 '단搏'으로 교정해야 한다.

③에서는 '주해注解'를 '주해註解'로 변환하였다. 구분 없이 같이 쓰는 단어로서 '주해註解'가 보다 관용적 표현이라고 보았던 것 같다.

④에서는 원문의 '중中' 자를 '내內' 자로 표기하였다. 뜻에는 변함이 없다. 이 문장이 들어 있는 『원오심요』를 포함한 대부분의 어록이나 그 원전인 『대열반경』에는 모두 '중中'으로 되어 있다. 나아가 성철스님의 번역문을 보면 '아왕고중我王庫中에 여시도如是刀가 본무本無함을 부지不知하는지라'와 같이 '중中'으로 되어 있다. 원문대로 바로잡아야 한다.

⑤에서는 '농장출래弄將出來'를 '농장래弄將來'로 바꾸어 표현하였다. '농장출래弄將出來'는 '~을(將) 내어놓다(弄出來)'는 뜻의 구어체 문구이다. 그러니까 '왕자의 보검을(將) 내어놓으니' 정도의 문장이 되는 것이다. 생략된 '출出' 자가 가장 중요한 실사가 되는 것이다. 물론 '농弄'이 보편적으로 '하다'는 뜻을 전달하므로 '내어놓다'는 의미로 번역할 수는 있다.

⑥에서는 '눈 깜작일 잡眨' 자를 '폄하할 폄貶' 자로 오기하였다. 초판본에 바로 되어 있었으나 1993년에 가로쓰기로 바꾸면서 오류가 일어나 2015년 본에 이르고 있다. '잡眨'으로 수정해야 한다. 이와 연동하여 번역문의 '지시폄안只是貶眼하는도다'를 '지시잡안只是眨眼하는도다'로 교

정해야 한다.

⑦에서는 '수시須是'를 '수須'로 바꾸었다. 뜻에는 변화가 없다.

⑧에서는 '종초種草'를 '초료草料'로 바꾸었다. 성철스님이 제시한 '본분초료本分草料'는 본래면목, 직지인심 등과 같은 뜻으로 쓰이는 선문의 관용어이다. 이에 비해 '본분종초本分種草'는 이 문장 외에 용례를 찾기 어렵다. 익숙한 관용어로 바꾸어 교정하고자 한 것으로 보인다.

제 19 장

소멸불종 銷滅佛種

제19장
소멸불종 銷滅佛種

1. 소멸불종 설법의 맥락

　모든 중생들은 부처의 씨앗(佛種)을 갖추고 있다. 그러니까 중생은 부처의 씨앗 그 자체이다. 여기에 믿음과 6바라밀이라는 비가 내리면 씨앗이 자라 부처의 열매를 맺게 된다. 그런데 이 부처의 씨앗을 압도하는 큰 죄가 있다면 씨앗이 소멸하는 일이 일어난다. 중봉스님은 돈오문의 계율을 제시하면서 파계의 위험성을 강조한다.

　살생하지 말라. 살생하면 자비의 씨앗이 단멸한다. 도둑질하지 말라. 도둑질하면 희사의 씨앗이 단멸한다. 음행하지 말라. 음행하면 해탈의 씨앗이 단멸한다. 거짓말하지 말라. 거짓말하면 진실의 씨앗이 단멸한다. 술 마시지 말라. 술을 마시면 지혜의 씨앗이 단멸한다. 화내고 싸우지 말라. 화내고 싸우면 인욕의 씨앗이 단멸한다. 보리심을 떨어뜨리지 말라. 보리심이 떨어지면 부처의 씨앗을 단멸한다. 이 7계를 빠뜨리거나, 빼먹거나, 깨뜨리거나, 범하면 세간을

벗어나는 7종의 청정한 씨앗이 단멸한다. 만약 잘 보호하여 완전하
게 지키면 3계를 초월하여 우담발화를 피우고 부처의 지혜생명을
잇게 될 것이다.[490]

이처럼 모든 죄업은 가능성으로서의 부처를 단멸시키는 일에 해당한
다. 그중에서도 부처의 씨앗을 소멸시키는 큰 죄가 따로 있다. 불법과
부처를 비방하는 일이 그것이다. 외도의 사견에 빠지는 일이 그것이다.
인과를 부정하는 일이 그것이다. 죄에 빠져 참회하지 못하는 일이 그것
이다. 불교에서는 이러한 죄업에 빠진 사람을 일천제라 부른다.

일천제는 인과를 믿지 않고, 참회하지 않고, 업보를 믿지 않고, 현
세와 미래세가 있음을 보지 않으며, 좋은 도반과 친하지 않으며, 부
처님의 가르침과 계율을 따르지 않는다. 이런 사람을 일천제라 부
르며 모든 부처님 세존도 치유하지 못한다. 왜 그런가? 죽은 시체
는 의사라도 치료하지 못하는 것과 같다.[491]

그런데 가만히 살펴보면 이 죄들은 모두 자기 나름의 사상과 신념을
가진 사람이 행하는 일들이다. 보기에 따라서 불법에 반대하는 것일 뿐
죄가 되지는 않을 수도 있다. 그러나 대승불법에서 보면 이것은 다른

---

490 『天目明本禪師雜錄』(X70, p.741b), "不殺生, 殺生則斷慈悲種. 不偸盜, 偸盜則斷喜捨種. 不婬欲, 婬欲則斷解脫種. 不妄語, 妄語則斷眞實種. 不飮酒, 飮酒則斷智慧種. 不嗔鬪, 嗔鬪則斷忍辱種. 不退菩提心, 退失菩提則斷滅佛種. 如上七戒, 或缺漏破犯, 斷此七種淸淨出世間種子. 或保護圓滿, 則超越三界, 現優曇花, 續佛壽命."
491 『大般涅槃經』(T12, p.477c), "一闡提者, 不信因果, 無有慚愧, 不信業報, 不見現在及未來世, 不親善友, 不隨諸佛所說敎戒, 如是之人名一闡提, 諸佛世尊所不能治. 何以故, 如世死屍, 醫不能治."

죄보다 더 치유하기 어려운 고질병에 해당한다. 살생, 도둑질, 음행, 거짓말의 네 가지 바라이죄(四重罪)나 부친을 살해하고, 모친을 살해하고, 아라한을 살해하며, 부처의 몸에 피가 나게 하고, 대중의 화합을 깨는 일 등의 다섯 가지 용서할 수 없는 죄(五逆罪)는 누가 보더라도 죄가 된다. 그러므로 이러한 죄업에는 두려움과 참회가 뒤따른다. 이러한 참회가 있는 한 죄업을 소멸할 가능성이 있다. "피 묻은 칼을 내려놓으면 그 자리에서 성불한다.(放下屠刀, 立地成佛.)"는 말이 성립하는 현장이다.

이에 비해 불법 비방 등을 내용으로 하는 일천제의 죄업은 신념에 기초한 것이므로 회개가 일어나기 어렵다. 이 일천제에 대한 정의는 외도에 대한 정의와 거의 일치한다. 그런데 불교 내부의 일천제도 있다. 『능엄경』에서 말하는 큰 거짓말, 대망어가 그것이다. 대망어는 깨닫지 못했으면서 깨달았다고 말하는 일이다. 가장 큰 인연인 불성을 깨닫는 일을 두고 하는 거짓말이므로 큰 거짓말이라 한다. 그것이 착각으로 인한 것이든 명예와 이익을 탐하여 행해진 것이든 부처의 싹을 소멸하기는 마찬가지다.

왜 착각으로 인한 대망어가 있게 되는가? 깨달음의 기준이 다르기 때문이다. 예컨대 성문과 연각의 길에서는 자아에 대한 집착의 소멸을 궁극의 목적지로 본다. 자아 집착의 구속을 벗은 자리에서 더 나아가려 하지 않는다. 불성이 있다는 사실 자체를 모를 뿐만 아니라 그것을 부정한다. 그러므로 대승의 입장에서 보면 성문은 부처의 씨앗을 소멸한 사람들이 된다. 명예와 이익을 탐하느라 대망어가 행해져 부처의 씨앗을 태워 버리는 일도 있다.

수행을 통해 높은 안목을 갖추어 깨달음을 선언하고 세상의 높은 추앙을 받는 이들이 있다. 이들은 혹은 총림의 방장으로, 혹은 대선지식으로 인정을 받아 높은 법상에 올라 사자후를 토하며 대중들을 교화

한다. 그리고 스스로 훌륭하다는 자부심에 빠진다. 문제는 이들이 이미 깨달음을 선언하고 타인의 추앙을 받는 입장이 되었으므로 다시 수행을 하기 어렵다는 데 있다. 도가 높은 본분종사의 방과 할을 수용하기도 어렵다. 성불로 나아갈 길이 겹겹으로 차단되는 것이다. 그래서 5역 중죄를 저지른 사람보다 성불하기 어렵다는 것이다.

다만 대승법에서는 누군가 부처의 씨앗이 소멸하는 길을 걷는다 해서 그것이 결코 되돌릴 수 없다고 보지는 않는다. 일천제에 대한 비판이 가장 많이 발견되는 『대열반경』에서도 결국 뒤에 가서는 일천제도 성불할 수 있다는 입장을 취한다. 모든 중생이 불성을 갖추었다는 진리는 어떤 경우에라도 통하는 대원칙이기 때문이다.

이런 일이 있었다. 구마라집의 제자였던 축도생竺道生은 반야와 유식, 법화의 대승경전을 섭렵하여 불교의 핵심을 꿰뚫는 안목을 갖춘 고승이었다. 당시 미완성본(小本)『대열반경』이 번역되어 널리 유행하였는데 여기에 일천제가 성불하지 못한다는 설이 제시되어 있었다. 그러나 축도생은 여기에 이의를 제기한다. 모든 중생이 불성을 갖추고 있다는 대원칙에 비추어 볼 때 일천제가 결정코 성불하지 못한다는 말은 성립할 수 없다는 것이었다. 소위 일천제 성불론을 주장한 것이다. 경전에 위배되는 주장을 하는 그에게 불교계의 비판이 쏟아졌음은 물론이다. 이에 축도생은 호구虎丘의 돌들을 모아 놓고 일천제 성불의 이치를 설한다. 그리고 당시 설법 현장에 있던 돌들이 모두 고개를 끄덕였다는 전설이 전한다. 나중에 완성본(大本)『대열반경』이 완역되었는데 축도생의 주장과 일치하였다.

그러므로 부처의 씨앗을 소멸시키는 죄를 지은 일천제도 성불할 수 있다. 다만 자기의 과거와 현재에 대한 남김 없는 참회와 회개가 선행되어야 함은 물론이다.

2. 성철스님 소멸불종 설법의 특징

성철스님은 부처의 씨앗을 소멸시키는 일천제의 죄업 중 대망어죄를 강조하여 보여준다. 진정한 깨달음이 아닌 것을 깨달음이라 하는 대망어에 대한 비판이 성철선의 한 핵심이기 때문이다. 왜 대망어가 행해지는가? 세상의 존경을 바라는 명예욕이 있기 때문이라는 것이 성철스님의 진단이다. 명예와 이익을 추구하는 마음이 바로 부처의 씨앗을 죽이는 독이라는 것이다.

왜 대망어가 문제가 되는가? 분별적 지혜의 내려놓음이 깨달음으로 가는 길인데, 대망어를 하는 순간 지혜에 의지하는 길을 걷게 되기 때문이다. 지혜의 길이므로 경전의 말씀에 매달리고 개념에 의지하게 된다. 깨달음의 길을 걷는 데 써야 할 에너지를 개념의 건축물을 구축하는 일에 쏟게 되는 것이다. 이것은 또한 증상만의 일이기도 하다. 『법화경』을 설하던 영산회상에서 5천의 증상만이 이탈했을 때 부처님은 오히려 순수한 씨앗만 남았다고 기뻐한 일이 있다. 증상만은 자기의 견해를 내려놓지 못하는 수행자들로서 깨달음의 씨앗이 소멸한 이들이었기 때문이다.

이러한 경우를 들어 성철스님은 대망어를 지혜의 증장으로 인한 장애와 연결한다. 실참실오 없이 경전에 기대고, 스승의 말에 기대고, 관념에 기대고, 자기의 견해에 기대는 일이 대망어의 원인이 된다는 것이다. 그래서 소멸불종에 대한 법문은 바로 지혜의 비판과 실참실오의 강조로 귀결된다. 지혜가 남아 있는 불완전한 무심에 기댄다면 그것이 곧 부처의 씨앗을 소멸시키는 일이 된다는 것이다. 이로 인해 소멸불종의 설법에는 돈오점수에 대한 비판이 행간에 담기게 된다.

결국 성철스님의 논의는 단순하고 일관된 주제, 돈오점수의 부정으로 돌아간다. 깨달음의 영속성과 절대성을 강조하는 문장들이 연이어 인용되는 것도 이 때문이다. 이를 통해 영원히 지속되는 것이라야 진정한 깨달음이라는 점, 그렇지 못한 일시적 눈뜸을 깨달음이라 해서는 안 된다는 점, 그것은 대망어로서 부처의 씨앗을 소멸시키는 일이라는 점을 강조하는 것이다.

3. 문장 인용의 특징

【19-1】 世界衆生①[如是世界, 六道衆生]이 雖則身心에 無殺盜婬하야 三行이 已圓하야도 若大妄語하면 卽三摩地②[提]에 不得淸淨하야 成愛見魔하야 失如來種하나니 所謂未得謂得하며 未證言證이니라 或求世間의 尊勝第一하야 謂前人言하되 我今已得果③[須陀洹果, 斯陀含果, 阿那含果, 阿羅漢道, 辟支佛乘, 十地, 地前諸位菩薩]라하야 求彼禮懺하며 貪其供養하나니라 是一顚迦는 銷滅佛種하되 如人이 以刀로 斷多羅木하야 佛記是人은 永殞善根이니 無復知見하야 沈三苦海하야 不成三昧하나니 ④[我滅度後, 勅諸菩薩及阿羅漢, 應身生彼末法之中, 作種種形度諸輪轉, 或作沙門, 白衣居士, 人王, 宰官, 童男童女, 如是乃至婬女, 寡婦, 姦偸, 屠販, 與其同事稱歎佛乘, 令其身心入三摩地, 終不自言我眞菩薩, 眞阿羅漢. 泄佛密因, 輕言未學, 唯除命終陰有遺付, 云何是人惑亂衆生成大妄語. 汝敎世人, 修三摩地後復斷除諸大妄語, 是名如來先佛世尊第四決定淸淨明誨. 是故阿難,] 若不斷

其⑤[大]妄語者는 如刻⑥[人]糞爲栴檀形하야 欲求香氣하나 無有是處니라 我教比丘하되 直心이 道場이니 於四威儀一切行中에 尙無虛假어니 云何自稱⑦[得]上人法이리오 譬如窮人이 妄號帝王하야 自取誅滅이니 況復法王을 如何妄竊이리오

선문정로 세계의 중생이 비록 신심身心에 살생·투도·사음이 없어서 3행三行이 이미 원만하여도 만약에 대망어大妄語를 하면 곧 삼마지三摩地에 청정하지 못하며 애견마愛見魔를 성취하여 여래의 성종聖種을 망실亡失하나니, 소위 득도하지 못하고 득도하였다 하며 증오證悟하지 못하고 증오證悟하였다 함이니라. 혹은 세간에 존승제일尊勝第一을 구하여 중인衆人에게 말하되, "내가 이미 도과道果를 증득하였다."고 하여 그들의 예참을 구하며 그 공양을 탐하느니라. 이 일전가一顚迦는 불종佛種을 소멸하되 사람이 이도利刀로써 다라목多羅木을 단절斷絶함과 같아서 부처님이 이 사람은 선근善根을 영영히 운망殞亡한다고 수기授記하니 다시는 정견正見이 없어서 3도고해三途苦海에 침륜沈淪하여 삼매를 성취 못 하느니라. 만약에 그 대망어大妄語를 단절하지 못하는 자는 분괴糞塊를 조각彫刻하여 전단栴檀의 형상形狀을 만듦과 같아서 향기를 구하고자 하나 끝내 얻지 못하느니라. 내가 비구들에게 정직한 진심眞心이 도량임을 가르쳤나니, 행주좌와의 4위의四威儀인 일체 행동 가운데도 오히려 허위와 가작假作이 없어야 하거늘, 어찌 상인법上人法을 증득하였다고 자칭하리오. 비유하건대, 빈궁한 천인賤人이 제왕이라고 망녕되이 호칭하여 스스로 주멸誅滅을 취함과 같으니, 하물며 대법大法의 성왕聖王을 어찌 망녕되이 절칭竊稱하리오.

현대어역 세계의 중생들이[이와 같은 세계의 6도중생들이] 비록 몸과 마음에 살생과 도둑질과 음행이 없어 계정혜를 원만하게 갖췄다 해도 대망어를 하면 삼매가 청정하지 못해 애착과 견해의 마구니가 되어 여래의 씨앗을 상실하게 된다. 얻지 못한 것을 얻었다 하고, 깨닫지 못한 것을 깨달았다 하는 일이 그것이다. 혹은 세상에서 제일 높고 뛰어나다는 인정을 받기 위해 사람들 앞에서 나는 이미 깨달음의 과보를 증득했다[수다원과, 사다함과, 아나함과, 아라한도, 벽지불승, 10지를 증득했다거나 10주, 10행, 10회향의 보살 지위를 증득했다]고 말하면서 예경과 귀의를 바라고 공양을 탐내기도 한다. 이런 사람은 일천제로서 부처의 씨앗을 소멸시켜 버리는 것이 마치 칼로 패다라나무를 자르는 것과 같다. 부처님께서는 이런 사람들은 영원히 선근을 죽여 버려 다시는 부처의 지견에 돌아오지 못하고 3계의 고해에 빠져 삼매를 성취할 수 없다고 하셨다.

[내가 열반한 뒤 모든 보살과 아라한에게 당부하여 저 말법의 시대에 응신으로 나타나 다양한 모습을 지어 모든 중생들을 제도하도록 했다. 사문으로, 재가 거사로, 국왕으로, 백관으로, 동남동녀로, 나아가 매춘부로, 과부로, 간음자로, 도둑으로, 도박꾼으로, 장사치로 나타나 그들과 함께 일하며 부처의 수레를 칭찬하고 찬탄하여 그 몸과 마음이 삼매에 들도록 하게 하였다. 그렇지만 결코 자신이 진정한 보살, 진정한 아라한이라고 스스로 말하지 말라고 했다. 부처의 비밀스러운 인연을 누설하여 말세의 공부하는 이들에게 가볍게 말해서는 안 되는 것이다. 다만 생명이 끝날 때에 은밀히 부촉하는 일만은 허락하였다. 왜 그런가? 그런 사람들은 중생들을 혹하게 어지럽혀 대망어를 짓기 때문이다. 그대들은 세상 사람들을 가르치되 삼매를 닦은 후 다시 모든 대망어를 제거하게 해야 한다. 이것을 여래, 제

불세존의 네 번째⁴⁹² 청정하고 밝은 가르침을 완전히 따르는 일이라 부른다. 그러므로 아난이여!]

대망어를 단멸하지 않는다면 마치 똥을 조각하여 전단의 형상을 만들어 놓고 향기가 나기를 바라는 것과 같다. 그런 일은 있을 수 없다. 나는 비구들에게 가르친다. 곧바른 마음이 도를 닦는 마당이다. 움직이고, 멈추고, 앉고, 눕는 일체의 행위에 허망한 거짓이 없어야 한다. 그런데 어떻게 스스로 깨달음을 얻었다고 말할 수 있겠는가? 그것은 빈천한 사람이 자기가 왕이라고 거짓말을 하다가 스스로 죽음을 자초하는 일과 같다. 더구나 어떻게 진리의 법왕이라고 망녕되게 사칭할 수 있겠는가?

[해설] 『능엄경』에서 가져온 문장이다. 명예와 이익을 추구하는 마음이 수행의 생명을 끊는 독화살과 같다는 것이다. 성철스님은 이를 통해 "오매일여하며 내외명철하고 무념무생하며 상적상조하는 구경무심을 철증徹證하기 이전에는 득도라 견성이라고 할 수는 절대로 없다."⁴⁹³는 점을 강조한다. 『선문정로』의 맥락으로 보자면 닦음을 필요로 하는 돈오점수는 허명虛名과 부리浮利를 추구하는 마음에서 비롯된 것이라는 말이 성립한다.

인용문의 핵심은 대망어의 죄업을 드러내는 데 있다. 보통 죄업에는 열 가지가 있다. 몸으로 짓는 악업이 셋, 마음으로 짓는 악업이 셋, 입

---

492 『능엄경』에서는 부처의 청정하고 밝은 가르침을 완전히 수행하는 일(決定淸淨明誨)을 네 가지로 제시한다. 첫 번째는 음행하는 마음의 단멸, 두 번째는 살생하는 마음의 단멸, 세 번째는 도둑질하는 마음의 단멸이다. 『大佛頂如來密因修證了義諸菩薩萬行首楞嚴經』(T19, pp.131c-132c).
493 퇴옹성철(2015), p.395.

으로 짓는 악업이 넷이다. 몸으로는 살생, 도둑질, 음행의 죄를 짓고, 마음으로는 탐진치의 죄를 짓는다. 입으로는 거짓말(妄語), 번드레한 말(綺語), 두 말(兩舌), 욕설(惡口)의 악업을 짓는다. 그 순서상 거짓말이 다른 것에 우선하므로 그 악업의 정도가 높다. 거짓말 중에서도 큰 거짓말(大妄語)이 있다. 이 대망어大妄語는 깨닫지 못한 사람이 스스로 깨달았다고 말하는 악업이다. 세상에서 가장 큰 일인 부처의 지견을 여는 일을 가지고 거짓말을 하는 것이므로 큰 거짓말이다.

물론 살생, 도둑질, 음행으로 인한 업보도 크다. 아무리 수행을 해도 살생하는 마음을 끊지 않으면 귀신과 나찰의 세계에 떨어진다. 도둑질하는 행위와 마음을 끊지 않으면 도깨비의 세계에 떨어진다. 음행하는 행위와 마음을 끊지 않으면 모래를 쪄서 밥을 지으려는 것과 같아 성취가 없다. 그러므로 이 세 가지 악한 마음을 끊지 않으면 청정한 삼매를 얻을 수 없다.

이렇게 하고도 남는 것이 대망어의 죄업이다. 탐진치의 악업을 끊고, 욕설과 두 말과 꾸미는 말을 끊고, 거짓말을 끊었다 해도 대망어는 남아 있을 수 있기 때문이다. 깨닫지 못해 놓고 깨달았다고 말하는 일은 십중팔구 상당한 수행을 쌓은 수행자에게서 일어난다. 이때 명리를 탐하는 마음은 애욕의 마군(愛魔)이 되고, 자기가 성인과 동등하다고 보는 사견은 견해의 마군(見魔)이 된다. 이것은 아직 자라지 않은 벼 이삭의 성장을 돕는다고 그것을 뽑아 올리는 일과 같다. 벼가 익을 가능성을 아예 차단하는 것이다. 이처럼 대망어는 부처가 될 가능성을 아예 소멸시켜 버린다. 스스로 깨달음을 자처하는 대망어가 성불의 싹을 자른다는 것은 일천제 성불을 설한 경전인 『대열반경』에서도 강조한 바이다.

이렇게 말하는 사람이 있다 하자. "나는 이미 아뇩다라삼먁삼보리를 성취하였다. 왜냐하면 불성이 있기 때문이다. 불성이 있으면 반드시 아뇩다라삼먁삼보리를 성취하게 된다. 이러한 인연으로 나는 지금 이미 깨달음을 성취하였다." 이 사람이 바라이죄를 범했다는 것을 알아야 한다. 왜냐하면 불성이 있다 해도 여러 좋은 방편을 닦고 익히지 않으면 그것을 드러내어 볼 수 없기 때문이다. 드러내어 보지 못하면 아뇩다라삼먁삼보리를 성취할 수 없다.⁴⁹⁴

인용문에 보이는 패다라 나무(多羅木)는 그 잎을 종이로 활용하는 나무이다. 인도에서는 이 나무에 경전을 기록하였으므로 불경을 패엽경이라고도 부른다. 수십 미터를 자라는 이 나무는 가벼운 칼질에도 바로 고사해 버리는 성질을 갖고 있다. 그래서 부처 씨앗의 소멸을 패다라 나무를 자르는 일에 비유한 것이다.

인용문에 표시한 것처럼 축약, 대체, 생략이 행해졌다. ①은 '세계의 6도중생'을 '세계의 중생'으로 축약한 것이다. 중생은 곧 6도중생을 가리키는 말이므로 뜻의 변화는 없다. 성철스님의 입장에서 이 메시지를 전달하고자 하는 대상은 사바세계의 중생이다. 그런 의도로 축약이 행해진 것으로 보인다.

②는 '삼마제三摩提'를 '삼마지三摩地'로 바꾸어 표현한 것이다. 출전이 되는 『능엄경』 내에서도 두 표현을 혼용하고 있다. 표현의 통일성을 기한다는 차원에서 바꾼 것이다.

③에서는 '수다원과, 사다함과, 아나함과, 아라한도, 벽지불승, 10지

---

494 『大般涅槃經』(T12, p.405b), "若有說言, 我已成就阿耨多羅三藐三菩提. 何以故, 以有佛性故. 有佛性者, 必定當成阿耨多羅三藐三菩提. 以是因緣, 我今已得成就菩提. 當知是人, 則名爲犯波羅夷罪. 何以故, 雖有佛性, 以未修習諸善方便, 是故未見, 以未見故, 不能得成阿耨多羅三藐三菩提."

를 증득했다거나 10주, 10행, 10회향의 보살 지위를 증득했다'는 원문을 '깨달음의 과보를 증득했다(得果)'는 두 글자로 축약하였다. 여기에는 오직 묘각만을 깨달음이라 해야 한다는 성철스님의 입장이 반영되어 있다. 원문대로라면 모든 단계의 깨달음이 있다는 의미가 된다. 성철스님은 이러한 단계의 설정에 반대하며 그것을 언급하는 일조차 문제시한다. 축약이 행해진 이유이다.

④의 긴 문단이 생략되었다. 보살행을 서원하여 깨닫기 전에 중생제도에 나선다 해도 대망어만은 용납되지 않는다는 내용이다. 대망어를 멸진하지 않으면 수행이 성립되지 않는다는 뒤의 문장으로 대신할 수 있으므로 생략한 것이다.

⑤에서는 '대망어大妄語'를 '망어妄語'로 바꾸었다. 이미 살펴본 바와 같이 대망어는 망어와 구별되는 뜻을 갖고 있다. '대大' 자를 생략할 수 없는 것이다. 그런데 번역문을 보면 '만약에 그 대망어大妄語를 단절하지 못하는 자는~'과 같이 대망어로 옮기고 있다. 편집상의 오류임을 알 수 있다. 교정해야 한다.

⑥에서는 '인분人糞'을 '분糞'으로 바꾸었다. 간략한 표현을 추구한 것이며 의미의 차이는 없다.

⑦의 '득得' 자가 생략되었다. 번역문을 보면 '어찌 상인법上人法을 증득하였다고 자칭하리오'로 옮겨져 있어 '득得' 자가 적용되어 있다. 편집상의 오류로서 교정되어야 한다. 여기에서 말하는 '상인법上人法'은 사람의 분별을 넘어선 경계로서 해탈과 과보의 증득(證果)을 가리킨다. 그러므로 '상인법을 증득했다'고 자칭하는 일은 깨닫지 못해 놓고 깨달았다고 하는 대망어를 범하는 일이 된다.

【19-2】 近代之人이 多所慢易하야 叢林에 雖入하나 懶慕參求하여

縱成留心하야도 不擇宗匠하야 邪師過謬하야 同失指歸라 未了根塵하고 輒有邪解하야 入他魔界하야 全失①[喪]正因이로다 但知急務住持하며 濫稱知識하야 且貴虛名在世어니 寧論襲惡於身이리오 不惟聾瞽後人이요 抑亦凋弊風敎로다 登法王高廣之座②[坐]론 寧臥鐵床이요 受純陀最後之羞로는 乍飮銅汁이어다 大須戰慄하야 無宜自安이니 謗大乘愆은 非小罪報니라

선문정로 근래에는 오만하고 경솔한 자가 많아서 비록 총림에 들어오나 참구에 나태하며 대도에 유심留心하여도 정안종장正眼宗匠을 선택하지 않아서 사사邪師가 잘못 교도敎導하여 같이 지향指向과 귀취歸趣를 망실亡失하는지라, 6근6진六根六塵도 요탈了脫치 못하고 문득 사해邪解를 가져서 마계魔界에 오입誤入하여 정인正因을 전부 파멸하는도다. 그리하여 다만 주지(방장)에만 급급하여 외람되이 선지식이라 사칭하며, 또한 세상의 허명虛名만 귀중히 여기거니 어찌 죄악이 자신에 내습來襲함을 알리오. 이는 후인後人을 농고聾瞽할 뿐 아니라 또한 풍교風敎를 조폐凋弊하는도다. 법왕法王의 고광보좌高廣寶座에 오르는 것보다는 차라리 열철화상熱鐵火床에 누울 것이요, 순타純陀의 최후 진수珍羞를 받는 것보다는 잠시 적용동즙赤鎔銅汁을 마실지어다. 크게 공구전율恐懼戰慄하여 마땅히 자안自安하지 말지니 대법大法을 비방한 허물은 사소한 죄보罪報가 아니니라.

현대어역 요즘 사람들은 오만함과 경솔함이 많아서 총림에 들어왔다 해도 참구에 마음 두기를 게을리한다. 설사 마음을 둔다 해도 바른 스승을 찾지 않아 삿된 스승의 오류에 빠져 가리킴과 귀의할 바를 잃어버리곤 한다. 6근·6진을 씻어내지 못하고 삿된 지혜를 일으켜

저 마계에 들어가 바른 인연을 완전히 상실해 버린다. 그저 주지 노릇하는 데 애를 쓸 줄만 알고 선지식을 자칭하면서 세상의 헛된 명예만을 귀하게 여긴다. 그러니 어떻게 자신에게 악이 닥쳐오는 일을 논하겠는가? 후학들의 귀를 먹게 하고 눈을 멀게 할 뿐만 아니라 종문의 가르침을 쇠락 피폐하게 하는 것이다. 높고 넓은 법왕의 자리에 오르느니 차라리 지옥의 무쇠 침상에 눕는 것이 낫고, 순타의 마지막 진수성찬을 받느니 잠시 지옥의 구리 녹인 물을 마실지어다. 모름지기 크게 전율하며 스스로 안주하지 않아야 한다. 대승을 비방하는 죄는 작은 과보가 아니다.

[해설] 법안스님의 『종문십규론』에서 가져온 문장이다. 법안스님은 수행자를 편달하기 위해 선문의 병통 열 가지를 제시한다. 첫째, 자기의 마음 바탕을 밝게 깨닫지 못하고 함부로 남의 스승이 되는 일, 둘째, 종문의 가풍만을 편들고 지키면서 소통과 논의를 무시하는 일, 셋째, 조사의 공안을 들고 법의 요체를 제시한다면서 살활자재한 선문의 전통을 모르는 일, 넷째, 때와 상황에 맞는 문답을 하지 못하고 종사의 안목을 갖추지 못한 일, 다섯째, 이치와 현상이 서로 호응하지 못하고 걸림과 청정을 구분하지 못하는 일, 여섯째, 지해를 말끔히 걷어내지 못하고 고금의 언어들을 억측하는 일, 일곱째, 표면적 의미만을 기억할 뿐, 자기화하여 때에 맞게 적절히 활용할 줄 모르는 일, 여덟째, 경전에 통하지 못했으면서 함부로 인용하여 증명하는 일, 아홉째, 성율을 무시하고 이치에 통달하지 못하면서 게송 짓기를 즐기는 일, 열째, 자기의 단점을 변호하면서 승부 다투기를 즐기는 일이 그것이다.

열 가지 병통 중에 깨닫지 못하고 남의 스승이 되는 일이 가장 먼저 제시되어 있다. 자기 경계에 도취되어 깨달음을 선언하는 대망어가 가장 큰 병통이라는 것이다. 이것은 『능엄경』에서 경계한 바와 같이 부처의 씨앗을 소멸시키는 일이 된다. 성철스님은 "실오실증實悟實證치 못한 사해악견邪解惡見으로써 후학을 파멸하며 자신을 패망敗亡한 자는 자고로 수다數多하니 참으로 장탄長歎할 바이다."[495]는 말로 그 위험성을 강조하고 있다.

①과 같이 '상喪' 자를 '실失' 자로 바꾸었다. 뜻에는 변함이 없다.

②에서는 '앉을 좌坐' 자를 '자리 좌座' 자로 바꾸었다. '높고 넓은 법왕의 자리에 오른다'는 뜻이 되려면 '座'가 옳다. 원래 이 두 글자는 고금자古今字로서 좌坐가 먼저 만들어진 글자이고, 좌座가 나중에 만들어진 글자이다. 좌座가 나오기 전까지는 좌坐가 '앉다' 혹은 '좌석'의 뜻으로 함께 쓰였다. 이후 '좌坐=앉다', '좌座=좌석'으로 구분해서 쓰기는 했지만 여전히 많은 전적에서 처음의 글자인 좌坐를 가지고 '앉다'는 뜻은 물론 '좌석'의 뜻을 표현했다. 인용문이 바로 그런 경우이다. 성철스님은 그 뜻을 명확히 하기 위해 '座'로 교정한 것이다.

【19-3】 豈不見가 教中에 道하되 未得謂得①[者]은 是增上慢이라 謗大般若②[人]니 不通懺悔니라 譬如窮人이 妄號帝王타가 自取誅滅이니 況復法王을 如何妄竊이리오

선문정로 어찌 보지 못하였는가. 교중教中에서 말씀하셨다. 득도하지 못하고 득도하였다 함은 증상만增上慢인지라 대반야를 비방함이니 참회로도 통하지 못한다. 비유하건대 빈궁한 천인賤人이 제왕이라고 망칭妄稱하다가 주멸誅滅을 자취自取함과 같나니 하물며 대법왕大法王

---

[495] 퇴옹성철(2015), p.397.

을 어찌 망절妄竊하리오.

현대어역 보지 못했는가? 부처님의 가르침에 말씀하시기를, 증득하지 못하고 증득했다고 하면[하는 자는] 증상만으로서 위대한 반야를 비방하는 일[사람]이라고 했다. 그것은 빈천한 사람이 자기가 왕이라고 거짓으로 말하다가 스스로 죽음을 자초하는 일과 같다. 더구나 어떻게 진리의 법왕이라고 거짓으로 사칭할 수 있겠는가?

[해설] 『대혜어록』에서 가져온 문장이다. 대혜스님에 의하면 깨달음에 있어서 가장 중요한 것은 본분종사를 만나는 일이다. 본분종사의 가르침은 자성이 인연 따라 모양을 짓듯 저절로 쏟아져 나오는 것이다. 그래서 자유롭다. 깨달음을 사칭하는 증상만은 그렇지 못하다. 그들은 무수한 경전의 말씀들을 외워 스승의 자리에 오르지만 자신의 생사조차 알지 못하기 때문이다.

그러므로 증득하지 못하고 증득했다고 사칭하는 증상만은 위험하다. 자기 스스로 깨달을 가능성을 끊을 뿐만 아니라 후학들의 길도 함께 망가뜨리기 때문이다. 성철스님은 그 죄가 1천 부처님이 세상에 출현한다 해도 용서받을 수 없는 일이라 했다. 성철스님의 비판은 어정쩡한 체험을 자랑하며 스승의 법좌에 높이 올라 명예와 이익을 탐하는 선문의 적폐를 직격하고 있다.

①의 '자者' 자를 생략하였다. 원문은 깨달음을 사칭하는 '사람'이 증상만이라는 뜻이다. 성철스님은 그렇게 사칭하는 '일'이 증상만에 해당한다고 표현하고자 한다. 수행의 현장에서 언제나 일어날 수 있는 일로써 남의 일이 아니기 때문이다.

②의 '인人' 자를 생략하였다. 앞에서 사람을 가리키는 '자者'를 지워

일을 가리키는 문장으로 바꾸었으므로 이에 연동하여 사람을 가리키는 '인人'을 생략한 것이다.

【19-4】 殺父殺母는 猶通懺悔어니와 謗大般若는 誠難懺悔니라

선문정로 부모를 살해한 대역중죄는 오히려 참회할 수 있으나 대반야를 비방한 죄는 참으로 참회하기 어렵다.

현대어역 부모를 살해해도 참회가 통하지만 위대한 반야를 비방하면 참으로 참회하기 어렵다.

[해설] 『종용록』제64칙에서 가져온 문장이다. 법안스님은 장경혜릉長慶慧稜의 문하에서 오래 닦았으나 나중에 나한계침羅漢桂琛의 법을 이었다. 이에 장경스님 문하의 자소子昭수좌가 법안스님에게 유감을 표현한다. 법안스님이 꼽은 열 가지 선문의 병통 중에서 두 번째 병통인 문호주의에 걸린 것이다. 이에 법안스님과 수좌 사이에 일대 논전이 일어나고 수좌는 일패도지하게 된다. 당시 법안스님은 수치심을 느끼며 물러나는 수좌를 멈추게 하고 위 인용문과 같이 엄중하게 질책한다. 수좌는 이로부터 법안스님에게 공부하여 안목을 열게 된다.

법안스님을 힐난한 수좌에게 득도를 사칭한 혐의가 있다는 점, 그것은 반야를 비방한 죄에 해당한다는 점을 보여주기 위한 인용문이다.

【19-5】 其實①[眞]參實悟之士는 不惟鮮遇於今日이요 在往昔하야도 亦未嘗多見也니라

선문정로 그 여실히 참구하여 실지實地로 오달悟達한 도인은 금일에만 상봉하기 드문 것이 아니요, 왕석往昔에 있어서도 또한 일찍이 다수를 볼 수 없느니라.

현대어역 진실하게 참구하고 실지로 깨달은 도인은 오늘날에만 드물게 만나는 것이 아니라 옛날에도 많이 볼 수 없었다.

[해설] 중봉스님의 법문에서 인용한 문장이다. 중봉스님은 수행에 있어서 비견할 상대를 찾기 어려울 정도의 철저함을 보여준 선지식이다. 한 수행자가 질문을 한다. "달마의 법은 말이 나오기 전에 이미 길에 들어서 있다는 것을 알도록 하는 길이다. 그러니 방석 위에 앉아 공부를 짓는 것이 오히려 조사를 욕되게 하는 것이 아닌가?" 하는 질문이었다.

이에 중봉스님은 가르치는 모양, 수행하는 모양을 짓지 않았을 뿐이지 깨달은 사람치고 뼈를 깎는 수행을 하지 않은 사람은 없었다고 답한다. 그리고는 용담스님과 향엄스님의 예를 든다. 용담스님이 스승 천황스님에게 묻는다. "스님께 의탁한 지 오래되었지만 마음의 요체에 대한 가르침을 받지 못했습니다." 천황스님이 말한다. "그대가 차를 가져오면 손을 들어 받았고, 그대가 문안 인사를 하면 고개를 끄덕였다. 어디 하나 그대에게 마음의 요체를 열어 보여주지 않은 곳이 있었던가?" 이에 용담스님이 깨닫게 된다.

그렇다면 용담스님은 저절로 깨달았을까? 그동안 목숨을 걸고 알고자 하는 마음 하나로 지낸 간절한 세월이 있었다. 천황스님의 가르침은 그 성숙한 인연의 마지막 껍질을 깨주는 일일 뿐이었다. 이것이 중봉스님이 하고자 하는 대답이었다.

향엄스님의 예 역시 마찬가지다. 향엄스님은 위산스님으로부터 부모에게 태어나기 이전의 일에 대한 화두를 받았다. 누구도 대신 답해 주지 않는 이 숙제를 받아 향엄스님은 모든 지해를 다 내려놓고 화두일념으로 지낸다. 그리고 대나무에 기와 조각이 부딪치는 소리를 듣고 깨닫는다. 역시 오랜 세월 동안의 간절한 참구 끝에 일어난 일이다.

중봉스님이 생각하기에 공부에 효과가 없는 이유는 단 한 가지, 공부하지 않기 때문이었다. 수행에 영험이 없는 이유는 분명하다. 진실한 뜻과 기개가 없어서이고, 생사의 무상함을 일대사로 여기지 않기 때문이고, 억겁토록 쌓아 온 습기를 내려놓지 않기 때문이다. 용맹한 정진, 불퇴전의 마음이 없기 때문이다. 그러면서 스승이 없다, 도반이 없다, 환경이 좋지 않다, 인연이 맞지 않는다는 구실을 댈 뿐이라는 것이다.

태어나면서부터 미륵일 수 없고, 저절로 석가가 될 수 없다. 오직 화두를 들되 원수 대하듯이 놓치지 않으면 확연히 열리는 날이 있을 것이다. 『신심명』에 "미움과 애착만 없다면 훤하게 분명해지리라."고 했다. 『중도가』에 "망상을 제거하지도 말고 진여를 구하지도 말라."고 했다. 옳은 말이다. 그렇다고 이 말만 기억하면서 수행이 필요 없다는 착각에 빠져서는 안 된다. 당장 영가스님만 해도 "법의 재산을 손상시키고 공덕을 소멸하는 것은, 이 마음과 의식과 잠재의식 아닌 것이 없다."고 했다는 점을 기억해야 한다. 화두 들기를 원수 대하듯 일생을 상대하다 보면 확연히 열리는 날이 있을 것이다. 참선은 진실한 참선이라야 하고, 깨달음은 진실한 깨달음이라야 한다.

이것이 중봉스님의 답변이 가리키는 바의 대강이다. 성철스님은 하지 않기 때문이지 할 수 없는 것은 아니라는 점을 보여주기 위해서 이 문장을 가져왔다. 누구라도 하기만 하면 깨달을 수 있다는 것이다.

그런데 이 인용문 자체만 가지고 보면 깨달음이 극히 어렵고 그 예를 찾기 어렵다는 뜻이 된다. 물론 여기에 증득하지 못했으면서 증득했다고 자처하는 일은 금물이라는 문장이 따라붙기는 한다. 그렇지만 어떻게 보아도 부처 씨앗의 소멸을 경계한다는 장의 취지와 약간의 어긋남이 있다. 그래서 다시 중봉스님의 경책과 격려가 담긴 전체 문맥을 보면 견성성불하지 못하는 이유를 분명하게 밝히고 있다. 성철스님은 바로 이 점을 의식하여 이 문장을 인용한 것으로 보인다. 원래 성철스님은 대부분 인용문을 원래의 문맥에서 떼어내어 독립된 문장으로 만들고자 한다. 이것은 그 반대의 경우에 해당한다.

①과 같이 '眞'→'實'의 변환이 일어났다. 어느 글자를 써도 '진실한 참구와 실질적인 깨달음'이라는 뜻이 된다. 다만 원문에서는 '진참실오眞參實悟'와 같이 '眞'과 '實'로 글자를 바꿔서 그 각인 효과를 높이고자 한 것이고, 성철스님은 일체의 수사학적 고려를 내려놓고 정확한 의미만을 전달하고자 하는 의도에서 '실참실오實參實悟'로 바꾼 것이다.

【19-6】苟無其實則不異離形而論影하며 捨粟帛而議衣食이니 言說愈多而實效愈遠①[矣]이요 心機愈密而大用이 愈乖②[矣]요 攀緣愈熾而正因이 愈廢矣니라 使函③[亟]棄之하면 猶有可禦之方이어니와 或流而忘返則 不至泥犁면 不已也니라

선문정로 만일에 실지實地로 오달悟達함이 없으면 형체를 사리捨離하고 영상影像을 논의하며 속백粟帛을 기사棄捨하고 의식衣食을 논의함과 차이가 없다. 그러므로 언어설명이 수다數多할수록 그 실효는 더욱더 요원遙遠하고, 심식기능心識機能이 세밀할수록 그 대용大用은 더욱더 괴려乖戾하며, 반연攀緣이 치성할수록 그 정인正因은 더욱더 황폐된다. 조속히 이것을 버리면 오히려 방어하는 방법이 되지마는 혹 유거流去하여 돌아옴을 망각하면 지옥에 지도至到하지 않고는 그치

지 않는다.

현대어역 진실로 그 실질이 없다면 모양을 떠나 그림자를 말하는 것과 같고, 곡식과 천을 버리고 밥과 옷을 말하는 것과 같다. 언어적 표현이 많을수록 실질적 효과는 더욱 멀어지고, 마음의 구성이 치밀할수록 큰 활용은 더욱 어긋나게 된다. 인연에 매달리는 일이 거셀수록 성불의 바른 인연은 더욱 피폐해진다. 그것을 속히 버린다면 그래도 막을 방법이 있겠지만 그것에 휩쓸려 돌아올 줄 모른다면 지옥에 가는 일로 끝나게 될 것이다.

[해설] 중봉스님의 『산방야화』에서 인용한 문장이다. 한 주지가 질문을 한다.

"순경과 역경에 따라 희노애락이 일어나 마음을 뒤흔들고, 잠시 소홀하면 재앙과 욕됨이 연이어 찾아온다. 옛날의 부처님이나 조사들은 어떠했는가?"

이 질문에 중봉스님은 이름(名)과 실속(實)이 부합해야 한다는 도리로 답변한다. 주지란 성불에 이르는 바른 인연을 잡아(持) 불법이 오래 머물도록 하는(住) 사람이다. 그러므로 주지를 맡는 사람은 자신이 이러한 실질을 갖추었는지 스스로 돌아보아야 한다.

이 인용문은 이름과 실질이 부합하지 않는 경우를 지적하는 말이다. 그렇다면 구체적으로 주지의 이름에 맞는 실질이란 무엇인가?

이른바 주지의 실질이란 어떠한 것인가? 멀리로는 과거 부처님의 가르침의 본체를 받들고, 가까이로는 모든 조사들의 교화 방편을 갖추어야 한다. 안으로는 스스로의 진실한 마음을 유지하고, 밖으로는 인간과 천인들의 믿음을 일으켜야 한다. 뛰어나다고 앞으로 나아가게 하고, 어리석다고 뒤로 물리쳐서는 안 된다. 마음에 든다 해서 사랑하고, 마음에 거슬린다 해서 미워하면 안 된다. 평등한 자비로써 사물과 하나로 만나야 한다. 이것이 모두 다 부처님을 대신하여 교화를 실천하는 일로서, 주지의 지위에서 스승으로 불리는 사람이 갖추어야 하는 실질이다.496

여기에서 말하는 주지는 총림의 방장을 가리킨다. 절의 살림을 사는 사람이 아니라 스승의 역할을 해야 하는 사람인 것이다. 그래서 이런 말이 나온 것이다.

성철스님은 여기에서 명분(名)의 상대적 의미로 쓰인 '실질(實)'을 '실오實悟'로 번역했다. 문자만 가지고 보자면 문맥을 벗어난 번역이다. 그런데 다시 생각해 보면 이것은 심층 의미에 충실한 번역이다. 방장이 갖추어야 할 실질은 결국 실제적 깨달음 외에 다른 것이 없기 때문이다. 실제적 깨달음 없이 방장의 이름을 취한다면 그것은 명실상부의 대원칙을 위배하는 일이 된다. 또한 방장이라는 명예와 이익에 움직인다면 갈수록 깨달음에서 멀어져 지옥에 떨어지는 일만 남게 된다는 말이 성립하게 된다.

중봉스님은 스스로 이것을 실천하는 생애를 살았다. 그는 여러 차례 방장 초빙을 사양한다. 수십 년 동안 양자강에 조각배를 띄워 거처로 삼기도 하고, 황하 유역에 작은 암자를 엮어 거주하기도 했다. 나아가 이 작은 거처조차 '환영으로 머무는 암자(幻住菴)'라 부르며 머물지 않음

---

496 『天目中峰廣錄』(B25, p.814b), "所云住持之實何實也. 遠稟先佛之教體, 近持諸祖之化權, 內存自己之眞誠, 外起人天之傾信. 不以賢而使進之, 不以愚而使退之, 不以順而愛, 不以逆而憎, 以平等慈與物無間. 皆所謂代佛揚化, 據位稱師之實也."

을 실천했다. 그러면서도 설법을 멈추지 않아 '강남의 옛 부처님(江南古佛)'으로 불렸다.

그가 당시 황제와 대신들의 예배를 받는 국사의 신분이었다는 점을 생각하면 그 실천의 철저함을 짐작할 수 있다. 성철스님의 인용 의도는 실참실오의 강조에 있다. "허망한 명리의 노예가 되어서 생지옥에 떨어져 영원히 회한悔恨하지 말고 오직 실참실오實參實悟하여야 한다."[497]는 것이다.

①, ②와 같이 문미의 '어조사 의矣' 자를 생략하였다. 한글 현토와 역할이 겹치기 때문에 이를 생략한 것이다.

③에서는 원문의 '빨리, 속히'의 뜻을 갖는 '극亟' 자가 '상자'라는 뜻의 '함函' 자로 되어 있다. 번역은 '조속히 이를 버리면'으로 되어 있어 '극亟'을 적용하여 번역하고 있다. 1981년 초판본에 바로 되어 있었으나 1993년에 가로쓰기로 바꾸면서 오류가 일어났다. 오자이므로 교정해야 한다.

【19-7】 未悟者는 難與言已悟之境①[見]이니 如生而盲者語以天日之淸明하면 彼雖聞而②[聽]不可辨也요 已悟者는 無復踏未悟之跡이니 如寐而覺者使其爲夢中事하나 彼雖憶而不可追也니라 參學之士는 要當以悟爲準이니 此悟之所以③[又]爲難也라

선문정로 오달悟達치 못한 자에게는 이오已悟한 실경實景을 말할 수 없으니, 비유하건대 출생부터 맹목盲目된 자에게 청천백일의 청명을 말하면 그가 비록 들어도 분변分辨하지 못함과 같다. 오달悟達한 자는

---

[497] 퇴옹·성철(2015), p.401.

미오未悟한 종적蹤跡을 다시는 답착踏著하지 않으니 몽매夢寐에서 각성한 자에게 그 몽중사夢中事를 재연하라 하면 그가 비록 기억은 하되 추적할 수 없는 것과 같다. 참학參學하는 고사高士는 당연히 오달悟達로써 표준을 삼을 것이니 차此 오달悟達함이 심난甚難한 까닭이다.

현대어역 깨닫지 못한 사람에게 깨닫고 난 이후의 경계를 말해 주기 어렵다. 그것은 마치 눈이 먼 사람에게 하늘의 맑음을 이야기하는 것과 같다. 그 사람이 들어도 이해할 수 없는 것이다. 이미 깨달은 사람은 깨닫기 전의 행적을 다시 밟을 일이 없다. 그것은 마치 꿈에서 깬 사람에게 그 꿈속의 일을 해 보라고 하는 일과 같다. 기억하기는 하지만 재연하지 못하는 것이다. 참선 수행을 하는 수행자는 깨달음을 준칙으로 해야 한다. 그러므로 깨달음이 또 하나의 어려움이라 하는 것이다.

[해설] 송대 불인요원스님의 「간절히 알리는 글(痛論文)」을 요약한 중봉스님의 법문이다. 불인스님은 소동파와의 교유로 널리 알려진 바로 그 선승이다. 불인스님은 이 글에서 참선 수행에 있어서의 네 가지 쉬움(四易)과 네 가지 어려움(四難)을 말한다.

네 가지 쉬움이란 무엇인가? 첫째, 자기가 이미 부처이므로 쉽다. 둘째, 따로 스승을 찾을 필요가 없고 부처에게 공양하려면 바로 스스로에게 공양하면 되기 때문에 쉽다. 인위적 행위가 없는 것이 부처이므로 쉽다. 셋째, 경전 독송, 예불, 6바라밀, 좌선 등을 실천할 필요 없이 배고프면 밥을 먹고 피곤하면 잠을 자고 인연에 맡기고 가는 대로 따르면 되기 때문에 쉽다. 집착하지 않는 것이 부처이므로 쉽다. 넷째, 머리를 깎거나 몸을 수고롭게 할 필요도 없고 가족 친지를 떠날 필요도 없이 산속이나 속세나 있는 곳에 자재하면 되기 때문에 쉽다. 요컨대 추구하지 않는 것이 부처이기 때문에 쉽다. 공을 들이거나 선행을 쌓을 필요도 없고, 애써 닦고 고행을 할 필요가 없으며, 복과 지혜로 꾸미는 일과도 상관이 없기 때문이다.

네 가지 어려움이란 무엇인가? 첫째, 잘 믿기 어렵고, 잘 생각하기 어려우며, 잘 깨닫기 어렵고, 잘 닦기 어렵다. 자성을 바로 보아 단 한 번에 여래의 지위에 곧바로 들어가는 일에 큰 믿음을 내기 어렵다. 둘째, 스스로 부처임을 놓치는 일 없이 생각생각 마음을 챙기기 어렵다. 셋째, 마음을 챙기는 일은 지속성을 핵심으로 하지만 깨달음은 찰나에 일어난다. 그러나 시절인연이 도래하기 전까지는 무수한 계기가 있어도 깨닫기 어렵다. 또한 깨닫지 못한 차원에서는 깨달음의 경계를 이해하기 어렵고 또 전달하기 어렵다. 그래서 깨닫기 어렵다. 넷째, 깨달음 이후 그것을 지킬 필요가 없게 될 때까지 닦는 것이 어렵다

인용문은 '셋째, 깨닫기 어려움'에 대한 해설에서 가져온 것이다. 성철스님은 미혹한 사람과 깨달은 이의 차이가 근본적으로 정반대의 입장에 있다는 점을 먼저 강조한다. 그런데 불인스님의 요지는 깨달음이 이해와 설명을 통해서가 아니라 스스로 깨닫는 일을 통해서만 도달할 수 있다는 것을 강조하는 데 있다. 그래서 어렵다는 것이다. 성철스님은 이에 호응하여 법의 이치를 추구하는 일은 '깨달음을 원칙으로 한다(以悟爲則)'는 점을 부언하고 있다.

인용문이나 해설은 부처의 씨앗을 소멸하는 일을 경계한다는 장의 취지에는 부합되지 않는다. 다만 깨달음을 원칙으로 한다는 말 속에는 분별적 이해를 배제한다는 말이 들어 있다. 분별과 지해로 깨달음을 대신하고자 하는 것은 부처의 종자를 죽이는 일이므로 이를 통해 장의 취지를 살린 셈이 되는 것이다.

①에서는 '견해(見)'를 '경계(境)'로 바꾸어 표현하였다. 중봉스님의 다른 글(「신심명벽의해」)에는 '경境'으로 되어 있다. 이에 기초하여 교정하고자 한 것으로 보인다.

②와 같이 '청聽' 자를 '들을 문聞' 자로 바꾸고 접속사 '이而'를 더하였다. 윤문의 의도에 의한 변환과 추가이다.

③의 '우又' 자를 삭제하였다. 네 가지 어려움을 차례로 나열하기 위한 부사인데, 문맥에서 떼어내어 독립된 문장으로 만들기 위한 조치이다.

【19-8】 以悟爲落在第二頭하며 以悟爲枝葉①[邊]事하나니 盖渠初發步時에 便錯了하야 亦不知是錯하고 以悟爲建立하니라 旣自無悟門일새 亦不信有悟者하나니 遮②[這]般底를 謂之謗大般若라 斷佛慧命하야 千佛이 出世하야도 不通懺悔니라

선문정로 오悟로써 제2두第二頭에 전락하였다 하며 오悟로써 지엽사枝葉事라 하나니, 대개 그는 시초 출발할 때에 문득 착오하여 또한 그 착오를 각지覺知하지 못하고 오悟로써 건립이라고 한다. 벌써 자기가 오달悟達치 못하였으므로 또한 오달자悟達者가 있음을 신빙치 않나니, 이러한 자를 대반야를 비방한다고 한다. 이는 불타의 혜명을 단절하는 것이므로 천불이 출세出世하여도 참회하지 못한다.

현대어역 깨달음을 제2선에 떨어졌다고 하며, 깨달음을 가지나 잎사귀 쪽의 일이라 한다. 대체로 그들은 첫발을 뗄 때부터 잘못을 해 놓고 그것이 착오라는 것을 모르기까지 한다. 그래서 깨달음을 인위적으로 설정한 것이라 한다. 스스로에게 깨달음의 문이 없으므로 깨달음이 있다는 것을 믿지 않는다. 이러한 것을 대반야를 비방한다고

하는데, 부처의 지혜생명을 끊어 1천 부처가 세상에 나온다 해도 참회가 통하지 못한다.

[해설] 대혜스님의 법문에서 가져온 문장이다. 성철스님은 돈오점수를 극력 비판했고, 대혜스님은 묵조선 비판에 전력을 다했다. 그것은 각자의 현장에서 만난 숙제에 대한 응답이었다고 할 수 있다.

성철스님이 상대했던 당시의 우리 불교계 현장은 고려와 조선을 거치면서 전통으로 자리 잡은 선교일치적 불교였다. 성철스님이 보기에 그것은 선은 물론 교의 발전에도 도움이 되지 않는 것이었다. 이에 선종의 돈오돈수적 본질의 회복을 높이 외쳤던 것이다.

대혜스님 당시의 현장은 묵조선이 흥기하여 간화선과 경쟁하던 상황이었다. 당시 묵조선은 본격 수행자들뿐만 아니라 참선에 깊은 관심을 갖는 사대부들에게 상당한 영향력을 행사하고 있었다. 특히 그저 앉기만 하라는 간단한 수행법, 지금 당장의 이것을 집착 없이 비추면 부모미생전의 소식에 저절로 계합하게 된다는 뚜렷한 메시지가 힘을 발휘하였다. 이 묵조선에서는 사건으로서의 깨달음을 부정한다. 그래서 깨달음을 향해 전력을 기울이는 간화선과 정면으로 대립한다.

대혜스님은 이를 사이비 선(邪禪)으로 규정하고 극력 배제한다. 대혜스님의 어록을 보면 이런 사건이 있었다. 당시 유불도의 핵심에 통달했다고 소문이 났던 정상명鄭尙明이라는 선비가 스님을 찾아와 따진다. 묵묵히 말을 끊는 일은 마갈타에서의 부처님이나 바이살리에서의 유마거사가 보여준 바 있는 높은 경계이다. 수보리는 바위 속에 말없이 앉아 수행하였고, 달마는 소림에서 말없이 면벽하였다. 그러니 이것이야말로 쉬고 쉬는 데 있어서 가장 수승한 길이라 할 수 있다. 스님이 이것을 반대하는 것은 자신이 그 경지에 미치지 못했기 때문이 아닌가?

이에 대혜스님은 말의 있고 없음을 차별적으로 보는 질문자의 관점을 장자와 공자, 선과 교의 예를 들어 비판한다. 도는 말의 있고 없음 때문에 얻거나 상실하는 것이 아니라는 것이었다. 그러면서 당시 64살이던 정상명에게 직접 묻는다. 64년 전 부모가 낳기 전, 그대는 어디 있었는가? 100년의 생을 마감하면 어디로 가는가? 이것을 알지 못한다면 무엇으로 이 큰 생과 사를 대적하겠는가? 이에 정상명이 묵조를 내려놓고 화두참구에 들어가게 된다.

이것은 태위太尉 벼슬을 하고 있던 조공현曹功顯에게 보내는 답신에 보이는 내용이다. 여기에서도 묵조선을 사이비 선이라고 강력하게 비판하고 있다. 묵조선에서는 깨달음이라는 말 자체가 이미 진리의 제1선을 놓친 한발 늦은 일이라 규정한다. 근본이 아니라 지엽을 건드리는 일이라는 것이다. 대혜스님은 이들이 대반야를 비방하고 부처님의 지혜생명을 끊는 죄를 범했다고 단죄한다. 사자의 가죽을 쓰고 사자 흉내를 내는 이리 족속인 야간野干[498]과 같다는 것이다.

성철스님은 본래 부처를 말한 『화엄경』이나 『원각경』 등에 근거하여 깨달음이라는 사건을 부정해서는 안 된다고 강조한다. 본래 부처는 대원각의 구경무심을 완전히 증득해야 상응하는 경계이고, 중생의 분별심으로 이해하는 것은 억측에 불과하다는 것이다. 그러니까 오로지 스스로 깨달음을 성취할 때까지 화두참구에 매진해야 한다는 주장이다.

①을 생략하여 '가지와 잎사귀 쪽의 일(枝葉邊事)'을 '가지와 잎사귀의 일(枝葉事)'로 바꾸었다. 뜻에는 큰 차이가 없다.

---

498 『백유경百喻經』에 부러진 나뭇가지에 맞은 이리 족속인 야간의 비유가 있다. 야간이 나무 아래에 있다가 바람에 부러진 나뭇가지가 그 등을 때리자 눈을 감아 버리고 나무는 보지 않고 달아나 노지에 머물면서 날이 저물어도 귀환하지 않는다는 얘기이다. 『백유경』(T4, p.550b) 참조.

②에서는 '저這' 자를 '자遮' 자로 바꾸었다. 이 두 글자는 '자者'와 함께 근칭 지시사로서 '이', '이것'을 뜻한다. 함께 쓰는 글자이므로 의미상의 차이는 없다.

【19-9】 ①圓悟②[徒步]出蜀하야 ③[首]謁④[玉泉皓, 次依金鑾信]大潙喆⑤[哲]과 黃龍心하니 ⑥[東林度]僉⑦[指]爲法器而晦堂은 稱他日에 臨濟一脈⑧[派]이 屬⑨于子矣라하니라 最後에 見五祖⑩演하야 盡其機用하되 祖皆不諾이어늘 ⑪[乃謂祖強移換人,] 出不遜語하고 忿然而去하니 祖曰 待你⑫[爾]着一頓熱病打時에 方思量我在라하니라 師到金山하야 染傷寒困極하야 以平日見處로 試之하니 無得力者라 追繹五祖之語⑬[言]하고 乃自誓曰 我病이 稍間하면 卽歸五祖하리라 病痊尋歸하니 祖一見而喜하야 令卽參堂하니라

선문정로 원오圓悟가 서촉西蜀을 출발하여 대위철大潙喆과 황룡심黃龍心을 알현謁見하니 다 법기法器라 하고, 회당晦堂은 후일에 임제의 일맥이 그대에게 달렸다고 하니라. 최후에 오조연五祖演을 친견하여 그 기용機用을 다하되 오조五祖가 허락하지 않거늘 불손한 말을 하고 분연忿然히 이거離去하니, 조祖가 말하기를, "그대가 심한 열병을 앓게 되면 그때서야 나를 생각하리라." 하니라. 금산金山에 이르러 과연 상한傷寒으로 극히 위독하여 평일平日에 과시하던 공부로써 시험하니 아무 힘도 없는지라 오조五祖의 말을 추억하고, 나의 병고가 조금 치유되면 즉시 오조五祖에게 귀환하겠다고 맹서하니라. 그리하여 병이 쾌차하여 귀환하니 오조五祖가 일견대희一見大喜하여 참선케 하니라.

현대어역 원오가 [도보로] 서촉을 벗어나 [먼저 옥천사의 승호承皓선사를 뵙고, 다음으로 금란사의 신信선사,] 대위산의 모철慕喆선사, 황룡산의 회당晦堂선사 [여산 동림사의 상총常總선사]에게 공부하였다. 이들은 모두 그를 가리켜 법의 그릇이라 하고, 회당은 나중에 임제 일파가 모두 그대에게 속하게 되리라 하였다. 마지막으로 오조법연을 만나 언어를 벗어난 온갖 수단을 다 보였으나 오조는 모두 인정하지 않았다. [이에 오조가 억지로 사람을 바꾸려 한다면서] 불손한 말들을 하고는 버럭하며 떠났다. 오조가 "그대가 한바탕 열병에 시달리게 될 때 비로소 나를 생각하게 될 것이다."고 하였다. 원오가 금산에 이르러 극심한 열병을 앓게 되었는데 평소의 견처로 시험을 해 보았지만 힘이 되는 것이 없었다. 이에 오조의 말을 기억하고 스스로 맹세하였다. '나의 병이 잠깐이라도 좋아지면 바로 오조에게 돌아가리라.' 병이 나아 돌아가니 오조가 그를 보고 기뻐하며 참선당에 들도록 하였다.

[해설] 『벽암록』의 저자인 원오스님은 수행과 깨달음의 생애에 있어서 두 번의 병을 만나 이를 큰 계기로 삼는다. 원오스님은 출가 초기 경전 공부에 매진하다가 죽을 뻔한 병을 앓는다. 그리고 이를 통해 경전 공부를 통해서는 생사를 대적할 깨달음이 얻어질 수 없음을 깨닫는다. 이에 서촉을 떠나 선지식의 회상을 두루 찾아다니며 참선 공부에 전력을 기울인다. 그 대표적인 선지식으로는 옥천사의 승호承皓선사, 금란사의 신信선사, 대위산의 모철慕喆선사, 황룡산의 회당晦堂선사, 여산 동림사의 상총常總선사 등이 꼽힌다. 이 스승들은 모두 원오스님의 성취를 높이 평가해 주곤 하였다.

그런데 오조법연스님만은 어떻게 해도 그를 인정해 주지 않았다. 그래서 화를 내며 그를 떠나게 되는데 이때 다시 한 번 큰 병을 앓게 된다. 극심한 열병의 고통 속에서 자신의 견처를 가지고 대처해 보았지만 전혀 힘이 되지 않았다. 이에 병이 나은 뒤 법연스님에게 돌아가 활구를 참구하여 깨달음을 얻게 된다. 몸의 병이 불법 수행의 병과 궤를 같이 하고 있어 흥미롭다.

성철스님은 극심한 병고에 흔들리지 않으려면 몽중일여가 되어야 하고, 생사에 흔들리지 않으려면 숙면일여가 되어야 한다는 점을 강조하면서 이렇게 말한다.

> 몽중일여도 안 되는 사지악해邪知惡解로써 일시一時의 허환虛幻한 명리를 탐하여 중생을 현혹하면 이는 자오오인自誤誤人하여 소멸불종消滅佛種하는 일대마군一大魔軍이므로 종문정전宗門正傳들은 이를 극력 배제한 것이다.[499]

부처의 씨앗은 누구나 가지고 있지만 대반야를 비방하면 그 씨앗이 소멸되어 싹이 트지 못한다. 부처와 선지식을 비방하면 부처의 씨앗이 소멸된다. 깨닫지 못했으면서 깨달음을 자처한다면 부처의 씨앗이 소멸된다. 이것은 여러 경전에서 두루 말하는 바이다.

그런데 성철스님은 여기에서 알고 이해하는 지해가 부처의 씨앗을 소멸시키는 원인이 된다고 말하고 있다. 성철스님에게 있어서 수행에 개입하는 모든 앎과 이해는 곧 삿되고 악하다. 그러므로 활구참구를 통해 일체의 지해를 내려놓는 완전한 깨달음에 도달해야 한다고 주장한다. 원래 불교에는 삿된 앎과 견해에 상대되는 바른 앎과 바른 견해(正知正

---

[499] 퇴옹성철(2015), p.407.

見)라는 말이 쓰인다. 그러나 성철스님은 지해적 차원에서는 바른 앎과 바른 견해가 생길 수 없다고 보는 입장이다. 이것은 다음과 같은 원오스님의 가르침과 일맥상통한다.

> 그대들의 눈을 가려서 보아도 보지 못하고, 귀를 막아서 들어도 듣지 못하게 하라. 코를 막아 냄새 맡지 못하게 하고, 입을 막아 말하지 못하게 하며, 몸을 지워 아픔과 가려움을 알지 못하게 하라. 뜻의 기관(意根)을 끊어 분별할 수 없도록 하라. 바로 이럴 때가 오히려 좋은 소식이다. 이는 생각이나 의식으로 분별하고 따지는 시비의 경계가 아니므로 안의 작용과 밖의 경계를 내려놓고 앎과 견해를 세우지 않아야 한다. 진리니 이치니 하는 생각을 하지 말고, 이해와 알아차림을 제거하라. 부처와 조사가 있다고 보지 말라. 그런 뒤라야 보신불, 화신불의 머리 위에 걸터앉게 될 것이다.[500]

이처럼 지해를 배제하는 것이 선문의 정통이라 할 수 있다. 지해를 일으키는 아뢰야식의 근본무명을 뿌리까지 단절하여야 진정한 깨달음이라 할 수 있다는 성철스님의 주장이 근거하는 바이기도 하다.

①의 '원오圓悟'는 추가된 단어이다. 독립된 문장을 만들기 위해 주제어를 밝힌 것이다.

②의 '도보로 서촉에서 나왔다'는 구절에서 '도보徒步'가 생략되었다. 서촉에서 옥천사가 있는 호북성 형주荊州까지는 수로를 이용하는 경우

---

[500] 『圓悟佛果禪師語錄』(T47, p.766c), "塞却爾眼, 教爾覷不見. 塞却爾耳, 教爾聽不聞, 塞却爾鼻, 教爾嗅不得. 塞却爾口, 教爾說不得. 拈却爾身, 教爾不知痛痒. 坐却爾意根, 教爾分別不得. 正當恁麼時, 却是好箇消息. 且不是情塵意想分別計較得失是非境界, 也須是罷却機境不立知見. 不作道理, 除却解會. 不見有佛祖, 然後可以坐斷報化佛頭."

가 많다. 그런데 그 험한 산길을 걸어 도보로 나왔다는 점을 강조한 표현이다. 성철스님은 이것을 생략하였다. 당시의 이동 수단이 대부분 도보였으므로 특별히 강조할 필요가 없다고 본 것이다.

④~⑥에 이르기까지의 여러 선사들을 대부분 생략하였다. 대위산의 모철스님과 황룡산의 회당스님이 널리 알려져 있어 이 두 선사로 전체를 대신하고자 한 것이다. 그렇게 원오스님이 참방한 여러 선사들을 생략하다 보니 ③의 '가장 먼저(首)'라는 단어가 불필요하게 되어 생략하였다.

⑦에서는 '지指' 자를 생략하였다. 이 글자가 있으면 '모두 그를 법기로 지목했다(指)'는 뜻이 되고, 이것을 생략하면 '모두 그를 법기라고 했다'는 뜻이 된다. 의미상의 큰 차이는 없다.

⑧에서는 '일파一派'를 '일맥一脈'으로 바꾸었다. 뜻은 동일하나 일맥이 더 정중한 표현이라고 생각한 것 같다.

⑨와 같이 '우于' 자를 추가하였다. 뜻에는 변함이 없지만 문법적으로 정리된 문장을 구성하고자 한 것이다.

⑩의 '연演' 자를 추가하였다. 법연스님은 오조산에 주석하였고 또 당시에 5조 홍인스님의 환생으로 알려졌다. 그래서 오조로 불렸다. 그렇지만 홍인스님과 혼동될 수 있으므로 의미를 명확하게 하기 위해 법명을 추가한 것이다.

⑪의 '이에 오조가 억지로 사람을 바꾸려 한다고 말했다(乃謂祖强移換人)'는 말을 생략하였다. 그것이 바로 뒤에 이어지는 '불손한 말'에 속한다고 보았기 때문이라 생각된다.

⑫의 '니你'와 원문의 '이爾' 자는 함께 쓰는 글자이다. 다만 이후 '니你'가 2인칭 대명사로 굳어져 더 익숙한 글자가 되었으므로 바꾸어 표기한 것으로 보인다.

【19-10-①】 透頂透底하야 明證佛性하면 長時無間하야 一得永得이니라

선문정로 정상頂上에 통투通透하고 심저心底에 투철透徹하여 불설을 분명히 확증하면 장구한 시일에도 간단間斷이 없어서 일차 투득透得하면 영원히 자득自得하느니라.

현대어역 머리끝에서 발끝까지 철저하게 불성을 증득하면 오랜 시간 끊어짐이 없으니 한 번 증득하면 영원히 증득하는 것이다.

[해설] 『원오심요』에서 가져온 것이다. 인용된 문장만 가지고 보면 부처 씨앗의 소멸을 경계하라는 장의 주제에 어울리지 않는다. 그런데 인용문의 원래 맥락을 살펴보면 지혜와 총명, 앎과 이해, 무수한 견해와 언어를 끊는 길을 논하고 있다. 이것을 모두 끊어냈다면 그를 공부를 마친 사람이라 부르겠다는 것이다. 그렇지 못하고 이 중 어떤 것에라도 걸려 그것에 의미를 둔다면 그는 부처의 씨앗을 소멸시키는 일을 하고 있는 중임을 알라는 메시지가 담겨 있다.

성철스님은 깨달음이란 영원히 지속되는 것이어야 한다는 점을 먼저 강조한다. 그런 뒤 지속성이 없는 것을 깨달음이라고 자처한다면 부처의 씨앗을 소멸시키는 잘못을 범하는 일이라고 판정한다. 이처럼 성철선의 핵심은 수행자가 자부하는 경계를 스스로 부정하도록 하는 장치를 거듭 제시하고자 한다.

【19-10-②】 一得永得하면 無有變異하나니 乃謂之①[直指人心,] 見性成佛이니라

선문정로 일득영득一得永得하면 변동과 이천異遷이 없나니 견성성불이라 하느니라.

현대어역 한 번 증득하면 영원히 증득하여 변하거나 달라지는 일이 없다. 바로 이것을 가리켜 [마음을 곧바로 가리킨다 하고] 견성하여 부처가 된다고 한다.

[해설]   원빈元賓이라는 수행자에게 내린 원오스님의 법문이다. 원오스님에 의하면 수행은 분별적 생각의 차원을 벗어나는 일로 시작된다. 그러니까 부처님과 조사의 큰 인연은 이름과 언어, 앎과 견해, 이해의 차원에서 사유하여 깨달을 수 있는 것이 아니다. 그러므로 생각과 인연을 잊어야 한다. 밖으로는 모양의 구속을 벗어나고, 안으로는 생각과 감정을 벗어나야 한다. 그렇게 청정하게 텅 빈 자리로 물러나 이를 지키며 번잡함을 벗어나 철저한 맑음을 유지해야 한다. 시원하게 모든 방편을 뛰어넘어 본래의 오묘한 마음에 바로 통해야 한다.

요컨대 수행의 출발은 분별에서 벗어나 본래의 오묘한 마음에 바로 통하는 일이고, 완성은 그것이 영원하여 변함없이 지속되는 일이다.

①과 같이 '마음을 곧바로 가리킨다(直指人心)'는 말을 생략하였다. 남종선은 곧바로 마음을 가리키는 직지인심을 인연으로 하여 견성성불이라는 과보를 얻는 길을 제시한다. 이때 직지인심이라는 인연과 견성성불이라는 과보가 둘이 아니다. 그래서 이 두 말이 하나의 짝이 되어 남종선을 대표하는 표어가 된 것이다. 성철스님은 영원히 변함없는 경계라야 궁극적 깨달음이라 할 수 있다는 점을 보여주기 위해 이 문장을 인용하였다. 그래서 원인에 해당하는 직지인심을 생략한 것이다.

【19-10-③】 生死幻翳永消하고 金剛正體獨露하면 一得永得하야 無有間斷이니라.

선문정로 생사의 ①환예幻翳가 영원히 소멸되고 금강정체金剛正體가 유독히 현로現露하면 일득영득一得永得하여 간단間斷이 없느니라.

현대어역 생사의 환영과 장막이 영원히 사라져 금강의 바른 본체만 홀로 드러나 한 번 증득하면 영원한 증득이므로 잠깐이라도 끊어짐이 없다.

[해설] 금강의 바른 본체, 즉 금강정체金剛正體는 원오스님이 즐겨 쓰는 용어이다. 금강의 바른 본체는 반야의 뿌리이다. 금강의 바른 본체가 맑고 고요하여 움직이지 않는다는 등의 표현이 그것이다. 또 3세의 여래가 깨달은 것이 금강의 바른 본체라는 표현도 있다. 그러니까 이것은 자성, 불성, 법성, 법신, 불심, 본각의 다른 표현이다.

금강의 바른 본체는 본래 불생불멸이지만 분별이라는 장막이 그것을 가리고 있다. 그래서 생사윤회가 일어난다. 불교 수행은 바로 이 분별과 그로 인한 집착의 소멸을 내용으로 한다. 특히 간화선 수행자는 일체의 분별을 내려놓는 활구참구에 전력을 기울인다. 그것은 매 순간, 매 찰나로 이어져 하루 24시간 지속되어야 한다. 그리하여 성철스님이 강조하는 바와 같이 몽중일여, 오매일여로 이어질 때 시절인연이 도래하여 문득 눈을 뜨게 된다. 그것은 눈앞의 장막이 걷히는 것과 같고, 눈에 낀 백태가 사라지는 것과 같다. 우주법계 전체가 남김없이 금강의 바른 본체임을 확인하게 되는 것이다. 이것은 본래 있던 것이므로 사라질 일이 없다. 그래서 잠깐이라도 끊어짐이 없다고 한 것이다.

역시 부처 씨앗의 소멸을 말하는 장의 주제와 약간의 어긋남이 있다. 깨달음의 경계가 이런 것임을 보여줌으로써 여기에 도달하지 못했다면 깨달음을 자처하는 대망어를 저지르지 말라는 의도로 인용된 것으로 이해할 필요가 있다.

번역문의 ①과 같이 원문의 '환예幻翳'를 '환예幻臀'로 바꾸어 표현하였다. 두 단어는 모두 눈에 낀 백태를 의미한다는 점에서 동의어이다. 다만 인용문에는 원문과 같이 되어 있고, 또 초판본을 보면 번역문에도 '환예幻翳'로 되어 있다. 2006년에 글자가 바뀌어 2015년 본으로 이어졌다는 것이 확인된다. 교정해야 한다.

【19-10-④】 一得永得하면 盡未來際하야 於無得而得하야 得亦無①[非]得이니 乃眞得也니라.

선문정로 일득영득一得永得하면 미래제未來際가 궁진窮盡하여 소득이 없이 자득自得하여 자득自得도 또한 취득하지 못하나니 이것이 진득眞得이니라.

현대어역 한 번 증득하면 영원한 증득이라 미래의 끝까지 나아간다. 얻을 것 없는 중에 얻고 얻었다 해도 얻은 것이 없어야 비로소 진정한 증득이라 할 수 있다.

[해설] 깨달음은 사람마다 본래 갖춘 것이다. 그 본래성을 강조하여 본각, 본지풍광, 본래면목이라 한다. 이 본래면목은 만사만물의 화장한 얼굴이 나타나도록 하는 본바탕이다. 어떻게 화장을 했다 해도 그 속에 본래면목은 변함없이 갖추어져 있다. 그래서 이것으로 돌아가는 증

득을 이루려면 밖에서 찾기를 멈추어야 한다.

그런데 깨달아 얻을 무엇이 따로 있을까? 본래 갖춘 것에 눈 뜨는 일이므로 얻는 일이 아니다. 그래서 얻는 일 없는 중에 얻는다고 한 것이다. 만약 무엇인가 얻었다는 생각이 든다면 거기에는 나와 대상이 남아 있으므로 진정한 깨달음이 아니다. 유사 깨달음이 되는 것이다. 유사 깨달음에는 지해가 개입되어 있으므로 그 자체가 반야에 대한 비방이 된다. 성불 대신 악한 과보를 자초하는 일이 된다는 뜻이다. 원오스님의 법문이 전하고자 하는 내용이다.

진정한 증득이 아니라면 지해의 간섭을 받는 유사 깨달음일 수밖에 없다는 점, 그것은 부처의 씨앗을 태워 먹는 일이 된다는 점을 보여주고자 인용한 문장이다.

①과 같이 '얻었다 해도 얻음이 아니다(得亦非得)'는 구절의 아닐 '비非' 자를 '없을 무無' 자로 바꾸었다. 뜻에는 큰 차이가 없다.

【19-10-⑤】 ①[所謂直指人心,] 見性成佛하면 一得永得하야 據自寶藏하야 運自家珍②[財]하나니 受用이 豈有窮極③[也]이리오.

선문정로 견성성불하면 일득영득一得永得하여 자가自家의 보장寶藏에 의거하여 자기의 가진家珍을 운용運用하나니 그 수용이 어찌 궁극이 있으리오.

현대어역 [이른바 곧바로 마음을 가리켜] 성품을 보아 부처가 된다는 것은 한 번 얻으면 영원히 얻는 것으로서 자기의 보물창고에 기대어 자기 집의 보물[재물]을 쓰는 일이다. 그 받아 쓰는 일에 끝이 있을 수 있겠는가?

[해설] 금강의 바른 본체, 본래면목, 본지풍광은 자가보장自家寶藏, 즉 자기 집의 보물창고로 표현되기도 한다. 밖에서 찾기를 멈추고 고개를 돌리는 순간, 거기에 한량없는 자기 집의 보물창고를 발견하게 되는 것이다. 마조스님과 대주스님 사이에 이런 일이 있었다.

마조 : 여기는 무슨 일로 왔는가?
대주 : 불법을 구하러 왔습니다.
마조 : 자기의 보물창고는 돌보지 않고 집을 버리고 사방으로 다니면서 무엇을 하자는 것인가? 여기에는 한 물건조차 없는데 무슨 불법을 구하겠다는 것인가?
대주 : 어떤 것이 제 집의 보물창고입니까?
마조 : 바로 지금 나에게 묻는 것이 그대의 보물창고이다. 모든 것이 다 갖춰져 있어 부족한 것이 없다. 이것을 마음대로 쓰면 되는데 밖에서 구할 필요가 있겠는가?

대주스님은 고개를 돌린 바로 그 자리에서 본래 자기 것인 보물창고를 발견한다. 그리하여 다시는 밖으로 찾아 헤매지 않게 된다. 이것이 돈오돈수의 본령이다.

아무리 금과옥조의 가르침이라 해도 자기 집의 금과 옥에 비할 수 없다. 더구나 그 진실성에 있어서 언어적 가르침은 남의 집 지붕의 기와 조각에 불과하다. 이것을 탐낸다면 지금 부처의 씨앗을 태우고 있다는 것을 알아야 한다. 이것이 인용문의 문맥이다. 성철스님은 미래겁이 다 하도록 변함이 없는 깨달음의 경계를 표현하기 위해 이 문장을 인용하였다.

①에서는 곧바로 마음을 가리켜 보인다는 구절을 생략하였다. 본래 직지인심과 견성성불은 돈오돈수문의 표어이다. 여기에서는 직지인심이

라는 바른 원인(正因)과 견성성불이라는 바른 결과(正果)가 둘이 아니다. 그럼에도 실제에 있어서 인과가 분명하다. 성철스님은 원칙적으로는 인과동시因果同時이지만 실제적으로는 인과가 분명하다는 점을 강조하는 입장이다. 여기에서는 궁극적 깨달음의 경계를 보여주기 위해 문장을 인용한 것이므로 이것을 생략하였다.

②는 '자기 집의 재산(自家財)'을 '자기 집의 보배(自家珍)'로 바꾸었다. 보물창고에서 나오는 것이므로 보배로 표현하는 것이 적절하다고 본 것 같다. 뜻에는 변함이 없다.

③에서는 어조사 '야也'를 생략하였다. 한글 현토와 역할이 겹치므로 이를 생략한 것이다.

【19-10-⑥】無無爲事①[無爲無事]道人의 行履는 ②[設使三五十年, 亦不變亦不異, 至於]千生萬劫토록 亦只如如니라

선문정로 무위무사無爲無事한 도인의 행리行履는 천생만겁千生萬劫토록 또한 여여할 뿐이니라.

현대어역 하는 일 없는 도인의 가는 길은 [설사 30년, 50년이라 해도 변하지도 않고 달라지지도 않는다. 나아가] 천 번의 생애와 만겁의 세월이 지나도 또한 이러할 뿐이다.

[해설] 원오스님이 심心이라는 수행자에게 내린 법문이다. 이 큰 인연에 바로 통하려면 일체의 언어적 설명과 사유적 차원을 벗어나야 한다. 너와 나의 높고 낮음, 영고성쇠에 의미를 두지 않도록 해야 한다. 본래의 청정, 본래의 적조에 계합하고 보면 욕망할 바도 없고 의지할 바도

없다.

이 차원에서는 삼매조차 헛소리가 된다. 번뇌를 버리고 보리를 취한다는 일 자체가 망상이 된다. 몸과 마음이 마른 나무, 식은 재 같아야 진정한 쉼에 도달한다. 그래서 진정한 도인은 하는 일이 없는 사람인 것이다.

닦음과 깨달음에 있어서 중요한 것은 영원한 지속성이다. 화두참구는 지속성을 생명으로 한다. 알을 품는 닭이 일순간도 그것을 떠나지 않아야 온기가 지속되어 부화에 이른다. 참선이 바로 이와 같다. 깨달음 또한 지속성 여부에 의해 그 진실성이 판명된다. 성철스님이 '오매일여하고 내외명철함'을 반복하여 강조하는 이유도 여기에 있다.

①과 같이 '무위무사無爲無事'가 '무무위사無無爲事'로 잘못 표기되어 있다. 초판본에 바로 되어 있었으나 1993년에 가로쓰기로 바꾸면서 오류가 일어나 2015년 본까지 이어지고 있다. 바로잡아야 한다.

②와 같이 도인의 실천이 한결같음을 표현하는 구절을 생략하였다. 뒤의 "천 번의 생애와 만겁의 세월이 지나도 또한 이러할 뿐"이라는 구절과 중복된다고 보았기 때문이다.

부록

성철선의 이해와 실천을 위한 시론

| 부록 |

성철선의 이해와 실천을 위한 시론[1]

I. 서론

『선문정로』는 성철스님이 제시한 간화선 참선 수행의 지침서로서 선종의 돈오가 부처님의 원각과 같은 것임을 강조하는 돈오원각론, 개념적 이해를 배격하고 실경계 체험을 강조하는 실참실오론, 아뢰야식의 3세를 멸진한 무심이 견성의 내용이라는 구경무심론을 핵심적 주장으로 담고 있다. 이 세 가지 주장은 『선문정로』의 전체 설법을 관통하는 주제 의식에 해당하는 것으로서, 이를 성철선의 3대 종지[2]라 할 수 있다.

---

1 이 글은 2021년 성철사상연구원 주최 춘계 학술연찬회, '퇴옹성철 스님의 불교관 연구 2'에서 기조강연으로 발표하고 『퇴옹학보』 제18집에 수록한 논문에 약간의 수정을 가한 것이다.
2 윤원철은 『선문정로』 돈오돈수설의 핵심이 견성즉불, 무심무념, 3관돌파, 사중득활, 공안참구에 있다고 보고, 이들 개념과 명제들의 연관성에 대한 고찰을 통해 성철선의 체계적 이해를 시도한 바 있다. 완전히 동일한 것은 아니지만 필자가 말하는 돈오원각론은 윤원철의 견성즉불, 구경무심론은 무심무념, 실참실오론은 3관돌파와 사중득활과 공안참구에 대한 논의와 근본 출발점에서 겹치는 점이 있다. 이에 대해서는 윤원철(1994), pp.37-54 참조.

『선문정로』의 집필 의도에 부응하여 성철스님의 수증론을 선수행의 현장에 적용하는 길을 모색하는 입장에서 성철선[3]이고, 전체를 관통하는 세 줄기에 해당하므로 3대 종지가 된다.

그중 돈오원각론은 제1장 견성즉불, 실참실오론은 제2장 중생불성, 구경무심론은 제3장 번뇌망상의 중심 주제로 순차적으로 제시되어 있으며, 그 외 나머지 장들에서는 수행과 깨달음을 표현하는 전형적 용어를 재해석하는 방식으로 3대 종지를 변주하고 있다. 여기에 재해석이라는 말을 쓰는 이유는 그것이 돈오원각론, 실참실오론, 구경무심론의 원칙에 기초하여 기존의 의미 중에서 어떤 것은 취하고 어떤 것은 버리는 방식을 취하고 있기 때문이다.

『선문정로』는 그 설법이 부정과 비판과 배격의 언어로 진행되다 보니 이에 대한 논의 역시 옳고 그름을 가리는 논쟁의 방식으로 전개된 감이 없지 않다. 그런데 그것이 보조스님을 겨냥하는 것처럼 보여서 그렇지 수행자의 입장에서 보면 그 강력한 부정과 비판과 배격은 예외 없이 수행자의 내면에서 현재진행형으로 일어나는 장애를 향한 것이다. 『선

---

[3] 성철선이라는 용어를 이러한 의미에서 쓴 것은 신규탁의 경우에 발견된다. 신규탁은 「『本地風光』과 임제선풍」에서 성철선의 특징을 밝힌다는 의도로 『본지풍광』을 고찰한 바 있다. 그는 여기에서 『본지풍광』의 사상을 (1)옛 조사들의 언구를 의심하여 실답게 참구하여 확철대오할 것을 강조, (2)남의 언구에 매이지 않는 자기 자신의 체험을 중시, (3)무심사상의 선양으로 정리하였다. 여기에서 특히 눈길을 끄는 것은 임제선과 성철선을 비교한 부분이다. 그는 임제선의 경우는 무심보다는 돈오에 대한 강조가 두드러지고, 성철선의 경우는 돈오무심사상을 근간으로 하면서도 무심사상에 강조점을 두고 있다고 말한다. 그는 성철선의 특징을 한마디로 돈오무심으로 규정하고 싶어한다. 공감되는 부분이다. 다만 『선문정로』와 『본지풍광』을 함께 고찰하면서 성철선의 성격을 살펴보면 돈오원각론, 실참실오론, 구경무심론이라는 뚜렷한 종지가 발견되고, 이처럼 측면을 나누어 고찰하는 것이 그 이해에 있어서나 실천에 있어서나 효과적이라고 생각된다. 신규탁(1994)의 논의에 대해서는 「『本地風光』과 임제선풍」, 『백련불교논집』 4집, pp.69-104 참조.

문정로』에 정통성의 측면에서 시비를 가려보자는 의도가 없는 것은 아니지만, 그 진정한 핵심은 선수행의 실천을 인도하는 안내서로써의 역할을 지향하는 데 있기 때문이다.

그러므로 옳음과 그름을 가리는 논의의 틀에서 벗어나 이에 대한 적극적 이해와 실천의 길을 모색할 필요가 있다. 박성배는 "보조를 바로 보려면 먼저 보조가 되어야 한다."는 접근 방법을 체적體的 접근이라 부르고, 이에 상대하여 다양한 해석학적 차원의 접근 방법을 용적用的 접근이라 부르면서 이것이 현대인이 지향하는 길이라 보았다. 체적 접근은 직접 보조스님이 되고 성철스님이 되어야 비로소 그 속을 알 수 있는 길이므로 현대인들은 환영하지 않는다는 것[4]이다. 그러나 성철스님이 제시한 길을 따라 성철스님에게 다가가 직접 성철스님이 되고자 하는 것이 선문의 길이고, 깨달음에 대해 말하는 대신 깨달음 자체가 되기를 요구하는 것이 선문의 길이다.

이렇게 성철스님의 수증론을 선수행의 입장에서 수용할 때 성철선이라는 말이 성립한다. 물론 『선문정로』에 피력된 수증론은 성철스님만의 독창은 아니다. 성철스님이 강조해서 보여주고자 한 것처럼 그 주된 핵심은 불교의 정통에 맞닿아 있다. 다만 선불교의 정통이라는 물줄기를 한국의 현대 불교, 나아가 선수행의 현장이라는 밭에 돌리기 위해서 특정한 측면을 강조했다는 것은 분명하다. 『선문정로』의 인용문과 해석의 곳곳에서 발견되는 문맥적 비틀림은 바로 이러한 강조가 드러나는 지점들이다. 이에 대해 다양한 논의가 있었고 필자 역시 약간의 고찰[5]을

---

4 이에 대해서는 박성배(1990), 「성철스님의 돈오점수설 비판에 대하여」, pp.501-512 참조. 이후 박성배는 「돈오돈수론」에서 체용의 논리에 의해 성철스님과 보조스님의 수증론을 해석한다. 이에 대해서는 박성배(1993) 참조.
5 『선문정로』 문장 인용의 특징에 관한 고찰을 내용으로 하는 강경구(2013), 「禪

진행한 바 있다. 그런데 성철선을 설정하는 입장에서 보면 그 문맥적 비틀림은 이탈이 아니라 깨달음의 핵심을 향한 새로운 초점 맞추기에 가깝다. 그것은 선문의 현장에서 흔히 발견되는 일이기도 하다.

마조스님이 한 중을 시켜 대매스님에게 묻게 했다. "스님은 마조 스승님께 무엇을 얻어 이 산에 살고 계십니까?" 스님이 말했다. "마조 스승님께서는 나에게 마음이 곧 부처라 하셨는데 그 말을 듣고 이 산에 살고 있네." 중이 말했다. "마조 스승님은 요즘 불법이 달라지셨습니다." 스님이 말했다. "어떻게 달라졌는가?" 중이 말했다. "요즘은 또 마음도 아니고 부처도 아니라 하고 계십니다." 스님이 말했다. "그 노인네는 언제 사람 헷갈리게 하는 일을 그만둘까? 자네는 마음도 아니고 부처도 아니라 하게. 나는 그냥 마음이 곧 부처라 할 테니까." 그 중이 돌아가 이 일을 말하니 마조스님이 말했다. "대중들이여! 매실이 다 익었구나."⁶

마조스님에게는 즉심즉불卽心卽佛에서 비심비불非心非佛로 건너가는 논조의 변화가 있었다. 대매법상스님은 이에 대해 일종의 문맥적 비틀림으로 스승의 마음에 계합한다. 당연히 즉심즉불과 비심비불은 서로 다른 말이 될 수 없다. 소에게 뿔이 있다는 말과 토끼에게 뿔이 없다는

『門正路』 문장 인용의 특징에 관한 고찰」, 『동아시아불교문화』, 15권; 강경구 (2015a), 「『禪門正路』 문장 인용의 특징에 관한 고찰(Ⅱ)」, 『동아시아불교문화』, 21권; 강경구(2015b), 「『禪門正路』 문장 인용의 특징에 관한 고찰(Ⅲ)」, 『동아시아불교문화』, 23권; 강경구(2016), 「『禪門正路』 문장 인용의 특징에 관한 고찰(Ⅳ)」, 『동아시아불교문화』, 25권 참조.

6   『景德傳燈錄』(T51, p.254c), "乃令一僧到問云, 和尙見馬師得箇什麼便住此山. 師云, 馬師向我道卽心是佛, 我便向遮裏住. 僧云, 馬師近日佛法又別. 師云, 作麼生別. 僧云, 近日又道非心非佛. 師云, 遮老漢惑亂人未有了日, 任汝非心非佛, 我只管卽心卽佛. 其僧迴擧似馬祖, 祖云, 大衆, 梅子熟也."

말이 동의어가 되는 것과 같이 그것은 동일한 진리의 다른 표현에 해당하기 때문이다. 진리의 표현에는 긍정적 설명(表詮)과 부정적 해설(遮詮)이 있다. 또 중도적 논의도 있다. 마조스님의 정반대로 달라진 표현에 대한 영명스님의 설명을 보자.

마음이 곧 부처라는 것은 긍정적 설파이다. 그 일을 직접 드러내어 보여줌으로써 직접 자기 마음을 증득하도록 하고 분명하고 밝게 견성하도록 하는 것이다. 마음도 아니고 부처도 아니라는 것은 부정적 표현이다. 잘못이 일어나지 않도록 오류를 차단하는 것이다. 의혹을 제거하고 집착을 타파하여 생각과 견해에 의지하여 통달했다고 자처하거나 의식과 이해에 의해 깨달음을 자처하는 일이 일어날 여지를 없애 버리는 것이다. 마음과 부처라고 하는 깨달을 무엇이 따로 있지 않기 때문이다. 그래서 마음도 아니고 부처도 아니라고 한 것이다. 이것은 주체를 설정하는 마음을 떨어내고 돈교의 민절무기泯絶無寄의 길을 설정하여 언어의 길을 끊고 마음이 갈 곳을 소멸시킨다. 이 또한 그에 상응하는 근기를 위한 길이 된다.[7]

성철스님이 문맥적 어긋남을 감수하면서까지 깨달음을 향해 새롭게 초점 조절을 하고자 한 것은 스스로에게 부과한 숙제가 있었기 때문이다. 그것은 한국 선의 현실에 대한 반성과 한국 불교의 나아갈 방향에 대한 모색의 일환이었다. 이를 통해 찾아낸 답안의 핵심이 곧 돈오원각론이다. 이것은 선종의 돈오견성과 부처님의 원각이 동일한 것이라는

---

7 『宗鏡錄』(T48, p.560a), "卽心卽佛, 是其表詮, 直表示其事, 令親證自心, 了了見性. 若非心非佛, 是其遮詮, 卽護過遮非, 去疑破執, 奪下情見依通, 意解妄認之者. 以心佛俱不可得故, 是以云非心非佛. 此乃拂下能見, 權立頓教泯絶無寄之門, 言語道斷, 心行處滅, 故亦是一機入路."

주장으로 성철선의 제1종지에 해당한다.

왜 돈오원각론을 강조해야 했을까? 과거 중국이나 우리나라에서는 불교가 거의 유일한 종교였다. 조선조에 배불정책이 시행되기는 하였지만 유일한 종교로서의 위치를 위협받을 일은 없었다. 그런데 유일신과 예수의 신성성을 표방하는 기독교의 확산[8]으로 이러한 종교 지형에 근본적 변화가 일어나 불교는 그 종교적 실천 및 담론 체계에 대해 자기 성찰을 행할 필요가 있었다. 한용운스님이 주장했던 미신적, 기복적 경향의 타파도 그것에 속하고, 성철스님의 본질을 회복하기 위한 노력도 이에 속한다.

다원화된 종교 지형에서는 무엇보다도 살불살조의 전통 속에서 아무렇지도 않게 부처를 부정하는 선종의 방만한 진리담론이 문제가 될 수 있었다. 실제로 이것은 불교의 종교성에 회의적 논의가 일어나는 지점이 되곤 하였다. 불교는 종교가 아니라 철학이라는 일각의 논의가 그 대표적인 경우에 속한다.

이에 선종의 우수성을 그대로 계승하되 불교사적으로 그것이 부처님에게서 내려오는 불교의 정통임을 강조할 필요가 있었다. 불교가 석가모니 부처님의 깨달음을 거듭 재현하는 실천의 현장이라는 점을 보여줄 필요가 있었다는 말이다. 물론 이것은 선종 내적으로 보면 의심할

---

[8] 성철스님은 자신의 종교적 실천과 관련하여 분명히 기독교를 의식하고 있었다. 예컨대 기독교에 대비되는 불교의 특장점을 강조하는 다음과 같은 언급을 들 수 있다. "요즘 하나님 믿는 분들이 많은데 그분은 죄 많고 가련한 우리 중생들과는 달리 모든 것을 초월해 저 멀리 계시는 분이라고 다들 생각한다. 허나 우리 불교에서는 그렇게 말하지 않는다. 하나님의 지고지순한 가치를 바로 이 죄인이 전혀 부족함 없이 완전히 구비하고 있다고 선언한다. 개개인 속에 다 하나님이 있어서 하나님 아닌 이가 하나도 없다는 것이 불교의 주장이다. 이는 다른 종교가 도저히 따라올 수 없는 불교의 우수성이다." 퇴옹성철(2015), pp.53-54 참조.

여지가 없는 사실이다. 그렇지만 선종의 역사를 보면 돈오를 표방하는 조사선을 궁극의 깨달음에 이르기까지 수행을 멈추지 않았던 여래선의 위에 두고자 하는 분위기가 팽배해 있었다. 우리나라에 널리 퍼졌던 진귀조사설도 그 한 예라 할 수 있다.

성철스님은 돈오로서의 견성을 표방하는 선종의 정통을 계승하는 입장에서 견성이 곧 부처님의 구경원각과 동일한 것임을 강조하는 논의들을 수집한다. 그 수집된 자료의 총정리와 통일적 해석의 결과가 바로 『선문정로』이다. 머리에서 발끝까지 선사였던 성철스님이 왜 『백일법문』과 같은 불교학 개론을 내놓았던 것일까? 또 왜 부처님처럼 살기를 표방했던 것일까? 그것은 시대적 숙제에 대응하는 불교의 기본적 답안이 부처님에게서 시작하여 부처님에게로 돌아가는 것이라야 했기 때문이다. 이렇게 하여 선종의 견성과 부처님의 깨달음을 동일한 것으로 강조하는 돈오원각론이 성철선의 제1종지가 되는 것이다.

돈오원각론의 주제를 담고 있는 「견성즉불」을 『선문정로』의 제1장에 배치한 것은, 이것이 가장 중요한 제1종지에 해당한다는 점을 보여주기 위해서이다. 이를 표종장으로 하여 피력된 돈오원각론은 모든 장에 바탕으로 깔려 있지만 특히 「무상정각」, 「무생법인」, 「보임무심」, 「정안종사」, 「분파분증」 등의 장에서 강조점을 바꿔가며 거듭 논의된다. 이를 통해 『선문정로』에서 주장하는 수행과 깨달음의 제1종지가 돈오원각에 있음을 논증하고 강조하고자 한 것이다.

실참실오론은 제2장 「중생불성」을 표종장으로 삼는다. 모든 중생이 불성을 다 가지고 있으므로 부처이다. 이러한 원리에서 보면 중생이 곧 부처이다. 이것이 불교의 특장점인 불성론이다. 그런데 원리가 그렇다는 것이지 실제로 중생은 번뇌망상에 빠진 삶을 살고 있어 진여에 계합하여 살아가는 부처와는 다르다. 그래서 성철스님의 불성에 대한 논의는 실제적 수행과 실질적 깨달음에 대한 강조, 다시 말해 실참실오론의 주장으로 귀결된다. 성철스님은 이렇게 말한다.

> 일체중생一切衆生 개유불성皆有佛性의 대원리에 의하여 노력 수행하여 법해法海에 자재무애하는 대해탈도를 성취하여야 할 것이다.[9]

이처럼 불성을 말하면서도 그에 기초한 직접적 수행과 실질적 깨달음의 중요성을 거듭 강조하는 것이 성철선의 특징이다. 물론 바르게 믿고 열심히 노력 수행하여 직접적이고 실질적인 깨달음을 성취하는 길을 걸어야 한다는 주장을 담고 있는 실참실오론은 원오선사와 같은 역대의 선사들이 강조한 바[10]이기도 하다. 이것은 제2장에서 시작하여 이후 「오매일여」, 「사중득활」, 「대원경지」, 「내외명철」, 「해오점수」, 「상적상조」 등의 장에서 측면을 바꾸어가며 거듭 논의된다.

구경무심론은 제3장 「번뇌망상」을 표종장으로 삼아 논의가 시작된다. 성철스님에게 번뇌망상은 곧 제6의식과 제8식, 그러니까 유심 그 자체이다. 그래서 8만4천의 번뇌를 말하는 대신 아뢰야식의 3세가 영멸한 구경무심을 말하는 것이다. 3세 중에서도 근본무명은 모든 번뇌망상의 뿌리이다. 그러므로 그 뿌리인 근본무명이 영멸해야 번뇌망상이 멸진하여 불성을 볼 수 있고, 그래야 진정한 깨달음이라 할 수 있다는 것이다. 『선문정로』에서는 유식의 논의를 거듭 가져온다. 아뢰야식의 무명이 멸진해야 진정한 무심, 즉 구경무심이라 할 수 있다는 논거를 제시하기 위해서이다. 구경무심론은 이처럼 제3장 「번뇌망상」에서 시작하

---

9 퇴옹성철(2015), p.62.
10 『圓悟佛果禪師語錄』(T47, p.772b), "若不用言句, 爾作麽生見. 到這裏, 參須實參, 悟須實悟. 令教透頂透底, 亘古亘今, 打開自己庫藏."

여 「무념정종」, 「보임무심」, 「다문지해」, 「활연누진」 등의 장에서 측면을 바꾸어가며 논의된다.

이 돈오원각론, 구경무심론, 실참실오론은 성철선의 체體·상相·용用에 해당하며 삼위일체적 통일 관계로 함께 논의되는 경우가 많다. 그래서 각 장의 강조하는 바가 각각 이 3대 종지의 어느 하나에 치우쳐 있기는 하지만 전체 19장에서 그에 대한 논의가 전반적으로 발견되는 것이다.

II. 돈오원각론, 성철선의 제1종지

『선문정로』는 견성하면 곧 부처임을 주장하는 견성즉불의 논의로 설법을 시작한다. 선종의 돈오견성이 부처님의 원각과 완전히 동일한 것이라는 이 주장을 돈오원각론이라 부를 수 있다. 돈오원각론은 『선문정로』 전체를 관통하는 제1종지로서 제1장에서 시작하여 전체 19장의 모든 곳에서 발견된다. 여기에서는 서론에서 적시한 바, 그것이 특별히 강조되어 표현되는 장에 대한 고찰을 통해 그 내용과 특징을 살펴보고자 한다.

제1장 「견성즉불」은 돈오원각론의 표종장에 해당한다. 견성즉불이라는 장 제목은 선종의 표어인 '직지인심, 견성성불'을 의식한 말이다. 견성성불에는 견성하면 부처가 된다는 의미와 견성한 뒤 수행하여 부처가 된다는 두 의미가 담겨 있다. 견성성불의 이러한 두 의미에서 견성하면 부처가 된다는 의미만을 취하기 위한 조어가 견성즉불이다. 견성즉불은 견성이 곧 완전한 무심의 성취이며 구경각을 성취하여 바로 부처

가 된다는 의미를 전달한다. 병이 나으면 더 이상 약이 필요 없는 것처럼 견성하면 경전 공부와 참선 수행을 모두 내려놓고 부처의 삶을 살게 된다는 것이다. 그러므로 견성 이후의 닦음을 말한다면 그것은 견성이라 할 수 없다.

견성했다고 하면서 정을 닦느니 혜를 닦느니 하는 것은 아직 미세망상이 남아 있는 것이다. 그것은 견성이 아니다. 더 이상 배우고 익힐 것이 없는 한가로운 도인, 해탈한 사람이 되기 전에는 견성이 아니다. 이것이 『선문정로』의 근본 사상이다.[11]

성철스님은 견성에 대한 잘못된 견해가 "선종의 종지를 흐리고 정맥을 끊는 심각한 병폐"[12]라고 진단한다. 제6식의 거친 망상과 제8아뢰야식의 미세한 망상까지 완전히 제거된 무심이라야 견성이다. 그러므로 만약 수행이 더 필요하다면 그것은 견성이라 해서는 안 된다는 것이다.

더 닦을 것이 없는 차원이라야 견성이라 할 수 있다는 이 주장은 깨달음 이후 오랜 시간의 점수가 필요하다는 돈오점수론을 정면으로 겨냥한다. 또한 불교의 목적이 성불에 있다는 불교적 정체성을 회복하고자 하는 구상의 기본 틀을 제시한 것이기도 하다. 물론 이것은 성철스님만의 독창은 아니다. 성철스님은 『종경록』을 비롯하여 『능가경』, 『대열반경』, 『대승기신론』, 『유가론』, 『육조단경』, 『원오어록』 등의 문장을 그 전거로 제시한다. 다만 이것이 성철스님의 설법을 관통하는 뚜렷한 주제 의식이라는 점에서 이를 성철선의 제1종지라 부르고자 하는 것이다.

돈오원각론은 성철스님이 만난 불교적 숙제에 대한 답안의 제시이기

---

11   퇴옹성철(2015), p.18.
12   퇴옹성철(2015), p.16.

도 하다. 부처님의 깨달음과 선문의 깨달음이 동일한 것인가, 아니면 다른 것인가를 묻는 오래된 질문이 있다. 성철스님은 이에 대해 선문의 돈오와 부처님의 원각이 동일한 것이라는 주장을 제시한다. 부처님이 중도를 깨달았다고 했는데 이 "중도를 깨쳤다는 것은 우리의 마음자리, 근본 자성을 바로 보았다는 말로서 이것을 견성이라고 한다."[13]는 것이다.

이처럼 견성이 곧 부처님의 원각이므로 성도 이후 부처님이 그랬던 것처럼 더 이상의 수행이 필요 없다, 만약 수행을 필요로 한다면 그것은 견성이 아니다. 불교는 부처님을 모델로 하여 그 완전한 깨달음인 원각을 거듭 재현하는 길을 걷고자 한다. 그 한 길로서의 선종은 본래 갖춘 불성을 단번에 보아 의심 없는 자리에 도달하는 돈오의 길을 제시한다. 이 원각과 돈오를 통합한 수증론이 성철스님식 원돈사상圓頓思想에 기초한 돈오원각론인 것이다. 요컨대 성철선에서 깨달음은 한 번에 일어나며 그것은 더 이상의 닦음을 요하지 않는 것이다. 닦음이 필요하다면 그것은 깨달음이 아니다. 이렇게 하여 최초의 깨달음이 곧 최후의 깨달음이 되는 것이다.

그런 점에서 성철스님의 돈오원각론에는 세 가지 의미가 담겨 있다. 첫째, 선가의 견성은 진여에 직접 계합하는 증오로서 지해의 차원을 떠나 있다. 둘째, 그것은 완전한 구경각으로서 미완성의 분증分證이 아니다. 셋째, 그것은 단박에 일어나는 눈뜸으로 완성되는 것으로서 점차적 보완을 거치는 것이 아니다.

이 돈오원각론은 제4장[14] 「무상정각」에서 다시 강조된다. 「무상정각」

13　퇴옹성철(2015), p.15.
14　『선문정로』의 전체 설법을 돈오원각론, 실참실오론, 구경무심론으로 나누어 분류해 볼 때 제4장 「무상정각」은 특히 3대 종지가 함께 언급된 대표적인 장에 해당한다. 무상정각이라는 것 자체가 돈오원각이며, 실참실오이며, 구경무심이기 때문이다.

의 장에서는 아뇩다라삼먁삼보리의 증득 등과 같은 부처님의 깨달음에 대한 전형적 표현과 견성이 함께 언급된 문장을 집중적으로 인용한다. 그 의도는 다음과 같은 【4-1】의 인용문에 개입한 부분을 통해 더욱 분명하게 확인된다.

必得阿耨多羅三藐三菩提하야 得[淨]見佛性이니라.[15]

『대열반경』의 문장으로서 경전을 수지독송하면 아뇩다라삼먁삼보리를 증득하여 불성을 철견하게 된다는 문맥을 형성하는 문장이다. 성철스님은 견성이 아뇩다라삼먁삼보리의 성취와 동일한 것임을 보여주기 위해 인용하였다.

이 중 밑줄과 같이 '정견淨見'을 '득견得見'으로 바꾸었다. 이로 인해 '불성을 밝게 보게 된다(淨見佛性)'는 의미가 '불성을 볼 수 있게 된다(得見佛性)'로 의미의 전환이 일어난다. 성철스님은 이 부분을 '불성을 정견함을 얻느니라'고 번역하였다. 번역문에서 말하는 정견은 밝게 봄(淨見), 혹은 바르게 봄(正見) 중 어느 것을 뜻한다고 보아도 무방하다.

그런데 왜 굳이 앞 구절에 나온 '득得' 자를 다시 추가하여 두 개의 '득得'이 병렬되는 중복된 구문을 만든 것일까? 성철스님에게 무상정각의 증득과 견성을 얻는 일은 동일한 일이다. '득得'을 중복시켜 이 둘을 상동 관계로 병렬시킴으로써 그 동질성을 드러내고자 한 것이다. 이를 통해 돈오하여 불성을 보는 일이 부처님의 원각과 동일하다는 제1종지를 효과적으로 드러내게 된다.

이렇게 무상정등각이 불지에서 성취하는 것이므로 무상정등각을 성

---

[15] 『大般涅槃經』(T12, 496c); 퇴옹성철(2015), p.75.

취하지 못한 아라한이나 10지보살은 견성이 아니다. 설사 무엇인가 보았다 해도 그것은 간접적으로 본 것(聞見)이라서 진정한 견성이 아니라는 것이다. 「무생법인」의 장에서는 인용문 【5-2】에 대한 다음과 같은 개입을 통해 돈오원각론을 드러낸다.

> 悟卽悟自家本性이니 一悟하면 永悟하야 不復更迷니라 如日出時에 不合於冥하야 智慧日出하면 不與煩惱로 暗俱하고 了心及境하야 妄想이 卽不生하느니라 妄想이 旣不生하니 卽是無生法忍이라 本有今有라 不假修道坐禪이니 不修不生[坐]이 卽是如來淸淨禪이니라.[16]

깨달음은 본래 갖추고 있는 자신의 본성을 깨닫는 것이므로, 한 번 깨닫기만 하면 다시 잃어버릴 일이 없다. 그러므로 깨달으면 망상이 없는 무심에 이르는데 이를 무생법인이라 한다. 이것은 수도와 좌선을 통할 필요도 없다는 의미에서 여래청정선이라 한다는 것이다. 위 인용문에서 밝히고 있는 마조스님의 설법 주제이다.

성철스님은 시종일관 선문에서 말하는 돈오견성과 부처님의 구경원각이 동일한 것이라는 주장을 펼친다. 여기에서 마조스님의 설법을 빌어 무생법인과 여래청정선을 함께 논한 것은 마조선이야말로 돈오견성의 본진에 해당하기 때문이다. 그런데 평상심이 도라 하고, 또 자기 마음이 바로 도라 하며, 이것을 지금 여기 완전히 갖추고 있으므로 닦을 필요조차 없다고 단언하는 마조스님의 가르침에는 원리적 차원에서의 깨달음과 실제적 차원에서의 깨달음이 뒤섞여 있다. 자칫하면 이로 인

---

[16] 『馬祖道一禪師廣錄』(X69, 3b); 퇴옹성철(2015), p.107.

해 지해적 차원의 이해와 체험을 깨달음으로 자처하는 병폐가 나타날 수도 있다.

성철스님은 이러한 점을 고려하면서 마조스님이 설한 깨달음과 부처님의 깨달음이 완전히 같은 것임을 논증하고자 한다. 망상이 멸진하는 일과 무생無生을 철증하는 일은 동일한 일로서, 이를 여래청정선이라 한다는 것이다. 인용문은 이러한 설법 취지에 가장 부합하는 설법일 수 있다. 마조스님 스스로 자신의 선이 여래선임을 밝히고 있기 때문이다.

그런데 이 중 밑줄 친 부분과 같이 '좌坐'→'생生'의 대체가 발견된다. 이 글자는 형태상의 유사성으로 인해 집필 시 잘못 필사된 것[17]일 수도 있다. 그런데 성철스님은 이렇게 변형된 텍스트에 기초하여 설법을 전개한다. 결과적으로 '수행할 일도 없고 좌선할 일도 없는 것(不修不坐)이 여래의 청정선'이라는 문장이 '수치修治하지도 않고 생기生起하지도 않으니(不修不生) 즉시 여래의 청정선'[18]이라는 의미로 바뀌게 된다. '생기하지 않는다(不生)'는 것은 망상이 일어나지 않는다는 뜻이다. 성철스님은 이를 통해 '닦을 일이 없다(不修)'는 말의 뜻을 분명히 하고자 한다. 즉 닦을 일이 없는 것(不修)은 망상이 일어나지 않기(不生) 때문인 것이다. 바꿔 말해 불생不生이 아니라면 불수不修를 말해서는 안 되고, 불수不修가 아니라면 불생不生이 아니므로 진짜 무생법인이 아닌 것이다.

결과적으로 유심의 차원에서 깨달음을 운운하는 경향에 대한 비판, 깨달았다고 하면서 아직도 수행을 필요로 하는 사람들에 대한 비판을

---

17 동일한 문장이 『백일법문』에도 인용되었는데, 불수불좌不修不坐의 원문이 그대로 인용되어 있다. 따라서 우연한 오기에 가깝다고도 볼 수 있다. 성철스님에게 불수불좌不修不坐는 수행의 필요성을 부정하는 말이 아니다. 오히려 이미 구경각을 성취했으므로 다시 닦을 일이 없다는 말로 해석한다. 퇴옹성철(2014), 『백일법문』, 장경각[이하 퇴옹·성철], pp.195-197 참조.
18 퇴옹·성철(2015), p.110.

동시에 행하는 효과를 얻게 된다. 이렇게 보면 '좌坐'→'생生'의 대체는 깊은 고려의 결과라 할 수 있다. 특히 제5장의 설법 주제인 무생법인의 설법을 통해 돈오원각의 논리를 강조하고자 하는 입장에서 이러한 대체가 이루어졌다고 이해된다.

다음으로 돈오원각론은 그 깨달음의 완전성을 강조하는 제7장 「보임무심」의 장에서 변주되어 나타난다. 일반적으로 보임에 대한 설법은 깨달음의 경계에 대한 보호(保)를 강조하는 경우와 맡겨 둠(任)을 강조하는 경우로 나뉜다. 성철스님은 이 중 맡겨 두는 일만 인정하고 보호하는 일을 비판한다. 보호하고 지킬 것이 있다면 진정한 깨달음이 아니라는 것이다. 그런 의미에서 성철스님에게 보임의 의미는 극히 중요하다. 『선문정로』 전체 19장 중 가장 자세한 견해를 피력한 것이 바로 견성즉불과 보임무심을 설한 두 장이라는 점은 흥미로운 부분이 아닐 수 없다. 견성즉불은 제1장이자 전체 종지를 드러낸 표종장에 해당하므로 그것을 자세하게 설하는 것은 당연하다. 그런데 보임무심이 압도적인 분량을 차지한다는 것은 그것이 특별한 의미를 지닌다는 뜻이 된다. 해석과 강설에 보이는 주제 의식 또한 특히 분명해 보인다.

이와 관련하여 우선 보임무심의 장을 시작하는 처음의 두 인용문이 보임이 아니라 견성에 대한 설법이라는 점이 눈길을 끈다. 그 핵심은 본래면목을 철증하면 미래겁이 다하도록 자재무애한 대휴헐지大休歇地에 도달하며, 그 열반묘심은 천만년이 다하여도 변이가 없다는 데 있다. 견성에 대한 정의가 이러하므로 견성 이후 수행을 통해 깨달음을 견고히 한다는 의미에서의 보임이라는 말이 성립하지 않는다. 더 견고해지거나 다시 미약해질 일이 없는 것이 견성이기 때문이다. '모든 것을 성취했으니 다시 무슨 일이 있겠느냐'는 것이다. 그러므로 성철스님에게 참다운 보임이란 깨달음 이후 부처로서 자유자재한 생활을 이어나가는 것이다.

한편 성철스님은 이 보임무심의 전체 설법을 거의 대부분 원오스님의 법문에 기대어 전개하는데 수시로 문장에 개입하여 그 주제 의식을 분명히 하고자 한다. 그런데 원오스님의 설법에는 견성 이후에도 "간절히 조심하라."고 한 경계의 말이 보인다. 견성을 정의하기 위해 든 인용문 【7-1】의 생략된 부분을 보자.

一得永得하야 盡未來際하나니 更有甚生死하야 可爲滯礙리오 [至於小小得失是非榮枯寂亂, 直下截斷, 把得住作得主, 長養將去. 一心不生, 萬法無咎. 只是切忌起見作承當, 便落彼我, 必生愛憎, 不能脫灑也.] 此箇無心境界와 無念眞宗은 要猛利人이라니 方能著實이니라.[19]

한 번 증득하면 영원히 증득하여 미래제가 다하도록 망실亡失하지 않는다는 주제를 전달하는 인용문이다. 그런데 괄호로 표시된 부분과 같이 긴 문장이 생략되어 있다. 그 뜻은 다음과 같다.

자잘한 득실과 시비, 번영과 쇠퇴, 고요함과 어지러움 같은 것들을 단번에 바로 잘라내 버리고, 잡아 지키기도 하고, 자재하게 움직이기도 하면서 오래 길러가는 것입니다. 하나의 마음이 일어나지 않으면 만법에 잘못이 없습니다. 다만 견해가 일어나 스스로를 주체로 자처하는 일이 없도록 간절히 조심해야 합니다. 자칫 나와 대상을 나누는 일에 떨어지면 필연적으로 사랑과 미움의 마음이 일어나 구속을 말끔하게 벗지 못하게 되기 때문입니다.

---

[19] 『佛果克勤禪師心要』(X69, 477c); 퇴옹·성철(2015), p.141.

깨달음 이후의 자유자재한 생활이 진정한 보임이라고 강조하기 위해 인용된 원오스님의 문장에 앞의 번역과 같이 조심하고 노력할 것을 당부하면서 견성 이후 빠질 수 있는 위험성을 지적하는 내용이 보이는 것이다. 원오스님의 원문과 성철스님의 인용 의도 사이에 맥락적 비틀림이 있는 것이다.

성철스님은 원오스님의 본뜻이 '한 번 증득하면 영원히 증득하는 것이니 미래의 끝이 다할 때까지 생성이니 소멸이니 하는 것에 걸리고 막힐 일이 없다'는 말에 있다고 보았다. 그런데 이 말에 이어 '견해가 일어나 분별의 함정에 빠지게 되는 일을 조심할 것'을 언급함으로써 전달하고자 하는 뜻에 손상이 일어났다고 보았다. 문단을 생략한 이유에 해당한다.

원오스님이 말하는 깨달음 이후의 수행이란 견해가 일어나 다시 분별에 떨어지는 일을 조심하는 것이고 굳건하지 못한 발디딤을 조심하는 일이다. 이에 비해 성철스님은 한 번 깨달으면 "미래제가 다하여도 망실하지 않는"[20] 완전한 깨달음의 성취를 바탕으로 대무심의 자리에 유희하는 일이 보임이라 보았다.

이처럼 성철스님에게 보임은 크게 쉬는 부처의 자리(大休歇地)에 이르러 추호의 의지할 바도 없고 다시 떨어질 일도 없는 자리에서 자유롭게 맡겨 두는 생애를 가리키는 말이다. 그러므로 문장의 생략을 통해 완전한 쉼이 아니라면 진정한 깨달음이 아니므로 수행을 멈추어서는 안 된다는 돈오원각론의 요지를 명확히 드러내고자 한 것이다.

돈오원각론에 의하면 견성성불은 누구나 가능한 일이지만 실제 성취

---

[20] 성철스님은 진미래제盡未來際를 '미래제가 다하여도 망실하지 않는'으로 번역했다. 퇴옹성철(2015), p.140.

한 경우는 드물다. 그것이 부처님과 같은 무상대열반을 실증하는 일이기 때문이다. 부처님이 흔할 수는 없는 법이다. 그래서 제17장 「정안종사」의 장에서는 바른 눈을 갖춘 선사가 어떤 지혜와 덕행을 갖춘 존재인지를 보여주는 대신 그들의 인정을 받을 수 있는 사람이 극소수에 불과했다는 점을 거듭 보여준다. 이에 의하면 바른 눈을 갖춘 종사란 명성의 고하에 상관없이 그 도달한 경계가 진실하지 않다면 그 어떤 선사라 해도 부정과 비판을 서슴지 않는 존재들이다. 그 부정과 비판의 칼날은 제자와 학인들은 물론 동료와 선배, 심지어 스승이라 해도 머뭇거리는 일이 없다.

정안종사는 이처럼 지해적 습기의 티끌까지 알아차리는 눈을 갖춘 사람을 가리키는 말이다. 성철스님은 돈오원각을 스스로 실증한 이라야 정안종사가 될 수 있고, 그러한 정안종사라야 타인의 안목을 바르게 평가할 수 있다는 점을 거듭 강조한다. 정안종사가 되는 일이 극히 어려운 일이라는 것을 알고 깨달음을 향해 애쓰는 공부를 계속해야 한다는 말을 하기 위해서이다.

> 전후제단처前後際斷處만 하여도 오조연五祖演이 "제방諸方 여금如今에 능유기개득도저전지能有幾箇得到這田地오." 하였거늘, 전후제단처前後際斷處를 초과한 구경무심지는 난중난사難中難事인 것이다. 그러므로 일념불생의 대사지大死地에서 활연대활豁然大活하지 않으면 종문정안이 아니니, 노력하고 더욱 노력하여 구경정각을 성취하여야만 불조의 혜명을 계승하는 것이다.[21]

견성이 곧 원각이므로 그것은 어렵고 희귀한 일이 아닐 수 없다. 약

---

21 퇴옹성철(2015), p.374.

간의 체험으로 '한 소식'했다고 자부할 수 있는 차원이 아닌 것이다. 이 희귀하고 어려운 길을 향해 신명을 바치는 일, 그것이 성철선의 돈오원각론이 안내하고자 하는 길이다.

III. 실참실오론, 성철선의 제2종지

실질적 수행과 직접적 깨달음의 실경계 체험에 대한 강조는 성철선의 또 다른 특징이다. 성철스님에게 수행과 깨달음은 직접 체험한 것, 현재 진행 중인 것이라야 한다. 수행과 깨달음의 실질성, 직접성, 현재성을 중시하는 이 주장을 실참실오론이라 부를 수 있을 것이다. 그것은 일체의 지해적 차원의 담론을 배제한다. 언어도단, 비사량처의 무심을 바르게 실천하는 실참과 구경의 무심을 실경계로 체험하는 실오 이외의 군더더기를 모두 쳐내는 것이다. 그런데 대부분의 실참실오론은 다음과 같이 돈오원각론, 구경무심론과 함께 삼위일체적 표현으로 나타난다.

종문정안은 이와 같이 극난하지마는 5가7종五家七宗의 정맥상전正脈相傳으로써 구경무심의 극심현처極甚玄處를 증득하지 않고서 종사宗師를 자처한 자는 전무하다. 그러니 오매일여하여 내외명철하며 무심무념하고 상적상조常寂常照한 명암쌍쌍明暗雙雙의 대휴헐지大休歇地 즉 무상대열반無常大涅槃을 실증實證하여야만 소림정전少林正傳이다.[22]

---

22 퇴옹성철(2015), p.375.

실참실오론은 성철선의 실천론으로서 돈오원각을 목표로 하고 구경무심을 내용으로 하기 때문에 이처럼 함께 논의되는 경우가 많다. 그것은 제2장 「중생불성」을 표종장으로 하여 논의가 시작된다. 여기에서 성철스님은 장의 제목에 따라 불성을 말하면서도 가능성으로서의 깨달음(因地)에 대한 언급을 최소화하고 실질적 결과로서의 깨달음(果地)에 대한 강조에 주력한다. 일반적인 불성에 대한 논의와 초점과는 다른 것이다.

불이론의 원리에서 보면 원인과 결과가 둘이 아니라는 것은 분명하다. 그러나 실제 수행의 현장, 깨달음의 점검에 있어서는 원인은 원인이고 결과는 결과이다. 우리가 가능성으로서의 부처를 안고 있다는 원리에 눈뜨는 일은 중요하다. 그러나 그 가능성은 결과로 이어질 때라야 비로소 의미를 완성하게 된다. 만약 실제적 깨달음이 없이 가능성으로서의 부처에 대한 논의만 반복한다면 결국 그림의 떡이라서 배가 부르지 않다. 더구나 가능성으로서의 부처인 불성은 씨앗과 같이 숨어 있으므로 직접 확인할 수 없다. 씨앗은 오직 그것이 발현한 꽃과 열매를 통해서만 확인할 수 있는 것이기 때문이다. 그래서 불성을 가난한 집의 어딘가에 숨겨진 보물창고와 같다고 비유하는 것이다. 그것이 있다는 사실을 아는 것만 가지고는 부자가 될 수 없다. 간절한 마음으로 직접 찾아내어 그 문을 열어젖혀 직접 그것을 쓰기 시작할 때 숨겨진 창고는 진짜 보물창고가 된다.

창고를 열어젖혔다는 것은 스스로 부처가 되어 다양한 경계를 체험하고 확인했다는 뜻이다. 성철스님은 「중생불성」의 장에서 4무애지[2-3], 10력·4무소외·대비와 4념처[2-6], 상주항일[2-7], 상락아정[2-8], 3신4지[2-11] 등을 언급한 『대열반경』의 일련의 문장들을 인용하여 불성이 구현된 결과로서의 지점(果地)을 집중적으로 드러내 보여주고자 한다. 불성은 오직 그것이 발현한 대열반의 경계를 통해서만 확인할 수 있기 때문이다. 4무애지를 논한 【2-3】의 경우를 보자.

> 불성은 4무애지라 부르기도 한다. 4무애지의 인연으로 인해 제법의 이치와 이름에 걸림이 없다. 이치와 이름에 걸림이 없으므로 중생을 잘 교화할 수 있다. <u>4무애란 곧 불성이고, 불성이란 곧 여래이다.</u>[23]

불성이 원인이자 결과인 것처럼 4무애지 역시 원인이자 결과이다. 성철스님은 이 중 밑줄 친 부분에 해당하는 마지막 문장을 인용한다. 성취한 결과(果地)로서의 4무애지만을 드러내고 가능성(因地)으로서의 4무애지에 대한 언급을 생략하기 위해서이다. 실오로서의 깨달음을 강조하는 실참실오론의 한 특징이라 하겠다.

제4장 「무상정각」의 장에서도 실참실오의 논의가 주를 이루는데, 이를 위해 실제적 깨달음(證知)을 강조하는 문장을 집중적으로 인용한다. 다음의 【4-2】의 예문을 보자.

> 我性者는 如來祕密之藏이니 [如是祕藏, 一切無能毀壞燒滅, 雖不可壞, 然不可見,] 若得成就阿耨多羅三藐三菩提하면 爾乃證知 하느니라[24]

불성의 경전인 『대열반경』에서 가져온 문장이다. 아성我性, 즉 불성은 여래의 비밀의 보물창고로서 정각을 성취하면 실증적으로 알 수 있게

---

23 『大般涅槃經』(T12, p.557a). "佛性者, 名四無礙智. 以四無礙因緣故, 說字義無礙, 字義無礙故, 能化衆生. 四無礙者,卽是佛性. 佛性者卽是如來."
24 『大般涅槃經』(T12, 649c); 퇴옹성철(2015), p.77.

된다는 문장이다. 이 비밀의 보물창고(秘藏)는 불성에 대한 몇 가지 비유, 즉 용사의 이마에 박힌 보주寶珠의 비유, 설산 약미藥味의 비유에 이어 세 번째 비유로 제시된 것이다.

성철스님은 불성에 대한 실제적인 깨달음을 강조하기 위해 이 문장을 인용하였다. 그것은 해오解悟의 간접성과 상대되는 직접성을 특징으로 한다. 깨닫기 전에는 볼 수 없는 것(不可見)으로서 깨달아야만 실증하여 알게 된다(證知)는 것이다.

이러한 문장을 인용하면서 밑줄 친 부분을 생략하였는데 '여래의 비밀창고는 어떤 것으로도 파괴하거나 소멸시킬 수 없다. 비록 파괴할 수는 없지만 볼 수도 없다'는 뜻이다. 성철스님은 수행과 깨달음에 대한 비유나 논리적 설명을 대부분 생략한다. 비유적 표현은 실제로 체험하지 못한 것을 이미 체험한 다른 어떤 것에 견주어 이해하도록 하는 효과적인 언술 전략의 일환이다. 그런데 그로 인해 내가 그것을 알고 있으며 체험했다는 착각이 일어날 수도 있다. 성철스님이 비유적 표현을 생략하는 이유가 된다. 다음 【12-2】의 인용문도 비유를 생략한 또 하나의 예로 들 수 있을 것이다.

進破微細無明하고 入妙覺位하면 ①[永別無明父母, 究竟登涅槃山頂, 諸法不生般若不生, 不生不生,] 名大涅槃이니 ②[以虛空爲座, 成淸淨法身,] 居常寂光土니라.²⁵

①의 밑줄 친 부분은 묘각, 즉 대열반에 대한 설명에 해당하는데, 태어나면서부터 함께 한 무명을 영원히 이별하고 열반을 성취하여 모든

---

25 『天台四敎儀』(T46, 780a); 퇴옹·성철(2015), p.250.

현상의 생성이 없고, 반야의 생성도 없으며, 생성 없음의 생성조차 없는 진정한 불생불멸의 차원에 도달하게 됨을 말하고 있다. 여기에서 무명을 부모에 비유하고, 열반을 산의 꼭대기에 비유하고 있다. 성철스님은 수행과 깨달음에 대한 형상적 묘사와 비유를 대부분 생략한다. 그것이 지해적 차원의 이해를 불러일으키고 이에 기초하여 깨달음을 자처할 수 있기 때문이다. 성철스님에게 구경무심과 견성은 비유와 설명을 듣고 이해해서 도달할 수 있는 자리가 아니다. 또한 지해적 차원의 이해가 실제적 깨달음을 가로막는 장애가 될 수도 있다고 생각한다. 생략의 이유가 되는 것이다.

다음으로 ②의 밑줄 친 부분과 같이 '허공을 보좌로 삼아 청정법신을 성취한다'는 은유적 표현이 생략된 것도 같은 이유이다. 그것이 상적광토에 거주한다는 말과 중복된다는 점이 고려된 것이기도 하지만, 형상적 묘사와 비유를 달가워하지 않는 문장관에 기인한 생략이기도 하다. 다음 【12-8】의 문장에는 직유적 표현의 생략이 보인다.

此三法이 不縱不橫하며 不並不別하니 [如天之目, 似世之伊.] 名祕密藏하야 大涅槃이니라[26]

밑줄 친 부분의 '하늘의 눈과 같다(如天之目)'는 표현은 하늘의 제왕 마혜수라摩醯首羅의 세 눈이 가로세로의 어느 한 선으로도 연결시킬 수 없는 것과 같이 반야, 해탈, 법신이 동일성과 차별성을 동시에 갖추고 있음에 대한 비유이다. 이(∴)자[27] 세 점과 같다는 비유도 마찬가지로서

---

26 『華嚴經疏注』(X07, 829b); 퇴옹·성철(2015), p.256.
27 원이삼점圓伊三點, 혹은 이자삼점伊字三點, 진이삼점眞伊三點, 혹은 세이자世伊字 등으로 불리며 범어의 한 글자를 차용하여 여래의 비밀장秘密藏을 설명한 것이

여래의 비밀장인 대열반의 모습을 비유한 것이다. 이것이 밝고, 청정하며, 둥근 구슬의 비유와 중복되므로 생략한 것이다. 무엇보다도 그 형상적 비유를 자기식으로 이해하여 스스로 알고 있다고 착각할 수 있으므로 이를 생략하였다. 이처럼 형상적 비유의 생략은 성철스님 문장 인용의 주된 특징으로서 실참실오가 아닌 지해적 차원의 접근을 차단하기 위한 조치에 해당한다.

한편 실참실오론은 간접성을 타기하고 직접성을 구현해야 한다는 점을 강조한다. 【4-10】 등에서는 『대열반경』의 문장을 인용하여 불성을 간접적으로 들어서 보는 일(聞見)과 눈으로 직접 보는 일(眼見)의 차별성을 말한다. 10지보살은 간접적으로 들어서 알고, 제불여래는 눈으로 직접 본다는 것이다.

諸佛如來와 十住菩薩은 眼見佛性이요 [復有聞見. 一切衆生,] 乃至九地는 聞見佛性이니라.[28]

제불여래와 10지보살이 불성을 눈으로 직접 보아 확인하는 차원(眼見)이라면, 모든 중생이나 9지보살에 이르기까지는 불성을 귀로 듣고 이해하는 차원(聞見)임을 밝히는 문장이다. 오직 부처만이 두 눈으로 분명하게 불성을 볼 수 있으며, 그 이전은 모두 명료하지 못하거나 아직 확인하지 못하는 차원에 머물러 있음을 밝히기 위해 이 문장을 인용하였다.

성철스님은 이 인용문의 문견聞見의 구절을 "9지九地에 이르기까지는

다. ∴ 혹은 ∵ 등으로 그려지지만 핵심은 세 점을 함께 담는 수직, 수평의 선이 그려지지 않는다는 데 있다.

28 『大般涅槃經』(T12, p.528a); 퇴옹·성철(2015), p.85.

전문(傳聞)으로 불성을 보느니라."로 번역하여 그것이 간접적으로 전해 들은(傳聞) 차원임을 강조한다. 문견聞見에 들어서 안다는 뜻이 없는 것은 아니지만, 그것은 눈으로 보는 안견眼見과 달리 직접성, 실제성이 충분하지 않은 간접적 차원임을 드러내는 표현으로 이해된다. 이것을 전해 들었다고 번역한 것은 그 문견의 의의를 더욱 낮추고자 하는 의도에 의한 것이다.

원래『대열반경』에서는 문견聞見이 안견眼見에 비해 못하다고 말하기는 하지만 그것을 배제하지는 않는다. 오히려 불지에 이르러 안견眼見을 성취하게 될 때까지 문견聞見을 닦아야 한다고 권장[29]하는 입장이다. 경전은 점수의 논리에 충실하므로 이것은 당연한 일에 속한다. 성철스님은 이것을 '전해 들은(傳聞)' 것으로 번역함으로써 성철선적 내려놓음, 즉 지해적 차원의 유사 깨달음에 대한 배격과 극복의 메시지를 분명히 드러내고자 한 것이다.

한편 '일체중생一切衆生'을 생략하여 일체중생에서 9지보살에 이르기까지는 귀로 듣고 믿는 차원을 벗어나지 못했다는 원래 문장을 '9지에 이르기까지는'으로 단순화하였다. 바로 뒤의 '~에 이르기까지', 혹은 '나아가'의 뜻을 갖는 내지乃至가 이것을 대신할 수 있다고 보았기 때문이다. 다만 일체중생을 생략하지 않으면 일체중생과 10지보살, 9지보살이 구분되는 관계에 있게 된다. 9지, 10지, 등각에 이르기까지 모두 깨닫지 못한 중생 범부임을 강조하는 성철선의 입장에서 보면 보살과 일체중생을 구분하는 이 구절은 설법의 효과를 떨어뜨린다. 그래서 이것을 생략하여 보살의 간접적 깨달음과 부처의 직접적 깨달음을 명확하

---

[29] 『大般涅槃經疏』(T38, p.181b), "上云十住聞見至佛眼見, 若欲聞見眼見, 應當受持十二部經, 故有勸修.";"上就究竟證爲眼見, 分證爲聞見. 今約凡夫修習中取聞見, 得道力強眼見."

게 대비하고자 한 것이다.

다만 성철스님은 10지보살이 부처와 마찬가지로 눈으로 직접 보는 차원에 있다는 이 문장을 제한적으로 인정한다. 원래 『대열반경』에는 안견眼見, 문견聞見과 관련하여 모순된 내용이 발견된다. 즉 바로 앞 【4-9】의 인용문에 보인 것처럼 부처는 안견眼見이므로 명료하고, 10지보살은 문견聞見이므로 명료하지 못하다[30]고 정의해 놓고, 다시 이 인용문과 같이 10지보살은 제불여래와 마찬가지로 안견眼見한다는 문장이 이어지고 있기 때문이다. 수隋의 관정灌頂스님은 이 모순을 인식하여 10지보살이 문견聞見과 안견眼見의 차원에 걸쳐 있고 오직 부처만이 직접 확인하는 안견眼見의 경지에 있다는 점을 분명히 알 필요가 있다[31]고 밝힌 바 있다. 한편 청량스님은 10지 초지 이전의 보살은 문견聞見하고, 초지 이후의 보살은 안견眼見한다고 보았다. 그 설이 일정하지 않은 것이다.

성철스님은 그래서 【4-10】에 10지의 안견眼見이 철저하지 않음을 밝히는 문장을 함께 인용한다. "10지는 양안兩眼으로 보나 명료하지 못하고, 여래의 불안佛眼이라사 요요명명了了明明히 궁진窮盡한다."[32]는 것이다.

이 일련의 문장 인용을 통해 성철스님은 10지보살과 제불세존이 연속의 관계가 아니라 극복과 단절의 관계에 있다는 점을 분명히 하고자 한다. 성철스님이 보살의 지위를 말하는 문장을 인용하는 것은 그 극복과 단절의 필요성을 역설하기 위해서이다. 어떤 성취가 있을 때 그것

---

30 『大般涅槃經』(T12, p.772b), "諸佛世尊眼見佛性, 如於掌中觀阿摩勒. 十住菩薩聞見佛性, 故不了了."
31 『大般涅槃經疏』(T38, p.181a), "此中應作四句, 第十住亦聞見亦眼見, 九地已下但有聞見, 佛地但有眼."
32 『大方廣佛華嚴經隨疏演義鈔』(T36, p.644c); 퇴옹성철(2015), p.85.

이 구경이 아니라면 바로 버려야 하는 것이지 그것을 토대로 해서는 안 된다는 것이다. 해오 역시 마찬가지여서 그것은 간접적으로 보는 문견聞見과 같은 것으로서 이것을 극복할 때 직접 보는 안견眼見, 즉 실질적 깨달음인 증오證悟에 도달할 수 있다는 것이다.

제8장 「오매일여」의 장에서는 실참으로 안내하기 위해 실제적 체험으로 확인되는 삼매의 경계를 제시한다. 동정일여, 몽중일여, 숙면일여가 그것이다. 보통 선문에서 말하는 무심이나 오매일여, 생사일여는 불이론의 원리로 해석할 수 있다. 문제는 그것을 이해하는 일만 가지고도 스스로 그러한 경계에 도달했다고 자처하는 착각에 빠질 수 있다는 데 있다. 그런데 동정일여, 몽중일여, 숙면일여의 진위를 가리는 일은 매우 구체적이다. 실제로 그러한 체험을 했는가, 그 체험이 현재 유지되고 있는가 하는 점을 스스로 명확히 확인할 수 있기 때문이다. 따라서 숙면일여 등은 스스로의 수행이 도달한 실제 경계를 확인할 수 있는 기준이 되는 것이다.

> 아무리 대단한 지견을 얻고 휘황한 경계가 나타났다 하더라도 그 경계가 꿈속에 일여한지 깊은 잠이 들었을 때도 일여한지 반드시 점검해야만 한다. 그렇지 못하다면 그것은 망상의 인연으로 나타난 경계이지 바른 깨달음이 아님을 스스로 알아야 한다.[33]

자기를 속이지 않는다는 전제하에 몽중일여, 숙면일여의 여부는 스스로 분명하게 확인할 수 있다. 여기에서 성철스님은 몽중일여는 아직 제6의식 차원이고, 숙면일여는 제8아뢰야식 차원으로서 두 차원 모두

---

33 퇴옹성철(2015), p.183.

극복하고 투과해야 할 경계라고 규정한다. 숙면일여를 실경계로 체험한다 해도 그것 역시 공안을 들어 투과해야 할 관문일 뿐이라는 것이다.

그렇다면 오매일여의 실경계를 투과하여 만나는 실오로서의 깨달음은 무엇인가? 그것이 바로 완전한 죽음과 같은 삼매에서 되살아나는 사중득활의 경계이다. 그래서 제9장 「사중득활」의 장은 숙면일여가 궁극의 도달처가 아니라 통과할 관문이라는 점을 강조한다. 수행자가 화두에 통일되어 무심에 이르면 우주의 밖에 홀로 있는 듯하여 모든 경계와 절연되는 일이 일어난다. 6근, 6진, 6식이 소멸하여 보아도 보이지 않고, 들어도 들리지 않으며, 먹어도 맛을 모르는 상황이 되는 것이다. 숨이 끊어지지는 않았으나 죽은 사람과 같은 상태이므로 이것을 '크게 한 번 죽는다(大死一番)'고 표현한다. 한 생각도 일어나지 않는 대사大死의 경계는 수행자들이 고대해 마지않는 승묘한 경계이다. 세간적 망상이 더 이상 그를 침탈하지 못하기 때문이다. 이러한 상황을 어록에서는 불 꺼진 재(死灰), 식은 재(寒灰), 말라버린 나무(枯木), 물이 끝나고 산이 다한 자리(水窮山盡處), 백 척 장대 끝(百尺竿頭), 파도를 가르고 물을 거슬러 올라가기(衝波逆水) 등으로 비유한다. 수행 현장에서는 이 무심경계를 깨달음으로 착각하고 거기에 머무는 일이 얼마든지 일어날 수 있다. 이에 성철스님은 이것만 가지고는 결코 견성이라 할 수 없다는 점을 거듭 강조한다. 그것은 진여와 완전히 하나 되지 못한 불완전하며 임시적인 차원이기 때문이다.

그래서 자아의 완전한 해체를 통한 진여와의 완전한 통일이 이루어졌는지를 점검하는 일이 필요해진다. 대혜스님, 설암스님, 고봉스님 등은 모두 이러한 일념불생의 자리에 이르러 잠자는 상태에도 그것이 여전히 그러한지를 점검하였다. 그런 뒤 자신이 아직 그렇지 못하다는 사실을 확인하고 여기에서 다시 나아가야 한다는 가르침을 받는다. 이를 통해 실상의 진리와 하나가 되는 궁극의 자리에 이르게 되었다는 것이다.

성철스님이 점검 기준으로 제시한 숙면일여의 실경계 역시 완전한 깨달음의 길목에 있는 하나의 관문일 뿐 깨달음 그 자체는 아니다. 숙면일여의 고요한 무심에서 활발한 묘용으로 되살아나는 일이 있어야 하기 때문이다. 이때 간절한 마음으로 다시 공안을 들거나 선지식을 만나 활연대오하면 모든 것이 원래 이러할 뿐임을 알게 되는데 이것이 견성의 본뜻이다. 그와 동시에 일체의 시비분별이 떨어져 나가고 불법의 이치와 승묘한 경계까지 모두 떨어져 나간다. 가볍고 자유롭게 세상과 한 몸으로 만나게 되는데 이것이 크게 되살아남(大活)의 풍경이다. 이 사중득활은 설법자에 따라 크게 죽어 크게 살기(大死大活), 영원히 죽어 영원히 살기(常死常活), 완전히 죽어 완전히 살기(全死全活), 죽은 뒤 소생하기(死後更蘇) 등으로 표현하기도 한다. 이처럼 사중득활은 한 생각도 일어나지 않는 무심(一念不生), 앞과 뒤의 시간적 끊어짐(前後際斷), 비추는 본체만 남는 경계(照體獨立), 요컨대 크게 죽는 일의 실증을 전제 조건으로 한다.

성철스님은 여기에서 일념불생 등을 오매일여로 환치하고 이것을 투과해야 진정한 견성이라고 강조점을 바꾼다. 사중득활 설법의 특징과 의의를 이해하려면 성철스님의 무심에 대한 규정이 극히 제한적이며 협의적이라는 점을 기억해야 한다. 성철스님은 제6식의 망상이 소멸해도 제8아뢰야식의 미세번뇌가 남아 있다면 그것을 무기무심, 혹은 가무심이라고 본다. 무기무심은 승묘한 경계이기는 하지만 결국 제8마계이므로 이것을 넘어 진여의 진무심(眞無心)으로 나아가야 한다는 것[34]이다. 그

---

[34] 『백일법문』에서는 제8아뢰야식 경계를 대무심지로 표현한다. 이것을 『선문정로』에서는 가무심으로 표현을 바꾼다. 아뢰야식 경계를 극복해야 한다는 점에 있어서 동일하지만 대무심지는 긍정적 의미 부여가 없지 않다. 이에 비해 가무심

러니까 대혜스님이 도달했던 제7지 무상정의 몽중일여 경계는 물론이고, 제8지 이상 멸진정의 오매일여 경계 역시 결국은 극복해야 할 새로운 출발점이 되는 것이다. 이 점은 성철선의 또 다른 종지인 구경무심론에 해당하므로 장을 바꿔 논의하게 되겠지만 그것은 이와 같이 돈오원각, 실참실오의 논의와 함께 통일되어 제시되는 경우가 많이 있다.

한편 제11장 「내외명철」의 장에서는 내외명철이 실경계의 체험이라는 점을 강조하여 "실제로 견성한 이가 아니면 알 수 없다."[35]는 점을 거듭 강조한다. 역대의 선사들 역시 이를 실경계로 체험한 일을 전하고 있다. 『혈맥론』에서는 내외명철을 성인의 표징으로 보면서 이를 성취하기 전에 태양보다 밝은 광명의 출현을 언급한다. 이를 통해 남은 습기가 다 사라지고 법계의 자성이 드러나게 되는데, 이러한 실경계 체험에 이어 궁극의 깨달음이 뒤따르게 된다는 것이다. 그러면서 그것은 "부처만 알 수 있는 일일 뿐 설명할 수 없다."[36]고 말하고 있다.

내외명철의 설법은 바로 앞의 대원경지에 꼬리를 물고 전개된다. 대원경지는 그 어휘의 상징성으로 인해 자신이 체험한 어떤 경계를 그것으로 해석하는 아전인수격 착각이 일어나기 쉽다. 그래서 대원경지의 특징인 내외명철을 실제 경계로 제시한 것이다. 첫 인용문의 해설을 "경지鏡智로 관조하여 내외가 명철明徹하면 이것이 견성"[37]이라는 말로 시작한 것이 그 증거가 된다. 이 해설이 겨냥하는 6조스님의 원래 문장

은 부정과 배격의 의미가 강하다. 『백일법문』의 관련 내용은 퇴옹성철(2014), pp.282-283 참조.
35 퇴옹성철(2015), p.239.
36 『達磨大師血脉論』(X63, p.4a), "如人飲水冷暖自知, 不可向人說也. 唯有如來能知, 餘人天等類, 都不覺知."
37 퇴옹성철(2015), p.239.

은 "지혜로써 관조하여 내외가 명철하면"[38]으로 되어 있다. 원문의 맥락에서 6조스님의 지혜는 반야지혜를 가리킨다.[39] 바르고 진실한 반야(正眞般若)로 관조하면 일찰나간에 허망한 생각이 모두 소멸한다는 것이다. 성철스님은 이 지혜를 대원경지(鏡智)로 번역한 것이다. 말의 차이에 불과한 것이기는 하지만 그 의도는 분명하다. 반야지혜를 내외명철과 언어적 친연성이 있는 대원경지로 옮기고자 한 것이다. 이렇게 함으로써 제8아뢰야식의 멸진으로 구현되는 대원경지를 내외명철의 설법과 바로 연결한다. 이를 통해 '지혜관조=대원경지=견성=해탈=무념'의 등식에 내외명철의 항목이 추가된다.

내외명철은 뚜렷한 실경계 체험이라는 점에서 성철스님에게 중요하다. 반야지혜로 관조한다는 것은 이원적 사유를 벗어나 불이중도의 눈으로 본다는 뜻이다. 자아와 대상세계의 분할, 지옥과 극락의 구분, 중생과 부처의 차별이 없는 실상에 안착하는 것이다. 이것은 불이론의 상식으로 대부분의 수행자들은 자신이 이것을 알고 있다고 생각한다. 그러나 실제로는 대원경지도 실경계이고, 반야지혜도 실경계이며, 중도불이도 실경계이다. 따라서 알고 이해하고 있다는 생각은 대부분 착각일 가능성이 높으며, 알고 이해함이 남아 있는 한 깨달음은 없다.

이처럼 알고 이해하는 일과 실제적 깨달음의 체험 간에는 넘을 수 없는 단층이 존재한다. 그럼에도 불구하고 아뢰야식은 물론 분별적 관념조차 떨치지 못한 입장에서 스스로 중도불이의 반야로 관조하고 있다고 착각할 수 있다. 이에 비해 내외명철은 그 경계가 분명하다. 이것을 기준으로 자신이 심신의 차별상에 묶여서 안과 밖을 별개로 인식하

---

38 『六祖大師法寶壇經』(T48, p.351a), "智慧觀照, 內外明徹."
39 『六祖大師法寶壇經』(T48, p.351a), "智慧觀照, 內外明徹. 識自本心. 若識本心, 卽本解脫. 若得解脫, 卽是般若三昧, 卽是無念."

고 있는 것은 아닌지, 아니면 이것을 확실하게 벗어났는지 분명하게 판단할 수 있는 것이다. 성철스님이 굳이 내외명철을 깨달음의 기준으로 제시한 것은 바로 이러한 구체적 점검 가능성 때문이었다. 아니나 다를까! 성철스님은 강설을 통해 오매일여와 마찬가지로 "내외명철은 실제로 견성한 이가 아니면 알 수 없다."[40]고 하여 그것이 실제 체험의 경계임을 강조한다.

이렇게 볼 때 오매일여-그것은 숙면일여이다-에 도달하여 그것을 투과한 실제 체험이 있었는가 하는 것이 수행에 대한 점검의 기준이라면 내외명철은 깨달음에 대한 점검의 기준이 된다. 나아가 오매일여에 머물지 않고 확연히 깨칠 때 나타나는 것이 내외명철의 경계이므로 이것은 최종 점검에 해당하는 것이기도 하다.

IV. 구경무심론, 성철선의 제3종지

『선문정로』를 관통하는 또 하나의 주제 의식은 구경무심론이다. 그래서 구경무심론은 성철선의 제3종지가 된다. 성철스님은 유식학의 논의를 적극 활용하여 그 수증론을 피력하는데, 그것은 마음의 구조에 대한 정치한 이론을 구축하기 위해서가 아니다. 세 가지의 미세한 번뇌, 그중에서도 근본무명이 일어나는 현장인 아뢰야식으로부터의 벗어남을 말하기 위해서이다. 또한 그것은 무심의 의미를 구체적으로 한정하기 위해서이기도 하다. 성철스님이 보기에 일반적으로 6추 번뇌가 소멸

---

[40] 퇴옹성철(2015), p.239.

한 무상정을 무심으로 여기는 경우가 있다. 그러나 꿈에서의 집착과 번뇌는 여전하다. 그러므로 무상정은 진정한 무심이 아니다. 다시 꿈속에 집착과 번뇌가 사라졌다 해도 꿈 없는 숙면의 차원은 3세 번뇌의 지배 속에 있다. 그러므로 멸진정 또한 진정한 무심이 아니다. 3세의 능견상과 경계상, 그리고 그 뿌리인 무명업상을 타파할 때라야 진정한 무심의 경계에 도달한다. 요컨대 아뢰야식으로부터의 벗어남이 있어야 진정한 무심이다. 이것이 구경무심론의 핵심이다.

구경무심론은 아뢰야식 3세의 타파를 강조한다. 이를 위해 성철스님은 유식의 논의를 적극 가져오되 제7식을 논의의 범주에서 제외하고자 한다. 구경무심론의 표종장은 제3장「번뇌망상」이라 할 수 있다. 여기에서는 번뇌라는 것이 결국 생각과 의식 그 자체이며 제6의식과 제8아뢰야식의 차원을 타파한 궁극적 무심이 될 때라야 번뇌의 소멸을 기약할 수 있음을 거듭 인증하고자 한다. 【3-1】에서 현수스님의 문장을 적극 인용하면서 3세6추의 논의에 있어서 말나식을 설명할 필요가 없다는 주장을 피력하는 것도 그 일환이다. 이에 의하면 제7말나식은 제8식과 같이 세 가지 미세번뇌[41]를 일으키지도 않고, 제6식과 같이 외적 대상에 반응하여 여섯 가지 거친 번뇌[42]를 일으키지도 않는다. 그러므로 논의하지 않는다는 것이다. 그 내용은 다음과 같다.

41　깨닫지 못함에 상응하여 세 가지 모양이 생긴다. 무명업상과 능견상과 경계상이 그것이다. 깨닫지 못하였으므로 마음이 움직인다. 이것이 무명업상이다. 무명업상의 움직임으로 인해 보는 주체가 생긴다. 보는 주체가 있으므로 인해 대상경계가 나타난다. 이에 대해서는 元曉,『起信論疏記』(X45, p.216c) 참조.

42　여섯 가지 거친 번뇌는 다음과 같다. 3세 중의 경계상을 대하여 그것을 나누는 지상智相, 분별한 둘에 대해 고락을 나누는 상속상相續相, 고락의 분별에 의해 집착을 일으키는 집취상執取相, 집착의 대상에 명칭을 붙여 헤아리는 계명자상計名字相, 법집과 아집에 의해 선악의 업을 일으키는 기업상起業相, 업으로 인해 고해에 떨어지는 업계고상業繫苦相.『大乘起信論』(T32, p.577a) 참조.

이치를 논하기에 불편하기 때문이다. 무슨 말인가 하면 근본무명으로 인해 진여를 움직여 세 가지 미세를 형성한다. 이것을 리야라 한다. 말나에는 이런 이치가 없으므로 논하지 않는다. 대상경계에 반응하여 마음의 바다를 움직여 여섯 가지 거친 번뇌를 일으킨다. 이것을 의식이라 한다. 말나에는 이렇게 외적 대상에 반응하여 일어나는 이치가 없으므로 논하지 않는다.[43]

제8아뢰야식이 3세를 일으키고 제6의식이 6추를 일으킨다. 그런데 말나식은 그 어디에도 속하지 않는다. 다만 아뢰야식에서 주체의식과 대상의식이 일어나는 일에 이미 관여하고 있고, 제6의식이 이 말나식에 의지하여 일어난다. 분명한 작용은 있으나 자기 본체가 없으므로 별도로 논의하기에 불편하다. 그래서 논의하지 않는다는 것이다.

성철스님 역시 "제7말나第七末那를 별론하지 않아도 수도상修道上에 관계없으므로"[44] 이를 논의할 필요가 없다는 입장을 취한다. 한 가지 흥미로운 것은 말나식의 설정 여부와 관련하여 『백일법문』과 『선문정로』 사이에 입장의 차이가 발견된다는 점이다. 1967년의 『백일법문』에서는 현수스님의 설을 취하지 않는다.

> 현수스님은 제7식을 "위로는 제8식에 합하고 아래로는 제6식에 합한다.(上合第八, 下合第六.)"고 하여 제7식을 자체가 없으니 그대로 제8식과 제6식으로만 설명하자고 말했습니다. 이것도 일리가 있는 말이지만 엄격하게 우리의 정신상태를 분석해 보면 제7식을 두는 것

---

43 『大乘起信論義記別記』(T44, p.290c), "以義不便故, 何者. 以根本無明, 動彼眞如, 成於三細, 名爲梨耶. 末那無此義, 故不論. 又以境界緣故, 動彼心海, 起於六麤, 名爲意識. 末那無此從外境生義, 故不論也."
44 퇴옹성철(2015), p.65.

이 논리상 더 적합하다고 볼 수 있습니다.[45]

이에 비해 1981년의 『선문정로』에서는 현수스님의 설을 적극 채용한다.

부처님의 말씀인 『능가경』에서도 제7식은 본체가 없는 것이라 하였고, 명말 4대 고승 중 한 분인 감산스님도 제7식은 본체가 없다고 하였다. 어디 거기에 그치겠는가? 8식설이 유식의 학설이기는 하지만 정작 법상종의 소의경전인 『해심밀경』에서는 제6식과 제8식만 거론하였을 뿐 제7식은 나오지도 않는다. 이런 여러 자료를 근거로 추론할 때 제7식설은 『해심밀경』 이후 호법護法 계통 유식학파의 학설이지 부처님의 말씀이라 단정할 수는 없다.[46]

제7식의 인정에서 부정으로 입장의 변화가 일어난 것이다. 이처럼 제7식에 대한 논의를 생략하거나 그 근거에 대해 회의하게 된 이유는 무엇일까? 이러한 문제 의식을 갖고 다시 살펴보면 성철스님이 6추에 대해서도 별로 논의하지 않았다는 사실을 알게 된다. 오직 아뢰야식의 3세, 그중에서도 뿌리가 되는 무명업상의 소멸에 논의를 집중하고 있는 것이다. 그런 점에서 설사 제7식이 설정된다 해도 논의의 대상이 될 일은 별로 없어 보인다. 오로지 아뢰야식 3세의 타파만을 지향하고 있기 때문이다.

또한 여기에는 복잡하고 치밀한 논리가 수행의 실천에 도움이 되지 않는다는 판단이 개입되어 있다. 심층 번뇌(아뢰야)와 표층 번뇌(의식)의 중간에 말나식을 설정하게 되면 논의가 복잡해져서 말과 생각이 꼬리

---

45 퇴옹성철(2014), p.372.
46 퇴옹성철(2015), p.324.

를 묻게 될 것이기 때문이다. 그래서 성철스님은 논리적 치밀함보다는 실천적 효용성을 택한다. "말나식을 변론하지 않아도 수도상에 관계없다."는 말은 실질적 효용성을 중시하는 성철선의 한 특징과 관련되어 있는 것이기도 하다.

말나식은 나(我)와 나의 것(我所)을 집착하는 자아의식을 가리킨다. 이 자아의식의 소멸은 수행의 중요한 실천 과제가 된다. 말나식은 무기이지만 자아(我)를 집착하므로 탐진치의 근본이 되는 다양한 번뇌를 생산한다. 『유식삼십송』에서는 이것이 아라한의 멸진정과 출세도出世道에서 소멸한다[47]고 말한다.

그런데 이러한 자아의식의 소멸을 견성으로 이해하는 입장이 있을 수 있다. 자아가 소멸함에 따라 나와 대상경계의 구분이 사라지는 체험을 하게 되기 때문이다. 성철스님은 이 단계에 의미를 두는 일을 제8마계에 머무는 일로 규정하여 극력 배제한다. 제8아뢰야식인 극미세망상까지 영단한 무여열반이라야 진정한 무심이고 견성이라 할 수 있다는 것이다. 그리고는 다음과 같은 비판적 논의를 전개한다.

> 만약에 객진번뇌客塵煩惱가 여전무수如前無殊하여 6추도 미제未除한 해오解悟를 견성이라고 한다면 이는 정법을 파멸하는 용서할 수 없는 대과오이며 불조佛祖의 반역이다.[48]

성철스님은 현수스님의 입장에 무게를 실어주는 논의를 전개하지만 보다 큰 목적은 표면적 자아의식의 소멸을 깨달음으로 인정하는 수행

---

47 『唯識三十論頌』(T31, p.60b), "有覆無記攝, 隨所生所繫. 阿羅漢滅定, 出世道無有."
48 퇴옹성철(2015), p.68.

풍토의 비판적 성찰에 있었다. 따라서 제7말나식에 대한 논의를 생략한다는 현수스님의 입장에 적극 동의한 것이다. 이를 통해 제6의식과 제7말나식의 소멸에 의미를 두지 말고 제8아뢰야식 3세의 궁극적 소멸에 수행의 핵심을 두어야 한다는 주장을 전개한다. 불성을 뚜렷하게 보는 견성은 심의식이 완전히 소멸한 구경무심의 성취를 통해 일어난다. 구경무심은 구체적으로 아뢰야식의 소멸을 통해 구현된다. 그러니까 무심의 순도와 견성의 진실성은 아뢰야식 3세의 타파 여부에 의해 결정된다. 성철스님은 이렇게 말한다.

> 몽중일여夢中一如의 화엄 7지위七地位는 아직 6추의 영역이요, 숙면일여熟眠一如인 자재위自在位에서 비로소 제8리야第八梨耶인 3세이니, 8지에는 6추가 없고 불지佛地에는 3세가 없다. 선문禪門에서는 장식藏識을 제8마계第八魔界라 하여 극력 배척함은 미세장식微細藏識을 타파하지 않으면 견성할 수 없으므로 오직 정법正法을 위한 노파심老婆心의 발로發露이다.[49]

성철스님은 이렇게 교가의 지위설을 수용하고 있는 것이 아니냐는 의혹을 감수하면서까지 지위설과 심의식의 소멸을 연결시키고 있다. 아뢰야식 근본무명의 타파가 있기 전까지는 구경무심이라 할 수 없고 더더구나 견성이라 할 수 없다는 것을 보여주기 위해서이다. 이처럼 성철선은 진폭이 큰 무심의 의미를 3세의 타파로 한정하면서 아뢰야식의 차원에 머무는 일을 거듭 경계한다. 아뢰야식은 무장애성(無覆)과 무분별성(無記)을 특징으로 하기 때문에 번뇌가 소멸했다고 여겨 여기에 머무는 경우가 많이 있다는 것이다.

---

[49] 퇴옹성철(2015), p.72.

성철스님은 이것을 제8마계라 부른다. 제8마계는 동산수초스님이 썼던 용어인데, 성철스님은 제8아뢰야식에 머무는 일의 위험성을 강조하기 위해 이 말을 자주 사용한다. "오매에 일여한 8지 이상의 자재보살위도 수행인을 매몰시키는 마구니의 경계, 귀신의 소굴이므로 여기서 다시 용맹심을 일으켜 근본무명을 끊고 진정한 무심을 깨달아야 한다."[50]는 것이다. 성철스님은 번뇌를 분별의식으로 규정하고 그 분별이 일어나는 뿌리인 아뢰야식의 타파라는 주제를 강조하기 위해 인용문에 개입한다. 다음 【4-3】의 인용문을 보자.

是諸衆生이 **爲無量[億諸]煩惱[等]之所覆蔽**하야 **不識佛性**하나니 **若盡煩惱爾時**엔 **乃得證知明了了**하야 **如彼力士**가 **於明鏡中**에 **見其寶珠**니라[51]

번뇌망상에 가려 불성을 모르다가 번뇌가 다하면 밝은 지혜를 얻어 거울을 보듯 분명하게 알게 된다는 내용이다. 번뇌의 멸진이란 무엇인가? 원래의 문장에서는 탐욕(貪婬), 분노(瞋恚), 어리석음(愚癡)의 번뇌[52]로 인해 불성을 보지 못한다고 되어 있다. 성철스님은 제반 번뇌의 멸진을 3세의 멸진으로 요약해 버린다. 원래 문맥에서는 번뇌의 종류를 말하는 데 비해, 성철스님은 번뇌의 뿌리를 말하는 것이다. 10지성인의 분증도 미세지해에 속하므로 견성이 아니라고 배제[53]하는 성철스님의

50　퇴옹성철(2015), p.234.
51　『大般涅槃經』(T12, 649b); 퇴옹성철(2015), p.78.
52　『大般涅槃經』(T12, p.408a), "雖有佛性皆不能見, 而爲貪婬瞋恚愚癡之所覆蔽故."; 『大般涅槃經』(T12, p.408b), "貪婬瞋恚愚癡覆心不知佛性."
53　제성諸聖의 분증도 미세지해微細知解에 속하여 견성이 아니다. 그뿐만 아니라 추호의 지해가 잔류하여도 증오치 못하고 일체의 지견해회知見解會가 철저히 탕진

입장에서 번뇌의 멸진이란 가장 깊은 층차의 극히 미세한 극미망상의 멸진이라야 한다.

> 3세三細의 극미망상까지 멸진무여滅盡無餘하면 자연히 구경무심究竟無心에 도달하나니, 이것이 견성이며 성불이다.[54]

무량한 번뇌에 대한 다스림을 말하는 문장을 해설하면서 이것을 3세를 멸진하는 일로 대체하고 있다. 무량한 번뇌와 그것을 다스리는 방법을 세세히 논하는 것은 성철스님이 동의하는 바가 아니다. 말끝에 바로 눈떠 부처로 사는 길, 그것이 안 된다면 화두일념으로 당장 무심을 실천함으로써 구경무심에 도달하는 길을 걷는 것이 성철선의 길이다. 성철스님은 이러한 맥락에서 모든 번뇌망상의 멸진과 구경무심의 성취를 미세번뇌의 타파로 설명한다. 이러한 구경무심론의 거듭된 강조가 성철선의 주된 특징이라 할 수 있다.

이 인용문에서는 밑줄 친 부분과 같이 '수억의 모든(億諸)' 번뇌와 번뇌'들(等)'을 생략하여 번뇌의 수량과 종류를 강조하는 어감을 약화시키고자 하였다. 이로 인해 '무량한 수억의 모든(億諸) 번뇌들(等)'이 '무량한 번뇌망상'과 같이 간명한 표현으로 바뀌게 된다. 무량한 번뇌 역시 수량의 의미가 강하지만 이로 인해 3세의 극미세망상을 강조해서 드러낼 수 있는 언어적 탄력성이 확보되었다고 할 수 있다. 구경무심 이외의 모든 차원의 무심과 지혜를 깨달음의 영역에서 배제하는 것은 다음의 【4-6】 인용문에 대한 조절을 통해서도 잘 나타나고 있다.

되어야 견성케 되므로 분증과 해오를 수도상의 일대장애, 즉 해애解礙라 하여 절대 배제하는 바이다. 퇴옹·성철(2015), p.49.

54 퇴옹·성철(2015), p.78.

無一衆生而不具有如來智慧언마는 但爲以妄想顚倒執著而不證得하나니 若離妄想하면 一切[智]自然智와 無礙智가 卽得現前하느니라.⁵⁵

일체중생이 예외 없이 여래의 지혜를 갖추고 있지만 망상과 집착으로 이것을 알지 못하므로 망상을 떠나기만 하면 여래의 지혜가 즉시 현전한다는 문장이다. 여래는 이러한 중생의 실상을 잘 알아 바른 가르침을 베풀어 스스로 갖추고 있으며 부처와 다를 바 없는 지혜를 증득하도록 하고자 하는 마음을 가졌다는 것이 원문의 문맥이다.

『화엄경』에서는 여래의 지혜가 갖는 특성을 열 가지의 비유로 설명한다. 그러니까 여래의 지혜는 ①스스로 존재하는 허공과 같고, ②증감이 없고, ③모든 땅을 받치는 물과 같고, ④모든 보물을 내는 보주와 같고, ⑤모든 시내를 받아들여 일정하게 유지시키는 바다와 같고, ⑥3계를 포용하는 허공과 같고, ⑦모든 나무의 뿌리와 줄기를 키우는 나무의 왕(藥王樹)과 같고, ⑧모든 것을 태우는 불과 같고, ⑨모든 것을 소멸시키기도 하고 보호하기도 하는 바람과 같으며, ⑩세계와 동일한 크기로 모든 지혜를 담고 있는 경전을 가리고 있는 먼지를 떨어내는 청정한 천안을 가진 사람과 같다는 것⁵⁶이다.

인용문은 이 중 여래지혜의 편재성을 말하는 열 번째 문장에서 가져왔다. 이에 의하면 우주법계와 동일한 크기를 갖는 일체의 지혜를 담은 책이 있지만 먼지에 덮여 그 기능을 발휘하지 못하고 있다. 먼지만 제거한다면 우주법계의 모든 현장이 그대로 지혜가 드러나는 현장이 된다.

---

55 『大方廣佛華嚴經』(T10, 272c); 퇴옹성철(2015), p.83.
56 『大方廣佛華嚴經』(T10, pp.271a-272c).

여래의 지혜도 그와 같다는 것이다. 모든 것을 아는 일체지一切智, 애쓰지 않아도 저절로 알게 되는 자연지自然智, 나와 남의 경계에 걸리지 않고 모두 아는 무애지無礙智를 본래 갖추고 있지만 번뇌망상이 먼지처럼 이것을 덮고 있어서 여래의 지혜가 드러나지 않고 있다. 망상의 먼지만 제거한다면 이미 갖추어진 여래의 지혜가 저절로 드러나게 될 것이다.

이러한 맥락의 문장에서 밑줄 친 부분과 같이 '일체지一切智'의 '지智' 자를 생략하였다. '지智' 자를 생략하면 명사로서의 '일체지一切智'가 관형어 '일체의'가 된다. 이를 통해 첫째, 여래의 모든 지혜를 묶어서 표현하는 효과를 얻을 수 있다. 중생이 수행을 통해 여래의 지혜를 증득하면 자연지自然智, 무사지無師智, 무애지無礙智, 일체지一切智, 일체종지一切種智 등의 현전을 얻게 되는데, 이것을 '일체의'라는 한마디로 요약할 수 있는 것이다. 둘째, 일체지와 일체종지의 미묘한 차이를 고려하였던 것으로 보인다. 일체지와 일체종지는 동의어로 쓰이는 경우도 있고 구별하여 쓰이는 경우도 있다. 구별하여 쓰이는 경우, 일체지는 보살지, 일체종지는 불지에 해당하는 것으로 인因·과果의 관계에 있다. 그러니까 일체지는 인위因位로서 성문, 연각도 갖추고 있지만 일체종지는 과위果位라서 여래만이 갖추게 된다. 이에 대한 『대지도론』의 정의를 보자.

> 일체지는 성문, 벽지불의 차원이고, 도지道智는 모든 보살지의 차원이며, 일체종지는 부처의 차원이다. 성문, 벽지불에게는 일체지만 있고 일체종지는 없다.[57]

성철스님은 미세망상으로부터 이탈한 구경무심이 곧 견성이고, 견성

---

57 『大智度論』(T25, p.259a), "一切智是聲聞, 辟支佛事, 道智是諸菩薩事, 一切種智是佛事. 聲聞, 辟支佛, 但有總一切智, 無有一切種智."

이 바로 무상정각임을 드러내기 위해 【4-6】의 문장을 인용하였다. 견성이 무상정각이고 구경무심임을 강조하는 데 있어서 성문, 연각, 보살과의 차별성을 부각시키는 일은 성철선의 한 특징[58]에 속한다. 따라서 성문, 연각에게도 적용되는 일체지를 생략하여 견성이 곧 무상정각이라는 설법 주제를 분명히 하고자 하였던 것이다.

이와 관련하여 성철스님은 무심의 구경성을 강조하기 위해 진무심假無心과 가무심眞無心이라는 용어를 사용한다. 아직 아뢰야식의 차원에 머물러 있는 가짜 무심(假無心)과 아뢰야식의 미세분별까지 멸진한 진짜 무심(眞無心) 간의 분명한 차이가 있다[59]는 것을 강조하기 위해서이다. 이 가짜 무심(假無心)과 진짜 무심(眞無心)이라는 용어는 제6식 차원은 물론 제8식 차원까지 넘어선 구경무심을 논하기 위한 성철스님의 창안이다.

성철스님의 글에서 진짜 무심(眞無心)과 같은 방식의 조어법은 그 예를 쉽게 찾을 수 있다. 예컨대 제5장 「무생법인」의 장에서 진짜 무생법인(眞無生)이라는 말을 쓴다. 교가의 설에 의하면 무생법인은 초지보살이나 7지, 혹은 8지, 혹은 9지보살이 증득하는 경계이다. 그 기준이 각기 다른 것이다. 이것이 중요한 이유는 이를 계기로 뒤로 물러나는 일이 없는 불퇴전不退轉의 자리에 들어가게 된다고 보기 때문이다. 그래서 무생법인을 증득한 보살을 아비발치, 즉 불퇴전보살이라 하는 것이다. 특히 대승불교에서 이처럼 번뇌가 일어나지 않아 오직 중생을 제도하리

---

[58] 성철스님에게 성문, 연각, 보살은 불지와 뚜렷하게 구별되는 무엇이다. 심지어 아라한의 극과, 10지보살, 등각보살도 구경각과 구분하여 유심有心으로 규정한다. 요컨대 모든 분증과 해오를 깨달음의 영역에서 배제하는 것이다. 이에 대해서는 퇴옹성철(2015), pp.48-49에 자세하다.

[59] 퇴옹성철(2015), p.195.

라는 발원만 남는 제8지 부동지不動地 보살의 자리는 중요하다. 중생제도를 위해 생멸을 거듭하되 그것에 휩쓸리지 않는 부동의 마음을 갖추는 자리이기 때문이다.

그런데 성철스님은 이것을 단 한마디로 정리한다. "경전에서 여러 가지로 무생법인을 설하고 있지만 묘각만이 진무생眞無生"이라는 것이다. 이를 위해 영원한 깨달음을 무생법인으로 규정한 마조스님의 설법을 논거로 제시한다. 마음과 대상경계를 깨달아 망상이 생겨나지 않는 것을 무생법인이라 한다는 【5-2】의 설법이 그것이다. 성철스님은 이것을 10지를 초월한 구경무심의 증오證悟로 설명한다. '한 번 깨달으면 영원히 깨닫는다(一悟永悟)'고 한 마조스님의 깨달음은 구경각 외에 다른 것이 될 수 없으므로 여기에서 말한 무생법인 또한 구경무심의 구경각이라야 한다는 것이다.

사실 반야나 화엄 등의 경전에서의 무생법인에 대한 규정이 틀린 것이라고 할 수는 없다. 그런데 선문에서는 그 자세하고 체계적인 설명이 깨달음으로 가는 길을 더디게 한다고 보는 입장을 취한다. 더구나 교가에서는 무생법인의 등급을 하품(7지), 중품(8지), 상품(9지)으로 나누어 구분하기까지 한다. 그렇다면 도대체 진짜 무생법인은 무엇인가를 물을 만하다.

여기에 진무생眞無生만을 인정하는 성철스님의 일도양단법이 제기되는 것이다. 성철스님은 수시로 이처럼 '진짜(眞)', 혹은 '큰(大)' 등의 수식어를 붙여 논의를 단순화하는 어법을 구사한다. 이를 통해 상황은 단순해진다. 무심인가 망념인가, 깨달음인가 착각인가, 그 둘 중의 하나가 되기 때문이다. 이것은 선가의 특징적인 어법이기도 하다. 우리가 수행이나 깨달음을 설명하려는 자세에서 벗어나 스스로의 존재를 바꾸고자 하는 입장에 설 때, 이러한 단순한 자세가 필요하다. 전부 아니면 전무인 자리에 자기의 전 존재를 내거는 것, 이것이 수행자의 자세이기 때문이다.

제8식의 미세분별을 타파한 구경무심이라야 진정한 깨달음이라는 주장은 제10장 「대원경지」에서도 반복된다. 성철스님은 대원경지와 관련된 허다한 매력적인 진술들을 생략하고 오로지 근본무명의 멸진에만 논의를 집중한다. 성철스님에게 대원경지는 구경무심의 성취이다. 그래서 제8식의 소멸에 대해 직접 언급하고 있는 위산스님의 설법을 우선적으로 인용한다. 8지 이상 대자재보살도 이 불완전한 경계에 머물면 마계에 떨어진 마구니에 불과하고, 어린아이의 천진한 무심도 이에 만족해서는 안 되며, 결론적으로 제8식을 투과하지 않은 사람은 생사의 언덕을 헤매는 사람임을 밝히는 것이 그 내용이다. 선가의 유행어가 된 대원경지가 단순히 진여를 눈치챈 차원을 가리키는 말이어서는 안 된다는 것이 성철스님의 기본적인 생각이다.

이처럼 성철스님은 제8식의 근본무명을 완전히 단멸한 구경무심만이 진정한 대원경지임을 밝히기 위해 제8식의 소멸에 대해 거듭 언급하는 것이다. 대원경지를 드러내는 매력적인 허다한 진술들까지 포기할 정도로 성철스님의 제8식에 대한 원한은 깊다. 그 미세하여 알기 어려운 가무심의 경계에 속아 무수한 수행자들이 궁극적 깨달음을 놓치게 된다는 생각 때문이다.

우리는 『선문정로』나 『백일법문』을 진지하게 읽을수록 무엇이 환하게 풀리지 않고 가슴이 꽉 막힘을 느낀다. 성철스님은 듣는 사람을 시원하게 해주기 위해 설법하지 않았다. 시원하게 알고 이해하는 일은 유심의 차원이므로 구경무심을 향한 무심의 실천에 장애가 된다고 보았기 때문이다. 그래서 성철스님은 꽉 막혀 알 수 없는 답답한 자리로 우리를 끌고 가 수행하도록 추궁한다. 그 공부에는 화두선의 활구참구 외의 다른 것은 고려되지 않는다. 성철스님은 스스로 체험한 바 지금 당장 무심을 실천하여 궁극적 무심에 이르는 화두참구의 직선 도로에 비해 유심에 호소하는 일은 너무 우회하는 흠이 있다고 보았다. 오로지 모를 뿐인 자리에서 간절히 알고자 하는 마음으로 나아가다 보면 저절로 분별심이 사라지고 제8식의 미세분별이 소멸하여 구경무심에 이르게 된다는 것이다.

여기에서 중요한 것은 일시적 무심에 만족하지 않고 크게 죽은 자리에서 다시 되살아나 원명부동하고 담연상적한 대원경지를 구현하기까지 멈추지 않고 수행하는 일이다. 설법을 통해 우리를 답답함으로 끌고 가는 성철스님의 진정한 의도가 여기에 있다고 생각된다. 성철스님의 『선문정로』 전체가 하나의 화두로 제시되었다는 일부 견해는 이러한 핵심을 짚고 있다는 점에서 크게 공감되는 바이다.

제12장 「상적상조」의 법문에서도 구경무심론의 종지가 뚜렷하게 나타난다. 성철스님은 일체 망상이 다 끊어진 모습을 적寂이라 보고, 구름이 걷힌 뒤 저절로 태양의 광명이 드러나는 일을 조照라 보았다. 물론 구름이 걷히는 일과 해가 비치는 것이 서로 다른 일은 아니다. 그래서 성철스님은 이것을 상적상조로 묶어서 설법하면서 그 동시성을 거듭 강조한다. 그러면서도 성철스님의 설법은 일체 망념의 적멸, 미세무명의 멸진, 무심을 핵심으로 하여 전개된다. 말하자면 고요함(寂)에 무게중심이 쏠려 있는 것이다. 그것은 조적照寂과 적조寂照의 차이를 언급한 대목에서 더 뚜렷해진다. "등각보살은 조적照寂이요 묘각세존은 적조寂照라 한다."는 『영락경』의 문장이 그 논의의 출발점이 된다. 성철스님은 적과 조가 둘이 아니라는 기본 입장을 취하면서도 그간의 미세한 차이를 지적하고자 한다. 성철스님은 조적에는 비추는 작용이 남아 있으니 여래의 적조와 구분된다는 입장을 취한다. 아직 미세식광이 남아 있는

경계이므로 구경의 불지가 아니라는 것이다. 요컨대 등각은 아뢰야식이 멸진하지 않았으므로 충분히 적寂하지 않다는 것이다.

한편 상적상조의 설법에서 성철스님은 적조, 혹은 적광寂光은 구경각을 성취한 부처님의 경계라는 점을 강조한다. 그러니까 상적상조 역시 직접 실경계로 그것을 체험했는지를 묻는다는 점에서 깨달음의 점검 기준이 되는 것이다. 항상 고요하면서 항상 비추고 있는가를 지금 당장 점검해 보자는 것이다. 『선문정로』가 수행 지침서이기도 하지만 깨달음을 판별하는 시금석이기도 하다는 점이 여기에서도 확인된다.

이것으로 점검해 보면 답은 항상 완전히 그렇다는 쪽, 혹은 아직 그렇지 못하다는 쪽, 둘 중의 하나밖에 없다. 또한 그렇지 못한 상황이라면 어떻게 할 것인가? 그 답도 이미 나와 있다. 재발심하여 화두참구에 투신하라는 것 외에 다른 말이 없기 때문이다. 제8아뢰야식의 미세망상이 흔적조차 없이 모두 사라질 때까지 파참破參은 없다. 오로지 활구참구에 들어 향상일로의 길을 걸어야 하는 것이다.

조이상적照而常寂과 적이상조寂而常照의 줄임말인 상적상조는 어감에 있어서 미묘한 차이가 있다. 원래의 조이상적과 적이상조의 어휘에는 실천적 역동성이 느껴지지만 상적상조는 변함없는 부동의 경계를 강조하는 경향이 있기 때문이다. 용례가 흔하지 않은 상적상조를 표제어로 쓴 것은 이 변함없는 구경무심의 경계를 깨달음의 점검 기준으로 삼겠다는 의도가 담겨 있는 것이다.

V. 결론

본고는 '성철스님 따라하기'를 기본 입장으로 하면서 '성철스님에 대해 말하기'를 실천하고자 하는 글쓰기의 결과이다. 『선문정로』에 제시된 수증론이 깨달음을 닦는 수행 당사자에게 무엇인지를 묻는 것, 이것이 바로 본고의 문제 의식이다. 성철선이라는 용어는 이러한 맥락에서 제시된 것이다.

이렇게 하여 성철선을 3대 종지로 나누어 살펴보았다. 선문의 돈오와 부처의 원각이 동일한 것임을 강조하는 돈오원각론은 『선문정로』의 전체 설법을 관통하는 주제 의식이자 성철선의 제1종지에 해당한다. 그것은 제1장 「견성즉불」을 표종장으로 하여 특히 제4장 「무상정각」, 제5장 「무생법인」, 제7장 「보임무심」, 제17장 「정안종사」 등의 장에서 강조점을 바꿔가며 거듭 논의된다. 돈오원각론은 깨달음 이후 점수가 필요하다는 돈오점수론을 정면으로 겨냥한다. 그것은 또한 성불을 궁극의 목적으로 삼는 불교의 정체성을 회복하고자 하는 의도에서 발화된 것이다. 본고에서는 성철스님의 강설과 인용문에 개입한 부분에 대한 고찰을 통해 그 돈오원각론의 특징을 살펴보았다.

실참실오론은 수행과 깨달음의 실질성, 직접성, 현재성을 중시한다. 그것은 제2장 「중생불성」의 장에서 집중적으로 논의된 뒤 이후 제4장 「무상정각」, 제8장 「오매일여」, 제11장 「내외명철」, 제12장 「상적상조」 등의 장을 통해서 그 측면을 바꿔가며 거듭 논의된다. 실참실오론에서는 깨달음의 원리가 아니라 수행과 깨달음의 실질적 결과에 그 논의를 집중한다. 그러한 과정에서 개념적 이해가 남아 있는 해오, 문견聞見 등의 차원을 강력하게 배제한다. 그 대신 직접 확인이 가능한 실제 경계를 거듭 제시하는데 숙면일여, 내외명철 등이 그것이다. 이를 통해 『선문정로』는 참선 수행의 지침서이자 그 수행과 깨달음의 차원을 점검하는 시금석을 자처한다.

구경무심론은 근본무명을 완전히 타파하여 아뢰야식을 벗어난 무심이라야 진정한 무심이며 견성이라 할 수 있다는 점을 주장한다. 그것은 제3장 「번뇌망상」에서 집중적으로 논의된 뒤 이후 제6장 「무념정종」, 제7장 「보임무심」, 제9장 「사중득활」, 제12장 「상적상조」의 장에서 거듭 논의된다.

구경무심론은 유식학의 논의를 적극 활용한 점, 제7식의 설정을 반대한 점, 몽중일여를 제7지 6추에 배대하고 숙면일여를 자재위 3세에 배대한 점, 무심의 범주를 아뢰야식의 3세 소멸로 한정한 점 등에서 성철선의 특징을 드러낸다.

다만 이러한 구분은 논의의 편의를 위해서라는 점을 잊지 말아야 한다. 사실 전체 『선문정로』에서 돈오원각론, 실참실오론, 구경무심론은 서로가 서로를 성립시키는 삼위일체적 관계에 있다. 그것은 성철선을 지탱하는 3개의 솥발로서 함께 논의되는 경우가 더 많이 있다. 예컨대 「무생법인」 장의 다음과 같은 문장을 보자.

> 선문정전禪門正傳의 돈오는 망상이 멸진한 구경무생을 내용으로 한 원증圓證의 돈오이다. 선문의 오悟는 증證으로 생명 삼아 해解는 망상정해妄想情解 사지악견邪知惡見으로서 근본적으로 부인하며 절대 배척한다. 이유인즉 망상정해妄想情解로는 심성心性을 정오正悟하며 정견할 수 없기 때문이다.[60]

---

60 퇴옹성철(2015), p.124.

돈오가 원각이라는 점, 해오가 아니라 실참실오라야 한다는 점, 망상이 멸진한 구경무심을 내용으로 해야 한다는 점을 한 문장에서 함께 말하는 많은 문장 중의 하나이다.

『간화결의론』
『경덕전등록』
『고봉어록』
『굉지록』
『금강경』
『금강삼매경론』
『누진경』
『능가경』
『능엄경』
『달마다라선경』
『달마태식론』
『대반열반경소』
『대방광불화엄경수소연의초』→『화엄경소초』
『대승기신론』→『기신론』
『대승기신론소』
『대승기신론의기』
『대승기신론의기별기』
『대열반경』
『대지도론』
『대혜보각선사보설』
『대혜어록』
『대화엄경약책』
『돈오입도요문론』

『마조어록』
『마하지관』
『반야바라밀다심경』→『반야심경』
『백련불교논집』
『백일법문』
『백장청규』
『법집별행록』→『별행록』
『법화경』
『법화경현의』
『벽암록』
『보살본연경』
『보살지지경』
『본지풍광』
『불조강목』
『산방야화』
『선가귀감』
『선관책진』
『선교결』
『선교석』
『선문정로』
『선문촬요』
『선원제전집도서』
『선원청규』
『설암조흠선사어록』→『설암어록』
『섭대승론』
『성유식론』
『소실육문』
『수심결』
『승만경』

『신심명』
『신심명·증도가 강설』
『신화엄론』
『십지경』
『열반경』
『영락경』
『완릉록』
『원각경』
『원각경대소석의초』
『원돈성불론』
『원오심요』
『원오어록』
『유가사지론』→『유가론』
『유가사지론석』
『유마경』
『유식삼심송』
『육조단경』
『이입사행론』→『사행론』
『전심법요』
『절요』
『정혜결사문』
『조동오위현결』
『종경록』
『종문무고』
『종문십규론』
『종범』
『종용록』
『좌선의』
『증도가』

『지월록』
『천태사교의』
『최상승론』
『치문경훈』
『칙수백장청규』
『퇴옹학보』
『팔식규구송』
『팔식규구통설』
『평설 육조단경』
『해심밀경』
『혈맥론』
『화엄경』

인명 人名

이 책에 나오는 승명僧名과 인명人名을 정리한 것이다. 승명의 경우는 법호와 법명을 함께 쓰거나 법명만 쓰기도 하여, 그 변화를 →로 표시하였다.

4조 도신스님→도신스님
5조 홍인스님→5조스님→홍인스님
6조 혜능대사→6조스님→혜능선사
가섭→가섭보살→가섭존자
감산스님
경산→경산노인→경산무준스님→
　무준스님
경잠스님
고봉스님
고탑주스님
광도자스님
광휘스님
굉지스님
교충미광스님→교충스님
구마라집
귀종지상스님→귀종스님
귀종진정스님→늑담진정스님→보봉
　진정스님
규봉종밀스님→규봉스님→종밀스님
급암종신스님
길장스님

김시습
나산스님
나옹스님
남악→남악스님→남악회양스님
남양국사→남양스님→남양혜충스님
남전스님
누카리아 카이텐(忽滑谷快天)
늑담스님→늑담회징스님→회징스님
단하천연스님
달마스님
담당문준스님→담당스님
대주스님→대주혜해스님
대혜스님→대혜종고선사(스님)
덕산스님
덕휘스님
동산→동산스님
동산법연(스님)→법연스님→오조법연
　(스님)→오조스님
마조→마조도일→마조스님
모철선사→모철스님
목우자
목정배
몽산덕이스님→몽산스님
밀운스님
바라제존자
박산무이스님(선사)→박산스님(선사)
방거사
배휴
백락천

백장→백장스님→백장회해	영운스님
백파스님	영원스님→영원유청스님
법달	용담스님
법수스님	운거스님
법안→법안스님	운거효순→효순선사
법융스님(대사)→우두법융스님(대사)	운문→운문스님
→우두스님	운봉문열스님→운봉스님
보봉스님	원례스님
보조스님→보조지눌국사→지눌스님	원명스님
분양선소스님→분양스님	원오극근→원오스님
불감혜근스님→불감스님	원측스님
불심본재스님→불심스님	원효스님
불안청원스님→불안스님	위산영우→위산스님
불인요원스님→불인스님	유마거사
서산스님	유문스님
석두스님	응암담화스님→응암스님
석상초원스님→초원스님	이통현 장자
석옥청공스님→석옥스님	임제→임제스님
설두스님	장경혜릉→장경스님
설봉스님	장산치절→치절스님
설암조흠스님→설암선사→설암스님	조과선사
순타	조산→조산본적스님→조산스님
암두→암두스님	조주선사→조주스님
앙산→앙산스님	종색스님
양기스님→양기방회스님	중봉스님
여칙→여칙스님	지도스님
연지주굉스님	지욱스님
영가스님	진정극문스님→귀종진정→늑담진정
영명스님→영명연수스님	→보봉진정→진정스님

진제삼장→진제스님
천의의회선사→의회스님→의회선사
천태덕소스님→덕소스님
천태스님
천황스님
청량국사→청량스님→징관스님
초경스님
축도생竺道生
태고스님
투자스님
하택신회스님→신회스님

향엄스님
현사→현사사비스님→현사스님
현수법장스님→현수스님
현장스님
현책스님
혜명상좌→혜명스님
황룡혜남스님→황룡스님
황벽→황벽스님
회당조심스님→회당스님

용어

이 책의 정독에 필요한 주요 용어를 뽑고 페이지도 선별해서 실었다.

36가지 대법對法→36대법/ 857
3관설三關說/ 614
3무법문三無法門/ 266, 267
3세6추/ 70, 114, 119, 121, 125
3신4지/ 975
3현문三玄門/ 861, 875, 885, 892
4료간/ 895, 908
4무애지/ 98, 99, 976
4빈주/ 885, 887, 895, 899, 908
4할용/ 909
6전식六轉識/ 128
6즉3덕/ 738
6즉불六卽佛/ 709, 727, 728, 738
공가쌍조空假雙照/ 571
공부10절목/ 406, 424
관행즉觀行卽/ 582, 583, 709
구리목걸이보살/ 549
군신5위/ 861, 865, 877, 879
금강건혜/ 551, 552, 553
금강유정/ 40, 45, 51, 132, 134, 711, 746 747, 748, 771

금강장보살/ 581, 582, 591
금강정체金剛正體/ 363, 949
금목걸이보살/ 549
다문총지/ 756
대통지승불大通智勝佛/ 780
동륜위/ 717, 718, 719
동정일여/ 117, 118, 134, 384, 401, 405 409, 433, 434, 466, 982
말후뇌관末後牢關/ 614
몽중일여/ 117, 118, 134, 383, 384, 401 434, 467, 469, 542, 944
묘각상성妙覺常性/ 549
묘관찰지/ 108, 507, 572
묘길상妙吉祥보살/ 150
묘덕妙德보살/ 190
묘약대왕妙藥大王/ 156
무위진인無位眞人/ 858, 859, 886
무작삼매無作三昧/ 65
백정법白淨法/ 735, 737
법계연기法界緣起/ 710, 713
법수보살/ 760
법안종/ 857, 860, 861, 867, 872, 873, 883, 896
본분종사本分宗師/ 246, 247, 801, 830, 917, 929
본지풍광/ 312, 348, 358, 367, 369, 370, 384, 461, 950, 952
분수분득分修分得/ 713, 714, 736, 737, 738

분증즉불分證卽佛/ 722
불과법문佛果法門/ 729, 733
비니초肥膩草/ 156, 733
상사반야相似般若/ 616, 618
상속상相續相/ 129, 132
수능엄삼매/ 174, 777
수정목걸이보살/ 548, 549
숙면일여/ 117, 118, 130, 131, 134, 343, 383, 384, 385, 389, 400, 401, 456, 469, 475, 488, 542, 944, 982, 983, 984, 992, 1003
순타/ 145, 146, 184, 193, 926, 927
실참실오론/ 31, 38, 90, 94, 118, 179, 254, 428, 429, 627, 720, 759, 771, 956, 957, 962, 963, 964, 974, 975, 976, 979, 1002
아마륵과/ 181, 182, 192, 193, 194
아타나식/ 126, 127, 128, 130
암마라식/ 609
양기파/ 831, 836, 840, 841, 843, 846, 857
업계고상業繫苦相/ 129
여여한 이치(如如理)/ 560
여여한 지혜(如如智)/560
열반3덕/ 581, 582, 583, 593, 598, 599, 738

열반4덕/ 96, 98
오둔사五鈍使/ 111
용적用的 접근/ 958
우두종/ 633, 634, 674, 675, 679
우필차/ 175, 572, 599, 600, 601, 602
운문3구雲門三句/ 860, 895, 906, 907
운문종/ 47, 849, 857, 859, 860, 867, 872, 873, 883, 896
원명3구/ 907
위앙종/ 857, 858, 867, 872, 873, 880, 883, 896
유리목걸이보살/ 549
이구당보살/ 597
일천제一闡提/ 91, 156, 177, 203, 915, 916, 917, 918, 921, 923
일체종지一切種智/ 158, 159, 182, 894, 996, 997
일체지一切智/ 67, 157, 158, 159, 521, 548, 550, 996
임제종/ 242, 391, 422, 423, 830, 831, 832, 833, 834, 835, 843, 857, 858, 861, 862, 864, 865, 867, 869, 871, 872, 873, 877, 883, 891, 894, 896
적이상조/ 570, 571, 572, 575, 606, 1001
적조혜寂照慧/ 607, 608, 609

제8마계第八魔界/ 53, 115, 122,
　179, 433, 514, 515, 525, 610,
　676, 984, 992, 993
제8지 무공용/ 308, 606, 737, 739
제9식/ 607, 608, 609, 610
조동5위/ 875, 878, 901, 903,
　904, 905, 906
조동종/ 399, 492, 698, 857, 858,
　859, 860, 861, 864, 867, 872,
　873, 876, 880, 883, 896, 899,
　905
조이상적/ 570, 571, 572, 575,
　606, 1001
조적혜照寂慧/ 607, 608, 609
지상智相/ 125, 129, 132, 172
지해종도/ 617, 785, 793
진귀조사설/ 57, 619, 703, 962
진성연기眞性緣起/ 773, 797, 802,
　804
집취상執取相/ 129, 132
참의문參意門/ 800, 801, 805
체적體的 접근/ 958
체중현/ 794, 797, 804, 861, 866,
　886
초주 견성설/ 718
최초의 공양/ 145, 146
최후의 공양/ 145, 146
토끼의 뿔/ 394, 616
팔상성도/ 712

향상관려자向上關捩子/ 838, 839
화법4교化法四敎/ 587
화엄8지/ 714, 715
화의4교化儀四敎/ 587
황룡파/ 831, 840, 843, 844, 857
회호시절/ 245, 248

퇴옹성철
(1912~1993)

　속명은 이영주李英柱, 본관은 합천陜川, 호는 퇴옹退翁, 법명은 성철性徹이다. 해인사 백련암에서 동산혜일東山慧日 스님을 은사로 수계·득도한 뒤, 10여 년간 금강산 마하연, 수덕사 정혜선원, 천성산 내원사, 통도사 백련암 등에서 안거를 지냈다. 1940년 29세 되던 해, 동화사 금당선원에서 동안거 중 오도송을 읊었다. 그 후 10여 년 가까이 저절로 장좌불와의 경계가 이루어졌다.
　1945년 8·15광복을 맞이하여 도반들과 마음을 맞춰 "부처님법대로 살자"는 기치 아래 희양산 봉암사에서 청담, 자운, 향곡스님 등과 함께 '봉암사 결사'를 이루어 20여 명이 수행정진하였다. 1956년에 파계사 성전암으로 수행처를 옮기고 주변에 철조망을 치고 10여 년간 동구불출의 세월을 보내며 훗날 펼쳐지는 '성철불교사상'의 틀을 장만하였다. 1966년 해인사 백련암으로 주석처를 옮기고, 1967년에는 해인총림 초대 방장에 추대되었다. 그해 동안거 기간 동안 '백일법문百日法門'을 설했는데, 선과 교를 통섭하여 불교사 전체를 중도中道로 원융회통圓融會通하는 법문을 하였다.
　1981년 대한불교조계종 제6대 종정에 추대되었으나 서울에서 열리는 추대식에는 참석하지 않고 "원각圓覺이 보조普照하니적寂과 멸滅이 둘이 아니다. 보이는 만물은 관음觀音이요, 들리는 소리는 묘음妙音이로다. 보고 듣는 이 밖에 진리가 따로 없으니, 아아, 시회대중時會大衆은 알겠는가. 산은 산이요, 물은 물이로다."라는 법어로 대신하였고, '산은 산, 물은 물'이라는 문구는 지금까지도 세간에 널리 회자되고 있다.

그해 12월에 성철스님 스스로 "부처님께 밥값 했다."라고 한 『선문정로』를 출간하고, '견성見性은 불조佛祖 공안을 실참실구實參實求하는 것이 첩경'이라고 하며 선종의 전통 종지인 돈오돈수頓悟頓修를 주창하였다. 그리고 공안 참구 과정에서는 자기 점검의 기준으로 동정일여·몽중일여·숙면일여의 3관三關 경계를 거쳐 오매일여의 진무심眞無心 경계의 성취를 주장하였다. 또한 부처님오신날에는 한글로 법어를 발표하여 불자는 물론 일반 대중들에게까지 부처님의 가르침이 전달되도록 하였다.

저서로는 대한불교조계종의 법맥을 밝힌 『한국불교의 법맥』을 비롯하여 『선문정로禪門正路』, 『본지풍광本地風光』, 『돈황본 육조단경』 등과 상좌 스님들이 성철스님의 육성 녹음을 녹취, 정리하여 펴낸 『돈오입도요문론』, 『신심명·증도가 강설』, 『자기를 바로 봅시다』, 『영원한 자유』, 『백일법문』 등의 '성철스님법어집' 11권이 있다. 성철스님은 법문을 할 때마다 '완전한 깨달음'에 이르기 전까진 화두참구의 길에서 벗어나지 않아야 한다고 늘 사부대중을 독려하였다.

1993년 11월 4일에 열반하였으며, 다비 후 영롱한 빛의 진신사리가 수습되었다. 성철스님문도회는 1998년 성철 대종사 열반 5주기에 맞춰 해인사 운양대에 성철스님사리탑을 건립하였다. 해인사 백련암과 성철스님문도회 스님들이 주석하는 사찰에서는 성철스님의 가르침에 따라 아비라기도와 3천배, 참선 정진 등이 이어지고 있다.(www.sungchol.org)

감수 **벽해원택**

연세대학교 정치외교학과를 졸업하고, 친구 따라 우연히 해인사 백련암에 갔다가 성철스님을 만난 인연으로 1972년 1월 15일 성철스님을 은사로 출가했다. 이후 백련암을 떠나지 않고 22년 동안 큰스님을 시봉하였고, 성철스님 열반 후에도 한결같은 마음으로 성철스님기념사업과 불교 발전에 힘을 쏟고 있다. 2021년 10월에는 대한불교조계종단의 최고 법계인 대종사를 품수받았다. 현재 해인사 백련암, 산청 겁외사, 부산 고심정사 회주이며, 저서로는 『성철스님 시봉이야기』, 『성철스님 임제록 평석』 등이 있다.

저자 **강경구**

동의대학교 중국어학과 교수로 재직 중이며 중앙도서관장을 맡고 있다. 대한중국학회 회장과 동아시아불교문화학회 부회장을 역임했다. 부산불교방송에서 '서유기와 불교'를 주제로 라디오 강연을 했으며, 국제신문 종교칼럼(불교)을 집필했다. 저서로는 『두 선사와 함께 읽은 신심명』, 『평설 육조단경』 외 23권이 있고, 논문으로는 「『서유기』 화과산의 불교적 독해」, 「『선문정로』 문장인용의 특징에 관한 고찰(1,2,3,4)」 등 70여 편이 있다. 교수로서 강의와 연구에 최대한 충실하고자 노력하는 한편 수행자로서의 본분사를 놓치지 않기 위해 애쓰고 있다.

성철선의 이해와 실천을 위한
정독精讀 선문정로禪門正路

초판 발행	2022년 1월 25일
2쇄 발행	2022년 3월 30일

감수	벽해원택
저자	강경구

발행인	원택(여무의)
발행처	도서출판 장경각
등록번호	합천 제1호
등록일자	1987년 11월 30일

본사	경상남도 합천군 가야면 해인사길 118-116, 해인사 백련암
서울사무소	서울시 종로구 삼봉로 81(수송동, 두산위브파빌리온) 1232호
전화	(02)2198-5372
팩스	(050)5116-5374
홈페이지	www.sungchol.org
편집 제작	선연
홍보마케팅	김윤성
관리	서연정

ⓒ 2022, 장경각

ISBN 979-11-91868-31-9 03220

값 42,000원

※이 책에 실린 내용은 무단으로 복제하거나 전재할 수 없습니다.
※잘못된 책은 교환해 드립니다.